Ernst von Leutsch

Philologischer Anzeiger

Ernst von Leutsch

Philologischer Anzeiger

ISBN/EAN: 9783741168833

Hergestellt in Europa, USA, Kanada, Australien, Japan

Cover: Foto ©Andreas Hilbeck / pixelio.de

Manufactured and distributed by brebook publishing software (www.brebook.com)

Ernst von Leutsch

Philologischer Anzeiger

PHILOLOGISCHER ANZEIGER.

ALS ERGÄNZUNG

DES

PHILOLOGUS

HERAUSGEGEBEN

VON

ERNST VON LEUTSCH.

EILFTER BAND.

1881.

GÖTTINGEN,
VERLAG DER DIETERICHSCHEN BUCHHANDLUNG.
1882.

Nr. 1.   Januar 1881.

Philologischer Anzeiger.

Herausgegeben als ergänzung des Philologus

von

Ernst von Leutsch.

---

1. Lateinische und romanische komparation. Von dr. Eduard Wölfflin. Erlangen, verlag von Andreas Deichert. 1879. VI und 91 p. 8. — 2 mk

Vorstehende arbeit legt ein neues zeugniß ab von der feinen beobachtungsgabe, welche den verfasser schon zu so manchen schönen resultaten auf dem gebiete der entwicklung der lateinischen sprache geführt hat. Diesmal behandelt Wölfflin zunächst die partikeln, welche zur steigerung des positivs, komparativs und superlativs im lateinischen verwendet werden. Der gebrauch wird verfolgt vom beginn der sprache bis zu ihrem niedergang, resp. bis zu dem übergang in die romanischen sprachen. Der zweite theil erörtert die „verschiebung der komparationsgrade", den gebrauch des superlativs statt des positivs, komparativ statt des positivs, positiv statt komparativ und superlativ u. s. w.

Als besonders interessant hebe ich unter anderm folgendes hervor: *multum* wird zur steigerung des positivs oft bei Plautus verwandet, nicht bei Terenz, vereinzelt bei Cicero, einige mal in den Satiren und Episteln des Horaz, p. 6; besonders aber bei archaisirenden oder vulgären schriftstellern, woraus mit recht geschlossen wird, daß es der umgangsprache [des ungebildeten volkes] angehörte; *valde* zur steigerung des positivs ist von Cicero in der prosa eingeführt p. 9. *multum aliquantum* und ähnliches vor dem komparativ findet sich zuerst bei Terenz [einfluß des griechischen?] p. 85; *longe* bei dem superlativ ist wieder von Cicero in die sprache eingeführt p. 37; ferner mache ich aufmerksam auf die entwickelung des gebrauchs von *bene* zur steigerung des positivs p. 14, von *oppido* p. 20; auf die verwendung von *plus* statt *magis* bei dem positiv zur umschreibung des komparativs p. 29; auf das schwinden des adverbiums *diu* und ersatz durch *longo tempore* p. 66.

Zum beweise des interesses, welches schreiber dieses an der inhaltreichen schrift genommen, sei es gestattet, ein paar auf die ältere latinität bezügliche bemerkungen hinzuzufügen. Bei *nimma* p. 8 verdiente erwähnung *nimma calor* Lucret. IV, 252 Bern. um so mehr, da das nicht eben häufige *nimma* sonst zur steigerung geistiger eigenschaften verwendet zu werden pflegt; von *valde* wird p. 9 gesagt, daß bei Plautus die form zwischen *valde* und *valide* schwanke; letzteres ist doch stark überwiegend: *valde* steht nur zweimal, Merc. 103 und Pseud. 844; *valide* dagegen Pseud. 145; 364; Mil. 852; Amph. 1062; 1130; Rud. 803; Merc. 42; 61; Pers. 427. P. 18 bemerkt Wölfflin „die häufigste verwendung des wortes (*opprime*) lehnt sich an eine vierte stelle des Plautus an Mil. 794 *opprime cata*." Hier haben jedoch die handschriften *primicata*, Ritschl, Fleckeisen, Lorenz schreiben mit Salmasius *prime cata*; Brix mit Scaliger und H. A. Koch *apprime cata*; da *prime* aus Nävius überliefert wird, sehe ich keinen grund, es bei Plautus abzuweisen. Ueber *impendio* heißt es p. 20 „*impendio* wurde ursprünglich mit zeitwörtern, wie *curare*, *gaudere*, *odisse* verbunden und erst später auf adjectiva übertragen, wobei bemerkenswerth ist, daß Gellius es am liebsten zur steigerung des komparativs verwendet." Mir scheint dies Gellius nur in richtiger nachahmung des älteren sprachgebrauchs gethan zu haben. Bei Plautus kommt *impendio* einmal vor: Aulul. prol. 18 *atque ille vero minus minusque impendio curare minusque me impertire honoribus*; *minus impertire* deutet darauf hin, daß wir auch *minus minusque curare* miteinander verbinden müssen, daß also *impendio* zu dem komparativ gehört; Ter. Eun. 587 ist *impendio magis animus gaudebat mihi* offenbar so viel als *multo magis*; Afran. 851 R. *cuius ego in dies impendio ex desiderio magis magisque maceror* stimmt genau mit Plautus überein; auch bei Cicero Ep. ad Att. X, 4, 9 *at ille impendio nunc magis odit senatum* liegt unzweifelhaft die verbindung *impendio magis* vor. *Impense* dagegen steht beim positiv. Es kann aber auch kaum anders von vorneherein gewesen sein, da *impendio* doch wohl ablativform ist und mit *multo*, *aliquanto* etc. auf einer linie steht. P. 23 verzichtet Wölfflin auf eine nähere untersuchung der bedeutungsnüancen von *satis* bei dem positiv in der alten komödie, legt aber das material vor. Es ist dies jedoch höchst unvollständig. Aus Plautus führt Wölfflin vier stellen an, es findet sich mindestens an vierzig; auch aus Terenz sind nicht alle stellen angeführt; aus den fragmenten keine. P. 24 wird behauptet, daß *nimio* auch bei dem positiv vorkomme: es werden zum belege vier stellen aus Plautus und eine aus Nävius citiert. Die sache ist zweifelhaft; Naev. Com. 13 R. ist sicher corrupt überliefert, unter den vier Plautinischen beispielen sind zwei aus mißverständniß hervorgegangen: Stich. 704 *utrum fontine an Libero imperium te inhibere mavis?* mit der antwort *nimio liquido Libero*, wo bei *nimio* offenbar *malo* zu ergänzen ist, und Bacch. 396 *nimio impendiorum praestat te quam ingratum dicier*, wo *nimio* zu *praestat* gehört. P. 26 meint Wölfflin, daß die komposition von *per* in steigerndem sinne mit adjektiven bei Plautus mehr entwickelt sei, als die mit verbis. Es ist jedoch das umgekehrte der fall, erst später ist die zusammensetzung mit verbis, und zwar stark, in den hintergrund getreten. Mit adjectiven (adverbien, participien) finden wir *per* zusammengesetzt bei Plautus in folgenden beispielen: *peracer, perbene, perculcus perdoctus (perdocte) perdudum perfacilis pergrandis pergraphicus periratus perlepide perlonginquus perlongus permeditatus parmirus permultus perniger perparvus perpauxillum perpurgatus persimilis pertenax pervulgatus*; 22 formen. Zusammensetzungen mit verbis, in denen *per* lediglich steigernde bedeutung hat, sind folgende: *peracescere, percognoscere* (? Truc. I, 2, 50); *percoquere percruciare percupere perdiscere perdocere perfabricare perfrigefacere perhaurire* (sichere emendation Mil. 34) *perlibet permegare pernoscere perpavefacere perplacere perpotare perpruriscere perpulsare*(?) *persentiscare perquirere persolvere perscrutari pertaedet pertegere pertimescere perterrere pertractare perturbare pervelle pervellere pervertare pervincere*; mindestens 30 zusammensetzungen. Die mit *prae* zusammengesetzten adjectiva sollen zuerst bei den klassikern der tragödie auftauchen, bei Pacuvius *praegrandis*, bei Accius *praeclarus praefervidus praepotens*, zu denen dann bei Afranius und Lucilius *praematurus* und *praevalidus* kommen p. 27, aber Plautus kennt schon *praematuro* Most. 500; *praeclarus* Mil. 1043 *praepotens* Poen. V, 4, 9. Nach Priscian

I, 621 soll bereits Ennius *praeclariter* gesagt haben, was dann
später bei Claudius Quadrigarius wiederkehrt p. 222 ed. P.
Druckfehler sind uns nicht aufgefallen, druck und ausstattung ist vortrefflich.

---

2. De figuris etymologicis linguae latinae. Scripsit G u s t.
L a n d g r a f, dr. phil. 69 p. 8. Erlang. 1881.

Unter den abhandlungen des nächstens zur versendung
kommenden zweiten bandes der Acta Semin. Erlangensis lenkt die
erste (im buchhandel nicht *separatim* käufliche) durch ihren allgemeinen inhalt die aufmerksamkeit in erhöhtem grade auf sich.
Es giebt nach Landgraf nicht e i n e *figura etymologica*, den sogenannten accusativ. verbalis, sondern eine ganze anzahl, und
die uns bekannte kann nur verstanden werden, wenn man ihre
weiten verzweigungen kennt. Verf. geht aus von dem accusativ.
verbalis ohne attribut, wie *servitutem servire*, *cautionem cavere*
Digest. 46, 8, 6, wobei beobachtet wird, daß *dicta dicere* wie *facinus facere* in alter latinität noch nicht bedeutet „witzworte sagen,
eine schandthat verüben"; accusativi verbales mit attribut werden
in knappster form nicht weniger als 60 aufgezählt, *facinus facere*
mit etwa 50 belegstellen, *pugnam pugnare* mit 12, so daß schon
vom standpuncte der reichhaltigkeit des materiales die bisherige
litteratur unbrauchbar geworden ist. (Die nach Schömann sogenannte *permutatio* wie *bella pugnare* ist nur kurz berührt). Ueberraschend ist nun, daß diesen verbindungen mindestens ebenso
viele beispiele des ablativ. etymologicus auch ohne attribut, gegenüberstehen, und daß beide constructionen oft ineinander übergeben, wie in *preces, precibus precari*, *triumphum, triumpho triumphare*; *cautionem, cautione cavere*, *sermones occultos serere* und *sermonibus occultis serere* bei Livius. Vgl *sanguinem, sanguine pluere*.
Aus dieser untersuchung ergiebt sich nebenbei zur evidenz, daß
Hor. Epist. 1, 13, 18 *oratus multa prece* nicht = *rogatus, interrogatus* interpretiert werden darf, sondern daß der dichter selbst
„inständig bittet".

Von substantivischen verbindungen werden solche wie *causa
causarum* (Sen. Quaest. nat. 2, 45 = letzte ursache) namentlich
in der christlichen latinität nachgewiesen, z. b. *saecula saeculorum*,
caeli caelorum, wiewohl sich schon bei Plautus *omnes omnium*
findet; besonders interessant aber ist die untersuchung über *res*

regum (= Perserkönig, μέγας βασιλεύς; Agamemnon; stoischer philosoph; Christus), pater patrum (Mithraspriester; = pabst Sid. Apoll. Epist. 6, 1), servus servorum, sancta sanctorum Sidon. Ap. Epist. 7, 7 u. ä.

Zahlreich vertreten sind auch die adjectivischen verbindungen wie gratae gratae, auch mit superlativ gratae gratissimae Apul. Met. 10, 32; in der bildung der adjectiva mit in privativum dagegen waren die Römer durch ihre spröde sprache außer stande mit den Griechen schritt zu halten, so daß in dieser kategorie nur etwa innumerus innumerus (auch Salvian. Gub. dei 7, 75), concordia discors weitere verbreitung gefunden haben; im nothfalle hat man sich mit einer geholfen, wie Manil. Astr. 5, 548 sine funere funus (Catull. 64, 83 funera nec funera), Salv. Gub. d. 1, 42 agit iter sine itinere, victrix sine via = ὁδὸς ἄνοδος. Auch die redensarten wie curto curtius, stulto stultior, stultior stultissimo, bonorum optimus, welche in die comparation einige abwechslung bringen, sind nicht stark ausgebildet; vgl. indessen Apul. Met. 11, 30 deus deorum magnorum potior et maiorum summus et summorum maximus Osiris.

Verbum und adverbium nehmen an diesen figuren theil in verbindungen wie acta agere, doctum docere, cupiens cupio, sciendo scire, propero properare; avide avere, audacissime audere, mit permutation propere currere, cantans vitare; bellis bellum, unica unus.

Alle diese gattungen sind sauber auseinandergehalten und mit feinem sprachgefühle und historischem sinne besprochen; die griechischen parallelen sind vergleichungsweise herangezogen, wenn auch der lateinische reichthum durchaus nicht als bloße entlehnung aus dem griechischen betrachtet werden darf; zahlreiche analogien aus der deutschen und den romanischen sprachen schützen den leser vor ermüdung. Die beispiele aus den gelesensten klassikern dürften so ziemlich vollständig gesammelt sein; daß pacem pacisci Tac. Annal. 5, 1 fehlt, ist schon eine ausnahme; ergänzungen dagegen werden noch aus den späteren autoren beizubringen sein, wie denn die meisten der oben citierten stellen als solche zu betrachten sind. Irrthümlich ist fide firmus bei Sulp. Sev. dial. 1, 22, 3 mit firms firmus verglichen, da dort fide ablativ ist, wie die vorangehenden worte humanitate conspicuus beweisen.

W.

3. A complete concordance to the Odyssey and Hymns of Homer, to which is added a concordance to the parallel passages in the Iliad, Odyssey, and Hymns by Henry Dunbar, M. D. Oxford at the Clarendon press. 1880. 4. 419 p.

Im jahre 1875 erschien in London eine Concordance to the Iliad of Homer von Prendergast, welche aber in Deutschland kaum bekannt geworden zu sein scheint. Diese zu einer vollständigen Concordance zu Homer zu ergänzen ist laut vorworts die bestimmung der vorliegenden Concordance zu der Odyssee und den Hymnen. Die grundlage derselben bildet Sebers *Index Homericus*, die stellen sind ausgeschrieben aus den texten der Odysseeausgabe von Ameis von 1874 und der ausgabe der Hymnen von Baumeister von 1874. Die einrichtung des buches aber ist die, daß mit ausnahme der pronomina, partikeln und conjunctionen in alphabetischer folge jede flectirte wortform mit allen stellen, wo dieselbe vorkommt, nach der reihenfolge der bücher verzeichnet ist, und zwar so, daß der betreffende vers vollständig ausgeschrieben vorliegt. Dabei sind auch lautlich übereinstimmende wortformen, sobald sie unterschiede der quantität oder des accentes zeigen, oder in der bedeutung differieren, z. b. θεός gott und göttin, gesondert verzeichnet.

Was nun den werth des buches betrifft, so kann für uns in Deutschland nach dem erscheinen des nun beinahe vollendeten *Lexicon Homericum* von Ebeling u. a. nur die frage sein, ob dasselbe neben diesem noch eine besondere bedeutung beanspruchen kann oder doch dazu eine erwünschte ergänzung bilde. In einem wesentlichen punkte steht es jedenfalls dem Lexicon nach, dem der vollständigkeit des materials, da die pronomina, conjunctionen und partikeln mit nur je einer stelle verzeichnet sind. Dafür hat es aber einen nicht hoch genug zu schätzenden vorzug vor demselben in der außerordentlichen übersichtlichkeit des gegebenen materials. Da sämmtliche verse, in denen die einzelne wortform vorkommt, vollständig ausgeschrieben vorliegen, so ist die orientierung über eine einzelne wortform nach dem umfang des gebrauchs, der stellung im verse, wie nach ihren verschiedenen functionen weit leichter als im Lexicon, wo der gebrauch der einzelnen form erst aus den verschiedenen rubriken zusammenzusuchen ist. Auch für manche syntactische untersuchungen in größerem umfange wird die Concordance vermöge ihrer einrichtung vor dem Lexicon den großen vorzug haben, daß man an der hand derselben das material bei weitem leichter und sicherer zusammenbringen kann. Diesen vortheilen gegenüber ist der nachtheil, daß die verschiedenen flexionsformen desselben wortes zum theil räumlich getrennt sind, nicht hoch anzuschlagen, da in den meisten fällen dieselben doch nahe bei einander stehen.

Der wirkliche werth der hervorgehobenen vorzüge hängt freilich in letzter entscheidung von der zuverlässigkeit des gegebenen ab. In dieser beziehung bietet der wegen dieser eigenschaft anerkannte Sebersche index als grundlage von vornherein eine ziemliche garantie. Referent hat aber zur controle bei einer reihe von artikeln das *Lexicon Homericum* verglichen und die zuverlässigkeit der Concordanz bestätigt gefunden. Ebenso ist auch der schwierige druck mit großer sorgfalt überwacht, so daß man selten auf einen druckfehler stößt.

Eine sehr erwünschte beigabe bildet die zusammenstellung der parallelstellen in der Ilias, der Odyssee und den Hymnen, welche in der weise angeordnet ist, daß man in alphabetischer folge die für den inhalt bedeutsamen worte, welche in den parallelstellen wiederkehren, mit angabe des verses und der stellen verzeichnet findet. Dabei sind einzelne abweichungen von der hauptform der wendung durch anwendung einer reihe von zeichen leicht kenntlich gemacht. Auch diese zusammenstellung hat, soweit referent nach anderm material eine prüfung vorgenommen hat, sich als zuverlässig ergeben; ganz vollständig ist sie freilich nicht.

Nach alledem ist diese so mühsame und gewissenhafte arbeit als ein auch neben dem Homerlexicon sehr brauchbares hülfsmittel für homerische studien zu bezeichnen. Druck und papier sind dem ruf der Clarendon preß entsprechend vorzüglich.

4. **W. v. Christ**, der gebrauch der griechischen partikel τε mit besonderer bezugnahme auf Homer. (Sitzungsberichte der philosophisch-philologischen und historischen classe der königlich bayerischen academie der wissenschaften.) München 1880, p. 25—76.

Der verfasser behandelt die einzelnen functionen der partikel τε unter folgenden überschriften: 1) das verbindende τε im einfachen satze, 2) das accessorische τε im paratactischen satzgefüge, 3) das τε im hypotaktischen satzgefüge, 4) das τε hinter dem relativum, 5) das indefinite τε, 6) der anomale gebrauch der partikel τε, woran sich noch 7) ein sprachwissenschaftlicher rundblick schließt. Die ergebnisse seiner untersuchung sind im wesentlichen die folgenden. Die copulative bedeutung von τε ist erst aus dem correlativen gebrauch von τε—τε hervorgegangen; τε war von haus aus ein beziehungswort mit schwacher deiktischer kraft und τε—τε bedeutete: *da—da*, wie ähnlich τε—αυτ (verwandt mit κεῖνος): *da—dort*. Während in diesem gebrauch τε einfach oder doppelt gesetzt die volle function einer conjunction hat, tritt es andrerseits in satzgefügen auf, in denen das verhältniß der satzglieder zu einander oder des einen satzgliedes zu dem andern schon durch andere sprachmittel ausgedrückt war und τε nur noch die bedeutung einer accessorischen partikel hat. Zu diesem accessorischen gebrauch gehören zunächst τε—τε hinter μέν—δέ in disjunctiven sätzen: hier ist die verbindende oder correlative bedeutung von τε—τε sehr wahrscheinlich; ferner die verbindungen μέν τε—δέ, μέν—δέ τε und μέν τε in hauptsätzen, ohne daß überhaupt ein satz mit δέ oder andern adversativpartikeln nachfolgt: hier hat τε in verbindung mit μέν die bedeutung die hervorhebende kraft von μέν zu bestätigen oder zu verstärken, in welcher function es auch in ἥ τε (= *verum enim vero*) erscheint. In der verbindung δέ τε, wie οὐδί—μηδέ—μήτε mit τε, hat die partikel dagegen ursprünglich copulative bedeutung; ebenso in ἀλλά τε (eigentlich: und andrerseits), ἀτάρ τε, καί τε, γάρ τε. Im hypotaktischen satzgefüge bleibt die annahme eines correlativen τε—τε zweifelhaft, wie *M* 48, *Γ* 12, auch in den bedingungssätzen mit εἴ πέρ τε—ἀλλά τε ist τε—τε nicht correlativ zu fassen, sondern wahrscheinlich als accessorisch bekräftigende partikel mit περ und ἀλλά verbunden. Bei der besprechung des τε hinter dem relativum, soweit dies in posteriorischen relativsätzen steht, wird die annahme abgelehnt, daß die partikel erst das vorhergehende pronomen zum relativ erhebe, und derselben vielmehr copulative kraft beigelegt. — Ein indefinites, mit dem indefiniten pronomen τις etymologisch zusammenhängendes τε wird angenommen in der verbindung mit dem indefiniten τις und ὅστις, mit dem fragwort τίς und dem verwandten fragwörtern, in den conjunctionen ὅτε, ἧτε, εὖτε, in priorischen sätzen hinter ὅσος, und wo es mit dem relativpronomen verbunden den conjunctiv nach sich hat, in ὅς τε, ὡς εἴ τε, ὅς δυ τε in vergleichssätzen, in dem consecutiven ἔστε, οἷός τε, endlich in πότε, ποτέ, τότε, ἄλλοτε. Unter der rubrik „der anomale gebrauch" werden die stellen besprochen: Z 317. σ 216. Ι 159. φ 358. ν 288 = ο 484. ι 29 = ρ 273 — Ψ 488. Β 280. Hesiod. Theog. 86 f. — Die gefundenen verschiedenen functionen von τε werden schließlich auf die beiden hauptfunctionen, die copulative und die indefinite zurückgeführt und diese aus zwei ursprünglich verschiedenen partikeln hergeleitet, die aber in der einen form τε zusammengefallen sind, den in der arischen grundsprache entwickelten partikeln ta und ka.

Nach der gegebenen inhaltsübersicht läßt sich der fortschritt, welchen die behandlung der partikel τε in der vorliegenden abhandlung erfahren hat, leicht ermessen. Eine umfassendere sammlung des homerischen materials, eine umsichtigere sonderung der verschiedenen functionen, eine sicherere sprachwissenschaftliche grundlage, eine reihe von neuen gesichtspunkten zeichnen dieselbe vor den früheren untersuchungen von Hartung, Naegelsbach, Baeumlein aus.

Neu ist die unterscheidung eines doppelten τε im anschluß an die relativpronomina, sofern dasselbe theils copulativ (in posteriorischen relativsätzen) theils indefinit (in priorischen und allgemeinen sätzen im conjunctiv) gefaßt wird, und diese unterscheidung ist allerdings geeignet die möglichkeit so verschiedener functionen, wie sie das mit τε verbundene pronomen hat, begreiflich zu machen. Denn während dasselbe zum theil auf concrete einzelbegriffe bezogen einen erklärenden oder begründenden eigenschaftssatz einleitet, ist in zahlreichen andern stellen eine verallgemeinernde bedeutung unverkennbar. Ist die letztere aus einem indefiniten τε mit sicherheit abzuleiten, so kann die erstere function sehr wohl aus einem auf das vorhergehende nomen zurückweisenden da erklärt werden, welches in einer periode, wo der relative gebrauch des demonstrativpronomens noch in der entwicklung begriffen war, die rückbeziehung des pronomens verstärkte und damit einen engeren anschluß des pronomens an das vorhergehende nomen zum ausdruck brachte. Sicher festgestellt scheint ferner die bedeutung und der umfang des gebrauchs des indefiniten τε. Anderes freilich wird zweifelhaft bleiben und erneuter untersuchung bedürfen. So scheint die annahme besonders unsicher, daß τε ähnlich wie καί ursprünglich auch zur verbindung des nachsatzes mit seinem vordersatze gedient habe, wenn nämlich die beiden sätze gleichgestellt werden sollten: die stellen, in welchen die spuren solchen gebrauchs gefunden werden: Α 218. Κ 520 ff. Ο 395 ff. Α 464 f. sind, wie der verf. übrigens selbst anerkennt, nicht beweisend, weil in denselben abgesehen von dem einen Α 218 dem τε ein anderes τε oder καί folgt, so daß eine korresponsion beider partikeln angenommen werden kann. Wäre aber die annahme eines den nachsatz mit dem vordersatze verbindenden τε begründet und dieser gebrauch aus der parataxe abzuleiten, so begreift man nicht recht, warum der verf. die annahme einer correlativen verbindung durch τε—τε in den hypothetischen sätzen, die im vordersatze εἴ πέρ τε, im nachsatze ἀλλά τε und ähnliches haben, ablehnt, da doch hier eine parataktische grundlage in der gliederung mit μέν τε — δέ τε und ähnlichen vorliegt, auch das τε nach ἀλλά als ursprünglich copulativ gefaßt wird. Ferner wird bei der kategorie des andere partikeln accessorisch verstärkenden τε sich die frage erheben, ob nicht in manchen der hieher gerechneten partikelverbindungen (wie ἤ τε, μέν τε) τε doch ursprünglich eine aus dem correlativen τε—τε sich erklärende beziehung auf vorhergehendes oder folgendes ausdrücke.

Sind so nicht alle räthsel gelöst, welche sich an den gebrauch der partikel knüpfen, so verdient der verf. doch für die förderung, welche der gegenstand durch seine behandlung erfahren hat, unsern vollen dank und schließen wir daher mit dem wunsche, daß derselbe durch seine vorzugsweise auf die homerische frage gerichteten untersuchungen noch öfter zu ähnlichen erörterungen über einzelne seiten des homerischen sprachgebrauchs geführt werden möge.

---

5. W. von Christ, die wiederholungen gleicher und ähnlicher verse in der Ilias. (Sitzungsberichte der philosophisch-philologischen und historischen classe der k. bayerischen academie der wissenschaften.) München 1880, p. 221—272.

Eine reihe von wiederholungen in den homerischen gesängen erklärt der verf. im anschluß an G. Hermann aus der vortragsweise der homerischen gesänge, welche selbst in später zeit nur selten vollständig hintereinander, in der zeit des epischen gesanges selbst nur in einzelnen rhapsodien oder kleineren cyklen von gesängen zum vortrag kamen. „Es darf daher weniger anstoß erregen, wenn kampfscenen und gleichnisse, welche sich in den gesängen $\Gamma - H$ finden, in Λ oder in $\Lambda - O$ wiederkehren, oder wenn verse und selbst mehrere verse der Patrokleia und Achilleis an bekannte stellen der älteren gesangsgruppen anklingen. Umgekehrt gab es schilderungen von kampfesmuth und kampfesnoth, die so sehr gefielen, daß man sie gerne wieder bei anderer gelegenheit und in anderer umgebung vortragen hörte." Verschieden davon sind wiederholungen, die theils durch die grammatische form, theils durch den zusammenhang, theils durch die veränderung eines einzelnen wortes anstoß erregen und sich als kopien der anderen stelle ergeben. Eine große anzahl von wiederholungen dieser art nun ist es, welche der verf. in der vorliegenden abhandlung auf die frage hin untersucht, wo das original und wo die nachbildung zu erkennen sei. Der letzte zweck dieser untersuchungen war dem verf. allerdings, daraus kriterien zur klärung der homerischen frage zu gewinnen, aber der nächste gesichtspunkt war ihm doch lediglich die frage nach dem verhältniß der stellen zu einander. Auch werden die untersuchungen durchaus nur als vorläufige gegeben, ohne daß der verf. daraus weitere schlüsse auf die frühere oder spätere abfassung der einzelnen theile der Ilias zieht, ja derselbe warnt geradezu vor einer unbesonnenen benutzung des gebotenen materials und führt an, welche vorsicht bei solchen untersuchungen geboten sei. Das einzige resultat, welches derselbe schon jetzt als gesichert ansieht, betrifft die Grotesche ansicht von der entstehung der Ilias, und dies spricht er dahin aus, „daß Grotes Achilleis theile enthält, welche nach dem vorbild solcher gesänge ($B - H$) gedichtet sind, welche nach Grote erst in die ältere Achilleis eingeschoben sein sollen, daß also, wenn man sich überhaupt auf jene weise die Ilias entstanden denken dürfte, das verhältniß der theile eher umzukehren wäre." Im übrigen aber beschränkt er sich darauf, die ergebnisse seiner vorläufigen untersuchungen in einem übersichtlichen „verzeichniß der nachahmungen in der Ilias" so zusammen zu fassen, daß er bei jedem buch die stellen angiebt, wo dasselbe entweder nachahmungen anderer bücher enthält oder selbst in andern büchern nachgeahmt wird. Beachtenswerth ist, daß während nach diesem verzeichnisse die meisten bücher nachahmungen anderer in größerer oder geringerer zahl aufweisen, die bücher $AΓΔZ$ von solchen frei sind. Anhangsweise giebt der verf. noch ein verzeichniß der stellen, wo der dichter sich auf früher gesagtes zurückbezieht oder im voraus auf das was nachher erzählt werden soll hinweist. Indem derselbe hier die verschiedenen arten solcher bezugnahmen an beispielen erläutert und zugleich die schwierigkeit der kritischen behandlung der dahin gehörigen stellen nachweist, bemerkt er in dem gegebenen verzeichniß bei jedem buche einmal, in welchen büchern der inhalt desselben im allgemeinen, in welchen speciell vorausgesetzt sei, sodann an welchen einzelnen stellen anderer bücher einzelne stellen des betreffenden buches vorausgesetzt werden, sowie andrerseits, welche bücher das betreffende buch selbst voraussetze und wo dasselbe auf stellen anderer bücher im besonderen bezug nehme oder daran anknüpfe.

Der nutzen solcher in umfassender weise und mit der nöthigen vorsicht angestellten untersuchungen leuchtet ein und wir sind dem verfasser zu besonderem dank verpflichtet, daß er nach G. Hermann und anderen den gegenstand aufgenommen und in größerem umfange behandelt hat. Auch ist die untersuchung in der art geführt, daß die versicherung des verfassers, mit voller unbefangenheit an dieselbe herangetreten zu sein, sich bewahrheitet, sowie andrerseits die vorsicht, mit welcher er die bedeutung des gefundenen im einzelnen sorgfältig abwägt, und die selbstbeherrschung, mit welcher er von unmittelbaren schlüssen sich zurückhält, besonders anzuerkennen ist. Auch so wird für manche stelle durch die neue beleuchtung, welche sie in diesen untersuchungen erhält, sich ein sicherer gewinn und förderung ergeben. Nur wenige stellen sind mir aufgefallen, wo der verf. sich in seinem urtheil mehr durch sein subjectives gefühl, als durch objective gründe hat bestimmen lassen. Dahin gehört das urtheil über $Θ$ 2 f. vgl. mit $Λ$ 498 f. $= E$ 753 f. p. 239: „In $Θ$ überkommt einen unwillkürlich das gefühl der unbehaglichen enge, wenn man die versammelten götter auf dem schmalen raume einer bergspitze zusammensitzen denken soll." Ebenso zweifelhaft ist die berechtigung in $Ψ$ 575 eine unge-

schickte nachahmung von X 106 (p. 258) zu sehen, was mit den
worten motivirt wird: „An der zweiten stelle (Ψ 575) verbot
der zusammenhang den voraussagang κα κώτερος ἄλλος ἱμεῖο· aber
was Menelaos dafür setzt 'Αχαιῶν χαλκοχιτώνων ist eine ver-
blaßte allgemeinheit, nur dazu da, den vers zu füllen." Ferner
ist die situation nicht beachtet bei dem urtheil über Ψ 285
vgl. mit B 42 (p. 254): Achill hat sich nicht in seinem zelt
zur ruhe gelegt, sondern ist vom scheiterhaufen abseits gegangen
und hat sich im freien niedergelegt, es kann also in dieser
situation von einem entgegengehen, um den eintretenden zu empfangen, nicht die rede sein. Zweifel erweckt auch die bemerkung, durch welche das verwerfende urtheil über Ω 69 f. vgl.
mit Δ 46—49 (p. 249) begründet wird: „Denn es gab nur
einen altar der stadt, auf dem die stadt oder der vertreter der
stadt, der könig Priamos, opferte; von einem hausaltar eines
einzelnen, wie hier des Hektor, weiß das heroische zeitalter
nichts." Sollte nicht ein altar des Zeus ἑρκεῖος in der αὐλή des
Hektor annehmbar sein, wie in dem hofraum der griechischen
fürsten? Vgl. X, 334 f.

6. **The Bacchae of Euripides** with critical and explanatory notes and with numerous illustrations from works of ancient art by **John Edwin Sandys**, M. A., Fellow and Tutor
of St. John's College, and Public Orator in the University of
Cambridge. Cambridge: University Press. 1880. CXLVIII
u. 264 S. 8.

Diese des schönen stücks würdige ausgabe kann man nur
mit großem wohlgefallen betrachten. Der eindruck der herrlichen ausstattung wird erhöht durch die über das ganze buch
an passende stellen vertheilten trefflichen illustrationen, welche
antiken kunstwerken entnommen näheren oder entfernteren bezug
zum stücke haben. Man kann über die beigabe solcher illustrationen verschiedener meinung sein; aber jedermann muß sich
freuen, vor der scene, in welcher Pentheus den liebreiz des
Dionysos schildert (452 ff.), den schönen Dionysoskopf des ka-
pitolinischen museums oder in der scene, in der Agaue mit dem
kopf des Pentheus auftritt (1153 ff.), das bild von einer paste
des britischen museums, welches die stürmende Agaue mit thyr-
sus und dem kopf des Pentheus darstellt, zu sehen. Gerade

bei diesem stücke können die werke der alten kunst dazu dienen, auch den modernen leser in die stimmung zu versetzen, in welcher der griechische zuschauer der aufführung des stückes beiwohnte. Der verfasser hat überhaupt den archäologischen beziehungen des stücks in der einleitung eine ausführliche besprechung gewidmet, worin wir nicht den geringsten vorzug der ausgabe sehen. Besondere erwähnung verdient, daß p. 238 eine 1871 zu Dali (dem alten Idalion) auf Cypern gefundene thonlampe zum ersten mal publiciert wird. Man sieht darauf eine bacchantin in langem chiton, über welchem die nebris hängt, gegürtet, mit zurückgeworfenem kopfe und flatternden haaren, in der rechten ein kurzes schwert, in der linken das stück eines gespaltenen wildes haltend. Im übrigen gibt die sehr umfangreiche einleitung aufschluß über die mythologischen, dramatischen, scenischen, ästhetischen und literargeschichtlichen fragen. Der text ist begleitet von lateinisch geschriebenen kritischen noten, in welchen ein überblick über die verschiedenen lesarten, emendationen und conjecturen geboten wird: neu sind außer den conjecturen des verfassers auch die von W. H. Thompson und J. S. Reid, welche ihre vermuthungen dem herausgeber zur verfügung gestellt haben. Dem text folgt ein ausführlicher commentar, diesem ein metrisches schema, englischer und griechischer index. Wir wollen im folgenden einige bemerkungen des verfassers hervorheben, die uns für die kritik und erklärung des stückes besonders beachtenswerth erscheinen.

Die schwierige stelle 126 ff. ἀνὰ δὲ βαχεία συντόνῳ κέρασαν ἀδυβόᾳ Φρυγίων αὐλῶν πνεύματι bringt Sandys mit einer sehr scharfsinnigen vermuthung in beste ordnung: ἀνὰ δ᾽ ἀράγματα τυμπάνων κέρασαν ἀδυβόᾳ Φρυγίων αὐλῶν πνεύματι, für ἀράγματα τυμπάνων auf Kykl. 205 verweisend. Es kommt uns schwer an, doch zu bemerken, daß die änderung der auch durch die handschriften des Strabo bezeugten überlieferung zu gewaltsam erscheint. Der verf. sagt zwar mit recht: συντόνῳ *is also open to suspicion, as the meaning "intense", "impetuous", "keen" is not quite in harmony with ἀδυβόᾳ*. Aber σύντονος ist sehr geeignet den ton, welcher durch das schlagen auf die gespannte haut des tympanon erzeugt wird, zu kennzeichnen. Drum dürfte eine änderung gerade dieses wortes bedenklich sein. — Eine zweite vermuthung, die besondere beachtung verdient, ist der vorschlag 678 βόσκων für μόσχων zu lesen. Damit werden verschiedene schwierigkeiten der stelle beseitigt: für ὑπεξήκριζον braucht man keine transitive bedeutung anzunehmen; πρὸς λέπας wird verständlich, wenn man nur nicht mit Sandys ἀγελαῖα μὲν βοσκήματα βόσκων ἄρτι . . ὑπεξήκριζον, sondern ἀγελαῖα μὲν βοσκήματα πρὸς λέπας βόσκων (den abhang hinauf treibend) ἄρτι ὑπεξήκριζον verbindet. Außerdem macht Sandys gegen das überlieferte μόσχων geltend, daß 737 ff. nicht bloß von μόσχοι, sondern auch von πρόσις, δαμάλαι, ταῦροι die rede sei. Aber eben diese stelle zeigt, daß der einwurf keine bedeutung hat; denn auch dort steht μόσχοις vorans (736) als bezeichnung der ganzen heerde, so daß es die allgemeine bedeutung „rinder" haben muß. Gegen βόσκων aber läßt sich einwenden, einmal daß βοσκήματα βόσκειν eine harte redewendung ist, zweitens daß βόσκειν bei den tragikern nur die bedeutung τρέφειν hat; der epische gebrauch (Il. 15, 548 βοῦς βόσκει), auf welchen Sandys verweist, gilt nicht durchweg für den tragiker. Aus beiden gründen würde ich νέμων vorziehen, welches vielleicht in μὲν verkürzt und dann in μόσχων verwandelt wurde. — Mit recht verlangt Sandys 550 ἱερᾶς für ἱσορᾶς. — Sinnreich, wenn gleich zweifelhaft, ist ἠγνώτων Ἀίδαν, welches Sandys 1157 nach Soph. O. K. 1440 für πιπτὸν Ἀίδαν setzen will. — 147 vermuthet Sandys ἐκ εὐρθημας πίπται (d. i. ἐξαίνοσι ὑάρθημας); für den transitiven gebrauch wäre besser auf Ai. 40 ἔξεν γέρα als auf Il. 3, 368 verwiesen worden. Immerhin bleibt dieser gebrauch großen bedenken unterworfen. — Die vertheidigung der ziemlich absurden verse 286 ff. scheitert an der unmöglichkeit, die worte ἔθηκε τόνδ᾽ ὅμηρον ἐκδιδοὺς Διόνυσον Ἥρας νεικέων in erträglicher weise zu erklären. Sandys verbindet mit anderen ἔθηκε τόνδε ὅμηρον Ἥρας νεικέων „made that a pledge against the strife of Hera"; über die bedeutung von ἐκδιδοὺς Διόνυσον ist er unentschieden: „entrusting Dionysus to safe keeping", „putting him out to be nursed by the nymphs, or possibly „by way of surrendering D." Dem stil des Euripides scheint solche unklarheit fremd zu sein; an eine corruptel ist ja kaum zu denken. Die construction κατηγελᾷς σιν 286 darf nicht mit ὃν διαγελᾷς 322 verglichen werden: διαγελᾶν τινα ist nicht eine seltene, wie es zu 322 heißt, sondern die gewöhnliche construction. — Die änderung οὔτ᾽ ἀνάτως νοσεῖς 327 bringt uns keinen geeigneten gedanken, der eine pointe enthielte, wie es die stelle verlangt. — 896 f. verbindet Sandys die worte τό τε μὴ θνητὰ φρονεῖν βραχὺς αἰών wieder in dem sinne βραχὺν ποιεῖ τὸν αἰῶνα mit verweisung auf Il. 5, 407 ὅττι μάλ' οὐ δηναιὸς ὃς ἀθανάτοισι μάχηται. Ganz gut, wenn nur nicht der zusammenhang mit dem folgenden die trennung von βραχὺς αἰών forderte. Außerdem dürfte an und für sich der gedanke trotz der homerischen stelle bedenken erwecken. — Beachtung verdient die erklärung zu 486: εἰσήρξε scil. εἰς τὰς τελετάς, initiavit (εἰσιτήρια, initia) und entsprechend zu 469 ἠνάγκασεν: pressed thee into his service. — 587 folgt Sandys denjenigen, welche lieber οἵαν οἵαν ὀργάν als interpolation betrachten als im anfang der strophe einen ausfall annehmen. Aber gegen οἵαν .. ὀργάν läßt sich nichts sagen und eine entsprechende ergänzung vor 519 kann dem sinne nur zu statten kommen. — Wie 110 ᾗ ἐν (ᾗ 'ν) für ᾗ gesetzt werden muß, so ist wohl auch 558 ᾗ ἐν κορυφαῖς Κωρυκίαις zu schreiben, da die dichter den bloßen dativ nicht ohne alle noth brauchen. — Sandys setzt die lücke nicht mit Dobree nach 652, sondern mit Paley nach 651 an und gibt darum ἀνεθίσας .. καλόν dem Dionysos. So passend diese worte im munde des Dionysos sind, scheinen sie sich doch gerade auf ὃς τὴν πολύφορον ἄμπελον φύει βροτοῖς zu beziehen und fehlt zwischen 652 und 658 jeglicher zusammenhang. Ich habe zu der stelle angedeutet, wie der zusammenhang gewonnen werden kann. — 747 steht im text richtig ἢ σὺ ξυνάψαι, während im commentar ἢ σὺ ξυνάψαις gerechtfertigt wird. Die zahl der fälle, wo bei dem potentialis ἂν zu fehlen scheint, wird immer kleiner. Für Hipp. 1186 θᾶσσον ἢ λέγοι τις habe ich nach Iph. T. 837 θᾶσσον ἢ λόγοισιν vermuthet. — Der verdacht gegen 918, welchen Sandys mit Tyrrell theilt, scheint nicht begründet; überdies dient der vers der aufklärung der zuschauer. Wenn die gleiche zahl der verse des Dionysos und Pentheus mit gutem grund gefordert würde, so wäre die beseitigung von 916 weit eher am platz. — Wenn Sandys 985 theils mit Kirchhoff, theils mit Nauck τίς ὅδ' ὀριδρόμων μαστὴρ Καδμείων schreiben will, so muß bemerkt werden, daß die form ὀριδρόμων von Kirchhoff nur für den (freilich nicht musterhaften) dochmius μαστὴρ ὀριδρόμων gewählt ist, während bei jener umstellung natürlich die durch ὀρειβάτης geschützte form ὀρειδρόμων, welche bereits Nauck gesetzt hat, den vorzug verdient. —

6. Euripides.

1007 hat Sandys mit Thompson φανέρ', ἵνετ' ἐπὶ τὰ καλά, βίον geschrieben. Der satz bei Plato: οἱ δειλοὶ οὐκ ἐθέλουσιν ἰέναι ἐπὶ τὸ κάλλιόν τε καὶ ἄριστον (Prot. 360 A), steht in beziehung zu dem vorhergehenden εἰς τὸν πόλεμον οὐκ ἐθέλειν ἰέναι und kann darum nicht gut für die redensart ἐπὶ τὰ καλὰ ἰέναι angeführt werden. Aber abgesehen davon erscheint βίον als zeitbestimmung neben ἦμαρ εἰς τρίτα τε als lästig. Darum ist gewiß das der überlieferung noch näher liegende φανέρ' ἄγοντ' zu setzen, wofür ich auf frgm. 671 ἐπ' ἀρετήν τ' ἄγων ἔρως; verwiesen habe. — Gegen die änderung von Paley 1021 f. γελῶν περίβαλε βρόχον θανάσιμον hätten die mängel des versmaßes nachdrücklich geltend gemacht werden sollen. — Die bemerkung zu 1049 *It seems best to take ἀπὸ with γλώσσης, and not with σώζοντες (by tmesis)* ist insofern nicht richtig, als die zweite möglichkeit überhaupt wegfällt. — Zu 1056 weist Sandys mit recht die bemerkung von Madvig: *mira comparatio Baccharum cum pullis iugum relinquentibus* zurück. Schon der ausdruck λωφᾶν vermittelt die beziehung. Uebrigens würde die stelle an deutlichkeit sehr gewinnen, wenn es αἳ δ' ἐκλιπόντες ποιμίλ' ὡς πῶλοι ζυγή hieße und nicht ἐκλιποῖναι die verbindung mit αἳ δί offen ließe. Es ist ja leicht begreiflich, daß nach αἳ δὲ abschreiber ἐκλιπόντες in ἐκλιπούσαι corrigierten. — Die änderung μῆτ'· ἀκοντίζειν (für κἆρα κομπάζειν) 1207 kann ich nicht als eine verbesserung des sinnes betrachten. Agaue sagt: „wozu bedarf es des κόμπος; eherner waffen? unsere that macht die leistungen der bewaffneten zum eitlen κόμπος". — Die bemerkung zu 1341 f. εἰ δὲ σαφρονεῖν ἔγνωθ', ὅτ' οὐκ ἠθέλετε, τὸν Διὸς γόνον εὐδαιμονοῖτ' ἂν σύμμαχοι κεκτημένοι: *as the protasis contains εἰ with the aor. indic., the indicative aor. or impf. with ἂν would have been the normal construction* kann ich nicht verstehen. Sobald man εἰ ἔγνωτε als Irrealis auffaßt, fehlt für εὐδαιμονοῖτ' ἂν der innere zusammenhang und hätten diejenigen recht, welche εὐδαιμονεῖτ' ἂν schreiben. Dem satze „wenn ihr damals, als ihr nicht wolltet, weise zu sein verstanden hättet, werdet ihr vielleicht noch glücklich werden" fehlt doch gewiß der logische zusammenhang. Etwas ganz anderes ist es, wenn es Plat. Phaedr. 251 A heißt: καὶ εἰ μὴ ἐδίει τὴν τῆς σφόδρα μανίας δόξαν, θύοι ἂν ὡς ἀγάλματι καὶ θεῷ τοῖς παιδικοῖς: „wenn er nicht fürchten würde . ., so darf man wohl voraussetzen, er würde opfern". Diese stelle nämlich führt Sbilleto an, dessen bemerkung Sandys citiert. Sbilleto verbindet damit Soph. El. 797 πολλῶν ἂν ἥκοις, ὦ ξέν', ἄξιος τυχεῖν, εἰ τῇσδ' ἔπαυσας τῆς .. ῥοῆς. Die verbindung zeigt, daß diese stelle ebenso mißverstanden ist wie die unsrige: ἔπαυσας wie ἥκοις ist als thatsächlich zu betrachten: „wenn ihr verständig zu sein gelernt habt wider willen, so dürft ihr vielleicht noch glücklich werden".

Wecklein.

---

7. Πέτρος Ν. Παππαγεώργιος, κριτικά επί ερμηνευτικά είς τά άποσπάσματα τῶν Έλλήνων τραγικῶν ποιητῶν. Ἐν Λιψίᾳ. Τύποις B. G. Teubner. 1880. 56 S. 3.

Die abhandlung von Pappageorgios macht als kritische erstlingsarbeit einen recht befriedigenden eindruck. Sind auch darin viele z. g. kleinigkeiten behandelt und mancherlei bemerkungen gegeben, die jeder beim lesen macht, aber nicht weiter notiert, so thut doch die sicherheit oder hohe wahrscheinlichkeit vieler ergebnisse, die gute begründung der textänderungen und das fernbleiben willkürlicher bariolationen recht wohl im vergleich zu manchen solchen arbeiten unserer tage, auch im vergleich zu der neuerdings erschienenen Antigone-ausgabe von Moriz Schmidt, dem der verfasser als seinem lehrer die schrift gewidmet hat. Auch weit hergeholte und gesuchte erklärungen, wie sie mir wenigstens besonders in schriften von Neugriechen begegnet sind, hat der verfasser glücklich gemieden. Nur einen fall nehme ich aus. In dem neuen fragment des Euripides (vrgl. Philol. 39, p. 406) will er das überlieferte μὴ γὰρ κακῶς κρίνασ' ἐμαυτῆς τὸν ἴδιον βλάψω βίον, statt dessen der sinn μὴ γὰρ καλῶς κρίνασα fordert, vertheidigen mit der erklärung φόβῳ γὰρ ἢ αἰσθόμενος μὴ κακῶς κρίνασα. — Als die bemerkenswerthesten vermuthungen betrachte ich folgende: Athenaeos III, 86 B (Aesch. frgm. 277 N.) Αἰσχύλος δ' ἐν Πέρσαις τάς ἀναρίτας <τρεφούσας> νήσους νηριτοτρόφους εἴρηκεν, Soph. fragm. 355 ταρὺ δ' αὐτῷ δείξει τοὔργον ὥς ἐγὼ σαφής, 430, 3 ᾖ θάλατται μὲν αὐτῆς κτέ., Eurip. frgm. 46 ὡς οὔτις ἀνδρῶν .. εὐδαιμονεῖ, 240 ἡδονάς ζητῶν βίον. Mit recht wird Eur. frgm. 69 an zwei personen vertheilt. Zu Bekk. Anecd. p. 383, 8 (Eur. frgm. 1106) ἀλίαστον· τὸ μάταιον. Εὐριπίδης· ἔστι δὲ τὸ ἀνέγκλητον ὃ οὐκ ἔστι φυλάξασθαι κατὰ ἀπόφασιν bestätigt Pappageorgios

7. Euripides.

die vermuthung von Nauck ἀνέγκλιτον oder ἀνέκκλιτον mit dem hinweis auf Hesych. ἀλίαστος· ἀνέκκλιτος, wo auch die handschrift ἀνέγκλητος bietet, und erklärt μάταιον als eine erklärung zu dem verloren gegangenen ἄλιον (vgl. Hesych. ἄλιον· θαλάσσιον ἢ μάταιον). Es ist also dort ἄλιον· μάταιον· — ἀλίαστον· τὸ ἀνέκκλιτον·· Εὐριπίδης· ἔστι δὲ τὸ ἀνέκκλιτον κτλ · zu setzen.— Schön wird Hesych. περασαγγιλόγῳ nach Etym. M. 652, 12 in παρασάγγῃ· ἀγγέλῳ, Plut. Mor. 551 D προσιζάνειν nach Plut. Lyc. 27 in προσορίζειν verbessert. Sehr passend wird auch in dem Schol. zu Hom. Σ 274 (Soph. frgm. 818) ἐν τοῖσιν als ein rest der quellenangabe betrachtet: καὶ Σοφοκλῆς ἐν τοῖς — <Ποιμέσ>ιν? Mit recht stimmt der verf. der ergänzung und änderung von Cobet bei: ὀλίγοισιν .. ἥδιον ἂν (für εἰ) χωροῖμεν. Nur möchte ich schreiben: παύροις ἂν ἵπποις τοίσιν ἐκλελιγμένοις ἥδιον ἐπιχωροῖμεν ἢ παντὶ σθένει. Andere conjecturen sind deshalb weniger wahrscheinlich, weil bei den fragmenten, bei denen uns der zusammenhang unbekannt ist, verschiedene möglichkeiten der emendation sich bieten. Wieder andere verbesserungen sind bereits von anderen vorweggenommen wie Adesp. 100, 7 ἕρπων von Fr. W. Schmidt, Eur. fr. 904, 12 τίνι, 1105 αἰγαί· ὄμμα von dem referenten. Auch Enr. fr. 214 scheint ihm meine verbesserung ἐσθλῶν ἀπ' ἀλόγων unbekannt geblieben zu sein; er würde nicht den vorschlag ἐσθλῶν ἀπ' ἀνδρας gemacht haben, worin schon die nachstellung der präposition schweren bedenken unterliegt. Warum Soph. fr. 162 die emendation von Casaubonus ὀμμάτων ὕπο | λόγχας aufgegeben wird, ist nicht zu ersehen. Für φησίν schreibe Dindorf ἀφίησιν oder ἀφιείς, Nauck ἵησιν. Pappageorgios vermuthet ὄμματα | λόγχας ἀφίησιν: da hier in ἀφίησιν das erste ι lang genommen werden muß, wird ἀφίησιν wegen der cäsur bedenklich. Ebd. 421 will Pappageorgios μῦθος γὰρ Ἀργολιστὶ συντέμνει βραχύ schreiben, was συντέμνων ποιεῖ (τὸ λεγόμενον) βραχύ bedeuten soll. Ich glaube nicht, daß richtiges sprachgefühl das billigen kann. Griechisch lautet dagegen μῦθον γὰρ Ἀργολιστὶ συντέμνω βραχύν oder μύθους.. συντέμνω βραχεῖς, was ich für das überlieferte μῦθος γὰρ Ἀργολιστὶ συντέμνων βραχύς setzen möchte (es geht voraus πάντ' οἶσθα, πάντ' ἔλεξα τάντεταλμένα). Ebd. 477 vermuthet Pappageorgios τήνδ' ἂν Ἰδαίαν χθόνα: das richtige bietet ein theil

7. Euripides. Nr. 1.

der handschriften: τοῦ κατ' Ἰδαίαν χθόνα, welches mit Ὀλύμπου zu verbinden ist. Ebd. 616 schreibt Pappageorgios τὸ δ', εὐτυχοῦντα πάντ', ἀριθμήσας, βροτῶν οὐκ ἔστιν ὅπως θετὸν' εὑρήσεις ἕνα. Die erläuterung, die er dazu gibt, πῶς ἔστιν ὅπως ὅπως εὑρήσεις ἕνα βροτῶν εὐτυχοῦντα πάντ', ἀριθμήσας (τοὶς βροτοῖς) läßt schon an dem überflüssigen ὅπως die mängel der herstellung erkennen; ὅπως muß mit εὐτυχοῦντα in beziehung stehen und wirkliches glück von dem bloßen scheinglück unterscheiden. Die handschriften des Stobaeus bieten τὸ δ' εὐτυχοῦν πάντ' ἀριθμῆσαι βροτῶν οὐκ ἔστιν ὅπως ἄντιν' εὑρήσεις ἕνα: ἀριθμήσας bat Grotius emendirt; außerdem will Nauck ἅπαν ἀριθμήσας oder πᾶν ἐξαριθμῆσας, Cobet διευτυχοῦντα schreiben. Uns zeigt ἵνα und der durch ὅπως angedeutete gegensatz folgende herstellung an: τοὺς δ' εὐτυχοῦντας πάντ' ἀριθμήσας βροτῶν οὐκ ἔστιν ὅπως ὅντιν' εὑρήσεις ἕνα, „zählt man die menschen, die in jeder beziehung glücklich sind, wird sich kein einziger finden, der es wirklich wäre". Vgl. Eur. frg. 662 οὐκ ἔστιν ὅστις πάντ' ἀνὴρ εὐδαιμονεῖ. — Der erklärung, welche Pappageorgios zu Eur. frg. 554 gibt, hätte es nicht bedurft: die bedenklichkeit der worte ἐκ τῶν ἀέλπτων ἡ χάρις μείζων βροτοῖς φανεῖσα μᾶλλον ἢ τὸ προσδοκώμενον wird damit, zumal bei solcher stellung von μείζων und μᾶλλον, nicht beseitigt. Mit recht scheint Nauck den zweiten vers als unecht zu erklären. Außerdem möchte ich schreiben: ἐκ τῶν ἀέλπτων ἡ χαρά μείζων βροτοῖς. Gleichfalls erscheint es sehr klar, daß der sinn von frg. 685 ist: οἱ μὲν εὐτυχοῦσιν, οἱ δὲ δυστυχοῦσι καίπερ εὐσεβεῖς ὄντες εἰς τοὺς θεοὺς καὶ . . ζῶντες ἄνευ αἰσχύνης. Die schwierigkeit des bruchstücks liegt in den worten καὶ πάντ' ἀκριβῶς κἀπὶ φροντίδων βίον οὕτω δικαίως ζῶσιν. Was soll οὕτω bedeuten? Gesner vermuthet οἱ τῷ δικαίῳ. Aber ἐπὶ φροντίδων bedarf einer näheren bestimmung; denn ἐπὶ φροντίδων leben auch die schlechten. Daraus ergibt sich zunächst δικαίων. Es bleibt οὔτω. In dem oben behandelten fragment von Soph. 616 bietet für ὄντως ein theil der handschriften des Stobaeus οὗτος. Unsere stelle ist gleichfalls nur von Stobaeus überliefert: wir werden also schreiben dürfen κἀπὶ φροντίδων . . ὄντως δικαίων.

Gelegenheitlich wird eine interessante stelle des Strabo (p. 199) behandelt, welche Cobet Miscell. crit. p. 125 f. erörtart hat: καὶ τοῦτο δὲ τῶν θρυλουμένων ἐστὶν ὅτι πάντες Κελτοὶ φιλόνεικοί τέ εἰσι καὶ νομίζεται παρ' αὐτοῖς αἰσχρὸν τὸ τῆς ἀκμῆς ἀφειδεῖν τοῖς νέοις. Daß φιλόνεικοι unbrauchbar ist und was der sinn erfordert, fällt in die augen. Den sinn gibt, die gleiche notiz nach der gleichen quelle anführend, Athen. p. 603 A mit παιδικοῖς μᾶλλον χαίρουσιν, Diod. V 32 mit πρὸς τὰς τῶν ἀρρένων ἐπιπλοκὰς ἐκτόπως λυσσῶσιν wieder. Cobet verwirft nur die conjectur von Meineke ἡδονικοί, das passende wort kann er nicht finden. Pappageorgios vermuthet φιλήτοι und erwähnt auch die vermuthung φιλομειράκιοι. Damit wird das laster (vgl. ἐκτόπως λυσσῶσιν) nicht genügend bezeichnet; wohl aber mit φιλοπείπαιδοι.

N. Wecklein.

---

8. De ratione, quae Platoni cum poetis Graecorum intercedit, qui ante eum floruerunt. Theodorus Heine, Dr. phil. Vratislaviae apud Guilelmum Koebnerum 1880. 73 p. 8.

Der verfasser hat sich die aufgabe gestellt, uns ein bild von der bekanntschaft Platons mit den verschiedenen dichtern seiner nation und seiner abschätzung derselben, so weit dieselbe eine rein ästhetische und nicht von seinen sittlich-politischen tendenzen bedingte ist, zu entwerfen, und dies ist ihm, abgesehen von manchen einzelheiten, auch gelungen. Wir entbehrten bisher eine so umfassende zusammenstellung und sind daher dem urheber dieser arbeit zu dank verpflichtet. Er behandelt zuerst die epiker (p. 3—31), dann die tragiker (p. 32—46), wobei sich ergiebt, daß Platon Aeschylos über Sophokles und Sophokles über Euripides stellte, dann die komiker (p. 47—58) und zuletzt die elegiker, iambiker und lyriker (p. 58—73). Freilich liegt es in der natur des themas, daß der eigentliche schwerpunkt in die erschöpfende und richtige zusammenordnung des stoffs fällt, aus welcher sich dann das urtheil unschwer ergab, und man bekommt den eindruck, als ob der verfasser sich davon nicht befriedigt gefühlt hat und in folge dessen zuweilen über die nöthige zurückhaltung hinausgegangen ist, um dinge zu ermitteln, die wir nun einmal nicht wissen können. Dies hat ihn mehrfach zu mißgriffen verleitet. So zeigt er zwar ganz richtig, daß man noch entschiedener, als es schon Sengebusch that, behaupten darf, Platon habe von ernsten epen dem Homeros nur

Ilias und Odyssee zugeschrieben, aber wie er in dieser hinsicht über den Margites dachte, bleibt besser dahin gestellt, eben so aber auch andrerseits, ob er, was Heine mit sehr wenig zwingenden gründen für wahrscheinlich erklärt, über dies gedicht bereits dasselbe urtheil hatte wie Aristoteles. Der versuch vollends (p. 13 f.) aus Phädrus 264 C. 268 D zu zeigen, daß schon Platon eben so wie Aristoteles geurtheilt habe, Ilias und Odyssee hätten eine größere einheit der handlung als die übrigen epen, ist in dieser gestalt ganz unhaltbar und die sache dahin zu beschränken, daß sich allerdings aus Platons voraussetzungen dies resultat ergiebt. Daraus, daß Phädrus 268 C ff. zuerst Sophokles und Euripides, dann aber 269 A ersterer allein genannt ist, wird p. 41 f. eine versteckte anspielung auf die *morositas* des letztern herausgeklügelt, während es sich doch sehr einfach aus der höherstellung des ersteren erklärt. Falsch wird (p. 51) Rep. III. 396 B auf die komödie bezogen statt auf die künsteleien des jüngeren dithyrambos. Aus dem Symposion wird (p. 52 ff.) seltsamerweise geschlossen, daß Aristophanes nach Platons meinung ein viel richtigeres eignes urtheil über den Sokrates gehabt habe, als er es in seiner sich der volksansicht anschließenden darstellung, in den Wolken aussprach. P. 65 ff. werden zwar zunächst die *poetae amatorii Aeolici* den *poetae chorici* entgegengesetzt, dann aber unvorsichtig so gesprochen, als ob *poetae amatorii* überhaupt und *poetae chorici* gegensätze wären. Kritias wird p. 62 f. unter den elegikern aufgeführt, dann aber richtig anerkannt, daß die bestimmteren anspielungen Charm. 162 D. Kritias 108 B sich vielmehr auf seine dramen beziehen. Er war also vielmehr unter den tragikern zu behandeln, worüber Heine sich hätte genauer aus Wilamowitz Analecta Euripidea belehren sollen. Dagegen war Meletos (p. 46) aus der zahl der tragiker zu entfernen. Heine hätte billigerweise, wenn nicht aus C. F. Hermanns abhandlung *de Socratis accusatoribus*, so doch aus Zellers Philosophie der Griechen wissen sollen, daß der ankläger des Sokrates nicht derselbe mit dem tragiker war. Ueberhaupt ist es auffallend, daß dies werk in der ganzen schrift nie erwähnt wird, nicht einmal da, wo von der ächtheit der platonischen dialoge die rede ist, welche der verfasser allzu leichthin ohne weiteres auf den Ion und den Menexenos ausdehnt (p. 9. anm. 1). Und wenn er p. 62 anm. 2

schreibt „*De Atlantide Solonis carmine inchoato illo quidem sed non perfecto* cf. Bergk. Poet. lyr.. I³. p. 439", so würde er über diesen gegenstand statt einer solchen anachronistischen ansicht leicht eine richtigere auffassung haben gewinnen können, wenn er sich die mühe genommen hätte den betreffenden abschnitt in meiner Genet. entw. der platon. philosophie anzusehen. Diese und andere ausstellungen schmälern indessen nicht erheblich das verdienstliche der arbeit.

Franz Susemihl.

---

9. Erotemata grammatica ex arte Dionysiana oriunda, maximam partem nunc primum edidit P. Egenolff. Beilage z. pgm. v. Mannheim 1880.

Der herausgeber hat sich mit der veröffentlichung dieser katechismen sicher ein großes verdienst erworben — weniger als ob sie an sich einen großen werth hätten, als vielmehr weil sie uns den stand grammatischer studien bei den Byzantinern im allgemeinen zeigen und besonders für unsere kenntniß der werthschätzung und benutzung der grammatik des Dionysius Thrax im mittelalter von wichtigkeit sind. Daneben haben sie auch anspruch auf eine gewisse beachtung bei feststellung des textes des Dionysius Thrax.

Ueber die kritischen hülfsmittel geben die Epilegomena die nöthige auskunft. Die einrichtung ist derartig getroffen, daß sich an die einzelnen capitel der techne des Dionysius Thrax (deren text Egenolff in übereinstimmung mit Uhlig im wesentlichen nach dem cod. Vossianus, L, giebt] die bezüglichen capitel der chronologisch geordneten katechismen anschließen.

Zu unterscheiden sind fünf solcher katechismen: vom herausgeber bezeichnet:

E^g = erotemata Gudiana., aus cod. Guelferb. 112 saec. XII oder XIII.

E^v = erotemata Vratislaviensia Nili Metropolitae Rhodii, aus einer handschrift des Magdalenen-Gymnasium in Breslau, saec. XV.

E^t = erotemata Tubingensia., aus cod. Tub. M. b. 24 saec. XV.

E^b = erotemata Basileensia Moschopuli.

Es ergeben sich aus der betrachtung und vergleichung

dieser fragestücke unter einander und mit dem texte des Dionysius Thrax interessante fragen, deren beantwortung der herausgeber leider wegen raummangels fürs nächste jahr hat zurücklegen müssen. Er sagt: *inter quattuor autem species quaenam ratio intercedat, quaenam forma Moschopulo sit adscribenda, quo vinculo Basileensis potissimum erotemata cum anonymi mei epitoma cohaereant, qua ratione usi sint erotematis Manuel Chrysoloras, Theodorus Gaza, Constantinus Lascaris, Demetrius Chalcondylas quibusque ab illis distent intervallis, quae denique necessitudo sit Melanthonis aliorumque recentiorum artium scriptorum et horum erotematum, de his omnibus . . . . in proximi anni programmate me esse expediturum promisi.*

Das ist eine menge interessanter und wichtiger fragen, deren beantwortung wir abwarten müssen, um im zusammenhange mit dem vorliegenden texte darüber zu berichten; und nur über einen punkt wollen wir uns hier aussprechen, in betreff des *supplementum artis Dionysianae περὶ προσῳδιῶν*. Wir hätten gemeint, daß für dessen feststellung der unter dem namen des Porphyrius überlieferte tractat περὶ προσῳδιῶν — welcher den hauptbestandtheil der bei Bekker Anecd. p. 675—703 gedruckten scholien bildet — da er das ganze supplementum in lemmata zertheilt wörtlich enthält, in erster linie herangezogen werden müßte, denn es stellt wohl die älteste beglaubigte überlieferung des supplementum dar.

Allerdings beginnt er mit dem ὅρος des Herodian und es läßt sich nicht entscheiden, ob der nicht etwa später dem supplementum hinzugesetzt ist, oder ob er gleich bei der ersten redaction des supplementum benutzt ist. Die letztere möglichkeit gewinnt an wahrscheinlichkeit, wenn der verfasser des supplementum, der *Διονυσίου μεταγενέστερος* des Porphyrios, und der Theodosius Alexandrinus, der die von Choeroboscos commentirten κανόνες verfaßte, dieselbe person sind, was bekanntlich im alterthume von einigen angenommen wurde, vgl. cod. Paris. 2542. bei Bekker An. p. 1141. Den ὅρος finden wir nun bei E[b]. Sollen wir annehmen, er habe einen vollständigeren text des supplementum oder des Porphyrius vor sich gehabt? Ich würde mich für letztere annahme entscheiden, wenn er nicht unter der frage πόθεν προσῳδία; eine etymologie des wortes mit orthographischer belehrung gäbe, die ich sonst in der form nirgends wieder gefunden habe. Mit recht ist zeile 10 ff. die definition das τόνος nach den scholien eingefügt, nur wäre der singularis συλλαβῆς mit H. In den text, συλλαβῶν als abweichende lesart der übrigen in klammern zu setzen gewesen. Zeile 21 verräth nachträgliche redaction: ἡ γὰρ βαρεῖα συλλαβικῶς τόνος ἐστίν κτλ. documentirt sich bei Porphyrius sofort als citat aus dem supplementum, es stand also in dem wortlaute in dem ältesten supplementum; in der form aber, wie uns jetzt das supplementum vorliegt, hat das γάρ durchaus keinen sinn. Das richtige hat E⁴ bewahrt, wenn er schreibt: πόσοι τόνοι κυρίως; — δύο. ἡ γὰρ βαρεῖα κτλ., d. h. es ist ein gedanke wie der, daß eigentlich nur zwei accente im engeren sinne (κυρίως) anzunehmen seien, von dem verfasser des supplementum in seiner ursprünglichen form wenigstens beiläufig erwähnt worden. Porphyrius hat diesen zu commentiren nicht für nöthig gehalten, aber das folgende lemma ἡ γὰρ βαρεῖα dem wortlaute nach citirt. Dieses γάρ nun hat der letzte redactor des supplementum seinerseits wieder beibehalten, ohne indeß den hiatus in seiner darstellung zu bemerken.

Da nun E⁴ diese lücke ausfüllt, so scheint es mir, als sei er unabhängig von der form des jetzigen supplementum, vielleicht sogar bei der überlieferung des jetzt vorliegenden supplementum die vermittelung des Porphyrios anzunehmen. Dem widerspricht allerdings der umstand, daß das supplementum, zeile 31, die worte, welche Porphyrius mit καὶ τὰ ἑξῆς bezeichnet, vollständig hat.

An derselben stelle befindet sich noch ein versehen. Die worte ἐπὶ τέλους mußten eingeklammert werden. Nach Porphyrius hatte das supplementum ἐπιτίθεται für ἐπὶ τέλους ἐτίθετο, woraus das richtige ἐπετίθετο zu gewinnen ist. Das imperfectum fordert der zusammenhang. ἐπὶ τέλους ist vermutblich dadurch entstanden, daß ein schreiber ἐπιτίθεται zu schreiben im begriff stand, seinen fehler merkte und nur vergaß, die schon geschriebenen buchstaben ιι wegzupungiren, sodaß ἐπι ε τίθετο entstand, das ein unverständiger nachfolger für eine abkürzung nahm.

Zeile 26 steht wieder so ein falsches γάρ. Mit den worten περὶ γὰρ τῆς μακρᾶς καὶ τῆς βραχείας οὐκ ἔστι νῦν πολλὴ χρεία wird das capitel über die χρόνοι kurz abgethan, da ja später Dionysios selbst über die länge und kürze der silben handle. —

9. Byzantiner. Nr. 1.

Der fehler, den der verfasser des supplementum damit begiug, daß er die quantität der silben mit ihrer bezeichnung verwechselte, muß sehr bald bemerkt worden sein, da schon Porphyrius davon spricht, daß ἄλλοι δὲ ... φασὶν ὡς [οὐ] περὶ μηκυνομένων ἢ συστελλομένων φωνηέντων ὁ λόγος τῷ τεχνικῷ ἄλλα περὶ τῶν σημείων τῶν τιθεμένων ἐπάνω τῶν συστελλομένων φωνηέντων καὶ ἐκτεινομένων. Das falsche γάρ des supplementum hat Bekker stillschweigend in δὲ geändert, aber das ist ebensowenig richtig; Porphyrius hat das richtige περὶ μὲν τῆς μακρᾶς κτλ. erhalten.

Zum schlusse sei bemerkt, daß der passus über die stellen der accente in der ursprünglichen fassung, die dem Porphyrius vorgelegen hat, wenigstens soweit sie die stellen der ὀξεῖα betrifft, etwa folgendermaßen gelautet haben wird: ἡ ὀξεῖα τίθεται ἐπὶ τριῶν συλλαβῶν, ἐπὶ τῆς τελευταίας, ἐπὶ τῆς παρατελεύτου καὶ ἐπὶ τῆς πρὸ δύο συλλαβῶν. ὀξύτονον, παροξύτονον δ καὶ βαρύτονον λέγεται κτλ.

Daß überhaupt das ursprüngliche supplementum an einzelnen stellen vollständiger war und seine jetzige form schon der einwirkung byzantinischen kürzungsstrebens verdankt, erkennen wir, wenn Porphyrius sagt: ἰστέον δὲ ὅτι σύνθετον λέγει τὴν περισπωμένην ἐπειδὴ κτλ., wovon jetzt nichts zu finden ist; man müßte denn das σύνθετον auf das συνημμένον in der definition der perispomene beziehen, ποιότης συλλαβῆς συνημμένον ἢ κεκλασμένον ἔχουσα φθόγγον.

Noch sei bemerkt, daß in E^b das ἤτοι der ed. princeps in der definition der prosodia von cod. Borhon. II. D. 4. (s. Wachsmuth in Rh. Mus. XX. p. 375) geschützt wird. Ebenda steht auch ἀναλογικὸν für ἀναλογητικόν.

Daß das schriftchen viele druckfehler aufweist, hat schon der herausgeber lebhaft bedauert; wir freuen uns, daß mit dieser veröffentlichung ein interessanter beitrag für die geschichte der byzantinischen philologie gegeben ist; danken dem herausgeber dafür und sehen mit interesse der veröffentlichung seiner untersuchungen entgegen.

Georg Schomann.

---

10. Eudociae Augustae violarium recensuit et emendabat

fontium testimonia subscripsit Ioannes Flach. Accedunt indices quorum alter scriptores ab Eudocia laudatos alter capita violarii continet. Lipsiae in aed. B. G. Teubneri. MDCCCLXXX. XII u. 782 pp.

Wenn wir von einem schriftsteller nur eine einzige handschrift besitzen, so hat ein herausgeber meines erachtens die pflicht, entweder einen genauen abdruck derselben zu liefern, oder, wenn er gleich einen lesbaren text bieten will, im apparat bestimmt und vollständig alle abweichungen der handschrift anzumerken. Ganz besonders gilt dies bei einem werk, wie das violarium der Eudocia, das wir nur in einer einzigen handschrift*) aus der renaissancezeit besitzen, das so zu sagen nichts selbständiges enthält, sondern fast durchweg aus nachweisbaren quellen abgeschrieben ist. Villoisons ausgabe entsprach diesen anforderungen nicht ganz. Einmal waren eine ziemliche anzahl von kritisch wichtigen fehlern der handschrift stillschweigend verbessert worden, dann fehlte es nicht an neuen irrthümern, auch hatte der herausgeber ebenfalls stillschweigend einige artikel weggelassen und endlich nicht die geringste bemerkung gegeben über das, was in der handschrift auf rasur oder auf dem rande steht u. s. w. Allen diesen fehlern hätte abgeholfen werden können durch veröffentlichung einer genauen collation.

Zugleich hätte eine gründliche beschreibung der handschrift, sowie genaue angabe der bis jetzt sicher nachgewiesenen quellen gegeben werden müssen und endlich hätte nicht fehlen dürfen ein genauer nachweis der wichtigen abweichungen der Eudocia von ihren quellen, bezw. dessen, was wir nur durch ihre angaben wissen.

Hätte Flach alles dies etwa in einem anhang zu seinen im jahr 1879 erschienenen „Untersuchungen über Eudokia und Suidas" gegeben, so hätte jenes buch, ohne an umfang allzusehr zu wachsen, an werth außerordentlich gewonnen. Er hat es vorgezogen, eine neue ausgabe drucken zu lassen, und bei dem heutzutage ziemlich verbreiteten glauben an den hohen werth der Eudocia wird er recht haben, wenn er am schluß seiner

---

*) Die zweite handschrift, Paris. supplement 42, ein etwa um das jahr 1700 von einem Franzosen gefertigtes rein mechanisches apographum jenes einzigen Cod. Par. 3057, kann natürlich nicht mitzählen.

vorrede die überzeugung ausspricht, seine ausgabe werde der
gelehrten welt willkommen sein, zumal Villoisons Anekdota allmählich ein ziemlich seltenes buch geworden sind. Mancher
wird auch froh sein, jetzt nicht mehr mit dem alten unförmlichen
löschpapierband, sondern mit einem handlichen, sauberen Teubnerschen druck zu thun zu haben.

Wieweit entspricht nun die neue ausgabe den oben gestellten anforderungen?

Zuerst die recensio. Hier steht es besser, als sich nach
einigen ungenauigkeiten der „Untersuchungen" erwarten ließ.
So ist die hochwichtige lesart der pariser handschrift $κερ$-
$σοβλίπτου$ in dem artikel $περὶ\ Ἀμαδόκων$ (Vill. p. 37) angeführt; (allerdings hätte Flach im apparat schreiben müssen:
„$κατὰ\ Κερσοβλέπτου$ correxi, $κερσοβλίπτει\ P$, $κατὰ\ Κερσοβλέπου\ V$",
da man jetzt wahrscheinlich auf die falsche ansicht kommen wird,
in der handschrift stehe $κατὸ\ κερσοβλίπτει$.) Wie aber stimmt
dazu, daß derselbe herausgeber in seinen „Untersuchungen"
p. 106 bestimmt angiebt, die Endocia-handschrift biete $κατὰ\ κερσο$-
$βλίπτου$?

Leider vermissen wir im apparat der neuen ausgabe die
anführung manches jener kleinen fehler, die bei der forschung
nach den quellen der Endocia höchst bedeutungsvoll sind. So
fehlt im artikel über Thales (pag. 228 Vill.) die angabe, daß
die pariser handschrift $παρηωθίσωνται$ giebt, ein fehler, der
für die bestimmung der entstehungszeit des violariums von
größter wichtigkeit ist, wie meine am schluß des IV. bands der
Dissertationes philologicae Argentoratenses 1880 erschienene pro-
motionsschrift p. 10 sq. zeigt.

Von Villoison's fehlern hat der neue herausgeber manchen
stehen lassen; p. 169 z. b. druckte Villoison in dem artikel
über Empedokles $κατὰ\ δὲ\ Πάλιν\ Τηλαύγην\ τὸν\ Πυθαγόρου\ κ.\ τ.\ λ.$
Flach läßt das unverändert abdrucken, obschon in der handschrift ganz richtig $πάλιν\ τηλαύγην$ zu lesen ist. (Vgl. Diog.
Laert. VIII, 2, die quelle des Endocia-artikels.) So kommt es
denn, daß in dem Flach'schen *index scriptorum ab Eudocia lau-
datorum* Telauges fehlt, dafür aber der unerhörte eigenname
Palis steht. Derartige, wenn auch nicht ganz so krasse stünden
der alten ausgabe sind in der neuen leider zu viele stehen geblieben. Ein beispiel noch für viele: p. 225 (VIII.) hat die

neue ausgabe wie die alte γραμματικῶς statt des γραμμικῶς der handschrift in dem Θεογονία überschriebenen artikel. Die lesart der handschrift ist durchaus vernünftig: denn die folgende theogonie ist eine große stammbaummalerei. In der handschrift nimmt dieselbe drei folioseiten ein. Villoison hat sie stillschweigend übergangen. Flach druckt einen theil davon ab; den rest meint er sich und den lesern schenken zu dürfen als *sorestiaeculas satis viles atque obsoletae*. Meines erachtens durfte ein neuer herausgeber nicht so verfahren. Denn wenn man alle *vilia atque obsoleta* aus dem violarium herauswirft, bleibt nicht gar vieles übrig. Ebenso übergeht Flach p. 206 den langen stammbaum Ἡλίου καὶ Σελήνης γενεαλογία nach dem muster seines vorgängers, und ähnlich an verschiedenen andern stellen. Die schlimmste derartige unterlassung ist aber wohl, daß in der neuen ausgabe die briefe des Epikur aus Diogenes Laertius, die bei Villoison p. 173—192 stehen, vollständig fehlen. P. VIII sagt Flach, er habe dieselben weggelassen, weil es ihm zu langweilig gewesen sei, die unzähligen fehler derselben zu verbessern. Das war aber gar nicht nöthig; ein genauer abdruck der handschrift hätte viel bessere dienste gethan.

Ebensowenig durfte Flach es unterlassen, in seinem apparat auf die sehr häufigen rasuren im Parisinus aufmerksam zu machen, sowie auf die am rand nachgetragenen stellen, deren anzahl viel größer ist, als es nach seinen bemerkungen scheinen könnte.

Ueber die *emendatio* brauche ich nach dem gesagten kaum ein wort zu sagen. Im besten fall ist sie verwischung wichtiger fehler. P. 43 im artikel über Antikleia schreibt Flach ἴσαντος πολὺ τοῦ Ζηνός statt des handschriftlichen blödsinns ἔσαντος κολίτου τινός. Warum schreibt er nicht τοῦ Διός, wenn er überhaupt bessern wollte? Denn Διός hat die wirkliche (allerdings nur mittelbare) quelle Tzetzes zu Lykophron 786. Die Eustathiusstelle (zu Homer p. 1871) ist quelle der zwei anderen Antikleiastellen der Eudocia p. 312 und 394.

Wir kommen zu den quellenangaben. Flach vertritt in der ausgabe die ansichten, die er in den „Untersuchungen" entwickelt hat. Also die biographica werden hauptsächlich auf Hesychius von Milet zurückgeführt. Im einzelnen findet sich aber doch den untersuchungen gegenüber ein fortschritt. So hat der herausgeber jetzt gemerkt, wie es mit dem komiker Dexippus steht (p. 132), und gesteht in der kritischen anmerkung, daß er auf p. 49 der Untersuchungen geirrt hat. Daß die Vita des Nonnus (Eudocia p. 311) in den alten ausgaben des Suidas zu finden ist, scheint ihm dagegen noch nicht aufgefallen zu sein.

Die quellenangaben sind übrigens vollständiger, als in den Untersuchungen. Die addenda p. XI sind dagegen nichts weniger als vollständig. Bei angaben über artikel, die aus Eustathius stammen, oder nach Flach's meinung aus denselben quellen, wie dessen commentare, findet sich leider dieselbe ungenauigkeit, wie in den Untersuchungen, daß einmal die römischen, ein andermal die baseler seitenzahlen citirt werden. So gleich p. 9 Eustathius 1264 statt 1194, p. 57 Eustathius 1442 statt 1321, p. 63 Eustathius p. 1278 statt 1204 u. s. w.

Schlimmer ist, daß die quellenangaben allzuoft ungenau oder unrichtig sind. So hätte zu dem artikel περὶ Ἀλφειοῦ (p. 40 Vill.) nicht auf Nonnus I, 20, sondern auf Nonnus ad Greg Naz. laud. Basilii bei Creuzer Mel. I, p. 78 (Westermann Mythog. p. 361) verwiesen werden müssen. Beim artikel Astarte (p. 81 Vill.) giebt Flach als quelle an „Schol. Greg. Naz.? (Suid.)" Die wirkliche quelle ist Zonaras p. 321, dessen Lexikon zwar der herausgeber aus nahellegenden gründen nirgends als quelle der Eudocia nennt, dem aber dennoch eine ganze reihe von artikeln und artikeltheilchen des violariums entstammen. P. 84 Vill. soll γεννηθεὶς — ζῷον aus Philostratus heroic. XIX, 2 kommen, während Nonnus a. o. bei Creuzer p. 71 quelle ist. Der artikel p. 96 περὶ γεωργίας soll aus Apollodor I, 4, 5 entnommen sein. Dieser ist, wie mir scheint, an keiner stelle von Eudocia benutzt. Hier jedenfalls ist quelle Nonnus I, 67, welche stelle Flach sonderbarer weise bei dem gleichlautenden artikel über Triptolemos p. 397 richtig anführt, während er diese quelle mit unrecht dem artikel über Persephone p. 336 giebt, da hier vielmehr Nonnus S. lumina 2 zu nennen war. Nonnus II, 16 ist quelle des artikels περὶ τῆς δαιμόνων λεπτείας p. 103 und nicht Schol. Arist. Pac. 192.

Im artikel Daphne wiederum p. 106 durfte nicht Nonnus II, 23 als ursprung genannt werden, sondern Schol. Hom. Iliad. I, 14; Schol. Arist. Pac. 1044; Tzetzes Lyc. 6.

Die angabe, der artikel περὶ τῆς δρυὸς τῆς Δωδωναίας p. 126 stamme aus Steph. Byz. i. v. Δωδώνη, stimmt weder mit den untersuchungen des herausgebers noch mit der wirklichkeit. In der genannten schrift nämlich wird p. 104 als quelle ein Harpokrationartikel Δωδώνη genannt, der aber leider nicht existirt. In wirklichkeit ist der artikel aus nicht weniger als sieben quellen zusammengeflossen, deren aufzählung hier zu weit führen würde.

Das sind etwa die wichtigsten fälle aus den vier ersten buchstaben. Weitere anzuführen wird nicht nöthig sein. Daß Flach eine menge von stellen als interpolationen in eckige klammern einschließen würde, ließ sich nach den „Untersuchungen" erwarten. Ueberhaupt aber ist der fortschritt diesen gegenüber in der ausgabe nicht allzu groß. Im apparat zu p. 51 der neuen ausgabe steht noch immer „ἀμαθέστερος perperam F", (d. h. Eustathius); also hält Flach noch immer fest an dem fehler der Untersuchungen p. 113, während er doch durch den zusammenhang der stelle darauf hätte kommen müssen, daß Eustathius das ἀμαθέστερον καὶ σαφέστερον Aristoph. Ran. 1445 im sinn hat, und daß der fehler vielmehr in dem συμπαθέστερος der Eudocia liegt; diese ist freilich auch an dieser schlimmbesserung ganz unschuldig, da sie, wie gewöhnlich, buchstäblich dem baseler Phavorin folgt.

Die zahl der druckfehler ist nicht so groß wie in den „untersuchungen", obwohl sie auch hier nicht fehlen. Nicht selten werden die seitenzahlen der Villoison'schen ausgabe vergessen, oder ungenau gesetzt. P. X dankt Flach einem Grossio Weilburgensi, der doch wohl mit Gropius aus Weilburg identisch ist, welcher 1877 auf der wiesbadener philologen-versammlung über Eudocia gesprochen hat. P. 5 im apparat lies „in margine P" statt „in m. F"; p. 25 in der note Nonnus II, 33 statt II, 30; p. 78 im text ἐξ οὗ statt ἐς οὗ, p. 80 am rand 47 statt 4, p. 95 im apparat „Πειρεῖ P" statt „Πειρεῖ F" u. s. w.

Paul Pulch.

11. **Publilii Syri mimi sententiae.** Recensuit Guil. Meyer Spirensis. Lipsiae, Teubn. 1880. 78 p.

Obschon die vorliegende ausgabe weniger neues bietet als die früher über Publilius veröffentlichten untersuchungen des herausgebers, so ist es doch dankenswerth, daß gerade derjenige das in neuester zeit geleistete zusammenfaßte, welcher daran den größten antheil hat. Der herausgeber hat die meisten der vom ref. benutzten handschriften neu verglichen und dadurch, wenn auch kaum etwas für den text gewonnen worden ist, die zuverlässigkeit des kritischen apparates erhöht; er hat die überlieferung mehrerer früher durch wenige handschriften vertretener sentenzensammlungen des Publilius durch zuziehung jüngerer, die aber im einzelnen noch manches gute korn enthalten, sicherer bestimmt, den von Janus Gruter benutzten Palatinus in der Vaticana wieder aufgefunden, die unvollständige Zürcher sammlung aus einem Münchner codex ergänzt und aus einem *codex Veronensis* eine reihe bisher unbekannter sentenzen gewonnen; außerdem sind neue spuren der benutzung der spruchverse im alterthum (in der mythologie des Fulgentius) und im mittelalter (z. b. bei Albertus Brixianus um 1240) aufgedeckt, und einige christlich klingende sprüche der Zürcher handschrift als interpolationen aus Augustin nachgewiesen.

Die conjecturalkritik ist gerade da mit äußerster vorsicht gehandhabt und der obelos und das zeichen der lücke freigebig, vielleicht zu freigebig angewandt, wo wir auf alter überlieferung fußen; sie nimmt nur da nothwendig eine gewisse kühnheit in anspruch, wo die spruchverse nur in prosaischer verwässerung vorliegen. Als beispiel geben wir V. 547:

  cod. Quam felix est vita, quae sine negotiis transit.
  Wß. Quam felix vita transit sine negotiis.
  Büch. Quam est felix vita, quae agitur sine negotiis.
  Mey. Quam est felix vita, quae sine odiis transiit.

wo man freilich an dem wechsel von präsens und perfect anstoß nehmen könnte. V. 441 (*Nigradus servetur, nulli tutus est nummus locus*) wird *servetur* nur in der note vorgeschlagen. Aus den conjecturen der früheren herausgeber und anderer philologen (außer Ribbeck auch Bücheler, Nauck, Bährens, Christ, Halm, Welser) sowie aus den handschriftlichen lesarten ist nur das nothwendigste ausgewählt und in knappster form mitgetheilt; wenn die *adnotatio critica* gleichwohl etwas breit geworden ist, so liegt der grund darin, daß für einige sammlungen die jüngeren handschriften zur zeit (hoffen wir auf besseres) noch nicht entbehrt werden können.

Nr. 1.   12. Julius Caesar.   33

Noch viel sparsamer ist herausgeber in der anführung von parallelstellen, vermuthlich weil er die früheren ausgaben nicht ersetzen, sondern größtentheils nur neues bieten wollte. Trotz dem zuwachse neuer am ende jedes buchstabens angefügter sentenzen ist doch zur bequemlichkeit der benutzer die vom ref. und von Ribbeck angenommene verzählung am rechten rande beibehalten, während herausgeber am linken die verse in der weise numeriert, daß bei jedem anfangsbuchstaben wieder mit eins begonnen wird. Das hauptresultat aber glauben wir darin zu erkennen, daß über die provenienz und den bestand der verschiedenen sammlungen, in denen sich die Publiliussprüche erhalten haben, neues licht ausgebreitet ist, und daß herausgeber im verlaufe seiner ausgedehnten handschriftlichen forschungen die möglichkeit wie auch die nothwendigkeit eingesehen hat, ausschließlich die *sententiae Publilii* zu ediren, keine *minus probatae* und keine *appendix sententiarum*.

Ed. Wölfflin.

12. Zum sprachgebrauch des Caesar I (et, que, atque, ac) von D. Ringe. Programm des gymnasium und realschule 1. ordnung zu Göttingen. — 4. 1880.

Mit recht klagt Dräger in seiner historischen syntax der lateinischen sprache II, p. 1 darüber, daß über die copulativpartikeln *et, que, atque* noch so wenig vorgearbeitet sei und daß man nirgends aufschluß fände, wie der sprachgebrauch bei klassischen dichtern oder etwa bei Livius, Seneca und vielen anderen sich verhalte. Außer Hand's bekanntem werke „Tursellinus", in welchem die partikel *que* fehlt, werden nur zwei dissertationen von Ph. Spitta, de Taciti in componendis enuntiatis ratione und von Em. Ballas, Gramm. Plautina I citirt. Freilich gehört auch große geduld dazu, über diese materie untersuchungen anzustellen, aber um so mehr muß man die verdienste einer arbeit anerkennen, welche in so fleißiger und sorgfältiger weise einen theil dieser lücke auszufüllen sucht, wie dies in dem oben genannten programme für Caesar geschieht. Aus der kurzen einleitung lernt man manches interessante, so z. b. daß in der officiellen sprache *que* häufiger gebraucht wurde als die anderen partikeln (vrgl. Draeger II, 33), daß bei den historikern der klassischen zeit und später *que* und *et* gleich häufig vorkommen, bei rednern aber *et* überwiegt. Was den unterschied dieser partikeln betrifft, so ist derselbe für die klassische zeit im allgemeinen folgender: *et* verbindet ohne alle nebenbedeutung begriffe und gedanken, die mit einander keinen zusammenhang zu haben brauchen; *que* fügt begriffe und gedanken hinzu, die zur erweiterung und ergänzung dienen und verbindet beide zu einem ganzen; *atque* verknüpft wie *que* innerlich gleichartige begriffe und gedanken, weist aber noch mehr als *que* auf den innern zusammenhang hin und hebt das zweite glied als mindestens gleich wichtig hervor. In der späteren zeit hat sich dieser unterschied mehr und mehr verwischt und oft sind diese partikeln nur zur verbindung angewandt ohne jede nebenbedeutung. Auch in der form tritt eine verschiedenheit ein. Während nämlich zwischen *atque* und *ac* im allgemeinen die bekannte regel beobachtet ist, wonach *ac* vor vocalen vermieden wurde, so fehlt in manchen werken der späteren zeit, wie z. b. in dem *libellus de Constantino Magno eiusque matre Helena atque* vollständig und *ac* steht überall, gleichviel, ob vor consonanten oder vor vocalen.

Der verfasser bespricht in dem vorliegenden programme, das den ersten theil der arbeit umfaßt, die verbindung der substantiva, adjectiva, pronomina, verba, adverbia, conjunction und praeposition. Im folgenden hebe ich einige resultate hervor, zu denen Ringe in dieser specialuntersuchung gekommen ist. So findet sich *que* fast doppelt so häufig zwischen substantiven als *et*. — Bei der verbindung der adjectiva bemerkt der verfasser: zwei adjectiva im positiv verbindet Caesar im ganzen gleich häufig mit allen partikeln, während im comparativ und superlativ sich öfter *atque* (*ac*) findet. Adjectiva, die einen gegensatz bezeichnen, werden mit *que* und *ac*, nie mit *et* verbunden. — Was die verbindung von *et* mit den negativen pronominalien *nullus*, *nemo*, *nihil* und den adverbien *numquam* und *nusquam* betrifft, so wird dieselbe bekanntlich als unklassisch verworfen. Diese findet sich bei Cicero selten und soll, wie Dräger II, 8 behauptet, bei Caesar, Sallust, Livius und Velleius ganz fehlen. Aber aus der fleißigen sammlung von Ringe ersieht man, daß diese verbindungen doch noch öfter bei Cicero vorkommen, als man nach den grammatiken annehmen sollte, auch führt er aus Sallust sechs stellen an, aus Caesar drei, aus Velleius eine und aus Livius zweiundzwanzig. — Bei der verbindung von verbformen finden sich alle copulativpartikeln, wenn auch einige selten angewandt werden, so wird z. b. der infinitiv präsentis activi und das participium präsentis bei Caesar nie mit que angefügt. — Adverbien verbindet Caesar gewöhnlich mit que und atque (ac), selten mit et. — Ueber die stellung von que bei präpositionen hat der verfasser wie auch bei der oben angeführten verbindung der negativen pronominalien nicht allein Caesar berücksichtigt, sondern die literatur im größeren umfange herangezogen. Er kommt hierbei zu einem genaueren resultate, als andere grammatische werke es bieten, nämlich daß que gewöhnlich an die präposition tritt, bei a, ab, ob, sub, ad, apud an das nomen; bei ex und in an nomen oder präposition.

C. Wagener.

---

13. Quaestionum Sallustianarum pars altera. Scripsit Frid. Vogel. (= Acta seminarii Erlangensis vol. II, p. 405—448) Erlang. 1881.

Die genannte abhandlung ist im wesentlichen als ergänzung und fortsetzung der des nämlichen verfs. ὁμοιότητες Sallustianae im ersten bande der *Acta seminarii Erlangensis* 313—365 zu betrachten. Es kann nach den untersuchungen des verfs. kein zweifel mehr darüber sein, daß derjenige, welcher auf die lateinische historiographie, auch des mittelalters, in formeller hinsicht den größten einfluß geübt hat, Sallust gewesen ist, und daß ihm die rolle zukommt, die Cicero und Vergil in der geschichte der beredsamkeit und der poesie gehabt haben. Den kirchenvätern war es ganz nach wunsch, daß ein heide selbst über die sittenverderbniß Roms klagte, und seine nicht so umfangreichen schriften fanden mehr liebhaber als die dekaden des Livius, welche durch die verschiedenen *Epitomae* zurückgedrängt wurden. Den höhenpunct hat der Sallustcultus im alterthume gegen das jahr 400 erreicht (Aurelius Victor, Dictys, Ambrosius, Hegesippus, Ammianus, Sulpicius Severus), und wenn wir überdieß an die großartige stoffliche benutzung bei Augustin denken, so werden wir auf diesem grunde den Exsuperantius nicht weit darüber hinausrücken dürfen. Obschon verf. in der annahme und verwerthung der imitationen mit recht nicht so weit geht als Pratje, so fehlt es doch nicht an Salluststellen, welche nun ein neues licht erhalten. So wird mit Iug. 41,7 poenas easdem *glorias* (*laureas* oder *loreas* Bernays) *triumphigue erant* passend Fronto p. 20 N. und Ammian 13, 6, 4 verglichen, wo dieselbe verbindung *laureas* und *triumphi* vorkommt.

Von jahrhundert zu jahrhundert fortschreitend sehen wir, wie Sallust im siebten und achten jahrhundert fast vergessen war, verfolgen dann sein wiederaufleben bei Lupus (um 850), Widukind und vielen chronisten der folgenden jahrhunderte, von denen ihn einige mit *ait quidam* citieren. Dabei machen wir aber die unangenehme entdeckung, daß, während um 400 die Historien noch vielfach nachgeahmt werden, bereits jede spur dieses werkes erloschen ist; was Ioannes Saresberiensis von den Historien weiß, ist, wie klar nachgewiesen wird, nicht mehr aus dem originalwerke geschöpft, und Vincentius Bellovacensis nennt die Historien gar nicht mehr.

Es klingt paradox, wenn verf. daran zweifelt, daß Priscian die Historien noch selbst in händen gehabt habe, da er so viele citate daraus giebt; allein diese stehen fast alle in den büchern über die formenlehre (1—16), in welchen Priscian aus vorgängern schöpfte; seine eigene belesenheit erkennen wir erst aus den letzten büchern über die syntax, in welchen er 37 stellen aus dem Catilina, 16 aus dem Iugurtha, nur 5 aus den Historien anführt, die aller wahrscheinlichkeit nach aus zweiter hand bezogen sind. Wie wir nun aus der weisheit des Festus oder Paulus nicht auf die studien ihrer zeit rückschlüsse machen, sondern nur auf die der quelle Verrius Flaccus, so wenig dürfen wir aus Priscian argumentiren, wenn seine zeitgenossen die kenntniß der Historien verloren haben.

Die imitation der Historien ist um 400 noch so weit verbreitet, daß verf. es wagen durfte, redensarten, in denen mehrere von einander selbst unabhängige imitatoren zusammentreffen, als fragmente des Sallust zu bezeichnen, z. b. *impetrari nequitum est* bei Hegesipp und Dictys, *maiora viribus aggressus* bei Dictys, Hegesipp und Ammian; ja er ist auf seinem wege dahin gelangt, die ganze darstellung des fechterkrieges bei Florus für Sallust in anspruch zu nehmen und dabei einiges zu emendieren, was zu dem letzten capitel *de locis aliquot emendandis* führt. Die schönste verbesserung dieses abschnittes ist Flor. 2, 80, 27 *invium* (statt *invisum*) *atque in accessum in id tempus Hercynium saltum patefecit*, unter vergleichung von Eutrop. 3, 8 *Al-*

per invias patefecit, einigen beispielen von *inaccessus et invius*, und Flor. 1, 12, 3 *Ciminius saltus ante invius quasi Hercynius*. — Die thatsache, daß die *Epist. ad Caesarem* im alterthume nirgends nachgeahmt sind, ist wohl ein sicheres argument für ihre unächtheit; verf. kennt überhaupt nur eine benutzung einer stelle bei Richer (1, 24,) der um 995 geschrieben hat. *W*.

---

14. Taciti Annalen erklärt von K. Nipperdey. Siebente verbesserte auflage bearbeitet von dr. G. Andresen. Bd. 1. Berlin, Weidmann, 1880.

Nach dem leider zu früh erfolgten hinscheiden von Nipperdey konnte die besorgung seiner Annalenausgabe des Tacitus wohl kaum in berufenere hände gelegt werden als in die des jetzigen herausgebers. In dem vorwort zu der siebenten auflage des ersten bandes giebt Andresen „einige orientirende bemerkungen" über das, was er geändert hat. Unter den hier angeführten sechzehn stellen, wo er den text abweichend von Nipperdey gegeben hat, ist Ann. IV, 49 (schluß) übersehen: Andresen schließt sich gegen Nipperdey, welcher die worte *neque ignobiles, quamvis diversi sententiis* als randbemerkung eines fremden in klammer setzte, ebenso wie es auch bereits Halm gethan hatte, der trefflichen (vgl. Jahresb. des phil. vereins 1876 p. 114) emendation von Madvig *neque ignobiles tantum his diversi sententiis* an. Abgesehen jedoch von diesen gottlob wenigen änderungen des textes hofften wir von dem neuen herausgeber, besonders da auf dem titel, siebente verbesserte auflage, bearbeitet von dr. G. Andresen zu lesen ist, bei seiner in den jahresberichten des philologischen vereins dargethanen kenntniß der taciteischen sprache wenn auch nicht neue bemerkungen nach dieser seite hin zu finden oder hinzufügung von erklärungen schwieriger stellen — deren es außer den von Nipperdey besprochenen, wie jedem bekannt, noch eine große fülle giebt —, so doch weitere, wo möglich abschließende ergänzungen der angaben Nipperdeys in sprachlicher hinsicht: dies ist natürlich hier und da auch geschehen, wie z. b. p. 58 zu 7, wo vier, p. 96 zu 46, 16, wo zwei stellen angefügt sind nach Jahresbericht 1877 p. 49 anm. 3, aber schon nach demselben jahresbericht hätte dies z. b. auch für *moles* p. 125/6 geschehen können. Für *dum* in der bedeutung von *dummodo* (p. 58) hätten wir statt der einfachen angabe „*dum* für *dummodo*" gerne den umfang dieses gebrauches bei Tacitus angegeben gesehen: es ist dieses jetzt nach dem *Lexicon Taciteum* von A. Gerber und A. Greef ein leichtes: es ergiebt sich aus der darstellung dort (p. 323), daß Tacitus die volle form nur in den kleinen schriften (D 25. G 6), aber in den Historien und Annalen nur *dum* (mit praesens Ann. I, 22. XIV, 9, mit imperfect Hist. I, 46. Ann. I, 9. IV, 46. VI, 45. XII, 48. XIII, 38. XV, 59) gebraucht. Die bemerkung über *adsciri* p. 49 konnte leicht für *asciseretur* (Hist. II, 5) durch hinzufügung von Ann. XII, 10 rectificirt werden, wie am schlusse durch *adscivit*, *adsciverat* und *adscivisset*. Auf p. 46 ist zwar bei *dicendis* die falsch von Nipperdey citirte stelle Hist. IV, 3 *servus, quem proditorem Terracinensium diximus* von Andresen getilgt — wo jedoch finden sich die worte? —, aber es ist dafür nicht zu der einen aus Tacitus gegebenen stelle Hist. I, 1 die andere (Hist. II, 8 vgl. Lexicon Taciteum p. 268 B. d.) zugefügt. In der (p. 69) rücksichtlich der citirung des textes gekürzten anmerkung zu Ann. I, 17, 5 ist doch der alte druckfehler XIII, 38 statt 39 stehen geblieben, wie auch (p. 81) bei *epistulae* das falsche Hist. III, 75 statt 57 und bei *exercitus* (p. 102) Ann. IV, 46 statt 47: ferner ist an der letzteren stelle für den plural „*exercitus*, weil mehrere legionen" die angabe von Nipperdey aus den Hist. III nicht richtig. Ob das von Nipperdey über den gebrauch von *epistulae* von einem briefe gegebene material anspruch auf vollständigkeit machen darf — denn wozu sonst die vielen citate in einer solchen ausgabe —, ist mir zweifelhaft, jedenfalls ist die von *expostulare* ungenau: ref. hat es sich noch aus Hist. I, 73 und Ann. XIII, 50 angemerkt, glaubt übrigens, daß es noch häufiger ist, worüber das hoffentlich bald erscheinende vierte heft des *Lexicon Taciteum* aus des genaueren belehren wird, wie bereits nach dem dritten fascikel p. 75 zu 3 zwischen XIV, 9. 27. 60 noch 33 nachzutragen ist. Verbessert hätte auch z. b. die mit zahlreicher stellenangabe versehene bemerkung über *et* mit folgender negation werden können: bei A 16 fehlt (zweimal): dann kommt diese erscheinung wenigstens noch D 28, ferner A 30 vor, wie *et nihil* sicher noch A 20 und Hist. III, 58. Auch hätte im folgenden capitel (p. 69) die anmerkung über die *ara Ubiorum* nach den neuesten untersuchungen wohl eine kurze, ergänzende bemerkung verdient, da die alte, von Nipperdey gegebene doch auch sehr fraglich ist. Daß Andresen p. 98 bei „*egregiam* ironisch für *pessimam*" Hist. I, 33, trotzdem Müller Zeitschr. für östr. gymn. 1878 p. 449 das „ironisch" für nicht passend erklärt hat, da ja die berathung in anwesenheit Galbas gepflogen wird, doch beibehalten hat, ist gewiß mit recht geschehen, aber in der ebendaselbst gegebenen stelle Ann. XIV, 20 *egregium iudicandi munus* es als in dieser weise gebraucht zu erklären, ist sicher nicht richtig, und wenn Andresen jetzt zu dieser stelle noch hinzufügt „nach *munus* scheint *melius* ausgefallen zu sein", so scheint uns diese vermuthung sehr verfehlt, da überflüssig. Uebrigens steht *egregius* nicht in zeile 2, sondern 4. Zu der anmerkung p. 110 für *sed* haben wir uns noch D 32 als fehlend gemerkt, ferner ist aus der vorigen auflage p. 114 zeile 5 auch Augustus statt Augustus stehen geblieben, wie p. 118 zeile 1, anm. IV, 65 statt 64.

Obige bemerkungen, welche sich fast nur auf das erste buch beziehen, mögen dem neuen herausgeber zeigen, wie die vortreffliche ausgabe Nipperdeys noch weiter künftig zu bessern ist; vielleicht entschließt er sich auch dazu, die stellen in chronologischer reihenfolge anzuführen, um so namentlich dem schüler nicht von vornherein ein umgekehrtes bild zu geben.

15. Apulei Platonici Madaurensis de deo Socratis liber. Emendabat et adnotabat Christianus Lütjohann. Programm des gymn. u. der realschule I. o. zu Greifswald 1877/78. 40 p. 4.

Wie viel der text der kleinen philosophischen schriften des Apulejus durch die ausgabe von A. Goldbacher (Wien 1876) gewonnen hat, ist von vielen seiten anerkannt. Die recension des textes wurde auf sicheren boden gestellt, die emendation allseitig gefördert. Den text noch weiter zu bessern und die kritische grundlage zu vereinfachen, dies ist die aufgabe, welche Lütjohann für die schrift *de deo Socratis* sich gestellt und glücklich gelöst hat. Unter den sieben von Goldbacher benützten handschriften hat Lütjohann zwei als vertreter der beiden classen der überlieferung ausgewählt und zur basis des textes genommen; es sind dies *Monacensis* 621 und *Florentinus* (früher *Marcianus*, jetzt *Laurentianus*), beide im XII. jahrhundert geschrieben, von Lütjohann selbst verglichen. Dem texte mit den varianten, welcher p. 3—21 einnimmt, folgen p. 22—40 *adnotationes criticas*, in denen gegen 60 stellen der behandelten schrift des Apulejus, dazu drei stellen aus dessen Metamorphosen und je zwei aus der Apologie und den Florida besprochen sind. Es ist natürlich unmöglich, im Anzeiger die kritischen leistungen von Lütjohann, der auch durch mittheilungen von Wilamowitz-Möllendorff unterstützt wurde, im einzelnen zu verzeichnen. Nur eine stelle soll hier besprochen werden, die durch Lütjohann noch nicht ins reine gebracht zu sein scheint. In der einleitung p. 104 Oudendorp. liest man bei Goldbacher (p. 1): *sed ut me omnifariam noveritis, etiam in isto, ut ait Lucilius, schedio et incondito experimini, an idem sim repentinus, qui praeparatus; si qui tamen vestrum nondum subitaria ista nostra cognostis, quae scilicet audistis, pari labore, quo scribimus, venia propensiore, quam legimus.* Lütjohann (p. 3) hat *quo scribimus* und *quam legimus* eingeklammert. Aber die verschiedenheit der relativa deutet nicht auf interpolation; dagegen weist der spielende wechsel von *scribimus* und *legimus*, die doch beide gegenüber der *repentina oratio* die *praeparata* bezeichnen, auf die eigenart des autors hin. Verderbniß liegt allerdings in beiden sätzchen vor; aber es scheint vielmehr hinter *quo* und *quam* jedesmal *quas* ausgefallen zu sein, wie p. 129 *que* (nach Lütjohann) vor *quis*, 166 *quid* vor *quod*, 172 *quos* nach *equis*. Noch zwei andere anstöße sind zu beseitigen. Der satz *si qui — cognostis* muß mit Lütjohann zum vorausgehenden gezogen werden; dann wird aber zu *si qui* ein gegensatz vermißt. Es liegt nahe zu vermuthen, daß derselbe durch *omnes* ausgedrückt war, das vor *omnifariam* leicht ausfallen konnte. Endlich ist *labore* kaum erträglich; es paßt weder in den nächsten zusammenhang, da der hörende doch nicht die gleiche mühe wie der schreibende haben kann, noch steht es zu dem folgenden *venia* in correctem verhältniß; wahrscheinlich entstand es aus *favore*, wie durch den so häufigen fehler des betazismus geschrieben war. Man lese also *favore*, wodurch die günstige stimmung, mit welcher der hörer dem vortragenden entgegenkommt, bezeichnet wird, während *venia* die nachsicht bedeutet, womit derselbe etwaige schwächen des vortrags aufnimmt. Demnach dürfte die stelle so zu schreiben sein: *sed ut me omnes omnifariam noveritis, etiam in isto .. experimini, an idem sim repentinus qui praeparatus, si qui tamen vestrum nondum subitaria ista nostra cognostis, quae scilicet audiatis pari favore quo quae scribimus, venia propensiore quam quae legimus.*

16. **Cassius Felix de medicina**, nunc primum editus a Valentino Rose. Lipsiae. Bibliotheca Teubneriana., 1879 8.

Der medicinischen litteratur der Römer wird heute ein so geringes interesse entgegengebracht, daß man in Haesers geschichte der medicin sehr oft nicht nur von veralteten und schwer zugänglichen ausgaben medicinischer autoren, sondern auch von unedierten schriften derselben liest. Um so verdienstlicher ist es, daß V. Rose sich der wenig dankbaren mühe unterzogen hat, einen theil dieser litteratur aus licht zu ziehen. Fast könnte es scheinen, daß man die römische medicin nicht höher achte als etwa die astrologie und ihr sogar noch ihren historischen werth verkümmere. Indessen haben jene bücher, die bis in das erste jahrhundert nach Chr. hinaufreichen, auch einen sprachlichen werth, und da sie alle denselben stoff behandeln, so ist hier eine günstige gelegenheit geboten an der vergleichung derselben die entwicklung, resp. den verfall der lateinischen sprache zu studieren.

Das zum erstenmal herausgegebene buch des Cassius Felix ist im jahre 447 nach Chr. geschrieben, da in der überschrift des codex Parisinus die consulnamen genannt sind. Aus einer weitern angabe derselben handschrift, welche den verf. Artensis (verbessere Cirtensis) nennt, muß man schließen, daß derselbe aus Cirta gebürtig war. Der herausgeber hätte sich darüber bestimmter aussprechen dürfen, da nicht nur die sprache des Cassius Felix mit der des afrikanischen arztes Caelius Aurelianus auf das engste verwandt ist, wie ich in den Sitzungsberichten der königl. bayr. akademie der wissenschaften (1880, heft 4, p. 381—432) gezeigt habe, sondern auch der umstand, daß verf. nur von regenwasser, flußkrebsen u. s. w. spricht, nicht von meerwasser und meerkrebsen, wie der sogenannte Plinius iunior, auf einen wohnort im binnenlande schließen läßt. Da ferner Cassius von Caelius Aurelianus abhängig ist, nicht umgekehrt dieser von jenem, so ergiebt sich durch den neuen chronologisch bestimmbaren fund eine größere sicherheit den Caelius in die erste hälfte des fünften jahrhunderts zu setzen. Den spuren des Cassius hinwiederum begegnen wir nicht erst bei Isidor

Orig. 4, 8, 4, sondern es nennt ihn schon Cassiodor De instit. div. litt. c. 31: *deinde Aurelii Coelii de medicina et Hippocratis de herbis et curis diversosque alios medendi artis compositos, quos vobis in bibliothecae nostrae finibus reconditos deo auxiliante dereliqui.*

Das buch hat Felix auf göttliche mahnung (*omnipotentis dei nutu*) geschrieben und seinem sohne gewidmet; es enthält keine selbständigen forschungen, sondern nach den griechischen ärzten der sogenannten logischen schule *omnium causarum* (= *morborum*) *dogmata* in kürzester fassung, mithin vorwiegend recepte gegen alle krankheiten und örtlichen übel, vom kopfweh bis zum podagra, wie ja auch Serenus Sammonicus 1, 3 und andere vom kopfe als der *arx corporis* ausgehen. Der text ist nach einer unvollständigen St. Galler handschrift saec. XI, einer Pariser s. XIII und einer Cambridger s. XV constituiert und durch zahlreiche emendationen lesbar gemacht. Der unter dem texte befindliche *apparatus criticus* giebt die varianten bis auf die kleinsten kleinigkeiten, und die collation des Parisinus und Cantabrigiensis hat schon abgesehen von der bekannten sorgfalt des herausgebers alle präsumption der genauigkeit für sich, weil herausgeber die beiden in aller bequemlichkeit in Berlin benutzen konnte. Pag. 2, 18 wird statt des nicht nachweisbaren *manifestim* wohl *manifestissime* zu schreiben sein nach 86, 14. 112, 14; auch das particip *illinitum* 21, 10 ist um so mehr verdächtig, als 81, 16 richtig *illitum* steht.

Die sprache giebt neben vielen aufschlüssen auch einige räthsel. So dürfte es noch fraglich sein, ob *causa* als ἡ ἐργασαμένη τὸ πάθος αἰτία, wie herausgeber erklärt, zur bedeutung von *morbus* gelangt sei; denn da die wegen krankheit verabschiedeten soldaten *causarii* heissen, der betreffende abschied *missio causaria*, so kann *causa* in der soldatensprache auch entschuldigungsgrund = krankheit bedeutet haben. Die perfecta der deponentia sind regelmässig mit *fuit*, nicht mit *est* gebildet, und zwar steht das particip zu ⁹/₁₀ an zweiter stelle, wie in den romanischen sprachen, abweichend von der classischen wortstellung. Der regelmässig wiederkehrende pleonasmus *diurnis diebus* ist ächt afrikanisch. Mehr findet der leser in meiner erwähnten abhandlung und in dem index latinus des herausgebers p. 222—259. *Eduard Wölfflin.*

17. Kriegsalterthümer.

17. Das heerwesen der Mohammedaner und die arabische übersetzung der taktik des Aelianus. Aus einer arabischen handschrift der herzoglichen bibliothek zu Gotha übersetzt von F. Wüstenfeld. (Separat-abdruck aus dem XXVI. bande der Abhandlungen der königl. gesellschaft der wissenschaften zu Göttingen.) Göttingen, Dieterich'sche verlags buchhandlung. 1880. 4. VII und 79 und 32 p.

Je kriegerischer die Araber waren und je mehr sie andererseits die wissenschaftliche litteratur der Griechen verehrten, desto weniger kann eine arabische übersetzung eines griechischen kriegswissenschaftlichen werkes auffallen. Eine solche, kürzlich von ihm in einem Gothaer codex (nro 258) gefunden, publiciert der herausgeber in vorliegender schrift, nämlich die übersetzung eines erheblichen theils der taktik Aelian's. Die existenz derselben war bisher völlig unbekannt, wenn man nicht aus einem im jahre 1840 von lord Monster edierten verzeichnisse von arabischen, die kriegswissenschaft betreffenden, werken schließen darf, daß dieser eine, leider jetzt verschollene, handschrift besaß, welche jedenfalls einen ähnlichen gegenstand behandelte, vielleicht den Aelian selbst enthielt. Die Gothaer handschrift umfaßt in ihrem ersten theile (fol. 1—106) regeln für die diwane, im zweiten (fol. 110—147) den größten theil eines „Buch der vollkommenheit, d. i. die reitkunst, die verschiedenen waffen und die anweisung zur handhabung derselben, beschreibung der schwerter und lanzen und beschreibung der pferde, ihrer racen und ihrer fehler" betitelten werkes und sodann (fol. 149—215) ohne besondern titel den 8., 9. und 10. abschnitt dieses buches, in denen über das kriegswesen der Mohammedaner gehandelt wird. In diesem tractat nun ist ein theil der taktik Aelian's aufgenommen.

Der herausgeber giebt abgesehen von den interessanten, hier aber nicht weiter zu berührenden, abhandlungen über das heerwesen der Mohammedaner p. 41—64 die fragliche übersetzung, zunächst wie alles übrige in deutscher sprache, am schluß aber das arabische original aller einzelnen stücke. Leider ist dies dem referenten unverständlich.

Der arabische übersetzer hat nicht alles wiedergegeben, im gegentheil manches, was ihm zu ausführlich schien, einfach ausgelassen oder anderes, seiner zeit entsprechendes, an dessen stelle gesetzt; manches hat er vielleicht auch nicht verstanden. Wie der herausgeber bemerkt, ist oft in dem grade wörtlich übersetzt, daß man das arabische ohne das griechische kaum verstehen kann.

Die übersetzung umfaßt folgende abschnitte der taktik, und zwar in der jüngeren redaction: III, 2—4; IV, 2; V, 6; VI, 1; VII, 1—6; VIII, 1—3; IX, 1—10; X, 1—4; XI, 1—6; XII; XIII, 1. 2—3. 5; XIV, 1—7; XV, 2; XVI, 1—3; XVIII, 2 —3. 5—9; XIX, 1—4; XXIV, 1—3; XXV, 1—2. 5. 7—9; XXVI, 1; XXVII, 1—4; XXIX; XXX, 1—3; XXXI, 1—4 — also etwa ein drittel der ganzen schrift. Wesentlich frei sind wiedergegeben IV, 2; VII, 4; XIV, 5; XV, 2; XVIII, 2. 8; XXIV, 2—3; XXIX; XXX, 2. Verkürzt sind IX, 4. 10; XI, 3; XII; XIV, 4. 6; XVIII, 5—6, und der schluß von XXVII an. Mitunter ist auch die ordnung gestört; so ist vor XXV, 8 eingeschoben XXVI, 3, und hinter XXVI, 1 folgt sofort XXIX, 1—2 in freier und mit beispielen versehener bearbeitung.

Von längern einschiebseln des verfassers — die zahlreichen kürzeren übergehen wir — heben wir hervor ein mathematisches exposé über die proportionslehre im anschluß an X, 3, pag. 48, pag. 57—60 eine förmliche abhandlung betitelt: „Beschreibung der stellungen beim zusammenstoß", und pag. 63—64 eine ausführung über arabische commandoworte.

Mitunter hat der Araber nicht richtig übersetzt; so giebt er XII (p. 50) τὸ μήκιστον mit das wenigste wieder; XVIII, 9 (p. 56) steht in der übersetzung quadratisch statt rechteckig, die stelle lautet im originale: διόπερ συμβαίνει, ὅταν ἴσος ὁ ἀριθμὸς τῶν ἱππέων ὁ τοῦ μήκους πρὸς τὸ βάθος τυγχάνῃ, τὸν μὲν ἀριθμὸν τετράγωνον γίνεσθαι, τὸ δὲ σχῆμα ἑτερόμηκες. XXV, 9 p. 61 müssen bei der erklärung des ἱππερισπασμός die worte rechts und links vertauscht werden, wie aus der natur der sache hervorgeht und im originale steht: ὥστε μεταλαμβάνειν, ἐὰν μὲν ἐπὶ δόρυ γίγηται, τὴν ἐξ ἀριστερῶν ἐπιφάνειαν, ἐὰν δὲ ἐπ' ἀσπίδα, τὴν ἐκ δεξιῶν.

Der herausgeber hat die aus Aelian übersetzten stellen im gegensatze zu den ausführungen des verfassers mit cursivschrift drucken lassen, wobei einige irrthümer vorgekommen sind. XIV, 1 p. 51 lautet die übersetzung: „die Makedonier pflegten die linien ihrer schlachtordnung aus einer geringen anzahl von truppen zu bilden, aber wegen der vortrefflichkeit ihrer aufstellung war es niemandem möglich in sie einzudringen"; der text hat aber nur: ἡ δὲ Μακεδονικὴ φάλαγξ τοῖς πολεμίοις ἀνέποιστος ἐδόκει διὰ τὴν ἐν ταῖς τάξεσι κατασκευήν. XVIII, 2 sind die worte „welche kräftige reiter waren" durch den druck als bemerkung des arabischen verfassers bezeichnet, sie finden sich aber im texte: ταῖς μὲν οὖν ῥομφοειδέσι δοκοῦσι Θεσσαλοὶ κεχρῆσθαι ἐν ἱππικῇ πολὺ δυνηθέντες. Auch XVIII, 9 p. 56 hätte der letzte satz nicht cursiv gedruckt werden dürfen.

Zweimal deutet die übersetzung auf eine in unserem texte befindliche lücke hin. XI, 2 p. 49 handelt es sich um die verschiedenen abstände in der aufstellung. Der text lautet: πρῶτον μὲν γὰρ τάσσονται ἐν ἀραιοτέροις διαστήμασιν ἰσίων γάρ τι χρειῶν· τεταγμένος μὲν οὖν ὁ ἀνὴρ κατέχει πήχεις τέσσαρας, πεπυκνωμένος δὲ κατέχει πήχεις δύο, συνησπικῶς δὲ κατέχει πῆχυν. Die übersetzung fügt hinter χρειῶν eine mit recht erwartete vorläufige übersicht über die verschiedenen aufstellungsarten ein, nämlich: „dann können sie in geringerer entfernung aufgestellt werden, so daß sie sich gleichsam schon auf einander drängen, endlich in noch geringerer entfernung, so daß sie sich gleichsam gegen einander drücken". XIV, 3 p. 51 heißt es: „Die länge einer von ihren lanzen wurde zu 16 ellen angenommen, in wahrheit betrug sie nur 14 ellen und sie gieng unter der hand des kriegers und dehnte sich hinter ihm aus eine strecke von 4 ellen, so daß sie vor ihm 10 ellen über das erste verbundene glied hervorstand". Hier hat Aelian nur: τούτων δὲ τέσσαρας πήχεις ἀφαιρεῖ τὸ μεταξὺ τοῖν χεροῖν διάστημα τῆς προβολῆς. Auch in der älteren redaction des Arrian steht lediglich: καὶ τούτων οἱ μὲν τέσσαρες ἐς τὴν χεῖρά τε τοῦ κατέχοντος καὶ τὸ ἄλλο σῶμα ἀπετελοῦντο. Interessant ist, daß XXVII, 1 p. 62, wo von den verschiedenen arten des ἐξελιγμός die rede ist, der übersetzer für χόριος χώρησις gelesen hat, wie denn an der entsprechenden stelle des Arrian diese variante bezeugt ist.

Wer der verfasser des vorliegenden werkes war, ist unbekannt, jedoch scheint er nach dem herausgeber in der mitte des achten jahrhunderts der Hedschra in Aegypten gelebt zu haben. Die übersetzung des Aelian hat er wahrscheinlich schon vorgefunden, wann aber diese selbst angefertigt ist, darüber ist nichts ermittelt.

18. Zur geschichte der attischen finanzverwaltung im fünften und vierten jahrhundert, von dr. *Thomas Fellner*. Wien 1879. In Commission bei Carl Gerold's sohn. (Separatabdruck aus dem 95. bd. der Sitzungsber. d. phil.-hist. cl. d. kaiserl. ak. d. wissenschaften.)

In diesen untersuchungen zur geschichte der attischen finanzverwaltung hat der verf. eine reihe von attischen finanzämtern hinsichtlich der zeit ihrer entstehung und ihrer competenzen einer einsichtigen betrachtung unterzogen. Eine sorgfältige ausnutzung des inschriftlichen materials tritt überall wohlthuend entgegen. Was die gewonnenen resultate betrifft, so freue ich mich in den meisten fällen dem verf. beistimmen zu können. Für unrichtig halte ich die ansicht, daß es 10 $\tau\alpha\mu\iota\alpha\iota$ $\tau\tilde{\eta}\varsigma$ $\beta o v \lambda \tilde{\eta}\varsigma$ gegeben habe (p. 47. 48.), schließe vielmehr mit Köhler (Herm. 5. 13), daß um die mitte des vierten jahrhunderts nur zwei vorhanden waren, während vom ende desselben an der verf. (p. 50) mit recht nur einen $\tau\alpha\mu\iota\alpha\varsigma$ $\tau\tilde{\eta}\varsigma$ $\beta o v \lambda \tilde{\eta}\varsigma$ annimmt. Es ist selbstverständlich, daß eine untersuchung, welche sich mit der attischen finanzverwaltung beschäftigt, auch zu der in jüngerer zeit so beliebten hypothese von dem athenischen staatsschatzmeister stellung nehmen muß. Der verf. thut das in einer weise (p. 3 ff. 51 ff.), daß ich, abgesehen von dem titel und der zeit der einsetzung dieses amtes demselben vollständig beistimmen kann. Auch er ist ein gegner der hypothese von der vorenklidischen existenz des staatsschatzmeisters, und hat mit recht darauf hingewiesen, daß das amt desselben gar nicht die hohe staatsrechtliche bedeutung gehabt habe, die man demselben untergelegt hat, daß vielmehr nur in einzelnen fällen die bedeutung des amtes durch die bedeutung seines trägers gehoben wurde.

Das fehlen des staatsschatzmeisters unter den beamten, welche an den Panathenaeen mit opferstücken geehrt werden, spricht sehr deutlich gegen die angenommene hohe staatsrechtliche stellung desselben, s. C. Inscr. A. II, 163. Der rath ist die höchste finanzbehörde Athens, wie auch der verf. richtig erkannt hat (p. 12). Wie dieser der eigentliche vorsteher der $\delta\iota o\iota\kappa\eta\sigma\iota\varsigma$ war, das läßt sich aus Lys. 30, 22 deutlich ersehen. Wie dieser die finanzverwaltung leitete und controlierte, dafür lassen sich außer C. I. A. I 32 noch viele zeugnisse anführen. Ich citiere in einer gewissen reihenfolge C. I. A. I 37. 266. Aischin. g. Tim. 119. Andok. v. d. Myst. 134. (Dem.) 59. 27. Dem. 24, 96 ff.

144. Bekker An. 199. 4 ff. Dem. 21. 161; 50. 8. Andok. v. d.
Myst. 79. Harp. ἀποδέκται. Bekker. An. 198. 1 ff. Harp. ταμίαι.
Poll. 8. 97. Bekker. An. 306. 7 ff. Verschiedener ansicht von dem
verf. bin ich hinsichtlich des titels des sogenannten staatsschatzmeisters: er meint (p. 53 ff.), dieser beamte sei bis gegen 300 ταμίας τῆς κοινῆς προσόδου und von da an erst ὁ ἐπὶ τῇ διοικήσει
genannt worden. Ich halte mich an die inschriften, die nur den
letzten titel kennen, den übrigens nach den worten des Hyper-
eides (p. 121. ed. Blass.) über Lykurgos ταχθεὶς ἐπὶ τῇ διοικήσει
τῶν χρημάτων bereits dieser geführt hat. Der titel ταμίας τῆς
κοινῆς προσόδου in dem jedenfalls in einer ursprünglichen fassung nicht erhaltenen ehrendecret für Lykurgos bei Pseudoplut.
kann, wie mir scheint, dem gegenüber nicht bestehen. Als zeit
der einsetzung des amtes des ἐπὶ τῇ διοικήσει nimmt der verf.
(p. 51 ff.) das jahr des Nausinikos an. Ich stimme diesem ansatz ebensowenig bei, wie dem Philippi's (Rhein. Mus. 34. 612
flg.), der Enbulos für den ersten staatsschatzmeister in Athen
hält, eine ansicht, der auch wohl Wilamowitz (Hermes 14. p.
150.) huldigt, wenn er das oberste finanzamt frühestens 354
geschaffen sein läßt. In Enbulos den ersten ἐπὶ τῇ διοικήσει zu
sehen halte ich deswegen für unzulässig, weil nach Aischin. g.
Ktes. 25 dasjenige finanzamt, welches unter der staatsleitung
des Enbulos die größte bedeutung hatte, das amt des ἐπὶ τὸ
θεωρικόν war. Die träger dieses amtes übten in der zeit der
höchsten machtstellung desselben die functionen des ἀντιγραφεύς,
der apodekten (aber erst nach 347/6, s. Ἀθήν. 6. 152.), der
ἐδεσποιεί und einer außerordentlichen bancommission und σχεδὸν
τὴν ὅλην διοίκησιν εἶχον τῆς πόλεως. Neben diesem amte mußte
das das ἐπὶ τῇ διοικήσει, wenn es bereits existierte, gänzlich
einflußlos sein und dem Enbulos konnte nur daran liegen, die
verwaltung des theorikon in seiner oder in der hand eines par-
teigenossen zu haben, da er nach dem zeugniß des Aischines
damit der διοίκησιν vorstand. Als ὁ ἐπὶ τὸ θεωρικόν hat deshalb Enbulos jene thätigkeit für die attischen finanzen geübt,
welche Plut. Praec. reip. ger. 15. 23 schildert. Ebenso glaube
ich wird man dann ferner Aphobetos, den bruder des Aischines,
die beide anhänger des Enbulos waren, für den vorsteher des
Theorikon halten. Wenn Aischines a. a. o. von diesen beamten
sagt σχεδὸν τὴν ὅλην διοίκησιν εἶχον τῆς πόλεως, so können die

worte desselben (v. d. Ges. 149.), mit denen er die amtsthätigkeit seines bruders schildert: καλῶς δὲ καὶ δικαίως τῶν ὑμετέρων προσόδων ἐπιμεληθείς, ὅτε αὐτὸν ἐπὶ τὴν κοινὴν διοίκησιν εἵλεσθε, sehr wohl das amt des ἐπὶ τὸ θεωρικόν umschreiben. Die begriffe διοίκησις und θεωρικόν werden vertauscht auch bei Hyperid. g. Dem. IV, 27 – V, 16. Bei Poll. 8. 99 üben die theorikenbehörde und die poleten dieselben functionen, welche C. I. A. II 167 ὁ ἐπὶ τῇ διοικήσει und die poleten ausüben. Apbobelos, der anhänger des Eubulos, scheint als vorsteher des theorikon, in dessen kasse damals alle überschüsse der verwaltung flossen, den historischen verhältnissen mehr zu entsprechen, als als vorsteher der διοίκησις, dessen bedeutung in der damaligen zeit, wenn er bereits existierte, nach den oben citierten worten des Aischines zu urtheilen sehr gering gewesen sein muß. Dazu kommt, daß wir für das jahr 343/2 noch einen andern anhänger des Eubulos als τὸν ἐπὶ τὸ θεωρικόν nachweisen können, Kephisophon, den sohn des Kephalion, aus Aphidna (C. I. A. II 114.), aus dessen feindschaft gegen Apollodoros, den gegner des Eubulos, wir schließen dürfen, daß er ein anhänger des letztern war. S. Dem. 45. 19. (Dem.) 59. 9. 10. Ich führe alles dieses hier an, um zu erweisen, daß die worte des Aischin. v. d. Ges. 149 sich auf das amt des ἐπὶ τῇ διοικήσει nicht zu beziehen brauchen und wahrscheinlich auch nicht beziehen. Nehmen wir dieses als richtig an, so ist Lykurgos, dessen wirksamkeit als ὁ ἐπὶ τῇ διοικήσει ich mit Boeckh (St. d. Ath. 2. 114 ff.) und Schaefer (Dem. w. s. zeit 1. 188. 338.) beginnen lasse, der erste nachweisbare staatsschatzmeister. Es scheint mir an sich nicht unwahrscheinlich, daß, als durch das gesetz des Demosthenes 339/8 die überschüsse der verwaltung wieder der theorikenkasse entzogen waren und damit die macht des vorstehers derselben gebrochen war (s. Philoch. fr. 135 bei Müller. Fr. hist. gr. 1. 406.), man an stelle des ἐπὶ τὸ θεωρικόν, dessen einheitliche finanzleitung sich, wenn auch in verfehlter richtung erprobt hatte, ein neues amt schuf, dessen functionen ungefähr denen des ἐπὶ τὸ θεωρικόν entsprachen, ohne den verfehlten zweck derselben zu verfolgen. Das gesetz, welches Pseudoplut. vit. Lyc. 3 dem Lykurgos zuschreibt, μὴ ἐᾶσω πέντε ἐτῶν διῶσιν τὸν χειροτονηθέντα ἐπὶ τὰ δημόσια χρήματα würde alsdann ein passus des constituierungsgesetzes dieses neuen amtes sein, nicht ein gesetz,

19. Griechische antiquitäten.

um die macht des bereits bestehenden amtes zu beschränken. Als passus des constituierungsgesetzes ist diese bestimmung wohl verständlich, als nachträgliches gesetz, um die functionen des ἐπὶ τῇ διοικήσει zu beschränken, scheint sie der politik des Lykurgos wenig zu entsprechen, für den dieselbe nach der angabe des Pseudoplutarch zu urtheilen, nur existierte, um von ihm umgangen zu werden. Die annahme, daß das amt des ἐπὶ τῇ διοικήσει erst 389/8 eingerichtet wurde, scheint inschriftlich dadurch bestätigt zu werden, daß wir in den urkunden vorher von demselben nichts erfahren, daß vielmehr Habron, der sohn des Lykurgos, der erste inschriftlich nachweisbare ἐπὶ τῇ διοικήσει ist: s. C. I. A. II 167. Das gesagte mag genügen, um anzugeben, weshalb ich dem verf. mit seinem ansatz der einsetzung des amtes des ἐπὶ τῇ διοικήσει auf das jahr 378 nicht beistimme. Eine von dem verf. (p. 38 ff.) abweichende ansicht habe ich auch hinsichtlich der theorikenbehörde. Ich kann dieselbe hier jedoch nicht näher begründen, um den umfang dieser anzeige nicht noch mehr über das maaß des erlaubten auszudehnen.

Gotha. *Gustav Gilbert.*

---

19. Victor Thumser de civium Atheniensium muneribus eorumque immunitate. Wien bei Gerold 1880.

Der verfasser behandelt entsprechend der zweitheilung des titels in dem ersten größeren abschnitt p. 1—107 die verschiedenen finanziellen leistungen, zu denen die Athener an den staat und dann auch an die politischen unterabtheilungen desselben verpflichtet waren. In dem zweiten kleineren abschnitt p. 108—147 erörtert derselbe, in welcher weise und unter welchen bedingungen eine befreiung von diesen leistungen eintrat. Die schrift, welche von einer gründlichen durcharbeitung der quellen und einer eingehenden kenntniß der einschlägigen literatur zeugniß ablegt, hat das hierher gehörige material in erschöpfender weise zusammengestellt und verarbeitet. Daß dabei nicht immer neue resultate gewonnen sind, ist selbstverständlich. Aber auch da, wo sich der verfasser frühern ansichten anschließt, hat er doch nicht selten durch herbeiziehung von neuen literarischen oder inschriftlichen zeugnissen denselben eine weitere begründung zu geben verstanden. Daß auch jetzt noch manche puncte controvers bleiben, kann keinen befremden, der die schwierigkeit der hier erörterten fragen kennt. So kann ich mich z. b. nicht von der richtigkeit der von dem verfasser p. 68 ff. vorgetragenen ansicht überzeugen, daß zur zeit der trierarchischen symmorien die 1200 in verschiedene classen eingetheilt waren, für deren jede es gesetzlich bestimmt war, wie viele zusammen und gleichmäßig die kosten der trierarchie zu leisten hatten.

Der verfasser will damit die verschiedenen angaben über die größe der syntelien erklären. Da die symmorieneinrichtung von der eisphora auf die trierarchie übertragen wurde, so werden auch dieselben grundsätze für die letztere wie für die erstere maßgebend gewesen sein. Die verschiedene größe der syntelien erklärt sich daher, daß je nach der anzahl der von der einzelnen symmorie aufzubringenden schiffe und je nach dem vermögen der die einzelnen syntelien bildenden mitglieder die größe der syntelien wechseln mußte. Wenn z. b. eine symmorie bei einer flottenausrüstung die trierarchie von 10 schiffen zu leisten hatte, so mußten, da bei jeder ausrüstung alle symmoriten betheiligt waren, die syntelien, welche je ein schiff zu stellen hatten, weniger mitglieder umfassen, als wenn von der symmorie nur 5 schiffe auszurüsten waren. — Ebenso finden sich auch bei dem verfasser ab und zu interpretationen, denen man nicht immer beistimmen kann. Eine auffallende erklärung der worte δίξαι γάρ ἱμῖν ὑπὲρ τῶν δημοτῶν τοὺς βουλευτὰς ἀπενεγκεῖν τοὺς προτεινοντας τῶν τε δημοτῶν καὶ τῶν ἐγκεκτημένων κ. τ. ά. bei Dem. 50, 8. bietet z. b. der verfasser p. 57. 58. wo, wie ich glaube, trotz der entfernten stellung ὑπὲρ τῶν δημοτῶν zu προτεινοντας zu beziehen ist.

Ich führe mit absicht nicht mehrere puncte an, in denen man sich zu einem dissensus von dem verfasser veranlaßt finden könnte, um nicht den glauben zu erwecken, daß an der schrift mehr zu tadeln als zu loben sei. Dieselbe darf vielmehr als ein dankenswerther beitrag zur erkenntniß der athenischen staatsalterthümer bezeichnet werden.

Gustav Gilbert.

---

20. **Die ergebnisse der ausgrabungen zu Pergamon.** Vorläufiger bericht von A. Conze, C. Humann, R. Bohn, H. Stiller, G. Lolling und O. Raschdorff. Mit sieben tafeln. — Berlin, Weidmannsche buchhandlung 1890. (Separat-

abdruck aus dem Jahrbuch der königlich preußischen kunstsammlungen. 1. band.) 120 p. 4. — 12 mk.

Die unternehmung, über deren ergebnisse von den dabei betheiligten hier vorläufig berichtet wird, ist in der geschichte der sculpturenabtheilung der königlichen museen in Berlin von geradezu epochemachender bedeutung. Zum ersten mal ist man dem seit lange gegebenen beispiele der Engländer folgend aktiv vorgegangen, um durch eigne ausgrabungen der sammlung griechischer originalsculpturen, deren sie bisher nur eine kleine anzahl und zwar, wenn wir von einigen meisterwerken wie dem betenden knaben und dem Marsyastorso absehen, meist stücke von relativ untergeordneter bedeutung besaß, zuzuführen. Der erfolg dieses ersten thatkräftigen vorgehens hat die kühnsten erwartungen übertroffen: mit einem schlage ist das museum zu Berlin durch die neue erwerbung in die reihe der bedeutendsten sammlungen antiker sculpturen eingetreten, hinter denen es bisher nur allzuweit zurückstand. Denn mit vollem recht vindicirt Conze in der dem bericht vorausgehenden einleitung den sculpturen vom altar zu Pergamon eine gleiche bedeutung für die kunstgeschichte der zeit um 200 v. Chr., wie sie die Parthenon-sculpturen für das fünfte jahrhundert besitzen. —

Eine reihe von glücklichen umständen hat zu dem zustandekommen des großen werkes beigetragen, von allen seiten, vor allem von unserem kronprinzen selbst, ist ihm verständnißvolle theilnahme und thatkräftige unterstützung zu theil geworden. Ermöglicht aber wurde es in erster linie durch die hingebende thätigkeit des seit jahren in Kleinasien lebenden deutschen architekten K. Humann, dem nicht nur Berlins museum sondern die gesammte alterthumswissenschaft für diese seine leistung zu unvergänglichem danke verpflichtet ist. In schlichter, bescheidener, von warmer begeisterung für die sache zeugender darstellung berichtet derselbe über die geschichte der unternehmung (p. 7—34); zur erläuterung dient ein nach Humanns neu aufgenommener situationskarte von Raschdorff gezeichneter plan der akropolis von Pergamon (taf. I) und eine ansicht des heutigen Bergama mit der akropolis in holzschnitt (auf p. 9) nach dem trefflichen aquarell von C. Wilberg, das vom königlichen museum erworben, gegenwärtig neben den proben der pergamenischen reliefs in der rotunde ausgestellt ist.

4*

Schon 1873 waren zwei bruchstücke von kolossalen marmornen hochreliefs, welche Humann auf die durch einen besuch von E. Curtius und seiner begleiter (1871) gegebene anregung hin aus der den nördlichen theil der akropolis von Pergamon nach süden hin abschließenden byzantinischen mauer hatte herausbrechen lassen, als geschenk des finders in das berliner museum gelangt und wiederholt hatte derselbe die vornahme regelmäßiger ausgrabungen in größerem stile von seiten der musenmsverwaltung befürwortet. Aber erst nachdem im jahre 1877 A. Conze die direction der sculpturenabtheilung übernommen hatte, sollte Humann von seinem „chronischen Pergamonleiden" erlöst werden, indem die auf Conze's bitte erfolgte übersendung von zwei weiteren stücken derselben reliefs zur vereinbarung einer von Humann zu leitenden zunächst versuchsweisen ausgrabung führte, für welche vom cultusministerium die gewährung außerordentlicher mittel bereitwilligst in aussicht gestellt wurde. Nach erlangung eines fermans der hohen Pforte, zunächst auf ein jahr, machte sich Humann im september 1878 an's werk. Als anhaltspunkt diente ihm die von Conze mitgetheilte combination, daß die im berliner museum befindlichen reliefstücke zu einem von dem späten schriftsteller Ampelius (Liber memorialis VIII; 14) unter den weltwundern erwähnten großen altare zu Pergamon mit sehr großen sculpturen, die eine Gigantomachie darstellten, gehörten. Es galt also, die stelle dieses altars zu suchen, wo man sicher sein durfte weitere stücke dieses herrlichen werkes aufzufinden. Und mit kundigem blicke setzte Humann sofort am richtigen punkte ein. Schon nach wenigen tagen stießen seine arbeiter in dem großen, in nächster nähe nördlich von der erwähnten byzantinischen mauer gelegenen schutthaufen auf festes fundamentmauerwerk, während der abbruch der mauer schon am zweiten arbeitstage zwei hochreliefs bloß legte, denen rasch eine ganze reihe von andern folgte.

Wir müssen es uns versagen, den gang der ausgrabungen an der hand von Humann's bericht, der in seiner frischen lebendigkeit die sorgen und mühen und manche mit humor geschilderte schwierigkeiten, aber auch die freudige aufregung des findens den leser gleichsam mit erleben läßt, hier des näheren zu verfolgen. Nur einige hauptphasen seien hervorgehoben. Ende december war die 39. platte der Gigantomachie gefunden und im januar 1879 konnte mit der verladung des der deutschen regierung angesprochenen antheils von zwei drittel der gesammten funde auf seiner majestät schiff „Comet" begonnen werden, das sie in wiederholten fahrten nach Smyrna brachte, von wo die kisten auf einem Loyd-dampfer nach Triest und von da im februar wohlbehalten nach Berlin gelangten. Neue überreiche funde brachte die seit dem 9. märz mit vermehrten arbeitskräften wieder aufgenommene freilegung des altarunterbaues und seines peribolos sowie der fortgesetzte abbruch der byzantinischen mauer. Wie vorher schon durch dr. Lolling vom athenischen institut, so fand im april und mai des jahres der unermüdliche Humann unterstützung durch director Conze selbst, den intellectuellen leiter des ganzen unternehmens. Im laufe des sommers gelang es, die ottomanische regierung zur käuflichen überlassung auch des auf sie entfallenden drittels der schon gefundenen und noch zu findenden sculpturen zu bewegen und so begann denn im september der neue stationär der botschaft in Constantinopel, die „Loreley", die überführung von im ganzen 200 kisten nach Smyrna, mit größter anstrengung seitens der offiziere und mannschaften, deren nie ermüdender bereitwilligkeit und freudigen eifers für die sache Humann mit warmen worten des dankes gedenkt. Seit dem 11. september nahm baumeister Bohn an den ausgrabungen theil, dem in der folge besonders die aufnahme der reste des großen altars und die nähere untersuchung des auf dem südlichen niedrigeren plateau gelegenen gymnasiums zufiel. Im october traf director Conze von neuem ein, begleitet von baumeister Stiller und bauführer Raschdorff, die sich namentlich der untersuchung des nördlich vom altar gelegenen Augusteum's widmeten. Bis in den december resp. bis in den januar hinein dauerte der genannten thätigkeit auf der burg der Attaliden. Nachdem schon im october alle sculpturenreste vom großen altar und das wichtigste der sonstigen statuarischen und andern funde geborgen war, konnte im januar mit der verschiffung der architekturtheile, inschriften u. s. w. begonnen werden, welche die „Loreley" wiederum bis zum 17. april in anspruch nahm. — Mit vollberechtigter befriedigung kann Humann am schlusse seines berichtes auf die errungenen resultate zurückblicken: 94 größere platten der Gigantomachie (dazu die drei schon früher von ihm nach Berlin gesandten und ein von dem griechischen Syllogos in Constantinopel geschenkweise überlassenes bruchstück) ferner über 2000 fragmente, im ganzen etwa drei fünftel des gesammtwerkes; außerdem 35 platten und ca. 100 fragmente eines kleineren relieffrieses mit darstellungen aus der Telephossage sind allein von dem sculpturenschmuck des großen altars wiedergewonnen. — Wer die verhältnisse kennt, wird auch darin dem verdienten manne aus voller überzeugung beistimmen, wenn er in der langen kette der männer, welche mitgewirkt haben, A. Conze als denjenigen bezeichnet, welcher der eigentliche durchführer des glücklichen unternehmens gewesen sei.

Es folgen zunächst **architektonische erläuterungen zur lage und construction des großen altars** von R. Bohn. Aus einem nach norden durch abarbeitung des gewachsenen felsbodens, nach süden durch bedeutende erhöhung des bodens (wobei ältere bauliche anlagen überschüttet wurden) hergestellten, durch mauern begrenzten peribolos erhob sich der altar, dessen südwestecke einen stumpfen winkel bildet, während die beiden nördlichen rechtwinklig sind; die südostecke ist abgebrochen (s. den situationsplan auf p. 41). Leider ist nur der fundamentkern und zerstreut gefundene bauglieder erhalten. Doch bieten einen wichtigen anhalt für die reconstruction die auf sämmtlichen profilierten gliedern sich findenden werkzeichen (buchstaben). Unmittelbar über den reliefplatten mit der Gigantomachie, welche sich um den ganzen altar herumzogen, lag ein mächtiges gesims, in dessen nach vorwärts geneigter hohlkehle die namen der kämpfenden götter geschrieben standen. Ein entsprechendes glied unten trug in kleineren buchstaben die namen der Giganten und noch tiefer die bis auf wenige reste verschwundenen künstlerinschriften. Die sich nach unten hin anschließende plinthe ruht auf einem weit vortretenden sockel. Auf dem so gegliederten unterbau erhob sich der aus der asche der opferthiere bestehende altar innerhalb eines nach drei seiten durch eine wand geschlossenen raumes. Der letzteren war nach außen eine in ihren baugliedern vollständig erhaltene ionische säulenhalle vorgelegt; an der innenseite der wand zog sich der erwähnte kleinere fries mit darstellungen aus der Telephossage entlang. Den aufgang zu dieser plattform bildete eine große freitreppe, welche Bohn mit guten gründen auf die südseite verlegt.

Eine schöne radirung (taf. II) veranschaulicht die wohl durchdachte reconstruction des altarbaus (vgl. auch den längenschnitt durch die treppe auf p. 44) mit dem vermuthungsweise im südosten der nördlich anstoßenden höheren terrasse angesetzten tempel der Athena Polias zur rechten und dem Augusteum zur linken. —

Ueber die sculpturen des altarbaues handelt auf p. 59—69 A. Conze. Ausgehend von der durch glückliche zusammensetzungen fast vollständig wieder hergestellten bildfläche von der linken treppenwange, in deren hauptfigur, einem mit der exomis bekleideten gott von besonders kräftiger körperbildung, man gewiß mit recht Hephaistos zu erkennen glaubt, geht er zunächst zur betrachtung derjenigen anderen platten und gruppen über, welche criterien zur einordnung an eine bestimmte stelle des ganzen monumentes bieten. Es ergeben sich zu den sechs vorhandenen ecken vier, vielleicht fünf eckstücke, und außerdem werden mehrere platten durch die fundumstände an eine der vier seiten verwiesen. So gehören die beiden großen hauptgruppen des Zeus und der Athena, wie auch Conze annimmt, zweifellos an die ostseite, an deren südecke die Hekate-gruppe; die gruppe F mit der auf einen getödteten Giganten tretenden göttin höchst wahrscheinlich an die ostecke der nordseite. An die letztere gehören wohl sämmtliche im norden gefundene platten, da ein grund zu einer verschleppung dorthin zu fehlen scheint, so die gruppe O, (an welche die platte H neuerdings angefügt ist), das herrliche zweigespann V. Am meisten fehlt es für die westseite an anhaltspunkten für die disposition. Wird es möglich sein, ein annähernd vollständiges bild von der composition des ganzen ungeheuren monumentes zu gewinnen? Nach den glänzenden und unerwarteten resultaten, welche die zusammenfügungsversuche im berliner museum, dank der emsigen und umsichtigen thätigkeit des mit der schwierigen arbeit der reinigung der platten — bei den meisten muß der steinharte kalk mit dem meißel abgesprengt werden — betrauten bildhauer Freres und seiner genossen, dürfen wir uns der hoffnung hingeben, daß dies wenigstens für größere theile des ganzen, zumal die süd- und ostseite gelingen wird.

In sehr dankenswerther weise wird die besprechung der einzelnen gruppen und gestalten durch in den text gedruckte holzschnitte erläutert, welche in wenigen strichen die hauptmo-

tive besser wiedergeben als bloße beschreibung es vermag. Die
beiden gruppen mit den hauptgöttern der pergamenischen burg,
Zeus und Athena, sind auf taf. III und IV nach zeichnungen
von Otto Knille in holzschnitt reproducirt. Diese unter ungünstigen umständen, während die originale in der werkstatt am
boden lagen, genommenen zeichnungen, geben den gewaltigen
schwung, die kühnheit und energie der originale in gewissermaßen congenialer weise wieder, wenn auch in der etwas skizzenhaften behandlung die feinheit der detailausführung, welche jene
zeigen, nicht ganz zur geltung kommt. Als ergänzung in dieser
beziehung kann die vortrefflich gelungene reproduction in lichtdruck des durch seine wunderbare erhaltung ausgezeichneten
Giganten von der rechten treppenwange dienen (taf. IV.) Außer
diesen hauptstücken wird auf p. 57 auch von einer andern archäologisch und künstlerisch gleich interessanten plattenreihe,
deren hauptfigur die dreigestaltige Hekate ist, eine abbildung
nach einer zeichnung von Knille gegeben. Außerdem sei
hier von größeren gruppen nur noch die herrliche des mit
seinem viergespann auftauchenden Helios, dem Eos voraureitet, erwähnt; von einzelnen figuren nur die vermuthungsweise Selene
genannte frau auf einem pferde oder maulthier, und ferner die
wunderbare gestalt des bogenschießenden Apollo. Manche andre
göttergestalten entziehen sich bis jetzt einer sicheren deutung,
für welche die erhaltenen götternamen bis jetzt leider wenig ausgaben. Vermuthungen, die sich mehrfach aufdrängen,
hier zu äußern unterlassen wir besser so lange jeder tag positive neue aufschlüsse bringen kann. Es gehört für jeden kunstfreund, nicht bloß für den archäologen zu den größten genüssen,
dem allmähligen anwachsen der einzelnen gestalten und gruppen folgen zu können. Durch das dramatische leben, das in allen
theilen dieser reliefs pulsirt, durch die mannigfaltigkeit kühner und
großartiger motive, bei durchweg genialer, zuweilen wunderbar
feiner ausführung des details gehören diese reliefs zu den bedeutendsten unter den resten antiker plastik; an packender wirkung auf den modernen beschauer, dem diese kunstweise unstreitig persönlich näher steht als die ruhige erhabne schönheit
der kunst des 5. jahrhunderts, übertrifft es vielleicht alle andern.
Nur mit wenigen worten können wir hier auf die kleinen reliefs
eingehen (II) welche, wie schon gesagt, scenen aus dem mythen-

kreise des Telephus, den die Pergamener als ihren stammvater verehrten, darstellen. Einige darstellungen wurden schon mit sicherheit erkannt; den von Conze aufgezählten ist wohl die scene anzureihen wo der heros durch eine von den göttern gesandte große schlange im brautgemach vor dem tode durch das schwert der eignen mutter, die ihm zum weibe bestimmt ist, bewahrt wird. Die reinigungs- und zusammensetzungsarbeiten an diesen reliefs haben eben erst begonnen.

Die von Conze im anschluß an die sculpturen auf p. 75—84 besprochenen inschriften beim altarbau beziehen sich zum überwiegenden theile auf Athena beziehentlich ihre priesterinnen und führen zu der annahme, daß sich der tempel der Athena Polias in der nähe, nach annahme der architekten auf der südostecke der nördlichen höher gelegenen terrasse, befunden habe. Von ungleich größerer bedeutung ist die auffindung einer reihe von marmorplatten zum theil mit inschriften, welche zu einem großen monumente mit den darstellungen der schlachten des Attalos I und Eumenes II gegen die Gallier gehörten, das Plinius N.H. XXXIV, 84 erwähnt. Während die meisten inschriftreste auf die kämpfe Attalos I bezogen werden können, so ist wenigstens einer erhalten, der sich auf die kriegsthaten seines nachfolgers Eumenes II bezieht, und da der buchstabencharakter der inschriften am altar mit dem der letzteren inschrift stimmt, so ist dadurch die errichtung des altars durch Eumenes II (197—159) statt wie man erst angenommen hatte durch Attalos I, erwiesen. —

Des raumes wegen müssen wir darauf verzichten, auf die mit einem grundriß (p. 88) längsdurchschnitt (p. 89) einer darstellung des systems des aufbaus (p. 91) und einer reconstruction des ganzen gebäudes (taf. VI) versehene treffliche beschreibung des Augusteums durch baumeister Stiller, mit zusätzen von Conze über die bestimmung des baues und einige in der nähe gefundene monumente, hier näher einzugehen. Als anhang dazu dient die reconstruction einer auf der westseite des tempels gelegenen, von Attalos II errichteten exedra, durch Raschdorff (taf. VII). Dieselbe ist ihrer schönen verhältnisse und guten erhaltung wegen ganz nach Berlin überführt worden. — R. Bohn giebt p. 99—102 einen vorläufigen bericht über die grabungen am gymnasium (mit grundriß auf p. 101), dem

sich die mit gewohnter gründlichkeit und sachkunde geführte
behandlung der inschriften von demselben bau durch H. G.
Lolling (p. 106—113) anschließt. —
Das nachwort von Conze stellt als die größere endaufgabe
des ganzen unternehmens hin, „das topographisch-monumentale
bild der alten stadt in den verschiedenen phasen ihres bestehens
in festeren zügen als frühere zerrbilder und skizzen es bieten
nach und nach herauszuarbeiten". Schon im verlaufe des vorigen winters hat manches für die lösung dieser aufgabe geschehen können: seit dem october ist nach verlängerung des ausgrabungsferman auf ein weiteres jahr Humann wieder in Pergamon thätig und auch baumeister Bohn ist wiederum dahin
abgegangen. So steht reiche ausbeute zur ergänzung des gefundenen und zur erweiterung unsrer kunde von einer hochinteressanten und bisher nur allzuwenig bekannten kulturepoche
in sicherer aussicht. Schon diesen vorläufigen bericht wird niemand ohne das gefühl des dankes für alle betheiligten, vor
allem für den leiter des ganzen, director Conze, aus der hand
legen. Es giebt wenige archäologische publicationen, die mit
so glänzender äußerer ausstattung eine so schlichte und klare,
sich überall in den grenzen des thatsächlichen haltende und
dabei doch so anziehende und fesselnde darstellung vereinigen.

G. Körte.

Bibliographie

G. H. Friedlein, gestorben in Leipzig 20. oct. 1880 wird
hinsichtlich seiner buchhändlerischen thätigkeit in Börsenbl. nr.
295 geschildert: er wirkte auch für den gesammt-verlagskatalog
des deutschen buchhandels: s. Ph.Anz. X, 9, p. 454.

Aus einem aufsatz von prof. *H. Cohn* in Breslau: „kurzsichtigkeit, bücherdruck und schulärzte" in der Deutschen rundschau
theilt den auf den bücherdruck bezüglichen theil Börsenbl. nr.
297 mit. Es ist bei dieser frage aber auch das papier zu
beachten; dies glänzend weiße, wie man es so oft jetzt findet,
ist sicherlich dem auge nicht zuträglich.

Von *S. Calvary* u. co, in Berlin geht uns folgende notiz zu:
„Aus dem nachlasse des jüngst verstorbenen hamburger professors Wilhelm Wagner werden demnächst im verlage von
S. Calvary u. co. in Berlin eine anzahl bisher theils unbekannter, theils ungenügend herausgegebener mittel-griechischer
gedichte veröffentlicht werden, welche derselbe während seines

letzten aufenthaltes in Italien gesammelt hat; es liegen der ausgabe werthvolle handschriften zu grunde; die redaction haben die herren D. Bikélas und N. K. Sathas übernommen. Zunächst kommen drei gedichte, eine Achilleis in 1820 versen, eine Alexandreis in ca. 3800 versen und ein liebes-roman Lybistros und Rhodamna zur veröffentlichung. Letzteres romantische gedicht war schon einmal von Maurophrydes herausgegeben worden, doch so ungenügend, daß eine neue ausgabe dringend nothwendig erscheint; Wagner hat zwei handschriften aufgefunden, welche alles wünschenswerthe material zu einer umgestaltenden redaction boten. Ein sachlicher commentar und eine einleitung in französischer sprache seitens der herausgeber werden dem ganzen noch besonderen werth verleihen. Auf die äußere ausstattung ist alle sorgfalt verwendet worden; schönes velinpapier, ein scharfer, übersichtlicher druck und die beigabe eines portraits des verstorbenen gelehrten werden auch dem bücherliebhaber das buch willkommen machen." — Auch im RAns. nr. 305 abgedruckt.

Erschienen ist: Bibliotheca philologica oder geordnete übersicht aller auf dem gebiete der classischen alterthumswissenschaft wie der älteren und neueren sprachwissenschaft in Deutschland und im ausland neu erschienenen bücher herausgegeben von *E. Ehrenfeuchter.* 8. Göttiug. Vandenhoeck u. Ruprecht. 1880.

Mittheilungen der verlagsbuchhandlung von *B. G. Teubner* in Leipzig. I. Notizen über künftig erscheinende bücher: Fasti consulares inde a Caesaris nece usque ad imperium Diocletiani. Composuit *Joh. Klein.* — Lautlehre der lateinischen sprache, dargestellt von *Th. Biel.* 2 bde. — Aristophanis Ranae. Recensuit *Ad. von Velsen.* — Hesychii Milesii illustris fragmenta collegit, recensuit, apparatum criticum subscripsit *Joannes Flach.* Accedunt Biographi Graeci minores ex Suidae lexico aliisque fontibus descripti. T. I—III. — Eclogae poetarum Graecorum. In usum gymnasiorum composuit *H. Stadtmueller.* — Eclogae poetarum Latinorum. Composuit *Samuel Brandt.* — II. Erschienene bücher, p. 104.

Kataloge von Antiquaren: Bibliotheca philologica. Achtzigster catalog des antiquarischen bücherlagers von *J. M. Heberle* (H. Lempertz söhne) in Köln.

Kleine philologische zeitung.

Der alljährlich unter dem titel „Mentor" im verlage von H. A. Pierer in Altenburg erscheinende Notizkalender für schüler liegt in der ausgabe für das jahr 1881 vor. Mit seiner aufgabe eines notizkalenders verbindet er die andere, das gedächtniß durch stete hinweise auf geschichtliche erinnerungstage zu kräftigen und gewisse nothwendige begriffe, zahlen und kenntnisse in memorirstoffen fest einzuprägen. Dadurch, daß er ferner zur ordnung und zeiteintheilung hinleitet, in jeder beziehung die zwecke der schule im hause unterstützt, macht er sich so zum zweiten gewissen jedes strebsamen und lernenden. Der neue jahrgang enthält wieder ein kalendarium mit allen auf die alte, mittlere und neue geschichte zurückgreifenden geschichtlichen erinnerungstagen, einen tafelkalender, lektionspläne, schülerverzeichnisse, verschiedene tabellen, geschichtstabellen, eine revidirte geographisch-statistische tabelle aller staaten der erde, die größenverhältnisse der planeten, biographische umrisse der gelehrten, philosophen, dichter und künstler des alterthums, die regeln der neuen rechtschreibung, einen katechismus der physischen geographie, das berechtigungswesen der gymnasien und realschulen und eine blumenlese sogenannter „geflügelter worte" der lateinischen und griechischen sprache. Dieses nachschlagebuch wird sich nicht selten auch den erwachsenen als zweckdienlich erweisen. Der billige preis von 60 pf. für das dauerhaft kartonirte, von 1 mk. für das elegant gebundene exemplar setzt der allgemeinsten verbreitung keine schranke. Der ausgabe für mädchen ist an stelle der lateinischen und griechischen sprüche eine gebirgs- und flußtabelle der erde beigegeben. Das büchlein bildet ein ebenso billiges wie nützliches weihnachtsgeschenk. RAnz. 1880 nr. 285.

Einflußreiche personen in England, darunter der präsident der königlichen akademie der künste, sir F. Leigthon, mr. F. W. Burton, der herzog von St. Albans, lord Talbot de Nalshiede, der bischof von Durham, mr. Beresford Hope und sir J. Lubbock, veranstalten eine subskription, um mr. Wood, der den tempel der Diana zu Ephesus durchforscht hat, mit mitteln zu versehen, seine arbeiten fortsetzen zu können. Wood hofft noch viele schätze in den theilen der tempelumsäunung zu finden, die bei den früheren ausgrabungen noch unberührt blieben. Nationalztg. 1880, nr. 565.

Aus Athen, 11. dez., schreibt man der „Köln. ztg.": Seit einigen wochen verweilt dr. Schliemann mit seiner frau Sophia im dorfe Skripu, in dessen nähe er ausgrabungen zur erforschung des vorhistorischen bodens von Orchomenos, der hauptstadt des alten mächtigen Minyasreiches, unternommen hat. Orchomenos lag, wie bekannt, am nördlichen ufer des Kopaischen sees in Böotien. Dr. Schliemann selbst leitet die arbeiten zur entdeckung der unterirdischen topographie der stadt. Mehrere brunnen aber, die zu dem zwecke bisher gegraben worden sind, scheinen nach einem im wochenblatte „Hestia" veröffentlichten berichte noch zu keinem befriedigenden erfolge geführt zu haben. Man ist nur in der nähe des bei Skripu liegenden klosters „Panagia" auf einige grabsteine gestoßen und hat ähnliche gefäße wie in Mykenä, sowie mehrere inschriften in kolobiotischem dialekt gefunden. Letztere sollen „für die philologie höchst wichtig" sein. Glücklicher war die frau Schliemann, welche die ausgrabung „der schatzkammer des Minyas" beaufsichtigt. Sie schreibt an die zeitung „Ephemeris" in einem briefe vom 23. november: „Heute um mittag entdeckten wir rechts von der schatzkammer eine thür und einen durchgang, an dessen ende man eine zweite thür sieht, die, wie es scheint, in ein grab oder in eine kammer führt und durch eine mit schönen reliefs bedeckte steinplatte gesperrt ist". Näheres darüber enthält der in der zeitung „Ethnikon Pneuma" veröffentlichte bericht des beigegebenen regierungskommissars. Dieser meldet: „Die thür führt in einen schönen eingang in nördlicher richtung von der schatzkammer. Allein in einer entfernung von drei meter befindet sich ein vom dache hereingestürzter großer stein, der den eingang völlig sperrt. Dieser stein ist mit blumen geschmückt, was als beweis gelten mag, daß von hier an die eigentliche pracht des innern begann. Der stein hat eine länge von 4,047 m und eine breite von 2,007 m. Die höhe der thür ist noch unbekannt, da sie noch nicht ganz aufgedeckt worden ist; ihre breite ist 1,300 m. Die architektonischen überreste der „schatzkammer des Minyas" liegen am fuße des berges Akontion, dem nördlichen ufer des flusses Kephissos gegenüber. Man weiß nicht, was für einen zweck das monument hatte. Schon die alten hatten hier ausgrabungen vorgenommen, aber von oben nach unten, und zwar so, daß dabei das gewölbte dach der ersten kammer einstürzte und es jetzt der frau Schliemann viel mühe kostete, dieselbe vom schutte der erde und der steine zu reinigen. Von der zweiten kammer, in welche die jetzt entdeckte thür führen soll, war den alten nichts bekannt. Daraus zieht nun frau Schliemann den allerdings etwas voreiligen schluß, daß der darin aufbewahrte schatz von ihnen „nicht beraubt" sein mag. Es wird jedenfalls interessant sein, wenn es ihr bald gelingen sollte, nach beseitigung der jetzt im wege liegenden hindernisse die vermeintliche kammer und in ihr einen schatz zu entdecken. Denn wenn es auch ebensowenig ein schatz des alten Minyas sein wird, wie der in der „schatzkammer des Atreus" zu Mykenä früher entdeckte ein schatz des Agamemnon war, so wird der fund doch immerhin eine bedeutung für die geschichte und die alterthumswissenschaft haben." Nationalztg. abendausg. nr. 598.

Die oben bft 11, p. 608 erwähnte durch dr. *Karl Humann* aufgefundene Tantalosstadt wird in der Wochenschrift für ingenieure und architekten 1880 ausführlich besprochen: die Nationalztg. 1880 nr. 608 (abendausgabe) theilt aus diesem aufsatz folgendes mit: „In das innere der unwegsamen fast vegetationslosen trachytklippen des östlichen Sipylos war noch kein europäischer fuß gedrungen: von den spuren früherer kultur kannte man nichts, als das in steiler höhe an dem nordrande des gebirges in einer felsnische befindliche verwitterte kolossalbild eines weibes, aus dem gewachsenen felsen gemeißelt, welches 1699 von Chishull entdeckt, zuerst 1842 in einer zeichnung von Stewart erschien und als eine Niobe erklärt wurde, während spätere besucher sich dieser erklärung theils angeschlossen, theils das bildniß als das der göttermutter Kybele ansahen. Gelegentliche bemerkungen des Pausanias (II, 22; V, 13; VIII, 17 ed. Teubner.) berichten von einem „see des Tantalos", dem „grabe" dieses stammvaters des unseligen Atridengeschlechtes und von dem „throne des Pelops", alle drei an und auf dem Sipylosgebirge. Schon frühere reisende hatten die frage zu beantworten gesucht, wo die alten sich diese stätte gedacht haben: Prococke, Chandler, Richter, Prokesch-Osten, Hamilton. Texier, der zu ende der dreißiger jahre dieses jahrhunderts Kleinasien längere zeit durchstreifte, um die ergebnisse seiner forschungen in einem ebenso umfassenden und trefflich ausgestatteten, wie leider ungründlichen werke niederzulegen, glaubte den see des Tantalos in dem Kys-göl (mädchen-see) nordöstlich von Smyrna sehen zu müssen und sah die ruinen einer uralten akropolis mit vorgeschobener felswarte für die alte Tantalis, den stammsitz des Atridengeschlechts, an. Auch das grab des Tantalos glaubte er in einem der vielen dort belegenen *tumuli* entdeckt zu haben. Die besteigung des Sipylos durch Humann hat diese annahmen auf das vollkommenste bestätigt. Von einem kalkbrenner geführt, unternahm der rüstige forscher trotz des glühenden sommerlichen sonnenbrandes den überaus beschwerlichen aufstieg durch die pfadlose wildniß. Der fels fällt hier an der nordseite in fast senkrechten terrassen ab, deren einzelne absätze meist über ein meter und oft bis zu fünf meter hoch sind, und daher der besteigung überaus große schwierigkeiten darbieten. Aber überall wußte der kundige sohn des gebirges, dessen führung Humann sich anvertraut hatte, einen weg zu finden oder zu bahnen. Oberhalb des „Niobe"-bildes, etwa in halber höhe des gebirgskammes, stieß man auf die spuren eines uralten in den felsen gehauenen weges und versuchte, ihm zu folgen. Aber gewaltige felstrümmer, die eins der jüngsten furchtbaren erdbeben hinabgeschleudert hatte, versperrten ihn dergestalt, daß man von seiner verfolgung abstehen und wieder den selbstgewählten weg über die felsterrassen aufnehmen mußte. Bald darauf zeigten sich die spuren menschlicher bearbeitung. Es waren in den fels gearbeitete grabstätten. Zwei übereinander liegende, wohl in beziehung zu einander stehende gräber zeichneten sich durch ihre größe besonders aus; das obere geht als senkrechter schacht in den felsen hinab, das untere dringt in form eines viereckigen stollens in denselben. Der fels ist an der eingangsseite etwa in doppelter manneshöhe senkrecht abgearbeitet und geglättet, oben aber zu einer kolossalen glatten schräg liegenden fläche zugerichtet, die von den drei an den berg grenzenden seiten von einer wasserrinne umgeben ist und so einer ungeheuren platte gleicht, welche würdig erscheint, das grab eines jener ältesten heroen zu decken. Die grabanlagen wurden vermessen und gezeichnet. Nach stundenlangem, rastlosem emporklimmen gelangten die beiden einsamen wanderer auf den höchsten kamm des gebirges, das barometer gab 350 mtr. seehöhe an. Der grat des Sipylos ist hier nur 25 mtr. breit und fällt zu beiden seiten in schwindelnder steile jäh ab. Hier nun zeigte sich eine reihe von einigen zwanzig in den fels gearbeiteten menschlichen wohnungen. In den rückwänden waren die balkenlöcher sichtbar, welche das dachgebälk aufgenommen hatten. Mehrere in den fels gearbeitete flaschenförmige cisternen fanden sich vor, die den bewohnern dieser quellenlosen steinwüste das regenwasser gesammelt haben. Humann verfolgte diese akropolis in ihrer ganzen nur etwa 150 meter betragenden ausdehnung. Der schmale grat steigt in west-östlicher richtung langsam an. An seinem äußersten ende auf der höchsten spitze des berges zeigte sich dem überraschten blicke ein seltsames steingebilde. Dieser äußerste felsblock war durch menschenhand zu einem sitze von übermenschlichen abmessungen hergerichtet. Nahezu 1½ mtr. beträgt die sitzfläche, ein wenig mehr noch die rückenlehne, deren schon halb gelöste felsstücke das nächste erdbeben in die tiefe zu schleudern droht. Es konnte für Humann keinem zweifel mehr unterliegen, daß er sich vor dem gebilde befand, welches man den „thron des Pelops" bezeichnet hatte, und daß jene geringen überreste menschlicher ansiedelungen der stadt angehören, die, in homerischer zeit schon verschollen, dem späteren geschlechte als die geburtsstätte der Tantaliden galt, daß dieser furchtbar zerstückelte steinwall, von dem das auge nur mit scheuem zagen hinabblickt, von dem es das phrygische land bis über seine grenzen hinaus beherrscht, von dem alterthume als der felsstock betrachtet wurde, den die götter im zorne über den tischgast zerschlugen, von dessen haupte sie des Tantalos stadt hinabstürzten in die wellen des darüber zusammenschlagenden sees, dessen spiegel sich unmittelbar unter der akropolisstätte ausbreitet, zwischen dem und der wurzel des gebirges sich nur ein schmaler kameelpfad entlang zieht."

Ueberrascht wurden wir alle im anfang des jahres 1881 durch folgendes telegramm: *London*, freitag 31. dezember, abends. Der vorstand der städtischen verwaltung von Athen hat dem hiesigen lordmayor heute folgendes telegramm zugehen lassen: „in dem augenblick, wo ganz Griechenland sich unter den waffen befindet, haben wir die freudige nachricht zu verkünden, daß die statue der siegreichen Minerva, ein meisterwerk des Phidias, vollständig wieder aufgefunden worden ist." Aber auf das richtige maaß führen andere nachrichten den fund zurück: so die Nationalztg 1881, erstes beiblatt zu nr. 3: „Entgegen der meldung des „W. T. B.", daß in Varvakion das original der Minerva-statue des Phidias aufgefunden sei, wird dem „D. M. B." unterm 1. januar, 8 uhr nachmittags aus Athen telegraphirt: „Im Varvakion wurde gestern durch einen zufall die mehr als meterhohe, wohlerhaltene römische nachbildung der Phidiasstatue der Minerva gefunden. Allgemein wird die archäologisch hochbedeutende entdeckung als ein glückverheißendes zukunftsreiches aufgenommen. Der vorstand des munizipiums gab dem lordmayor von London den fund durch ein telegramm bekannt, worin es heißt: „in dem augenblicke, wo ganz Griechenland sich unter den waffen befindet, haben wir die freudige nachricht zu verkünden, daß die statue der siegreichen Minerva, ein meisterwerk des Phidias, vollständig wieder aufgefunden worden ist." Erfreulich bleibt der fund natürlich immer. — (Vergl. unt. nr. 2.)

Auszüge aus zeitschriften.

Archäologische zeitung. Herausgegeben vom archäologischen institut des deutschen reichs. Redacteur dr. *Max Fränkel.* Jahrgang XXXVIII. 1880. 1. heft: *Conze,* Hermes-Kadmilos (taf. 1—4). Ein auf einer reihe griechischer votivreliefs an die göttermutter wiederkehrender jüngling in chiton und chlamys und mit der prochus (einmal mit dem kerykeion) wird als der mit dem cultus der chthonischen götter namentlich auf Samothrake eng verbundene, mit Hermes identificirte Kadmilos (Kasmilos, Camillus) nachgewiesen. Das häufig mit ihm zusammen erscheinende mädchen mit 2 langen fackeln nennt der verf. gewiß mit recht Hekate. — *A. Michaelis,* zur geschichte des schleifers in Florenz und der mediceischen Venus. Die schicksale beider berühmter statuen werden bis in die mitte des 16. jahrhunderts zurückverfolgt, und für die erstgenannte die irrthümliche fundangabe P. S. Bartoli's (vgl. A. Z. 1876, p. 150) aufgeklärt. Beide künstlerinschriften der mediceischen Venus, die jetzige erst in Florenz angesetzte und eine früher vorhandene, nach welcher jene ungenau copirt ist, werden als modern erwiesen und die wahl des namens Kleomenes seitens des fälschers in ansprechender weise erklärt. — *H. Brunn,* ὑποβιβάζεσθαι; der verf. widerspricht der annahme Robert's, daß ein von diesem (Annali dell' Inst. 1874 t. T., Anh. zeit. 1876. T. 22) publizirtes vasenbild von Nola mit der darstellung eines jünglings, der sein pferd vor dem aufsitzen sich strecken läßt (ὑποβιβάζεσθαι) von einer sehr ähnlichen gruppe im Parthenon-friese entlehnt sei, indem er noch zwei ähnliche darstellungen desselben momentes nachweist [hinzuzufügen ist noch eine gemme „aus dem cabinet des herzogs von Orléans bei Ginzrot, die wagen und fuhrwerke der Griechen und Römer etc. II taf. LXX, 1] und aus dem stil der zeichnung des betreffenden gefäßes schließt, daß dasselbe nicht in Athen, sondern in Nola fabricirt sei. — *E. Hübner,* das bildniß des Seneca (taf. 5). Eine 1813 in villa Mattei in Rom gefundne mit namensinschriften versehene doppelbüste des Sokrates und Seneca, welche kürzlich in das berliner museum gelangt ist: das einzige authentische portrait des letzteren philosophen. Sehr ähnlich ist der am schluß des artikels abgebildete kopf einer gemme, deren abdruck der verf. aus Spanien mitgebracht hat. — *E. Petersen*, kunstgeschichtliche miscellen. 1. Der Apollon mit dem hirsch von Kanachos. 2. der satyr von Myron. — *E. Curtius*, die Kanephore von Paestum. Taf. 6. (Vortrag am berliner Winckelmannsfeste 1879). Kleine archaische bronzefigur des berliner museums, welche ein mädchen mit einem korb auf dem kopfe darstellt. Die figur stand auf einer jonischen säule (s. den holzschnitt p. 27) an deren kapitaal die metrische weibinschrift: Τιδοίνη | Φυλλώ | Καρμυλὶ | θα θεωί | τον linksläufig geschrieben steht. Die buchstabenformen weisen etwa auf den anfang des fünften jahrhunderts v. Chr. — *Th. Mommsen*, inschriftblätten. 1. Aus Herculaneum. Verf. weist die ganz haltlosen hypothesen Comparetti's (La villa de' Pisoni e la sua biblioteca in der festschrift Pompei e la regione sotterrata dal Vesuvio nell' anno LXXIX Neapel 1879) über den eigenthümer der villa, in welcher die herculanensische bibliothek gefunden, zurück und zeigt die unmöglichkeit, ein porträt des L. Calpurnius Piso, wie Comparetti will, in dem fälschlich gewöhnlich Seneca genannten kopfe zu erkennen. (Vgl. auch Mau, Bull. dell' Inst. 1880, p. 124 ff.) Wie in einem briefe von *C. Robert* weiter ausgeführt wird stellt der letztere vielmehr zweifellos einen dichter aus der früheren hellenistischen zeit dar. — 2. Aus den Ulixien. An der von Dütschcke Arch. zeitg. 1877 publizirten büste (eines barbaren) steht nicht, wie Dütschcke las. (und worauf seine deutung auf Pyrrhos beruht) *HIPOC* sondern vielmehr *OMHPOC*. Die inschrift an der büste der Domitia (Dütschcke, antike bildwerke in Oberitalien III, p. 71. 72) ist modern. — *Berichte*. Erwerbungen der königlichen museen zu Berlin im jahre 1879. 1. sammlung der sculpturen und abgüsse (Conze). 2. Antiquarium (Körte). — Sitzungsberichte: Archäologische gesellschaft in Berlin 6. januar — 6. april 1880. — Die ausgrabungen von Olympia: berichte 39—42. Inschriften 334—353 (W. Dittenberger) 354—356 (K. Purgold) 357—362 (A. Kirchhoff). O. Curtius zu nr. 362. A. Furtwängler zu nr. 91.

Heft II: *Charles Waldstein*, marmorfragment in Venedig (taf. 7): fragment einer weiblichen gewandstatue, möglicherweise zu den giebelfiguren des Parthenon gehörig, jedenfalls ein treffliches attisches werk aus der zeit der höchsten kunstblüthe. — *Conze*, über die echtheit einer vase aus Argos. (Arch. zeitg. 1859, taf CXXV) verf. bringt gegen Klügmann (Bull. dell' Inst. 1876, p. 116) überzeugende gründe für die echtheit bei. — *A. Michaelis*, tragischer kopf. (Taf. 8. 9). Der jetzt im besitz des Hon. Ashley Ponsonby befindliche früher gewöhnlich Omphale genannte marmorkopf wird verf. treffend mit köpfen von attischen grabreliefs zusammengestellt und vermuthungsweise einer grabstatue zugeschrieben. — *Richard Bohn*, zum Nike-Pyrgos (taf. 10); verf. weist gegen K. Bötticher (zeitschrift für bauwesen XXX, bl. 1—3) in überzeugender weise den antiken ursprung der kleinen treppe am Nike-Pyrgos nach. — *Fr. Hultsch*, das grundmaß der griechischen tempelbauten; im anschluß an die untersuchungen W. Dörpfeld's in Olympia. — *G. Treu*, werke des Skopas im museum zu Piali (Tegea). Verf. bespricht 2 jünglingsköpfe und den kopf eines ebers in dem auf grund von Milchhöfer's verzeichniß tegeatischer sculpturen (Mittb. des deutschen archäol. inst. in Athen. IV) neugebildeten kleinen museum auf der stätte des alten Tegea, welche er und andere beobachter als zu den giebelgruppen des Skopas gehörig erkannt haben. — *Miscellen*. P. *Weizsäcker*, über die statuen aus Aegion. — *O. Körte*, Nike und Linos. — *G. Loeschcke*, die Catagusa des Praxiteles. — *Berichte*. Erwerbungen des britischen museums im jahre 1879. — *Sitzungsberichte*: Festsitzung des archäol. instituts in Rom, 23. april 1880. Archäol. gesellschaft in Berlin (4. mai — 6. juli). —

Die ausgrabungen von Olympia. Berichte 43-45 und nachträge zu
bericht 42. Inschriften aus Olympia p. 363—365 (A. Kirchhoff). —
Bericht über die thätigkeit des kais. deutschen archäologischen institute vom 1. april 1879 bis dahin 1880. (A. Conze). —
Heft III: *K. Lange*, Aegineten und Corroxion; verf. vertheidigt
seine behauptung, daß ein jeder der beiden giebel des tempels von Aegina
zwei figuren (vorkämpfer) mehr enthielt als man bisher glaubte (s.
berichte der kgl. sächs. gesellsch. der wiss. 1878, heft II, p. 1—94)
gegen die einwürfe von Julius (Jahrbb. für philol. 1880, p. 1—22)
und sucht an einer reihe von beispielen (11) zu erweisen, daß auch
die chemische beschaffenheit der erde, unabhängig von feuchtigkeit
die oberfläche des marmors angreifen könne. — *Trendelenburg*, Iris
in den giebelgruppen des Parthenon; verf. weist nach dem vorgang
von Brunn ausführlicher nach, daß die zuerst von Matz dem westgiebel zugeschriebene geflügelte figur bei Michaelis Parthenon VI, 7
Iris zu nennen sei und als geleiterin des gespannes des Poseidon dem
Hermes, welcher als πομπαῖος des Athenegespannes erscheint, entspreche. — *Furtwängler*, weiße attische lekythos (taf. 11). Auf eine
sachgemäße deutung des vasenbildes als besuch im frauengemach läßt
verf. bemerkungen über die entwicklung der weißen attischen lekythen folgen. — *A. Flasch*, Phineus auf vasenbildern (taf. 12). Den
bisher bekannten bildwerken dieses mythenkreises werden zwei neue
angereiht: ein vasenbild aus Kameiros (taf. 12, 2) und eines aus Nola
mit der in ihrer einfachheit ergreifenden figur des zu den göttern
betenden blinden Phineus (12, 1). — *Th. Schreiber*, ludovisische antiken. I. Paris und Oinone, ein hellenistisches reliefbild (taf. 13).
Ausgehend von einem relief der villa Ludovisi bespricht verf. eine
reihe von ähnlichen, denen eine umbildung des reliefs nach der
seite der malerischen gemeinsam ist, und sucht zu erweisen, daß diese
umbildung nicht eine selbständige leistung der römischen kunst sei,
sondern vielmehr eine letzte frucht der griechischen kunstentwicklung
(in der hellenistischen zeit). — *Miscellen. J. Friedländer*, römisches bildniß auf einem goldringe. Sehr characteristischer männlicher porträtkopf, nach der (gewiß richtigen) ansicht des verf. aus republicanischer
zeit; wer dargestellt sei und was die buchstaben hinter dem kopf
bedeuten, bleibt dunkel. — *Philippos Sakellarios*, inschrift aus Makedonien. — *Furtwängler*, nochmals Nike und Linos. — *H. Blümner*,
die maske des s. g. sterbenden Alexander. Verf. erklärt denselben
für einen sterbenden giganten, indem er auf die jedem beschauer sich
aufdrängende ähnlichkeit mit dem in der Athena-gruppe des altars
von Pergamon hinweist. — *M. Fränkel*, zu tafel 14: reisender
kindersarkophag im museum von Sparta nach einer zeichnung von
Cilliéron in Athen. — *Overbeck*, berichtigung. — Die ausgrabungen von
Olympia. Inschriften p. 366—380. (W Dittenberger.)
Deutsche litteraturzeitung herausg. von *Max Roediger*. Erscheint
jeden sonnabend. Preis vierteljährlich 7 mark. Jahrg. 1. Nr. 1.
Sp. 5: *G. H. Mahlow*, die langen vocale a e o in den indogermanischen sprachen. Ein beitrag zur vergleichenden lautlehre der indogermanischen sprachen. Berlin 1879. 8. (166 p.) Das buch ist
scharfsinnig, fleißig und gelehrt. Die resultate sind nur zum theil haltbar.
A. Brezenberger. - Sp. 6: *Aristophanis comoedias*. Annotatione critica
commentario exegetico et scholiis graecis instruxit Fred. *H. M. Blaydes*, P. I. Thesmophoriazusae. P. 2. Lysistrata. Halis Saxonum
1880. 8. (IX, 271. VIII, 326 p.) Die ausgabe ist sowohl was das
handschriftliche wie den commentar anbelangt schätzenswerthes material, aber ungesichtet und unverarbeitet. *A. von Bamberg*. — Sp. 8:
Plauti Captivi hrsg. von *Edward A. Sonnenschein*. Mit einem kriti-

schen apparate und zahlreichen noch nicht veröffentlichten emendationen von Rich. Bentley zum ganzen Plautus wie sie sich in dessen handexemplaren des Pareus und Camerarius vorfinden. London u. Leipzig 1880. 8. (XV, 93 p.) Ein text neu und vollständig mit kritischem apparat in conservativem charakter, die Bentley-bemerkungen sind werthvoll, aber doch hätte vielleicht eine auswahl genügt. *F. Bürkeler.* — Sp. 9: *A. Bachmann*, die einwanderung der Baiern. Wien 1878. 8. (Aus Sitzungsberichten der wiener akad. der wissensch. bd. 91, p. 216 ff.) Eine arbeit voller dreister behauptungen, leichtfertiger behandlung der thatsachen zu gunsten eines völlig haltlosen einfalles. *K. Müllenhoff.* — Sp. 18: *F. Freiherr Gooler von Ravensburg.* Die Venus von Milo. Eine kunstgeschichtliche monographie. Mit 4 tafeln in lichtdruck. Heidelberg 1879. 8. (200 p.) *R. Kekulé* findet bei aller sonstiger anerkennung der guten seiten des buches doch nicht, daß das hauptproblem auch nur um ein geringes gefördert sei. — Sp. 20: *G. Padelletti*, lehrbuch der römischen rechtsgeschichte. Deutsche ausgabe. Mit rücksichtnahme auf das deutsche universitätsstudium besorgt von *F. von Holtzendorff.* Berlin 1879. 8. (XII, 358 p.) Das buch ist nach *Hölder* sehr geeignet zur ersten einführung in die römische rechtsgeschichte.

Nr. 2. Sp. 56: *C. Pauli*, etruskische studien. Heft. I. Ueber die bedeutung der etruskischen wörter etera lautu-cteri und lautni. Göttingen 1879. 8. Heft II. Ueber die etruskischen formen arnθial und larθial. Ebda 1880. 8. *Deecke* erkennt die untersuchungen des verfassers als zum großen theil richtig an, macht gegen einzelnes bedenken geltend. — Sp. 58: *Theognidis* reliquiae edidit *J. Sitzler.* Heidelbergae 1880. 8. (172 p.) Die frage nach der echtheit der einzelnen theile der Theognideischen spruchsammlung ist nicht gefördert, höhere und niedere kritik des verfassers sind gleich unerquicklich. *G. Kaibel.* — Sp. 59: *Satura* philologa Hermanno Sauppio obtulit amicorum conlegarum decas. Berlin 1879. 4. (V, 180 p.) *U. von Wilamowitz-Möllendorff* giebt eine kurze charakteristik der einzelnen abhandlungen. — Sp. 61: *A. Ebert*, allgemeine geschichte der litteratur des mittelalters im abendlande. Bd. I. Geschichte der christlich lateinischen litteratur von ihren anfängen bis zum zeitalter Karls des Großen. Leipzig 1874. Bd. II. Geschichte der lateinischen litteratur vom zeitalter Karl's des Großen bis zum tode Karls des Kahlen. Leipzig 1880. 8. (XII 624, VIII, 404 p.) Der verfasser schließt die heidnische litteratur zu sehr aus, die perioden sind übersichtlich gegliedert, aber innerhalb derselben überwiegt zu sehr die eidographische anordnung die historische auffassung. Die berücksichtigung der griechischen einflüsse ist ebenfalls vernachlässigt, auf handschriftliche verbreitung keine rücksicht genommen, einzelne ausführungen, chronologische fragen, die abschnitte über die hymnenpoesie sind wohl gelungen. Im zweiten bande sind die Iren und die kloster-geschichte nicht berücksichtigt, die darstellung ist schwach. Das ganze anerkennenswerth. *A. Reifferscheid.*

Nr 3. Sp. 93: *H L. Ahrens*, beiträge zur griechischen und lateinischen etymologie. Hft. 1: die griechischen und lateinischen benennungen der hand. Etymologische untersuchung. Leipzig 1879. 8. (XII, 206 p.) Die arbeit beweist große belesenheit in den grammatikern und lexicographen, und genaue behandlung der wortbedeutung, der verfasser ist andrerseits in die vergleichende sprachforschung nicht genug eingelebt, um nicht irrthümer zu begehen. *G. Meyer.* — Sp. 95: *Publilii Syri* mimi sententiae rec. *G. Meyer.* Lipsiae 1880. 8. (78 p.) Die Publication bietet vermehrtes material und richtige ansehnung des ganges der überlieferung. Die textkritik ist zu wenig gefördert. Die frage

nach der authenticität der sprüche entschieden irrig behandelt. F Leo. —
Sp. 101: L. Holzapfel, untersuchungen über die darstellungen der griechischen geschichte von 489 bis 413 v. Chr. bei Ephoros, Theopomp und anderen autoren. Leipzig 1879. (IV, 192 p.) 8. Das verdienst der arbeit liegt darin unter sorgfältiger zusammenfassung der resultate der einzelforschung für einen grösseren zeitraum die geschichtsquellen zu charakterisiren. Swoboda. — Sp. 104: Monumenti dell' Instituto di corrispondenza archeologica. Vol. XI, tav. I—XII. fol. Annali del' Instituto di c. a, Vol. LI. (320 p.) Bullettino del' Instituto di c. a. Vol. I,1. (272 p.) Roma 1879. 8. Carl Robert bespricht im ganzen anerkennend den reichen inhalt dieser publikationen.
Nr. 4. Sp. 126: B. Delbrück, die grundlagen der griechischen syntax. Halle 1879. 8. (VIII, 155.) (Syntaktische forschungen von B. Delbrück IV.) A. Brückner: ein treffliches werk, die griechische norm und die sonderentwicklung des Griechischen werden zu einander klargestellt. Die resultate der bisherigen forschung sind mit beiseitelassung der controversen klar und präcis zu einem gesammtbilde vereinigt. — Sp. 127: F. Hand's lehrbuch des lateinischen stils. Zum gebrauche für lehrer und lernende auf universitäten und gymnasien. 8. aufl. Vollständig neu bearbeitet von L. Schmitt. Jena 1880. 8. (VIII, 287 p.) Die neubearbeitung ist nur eine verkürzung und zusammenziehung, die sich aber nicht auf die gelehrten anmerkungen und die bemerkungen über die tempora hätte ausdehnen sollen. Auch war der standpunct des buches zu veraltet um eine durchgreifende reform zu ertragen. Kann in seiner jetzigen form auf schulen wohl noch nützen. H. Jordan. — Sp. 131: E. Huffmann, patricische und plebejische curien. Ein beitrag zum römischen staatsrecht. Wien 1879. (80 p.) 8. Der verfasser will alles mögliche selbst das dunkelste haarklein nachweisen. Freilich bleibt das meiste zweifelhaft zumal er auch das wenige quellenmaterial merkwürdig benutzt und z. b. Cicero's nachrichten gegenüber den annalistischen als verdächtig darstellt. (O. Seeck. — Sp. 134: Furtwängler, die bronzefunde aus Olympia und deren kunstgeschichtliche bedeutung. Berlin 1879. 4. (Abhandl. d. Berliner akad. der wiss. philol.-hist. cl. 1879.) Der schwerpunct des werthes der bronzefunde liegt in der ornamentik, die nach einander verschiedene decorationsysteme aufweist. Hierin erweitern die Olympiabronzen unsere kenntniß bedeutend. Zugleich bieten sie aufschlüsse über viele puncte des religiösen lebens der kunstmythologie etc. H. Blümner.
Literarisches centralblatt von Fr. Zarncke: Nr. 48. Sp. 1623: Pindar's siegeslieder erklärt von F. Mezger. Leipzig 1880. 8. (XII, 484 p.). Die absicht einen das verständniß erleichternden commentar zu schaffen ist vollständig erreicht. Der dichter wird aus sich selbst erklärt. Für die erkenntniß Pindarischer composition sind wichtige fortschritte gemacht. - Sp. 1624: Oscar Weißenfels, aesthetisch-kritische analyse der epistula ad Pisones von Horaz. 84 p. 8. (Separatdruck aus d. N. Lausitz. magaz. bd. 56.) Umsichtige würdigung wenn auch etwas breit. Sp. 1630: Herm. Bender, Rom und römisches leben im altertum. Mit zahlreichen abbildungen. Tübingen o. j. 1.halbband (VIII, 272 p.) Bursian nennt das buch eine gute populäre darstellung, giebt kleine berichtigungen. — Sp. 1631: Heinr. Kiepert, leitfaden der alten geographie für die mittl. gymnasialklassen. Berlin 1879. 8. (219 p.) Auszug aus dem größeren werk, gutes schulbuch. Bu(rsian). Sp. 1634: Jac. Bernays, zwei abhandlungen über die aristotelische theorie des drama. Berlin 1880. 8. (III, 187 p.). Unveränderter abdruck. - Sp. 1635: Briefe von Carl Lehrs an einen freund. Herausgeg. von Fritz von Furen-

Arid. Königsberg 1880. 8. (121 p.). Ein denkmal begeisterter liebe für das Hellenenthum, idealer freundschaft und kunstsinniger lebensauffassung.
Nr. 49. Sp. 1666: *A. H. Sayce*, introduction to the science of language. 2 vols. London 1880. 8. (X, 441. 421 p.). Eine anregende, umfassende bearbeitung der sprachwissenschaft, gestützt auf ausgebreitete sprachkenntniß und originale auffassung. Sachliche divergenzen des referenten sind bei dem controversen gebiet vielfach natürlich, die grundanschauung wohl die richtige. — Sp. 1667: *H. D. Müller*, der indogermanische sprachbau in seiner entwickelung. Theil I. Göttingen 1879. 8. (X, 450 p.). Nach *R. K.* werthlos: der verfasser will alle verba und nomina auf pronominalwurzeln zurückführen und etymologisirt unter verstößen gegen elementare regeln in unglaublicher weise. — Sp. 1608: *A. R. Rangabé*, die aussprache des Griechischen. Leipzig 1881. 8. (47 p.). Die frage ist zu gunsten des jetzigen gebrauchs erörtert, mehr im interesse hellenischen patriotismus, als wissenschaftlich beweisend. — Sp. 1668: *Leo Meyer, AN* im griechischen, lateinischen und gothischen. Ein beitrag zur vergleichenden syntax der indogermanischen sprachen. Berlin 1880. 8. (64 p.). L. Meyer will die identität vom gothischen an, griechischen ἀν und lateinischen an beweisen. Wohl mit recht, aber die grundbedeutung dürfte schwerlich „oder sonst, anderufalls" gewesen sein. Im gegentheil war wohl „möglicherweise eventuell vielleicht etwa" grundbedeutung und hieraus entwickelte sich erst die bedeutung „oder". *Brgm. (Brugman).*
— Sp. 1670: *C. F. Müller*, de pedibus solutis in tragicorum mimorum trimetris jambicis. Berlin 1879. 8. (42 p.) Besonnenes urtheil in kritischen und literar-historischen fragen. Die metrische untersuchung sehr beachtenswerth. *J. K(vičala).* — Sp. 1671: *C. Pauli*, etruskische studien. 2. heft: über die etruskischen formen *ursial* und *larsial*. Göttingen 1880. 8. (76 p.) *W. D(eecke)* sieht die erklärung dieser formen als männliche genetive für erwiesen an. — Sp. 1672: *Sedulii paschalis operis liber quintus.* Nach den zum ersten male verglichenen besten handschriften revidiert von dr. *E. Ludwig.* Heilbronn 1880. 8. (35 p.). Eine sorgfältige mühevolle gute ausgabe. *H. R(oensch).*
No. 50. Sp. 1700: *M. Cantor*, vorlesungen über geschichte der mathematik. Bd I. Von den ältesten zeiten bis zum jahre 1200 n. Chr. Leipzig 1880. 8. (VIII, 804 p. 1 tafel.) Inhaltsübersicht des gelehrten, durch belesenheit staunen erregenden werkes. *e.* — Sp. 1707: *Eudocius* Augustae violarium. Rec. et emendavit Continuus Flach. Leipzig 1880. Practische ausgabe. An sorgfalt und kritik des herausgebers sind höhere anforderungen zu stellen. *B.* — Sp. 1708: *Hesychii* Milesii qui fertur de viris illustribus librum rec. emend. apparatum criticum subscripsit. *Joh. Flach* Leipzig 1880. 8. (58 p.). Dasselbe urtheil. Der druck etwas correcter. *H.* — Sp. 1709: *Jak. Mähly*, geschichte der antiken litteratur. 1. und 2. theil. Leipzig 1880. 8. (280. 276 p.). Der zweck des buches, eine geschichte der antiken litteratur für ein gebildetes, nicht gelehrtes publikum zu geben, ist nicht erreicht. Abschreckende anordnung, viel unnützer ballast neben mangelhafter behandlung anderer partien. Charakteristisches ist übergangen. Urtheil trivial, stil langweilig. *F. R.* — Sp. 1710: festschrift für L. Urlichs zur feier seines 25jährigen wirkens an der universität Würzburg. Dargebracht von seinen schülern. Würzburg 1880. 8. (229 p.) Inhaltsangabe. Sp. 1710: *Jo. R. Táfy.* Opuscula graeca quae primum in Graecorum ephemeridibus scripsit. Budapest 1880. (X, 116 p.). 4. Meist abdrücke aus der *Kliw* und *Hurdúigo*. Philhellenisches.

O. M(eye)r. — Sp. 1711: Hygini gromatici liber de munitionibus castrorum ex rec. *O. Gemoll.* Leipzig 1879. 8. (50 p.). Dankenswerthe ausgabe. *A. E(ußner).* — Sp. 1712: *Hugo Michael*, die verlorenen bücher des Ammianus Marcellinus. Ein beitrag zur römischen litteraturgeschichte. Breslau 1880. 8. (32 p.). Geschichte, überzeugende untersuchung. Ammian schrieb danach zwei werke. *F. R.*

No. 51. Sp. 1742: Philologische untersuchungen. Herausg. von *A. Kießling* und *U. v. Wilamowitz-Moellendorff.* 3. heft. 1. *Ernesti Maaß*, de biographis Graecis quaestiones selectae. 2. *U. de Wilamowitz-Moellendorff*, ad Ernestum Maaßium epistula. Berlin 1880. 8. (169 p.). Auf willkürliche interpretationen und falsche textänderungen gestützt, glaubt Maaß als quelle der homonymenverzeichnisse des Demetrius von Magnesia läugnen zu müssen er versucht vergeblich männer in denselben nachzuweisen, die jünger wären wie Demetrius und baut sodann ein hypothesengebäude, um alle jene nachrichten auf die περιοδοι λαμπιο des Favorinus zurückzuführen. Referent *E(rwin) R(ohde)*, kritisirt sodann Wilamowitz's verhalten, der die resultate seiner schülers mißbilligt, aber doch veröffentlicht und schließt mit einem harten wort über die „schnödigkeiten" des Wilamowitz' schen stils. — Sp. 1745: *Alfred Croiset*, la poésie de Pindare et les lois du lyrisme grec. Paris 1880. 8. (XVI, 458 p.). *B(laß)* giebt eine analyse des inhalts, rühmt die richtigkeit der anschauung, seine tactvolle auffassung, besonders in betreff der inventio und dispositio bei Pindar. Etwas schwächer ist der abschnitt über die elocutio, und fehlerhaft sind microscopische einzelheiten. — Sp. 1746: *Emile Thomas*, Essai sur Servius et son commentaire sur Virgile d'après les manuscrits de Paris et les publications les plus récentes etc. Paris 1880. (XVI, 358, XXXII p. 1 tafel.) Sorgfältig detaillirte arbeit. — Sp. 1746: *H. van Herwerden*, lapidum de dialecto Attica testimonia. Utrecht 1880. 8. (III, 88 p.) Das buch ist fleißig, aber einseitig mit vernachlässigung der sprachvergleichung gearbeitet. Das verständniß der sprach erscheinungen ist äußerst primitiv. *O. M(eye)r.* — Sp. 1747: *Otto Keller*, epilegomena zu Horaz. 3. theil. Leipzig 1880. (p. 595—680). *A. R(iese)* urtheilt über dies heft wie über das 1. und 2. (No. 27 sp. 880) die schlußbemerkungen sind besonders werthvoll durch eine variantentabelle der charakteristischen stellen von hunderten von handschriften, wonach der consensus mehrerer handschriftenklassen wenn auch nicht immer entscheidet. Drei classen in allen handschriften sind jedenfalls festgestellt. — Sp. 1748: *Dido*. Tragoedia ex segmentis priorum librorum Aeneidos composita ab auctore incerto cuius autographum possidet bibliotheca Leidensis. Edidit *W. H. D. Suringar.* Leiden 1880. (XIV, 56 p.). 8. Nach *A. R(iese)* eine schultragödie des XVI. jahrhunderts, die fast ganz cento ist, er bedauert, daß die zahlreichen correctionen des verfassers nicht beigegeben seien. — Sp. 1753: *J. Marquardt*, das privatleben der Römer. 1. theil. Mit 2 taf. und 12 holzschn. Leipzig 1879. 8. (XII, 372 p.). (*J. Marquardt* und *Th. Mommsen*, handbuch der römischen alterthümer bd. 7). Das buch ist gegen die erste bearbeitung den resultaten der forschung entsprechend mehrfach umgestaltet. *Bu(rsian).* — Sp. 1753: *Fr. von Alten*, die bohlwege (Römerwege) im herzogthum Oldenburg untersucht. Mit einer karte. Oldenburg 1879. 4. (24 p.). Nach *H. Br.* urtheil scheint der römische ursprung der bohlwege erwiesen.

No. 52. Sp. 1772: *J. C. Vollgraff*, greek writers of roman history. Some reflections upon the authorities used by Plutarch and Appianus. Leiden. (13 p.). 3 abhandlungen: 1) the fons primarius of Plutarch's life of Fabius Maximus: Plutarchs hauptquelle sei Coelius Antipater gewesen. 2) the common greek sources of Plutarch and Appianus for Roman history. Polybius sei allein sicher von Appian direct benutzt, Livius, Sallust, Dionysius vielleicht, daneben eine secundärquelle, vermuthlich Juba. 3) King Juba's Historia Romana. Sorgfältige charakteristik dieser schrift und begründung L. Keller'scher hypothesen. *P. R.* — Sp. 1773: *Paul Decaux*, études politiques sur les principaux événements de l'histoire romaine. T. 1. 2. Brüssel 1880. (XVI, 556. 476.) 8. Von dem standpunct nicht des fachmanns, sondern des scharf beobachtenden thätigen politikers geschrieben, daher vielfach anregend und richtige gesichtspuncte angebend, aber ohne historische kritik, besonders bei einer gläubigen annahme der überlieferten römischen geschichte älterer zeit. — Sp. 1777: *F. Philippi*, zur reconstruction der weltkarte des Agrippa. Mit 5 autographischen kartenskizzen. Marburg 1880. 8. (25 p.). B—r liefert eine reihe einzelner aber eingreifender bedenken gegen die annahmen des verfassers. — Sp. 1788: *Herm. Schütz*, Antigone. Lpz. 1880. (27 p.). 8. (Schütz, Sophoklesstudien). Behandelt den grundgedanken der Antigone, die schuldfrage im gegensatz zu Boeckh. *J. K(vicala)* bespricht einzelne ansichten des verfassers. — Sp. 1789: *Vilem. Uckermann*, de Aristophanis comici vocabulorum formatione et compositione. Marburg 1879. 8. (83 p.). Die arbeit erfüllt eine forderung der lexicologischen und Aristophanes-forschung. —*g.* (*A. v. Bamberg*). — Sp. 1790: *L. Duchesne*, de codicibus mss. Graecis Pii II in bibliotheca Alexandrino-Vaticana schedas excussit etc. Paris 1880. 8. (34 p). Beschreibt 54 meist patrist. handschriften. — Sp. 1790: *Sex Propertii* elegiarum libri IV. Rec. *Aemilius Bährens*. Leipzig 1880. 8. Bährens sucht die Lachmannsche schätzung der Properzhandschriften umzustürzen und aus zum theil bisher unbekannten handschriften einen archetypus zu reconstruiren. Dies bemühen ist schon durch Leo (Rhein. museum) widerlegt. Die conjecturen zum theil plausibel. *A. R(iese)*.

Neue jahrbücher für philologie und pädagogik von *A. Fleckeisen*, erste abtheilung, bd 121, hft. 10 und 11: 89. Aus. von *B. Delbrück:* die grundlagen der griechischen syntax (Halle 1879) von *K. Brugman,* p. 657—671. — 90. Zu Sophokles Elektra, von *G. Krüger* p. 671—672. — 91. Zur bedeutung des comparativs bei Homeros, von *O. Amd-Ar,* p. 673—681. — 92. Zu Homeros Ilias (n. 669), von *G. Benseler,* p. 682—685. — 93. Der delische localmythus von Apollon Pythoktonos, von *Th. Schreiber,* p. 685—688. — 94. Zu Sophokles Trachiniae und Philoktetes, von *J. Oeri* und *R. Löhbach,* p. 688. — 95. Zur geschichte der aulosmusik. Eine entgegnung von *H. Guhrauer,* p. 689—705. — 96. De loco lacunoso apud Aeschylum (Septem r. 24—30), von *A. Loewinski,* p. 705—706. — 97. Die abfassungszeit des platonischen Phaidros, von *F. Susemihl,* p. 707—724. — 98. Zu Tacitus Agricola, von *O. Pfundtner,* p. 724. — 99. Die auslassung des subjectspronomens im accusativus cum infinitivo bei den lateinischen komikern, von *A. Funck,* p. 725—734. — 100. Zu griechischen epigrammen, von *R. Arnoldt,* p. 734—736. — 101. Das römische normallager zur zeit des Polybios, von *F. Hunkel,* (mit einer steindrucktafel), p. 737—763. — 102. Zu Ovidius fasten (I, 637—650), von *C. Schrader,* p. 763—764. — 103. Ad Lucretium, von *C. M. Francken* und *S. Brandt,* p. 765—774. — 104. Aus. von *G. Landgraf:* de figuris etymologicis linguae latinae (Erlangen 1880), von *Th. Thielmann,* p. 774—776. — (19.) Zu Catullus, von *Moriz Schmidt* und *W. H. Roscher,* p. 777—787. — 105. Zu Tacitus Historien (V, 19), von *A. Dederich,* p. 787—788. — 106. Noch einmal *sher* und zum ersten male

Γοοδωφιτος περί ασουμένων, von *G. Uhlich*, p. 789—798. — (58.) Philologische gelegenheitsschriften, p. 798—800.
Rheinisches museum für philologie, herausgegeben von *Bücheler* und *O. Ribbeck*, hft. 1: Boges' ruhm auf einer attischen herme. Von *B. Schmidt*, p. 1. — Ueber den codex Laurentianus 53, 35, nebst nachträgen zu den neuesten forschungen über Ciceros briefe. Von *F. Bahl*, p. 11. — Zu Homer. Von *W. Christ*, p. 20. — Zur chronologie der briefe des jüngeren Plinius. Von *J. Asbach*, p. 38. — Die Lupercalien. Von *G. F. Unger*, p. 50. — Zur Aristotelischen politie der Athener. Von *Th. Bergk*, p. 87. — Neue lesungen. Von *O. Ribbeck*, p. 116. — Die quellen unserer überlieferung über Antiochos' den großen Römerkrieg. Von *E. Meyer*, p. 120. — Der hafen von Pompeji. Von *F. v. Duhn*, p. 127. — *Miscellen:* Zu Homer β 203. Von *P. Cauer*, p. 131. — Zu den Ilias-scholien (schluß). Von *W. Ribbeck*, p. 132. — Zu griechischen schriftstellern. Von *N. Wecklein*, p. 135. — König Massinissa in griechischen inschriften. Von *W. Dittenberger*, p. 145. — Zu den planudischen excerpten im codex Palat. 129. Von *K. K. Müller*, p. 145. — Flavius Blondus über die auffindung der Ciceronischen briefe. Von *A. Viertel*, p. 150. — Fragment einer handschrift von Cicero de officiis zu Kassel. Von *A. Duncker*, p. 152. — Zu Cicero und Minucius Felix. Von *K. J. Neumann*, p. 155. — Bentleys emendationen von Marcianus Capella. Von *A. Stachelscheid*, p. 157. — Das heerespflichtige alter bei den Römern. Von *J. W. Foerster*, p. 158.

Literatur 1880.
(dem Philologus und Ph Anzeiger zugesandt).

Moritz Schmidt: Miscellaneorum philologicorum particula quarta. Index schol. aestiv. Jenens. 1880.

Moritz Schmidt: Miscellaneorum philologicorum particula altera. Index schol. Jen. hib. 1878—1879.

Doctrinae metricae summarium in usum scholarum suarum conscripsit *A. L. Doetlen.* Petropoli (kaiserl. hofbuchh. Schmitzdorff) 1876.

Metrik der Griechen und Römer von *Lucian Müller.* Leipzig, (Teubner) 1880.

Die attische beredsamkeit, dritte abtheilung. Zweiter abschnitt: Demosthenes' genossen und gegner. Dargestellt von *Friedrich Blaß.* Leipzig (Teubner) 1880.

Geschichte der psychologie von dr. *Hermann Siebeck.* Erster theil. Erste abtheilung: die psychologie vor Aristoteles. Gotha (Perthes) 1880.

Lautsystem der griechischen vulgärsprache von dr. *Karl Foy.* Leipzig (Teubner) 1879.

Die frage nach der geschichtlichen entwickelung des farbensinnes, von dr. *Anton Marty.* Wien (Carl Gerold's sohn) 1879.

Festschrift für Ludwig Urlichs zur feier seines fünfundzwanzigjährigen wirkens an der universität Würzburg dargebracht von seinen schülern. Würzburg (Stahel) 1880.

De Christo et adversario suo Antichristo, ein polemischer traktat Johann Wiclef's aus den handschriften der wiener k. k. hofbibliothek und der prager universitätsbibliothek zum ersten male herausgegeben von dr. *Rudolf Buddensieg.* Progr. von Dresden 1880.

Specimina eruditionis Afranae Georgio Fabricio rectore scripta e codice Bibliothecae Gothanae nr. 212 excudenda curavit *Th. Flathe.* Progr. von Meißen 1878/79.

Friederici Ritschelii opuscula philologica vol. V: varia. Lipsiae (Teubner) 1879.

Nr. 2. Februar 1881.

Philologischer Anzeiger.

Herausgegeben als ergänzung des Philologus

von

Ernst von Leutsch.

---

21. De hymno Homerico quarto εἰς Ἀφροδίτην scripsit Bartholdus Suhle. Stolpae 1878. Wissenschaftliche abhandlung zu dem XXIten programm des städtischen gymnasiums zu Stolp für das schuljahr 1877—78. (29 p.). Druck von W. Feiges buchdruckerei in Stolp.

Bisher war man geneigt dem hymnus auf die Aphrodite ein hohes alter beizulegen. So setzte ihn Thiele (Prolegomena ad hymnum in Venerem Homericum quartum p. 80) gleichzeitig mit den Kyprien, also zu ende des neunten oder zu anfang des achten jahrhunderts vor Christus. Durch eine genaue analyse der sprache, welche erheblich von der homerischen abweicht, und durch die prüfung des dichterischen werthes des hymnus gelangt der verfasser der vorliegenden abhandlung zu einem abweichenden resultate. Durch dem umstand, daß der hymnus auf die Demeter, welchen man in die zeit der Pisistratiden setzt, fünf von Homer abweichende wörter mit dem hymnus auf die Aphrodite gemein hat, wird Suhle dazu bestimmt (p. 26) die beiden gedichte als ungefähr gleichzeitig zu setzen. Dies kriterium erscheint uns aber sehr unsicher, ebenso unsicher als wenn man aus der thatsache, daß unser hymnus nach Fietkau's berechnung (bei Thiele p. 43) verhältnißmäßig erheblich weniger unhomerische wörter hat, als die übrigen größeren hymnen auf ein höheres alter desselben schließen wollte. Die zeitbestimmung Suhles scheint uns nicht auf festerem grunde zu ruhen als die Thieles, welcher den hymnus (p. 80) mit den Kyprien gleichzeitig setzte. Daß bei dem verfasser des hymnus auf Demeter, den Suhle als einen *poeta indole praeclara* bezeichnet, anklänge an den hymnus auf die Aphrodite, dessen verfasser er als einen *mediocrem imitatorem* bezeichnet, ausgeschlossen seien, will uns nicht einleuchten. Wenn Suhle das geringe poetische geschick des dichters im einzelnen nachzuweisen sucht (p. 26), so wird da manches subjectiv bleiben. Die verse 161—166:

οἱ δ' ἐπεὶ οὖν λεχέων εὐποιήτων ἐπέβησαν,
κόσμον μέν οἱ πρῶτον ἀπὸ χροὸς εἷλε φαεινὸν
πόρπας τε γναμπτάς θ' ἕλικας κάλυκάς τε καὶ ὅρμους·
λῦσε δέ οἱ ζώνην, ἰδὲ εἵματα σιγαλόεντα
ἔκδυε καὶ κατέθηκεν ἐπὶ θρόνου ἀργυροήλου
Ἀγχίσης· ὁ δ' ἔπειτα θεῶν ἰότητι καὶ αἴσῃ
ἀθανάτῃ παρέλεκτο θεᾷ βροτός, οὐ σάφα εἰδώς,

welche Suhle als *ineptissimi* erscheinen, mögen den zuhörern des dichters wohl gefallen haben. Da Aphrodite nachher wieder ihre toilette macht und sich so nochmals dem Anchises zeigt, so konnten, wie uns scheint, die vorhergehenden verse nicht wohl von dem dichter weggelassen werden. Als ein mangel der diction wird ferner (p. 23) die häufige wiederholung desselben wortes bezeichnet. Doch gilt es bei diesem vorwurfe vorsichtig zu sein, denn das homerische epos meidet überhaupt nicht ängstlich die wiederholungen, und an manchen der von Suhle getadelten stellen erscheint die wiederholung durchaus nicht müßig, sondern im gedankenzusammenhang begründet, wie v. 50—52 die wiederholung von καταθνητός:

ὥς ῥα θεοὺς συνέμιξε καταθνητῇσι γυναιξί
καί τε καταθνητοὺς υἱεῖς τέκον ἀθανάτοισιν,
ὥς τε θεὰς συνέμιξε καταθνητοῖς ἀνθρώποις,

und die wiederholung von θεῶν und πᾶσι v. 32:

πᾶσι δ' ἐν νηοῖσι θεῶν τιμάοχός ἐστι
καὶ παρὰ πᾶσι βροτοῖσι θεῶν πρέσβειρα τέτυκται.

Eine wiederaufnahme des gedankens wie v. 210:

καί μιν Ζεὺς ἐλέησε, δίδου δέ οἱ υἷος ἄποινα,
ἵππους ἀερσίποδας, τοί τ' ἀθανάτους φορέουσι.
τούς οἱ δῶρον ἔδωκεν ἔχειν,

hat echt epischen fluß; auch daran möchten wir keinen anstoß nehmen, daß die rede des Anchises v. 91 und 144 zweimal fast mit denselben worten eingeleitet wird: Ἀγχίσης δ' ἔρος εἷλεν, ἔπος δέ μιν ἀντίον ηὔδα und Ἀγχίσης δ' ἔρος εἷλεν, ἔπος τ' ἔφατ' ἐν τ' ὀνόμαζεν. Und wenn Aphrodite mit den an Anchises gerichteten worten v. 240:

οὐκ ἂν ἔγωγέ σε τοῖον ἐν ἀθανάτοισιν ἑλοίμην,
ἀθάνατός τ' εἶναι καὶ ζώειν ἤματα πάντα

auf die worte zurückkommt, mit denen Eos v. 221 ihre bitte an Zeus ausgesprochen hat, so geschieht auch dies ganz im character des alten epos. Doch zeigt sich allerdings in manchen der vom verf. angeführten stellen eine gewisse armuth der diction, welche an sich aber noch nicht späteren ursprung beweist. Für so mittelmäßig können wir aber den dichter des hymnus nicht ansehen, daß wir ihm mit Suhle (p. 6) die beiden (v. 136ᵃ und ᵇ) überlieferten verse:

οὔ σφιν ἀεικελίη νυὸς ἔσσομαι, ἀλλ' εἰκυῖα

und εἴ τοι ἀεικελίη γυνὴ ἔσσομαι ἠὲ καὶ οὐκί als eigenthum zusprechen möchten.

Für die bestimmung des alters des hymnus macht Suhle mit recht den umstand geltend (p. 23), daß der verfasser desselben die ganze Ilias und Odyssee, auch die jüngsten bestandtheile derselben vor augen gehabt hat, insbesondere die allgemein als späteres einschiebsel anerkannte erzählung von Ares und Aphrodite, welcher v. 59, 61 und 62 angehören, von welchen v. 61 unzweifelhaft ursprünglich im hymnus gestanden hat. Anders urtheilte Thiele (p. 25): *unde elucet hymnos omnes nostro ὁμηρικωτάτῳ non excepto aetate posteriore esse ortas quam carminum homericorum particulam genuinam aetate postremam.* In sachlicher beziehung weicht der hymnus durch die erwähnung der Silene (v. 262) und der Satyrn erheblich von der homerischen mythologie ab; auch die Hamadryaden (v. 264—272) liegen dem homerischen vorstellungskreise fern. Daß Aphrodite in dem hymnus einen dem Homer fremden character hat, hatte Thiele (p. 50) bemerkt. Dazu kommen einige unverkennbare anklänge an hesiodische mythologie und diction (p. 28). Das hauptverdienst der abhandlung liegt in der gründlichen darlegung der abweichungen von der homerischen sprache in beziehung auf sprachschatz, wortbildung und wortbedeutung, durch welche die bisherigen beobachtungen wesentlich vervollständigt und berichtigt sind[1]). Manche abweichung, wie z. b. διαπρό

1) Das urtheil Thieles (p. 13): „*Quod Bernhardyi praeceptum (sc. ᾽ρπαι erit pretium singula colligere et examinare) maxime mihi cadere*

im sinne von διαμπερές (v. 114 ἡ δὲ διαμπρὸ σμικρῇν παῖδ' ἀτίταλλε) möchte man, für sich betrachtet, geneigt sein, eher einem Alexandriner zuzuschreiben, als einem dichter der früheren zeit. Es ist nicht viel anders wenn Apollonius Rhodius die bedeutung von πρόχνυ, welches bei Homer nur mit ἀπολίσθαι verbunden wird, so abschwächte, daß er sich nicht scheute zu sagen στόρνυς-πρόχνυ γεράνδρυον. Mit recht sagt Buhle, der, so viel ich weiß, zuerst auf diese neuerung der bedeutung aufmerksam gemacht hat (p. 18), daß nur zu einer zeit, wo διαμπρό ein schon abgestorbenes wort war, ein dichter ihm diese mehr abstracte bedeutung beilegen konnte. Aehnlicher art sind syntactische neuerungen wie der gebrauch von ἕνεκα als conjunction (v. 199 ἕνεκα βροτοῦ ἀνέρος ἔμπεσον ὀργῇ), welcher erst bei den Alexandrinern ganz sicher steht. Auch σηλειής findet sich, wie p. 10 bemerkt wird, abgesehen von dem späteren einschiebsel Theog. v. 770, erst bei Alexandrinern. Letztere form mag dem metrum zu liebe nach falscher analogie gebildet sein, aber weitere entwicklungen der begriffe wie die beiden ebengenannten, möchten wir nicht mit Buhle (p. 25) auf metrische unbehülflichkeit zurückführen, ebenso wenig als syntactische neuerungen wie ἧμος mit dem präsens v. 168 (ἦμος ... ἀποκλίνουσι.)

Als verbesserungsvorschläge sind bemerkenswerth v. 126 ἰδόμενο für ἰθάνουν, v. 201 θευίς ἐπι οἰνοχοεῖοι für ἐπιοιοχοεύει.

—t—

---

22. Commentatio de fontibus Plutarchi vitae Camilli a B. Niebues conscripta. (Pars prior). Monasterii Guest. Ex typographia acad. Coppenrathiana. 1880. — Pars altera. Ibid. 1880. (Ist: Beigabe zu dem Index lectionum von Münster für das sommersemester 1880 und für das wintersemester 1880/81.) 4. Pars I: 1—20 p. Pars II: 1—18 p.

In dem ersten theile dieser abhandlung sucht der verf. den nachweis zu führen, daß Plutarch in der darstellung der früheren lebensjahre des Camillus und der eroberung von Veji dem

videtur in hymnos in Mercurium et Cererem confectos minime vero in eum de quo agitur hymnum, quippe qui fere nimis Homericus esse videatur ac paene nil habeat quod prorsus a consuetudine abhorreat" ist nicht mehr aufrecht zu halten. Es war ominös wenn Thiele p. 40 bemerkte in hymno nostro quem fere eadem qua Homerum uti lingua ridet qui eum obiter tantum cum Homeri carminibus comparet.

Livius, Dionysius und Valerius Antias gefolgt sei; im zweiten
theile wendet er sich zu der gallischen katastrophe, für welche,
wie für die ganze biographie des Camillus H. Peter den Dionysius von Halicarnass als hauptquelle angenommen hatte. Der
verf. deckt hier mehrere wichtige widersprüche zwischen der
erzählung des Plutarch und des Dionysius auf, erörtert sehr eingehend das verhältniss des Livius zu dem plutarchischen Camillus
und gelangt zu dem schlusse, dass Plutarchs hauptquelle für den
Gallierkrieg Livius gewesen sei, neben welchem jener aber auch
den Claudius Quadrigarius eingesehen habe. Ob der bericht
über die licinischen rogationen aus Livius oder aus Licinius
Macer stammt, lässt der verf. unentschieden. Was endlich die
art der quellenbenutzung seitens des Plutarch im allgemeinen
anlangt, so hält der verf. die aufstellung des sogenannten einquellenprincips für verfehlt: Plutarch hat stets die besten quellen
aufgesucht und aus diesen in freier auswahl seine angaben zusammengetragen.

Man wird in der hauptsache den von dem verf. gegen die
annahme einer ausschliesslichen benutzung des Dionysius erhobenen bedenken wohl zustimmen müssen, während durch eine
reihe von sehr auffallenden übereinstimmungen zwischen Plutarch
und Livius die häufige benutzung des letzteren wenigstens wahrscheinlich gemacht worden ist. Da aber der verf. selbst nothgedrungen den Plutarch den gewährsmännern des Livius, Claudius Quadrigarius und Valerius Antias, folgen lässt, so wird es
schwer, ja fast unmöglich sein, des Livius eigenthumsanspruch
im einzelnen sicher zu begründen. Für die von dem verf. angenommene benutzung des Claudius Quadrigarius liegt freilich
ein anhaltspunkt nicht vor, da wir den umstand, dass Plutarch's
angaben über die Alliaschlacht keine übertreibungen, also auch
keinen hinweis auf Valerius Antias enthalten, keinesfalls als ein
stichhaltiges argument anerkennen können. Ebensowenig haltbar
ist die annahme, dass in der erzählung des Gallierkrieges zwischen der gruppe Appian-Dionysius und Livius-Plutarch ein principieller, auf die quellen Valerius und Claudius zurückzuführender,
gegensatz bestehe. Denn einerseits stimmt Appian, von Dionysius abweichend, über die zahl der römischen gesandten in Clusium,
über die wegen der auslieferung der Fabier gepflogenen verhandlungen u. s. w. mit Plutarch und Livius überein; andererseits

klingen in manchen einzelheiten Plutarch's worte ganz auffallend an Dionysius an, wie z. b. Plut. Cam. 15, 3—5 an Dionys. XIII, 10, wo beide schriftsteller die frau des Clusiners Aruns als τὴν ἄνθρωπον bezeichnen. Ferner fehlt die von Plut. Cam. 26, 3, 4 und Dionys. XIII, 7 überlieferte rede des Brennus an die Gallier vor dem sturm auf das capitol ganz und gar bei Livius V, 47, der von Plutarch 27 und Dionys. XIII, 8 außer anderem auch darin abweicht, daß bei diesen beiden dem ersten das capitol ersteigenden Gallier ein arm abgeschlagen wird, während bei Livius ihn Manlius mit dem schilde von der mauerzinne stößt. Auf den vom verf. urgirten gegensatz zwischen des Dionysius und Plutarch angaben über die dem Manlius Capitolinus gewordene anerkennung ist darum wenig gewicht zu legen, weil die bei Plutarch Cam. 27, 6 der allgemeinen bezeichnung ὅσον ἡμέρας ἕκαστος ἐλάμβανεν εἰς τροφήν (= Dionysius τὸ ἐφήμερον ἀνδρὸς ἑκάστου τροφῆς, fehlt bei Livius V, 47) folgende specifirung der dem Manlius überlassenen tagesration in dem gedrängten excerpte des Dionysius höchstwahrscheinlich ausgefallen ist. Besonders auffallend aber ist die übereinstimmung zwischen Plut. Cam. c. 28, 5: (Βρέννος) ἀπολυσάμενος τὴν μάχαιραν ἅμα καὶ τὸν ζωστῆρα προςέθηκε τοῖς σταθμοῖς. Πυνθανομένου δὲ τοῦ Σουλπικίου· τί τοῦτο; Τί γὰρ ἄλλο, εἶπεν, ἢ τοῖς νενικημένοις ὀδύνη; — mit Dionys. XIII, 9 ἄρτι καὶ τὴν μάχαιραν ἅμα τῇ θήκῃ καὶ τῷ ζωστῆρι περιελόμενος ἐπίθηκε τοῖς σταθμοῖς· τῷ δὲ ταμίᾳ πυνθανομένῳ, τί θέλει τοῖς' εἶναι τὸ ἔργον, ἀπεκρίνατο τούτοις τοῖς ὀνόμασιν· ὀδύνη τοῖς κεκρατημένοις. Wie ganz anders Livius V, 48! Diese von dem verf. übersehenen stellen legen eine contamination von Livius und Dionysius auch für die darstellung des Gallierkrieges sehr nahe. Vielleicht ist aber noch weiter zu gehen und auch hier auf die benutzung der gemeinsamen annalistischen quelle des Dionysius und Livius zurückzuschließen.

Hermann Haupt.

23. **Sextus Julius Africanus und die byzantinische chronographie** von Heinrich Gelzer. Erster theil: die chronographie des Julius Africanus. Leipzig, Teubner 1880. 283 p. gr. 8.

Bei der chronologischen behandlung der alten geschichte ist man in vielen punkten, besonders betreffs der älteren zeit bis auf die Perserkriege herab auf die angaben christlicher schriftsteller angewiesen, ein ziemlich umfangreiches material, zu dessen durcharbeitung und gründlicher ausbeutung bis jetzt wenig mehr als der anfang gemacht ist. Die einzige synchronistische tafel, welche sich aus dem alterthum erhalten hat, der kanon des Eusebios, liegt uns nur in zwei oft von einander abweichenden übersetzungen, der lateinischen des Hieronymus und der armenischen vor; ihre wichtigste rubrik, die aufzählung der einzelnen ereignisse am rand des kanons, läßt selten erkennen, welches jahrdatum Eusebios diesen gegeben hat, und auch dann sind wir nicht sicher, ob er seine vorlage richtig wiedergibt. Das dringendste bedürfniß ist die wiederherstellung des von Julius Africanus, dem vater der christlichen chronographie aufgestellten systems: was J. M. Routh, Reliquiae sacrae, ed. altera. Oxonii 1846, tom. II geliefert hat, beschränkt sich der hauptsache nach auf eine sammlung der ausdrücklich unter dem namen des Africanus überlieferten fragmente; den weit reichenden spuren, auf welche die ganz eigenthümlichen jahrzahlen desselben führen, ist er nicht nachgegangen. Der ebenso dankbaren wie mühevollen und wegen der häufigen contamination mit zahlen anderer systeme schwierigen aufgabe, auf diesem wege die wiederherstellung des africanischen geschichtswerkes zu erzielen, hat sich verf. in dem vorliegenden ersten theil unterzogen und sie mit kraft und erfolg durchgeführt; der zweite wird die nachfolger und ausschreiber bis in die zeit der byzantinischen compendien behandeln und mit einer zusammenstellung der fragmente des Africanus schließen.

Die frage, ob der Julius Africanus, welchen wir als verfasser einer art encyklopädie des wissens (κεστοί, buntes allerlei) kennen, mit dem chronographen eine person ist, hat Gelzer im bejahenden sinn zum abschluß gebracht und dadurch neue anhaltspunkte zur ermittlung seiner lebensgeschichte gewonnen. Hienach machte er 195 den osroenischen feldzug des kaiser Septimius Severus mit, gewann dann die freundschaft des Abgar VIII von Osroe († 213) und die seines nachfolgers; 221 vollendete er die fünf bücher der chronographie und erwirkte noch in demselben jahre bei kaiser Heliogabal als gesandter die gründung, d. i. vergrößerung der stadt Emmaus-Nikopolis, zu deren vorsteher er ernannt wurde. In den nächsten jahren schrieb er sein oben erwähntes zweites hauptwerk, das er dem k. Alexander Severus widmete; zuletzt genannt wird er unter Gordianus. Gelzer zeigt die grundlosigkeit der angaben, welche ihn einen bischof nennen; er sieht in ihm einen zum christenthum bekehrten römischen militär aus dem lateinischen Africa. Die notiz des Suidas: φιλόσοφος Λίβυς kann indeß aus dem namen Africanus gefolgert sein und was verf. sonst in diesem sinn beibringt, ist nicht von durchschlagender beweiskraft. Die herkunft des mannes läßt sich schwerlich ermitteln; das syrische war ihm jedenfalls viel geläufiger als verf. angeben will (vgl. den semitismus μία statt πρώτη: Africanus bei Synkell. p. 610) und ohne den namen Africanus würde den verfasser der chronographie niemand für etwas anderes als einen palästinischen Judenchristen halten.

Außer Georgios Synkellos und den andern, welche ihn ausdrücklich zu citiren pflegen, konnte verf., gestützt auf die anzeichen der zahlen und sonstiger eigenthümlichkeiten, ausgedehnte benutzung des Africanus bei einer großen zahl von schriftstellern nachweisen, welche ihn selten nennen: vor allen bei Leon dem grammatiker und Theodosios von Melitene, dann in der historia physica des Julius Pollux, bei Malalas, Joannes von Antiocheia, Kedrenos u. a.; für die dynastialisten am wichtigsten sind die sogenannten Excerpta barbari, die in barbarenlatein geschriebene übersetzung einer um 520 verfaßten alexandrinischen chronik. Mehrere von diesen schriftstellern, unter ihnen Theodosios und Pollux, hat Gelzer zuerst für Africanus herangezogen; die nicht edirte chronik des logotheten Symeon konnte er in einer wiener handschrift benutzen, welche der pariser freilich an werth nicht gleichkommt; eine andere wiener lieferte ihm ein wichtiges datum des Africanus. Ausdehnung und art der umschau, welche er anstellt, sein ganzes verfahren bei der beschaffung und verwerthung des über entlegene gebiete zerstreuten stoffes entspricht dem maßstab der anforderungen, welche heutzutage an eine derartige untersuchung gestellt werden, und den erwartungen, welche man zu dem verf. hegen durfte; die forscher verschiedener disciplinen werden das werk mit dank benutzen, welches eine vielseitige, die dunklen pfade der theologischen literatur alter und neuer zeit wie das wirre gestrüppe byzantinischer scribenten gleich unverdrossen durchspähende gelehrsam-

keit auf breitester grundlage aufgeführt hat. Die aufgabe, das
gerippe des chronographischen systems nach seiner herstellung
mit fleisch und blut auszustatten löst der verfasser, indem er
eine reiche fülle besonderer angaben und anschauungen des schriftstellers bei seinen ausschreibern aufzeigt und ihre ausläufer bei
den contaminirenden compilatoren weiter verfolgt. Besonders
der inhalt des dritten, für die profangeschichte wichtigen buchs
konnte zu einem grossen theil wiederhergestellt werden, indem
verf. einerseits viele von den randnotizen des eusebischen kanons und den mit der überschrift σποράδην eingeführten des
Synkellos, andrerseits eine ganze reihe fragmente des Antioche-
ners Ioannes dem Africanus zuweist. Andere auseinandersetzungen erläutern die eigenthümlichen aufstellungen, die theologischen speculationen, die legenden zur biblischen und profangeschichte, welche der chronograph mittheilt. Vollendet wird
das gesammtbild des verlorenen werkes durch die betrachtung
des verhältnisses zu den christlichen vorgängern, den nachweis
der quellen, wie der hellenischen rationalisten Philochoros und
Panaitios, des chronisten Phlegon, des jüdischen geschichtschreibers Iustus u. a., endlich durch die darlegung der ökonomie des
buches.

Die gewonnenen ergebnisse einzeln vorzuführen, erlaubt die
rücksicht auf den raum nicht; aus demselben grunde unterlassen
wir es, die abweichenden ansichten, welche sich über manche
punkte aufdrängen, darzulegen, zwei ausgenommen, auf welche
wegen ihrer durchgreifenden bedeutung einzugehen ist, die jahrrechnung des Africanus und seine troische epoche. Die ermittlung der ersteren ist mit grossen schwierigkeiten verknüpft. Einen wesentlichen fortschritt in ihrer erkenntniss bildet die vom
verf. erbrachte erklärung der eigenschaft, welche den meisten
weltjahrzahlen der fragmente und auszüge zukommt: sie geben
nicht das eigentliche datum, nicht das unvollendete jahr, in
dessen lauf das betreffende ereigniss fällt, sondern die summe der
bis dahin abgelaufenen vollen jahre und sind daher um eine
einheit kleiner als das datum. Wenn es heisst: von Adam bis
zum auszug aus Aegypten ergeben sich 3707 jahre, so fällt der
auszug selbst in das 3708. weltjahr; von Adam bis Christi tod
zählt Synkellos 5531, Barhebräus 5532 jahre, beide mit berufung auf Africanus: 5531 ist die summe der vollen jahre, 5532

das eigentliche datum. Wenn nun bis zum antritt des jüdischen königs Ahas, in dessen erstes jahr Africanus die erste historische olympienfeier setzt, ihm 4726 volle jahre verfließen, ol. 1, 1 also mit dem weltjahr 4727 zusammentrifft, so sollte man meinen, nunmehr sei die grundzahl der africanischen weltaera gewonnen: denn wenn das 4727. jahr Adams mit 776 v. Chr. zusammentrifft, so muß das erste, die schöpfung der welt und des ersten menschen enthaltende mit 5502 v. Chr. zusammengetroffen sein. Der verfasser jedoch ist anderer meinung: ihm setzt Africanus den anfang der welt auf den 1. januar 5501 und die erste olympische feier 775 v. Chr.; die erste olympiade halte bei demselben nur drei jahre und der entgegengesetzte fehler zeige sich in der kaiserzeit, auf welche Africanus, einer schlechten, dem Pertinax und Septimius zusammen 19 statt 18 jahre gebenden liste folgend, ein jahr zu viel rechne. Das sind befremdliche aufstellungen, die letzte geradezu unglaublich: Africanus, der 195 v. Chr. einem feldzug anwohnte, unter Pertinax also (193) mindestens im jünglingsalter stand, müßte dann auch seine eigenen lebensjahre falsch gezählt haben.

Den abschluß seiner chronographie setzt Africanus in das consulat des Gratus und Seleucus (974/221), das 903. attische archontenjahr (seit 683/2 v. Chr., also juli 220—juni 221), das dritte jahr Heliogabals (welcher am 8. juni 218 kaiser wurde), das 5723. jahr Adams und olymp. 250, 1. Die drei ersten angaben führen in die zeit zwischen 1. januar und 7. juni 221; die zählung weltjahr 5723 geht also von demselben jahr 5502 v. Chr. als anfang der weltaera aus wie das datum weltjahr 4727 für olymp. 1, 1. 776 v. Chr.; von ol. 250, 1 ist ol. 1, 1 ebenso weit entfernt wie weltjahr 5723 von 4727, nämlich 996 jahre. Dieser gegenseitigen bestätigung sucht Gelzer durch die erwähnten anstellungen zu begegnen, verkennt aber das vorhandensein einer dritten. Der tod Christi fällt laut Africanus ol. 202, 2, in das 5532. jahr Adams und das 16. des Tiberius. Dieser wurde am 19. august 767/14 kaiser, sein 16. jahr läuft also vom 19. august 29 bis 18. august 30 und Africanus setzte den tod Christi (mitte Nisan =) anfang april 30. Der anfang der weltaera fällt demnach abermals vor den von Gelzer angenommenen 1. januar 5501 und spätestens auf april 5502 v. Chr. Diese letzten data beweisen zugleich, daß Africanus zwischen

Tiberius und Heliogabal kein jahr zu viel gerechnet hat: von weltjahr 5532 bis 5723 und von ol. 202, 2 bis 250, 1 ist ebenso weit wie vom april 783/30 bis zum april 974/221, nämlich 191 volle jahre. Hat er aber am ende kein jahr zu viel gerechnet, so kann er auch, weil ol. 1, 1. 4727 mit ol. 250, 1. 5723 stimmt, die erste olympiade nicht zu drei jahren genommen haben: vgl. Euseb. praep. ev. X, 10, wo Africanus 217 jahre von ol. 1, 1 bis ol. 55, 1 zählt, nicht 215 oder 216.

Die olympiadenjahre des Africanus sind nicht auf attischen kalender gestellt: er zählt ol. 250, 1 bereits zu einer zeit, wo die 250. olympienfeier (hochsommer 221 n. Chr.) noch nicht stattgefunden hatte, und attisch noch ol. 249, 4 gezählt wurde; ebenso fällt der april 30 n. Chr. attisch in ol. 202, 1, nicht (wie Africanus angiebt) 202, 2. Als einwohner der provinz Syrien rechnet er nach dem syrischen d. i. makedonischen, zur zeit der herbstnachtgleiche beginnenden kalenderjahr; dasselbe verfahren lässt sich bei seinen provinzgenossen Iosephos, Porphyrios und Eusebios, bei den Asianer Kastor und Phlegon und (weil der lakonische kalender dasselbe neujahr hatte) dem alten Ephoros nachweisen, über letzteren s. Philol. XL, 54. Bei den Byzantinern, z. b. Leon beginnt das olympiadenjahr am 1. september, d. i. mit dem anfang des byzantinischen jahrs; ja selbst die weit verbreitete berechnung der olympiadenjahre vom attischen neujahr (1.) juli ab beruht nur auf accommodation: denn die olympienfeier fand in der mitte des zweiten attischen monats statt und das olympische d. i. eleische jahr begann zur zeit der wintersonnenwende. Jeder aber hat datjenige kalenderjahr zum ersten einer olympiade gemacht, in dessen lauf die spiele gefeiert wurden: ol. 250, 1 entspricht syrisch dem oktober 220—september 221, ol. 202, 2 dem oktober 29—september 30, ol. 1, 1 dem oktober 777—sept. 776, vgl. Philol. a. a. o. Bei Synk. p. 582 setzt Africanus die flucht des Herodes zu Kleopatra, geschehen im spätjahr 41 v. Chr., in ol. 185: nach attischem kalender begann ol. 185, 1 erst mit juli 40.

Die bibelbekenner Syriens führten den makedonischen kalender nur in weltlichen dingen: kirchliches neujahr war der 1. Nisan zu frühlings anfang. In dieser weise hat auch Africanus seine jahre Adams berechnet. Aus den oben angeführten daten geht hervor, dass ihm das 1. weltjahr zwischen august 5503 und

april 5502 v. Chr. anhob. In das 5500. weltjahr setzt er bei
Synk. p. 616 die empfängniß Christi, als deren jahreszeit überall
frühlings anfang gilt; ebenso die geburt Christi: denn seine
worte ἀριθμὸν ἐτῶν ἐφ' εἷς τὴν ἐπιφάνειαν τοῦ σωτηρίου λόγου
bei Synk. p. 31 kann man nur auf die erscheinung am licht
der welt d. i. auf die geburt, nicht auf die incarnation denten.
Zwischen dem 21./25. märz und 6. januar (oder 25. december)
hat also kein wechsel seines weltjahrs stattgefunden und da sich
nicht annehmen läßt, daß er für dieses den syrischen landes-
kalender mit einem zweiten politischen, dem römischen vertauscht
habe, so bleibt nur das biblische kirchenjahr übrig. Die weltaera mußte er mit dem neujahrstag anfangen und begann sie
mit dem ersten frühlingstag: die schöpfung der welt und die sechs
tage spätere des menschen setzte er in die zeit des jahres, in welcher die erdennatur sich erneuert und der göttliche vertreter
der menschheit empfangen war. Den 1. januar hat Gelzer nur
hypothetischer weise für den anfang der africanischen weltjahre
erklärt; als erstes derselben aber 5701 v. Chr. anzusehen veranlaßte ihn die berechnung, welche die ausschreiber unsres chronographen von den 70 jahren der babylonischen gefangenschaft
geben: Zedekia 11, Nebukadnezar 25, Evilmerodach 12, Bel-
sazzar 4, Darius Medus 17, Cyrus 1 jahr. Das letzte gefan-
genschaftsjahr, d. i. 4942, und das erste des Kyros, welches bei
Africanus ol. 55,1. 560 v. Chr. ist, fallen hier zusammen, so
daß das erste jahr der jüdischen freiheit (4943 der welt) erst
mit dem zweiten des Kyros (559 v. Chr.) begonnen haben würde;
von diesem ab zählt Gelzer die 230 jahre persischer herrschaft,
welche Africanus auf die 70 gefangenschaftsjahre folgen läßt,
braucht also 231 für die persische gesammtheit und findet sie
in der that bei den erwähnten ausschreibern, welche dem Kyros
31 statt 30 jahre rechnen. Jene vertheilung der 70 jahre ist
jedoch nur rechnerische manipulation: die gefangenschaft begann
im laufe des achten jahres Nebukadnezars und endigte im lauf
des ersten jahres des Kyros; jene chronographen ziehen dem
Nebukadnezar acht ganze jahre ab und rechnen dafür auf Kyros ein ganzes. Africanus mußte in der datirung das entgegengesetzte verfahren einschlagen, weil die 230 jahre mit dem anfang des Kyros beginnen sollen. Daß Gelzer die rückkehr der
Juden nicht „in wahrheit und nach Africanus system" in Kyros

zweites jahr fällt, erhellt aus der bibel und aus sämmtlichen chronographen: worin anders bestand denn das im ersten jahr eingetretene ende der gefangenschaft als in der heimkehr nach Palästina; in das zweite jahr aber setzen sie nicht wie verf. behauptet die heimkehr, sondern den wiederaufbau Jerusalems. Ueber die dauer aber, welche Africanus der persischen herrschaft und der regierung des Kyros zuschreibt, gibt das sicherste zeugniß der Barbarus ab: er zählt ausdrücklich 30 jahre für diese und 250 für jene als gesammtzeit und rechnet beide nicht wie verf. behauptet von irgend einem ereigniß der Judengeschichte sondern vom ende des Mederreichs und dem aufkommen des Kyros an. Dieses fällt also sammt der befreiung der Juden weltjahr 4943, ol. 55, 1. 560 v. Chr. und weltjahr 1 trifft wiederum auf 5502 v. Chr.

Den troischen krieg vom anfang bis zum ende setzen die ausschreiber unter Eli, welchen Africanus 1210—1190 v. Chr. regieren läßt; er setzt also Troias fall anders und früher an als Eratosthenes und Apollodoros. Das ist nicht so auffallend und unglaublich wie Gelzer meint: die troische epoche 1183 v. Chr. ist die verhältnißmäßig verbreitetste, aber es lassen sich mindestens zwölf andere neben ihr nachweisen. Gelzer glaubt die genauere bestimmung bei dem Barbarus zu finden, welcher das ereigniß in den tagen Elis und Samuels vor sich gehen lasse, und leitet aus der angabe, daß Eli „nach den Septuaginta 20, nach dem hebräischen text aber 40 jahre" regiert habe, das bestehen einer 20jährigen gemeinsamen regierung des Eli und Samuel 1190—1170 v. Chr. in der rechnung des Africanus ab; in diese zeit habe derselbe den fall Troias gesetzt. Aber 1) setzt der Barbarus nicht diesen, sondern einen 16—19 jahre späteren hergang unter Eli und Samuel, fol. 316 *regnavit Eneas novo et decimo post vastationem solis* (ἡλίου statt Ἰλίου) *in diebus Heli sacerdotis et Samuhelis prophetae*, vgl. 226 *regnavit Eneas annos XIX post solis desolationem et vixit in regno annos XXXVIII*; 2) eine gemeinsame regierung des Eli und Samuel hat weder Africanus noch irgend ein chronograph angenommen, das wäre unbiblisch gewesen; Africanus rechnet dem Eli mit den Septuaginta, an die er sich überhaupt zu halten pflegt, 20 jahre und notirt die 40 des urtextes als variante, der Barbarus aber läßt Aeneas unter beiden nach einander herrschen; 3) sind die zwei citirten stellen des Barbarus der latinischen und jüdischen d. i. seiner eigenen rechnung entnommen, welche, wie Gelzer anerkennt, nicht die des Africanus ist. Wir haben seinerzeit gezeigt, daß der Manetho des Africanus den Aegypterkönig unter dessen regierung Menelaos von Troia her nach Aegypten kam, 1202—1195 regieren läßt, und daß das 18. jahr Agamemnons, das jahr der troischen epoche, in der argivischen liste des Africanus 72 jahre vor der dorischen wanderung, welche ihm 1126 fällt, also auf 1198 trifft. Was Gelzer hiegegen einwendet, ist nicht ausreichend, diese aufstellungen zu erschüttern; hier soll nur in kürze auf zwei bestätigungen derselben aufmerksam gemacht werden. Die attische dynastie des Africanus hat weder Brandis noch Gelzer richtig behandelt. Die posten des Barbarus liefern von Kekrops bis zum ende des Troiafahrers Menestheus 884 jahre; hiezu die neun des ausgefallenen Kranaos gefügt, erhalten wir 393, welche von 1590 v. Chr. („814 jahre vor ol. 1") ab als letztes volles jahr des Menestheus 1198 v. Chr. ergeben. Auch mit Gelzers behandlung der argivischen liste sind wir nicht einverstanden; entgangen ist ihm, daß Synkellos p. 234 ein fragment derselben birgt, welches über den Oinomaos des Barbarus aufklärt und dessen zahlen berichtigt und ergänzt. Die 685 jahre seit Inachos (1901 v. Chr.), welche wir so erhalten, bringen den anfang des Agamemnon in 1216 v. Chr.; 18 volle jahre desselben ergeben 1198.

U.

24. E. Matthias, de scholiis Iuvenalianis. Halenser inaugural-dissertation. 1875. 49 p. (Aufgenommen in Dissertationes philologicae Halenses vol. II, p. 255 sqq. Halis 1876).

Der verf. hat sich die aufgabe gestellt, von den scholien der ältern klasse diejenigen, welche für die sachlich-historische erklärung oder für die emendation des textes von belang sind, einer eingehenden prüfung zu unterziehen. Zuvor aber verbreitet er sich einleitungsweise, an die resultate der forschungen der vorgänger sich anlehnend und dieselben ergänzend, über die frage der scholien zu Iuvenal im allgemeinen, über den unterschied der ältern und der jüngern, über das verhältniß der überlieferung der Pithoeanischen und St. Gallischen zu den von Valla überlieferten sogenannten des Probus, über die die person dieses Probus betreffenden muthmaßungen, um derjenigen die größere wahrscheinlichkeit zuzuerkennen, welche annimmt, daß Valla selbst oder ein vorgänger desselben den anonymen commentar aus eigener vermuthung dem Valerius Probus aus Berytos zugeschrieben habe. Im fernern betont er zwar die einheitlichkeit der ursprünglichen arbeit in den scholien, unterscheidet aber drei stufen ihrer entwickelung und somit drei bestandtheile, den eigentlichen kern, bestehend aus den commentaren alter grammatiker, welche schon in den zeiten Hadrians und der Antonine anfingen material für die sinn- und sacherklärung zusammenzustellen, sodann den daraus verarbeiteten und durch eigene zuthaten vervollständigten zusammenhängenden commentar des „scholiasten", welcher dem vierten jahrhundert zugewiesen wird, und endlich die ergänzungen der späteren abschreiber, auf deren rechnung hauptsächlich gewisse verballhornisirungen und ungeheuerlichkeiten geschrieben werden. Diese unterscheidung ist theoretisch gewiß richtig, aber wenn sie in praxis umgesetzt werden soll, zeigt sie geringe kraft; vor allem fragen wir: wie läßt sich eine grenze ziehen, wo der irrthum dem compilator, und wo er den spätern zur last fällt.

Ohne sich bei denjenigen scholien aufzuhalten, deren inhalt sich mit dingen befaßt, welche aus der textstelle selbst sich ergeben oder welche von andern hülfsmitteln aus feststehen, wirft der verf. von p. 12 an sein augenmerk auf diejenigen scholien, die auch für die heutige forschung gewissermaßen von classischem werthe sind. Eine reihe von personalien, die einzig auf dem zeugniß der scholien beruhen, sei es, daß dieselben für sich allein stehen, oder mit der anderweitigen überlieferung zu combiniren sind, versucht der verf. als authentisch hinzustellen, sie betreffen Palfurius Sura, Sophonius Figallinus, Pegasus, Pontia, Sarmentus, Palaemon, Statilia Messalina, Rubrius Lacerna, Caedicius, Demetrius und Heliodorus, Egnatius Celer, Helvidius, Licinus, Paleas, Seneca, Calpurnius Piso, Avillus, Locusta, C. Passienus Crispus, Thrasyllus. Für diese personalnotizen nimmt nun der verf. die autorität jener alten commentare in anspruch; im ganzen wird wohl nicht viel gegen die ergebnisse einzuwenden sein, aber sie ständen gesicherter da, wenn wenigstens in einer übersicht die zuverlässigkeit derjenigen scholien, welche sich controlliren lassen, beleuchtet würde, so daß für den grad der zuverlässigkeit jener ein maaßstab gewonnen wäre.

Was für die feststellung des textes aus den scholien resultirt, zeigt der verf. sodann von p. 27 an, an 15 stellen; zwölf sind indeß schon übereinstimmend von Jahn und Hermann mit ihrer hülfe emendirt, zwei desgleichen von Jahn allein gegen Hermann; die eine stelle, wo verf. auf eigene faust vorgeht, ist 3, 205: da das scholion lautet: *quemadmodum solent e marmoribus facere sigilla diversa*, so schreibt er *sub eodem e marmore Chiron* (*vulg.* ohne *e*). Hat indeß der verf. schon hier gelegenheit, an hand von beispielen auf verderbnisse der lemmata hinzuweisen und davor zu warnen aus dem wortlaut derselben capital für die textkritik zu schlagen, so erschüttert er nun in lobenswerther unbefangenheit, welche jedoch den angestrebten beweis theilweise wieder in frage stellt, die ergebnisse seiner untersuchung, indem er auf die zwei- und mehrfachen interpretationen der scholien zu lesarten, welche zum theil in den uns erhaltenen handschriften sich nicht finden, aufmerksam macht oder die verunstaltungen aus den mißverständnissen der spätern abschreiber oder gar des Valla selbst ableitet. Auf wie unsicherem boden wir uns bewegen, zeigt der verf. zum schluß, wo er die, die echtheit einzelner verse oder ganzer stücke, wie der 16 satire betreffenden notizen bespricht. So hat uns thatsächlich der verf., dessen arbeit übrigens von kenntnissen, urtheil und methode zeugt, nicht viel weiter gebracht, als wir jetzt schon stehen: es muß eben in jedem einzelnen falle und bei jeder stelle abgewogen werden, ob und wie weit das scholion glauben verdient, und können wir dem schlußsatz getrost zustimmen: *quamquam igitur vidimus omnium scholiorum ea pauca tantum et in emendandis et in explicandis satiris respicienda esse, quibus adferter aliquid, quod aliunde non possis quaerere, tamen neminem ob hanc rem contemptim de illis iudicaturum esse puto, qui ex eis quae supra demonstravimus intellexit, nos, si illorum auxilio careremus, permultis locis dubitaturos, aut si quid poeta significare voluisset aut quibus verbis illud pronuntiasset.*

In einer der angehängten thesen schlägt der verf. vor, 6, 295—297 zu streichen, so daß die fortsetzung von *ex quo* 294 bildet 298 *prima . . pecunia . . intulit*.

H. Ws.

25. Das achte buch vom gallischen krieg und das bellum Alexandrinum. Eine studie von Eduard Fischer. Passau 1880.

Die frage, wer den kommentar vom alexandrinischen krieg geschrieben habe, deckt sich beinahe mit der anderen, ob derselbe vom gleichen verfasser stamme, wie Bell. gall. VIII.; diese letztere aber läßt sich ohne eine genaue vergleichung beider bücher nicht wohl lösen. Wenn nun trotz der bedeutung, welche man den pseudocäsarischen schriften einräumen darf, eine solche eingehende untersuchung bisher nicht geführt war, so muß eine arbeit nach dieser richtung unsere aufmerksamkeit auf sich ziehen.

Fischer gibt zunächst etliche bemerkungen „allgemeiner" natur. Den titel des „*Bellum Alexandrinum*" anlangend fügen wir bei, daß Forchhammers vorschlag, „*de bello civili commentarius IV*" als ursprüngliche aufschrift anzunehmen, zwar durch handschriften nicht unterstützt wird, auch mit Sueton — Div. Iul. 56,1. *Alexandrini (belli) auctor*—, ja auch mit dem charakter des hauptinhaltes nicht stimmt (vrgl. Florus II, 13, 54 *eine partibus bellum*), aber mit rücksicht auf die klar zu tage tretende bestimmung des buches, Caesars *bellum civile* zu vervollständigen, als der zutreffendste betrachtet werden darf. Den jetzigen titel möchten wir am liebsten dem herausgeber zuschreiben, für den die schlußworte von BCiv. III, 112 *Haec initia belli Alexandrini fuerunt*, und der anfang des Alex.: „*Bello Alexandrino confecto*" neben der analogie der beiden folgenden kommentare mögen maßgebend gewesen sein. — Wenn der verf. (p. 5—6) genaue zeitangaben vermißt, so sind dieselben auch BGall. VIII sehr vereinzelt, und das datum des hauptereignisses (einnahme von Uxellodunum und von Alexandria) fehlt dort wie hier. Daneben darf nicht übersehen werden, daß im jahr 48, 47 der amtsantritt der consuln nicht mit einem abschnitt der ereignisse zusammenfiel, was sonst wohl anlaß zur erwähnung war. — Weiterhin halten wir es für falsch, eine übereinstimmung beider bücher mit einander auch in solchen punkten zu fordern (s. p. 6), worin das *bellum civile* vom *bellum gallicum* abweicht. Die ähnlichkeit beruht vielmehr in dem beidesmaligen gleichmäßigen anpassen der eignen schrift an die zu ergänzende Caesars.

Den wichtigeren und hauptteil der abhandlung bildet die

vergleichende besprechung einer längeren reihe sprachlicher erscheinungen aus beiden büchern auf grund umsichtiger und meist sehr sorgfältiger beobachtungen; daß es allerdings hiebei an einer übersichtlichen einteilung fehle, hat der verfasser selbst gegeben. Pag. 7—16 werden „ausdrücke für die charakteristik" d. h. eine reihe ausgewählter substantiva und adjectiva nach der verwandtschaft der bedeutung durchgesprochen, daran schließen sich erörterungen über den „ethischen" standpunkt des autors, welchem kapitel etliche „pointierte wendungen" etwas sehr unvermittelt angereiht sind, hierauf folgen notizen über syntax, stil und einzelne worte in etwas bunter reihenfolge. — Bei der beschränkung, die wir uns hier auferlegen müssen, heben wir von einzelheiten nur hervor, was über *atque* gesagt wird (p. 23—24). Im gebrauch dieser conjunction scheinen nämlich beide bücher ganz bedeutend aus einander zu gehen, da angegeben wird, dieselbe finde sich BGall. VIII nur 36mal, Alexandrinum 111 mal; zwischen substantiven Gall. VIII 10 mal, Alex. 50 mal. Wenn man für 36 das richtige 59 und für 10 ebenso 21 einsetzt, verschwindet dieser scheinbare kontrast. — Die mit erfolg verglichene *Epistola Hirtii ad Ciceronem* (Ep. ad. Att. XV, 5) ließ sich auch für *statures* p. 19 besonders zu Alex. 24, 1 verwerthen. — Die arbeit schließt mit dem satz Vielhabers: „Es ist noch nicht erwiesen, daß beide kommentare von demselben verfasser stammen." Dies urtheil zeugt jedenfalls von der objectivität, mit der Fischer durchweg verfuhr. Wenn aber die vorliegende abhandlung der hauptfrage selbst nicht direkt näher getreten zu sein gesteht und ein fortschritt somit nur in erweiterung des materials gesehen werden kann, so frägt es sich, ob bei einer andern untersuchungsmethode nicht vielleicht positivere resultate hätten erzielt werden können.

Offenbar liegt es im interesse einer sicheren beweisführung, daß die wirklich auffälligen ähnlichkeiten oder verschiedenheiten, die ja doch allein mit nachdruck beigezogen werden können, von den mehr zufälligen scharf abgegrenzt werden. Dies kann jedoch kaum anders geschehen, als daß man die einzelnen thatsachen auf dem hintergrund des gebrauches andrer gleichzeitiger und gleichwerthiger schriftsteller betrachtet. Ein beispiel mag dies klar machen. Das substantivum *dimicatio* (schon anderwärts Bayrische gymn. bl. XVI, p. 398 von uns gelegentlich berührt) bei Sallust in 89 fällen, wo er den begriff „kampf" ausdrückt, niemals benützt, ebensowenig Nepos bei 50 fällen, oder der Vf. des BAfricanum und und der des BHispaniense. Bei Livius lib. XXI sehen wir es in 67 fällen einmal, aber nur in der wendung *certaminis dimicatio*" cap. 60, 7; Caesar benützt es trotz mehr denn 170maliger gelegenheit nur zweimal. Dem gegenüber muß die thatsache ins auge springen, daß *dimicatio* im Alexandrinum sechsmal (11, 3. 22, 2. 25, 3. 32, 4. 46, 1. 46, 4), im BGall. VIII fünfmal (11, 1. 16, 2. 21, 2. 41, 2. 42, 1) vorkommt, und dies um so mehr als der häufigere gebrauch des selteneren wortes nicht etwa die zufällige folge von unbeholfenheit ist (wie das sechsmalige *proelior* BGall. VIII. 18, 2—19) sondern das wort sich durchgehend findet, während daneben das sonst üblichere synonym *pugna* BGall. VIII völlig mangelt, Alex. nur dreimal in nächster folge steht. — Aehnlich wie *dimicatio* läßt sich durchführen *non tantum — sed etiam*, welches in unseren büchern mit einer ausnahme (BGall. VIII. 13, 3, also unrichtig „*semper*" bei Forchhammer Quaest. crit. p. 46) immer gebraucht ist, bei Caesar, Sallust, BAfricanum und Hispaniense gar nie, bei Nepos, Livius, Cicero nur ganz selten vorkommt. — Ebenso *causa* Bgall. VIII fünfmal, Alex. elfmal, wofür nur an der von Vielhaber eingeklammerten stelle VIII, 5, 2 *gratia* steht. Vergl. dazu Caesar 187 *causa*, 2 *gratia*, aber Sallust 13 *causa*, 15 *gratia*, Nepos 4 *causa*, 7 *gratia*, Bell. Afr. 3 *causa*. 16 *gratia*. — Ingleichen *subito* und *repente*, ersteres BAfricanum, letzteres BGall. VIII und Alex. und ebenso von Sallust ausschließlich gebraucht. — *Namque* vor konsonanten zugelassen VIII, 28, 4. Al. 26, 2. Gebrauch proportionirt zu *nam* und *enim*: BGall. VIII, 9 *nam*, 19 *enim*, 6 *namque*; Alex. 20 *nam*, 26 *enim*, 8 *namque*; aber Caesar 68 *nam*, 78 *enim*, 9 *namque*; Afr. 3 *nam*, 21 *enim*, 12 *namque*. Hisp. 15 *nam*, 3 *enim*, 1 *namque*. — Der *Inf. historicus* fehlt beiderseits, auch im lebhaft schildernden Alexandrinum, was besonders dem Africanum gegenüber auffällt. —

In dieser weise nun ließe sich noch vieles durchführen, besonders auch nur einmal vorkommende erscheinungen, so das adjectiv *auxiliarius* VIII, 5, 3, Al. 62, 1 wie bei Sallust für *auxiliaris*, welches Caesar, Africanum, Hispaniense haben; das substantiv *decurio* VIII, 24, 3, Al. 42, 3 ein sehr seltenes wort wie es scheint, fehlt bei Sallust, Nepos, Africanum, Hispaniense und Caesar, der mehrmals *incursio* hat oder *consolatio* (*timoris*) VIII, 38, 2, Al. 8, 1 etc.; das verb. *inservio* VIII, 8, 1. Al. 12. 2 fehlt bei Caesar, Sallust, Africanum, Hispaniense, steht Nepos VII, 11, 3 (1, 3). Die beweiskraft aber, welche so beschaffene übereinstimmungen an sich besitzen, verdoppelt sich für den, welcher eine klare anschauung von der konsequenz oder besser inkonsequenz hat, welche in vielen punkten vorzugsweise im Alexandrinum zu tage tritt. Ein anschauliches bild davon kann folgende tabelle geben, deren zahlen mit den von Ringe angegebenen (s. progr. Göttingen 1880. Sprachgebr. bei Caesar I, p. 1) ziemlich übereinstimmen.

	gall. VIII.	Al.	Al. 1—29	30—78	1—10	49—64	VIII, 10—20	31—40
et	72 (75)	200 (208)	92	108	21	44	11	7
que	124 (125)	240 (252)	84	136	23	53	24	25
atque	59 (59)	111 (114)	73	38	30	6	16	2

Ein blick genügt zur erkenntniß, daß zwischen den einzelnen partien unserer bücher, vor allem des Alexandrinum, schwankungen stattfinden, die viel größer sind, als jene zwischen beiden schriften im ganzen, eine thatsache, welche zugleich eine warnung enthält gegen oberflächliche statistik. Ein autor nun aber, der selbst im engen rahmen eines einzelnen buches so sehr von sich selbst abweicht, wird offenbar in schriften, deren abfassungszeit, wenn auch nur durch etliche monate getrennt ist, noch viel öfter sich untreu werden; ja, der hinblick auf solche schwankungen (man kontrolliere beispielsweise auch den gebrauch der synonyma für „kämpfen") könnte es fast als überflüssig erscheinen lassen, eine pause anzunehmen, da die gegen einheit des autors bestehenden zweifel vollends zurücktreten, wenn man daneben noch etliche weitere momente beachtet. Dahin gehört der vermutliche einfluß benutzter quellen auf die darstellung [1]), die grundverschiedenheit des stoffes, welcher auch Fischer rechnung trug, vor allem aber das streben des verfassers, die ebenso großartigen als interessanten erlebnisse und thaten Caesars in Aegypten und Asien auch in würdiger form und deßhalb auch mit lebhafteren, frischeren farben darzustellen, um bei den lesern einen ähnlichen eindruck zu erwecken, wie ihn Caesars erzählung bei ihm selbst hervorgebracht hatte (s. BGall. VIII, praef. 8 *quae rerum novitate*

---

[1]) Weiteres hierüber in unsern aufsätzen, Bayr. gymn. bl. XVI, p. 248 und 397. Den dort erwähnten eigenthümlichkeiten des ersten drittel vom Alexandrinum füge man noch den häufigen gebrauch von *atque* bei.

ani admirationes nos capiunt). Nach dem allen möchten wir umgekehrt sagen: es ist durchaus nicht erwiesen, daß BGall. VIII und Alexandrinum von verschiedenen verfassern herrühren — und dürfte sich dies auch nie erweisen lassen. — Noch sei erwähnt, daß auch B. G. Niebuhr in seinen Vorträgen über römische geschichte (ed. Isler) III, p. 40 sich ganz entschieden für Hirtius als gemeinsamen autor beider schriften ausspricht, was um so mehr von gewicht ist, als er, wie jene stelle lehrt, der ganzen frage näher stand. *Heinrich Schiller.*

26. Stilwahrheit und stilschönheit in Cäsars periode Bell. Civ. II, 22, *Massilienses . . . mit einberufung der periode des Livius, I, 6, Numitor . . .* Studie von Jacob Walser. Wien, Carl Gerold's sohn 1880. 52 p. 8.

Seines fleißes darf sich jedermann rühmen; so rühmen wir uns denn, ein halbes hundert eng gedruckte seiten in großoctav durchgelesen zu haben, um uns in drei theilen und sechzehn capiteln belehren zu lassen, daß Cäsars periode B. civ. II, 22, 1 *Massilienses . . . constituunt* nicht minder als die des Livius I, 6, 1 *Numitor . . . ostendit* durch stilistische wahrheit und schönheit ausgezeichnet sei, und daß F. Schultz, welchen der verf. Schulz zu nennen beliebt und als den vertreter der formalistengemeinde maßregelt, mit unrecht den satz Cäsars als schleppend dem schönen satze des Livius gegenübergestellt habe. Dem poetischen und philosophischen gedankenflüge des verfs. folgen wir nicht; nur einmal, wo er flüchtig den philologischen boden berührt, versuchen wir ihn festzuhalten. P. 20 schreibt der verf.: „Cäsar liebt vielleicht überhaupt nicht polysyndetisches *quod?* Im gegentheil. Aber wo liebt er es? Wo er in affect geräth; wo er im affect rhetorisch effect erzeugen will." Ins wissenschaftliche übersetzt, lautet dies so: Cäsar gebraucht *quod* anaphorisch in directer rede wie BCiv. II, 32, 12; häufiger in indirecter z. b. BGall. I, 14, 3. 43, 4. BCiv. I, 71, 3 (das wiederholte *quod* II, 21, 1 steht nicht anaphorisch). III, 73, 3; endlich in analogen stellen. Solche sind: BCiv. I, 22, 4 (*Lentulus Spinther*) *Caesaris in se beneficia exponit; quae erant maxima, quod ..*; BCiv. I, 47, 3 *nostri autem (se superiores discessisse existimabant), quod ..*; BGall. I, 19, 1 *cum ad has suspiciones certissimae res accederent, quod ...* — Der verf. schließt seine schrift mit der verheißung: „Ein anderes mal ein anderer kreis, ein anderer gegenstand, eigen und ungleich bedeutender." Das wäre allerdings dringend zu wünschen.

---

27. Cäsars gallischer krieg und theile seines bürgerkrieges nebst anhängen über das römische kriegswesen und über römische daten von freiherrn Aug. von Göler. Zweite durchgesehene und ergänzte auflage. Nach dem tode des verfassers herausgegeben von freiherrn Ernst Aug. von Göler. 2 bde. Tübingen, Mohr. 1880.

Die von dem general Aug. von Göler zu den kommentarien Cäsars herausgegebenen einzelnen schriften haben für die sachliche erklärung des römischen geschichtschreibers eine neue epoche herbeigeführt. Vor ihm war die militärische seite seiner darstellung zwar wohl schon von einigen fachmännern, wie Guischard (Quintus Icilius), Napoléon I., general von Lossau u. a., behandelt worden; ihre darstellungen ließen jedoch die erklärung des römischen schriftstellers in der schule, ja selbst den philologen unberührt. Ernst Göler unternahm es, das interesse des militärs wie des studierenden in gleicher weise zu berücksichtigen und verstand es, den officier wie den gelehrten für seine untersuchungen in demselben maße zu fesseln. Man hatte vor ihm über die gegenden der kriege und die örter der schlachten allgemeine behauptungen und einzelne vermuthungen aufgestellt; genaue terrain-untersuchungen und -bestimmungen sind von ihm zuerst nach sicherer methode und mit geübtem blick vorgenommen worden. So darf man sagen, daß er die wissenschaftliche erforschung der commentarien begründet, in vielen fällen zum völligen abschluß gebracht hat. Auch haben die in längeren zwischenräumen veröffentlichten bücher, trotz der ausstellungen, welche gegen einzelheiten, ja auch gegen manche entscheidungen erhoben werden mußten, wegen ihrer gründlichkeit und sorgfalt, man darf wohl auch sagen gewissenhaftigkeit, sich nach und nach in der gelehrten welt die allgemeine beachtung errungen, — wenn vielleicht auch immer noch nicht die ganze anerkennung, welche ihren verdiensten gebührt.

Als Napoléon III. seine geschichte Julius Cäsars herausgegeben hatte, zu deren abfassung er die mannichfachsten vorstudien andrer französischer gelehrter und nicht am wenigsten die arbeiten Gölers hatte benutzen können, — wie vielfach, und noch dazu bisweilen ohne angabe der quelle, dies geschehen ist, davon giebt die neue jetzt vorliegende auflage jedesmal den nachweis —, traten die schriften des letzteren etwas in den hintergrund, zum theil allerdings auch deshalb, weil sie im buchhandel vergriffen waren:

τὴν γὰρ ἀοιδὴν μᾶλλον ἐπικλείουσ' ἄνθρωποι
ἥ τις ἀκουόντεσσι νεωτάτη ἀμφιπέληται

man wandte sich der neuen erscheinung zu; es wird dies aus den hülfsbüchern ersichtlich, welche, wie Reinhardt's atlas, für die schule und für die studierenden daraus zusammengestellt wurden. Und das war nur zu erklärlich: die mit so bedeutenden mitteln, wie sie dem kaiser zu gebot standen, unternommenen untersuchungen und ausgrabungen hatten stellenweise so überzeugende, so blendende ergebnisse geliefert, daß man auch in andern fällen, wo noch zweifel übrig blieben, sich dem überwältigenden eindruck solcher forschungen nicht entziehen konnte und wenigstens manches als verbürgt mit in den kauf nahm, was mit aplomb als ausgemacht hingestellt wurde. Die kritik vieler hat seitdem in der darstellung Napoléon's etwas aufgeräumt und manches, was darin verschoben war, wieder auf den richtigen platz zu bringen versucht; man darf nur die karten und pläne v. Kampen's mit dem oben erwähnten atlas vergleichen, um davon die überzeugung zu gewinnen; und daß auch jetzt in vielen fragen die letzte antwort noch nicht gegeben worden ist, wird den sachkennern nicht verborgen geblieben sein.

In dieser lage der dinge hat der sohn des verstorbenen generals, E. A. v. Göler, eine neue auflage der schriften seines vaters veranstaltet und die früher vereinzelt erschienenen bücher zu einem gesammtwerk vereinigt. Wer die einrichtung derselben genau in's auge faßt, muß sogleich einsehen, daß dies unternehmen nicht so leicht war, wie es auf den ersten blick erscheinen mochte. Die untersuchungen Gölers umfaßten, mit ausnahme des zweiten buchs des *Bellum civile*, die sämmtlichen von Cäsar selbst verfaßten commentarien, wie das achte buch des *Bellum gallicum*; den einzelnen schriften waren zum theil theoretische auseinandersetzungen über das kriegswesen der Römer und über römische daten beigegeben. Eine vollständige kriegsgeschichte Cäsars ließ sich daraus nicht herstellen. Aber auch für die zusammenstellung des vorhandenen stand dem bearbeiter ein doppelter weg offen. Die unrichtigkeit der einen oder der andern annahme Gölers lag auf der hand, und die späteren forschungen und nachgrabungen hatten einige der resultate, zu denen er gekommen zu sein glaubte, umgestoßen oder wenigstens fraglich gemacht. Der jetzige herausgeber hätte in diesen fällen die darstellung seines vaters durch seine eigne, die mit den neueren ansichten in übereinstimmung gewesen wäre, ersetzen können; dadurch hätte das werk eine größere übersichtlichkeit bekommen und an gedrungener form gewonnen. Er hat den andern weg eingeschlagen, nach meinem urtheil wie nach meinem gefühl den rechten: abgesehen von einzelnen änderungen, welche schon durch die im lauf der zeit sich berichtigenden und klärenden ansichten des vaters selbst nothwendig geworden waren und gebieterisch auferlegt wurden, hat er die darstellung desselben durchweg beibehalten und in anmerkungen und anhängen die abweichenden resultate, zu denen man durch spätere untersuchungen gelangt ist oder doch gelangt zu sein meint, beigefügt; nur bei der belagerung von Alesia hat er es für einfacher gehalten, die genauen pläne der einschließungsarbeiten, wie die auf befehl Napoléons veranstalteten terrainuntersuchungen sie ergeben haben, sogleich in den text eben so wie in die zeichnung aufzunehmen. Trotz dieses conservativen verfahrens bleiben in dem Gölerschen buche nur etwa zwei oder drei punkte, welche für entschieden unrichtig gehalten werden müssen und einer besserung bedürfen: so die annahme des generals, die schlacht gegen die Usipeter und Teucterer sei am einfluß der Mosel in den Rhein geliefert worden, und die verlegung des lagers Cäsars im kriege gegen die Bellovaker nach der höhe von Pierrefitte, statt nach dem berg St. Pierre, wo die spuren desselben wieder aufgefunden worden sind; die stelle des ersten Rheinübergangs ist wenigstens nicht mit gewißheit ermittelt worden; jedoch ist er schwerlich, wie es Göler behauptet, bei der insel Niederwerth erfolgt, weil sonst Cäsar, bei der ihm eigenthümlichen genauigkeit seiner technischen beschreibungen, die insel erwähnt haben müßte; daß aber der bearbeiter Luzech für Uxellodunum beibehalten und nicht Puy d'Issolu dafür eingesetzt hat, dafür kann immer die bessere übereinstimmung des terrains mit den angaben des Hirtius angeführt werden. Diese von den ansichten, welche sich jetzt als sicher herausgestellt haben oder wenigstens allgemein dafür angenommen werden, abweichenden entscheidungen finden übrigens in den unter dem text hinzugefügten andeutungen und nachweisen die nöthige correctur, so daß, bei gehöriger aufmerksamkeit, der leser wenigstens nicht in einem gänzlich unaufgeklärten irrthum bleiben kann.

Dagegen hat die pietät, mit welcher von dem herausgeber die schriften seines vaters behandelt worden sind, die unbestreitbarsten vorzüge, welche die eben erwähnten übelstände bei weitem überwiegen. In vielen die commentarien betreffenden einzelheiten schwebt *adhuc sub judice lis*; eine peremptorisch getroffene entscheidung mit übergehung aller abweichenden aufstellungen, mit unterlassung jeder erwähnung von dem vorhandensein solcher, kann leicht zu bloßen vorurtheilen und seichter oberflächlichkeit führen. Das Gölersche buch dagegen, namentlich wie es jetzt eingerichtet ist, wird den studierenden hindern zu glauben, was jetzt nur zu oft eintritt, daß er überall und in allen fällen ein zuverlässiges und unbezweifeltes ergebniß vor sich hat. Sodann hat aber auch die methode, mit welcher der general die untersuchungen erfaßt und vorgenommen hat, und welche für aufgaben dieser art als muster dienen kann, in ihrer ursprünglichkeit und in ihrer ganzen überaus lehrreichen natürlichkeit und klarheit beibehalten werden können. Ein gründliches studium darf sich nämlich überhaupt mit der kenntnißnahme der abgeschlossenen resultate nicht begnügen, sondern muß sich mit den forschungen, durch die sie gewonnen sind, bekannt machen. Das sonst so wichtige werk Napoléons giebt diese forschungen in den wenigsten fällen; es bezieht sich theilweise auf die terrainuntersuchungen anderer, welche man, um sich völlige gewißheit zu verschaffen, nachsehen muß. Wo Göler auf seine eigne weise zu seinen ergebnissen gekommen ist, hat man bei ihm auch die genaueste ausführung, wie für die schlacht gegen die Nervier; sind seine annahmen durch seine nachfolger gut geheißen und durch nachgrabungen bestätigt worden, so theilt die jetzige bearbeitung es in den noten und in der zeichnung wenigstens in ausreichender weise mit, wie zum beispiel in dem von Göler zuerst an der richtigen stelle angegebenen treffen an der Aisne; nur daß auch hier, wie in Napoléon's atlas, nach v. Kampen's richtiger bemerkung, das kastell des Titurius auch auf das südliche ufer des flusses hätte ausgedehnt werden müssen. Diese genetische entwicklung, wie ich sie eben kurz geschildert habe, ist ein ganz besonderer vorzug des Gölerschen werks; sie ließ sich ihm nur auf dem von dem bearbeiter richtig eingeschlagenen wege bewahren.

Wenn nun auch weder in Napoléon's geschichte Cäsars noch auch in dieser neuen auflage der Gölerschen schriften alle in den commentarien sich aufwerfenden streitfragen zur endgültigen erledigung gebracht worden sind, so ist doch in diesen beiden büchern zusammen und in der vergleichung beider für die aufhellung der kriegführung Cäsars in Gallien eine grundlage geschaffen, an welche jede neue untersuchung anknüpfen und in welche jedes neue ergebniß, das daraus hervorgehen sollte, sich einfügen muß. Sollte ich beide werke und die eigenart ihrer verfasser vergleichen, so würde ich sagen, an schöpferischer kraft ist Göler weit überlegen gewesen, aber Napoléon hat, durch seine lage begünstigt, das besser begründen können, was jener geschaffen hat.

Ich habe in dieser anzeige des Gölerschen buchs lediglich den ersten theil, welcher die commentarien über den gallischen krieg enthält, ins auge gefaßt, da nur dieser, in folge neuer erscheinungen, von dem veranstalter der zweiten ausgabe wesentlichen modificationen und zusätzen hat unterworfen werden können. Im bellum civile hat er, bei dem fehlen anderer arbeiten darüber, sich auf die zufügung einiger anmerkungen beschränken dürfen. Eine neue besprechung der Gölerschen ansichten für diesen theil der Cäsarischen kriegführung wird erst statthaft sein, wenn der oberst Stoffel, der zur fortsetzung des geschichtswerks Napoléons die von diesem gesammelten materialien übernommen hat, seine arbeit wird veröffentlicht haben.

Auf die prüfung der noch fraglich bleibenden terrainbestimmungen und der andern noch nicht ausgemachten details einzugeben, würde es mir hier, auch wenn ich etwas neues zu sagen hätte, an platz fehlen: ich wüßte aber auch an meinen früheren berichten und beurtheilungen etwas wesentliches für jetzt nicht hinzuzufügen, habe auch nicht einmal veranlassung, die leser der neuen auflage Gölers auf sie zu verweisen, da der bearbeiter derselben sie in einer weise berücksichtigt hat, für welche ich nicht umhin kann ihm hier öffentlich meinen dank auszusprechen; wie er denn überhaupt mit vollständiger sachkenntniß, großer umsicht und rühmenswerthem fleiß alles, was in der Ciceroliteratur beachtenswerthes erschienen ist, zu verwerthen sich hat angelegen sein lassen. *H. J. Heller.*

28. M. Tullii Ciceronis epistulae selectae. Für den schulgebrauch von K. F. Süpfle. Achte auflage von dr. Ernst Böckel, prof. am gymn. zu Karlsruhe. 1860.

Die ausgabe ausgewählter briefe Ciceros von Süpfle ist seiner zeit einem wahren bedürfnisse entgegengekommen, und wie gelungen der wurf war, beweist am besten, daß das buch weder durch die arbeiten von Dietsch und Frei, noch durch die höher gehaltene von Hofmann - Andresen verdrängt werden konnte. Gleichwohl bedurfte das in vielen partien nicht mit der zeit fortschreitende buch einer gründlichen erneuerung, die ihm nun durch E. Böckel zu theil geworden ist. Der neue herausgeber hat im allgemeinen den charakter des schulbuches nicht angetastet, dasselbe aber gleichwohl auf eine gelehrtere basis gestellt; er hat sich eine gründliche kenntniß der zeit erworben und ein gerechtes urtheil über Cicero gebildet, besonders aber hat er, durch seine abhandlung über den Truculentus hiezu vorbereitet, der untersuchung der sprache seine aufmerksamkeit zugewandt und durch seine kenntniß des *sermo familiaris* den grundirrthum Boot's vermieden, die diction der briefe nach der der reden zu glätten. In ersterer hinsicht erkennt man die nachbessernde hand weniger in der biographie Ciceros als in der einleitung über seine briefe, wo nach Wattenbach, Gardthausen, Overbeck manches richtiger gefaßt wird und die controversen von Nake, Viertel u. a. wenigstens in den noten berührt sind, wogegen die schriften von Leighton und Gurlitt, wenn anders man aus der nichterwähnung einen schluß ziehen darf, dem herausgeber unbekannt geblieben zu sein scheinen.

Neuen verbesserungen des herausgebers glauben wir nicht begegnet zu sein, worin übrigens kein tadel liegen soll; wohl aber hat er beispielsweise aus dem cod. Medicens p. 136 *Clytemestra* aufgenommen und in ähnlichen orthographischen fragen die fahne des fortschrittes vorangetragen. Er hätte auch wohl das Epist. 5, 12 viermal überlieferte *vemens* in den text setzen und zu Epist. 16, 21, 2 die conjectur *successe* = *successisse* (statt *suc*-

cassa) erwähnen dürfen. Vgl. Epist. 7, 1, 2 *dacanas*. Die construction *artem desinere*, sein handwerk anstecken, hätte am besten durch Ter. Heaut. 305 *telam desinere* und Sueton Tib. 36 *artem desinere* gestützt werden können.

Um einiges aus der erklärung herauszuheben, so wird *sustulimus manus* (Epist. 7, 5, 2) richtig als geberde des erstaunens gefaßt, war aber darum nicht mit Verg. Aen. 2, 687 (von dem zu den göttern flehenden), sondern etwa mit Catull 53, 4 *admirans manusque tollens* zu vergleichen. Zu *si tibi non est molestum* (Ep. 5, 12, 10) gab es nähere parallelen als die mit *nisi* angeführten, z. b. Catull. 55, 1 *si forte non molestumst*, Plaut. Epid. 3. 4, 25, und öfters bei Martial, auch inschriftlich bei Wilmans Inscr. 607ᵈ *si grave non animo est*. Für den brief des Lucceius Ep. 5, 14 war wohl auf die ungewöhnlichen bildungen der zweiten person pass. *delectare* und *angere* hinzuweisen, da sonst diese formen bei collision mit dem infin. act. vermieden werden. Der character des von Servius (Ep. 4, 5, 4) gebrauchten *crede mihi* erhellt am besten daraus, daß diese wortstellung die bei Petron allein übliche und bei Seneka rhet. im anfange des satzes ganz gewöhnlich ist.

Hie und da hilft der commentar durch eine deutsche übersetzung nach, z. b. p. 137 *praeclara bestia*, ein edles thier (ein prachtexemplar?), 139 *subinvitare* gewissermaßen einladend (halb und halb), 375 *habes*, du bist ein reicher mann (du bist nun der glückliche besitzer, nämlich des landgutes). — Ein sehr ausführliches register erhöht die brauchbarkeit des buches.

---

29. Zur kritik der quellen der älteren römischen geschichte. Von Carl Peter, dr. der theol. und phil., consistorialrath und rector der landesschule Pforta a. d. Halle a. S., verlag der buchhandlung des waisenhauses. 1879. 8. 1 Bl. VIII, 166 p.

Mit dem vorliegenden äußerst anregenden buche beabsichtigt der verf. eine ergänzung seiner bekannten bearbeitungen der römischen geschichte insoferne zu geben, als darin seine auffassung von dem werthe der quellen der älteren römischen geschichte, auf welcher jene darstellungen beruhen, ausführlicher begründet und gerechtfertigt werden soll. Ihren tieferen entstehungsgrund aber haben jene untersuchungen in dem principiellen gegensatze, in welchem der verf. zu den resultaten und der methode der neueren quellenforschung steht, in dem bestreben, die unmöglichkeit einer kritischen zergliederung der uns vorliegenden überlieferung und ihrer zurückführung auf ihre verloren gegangenen oder nur fragmentarisch erhaltenen quellen zu erweisen. — Von diesem gesichtspunkte ausgehend, bespricht der verf. im ersten abschnitte die schriftstellerische methode des Dionysius von Halikarnass, des Polybius und der römischen annalisten, wobei sich herausstellt, daß die beiden ersten ganz frei und selbständig arbeitende originalschriftsteller waren, wofür „der gesammteindruck ihres werkes, welches durchweg einen einheitlichen charakter hat und in welchem die persönlichkeit des verfassers überall aufs deutlichste hervortritt, den hauptbeweis wird bilden müssen" (p. 43). Bezüglich der annalisten lassen sich positive zeugnisse für ihre politischen tendenzen, für den einfluß gentilicischer eitelkeit und ständischer interessen nicht beibringen. Aus der im zweiten abschnitte erörterten übereinstimmung zwischen Livius und Dionysius wird gefolgert, daß beiden „der grundstoff der überlieferung gemeinschaftlich ist" (p. 82). Livius hat diesen vermöge eines richtigen tactes im wesentlichen ächt und mit ausscheidung von willkürlichen zusätzen wiedergegeben, während Dionysius den ausschmückungen und erweiterungen der annalisten noch seine eigenen speciell für den griechischen leser berechneten excurse und die von ihm erfundenen weitläufigen und gekünstelten reden beigefügt hat. Die untersuchungen über das verhältniß des Livius zu Polybius dagegen ergeben die durchgehende benutzung des letzteren durch Livius für die gesammtgeschichte des hannibalischen krieges. Der dritte und letzte abschnitt ist den der kaiserzeit angehörenden griechischen bearbeitungen der römischen geschichte gewidmet, über deren anlage und allgemeinen charakter, fehler und vorzüge sich der verf. mit besonderer vorliebe verbreitet. Um namentlich zu einer richtigen beurtheilung des Appian und Dio Cassius zu gelangen, werden deren darstellungen des zweiten punischen krieges und der periode von Cäsar's tod bis zum ende des mutinensischen krieges auf grundlage der authentischen parallelberichte des Livius und Polybius und der reden und briefe Cicero's geprüft. Weder Diodor, noch Dio Cassius haben den Fabius Pictor gebraucht; sie beide haben ebenso, wie Plutarch und Appian in der regel gleichzeitig aus mehreren quellen geschöpft. — Auf diesem wege gelangt der verf. zu dem schlußsatze: „Wir werden also, um zu einem klaren bild der zeit zu gelangen, überall die eigenthümlichkeiten, die parteistellung und die etwaigen besonderen tendenzen der uns vorliegenden schriftsteller genau zu ermitteln haben: vermuthungen aber über ihre quellen, die (von den geringen öfter erwähnten ausnahmen abgesehen) nirgends zu voller sicherheit und meist auf schriftsteller führen, die uns wenig oder gar nicht bekannt sind, werden für die eigentliche geschichtsdarstellung von geringem nutzen sein." (P. 166).

Unser urtheil über die argumentation und die kritischen grundsätze des verfs. ist für die einzelnen abschnitte seines buches ein wesentlich verschiedenes: als ein hohes verdienst Peters erkennen wir die gesunde reaction gegen jene richtung der quellenforschung an, die, von dem vorschnell aufgestellten axiome der jedesmaligen benutzung nur einer quelle ausgehend, von der politischen färbung der uns erhaltenen berichte mit sicherheit auf deren annalistische quellen zurückschließen zu können glaubte. Es ist dem verf. nicht nur gelungen, an einer reihe von beispielen nachzuweisen, daß namentlich Livius mitunter die angaben zweier ihm vorliegenden quellen zu einem ganz neuen, selbständigen bilde verschmolzen, daß Dionysius und Polybius den ihnen überlieferten geschichtsstoff in äußerst freier weise behandelt haben; er hat auch schlagend dargethan, daß für jene bis in's einzelne festgestellte charakteristik der annalisten, auf welcher Nitzsch und Clason das kartenhaus ihrer über die schriftstellerei des Valerius Antias, Licinius Macer, Fabius Pictor u. s. w. geäußerten vermuthungen aufgebaut haben, sich in den erhaltenen fragmenten so gut wie keine anhaltspunkte finden lassen.

Nach dieser seite den negativen resultaten des verf. fast durchweg zustimmend, halten wir dagegen seine am bestimmtesten in dem oben angeführten schlußsatze ausgesprochene ansicht von der unmöglichkeit einer quellenanalyse überhaupt für ganz und gar verfehlt. Peter, der die auf „bloßen vermuthungen" beruhende bezeichnung des Livius und Polybius als plagiatoren eine ungerechtfertigte nennt und in allen fällen auf „bestätigung durch positive zeugnisse dringt," fällt seiner eigenen schneidigen kritik anheim, wenn er seinerseits dem subjectiven eindrucke einer freien, einheitlichen production, den irgend ein autor auf ihn macht, die kraft eines beweises einräumt, wenn er aus der thatsache, daß bei Diodor eine (nicht einmal besonders große) anzahl von gewährsmännern für dessen universalgeschichte citirt wird, ohne weiteres den schluß zieht, daß „das werk des Diodor eine compilation aus einer großen anzahl von andern werken sei, daß diese aber nicht in einem partienweisen abschreiben, sondern in einer mit dem anspruch auf selbständigkeit geschehenden verarbeitung des stoffes bestehe." (P. 115). Und doch muß Peter selbst im folgenden zugeben, daß sich Diodor „hier und da" (soll vielmehr heißen: wo wir ihn überhaupt controliren können!) „besonders eng an eine quelle angeschlossen" habe, und vermag nur das eine wahrscheinlich zu machen, daß Diodor die ihm vorliegenden berichte gekürzt, mitunter in einzelheiten willkürlich verändert und durch verschiedene aus eignen erkundigungen geschöpfte bemerkungen erweitert habe! Und fast durch die ganze beweisführung Peters können wir diesen wunderlichen trugschluß verfolgen: Wer nicht einen einzigen ihm vorliegenden bericht vollständig copirt, sondern stilistisch verarbeitet oder aus einer zweiten quelle ergänzt hat, ist kein plagiator; also — hat er „die verschiedensten quellen auf grund einer mannichfaltigen lektüre" benutzt. Von diesem gesichtspunkt aus wird freilich jeder historiker, dessen verhältniß zu seinen quellen sich unserer prüfung entzieht, für einen originalschriftsteller gelten müssen!

Daß aber die anstellung von quellenuntersuchungen, zu welchen übrigens C. Peter selbst mit seinem „Livius und Polybius" einen sehr werthvollen beitrag geliefert hat, für die kritische geschichte des alterthums geradezu lebensfrage ist, darauf sollten wir hier ebensowenig hinzuweisen brauchen, wie auf die unmöglichkeit, in der für die kritik meist völlig werthlosen „eigenthümlichkeit und parteistellung" der uns erhaltenen schriftsteller einen maßstab für die glaubwürdigkeit ihrer aus zweiter hand übernommenen nachrichten zu gewinnen. Mag Appian's darstellung noch so sehr von fehlern wimmeln, so müßten wir doch seiner aus Polybius geschöpften erzählung des dritten punischen krieges vor jeder anderen den vorzug geben, die nicht auf die autorität eines zeitgenossen und augenzeugen anspruch machen könnte. Umgekehrt würden, die benutzung griechischer „afterhistoriker" (p. 149) für Appian's darstellung des hannibalischen krieges vorausgesetzt, auch die denkbar günstigsten „eigeuthümlichkeiten" des Appian zu einer auch noch so vorsichtigen benutzung jenes abschnittes ermuthigen dürfen. So lange man ferner an die möglichkeit einer älteren römischen geschichte überhaupt noch glaubt, wird man um die eruirung der quellen des Dionysius und Livius, mag diese in noch so vorsichtiger und bescheidener form erfolgen, sich bemühen müssen; und die für die späteren epochen durch die analyse der überlieferung erzielten resultate können zu diesem unternehmen nur ermuthigen.

Wäre indessen von der quellenforschung bisher auch nicht mehr erreicht worden, als daß sie dem naiven glaubensseeligen vertrauen auf die *auctores antiquissimi* gegenüber der *Skepsis* auf dem gebiete der alten geschichte zu ihrem rechte verholfen, so wäre auch das schon verdienst genug!

H. Haupt.

---

30. **Festschrift dem conrector dr. Heussi zu seinem funfzigjährigen lehrerjubiläum am 8. october 1877 dargebracht vom lehrercollegium des Friedrich-Franz-gymnasiums zu Parchim.** (Parchim, G. Gerlachs buchdruckerei).

Es ist eine schöne sitte, verdienten männern der wissenschaft zu ihrem jubiläum wissenschaftliche gaben darzubringen, als symbol des geistigen verkehrs, durch den man mit ihnen verbunden ist; solche gaben sind besser als *laudationes*, bei denen die grenzen oft schwer einzuhalten sind, oder geschenke anderer art, bei denen nur der geldbeutel in anspruch genommen wird und an denen das herz oft wenig antheil hat. Das lehrercollegium des Parchimer gymnasiums hat diese ehrwürdige, immer mehr, wie es scheint, abkommende sitte erneuert, und es ist uns eine angenehme aufgabe für weitere kreise von den festgeschenken zu berichten, welche collegialische pietät einem verdienten mitarbeiter an dem unterrichte der jugend dargeboten hat.

In der schrift „das verhalten des Tiberius im senate bei der übernahme der herrschaft" (24 p.) kommt der verfasser, oberlehrer dr. Pfitzner, durch die betrachtung der situation bei dem regierungsantritte des Tiberius zu dem resultate, daß die zurückhaltung des Tiberius dem drängen des senates gegenüber die alleinherrschaft zu übernehmen, nicht auf verstellung zurückzuführen ist. Insbesondre sprechen dafür die von der hand des Augustus niedergeschriebenen und vor mehr als jahresfrist (16 monate) zugleich mit dem testamente bei den Vestalinnen niedergelegten bücher, deren inhalt Dio allein vollständig wiedergiebt. In der zweiten dieser schriften fand sich die wichtige bestimmung: „sie möchten die verwaltung des staates allen denen anvertrauen, welche durch staatsmännische einsicht und practische tüchtigkeit sich auszeichneten, ja nicht sollten sie einem die verwaltung übertragen, derselbe möchte sich leicht zum tyrannen aufwerfen und durch sein leben und seinen tod den staat in's verderben bringen." Es wird ferner darauf hingewiesen, daß Augustus schon früher, als er im jahre 23 v. Chr. auf schwerem krankenlager darnieder lag, nicht daran dachte, jemand zu seinem nachfolger zu ernennen. Auch spricht, wie weiter bemerkt wird, alles dafür, daß Tiberius mit den bestimmungen des Augustus einverstanden war; er war nach Dio gesonnen, wenn es die verhältnisse erforderten, als privatmann in irgend einem winkel des reichs, fern von dem aufreibenden getriebe der öffentlichen geschäfte, sein leben hinzubringen. Das schließliche nachgeben des Tiberius erklärt Pfitzner dadurch, daß derselbe sich allmälig überzeugte, der senat könne nach seiner damaligen beschaffenheit nicht wieder der oberste leiter des staats sein. Wir können aber hier die frage nicht unterdrücken, sollten nicht Tiberius, wie Augustus, schon früher diese überzeugung gewonnen haben? und sollten diese beiden tiefblickenden männer nicht vorausgesehen haben, daß der senat die ihm angetragenen aufgaben abweisen würde? Dem, welcher diese frage verneint, wird die letzte bestimmung des Augustus nicht als ernst gemeint erscheinen.

Auch die von den alten quellen für die verstellung des Tiberius angeführten gründe erscheinen dem verfasser unhaltbar, insbesondere die furcht vor seinem adoptivsohne Germanicus, denn diese hätte ihn doch veranlassen müssen, sein vermeintes gaukelspiel vor dem senate so lange zu treiben, bis die drohende gefahr gehoben wäre. Schließlich sucht der verfasser nachzuweisen, daß die thaten des Tiberius nur scheinbar mit seinen worten in widerspruch standen, da das militärische hofceremoniell in Nola nur dem verstorbenen oberhaupte, nicht dem Tiberius galt, und selbst das militärische gefolge in Rom nur die majestät des senats und des volkes repräsentierte.

Die schrift des oberlehrer dr. A. Schmidt „die symmetrische

gliederung des dialogs in den Heracliden des Euripides" (p. 27
—43) hat nicht den character einer abhandlung, sondern giebt
eine inhaltsangabe der dialogischen partieen des stücks mit beifügung der die symmetrie herstellenden abschnitte. Man gewinnt
den eindruck, daß sich in den Heracliden die harmonische gliederung fast überall auf ungesuchte weise nachweisen läßt, ohne
daß man lücken oder interpolationen zu hülfe zu nehmen braucht.
Nur an einzelnen stellen wie in den worten des Iolaos v. 597
—607 und denen des Eurystheus 983—990 erscheint uns die
symmetrie etwas künstlich. Freilich ist das gesetz der symmetrie sehr dehnbar und bleibt auch dann gewahrt, wenn eine
reihe von versen, wie 494—497 und 456—460 aus anderen
gründen ausgeschieden werden. Es wird nicht schwer halten,
auch für dramen von Göthe und Schiller, wenigstens für einzelne partieen, dies gesetz nachzuweisen, und doch haben diese
dichter an ein solches gesetz nicht gedacht. Als verse, welche
sich auf keine weise in die harmonische gliederung einreihen
lassen, bleiben v. 128, 564—66, 652—653, 719—27, 739—47,
1022—25.

Endlich giebt der director dr. Meyer in der abhandlung
„die *aerias domos* in der Archytasode des Horaz" (p. 47—60)
eine neue erklärung dieser so oft besprochenen worte. Es wird
zunächst darauf hingewiesen, daß die bisherigen erklärungen
schweren bedenken begegnen. Den von Horaz gebrauchten
ausdruck:

nec quidquam tibi prodest
Aerias tentasse domos animoque rotundum
Percurrisse polum morituro,

auf die wohnungen der götter zu beziehen, verbietet einerseits
der für *aerius* „wo es sich um echt römische anschauungen handelt" feststehende sprachgebrauch, wonach *aër* die die erde zunächst umgebende luft, den dunstkreis der erde bezeichnet, andrerseits der gedankenzusammenhang, denn an metaphysische
untersuchungen des Archytas über die natur der götter, die überdies wunderlich genug durch *aërias tentare domos*" bezeichnet
wären, ist nicht zu denken. Die zweite erklärung, nach welcher
aërias domus die sterne bezeichnet, giebt einen besseren sinn,
aber „das absolute *aeriae domus* (oder *aetherias* mit Meineke)
bleibt ein stein des anstoßes und ein räthsel, welches die lustig-

rien erklärungen hervorgerufen hat." Was nun die gegen aërius ausgesprochenen bedenken betrifft, so scheint es uns, daß von echt römischen anschauungen dabei nicht die rede sein kann. Gehen wir aber auf die Griechen zurück, so scheint zu beachten, daß bei Alexandrinern, wie Callimachus und Apollonius von Rhodus ἀήρ sich in dem sinne von αἰθήρ findet: so Callim. de coma Beren. fragm. 34 Κόσμον μ' ἔβλεψεν ἐν ἠέρι τὸν Βερενίκης βόστρυχον, Hymn. In Del. 176 ἡνίκα πλεῖστα κατ' ἠέρα βουκολέονται (sc. νέφεα), Apollonius Rhod. III, 1379 οἳ μὲν ἱδόνται μαρμαρυγῇ σμοτίοιο δι' ἠέρος ἀΐξαντα (sc. ἀστέρα.) Otto Schneider erklärt diese verwechslung aus dem stande der Homerkritik vor Aristarch und schließt aus dem häufigen vorkommen derselben bei späteren dichtern, daß dieselben dem vorbilde früherer folgten. Sehen wir weiter, welche neue erklärung der verfasser an die stelle der bisherigen setzt. Durch kenntnißnahme von der mittelalterlichen astrologie, in welcher domus das himmlische zeichen bedeutet „in welchem, wenn sich ein planet befindet, er entweder des tages oder nachts den größten einfluß und kraft haben soll" (Raazowius, tract. astrol. pars II, p. 18) und die thatsache, daß die Griechen οἶκος von den himmelsregionen gebraucht haben, läßt sich der verfasser zu dem schlusse bestimmen, daß auch die Römer zur zeit des Horaz domus in diesem sinne anwandten und versteht unter dem Horazischen domus die griechischen οἶκοι und mittelalterlichen domus der astrologischen einteilung der himmelskugel. Für den ausdruck aërius wird Cicero de Divin. I, 42, 89 verglichen, wo die worte utcumque temperatus sit aër nach Meyers auffassung nicht „nach der temperatur", sondern nach der einrichtung oder stellung der himmelskugel bedeuten. Nun nimmt unser vf. an dem epitheton aërius weiter keinen anstoß, denn „in der heimath der sterndeuterei mit ihrem regenlosen himmel und der reinen durchsichtigen atmosphäre kannte man den unterschied zwischen aer und aether, einer trüberen und reineren luft, nicht, und so reichte das eine wort aer aus bis zu den fernsten planetenbahnen." Die neue interpretation giebt einen recht ansprechenden zusammenhang — nur schade, daß weder domus noch aer in diesem sinne in der römischen literatur bis jetzt nachgewiesen sind, abgesehen von der nicht absolut zwingenden stelle Ciceros! Zuweilen führt ein anscheinend weniger in's gewicht fallender ausdruck auf eine neue erklärung. Wir möchten vermuthen, daß der verfasser insbesondere durch den ausdruck *tentore* auf den neuen gedankengang gebracht ist, dem wir mit interesse gefolgt sind, wenn wir auch das resultat noch nicht als gesichert anzusehen vermögen. Die parallelstelle Carm. II, 1, wo Horaz der Leuconoe zuruft *nec Babylonios tentoris numeros* blendet auf den ersten blick, doch steht an jener stelle, wo Horaz die schöne warnt, in den sternen ihr lebensende zu erforschen, das verbum in einem anderen sinne als hier, wo von wissenschaftlicher forschung die rede ist.

Die erste abtheilung der festschrift „das elfte Euklidische axiom" von oberlehrer dr. Gerlach 22 p. und „die lebenskraft" von oberlehrer dr. Scholle (23—60) liegt außerhalb des kreises des philologischen anzeigers.

Bibliographie.

Einen nachtrag zu Friedlein's nekrolog, s. ob. hft 1, p. 58, den gesammtverlags-katalog betreffend, liefert *Russel* im Börsenbl. 1880, nr. 302.

„Die bibelsammlung der k. öffentlichen bibliothek in Stuttgart" ist ein aufsatz von *Th. Schott* im Schwäbischen Merkur vom 26. desemb. 1880 überschrieben, den das Börsenbl. 1881 nr. 1. 3 wegen seines allgemeinen interesses reproduzirt.

Was die buchdruckerkunst jetzt vermag zeigt folgender aus Leipzig dem Börsenbl. nr. 6 mitgetheilter artikel: die von einem Deutschen in Oporto mit großem kunst-, kosten- und zeitaufwand herausgegebene textkritische und illustrirte säcularausgabe von Camoës' Lusiaden in großfolio schreitet in ihrer druckherstellung bei Giesecke u. Devrient hierselbst ziemlich rasch vorwärts. Wir sahen ein auf pergament (keine nachahmung) gedrucktes, für kaiser Dom Pedro II. von Brasilien, dr. jur. honoris causa von Leipzig, zum weihnachtsgeschenk bestimmtes prächtig in grünen sammet mit goldbeschlägen gebundenes exemplar des ersten theiles (4 gesänge), das als bezeichnung eingedruckt „nummer I" trug. Das werk macht einen würdigen und hocheleganten eindruck mit seinen stahlstichen nach gemälden von Begas (Berlin), Liezen Mayer (Stuttgart) und Kostka (Berlin), gestochen von männern wie Deininger, Goldberg, Krausse, Lindner, Martin, Nüsser, Pickel, Schultheiß und Wagenmann; holzschnittvignetten und initialen nach zeichnungen von Ludwig Burger (Berlin), auf holz gezeichnet von Martin Lämmel und P. Grotjohann, endlich chromotypisch hergestellten titelvorblättern nach compositionen von A. Gnauth (Nürnberg). Der deutsche herausgeber dieser kostbaren „*Edição critica-commemorativa do terceiro centenario da morte do grande poeta*" ist Emil Biel.

Paris, 14. Jan. (Eine buchdrucker-speculation). Der unternehmungsgeist der gründer errichtet den industrien, welche um die buchdruckerei sich gruppieren, ferner der zeitungs- und reporterindustrie ein in der welt einzig dastehendes monument. Wenige schritte von der börse befindet sich die großartige transport- und versendungsanstalt, die „Messagerien." Das bankhaus Bouvier und genossen hat diese in der Rue Montmartre stehenden und niederzureißenden gebäude angekauft, um einen bauplatz von 6000 meter zu erwerben. Auf diesem raume werden der pallast und die kleinen, von einander abgesonderten hôtels der „Großen druckerei" erbaut. Dieselbe wird alles zu ihrem betrieb erforderliche selbst erzeugen. Ihre maschinenwerkstätte unter der leitung des berühmten erfinders Marinoni wird ihr die presse, sonstige maschinen und werkzeuge liefern. Ihre lettern wird sie selbst gießen, wie sie zu ihrem gebrauch eine fabrik von druckerschwärze errichtet. In der provinz errichtet sie ihre papierfabrik. Sie wird also an sich selbst verdienen, was die gießer und die fabrikanten von maschinen, papier und schwärze am drucker zu verdienen pflegen. Nicht weniger als 20 politische tagblätter, und 40 specifische wochenblätter haben bereits mit ihr verträge nicht nur für satz und druck, sondern auch für redactionslocalitäten, für verwaltung und expedition abgeschlossen. Die druckerei bildet für alle diese zeitungen ein syndicat für den gemeinschaftlichen, also für das einzelne syndicatsmitglied überaus verwohlfeilten dienst des transports, der ankündigung und des verkaufs, der post, des telegraphen, der auskünfte, der abonnements und sogar der cassen. Die druckerei beabsichtigt, das hauptlager für alle commerciellen, finanziellen, technischen drucksorten, ferner für den buchhandel die centraldruckerei zu werden, welche das stärkste manuscript binnen wenigen tagen als fertiges buch in den handel bringen kann. Um das redactionsgeheimniß der zeitungen zu wahren, wird jede redaction vollständig abgesonderte bureaux oder ein kleines hôtel mit unmittelbarem eingang von der straße haben. Die druckerei organisirt eine zahlreiche cavallerie und ein corps von austrägern. Ihre dienstkutschen werden die zeitungen, im augenblick ihres erscheinens, nach allen verkaufsstellen und bahnhöfen, auch die austräger selbst nach den vororten um Paris bringen. Den mittelpunct der druckerei wird eine großartige „halle" bilden, welche, zur freien verfügung des publicums, eine bibliothek und alle beachtenswerthen zeitungen und zeitschriften der welt enthält, auch alle einlaufenden telegramme unverzüglich affichirt. Die „Agence Havas" hat in der halle ausgedehnte localitäten gemiethet, um inmitten der zeitungen, welche sie bedient sich zu befinden. In der halle selbst und neben ihr werden errichtet: ein comptoir für das abonniren und die inserate bei allen in der welt erscheinenden periodischen schriften; ein bureau für das austragen und das vertheilen von prospecten, reclamen, handelsanzeigen, adressen und karten in den wohnungen wie in den gassen; ein postamt und ein telegraphenamt mit telephon; endlich eine buchhandlung für classische und technische werke wie für neuigkeiten und flugschriften. Die druckerei wird für luxuswerke und kunstarbeiten abgesonderte werkstätten errichten, wofür sie die besten fachmänner und kunstarbeiter um jeden preis heranzuziehen und heranzubilden hofft. Um während der bauzeit schon in thätigkeit zu treten, haben die gründer in ihrer nächsten nachbarschaft zwei große druckereien angekauft, wo zur stunde neben zahlreichen finanzblättern folgende zeitungen gedruckt werden: „La France", „La Liberté", großer und kleiner „National", „Télégraphe", „La Paix", „Mot d'Ordre", „Intransigeant", „Marseillaise", „Nouveau-Journal", „Petit Caporal", „Unité nationale", „Journal du Soir" u. s. w. In Paris werden täglich mehr als zwei millionen exemplare politischer blätter abgezogen, für welche man wohl 10 millionen leser annehmen kann. Die große druckerei kann also im vollen sinne des worts ein institut werden, selbstverständlich auf actien und auf risico der actionaire. — Angsb. allg. zig. beil. zu nr. 18. Dies zeigt, wie speculativ doch die Franzosen sind.

B. *Formes's* verlag in Leipzig verschickt anzeige von: „*Köhler* thierleben, im sprichwort der Griechen und Römer", nebst den günstigen urtheilen der presse; ferner von L. *Schneider*, frauengestalten der griechischen sage und dichtung.

Das „Magazin für die literatur des in- und auslandes", jetzt redigirt von E. *Engel*, enthält in nr. 1 des jahres 1881 einen aufsatz: „Zum fünfzigjährigen jubiläum des Magazin."

Ueber die kataloge des antiquariat von *Joseph Baer* u. co. in Frankfurt a. M. berichtet RAnz. nr. 11 vrgl. nr. 29. 36.

Den katalog von *Stoll* und *Bader* antiquariat in Freiburg i. B. bespricht RAnz. nr. 86.

Kataloge der antiquare: L. *Bamberg* in Greifswald, antiquarischer catalog nr. 41 (bibliothek des prof. dr. Schömann); O. *Harrassowitz* in Leipzig, antiquarischer catalog nr. 71; nr. LXXX. Bibliotheca philologica. Achtzigster catalog des antiquarischen bücherlagers von J. M. *Heberle* (H. Lempertz' söhne) in Köln, preis 25 pf.; katalog 52 des antiquarischen bücherlagers von J. *Rentel* in Potsdam.

Verzeichniß der wichtigeren publicationen auf dem gebiete der alterthumswissenschaft. 1881[1]).

Quellen: Allgemeine bibliographie. Monatliches verzeichniß der wichtigern neueren erscheinungen der deutschen und ausländischen lit-

---

[1]) Ein verzeichniß der art wird jede nummer von jetzt enthalten: nr. 3 die publicationen von mitte januar bis ende februar. — E. v. L.

teratur hrsg. von F. A. Brockhaus. December 1880 und folgende. — *Allgemeine bibliographie für Deutschland*. Wöchentliches verzeichniß aller neuen erscheinungen im felde der litteratur. Leipzig. Hinrichs. 8. — *Bibliographie de la France*. Journal général de l'imprimerie et de la librairie. Parait tous les samedis. Paris 8. — *The Bookseller*, a newspaper of british and foreign literature. Published monthly. London. 8. — *The Publisher's Circular* and general record of british and foreign literature containing a complete alphabetical list of all new works published in Great Britain and every work of interest published abroad. Issued on the 1st and 15th of each month. London. 8. — *Bibliografia italiana*, giornale dell' associazione tipografico-libraria italiana. Milano. 8. Esce il 15 e l'ultimo di ogni mese. — *Bibliographie de Belgique*, journal officiel de la librairie paraissant le 1er et le 15 de chaque mois. Bruxelles. 8. — *Bibliographie und litterarische chronik der Schweiz*. Erscheint monatlich. (Bibliographie et chronique littéraire de la Suisse). Basel. 8. — *Nordisk Boghandlertidende* redig. af. O. H. Delbanco. Kjøbenhavn. 4. — *Nederlandsche Bibliographie*. Lijst van nieuw verschenen Boeken Kaarten enz. Utrecht. 8. (2mal monatlich). — *Boletin de la libreria*. Publicacion mensual. Obras antiguas y modernas. Madrid. 8. — *The Publishers' Weekly*. The american book trade journal. New York. 8. — *Russische Revue*. Monatsschrift für die kunde Rußlands hrsg. v. K. Röttger. St. Petersburg. 8. — 'Ἀθήναιον. Σύγγραμμα περιοδικόν κατὰ διμηνίαν ἐκδιδόμενον συμπράξει πολλῶν λογίων. Ἐν 'Ἀθήναις. 8.

Deutschland und Oesterreich.

1. *Abhandlungen* der philosophisch-philologischen classe der kgl. bayerischen akademie der wissenschaften. Bd. 15. Abth. 2. (In der reihe der druckschriften der 52. bd.). p. 241—449. München 1880. 4. 6 mk.

2. *Adam, L.*, die Odyssee und der epische cyclus. Ein versuch zur lösung der homerischen frage. Wiesbaden 1880. 8. VII, 125 p. 3 mk.

3. *Aeschyli* tragoediae ed. *A. Kirchhoff*. Berlin 1880. 8. VIII, 382 p. 2 mk. 70 pf.

4. *Archimedis* opera omnia cum commentariis *Eutocii*. E codice Florentino rec. Latine vertit notisque illustravit *J. L. Heiberg*. Vol. I. Leipzig 1880. 8. XII, 499 p. 6 mk.

5. *Aristophanis* comoediae. Annotatione critica commentario exegetico et scholiis Graecis instruxit *Fred. M. H. Blaydes*. Pars III. Ecclesiazusae. Halle a. S. 1881. 8. X, 220 p. 4 mk.

6. *Baumstark, Anton*, ausführliche erläuterung des besondern völkerschaftlichen theiles der Germania des Tacitus. Leipzig 1880. 8. IV, 339 p. 7 mk.

7. *Beiträge* zur kunde der indogermanischen sprachen hrsg. v. dr. *Adolb. Bezzenberger*. Bd. 6. Göttingen 1881. 8. 10 mk.

8. *Becker, Ferd.*, die heidnische weiheformel D. M (Diis manibus sc. sacrum) auf altchristlichen grabsteinen. Ein beitrag zur kenntniß des christlichen alterthums. Mit vielen abbildungen. Gera 1881. 8. 68 p. 2 mk. 40 pf.

9. *Bonitz, Hermann*, über den ursprung der homerischen gedichte. Vortrag geh. im ständehause zu Wien am 3. märz 1860. 5. aufl. besorgt von *R. Neubauer*. Wien 1881. 8. VI, 118 p. 2 mk. 60 pf.

10. *Bruns, Ivo*, Plato's gesetze vor und nach ihrer herausgabe durch Philippos von Opus. Eine kritische studie. Weimar 1880. 8. 223 p. 8 mk.

11. *Cantor, Moriz*, vorlesungen über geschichte der mathematik. Bd. I. Von den ältesten zeiten bis zum jahre 1200 n. Chr. Leipzig 1880. 8. VIII, 804 p. mit 1 steintaf. 20 mk.

12. *Ciceronis, M. Tulli,* scripta quae manserunt, omnia recogn. C. F. W. Müller. Partis II, vol. I continens orationes pro Quinctio, pro S. Roscio Amerino, pro Q. Roscio comoedo, divin. in Q. Caecilium, in C. Verrem. Leipzig 1880. 8. CX, 499 p. 2 mk. 10 pf.

13. *Curtius, Geo.*, griechische schulgrammatik. 13. unter mitwirkung von dr. Bernhard Gerth verb. aufl. Prag. 1880. 8. X, 406 p. 2 mk. 80 pf.

14. *Dissertationes* philologicae Halenses. Vol. IV, 1, 2. Halle a. S. 1880. 8. 434 p. 9 mk.

15. *Engelmann, Wilhelm,* Bibliotheca scriptorum classicorum. 8. aufl. umfassend die litteratur von 1700 bis 1878, neu bearbeitet von dr. E. Preuß. Abtheilung I: Scriptores Graeci. Leipzig. 1880. 8. VIII, 802 p. 20 mk.

16. *Enmann, Alex.*, untersuchungen über die quellen des Pompeius Trogus für die griechische und sicilische geschichte. Dorpat. 1880. IV, 206 p. 3 mk.

17. *von Falke, Jacob,* Hellas und Rom. Eine culturgeschichte des classischen alterthums. Mit bildern der ersten deutschen künstler. Liefg. 24—35. Stuttgart 1880. fol. XII u. p. 237—46. à lfg. 1 mk. 50 pf.

18. *Forchhammer, Peter W.*, die wanderungen der Inachostochter Io, zugleich zum verständniß des gefesselten Prometheus des Aeschylos erklärt. Mit 1 karte. Nebst „Mykenä" und der ursprung der mykenischen funde". Kiel 1881. 8. X, 96 u. 15 p. 3 mk.

19. *Fox, Wilh.*, S. J., die kranzrede des Demosthenes das meisterwerk der antiken redekunst. Mit steter rücksicht auf die anklage des Aeschines analysirt und gewürdigt. Leipzig 1880. 8. XII, 365 p. 5 mk. 60 pf.

20. *Furtwängler, Adolf,* der Satyr aus Pergamon. 40. programm zum Winckelmannsfeste der archäol. gesellsch. zu Berlin. Mit 3 tafeln. Berlin 1880. 4. 33 p. 2 mk. 40.

21. *Gelzer, H.*, Sextus Julius Africanus und die byzantinische chronographie. Theil I: die chronographie des Julius Africanus. Leipzig 1880. 8. VI, 223 p. 8 mk.

22. *Geschichte,* allgemeine, in einzeldarstellungen. Unter mitwirkung von — — hrsg. von *Wilhelm Oncken.* Abth. 26: Geschichte des römischen kaiserreichs von *G. F. Hertzberg,* p. 161—320 mit eingedruckten holzschn. u. 3 tafeln. Berlin 1880. 8. 3 mk.

23. *Großmann, Guil.,* de particula „quidem". Königsberg. 1880. 8. 111 p. 2 mk.

24. *Grasberger, Lorenz,* erziehung und unterricht im classischen alterthum. Nach den quellen dargestellt. Theil 3: die ephebenbildung oder die musische und militärische ausbildung der griechischen und römischen jünglinge. Würzburg 1881. 8. VIII, 642 p. 12 mk. 30 pf.

25. *Grote, Georg,* geschichte Griechenlands. Aus dem englischen. 2. revid. aufl. Lfg. 9—12 (Bd. 5, p. 433—672 mit 5 karten u. bd. 6, p. 1—288). Berlin 1880. 8. 8 mk.

26. *Hagen, Herm.*, de codicis Bernensis n. CIX Tironianis disputatio, II tabb. lith. arte depictis adinta. Bern 1880. 4. 16 p. 2 mk.

27. *Hart, G.,* de Tzetzarum nomine vitis scriptis. Leipzig 1880. 8. 75 p. 2 mk. (Aus Fleckeisen's jahrbb. f. classische philologie Suppl.-bd. 12).

28. *Homer's* Ilias. Für den schulgebrauch erklärt von *Karl Friedr. Ameis.* Bd. I. Heft 3. Gesang VII—IX bearbeitet von *C. Hentze.* 2. bericht. aufl. Leipzig 1880. 8. VI, 122 p. 1 mk. 20 pf.

— Bd. 2. Heft 2. Gesang XVI—XVIII bearb. v. *C. Hentze*. Leipzig 1880. 8. 135 p. 1 mk. 20 pf.

29. *Huschke, Phil. Ed.*, die neue oskische bleitafel und die Peligniche inschrift aus Corfinium als nachtrag zu älteren oskischen und verwandten sprachstudien erklärt. Leipzig 1880. 8. 98 p. 2 mk. 40 pf.

30. *Kekulé, Reinhard*, die reliefs an der balustrade der Athena Nike. Nach neuen zeichnungen und entwürfen von L. Otto hrgg. Mit beiträgen von G. Loeschke u. R. Bohn. Stuttgart 1881. folio. VII, 30 p. (7 kpfrtafeln u. 1. lith. plan). geb. in hblwd. 42 mk.

31. *Kummrow, Hermann*, Symbola critica ad grammaticos Latinos. Dissert. inaug. philol. Greifswalde 1880. 4. 56 p. 2 mk.

32. *Lahmeyer, Ludw.*, de apodotico qui dicitur particulae *de* in carminibus Homericis usu. Leipzig 1879. Diss. inaug. Kiliensis. 4. VI, 46 p. 1 mk. 80 pf.

33. *Lange, Ludwig*, spicilegium criticum in Ciceronis orationem de domo. Leipzig 1880. 4. 24 p. 1 mk. 20 pf.

34. *Livi, Titi*, ab urbe condita libri. Erklärt von *W. Weißenborn*. 5. bd. 2. heft. Buch XXVI. 4. aufl. besorgt von *H. J. Müller*. Berlin 1880. IV, 147 p. 1 mk. 20.

35. *Lübke, Wilhelm*, geschichte der plastik von den ältesten zeiten bis zur gegenwart. 3. verm. und verb. aufl. Mit gegen 500 holzschn. Lief. 10 und 11 (schluß). Leipzig 1880. 8. IX, p. 827—971. Das ganze 22 mk.

36. *Merguet, H.*, lexicon zu den reden des Cicero mit angabe sämmtlicher stellen. Bd. 2. Liefg. 20—23. (Schluß). Jena. 1880. 4. III u. 697—826 p. 7 mk.

37. *Orphei* Lithica. Accedit *Damigeron* de lapidibus. Rec. *Eugen Abel*. Berlin. 1880. 8. 198 p. 5 mk.

38. *Pauli, Carl*, etruskische studien. Heft 3. Die besitz- widmungs- und grabformeln des etruskischen. Göttingen 1880. 8. 156 p. 5 mk. 80 pf.

39. *Pausaniae* descriptio arcis Athenarum in usum scholarum ed. *Otto Jahn*. Ed. II recognita ab *Ad. Michaelis* aucta cum aliis tabulis tum forma arcis ab J. A. Kaupert descripta. Bonn 1880. 4. VI, 70 p. 8 tafeln. 5 mk.

40. *Platonis* opera quae feruntur omnia. Ad codices denuo collatos ed. *Martin Schanz*. Vol. II, fasc. II Theaetetus. Leipzig 1880. 8. XVI, 106 p. 3 mk.

41. *Rangabé, A. R.*, die aussprache des griechischen. Leipzig 1881. 8. 47 p. 2 mk.

42. *Roeder, W.*, beiträge zur erklärung und kritik des Isaeos. Jena 1880. 8. VII, 83 p. 2 mk.

43. *Schliemann, Heinrich*, Ilios, stadt und land der Trojaner. Forschungen und entdeckungen in der Troas und besonders auf der baustelle von Troja. Mit einer selbstbiographie des verfassers einer vorrede von Rudolf Virchow und beiträgen von P. Ascherson, H. Brugsch-Bey, E. Burnouf, Frank Calvert, A. J. Duffield, J. P. Mahaffy, Max Müller, A. Postolakkas, A. H. Sayce und R. Virchow. Mit ca. 1800 abbildungen, karten und plänen in holzschn. u. lith. Leipzig 1881. 8. XXIV, 880 p. 42 mk.

44. *Sophoklis* tragödien, zum schulgebrauche mit erklärenden anmerkungen versehen von *N. Wecklein*. Bdch. 5. Oedipus in Colonos. München 1880. 8. 166 p. 1 mk. 25 pf.

45. *Steinthal, H.*, abriß der sprachwissenschaft. Theil 1 die sprache im allgemeinen: einleitung in die psychologie und sprach-

wissenschaft. 2. mit zusätzen versehene auflage. Abth. 1. Berlin 1880. 8. 400 p. 7 mk. 50 pf.

46. *Studien*, leipziger, zur classischen philologie. Hrsg. von G. Curtius, L. Lange, O. Ribbeck, H. Lipsius. Bd. 3. Heft 2. Leipzig 1880. 8. V u. p. 217–328. 2 mk. 80 pf.

47. *Symbolae* Ioachimicae. Festschrift des kgl. Joachimsthalschen gymnasiums. Aus anlaß der verlegung der anstalt veröffentlicht von dem lehrercollegium des kgl. Joachimsthalschen gymnasiums. 2. theil. Berlin 1880. 8. V, 396 p. 4 taf. 8 mk.

48. *Ueberweg, Friedrich*, grundriß der geschichte der philosophie. Theil I das alterthum. 5. mit einem philosophen- und litteratoren-register versehene auflage. Bearb. u. hrsg. von *Max Heinze*. Berlin 1880. 8. IX, 336 p. 5 mk.

49. *Vergil's* Aeneide. Für den schulgebrauch erläutert von *Karl Kappes*. Heft 3. Aeneis VII—IX. 2. verb. aufl. Leipzig. 1880. 8. IV, 123 p. 1 mk. 20 pf.

Schweiz.

50. *Lyriker*, griechische, übersetzt von *Jacob Mahly*. Leipzig 1880. 12. 143 p. 2 fr. 35 c.

51. *Lyriker*, römische, übersetzt von *Jacob Mahly*. Leipzig 1880. 12. 156 p. 2 fr. 35 c.

52. *Mahly, Jacob*. geschichte der antiken litteratur. 2 theile. Leipzig 1880. 12. 280 u. 276 p. 6 fr.

53. *Surber, Alfred*, die Meleagersage. Eine historisch vergleichende untersuchung zur bestimmung der quellen von Ovidii Metamorph. VIII, 270—546. Zürich 1880. 8. 127 p. 1 mk. 60 pf.

Skandinavien.

54. *Bruun, C.*, Pompeji, dets Historie og Mindesmaerker. 7de Levering. Kjøbenhavn 1880. 8. 48 p. 1 kr.

Niederlande.

55. *Bakhuyzen, W. H. van de Sande*, over de toepassing van de conjecturaalkritiek op den tekst des nieuwen testaments. Haarlem 1880. 8. VII, 320 p. 2 fl. (Verhandelingen rakende den natuurlijken en geopenbaarden godsdienst uitg. door Teyler's godgeleerd genootschap N. S. 9e deel. 2e stuk.)

56. *Manen, C. W. van*. Conjecturaalkritiek toegepast op den tekst van de schriften des nieuwen testaments. Haarlem 1880. 8. XVI, 352 p. 2 fl. (Dieselben Verhandelingen N. S. 9e deel. 1e stuk.)

57. Θουκυδίδου ξυγγραφή. Praesertim in usum scholarum recognov. et brevi annotatione instruxit *Henricus van Herwerden*. Vol. IV contin. lib. VI et VII. Trajecti ad Rhenum 1880. 8. XI, 194 p. 1 fl. 40 kr.

England.

58. *Kampen, Albert von*, fifteen maps illustrating Caesar's Gallic war. Edited by *James S. Stallibraß*. 2nd edition. London 1880. 4. 6 sh.

59. *Sophocles* Aiax. Edited by *R. C. Jebb*. New edition. London 1880. 8. 3 sh. 6 d.

60. *Sophocles* Electra. Edited by *R. C. Jebb*. New edition. London 1880. 8. 3 sh. 6 d.

61. *Stapfer, P.*, Shakespeare and classical antiquity, greek and latin antiquity as presented in Shakespeare's plays. Translated from the French by *Emily Carey*. London 1880. 8. 492 p. 12 sh.

62. *Trollope, Anthony*, Life of Cicero. 2 vols. London 1880. 8. 812 p. 24 sh.

Vereinigte staaten von Nordamerika.

63. *Benjamin*, S. G. W., Troy, its legend, history and litterature; with sketch of the topography of the Troad in the light of recent investigation. New York 1880. 16. 18+179 p. map. 1 doll.

64. *Schliemann*, H., Mycenae: narrative of researches and discoveries at Mycenae and Tiryns; preface by W. P. Gladstone; new edition with important additions and new plates. New York 1880. 4. 68+404 p. maps, plans, 700 ill. 7 doll. 50 d.

65. *Winckelmann*, J., History of ancient art; tr. by G. H. Lodge. Boston 1880. 2 vols. 9 doll.

Frankreich.

66. *Bernage*, S., de Stesichoro lyrico, thesim proponebat facultati litterarum l'arisiensi. Paris 1880. 8. 58 p.

67. *Gaius*, institutes de, 6e édition (première française) d'après l'Apographum de Studemund contenant: 1° un texte, la reproduction du manuscrit de Vérone sans changement ni addition; 2° dans les notes les restitutions et les corrections proposées en Allemagne en France et ailleurs: suivie d'une table des leçons nouvelles; par *Ernest Dubois*. Nancy 1881. 18. XXXII, 538 p.

68. *Havet*, Ludovicus, de Saturnio Latinorum versu scripsit. Paris 1880. 8. XII, 517 p. (Bibliothèque de l'école des hautes études fasc. 43).

69. *Joyau*, E., Platonis Protagoras sive Socratica de natura virtutis doctrina. haec apud facultatem litterarum Parisiensem disputabat. Coulommiers—Paris 1880. 67 p.

70. *Schlumberger*, Gustave, monuments numismatiques et sphragistiques du moyen âge byzantin. Paris 1880. 8. 20 p. et planche. (Extrait de la Revue archéologique. 1880 oct.).

71. *Térence*, les comédies de. Traduction nouvelle par *Victor Betolaud*. Paris 1880. 18. XII, 707 p.

72. *Teuffel*, W.B. Siegism., Histoire de la littérature romaine. Traduite sur la 8e édition allemande, par J. Bonnard et P. Pierson avec préface de Th. H. Martin. T. 2. Paris 1881. 8. IV, 337 p.

73. *Vallentin*, Florian, la voie d'Agrippa de Lugdunum au rivage Massaliote. Vienne 1881. 8. 23 p. (Extrait de la Revue du Dauphiné et du Vivarais no. 5. 1880.)

74. *Weber*, G., Le Sipylos et ses monuments; Ancienne Smyrne (Narlochon); monographie historique et topographique contenant une carte, 4 planches lithographiées et 2 photographies. Besançon 1880. 8. IV, 126 p.

Italien.

75. *Lenza*, C., Esiodo e la teogonia. Napoli 1880. 4. 37 p. 2 mk. 40 pf.

Rußland.

76. *Antiphontis* orationes edid. *Victor Jernstedt*. St. Petersburg 1880. 8. XLIII, 88 p. 2 mk. 50 pf.

77. *Schulze*, Ernst, Mykenai, eine kritische untersuchung der Schliemannschen altertümer unter vergleichung russischer funde. Mit 6 holzschnitten. St. Petersburg 1880. 8. (Aus der Russischen Revue bd. 16).

Kleine philologische zeitung.

Rom, 11. dec. Festsitzung des kais. deutschen archäologischen instituts. [S. PhAnz. XII, 12, p. 554.] — Das institut eröffnete gestern die reihe seiner wöchentlichen zusammenkünfte durch die alljährliche festsitzung zum gedächtniß des geburtstages Winckelmanns. Der erste secretair prof. Henzen widmete zunächst einige worte dem andenken des am 27. nov. verstorbenen dr. Adolf Klügmann, seit vielen jahren eines der thätigsten mitglieder des instituts. Er gedachte seiner gelehrten arbeiten, welche früher ganz besonders dem mythus und den darstellungen der Amazonen, später der erklärung der typen der römischen sogenannten familienmünzen zugewendet waren, bis in neuester zeit von der direction des instituts ihm die von der Berliner akademie beabsichtigte fortsetzung des Gerhardschen spiegelwerks übertragen wurde, für welche er das material fast vollständig gesammelt habe. Das institut selbst schulde ihm für immer dankbarkeit für die von ihm geleitete übertragung und neue anstellung seiner bibliothek, deren verwaltung er bis zu seinem tode mit liebe und eifer ohne jede materielle entschädigung fortführte. Es folgte ein vortrag dr. Dressels über eine sehr wichtige lateinische inschrift vom höchsten alterthum, linksläufig eingeritzt auf einem in Rom gefundenen, in seinem besitz befindlichen und aus drei verbundenen köpfchen bestehenden gefäß aus dunkler thonerde. Die inschrift besteht aus 128 buchstaben. Neben dem allgemeinen spitzwinkeligen schriftcharacter und der eigenthümlichen gestaltung einzelner buchstaben wurde besonders das in lateinischen inschriften nicht gebräuchliche fünfschenklige m, sowie die dem griechischen P gleichgebildete form des r hervorgehoben — eigenthümlichkeiten, welche zusammen mit der linksläufigen schrift und dem vorkommen der früh aufgegebenen buchstaben k und z, wie der noch nicht erfolgten unterscheidung des c und g, berechtigen dürften, in dieser inschrift das älteste denkmal lateinischer epigraphik zu erkennen. Dieselbe, wie prof. Bücheler erkannt hat, im saturnischen rhythmus abgefaßt, führt nach alter sitte das gefäß redend ein und zerfällt in zwei theile. Nach dem ersten wurde letzteres von *Duenos* (= *bonus*, d. h. nach Dressels ansicht ein „guter", „frommer") für einen verstorbenen gemacht, um am neunten tage, d. h. am letzten des feierlichen todtenopfers (*novendiale sacrum*), aufgestellt zu werden. Der zweite enthält religiöse satzungen, wahrscheinlich als ritualbestimmungen für das *sacrum novendiale* und die weihung des gefäßes zu fassen, das dem Iupiter und dem Saturn gewidmet wird, während der Ops, der gemahlin des letzteren, die mit dem neuen beinamen *Toitesia* erscheint, ein besonderes opfer gebracht wird. Verboten wird die gegenwart einer jungfrau bei der erstgenannten handlung, für die zweite dagegen angeordnet. Saturn und Ops als saat-, erd-, und todtengötter stehen im engen zusammenhang mit dem verstorbenen, während das verhältniß des Iupiter zum todtencultus unverständlich sei. Seine erwähnung neben Saturnus-Ops dagegen erklärte der vortragende aus der allmählichen identificirung der letzteren mit Kronos-Rhea, wodurch denn auch Ops zu Iupiters mutter geworden sei. Diese assimilation müsse übrigens älter sein als man gewöhnlich annehme, da die inschrift, welche in ihrer jetzigen gestalt etwa um 350 v. Chr. gesetzt werden könne, offenbar nur die etwas modificirte reproduction eines viel älteren originals sein könne. — Prof. Helbig las über den typus der homerischen bewaffnung. Er begann mit einer characterisirung der waffen der classischen epoche, welche genau die körpertheile reflectiren, zu deren deckung sie dienen, und erst verhältnißmäßig spät entstanden sind; denn auf den denkmälern, welche vor die griechische blütheseit fallen, erscheinen die dargestellten waffen im vergleich mit den körpern zu denen sie gehören, noch unorganisch und schwerfällig. Aehnlich seien die homerischen waffen zu denken, zu deren veranschaulichung die älteren vasenbilder geeignet seien. Der homerische helm bedeckte stirn und schläfe und lief auf beiden seiten in bronceplatten aus, welche die wangen bedeckten und löcher für die augen enthielten, mit der kappe aber aus einem stück bestanden und unbeweglich an derselben festsaßen. Daher erkennen sich in der schlacht die helden nur an ihren waffen. Die helme aber lassen sich nach der ausstattung der kappe in zwei gattungen sondern: die eine mit einem bronzenen bügel (φάλος) überzogen, der vom hinterkopf bis auf die stirn reichte und auf dem der busch befestigt war; mitunter mit zwei parallelen bügeln (ἀμφίφαλος); die andere mit einem busch, der von einem hohen dünnen metallrohr getragen wurde. Die φάλαρα erklärte der vortragende für die an der kappe nicht selten vorkommenden buckel. Der panzer war unförmlich weit und ließ dem körper einen weiten spielraum; der runde schild hatte fast die höhe des kriegers selbst. Da, um ihn zu handhaben, die beiden auf der innenseite angebrachten bügel nicht genügten, so gab man ihm einen stützpunct vermöge eines an den beiden endpuncten des durchmessers befestigten riemens. Der vortragende knüpfte an diese auseinandersetzung bemerkungen über die homerische kampfesweise, welche durch die schwerfällige rüstung beeinflußt wurde. Der von fremden und einheimischen zahlreich besuchten sitzung wohnte der kaiserliche botschafter v. Kendell mit den sämmtlichen herren der botschaft bei. — Angsb. allg. ztg. nr. 353.

Berlin. Dotation für Th. Mommsen. [Vrgl. PhAnz. X, p. 417; nr. 9, p. 455, nr. 11, p. 508.] Nach dem brand in der villa Mommsen zu Charlottenburg wurde bekanntlich der gedanke angeregt den empfindlichen verlust, welchen der deutsche gelehrte in folge der zerstörung eines großen theils seiner werthvollen bibliothek erlitten hatte, durch darbringung von büchern oder, wie andere verehrer des gelehrten, namentlich in England, vorschlagen, durch veranstaltung einer sammlung thunlichst zu ersetzen. Vom ausland eine derartige gabe entgegenzunehmen, erklärte professor Mommsen sich außer stande, die frage aber, ob er seinen freunden in Deutschland die sammlung und überreichung einer solchen subvention gestatten würde, glaubte er nicht unbedingt verneinen zu dürfen. Die hierauf in deutschen kreisen veranstaltete subscription hat ein überaus günstiges ergebniß gehabt, wie aus folgendem an die geber gerichteten schreiben hervorgeht: „Berlin, 7. dec. 1880. Hierdurch erlauben wir uns, Ihnen ergebenst mitzutheilen, daß die zeichnungen für die dotation, welche eine anzahl von verehrern des professor Mommsen dem letzteren zu seinem 64. geburtstage (am 30. nov. letzten jahres) darzubringen beschlossen hatten, bis jetzt die gesammtsumme von 106,000 mark erreicht, und daß wir namens der zeichner die eingegangenen beträge prof. Mommsen an seinem geburtstage zur verfügung gestellt haben. Im auftrage der veranstalter der subscription verfehlen wir nicht, Ihnen für Ihre freundliche antheilnahme deren verbindlichsten dank abzustatten und zeichnen Deutsche bank." Wie man hört, hat allein das haus Mendelssohn in Berlin 10,000 mark gezeichnet. — Beil. zu Angsb. allg. ztg. 1880, nr. 353.

Berlin, 20. decbr. (Dotation für Mommsen). Die „Nat.-ztg." bemerkt zu der nachricht von dem erfolge der sammlung, welche verehrer Mommsens zum ersatz für die vernichtete bibliothek des gelehrten veranstaltet hatten: „Der gedanke die bibliothek des professors Mommsen wiederherzustellen, ist in den kreisen seiner collegen und berufsgenossen entstanden und von diesen hauptsächlich verwirklicht worden. (Zuerst ist der gedanke bekanntlich von professor Mühly in Basel in der „Allg. ztg." [s. PhAns. X, 7, p. 418] angeregt worden. D. r.). Es ist kein zweifel, daß die kaisergeschichte Roms, für welche professor Mommsen seit jahren vorarbeiten von einem umfang betreibt, wie sie selten einem historischen werk vorangegangen sind, ein nicht minder epochemachendes werk werden wird, als es die geschichte der römischen republik ist. Zur erneuerung der specialbibliothek, welche professor Mommsen für diese arbeit gesammelt hatte, wirken übrigens die gelehrten aller länder, namentlich auch die Italiens, mit, wo die regierung eine anerkennenswerthe initiative ergriffen hat. In den schweren schicksalsschlägen die ihn hintereinander betroffen haben, hat professor Mommsen eine kraft und sammlung des geistes gezeigt, die selbst etwas antik römisches an sich hat. Um so begründeter ist unsere hoffnung, daß, nachdem das große inschriftenwerk sich dem ende zuneigt, die zeit für die geschichte der kaiserzeit gekommen ist, der man mit gerechtfertigter spannung entgegensieht." Angsb. allg. ztg. nr. 358.

München, 22. decbr. (Schliemann und Virchow über die erlernung der classischen sprachen). In betreff der erlernung der classischen sprachen, des lateinischen und griechischen, wird vielfach darüber geklagt, daß die studierende jugend in diesem sprachstudium keine dem aufwande der zeit entsprechenden fortschritte mache. Diesen klagen gegenüber ist es nicht ohne interesse, die anschauungen eines mannes zu vernehmen, der, wenn er gleich das studium der sprachen nicht nach der schulmäßigen schablone betrieb, ja nur einige monate lang eine lateinschule besuchte, doch zu den bedeutendsten sprachkennern und practischen philologen der gegenwart gezählt werden muß. Dr. Heinrich Schliemann spricht und schreibt, abgesehen von orientalischen sprachen, alle modernen europäischen und das lateinische und griechische; das urtheil eines eminent practischen mannes von solch umfassenden kenntnissen ist sicherlich im hohen grade beachtenswerth. Schliemann hat seinem neuesten werke „Ilios, stadt und land der Trojaner" eine selbstbiographie beigegeben, in derselben kommt er auf die methode, die er bei erlernung der sprachen anwendete zu sprechen, und äußert sich auch über das sprachstudium. Folgendes sind die bemerkenswerthesten stellen: „So warf ich mich denn mit besonderem fleiß auf das studium des englischen, und hierbei ließ mich die noth eine methode ausfindig machen, welche die erlernung jeder sprache bedeutend erleichtert. Diese einfache methode besteht zunächst darin, daß man sehr viel laut liest, täglich eine stunde nimmt, und immer ausarbeitungen über uns interessirende gegenstände niederschreibt, diese unter der aufsicht des lehrers verbessert, auswendig lernt und in der nächsten stunde ansagt, was man am tage vorher corrigirt hat." Eine der letzten sprachen, welche Schliemann erlernte, war altgriechisch, später noch studierte er gründlich lateinisch. Er schreibt hierüber: „Nun beschäftigte ich mich zwei jahre lang ausschließlich mit der altgriechischen literatur, und zwar las ich während dieser zeit beinahe alle alten classiker cursorisch durch. Die Ilias und Odyssee aber mehrmals. Von griechischer grammatik lernte ich nur die declinationen und die regelmäßigen und unregelmäßigen verba, mit dem studium der grammatischen regeln aber verlor ich auch keinen augenblick meiner kostbaren zeit. Denn da ich sah, daß kein einziger von all den knaben, die in den gymnasien acht jahre hindurch, ja oft noch länger, mit langweiligen grammatischen regeln gequält und geplagt werden, später im stande ist, einen griechischen brief zu schreiben, ohne darin hunderte der gröbsten fehler zu machen, mußte ich wohl annehmen, daß die in den schulen befolgte methode eine durchaus falsche war, meiner meinung nach kann man sich eine gründliche kenntniß der griechischen grammatik nur durch die praxis aneignen, d. h. durch aufmerksames lesen klassischer prosa und durch auswendiglernen von musterstücken aus derselben. Indem ich diese höchst einfache methode befolgte, lernte ich das altgriechische wie eine lebende sprache. So schreibe ich es denn auch vollständig fließend und drücke mich ohne schwierigkeiten darin über jeden beliebigen gegenstand aus, ohne die sprache je zu vergessen. Mit allen regeln der grammatik bin ich vollkommen vertraut, wenn ich auch nicht weiß ob sie in den grammatiken verzeichnet stehen oder nicht. Und kommt es vor, daß jemand in meinen griechischen schriften fehler entdecken will, so kann ich jedesmal den beweis für die richtigkeit meiner ausdrucksweise dadurch erbringen, daß ich ihm diejenigen stellen aus den classikern recitire, in denen die von mir gebrauchten wendungen vorkommen.... Was die lateinische sprache betrifft, so sollte dieselbe meiner meinung nach nicht vor, sondern immer erst nach der griechischen gelehrt werden." In einer note heißt es: „Mit vergnügen vernehme ich von meinem hochgeehrten freunde professor Rudolf Virchow in Berlin, daß er die classischen sprachen in ähnlicher weise gelernt hat. Er schreibt mir über den gegenstand folgendes: „Bis zu meinem 13. jahre erhielt ich in einer pommerischen stadt privatunterricht. Mein letzter lehrer dort war der zweite prediger, dessen methode darin bestand, mich sehr viel *ex tempore* übersetzen und schreiben zu lassen; dagegen ließ er mich auch nicht eine einzige grammatische regel im eigentlichen sinne des worts auswendig lernen. Auf diese weise gewährte mir die erlernung der alten sprachen so viel vergnügen, daß ich sehr oft übersetzungen, die mir gar nicht aufgegeben waren, für mich selber anfertigte. Als ich nach Cöslin auf das gymnasium geschickt wurde, war der director desselben mit meinem lateinischen so zufrieden, daß ich bis zu meinem abgang von der schule sein besonderer liebling blieb. Andrerseits aber konnte der griechische lehrer, professor Grieben, welcher theologie studiert hatte, so wenig begreifen, wie jemand im stande sein sollte eine gute griechische übersetzung anzufertigen ohne die Buttmann'sche grammatik auswendig zu wissen, daß er mich geradezu des betruges beschuldigte; selbst als er trotz all seines aufpassens nie irgend ein unerlaubtes hülfsmittel bei mir entdeckte, verfolgte er mich doch mit seinen unausgesetzten verdächtigungen bis zum abiturienten-examen. Bei demselben examinirte er mich aus dem neuen testamente (griechischen text); als ich gut bestand, erklärte er den versammelten lehrern, die mir einstimmig ein günstiges zeugniß ertheilten, daß er gegen mich stimmen müsse, da ich nicht die moralische reife für die universität besitze. Zum glück blieb dieser protest ohne wirkung. Nachdem ich das examen bestanden hatte, setzte ich mich hin und lernte ohne jede hülfe die italienische sprache."— Augsb. allg. ztg. 1880, nr. 361. — Welche verkennung und welcher hochmuth gehört dazu, dergleichen zu schreiben!

Ueber die verwaltung und einrichtung der universitäts-bibliothek in den jahren 1876—79 bringen interessante mittheilungen die nachrichten von der königl. gesellsch. der wissensch. zu Göttingen 1880 nr. 21, die auch in zeitungen übergegangen sind.

Venedig. In Venedig ist gegen ende des jahres 1880 ein palaeographisches museum, das erste dieser art in Italien, eröffnet worden, dessen erste leitung die professoren Crechetti und Predrelli übernommen haben: es enthält muster aller möglichen schreibmaterialien und instrumente alter und neuer zeit, abdrücke von römischen monumentalinschriften, alte *codices* und provincialakten aus verschiedenen jahrhunderten bis zur erfindung der buchdruckerkunst. — Augsb. allg. ztg. 1881, beil. zu nr. 4.

Köln, 12. jan. Die ausgrabungen in Olympia werden, wie die „Köln. ztg." erfährt, wohl bis ende februar fortgesetzt werden, und zwar ist es durch ein geschenk von 20,000 mk., welches eine kunstsinnige frau in Berlin zu dem zwecke gemacht hat, die deutschen forschungen zu einem würdigen ziel zu führen, auch möglich geworden, die arbeitskräfte in diesen letzten monaten noch bedeutend zu steigern. Die letzten funde sind von höchstem interesse. So hat man namentlich durch eine glücklich aufgefundene bau-inschrift mit voller sicherheit das schatzhaus der Sikyonier, das man vernichtet glaubte, ein werk aus dem 7. Jahrhundert v. Chr., wieder aufgefunden. Das ist für die geschichte der alten baukunst eine entdeckung von hervorragender wichtigkeit. (Vrgl. unt. p. 132).

Um die aufregung einigermaßen zu vergegenwärtigen, welche die oben hft. 1, p. 63 erwähnte angebliche auffindung der Athene Parthenos bei uns hervorgebracht, lassen wir hier einige artikel aus zeitungen folgen. Zuerst nach der Augsb. allg. ztg. 1881, beil. zu nr. 8: *Berlin,* 6. jan.: (Die auferstehung der Athene). Die „N. fr. pr." schreibt unter dem 6. jan.: Heute liegt endlich aus Athen eine directe telegraphische bestätigung vor, daß die von der athener stadtvertretung mit so viel eclat in scene gesetzte affaire ein coup war, dessen thatbestand sich auf ein minimum reducirt. Oberbaurath v. Hansen, dessen interesse durch die nachricht von dem fund in hohem grade angeregt worden war, hatte sich alsbald telegraphisch an seinen bauleiter beim academiebau in Athen um nähere auskunft gewendet. Die telegraphische verbindung zwischen Wien und Athen scheint aber eine sehr langsame zu sein, denn erst heute vormittags erhielt ober-baurath v. Hansen eine telegraphische antwort folgenden inhalts: „Kleine marmorne Athene beim straßenbau am Barvakion gefunden." Die angebliche Athene des Phidias reducirt sich also offenbar auf eine kleine in marmor ausgeführte copie der schutzgöttin Athens, die an sich recht schön ausgeführt und archäologisch auch höchst interessant sein mag, die aber keineswegs das große aufsehen rechtfertigt, welches durch die botschaft des athener bürgermeisters an den korimajor von London und an den präfecten von Paris in der ganzen gebildeten welt erregt worden ist. Auch dürfte dieser humbug ein sehr ungünstiges licht auf die mittel werfen, mit welchen das griechische volk gegenwärtig in die kriegswuth hineingehetzt wird. — Darnach National-ztg. 1861, nr. 7: Betreffs der nachricht von der auffindung der siegreichen Minerva des Phidias geht der „N. fr. pr." von dr. Moritz Hoernes folgende erläuterung zu: dem wortlaute nach kann sich jene meldung wohl nur auf die statue der Athena-Nike beziehen, deren tempelchen, durch die abtragungen von 1834 wiedergewonnen und aus den trümmern restaurirt, auf der kimonischen bastion rechts von den propyläen stand und steht. Dieses götterbild hieß im volksmunde des alten Athen „Nike apteros", d. h. die flügellose Nike, weil sie als beständig anwesende glücksgöttin ohne flügel gebildet war. In der rechten hielt sie nach den zeugnissen der alten einen granatapfel, in der linken einen helm. Ob wirklich dieses tempelbild jetzt aufgefunden wurde, können wir natürlich noch nicht wissen. Für die noch sehr schwankende zeitbestimmung des gedachten tempelbaues wäre der fund von wichtigkeit. — Ebendas. nr. 9: Professor dr. U. Köhler, sekretär des archäologischen institutes von Athen, hat bezüglich der aufgefundenen angeblichen Minerva des Phidias an den erbprinzen von Sachsen-Meiningen, einen eifrigen archäologen, ein telegramm gesandt, nach welchem es sich bei dem funde um eine marmor-kopie der goldelfenbeinernen Athena Parthenos (im parthenon, von Phidias) handelt. Die figur ist etwa 1 meter hoch und hat auf der rechten hand die Nike. Wir besaßen bisher eine kleine, ebenfalls zu Athen gefundene kopie davon, von der ein abguß unter nr. 668 in der rotunde des hiesigen neuen museums steht, und den rest einer anderen, von der ein abguß sich ebendaselbst unter nr. 668a findet. — Ebendas. nr. 13: Unsere im gestrigen morgenblatte enthaltene authentische mittheilung über die kürzlich aufgefundene marmor-kopie der Athena Parthenos des Phidias ergänzen wir durch die folgende nähere beschreibung, welche auf wunsch der „Neuen freien presse" dr. U. Köhler in Athen, sekretär des dortigen archäologischen institutes, dem genannten blatte geliefert hat. Köhler telegraphirt unterm 6. d.: „Die neugefundene Athenestatuette ist eine in allem wesentlichen getreue nachbildung der Parthenos des Phidias (also des aus gold und elfenbein gefertigten standbildes im parthenon) von einem meter höhe. Die göttin stützt sich mit der linken auf den schild, hinter welchem die schlange aufsteigt, auf der rechten trägt sie die Nike. Als stütze der rechten dient eine säule. Die lanze und die reliefs des schildes und der basis hat der kopist weggelassen. Der gesammt-eindruck ist ein ungemein harmonischer, die einzelausführung verräth die entstehung in römischer zeit. Die gesichtsbildung läßt den geist des originals ahnen. Das werk macht auf den beschauer einen ähnlichen eindruck, wie die mittelmäßige übersetzung eines sehr bedeutenden gedichts auf den leser. Der fund ist wissenschaftlich von großer bedeutung, weil er uns zum erstenmale eine annähernde vorstellung von dem hauptwerke des Phidias gewährt und schwebende fragen über einzelheiten der darstellung und komposition definitiv löst." — Dazu aus der Augsb. allg. ztg. beil. zu nr. 15: Aus Athen, 6. jan., wird der „N. fr. pr." über den vorgang des Minerva-fundes und über die bedeutung der entdeckten statue folgendes geschrieben: Zwischen dem Warwakion — einem gymnasium — und einer rechts davon gelegenen häusergruppe zieht sich ein kaum zwölf schritte breites gäßchen hin. Bei einer dort vorgenommenen regulirung stieß man in der tiefe von kaum fuufzig centimetern auf mauerreste eines griechischen hauses, an denen die rothe grundbemalung, die durch halbsäulen in felder eingetheilt war, ausgezeichnet erhalten ist. Wenige schritte von diesen mauerresten entfernt fand man um etwa zehn centimeter tiefer die statue der Athene, mit dem gesichte nach abwärts liegend. Man trug das fundstück sofort in die nahegelegene wohnung des maire's von Athen, und bald hatte sich das gerücht verbreitet, man habe eine statue gefunden, die nicht nur ein kunstwerk allerersten ranges und aus ausgezeichnetem material gefertigt sei, sondern auch — glückliches omen für die bevorstehenden kämpfe — eine Athene mit der figur der Nike auf der hand darstelle. Der enthusiasmus wurde aber bald herabgestimmt, als sich nach untersuchung der von der statue abgebrochenen stücke herausstellte, daß neben anderen noch nicht aufgefundenen fragmenten auch der kopf der Nike fehle. Die statue selbst ist aus prächtigem pentelischen marmor angefertigt, mißt mit dem ungefähr sechs centimeter hohen sockel 96 centimeter und wird hier von allen archäologen übereinstimmend als eine copie jener aus gold und elfenbein hergestellten Athene-statue des Phidias erkannt, die sich einst im parthenon befand. Die entstehung dieser copie wird in das erste jahrhundert unserer zeitrechnung versetzt. Auf dem helmo dieser statue befindet sich, übereinstimmend mit dem originale, in der mitte eine ruhende sphinx, rechts und links von derselben je ein greif und rechts und links von den greifen je ein adlerflügel(?). Die sphinx trägt eine große, die greifen je eine kleinere helmzier. Der kopf der sphinx, die greifen, die adlerflügel und die helmzierden sind abgebrochen, doch wurden alle diese fragmente, bis auf die köpfe der greifen, die, wie die archäologen annehmen, adlerköpfe gewesen sind, aufgefunden. Das gesicht der statue hat keinen allzuherben ausdruck und ist namentlich im profil schön, doch ist der mund groß, und die partien um mund und nase sind schlecht ausgeführt. Am helm sind einige rothe linien sichtbar; die unter dem helm über die stirn und auf die brust herabfallenden haare tragen spuren einer gelblichen färbung, die augenbrauen waren rothbraun, die augensterne hatten eine blaue färbung, die namentlich am rechten auge sehr gut erhalten ist. Das untergewand (chiton) reicht bis zu den füßen, das obergewand (himation) ist durch eine gürtelschnur aufgerafft, die in zwei schlangenköpfe endet. Ueber den schultern liegt, bis zum halben rücken und zum halben busen reichend, ein schuppenpanzer, der rückwärts ohne verzierungen ist, vorn in der mitte aber ein Medusenhaupt und am saume kleine sich ringelnde und einander in die schwänze beißende schlangen trägt. Der linke arm der statue, der etwas zu lang erscheint, hält den schild zur erde gestellt, der in der mitte ein geflügeltes Medusenhaupt mit resten rother farbe zeigt. Von dem äußern rande des schildes ist ein stück abgebrochen, welches aber gefunden wurde. Zwischen dem schild und der figur ringelt sich eine schlange bis zur halben körperhöhe der gestalt empor. Die schlange ist am kopfe gelb, am bauche roth gefärbt. Der rechte arm der statue, der am ellbogen abgebrochen ist, hatte sich mit demselben auf eine, ebenfalls abgebrochene, ganz und gar styllose, plumpe, kleine säule gestützt. In der hand hält dieser arm eine kleine, nach auswärts sehende figur der Nike. Die Nike hat das gewand über den linken arm geschlagen, der rechte arm ist halb ausgestreckt und hält einen kleinen gegenstand in der hand, von dem man noch nicht bestimmt weiß, was er eigentlich vorstellen soll. Diese partie ist in mehrere, jedoch nicht allzu kleine stücke zerbrochen, die alle aufgefunden wurden, bis auf den kopf der Nike, der — wie erwähnt — noch fehlt, und auf dessen auffindung die municipalität einen preis von 500 francs ausgesetzt hat. Der faltenwurf des oberkleides ist ziemlich gut, der des langen unterkleides jedoch steif und hölzern. Auf dem viereckigen sockel befinden sich, was besonders hervorgehoben wird, keinerlei basreliefs. Es werden, wie ich höre in kurzer zeit sowohl dem Deutschen archäologischen institut als von der *École française* ausführliche mittheilungen über den fund publicirt werden. — Dieselbe Augsb. allg. ztg. hat in ihrer nr. 9 einen das bis dahin bekannte und hier gegebene in einer übersicht zusammengestellt. Man sieht, wie schnell trotz zuweilen vorkommender langsamkeit nichtige freude der draht vernichtet. — Dazu fügen wir aus National-ztg. morgenausg. nr. 57: Von der Athenastatuette, deren auffindung von Athen aus vor kurzem so laut verkündet wurde, ist jetzt eine zeichnung hier angelangt, durch welche ein genaueres urtheil über den neuen fund ermöglicht ist. Es stellt sich dadurch heraus, schreibt die „Voss. ztg.", daß sie an wichtigkeit für die rekonstruktion des Phidias'schen götterbildes kaum jener von Lenormant zuerst hervorgezogenen statuette Athena, deren gypsabguß unter nr. 668 im museum sich befindet, überlegen ist; die göttin steht hier wie dort ruhig da, streckt die rechte hand, auf der sie die Nike trug, nach vorn vor; die linke hand ruht am schild, der auf die erde aufgestützt ist; die schlange ist in der einen wie der anderen statuette halb hinter dem schild verborgen gelagert. Nur in einem punkte lehrt uns die jetzt gefundene wiederholung etwas neues, insofern als sie über die stellung der Nike auf der hand der göttin uns aufschluß giebt; die siegesgöttin war als von der Athena ausgehend, von ihr fortfliegend gedacht, also von ihr abgewandt dargestellt; mit den beiden vorgestreckten händen hatte sie eine binde gefaßt; unter der rechten hand der Athena, zur stütze für die darauf stehende Nikestatue, war ein pfeiler angebracht, eine auch bei dem kolossalbild der Parthenos jedenfalls nothwendig vorauszusetzende stütze, die C Bötticher schon auf grund eines von der akropolis stammenden reliefs, was gleichfalls die Parthenos darstellte, annehmen zu müssen geglaubt hat. In einem punkte steht die neue statuette hinter der Lenormant'schen zurück, insofern als hier die verschiedenen von Phidias an seiner statue zur ausschmückung angebrachten reliefs nicht einmal angedeutet worden sind.

Amtliche berichte aus den königlichen kunstsammlungen zu Berlin hat RAns. nr. 6, darunter sculpturen-gallerie und münzcabinet, es folgen von nr. 7—12 berichte über andre abtheilungen.

Berlin, 13. jan. Bei Kairo sollen in pyramiden wichtige inschriften gefunden sein. Augsb. allg. ztg. 1881, nr. 15.

Rom, 15. jan. Bei den neubauten in Rom entdeckte man bei der fundirung eines hauses an der ecke der straßen Montebello und Volturno reste von der alten stadtmauer, bekannt unter dem namen des Agger von Servius Tullius, von dem bereits in den letzten jahren sehr bedeutende bruchstücke bloßgelegt worden, neben dem bahnhof und auf dem kreuzwege des Quirinals, wo sich die neuen straßen des Quirinals, die Nazionale und Magnanapoli, schneiden. National-ztg. 1881, nr. 35.

Göttingen, 18. jan. Das zehnjährige gedächtniß der wiederaufrichtung des deutschen Kaiserreichs ist überall in Deutschland festlich begangen worden und hat der tag vielerlei geister in bewegung gesetzt: von poetischen erzeugnissen erwähnen wir: Kaiser Wilhelm-ode in lateinischer und freier deutscher form, eine erinnerungsspende zum 18. januar. Von dr. Rudolph Nicolai. Sondershausen. Eupel. Der anfang lautet:

Arbiter mundi, Deus, o bonorum
Sceptra qui regum populis amica
Tollis et maiora tueris almo
Numine sanctus,

'Teutones si quid meruere, nunc o

Aequus internis, precor, auspicandis
Imperi rebus patriaeque Iocem
Redde beantem,

Quo die sumpti tituli superbum
Lecta Maiestas placitis et ore
Principum iactat decus adrogatque
Laudis honores.

Sponte ceu virgo religata crines
In modum nuptae gladioque paullum
Condito Germania, Martiali
Flammea vultu.

Rom, 18. jan. Aus Pompeji sind hier berichte über interessante neue entdeckungen eingegangen. In dem siebenten block der nennten region wurde ein zur zeit der verschüttung im bau begriffenes haus bloßgelegt, welches in seiner anordnung wesentlich von den bisher bekannten häusern Pompejis abweicht. In einem dicht daneben liegenden hause fand man an einer wand ein in dieselbe mit vier nägeln eingefügtes großes viereckiges stück schwarzen glases, welches, sobald es angefeuchtet ist, die vorgehaltenen oder vorstehenden gegenstände wiederspiegelt. Dieses glas gilt für einen ersten versuch zu den späteren spiegeln. In einem dritten hause wurden vier wandgemälde entdeckt, von denen drei wohlerhalten sind und die befreiung Andromaches vom seenngebener durch Perseus, die überführung des pferdes nach Troja, einen heiligen hain, nymphen u. s. w. darstellen. National-ztg. nr. 35.

Weimar, 19. jan. Dem „Berl. B.C." wird aus Weimar geschrieben: Am 19. januar spielte sich ein eigenthümliches stück akademischer freiheit im Weimar'schen hof-theater ab. Die studenten von Jena haben wieder von der gerechtsame gebrauch gemacht, die ihnen Carl August ertheilte und in der heute stattgefundenen vorstellung der „Räuber" als sänger im publicum mitgewirkt. Gleich nach der ouverture erscholl es aus dem parterre: „*Silentium* wir singen erst „stoßet an, Jena soll leben." Nach neun überaus frisch und jugendlich gesungenen versen erscholl der ruf „*Silentium ex est*, das stück kann beginnen". Dasselbe wiederholte sich im vierten acte. Nachdem die räuber auf der bühne zwei verse ihres „ein freies leben" gesungen hatten, hörte man aus dem parterre denselben ruf, und die jugendlichen musensöhne sangen vier strophen ihres „*Gaudeamus igitur*." Nach dem gesange ertönte aus dem parterre wieder der ruf „*Silentium ex est*, das spiel kann weiter gehen" — worauf die schauspieler in der darstellung des stückes fortfuhren. Es läßt sich nicht leugnen, die anwesenheit der Jenenser studenten hat die schauspieler inspirirt und ihrer darstellung einen erhöhteren schwung verliehen. Der ganze abend war jugendlich ani-

Kleine philologische zeitung.

mirt. Das publicum drückte übrigens seine zufriedenheit aus mit der wiederaufnahme dieser akademischen freiheit, denn es applaudirte den jugendlichen sängern nach dem *Gaudeamus* auf das lebhafteste.

Berlin, 1. febr. Orchomenos. Das „Athenaeum" vom 1. januar enthält einen bericht dr. Heinrich Schliemann's, in dem der unermüdliche forscher durch eine eingehende schilderung seiner neuen funde die bisher veröffentlichten spärlichen daten über die Orchomenos-ausgrabungen in wünschenswerthester weise ergänzt. Wir geben nachstehend einen auszug aus den interessanten mittheilungen: — „Wir haben soeben", schreibt dr. Schliemann, „die ausgrabung des sogenannten schatzhauses des Minyas beendet, das aus schwarzem marmor erbaut ist und, wie die mykenischen gebäude der nämlichen art, eine bienenkorbähnliche form hat. Pausanias, der im jahre 170 n. Chr. Orchomenos besuchte, hat das schatzhaus noch vollständig vorgefunden. Die ersten male scheint es um das jahr 874 n. Chr. zerstört worden zu sein; denn aus dieser zeit datirt die erbauung des benachbarten klosters und der dazu gehörigen kirche, welche letztere zum großen theil aus gewaltigen marmorblöcken besteht, die von dem schatzhause genommen worden sind. — Das gebäude hat am boden einen durchmesser von 15 metern; es ist auf dem gut planirten harten kalksteinfelsen errichtet und besteht, wie das sogenannte schatzhaus des Atreus zu Mykenae, aus regelmäßig horizontalen schichten von blöcken oder vielmehr starken platten, die durchschnittlich ein bis zwei meter länge und etwa ½ meter dicke haben. In den acht unteren schichten liegt jeder block noch an seinem platze, von der neunten aber sind nur noch wenige steine übrig geblieben. In der mitte eines jeden blockes aber entweder in der fläche selber oder, wie bei der achten schicht, von einer kleinen vertiefung umgeben, gewahren wir an der nach innen gerichteten seite ein loch, in dem sich noch die reste eines bronzenagels befinden, der wahrscheinlich zum festhalten der bronceplatten gedient hat, mit denen das innere des gebäudes ausgeschmückt war. Auch der mächtige marmorblock, der über der fast sechs meter hohen und ungefähr halb so breiten thüröffnung ruht, weist mehrere reihen solcher nagellöcher auf. — Der in dem schatzhause angehäufte schutt hatte eine durchschnittliche tiefe von etwa 10 mtr.; zu oberst lag eine 2 mtr. tiefe schicht schwarzer erde; dann folgten massen größerer und kleinerer steine, die ursprünglich an der außenseite der unteren mauerschichten aufgeschüttet gewesen sein und den zweck gehabt haben müssen, dieselben durch ihren gegendruck in ihrer lage zu erhalten. Unter diesen steinmassen, die wohl herabgestürzt sein mögen, als die großen mauerblöcke zum bau der kirche weggenommen wurden, fanden sich noch fünfzig bis sechzig dieser gewaltigen platten vor; augenscheinlich waren sie den händen der plünderer entglitten und hatten nachher nicht gut aus dem gebäude hinausgeschafft werden können. Nun folgte eine etwa vier meter tiefe schicht von asche und verkohlten stoffen, unter der endlich auf dem felsboden eine anzahl vollkommen rechteckiger marmorplatten, sowie verschiedene 1 bis 2 mtr. lange gesimse lagen, die nicht zu dem eigentlichen gebäude, wohl aber zu einem denkmale, vielleicht einem kleinen heiligthume gehört haben können, das einst drinnen gestanden hat. Daneben fanden sich noch mehrere kleine marmorpiedestale vor, die, nach den in der oberseite befindlichen löchern zu schließen, als postamente für bronzegegenstände gedient haben; zwei fußeinschnitte in dem einen zeigen an, daß auf diesem einen wenigstens eine statue gestanden hat. Außer einigen sehr merkwürdigen thongefäßen, auf die wir weiter unten noch zurückkommen, fand man hier noch viele fragmente von marmorplatten, die mit reliefs von rosetten und spiralen bedeckt sind, ferner zwei kleine zierliche säulen von etwa 20 centimeter höhe und 12 centimeter durchmesser und endlich einen pferdehuf aus marmor, vielleicht ein weihgeschenk. — Wichtiger aber als alle diese funde ist die entdeckung eines in dem schatzhause, und zwar an der östlichen seite desselben belegenen thalamos, zu dem ein kleiner, etwa 3 meter langer, 1 1/2 meter breiter und 2 meter hoher gang führt. Das hintere ende dieses ganges ist jetzt theilweise durch ein herabgestürztes stück der marmordecke des thalamos versperrt, die aus großen, schönskulptirten platten besteht. Die zeichnung der reliefs auf denselben (spiralen, zwischen denen sich blätter von gefälliger form hindurchwinden; das ganze von einem breiten rande großer rosetten eingefaßt, deren jede sich aus sechzehn blumenblättern zusammensetzt) ist von der aller zu Mykenae gefundenen skulpturen durchaus verschieden; auch in der ausführung stehen die letzteren weit unter den orchomenischen ornamenten. Die decke scheint erst vor ungefähr zehn jahren eingestürzt zu sein; denn alle einwohner von Orchomenos stimmen in der angabe überein, daß zu jener zeit das erdreich gerade an der stelle über dem thalamos plötzlich mit lautem krachen nachgegeben habe. In anbetracht der winterregen konnte dr. Schliemann jetzt noch nicht an die forträumung der etwa zehn meter hoch über dem thalamos liegenden erde gehen, sondern mußte diese arbeit bis zum nächsten frühjahr hinausschieben. Wenn der thalamos, wie wohl angenommen werden darf, als grabgemach gedient hat, so wird sich wahrscheinlich das eigentliche grab noch in ihm vorfinden. Einige eigenthümliche ornamente an beiden seiten und auf der schwelle der etwa 1 meter breiten thüröffnung scheinen, ebenso wie eine große anzahl eingebohrter löcher, in denen sich reste von broncenägeln befinden, auf die ehemalige pracht dieser pforte und demnach auf eine hohe bedeutung des gemaches hinzuweisen.

Leider wird die überführung der skulpturen nach Athen bedeutende schwierigkeiten verursachen, da zwischen Orchomenos und dem etwa 7 bis 8 kilometer entfernten Livadia keine straße vorhanden ist; in weit entlegener vorhistorischer zeit muß hier freilich ein fahrbarer weg existirt haben, da die großen blöcke des schatzhauses unzweifelhaft aus den livadischen marmorbrüchen stammen. — Neben der ausgrabung des schatzhauses, zu der vierundzwanzig tage gebraucht wurden, ließ dr. Schliemann noch mehrere brunnengrabungen vornehmen, ohne bei diesen jedoch auf andere bauwerke zu stoßen. In zweien der brunnen erreichte man schon in einer tiefe von 3 metern den felsboden, in den anderen war man in 5 meter tiefe noch nicht auf demselben angelangt; da weder winden, noch hinreichend lange pfähle vorhanden waren, gingen diese arbeiten nur langsam von statten und entschloß man sich deshalb, ihre fortführung bis zum anfang des april zu verschieben. — Was die zu Orchomenos vorgefundenen thongefäße anbetrifft, so ist es ein bemerkenswerther umstand, daß man hier gemalte gefäße, welche spiralen und andere mykenische ornamente aufweisen, sowie auch trinkschalen, die in form und farbe mit denen von Mykenae übereinstimmen, schon in geringer tiefe unter dem boden findet. Etwas weiter abwärts stößt man dann nur noch auf einfarbige, gelbe oder schwarze thongefäße, wie deren die mykenischen königsgräber schon einige geliefert haben. Auf dem felsboden des schatzhauses aber und in der tiefsten bei den brunnengrabungen erreichten bodenschicht fanden sich hier glasirte, auf der scheibe geformte gefäße von rother, grüner, blauer und gelber farbe vor, von denen einige rohe, aber durch ihre seltsamen formen merkwürdige ornamentzeichnungen aufweisen. Schon in Mykenae hatte man außerhalb der gräber zuweilen scherben von derartigen glasirten gefäßen angetroffen, die in der arbeit große ähnlichkeit mit den heutigen türkischen töpferwaaren zeigten, und die man unbedenklich für „nicht alt" erklärt hatte. „Nach diesem orchomenischen funde aber in so großer tiefe", sagt dr. Schliemann, „stehe ich nicht an, die behauptung auszusprechen, daß diese art der glasirten thongefäße schon in einer entlegenen prähistorischen periode in Griechenland im gebrauch gewesen ist, daß aber das geheimniß ihrer herstellung später verloren gegangen sein muß, was aus dem umstande hervorgeht, daß sie sich in keiner trümmerschicht der historischen zeit mehr vorfinden". — Es erübrigt noch hinzuzufügen, daß sämmtliche marmorblöcke, aus denen das „schatzhaus des Minyas" besteht, auf fünf seiten glatt behauen und polirt sind, und daß die eine unbearbeitete und vollständig rohe seite die nach außen gerichtete ist: ein umstand, der ziemlich klar zu beweisen scheint, daß dieses schatzhaus ebenso wie die schatzhäuser von Mykenae ein unterirdisches bauwerk gewesen ist. Für diese annahme sprechen auch die massen von steinen, die an der außenseite der mauern aufgeschüttet waren, und die, wie oben gesagt, nur dazu bestimmt gewesen sein können, das ganze gebäude durch ihren seitlichen druck zusammenzuhalten. RAnz. nr. 28. National-ztg. nr. 51.

Berlin, 4. febr. Ueber die verhandlungen im hause der abgeordneten, den etat des ministeriums für die geistlichen u. s. w. angelegenheiten betreffend, berichtet RAnz. nr. 30 beil. 1.

Ernst Schulze, skizzen hellenischer dichtkunst. Gotha, Friedrich Andreas Perthes, 1881. VIII u. 132 p. Preis 2 mk. 40 pf. — In diesem buch ist der versuch gemacht, die wichtigsten gattungen hellenischer poesie in historischer reihenfolge einem kreise gebildeter vorzuführen, die nicht in der lage sind, selbst aus der quelle zu schöpfen. Dr. Schulze (St. Petersburg) behandelt das homerische zeitalter und die homerischen gedichte, das lehen und dichten des Archilochos, Alkaios und Solon, die entwickelung der tragödie und den Aias des Sophokles, die komödien des Aristophanes und das epigramm. Die darstellung ist überall illustrirt durch mitgetheilte proben, welche nach den besten übersetzungen von Voß (Homer), Weber, Hertzberg, Geibel, Donner (Sophokles) u. s. w. ausgewählt sind und, wo dieselben nicht ausreichten, wie z. b. in dem besonders gelungenen abschnitt über das griechische epigramm, vom autor selbst hergestellt wurden. Die aufsätze führen in ansprechender weise in die schönheiten und in den reichthum griechischer poesie und weltanschauung ein und werden auch allen denen, die in früheren jahren selbst an der quelle geschöpft haben, denen das leben mit seinen praktischen ansprüchen und seinem rastlosen treiben diese lautere quelle aber verschüttet hat, willkommen sein. Die Schulzeschen „skizzen" sind ansprechend ausgestattet und werden jedem, der kopf und herz durch seine lektüre zu bereichern liebt, ein gern aufgenommenes geschenk sein. RAnz. nr. 32.

Ausgrabungen in Olympia, nr. XXXXVI (s. PhAnz. X, 7, p. 411): Nachdem die grabungen während des verflossenen sommers vier monate lang geruht, sind sie am 21. oktober zum letzten male wiederaufgenommen worden und sollen anfangs märz ihren definitiven abschluß finden. Die zahl der arbeiter ist in diesem jahre eine sehr kleine, weil einerseits nur noch einzelne zur vervollständigung des gesammtbildes von Olympia unerläßliche topographische punkte durch nachgrabungen erforscht, und andererseits die schon ausgegrabenen bauwerke vollständig gereinigt werden sollen. Trotzdem haben wir seit dem letzten von dem geh. baurathe prof. Adler über die architektonischen ergebnisse der ausgrabungen erstatteten berichte (nr. XXXIII) viele werthvolle resultate erzielt. — Fast alle wichtigeren schon früher aufgedeckten gebäude, wie Zeustempel, heraion, thesauren,

Leonidaion und gymnasion, haben bedeutende ergänzungen geliefert. Außerdem sind einige bauwerke gefunden und theilweis ausgegraben worden, welche bisher noch verschüttet lagen. — Die entdeckung und zusammensetzung der basis, welche das goldelfenbeinerne Zeusbild des Pheidias, das berühmteste kunstwerk des alterthums, getragen hat, führte in verbindung mit den in der cella des Zeustempels noch erhaltenen standspuren und im anschluß an die beschreibung des Pausanias zu einer so vollständigen rekonstruktion des tempelinnern, wie sie bisher bei keinem griechischen tempel möglich war. Selbst für die lage und konstruktion des hypaithrons konnten einige nicht unwichtige anhaltspunkte gewonnen werden. — Die basis des Zeuskolosses, ca. 6,50 m breit und 9,50 m tief, aus schwarzem kalkstein hergestellt, nahm den westlichsten theil der cella ein, trat aber soweit von der opisthodomwand zurück, daß ein hinterer umgang von der breite der seitenschiffe vorhanden war. Unmittelbar vor dem bilde befand sich genau in der mitte des tempels ein vertiefter, von weißem marmor umgebener, ca. 6,50 m breiter fußboden aus schwarzem kalkstein — der platz unter dem hypaithron. Hier stand unter freiem himmel der von Pausanias erwähnte opferaltar und die eherne urne, welche nach der lokalsage die stelle bezeichnete, die Zeus mit seinem blitz getroffen hatte. Die marmorziegel, welche die hierüber befindliche öffnung im dache einfaßten, sind gefunden, und auch die bautechnische anlage, durch welche das einfallende regenwasser und das von dem bilde herablaufende öl abgeleitet wurden, ist entdeckt worden. Die frage nach der anbringung der von Panainos angefertigten gemälde, welche auf grund der literarischen nachrichten schon so oft behandelt worden ist, hat durch die baureste ihre endgültige lösung gefunden, indem jetzt nachgewiesen werden kann, daß diese bilder an den drei vom Zeusbilde nicht eingenommenen seiten des impluviums auf gemauerten und fein geputzten schranken angebracht waren. — Auch das heraion, der älteste aller noch erhaltenen griechischen tempel, hat werthvolle ergänzungen erfahren. In einem früheren berichte war mitgetheilt worden, daß sein gebälk und seine säulen ursprünglich aus holz bestanden hätten und daß letztere allmählich durch steinsäulen ersetzt worden seien. Jetzt haben sich außer dem aus halbrunden ziegeln hergestellten dache mit seinen alterthümlichen traufrinnen, stirnziegeln und giebelkrönungen mehrere stücke einer terracotta-bekleidung gefunden, welche das hölzerne geison gegen die einflüsse der witterung zu schützen bestimmt war. In bezug auf form und dekoration stehen diese terracotten, welche namentlich das motiv der rosette in verschiedenen formen verwenden, unter den reichen sammlungen antiker architekturterracotten ganz einzig da. — Der übergang von den mit terracotten bekleideten holzbauten zu den späteren steinbauten bildet

ein anderer alter bau Olympias, nämlich das von der sizilischen
stadt Gela in dorischem style erbaute schatzhaus. Bei demselben
waren die kranzgesimse, obwohl schon aus stein hergestellt, doch
noch in erinnerung an den alten holzbau mit terracotten verkleidet. Die eisernen nägel, mit denen die kastenförmigen und
mit einem flechtband-muster verzierten stücke befestigt waren,
sind noch heute an den zahlreich vorhandenen kranzgesimsblöcken
zu sehen. — Ueber jener bekleidung lief um das ganze gebäude
herum eine ebenfalls aus gebranntem thon hergestellte sima,
welche an den traufseiten statt der gewöhnlichen löwenköpfe
ausgußröhren mit tellerförmigem blattkranze an den mündungen
besaß. Da diese sima seltsamer weise auch an dem horizontalen
giebelgeison angebracht war, so zeigt sich hier die naiv-bizarre
konsequenz, daß sämmtliche glieder des profiles in den giebel-
ecken spitzwinklig zusammenliefen. Die ornamente der kranz-
gesimsbekleidung sowohl als der rinne sind fast ausschließlich
in geometrischen mustern und mit drei farben schwarz, weiß und
roth hergestellt und noch heute tadellos erhalten. — Auch der
grundriß dieses schatzhauses steht unter den olympischen bauten
ganz vereinzelt da. Vor der ungefähr quadratischen cella lag
ein sehr tiefer pronaos von 6 säulen in der front und mit je
2½ säulen an den langseiten. Die halbsäulen, welche die sonst
vorkommenden anten ersetzen, lehnen sich unmittelbar an die
cellawand an. Im innern der cella sind zwei schmale seitenschiffe abgetrennt, genau in der weise, welche Vitruv für den
tuskischen tempel vorschreibt; wie denn auch in der ganzen
grundrißbildung das schatzhaus der Geloer mit jenem tempel-
schema große ähnlichkeit besitzt. — Wie die üblichen schatzhäuser durch die im vorigen jahre aufgefundene inschrift vom
schatzhause der Megareer mit den von Pausanias aufgezählten
identifizirt werden konnten, so haben wir vor kurzem auch für
die benennung der westlichen einen fixpunkt gewonnen durch
die auffindung der bauinschrift vom schatzhause der Sikyonier.
Darnach ist das von uns bisher als schatzhaus der Syrakusaner
bezeichnete gebäude von den Sikyoniern erbaut. Pausanias nennt
die 33. olympiade (644 v. Chr.) als erbauungsjahr und fügt
nach der gewöhnlichen lesart hinzu, daß im innern zwei gemächer aus bronze in dorischem bezw. ionischem stile angebracht
wären. Auf grund dieser nachricht wurde das schatzhaus der
Sikyonier bisher in allen kunstgeschichtlichen werken als das
älteste gebäude genannt, in welchem jene beiden stilarten vereinigt gewesen seien. — Das aufgefundene schatzhaus der Sikyonier aber, inschriftlich sicher als solches erwiesen und der beschreibung des Pausanias entsprechend auch das westlichste aller
schatzhäuser, ist im äußern und innern einheitlich in dorischem
stile erbaut und zeigt weder eine zweitheilung im innern, noch
irgend welche spur einer bronzeverkleidung an den wänden.

Die stelle des Pausanias muß daher entweder anders gelesen oder anders übersetzt werden.[1]) — Im rücken der auf einer gemeinsamen terrasse am fuße des Kronion erbauten thesauren ist eine große futtermauer aufgefunden worden, welche dem erddrucke des höher anstehenden terrains widerstand leisten und die einzelnen baulichkeiten vor der gefahr einer verschüttung sichern sollte. Auf dieser mauer hat in römischer zeit Herodes Attikus die große wasserleitung aus dem oberen Alpheiosthale nach Olympia geführt, deren monumentalen abschluß die im zweiten ausgrabungsjahre entdeckte großartige exedra bildete. — Von den gebäuden im innern der Altis, welche wichtigere ergänzungen erfahren haben, erwähne ich als letztes noch das eingangsthor zum heiligen bezirk des Pelops, einen nach art der inneren propyläen von Eleusis gebildeten bau, der nach seinen bauformen wahrscheinlich aus dem ende des fünften jahrhunderts v. Chr. stammt. — Die nachgrabungen, welche zur auffindung des alten festtbores der Altis angestellt worden sind, haben die bedauerliche thatsache ergeben, daß man dasselbe in spätrömischer zeit abgebrochen und durch ein im südosten liegendes großes triumphthor ersetzt hat, das aber ebenfalls bis auf den unterbau vollständig verschwunden ist. — Von dem letzteren durch einen schmalen weg getrennt, liegt weiter östlich das von den Römern auf dem stylobate eines alten griechischen gebäudes errichtete sogenannte Leonidaion, in welchem zu Pausanias zeit die statthalter von Achaja zu wohnen pflegten. Den römischen bau, dessen erbauungszeit nach einer aufgefundenen bleirohr-inschrift in die regierungszeit des kaiser Nero fällt, haben wir im monat november fast vollständig aufgedeckt und außer dem schon früher bekannten atrium und tablinum ein stattliches peristyl mit mehreren sich anschließenden gemächern gefunden. — Nordöstlich vom Leonidaion lagen parallel neben einander und die ganze ostseite der Altis einnehmend, der hippodrom und das stadion. An dem ersteren wird augenblicklich mit einigen arbeitern gegraben, um wenigstens seine lage genauer bestimmen zu können; vom stadion dagegen sind anfang und ende, ablaufund zielschranken freigelegt worden. Der abstand der beiden letzteren beträgt nach genauer messung 192,27 m und giebt uns mithin den genauen werth des olympischen stadions, des für die griechische alterthumswissenschaft wichtigsten längenmaßes. Der

[1]) Um irrthümern vorzubeugen, muß ich an dieser stelle bemerken, daß der uns erhaltene thesaurus der Sikyonier nach seinen strukturund kunstformen beurtheilt, nicht aus dem siebenten, sondern aus dem fünften jahrhundert stammt. Hiermit stimmt eine gefällige mittheilung des professor A. Kirchhoff überein. Derselbe erklärt, die gefundene inschrift, sowie die auf den bausteinen entdeckten buchstaben-setzmarken nicht für älter halten zu können, als aus dem anfange des fünften jahrhunderts. Berlin. Februar. F. Adler.

olympische fuß, welcher der 600. theil des stadions war, mißt demnach 0,3205 m, ein betrag, welcher mit dem an verschiedenen bauten Olympias nachgewiesenen fußmaße genau übereinstimmt. — An der südlichen grenzmauer der Altis sind außerhalb des heiligen bezirkes zwei noch aus griechischer zeit stammende gebäude gefunden worden, welche sich unmittelbar westlich an das buleuterion anschließen, deren bestimmung aber noch unbekannt ist. — Die großartigen gebäude im westlichen theile Olympias, welche in einer fast ununterbrochenen flucht von 500 m länge den raum zwischen der Altis und dem Kladeos einnehmen, sind jetzt zum größten theile freigelegt. Der südlichste und zugleich stattlichste bau dieser reihe wurde bisher für ein großes gymnasion gehalten. Nachdem aber der grundriß fast ganz aufgedeckt, und in dem inneren säulenhofe statt eines platzes zum ringen und laufen große wasserbassins und bosquetanlagen gefunden worden sind, ist diese bezeichnung kaum noch aufrecht zu erhalten. Zu einer anderen benennung fehlt uns aber jeder bestimmte anhaltspunkt, da Pausanias, wie es scheint, dieses gebäude trotz seiner größe nicht genannt hat. — Nach norden folgen die verschiedenartigen gebäude, welche sich um den antiken unterbau der byzantinischen kirche gruppiren. Der kleine tholosartige, nach westen orientirte bau, in welchem ein mit stuck überzogener erdaltar gefunden wurde, kann auf grund mehrerer an diesem altare entdeckten inschriften als heroon bezeichnet werden. Die übrigen gebäude dieser gruppe scheinen die wohnung der priester, das von Pausanias erwähnte theokoleon, gebildet zu haben; durch ein kleines pförtchen stand dieser bau mit der Altis in naher verbindung. — Die noch weiter nach norden gelegenen gebäude bilden die von Pausanias erwähnte gymnasion-anlage, welche in ihrer anordnung mit Vitruvs beschreibung des griechischen gymnasions fast vollkommen übereinstimmt: zunächst südlich die palästra mit ihren ringplätzen, säulenhallen, hörsälen und baderäumen, und nach norden daran anstoßend die im freien angelegten rennbahnen für den sommer und eine zweischiffige, ein stadion lange säulenhalle (xystos) für die laufübungen im winter. — Angenblicklich werden im norden der Altis noch einige nachgrabungen nach dem von Xenophon erwähnten theater angestellt. Sie sind zwar bis jetzt in bezug auf diesen speziellen zweck ohne resultat geblieben, haben uns aber zahlreiche baustücke von einem der schatzhäuser geliefert, so daß wir jetzt schon sechs dieser alterthümlichen, meist noch aus dem VI. jahrhundert v. Chr. stammenden gebäude wenigstens abbildlich wiederherstellen können. — Um einen begriff davon zu geben, wie groß namentlich in der letzten zeit die ausbeute in architektonischer beziehung gewesen ist, brauche ich nur darauf hinzuweisen, daß wir außer den 17 verschiedenen, meist sehr alten kapitellen des Heraions bis jetzt im ganzen 32 verschiedene sorten dorischer säulen aus altgriechischer und hellenistischer zeit gefunden haben, die fast dieselbe anzahl alter gebäude repräsentiren. Unsere stattliche sammlung plastischer wie bemalter architektonischen terracotten, um deren zusammenstellung sich speziell mein kollege bauführer Borrmann große verdienste erworben hat, umfaßt schon über 100 verschiedene gattungen, die nicht nur für die entwickelungsgeschichte der griechischen baukunst, sondern auch für die moderne technik (besonders die terracottafabrikation) von großem werthe sind. *Wilhelm Dörpfeld.* Olympia, januar 1881. RAnz. nr. 33.

Berlin, 10. febr. Von der periodischen zeitschrift „*Acta Comparationis Litterarum universarum*". Zeitschrift für vergleichende literatur. *Journal de Littérature comparée*. *Journal of comparative Literature*. *Folhas de literatura comparativa*. *Periódico de Literatura comparada* etc. etc. ist am 15 januar d. j. *Claudiopoli* (Klausenburg) nr. I. des vol. V. der neuen serie (nr. LXXXI. des vol. IX. der ganzen serie) ausgegeben worden. Die vorstehende zeitschrift ist ein polyglottes, kritisch-ästhetisches organ, zugleich für weltliteratur, übersetzungskunst, vergleichende volksliederkunde und ähnliche vergleichende anthropologisch-ethnographische disciplinen. Ausgeschlossen sind, nach wie vor, alle artikel, welche lediglich modisch-nationale, konfessionelle, religiöse, wie auch polemisch oder praktisch wissenschaftliche (scientistische) tendenzen verfolgen. Sämmtliche artikel der zeitschrift sind originalbeiträge, deren nachdrucksbez. übersetzungsrecht vorbehalten bleibt. Für die abfassung der artikel ist jede sprache der welt zulässig, jede literatur gleichberechtigt. Polyglotter inhalt, bei möglichst geringem umfang, machen dieses in seiner art allererste zeitungsunternehmen zu einer singulären erscheinung, welche herkömmlichen maßstäben in keinerlei beziehung zu entsprechen hoffen kann. — Alle 14 tage (ausgenommen die ferienmonate juli und august) erscheint 1 bogen kl. 4° auf feinem schreibpapier. Gründer und herausgeber der *A. C. L. U.* sind professor dr. Hugo v. Meltzl und dr. Brassai. Gegründet wurde die zeitschrift im januar 1877. Von der neuen serie erschienen vol. I—II. 1879. vol. III - IV. 1880. Das bureau befindet sich zu Kolozsvar in Siebenbürgen (königreich Ungarn) und zu London bei Trübner u. co. — Außer den oben genannten herausgebern zählt die zeitschrift über 100 mitarbeiter aus Berlin, Leipzig, Dresden und anderen städten Deutschlands (Breslau, Frankfurt a. M., Naumburg, Münster, Bremen, Alt-Strelitz, Aschaffenburg, Weimar), ferner aus London, Paris, Amsterdam, St. Petersburg, Moskau, der Schweiz, Italien, Spanien, Ungarn, Amerika. — Der jährliche pränumerationspreis beträgt 6 fl. = 12 mk. = 15 fr.

Berlin, 11. febr. Die pergamenischen skulpturen sind schon seit länger als einem jahre ein anziehungspunkt für zahlreiche besucher der königlichen museen gewesen; doch konnte der zutritt zu ihnen, um eine störung der reinigungs- und zusammensetzungsarbeiten möglichst zu vermeiden, nur zu gewissen stunden oder gegen eigene eintrittskarten geschehen. Jetzt sind die arbeiten so weit gediehen, daß es möglich geworden ist, den ganzen östlichen sogenannten assyrischen saal, in welchem die skulpturen, wenn auch nicht aufgestellt, doch in guter ordnung ausgelegt sind, dem publikum in allen museumsbesuchsstunden ohne weiteres zu öffnen. Damit hat also die ausgabe besonderer eintrittskarten aufgehört. — Um den besuchern bei der betrachtung der vielfach verstümmelten werke zu hülfe zu kommen, ist eine „beschreibung der pergamenischen bildwerke (Berlin, Weidmannsche buchhandlung 1881)" gedruckt, welche durch ihren billigen preis von 10 pf. jedermann zugänglich gemacht ist. — Hiermit dürfte geschehen sein, was bis zur definitiven aufstellung der skulpturen in einem neubau geschehen kann. So unvollkommen der eindruck auch einstweilen bleibt, so lange wir alles nur wie in einer geordneten werkstatt ausgelegt sehen und während die zusammensetzungsarbeiten im einzelnen noch beständig fortgehen, so wird doch einigermaßen schon zu ermessen sein, von welcher wirkung einzig in ihrer art die wiederaufrichtung des monuments sammt allen erhaltenen skulpturen dereinst sein wird. — Um den östlichen saal für die pergamenische Gigantomachie frei zu machen, haben die früher in ihm befindlichen antiken bis auf die für den augenblick nicht wohl zu entfernenden assyrischen reliefs in die übrigen museumssäle vertheilt werden müssen. Die in folge davon nothwendigen umstellungen sind im heroensaale und im griechischen kabinet, welches damit dem publikum jetzt auch wieder geöffnet ist, beendet; nur der römische saal wird erst im laufe des nächsten sommers fertig werden, ist jedoch fortwährend zugänglich. — Bei dieser gelegenheit kann auch auf photographische aufnahmen einer kürzlich unter allzugroßer sensation in [s. ob. p. 121] Athen entdeckten antiken marmorkopie der von Phidias für den parthenon in gold und elfenbein ausgeführten tempelstatue der Athena aufmerksam gemacht werden. Sie bleiben, so lange ein abguß der statuette nicht zu haben ist, in der rotunde der gipssammlung ausgestellt. — RAnz. nr. 36.

Athen, 12. febr. In der am 31. jan. abgehaltenen generalversammlung der archäologischen gesellschaft in Athen verlas nach einer kurzen anrede des vorsitzenden prof. dr. Fintiklis der secretair prof. dr. Kumanudis die darstellung der im jahre 1860 im auftrage der gesellschaft unternommenen archäologischen arbeiten. Nach diesem berichte wurden außer kleineren restaurationsarbeiten in Rhamnus und Vari in Attika, in Nauplia, in Kea und anderwärts die ausgrabungen am Dipylon in Athen fortgesetzt, auch wurde unter der leitung Philios' die ausgrabung der zwei theater im Piraeus unternommen, von denen das eine bei Zea gelegene fast zur hälfte, das andere bei Munychia gelegene auch schon bedeutend bloßgelegt ist. Auch wurde die umgebung des colossalen löwendenkmals in Chäronea, dessen aufrichtung die gesellschaft unternommen hat, unter der leitung des von Olympia und Nauplia her bekannten dr. Stamatakis untersucht. Die folgen der ausgrabung sind bekannt; Kumanudis kündigte an, daß in nächster zeit 254 der gefundenen skelette, und unter ihnen einige sehr gut erhaltene, öffentlich ausgestellt werden würden. Größere restaurationsarbeiten worden an dem tempel der Athene in Sunion und an dem des Apollo in Bassä (Phigaleia) ausgeführt. Unter den ankäufen des vorigen jahres seitens der gesellschaft ist besonders eine stele zu erwähnen aus Skripos bei Orchomenos, welche ein relief von archaistischer arbeit und eine werthvolle inschrift zeigt. Außerdem kündigte Kumanudis an, daß die aufstellung der von J. Dimitriu geschenkten ägyptischen alterthümer nächstens vollendet sein werde, ferner, daß in den sälen des polytechnikums die in den uralten gräbern bei Schata und Nauplia gefundenen gegenstände, sowie die ganze sammlung der archäologischen gesellschaft, die bisher im Varvakion aufbewahrt worden sei, ausgestellt werden sollen. Die steinernen denkmäler der gesellschaft werden in das Nationalmuseum übergeführt werden, dessen nördlicher flügel mit hülfe der gesellschaft ausgebaut worden ist. Zum schluß theilte der cassirer die erfreuliche nachricht mit, daß sich auch im vorigen jahre das vermögen der gesellschaft um 30,000 drachmen vermehrt habe. — Augsb. allg. ztg. nr. 45.

Graz, 5. febr. Da in den Jahrb. d. alterth. im Rheinl. LXVIII, p. 179 bezweifelt wird, ob die alten das fossile elfenbein gekannt haben, sucht man in Augsb. allg. ztg. beil. zu nr. 39, namentlich aus Plin. NH. VIII, 8, 7. Paus. VI, 19, 3 und andern die kenntniß desselben im alterthum nachzuweisen.

Die eröffnung zweier pyramiden am rande der libyschen wüste unter leitung von dr. Brugsch wird nach der Vossischen zeitung in Augsb. allg. ztg. beil. zu nr. 47 geschildert.

Göttingen, zum 15. febr. An diesem tage verschied vor einhundert jahren zu Braunschweig *Gotthold Ephraim Lessing*: was er dem deutschen volk gewesen, was er diesem noch jetzt ist, läßt die art, wie sein todestag im Deutschen reich begangen, unzweideutig erkennen; denn nicht allein in Kamenz und Braunschweig, in einer großen anzahl von städten (s. unt. p. 146) ist an dem todestage der verdienste des verstorbenen in dankvoller erinnerung würdig und erhebend gedacht; ja in Berlin hat unser königspaar, der deutsche kaiser uud die deutsche kaiserin, beide stets bereit, wahre größe zu ehren, der volksthümlichen feier im theater durch seine gegenwart die erwünschteste weihe gegeben. In richtigem verständniß dieser stimmung haben denn auch die zeitungen und zeitschriften und zwar die der verschiedensten richtungen gelehrte wie populäre erörterungen und mittheilungen über das leben und wirken Lessings in großer mannichfaltigkeit veröffentlicht; es darf daher die verwirklichung des wunsches, bei dieser gelegenheit auch unsererseits ein schärflein zur nähern kenntniß des philologen und deutschen classikers beizusteuern, sicher auf billigung rechnen: sie darf das hoffentlich auch deshalb, weil dabei neben Lessing auch an die großartige thätigkeit eines andern philologen, dem Deutschland ebenfalls vielen dank schuldet, hier von neuem (s. PhAnz. X, 3, p. 198) erinnert werden wird. Denn wir theilen hierunter zwei briefe Lessings an *Chr. G. Heyne* mit: der erste steht zwar in Lachmanns ausgabe von G. E. Lessings Sämmtl. schrift. XII, p. 162, aber wie vergleichung mit dem original gelehrt hat, ungenau: daher seine wiederholung; daß diese eine ganz getreue, verdanke ich der mir schon so oft hülfreichen gefälligkeit des dr. Boysen, der abschrift und druck sorglichst überwacht hat. Nun der brief selbst:

HochEdelgebohrner Herr,
Hochzuehrender Herr Professor,

So flüchtig auch die Bekanntschaft war, die ich vor verschiedenen Jahren mit Ew. HochEdelgeb. in Dresden zu machen das Glück hatte: so lebhaft hat sich dennoch das Andenken derselben bey mir erhalten; und nichts hätte mir angenehmer seyn können, als die unerwartete Versicherung, daß sich auch Ew. HochEdelgeb. meiner noch erinnern, und mit einer Art des Zutrauens erinnern, welches mir um so viel schmeichelhafter seyn muß, je weiter mich meine itzigen Umstände von allem, was Gelehrsamkeit heißt, unglücklicher Weise entfernen. Ich müßte indeß aber auch alle Liebe zu den Wissenschaften verloren haben, wenn mir die Arbeiten eines Mannes von soviel Geschmack u. Einsicht, als ich bey dem neusten Ausleger des Tibullus gefunden, gleichgültig seyn könnten. Apollonius ist ein Dichter, dem ich längst eine brauchbarere Ausgabe gewünscht habe, und ich freue mich, daß sie in solche hände gefallen. Ein Manuscript von ihm ist wirklich auf der hiesigen Bibliothek zu St. Elisabeth vorhanden. Beyliegende Antwort des Hr. Rector Arletius überhebet mich der Mühe, es Ihnen weitläufig zu beschreiben. Es ist sehr neu; aus der Mitte des 15ten Jahrhunderts, von der Hand des Paduanischen Medicus, Nicolaus de Paßara. Es ist ohne den Scholiasten, aber hin und wieder zwischen den Zeilen mit einer Gloße. Die Hand ist leserlich und ziemlich correct; nur hat der Abschreiber, wie ich im Durchblättern gefunden, nicht selten den poetischen Dialekt vernachlässigut, und dadurch das Sylbenmaaß öfters verstümmelt. So schreibt er z. E. (1 B. Z. 19) *Αρτον Αϑηραιης καιτοι* anstatt *καμειτ*. — Herr Arletius, wie ich weis, wird es Ew. HochEdelgeb. nicht schwer gemacht haben, das Manuscript selbst zu erhalten. Sollten Sie es aber, nach unserer Beschreibung, nicht für werth halten, es so einen weiten Weg kommen zu lassen, so ist er erböthig, es mit aller Sorgfalt zu vergleichen. Auch ich würde mich mit Vergnügen zu dieser geringen Arbeit erboten haben. Sonst findet sich auch[1]) noch in eben derselben Bibliothek die erste florentinische Ausgabe des Dichters, aus deren Gebrauche ich mir fast mehr versprechen wollte, als aus dem Manuscripte selbst. — In dem nehmlichen Bande, welcher dieses Mscpt. enthält, ist auch eines von den Argonauticis des Orpheus. Wie sehr wünschte ich, daß auch diesem Gedichte Ew. HochEdelgeb., wegen des verwandten Inhalts, einen kritischen Blick schenken wollten. Eschenbachs Arbeit darüber ist mir immer sehr mittelmäßig vorgekommen; es wäre denn, daß er in der zweyten Ausgabe, die ich versprochen finde, aber nie gesehen habe, etwas besseres geleistet hätte. Die erste florentinische Ausgabe des Orpheus, welche gleichfalls hier ist, hat geschriebene Randglossen, die vielleicht von Belang sein dürften.

Eine deutsche Uebersetzung des Apollonius würde allerdings eine Zierde unserer Litteratur seyn. Wer aber soll sich daran machen? Unsere witzigen Köpfe sind meistens schlechte Griechen, u. unsere guten Griechen sind meistens — —. Wie muß man einen Reiske nennen? Um des Himmels willen, was für einen Demosthenes giebt uns dieser Pedant! Ich will nicht hoffen, daß man es ihm in Göttingen für so genossen wird ausgeben lassen, den edelsten Redner in einen niederträchtigen Schwätzer, die Svada in eine Höckerfrau verwandelt zu haben. Wollen Sie, daß ihren Apollonius nicht ein gleiches Schicksal vielleicht treffe: so erfüllen Sie uns ihren Wunsch selbst. Die Arbeit ist eben so wenig über ihre Kräfte, als unter ihrer Würde. Der Critiker, der die Schönheiten eines Alten aufklärt und rettet, hat meinen Dank: der aber von ihnen so durchdrungen ist, so ganz in ihrem Besitze ist, daß er sie seiner eignen Zunge vertrauen darf, hat meinen Dank und meine Bewunderung zugleich. Ich erblicke ihn nicht mehr hinter, ich erblicke ihn neben seinen Alten.

Ich verharre mit der vorzüglichsten Hochachtung, und in der angenehmen Hoffnung, öfter mit Dero Zuschrift beehret zu werden,

Breslau, den 28. Jul. 1764.

Ew. HochEdelgebohren gehorsamster Diener Lessing.

Dazu ein paar bemerkungen. Das leben und wirken des in diesem briefe erwähnten Johann Caspar Arletius, rectors am Eli-

---

1) „auch" ist wieder durchstrichen.

sabeth-gymnasiums von 1761—1781, hat, wie aus dem programm zur öffentlichen prüfung aller classen des Elisabeth-gymnasium vom 18. april 1862 p. 18 zu ersehen, *Fickert* in dem einladungsprogramm zu dem am 28. und 29. januar 1862 gefeierten 300jährigen jubiläum besagten gymnasiums behandelt, einer schrift, die mir zu meinem bedauern nicht zu gesicht gekommen; das von mir im folgenden gegebene entstammt briefen Heyne's, und zwar vieren an Arletius und sechs seit 1786 an dessen neffen J. F. Scheibel gerichteten, welche die universitäts-bibliothek hieselbst besitzt, dürftigen überbleibseln einer eifrig geführten correspondenz, obgleich Heyne gegen Scheibel klagt, daß er jedesmal, wenn er einen brief von Arletius gelesen, wegen der schwer zu entziffernden hand desselben mehre tage fast blind gewesen. Aus diesen briefen und namentlich aus dem ersten, vom 26. mai 1764 in elegantem latein abgefaßten ergiebt sich, daß Heyne wahrscheinlich schon in Dresden den plan zu einer bearbeitung der *Argonautica* des Apollonios gefaßt hatte, da er in dem erwähnten ersten briefe varianten erwähnt, die er aus italienischen und französischen handschriften sich verschafft habe; grade in dieser zeit von Ruhnken auf eine handschrift des Apollonios in Breslau aufmerksam gemacht, wendet er sich mit den bibliotheken, auch der Rehdigerana, und den verhältnissen Breslau's ganz unbekannt, gleichzeitig, wie man schließen muß, an den ihm persönlich fremden Arletius und den ihm etwas näher stehenden Lessing mit der bitte, ihm entweder das manuscript nach Göttingen zu senden, der curator der universität, minister von Münchhausen, werde jede bürgschaft für die richtige zurücksendung leisten, oder, werde die zusendung nicht gestattet, ihm eine collation des codex zu verschaffen. Darauf erfolgte als antwort der obige brief Lessings, dem Arletius' antwort mit notizen über den codex beilag; man sieht, Lessing und Arletius verkehrten mit einander, ferner, daß wir alles, was Lessing über die handschrift mittheilt, als ergänzung zu Arletius' bericht zu betrachten haben, somit auch die angabe — und das ist charakteristisch — des namen des schreibers der handschrift, der in einer beischrift auf der ersten seite des codex steht; vollständig hat diese beischrift Scheibel abdrucken lassen in Günthers Annales Helmstad. a. 1789, t. II, p. 5. Weiter scheint Lessing in dieser sache nicht thätig gewesen; verließ er doch schon 1767 Breslau: Heyne aber verhandelte mit Arletius weiter und erhielt dann freilich nicht die handschrift selbst, dafür aber eine von Arletius angefertigte vergleichung, die er abschrieb und dann wieder zurückschickte; Heyne hat die anfertigung dieser collation als einen großen dienst angesehen; denn von da an schickt er dem gelehrten und nun befreundeten rector programme, auch den Vergil und rühmt noch lange nach Arletius tode die liebenswürdigkeit desselben in briefen an Scheibel. Die collation selbst hat Heyne kurz vor 1780 nebt einer von Bandini (s. Wellauer ad Apoll. Rhod. t. I, praef. p. V) gemachten des Medicens (= Laurentianus) an Bruock zur benutzung gesendet: s. Bruock. ad Apoll. Rh. praef. p. IV Lips., obgleich ihn, wie er in einem briefe an Scheibel äussert, dies unternehmen Bruncks sehr verstimmte, weil es seine pläne in betreff des Apollonios durchkreuzte: doch hat er den gedanken einer ausgabe nicht aufgegeben, sondern seinen apparat fortwährend zu vermehren gesucht, den dann nach seinem tode zuerst Schäfer, s. Schaefer Apoll. Rhod. t. II, praef. p. IV, dann Wellauer benutzt hat; letzterem scheint jedoch Arletins' vergleichung nicht genügt zu haben, da er für seine ausgabe den Vratislaviensis von neuem verglich: Wellauer l. c. Dies zugleich zur ergänzung von Heeren C. G. Heyne biogr. dargest. p. 267. — Meine zweite bemerkung betrifft Lessings urtheil über den grade 1764 erschienenen ersten band des von Reiske „verdeutschten" Demosthenes und Aeschines; zum verständniß desselben setze ich die ersten paragraphen aus Demosthenes Olynth. I her mit dem hinzufügen, daß es um den unterschied zwischen Lessing und Reiske in behandlung der deutschen sprache sich recht klar zu machen, dienlich sein dürfte, die ersten der von diesen gewechselten briefe (aus 1769) einzusehen, s. Lessing s. schrift. XII, p. 222, XIII, p. 167 Lachm.: die alte und die neue zeit scheinen in ihnen nnmittelbar neben einander zu stehen. Beiske also übersetzt:

Männer von Athen, ich weiß es, ihr würdet viel Geld drum geben, wenn euch jemand wiese, was bey der Angelegenheit, darüber ihr euch itzo berathet, für euch zu thun stehe, und was dem State am zuträglichsten sey. Eine Belehrung worinn euer eigner Vortheil bestehe, würde euch lieber seyn, als vieles Geld. Da dem nun aber also ist, so gebüret es sich, Patrioten, die euch wohlgemeint rathen, willig und fleißig anzuhören. Denn hier höret man nicht nur Redner sprechen, die das vortragen, was sie zu Hause in der Stille für sich reiflich erwogen und lange überdacht haben, sondern es fällt so gar auch manchem, der sich von ohngefehr in einer Versammlung findet, wo man über allgemeine Angelegenheiten zu Rathe geht, gelegentlicherweise, auf der Stelle, aus dem Stegereife ein guter Rath ein, und er theilt ihn euch mit. Solche plötzliche gute Einfälle und glückliche Aeußerungen weiser Sprüche, rechne ich mit an den übrigen Gaben eines euch besonders und vorzüglich günstigen Glückes. Auf diese Weise wird auch die Wahl des heilsamen und ersprießlichen in alle Wege leicht nnd gemächlich. Wenigstens sind die Umstände darin wir uns jetzo befinden, so beschaffen, daß sie, ich möchte fast sagen, uns aus vollem Halse zurufen, daß ihr euch der dortigen Händel annehmen müsset, wenn ihr anders für eure eigene Wohlfarth Sorge tragt. Und gleichwohl stellen wir uns dabey an, ich kan selbst nicht sagen wie. Mich dünkt, um kurz von der Sache zu kommen, daß es sich geböre und gebüre, erstlich alsobald, von Stund an, ohne Verzug, die von uns verlangte Hülfe zu bewilligen, und zu deren Abfertigung je eher je lieber, die schleunigste Anstalt zu machen; damit es euch nicht auch mit dieser Hülfsleistung wiederum so gehe, wie es euch schon vorhin zuweilen gegangen ist; sodann eine Ge-

landschaft dahin abzufertigen, welche die Leute dorten auf unsern
Beystand vertröstet, und sie versichert, daß wir uns damit ungesäumt
einstellen werden; und die zugleich die Lage und Fassung der dortigen Umstände in nahen Augenschein nimmt. Denn vor nichts
fürchte ich mich mehr, als davor, daß Philippus, wenn wir nicht
schnell zufaren, sondern nach unserer Gewohnheit maudern, unsere
Trägheit und unser Außenbleiben sich zu Nutze machen werde. Er
ist ein schlauer, durchtriebener verschmitzter Gast, der sich mit einer
wunderbarlich und unglaublich großen Hurtig- und Gewendigkeit in
alle Dinge schicken, und in allen Sätteln reiten kan. Er weiß sich
alles zu Nutze zu machen. Trifft es sich just so, daß es am rath-
samsten ist, gelindere Sayten aufzuziehen, nun so giebt er nach. Kan
er aber mit Drohen, Trotzen und Schmähen was ausrichten, so läßet
er es daran nicht ermangeln. Und wem er droht, dem sey Gott
gnädig. Er bleibt ihm gewiß nichts schuldig. Bey meiner Treu, er
hält sein Wort. Komt es drauf an, durch Lügen und Lästerungen
und Afterreden einen anzugießen, Freundschaften zu zerrütten, und
gute Freunde zusammen zu hetzen, die Künste kan er auch. Wie
denn nun, wenn er sie itzo spielen ließe? Wenn er den Olynthiern
in eurer Abwesenheit liebkoste, große Dinge verspräche, um gut Wetter
bäte, und sie dadurch von euch ab und zu sich lockte, oder sie mit
Drohungen von euch abschreckte, oder euch bey ihnen anschwärzte,
ihnen vor euch zu grauen machte, und sie euch damit abstrickte.
Allemahl wäre das ein Verlust, ein merklicher Verlust fürs Ganze.

So weit Reiske und so viel von diesem briefe, wohl dem
ersten von Lessing an Heyne geschriebenen, auf den zunächst
keine weitern folgten: denn erst nach der übersiedlung des erstern nach Wolfenbüttel scheint ein lebhafter brieflicher verkehr
zwischen beiden entstanden zu sein, da die wenn auch noch so
dürftigen reste ihres briefwechsels die allmähliche entwicklung eines
vertrauteren tones wahrnehmen lassen. Daß aber nur so wenige
briefe Lessings an Heyne erhalten sind, trotzdem daß letzterer sie
wie andere an ihn gerichtete aufbewahrte, mag zunächst in den nach
1812 auch für Göttingen eingetretenen veränderungen seinen grund
haben, dann in der sorge um das briefgeheimniß und der daraus entspringenden verkennung des werthes solcher lang fort-
gesetzter correspondenzen, zuletzt aber in der um 1850 absichtlich vorgenommenen zerstörung des noch vorhandenen vorraths,
als briefen von Therese Huber, eines lange fortgesetzten briefwechsels zwischen Heyne's gattin und W. v. Humboldt u. s. w.:
die briefe wurden in großen mit seifenwasser gefüllten kesseln
zerkocht und die so gewonnene brühe in die Leine gegossen:
nur zufällig ist was noch vorhanden — einzelne briefe von Gel-
lert, Wieland, Herder, Fr. und A. W. von Schlegel u. s. w. —
erhalten. Ueberhaupt sind die fünfziger jahre für göttingische
briefsammlungen verderblich gewesen: so ist in ihnen der brief-
liche nachlaß J. G. Eichhorns vernichtet: s. Rößler, Gründ. der
univ. Göttingen vorr. p. XIV, ferner die mit musterhafter ordnung geführten geschäftsbücher der Dieterichschen verlagsbuchhandlung und damit die in diese gebundenen, den für die entwicklung der neueren deutschen literatur so überaus wichtigen

verlag betreffenden briefe, briefe von Kästner, Lichtenberg, Bürger, Heyne u. s. w.: man muß nämlich wissen, daß im alten Göttingen die professoren und ihre freunde sehr viel schriftlich mit einander zu verkehren pflegten, wie noch erhaltene zahlreiche billets von Schlözer, Lichtenberg u. a. an Heyne beweisen. Viel früher aber, schon in den dreißiger jahren sind die in dem nachlaß von Sartorius von Waltershausen vorgefundenen briefe eingestampft, darunter die vertrauten, für die zeitgeschichte so wichtigen briefe von Fr. G. Welcker, dem während seiner hiesigen wirksamkeit täglichen gaste in Sartorius' hause. Dagegen hat ein günstigerer stern über Lichtenbergs briefen gewaltet; denn es existiren noch dessen während seines aufenthalts in England von dort an Heyne, an Blumenbach und andre gerichtete schreiben, ebenso andre briefe voll des mannichfaltigsten und bedeutendsten inhalts. Doch genug hiervon: es kann nun nicht wunder nehmen, wenn ich den von Lachmann in Lessings s. schr. XII bekannt gemachten briefen nur noch einen hinzufügen kann, nämlich folgenden:

Wolfenbüttel, den 14. Jenner 71.
P. P.

Wir haben hier aus dem 15ten Jahrhunderte keinen Plinius, als den Parmesanschen von 481, den Ew. Wohlgeb. gerade nicht wollen. Und von den übrigen Ausgaben, die Sie suchen, ist auch nur die einzige Cöllnische des Cäsarinus vorhanden. Doch findet sich auch noch von Piutiani Observationibus eine Commeliniache Edition von 1593. Machen Sie mir doch ja die Freude, liebster Hr. Hofrath, und schreiben Sie mir, daß Sie beyde Bücher gern haben möchten.

Dero
ganz ergebenster Diener
Lessing.

Man sieht, jedes blättchen hat seinen werth, zeigt den bedeutenden mann: möge die feier dieses 15. februar die veranlassung zu bedeutenderen publicationen aus dem nachlasse Lessings werden. Zu solcher hoffnung berechtigt vor anderm auch die lebhafte betheiligung der jüngeren generation unserer zeit an der feier dieses fnnfzehnten, wofür als beleg hier einiges aus der dem Börsenbl. nr. 44 einverleibten beschreibung der vom „Buchfink". — dies der name des buchhändlergehülfenvereins in Wien — ausgeführten festlichkeit entnommen werden mag. Der haupttheil dieser festlichkeit bestand nämlich aus einem von dem präsidenten des vereins G. Kleinstück ausgearbeiteten vortrag über Lessings verhältniß zum buchhandel und buchdruck seiner zeit. „Kleinstück gab als einleitung eine übersicht über die zustände des deutschen buchhandels zu Lessing's zeiten, schilderte dann ausführlicher das verhältniß der autoren zu ihren verlegern, illustrirte dasselbe durch viele stellen aus corresponden-

zen zwischen deren bedeutendsten vertretern und verweilte längere
zeit bei den damaligen trüben nachdrucksverhältnissen. Lessing's
persönliche schicksale bis zu seinem Hamburger etablissement,
sowie seine literarische bedeutung wurden nur ganz kurz erwähnt, da diese ja allgemein bekannt und von anderer seite
mehrfach in ausgezeichneter weise gewürdigt sind. Dagegen
wurde in der kurzen biographie seines compagnons Bode viel
neues geboten, und hieran knüpften sich nun für den buchhändler ganz besonders interessante mittheilungen. Lessing's
reformideen für den deutschen buchhandel, seine vorbereitungen
zur errichtung einer buchdruckerei und verlagshandlung, die art
und weise seines geschäftsbetriebes, seine correspondenzen mit
Nicolai etc. wurden detaillirt und in anziehender weise geschildert, so daß trotz der anderthalbstündigen dauer des vortrages
die versammlung demselben bis zum schlusse mit gespannter
aufmerksamkeit folgte und dem vortragenden durch rauschenden
beifall für seine mühe dank zollte". Dazu vrgl. dr. C. Adolf's
gedenkblatt zu Lessings 100. todestag: G. E. Lessing und die
deutschen buchhändler, in Börsenbl. nr. 36.

So möge denn Lessings hundertjähriger todestag reichhal-
tige, wohlthätige früchte bringen, vor allem die liebe zu seinen
schriften neu beleben und mögen diese fernerhin dazu beitragen,
daß die deutsche wissenschaft und kunst in ihrer eigenart, fern von
schwächlicher nachahmung des fremden, sich fröhlich entwickele,
daß die jünger derselben nie aufhören, die freiheit wissenschaftlicher forschung als eins der höchsten güter zu erkennen, vielmehr immer darauf bedacht seien, sie gegen jeden angriff, mag er
von oben, mag er von unten kommen, mannhaft zu schirmen
und der deutschen nation zu bewahren. — *E. v. Loutsch.*

Auszüge aus zeitschriften.

Archäologische zeitung. Herausgegeben vom archäologischen institut des deutschen reiches. Jahrgang XXXVIII 1880. Viertes heft:
A. E. J. Holwerda, Olympische studien. I. Die folgenreihe der festspiele; verf. erschließt mit wahrscheinlichkeit folgende vertheilung
der opfer und spiele auf die 5 festtage: 1. θυσίαι, 2. welt-
kämpfe der knaben, 3. erste hälfte vom wettkampf der männer: δό-
λιχος, στάδιον, δίαυλος πάλη, πυγμή, παγκράτιον, κῶμος der sieger,
4. zweite hälfte: ἱπποδρομία, πένταθλον, ὁπλιτῶν δρόμος, κῶμος der
sieger, 5. opfer der sieger und der theoren. Festmahl im Prytaneion. II. *ιερέες* und *ιερείαι*; neue erklärung dieser einrichtung
auf grund der inschriften von Olympia, p. 146—148. — *Fr. Hultsch*,
bestimmung des attischen fußes nach dem Parthenon und Theseion.
G. Körte, dokimasie der attischen reiterei; auf einer trinkschale aus
Orvieto, jetzt im kgl. museum zu Berlin (taf. 15), die einzige bisher
bekannte darstellung eines solchen officiellen aktes aus dem staatsle-
ben der Athener. — *A. Milchhöfer*, bacchische siegesfeier; fragment
eines in der nähe des Piraeus gefundenen kraters, (taf. 16). — *J.
Friedländer*, gruppe der Artemis; marmorstatuette aus Cypern der

auf ein idol gestützten göttin, welche als solche durch die eine daneben abgebildete münze von Eukarpia in Phrygien und eine lanze aus Knidos erwiesen wird (taf. 17, 1—3). — *O. Puchstein*, zur Arkesilasschale; verf. weist die vorbilder der darstellung dieses vielbesprochenen alten gefässes auf ägyptischen monumenten nach und schliesst daraus, dass jenes und eine anzahl technisch verwandter gefässe am wahrscheinlichsten in Kyrene fabricirt worden sind. — *L. Curtius*, votivrelief an die göttermutter (taf. 18). — *W. Klein*, Laokoon ein rasenbild (mit holzschnitt); verf. deutet das vielbesprochne und in verschiedener weise erklärte bild eines Knatharos im brit. museum (publ. von Raoul Rochette, Mon. inéd. pl. 40; Panofka, cabinet Pourtalès pl. 7) auf den tod des Laokoon und eines seiner söhne durch die schlange. — *Miscellen:* zu den sculpturen von Tegea; (s. p. 98 ff.) *A. Milchhöfer*. — gefälschte vase (Jahn, vasen mit goldschmuck II, 3. 4) *A. Furtwängler*. — zu n. 193 der inschriften von Olympia, *R. Weil*. — nachtrag zu p. 22 f. (Apollo des Kanachos) *E. Petersen*, — *Berichte:* sitzungsberichte der archäol. gesellschaft zu Berlin. Chronik der Winckelmannsfeste zu Athen, Rom, Berlin, Bonn, Frankfurt a/M., Emden. — Berichtigungen. — Erklärung *E. Dobbert*. Erwiederung (Overbeck) s. p. 105 f., p. 163. Register.

Augsburger allgemeine zeitung, 1880, beil. zu nr. 338: *H. Noë*, neues vom Vesuvus: steht auch nichts altes und wichtiges darin. — Nr. 342: kurze notiz über die ausgrabungen in Pergamon. — Nr. 347: der hellenische syllogos in Konstantinopel bereitet eine karte der landmauern dieser stadt vor. — Nr. 348: Hennigsen gegen Puttkamer; bezieht sich auf die freiheit in der evangelischen kirche, veranlasst durch die stellung des consistorium in Hannover zu dem in Osnabrück. — Beil. zu nr. 351: Hadrian und Antinous: besprechung eines romans von *G. Taylor*, betitelt Antinous. — Nr. 352: aus den debatten über die hochschulen im preussischen abgeordnetenhause, auszüge aus reden von Reichensperger (Köln), von Puttkamer, Virchow, auf die wir zurückkommen werden. — Beil. zu nr. 352: aus Graz wird von auffindung keltischer grabhügel in der dortigen gegend berichtet. — Nr. 353: festsitzung des deutschen archäologischen instituts in Rom; s. ob. p. 115. — Beil. zu nr. 354. nr. 355: *H. Jacoby*, die classische bildung und die alte kirche: geht bis zum achten jahrhundert und sucht den einfluss der classischen literatur in dieser zeit zu bestimmen; sehr zu beachten.

1881. Abschied vom alten jahr. I. II. III. IV: nr. 1. 3. 4. 5. beil. zu nr. 1: *E. Preuss*, die Römerwege in Nord-Germanien. — Nr. 4: antisemitische volksversammlungen in Berlin. — Beil. zu nr. 6. 9: G. Fr. Welcker, I. II: besprechung der biographie Welckers von Kekulé durch *Düntzer*. — Nr. 10: gedenktafel für F. C. Dahlmann in Weimar. — Nr. 12. 13. 14: wohin wir treiben. I. II. III: beginnt von 1866 und erörtert sehr interessant die politische lage bis auf die gegenwart. — Beil. zu nr. 13. 15. 16: nr. 17: *Alexander Peez*, alt- und neu-Phönizien: I. II. III. IV. — Beil. zu nr. 14: literarischer nachlass von *A. Ruge*. — Der wissenschaftliche club in Wien. — Beil. zu nr. 16: kaiser Joseph I. und sein krieg mit dem papste. — Beil. zu nr. 21: rede des sanskritisten *A. Weber* die Judenfrage betreffend. — Beil. zu nr. 25: phönizische alterthümer aus Malta. — Beil. zu nr. 30: nr. 31: ein jubiläum deutscher übersetzungskunst von *L. Hirzel*: 1781 erschien die erste ausgabe von J. H. Voss übersetzung der Odyssee, deren wesen hier entwickelt und ihre stellung in der literatur gelehrt entwickelt wird. — Nr. 31: kurzer bericht über dr. *Thomas*' rede zur erinnerung an *L. Sprengel* in München. — Beil. zu nr. 33: über den stand der nephrit-frage, v. *E. Fischer*: hängt mit den pfahllauten zusammen. — Nr. 34: die österreichischen universitäten und was daran hängt; schildert die mißstände, die durch die an diesen sich findende vielsprachigkeit entstehen. — Aufruf zur gründung eines Lessingdenkmals in Berlin. — Beil. zu nr. 34. 35: *Sanders*, Lessings Nathan und Schillers Tell in neugriechischer übersetzung von A. R. Rangabé. — *H. Jacoby*, die evangelische kirche im neuen deutschen reich: bespricht die schrift Auerbach's, die eine einheitliche evangelische nationalkirche für Deutschland verlangt. — Nr. 35. 46: Reichenbachs vermächtniß für Jena. — Beil. zu nr. 40: J. Mähly's geschichte der antiken literatur: anzeige, die das buch als seinem zwecke entsprechend darzustellen sucht. — Nr. 40: Lessing-feier in Braunschweig für den 15. in vorbereitung. — Beil. zu nr. 41: Schliemanns trojanische alterthümer in Berlin: s. unt. nr. 3. — Beil. zu nr. 42. 43: *Kuno Fischer's* schrift: G. E. Lessing als reformator der deutschen literatur, 2 thle, angezeigt von *H. Göring*. — *O. Behaghel*, principien der sprachgeschichte: besprechung des unter gleichem titel in Halle erschienenen buches von *H. Paul*. — Beil. zu nr. 43: ausgrabungen in Olympia: s. ob. p. 130. — Nr. 44: Lessingfeier im polytechnicum zu Dresden für inopportun vom cultusminister erklärt. — Nr. 45: verbot eines fackelzugs zu ehren Lessings in Wien. — Beil. zu nr. 46: zur hundertjährigen todtenfeier Gotthold Ephraim Lessings: gedicht von *Martin Greif*. — Nr. 47: zur Prager universitätsfrage: man meint, daß die regierung die gründung einer eignen tschechischen universität beabsichtige. — Beil. zu nr. 47. 48: Gotthold Ephraim Lessing, ein festvortrag von *Erich Schmidt*. I. II. — Beil. zu nr. 48: sitzung des deutschen schulvereins in Wien am 13. febr. — Nr. 49: Lessingfeier in Berlin, dabei aufführung von Emilia Galotti im schauspielhause in gegenwart des kaisers und der kaiserin. — Lessingfeier in Wien und andern orten Oesterreichs. — Beil. zu nr. 49. 51: Lessingfeier in Hamburg. — Beil. zu nr. 50: zum bevorstehenden 27. febr.: bezüglich der vermählung des prinzen Wilhelm von Preußen. — Beil. zu nr. 50: die Lessingfeier in Dresden: es wird berichtet in nicht eben taktvoller weise von den mannigfachen änkereien, die der Lessingfeier vorangegangen, dann angegeben, was in Dresden vom hoftheater und von verschiedenen literarischen und politischen vereinen zur feier geschehen. — Beil. zu nr. 51. 54: Lessingfeier auf der hofbühne in München. — Nr. 55. 57. 58: zur schulfrage in Oesterreich. — Beil. zu nr. 55: Lessingfeier in Braunschweig, dann außerhalb Deutschlands in Stockholm. — Nr. 57: der stadtrath von *Kamenz* schickt zur Lessingfeier nach Braunschweig einen lorbeerkranz mit inschrift, um ihn auf dem grabe Lessings niederzulegen — dafür ein hoch dem patriotischen stadtrath! — Beil. zu nr. 57: zum andenken an *Bernhard Stark*: sehr schöner aufsatz von *L. v. Urlichs*. — Nr. 60. 61: die festlichkeiten in Berlin I. II. beziehen sich auf die zur vermählungsfeier des prinzen Wilhelm stattfindenden festlichkeiten. — Beil. zu nr. 60: Politis, die meteorologischen volkssagen der Hellenen: anzeige des in griechischer sprache geschriebenen buches von *Boltz*. — Beil. zu nr. 61: die ausgrabungen in Olympia: besprechung des bd. IV der „ausgrabungen in Olympia von *E. Curtius*, *Adler* und *Treu*." Krisis in der kunstacademie in Neapel: wegen der ernennung eines lehrers sollen die directoren ihre entlassung verlangt, die der minister, aller cliquenwirthschaft feind, sofort angenommen; die directoren haben sie dann wieder zurückgezogen!! — Beil. zu nr. 62: *W. Lübke*, zur antiken kunstgeschichte: betrifft die terracotten von Tanagra von R. Kekulé. — Zur Nephritfrage. — Nr. 63: zur Prager universitätsfrage. — Beil. zu nr. 63:

Nr. 2.   Auszüge aus Zeitschriften.   147

klagen aus Triest über die stellung der deutschen literatur an der universität in Pest und anderwärts in Oesterreich.
Bullettino dell' Instituto di corrispondenza archeologica per l'anno 1881. (Herausgegeben vom kais. deutschen archäologischen institut.) No. I. II di Gennaio e Febbraio 1881. Roma, (28. februar 1881): *Sitzungen des Institutes* am 10. 17. dec. 1880; 7. 14. 21. jan. 1881. Ausführlicher wird über folgende vorträge berichtet: 7. januar. — *Pigorini*, gräber bei Bevolone im Veronesischen; Ref. schreibt dieselben nach den formen der aschengefäße den bewohnern der s. g. Terramare, d. h. den oberitalischen pfahlbau-niederlassungen zu. — *Dervilla*, über einen aufsatz von Brizio in der Nuova Antologia vom 15. octob. 1880. Des letzteren behauptung (gegen W. Helbig, die Italiker in der Po-ebene), daß die bewohner der genannten prähistorischen niederlassungen Ligurer gewesen seien, wird übersengend zurückgewiesen. — *M. St. de Rossi*, über die ähnlichkeit der von Pigorini besprochenen aschengefäße von Bevolone mit solchen des alten Latiums und die hieraus zu ziehenden schlußfolgerungen. — *Lanciani*, über die inschriften des flavischen amphitheaters (Colosseums). Die restaurationen desselben seien danach nicht wie man bisher annahm von Gratian und Valentinian II sondern von Theodosius und Placidus Valentinianus (III) unter leitung des präfecten Flavius Paulus (438) gemacht.
14. jan. *Pigorini*, nochmals gegen die obengenannte schrift von Brizio, deren mannigfache unrichtigkeiten und mißverständnisse auch *Helbig* an einer anzahl von beispielen nachwies. — *Balestra*, über die arbeiten der archäologischen commission in Como während des letzten decenniums und deren resultate. — *Gamurrini*, reste eines kleinen tempels bei Elci (umgegend von Todi, Umbrien), der nach zwei daselbst gefundenen inschriften der Bona Dea geweiht war. — *Marucchi*, über die beiden im j. 1872 auf dem Forum gefundenen basreliefs, welche nach ihm die balustrade des Comitiums nicht dem Forum zu bildeten. — *Ghirardini*, legt einen eisernen spitzhammer vor, der in einem antiken stollen der Tenuto la Marcigliana gefunden ist, und bespricht ähnliche instrumente aus Pompeji und Rom. — 21. jan. *Gamurrini*, legt eine platte von vulcanischer lava aus Etrurien vor und spricht über das vorkommen ähnlicher lavastücke in etruskischen gräbern und die mögliche bedeutung solcher mitgabe an die todten. — *Luckenbach*, zeichnung eines krater's von Bologna (s. Bull. 1879 p. 216), dessen darstellung er nach dem vorgange Jahns (Philologus XVII, taf. 3) auf die bestrafung des Polydectes durch Perseus deutet; möglich sei auch die auf die bestrafung des Phineus.
II. *Ausgrabungen*: a) *Dressel*, Grabkammer auf dem Monte Mario. Dieselbe ist bei den erdarbeiten für das dort zu errichtende fort gefunden und enthielt 5 sarcophage ohne verzierungen und 4 nebenurnen (davon 3 mit inschriften); offenbar ist sie in früherer zeit beraubt worden. Von den inschriften ist die der Minicia Marcella Fundani filia von besonderem interesse, denn sie bezieht sich zweifellos auf dasselbe junge mädchen, dessen frühzeitigen tod Plinius epp. V, 16 beklagt. Im texte des Plinius ist auf grund der inschrift statt nondum annos XIIII impleverat zu lesen annos XIII. — Anhangsweise werden noch 3 ebenda oder in der nähe gefundene grabinschriften mitgetheilt. — c) *Marchese Ciro Antaldi*, ausgrabungen in Pesaro (brief an W. Henzen). Dieselben haben zur entdeckung eines antiken gebäudes, dessen gemächer zum theil mit fresken verziert waren (nur wenige fragmente sind erhalten) geführt; das interessanteste fundstück ist eine bronzeplatte mit langer inschrift, welche in der nächsten nummer des bullettino veröffentlicht werden wird. —

d) *A. Mau*, ausgrabungen in Pompeji. (Fortsetzung des berichtes in Bull. 1880 p. 265). Unter den funden sind hervorzuheben: *Wandgemälde*: Theseus die schlafende Ariadne verlassend; gute composition bei geringer ausführung. — Polyphem (der die Galathea enthaltende theil des gemäldes ist zerstört). — Tod des Icarus (replik des arch. zeit. 1878 taf. 1 publicirten gemäldes mit einigen abweichungen). — Fast ganz zerstörtes gemälde mit den inschriften AENEAS und DIDO; von einer dritten figur (Ascanius?) sind reste erhalten. — Eingeritzte inschrift: ΘΚΩΝΗΜΚΡΑϹ | ΚΡΟΝΟΥ | ΗΛΙΟΥ | ϹΚΛΗΝΗϹ | ΑΡΗϹϹ | ΕΡΜΟΥ | ΔΙΟϹ αγροβκιτηϹ. Kleine bronzestatuette des Mercur. Der gott ist schwebend dargestellt, der l. fuß ruht auf der basis; er ist mit der chlamys bekleidet, hat einen geflügelten Petasos, und trägt in der r. den beutel, in der l. den caduceus.

Deutsche literaturzeitung hrsg. von *Max Roediger*. Jahrg. II. 1881. No. 1. Sp. 3: *Lucius*, die Therapeuten und ihre stellung in der geschichte der askese. Eine kritische untersuchung der schrift de vita contemplativa. Straßburg i. E. 1880. 8. 211 p. 4 mk. *Bonrath*: daß die schrift nicht von Philo herrühre, ist sicher nachgewiesen. Die untersuchung über die geschichtliche bedeutung derselben ist noch nicht als abgeschlossen zu betrachten. — Sp. 6: *Philologische untersuchungen* hrsg. von *A. Kießling* u. *U. v. Wilamowitz-Moellendorf*. Heft 3. De biographis Graecis quaestiones selectae. Berlin 1880. 8. 169 p. 3 mk. *H. Diels*: die Nietzsche'sche hypothese, Diokles sei hauptquelle des Diogenes Laertius wird noch einmal von *E. Maaß* als irrig nachgewiesen. Auch Demetrios Magnes ist nach der untersuchung vielleicht nicht urheber der homonymenlisten. Die neue aufstellung des Favorinus παντοδαπὴ ἱστορία ist verfehlt, wenn auch im einzelnen viele neue resultate gewonnen sind. *Wilamowitz* faßt seinen widerspruch in umfangreicher replik zusammen und bespricht die vorläufig ermittelten quellen des Diogenes. — Sp. 8: *G. Oehmichen*, Plinianische studien zur geographischen und kunsthistorischen litteratur. Erlangen 1880. 8. (VIII, 240 p.). 4 mk. *L. Urlichs*: das buch enthält anregende studien doch sind die behandelten probleme nicht sprachreif geworden. — Sp. 15: *Th. Friedrich*, biographie des Barkiden Mago. Ein beitrag zur kritik des Valerius Antias. (Untersuchungen aus der alten geschichte, heft 3). Wien 1880. 8. 54 p. 1 mk. 60 pf. *A. Holm:* Mago und der livianische Hamilcar (ca. 200) werden identificirt, die arbeit ist scharfsinnig und klar, das resultat nicht in allen punkten sicher.

No. 2. Sp. 47: *Th. Mettauer*, de Platonis scholiorum fontibus. Zürich 1880. (Inauguraldissertation). *U. v. Wilamowitz-Moellendorf*: vortreffliche arbeit, die scholien sind ein werk des 7. 8. jahrh. Quellen waren schlechte neoplaton. commentatoren, lexica (Timaeus, Boethius), rhetorische lexica (Pausanias, Aelios-Dionysios) ferner handbücher Proklos, Apollodor, Hesychios illustris, Stephanos Byzantios. — Sp. 48: *Nicephori* archiepiscopi Constantinopolitani opuscula historica. Edidit *C. de Boor*. Accedit *Ignatii Diaconi* vita Nicephori. Lipsiae 1880. 8. LII, 280 p. 3 mk. 30 pf. *A. Eberhard*: die meist neue hds. grundlage der gegebenen schriften ist relativ sicher, die ausnutzung und verwerthung scheint entsprechend zu sein. — Sp. 49: *E. Eisenlohr*, das lateinische verbum. Grammatikalische abhandlung. Heidelberg 1880. 8. 32 p. 1 mk. *H. Jordan*: werthlose und zwecklose arbeit. — Sp. 55: *P. Willems*, le droit public romain depuis la fondation de Rome jusqu'à Justinien ou les antiquités romaines envisagées au point de vue des institutions politiques. 4e édition. Louvain 1880. 8. 666 p. *Otto Seeck*: ein ungeheures material ist auf engem raume nach fremden und eigenen resultaten mit großem fleiß zusammengetragen, aber dem verfasser fehlt jedes unterscheidungsvermögen zwischen wesentlichem und unwesentlichem und jeder blick für den zusammenhang des ganzen.

Nr. 3. Sp. 79: *Lycophronis Alexandra* recensuit scholia vetera codicis Marciani addidit *G. Kinkel.* Lipsiae 1880. 8. VI, 200 p. 1 mk. 80 pf. *E. Scheer*: die arbeit ist durch leichtfertigkeit und unfähigkeit eine der traurigsten erscheinungen die je auf den deutschen markt gekommen sind. — Sp. 81: *P. Ovidius Naso* recens. *O. Korn.* Tomus II. Metamorphoseon libri XV. Berolini 1880. 8. XII, 382 p. 2 mk. 40. *F. Leo*: besonnene kritik, gesundes urtheil, genaue kenntniß des dichters; die textgeschichte trifft nicht den kern der frage, das Berner fragment ist nicht richtig gewürdigt, die publicationsart der varianten unzweckmäßig. — Sp. 81: *H. St. Sedlmayer*, kritischer commentar zu Ovids Heroiden. Wien 1881. 8. 1 mk. 60 pf. *F. Leo*: der kritische commentar entbehrt seiner existenzberechtigung. Ein großer theil des inhalts verdient widerspruch. — Sp. 82: *B. Dombart*, über die ältesten angaben der instructionen Commodians. Wien 1880. 8. 29 p. 50 pf. (Aus dem aprilhefte 1880 der sitzungsberichte der phil.-hist. class. der kais. ak. d. wiss.). *F. Hanssen*: die arbeit corrigirt die textgeschichte in der ausgabe Ludwigs in dankenswerther weise. — Sp. 91: *C. B. Stark*, systematik und geschichte der archäologie der kunst, handbuch der archäologie der kunst. Erste (einzige) abtheilung. Leipzig 1880. 8. VIII, 400 p. 10 mk. 50 pf. *R. Kekulé*: das buch enthält eine werthvolle darstellung der entwickelung und ausbreitung der archäologischen studien von der renaissance bis in die neueste zeit; durch großen fleiß ist es zugleich ein bibliographisches handbuch der archäologie geworden, wo sich freilich der masse des stoffes wegen, das bedeutende nicht bedeutend genug von der masse abhebt.

Nr. 4. Sp. 115: *J. Bernays*, zwei abhandlungen über die aristotelische theorie des dramas. Berlin 1880. 8. II, 187 p. 4 mk. 80 pf. Unveränderte, aber dankenswerthe neu-publikation älterer arbeiten, dankenswerth gewesen wäre eine kennzeichnung seines jetzigen standpunctes seitens des verf. — Sp. 116: *B. Delbrück*, einleitung in das sprachstudium. Ein beitrag zur geschichte und methodik der vergleichenden sprachforschung. Leipzig 1880. 8. VIII, 142 p. 3 mk. (Bibliothek indogermanischer grammatiken bd. IV.) *Joh. Schmidt*: der theoretische theil der schrift erörtert bekannte dinge in bekannter weise. Der historische theil der schrift behandelt die koryphaeen der wissenschaft, Bopp und Schleicher geringschätzig, ohne ihren verdiensten gerecht zu werden. — Sp. 121: *E. Piccolomini*, Estratti inediti dal codici greci della Bibliotheca Mediceo-Laurentiana. Pisa 1879. 4. (LIII, 120 p.). *H. Usener*: außerordentlich fleißige und sorgfältige publicationen: die hauptsache sind die neuen scholien zu Gregor von Nazianz die die quelle für das schon bekannte scholienmaterial leidlich ursprünglich in bruchstücken enthalten. Diogenian ist nicht wie Piccolomini will als quelle für sie anzusehen. Auch den text wünscht Usener etwas anders puliciert. Sodann 20 briefe des Maximus Planudes, wovon regestenangaben genügt hätten. Schließlich eine sammlung des Planudes von volksthümlichen sprichwörtern.

Nr. 5. Sp. 158: *O. E. Tudeer*, de dialectorum Graecarum digammo testimonia inscriptionum collegit et examinavit. Helsingfors 1879. 8. IV, 144 p. *Gust. Hinrichs* nennt das buch sehr brauchbar, durch fleiß und besonnenheit ausgezeichnet, die anlage des ganzen nicht methodisch genug. Das chronologische tritt zu sehr zurück. — Sp. 160: *Lycurgi* oratio in Leocratem edidit *Th. Thalheim.* Berlin 1880. 8. X, 50 p. 75 pf. *G. Kaibel*: die handschr. quelle des

Crippsianus ist verständig benutzt, die auswahl moderner conjecturen gut, die eigenen besserungen zum theil gut. Kaibel fügt an §. 26. 46. 133 eigne bemerungen. — Sp. 161: *A. Elter*, de Ioannis Stobaei codice Photiano. Bonn 1880. 8. 75 p. *H. Diels:* Elter behandelt die kapitel- und schriftstellerverzeichnisse des Photius über Stobaeus mit grossem geschick. — Sp. 161: *J. Huemer*, zur geschichte der mittellatein. dichtung. *Hugonis Ambianensis* sive Ribomontensis opuscula. Wien 1880. 8. (XIX, 40 p.). 2 mk. 40 pf. *E. Voigt:* eine eilfertige publication, die modernen anforderungen nicht entspricht und auch nichts wesentlich neues bringt.

No. 6. Sp. 196: *E. v. Schmidt*, die philosophie der mythologie und Max Müller. Berlin 1880. 8. III, 107 p. 2 mk. 40 pf. *O. Pfleiderer*: in vielen punkten anregend, aber wenig überzeugend. — Sp. 202: *P. Langen*, beiträge zur kritik und erklärung des Plautus. Leipzig 1880. 8. IV, 348 p. Etwas umständlich und mit einzelnen fehlern behaftet, aber sehr fleissig, die kenntnis der lateinischen sprache fördernd und solid. — Sp. 211; *Compte rendu* de la commission impériale archéologique pour l'année 1877. Mit atlas von 6 tafeln fol. Text von *L. Stephani*. XXIV, 234 p. 4. St. Petersburg 1880. 30 mk. *A. Furtwängler* characterisirt Stephanis erfolglosen angriff auf die resultate neuerer deutscher forschung besonders auf Jahns abhandlungen die darstellung der Psyche betreffend. Auch Stephani's ansicht über die mykenischen funde ist als abgethan anzusehen.

Nr. 7. Sp. 235: *V. Floigl*, die chronologie der bibel des Manetho und Beros. Leipzig 1880. 8. X, 287 p. 8 mk. *Noeack:* ein buch von glänzendem scharfsinn, feiner combination, richtiger problemstellung, aber mangelhafter methode, die den verfasser nicht zu definitiven resultaten kommen lässt. Die stillose darstellung erschwert die benutzung sehr. — Sp. 238: *F. Metzger*, Pindar's siegeslieder erklärt. Leipzig 1880. 8. XII, 484 p. 8 mk. *U. v. Wilamowitz-Moellendorff:* Trivial und stumpf, ohne kenntnisse von dialect und metrik. — Sp. 240: *F. Blass*, die attische beredsamkeit. III. abth. 2. abschn.: Demosthenes genossen und gegner. Leipzig 1880. 8. 366 p. 9 mk. *Albert von Bamberg:* das vollendete werk legt den wunsch nach entsprechenden bearbeitungen anderer theile der griech. litteraturgeschichte nahe. — Sp. 242: *G. F. Hertzberg*, geschichte von Hellas und Rom. (Aus Allgemeine geschichte in einzeldarstellungen herag. von *W. Oncken*), Berlin, Grote 1879. 2 bände 638 und 684 p. 8. Mit zahlreichen illustrationen, 13, 12 vollbildern u. 3, 1 karte. 24 mk. Eine strengere gliederung und angemessene gruppierung fehlt, darstellung ungleich ausführlich, stil wenig sorgsam.

Litterarisches centralblatt für Deutschland hrsg. von *Friedrich Zarncke*. Jahrg. 1881. No. 1. Sp. 26: *S. Stricker*, studien über die sprachvorstellungen. Mit 3 holzschnitten. Wien 1880. 8. 106 p. 3 mk. Beachtenswerther hinweis auf die wichtigkeit der bewegungsempfindungen. — Sp. 28: *Carl Deutschmann*, de Babrii choliambis. Wiesbaden 1879. 8. Ein besonderes verdienst fehlt der schrift. — Sp. 29: *Th. Heinze*, de ratione quas Platoni cum poetis Graecorum intercedit, qui ante eum floruerunt. Breslau 1880. 8. 79 p. Verf. beleuchtet das verhältniss der platon. philosophie zur gesammten älteren poesie, erschöpft zwar sein thema nicht, aber bietet viele beachtenswerthe ergebnisse *J*. — Sp. 29: *Ἰωάννου Φιλοπόνου περὶ τῶν διαφόρως τονουμένων καὶ διάφορα σημαινόντων*. Joannis Philoponi collectio vocum quae pro diversa significatione accentum diversum accipiunt. Ex codice regio Hauniensi 1965 edidit *Petrus Egenolff*. Breslau 1880. 4.

Diese schrift des Philoponos ziemlich werthlos. Mehrere offenbare textfehler sind vom herausgeber nicht verbessert. *G. M...r.*
No 2. Sp. 56: *Anicii Manlii Severini Boetii* commentarii in librum Aristotelis περὶ ἑρμηνείας. Recensuit *Carolus Meiser*. Pars posterior secundam editionem et indices continens. Leipzig 1880. 8. VI, 555 p. 6 mk. Rühmende anzeige von *A. E.* — Sp. 56: *Emil Eichmohr*, das lateinische verbum. Grammatikalische abhandlung. Heidelberg 1880. 8. 52 p. Dem verfasser fehlt jede kenntniß der neueren sprachwissenschaftlichen litteratur und jedes urtheil über die ansichten anderer. *Bgm.* — Sp. 57: *P. Langen*, beiträge zur kritik und erklärung des Plautus. Leipzig 1880. 8. IV, 348 p. 6 mk. Eine fülle sorgfältiger excurse unter beibringung des vollständigen materials zum Plautinischen und Terenzischen sprachgebrauch. Es fehlt aber dieser streng begrenzten specialbeobachtung jeder weitere gesichtskreis.
No. 3. Sp. 76: *Adolf Baumgärtner*, über die quellen des Cassius Dio für die ältere römische geschichte. Tübingen 1880. 8. 61 p. Daß außer Livius für die Polybianischen abschnitte auch Polybius selbst benutzt sei scheint erwiesen. Der rest wird auf einen griechisch schreibenden römischen annalisten zurückgeführt. Seine theorien über diesen entbehren der begründung. Auch ist die neuere litteratur vernachlässigt. — Sp. 80: *Archimedis* opera omnia cum commentariis *Eutocii*. E codice Florentino recensuit latine vertit notisque illustravit *J. L. Heiberg*. Vol. I. Leipzig 1880. 8. (XII, 494 p.). 4 mk. Dieser band ist dem bisherigen guten rufe des jugendlichen editors entsprechend. —*s—r.* — Sp. 88: *Theognidis* reliquiae. Edidit *Jacob Sitzler*. Heidelberg 1880. 8. III, 172 p. 4 mk. 80 pf. Der versuch den echten Theognis auszuscheiden dürfte, weil überhaupt unmöglich, verfehlt sein. Der kritische commentar ist nicht vollständig, der index verborum dankenswerth. *B(laß).* — Sp. 89: *Nicephori* archiepiscopi Constantinopolitani opuscula historica. Edidit *Carolus de Boor*. Accedit *Ignatii Diaconi* vita Nicephori. Leipzig 1880. 8. LII, 279 p. 3 mk. 60 pf. Anerkennende, über den inhalt referirende anzeige von *B.* — Sp. 90: *Al. Harant*, emendationes et adnotationes ad Titum Livium. Paris 1880. 8. (310 p.). Es spricht sich in dem buch eine tüchtige kenntniß des lateinischen sprachgebrauchs aus, klare und knappe darstellung. Eine fülle schöner beiträge. *A. E.* — Sp. 92: *Theod. Schreiber*, die antiken bildwerke der villa Ludovisi in Rom beschrieben etc. Hsg. mit unterstützung der centraldirection des deutschen archaeolog. instituts. Mit 3 holzschnitten und 1 plan. Leipzig 1880. 8. VII, 275 p. 8 mk. Außerordentlich sorgfältige und dankenswerthe beschreibung der bisher wenig bekannten reichen schätze der villa. *Bursian.*
No. 4. Sp. 125: *Theognidis* elegiae. Secundis curis recogn. *Christophorus Ziegler*. Tübingen 1880. 8. VIII, 79 p. Der kritische apparat der neuen auflage ist bereichert. *B(laß).* — Sp. 125: *F. Weinkauf* de Tacito dialogi qui de oratoribus inscribitur auctore. Editio nova atque aucta. Cöln 1880. 8. (CLXX, 295 p.). Die neue ausgabe bietet werthvolles gut zum zweiten mal in reicherem maaße, aber auch der ballast erscheint gemehrt, die neue litteratur ist zu wenig berücksichtigt. *A. E.* — Sp. 155: *E. Huschke*, die neue oskische bleitafel und die pelignische inschrift aus Corfinium als nachtrag zu älteren oskischen und verwandten sprachstudien erklärt. Leipzig 1880. 8. 98 p. 2 mk. 40 pf. Die arbeit steht im gegensatz zu Bücheler's arbeit, vernachlässigt Hugge und bietet beiden gegenüber grundverschiedene resultate, die bei aller sorgsamkeit der untersuchung, mehr durch ihren widerspruch fördernd wirken werden.

No. 6. Sp. 175: *Georg Thouret*, über den gallischen brand. Eine quellenkritische skizze zur älteren römischen geschichte. Leipzig 1880. (Fleckeisens jahrbb. f. philol. suppl. bd. XI). Die arbeit weist nach, daß der gallische brand nie stattgefunden habe, uns allgemeiner kritik der möglichkeit berichteter thatsachen sowohl als inabesondere der kritik der einzelnen quellen. Die beweisführung ist geschickt, die disposition wenig übersichtlich. — Sp. 191: *Bibliotheca* scriptorum classicorum, hrsg. von *Wilh. Engelmann*. 8. aufl. umfassend die litteratur von 1700 bis 1878. Neu bearbeitet von dr. *Preuß*. 1. abtheilung: Scriptores Graeci. Leipzig 1880. 8. VIII, 802 p. Verdiente anerkennung des fleißigen werks. — Sp. 192. *Euripides* ausgewählte tragödien. 4. bdchn.: Hippolytus. Erklärt von *Th. Bartold*. Mit 1 tafel. Berlin 1880. 8. XLII, 178 p. 2 mk. 10 pf. (Haupt-Sauppe'sche sammlung). *J. K(viťala)*: werthvolle arbeit, wenn auch manches irrthümlich und gewagt, die einleitung ist sehr beachtenswerth. No. 7. Sp. 211: *Ferd. Beckurts*, zur quellenkritik des Tacitus, Plutarch, Sueton und Cassius Dio: das vierkaiserjahr. Braunschweig 1880. 8. 70 p. *F. R.* spricht sich im ganzen anerkennend über die arbeit aus knüpft daran einen excurs über die bedeutung übereinstimmender nachrichten bei verschiedenen schriftstellern und characterisirt die in frage kommenden autoren, insbesondere den Tacitus (als essayisten). — Sp. 228: *Georg Voigt*, die wiederbelebung des classischen alterthums oder das erste jahrhundert des humanismus. 1. bd. 2. umgearb. aufl. Berlin 1880. 8. XII, 595 p. Die neue ausgabe ist stofflich ungemein vermehrt, aber auch überall aus den quellen und mit verwerthung selbst entlegenster italienischer litteratur vertieft. Das ganze ein reiches und treffendes culturbild einer der wichtigsten epochen der weltgeschichte.

Literatur 1881.

(dem Philologus und PhAnzeiger zugesandt).

Ueber den ursprung der homerischen gedichte, von *J. P. Mahaffy*. — Ueber die sprache der homerischen gedichte, von *A. H. Sayce*. 8. Hannover, Helwig. 1881.

G. Fraccaroli: La Pitia X di Pindaro. Verona 1880.

Rudolf Peppmüller: Hesiods werke und tage übertragen. Halle 1881 (Gebauer-Schwetschke).

P. W. Forchhammer: die wanderungen der Inachostochter Io, zugleich zum verständniß des gefesselten Prometheus des Aeschylus erklärt. Beigegeben eine karte. Kiel 1881 (universitäts-buchhandlung Paul Toeche).

N. Wecklein: die tragödien des Sophocles zum schulgebrauche mit erklärenden anmerkungen versehen. V. bändchen: Oedipus in Colonus. München 1880. (J. Lindauer).

Thukydideische forschungen von *Hermann Müller - Strübing*. 8. Wien, Konegen. 1881.

Gustav Eichler: de Cyropaediae capite extremo (VIII, 8). Dissert. inaug. Lips. 1880.

Karl Uphues: das wesen des denkens. Nach Platon. Landsberg a/W. 1881. (Hermann Schönrock).

Der gedankengang in *Plotins* erster abhandlung über die allgegenwart des intelligibeln in der wahrnehmbaren welt. (Ennead. VI. 4). Von dr. ph. *Hugo von Kleist*. Programm. 4. Flensburg 1881.

Nr. 3.   März 1881.

Philologischer Anzeiger.

Herausgegeben als ergänzung des Philologus

von

Ernst von Leutsch.

───────

31. De Ione fabula Euripidea quaestiones selectae. Scr. Lud. Enthoven. Diss. von Bonn 1880. 66 p. 8.

Der Ion des Euripides bietet vielfache schwierigkeiten, von denen manche der art sind, daß man an eine durchgreifende — wie man es nennen will — interpolation oder umarbeitung denken möchte. Vielleicht aber ist es nicht unbillig, die geringere sorgfalt der arbeit dem dichter selbst zuzuschreiben. Jedenfalls lassen sich in betreff umfangreicher interpolationen nur vermuthungen hegen und auch scharfsinnige und glänzende emendationen, welche z. b. aus vs. 10—13 ganz neue verse ταύτης ὑπ' ὄχθῳ ταῖσι προσφόροις πέτραις παῖδ' ἐξ Ἐριχθέως τῆς ἀνακτος Ἀτθίδος βίᾳ Κρέουσαν Φοῖβος ἔζευξεν γάμοις schaffen, haben schließlich nur den werth von lusus ingenii, abgesehen davon, daß ὑπ' ὄχθῳ ταῖσι . . πέτραις nicht euripideischen stil verräth. Immerhin aber kommt es der wissenschaftlichen forschung zu, die schwierigkeiten und bedenken darzulegen und zu begründen. In dieser beziehung erkennen wir an, daß die abhandlung von Enthoven schätzenswerthe beiträge zur kritik des Ion giebt. Noch erfreulicher sind einige positive ergebnisse, zunächst die bestimmung der zeit der aufführung. Der verf. berechnet zuerst die auflösungen in den Troades, Iphigenia Taurica, Ion, Helena. Die vergleichung der zahlen ergibt, daß der Ion der Helena am nächsten steht. Das erscheint vielleicht als etwas lächerlich, beweist auch nicht viel, läßt aber wenigstens beiläufig auf die zeit schließen. Mehr bedeutet der zweite grund. In der Lysistrate, welche im jahre 411 aufgeführt wurde, kommt Kinesias zu den frauen, welche die burg besetzt halten, und bittet die Myrrhine um ein stelldichein; auf die frage: *ποῦ γὰρ ἄν τις καὶ τάλμν δράσειε τοῦθ'*; erwidert Kinesias: *ὅπου; τὸ τοῦ Πανὸς καλόν* (910 f.). Nicht ohne grund nimmt der verfasser an, daß darin eine anspielung auf das beilager des Apollon und der Kreusa in der grotte an der akropolis, welches im Ion eine so große rolle spielt, enthalten sei, daß also der Ion nicht lange vor dem jahre 411 aufgeführt sein werde. Dann stellt er drittens ans Ion und Helena verschiedene ähnlichkeiten des ausdrucks wie Ion. 259 *ὄνομά τί σε καλεῖν ἡμᾶς χρεών*; — *Κρέουσα μὲν μοι τοὔνομ', ἐκ δ' Ἐρεχθέως πέφυκα, πατρὶς γῆ δ' Ἀθηναίων πόλις*, Hel. 86 *τίν' ἐξαυδᾶν σε χρή*; — *Ὄνομα μὲν ἡμῖν Τεῦκρος, ὁ δὲ φύσας πατὴρ Τελαμών, Σαλαμὶς δὲ πατρὶς ἡ θρέψασά με*, und ähnlichkeiten des inhalts zusammen: Ion und Helena sind durch Hermes in ein fremdes land gebracht; nach der erkennung gelangen sie in ihre heimath zurück. Daraus schließt der verfasser, daß der Ion mit der Helena und Andromeda zugleich im jahre 412 aufgeführt worden sei. Die gründe sind nicht zwingend, aber es ist doch einige wahrscheinlichkeit damit gewonnen. Freilich scheint der zweite grund mit einer frage zusammenzuhängen, welche der verf. an zweiter stelle behandelt und in der wir demselben nicht beipflichten können, mit der frage der identität der grotte des Pan und Apollon an der akropolis. Zunächst ist die rede von dem namen *Μακραί*. Vier stellen, in welchen dieser name vorkommt, sind bereits von anderen als unecht oder wie wir es oben von vs. 10—13 gesehen haben als erweiterung des ursprünglichen textes erklärt worden. Es bleibt eine einzige stelle übrig, an welcher der name erscheint, 492 *ὦ Πανὸς θακήματα καὶ | παραυλίζουσα πέτρα | μυχώδεσι Μακραῖς*. Die versuchung auch diese stelle zu beseitigen liegt nahe. Doch wirft Enthoven *μυχώδεσι Μακραῖς* nicht einfach aus, was wir unter umständen vorziehen würden, sondern schreibt *μυχώδεσιν ἄκραις*. Wir sollen also glauben, daß erst durch versehen des abschreibers der name *Μακραί* entstanden und dann in jene vier stellen interpoliert worden sei. Es ließe sich da nachweisen, daß alle diese interpolationen der byzantinischen zeit angehören müßten, welchen charakter sie nicht an sich tragen. Aber abgesehen davon paßt das epitheton *μυχώδεσι* wenig zu *ἄκραις*, noch weniger geeignet aber erscheint *παραυλίζουσα*; an die stelle von *παρά* müßte *ὑπό* treten. Der beweis für die identität der beiden grotten beruht vorzugsweise auf der auffassung von 936 ff.:

KP. ἄκουε τοίνυν . οἶσθα Κεκροπίας πέτρας;
ΠΑΙ. οἶδ' ἔνθα Πανὸς ἄδυτα καὶ βωμοὶ πέλας.
KP. ἐνταῦθ' ἀγῶνα δεινὸν ἠγωνίσμεθα.

Der verfasser meint, daß *ἐνταῦθα* bestimmt werde durch das vorhergehende *ἔνθα*, daß also die Pansgrotte als der ort, wo Apollon die Kreusa überraschte, bezeichnet werde. Wir geben die beziehung von *ἐνταῦθα* auf *ἔνθα* zu, übersehen aber *πέλας* nicht. Es wird also mit *ἔνθα* eine stelle angegeben in den kekropischen felsen in der nähe der Pansgrotte. Dies stimmt überein mit der vorher behandelten stelle und wird nicht umgestürzt durch 502 *ὦ Πάν, τοῖσι σοῖς ἐν ἄντροις ἵνα κτἑ.*, womit nur im allgemeinen die örtlichkeit angedeutet wird. Nach Paus. I, 28, 4 ist die der Klepsydra nächste grotte die Apollongrotte; wenn es bei dem Schol. zu Ar. Lys. 911 heißt: *πλησίον δὲ τοῦ Πανείου ἡ Κλεψύδρα ἦν κρήνη*, so ist dieses *πλησίον* nicht so genau zu nehmen und hat nur beziehung auf die worte des komikers: *ΜΥ. καὶ πῶς ἔθ' ἁγνὴ δῆτ' ἂν Πιθοιμ' ἐς πόλιν; ΚΛ. κάλλιστα δήπου λουσαμένη τῇ Κλεψύδρᾳ.* — Aus dem dritten abschnitt, welcher zu einzelnen stellen beobachtungen mittheilt, erwähnen wir die untersuchung über die bedeutung von *γύαλα* und *θυμέλη*. Das erstere wort kommt viermal vor: 76, 220, 235, 245. Nach 76 *ἀλλ' εἰς δαφνώδη γύαλα βήσομαι τάδε* (vgl. Hom. hymn. auf den Pyth. Ap. 215) versteht es Enthofen von den wölbungen, welche die baumkronen des lorbeerhaines bilden, und entnimmt aus 234 f. *μαθεῖσαι δεσπόται με θεοῦ γύαλα τάδ' εἰσιδεῖν*, daß der eigentliche schauplatz der handlung in dem lorbeerhaine sei und von dem tempel nur der nordöstliche winkel gesehen werde, wie schon Schönborn, Skene der Hellenen p. 177 f. aus anderen umständen schließen zu müssen geglaubt hat, daß der tempel schräg von den zuschauern gestanden, also halb von der seite gesehen worden sei. Ich kann nicht genau erkennen, wie sich Enthoven das *in sacro nemore agi rem* vorstelle. Jedenfalls existierten die *δαφνώδη γύαλα* nur auf der dekoration und zwar auf der seite, da Hermes, um auf die seite zu gehen, in dieselben tritt. Ob nun hinreichender grund vorhanden davon abzugehen, daß die mittelthüre den eingang des tempels bilde, scheint zweifelhaft. Wir werden wohl annehmen müssen, daß die dekoration der

rechten periakte und die fonddekoration rechts von dem tempel
die δαφνώδη γύαλα vorgestellt habe. Wenn nun γύαλα an allen vier stellen, was allerdings wahrscheinlich ist, das gleiche
bezeichnen soll, dann müssen wir nach 245 f. οὐ πάντες ἄλλοι
γύαλα λεύσσοντες θεοῦ χαίρουσιν, ἐνταῦθ᾽ ὄμμη σὸν διαφέρουσί
wie auch nach 284 f. μεθεῖσαν δεσπόται με θεοῦ γύαλα τάδ᾽ εἰσιδεῖν an dasselbe denken wie Androm. 1092 f. ὁρᾶτε τοῦτον,
ὃς διαστείχει θεοῦ χρυσοῦ γέμοντα γύαλη, θησαυροῖς βροτῶν, an
die hauptsehenswürdigkeit von Delphi, die Θησαυροί (Hesych.
γύαλα, θησαυροί, ταμιεῖα). Solche schatzkammern, von lorbeerbäumen beschattet, waren also auf der rechten periakte und
neben dem tempel gemalt und zwischen diese tritt Hermes, auf
der rechten seite abgehend. — Das wort θυμέλη findet sich 46,
114, 161, 228. Aus 46 ὑπὲρ δὲ θυμέλας διορίσαι πρόθυμος ἦν
verglichen mit 34 θὲς πρὸς αὐταῖς εἰσόδοις δόμων ἐμῶν schließt
Enthoven, daß θυμέλη das gleiche wie εἴσοδος bedeute, also
nicht „altar", wie Schömann angenommen, sondern *limen tantum,
gradus quibus nititur templum*. Der schluß ist nicht richtig, denn
θυμέλη kann eine weitere bedeutung haben und z. b. den ganzen tempelbezirk bezeichnen, über dessen bereich der findling
hinaus geschafft werden soll. Zu 114 ἃ τὰν Φοίβου θυμέλαν
σαίρεις ὑπὸ ναοῖς werden als erklärung die verse 103—106,
78—80 angeführt mit dem zusatz: *ad pronaon igitur necesse est
etiam vox Θυμέλαι spectet*. Auch dies ist nicht richtig; denn der
weitere begriff wird erst durch ὑπὸ ναοῖς begrenzt. Wenn es
dann heißt: *eandem significationem admittunt versus* 161 sq. ὅτε
πρὸς θυμέλας ἄλλος ἱζήσει κύκνος und weiter bemerkt wird,
daß diese bedeutung von θυμέλη der von Wieseler nachgewiesenen, in welcher das wort das auf stufen zugängliche brettergerüst in der orchestra bezeichne, nahe stehe, so fliegen ja die
vögel in der höhe auf den tempel zu und wollen sich in der
höhe niederlassen, von wo sie Ion mit seinem bogen verscheucht.
Dagegen paßt wieder die weitere bedeutung „opferplatz, tempelbezirk", welche das wort auch El. 713 θυμέλαι δ᾽ ἐπίτναντο
χρυσήλατοι hat, die als erweiterung der ursprünglichen bedeutung „opferherd, altar" (vgl. Schutzfl. 64 δεξιπύρους θεῶν θυμέλας.) sehr nahe liegt. Endlich handelt es sich um die erklärung von v. 226 ff. τί μὲν ἔθυσατε πέλανον πρὸ δόμων καί τι
πυθέσθαι χρῄζετε Φοίβου, πάρις᾽ εἰς θυμέλας, ἐπὶ δ᾽ ἀσφάκτοις

μήλοισι δόμων μὴ πάρι' εἰς μυχόν. Der verfasser giebt folgende übersetzung: *si dum consulturas liba in ara ante templum posita sacrificastis, limen templi adito, adytum vero nisi mactata pecude intrare non licet.* Darnach soll das opfer eines kuchens das eintreten in den vorhof, das opfer eines lammes den eintritt in das innere des tempels selbst gestatten. Wir haben gesehen, daß die bedeutung von θυμέλη und der hier angenommene gegensatz von θυμέλη und δόμων μυχός nicht haltbar ist. Wohl aber kann θυμέλη wieder der weitere, δόμων μυχός der engere begriff sein. Wer aber sieht bei unbefangenem lesen nicht sofort ein, daß ἐπὶ ἀσφάκτοις μήλοισι nur der gegensatz zu εἰ μὲν .. δόμων ist in dem sinne: „wenn ihr vor dem tempel geopfert habt, tretet ein in den tempel; ohne vorhergegangenes opfer dürft ihr nicht in das innere des heiligthums treten." Nun hat freilich Schömann mit recht bemerkt, daß πέλανος ohne nähere bestimmung nicht von dem blutigen opfer verstanden werden könne. Ich habe aber bereits an einer anderen stelle (*Curae criticae* p. 16) auf die überlieferung ἰδύσατε hingewiesen, welche uns eher auf ἰδύσαντι, als auf das von H. Stephanus hergestellte ἰθύσατε führt. Mit ἰδύσαντι ist der αἱμητοσταγὴς πέλανος genugsam angedeutet und alles in ordnung.

N. Wecklein.

32. **Georgius Meyer:** Quibus temporibus Thucydides historiae suae partes scripserit. Nordhusae, C. Kirchner, 1880.

Die antwort, die diese Jenenser doctordissertation auf die frage giebt, ist folgende: gleich nach 421 hat Thukydides den zehnjährigen krieg, auch die sicilische expedition schon vor 404 geschrieben; nach dem ende des ganzen krieges dann α, 1 —23 und die pentakontaëtie, α, 89—118, §. 2 hinzugefügt und die geschichte des archidamischen krieges von α, 23—ε, 24 überarbeitet; darauf hat er ς, 25—116 geschrieben, dann in die schon vor 404 fertige geschichte der sicilischen expedition das von 415—413 in Griechenland geschehene eingefügt und dabei zugleich die bücher sechs und sieben überarbeitet, zuletzt sich an die folgenden jahre, das achte buch gemacht, bei dessen abfassung ihn der tod überrascht hat. Zunächst ist der verf. wie natürlich bemüht, stellen aufzuweisen, die vor 404 geschrieben sind, dann 2. den nachweis für die überarbeitung zu liefern

In 1 ist er vornehmlich mit dem ref. (Philol. XXXVIII, 503 ff.) beschäftigt und wendet sich, p. 4, zuerst gegen meine auslegung der beiden relativsätze in β, 1. Ich hatte in dem ersten: ἐν ᾧ οὔτε ἐπεμίγνυντο ἔτι ἀκηρυκτεὶ παρ' ἀλλήλοις, die andeutung der zeit gefunden, die dem beginn des eigentlichen krieges noch voranging, der 80 tage vom überfall von Plataeae bis zum einfall des Archidamos, in dem zweiten: καταστάντες τε ξυνεχῶς ἐπολέμουν, den mit diesem einfall officiell begonnenen krieg. Daß der schriftsteller in diesem sinne aufgefaßt sein will, schien sich mir schon aus der stellung des καταστάντες mit nothwendigkeit zu ergeben. Denn wenn die gegner schon mit dem überfall von Plataeae in den krieg eingetreten sind, warum steht es nicht schon im ersten relativsatz, warum ist dann nicht ἐν ᾧ καταστάντες οὔτε ἐπεμίγνυντο κτλ. gesagt? Hätte ich aber dennoch zweifeln wollen, ob der schriftsteller auch wirklich so geschieden wissen will, so hätte mich alsbald der herold Melesippos mit seinem ausruf am tage des einfalls c. 12, 27: ἥδε ἡ ἡμέρα τοῖς Ἕλλησι μεγάλων κακῶν ἄρξει, eines andern belehren müssen. Wird aber so der zeit nach geschieden, so ist sogleich ein neuer gewinn da. Jetzt haben auch, und nur dadurch, die beiden relativsätze jeder seine signifikante bedeutung, wie der zweite durch seinen beisatz ξυνεχῶς, so nun auch der erste durch die angabe des eigenthümlichen umstandes, daß die form des friedensverkehrs schon aufgehört hat, obgleich noch kein krieg war. Die beiden relativsätze enthalten also nun die besonderen eigenschaften (daher nothwendig die imperfecta ἐπεμίγνυντο und ἐπολέμουν), in denen dieser krieg, der hier zunächst beschrieben werden soll, der zehnjährige, vor allen andern seine eigenthümlichen merkmale hat. Außerdem hatte ich nicht unterlassen darauf hinzuweisen, wie der schriftsteller durch seine chronologie darauf gekommen ist, den einfall von Plataeae, der genau genommen noch nicht der krieg war, dennoch schon mit zum krieg zu rechnen. Der verf. kann sich diese auffassung nicht aneignen. Ihm soll dieser eingang der erzählung eben nichts weiter besagen als: hier beginnt der krieg, in dem die gegner nicht mehr ohne herolde verkehrten und unausgesetzt (bis zum frieden) krieg führten. Aber was braucht Thukydides denn erst zu sagen, daß das wasser naß und das gras grün ist? Daß er in diesen relativsätzen von seinem kriege ganz besondere merkmale maß angeben wollen, liegt doch auf der hand, und nun soll er ganz schülerhaft von seinem kriege sagen, was sich von jedem kriege von selbst versteht? Und warum darf meine auslegung nicht gelten? οὔτε—τί soll das unmöglich machen. Was der verf. hier über die verbindung dieser partikeln lehrt (quae particulis οὔτε — τί connexa sunt, ad unum temporis spatium referri) ist dasselbe, was ich selbst schon vor 20 jahren im Philol. XVI, 331 vorgetragen hatte und bis heute nicht vergessen habe. Dieser lehre zufolge sagt er: *satis perspectum habeo, utrumque membrum ad bellum decenne esse referendum*. Aber habe ich nicht gerade dasselbe gesagt, wenn ich p. 508 schreibe: „so hält sich Thukydides für berechtigt, diese zwischenzeit der 80 tage schon in den krieg selbst mit hereinzurechnen"?

Aber zweitens soll ich auch mit meiner auffassung des ξυνεχῶς im unrecht sein. Ich hatte darin einen hinblick auf den ganzen 27jährigen krieg gesehen, der durch die friedenszeit der sechs jahre und zehn monate unterbrochen ist, und dieses ξυνεχῶς hier zu anfang in dem schlußwort zu ende der erzählung ι, 24, 36: ὁ πρῶτος πόλ. ξυνεχῶς γενόμενος wiedergefunden. Wäre das, sagt Meyer, dann hätte an der zweiten stelle des gegensatzes wegen ὁ πρῶτος πόλεμος ἡ ξυνεχῶς γενόμενος geschrieben sein müssen. Wie mag man sich dagegen verschließen, daß dieses ξυνεχῶς an beiden stellen dasselbe ist? Dort eben zu anfang ist das ξυνεχῶς schlecht und recht ein bloßes merkmal des krieges, der beschrieben werden soll; von einem ausgeprägten gegensatz lesen wir dabei noch nichts, weil es des schriftstellers art nicht ist, vorschnell zu sein. Hier unten am schluß der erzählung der zehn jahre fügt er jetzt, weil er nun an der stelle ist, sich sogleich weitläuftig darüber zu erklären, ὁ πρῶτος ein. Wenn er nun also, nach erzählung des friedensschlusses sagt: ταῦτα τὰ δέκα ἔτη ὁ πρῶτος πόλεμος ξυνεχῶς γενόμενος γέγραπται, so heißt das also jetzt in einem offenbaren gegensatz, wie es die grammatik verlangt: auf diesen ersten πόλεμον ξυνεχῶς γενόμενος folgt noch ein anderer, ein δεύτερος πόλ., auch ξυνεχῶς γενόμενος (sogar von gleichfalls zehn jahren, wie jener erste), von jenem ersten aber durch den schon gemeldeten frieden getrennt. Daß aber diese beiden zehnjährigen von einander getrennten kriege dennoch eins sind, ein ganzes bilden, einen einheitlichen krieg, wenn gleich von einer scheinbaren friedenszeit unterbrochen und darum ein krieg nicht ξυνεχῶς γενόμενος, das erfahren wir sogleich in den nachfolgenden capp. 25 und 26, und bekommen damit zugleich die uns noch bis dahin mangelnde belehrung, was in dem eingang β, 1 jenes ξυνεχές im sinne des schriftstellers recht eigentlich besagen will, und müssen erkennen, daß wir in dieser charakterisirung des theils schon eine andeutung von dem eigenthümlichen charakter des ganzen erhalten.

Das dritte, wo Meyer mir nicht beistimmen kann, ist meine erklärung der worte: ὅσα γε κατὰ τὸν πόλεμον τόνδε in δ, 48, 28. Ich hatte sie für einen beweis genommen, daß Thukydides hier nur den zehnjährigen krieg beschreibt, aber damals schon, weil den wiederausbruch der stasis auf Kerkyra im jahre 410, auch den späteren krieg kennt. Meyer selbst kann nicht umhin einzugestehen, daß wenn man meine auffassung zugäbe, alle schwierigkeiten, die man bisher in der stelle gefunden, schwinden und alles aufs beste quadriren würde. Warum giebt er sie also nicht zu? Warum, was weiß ich? — weil eben widersprochen werden muß. Statt dessen trägt er selbst eine neue interpretation der worte vor. Sie heißen ihm: so weit es für meine beschreibung des krieges erzählenswerth war, *quod enim superaret discordiarum* (στάσεως), *id in describendo bello inter Athenienses et Lacedaemonios gesto ullius momenti fuit*. Also alsbald nach dem ausgang dieser stasis, noch vor dem ende des zehnjährigen krieges, soll schon wieder eine neue stasis stattgefunden haben, freilich keine so bedeutende, daß sie dem Thukydides noch erwähnenswerth scheinen mußte, und das soll möglich gewesen sein, und das soll alles schon das schlichte κατὰ τὸν πόλεμον τόνδε enthalten? Möge Meyer sehen, wie er bei stellen wie γ, 113, 32; η, 87, 28 und ähnlichen mit seinem κατά zurecht kömmt. Ich will abwarten, ob sich einer findet, der dieser erklärung vor der meinigen den vorzug geben wird.

Das sind nun die drei ersten proben von Meyer's widerspruch; die sonstigen wollen mir nicht glücklicher erscheinen. Wenn gleich seine in leichtem ansprechendem latein geschriebene abhandlung studium und scharfsinn verräth, so weiß sie doch, so gern sie's möchte, im ganzen werk nicht eine einzige stelle aufzuweisen, die vor 404 geschrieben wäre. Ebenso wenig erfüllt sie ihre absicht in ihrem zweiten theil, wo sie spuren der überarbeitung darlegen will. Gern wollte ich mir schon an einer einzigen genügen lassen. Aber weder Meyer noch wer sonst bis jetzt uns solche spur zu zeigen unternommen hat, hat das ohne die wunderlichsten, erstaunlichsten, nicht selten irrthümlichsten behauptungen zu thun vermocht. Was bislang der interpretation eine schwierigkeit macht oder auch keine, muß man jetzt fast alles in diesem sinne verwandt sehen. So habe Thukydides (p. 17) ε, 1 ursprünglich geschrieben: τοῦ δ' ἐπιγιγνομένου θέρους αἱ μὲν ἐνιαύσιοι σπονδαὶ διελέλυντο, Κλέων δὲ κτλ., später selbst an den rand geschrieben: μέχρι Πυθίων — ὥρμητο, was hernach in die *continua descriptio* eingefügt den zusammenhang der rede verdunkelt habe; η, 87, 27 ursprünglich bloß geschrieben (p. 19): ξυνέβη τε ἔργον τοῦτο 'Ελληνικὸν μέγιστον γενέσθαι καὶ τοῖς διαφθαρεῖσι ἀνεκρίστατον; später vocabulo 'Ελληνικὸν *uncis incluso* an den rand gesetzt: τῶν κατὰ τὸν πόλεμον εἴδη, und *quod voce* 'Ελληνικὸν *expressum habueras ne prorsus omitteret, aliquanto cautius addidit* δοκεῖν δ' ἔμοιγε καὶ ἂν ἀποξ 'Ελληνικὼν ἐσμεν; und an anderen stellen dergl. mehr. So sind wir denn also auch mit unserm verf. wie schon mit andern vor ihm glücklich beim brouillon des Thukydides angekommen, aus dem nun jeder sich seinen Thukydides zu paß zu schneidern die erlaubniß hat.

L. H.

---

33. Fridricus Kiel: Quo tempore Thucydides priorem operis sui partem composuerit. Hannoverae, 1880.

Es ist diese zweite schrift über denselben gegenstand eine wackre arbeit, an der jeder seine aufrichtige freude haben wird. In korrectem, leichtem, durchsichtigem latein, das die gute göttinger schule wieder erkennen läßt, und in ruhiger logischer deduktion legt der verf. ersichtlich nach dem fleißigsten studium, ohne davon viel aufhebens zu machen, seine eindringenden, urtheilsvollen, zum theil eignen gedanken dar, und hat damit auch seinerseits der sache, um die es sich hier handelt, einen dienst geleistet. Das resultat, zu dem der verf. gelangt, ist von dem der eben besprochenen abhandlung das gerade gegentheil. Die stellen, die Ullrich für seine meinung anführt, enthalten ihm keinen beweis, daß sie vor dem ende des ganzen krieges geschrieben sind, und von einer *retractatio*, die jene abhandlung versicht, kann er im werke keine spur entdecken, vielmehr erscheine es, so wie wir es jetzt haben, als erst nach dem ende des ganzen krieges geschrieben.

Es ist das also dasselbe, was ref. im letzten jahresberichte im Philol. XXXVIII zu beweisen versucht hat. Wie ich, so kömmt auch der verf. zu diesem resultat mit durch den unterschied, der bei Thukydides im gebrauch von ὅδε ὁ πόλεμος und ὁ πόλεμος ὅδε wahrzunehmen sei. Aber er glaubt, diesen gebrauch anders als ich es gethan, formuliren zu müssen, und so liegt es nahe, weil die sache es werth ist, auf diese differenz hier etwas näher einzugehen. ὅδε ὁ πόλεμος ist nur der krieg, der hier beschrieben wird, im gegensatz gegen alle andern kriege, der ganze 27jährige, ὁ πόλεμος ὅδε, ohne diesen gegensatz gegen die audern, der krieg, der hier beschrieben wird, innerhalb seiner besondern grenzen. Natürlich ist dabei meine meinung nicht die, daß Thukydides sich für den gebrauch dieser formeln eine eigne besondere grammatik zurecht gemacht habe; er hat sie und verwendet sie gerade so, wie der sonstige sprachgebrauch ihm anlaß und recht giebt. ὅδε bei einem mit dem artikel versehenen substantiv hat Thukydides im ganzen 71 mal, vorangestellt 31 mal, nachgestellt 40 mal. Weil ich wünschen muß, daß man mich in meiner formulirung controlire, so unterlasse ich nicht, die stellen selbst herzusetzen. Vorangestellt also findet es sich: α, 6, 31; 13, 22; 18, 2; 18, 23; 19, 33; 23, 2; 24, 25; 94, 33; 97, 2; 118, 31; 118, 1; 118, 11; 144, 28; β, 11, 19; 12, 27; 16, 34; 21, 22; 34, 27; 41, 4; 54, 8; 64, 28; 68, 16; 102, 6; γ, 104, 9; δ, 10, 18; 118, 1 sw; ε, 9, 1; ζ, 17, 10; η, 44, 30; 56, 6; 61, 24; nachgestellt: α, 68, 17; 132, 2; β, 35, 18; 35, 22; 47, 17; 64, 23; 70, 21; 103, 19; γ, 11, 32; 13, 32; 25, 31; 54, 18; 57, 6; 63, 35; 88, 4; 98, 4; 104, 35; 113, 32; 116, 22; δ, 46, 28; 51, 24; 133, 23; 135, 11; ε, 18, 34 sw; 18, 35 sw; 20, 24; 20, 33; 47, 28 sw; 88, 23; ζ, 7, 29; 9, 20; 40, 12; 93, 14; η, 18, 19 sw; 66, 3; 87, 28; ϑ, 6, 27 sw; 17, 19; 60, 23; 99, 10. Znerst von den voranstellungen. Von ihnen stehen 6 außer betracht: β, 41, 4; β, 68, 16; β, 94, 33; β, 102, 6; γ, 104, 9; η, 61, 24. Hier ist das pronomen vorangestellt, weil von der sache im vorhergehenden schon gesprochen war, das pronomen weist also zurück; in γ, 104, 9 auf z. 7: ἐν τοίςδε; in η, 61, 24 auf z. 19: ὅσοι τε Ἀθην. πείρασιν — καὶ ὅσοι τῶν ξυμμάχων. Dabei hat die allgemeine gegnüberstellung vor der nachfolgenden erwähnung den vorzug. β, 54, 8 heißt es: ταῦτα τοῦ ἔπους, offenbar im gegensatz gegen alle sonstigen sprüche, mit denen man sich damals trug, obgleich dies ἔπος sogleich wörtlich nachfolgt. Belehrend auch in sonstiger hinsicht ist β, 102, 6. Hier bekommen wir: ταῦτα τοῦ χειμῶνος, der regel nach, von einem χειμών, der vorher schon erwähnt ist. Aber warum hier das eine mal im ganzen werk ταῦτα τοῦ χειμῶνος, während sonst in gleichen fällen τοῦ αὐτοῦ χειμῶνος üblich ist, im ganzen 29 mal, oder χειμῶνος τούτου, oder ἐν τῷ χειμῶνι τούτῳ, 6 mal. Wollen wir nicht lieber, um den ausdruck gleichzumachen, hier den codd. CG folgen, die auch hier statt ταῦτα τοῦ χειμῶνος dasselbe übliche τοῦ αὐτοῦ χειμῶνος geben? Aber die sache selbst scheint hier eben eine andere. Während wir an den andern stellen nur einfache zeitbestimmungen haben, kommt es dem schriftsteller hier auf die qualität des χειμών an; das ist an dem vorausgehenden c. 101, 30 abzunehmen: ὑπὸ χειμῶνος ἐπιλαμβάνει, und auch im nachfolgenden, z. 16. 21, ersichtlich. So möchte ich also hier denselben rationellen charakter der codd. CG erkennen, der auch sonst wahrzunehmen ist. An den andern stellen nun, wo das pronomen dem substantiv vorangeht, zeigt es sich auf den ersten blick, daß hier das substantiv, von dem die rede ist, zu allen sonstigen species derselben art in den gegensatz tritt, im hinblick auf diese besprochen wird, diese ἡμέρα, dieser κίνδυνος, diese πόλις, diese ὁρμή, und so auch dieser πόλεμος in den gegensatz zu allen sonstigen. Anders ist es, wenn das pronomen dem substantiv nachfolgt. Dann ist von solchem gegensatz, von solcher ausschließung gegen anderes derselben art nichts zu spüren; in dem vorausgegangenen substantiv mit seinem artikel ist die bestimmte sache gegeben und das folgende pronomen will nichts anderes als auf diese wie auf etwas vorhandenes, gegenwärtiges hinweisen: τὸν λόγον τόνδε, die rede, die jetzt hier gehalten wird, τὸν τάφον τόνδε, die bestattung, die hier begangen wird, ἡ νόσος ἥδε, die krankheit, die jetzt hier grassirt, τὴν δίκην τήνδε, den richterspruch, der hier gefällt wird, und so außer den andern (ξύνοδος, ἐκκλησία, ὅρκος, ξυμμαχία, ἐλεγεῖον, θέρος, χώρα, Λακεδαιμόνιοι, ἔαρ, σπονδαί, ξύμμαχος) auch ὁ πόλεμος ὅδε, der krieg, der hier beschrieben oder geführt wird. Außer bei diesem πολέμῳ, sind wir noch bei einem zweiten wort so glücklich, es vor und auch nach dem pronomen zu finden. α, 144, 28 und β, 64, 26 haben wir: τῇδε τῇ πόλει; an beiden stellen legt der schriftsteller dem Perikles diesen ausdruck in den mund, und es darf schon der redner mit dem ausschließenden sinn des ausdrucks für sein Athen allein etwas in anspruch nehmen, was den andern staaten in gleicher weise nicht zukömmt; ζ, 40, 12 sagt Athenagoras, obwohl Thukydides ihn doch sonst den mund recht voll nehmen läßt, ἡ πόλις ἥδε, also bloß einfach auf sein Syrakus hinweisend; in umgekehrter stellung wäre ἥδε ἡ πόλις in überhebung über Athen und Sparta doch eine gar zu lächerliche rodomontade gewesen. Will man sich nun diesen unterschied rationell entwickeln, so darf man etwa so sagen: steht das pronomen voran, so hebt sich durch den nachdruck, der auf dieses fällt, dieses einzelne aus der gattung des nachfolgenden begriffs heraus und tritt daher zu dieser ganzen gattung in den gegensatz; steht das substantiv voran, so bringt man in diesem ein bestimmtes einzelnes, den begriff dieser species mit, sieht daher von der gattung ab und bezieht durch das nachfolgende pronomen dieß einzelne auf sich allein, beschränkt es innerhalb seiner besondern grenze. Auf πόλεμος angewendet heißt das also in kurzem ausdruck: ὅδε ὁ πόλεμος, dieser krieg, der hier beschrieben wird, und kein andrer, ὁ πόλεμος ὅδε, der krieg, der hier beschrieben wird, innerhalb seiner grenze. Wer nun dafür hält, daß der schriftsteller sich immer und überall in der beschreibung des ganzen, des 27jährigen krieges bewegt, kann also ersichtlich aus diesem unterschied keinen gewinn ziehen; wer dagegen erkennt, daß Thukydides von β—ε, 24 bewußt und ausgesprochener maßen einen besonderen theil des ganzen krieges und zwar den ersten 10jährigen beschreibt, für den ist auch sofort der ausdruck ὁ πόλεμος ὅδε in den genannten büchern auf die ersten zehn jahre begränzt und in den einzelnen fällen die bestimmte erklärung gegeben. Daß das aber einerseits nicht eine willkürliche annahme ist, sondern des schriftstellers eigene meinung, spricht er selbst da, wo er diesen besondern theil zu ende führt, aufs allerdeutlichste aus, ε, 24, 25: ταῦτα δὲ τὰ δέκα ἔτη ὁ πρῶτος πόλεμος ξυνεχὲς γενόμενος γέγραπται, dem sich sodann ε, 26, 15 die weitere erzählung in γέγραφε δὲ καὶ ταῦτα ὁ αὐτὸς Θ. Ἀ. als ein andres und neues gegenübergestellt, doch aber zugleich so, daß dieß neue mit jenem ersten ein ganzes macht, ι, 26, 29. Wird aber so aus dem bis ι, 24, 24 erzählten 10jährigen kriege von jetzt ab (καὶ τὸ θέρος ἤρχε τοῦ ἐνδεκάτου ἔτους) der 27jährige, so hört auch selbstverständlich eben von jetzt ab nach demselben sprachgebrauch in ὁ πόλεμος ὅδε die beschränkung auf die zehn jahre auf, und wo von jetzt an diese formel erscheint, in den regelmäßigen jahresaufzählungen und sonst, muß sie natürlicher weise auf den ganzen krieg, die 27 jahre, ausgelegt werden.

Dieser darlegung gegenüber in dem ausdruck ὁ πόλεμος ὅδε ein bellum usque eo gestum oder narration finden wollen, wie Kiel thut, um so auch seinerseits aus der formel gewinn ziehen zu können, ist ungerechtfertigt; weder ist diese erklärung rationell gegeben, noch stimmt sie mit dem nachgewiesenen gebrauch. Die stelle η, 87, 27: ξυνέβη τε ἔργον τοῦτο Ἑλληνικὸν τῶν κατὰ τὸν πόλεμον τόνδε μέγιστον γενέσθαι, δοκεῖν δ' ἔμοιγε καὶ ὧν ἀκοῇ Ἑλληνικῶν ἴσμεν, ist ihm selbst, wie man sieht, für seine auffassung bedenklich vorgekommen; aus gutem grunde. Denn man muß auch hier mit Krüger sagen: das äußerste, was Thukydides mit recht sagen konnte, hat er unstreitig auch sagen wollen. Das mißgeschick, das die Athener damals erlitten, war das größte, nicht bloß so weit der krieg bis dahin erzählt war, sondern das größte im ganzen kriege bis zu seinem ende, ja der schriftsteller sagt sogar, größer als jedes andere, das je unter Hellenen vorgekommen war. Die stütze, durch die hier Kiel seiner erklärung anzuhelfen sucht, kann nur für eine morsche gelten. Er sagt, Thukydides habe es in seiner gewohnheit, nur mit vorausgehendem zu vergleichen. Das wäre schon von vorne herein wunderbar genug; daß es aber in wirklichkeit nicht der fall ist, sondern daß sich bei ihm auch absolute, allgemeine vergleiche finden, meine ich im jahresbericht a. a. p. 549 mit ausreichenden stellen erwiesen zu haben.

L. H.

---

34. Die keime der erkenntnißtheorie in der vorsophistischen periode der griechischen philosophie von dr. Bernhard Münz. Wien 1880. Verlag von Carl Konegen. (Franz Leo u. comp., Heinrichshof). 8. 52 p.

Eine förderung unserer kenntnis, eine treffende berichtigung allbekannter auffassungen oder sonst einen neuen gedanken, der irgend beachtung verdiente, wird man in dieser kleinen, hübsch ausgestatteten, prof. dr. Franz Brentano gewidmeten schrift ganz vergebens suchen. Eine zusammenfassung aber des bereits bekannten unter dem von dem verf. gewählten gesichtspunkte war zumal nach dem erscheinen des werkes von Peipers über Platons erkenntnistheorie, in dessen einleitung ja die erkenntnistheorie der vorsokratischen philosophen auf das gründlichste abgehandelt wird, sicherlich kein bedürfnis mehr, und wollte man den so nahe liegenden vergleich mit diesem werke auch nicht anstellen, man könnte die darstellung von Münz doch nur als ungenügend bezeichnen. Das eintheilungsprincip des verf., nach welchem er eine philosophengruppe, welche „den sinneswahrnehmungen noch heeresfolge leistet", von einer anderen, auch der zeit nach späteren unterscheidet, welche „mit ihnen schon gebrochen hat", mag man gelten lassen, obwohl es doch angemessener scheint, den schnitt bei den anfängen einer ausdrücklich auf die natur unseres erkenntnisvermögens gerichteten betrachtung zu machen. Der ersten gruppe werden Xenophanes und die Pythagoreer, der zweiten Heraklit, Parmenides, Zeno und Melissos, Empedokles, Anaxagoras, Diogenes von Apollonia, Demokrit beigezählt. Wie unzulänglich nun aber die behandlung der einzelnen philosophen ist, davon nur einige beispiele: Auf die in diesem zusammenhange doch wichtige logoslehre des Heraklit wird kaum in einer anmerkung flüchtig hingedeutet, von den anfängen einer wahrnehmungstheorie bei Parmenides wird nichts erwähnt, über den sinn des satzes, denken und sein sei identisch, sowie über seine logische bedeutung nur in flüchtiger und unklarer weise gesprochen, über die bei Empedokles erkennbare unterscheidung zwischen wahrnehmen und denken wird in dem diesem philosophen gewidmeten abschnitte (wenigstens etwa zwei seiten großen druckes ohne die citate!) kein wort verloren. Andererseits werden die vier zenonischen beweise gegen die bewegung ganz ausführlich mitgetheilt; man fragt sich vergeblich, was die einzelheiten dieser beweisführungen mit der erkenntnistheorie zu thun haben, und warum anderenfalls nur die beweise gegen die bewegung vorgebracht werden. Und wie leicht wird dem verf. an der hand des Aristoteles die widerlegung dieser beweise, wie zuversichtlich spricht er sein verwerfendes schlußurtheil aus! Und doch dürfte es auch dem verf. nicht unbekannt sein, daß gewisse nicht ganz unbedeutende leute der ansicht gewesen sind, daß fast alle zenonischen beweise, obwohl in der ursprünglichen form leicht widerlegbar, auf wirkliche schwierigkeiten in den behandelten gegenständen zurückführen. — Doch wozu bedarf es solcher ausstellungen im einzelnen? Jeder sachkundige wird sofort den eindruck gewinnen, daß er es weder mit einer gründlichen und erschöpfenden noch auch nur mit einer auf selbständigen quellenstudien beruhenden arbeit zu thun hat. Die zahlreichen griechischen citate unter dem text werden darüber sicherlich niemand täuschen, und wer sich nun die mühe nehmen will, einen vergleich anzustellen, wird alsbald die entdeckung machen, daß wir im wesentlichen nichts anderes als eine reihe nicht eben geschickter auszüge aus dem buche von Peipers vor uns haben. Wo der verf. einmal eine dem anscheine nach selbständige ansicht vorträgt — und an zwei stellen erkühnt er sich sogar, seiner hauptquelle zu widersprechen — ist diese der art, daß sie schwerlich auf beifall rechnen kann, so z. b. wenn er den widerspruch, den Ueberweg und Zeller bei Xenophanes und Demokrit zwischen skeptischen äußerungen und dem sonstigen zuversichtlich dogmatischen ton ihrer darlegungen finden, hinwegzudeuten sucht. Nicht verschwiegen darf es schließlich werden, daß der verf. sich nicht immer damit begnügt hat, ohne alle quellenangabe fremde gedanken zu entlehnen — „hervorzulangen" würde vielleicht der verf. sagen —, sondern sich mehrfach auch die worte, in welche er diese gedanken gekleidet vorfand, ja ganze lange sätze und zusammenhänge angeeignet hat. Zum beweise dessen diene folgende zusammenstellung:

Münz p. 27.	Peipers p. 21.
Es (das niedere denken) ist jedoch so oder anders beschaffen, je nachdem das lichte oder dunkle element im körper überwiegt. Aus der beschaffenheit der beiden urelemente aber läßt sich von vornherein abnehmen, welche mischung das bessere denken bewirken wird, und zum	Je nachdem in der mischung das lichte oder dunkele überwiegend ist, wird die art des denkens eine andere sein müssen. Aus der beschaffenheit der beiden urelemente aber läßt sich von vornherein abnehmen, welche mischung das bessere denken bewirken wird, und zum

überflusse berichtet Theophrast noch besonders, daß die bessere und reinere denkart die sei, welche beim überwiegen des lichtelementes in der mischung zu stande kommt. Doch giebt es auch in diesem falle wieder stufen, je nachdem dieses vorwiegen des lichten ein solches ist, wie es den gegenständen des denkens entspricht.

Münz p. 51.

Wenn es dem Zeno an einer umsichtigen betrachtung der begriffe gebricht, auf welche er seine schlüsse baut, so ist dies in noch viel höherem grade der fall bei Melissos, welchem Aristoteles mit vollem rechte vorwirft, daß er sich durch erschlichene voraussetzungen seine beweisführungen leicht gemacht hat.

Münz p. 48.

Mit dem ausdrucke νόμῳ wollte er auf der einen seite die mehr als individuelle geltung solcher prädicate bezeichnen, denn nicht ein einzelner, sondern so ziemlich (in gewöhnlichen, normalen verhältnissen) jeder findet den honig süß; auf der andern seite liegt in dem νόμῳ aber auch deutlich ausgesprochen, daß u. s. w.

überfluß berichtet Theophrast noch besonders, daß die bessere und reinere denkart die sei, welche beim überwiegen des lichtelements in der mischung zu stande kommt. Auch in dieser wird es wieder stufen geben, je nachdem dieses vorwiegen des lichten ein solches ist, wie es den gegenständen des denkens entspricht.

Peipers p. 22.

Wenn es hiebei schon ihm vielfach an einer umsichtigen betrachtung der begriffe fehlt, auf die er seine schlüsse baut, so ist dies in noch viel höherem grade der fall bei Melissus, dem Aristoteles mit vollem recht vorwirft, daß er sich durch erschlichene voraussetzungen seine beweisführungen leicht gemacht habe.

Peipers p. 40.

Mit dem ausdruck νόμος wollte er hiebei auf der einen seite die mehr als individuelle geltung solcher prädikate bezeichnen, — denn nicht ein einzelner, sondern so ziemlich (in gewöhnlichen, normalen verhältnissen) jeder findet den honig süß, — auf der andern seite lag in dem νόμῳ aber auch deutlich ausgesprochen, daß u. s. w.

Doch genug! Aehnliche, zum größeren theile ebenso genaue übereinstimmungen finden sich zwischen Münz p. 17 und Peipers p. 672, Münz p. 18 und 19 und wieder Peipers p. 672,

Nr. 3.   35. Alexander von Tralles.   169

Münz p. 21 und Peipers p. 12, Münz p. 21 und 22 und Peipers p. 13, Münz p. 82 und Peipers p. 674, Münz p. 33 und Peipers p. 23, Münz p. 34 und Peipers p. 30, Münz p. 44 und Peipers p. 36, Münz p. 49 und Peipers p. 40 und 41; fast muß man fürchten, daß sich bei weiterem suchen die liste der stellen, welche der verf., sei es aus dem buche von Peipers sei es aus anderen hier einschlagenden schriften „hervorgelangt" hat, noch vermehren ließe. An manchen stellen scheint freilich das eigenthumsrecht des verf. auf den wortlaut durch besonderheiten des ausdrucks gestützt zu werden, die in Norddeutschland wenigstens nicht für geschmackvoll gelten. So liest man p. 12, anm. 2: unsere behauptung scheint durch Jamblichos desavouirt zu werden — p. 16, anm: wir finden den Aristoteles sich gleichsam corrigiren und berichtigen — p. 23: es gäbe somit kein *ruje* des denkens mehr — p. 26: es ergibt sich hieraus nicht die eignung zur erkenntniß.

H. v. Kleist.

35. **Alexander von Tralles.** Original-text und übersetzung nebst einer einleitenden abhandlung. Ein beitrag zur geschichte der medicin von dr. Theodor Puschmann. Zwei bände. gr. 8. [1. XII. 618 p.; 2. VI. 620 p.] 1878. 1879. Wien, W. Braumüller.

Nach mehr als dreihundert jahren erscheint hier eine neue und zwar zum ersten male eine kritische ausgabe eines griechischen arztes aus dem zeitalter Justinians, des Alexander von Tralles. Daß eine so lange reihe von jahren seit der vorletzten ausgabe, die der gelehrte leibarzt des königs Franz I von Frankreich, Winter (Guinther) von Andernach, besorgte (Basel 1556), verflossen, ohne daß in ärztlichen kreisen, für welche solche werke zunächst bestimmt sind, sich das bedürfnis einer neuen ausgabe fühlbar machte, ist ein beweis für die bekannte thatsache, daß das interesse für die geschichte der medicin in der neueren zeit, in welcher diese wissenschaft durch die folgenreichsten entdeckungen in den naturwissenschaften, der chemie, der physiologie und pathologischen anatomie ungeahnte fortschritte machte, nicht eben weit verbreitet war. Erst in den letzten jahrzehnten ist auch dieses gebiet der wissenschaft von fleißigen und kundigen händen sorgfältiger angebaut worden.

An die um die werke der alten mediciner so verdienten gelehrten wie Littré, de Renzi, Daremberg, Dietz, Brian, Ermerins und Greenhill reiht sich der herausgeber des Alexander von Tralles in würdiger weise an. Es ist eine achtungswerthe leistung, die uns hier vorliegt; zwar über die medicinische seite derselben, über die dem texte beigegebenen erläuternden anmerkungen botanischen, pharmakologischen und pathologischen inhalts sowie über die dem texte vorausgeschickte einleitung, die eine würdigung der literarischen bedeutung des autors enthält, muß sich ref. als ἀνίατρος alles urtheils enthalten; er begnügt sich in dieser hinsicht auf die überaus anerkennende kritik zu verweisen, die dem werke von seite eines fachgenossen des herausgebers in der beilage zur Allgemeinen zeitung (jahrg. 1878, nr. 16 und 1879, nr. 164) zu theil geworden ist. Ref. wird sich bei seinem urtheile auf die philologisch-kritische seite des werkes beschränken; ihm kommt es nur darauf an zu constatieren, in wieweit die anforderungen, die an einen herausgeber eines griechischen schriftstellers herantreten, erfüllt worden sind.

Es erweckt ein entschieden günstiges vorurtheil für den herausgeber, daß er sich um möglichste vollständigkeit des handschriftlichen apparates bemühte. Er hat zu dem hauptwerke des Alexander, einer pathologie und therapie der innern krankheiten, bei der die beliebte ordnung *a capite ad calcem* befolgt ist, so daß das erste buch mit den krankheiten des kopfes beginnt und das elfte mit dem podagra schließt, und einer abhandlung über die fieber, die in den handschriften als zwölftes buch gezählt, von Puschmann aber als erstes den übrigen vorangestellt wird, zehn handschriften selbst verglichen, nämlich fünf *codices* der *bibliothèque nationale* zu Paris, nr. 2200, 2201, 2202, 2203, 2204, je eine handschrift der Laurentiana in Florenz (L), der biblioteca Vallicelliana di S. Filippo Neri in Rom, und zwei *codices* der St. Marcus-bibliothek in Venedig (M = cod. IX, cl. V und Mf. (*manuscripti fragmentum*, da er nur das erste buch und den anfang des zweiten enthält) = nr. 295) sowie eine handschrift des Cajus-college in Cambridge (C). Eine handschrift der Vaticana, die gleichfalls die genannten zwölf bücher enthält, wurde, weil sie für die herstellung des textes nicht von bedeutung erschien, nur einer flüchtigen durchsicht gewürdigt. Außerdem zog der herausgeber auch die lateinischen übersetzungen bei der constituirung des textes zu rathe; freilich hat er sich hier, wie es scheint, auf die 1504 zu Lyon unter dem titel: *Practica Alexandri yatros (sic!) greci cum expositione glose interlinearis Iacobi de partibus et Ianuensis in margine posite* erschienene übersetzung, mit welcher die handschriftlich erhaltenen im wesentlichen gleichlautend sein sollen, beschränkt. Da aber diese unvollständig und fehlerhaft ist, so wäre die genaue, allerdings mühevolle collation einer der ältesten lateinischen handschriften, die wie ein codex in Monte Cassino bis gegen das ende des neunten oder den anfang des zehnten jahrhunderts hinaufreichen, also die jungen griechischen handschriften an alter weit übertreffen, sehr erwünscht und ohne zweifel ergiebig für die kritik gewesen.

Außer dem hauptwerke Alexanders enthält die vorliegende ausgabe noch eine kurze abhandlung desselben über die eingeweidewürmer (ἐπιστολὴ περὶ ἑλμίνθων), die zuletzt von Ideler in den *Physici et medici graeci minores* I, 305—311 herausgegeben worden war. Puschmann hat dazu einen codex der Ambrosiana in Mailand verglichen und gibt auf grund desselben einen vielfach verbesserten text.

Von den verglichenen handschriften hält der herausgeber des cod. Laurentianus (L) und nr. 2202 der Pariser bibliothek für die beachtenswerthesten; cod. M „macht ihm den eindruck der interpolation" und cod. Mf. „weicht in bezug auf die sprache und den inhalt von allen übrigen ab und stimmt mit der lateinischen übersetzung überein, welche von Jacob. de Partibus herausgegeben wurde." Hier vermißt ref. zunächst eine genaue beschreibung und charakteristik sowie eine methodische untersuchung über den werth der einzelnen handschriften; eine solche hätte ergeben, daß gerade der von dem herausgeber unter dem eindruck der interpolation zurückgesetzten handschrift M mit Mf. und L allen andern gegenüber der vorzug gebührt; sie machen zwar eine berücksichtigung der übrigen nicht überflüssig, bieten aber an vielen stellen eine bessere lesart als jene, wo der herausgeber sie unbeachtet gelassen und die lesart der geringeren handschriften aufgenommen hat. Daß sich in M interpolationen finden, soll nicht geleugnet werden und kann bei einer so jungen handschrift kaum wunder nehmen; auch die übrigen sind von diesem fehler nicht frei. Gleichwohl ist die überlieferung in M wesentlich besser als die der übrigen handschriften, L und Mf. ausgenommen, die M sehr nahe stehen. Hätte der herausgeber den sprachgebrauch seines autors sorgfältiger beobachtet, so hätte er an vielen stellen die lesarten von M, Mf. oder L bestätigt gefunden und sich der einsicht nicht verschließen können, daß gerade diese für die feststellung des textes die grundlage zu bilden haben. Die richtigkeit dieser behauptung mögen folgende stellen beweisen.

Vol. I, p. 443, v. 6 war mit C L Mf. τὴν ἀρχὴν ἀπὸ τῶν ἁπλουστέρων ποιησόμεθα (Puschm. ποιησώμεθα) wie p. 291 init. zu lesen. Ibid. 471, 1 ist mit M Mf. εἰ δ᾽ ἐπιμένοι καὶ τούτων γινομένων ἡ θερμὴ δυσκρασία (Puschmann: ἐπιμένει κατὰ τούτων γινομένη) zu schreiben, wie die parallelstellen p. 517, 18 εἰ δὲ καὶ τούτων γενομένων (leg. γινομένων mit L M Mf.) ἐπιμένοι (lies ἐπιμένοι nach L Mf.) τὰ τῆς ἀγρυπνίας συμπτώματα, vol. II, 819, 4 εἰ δὲ πολλῶν καὶ ποικίλων γινομένων ἀπαραμύθητος ὁ κάμνων εἴη, u. ibid. 593, 7 beweisen. Ebenso hätte I, 497, 2 die lesart von M Mf. τούτοις καὶ τοῖς ὁμοίοις τούτων (P. om. τούτων) κεχρῆσθαι δεῖ aufgenommen werden sollen. Die gleiche wendung findet sich häufig bei Alex., z. b. I, 507 sub fin.; 591, 3; II, 195, 22; 345, 18, 469 sub f. Daß I, 553, 3 L M Mf. das richtige δι᾽ ἵππου bieten, beweist II, 361, 12 εἴτε διὰ ποδῶν εἴτε διὰ ἵππου εἴτε καὶ διὰ πλοῦ κινεῖν τὸ σῶμα βούλοιτο. Auch I, 575, 6 hat Mf. allein das richtige οὐ μὴ δεηθῇ (Puschmann: δεηθείη) ἑτέρου εἶδος βοηθήματος; cf. II, 375, 10 ὅτι ταῖς εἰρημέναις μεθόδοις χρώμενός τις οὐ μὴ δεηθῇ τινος ἔξωθεν ἄλλης ἐπικουρίας und II, 463, 12 οὐ μὴ συστῇ λίθος ποτε. Unbegreiflich ist es, warum Puschmann I, 593, 6 die lesart der handschriften M 2203 οἱ μᾶλλον ἀκμάζοντες τὴν ἡλικίαν nicht aufgenommen, sondern sich für den dativ τῇ ἡλικίᾳ der übrigen codd. entschieden hat; Alex. hat, dem allgemeinen sprachgebrauch folgend, in dieser verbindung stets den acc. gebraucht; cf. II, 81, 19; 191, 3; 367, 2; 369, 16; 447, 10; 511, 4. Ebenso würde ref. I, 295 extr. der lesart von L M βέλτιον δ᾽ οἶμαι ἀποκλίνειν τὸν ἱδρῶτα χλιαρῷ πολλῷ εἰς τὸν ἐντὸς οἶκον ἐξελθόντα, ὃν καλοῦσι προμάλακτον, καὶ οὕτως ἀλείφεσθαι in rücksicht auf die ähnliche stelle p. 377 init. entschieden den vorzug geben vor der von Puschmann recipierten, in welcher eines der beiden verba ἀποκλίνειν oder ἐναπομάσσειν τῷ μίτρῳ fehlerhaft sein muß. Das letztere dürfte glossem zum ersteren sein. P. 817 extr. hat sich allein in M die richtige lesart erhalten: ἐρυθρὰ γὰρ ἔχουσι καὶ σανδαραχώδη τὰ οὖρα (Puschmann liest mit anderen codd. ταραχώδη, das zu οὖρα als attribut nicht paßt); σανδαραχώδη wird durch die lateinische übersetzung bestätigt: rubea est in eis et sandaracodis urina und findet sich als attribut zu οὖρα auch bei Iohannes Actuarius de urinis lib. III, 21 (bei Ideler, physici II, 74). — P. 829 sub fin. war mit L M πρόσωπον αὐχμῶδες statt ἀχμῶδες zu schreiben; cf. p. 353, 4, wo sich gleichfalls die verbindung πρόσωπον κατάξηρον καὶ αὐχμῶδες findet. — P. 331, 12 haben L M τὸ τηνισαίτεα, ebenso 485, 5 und 595, 17 M Mf., II, 173, 10 M, an diesen vier stellen hat Puschmann mit unrecht den artikel weggelassen, Alexander gebraucht auch sonst τηνισαίτεα mit dem artikel, wie I, 373, 13; II, 99 med.; 211 med. Auch I, 443, 21 hat Puschmann eine vortreffliche lesart von Mf. προφοινίξαι statt des unpassenden προφυλάξαι unbeachtet gelassen; daß φοινίσσειν und φοινιγμός (cf. II, 359 extr.) von dem starken frottieren der haut gebraucht wird (cf. II, 643 med.), lehren die Lexica; mit Mf. stimmt an unserer stelle auch die lateinische übersetzung: et frices ut ruborem cutis moveas. Dieselbe handschrift hat II, 5, 2 das richtige μὴ ὡς οἱ πολλοὶ erhalten; die gleiche ausdrucksweise findet sich II, 231, 12; 237, 17; 471, 24; 483 extr. und so ist auch II, 309, 12 zu lesen. — M und Mf haben II, 25, 21 und 23 das richtige überliefert: καθ' ὅλον τὸ σῶμα statt des von Puschmann aufgenommenen genet. ὅλον τοῦ σώματος, cf. I, 457 extr.; 459, 1; II, 479, 3; 491 med. Manchmal scheint Puschmann die handschriften gezählt, statt gewogen zu haben, sonst wäre es unerklärlich, warum er z. b. II, 73, 1 ἰσχευρίαν τὴν γέννησιν in den text aufgenommen hat, während M und cod. 2201 das richtige γένεσιν haben, und bei Alexander nichts häufiger ist als der ausdruck ἔχειν τὴν γένεσιν, z. b. I, 293, 2 und 17; 311 med.; 315, 21; 355, 2; 357 extr.; 365 med.; 391 med.; 407 med.; 441 init.; II, 59 in.; 107 in.; 109 med. etc. Infolge eines ganz gewöhnlichen fehlers ist II, 221 zweimal das richtige οὐ πάνυ τι in den handschriften mit ausnahme von L M in οὐ πάνυ σοι verderbt; Puschmann hat auch hier das richtige nicht erkannt. Daß II, 153, 1 mit L M τὸ συνήθη πράττειν (Puschmann πράττοντος) αὐτοῦ ὄνταμέσον zu lesen ist, bedarf keines beweises; die gleiche verwechselung des infinitivs und participiums findet sich auch p. 207 anm. 5. Auch II, 167, 15 hätte die lesart von M εἴπερ τι καὶ ἄλλο aufgenommen werden sollen, cf. II, 191, 28; 595, 9 u. a. Oefters hat sich der herausgeber eine gewisse inconsequenz in der auswahl der lesarten zu schulden kommen lassen. Wie er I, 493, 6 τὴν ἀρχὴν ποιησώμεθα schreibt, während I, 291, 1 ποιησόμεθα steht, liest man II, 489, 2 μνημονεύσωμεν (M μνημονεύσομεν), während er II, 223, 11 und 595, 19 das richtige μνημονεύσομεν recipiert hat. Auf dieselbe inconsequenz stößt man II, 345 extr. und 373 in.: an beiden stellen war entweder αἴτιοι κινδύνων καὶ θανάτου oder κινδύνων καὶ θανάτων zu schreiben, und zwar scheint das letztere (coll. II, 281, 4) vorzuziehen. Mit unrecht hat der herausgeber II, 363, 2 die lesart in M ἔχων καὶ τὸ ἐκφράττειν καὶ τὸ ῥύπτειν unbeachtet gelassen; sie wird unter andern bestätigt durch folgende stellen: II, 443, 19 τὸ γὰρ φάρμακον τοῦτο ἅμα τε τὸ ἐκφράττειν ἔχει καὶ τὸ ῥωννύειν und ibid. 445 med. Ebenso ist II, 477, 12 mit L M ἰσθ᾽ οὕτω statt εἶτα zu schreiben, cf. II, 501 med., 521, 4.

Diese stellen, die sich leicht vermehren ließen, mögen genügen, um die behauptung zu rechtfertigen, daß für die feststellung des textes die handschriften L M Mf. in erster linie hätten maßgebend sein sollen; durch einen engen anschluß an dieselben unter berücksichtigung der lateinischen handschriften würde der text zwar zahlreichere abweichungen von dem bisher überlieferten aufzuweisen, aber eben dadurch entschieden gewonnen haben.

Die vorliegende ausgabe unterscheidet sich von den früheren durch häufige umstellungen der einzelnen kapitel; so ist der abschnitt περὶ παρίσεως, der in den handschriften und in der Pariser ausgabe den schluß des zehnten buches bildet, in das erste buch, der abschnitt περὶ παρωτίδων aus dem vierten in das dritte, der περὶ αἵματος ἀγωγῆς aus dem siebenten in das fünfte, das kapitel περὶ χολέρας aus dem siebenten und περὶ κοιλίης διαθέσεως aus dem elften in das achte, περὶ ἥπατος φλεγμονῆς aus dem siebenten und περὶ δυσεντερίας aus dem zehnten in das neunte, περὶ ὕδρων aus dem achten in das zehnte, περὶ τῶν ἐν τοῖς νεφροῖς συνισταμένων πωθῶν aus dem achten in das elfte buch versetzt worden. Diese translationen mögen bei der in den handschriften herrschenden unordnung und aus sachlichen gründen gerechtfertigt sein. Unrecht dagegen hat der herausgeber gethan, daß er die abhandlung über die fieber, die nicht in die anordnung des ganzen paßt, einer vermuthung Freinds folgend, der dieselbe, weil sie mit einer widmung an einen gewissen Cosmas beginnt, für das erste buch der pathologie erklärte, an die spitze seiner ausgabe gestellt hat. Diese abhandlung ist, wie Puschmann selbst bemerkt, nach Alexanders eigner erklärung (II, 318 ἐπὶ πλέον γὰρ ἐν ταῖς τῶν πυρετῶν θεραπείαις ῥηθήσεται) später als die übrigen elf bücher der pathologie verfaßt. Da aber diese nach des autors eigenen worten (II, 585 extr.) und der anordnung des ganzen mit der abhandlung περὶ ποδάγρας schließt, so folgt daraus, daß περὶ πυρετῶν ebensogut eine für sich bestehende, von der pathologie unabhängige schrift ist wie die kleinere ἐπιστολὴ περὶ ἑλμίνθων; es ist also die handschriftliche bezeichnung derselben als zwölftes buch unrichtig; ebenso wenig begründet aber ist es, dieselbe als erstes buch voranzustellen.

Aus dem gesagten wird erhellen, daß die vorliegende ausgabe das philologische interesse nicht völlig befriedigt, sie ist ja auch in erster linie für einen anderen leserkreis berechnet. Der schwerpunkt derselben liegt in den sachlichen erörterungen, die dem texte vorangehen oder beigegeben sind; besondere anerkennung aber verdient die korrekte und gewandte übersetzung.

Gg. Helmreich.

---

36. Excerpta anonymi Byzantini ex codice Parisino suppl. Gr. 607 *A*. Edidit Mx. Treu. Ohlau 1880. (Programm des gymnasiums zu Ohlau). 1 bl. 58 p. 8.

Die werthvollen von M. Treu mitgetheilten, zum theil bisher unedirten fragmente des Iohannes Lydus, Appian, Dio Cassius, Procopius und anderen bilden den inhalt einer handschrift der pariser nationalbibliothek (Suppl. Gr. 607 *A*.) Dieselbe gehört nach der angabe von Treu dem zehnten jahrhundert an und ist von ihm vollständig abgeschrieben worden. Soweit sich der ursprung der excerpte feststellen ließ, hat Treu im anhang (p. 57 und 58) die betreffenden stellen der autoren angemerkt, in anderen fällen sich mit vermuthungen oder der anführung von parallelstellen begnügen müssen. Den anfang (p. 3—21) bildet eine reihe von abschnitten, die fast in der gleichen form Georgius Codinus *de signis* und *de origg. Constantinopoleos* und bei

Suidas wiederkehren und höchstwahrscheinlich der gemeinsamen
quelle der beiden Byzantiner entstammen. Das darauf folgende
fragment des Dio Cassius (Xiphil. LXXVI, 12. 13) ist offenbar
dem verlorengegangenen vollständigen texte dieses schriftstellers,
nicht dem auszuge des Xiphilinus entnommen, wie sich aus folgenden stellen ergiebt:

Xiphil. LXXVI, 12.

δημοκρατοῦνταί τε (οἱ Βριττα-
νοὶ) ὡς πλήθει καὶ λῃστεύουσιν
ἥδιστα· στρατεύονταί τε ἐπὶ ἁρμάτων .... τὰ δὲ ὅπλα αὐτῶν
ἀσπὶς καὶ δόρυ βραχύ.

Tren p. 22, 5.

δημοκρατίᾳ χρώμενοι καὶ λῃ-
στεύοντες καὶ διὰ τοῦτο ἄρ-
χοντας τοὺς θρασυτάτους
αἱροῦνται· στρατεύονται δὲ
ἐπὶ ἁρμάτων .... ἀσπίδα μόνην
ἔχοντες ἀντὶ κράνους καὶ
θώρακος καὶ κνημίδων·
καὶ δόρυ φέρουσι βραχύ.

Es folgen excerpte aus Procop (p. 22—26, 4), hierauf ein von
Tren unbestimmt gelassenes stück περὶ Κάλχαντος τοῦ παρ' Ὁμήρῳ
(p. 26, 5—28, 10), eine weitläufige erzählung und deutung des
bekannten von Kalchas auf den fall Trojas bezogenen wunder-
zeichens in Aulis enthaltend, dann abermals fragmente des Procopius (p. 28, 10—29, 13). Die sich anschließenden excerpte
aus Dio Cassius (p. 29, 14—32) sind um deßwillen von hoher
wichtigkeit, weil sie derselben eigenthümlichen textes-recension
des Dio angehören, die uns bei Johannes von Antiochia und in
den Eklogen des constantinischen titels περὶ γνωμῶν entgegen-
tritt. Am deutlichsten geht dies aus der folgenden stelle hervor:

Tren p. 31, 15

διαπληκτιζομένων
ποτὲ Γαΐου τοῦ υἱοῦ
Γερμανικοῦ καὶ Τιβε-
ρίου τοῦ υἱοῦ Τιβε-
ρίου ἔφη πρὸς Γάιον
ὁ Τιβέριος· τί σπου-
δάζεις; καὶ σὺ τοῦ-
τον φονεύσεις καὶ ἄλ-
λος σέ.

Dio Exc. Vatic. (ed.
Dindorf. vol. V, p.
164, 4)

ὅτι διαπληκτιζομέ-
νων ποτὲ Γαΐου καὶ
Τιβερίου τοῦ ἐκγόνου
ἔφη πρὸς τὸν Γάιον
ὁ πάππος Τιβέριος·
τί σπουδάζεις; καὶ
σὺ τοῦτον φονεύσεις
[καὶ σὲ ἄλλοι?]

Dio LVIII, 23

εἶπέ ποτε αὐτῷ (τῷ
Γαΐῳ) διαφερομένῳ
πρὸς τὸν Τιβέριον,
ὅτι σύ τε τοῦτον ἀπο-
κτενεῖς καὶ σὲ ἄλλοι.

Ebenso zeigt sich eine äußerst nahe verwandtschaft zwischen

Treu p. 30, 29: τοσούτον ἦν ἠσχημένος τὴν ἀστρονομίαν ὁ Θράσυλλος κτλ. und Cedrenus (ed. Bekker. I, p. 344, 3—8) gegenüber Dio LV, 11, wie denn in der regel die excerpta Salmasiana des Iohannes Antiochenus und Cedrenus den Dionischen fragmenten Treu's genau entsprechen. — Es folgen auszüge aus Herodot (p. 33—36, 9) und ein höchst wichtiges fragment von Appians buch *de regibus* (36, 10—37, 29), durch welches der von Photius gegebene auszug der römischen gründungsgeschichte des Appian sehr wesentlich ergänzt wird. Auch das nächste stück, περὶ Ἀράβων μαντείας (p. 37, 30—38, 21), angeblich aus dem XXIV. buche des Appian gezogen, ist unbekannt, ebenso das höchstwahrscheinlich aus Lydus entnommene fragment περὶ βρονταλίων (p. 38, 22—39, 18). Die sich anreihenden excerpte, zum theil in dem gedruckten texte des Lydus sich wiederfindend, bedürfen noch einer genaueren untersuchung, ebenso die scholia in Dionysii *orbis descriptionem* (p. 48, 1—50, 6) und die fragmente der scholia Aratea (p. 50, 7—56, 20).

Nach den vorausgehenden notizen bedarf es wohl keines besonderen hinweises mehr auf die wichtigkeit der von M. Treu benutzten handschrift, deren text von dem herausgeber, wie es scheint, überall genau und verlässig wiedergegeben worden ist. Da und dort wären allerdings bestimmtere citate, eingehendere untersuchungen über den ursprung der excerpte, hervorhebung der für die textkritik wichtigen stellen zu wünschen gewesen; wir wollen aber angesichts der bei der veranstaltung von derartigen gelegenheitsschriften entstehenden äußeren schwierigkeiten und der hohen bedeutung der publikation mit dem herausgeber darüber nicht rechten, wohl aber wünschen, daß er uns recht bald wieder mit einer gleich werthvollen frucht seiner byzantinischen studien beschenke.

H. Haupt.

---

37. Horatiana. Von [Georg] Großmann. Programm der studienanstalt in Bayreuth 1879. 31 p. 8.

Kleine, aber meist feine bemerkungen zu 60 stellen der horazischen episteln, dazu eine disposition des ersten litteraturbriefes (II, 1): dies ist der inhalt von Großmanns Horatiana. Die schrift soll zunächst für schüler ergänzungen zu den gangbaren commentaren bieten; sie gibt aber auch winke, die dem philologischen leser gelten. Kritik wird nur ausnahmsweise geübt und stets in conservativem sinne: die verse I, 15, 81 f. sind nach Großmann nicht mit Lehrs zu verwerfen, sondern als parenthese zu lassen; 82 soll *donarat* gelesen werden. Die worte 18, 91 f. *bibuli — oderunt*, welche nach Meineke auch von Lehrs und Lucian Müller als unächt bezeichnet sind, werden geschützt. Der nach Lachmann von Haupt und L. Müller transponirte vers II, 1, 101 soll an der stelle bleiben, wo er überliefert ist; ebenso die von Bentley umgestellten verse 3, 45 f. Oefter prüft der verf. die interpunction: er verbindet II, 1, 164 *rem si digno vertere posset*; 1, 260 *stulta quem diligit* (gegen Porphyrio); 3, 429 *super his etiam*; setzt 3, 401 nach *Homerus* ein komma; schließt 2, 15 die rede des *mango* ab und faßt 16 *des nummos* als hypothetischen satz zu 17 *ille ferat*. Wie hier so wird für noch manche stellen eine erläuterung des satzbaues oder auch der beziehung von satztheilen, des gebrauches einzelner redetheile gegeben, gewöhnlich mit wenigen worten, bisweilen nur durch anführung von parallelstellen, namentlich aus Horaz selbst z. b. zu I, 19, 32 L. *Latinus fidicen*, 20, 24 *solibus aptum*, II, 2, 105 *patulas*, 207 *ira*. Zu II, 2, 43 *adiecere bonas paullo plus artis Athenae* bemerkt der verf.: *Adiectivum „bonas" cum substantivo „artis" vel ob hoc coniungendum videtur esse, ne haud magno spatio interiecto* (v. 46) *idem repetatur verbis „loco grato"*. Aber von einer wiederholung kann nicht die rede sein, da *bonas* nicht im sinne von *gratas* gebraucht ist, sondern die bedeutung von *benignas* hat, wie Sat. I, 2, 51 *bonus atque benignus* verbunden ist. So entspricht *bonas* dem *nutriri* v. 41, wie *Athenae* parallel mit *Romae, adiecere plus artis* mit *doceri* steht. Man wird daher *bonas* auf *Athenas* beziehen, wie v. 81 *vacuas Athenas* zusammengehört; vgl. sat. I, 5, 1 *Egressum magna me excepit Aricia Roma*. Ein in der cäsur des dritten fußes schließendes attribut wird viel häufiger mit dem substantiv am schlusse des hexameters als mit einem im fünften fuß stehenden verbunden; für jene wortstellung kommen in den Episteln gegen 80 beispiele vor, für diese wenig mehr als ein dutzend. Ueberdies findet sich die von Ovid. Trist. III, 7, 32 gebrauchte verbindung *bona ars (bonas artes)* bei Horaz nicht; dagegen hat Horaz an einer andern stelle, wo er von seiner in Rom empfangenen bildung spricht, das einfache *artes* gebraucht: Sat. I, 6, 76 f. *sed puerum est ausus*

Romam portare decendam artem. Hieran paßt es genau, daß Ep. II, 2, 43 gesagt wird, in Athen sei *paullo plus artis* hinzugekommen. Auch Ovid. Trist. IV, 10, 18 sagt *imus ad insignes urbis ab arte viros.* Am zahlreichsten sind die vom verf. gegebenen erläuterungen des sinnes, die zwar selten eine neue auffassung zeigen, aber geschickt ausgewählt sind, hie und da auch eine leise nüance andeuten, welche bisher nicht bemerkt war, und zu treffender verdeutschung führen wie II, 2, 127 *denique* „oder am ende gar"; 3, 224 *que* „und noch dazu"; 3, 406 *et* „und damit"; II, 2, 111 *ferri (ferentur)* „mit unterlaufen." Manches ist zweifelhaft z. b. ob. I, 7, 51 *leniter* nicht besser durch „gemächlich" (Haupt: „gelassen") als durch „gemütlich" wiedergegeben würde. In der bemerkung zu I, 6, 31 *virtutem verba putas et lucum ligna* liegt ein widerspruch; es soll nämlich, wie der verf. will, die allitteration im deutschen (zum theil nach Döderlein) nachgebildet werden und doch im lateinischen als zufällig gelten. Zu I, 2, 40 *dimidium facti, qui coepit, habet* erwähnt der verf. die geläufige verballhornung zu dem pentameter *dimidium facti, qui bene coepit, habet* und gedenkt dabei auch anderer verunstalteter oder mißverstandener citate aus den Episteln des Horaz. Die vom verf. gerügte deutung von *quandoque* II, 3, 359 gleich „dann und wann" fand sich noch in der neunten auflage von G. Büchmanns Geflügelten worten p. 176; in der zwölften p. 296 (vielleicht schon in der zehnten oder elften) ist das richtige beigefügt. Aber noch in der zwölften auflage p. 267 liest man Carm. III, 1, 2 *favete linguis* durch „hütet der zungen" übersetzt; denkt Büchmann an *caveto?*

38. Animadversiones in aliquot Ovidii Metamorphoseon locus. Scr. Ferdinandus Gnesotti. Patavii. J. B. Randi. 1881. 8. 70 p.

Im anschluß an seine schulausgabe, die bislang in Deutschland unbekannt geblieben ist, behandelt der verf. in der genannten schrift 25 stellen aus den Metamorphosen theils kritisch, theils exegetisch. Er fußt dabei ganz besonders auf Ciofanus, kennt ausserdem, wie in der vorrede angegeben wird, die ausgaben von Heinsius, Burmann u. a., die schulausgaben von Haupt-Korn, Vannucci, Rota, Englmann, Gierig's textesrecension aus der ausgabe von Lemaire, die Merkel's wohl nur aus der ausgabe von Siebelis. Ganz unbeachtet hat er neben anderen die wichtigen ausgaben von Jahn und Riese gelassen. Für die grundsätze, welche die neueren herausgeber, wie Merkel, Riese, Korn, bei ihren methodischen textesrecensionen befolgt haben, zeigt Gnesotti wenig verständniß. I, 545 ff. billigt er die längst fast allgemein acceptierte conjectur Gierig's, der die zweite hälfte von v. 546 und die erste von 547 strich, läßt aber schließlich doch ungewiß, ob die erste hälfte von 547 oder die von 546 auszuwerfen sei. Nach Ciofanus liest er III, 78: *admai*, 539: *A Tyro hac profugos* etc., V, 261: *animo gratissima nostro est*, 373: *et tamen in caelo quoque parva potentia nostra est*, VI, 185: *Quoque modo audetis genitam Titanida Coeo*, XI, 158: *Perque iugum ripae*, XII, 23: *et servat serpentis imagine saxum* (ich vermuthe hier: *durat*: cf. XV, 259. Am. III, 9, 29 u. a. m.), 256: *spumantem* statt der allgemein acceptierten conjectur Heinsius': *sputantem*. VI, 201 wird interpungiert: *Ite, satis, properate sacris*, daneben aber auch: *Ite sacris, properate sacris* gebilligt, VIII, 64 nach Gierig: *Nam metuo*. Als echt vertheidigt er IV, 446, streicht nicht mit Haupt VI, 282, sondern mit Gierig u. a. VI, 281, hält VI, 294 nicht für unbedingt unecht, ebenso VIII, 594—610 mit ausnahme von 601 (*Cui quondam tellus* etc.), den er mit Heinsius auswirft, für echt. Gegen Merkel, Korn u. a. vertheidigt er nach Ciofanus die echtheit von VIII, 652—657, während er den vers: *Concutiuntque* etc. verwirft, ebenso die von XII, 230 f. und XIV, 705—707. Bei XI, 1—49 bestreitet er die richtigkeit der bemerkung von Korn (zu v. 47), daß die schilderung v. 15 ff. den eindruck mache, als ob die letzte hand der dichtung noch fehle. Exegetische beiträge werden zu II. 453 geliefert, wo *orbe ... nono = novo monstruo cursu* gefaßt werden soll, und zu IV, 27 (*pando ... asello = curvo asello*); endlich wird bei IX, 380 (*Stagna tamen timeat*) die erläuternde bemerkung von Lemaire: *neo monitus exemplo* verworfen. Als eigener vorschlag des verf. ist eigentlich nur der zu VII, 223 zu betrachten, an welcher stelle Gnesotti *certis regionibus* conjiciert. Dies führt aber schon Heinsius als lesart einiger codd. auf, die später von Lennep ad Terent. Maur. (1825), p. 427 gebilligt und neuerdings auch von Madvig, Advers. crit. II. (1873) p. 84 als eigene conjectur aufgestellt wurde. Ferner kann noch dahin gerechnet werden der vorschlag zu

XI, 393, wo Gnesotti die von Heinsius angeführte lesart des Vaticanus I: *Arce focus summa* in den text aufgenommen wissen will. Uebersehen ist, daß dies bereits von Heinsius, Burmann u. a. geschehen ist. Endlich sei noch erwähnt, daß XIII, 294 gegen die autorität aller übrigen codd. die lesart des Bonon. I: *Diversoeque orbes* (= *motus sideris Arcti*; nachahmung von Homer, Σ, 488) bevorzugt wird.

Für die texteskritik und die erklärung von Ovids Metamorphosen wird sich ein sehr erheblicher gewinn aus Gnesotti's arbeit nicht ergeben.

Gustav Nick.

39. **Ovid's Tristien, elegien eines verbannten.** Ein gesammtbild ihres inhalts und poetischen gehalts mit den bedeutendsten stellen in latein und deutsch von Frans Poland, verf. von „Hindernisse einer wirksamen strafrechtspflege", „Dichter und kanzler" etc. Leipzig. Serbe. 1881. 8. 63 p.

Der, wie die angaben auf dem titel und umschlag des werkchens lehren, sehr vielseitige verf. beabsichtigt in der vorliegenden schrift „von einer edlen klassischen dichtung ein spiegelbild des eigenen darin gefundenen genusses zu geben, das allen gebildeten verständlich sein und eine nicht unwillkommene unterhaltung bieten" soll. Wesentlich neues werden wir daher in dem schriftchen nicht erwarten dürfen. Neu ist wohl nur der standpunkt, von dem aus der verf. Ovid's dichtungen beurtheilt: nämlich der christliche und zwar speciell der katholische. Dies tritt ganz besonders in der einleitung (p. 5—13) hervor, auf die eine paraphrase der Tristien folgt, geordnet nach folgenden gesichtspunkten: 1. Ovid's lebensgeschichte. 2. Grund der verbannung. 3. Abschied von Rom. Reise in die verbannung. 4. Ort der verbannung. 5. Des dichters flehen um begnadigung etc. 6. Ovid's freunde und feinde. 7. Ovid's verhältniß zu seiner gattin. 8. Ovids Muse (den unterschied zwischen Muse und musse scheint übrigens, wie gleich aus dem eingang des kapitels hervorgeht, der verf. nicht zu kennen). Die eingestreuten citate aus den Tristien und anderen dichtungen Ovid's können auf correktheit keinen anspruch machen, übersetzung und paraphrase lassen nicht minder viel zu wünschen übrig.

Wissenschaftlichen werth besitzt die schrift nicht; daher ist hier wohl nicht der ort für eine eingehendere besprechung. Als curiosum verdient angeführt zu werden, daß der verf. am schlusse an die dichter der jetztzeit und zukunft den aufruf ergehen läßt, Ovid's schicksale in einem trauerspiele zu verherrlichen.

Gustav Nick.

40. Varronianae doctrinae quaenam in Ovidii Fastis vestigia extent. Scripsit Christianus Huelsen. Berolini apud Weidmannos 1880. 8. p. 51. (2.) — 1 mk. 50 pf.

Von der nicht ganz ungerechtfertigten anschauung ausgehend, daß die quellenuntersuchung Merkel's in dessen prolegomena zu den Fasten den heutigen anforderungen nicht mehr genügen könne, hat der verfasser in der vorliegenden dissertation eine eingehendere untersuchung der frage unternommen, inwieweit Ovid bei bearbeitung seiner Fasten Varro benutzt habe. Wesentlich neues material zur beantwortung der frage hat Huelsen nicht herbeigeschafft, ja das bereits vorliegende, wie unten näher erörtert werden soll, nicht einmal vollständig verarbeitet. Das gesammtresultat dieser neuen untersuchung geht daher auch über das ergebniß der früheren, wie es u. a. von dem neuesten herausgeber der Fasten, H. Peter, mit richtigem takte und in weiser beschränkung auf das erreichbare ausgesprochen worden ist, im wesentlichen nicht hinaus. Dagegen bleibt Huelsen das verdienst, zum erstenmal nach Merkel den versuch einer sammlung und übersichtlichen zusammenstellung des bislang mehr oder weniger zerstreuten materials gemacht und manche neuere forschungen, so insbesondere die von Barth über Juba für die von ihm vertheidigte hypothese einer direkten benutzung Varro's durch Ovid zweckentsprechend verwendet zu haben. Man wird der umsicht und dem nicht geringen fleiße, womit Huelsen die angaben Ovid's mit den anderweit überlieferten zusammengestellt und im ganzen geschickt gruppiert hat, die gerechte anerkennung nicht versagen dürfen.

Fordert jedoch schon der gang der untersuchung, in der der verf. anstatt von den sicheren ergebnissen zu den weniger sicheren fortzuschreiten fast den umgekehrten weg einschlägt, entschiedenen widerspruch heraus, so können wir uns noch viel weniger mit der ausführung im einzelnen befreunden. Für eine in das ganze detail der untersuchung eingehende widerlegung aller einzelbehauptungen Huelsen's, die leicht einen gleichen umfang, wie dessen arbeit, gewinnen könnte, ist hier natürlich nicht der ort (s. Philol. XL, p. 3). Zur feststellung des wissenschaftlichen werthes der arbeit dürfte ein hinweis auf die wesentlichen mängel der abhandlung, nachdem deren vorzüge bereits oben hervorgehoben worden sind, genügen.

Im ersten abschnitte (p. 2 f.) gelangt die übereinstimmung einzelner aussagen Ovid's mit Verrius Flaccus (bei Festus bes. Paulus), Plutarch, Augustin, Macrobius, Lydus, welche ohne weiteres und selbst da, wo andere gewährsmänner angeführt werden, Varro als quelle erkennen lassen soll, zur besprechung.

Im zweiten abschnitte (p. 3—7) werden, jedoch immer noch indirekt, *certiora originis Varronianae vestigia* aufgedeckt. *De rebus a Iano institutis atque inventis* soll außer Ovid I, 231 ff. Servius ad Aen. VIII, 319 u. a. m. verglichen werden. Wo ist bei diesen davon die rede? Die etymologie von *Latium* und *Saturnia* findet sich nach Huelsen außer bei Ovid nur bei Festus p. 322. Servius ad Aen. I, 6. VIII, 322. Arnob. IV, 24. Warum wird Vergil VIII, 322 ff. selbst, Varro L. L. V, 42 und (für *Latium*) des letzteren abweichende ansicht L. L. V, 32 außer acht gelassen? Die darstellung des gründungsritus bei Ovid IV, 821—826 soll mit Plutarch Rom. 11. Cato bei Isidor XV, 2, 3. Servius ad Aen. V, 755 verglichen werden. Vergessen ist u. a. Varro L. L. V, 143. Daß nur Ennius außer Ovid berichte, *augurium Romuli et Remi mane evenisse*, ist unrichtig; cf. Dionys. I, 86. Zu IV, 841 ff. (tödtung des Remus durch Celer) war auch Dionys. I, 87. Serv. ad Aen. XI, 603, Paulus p. 55, 2 anzuführen u. dgl. m.

Erst mit dem dritten abschnitte (p. 8 f.) beginnt die — leider wenig genaue — vergleichung der Ovidischen angaben mit denen bei Varro L. L. VI. (s. darüber auch unten.) Der vierte abschnitt (p. 9—11) handelt von den *Lupercalia*. *Lupercal Luperis nomen dedisse suo opinor errore affirmavit Ovidius*, sagt Huelsen; s. aber doch Varro, der hier ganz übergangen wird, L. L. V, 85. VI, 13. Von der II, 361—380 eingeflochtenen erzählung (unterbrechung des von Romulus und Remus in gemeinschaft mit den *Fabii* und *Quintilii* gefeierten festes) soll außerdem bei Servius ad Aen. VIII, 343 und Plutarch Romul. 21, *accuratissima mentio* geschehen. Aber weder Servius noch Plutarch erwähnen die Fabii und Quintilii. wie gleich darauf Huelsen selbst zugehen muß. Schließlich erklärt Huelsen, die behauptung des Servius a. a. o., *a Romulo propter sterilitatem (mulierum) sacrum illud (i. e. Lupercalia) institutum esse*, finde sich auch bei Ovid. Wo steht dies in den Fasten? Der ganz kurze fünfte abschnitt (*Matralia*) enthält u. a. die aufforderung, zu dem *quae narrat (Ovidius) de Stimula*, Augustin. IV, 11 und 16 zu vergleichen. Es wäre interessant, zu erfahren, was Huelsen genaueres über Stimula bei Ovid entdeckt hat.

Der sechste abschnitt (*Vestalia*) bringt zunächst die belehrung, daß die etymologie des namens der *Vesta a vi stando* (VI, 299 f.) sich ebensowenig *apud ullum praeterea auctorem* finde, als die von *focus a fovendo* (VI, 301 f.) Man vgl: nur Serv. ad Aen. II, 296. XI, 211, Paul. p. 85, Arnob. III, 32. Bei VI, 285—294 (erklärung, warum die vestalinnen jungfrauen sein mußten) wird nicht beachtet, daß Ovid a. a. o. zwei verschiedene gründe anführt. VI, 305—318 soll Ovid *de mola in (Vestae) sacrificiis adhibita* handeln, und das citat Serv. ad Ecl. VIII, 82 läßt nicht zweifeln, daß Huelsen darunter die *mola salsa* versteht. Von dieser spricht aber Ovid weder a. a. o. noch überhaupt bei gelegenheit der Vestalia, wohl aber von der sitte, daß an diesem tage bäcker, esel und mühlen (*molae!*) feierten. Gelegentlich der erzählung von der heldenthat des Metellus (VI, 437—454), die mit Cic. pro Scauro II, 48. Phil. XI, 10, 24, Val. Max. I, 4, 4 nicht verglichen wird, soll Ovid von der erblindung des Metellus nichts berichtet haben. Cf. Fast. VI, 452: *sit capitis damno Roma soluta mei*. — In dem kleinen siebenten kapitel (*Megalesia*, IV, 179—376) vermißt man die vergleichung der wichtigen stellen Varro L. L. VI, 15, Fast. Praen. zum 4. april, Paul. p. 125, 1. Dionys. II, 19, Liv. XXXI, 10. 14 u. dgl. m. Varro sat. Menipp. p. 174, 150 Buech. war für die Attissage und die Galli nicht außer acht zu lassen.

Die vergleichung der erzählungen Ovid's von den *Salii, ancilia*, dem *Mamurius Veturius* (VIII. kapitel) mit den anderweit überlieferten ist recht unvollständig. Die stelle VI, 771—784 (*de Fortis Fortunae templo*) wird Varro L. L. VI, 17 einfach gegenübergestellt, nichts davon gesagt, daß dieser nur von einem, Ovid (s. v. 784) von zwei tempeln spricht. Warum gerade mit diesem einen tempel der *Fors Fortuna* die von Ovid am stiftungstage des ebenfalls der sage nach von Servius Tullius gegründeten tempels der *Fortuna in foro boario* berichtete erzählung von dem liebesumgang der Fortuna mit Servius *arctissime connexa* sein soll, ist nicht einzusehen. VI, 169—182 handelt es sich weniger um die an den Kal. Iun. genossenen *farra et larda* im allgemeinen, sondern speciell um die *puls fabata*. In dem abschnitt über *Lucina* hätte neben Varro, Plutarch, Plinius und Lydus auch Paul. p. 147, Fast. Praen. zum 1. märz eine stelle finden dürfen, besonders an III, 257 f. Servius ad Aen. IV, 518.

Das neunte kapitel (*de fastorum Romanorum institutione, de diebus mensibus anno*) enthält nichts wesentlich neues. Mit dem zehnten kapitel beginnt die auseinandersetzung über die abweichungen Ovid's von Varro, die Huelsen sämmtlich für sehr unbedeutend hält, zunächst in bezug auf die etymologie der monatsnamen. Für diejenigen des namens *Februarius* fallen bei Huelsen die wichtigen stellen Paul. p. 85. Augustin. VII, 7. Lyd. IV, 20. Plutarch Rom. 21. Q. R. 68 ganz außer betracht; für die von *Martius* wird selbst Varro L. L. VI, 33, Fast. Praen. zum 1. märz, Festus p. 150 nicht angezogen. Bezüglich der beiden verschiedenen ansichten über die herleitung des namens *Martius* (III, 73 ff. 79 ff.) sagt Huelsen: *Ovidius utrius partes sequitur, non dicit*. Man vgl. v. 97 f., wo Ovid beide ansichten zu einer verschmilzt. Sodann war im XI. kapitel bei der besprechung der *Quinquatrus* die schlußnotiz der Fast. Praen. zum 19. märz zu III, 821—834 (*artificum dies*) zu berücksichtigen. Was ferner über die *Vinalia* gesagt wird, ist wenig zutreffend. Der text der stelle Augustin. VII, 8 bei der vergleichung mit I, 135 ff. (*Ianus bifrons*) ist sehr eigenmächtig verändert. Zu I, 129 f. (*Ianus Patulcius u. Clusius*) war Macrob. I, 9, 16, zu I, 277—282 (*Cur Ianus pace claudatur* etc.) auch Vergil Aen. I, 293 ff. VII, 607 ff. Horat. Ep. II, 1, 255 anzuführen, für I, 631 ff. (*Porrima et Postvorta*) auch Servius ad Aen. VIII, 336. Macrob. I, 7, 20, der hier gänzlich von Varro abhängen soll, referirt nach eigener angabe aus Hygin.

Von besonderem werthe für seinen zweck hält Huelsen eine vergleichung des letzten theiles der Metamorphosen mit einer anzahl gleichartiger abschnitte der Fasten. Eine reihe von parallelstellen soll von Ovid fast unverändert aus jenem gedicht in dieses übertragen worden sein, und gerade diese selbstwiederholungen, die übrigens keineswegs vollzählig vorgeführt worden, geben nach Huelsen den besten beweis dafür ab, daß Ovid die letzten bücher der Metamorphosen gleichzeitig mit den Fasten bearbeitet habe. Wenn wir weiter keinen grund hätten, die gleichzeitigkeit der abfassung beider dichtungen zu behaupten, würde es mit dem beweise dafür schlecht bestellt sein.

Die *stemmata regum Albanorum* soll Ovid Fast. IV, 39—60, Met. XIV, 609 ff. ganz gleich überliefert haben, was ebenso falsch ist, als die behauptung, bezüglich der anordnung der ersten albanischen könige stimme Ovid nur mit dem *elogium Lavinii repertum* (C. I. L. I, p. 283.) Die ableitung des namens des *mons Aventinus* von dem gleichnamigen könige (Fast. IV, 51 f. Met. XIV, 620 f.) soll Varro genau so berichten wie Ovid; man vgl. L. L. V, 43, wo von vier verschiedenen ableitungen diejenige *ab adoectu* für richtig erklärt wird. Für die etymologie des flußnamens *Tiberis* (Fast. II, 389 f. IV, 48. Met. XIV, 614) war nicht nur Varro L. L. V, 30 (so war zu citieren st. V, 43), sondern auch Liv. I, 3, 8. Vergil Aen. VIII, 330 f. und Servius dazu, Paul. p. 366 zu vergleichen. — *Certiora Varronianae doctrinae vestigia* finden sich, wie Huelsen glaubt, in dem von Ovid Fast. I, 259—276 und Met. XIV, 775—804 erstatteten bericht von der rettung der stadt und burg durch *Ianus* gelegentlich eines kampfes zwischen Römern und Sabinern. Diese rettung schreibt aber Ovid in den Metamorphosen den *naides Ausoniae* (s. v. 786) zu. Ein bericht über diesen kampf soll sich weder bei Livius noch bei Dionysius finden. Man vgl. Liv. I, 11, 5 ff. Dionys. II, 38 ff. Es handelt sich hier nämlich um die bekannte Tarpeiasage!! Ganz besonders läßt sich nach Huelsen der einfluß Varro's aus den *scriloquia nominis Quirini* Fast. II, 477—480 erkennen, wofür sprächen Serv. ad Aen. I, 292. Plutarch Rom. 29. Warum wird Varro L. L. V, 51. 73, Paul. p. 49. Fest. p. 254. Liv. I, 13, 5. Dionys. II, 48 u. s. m. nicht verglichen? Endlich erklärt der verf., daß er von der beinahe schon acceptierten hypothese, Ovid habe diese geschichtlichen mittheilungen einem historischen werke des Varro, etwa den büchern *de gente populi Romani*, entnommen, durch eine betrachtung der übereinstimmenden partien Fast. I, 335 ff. und Met. XV, 111 ff. (*de hostiis immolandis*) abgebracht worden sei; da letztere ausführungen nur den *Antiquitates rerum divinarum*, und zwar dem sechsten buche *de consecrationibus*, entlehnt sein könnten, müßte dieses werk als quelle auch der übrigen theile der Ovidischen Fasten gelten. Ref. gesteht offen, daß ihm das verständniß für eine derartige beweisführung vollständig abgeht.

Abschnitt XIII ist der besprechung des verhältnisses zwischen Ovid und Valerius Antias gewidmet, dessen ansichten jener nach Huelsen's meinung aus Varro kennen gelernt hat. Dafür soll außer einer am schlusse erwähnten stelle aus Plut. Num. 14, die gar nicht existiert, zunächst sprechen der bericht Ovid's *de Servii Tullii procreatione et pueritia* (VI, 627—636). Hierbei übersieht Huelsen, daß die natürliche erklärung sich auch bei Plutarch fort. Rom. 10 an erster stelle findet und daß nicht zu der daraufolgenden, mit Ovid übereinstimmenden Valerius Antias von Plutarch citiert wird, sondern nur zu der abweichenden ansicht über die zeit der erscheinung des „*flammeus apex*" auf dem haupte des Servius. — Gegen die von Merkel und Peter auf Plutarch Numa 15 und Arnob. V, 1 gegründete annahme, der abschnitt III, 285—356 (*de Pico et Fauno a Numa rege sopitis et vinctis*) sei Valerius Antias entlehnt, kann Huelsen weiter nichts vorbringen, als daß er es für unwahrscheinlich halte, daß Ovid einer im übrigen aus Varro geflossenen darstellung eine jenem annalisten entnommene episode einverleibt habe. — Nicht erwähnt wird die hypothese Merkel's (prol. p. LXXXIV, CCXXXIV), welcher den abschnitt IV, 255—348 (*de Matris Magnae e Phrygia accessu*) und besonders IV, 357 f. auf Valerius Antias zurückführt.

Für den beweis, welchen Huelsen im XIV. kapitel zu führen versucht, Ovid habe nicht etwa aus Verrius Flaccus geschöpft, der ebenso wie Ovid und Iuba direkt auf Varro zurückgehe, werden verschiedene angebliche abweichungen Ovid's von Verrius vorgeführt, zunächst die Hercules-Cacussage (I, 543—586), worin Ovid nicht mit Verrius bei Serv. ad Aen. VIII, 203 übereinstimme. Vergessen ist die ähnliche notiz Varro's bei Serv. ad Aen. VIII, 564, wodurch sich die sachlage doch etwas ändert. Hätte Huelsen ferner für das *sacrificium Argeorum* (V, 621—662) neben anderen stellen nicht nur die vier worte: *Argei ab Argis* [*dicti*] aus der stelle Varro l. l. VII, 44, sondern auch die ausführlichere auslassung des letzteren L. L. V, 45 verglichen und den vierten grund Ovid's (635—662) richtig wiedergegeben, so wäre er wohl weniger geneigt gewesen, hier eine besondere abweichung Ovid's von der *peculiaris sententia* des Verrius bei Paul. p. 19 (übrigens im einklang mit Merkel, prol. p. CIII f.) zu constatieren. Bezüglich der ableitung des festnamens *Parilia (Palilia)* stimmt Ovid mit Varro L. L. VI, 15 und auch bei Paul. p. 222 heißt es: *Pales dicebatur dea pastorum, cuius festa Palilia dicebantur; vel ut alii volunt, dicta Parilia, quod pro partu pecoris eidem sacra faciunt. Videmus iterum*, sagt Huelsen, *Ovidius* [sic!] *spreta Verrii opinione Varroni sese applicare*. Eine derartige beweisführung bedarf keines weiteren commentars. Ganz mit stillschweigen übergangen wird die notiz Serv. ad Georg. III, 1, wonach Varro Pales als männliche gottheit auffaßte. Zur erläuterung der sitte des feuersprunges an den Parilien lagen stellen wie Tibull. II, 5, 87 ff. Propert. V, 4, 79 ff. doch näher als Dionys. I, 88. Probus ad Georg. III, 1. Inwiefern Festus p. 242 von dem, was Ovid VI, 569 ff. *de templo Fortunae in foro boario* sagt, abweichen soll, bedarf wohl einer eingehenderen begründung. Wenn Huelsen ferner Ovid bezüglich des *Regifugium* (II, 685 f.) und der erklärung der *dies NP* der falschen anschauung Varro's gegen Verrius folgen läßt, so beruht diese ansicht auf keineswegs sicheren hypothesen. Eine besondere abweichung darin zu finden, daß Ovid I, 289 ff. von den zwei tempeln (nicht von einem tempel, wie Huelsen irrig meint) des *Aesculap* und *Iuppiter in insula* spricht, während in den Fast. Praen. richtiger steht: [*Aescu]lapio Vediovi in insula*, ist nach der ansicht, die Ovid III, 435—448 über das wesen dieses gottes entwickelt hat, nicht zulässig.

Das kurze XV. kapitel enthält den gänzlich überflüssigen versuch, die annahme einer benutzung Iuba's, der nach Barth und Huelsen Plutarch's hauptquelle bilden soll, durch Ovid als unwahrscheinlich darzustellen. Trotz der großen sicherheit, mit der in den fünfzehn ersten abschnitten Ovid's angaben auf einzelne bücher der Antiquitates des Varro zurückgeführt werden, läßt Huelsen es im XVI. doch zweifelhaft, ob der dichter aus dem größeren werke Varro's oder der epitome geschöpft habe. Ebenso bezeichnet er die beurtheilung des verhältnisses der Aetia des Varro zu den Fasten als schwierig. Damit aber dessenungeachtet die hypothese einer direkten benutzung Varro's durch Ovid bis in die letzten consequenzen ausgebeutet werde, erhalten wir schließlich noch die belehrung, daß auch der astronomische theil der Fasten auf Varro zurückgehe. Beweise dafür worden nicht erbracht. Der kurze epilog p. 50 f. gibt eine nichts wesentlich neues enthaltende übersicht über etwaige sonstige quellen Ovid's.

Endlich seien noch einige auslassungen aufgeführt, die bei der obigen besprechung ihre stelle nicht finden konnten, und zwar nur die allerauffälligsten. Uebergangen sind u. a. die: *Feriae sementinae* (I, 657—704, s. Varro L. L. VI, 26. r. r. I, 2, 1) *Feralia* (II, 533—570, s. Varro L. L. VI, 13), *Deus Fidius* oder *Semo Sancus* (VI, 213—218, s. Varro L. L. V, 66), der frevel der *Tullia* (VI, 587—610, s. Varro L. L. V, 159) und — last not least — die *Quinquatrus minores* (VI, 651—710, s. Varro L. L. VI, 17).

Angesichts dieser thatsachen wird Huelsen wohl selbst nicht das verlangen stellen, daß wir dem von ihm angeblich erbrachten beweise für eine direkte benutzung Varro's durch Ovid irgend besondere bedeutung beilegen. Dafür läßt seine sachkenntniß, sein einblick in die litteratur nicht nur der quellen, sondern auch der hilfsmittel, endlich aber sein verständniß von Ovid's Fasten selbst doch zuviel zu wünschen übrig. Eine gewisse unfertigkeit zeigt die arbeit auch bezüglich der stellencitate.

Zum schluß sei noch bemerkt, daß, wie aus der vita des vrfs. p. 52 hervorzugehen scheint, vorliegende dissertation Huelsen's einen abschnitt aus der umfassenderen abhandlung desselben vfs. bildet, welche im august 1879 von der Berliner philosophischen fakultät mit einem preise gekrönt worden ist.

Gustav Nick.

---

41. D. **Ringe**, zum sprachgebrauch des Cäsar. I. (*et, que, atque (ac)*). Progr. Göttingen 1880. 21 p. 4. — [S. ob. hft 1, p. 83].

Der verfasser schickt der behandlung seines themas zunächst einige bemerkungen voraus über den gebrauch der genannten partikeln in den ältesten römischen schriftdenkmälern, weist dann durch zahlenangaben nach, daß im allgemeinen bei historikern *que* und *et* gleich häufig vorkommen, während bei rednern *et* überwiegt, und stellt dann den unterschied der bedeutung dieser partikelu fest, der freilich nicht überall beachtet worden sei; nicht ohne einfluß sei hierbei die rücksicht auf den wohllaut gewesen, obgleich die bemerkung Drägers (Hist. synt. §. 314, 3), daß *que* selten mit viersilbigen und längeren worten sich verbinde, dahin beschränkt werden müsse, daß es weit häufiger an ein- bis viersilbige worte tritt als an längere.

Sein eigentliches thema stellt sich der verf. so: „ich werde im folgenden die bei Caesar vorkommenden verbindungen mit *et, que, atque (ac)* zusammenstellen mit ausschluß größerer satztheile und sätze. — Außer Caesar habe ich die litteratur bei der frage über die stellung von *que* bei präpositionen und bei der verbindung der partikeln mit *nemo, nullus* etc. in größerem umfang herangezogen und hoffe ich hier ein genaueres resultat gefunden zu haben als die größeren grammatischen werke bieten."

Die abhandlung zerfällt nach den behandelten wortklassen in sieben kapitel, in denen meist zunächst die gefundenen resultate angegeben werden, dann die belege nach kategorien geordnet folgen. So erfahren wir z. b. im anfange von kapitel 1 substantiva: daß in verbindungen, wo zwei begriffe sich zu einem gesammtbegriffe ergänzen, wie *equitatus peditatusque* zu *copiae*, Caesar in der regel *que* braucht, seltner *atque (ac)* und *et*, letzteres gewöhnlich nur dann, wenn nähere bestimmungen hinzutreten: doch vergl. *et—et*. Sinnverwandte ausdrücke werden durch *atque (ac)* und *et*, seltner durch *que* verbunden. Im kap. 2, adjectiva, ist folgendes vorausgeschickt: zwei adjectiva im positiv verbindet Caesar im ganzen gleich häufig mit allen partikeln, während im komparativ und superlativ sich öfter *atque (ac)* findet. Adjectiva, die einen gegensatz bezeichnen, werden mit *que* und *ac*, nie mit *et* verbunden; bei sinnverwandten adjectiven kommen alle partikeln vor, besonders *atque* und *ac*. Sehr interessant sind die kap. 3 und 7 eingefügten excurse über *et— nemo* u. s. w. und das verhältnis von *que* zu den praepositionen. Besonders die letztere frage ist ausführlich behandelt und findet ihren abschluß in der so formulierten regel: *que* tritt gewöhnlich an die praeposition; bei *a, ab, ob, sub, ad, apud* an das nomen; bei *ex* und *in* an nomen oder praeposition.

So sehen wir, daß sich bei solchen specialuntersuchungen immer noch neue und belangreiche resultate ergeben. Um so bedauerlicher ist es, daß die vorliegende untersuchung, wenigstens soweit sie Caesar betrifft, nicht mit der sorgfalt geführt ist, die nöthig ist, wenn die arbeit nicht noch einmal gethan werden soll. Ref. hat die zusammenstellungen des verf. mit seinem eignen material verglichen bezüglich der partikel *que* und ist dabei auf folgende mängel gestoßen.

Viele stellen sind falsch angeführt. Auf dem raum einer druckseite sind folgende fehler: *equitum peditumque numerum* soll II, 30, 4 stehn: §. 4 giebt es gar nicht; ebensowenig steht *equites peditesque* II, 35, 3; III, 47, 2 heißt es nicht *militum equitumque*, sondern *equitum militumque*; hinter *equites cum funditoribus sagittariisque* ist auch angegeben 2, 10, 2; erstens ist zu lesen §. 1; zweitens steht dort nur *funditores sagittariosque*; hinter *a cetratis equitibusque* lies I, 75, 3 statt 4; zu ungenau ist es, wenn als beleg für dieselbe verbindung angegeben wird I, 39, 1, wo es heißt: *cetratae cohortes circiter LXXX equitumque circiter V milia*, und ebenso I, 75, 2, wo der text bietet: *cum hac et praetoria cohorte cetratorum barbarisque equitibus paucis*. Um raum zu ersparen, hat der verf., indem er häufig ähnlich verführt, seine arbeit unbrauchbar gemacht für anschließende untersuchungen als unterlage zu dienen. Hinter *a tribunis militum legatisque* muß statt 7, 53, 1 heißen 52, 1; drei zeilen weiter statt III, 53, 2: 1; in der folgenden zeile ist bei II, 12, 1 angegeben *ad legatos exercitumque*, während im text *atque exercitum* steht; bei *custodias vigiliasque* lies II, 19, 3; p. 6 z. 4 v. ob. III, 62, 2; z. 6 hinter *inopiam* 6, 24, 1; hinter *consules Pompeiumque* I, 10, 1; in der folgenden zeile III, 101, 7; hinter *nobilibus principibusque* statt I, 44, 12; 1, 44, 12. Es hat keinen zweck dies verzeichnis zu vervollständigen, doch sind wir der gerechtigkeit die bemerkung schuldig, daß es auf den späteren seiten allmählich besser wird.

Der zweite mangel ist die unvollständigkeit. Zwar sagt der verf. p. 5, er wolle alle vorkommenden wendungen anführen; wie wenig er dies aber thut, ergeben folgende nachträge, welche bloß die stellen enthalten, die aus dem BGallicum unter *que* im ersten kapitel: substantiva: fehlen.

P. 5 *suis copiis suoque exercitu* I, 3, 7; *exercitum magnasque copias* III, 17, 2; *partem copiarum — supplementumque* VII, 7, 5, *ex legione — militibusque* I, 8, 1; *a tribunis militum reliquisque equitibus Romanis* VII, 65, 5; *milites centurionesque* I, 39, 5; *Ciceronem — legionemque* V, 52, 4; *omnes cohortes ordinesque* V, 35, 8;

— p. 6 fehlen sechs stellen der art wie: *Commius reliquique* *duces* VII, 79, 1; vier stellen wie *Prebium Terrasidiumque* III, 8, 3; ferner *ambactos clientesque* VI, 15, 2; *fratres consanguineosque* I, 33, 2; II, 3, 5; *animi voluptatisque causa* V, 12, 6; *summa imperii belliques administrandi* V, 11, 8; *toti bello imperioque* V, 11, 9; *aciem ordinesque* II, 19, 6; *ratio ordoque agminis* II, 19, 1; — p. 7 *magnis praemiis pollicitationibusque* III, 26, 1; *militiae vacationem omniumque rerum immunitatem* VI, 14, 1; *portoria reliquaque vectigalia* I, 18, 3; *omnia exempla cruciatusque* I, 31, 12; *supplicia cruciatusque* IV, 15, 5; *castra munitionesque* III, 6, 3, *picem reliquasque res* VII, 24, 4; *falces testudinesque* V, 42, 5; *testudines munitionesque* V, 52, 2; *vallo munitionibusque* III, 25, 1; *opus hibernorum munitionesque* III, 8, 1; *altissimas rupes despectusque* II, 29, 3; *in extremis lingulis promunturiisque* III, 12, 1; *aerarias secturasque* III, 21, 3; ferner 26 wohl absichtlich, aber mit unrecht weggelassene stellen, wo je zwei länder oder völkerschaften durch *que* verbunden sind und sechs stellen, wo gegenden in dieser weise bezeichnet sind wie *ad Rhenum finesque Germanorum* I, 27, 4; ferner *inter carros impedimentaque* IV, 14, 4; *carros impedimentaque sua* VII, 18, 3; *rei frumentariae commeatusque causa* I, 39, 1; ähnliche verbindungen I, 40, 10; I, 48, 2; II, 3, 3; III, 8, 1; III, 6, 4; III, 23, 7; IV, 80, 2; VII, 88, 9; *lignationis munitionisque causa* V, 39, 2. *vini reliquarumque rerum* II, 15, 4; *in valis armamentisque* III, 14, 7; — p. 8 *perditorum hominum latronumque* III, 17, 4; *sanguis viresque* VII, 50, 6; *auxilio salutique* V, 44, 14; *in posterum diem similemque casum* VI, 41, 4.

Die lücken sind nm so auffälliger, da Ringes angabe, im BGall. komme *que* 886 mal vor, fast genau mit der zählung des referenten übereinstimmt.

Bedenklicher ist ein dritter mangel: der verfasser unterscheidet nicht zwischen den worten, an welche *que* angehängt ist, und denen, welche es logisch mit einander verbindet. Während er anfangs bloß den zweiten gesichtspunkt im auge hat, schiebt sich ihm unmerklich der erstere mit ein, ohne daß aber die belege entsprechend gesondert würden. So ist cap. III: pronomine: *vos vestrumque factum* nach dem bis dahin festgehaltnen gesichtspunkt ganz am platze, ebenso *se suaque* u. s. w. Bei *se — suorumque* ist der schritt vom wege für den aufmerksamen leser wenigstens sofort erkennbar, denn diese beiden begriffe können wegen ihrer verschiedenen rektion nicht zu einem ganzen verbunden sein; dasselbe gilt von *se suisque*. Schlimmer steht es aber bei *sua—seque* 3, 12, 2, wo man erst durch aufschlagen des textes das richtige findet. Derselbe lautet: *sua deportabant omnia seque in proxima oppida recipiebant*. Ebenso ist es 4, 18, 4, wo geschrieben steht: *finibus suis excesserant suaque omnia exportaverant seque in solitudinem ac silvas abdiderant*. Was hier an zwei beispielen ausführlich nachgewiesen ist, gilt für sehr viele stellen in den folgenden kapiteln.

Durch diese mängel wird der werth der abhandlung, die nicht ohne mühsame arbeit zu stande gekommen ist, erheblich beeinträchtigt. Hoffentlich weiß der verf. die fortsetzung seiner untersuchung, deren veröffentlichung er in aussicht stellt, von den gerügten fehlern frei zu halten.

Rudolf Menge.

42. Der ursprung der stamm- und gründungssage Roms unter dem reflex indogermanischer mythen von dr. F. L. W. Schwartz, Direktor des königlichen Friedrich Wilhelms-gymnasiums zu Posen. Jena. Hermann Costenoble. 1878. 60 p.

Der verfasser dieser in vielfacher hinsicht belehrenden und von tiefem verständniß für die alte mythenwelt zeugenden abhandlung geht von der ansicht aus, daß die alten mythischen bilder und traditionen ursprünglich aus vorgängen im himmel entnommen und dann nur irdisch verknüpft und lokalisirt worden seien (p. 30). Wie bei allen völkern, so hätten dieselben auch bei den Römern eine zwiefache richtung genommen: ein theil sei an den allmählich sich entfaltenden religiösen vorstellungen haften geblieben und so mit ihnen mit der zeit in den kreis des göttlichen erhoben worden, ein anderer sei gleichsam in der überlieferung zur geschichte der vorzeit des stammes erstarrt, und die personen, welche hier den mittelpunkt bildeten, seien zu ahnherrn geworden und hätten so als die ersten menschen oder unter dem reflex einer späteren zeit als die ersten könige des volks gegolten. Die praktisch nüchterne römische mythologie habe aber in betreff der ältesten zeit statt anthropomorphischer naturbetrachtung gewisse einfache idole bedeutsam in den vordergrund gestellt, an die sich dann das übrige erst sehr allmählich angeknüpft habe. Als ein solches idol erscheint dem verf. das irdische abbild des himmlischen spechts (*picus*), von dessen mythischer bedeutung und mythischen beziehungen im besondern zur sonne er die ganze Romulussage ableiten will (p. 21 ff.).

Bei dem nachweis hiervon wendet der verf. eine rein untersuchende methode an, indem er im fernen orient den faden aufnehmend die ihm wichtig erscheinenden mythen in allen ihren manichfaltigen labyrinthischen verschlingungen nach westen hin verfolgt, bis er bei den mythischen traditionen ankommt, welche „unter dem hereinbrechenden dämmerlicht der geschichte als die historischen anfänge Roms ihren eigenthümlichen ausbau gefunden haben." Hiernach theilt der verf. seine abhandlung in drei theile: 1. der falke der morgenröthe (nach Göthe); 2. der mythische specht und die sonne sein nest; 3. der specht in der römischen stammsage und der ursprung derselben.

Ausgehend von den anschauungen Kuhns („Die herabkunft des feuers und des göttertranks") und von den gedanken Göthe's, die er über die tropen in den noten zum westöstlichen divan unter dem titel „Urelemente" ausspricht, sucht der verf. in anknüpfung an schon früher von ihm in seinem „Ursprung der mythologie (1860) und „Poetischen naturanschauungen" (1864) entwickelten ansichten zunächst festzustellen, daß in den schichten der mythologischen anschauungen, wie wir sie in der tradition als mythe, sage u. s. w. abgelagert finden, sich stets die lebensweise, der anschauungskreis der zeit, die verhältnisse, in welchen jene vorstellungen entstanden sind, wiederspiegeln. Der jäger faßte die erscheinung als jäger, der hirt als hirt, der krieger als krieger auf. So vergleicht der in freiem felde aufwachende jäger die aufgehende sonne mit einem falken. Dieser primitiven anschauung entsprechend sieht denn der naturmensch auch in der morgenröthe die breiten schwingen eines goldenen vogels, der wie ein falke am horizont aufsteigt. Dadurch tritt mythologisch der falke in verbindung mit den höchsten lichtgöttern. Entsprechend dieser auffassung ergab sich noch eine andere, nämlich die der dunkeln wetterwolke und der nacht als eines schwarzen aars, der sich mit dem himmlischen falken vielfach berührt, ja ihn zuweilen vertritt.

Bei den europäischen völkern ist aber der falke als der

die sonne wiederbringende vogel der morgenröthe in den hintergrund getreten, und bei den Deutschen und Römern tritt an seine stelle der specht, über dessen spezielle bedeutung der verf. im zweiten theile seiner abhandlung (p. 12—20) handelt.

Hier knüpft der verf. an den bekannten, Deutschen und Römern (Plin. X, 18) gemeinsamen glauben an, daß wenn dem specht sein nest zugespundet würde (welches er bekanntlich in einem baum so anlegt, daß oberhalb des nestes ein rundes loch im baume ihm den zugang ermöglicht) er durch ein kraut bezw. die springwurzel den keil heraustreibe und so den zugang wieder öffne. Gestützt auf frühere auseinandersetzungen glaubt dann der verf. in dem baume den himmlischen lichtbaum (d. h. die lichtsäule der gerade aufsteigenden sonne), in dem vogel den sonnenschein, der zuerst als morgenröthe auftrat und dann sein nest d. h. die sonne gegen hindernde einflüsse, wie z. b. gewitterwolken, schützend umkreist, und in der runden öffnung speziell die sonne selbst erkennen zu sollen. Das gelegentliche verstopftwerden dieses spechtnestes hat dann sein analogon in dem gewitter, welches die sonne verfinstert. Und wie der falke im leuchtenden blitz nach orientalischem mythos den sonnentrank bei dem unwetter rettet, so erscheint hier der specht im blitze mit der himmlischen wünschelruthe, dem zauberkraut vor seinem verstopften neste, der donnerkeil fährt heraus und die leuchtende sonne ist wieder da, das spechtnest im himmlischen lichtraum wieder offen.

Indem nun im dritten theile (von p. 21 an) der verf. das über den specht gesagte auf die römische gründungssage anwendet, kommt er zu folgenden ergebnissen. Neben den kriegerischen aus den gewitterkämpfen entnommenen fetischen der Altitaliker, dem (sonnen-)schilde und der (blitz-)lanze sehen wir einen specht auf einem baumstamm mit als das älteste idol der lateinisch-sabinischen stämme. Erwuchsen aber bei zunehmender anthropomorphischer richtung schild und blitz zu der göttlichen gestalt eines Mars, so wurde der specht sein diener, welcher mit dem wolf, dem anderen heiligen thiere des gottes, die himmlischen lichtkinder des Mars (in der Romulussage also Romulus und Remus) nährte und schützte. In anderer tradition wurde Picus zum ahnherrn seines volkes, obwohl ihm immer die beziehung zu dem gleichnamigen vogel

blieb. Fassen wir nun die gründungssage Roms speziell
in's auge, so erscheint, was in anderer anschauung als nest des
himmlischen lichtbaums galt, vom standpunkt der himmlischen
sinfluth aus, wenn das licht wieder durch die wolken bricht, als
die goldene wiege (vgl. über die wiege in dieser bedeutung p. 26—30) der neugeborenen lichtkinder. Die über-
schwemmung in folge des gewitters treibt die wiege mit den
kindern (die hier als wanne erscheint) an den neu durch das
unwetter hindurchschimmernden lichtbaum, den
dann zwei himmlische vögel, der specht und die *parra*, umkrei-
sen und alles böse abwehren; neben dem wolf bringt der specht
die himmlische nahrung dem Romulus und Remus. Der lichtbaum ist der *ficus ruminalis*, an dem sie landen, (bis p. 31).

Was hiernach folgt, ist weitere ausführung und ergänzung,
wobei insbesondere Roscher (Untersuchungen über Apollo und
Mars), Preuner (Hestia — Vesta) und einzelne bemerkungen in
Schwegler's Römischer geschichte verwerthet sind.

So geschickt dies auch alles zusammengestellt und combinirt, und so scharfsinnig der verf. auch in der durchführung des
einzelnen ist, so erheben sich doch gegen gar manches erhebliche
bedenken, die ich hier im einzelnen natürlich nicht ausführen
und begründen kann. Gerade der scharfsinn, den der verfasser
hier und da anwenden muß, um die brücke von einer anschauung
zur anderen herzustellen, wie z. b. beim übergang vom falken
zum specht, vom lichtbaum zum *ficus ruminalis*, vom nest zur
goldenen wiege u. dgl. lassen die lücken noch deutlich erkennen,
die sich der verf. offenbar nicht verhehlt hat. Wenn ferner der
verf. einerseits sagt: „ursprünglich spielt also alles im himmel
und ist nur dann irdisch verknüpft und localisirt worden" (p. 30)
und wenn er andererseits sagt, daß in den schichten der mythologischen anschauungen sich stets die lebensweise, der anschauungskreis der zeit, die verhältnisse u. s. w. widerspiegeln, so
möchten wir dazu bemerken, daß wenn letzteres wirklich der
fall ist, dann auch der andere fall nicht ausgeschlossen ist, daß
man umgekehrt von der erde manches erst in den himmel verlegt, irdische vorgänge auf himmlische naturereignisse bezogen
hat. Spiegelt sich die lebensweise in dem mythos, dann ist dies
aber auch nicht allein in Indien der fall gewesen, sondern es
muß sich dann dieselbe erscheinung in allen zeiten und bei allen

völkern wiederholen. Der mythos erstarrt nicht, sondern entwickelt sich weiter, indem er bald mit diesen bald mit jenen elementen sich assimilirt, so zwar, daß der ursprüngliche mythische gehalt oft gar nicht mehr erkennbar ist. Hierbei möchten wir auf Carl Müllenhoff (Deutsche alterthumskunde p. 45) verweisen, der mit recht hervorhebt, daß wo man übereinstimmende sagen bei verschiedenen völkern finde, man immer geneigt sei, entweder entlehnung oder urgemeinschaft anzunehmen, ohne ein drittes, die **möglichkeit gleicher und übereinstimmender erfindung in anschlag zu bringen**.

Oft wird aber auch rückwärts eine schon fixirte oder sogar ganz historische gestalt (wie dies Kyros schlagend beweist) mit mythen in verbindung gebracht, und so glauben wir, daß Romulus als schutzgott der stadt ursprünglich mit Mars in keiner beziehung steht. Die ursprüngliche gestalt des Romulus als heros eponymos wird zunächst nur verschmolzen mit dem begriffskreis und cult des einheimischen Faunus, der mit dem specht und dem Mars noch gar nichts zu thun hatte und wurde erst nach der verbindung mit den Sabinern mit ihrem nationalhelden Madius oder Mettius und hierauf geradezu mit dem gotte Quirinus in verbindung gebracht, ja identificirt[1]). Also erst durch die verschmelzung mit der sabinischen gründungsgestalt kam Romulus in den mythischen anschauungskreis des ihm vor ankunft der Sabiner sicherlich fremden Mars und Picus.

Der weg, den der verf. dem leser mit ihm zurückzulegen zumuthet, ist allerdings ein harter und steiler. Wenn wir z. b. von vorn herein in einem buch über die römische gründungssage ohne irgend wie durch den verf. darauf vorbereitet zu sein in dem ersten kapitel auf den titel stoßen: „der falke der morgenröthe (nach Göthe)", so sieht man sich unwillkürlich noch einmal nach dem titelblatt um, um zu sehen, ob man sich nicht in dem buche vergriffen und es mit einem anderen verwechselt habe. Dies alles kann uns jedoch nicht abhalten, die bei behandlung jeder frage entwickelte gelehrsamkeit anzuerkennen, und jeder der sich durch die schrift hindurchgearbeitet hat, wird dem verf. für die mancherlei belehrung, die er daraus geschöpft, gewiß recht dankbar sein. *M. Z.*

1) Vgl. hierüber Zoeller Latium und Rom 102 ff. (Leipzig Teubner 1878), wo die plebejisch-lateinischen elemente von den sabinischen auseinandergehalten werden.

Bibliographie.

Die bibliothek des verstorbenen professor *Bruns* in Berlin hat die buchhandlung Weiß und Neumeister in Leipzig gekauft.

Beachtenswerthe mittheilungen über den postverkehr mit Italien enthält Börsenbl. nr. 38: so ist durchaus unthunlich, in briefe zollpflichtige gegenstände als spitzen, schmucksachen, münzen u. dergl. zu legen, weil das als contrebande betrachtet und confiscirt wird.

Deutschlands bücherproduction in den jahren 1877—81 bespricht Augsb. allg ztg. nr 34.

Das hochzeitsgeschenk der Berliner buchhändler für den prinzen *Wilhelm* beschreibt Augsb. allg. ztg. beilage zu nr. 56, ausführlicher aber noch die Tribüne vom 1. märz und daraus das Börsenbl. nr. 54. ReichsAnz nr. 52.

Am 15. febr. wurde in London ein exemplar des Alten testaments versteigert, welches für das erste mit beweglichen lettern gedruckte buch gilt; der antiquar Quarisch erstand es für 700 pfd. st.: Augsb. allg. ztg., beil. zu nr. 60, und daraus Börsenbl. nr. 60.

Anzeige von L. Rosenthal's in München antiquariats-katalog nr. 28, 22 giebt RAnz. nr. 52 beil. 1, nr. 62 beil. 2; wichtig darnach besonders für katholische theologie, philosophie und mittelalter.

Die von der generalverwaltung der königlichen museen zu Berlin herausgegebene beschreibung der *Pergamenischen bildwerke* (s. ob. bft. 1, p. 50), ist Berlin, Weidmann. buchh., in zweiter auflage erschienen.

Die „publicationen des börsenvereins der deutschen buchhändler. Neue folge. Archiv für geschichte des deutschen buchhandels" bespricht RAnz. nr. 61, beil. 1.

Joseph Baer u. Co. hat ein supplement zu seinem antiquarischen lager-catalog und von seinem *antiquarischen anzeiger* nr. 303 veröffentlicht, was RAnz. nr. 65 bespricht; auch das. nr. 68; ferner einen „catalog für deutsche literatur und gelehrtengeschichte", den RAnz. nr. 76 bespricht und besonders auf die „gelehrtengeschichte" aufmerksam macht.

Jobs Faßbender buchhandlung und antiquariat hat ihr 30. verzeichniß billiger bücher ausgegeben, in dem nach RAnz. nr. 70 recht werthvolle bücher sich finden.

Mittheilungen der verlagsbuchhandlung *B. G. Teubner* in Leipzig. Abth. I: künftig erscheinende bücher: Die homerischen verbalformen systematisch zusammengestellt von *E. Frohwein*. Mit einem vorwort von *B. Delbrück*. gr. 8. geh. — Abriss der quellenkunde der griechischen und römischen geschichte von *Arnold Schäfer*. Zweite abtheilung. gr. 8. geh. — Einleitung in die homerischen gedichte von dr. *A. Gemoll*, oberlehrer am gymnasium in Wohlau. Mit 2 kärtchen. gr. 8. kart. —

Das tonsystem und die tonarten des christlichen abendlandes, ihre beziehungen zur griechisch-römischen musik und ihre entwicklung bis auf die schule Guido's von Arezzo. Mit einer wiederherstellung der musiktheorie Berno's von der Reichenau, nach einer Karlsruher handschrift von *W. Brambach*. gr. 8. geb. —
— Bibliotheca scriptorum Graecorum et Latinorum Teubneriana: Κοπρούτεα ἐπιδημία τῶν κατὰ τὴν Ἑλληνικὴν Οικολογίαν παραδιδομένων. Recensuit *Carolus Lang*. 8. geb. — Fragmenta geographorum Graecorum et Latinorum. Collegit, recensuit, apparatu critico indicibusque instruxit *Carolus Frick*. 2 voll. 8. geh. — Imp. Iustiniani Novellae quae vocantur sive constitutiones quae extra Codicem supersunt. Ordine chronologico digessit, Graeca ad fidem codicis Veneti castigavit *C. E. Zachariae a Lingenthal*. 8. geb. — Quintiliani declamationes quae supersunt CXLV recensuit *C. Ritter*. 8. geb.

Bibliotheca philologica Teubneriana. Verzeichniß des verlags von *B. G. Teubner* in Leipzig aus dem bereich der philologie und alterthumswissenschaft. Februar 1881.

Schulcatalog der verlagsbuchhandlung von *B. G. Teubner* in Leibzig. Bis februar 1881.

Verzeichniß von schulbüchern aus dem verlag der *Weidmann'*schen buchhandlung in Berlin. März 1881.

Verzeichniß ausgewählter werke aus dem verlag der academischen verlagsbuchhandlung von *J. C. B. Mohr* in Freiburg i. B., philologie und geschichte des alterthums. Januar 1881.

Verzeichniß empfehlenswerther kartenwerke im verlage von *Dietrich Reimer* in Berlin. März 1881.

Die *G. Grote'*sche verlagsbuchhandlung in Berlin eröffnet eine neue subscription auf die allgemeine geschichte in einzeldarstellungen von *Wilhelm Oncken*.

S. Hirzel in Leipzig versendet einen prospectus zur fünften neu bearbeiteten auflage von *L. Friedländers* Darstellungen aus der sittengeschichte Roms u. s. w. März 1881.

Heinrich Schmidt und *Carl Günther* in Leipzig kündigen an: Rom in wort und bild. — Eine schilderung der ewigen stadt und der Campagna von Dr. ph. *R. Kleinpaul*. — Als Thorwaldsen noch in Rom lebte, kam eines tages ein junger Däne zu ihm. Derselbe frug Thorwaldsen: „Sagen Sie, herr professor, wie viele tage braucht man, um Rom kennen zu lernen?" Letzterer antwortete: „Mein lieber freund, da müssen Sie sich an einen andern wenden, ich bin erst zehn jahre hier!" — Dieser ausspruch ist, wie jedermann weiss, sehr bezeichnend für Rom, denn keine stadt der welt hat so viele großartige bauten und kunstschätze aufzuweisen. — Ueber dieses Rom erscheint demnächst ein schönes prachtwerk, unter dem im vorstehenden angegebenen titel. In ca. 36 lieferungen à 1 mk. — Nach den uns vorliegenden blättern verspricht dieses ein dem grossen gegenstande würdiges prachtwerk zu werden; wir kommen später darauf zurück.

Zugegangen ist uns der prospect eines neuen vaterländischen prachtwerkes: Die Hohenzollern und das deutsche vaterland von dr. G. Graf *Stillfried Alcántara* und professor Dr. *R. Kugler*. Illustrirt von den ersten deutschen künstlern. Verlag von Fried. Druckmann in München. — Der prospect lässt das schönste erwarten.

A. Hartlebens verlag in Wien, Pest und Leipzig kündigt an: Der Orient, geschildert von Amand von Schweizer-Lerchenfeld.

Kataloge *der antiquare*: Philologie, orientalia linguistik antiquarisch bei *L. Auer* in Wien; antiquarischer anzeiger von *J. Baer* in Frankfurt a. M., nr. 312, märz; XXXIX. verzeichniß des antiquarischen bücherlagers von *C. Haug* in Augsburg; antiquarischer anzeiger (nr. 93) *Fr. Haerpfer*, buchhandlung und antiquariat in Prag; 147. katalog von *W. Koebner* in Breslau, dabei die bibliothek des bundestagsgesandten W. von Eisendecher in Oldenburg.

Bücher-auction zu Göttingen: Um den von vielen seiten ausgesprochenen wünschen entgegen zu kommen, habe ich mich entschlossen, anfang juli d. j. eine bücher-auction, wie solche in den jahren 1867—72 von mir abgehalten wurden, hierselbst zu veranstalten. — Beiträge zu derselben erbitte ich mir bis spätestens zum 15. april d. j., vorherige anmeldung, wo möglich von einem verzeichnisse der zu versteigernden bücher begleitet, liegt im beiderseitigen interesse. Die bedingungen theile ich auf wunsch brieflich mit. — Göttingen, den 10. märz 1881. — A. Hoyer, fa. Dieterich'sche sort.-buchh.

Verzeichniß der wichtigeren publicationen auf dem gebiete der alterthumswissenschaft. 1881. II.

78. *Abhandlungen des archäolog.-epigraphischen seminares* der universität Wien hrsg. von *O. Benndorf* und *O. Hirschfeld*. II: *Jul. Dürr*, die reisen des kaisers Hadrian. Wien 1881. 8. III, 124 p. 4,80 mk.

79. *Aeschylos'* ausgewählte dramen. Uebers. von Dr. *A. Oldenberg*. Leipzig 1881. 8. 218 p. 2 mk.

80. *Apuleius*, Amor und Psyche. Ein märchen. Aus dem lateinischen von *Reinhold Juchmann*. Illustrirt in 46 original-radirungen u. ornamentirt von *Max Klinger*. München 1880. 4. VII, 68 p. Geb. mit goldschn. 65 mk.

81. *Aristophanes* ausgewählte komödien. Erklärt von *Theodor Kock*. 3 bdchen. Die frösche. 3 Aufl. Berlin 1881. 8. 224 p. 1,80 mk.

82. *Borchfeld*, Wilh., de comparationum usu apud Silium Italicum. Goettingen 1880. 8. 33 p. 80 pf.

83. *Busck*, Ludw., de proverbiis allisque locutionibus ex usu vitae communis petitis apud Aristophanem comicum. Koenigsberg 1880. 8. (Diss. inaug.). 88 p. 1,20 mk.

84. *Bibliothek* indogermanischer grammatiken bearbeitet von *F. Bücheler* u. s. w. Bd. 1: *Ed. Sievers*, grundzüge der phonetik zur einführung in das studium der lautlehre der indogermanischen spra-

chen. 2. wesentlich umgearb. u. vermehrte aufl. der grundzüge der
lautphysiologie. Leipzig 1881. 8. XV, 224 p. 4,50 mk.
85. *Brentano*, E., zur lösung der trojanischen frage. Nebst einem
anhange. Einige bemerkungen zu Schliemann's Ilios. Mit einer (lithogr.) karte der troischen ebene u. 2 (lith.) plänen. Heilbronn 1881.
8. VI, 138 p. 3,60 mk.
86. *Breyer*, Berthold, analecta Pindarica (Dissert.). Breslau 1880.
8. 72 p. 1,60 mk.
87. *Budinszky*, Alex., die ausbreitung der lateinischen sprache
über Italien und die provinzen des römischen reichs. Berlin 1881. 8.
III, 267 p. 6 mk.
88. *Curtius*, Ernst, griechische geschichte. 3. Bd.: Bis zum ende
der selbständigkeit Griechenlands. 5. Aufl. Berlin 1880. 8. IV, 815
u. register u. s. w. 119 p. 11 mk.
89. *Dissertationes* philologicae Argentoratenses selectae. Vol. III
u. IV. Strassburg 1880. 8. 259, 411 p. 12 mk.
90. *Elter*, Anton, de Ioannis Stobaei codice Photiano. Bonn 1881.
8. 75 p. 2 mk.
91. *Euripides'* ausgewählte Dramen. Uebers. von *Jak. Mähly*.
Leipzig 1881. 8. XXXII, 211 p. 2 mk.
92. *Festschrift* für Ludwig Urlichs zur feier seines fünfundzwanzigjährigen wirkens an der universität Würzburg. Dargebracht von seinen schülern. Würzburg 1880. 8. 229 p. 4.60 mk.
Inhalt: *N. Wecklein*, über den Cresphontes des Euripides. — *C.
Hartung*, der Protagonist in Sophokles Antigone. — *A. Patin*, Quellenstudien zu Heraclit. — *G. Zülgens*, de praedicamentorum quae
ab Aristotele auctore categoriae nominabantur fonte atque origine. —
K. K. Müller, ein griechisches fragment über kriegswesen. — *J.
C. Schmitt*, de codice Sangermanensi qui continet L. Iulii Moderati Columellae de re rustica libros XIII.
93. *Flach*, H., der tanz bei den Griechen. Berlin 1880. 8. 35 p.
75 pf. (Sammlung gemeinverständlicher wissenschaftlicher Vorträge,
hrg. von *Rud. Virchow u. Fr. v. Holtzendorff*. Heft 360).
94. *Hagemann*, Gustav, de Graecorum prytaneis capita III. Breslau 1881. 8. 62 p. 1,50 mk.
95. *Hansen*, Marx, de tropis et figuris apud Tibullum (Dissert.)
Kiel 1881. 8. 48 p.
96. *Heisterbergk*, Bernh., über den namen Italien. Eine historische
Untersuchung. Freiburg i Br. 1881. 8. IV, 160 p. 4 mk.
97. *Ἡροδότου* ἱστορίης ἀπόδεξις. Mit erklär. anmerkungen von
K. W. Krüger. 2. Heft. (III IV). 2. sehr verbess. auflage besorgt
von *W. Pökel*. Leipzig 1881. 8. IV, 192 p. 2,20 mk.
98. *Hertz*, Martin, ad Joannem Vahlen epistula. Breslau 1881.
4. 8 p. 50 pf.
99. *Homer's* Ilias u. Odyssee. Im versmaass der urschrift übers.
von *F. W. Ehrenthal*. 2 Bde. Leipzig 1881. 8. 472, 384 p. 7 mk.
100. *Hübner*, Emil, grundriß zu vorlesungen über die lateinische
grammatik. 2. verm. aufl. Berlin 1881, 8. VI, 113 p. 3 mk.
101. *Jordan*, Heinr., Capitol, Forum u. Sacra via in Rom. Mit
einer lithogr. tafel. Berlin 1881. 8. 62 p. 1,60 mk.
102. *Julian's*, kaiser, bücher gegen die christen. Nach ihrer wiederherstellung übers. von *K. Jhs. Neumann*. Leipzig 1880. 8. III,
53 p. 1 mk.
103. *Kekulé*, Reinhard, das leben Friedrich Gottlieb Welcker's.
Nach seinen eigenen aufzeichnungen u. briefen. Mit einem bildniss
Welcker's in radirung von *L. Otto*. Leipzig 1880. 8. VIII, 519 p.
10,80 mk.

104. *Kiel*, Frdr., quo tempore Thucydides priorem operis sui partem composuerit. (Dissert. Gotting.) Hannover 1880. 8. 52 p. 1,40 mk.
105. *Köhler*, Carl Sylvio, das thierleben im sprichwort der Griechen und Römer. Nach quellen und stellen in parallele mit dem deutschen sprichwort. Leipzig 1881. 8. VIII, 221 p. 4,50 mk.
106. *Kopp*, W., griechische sakralalterthümer für höhere lehranstalten und für den selbstunterricht bearbeitet. Berlin 1881. 12. VII, 92 p. 1,40 mk.
107. *Kühner*, Raphael, kurzgefaßte schulgrammatik der griechischen sprache für die unteren und oberen gymnasialklassen. 6. verb. aufl. bearb. von *Rud. Kühner*. Hannover 1881. VIII, 304 p. 2,50 mk.
108. *Kvíčala*, Joh., neue beiträge zur erklärung der Aeneis nebst mehreren excursen und abhandlungen. Prag 1881. 8. VIII, 463 p. 8 mk.
109. *Lambros*, Spyridion, die bibliotheken der klöster des Athos. Nach dem rechenschaftsberichte an die griechischen kammern deutsch von prof. *Aug. Boltz*. Bonn 1881. 8. 32 p. 1 mk.
110. *Lenz*, Emil, das synedrion der bundesgenossen im 2. athenischen bunde, ein beitrag zur kunde des attischen staatsrechts. Elbing. 1880. 8. 69 p. 1,20 mk. (Diss. Regiomont.)
111. *Liers*, Hugo, de aetate et scriptore libri qui fertur Demetrii Phalerei περὶ ἑρμηνείας. Breslau 1881. 8. 35 p. 1 mk.
112. *Luebbert*, Georg, de amnestia anno CCCCIII a. Chr. n. ab Atheniensibus decreta. Kiel 1881. 8. 93 p. 2 mk. (Dissert. Kilon.)
113. *Luhr*, Georg, de P. Papinio Statio in Silvis priorum poetarum Romanorum imitatore. (Diss. inaug. Regiom.) Brunsbergae 1880. 8. 58 p. 1,20 mk.
114. *Monumenta* Germaniae historica inde ab a. Chr. D usque ad a. MD ed. societas aperiendis fontibus rerum Germanicarum medii aevi. Poetarum latinorum medii aevi tomi 1 pars 1: Poetae Latini aevi Carolini rec. *Ernestus Duemmler*. Tomi I, pars 1. Berlin 1880. 4. 392 p. 10 mk.
115. *Müller*, Otto, de demis Atticis. Nordhusae 1880. 8. 64 p. 1,80 mk. (Diss. Gotting.).
116. *Müller-Strübing*, Hermann, Thukydideische forschungen. Wien 1881. 8. V, 276 p. 7 mk.
117. *Neumann*, Fr. Jos., de Charone Lampsaceno eiusque fragmentis commentatio (Dissert.) Breslau 1880. 8. 68 p. 1 mk.
118. *Nicolai*, Rud., Geschichte der römischen litteratur. Magdeburg 1881. 8. XVIII, 913 p. 12 mk.
119. *Overbeck*, J., geschichte der griechischen plastik. 3. umgearb. u. verm. aufl. 2 halbband. Mit 43 holzschnitten. (Bd. I, XI—XIV, p. 243—496). Leipzig 1881. 8. 8 mk.
120. *Pappenheim*, Eugen, erläuterungen zu des Sextus Empiricus Pyrrhoneischen grundzügen. Leipzig 1881. 8. VI, 290 p. 2,50 mk. (Philosoph. bibliothek hrsg. von *J. H. v. Kirchmann* Heft 296—300).
121. *Petersen*, Wilh., quaestiones de historia gentium Atticarum. Schleswig 1880. 8. 150 p. 3 mk.
122. *Plato's* dialog Theaetet übers. u. erläutert von *J. H. von Kirchmann*. Leipzig 1880. 8. XIX, 171 p. 1,50 mk. (Philosophische bibliothek hrsg. von *J. H. von Kirchmann*. Heft 203—295).
123. *Platonis* quae feruntur omnia. Ad codices denuo collatos ed. *Martin Schanz*. Vol. VIII. Leipzig 1881. 8. X, 165 p. 5 mk.
124. *Poland*, Frz., Ovid's Tristien. elegien eines verbannten. Ein gesammtbild ihres inhalts und poetischen gehalts mit den bedeutendsten stellen in latein und deutsch. Leipzig 1881. 8. 63 p. 1,20 mk.

125. *Presuhn*, Emil, Pompeji, die neuesten ausgrabungen von 1874 —1881. Für kunst- u. alterthumsfreunde illustrirt hrsg. Mit 80 tafeln in chromolithogr. nach aquarellen von *G. Discanno* u. *A. Butti*. 2. rerb. n. sehr verm. aufl. (In 10 liefg.) Liefg. 1. Leipzig 1881. Fol. 8 p. u. 10 chromolithg. 8 mk.
126. *Ringe*, D., zum sprachgebrauch des Caesar (et que atque ac) Goettingen 1880. 4. (Progr.) 21 p. 1,20 mk.
127. *Ritter*, Fr., de adiectivis et substantivis apud Nicandrum Homericis. (Diss.) Goettingen 1880. 8. 76 p. 2 mk.
128. *Ruge*, Max, bemerkungen zu den griechischen lehnwörtern im lateinischen. Berlin 1881. 8. 32 p. 60 pf.
129. *Ryssel*, Victor, über den textkritischen werth der syrischen übersetzungen griechischer klassiker. Theil 2. Leipzig 1881. 4. 56 p. 2,60 mk.
130. *Schlichteisen*, Joh., de fide historica Silii Italici quaestiones historicae et philologicae. Koenigsberg 1881. 8. 129 p. 1.80 mk.
131. *Schmidt*, Herm., exegetischer commentar zu Plato's Theaetet. Leipzig 1880. 8. 114 p. 3,20 mk. (Jahrbücher für class. Philol. Suppl. bd. XII).
132. *Siebeck*, Herm., geschichte der psychologie. Theil I, abth. I: die psychologie vor Aristoteles. Gotha 1880. 8. XVIII, 284 p. 6 mk.
133. *Sybel*, Ludw. von, katalog der sculpturen zu Athen. Kentrikon Mouseion. Varvakeion. Lykeion. Hagia Trias. Theseion. Stoa d. Hadrian. Ephoria. Südabhang der Akropolis. Akropolis. Mit systematischer übersicht und epigraphischem index. Marburg 1881. 8. XXIV, 459 p. 7 mk.
134. *Torkau*, Ludw., de enuntiatorum finalium apud Euripidem ratione atque usu (Diss.) Goettingen 1880. 8. 73 p. 2 mk.
135. *Torma*, Carolus, Repertorium ad literaturam Daciae archaeologicam et epigraphicam. Ed. commis. acad. scient. Hung. archaeolog. Budapest 1880. 8. (XXXII, 191 p.) 5 mk.
136. *Vogel*, Fr., de Hegesippo qui dicitur Josephi interprete. Erlangen 1881. 8. 62 p. 1,50 mk.
137. *Wagner*, Ernst, de M. Valerio Martiale poetarum Augusteae aetatis imitatore (Diss.). Koenigsberg 1880. 8. 48 p. 1,20 mk.
138. *Warncke*, Pedro, de dativo pluralis Graeco (Diss.) Leipzig 1880. 8. 64 p. 1 mk.
139. *Zuhlke*, Franz, de Agaristes nuptiis (Diss.) Insterburg 1880. 8. 35 p. 1 mk.

Schweiz.

140. *Bürkli-Meyer*, A., Hannibal's zug über die alpen nach den ergebnissen der neuesten militärischen kritik. In neujahrsblatt der feuerwerkergesellschaft zu Zürich 1881. 4. 2 fr.
141. *Kieser*, Otto, de Platonis Eutyphrone (Diss.) Frauenfeldae 1881. 8. 34 p.
142. *Verzeichniß* der incunabeln der stiftsbibliothek von St. Gallen. Herausgegeben auf veranlassung des kathol. administrationsrathes des kantons St. Gallen. St. Gallen 1880. 8. VII, 265 p. Register LXIV p. 10 mk.

Skandinavien.

143. *Udsigt*, kort, over det philologisk-historiske Samfunds Virksomhed Oktobr. 1878 — Oktobr. 1880. Med Titelblad og Inholdsfortegnelse til 1 — 26 de Aargang. Trykt som Manuskript for Samfundets Medlemmer 1880. 8. 32 p. 50 øre.

Niederlande.

144. *Baehrens*, Aemilius, Lectiones Horatianae. Viro summo opere

14*

colendo Guilelmo Heckero — — gratulantur facultatis litterariae conlegae — — Groningae 1880. 4. 34 p. 1 fl.

England.

145. *Adams*, W. H. D., Pompeii and Herculanum the buried cities of Campania. New edition. London 1881. 12°. 280 p. 3,6 sh.

146. *Capes*, W. W., Stoicism. London 1880 12. 255 p. 3 mk.

147. *Ciceronis*, M. Tulli, pro Cnaeo Plancio oratio ad iudices. Edited with commentary and introduction for the syndics of the University press by Rev. *Hubert A. Holden*. London 1881. 12. 310 p. 4 sh.

148. *Ovid* Fasti. Edited with notes and indices by G. H. Hallam. London 1881. 12. 378 p. 5 sh.

149. *Plato's* Apology of Socrates and Crito. Translated from the greek text by W. C. Green. Cambridge 1881. 12. 2 sh.

150. *Plautus* Miles gloriosus. A revised text with notes by Robert Yelverton Tyrrell. London 1881. 12. 270 p. 5 sh.

151. *Plutarch's* Lives, translated from the greek with notes and a life of Plutarch by *Aubrey Stewart* and the late *George Long*. (4 vols.) vol. 2. London 1881. 8. 482 p. 3,6 Sh. (Bohn's Standard Library).

152. *Schliemann*, Henry, Ilios the city and country of the Trojans. The results of researches and discoveries on the site of Troy and throughout the Troas in the years 1871 1872 1873 1878 and 1879. With maps plans and about 1800 illustrations. London 1880. 8. 918 p. 50 mk.

153. *Smith*, R. B., Rome and Carthage: the Punic wars. London 1881. 18. 268 p. 2,6 sh.

154. *Thyrwitt*, R. St. John, greek and gothic progress and decay in the three arts of architecture, sculpture and painting. London 1881. 8. 390 p. 12 sh.

155. *Vergilii*, P., Maronis opera. With a commentary by *John Conington*. 4. edition. Vol. 1. (Bibliotheca classica). London 1881. 8. 554 p. 14 sh.

Vereinigte staaten von Nordamerika.

156. *Mitchell*, E. C., Guide to the study of the authenticity canon and text of the greek new testament. New York 1880. 12. 1,50 Doll.

157. *Timayenis*, T. T., History of Greece from earliest time to the present. 2 vols. New York 1881. 10 + 447. 6 + 445 p. 3,50 Doll.

Frankreich.

158. *Cartault*, A., la trière athénienne, étude d'archéologie navale. (Bibliothèque des écoles françaises d'Athènes et de Rome fasc. 20). Paris 1881. 8. XXVI, 264 p. 5 pl. et fig. 12 fr.

159. *Cuvrot*, Jules, l'empereur Justinien et son oeuvre législative, étude historique et juridique. Caen 1880. 8. 100 p. (Extrait des Mémoires de l'académie de Caen).

160. *Duruy*, Victor, Histoire des Romains depuis les temps les plus reculés jusqu'à l'invasion des Barbares. T. 3. Paris 1881. 8 812 p. 11 cartes et pl. et 602 fig. 25 fr.

161. *Fragmenta* philosophorum Graecorum collegit, recensuit vertit annotationibus et prolegomenis illustravit indicibus instruxit, *Fr. Guil. Aug. Mullachius*. Vol III. Platonicos et Peripateticos continens. Paris 1881. 8. V, 579 p. 12 m.

162. *Graux*, Charles. Essai sur les origines du fonds grec de l'Escurial; Épisode de l'histoire de la renaissance des lettres en Espagne. Paris 1881. 8. XXXI, 529 p. (Bibliothèque de l'École des hautes études, sciences philol. et histor. fasc. 46).

163. *Hérodote*, Histoires d'. Traduction nouvelle avec une introduction et des notes par *P. Guiyet*. 5 éd. Paris 1881. 12. III. 395 p. 3,50 fr.

164. *Heuzey*, Léon. Rapport de la commission des écoles d'Athènes et de Rome, sur les travaux de ces deux écoles pendant l'année 1880. Paris 1881. 4. 38 p.

165. *Hild*, J. A., Aristophanes impietatis reus (Thesis). Besançon 1881. 8. VIII, 133 p.

166. *Homère*, Iliade. Traduction nouvelle avec arguments et notes explicatives par *Emile Pessonneaux*. 8 éd. revue et corrigée. Paris 1881. 18. XI, 362 p. 3,50 fr. (Bibliothèque Charpentier).

167. *Homolle*, T., fouilles exécutées à Délos. Paris 1880. 8. 11 p. (Extrait de la Revue archéolog.)

168. *Lenormant*, François, la Grande-Grèce, paysages et histoire. T. 1. Littoral de la mer ionienne. Paris 1881. 8. VII. 477 p.

169. *Pentateuchi* versio Latina antiquissima e codice Lugdunensi. Version latine du Pentateuque antérieure à Saint Jérome publiée d'après le manuscrit de Lyon avec des facsimilés, des observations paléographiques philologiques et littéraires sur l'origine et la valeur de ce texte par *Ulysse Robert*. Paris 1881. 4. CXLIV. 311 p.

170. *Restaurations* des monuments antiques par les architectes pensionnaires de l'académie de France à Rome depuis 1788 jusqu'à nos jours publiés avec les mémoires explicatifs des auteurs sous les auspices du gouvernement français; le Temple de la Pudicité (Rome) restauration exécutée en 1801 par *L. A. Dubut*; le temple de Vesta restauration exécutée en 1802 par *J. A. Coussin*. 9 p. 8 planches. Les temples de Paestum. Restauration exécutée en 1829 par *Henri Labrouste*. 21 p. et 21 planches. La Basilique Ulpienne (Rome) Restauration exécutée en 823 par *Lesueur*. 11 p. 6 planches. La colonne Trajane (Rome) Restauration exécutée en 1788 par *Percier* XI, 15 p. et 13 pl. Paris 1881. Fol.

171. *Tacite*, oeuvres complètes. Traduction de Dureau de Lamalle. Nouvelle édition revue avec le plus grand soin par *Charpentier*. T. 2. Histoires. Paris 1881. 18. 519 p.

Belgien.

172. *Geraert*, Fr. Ang., Histoire et théorie de la musique de l'antiquité. T II. Gand 1880. 8. XXIII, 652 p.

173. *Hunnot*, Emile, essai sur la morale stoicienne et ses conséquences au point de vue de la civilisation. Bruxelles 1881. 8. (Thèse de Bruxelles). 63 p.

174. *Horace*, poésies champêtres et poésies diverses par *Edouard de Linge* avec une préface d' *Alfred Michiels*. 3e éd. Bruxelles 1880. 32. XXIII, 166 p. 2 fr.

Italien.

175. *Ascoli*, G. J., iscrisioni inedite o mal note greche latine ebraiche di alcuni sepolcri giudaici del Napoletano edite ed illustrate. Torino 1880. 8. 120 pp. 8 tav. 14,40 mk.

176. *Demostene*, orazioni scelte con proemio e commento di Francesco Zambaldi. Firenze 1880. 16. 345 p. 2,50 L.

177. *Dernburg*, Enrico, le istituzioni di Gaio: commentarii di lezioni dell' anno 161 dell' era volgare. Traduzione del dott. *Felice Cattaneo*. Pavia 1880. 8. 64 p.

178. *Martini*, Felice, Caio Valerio Catullo: monografia. Parma 1880. 16. XVII, 79. 1,50 L.

179. *Platone*, dialoghi tradotti da *Ruggirro Bonghi*. Vol. I fasc. 1. Eutifrone o della santità. Roma 1880. 32. 110 p. 1,40 L.

180. *Turcellino*, Orazio, Uso elegante delle particelle latine: trattato nuovamente ordinato accresciuto con aggiunte e note e volto in italiano dal prof. *Giuseppe Sapio*. 2da edizione. Palermo 1879. 16. 382 p. 3,40 L.

Spanien.

181. *Eschylo*, las siete tragedias de, puestas del griego en lengua castellana con notas y una introduccion por D. *Fernando Segundo Brieva Salvatierra*. Madrid 1880. 8. CXVII, 528 p. (Biblioteca clásica vol. XXXII). 12 rs.

Griechenland.

182. Κοντόπουλος, Κ., ἀθανασία τῆς ἑλληνικῆς γλώσσης ἢ ἀνεύρεσις τῆς ὁμηρικῆς γλώσσης ἐν ταῖς δημώδεσι διαλέκτοις τῆς συγχρόνου ἑλληνικῆς. Ἐν Ὀδησσῷ 1881. 8. 59 p.

183. Κωνσταντινίδης, Γ., Μακεδών, περὶ τῆς ἀπογραφῆς παρὰ Ῥωμαίοις ὑπὸ ἱστορικὴν ἔποψιν· διατριβὴ ἐπὶ ὑφηγεσίᾳ τοῦ μαθήματος τῆς ῥωμαϊκῆς ἀρχαιολογίας. Ἐν Ἀθήναις 1880. 8. 32 p.

184. *Λάμπρος, Σ. Π.*, ἔνδειξις πρὸς τὴν Βουλὴν τῶν Ἑλλήνων περὶ τῆς εἰς τὸ Ἅγιον Ὄρος ἀποστολῆς αὐτοῦ κατὰ τὸ θέρος τοῦ 1880. Ἀθήνησιν 1880. 8. 32 p.

185. Παπαδοπούλος, Α., τοῦ Κεραμέως, διάφοροι γραφαὶ εἰς τὸ κείμενον τοῦ Γοργίου τοῦ Πλάτωνος συλλεγεῖσαι ἐκ περγαμηνοῦ κώδικος τοῦ ιγ' αἰῶνος. Ἐν Σμύρνῃ 1880. 8. 16 p.

Rußland und slavische Länder.

186. *Bruun*, Philipp, Tscherno morje. Sbornik etc. (Das gebiet am schwarzen meere. Sammlung von abhandlungen zur historischen geographie des südlichen Rußland (1852—1877). 2 bde.). Odessa 1879. 80. 8. IV, 277, VIII, 408 p. 2 karten, 1 tabelle. 20 mk.

Kleine philologische zeitung.

Drei griechische handschriften der Palatina.— Die Bibliotheca Palatina der Heidelberger universität ist dieser tage wieder in den besitz einiger handschriften gelangt, die vor mehr als 250 jahren aus derselben abhanden gekommen waren. In dem alten, durch den philologen Sylburg im 16. jahrh. verfaßten katalog der bibliothek waren drei griechische handschriften mit nr. 18,264 und 272 aufgeführt, die seit langer zeit als verloren galten. Jede derselben enthält nach der beschreibung des Sylburg'schen katalogs die Cassandra des alexandrinischen grammatikers und dramatikers Lykophron, ausserdem die eine noch theile des Aeschylos, Hesiod und Euripides, sowie einen theil des Kleomedes, die andere noch schriften des Byzantiners Michael Apostolius. Neuerdings sind nun diese drei handschriften in der universitätsbibliothek zu Halle aufgefunden worden. Diese entdeckung hat universitätsbibliothekar v. Gebhardt in Halle gemacht. Derselbe bemerkte anlässlich einer untersuchung der griechischen handschriften der dortigen bibliothek, dass eines der oben bezeichneten manuscripte überraschend zu der im Sylburg'schen katalog enthaltenen beschreibung passe. Seine vermutung der identität beider gestaltete sich zur festen überzeugung durch die wahrnehmung, dass nach der beschreibung Sylburg's in dem Heidelberger codex verschiedene stellen fehlen sollten und dass

eben diese stellen auch in der Halle'schen handschrift fehlten.
Ausserdem liess sich auch die art, wie dieselben in die Halle'-
sche bibliothek gelangt sind, mit fast völliger gewissheit bestimmen. Um 1620 scheint nämlich der prof. Erasmus Schmidt
in Wittenberg sich mit dem studium des Lykophron beschäftigt
und zu diesem zweck die drei diesen schriftsteller gemeinsam
enthaltenden handschriften aus der Palatina entliehen zu haben.
Seine quittung fand sich in Rom unter den papieren des päpst-
lichen commissars Leo Allatius, unter dessen leitung die heidelberger handschriften im j. 1623 nach Rom entführt worden sind.
Die quittung ist bereits von Theiner in seinem werk „die schen-
kungen der Heidelberger bibliothek" i. j. 1844 veröffentlicht
worden. In dieser weise kam es, dass die drei handschriften
dem schicksal entgangen sind, gleich den übrigen *codices pala-
tini* nach Rom weggeführt zu werden. Während der kriegerischen wirren der nächsten jahre mögen dieselben von Erasmus
Schmidt selbst oder von seinen erben der sicherheit halber auf
der Wittenberger bibliothek deponirt worden sein, wo dann mit
der zeit die erinnerung an ihre herkunft verloren ging. 1862
sind sie, auf betreiben des damaligen oberbibliothekars Bernhardy,
von Wittenberg nach Halle verbracht worden. Nachdem dr.
v. Gebhardt das ergebniss seiner forschungen veröffentlicht hatte,
that die universität Heidelberg schritte, um wieder in den besitz auch dieser drei handschriften zu gelangen. Der preussische
cultusminister hat auf das gesuch sich dahin ausgesprochen, dass
es ihm zur besonderen freude gereiche, die handschriften ihrer
ehemaligen eigenthümerin zurückzuliefern. Dieselben sind denn
auch bereits in Heidelberg eingetroffen. So aus der Karlsr. ztg.,
das Börsenbl. nr. 60, die Augsb. allg. ztg. beil. zu nr. 67: es ist
dies zum theil ein auszug aus seinem bei Petzholdt N. anzeiger f.
bibliogr. 1879 hft. 4, p. 129 von *v. Gebhardt* veröffentlichten aufsatz.

London 15. febr. Der korrespondent der „Daily News" in
Neapel schreibt: „Da der direktor der ausgrabungen bei
Pompeji den boden ausserhalb der stadt zu untersuchen wünscht,
stellt er auf ungefähr einen kilometer entfernung von den mauern
derselben ausgrabungen an. Auf einem raum von einigen wenigen metern im viereck fand man dreissig skelette, von
denen zehn auf einem haufen beisammen in dem zimmer einer
ländlichen villa lagen. Man fand bei ihnen armbänder, ohrringe, halsbänder und andere bedeutende gegenstände. Der
flur des zimmers war mit wasser bedeckt, eine thatsache, welche
auf die vermuthung führt, dass entweder die vulkanische thätigkeit ein einsinken des bodens verursacht hat oder dass die was-
serquellen des Vesuv andere kanäle gefunden haben und auf
ein höheres niveau gestiegen sind. — National-ztg. nr. 79. Mor-
genz. beibl. 1.

Die ausgrabungen zu Olympia. [S. ob. hft. 2, p.

180]. **XXXXVII.** Der architektonische bericht XXXXVI. hat dargelegt, wie die wenigen wochen und die geringe arbeiterzahl, welche uns bisher für den abschluss der ausgrabungen zur verfügung standen, dazu verwandt worden sind, vorhandene reste aufzuarbeiten und die untersuchung der aufgedeckten gebäude zu ende zu führen. — Die hoffnung auf neue funde konnte unter diesen umständen nur eine sehr geringe sein. Dennoch können die nachstehenden zeilen die auffindung von vier köpfen, drei bronzestatuetten und zwei vollständig erhaltenen bronze-inschriften melden. Hiezu kommt noch eine tägliche, nicht unbeträchtliche nachlese von bronzegeräth, skulpturfragmenten und steininschriften. — Am 10. januar wurde unter den trümmern der späteren überbauten im sogenannten südwestbau ein weibliches köpfchen aus parischem marmor hervorgezogen, mit dem halse zusammen nur 15 cm messend, also nur etwa halblebensgroß, sehr beschädigt, ohne hinterhaupt und nase, mit verstoßenen augenknochen und lippen — und trotz alledem ein überaus kostbarer fund, ein werk unzweifelhaft praxitelischer zeit und richtung. — Und zwar wohl das bild einer **Aphrodite**. Daher der schmachtend-sehnsüchtige, wie in weite ferne gerichtete blick, der feinfühlige zug um den leicht geöffneten kleinen mund, das grübchen im kinn. An die knidische Aphrodite im besonderen mahnt der feine umriss der blühenden wangen, das ebenmass der stirn, um die sich die weichen haarwellen in einfachster anordnung schmiegen; auch wohl die augenform, obgleich das untere lid hier viel stärker heraufgezogen ist, als die köpfe der knidierin dies für gewöhnlich zeigen. Besonders auffallend ist die übereinstimmung aber in der rückneigung des hauptes zur linken schulter die fast genau so bei der münchener Venus aus Pal. Braschi wiederkehrt. — Es ist daher wohl nicht zu viel vermuthet, wenn man annimmt, dass das köpfchen einem in diesem oder ähnlichem sinne konzipirten Venusbilde angehört haben werde, das unter dem unmittelbaren einfluss des praxitelischen vorbildes entstanden ist. Von dem geiste, in dem dieser künstler seine schönheitsgöttin gebildet hat, ist in diesem anspruchslosen köpfchen jedenfalls mehr drin, als in all den steifen römischen copieen, die uns ein abbild der Knidierin zu geben prätendiren. — Und auch die ausführung des einzelnen entspricht der praxitelischen epoche: dieselbe zarte, duftige behandlung der augen und der hautoberfläche, wie z. b. beim kopfe des bacchuskindleins aus der hermesgruppe; dieselbe skizzirende behandlung des haares. — vergoldung oder bemalung, auf welche auch die rauheit der haaroberfläche hindeutet, mag eine feinere durchführung unnütz gemacht haben. Ebenso ähnlich ist das stückungsverfahren; der jetzt fehlende hinterkopf war vermittelst einer noch vorhandenen kittlage angeklebt. — Die statue dächte man sich

gern als schmuck der großen garten- und wasseranlagen oder
eines der gemächer in dem großen prachtbau des südwestens.
Fundort und entstehungszeit würden hierzu vortrefflich stimmen. —
Im osten der Altis hat sich uns unerwarteter weise ein fund-
gebiet in einer antiken schuttlage eröffnet, auf der die mauern
der römischen umbauten im Leonidaion gegründet sind. Hier
fand sich unter den fundamenten derjenigen ziegelmauern,
welche nach Dörpfelds annahme dem späteren, nachneronischen
baue angehören, ein lebensgroßer, bärtiger und behelmter
marmorkopf archaischer kunst; leider sehr verwittert und an
allen hervorragenden theilen arg verstoßen. Der marmor ist
auch hier parisch. Höhe mit dem hals zusammen 24,5 cm Die
auffallende rückbeugung des kopfes läßt auf bewegte handlung,
etwa eine kampfscene, schließen. Der stil erinnert lebhaft an
den vermuthungsweise so benannten Eperastoskopf (siehe bericht
XXXXI). Doch ist dieser dem neuen funde in der lebensvol-
len, realistischen durchbildung namentlich von wangen und mund
weit überlegen und daher wohl nicht blos besser, sondern auch
etwas später. Ferner waren die augen bei dem Eperastos eingesetzt, bei jenem sind sie es nicht; dieser trägt einen korinthischen helm, der neugefundene kopf einen attischen. Aber
ungefähr derselben zeit, etwa dem ende des sechsten vorchristlichen jahrhunderts und sicherlich derselben stilrichtung gehören
beide stücke an. — Und diese thatsache bleibt der hauptgewinn
bei dem neuen funde. Denn nach einer benennung für den kopf
bei Pausanias zu suchen, ist leider vergeblich. Da er schon
in römischer, wenn auch spätrömischer zeit, in den fundament-
schutt gerieth, so ist es sehr wohl möglich, daß Pausanias ihn
gar nicht mehr gesehen hat. — In derselben römischen schutt-
schicht des Leonidaions wurde auch ein etwa halblebens-
großer terracottakopf ausgegraben, der, nach dem ka-
lathosartigen kopfschmucke zu urtheilen, einem alterthümlichen
Herabilde angehört hat. Das glänzende gelblichweiß des ge-
sichtes, die braunschwarze firnißfarbe der haare, das blüthen-
und knospenornament auf dem kalathos (braunschwarz und roth
auf mattgelbem grunde) haben sich vortrefflich erhalten. Denn
die ganze bemalung ist in der soliden technik der korinthischen
vasen des sechsten jahrhunderts ausgeführt, an deren ornamentik
auch der blüthenschmuck des kopfputzes auf das lebhafteste erinnert. Vielleicht stammt daher auch dieser kopf aus den alt-
berühmten töpferwerkstätten Korinths. Dem sechsten jahrhundert gehört jedenfalls auch er an, wenn auch als jüngster in
der reihe unserer drei olympischen heraköpfe. Dem kolossal-
kopfe aus dem Heraion gegenüber zeigt er eine schon weit
vorgeschrittene fortbildung der formen, sowohl ins runde und
volle, als auch ins zierliche. — Unter den bronzegegenständen,
welche die tieferen leonidaionschichten ergaben, befanden sich

außer den beiden bereits oben erwähnten inschriften auch drei statuetten: eine Aphrodite strengen stils in steiffaltigem, dorischen chiton, die taube auf der rechten; ein bärtiger mann in dem bekannten schema, in welchem die ältere kunst die zum mahle gelagerten darzustellen pflegt; endlich ein nackter stehender jüngling, den kopf scharf zur linken schulter gewandt und beide hände erhoben, etwa wie einer, der schallbecken aneinanderschlägt (nur die eine hand ist erhalten und diese ist ausgestreckt und durchbohrt). — Alle diese drei typen waren unter den olympischen bronzen bereits und zwar in besser erhaltenen exemplaren vertreten. — Grabungen an den fundamenten des römischen triumphthores im südosten der Altis führten in bedeutender tiefe zu der — an dieser stelle höchst überraschenden — entdeckung eines weiblichen porträtkopfes, der auf die gewandstatue eines kleinen mädchens aus der exedra des Herodes Atticus genau aufpaßt. Möglich, daß wir in dieser statue das bildniß der ältesten tochter M. Aurels und der jüngeren Faustina besitzen, der Annia Galeria Aurelia Faustina. Außer einer gewissen ähnlichkeit in den gesichtszügen scheint hierfür auch die übereinstimmung gewisser technischer eigenthümlichkeiten mit der statue ihrer mutter zu sprechen, und ebenso der fundort des körpers in der nähe jener statue nicht nur, sondern auch der inschriftbasis, die einst die bildnisse jener tochter M. Aurels und ihres bruders trug. — Wenige schritte südlich von jenem triumphthore haben uns die späten trümmermauern als einzige ausbeute einen schmalen splitter krausen lockenhaares mit einem stück stirn und augenknochen geliefert — für unseren ostgiebel jedoch einen wichtigen fund. Denn durch diesen splitter wurde es erst möglich, einige früher gefundene lockenfragmente zu verstehen und sie mit völliger sicherheit dem bis jetzt leider fehlenden haupte der Sterope zuzuschreiben. Von diesem wissen wir demnach wenigstens so viel, daß ihm vom künstler fast genau dieselbe haaranordnung verliehen worden ist, wie der Hippodamia. — Und schwerlich ist es zufällig, wenn wir ein ganz ähnlich geordnetes haargelock gerade bei denjenigen drei statuen wiederkehren sehen, die nach der meinung des unterzeichneten wenigstens, unter allen bekannten kunstwerken auch sonst die nächste stilverwandtschaft mit unseren giebelgruppen zeigen: der sogenannten Vesta Giustiniani, der vatikanischen wettläuferin und der ebenfalls im Vatikan befindlichen Penelope. *Georg Treu.* — Reichsanz. nr. 45.

Rom, 7. märz. Starkes erdbeben auf Ischia: bericht in Augsb. allg. ztg. nr. 70. 71.

Berlin, 9. märz. An den meisten höheren lehranstalten unseres vaterlandes besteht die schöne sitte einer gemeinsamen morgenandacht der lehrer und schüler. Während nun an einigen anstalten abschnitte aus der heiligen schrift vorgelesen werden, sieht man an anderen ein gebet in poetischer form oder ein gesangbuchslied vor. Da nun aber nicht alle stellen der bibel sich zum vorlesen eignen, andererseits auch nicht jedem passende gebete in poetischer gestalt in ausreichender anzahl zugänglich sind, so ist in einer vor kurzem im verlage von Carl Chun hierselbst unter dem titel: „Schulandachten, zusammengestellt von Hugo Felsch, prediger zu St. Georgen in Marienburg und dr. Hermann Heinze, dirigent der königlichen gymnasialanstalt zu pr. Stargardt", erschienenen schrift eine sammlung von schulandachten zusammengestellt, welche beiden anforderungen zu entsprechen sucht. Das buch dürfte in den lehranstalten unseres vaterlandes einer freundlichen aufnahme entgegengehen und dazu beitragen, in unserer heranwachsenden jugend das religiöse gefühl zu beleben und zu stärken. Der preis beträgt 2 mk. — RAnz. nr. 58.

München, 11. märz. Hr. Ludovico Tibori (Roma, Via della Croce, nr. 15, p. 3) erbietet sich zu collationen von handschriften und bibliographischen arbeiten nach Augsb. allg. ztg. beil. zu nr. 72.

(Allg. Corr.) Es verlautet, daß Mr. Hormuzd Rassam, der für das britische museum archäologische forschungen in Niniveh und Babylon angestellt hat, in kurzer entfernung von Bagdad in dem berühmten alten kanal Nahr-Malka oder Flumen Regium eine ganz neue alterthümliche babylonische stadt entdeckt habe. Wie das „Athenäum" erfährt, hat Mr. Rassam bereits eine werthvolle sammlung von Inschriften in keilschrift und hieratischen buchstaben ausgegraben. — RAnz. nr. 65.

Wittstein's übersetzung des Plinius lief. IV bespricht RAnz. nr. 66 in ähnlicher weise wie PhAnz. X, hft. 12, p 554 mitgetheilt.

In Pompeji sind bei jetzt eifrig betriebenen ausgrabungen außer anderem vasen ägyptischen fabricats gefunden: Angsb. allg. ztg. boil. zu nr. 72.

Berlin, 19. märz. Man erinnert sich, daß Deutschland auf grund des mit Griechenland abgeschlossenen vertrages über die ausgrabungen in Olympia anl. 6 anspruch erhebt auf einen theil der funde, nämlich der doubletten, deren zahl deutscherseits auf zweitausend berechnet wird. Nach überwindung mancher schwierigkeiten ist es, wie die „K. z." erfährt, unserem gesandten in Athen, herrn v. Radowitz, gelungen, diese forderung bei der griechischen regierung geltend zu machen. So weit National-ztg. nr. 183 beibl. 1. In folge dieser verhandlungen hat nach der Augsb. allg. ztg. beil. zu nr. 83 dr. Tren einen katalog der Deutschland zukommenden gegenstände — gegen 6000 nummern — der griechischen regierung eingereicht: wie weit diesem verlangen von Griechenland folge zu leisten sei, darüber hat die griechische regierung noch keinen bestimmten beschluß gefaßt. — National-ztg. nr. 133, beibl. 1.

Man schreibt uns aus Athen, 11. märz: Herr und frau Schliemann versammelten am 9. märz in ihrem prächtigen, erst vor kurzem vollendeten hause einen theil der diplomatischen vertreter, sowie angesehene mitglieder der griechischen gesellschaft zu einem glänzenden gastmahl, von dem in Athen heute viel die rede ist. Der hausherr richtete bei demselben in seiner bekannten, originellen weise an jeden der anwesenden eine ansprache; auch frau Schliemann (bekanntlich eine tochter Athens), die liebenswürdige genossin der studien und der erfolge ihres gatten, ergriff das wort und ließ es nicht an hinweisen auf die politische lage ihres vaterlandes (vrgl. ob. hft 2, p 120) fehlen. Im namen der diplomatischen gäste erwiderte ihr der deutsche gesandte, herr v. Radowitz, der es verstand, das delikate thema der tagespolitik in einem von dem lauten beifalle der anwesenden begleiteten toaste auf die hausfrau hinüberzuleiten. Den mittelpunkt allseitiger aufmerksamkeiten bildeten an diesem abende graf Waldenburg und gemahlin. Graf Waldenburg, bisher sekretär der deutschen gesandtschaft, steht eben im begriffe, mit seiner gemahlin von Athen abzureisen, wo er speziell in der deutschen kolonie eine schmerzlich empfundene lücke zurückläßt. — National-ztg. nr. 133, beibl. 1.

Berlin, 30. märz: rede des ministers v. Puttkamer gegen die gemeingefährlichen bestrebungen der social-demokratie; sie steht im RAnz. nr. 78, beil. 1; vergl. bell. 2.

Auszüge aus zeitschriften.

Augsburger allgemeine zeitung, 1881, beil. zu nr. 65 u. nr. 66. Beil. zu nr. 67: *L. Geiger*, aus dem sechzehnten jahrhundert. V. — Beil. zu nr. 67: Pindars siegeslieder: phrasenreiche kurze anzeige von Mezgers ausgabe des Pindar. — Beil. zu nr. 70: zur Horazkritik, von *C. Lang*, anpreisung der Holder-Kellerschen ausgabe. — Beil. zu nr. 71: beachtenswerthe anzeige der schrift von *O. Clingau*, siel u. wesen der humanistischen bildung. Zürich. — Beil. zu nr. 74: *F. v. Hallwald*, Andreas Gropius und das holländische drama. — Nr. 78: pest in Mesopotamien. — Nr. 82. 83. 84: der nihilismus in Rußland. I. II. III. —

Deutsche literaturzeitung von *M. Rödiger*: Nr. 6. Sp. 190: *F. W. Schmidt*, Beiträge zur kritik der griechischen erotiker. Neustrelitz. 1880. 4. (79 p.). Ref. *H.* nennt die arbeit beruhend auf gründlicher belesenheit und voll von nützlichen sprachlichen sammlungen u. beobachtungen. Die besserungen des verfassers von ungleichem werthe. — Sp. 192: *A. Harant*, emendationes et adnotationes ad T. Livium. Parisiis 1880. 8. (310 s.). Das buch ist nach der negativen seite hin unbedingt verdienstlich. Die zahlreichen stellen sind mit großer gedankenschärfe behandelt. Ausgegangen wird von Gronow und Crevier, die neuere litteratur ist zu wenig berücksichtigt.

Nr. 3.   Auszüge aus zeitschriften.   213

Die positiven resultate sind nur zum theil evident. Interessant die beobachtung, dass que, re, ne bei schriftstellern der guten zeit nie an wortformen mit kurzem e ausgehend angehängt werden. *H. J. Müller.* — Sp. 205: *G Pinto*, Storia della medicina in Roma al tempo dei re e della repubblica. Investigazioni e Studi. Roma 1879. 8. (434 p.). Mit einer „Pianta topografica dei boschi sacri di Roma." *B. Husar* giebt eine detaillirte inhaltsangabe des auf gründlicher, allgemeiner und medicinischer bildung, umfassender kenntniß und umsichtiger benutzung der quellen beruhenden werkes.

Nr. 7. Sp. 225: *Doxographi Graeci* Collegit recensuit prolegomenis indicibusque instruxit *H Diels*. Opus academiae litterarum regiae borussicae praemio ornatum. Berlin 1879. 8. (VI, 854 p.). *E. Zeller* pflichtet der erklärung der Berliner academie „der verfasser habe die verwickelten fragen mit denen seine schrift sich beschäftigt mit umfassender gelehrsamkeit, musterhaftem fleiße, methodischer sicherheit und kritischer besonnenheit gründlich sorgfältig und scharfsinnig untersucht und es sei ihm gelungen für die benutzung wichtiger quellenschriften zum ersten male eine wissenschaftlich gesicherte grundlage zu schaffen und einen kritisch gesichteten text derselben herzustellen" vollkommen bei und giebt nur eine analyse des inhalts. — Sp. 228: *H. Flach*, untersuchungen über Eudokia und Suidas. Leipzig 1879. 8. (VIII, 192 p.). *Eudociae* Augustae Violarium recensuit et emendabat. Fontium testimoniis subscripsit *J. Flach*. Leipz. 1880. 8. (X, 782 p.). *Hesychii* Milesii qui fertur de viris illustribus librum recensuit emendavit apparatum criticum subscripsit *J. Flach*. Leipz. 1880. (XIII, 58 p.). Flach sucht aus dem Violarium der Eudocia, das nur aus dem 15. jahrh. stammen kann, einen angeblichen kern des XI. jahrhunderts herauszuschälen mit den complicirtesten hypothesen und gegen schlagende widersprechende argumente. Noch weniger läßt sich die herausgabe des von Flach selbst als fälschung anerkannten Hesychius rechtfertigen. *U. von Wilamowitz-Möllendorff.* — Sp. 231: *S. Propertii* elegiarum libri IV rec. *Aemilius Baehrens*. Lipsiae 1880. 8. (LII, 198 p.). Baehrens sucht die Lachmann-Hauptsche schätzung der Properzhandschriften umzustürzen und eine andere an die stelle zu setzen, die aber ihrer begründung entbehrt. Der Neapolitanus bleibt die haupthandschrift für Properz. Die emendation ist wieder, wie immer bei Baehrens, gewaltsam, voller einfälle, unter vieler spreu einige gute körner. *A Kießling.* — Sp. 234: *J. J. Binder*, Tacitus und die geschichte des römischen reichs unter Tiberius in den ersten sechs büchern ab excessu divi Augusti. Wien 1880. 8. (V, 103 p.). D's arbeit stimmt in den resultaten meist mit der Weidemanns von 1869, nur für den Germanicus glaubt er memoiren und gedichte des Vibius Marsus als quelle für Tacitus nachweisen zu können. Stichhaltige gründe fehlen. *O. Hirschfeld.*

Nr. 8. Sp. 261: *R Garde, Demetrii* Scepsii quae supersunt. Dissertatio. Greifswald 1880. 8. (63 p.). Diese fragmentsammlung ist dankenswerth, einige fragmente sind mit unrecht aufgenommen. Die directe benutzung des Demetrius durch Strabo ist wohl erwiesen. Einige schwierigkeiten dieser these sind freilich nicht berücksichtigt. *B. Niese.* — Sp. 262: *F. Weinkauff*, de Taciti dialogi qui de oratoribus inscribitur auctore. Editio nova atque aucta. Coeln 1881. 8. (CLXV, 295 p.). Der hauptinhalt ist ein index comparativus in 3 theilen: pars rhetorica, pars grammatica, index latinitatis ordine litterarum dispositus. Die vorgeschickten untersuchungen geben die geschichte der dialogusfrage, und nehmen als verfasser den Tacitus an, ab zeit des gespräche 75 n. Chr., als abfassungszeit 81. *O. Andresen.* — Sp. 261: *E. Schulze*, Mykenai. Eine kritische untersuchung der

Schliemann'schen alterthümer unter vergleichung russischer funde. Separatabdruck aus der russischen revue. Bd. XVI. St. Petersburg 1880. 8. (31 p.). Der verfasser will im anschluss an Stephani die mykenischen funde als nachchristlich und vermuthlich von den Herulern herrührend nachweisen, aber der ort der mykenischen gräber beweist ihr hohes alter und die archäologischen gründe Stephani's und Schulze's sind nicht stichhaltig. *O. Benndorf.*

Nr. 9. Sp. 289: *E. Schürer*, die gemeindeverfassung der juden in Rom in der kaiserzeit nach den inschriften dargestellt. Nebst 45 jüdischen inschriften. Leipzig 1879. 4. (41 p.). Das resultat der sorgfältigen schrift ist, dass zu Rom eine reihe mindestens 9 selbständiger judengemeinden existirten, deren verfassung von der der altchristlichen durchaus verschieden war. *H L. Strack.* — Sp. 294: *Comicorum Atticorum* fragmenta. Edidit Th. Koch. Vol. I. Antiquae comoediae fragmenta. Lipsiae 1880. 8. (XXII, 806 p.). Lobende anzeige von *A. von Bamberg.* Sp. 296: *Ch. Huelsen*, Varronianae doctrinae quaenam in Ovidii Fastis vestigia extent. (In.-Diss.) Berlin 1880. 8. (53 p.). Die arbeit sucht mit erfolg mehr als es bisher geschehen Varro's antiquitates rerum divinarum et humanarum als einzige quelle für Ovids Fasten hinzustellen. *H. Jordan.* — Sp. 307: *R. Förster*, Farnesinastudien. Ein beitrag zur frage nach dem verhältniss der renaissance zur antike. Rostock 1880 8. (VI, 142 p.). Treffliche untersuchungen über die baugeschichte der villa und über entstehung, motive und gedankengehalt der einzelnen fresken. *H. Hettner.*

Nr. 10. Sp. 334: *J. J. Oeri*, die grosse responsion in der späteren sophokleischen tragödie im Kyklops und in den Herakliden. Berlin 1880. 8. (53 p.). Wieder ein vergeblicher versuch, responsion der abschnitte der griechischen tragoedie nachzuweisen, der zu vielen unwahrscheinlichen athetesen u. s. w. führt. Das missbrauchte Varrocitat im Heryzaargument des Donat hat nichts mit responsionstheorie zu thun. *G. Anthel.* — Sp. 337: *R. Peiper*, die handschriftliche überlieferung des Ausonius. Leipzig 1879. 8. (162 p.). Separatdruck aus dem 11. supplementbande der Fleckeisen'schen jahrbücher. Den wust einer arg zerrütteten überlieferung hat Peiper mit geduld und scharfsinn durchforscht und gegliedert. Ursprünglich 2 sammlungen Ausonischer gedichte: seine eigne hauptsammlung und nachluss. Durch vereinigung und trennung mit fortnahme einiger stücke der hauptsammlung erklären sich die hauptgruppen der handschriften. Die Mosella rührt nur her aus einem zweiten exemplare der hauptsammlung. Schliesslich interessanter excurs über die einwirkung des Ausonius auf die italienischen dichter des 15. jahrh. *F. Seiler.* — Sp. 339: *J. Overbeck*, geschichte der griechischen plastik. Dritte umgearbeitete und vermehrte auflage. I halbband mit 53 holzschnitten. Leipzig 1880. (XII, 242 p.). Die umarbeitung des buches entsprechend den neuen funden und den sich daraus ergebenden neuen gesichtspunkten ist durchaus ungenügend. Vieles wichtige ist gar nicht erwähnt. *A. Furtwaengler.*

Nr. 11. Sp. 362: *H. Usener*, Legenden der Pelagia. Festschrift für die 34. versammlung deutscher philologen und schulmänner zu Trier. Bonn 1879. 8. (XXIV, 62 p.). Sorgfältige textpublikation und kritischer commentar. Die untersuchung weist als ursprung der Pelagialegende den Aphroditemythus nach. *E. Zeller.* — Sp. 366: *H. Decker*, Studia Apuleiana. Berlin 1879. 8. (92 p.). Lobende inhaltsangabe von *H. Jordan.* — Sp. 367: *J. Vahlen*, adnotationes ad libellum de sublimitate. Berlin 1879. 4. (Index lectionum Berol.). *U. von Wilamowitz-Moellendorff* nennt das programm vor allem durch seine methode werthvoll. — Sp. 368: *A. von Gosler*, Caesar's gallischer krieg und theile seines bürgerkriegs nebst anhängen über das römische kriegswesen und über römische daten. Zweite durchgesehene und ergänzte auflage nach dem tode des verfassers hrgg. von Frh. *E. A. von Gosler*. 1. Theil. VIII, 374 p. 2. Th. VII, 287 u. 88 p. XVII tafeln. Tübingen 1880. 8. Die vortrefflichen forschungen des vaters sind von dem sohne nach einer revision, die das evident falsche änderte, auf sehr zweckmäßige weise neu herausgegeben. *W. Ihtzenberger*. — Sp. 369: *Antiqui Manilii Severini Boetii* commentarii in librum Aristotelis περὶ ἑρμηνείας recens. *C. Meiser*, Pars prior versionem continuam et primam editionem continens. Lipsiae 1877. 8. Pars posterior secundam editionem et indices continens. Lipsiae 1880. 8. (X, 225 p. VI, 565 p.). Eine sorgfältige, gründliche, umsichtige ausgabe. *H. Usener*. — Sp. 382: *Curt Robert*, Thanatos. Neunundreißigstes programm zum Winckelmannsfeste der archäologischen gesellschaft zu Berlin. Mit 3 tafeln u. 4 holzschnitten. Berlin 1879. 4. (44 p.). Anerkennung der methode, wenn auch nicht aller resultate durch *R. Kekulé*.

Nr. 12. Sp. 411: *B. Münz*, die keime der erkenntnißtheorie in der vorsophistischen periode der griechischen philosophie. Wien 1880. 8. (52 p.). Ders., die erkenntniß- und sensations-theorie des Protagoras. Wien 1880. 8. (36 p.). Der verfasser zeichnet sich mehr durch scharfsinn und dialektik, als juue besonnenheit aus welche die beurtheilung nur fragmentarisch überlieferter äußerungen erfordert. *E. Heitz*. — Sp. 414: *G. Knaack*, Analecta Alexandrino-Romana. Dissert. inaug. Greifswald 1880. 8. (68 p.). Anerkennende anzeige von *C. Robert*. Sp. 414: *Poetae Latini minores* recensuit et emendavit *Aemilius Bährens* Vol. I. II. Lipsiae 1879. 1880. 8. (XIII, 239. 191 p.). Verwerfende anzeige von *F. Leo*. An der ausgabe sei nur das neu beigebrachte material etwas werth. — Sp. 415: *Senecae epistulae aliquot ex Bambergensi et Argentoratensi codicibus edidit Fr. Bücheler*. Bonn 1879. 8. (66 p.) (Festschrift zur begrüßung der im jahre 1879 zu Trier tagenden philologenversammlung). Sorgfältige ausgabe. Hand-schrift A u. B als von einander unabhängig erwiesen. B der bessere codex. Die kritische behandlung sehr vorsichtig, wo geändert ist, ist die änderung meist evident. *H. J. Müller*. — Sp 419: *F. Dahn*, die Alamannenschlacht bei Straßburg (357 n. Chr.). Eine studie. Braunschweig 1880. (96 p.). Frische und lebendige schilderung. Die topographischen schwierigkeiten gegenüber der darstellung des Ammian sind nicht erklärt. *Hollaender*. — Sp. 421: Das kuppelgrab bei Menidi hrgg vom deutschen archäolog. institut zu Athen. Athen 1880. 4. (56 p. mit 9 tafeln). Beschreibung des fundes im anschluß an das buch, von *G. Loeschke*.

Nr. 13. Sp. 443: *J. M. Cotterill*, Peregrinus Proteus: an investigation into certain relations subsisting between: De morte Peregrini the two epistles of Clement to the Corinthians the epistle to Diognetus the Bibliotheca of Photius and other writings. Edinburgh 1879 8. (XVI, 359 p.). Wunderliche combinationen einer zuchtlosen phantasie und ungeordnete gelehrsamkeit. *F. Zitter*). — Sp. 445: *G. Curtius*, das verbum der griechischen sprache seinem baue nach dargestellt. Bd. II. 2. aufl. Leipzig 1880. 8. (X, 478 p.). Die resultate der neuern forschung sind bei der umarbeitung des buches vom verfasser nicht in wünschenswerthem maße herangezogen. *H. Collitz*. — S. 449: *J. Zycha*, bemerkungen zu den anspielungen in der 13. u. 10. rede des Isokrates. Wien 1880. 8. (42 p.). (Progr. des Leopoldstädter obergymn.). Die aufgestellten ansichten haben keine oder wenig wahrscheinlichkeit. *U. v. Wilamowitz-Moellendorff*. —

Sp. 449: *L. Müller*, Q. Horatius Flaccus. Eine litterarhistor. biographie. Leipzig 1880. 8 (X, 144 p.). Das buch wird durch ausgehobene proben als schmählich charakterisirt. — Sp. 456: *W. Drecke*, etruskische forschungen. Viertes heft; das templum von Piacenza. Mit 5 tafeln. Stuttgart 1880. 8. (100 p.). *G. Körte* ist von der beweisführung für die bedeutung des instrumentes von Piacenza überzeugt und giebt den gang derselben an.

Literatur 1881.
(dem Philologus und PhAnzeiger zugesandt).

Iwan Müller: Specimen novae editionis libri Galeniani qui inscribitur ἐν ταῖς τοῦ σώματος κρίσεσιν αἱ τῆς ψυχῆς δυνάμεις ἕπονται. Progr. zum rectoratswechsel. Erlangen 1880.

Victor Jernstedt: Antiphontis orationes. Petropoli 1880 (Aug. Deubner).

Paulus Pabst: de additamentis quae in Aeschinis orationibus inveniontur. Dissert inaug. Jenens. 1880. (Weimar).

De Lycurgo Atheniensi pecuniarum publicarum administratore. Diss. historica quam . . . in univ. Frid. Goilmia Rhenana . . . d. IV. Nov. a. MDCCCLXXX . . defendat *C. Droege*. 8. Mindae. 1880.

Hugo Liers: de aetate et scriptore libri qui fertur Demetrii Phalerei περὶ ἑρμηνείας. Vratislaviae 1881 (W. Koebner).

De Eudociae quod fertur Violario. Ad summos in philosophia honores ab amplissimo philosophorum ordine academiae Wilhelmae Argentoratensis rite impetrandos scripsit *Paulus Pulch*. 8. Argentorati. Truebner 1881.

Harnecker: beitrag zur erklärung des Catull. Progr. v. Friedeberg. Nm 1879.

O. Harnecker: Catulls c. LXIII. 4. Programm. Friedeberg Nm. 1881.

Die Aeneide Vergils für schüler bearbeitet. Erster theil: der Aeneide erstes und zweites buch mit einer einführung in die lektüre des gedichts von *Walther Gebhardi*. Paderborn 1880 (F. Schöningh).

Johann Křepala: neue beiträge zur erklärung der Aeneis. Nebst excursen und abhandlungen. Prag 1881 (F. Tempsky).

De vocabulis graecanicis quae traduntur in inscriptionibus carminum Horatianorum. Ad summos in philosophia honores ab . . ordine academiae — Argentoratensis rite impetrandos scripsit *Ed. Zarncke*. 8. Argent., Truebner. 1881.

Ferdinando Cinesotti: Animadversiones in aliquot Ovidii Metamorphoseon locos. Patavii 1881. (J B. Randi).

Franz Poland: Ovid's Tristien, elegien eines verbannten. Ein gesammtbild ihres inhalts und poetischen gehalts mit den bedeutendsten stellen in latein und deutsch. Leipzig 1881 (Serbe).

Catonis de agricultura c. VII et VIII cum adnotationibus *Henrici Keilii*. 4. (Ind. scholarum sest. un. Halensi.) 1881.

Karl Germann: emendationes Corniciniae. Schulprogr. von Darmstadt 1880 Herbst.

Commentatio de Ciceronis Topicis, qua annalem gymnasii Landaviani libellum a. MDCCCLXXIX prosequitur auctor *Caspar Hammer* 8. Landau. 1879.

Philologischer Anzeiger.

Herausgegeben als ergänzung des Philologus

von

Ernst von Leutsch.

---

48. Das psychologische moment in der bildung syntactischer sprachformen. Von gymnasiallehrer dr. Hermann Ziemer. Programm des königl. dom-gymnasiums zu Kolberg. Kolberg 1879. (20 p.).

In der verhältnißmäßig umfangreichen einleitung (bis p. 11) characterisiert der verfasser die neuere sprachforschung im verhältniß zu der älteren. An der vergleichenden sprachforschung hat er auszusetzen, daß sie zu wenig die psychischen factoren berücksichtigte, welche bei dem sprechen thätig sind. Sie wurde zuerst durch Steinthal berichtigt, welcher den satz aufstellte: wir begreifen die sprache aus erklärungsgründen, wie sie in dem gegenwärtigen bewußtsein sich finden: s. „Ursprung der sprachen" II. auflage p. 12.) Dann ist dies princip von Scherer in seinem epochemachenden werke „Zur geschichte der deutschen sprache" Berlin 1868 weiter verfolgt. An Scherers bestrebungen anknüpfend, hat dann die sogenannte junggrammatische richtung (Leskien, Osthof und Brugemann) vorzugsweise für die neueren sprachen das psychologische moment für die erklärung der formenbildung geltend gemacht. Die syntax blieb bis jetzt noch im rückstande, doch stellt Ziemer das buch von O. Beghagel „Die zeitfolge der abhängigen rede im deutschen" Paderborn 1878 sehr hoch, als mustergültig für die methode, wie die satzbildung in der mundart zu untersuchen ist und wie man eine geschichtliche darstellung syntactischer sprachprocesse anzulangen hat.

In der lateinischen syntax vermißt Ziemer auch in den neuesten arbeiten die berücksichtigung des psychologischen moments,

d. h. der unbewußten thätigkeit der menschlichen seele. Worin das psychologische moment und die psychologische erklärung besteht, wird p. 3—8 ausgeführt. Da finden wir denn manches hervorgehoben, was man zu allen zeiten gewußt und angewandt hat, wie z. b. daß die sprache aus dem sinnlichen, konkreten in das abstracte, conventionelle übergeht und (p. 11) die erklärung der synchysis dadurch, daß bei der schnelligkeit mit der in der seele die gedanken sich erzeugen und die verknüpfung und ordnung der gedanken sich vollzieht, ein gedanke auf den andern einen solchen einfluß ausübt, daß beide in einander zusammenfließen. Auch auf die attraction der tempora und modi, durch welchen „psychologischen weg" Ziemer den *infinitivus perfecti* nach den praeterita der verba *oportet, decet, aequum est* erklärt (p. 14), ist man längst aufmerksam gewesen. Daß der doppelte comparativ bei vergleichung zweier prädicate desselben subjects auf das streben nach äußerer gleichförmung und ausgleichung zweier durch die denkthätigkeit in engste beziehung gebrachter begriffe zurückzuführen ist, wie Ziemer p. 16 bemerkt, liegt nahe, wenn wir dies auch in den lateinischen grammatiken, die uns grade zur hand sind, nicht bemerkt finden. Richtig ist die bemerkung (p. 7), daß autoren wie Xenophon und Thucydides bei der anwendung der sogenannten σχήματα λέξεως zwar mit einer gewissen absicht verfuhren, daß man aber doch niemals vergessen darf, daß sie jene redeformen nicht erzeugt, sondern bereits durch den volksmund geschaffene weiter ausgebildet haben. Daß aber das psychologische element ehedem der philologie unbekannt gewesen sei (p. 8), ist zu viel behauptet, wie schon ein blick in werke wie Zumpts grammatik zeigt. In dem abschnitt „das psychologische moment in den syntactischen bildungen der lateinischen sprache (p. 8—11) erklärt der verfasser ausdrücken wie hyperbaton, zeugma, anacoluthio den krieg. Es sind ja keine scharfbegrenzten kategorien, aber man wird dieser terminologie doch immer bedürfen, um sich über gewisse erscheinungen kurz und präcis auszudrücken. Lobecks bemerkungen zum Aiax z. b. kann man sich ohne dieselben nicht wohl denken. Wie schwerfällig ist der für synchysis vorgeschlagene ausdruck „die ausgleichung oder combination zweier gedanken." Einmal redet der verfasser übrigens selbst von dem „zusammenfließen zweier gedanken in der seele des sprechenden" (p. 15), wodurch er *quasi* nach dem comparativ Plaut. Mil. 481. 82 erklärt: *satin' abiit ille neque erile (hic) negotium plus curat quasi non servitutem serviat*.

Es werden nun (von p. 12 an) einige lateinische constructionen auf ihre ursachen zurückgeführt. Die erklärungen und beobachtungen des verfassers sind meist brauchbar, doch vermögen wir darin keine proben einer neuen wissenschaft der psychologischen erklärung zu sehen. Wenn z. b. der infinitivus perfecti an stelle des erwarteten präsens in sätzen die ein verbot enthalten, wie er im archaistischen latein sich findet (z. b. im SC. de Bacchanal. vom jahre 568; Cato R. R. c. 5 *ne quid emisse velit*) dadurch erklärt wird „daß das auf vollendung gerichtete verlangen oder der wunsch sich einmischt, die sache möge nicht geschehen sein," so liegt diese erklärung hier ebenso nahe, wie bei dem *infinitivus perfecti pass.* nach den *verbis voluntatis*, bei denen der verfasser mit Bernhardy (Syntax p. 364 not. 43) von energischer willensäußerung redet, um den eifer und die ungeduld, mit welcher auf die erfüllung des wunsches gewartet und gedrungen wird, deutlicher zu tage treten zu lassen, als dies bei der anwendung des präsens möglich ist. Er faßt also in diesem falle den infinitivus im sinne eines aoristischen präsens. Und wenn zu dem auf griechischen einfluß zurückzuführenden gebrauch des infinitivus perfecti bei den verben des wollens, des könnens und strebens bei den dichtern der augusteischen zeit nach Lucres bemerkt wird „es liegt hier eine unzweifelhafte anlehnung an den aorist vor, jedoch, was wohl zu unterscheiden ist, nicht der bedeutung, sondern der verwendung nach" so erfahren wir gerne, welche bedeutung denn hier eigentlich dem perfectum zu grunde liegt.

Es werden darauf einige fälle anscheinend regelloser und willkürlicher neuerung in vergleichen besprochen, außer dem oben erwähnten falle von *quasi* nach einem comparativ die verbindung des comparativs mit *aeque* in stellen wie Plaut. Mil. 551 *nam quaeris aliaquae morast aeque mora minor ea videtur quam quas propter enim*, combinirt durch association der ideen *minor mora videtur* und *non aeque mora videtur*: „Plautus geht sogar soweit, daß er diese schon ziemlich zwanglose sprachform geradezu umkehrt, wenn er z. b. auf ein mit dem positiv verbundenes *aeque* den *ablativus comparationis* folgen läßt, Amphitr. 293 *nullus hoc meti-*

culosus neque. Most. I, 1, 30 *quo nemo adaeque parcus*." Damit wird als beispiel durch falsche analogie herbeigeführten gebrauches *alius* mit dem *ablativus comparationis* angeführt in stellen wie Hor. Sat. II, 3, 208. Ep. I, 16, 20 *alium sapiente*. II, 1, 240 *alius Lysippo*. Daran schließt sich die verwechselung von *atque* und *quam*. Wenn darauf hingewiesen wird, daß *atque* nicht selten die stelle von *quam* nach einem comparativ versah, so konnte hier der analoge gebrauch des griechischen ὡς und ἥ τε nach comparativen zur vergleichung herangezogen werden, worüber das nöthige von Ludwig Schmidt zu Aesch. Prom. 629 zusammengestellt ist.

Es folgen in §. 3 einige auffallende analogiebildungen in der construction einzelner verba. Interessant ist die bemerkung, daß die coordination durch *oratio directa* bei den *verbis dicendi* im archaistischen latein viel seltener ist als bei den *verbis sentiendi* (p. 17). Wenn aber hieraus geschlossen wird, daß die *verba dicendi* viel früher als die *verba sentiendi* das princip der coordination aufgegeben haben, so scheint uns dieser schluß nicht zutreffend, selbst wenn es unzweifelhaft sein sollte, daß es auch im latein eine zeit gegeben hat, wo die durch den *accusativus cum infinitivo* ausgedrückte subordination noch unbekannt war. Ueberdies müßte man, um ein urtheil zu gewinnen, genau wissen, wie oft die verba beider art vorkommen und wie oft sich das verhältniß der subordination bei ihnen findet.

Es folgen bemerkungen über den ausgleich (warum nicht vermischung?) zweier redeformen bei *licet* in fällen wie Cic. Balb. 12, 12 *si civi Romano licet esse Gaditanum*, womit der sehr verschiedene fall aus Cornelius Nepos V, 4, 3 *quod facere nullum diem praetermittebat* zusammengestellt wird. Von einem ausgleich zweier redeformen kann bei *licet* mit dem accusativ des prädicats nicht die rede sein; diese liegt vielmehr dem dativ zu grunde. Daß nur drei stellen vorhanden sind wo diese redeform erscheint, möchten wir bezweifeln; wenn der stelle bei Cäsar. Bell. civ. III, 1, 1 *quo per leges ei consulem fieri liceret* wegen der in den codd. üblichen kurzschrift CONS. die beweiskraft bestritten wird, so war zu erwähnen, daß in der stelle Bell. gall. VI, 35, 8 die handschriften, wie die herausgeber, zwischen *quibus iam licet esse fortunatissimis* und *fortunatissimos* schwanken. Darauf wird auf die mannichfaltigkeit der construction bei den *verbis mirandi* und *metuendi* hingewiesen, deren erklärung nicht eben schwierig ist.

Es werden endlich in §. 4 einige bemerkenswerthe fälle der zusammendrängung zweier redeformen (d. h. der ellipse) zusammengestellt. Aus zusammenziehung einer frage und einer aufforderung entstand *quin* mit dem imperativ; auch bei *iam dudum* mit dem imperativ sind zwei gedanken zusammengezogen, wie Verg. Aen. II, 103 *iam dudum sumite poenas*. Schließlich wird auf einige von Dräger behandelte brachylogische constructionen hingewiesen, womit die besprechung zweier stellen des Horaz (Sat. I, 4, 102 und I, 4, 24) verbunden wird. Die erklärung, welche der verfasser von den beiden stellen giebt:

 quod vitium procul afore chartis
 Atque animo prius ut si quid promittere de me
 Possum aliud vere, promitto

und

 quod sunt quos genus hoc minime iuvat,
 utpote plures
 Culpari dignos

ist aber durchaus nicht neu, sondern ist jedermann längst durch Orellis ausgabe zugänglich gewesen. Ueberhaupt wird man sich enttäuscht fühlen, wenn man nach der viel versprechenden einleitung neue methoden der erklärung grammatischer probleme gesucht hat, womit der fleißigen studie des verfassers nicht der werth abgesprochen sein soll. Wir finden im einzelnen manche ergänzung und berichtigung der forschungen Drägers.

44. Kritische beiträge zur geschichte der lateinischen sprache von H. Jordan. Berlin, Weidmann 1879.

Der verfasser bietet uns eine reihe gründlich methodischer, weit umfassender und tief eingreifender untersuchungen, welche den entwickelungsgang der lateinischen sprache, besonders auf dem gebiete des hinter der profanlitteratur zurückliegenden „urlateinischen" an vielen stellen hell erleuchten und nebenher auch auf andre gebiete der alterthumswissenschaft manches schlaglicht werfen.

Die untersuchungen des ersten capitels über griechische lehnwörter, auf götter- und mythologische namen sich beschränkend, sind von der im allgemeinen richtigen überzeugung getragen, daß die in ältester zeit entlehnten eigennamen nichts weniger als halbverstandene mißbildungen, wofür sie Corßen und fast auch Ritschl gehalten hat, sondern in ihren wenn auch stärkeren lautlichen veränderungen doch bei ihrer herübernahme bestimmten lautgesetzen unterworfen gewesen seien. Daß die urkunden, auf die sich Jordan besonders stützt, die pränestinischen bronzen nicht in einem etruskisch-pränestinischen jargon, sondern in wirklichem alten latein geschrieben sind, ist gern zuzugeben, nur daß dem charakter der sprache so wenig wie dem der ganzen darstellung etruskischer einfluß ganz fremd geblieben sein wird. So scheint es zum beispiel gerathener *Catamitus* durch vermittelung des etruskischen *Catmite* aus Γανυμήδης entstehen zu lassen — Jordan selbst vergleicht *Ziumithe* Διομήδης, *Palmithe* Παλαμήδης —, als zur erklärung des lateinischen namens eine nebenform Γαθομήδης zu construiren. Gegen die unabhängigkeit des lateinischen vom etruskischen läßt sich bei der verwandelung von Ἡρακλῆς in die beiden sprachen gemeinsame synkopirte form *Hercles*, woraus dann im lateinischen mit epenthese *Hercoles*, seit den Gracchen *Hercules*, nichts einwenden, ebensowenig dagegen, daß *Aisclapios*, mit epenthese *Aesculapius*, ohne vermittelung eines etruskischen Αἰσχλαπιός aus dorischem Ἀσκλαπιός herstammt. Daß aber daneben aeolisches Αἰσκλαπιός, existirt habe oder möglich gewesen sei, ist unerwiesen, denn der vergleich mit lesbischem αἴμισυ neben ἡμισυ ist unstatthaft, und immerhin ist eine auf italischem boden etwa durch den anklang an *aesculus* hervorgerufene umwandelung des ἀσκ- zu *aisc-* wahrscheinlicher. Auch etruskisches *Pulutuke* oder *Pultuke* und lateinisches *Poloces* oder *Pulluces* haben sich beide unabhängig von einander aus Πολυδεύκης entwickelt, wobei wir indeß für den lateinischen namen als vermittelnde form nicht mit Lobeck Πολυλύκης, sondern mit Jordan *Polulucee = Puluducee* anzunehmen haben. Unzweifelhaft sind beide sprachen in der umbildung des griechischen Ὀδυσσεύς ihren besonderen weg gegangen, indem etruskisches *Utuze*, *Uthuze* mit regelmäßigem lautwandel aus der gemeingriechischen form, das häufigere *Uthuste*, *Uthste* vielleicht aus einer nebenform Ὀδυζεύς hervorging (*Uthuze*, was Preller angibt, existirt nicht), während für das lateinische die aus den beischriften attischer vasen uns bekannte, dialektische form Ὀλυσσεύς den ausgangspunkt bildete. Aber die entstehung des *x* aus *ss* in dem früher vielleicht *Ulixes* lautenden namen *Ulixes* (denn das nur von jüngeren und schlechteren handschriften gebotene *Ulysses* bleibt mit recht außer betracht) versetzt Jordan fälschlich auf italischen boden; wenigstens ist der übergang von *ss* zu *x* nicht einmal für das oskische nachgewiesen. Dagegen lassen uns, zugegeben, daß die formen Οὐλίξης oder Οὐλίξες unsicher verbürgt sind, die lautverhältnisse des sicilischen griechisch doch eine solche, wenigstens (wegen des -ης statt -ες) die erstere voraussetzen. Einen gesetzmäßigen lautübergang von Βελλεροφόντης zu *Melerponta* nachzuweisen ist dem verf. nicht gelungen, vgl. Gustav Meyer Ztsch. f. öst. gymn. 1880, febr.; leicht möglich, daß der aus Plaut. Bacch. 810 nach ausweis der pfälzer handschriften mit sicherheit zu erschließende name *Beleropantes*, von einem hieran nicht gewohnten ohre vernommen, zu *Melerponta* geführt hat. Auch *Telis* gegenüber Θέτις möchte so, zumal bei der annahme eines vermittelnden *Tedis*, ungezwungener erklärt werden als durch die ganz willkürliche voraussetzung einer dialektischen nebenform Θήλις oder Θῆλις. Dieselbe willkür begegnet in der construktion einer griechisches Αἴας und lateinisches *Aiax* vermittelnden form Αἰδαξ, während doch Jordan von seinem standpunkte aus den bei der erklärung von *Ulixes* geltend gemachten übergang von *s* zu *x* auch hier hätte annehmen können. Schließlich sei noch auf den unbedingt verfehlten versuch hingewiesen, *Proserpina* auf grund regelrechter lautwandelung mit Περσεφόνη in einklang zu bringen. Der name dieser allerdings aus Griechenland nach Rom verpflanzten und nicht uneinheimischen göttin nahm im munde des überall und zu jeder zeit gern etymologisirenden volkes sinn- und lautgerecht gemacht, jene gestalt an.

Das zweite capitel, zur geschichte des rhotacismus überschrieben, beginnt mit einer untersuchung über das bei Varro de L. L. 7, 8 in einer alten auguralformel erhaltene *quirquir*. Nach dem vorgang von Joh. Schmidt lehnt Jordan die gewöhnlich angenommene identität dieses wortes mit *quisquis* ab unter hinweis darauf, daß der rhotacismus im lateinischen das *s* des nominativs sonst nicht ergriffen habe. Er vergißt nur die ausnahme hinzuzufügen, daß nom. *or* aus *os* hervorgegangen ist, aber hier ist ja das *r* durch anlehnung an die casus obliqui, in welchen es eben zwischen zwei vokalen lautgesetzlich eintreten mußte, entstanden. Ist nun auch Jordan's versuch, *quirquir* = *quidquid* auf lautgeschichtlichem wege zu erweisen, nicht durch unzweifelhafte analogien gestützt, so gewinnt seine annahme doch durch den zusammenhang der augnralstelle, die er einer glänzenden, manches dunkel aufhellenden behandlung unterzieht, sehr an wahrscheinlichkeit. — In der geschichte des rhotacismus spielt nach der überlieferung und gäng und gäben ansicht der censor des jahres 442 Appius Claudius eine rolle, indem auf ihn die umtaufung der *Papisii*, *Valesii*, *Fusii* in *Papirii* u. s. w. zurückgeführt wird. Diese überlieferung sieht aber Jordan, der den rhotacismus schon vor dem beginn der profanlitteratur durchgedrungen sein läßt, als beeinflußt durch grammatisch-antiquarische theorie und darum als unglaubwürdig an, und allerdings lassen die von ihm bereits früher (Herm 6, 201 ff.) dargelegten umstände einen solchen verdacht berechtigt erscheinen. Nur darf das fehlen jeder spur der älteren namensform in urkundlichen quellen kein gravirendes moment bilden, da urkunden aus der zeit vor Claudius überhaupt nicht vorhanden sind und die späteren eben unter dem einfluß jener neuerung standen, die natürlich nicht in dem lautwandel selbst, sondern nur in dem schriftlichen ausdruck für denselben bestehen konnte. Die auf Claudius zurückgeführte neuerung beruht nach Jordan möglicherweise auf einer verwechselung mit der von ihm vorgenommenen ausmerzung des sporadischen z, welches vorwiegend zur bezeichnung des sanft lautenden s zwischen zwei vokalen diente. Im zusammenhang mit dieser maßregel läßt Jordan jenen „begründer einer römischen profanlitteratur und vorkämpfer jeder civilisatorischen neuerung" anstatt des obscuren Carvilius das zeichen für die guturale media einführen.

Der folgende abschnitt, der ältesten sacralen poesie gewidmet, bringt an erster stelle eine im wesentlichen bis auf das neu hinzugekommene gedicht von Corfinium bereits als rektoratsrede 1876 veröffentlichte, an feinen beobachtungen reiche abhandlung über allitteration und stabreim. Es wird der unterschied zwischen diesen beiden begriffen richtig bestimmt und nachgewiesen, daß während der stabreim als versbildendes element dem bau des altitalischen verses fremd sei, die allitteration nicht nur in der römischen kunstpoesie, für welche das vorkommen derselben zahlenmäßig angegeben wird, sondern auch in dem saturnier der alten sacralen poesie regellos und in verhältnißmäßig geringem umfang verwendet sei und, vom volke als schmuck der rede empfunden, gleichmäßig auch die prosaische formel, auf welche Jordan den ausdruck *carmen* Ritschl gegenüber mit recht mitbezieht, beherrscht habe. Für die allitteration in volksthümlichen redensarten wäre der hinweis auf Petron, bei dem der volkston noch frisch hervorquillt, am platz gewesen, vgl. *ab acia et acu mi omnia exposuit*, *ecce cepi ipsimi cerebellum* cap. 76, *qui fuit rana, nunc est rex* cap. 77 u. a. — In der hierauf folgenden behandlung des Arval- und Saliarliedes geht der verf. von der betrachtung zweier bisher als unschätzbare reste des ältesten lateins angesehenen formen, *pleores* = *plures* und *tremonti* = *tremunt* aus, von denen die letztere aus guten gründen beseitigt wird, während die änderung der ersteren, nichts weniger als „unverständlichen" form (*ple-jos-es* : *ple-or-es*, daneben *plo-jos-es* : *plou-res* mit unbezweifelbarem ausfall des *j*) in die aus *ploirume* erschlossene form *ploeres* nicht unbedenklich ist, vgl. G. Meyer a. a. o. Die gegen die identität des Marsfestes und der Ambarvalien geltend gemachten, aus der verschiedenheit des opfers und des ortes und dem angeblichen widerspruch der zeit entnommenen einwände sind glücklich beseitigt, dankenswerth auch ist die erneute kritische und exegetische behandlung des Arvalenliedes, wenn auch als wahrscheinliche ergebnisse derselben nur gelten können die änderung von *limen sali* in *nire ensali* und die beziehung der *semunes* auf die im eingang angerufenen *lases*, aber nur so, daß jene als species, nicht als beiwort der letzteren betrachtet werden. Dagegen ist der versuch, das dunkel, welches auf den überresten aus dem Saliarliede ruht und wohl immer ruhen wird, zu lichten als verfehlt anzusehen bis auf die sehr ansprechende herstellung der form *qune* oder *qunne* d. i. *cum* = umbrisch *punne* statt *cume*, wie gewöhnlich bei Scaur. de orth. p. 2261 P gelesen wird.

Das vierte capitel „zur beurtheilung des archaistischen lateins" bietet in §. 1 beiträge zu Cicero's archaismen in den Gesetzen, die in dem satze gipfeln, daß Cicero „nur mit schüchterner hand einige wenige eigenthümlichkeiten der archaistischen orthographie und formenbildung und solche, welche damals noch in formel- und dichtersprache geläufig waren, als stilvolle verzierungen für eine im ganzen moderne und glatte sprache ausgewählt habe." Diese behauptung unterliegt aber manchen einschränkungen. So ist II, §. 19 *ne uncula* (= *nulla*, asyndetisch angefügt wie so oft in den gesetzen), eine sprachgeschichtlich durchaus correcte form, die bei Festus s. v. mit je einem citat aus Ennius und Marcius belegt ist, von *H*, welche handschrift Jordan für seine textesrecension neu verglichen und, wie zu gleicher zeit auch C. F. W. Müller, mit recht gegenüber Vahlen als eine selbständige quelle der überlieferung neben *AB* angesehen hat, ausdrücklich bezeugt. Wenn trotzdem Jordan seinem princip zu liebe die nicht einmal von *AB*, denn diese (*neucula A*, *neuculla B*) unterstützen offenbar *H*, sondern von interpolirten handschriften gebotene und augenscheinlich zurecht gemachte lesart *neve ulla* an die stelle setzt, so ist dies entschieden zurückzuweisen. Ebenso unberechtigt ist der angriff auf das bei Verrius Flaccus mehrfach aus Ennius und Pacuvius belegte und, was besonders ins gewicht fällt, auch in den Zwölftafelgesetzen glänzend von Mommsen hergestellte pronomen *sos*: II, §. 21 ist *eisque* statt *iisque* von *H B*[1] und wohl auch, vor der rasur, von *A* sicher bezeugt, II, §. 22 wäre grade *nos* als glosse, wofür Jordan es hält, unpassend, es ist wahrscheinlich aus *sos* verschrieben oder gar corrigirt und nicht aus *bonos* verstümmelt, und ebenso verhält es sich mit III, §. 9, wo Bücheler *sovos* statt *suos* aus der überlieferung *servos* emendirt. Ob III, §. 8 *appellamino* von Cicero nur irrthümlich oder, wie Halm vermuthet auf grund von urkunden als plural gebraucht ist, kann nicht mit sicherheit entschieden werden; jedenfalls aber hat Jordan recht, wenn er Bergk's conjektur *appellaminoe* zurückweist aus demselben grunde wie an derselben stelle *populoi*, eine hier so wenig wie sonst beglaubigte form des genetivs auf *oi*, der auch der dativ auf *oi* nur schwach bezeugt zur seite steht. Endlich dürfte es auch nicht statthaft sein *indotiorum* II, §. 21 und *populosve* III, §. 6, mit *o* für *u* geschrieben, und den nom. plur. auf *is*, der in den gesetzesstellen des dritten buches allein viermal überliefert ist (III, §. 6 *minoris*, *civis*, von *H* in *cives* verwandelt wie III, §. 7 der acc. *partis*, III, §. 7 *censoris*, III, §. 9 *consulis*), dem Cicero vorzuenthalten und überall für einen schreibfehler zu erklären. — Um noch kurz die textesänderungen Jordan's zu besprechen, so ist II, §. 19 *itaque*, *ut ita cadat* (i. e. *ut opera patrata sint*), *in annuis anfractibus descriptum esto* (sc. *de ferüs*) s. §. 29 nicht so unverständlich wie Jordan meint, und wenn es sich demnach nur um beseitigung der allerdings vorhandenen härte des ausdrucks handelt, seiner änderung *caeque uti cadent* jedenfalls Bake's *itaque uti cadat* vorzuziehen. II, §. 20 ist *ad certam rationem* minder leicht als Turnebus' *ad eam rem ratione*, ebenda die ausstoßung des *et* zwischen *fatidicorum vatium* unnöthig, desgleichen III, §. 11 *neve plus* für *nec plus* und umgekehrt am schluß dreimal *neque* für *neve*. Die vielberufene stelle II, §. 38 kann auch in der von Jordan gegebenen gestaltung *sint corporum certationes cursu et pugillatione curriculisque equorum . . . . . constitutae, cavea cantu vigeat* etc. nicht befriedigen, denn der erste theil paßt nicht zu der gesetzesstelle §. 22 *sine curriculo et sine certatione corporum* und das übrigens schon von E. Hoffmann (Fleckeisens jahrb. 1878, p. 710) vermuthete *vigeat*, sollte die verbesserung in *II* auch wirklich von erster hand stammen, bringt ein zu lebhaftes und poetisches colorit in die darstellung. Richtig scheint II, §. 21 *oratores fetiales sunto, iudices non sunto*, was aber dem verf. schon längst von Reifferscheid vorweggenommen ist, richtig auch das urtheil über das folgende *bella disceptanto*, worüber ich mich Phil. Anz. 1880 p. 493 beistimmend und motivirend geäußert habe. Annehmbar ist ferner II, §. 20 *publici sacerdotes* für *publice sacerdotes, divisque omnibus pontifices*, wobei *alii „sacerdotes"* als glosse zu *pontifices* gestrichen ist, *quo quaeque* statt *quoque haec*, nur so weit in übereinstimmung mit Halm, der noch mehr in diesem satze ändert, und III, §. 11 *condita sunto*. In demselben capitel ist noch die tempelurkunde von Furfo nach einem bereits im Hermes 1873 p. 201 ff. erschienenen aufsatz und der für die erkenntniß des vulgärlateins wichtige, „zwischen reiner bauernsprache und gebildeter sprache" die mitte haltende bericht des ingenieurs Nonius Datus behandelt. Für ein denkmal afrikanischer latinität darf man letzteren freilich nicht halten, wie Mommsen that, aber ebenso wenig braucht man mit Jordan bedenken zu tragen, sprachfehler wie *a rigorem, sine curam* auf Datus oder Vetustinus sitzen zu lassen, vgl. *ex litteras* in dem von Mommsen (Hermes 1880, p. 385 ff.) veröffentlichten decret des Commodus. Uebrigens lag es näher für die casusverwechselung auf Petron (z. b. *in controversiam esse* 15, *roca cocum in medio* 49, *videbo te in publicum* 58, *prae mala sua* 39, *prae litteras* 45) als auf die lateinische bibelübersetzung hinzuweisen. Wegen des vulgären gebrauchs von *facere* und *fieri* vgl. meine bemerkungen in Fleckeisens jahrb. 1879, p. 631.

Die werthvollsten beiträge zur historischen syntax liefert das an schönen gesichtspunkten reiche fünfte capitel, welches speciell den ausdruck *arborem cingere* oder *coinquere = deputare* und die partikeln *ast, absque, equidem* und *quod* in ihrer entwickelung behandelt, auf welches aber hier noch näher einzugehen ich mir versagen muß.

A. Strelitz.

---

45. Epigrammata graeca ex lapidibus conlecta edidit Georgius Kaibel. Berolini apud G. Reimer 1878.

Eine neubearbeitung der zahlreichen metrischen griechischen inschriften war längst ein dringendes bedürfniß, und so ist denn die zur besprechung vorliegende treffliche, fleißige und methodische bearbeitung Kaibel's von der kritik mit recht sehr beifällig und anerkennend aufgenommen worden. Freilich ist diese Kaibel'sche ausgabe von vollständigkeit ziemlich weit entfernt: schon P. Foucart hat in der Revue critique 1879, no. 2 die nicht genügende ausnützung der französischen inschriften-publicationen durch Kaibel gelegentlich monirt, und Kaibel selbst hat im Rheinischen museum XXXIV, 181 fgg. eine stattliche anzahl von nachträgen und berichtigungen zusammengestellt. Aegyptische inschriften in metrischer form hat Otto Puchstein in den Dissertationes philologicae Argentoratenses vol. IV behandelt. Aber bei genauerem nachsuchen stellt sich die unvollkommenheit der ausnützung auch der gangbareren publicationen durch den in der zeit ohne zweifel bedrängt gewesenen herausgeber als größer heraus, als gemeiniglich angenommen wurde, und es ist dringend zu wünschen, daß dem herausgeber eine bald nöthig werdende zweite auflage die gelegenheit gebe, das versäumte nachzuholen. Referent wählt zum belege aus der großen anzahl von versäumnissen wenige aus.

Es fehlen in der Kaibel'schen sammlung die bei Renier, Inscr. de l'Algérie nr. 4024 und 3884 stehenden griechischen inschrift-fragmente, von denen das erste sicher in daktylischen distichen abgefaßt ist, während von dem zweiten nicht mit sicherheit die metrische fassung behauptet werden kann. — Zu nr. 872 hat Kaibel die zum theil vollständigere abschrift des gedichts bei Guérin, Description de l'ile de Patmos etc. (Paris 1856) p. 58 übersehen.

Sehr auffallend ist die unzureichende ausnützung von Ph. Le Bas et W. H. Waddington „Voyage archéologique en Grèce et en Asie mineure." Selbst einige solcher inschriften hat Kaibel (zum theil allerdings gewiß absichtlich) ausgelassen, welche sich auch im Corpus der Berliner akademie finden (vgl. z. b. bei Waddington nr. 970. 977 [anapästisch?]. 978. 1024. 1370. 1428. 1508. 1730. 1803—1805. 1832. 1912 u. s. w.). Nicht selten fehlen solche inschriften bei Kaibel, deren metrische fassung in der französischen publikation übersehen ist, z. b. bei Waddington nr. 1046. 1060. 1774 [ein trimeter in mitten der prosa]. 1757 u. s. w.; aber auch andere fehlen in größerer zahl: vgl. z. b. bei Waddington nr. 1134. 1135. 1182. 1188. 1388 [rhythmische prosa?] u. s. w.

An anderen stellen hätten Waddington's varianten angegeben werden oder zur minutiösen textesconstitution (klammernsetzung u. s. w.) genauer herangezogen werden sollen (z. b. bei Waddington nr. 1925 [= Kaibel 455]. 1771 [= Kaibel 340]. 1745 [= Kaibel 335]. 1720 [= Kaibel 343]. 1696 [= Kaibel 289, wo ἑταῖροι zu lesen ist]. 1339 [= Kaibel 1039, wo wohl einige kleinigkeiten der Addenda des Corp. inscr. Graecarum übersehen sind]. 1509 [= Kaibel 1078]. 1529 [= Kaibel 310]. 966 [= Kaibel 380]. 1022 [= Kaibel 383]. 1023 [= Kaibel 373]. 894 [= Kaibel 376]. 1057 [= Kaibel 344]. 1058 [= Kaibel 356]. 1059 [= Kaibel 357]. 1192 [= Kaibel 793]. 1249 [= Kaibel 768] u. s. w.).

In einer neuen ausgabe wird Kaibel dann auch die neu publizirten inschriften resp. berichtigungen und besprechungen bringen können[1]). So finden sich andere metrische inschriften z. b. in den neuen bänden des Bulletin de correspondance hellénique, des Athenaion, der Archäologischen zeitung, der mittheilungen des deutschen archäologischen instituts, des Μουσεῖον καὶ βιβλιοθήκη τῆς εὐαγγελικῆς σχολῆς in Smyrna, der Revue archéologique, des Bullettino des römischen instituts, u. s. w.

---

1) Zu Kaibel's praefat. p. XXIV bemerke ich, daß μόλοχοι sich im Edictum Diocletiani 6 findet. — Zu Kaibel nr. 812 vgl. Bezzenberger's „Beiträge" V, 150 fg. — Metrisch scheint z. b. auch die inschrift im Corp. inscr. Atticar. III, 195.

46) Untersuchung über die quellen für die philosophie des Xenophanes. Von Franz Kern. Osterprogramm des stadtgymnasiums zu Stettin 1877. (10 p.).

Durch die vierte auflage von Zeller's „Philosophie der Griechen" veranlaßt, kommt der verfasser, der schon früher durch gediegene untersuchungen über die Eleaten die philologische welt erfreut hat (Quaestionum Xenophanearum capita duo. Numburgi 1864 (54 p.), Symbolae criticae ad libellum Aristotelicum περὶ Ξενοφάνους, περὶ Ζήνωνος, περὶ Γοργίου. Oldenburgi 1867 (28 p.), kritische bemerkungen zum dritten theil der pseudo-aristotelischen schrift περὶ Ξενοφάνους, περὶ Ζήνωνος, περὶ Γοργίου, Oldenburg 1869. 27 p., Beitrag zur darstellung der philosopheme des Xenophanes. Danziger osterprogr. 1871. (19 p.), Ueber Xenophanes von Colophon. Stettiner osterprogr. 1874. (28 p.). Von diesen schriften handeln die von 1867 und 69 nicht über Xenophanes, sondern über Melissos und Gorgias. Dazu kommt die abhandlung Θεοφράστου περὶ Μελίσσου im Philologus bd. XXVI und in derselben zeitschrift XXXV die kleine abhandlung zu Timon Phliasius, welche aus einer relativ frühen und zuverlässigen quelle den wahren character der philosophie des Xenophanes herzustellen sucht) auf die zwischen ihm und Zeller streitige interpretation der stelle des Simplicius (Phys. 5, b) zurück: μίαν δὲ τὴν ἀρχὴν ἤτοι ἓν τὸ ὂν καὶ πᾶν καὶ οὔτε πεπερασμένον οὔτε ἄπειρον οὔτε κινούμενον οὔτε ἠρεμοῦν Ξενοφάνην τὸν Κολοφώνιον τὸν Παρμενίδου διδάσκαλον ὑποτίθεσθαί φησιν ὁ Θεόφραστος, ὁμολογῶν ἑτέρας εἶναι μᾶλλον ἢ τῆς περὶ φύσεως δόξης τὴν μνήμην τῆς τούτου δόξης.

Während Zeller (Die philosophie der Griechen, erster theil 1876 p. 472 anm. 3) an der auffassung festhält, nach welcher die negation ebenso gut auf das ὑποτίθεται wie auf das πεπερασμένον und das ἄπειρον bezogen werden kann, so daß es ebenso gut bedeuten kann „er setzt es weder als begrenzt noch unbegrenzt", wie andrerseits „er setzt es als weder begrenzt noch unbegrenzt," weist Kern darauf hin, daß auch, wenn man diesen satz von den vorhergehenden sondert, für ihn die möglichkeit von zwei so verschiedenen interpretationen nicht offen steht. Der richtige ausdruck für den von Zeller hineingelegten gedanken war οὐχ ὑποτίθεται τὸ ὂν πεπερασμένον, mit wiederholter negation οὔτε πεπερασμένον οὔτε ἄπειρον. Darauf hat Kern schon in den *quaestiones Xenophaneae* p. 50 hingewiesen. Aus dem negierten prädicatsnomen (nicht einmal object), die negierung des verbums, also des ganzen satzes, dem leser zuzumuthen, wäre mindestens eine große unklarheit. Als grammatische unmöglichkeit will es Kern nicht geradezu bezeichnen, da er es nicht für unmöglich hält, daß durch den zusammenhang eine solche ausdrucksweise dem leser verständlich gemacht wird, wiewohl bis jetzt dem verfasser kein beispiel der art vorgekommen ist. Es wird dann (p. 2—3) eine anzahl stellen aus autoren verschiedener zeiten angeführt, an welchen allein die von Zeller bestrittene auffassung der negation zulässig ist, und es wird darauf hingewiesen, daß der grammatische zusammenhang gegen Zellers auffassung entscheidend ist, da καί den prädicatsaccusativ ἕν und die darauf folgenden vier negierten prädicatsaccusative verbindet, so daß ὑποτίθεσθαι beide male in positivem sinne steht. Zu vergleichen Danziger progr. p. 6. Auch spricht der ausdruck ὑποτίθεσθαι gegen Zellers auffassung. Wollte der schriftsteller den von Zeller angenommenen sinn ausdrücken, so lagen wendungen nahe, wie παραλείπειν, οὐ λέγειν, οὐ διορίζειν, oder er konnte sich wenigstens nach dem schema ὑποτίθεσθαι περί τινός ausdrücken.

Das sachliche bedenken, welches Zeller zu seiner erklärung der stelle bei Simplicius veranlaßt hat, beruht bekanntlich auf der stelle Aristot. Metam. I, 5, 986, b, 18: Παρμενίδης μὲν γὰρ ἔοικε τοῦ κατὰ τὸν λόγον ἑνὸς ἅπτεσθαι, Μέλισσος δὲ τοῦ κατὰ τὴν ὕλην, διὸ καὶ ὁ μὲν πεπερασμένον, ὁ δὲ ἄπειρόν φησιν αὐτό. Ξενοφάνης δὲ πρῶτος τούτων ἑνίσας (ὁ γὰρ Παρμενίδης τούτου λέγεται μαθητής) οὐδὲν διεσαφήνισεν, οὐδὲ τῆς φύσεως τούτων οὐδετέρας ἔοικε θιγεῖν, ἀλλ' εἰς τὸν ὅλον οὐρανὸν ἀποβλέψας τὸ ἓν εἶναί φησι τὸν θεόν. Kern sieht keinen widerspruch zwischen der kurzen abfertigung, welche hier Aristoteles dem Xenophanes zu theil werden läßt, und dem bericht des Theophrast bei Simplicius, denn indem Aristoteles als eigenthümlich am Xenophanes hervorhebt, daß er mit berücksichtigung des ganzen weltalls das eine als gott bezeichnet habe, konnte er mit recht sagen, daß dieser philosoph über rein naturphilosophische fragen nichts klar gemacht habe. Daß der ausdruck οὐδὲν διεσαφήνισεν nicht bedeuten könne, Xenophanes habe sich über die begrenztheit und unbegrenztheit des einen nicht ausgesprochen, wie ihn Zeller auffaßt, hatte Kern im Danziger programm p. 6 mit schlagenden gründen nachgewiesen, nachdem er schon im Naumburger programm p. 49 den richtigen sinn angegeben hatte „er hat weder die eine noch die andere behauptung aufgestellt." Eine φύσις war für Xenophanes gar nicht vorhanden, weder als eine begrenzte noch als eine unbegrenzte. Man kann bei Xenophanes, wie bei Spinoza, von einem akonismus reden. Auch ist es unwahrscheinlich, daß der schüler des Alexandriner, der zeitgenosse des Pythagoras, der lehrer des Parmenides, der philosoph dessen Polymathie Heraklit tadelnd bezeugt, von einem begriffe, wie das ἄπειρον gar nichts gesagt habe, während es immerhin möglich ist, daß Aristoteles bei seinem allgemein ausgesprochenen tadel auch im besondren die sich scheinbar widersprechenden sätze über den nicht begrenzten und nicht unbegrenzten gott im auge gehabt hat.

Ferner weist der verfasser nochmals, wie früher in den *quaestiones Xenophaneae* p. 50, darauf hin, daß das von Simplicius ad Aristot. Phys. fol. 6 A aufbewahrte fragment αἰεὶ δ' ἐν ταὐτῷ μίμνει κινούμενον οὐδὲν οὐδὲ μετέρχεσθαι μῖν, ἐπεὶ πρέπει ἄλλοτε ἄλλῃ, von Karsten so emendirt αἰεὶ δ', ἐν ταὐτῷ τε μένειν κινούμενον οὐδὲν οὐδὲ μετέρχεσθαί τι ἐπιπρέπει ἄλλοτε (oder ἄλλοθεν ἄλλῃ, in welchem Xenophanes selber seinen gott oder das eine als unbewegt darstellt, entschieden gegen die wahrheit der mittheilung spricht, daß Xenophanes sich über die bewegung des einen gar nicht ausgesprochen habe. Wenn Zeller das fragment nur auf die gottheit bezieht, so fügt Kern seinen früheren einwendungen „in dem Danziger programm von 1871 hatte er (p. 5) entgegnet, daß man, um das mit sicherheit behaupten zu können, doch den zusammenhang kennen müsse in dem die verse in dem Xenophanischen gedichte gestanden haben und zweitens, daß eine solche sonderung zwischen gott und der welt bei unserem philosophen nach den zuverlässigsten zeugnissen eben nicht anzunehmen ist. In diesem betracht wurde auf Zellers eigene klare ausführung p. 454 ff. hingewiesen. In dem Stettiner programm 1874 wird (p. 10) darauf hingewiesen, daß Schopenhauer (Parerga 1851, p. 73) mit gutem recht Spinoza den erneuerer der eleatischen philosophie nennt. Auch nahm Kern daran anstoß, daß Karsten nicht weniger als fünf änderungen vornehmen müsse, um die verse nach seiner meinung lesbar zu machen. Die änderung ἐπιπρέπει erschien ihm höchst bedenklich, da das verbum ἐπιπρέπειν in dem hier nöthigen sinne verbunden mit dem infinitiv wohl sehr ungewöhnlich sei. In μὲν vermuthete er statt μὴ ein object zu μετέρχεσθαι, wie τι oder τις" das bedenken hinzu, daß in dem ersten verse μένει κινούμενον οὐδὲν steht, Θεός also zu dem verse wie er überliefert ist, gar nicht als subject gedacht werden kann. Wenn Karsten durch seine allerdings sehr wahrscheinliche vermuthung diese erklärung möglich gemacht hat, so findet Kern sie als basis für einen darauf gebauten schluß nicht geeignet.

Es wird ferner geltend gemacht, daß Theophrast für das historische material in der geschichte der philosophie eine bessere quelle ist als Aristoteles, der sich oft als ungenauen berichterstatter zeigt, weil er die historischen angaben oft in seiner eigenen terminologie giebt, oder sie mit seinem urtheil oder seinen folgerungen so eng verbindet, daß es bisweilen außerordentlich schwer ist, das historische herauszuschälen. Wenn daher wie Kern (p. 5) wahrscheinlich macht, und schon im Naumburger progr. p. 50 nach Brandis behauptet hatte, auch die bei Simplicius auf den bericht des Theophrast folgenden worte his μεταβάλλειν (p. 106 Karst) Τὸ γὰρ ἓν τοῦτο καὶ πᾶν τὸν θεὸν ἔλεγεν ὁ Ξενοφάνης, ὃν διὰ μὲν δείκνυσιν ἐκ τοῦ πάντων κράτιστον εἶναι· πλειόνων γάρ φησιν ὄντων ὁμοίως ἀνάγκη ὑπάρχειν πᾶσι τὸ κρατεῖν· τὸ δὲ πάντων κράτιστον καὶ ἄριστον θεός. Ἀγένητον δὲ ἐδείκνυεν ἐκ τοῦ δεῖν τὸ γιγνόμενον ἢ ἐξ ὁμοίου ἢ ἐξ ἀνομοίου γίγνεσθαι· ἀλλὰ τὸ μὲν ὅμοιον ἀπαθές φησιν ὑπὸ τοῦ ὁμοίου· οὐδὲν γὰρ μᾶλλον γεννᾶν ἢ γεννᾶσθαι προσήκει τὸ ὅμοιον ἐκ τοῦ ὁμοίου· εἰ δ' ἐξ ἀνομοίου γίγνοιτο, ἔσται τὸ ὂν ἐκ τοῦ μὴ ὄντος. Καὶ οὕτως ἀγένητον καὶ ἀΐδιον ἐδείκνυ. Καὶ οὔτε δὲ ἄπειρον οὔτε πεπερασμένον εἶναι· διότι ἄπειρον μὲν τὸ μὴ ὂν ὡς οὔτε ἀρχὴν ἔχον οὔτε μέσον οὔτε τέλος, περαίνειν δὲ πρὸς ἄλληλα τὰ πλείω. Παραπλησίως δὲ καὶ τὴν κίνησιν ἀφαιρεῖ καὶ τὴν ἠρεμίαν· ἀκίνητον μὲν γὰρ εἶναι τὸ μὴ ὄν· οὔτε γὰρ ἂν εἰς αὐτὸ ἕτερον οὔτε αὐτὸ πρὸς ἄλλο ἐλθεῖν· κινεῖσθαι δὲ τὰ πλείω τοῦ ἑνός· ἕτερον γὰρ εἰς ἕτερον μεταβάλλειν, auf Theophrast zurückgehen, so wird Kerns auffassung auch hierdurch bestätigt. Schon im Naumburger programm p. 50 hatte Kern im anschluß an Brandis auch die auf die von Simplicius ausdrücklich als aus Theophrast's Physik entnommen bezeichnete mittheilung folgenden worte auf Theophrast zurückgeführt, ohne die grenzen anzugeben; jetzt fügt er den grund hinzu, daß Theophrast auch von Xenophanes in seiner schrift ausführlich gehandelt haben muß, da dies aus einer von Brandis Comm. eleat. I, p. 44 n. b. angeführten stelle des Galenus (Comm. in Hippocr. l. de nat. hom. I, §. 1, §. 98 —§. 99) hervorgeht, in der es am schlusse gegen Sabinus heißt: Θεόφραστος δ' ἄν ἐν ταῖς τῶν φυσικῶν δόξαις ἐπιτομαῖς τὴν Ξενοφάνους δόξαν, εἴπερ οὕτως εἶχεν, ἐγέγραφει. Dazu kommt, daß, wenn man das citat nur bis τὴν μνήμην τῆς τούτου δόξης reichen läßt, Theophrast grade das, was für Xenophanes (auch nach dem urtheil des Aristoteles) characteristisch ist, gar nicht berichtet hätte, nämlich daß ihm gott und welt identisch war. Das folgt nun aber unmittelbar auf jene worte und enthält zugleich den grund (und eine begründung ist in Theophrasts Physik auf das ablehnende urtheil doch sicherlich gefolgt), warum Theophrast die lehre des Xenophanes für keine in die physik hineingehörende theorie gelten lassen kann.

47. Die Perser. Tragödie des Aeschylos. Verdeutscht und ergänzt von Hermann Köchly. Herausgegeben von Karl Bartsch. Heidelberg, Wintersche universitätsbuchhandlung. 1880. VIII und 63 p. 8.

Die besucher der Innsbrucker philologenversammlung haben manche schöne erinnerung mit nach hause genommen. Gern gedenken sie auch des meisterhaften vortrags des greisen Köchly über die Perser des Aeschylus, welcher die zahlreiche versammlung in die gehobenste stimmung versetzte. Der redner suchte aus andeutungen des stücks zu erweisen, daß der schluß verloren gegangen sei; er trug mit hohem pathos und herrlicher deklamation eine ergänzung vor, welche an würde der gedanken und pracht der sprache des Aeschylus nicht unwerth war. Zu dieser ergänzung, für die am schlusse auch ein griechischer text mitgetheilt ist, erscheint hier die übersetzung des ganzen stücks. Die bearbeitung ist für die aufführung verfaßt, für welche auch bemerkungen über scenerie und kostüm beigegeben sind. Sie wurde, wie uns K. Bartsch im vorwort mittheilt, von stilgemäßer musik begleitet, dreimal aufgeführt, zu Heidelberg, zu Mannheim und zu Wien. Die von Köchly bei der aufführung zu Mannheim gehaltene ansprache, welche vorzugsweise den unterschied der antiken und modernen musik betont, ist im anhang beigefügt. Köchly wurde nur durch den tod verhindert, seine übersetzung in einer textausgabe und einer ausgabe mit musik zu veröffentlichen. „Die geplante musikausgabe wird hoffentlich später auch erscheinen und damit, was Köchly's wunsch war, eine aufführung der Perser auf der deutschen bühne ermöglicht werden." Wer theilt nicht den wunsch, dieses preislied des kampfes für nationale freiheit und selbständigkeit, welches in uns die erhebendsten erinnerungen weckt, auf der bühne in entsprechender darstellung vorgeführt zu sehen? Dafür aber dürfte sich die bearbeitung von Köchly auf das beste eignen. Die ergänzung mag man hinzufügen oder weglassen. Die voraussetzung nämlich, von welcher Köchly bei seiner ansicht über den schluß des stückes ausging, kann nicht als stichhaltig gelten. Den beweis sucht derselbe vorzugsweise in den worten der Atossa: ἀλλ' εἶμι, καὶ λαβοῦσα κόσμον ἐκ δόμων ὑπαντιάζειν παιδὶ μου πειράσομαι (849). Da dies im stücke nicht mehr stattfindet, läßt es Köchly in seiner exodus thun, wo Atossa spricht: „hier nimm den schmuck; um die schultern hier den purpur, er verhüllt des elends spur; auf das haupt die königskrone, in die hand den herrscherstab!" Eine solche kostümierung auf der bühne nimmt sich etwas seltsam aus. Den richtigen sachverhalt hat bereits Hermann erkannt. Gerade um den könig nicht in zerrissenem gewande aufzuführen, läßt der dichter Atossa mit neuem gewande dem könig entgegengehen. Da das die zuschauer wissen, stört es in keiner weise, wenn Xerxes nachher erzählt: πέπλον δ' ἐπέρρηξ' ἐπὶ συμφορᾷ κακοῦ (1030) und doch ein neues kleid trägt. Eine bekleidung auf der bühne wäre auch vollkommen zwecklos, während helden in zerfetztem gewande einem Aeschylus weniger zusagten. Man sieht, wie er sich 846 ff. mühe gibt und weibliche eitelkeit zu hilfe nimmt, um den plan der Atossa zu motivieren. Freilich, wird man sagen, Atossa tritt in den palast, um kleidung zu holen, erscheint aber nicht wieder. Es hängt also die frage mit dem schauplatz der handlung zusammen. Nach dem vorgang anderer bestimmt Köchly die scene also: „der persische königspalast zu Susa, in der mitte das säulengeschmückte hauptportal; rechts davon der in staffeln pyramidenförmig aufsteigende grabhügel des Dareios; neben und über demselben die aussicht auf die hauptstadt." Nach 607 κέλευθον τήνδ' ἄνευ τ' ὀχημάτων χλιδῆς τε τῆς πάροιθεν ἐκ δόμων πάλιν ἔστειλα erscheint Atossa das erste mal ἐν ὀχήμασι. Köchly versteht mit anderen darunter einen thronsessel: „es öffnet sich das hauptportal des palastes und Atossa in vollem königlichem schmucke wird auf goldenem thronsessel herausgetragen, umgeben von einem glänzenden gefolge." Es ist doch überraschend, daß Atossa sich auf einem thronsessel nur vor das haus tragen läßt. Passender wäre es doch, wenn sie auf einer sänfte weiter her käme. Auf ein kommen anderswoher weist auch der ausdruck ἀλλ' ἤδε . . ὁρμᾶται μήτηρ βασιλέως (151) hin und die worte: λιποῦσ' ἱκάνω χρυσοστόλμους δόμους (159) sprechen nicht für, sondern fast gegen die gewöhnliche ansicht. Man denke nur an Τύριον οἶδμα λιπούσ' ἔρας, ἥκω νεκρῶν κευθμῶνα καὶ σκότου πύλας λιπών, λιπὼν δὲ Λυδῶν τῶν πολυχρύσων γένος Φρυγῶν τε u. a. Entscheidend aber ist, daß bei der nennung des palastes niemals das pronomen ὅδε gebraucht wird. Denn daß τόδε στέγος ἀρχαῖον (141) nicht der palast ist, zeigt schon ἐνιζόμενοι. Sichtbar also ist außer dem grabe des Darius das mit demselben in verbindung stehende und nicht weit vom palast gedachte στέγος ἀρχαῖον, mag Aeschylus darunter ein rathhaus oder ein anderes öffentliches gebäude verstanden haben. Der chor tritt nicht in dasselbe hinein, weil Atossa dazwischen kommt. Die worte ἀλλ' ἄγε, Πέρσαι, τόδ' ἐνιζόμενοι κτλ. dienen nur dazu, das auftreten des chors nachträglich zu motivieren. Wir werden unter ὀχήματα darum immerhin einen wagen zu verstehen haben; von einem solchen ist auch bei dem auftreten des Xerxes, des Agamemnon die rede. Atossa kann also wohl ihren palast mit schmuck und kleidung verlassen, ohne über die bühne zu gehen.

Die übersetzung ist trefflich und wetteifert an würde und stimmung des ausdrucks mit dem original. Man vergleiche z. b. ταῦτα θυμόμαντις ὤν σοι πρευμενῶς παρῄνεσα, dieses räth in guten treuen dir mein ahnungsvoller geist. Nur selten begegnet man einer härte wie in dem tetrameter „keineswegs: stoßlanzen führen sie und mächt'ger schilde wehr." Die auffassung und wiedergabe verräth den bewährten kenner der tragiker. Eine sehr bemerkenswerthe emendation begegnet uns in der umstellung von 367. 368 und 414. 416. An der letzteren stelle wird mit ὡς δὲ πλῆθος ἐν στενῷ νεῶν ἤθροισθ', ἔθραυον πάντα κωπήρη στόλον· αὐτοὶ δ' ὑφ' αὑτῶν ἐμβόλοις χαλκοστόμοις παίοντ'· ἀρωγὴ δ' οὔτις ἀλλήλοις παρῆν die schwierigkeit der stelle beseitigt, der richtige fortgang der schilderung und mit ἀρωγή . . παρῆν der passende schluß gewonnen. Die v. 93—101 hat Köchly mit recht an ihrer stelle gelassen; er bezeichnet sie als „mittelstrophe." Doch ist 87 δόκιμος κτέ. wiedergegeben mit „da vermeint keiner zu stehn solchem gewaltstrome der männer!" Nehmen wir δόκιμος in seiner eigentlichen bedeutung „bewährt", „erprobt", so erhalten wir eine bessere verbindung der gedanken: „nach menschlicher berechnung kann dem Perserheere niemand widerstehen; aber dem truge der gottheit kann keiner entgehen." Die übersetzung von 291 f. ὑπερβάλλει γὰρ ἥδε συμφορά τὸ μήτε λέξαι μήτ' ἐρωτῆσαι πάθη „das unglück ist zu riesengroß, ist nicht zu sagen, nicht zu fragen — solches wehl" entspricht nicht ganz dem zusammenhang; Atossa erklärt ihr schweigen: das übermaß des leids macht verstummen. Freilich erwartet man dann, wie ich anderswo bemerkt habe, φωνεῖν für λέξαι. Von 337 πλήθους μὲν ἂν σάφ' ἴσθ' ἕκατι βάρβαρον ναυσὶν κρατῆσαι ist „an zahl der schiffe waren die barbaren wohl weit überlegen" wenigstens keine genaue wiedergabe. V. 347 setzt Köchly vor 349 ein und gibt beide verse dem boten: „die götter schützen sichtbarlich der Pallas stadt; da ihre mannen leben, stehn die mauern fest!" Damit ist der sinn des dichters nicht gewonnen; auch nicht, wenn 347—352 der Atossa gegeben werden oder der v. 347 vor 350 eingesetzt wird. Der v. 347 ist ganz an seiner stelle. Weil der bote mit θεοὶ πόλιν σῴζουσι Παλλάδος θεᾶς schließt, fragt Atossa: ἔτ' ἆρ' Ἀθηνῶν ἐστ' ἀπόρθητος („unzerstört", nicht „unzerstörbar") πόλις; der bote kann das nicht ohne weiteres bejahen; denn Athen war zerstört; der dichter läßt ihn mit der für die Athener so angenehmen erinnerung an die abfertigung des ἀνὴρ ἄπολις sagen: „allerdings, denn da die männer leben, ist das stadt genug." Läßt man Atossa sagen: „die götter erhalten und schirmen die stadt der Pallas; es ist also, es ist unzerstörbar die stadt Athen," so ist erstens die zusammenstellung von πόλιν Παλλάδος — Ἀθηνῶν πόλις nicht schön, zweitens steht ἀπόρθητος nicht an der richtigen stelle; vor allem aber kommen die worte ἀνδρῶν γὰρ ὄντων ἕρκος ἐστὶν ἀσφαλής nicht zur richtigen geltung.

N. Wecklein.

48. Ueber das verhältnis des Martianus Capella zu Aristides Quintilianus. Von H. Deiters. 4. Programm des Mariengymnasiums in Posen. 1881.

Der verfasser, der bereits vor einer reihe von jahren über einen verwandten gegenstand ein programm veröffentlicht (De Aristidis Quintiliani doctrinae harmonicae fontibus, Düren 1870), und seitdem fortwährend seine mußestunden dem siebenten unter Meibom's sieben musikschriftstellern gewidmet hat, bespricht in dieser schrift das verhältniß, in welchem der text des Aristides steht, zu dem aus ihm geschöpften neunten buche des *Martianus Capella de nuptiis Philologiae et Mercurii*. Die resultate der untersuchung, denen wir im wesentlichen sämmtlich beipflichten können, sind folgende.

Martianus, der manch groben fehler mit Aristides theilt, namentlich eine wiederholte vermengung zweier unverträglicher quellen (Deiters p. 6), hat nicht etwa mit jenem aus gleichem gemeinsamem original, sondern direct aus ihm geschöpft. Doch ist ihm Aristides nicht einzige quelle. In einem einleitenden abschnitte über die mächtigen wirkungen der musik (§. 921—29) scheint Varro als quelle gedient zu haben, der §. 928 genannt ist und auch in den früheren büchern dem Martian vielfach als quelle gedient hat (p. 5). Es folgen die *artis praecepta* in doppelter reihe, einer kürzeren §. 930—35 und einer längeren 936—995. Nur die letztere reihe schließt sich an Aristides an; die erstere berührt sich mannigfach mit den verschiedensten lateinischen und griechischen, aristoxenischen und pythagoreischen quellen. Solcher eklekticismus ist bei allen harmonischen schriften jüngeren datums eine gewöhnliche erscheinung. Bedenkt man, daß die verfasser meist Platoniker sind, welche die grundlehren der harmonik nur darum entwickeln, weil dieselben zum verständnis Platons nunmgänglich nöthig sind, so wird uns jener eklekticismus, der ja bei den akademikern zum system gehört, nicht gerade wunder nehmen. Freilich greifen auch aristoxenische compendien gerne einmal nach dem eigenthum der gegner [1]).

1) Entschieden auf dem standpunkt des Aristoxenos stehen die eisagoge des sogenannten Euklid und die beiden ersten excerpte des Bellermannischen anonymus (§. 12—28 und §. 29—66 ὑποκειμένων). Dennoch verläßt jene den aristoxenischen boden, indem sie p. 8 die symphonie als eine mischung zweier töne erklärt, und diese thun dasselbe, wenn sie §. 21 und 48 den klang als das erste element der

Unser Martian nun, der so gut wie Aristides auf platonischem
boden steht, zeigt in den erwähnten erweiterungen vielfache berührungen mit dem dritten (nicht aristoxenischen) excerpt des
Bellermannischen Anonymus[1]), welcher umstand Deiters zu der
kühnen annahme verleitet (p. 6), Martian und dieser anonymus
schöpften aus einer gemeinsamen quelle, und diese müsse für
ersteren eine lateinische gewesen sein. Allerdings wird ja die
annahme einer lateinischen quelle für diesen abschnitt, wenn
nicht durch die bemerkung §. 931: *apud Romanos idem* [sc. ὁ
προσλαμβανόμενος] *dicitur adquiritus*, so doch durch jene thatsache nahe gelegt, daß die 930 gegebene definition von der
musik als *bene modulandi sollertia* bei Censorin, Augustin und
Cassiodor wiederkehrt, und man mag daraus immerhin den schluß
ziehen, daß auch in diesem abschnitt vieles einer angesehenen
lateinischen quelle entstamme, wie etwa Varros satire ὄνος λύρας.
Daß nun aber alles, was in diesem abschnitt an den griechischen
Anonymus erinnert, gerade aus derselben quelle entnommen sein
müsse, braucht man nicht nothwendig anzunehmen, und selbst
wenn es aus derselben quelle geflossen wäre, hätte nicht der
Anonymus und Martian, sondern ersterer und der verfasser jenes
lateinischen compendiums, vielleicht also Varro, den gleichen
text — natürlich in griechischer sprache — benutzt.

Von §. 936 an schließt sich Martian meist eng an Aristides an und zeigt nur in seltenen fällen einige selbständigkeit.
Doch ist letzteres in interessanter weise der fall im eingange
dieses abschnitts, wo die einteilung der musik angegeben wird.
Nach Aristides p. 7 f. wäre dieselbe folgende:

musik mit dem punkt in der geometrie und dem buchstaben in der
sprache vergleichen. Daß letzteres die anschauungsweise der Platoniker sei, habm ref. schon im Philologus XXX. p. 412 und 415 an.
Vgl. jetzt Deiters zu Martian p. 9. Der urheber dieser vergleichung
scheint Adrast zu sein, jedenfalls betont sie derselbe sehr stark. Theo
de mus. I. 6 anfang und ende.

[1]) Das dritte anonyme excerpt in der von Bellermann herausgegebenen schrift beginnt, wie schon Vincent richtig gesehen, §. 66 mit
den worten Τῆς μουσικῆς ἐπιστήμης. S. Philol. XXX, p. 414 anm. Dieses excerpt nimmt, wie ich ebd. p. 418 dargethan, grundsätzlich stellung gegen Aristoxenos für die Pythagoräer, was jedoch den verfasser
nicht hindert den ausdruck ἡμιτόνιον von den gegnern zu recipiren
und die quarte auf $2^1/_2$, die octave auf sechs ganze töne zu berechnen.
Der ausdruck ἡμιτόνιον war in der platonischen schule durchaus gebräuchlich (Theo de mus. c. 8 ff.), Censorin d. d. nat. 10, 7 rechtfertigt diese freiheit mit ausdrücklicher berufung auf Plato. Vgl. Macrobius
zum somnium Sc. II, 1, 23.

```
            I. [Θεωρητικόν]
    ┌──────────────┴──────────────┐
1. [φυσικόν]              2. τεχνικόν
[ἀριθμητ. φυσικόν]       ἁρμονικ. ῥυθμικ. μετρικ.
            II. [Πρακτικόν]
    ┌──────────────┴──────────────┐
1. χρηστικόν                 2. ἐξαγγελτικόν
μελοποιία. ῥυθμοποιία. ποίησις.   ὀργανικόν. ᾠδικόν. ὑποκριτικόν.
```

Sämmtliche in [ ] geschlossene theile fehlen bei Martian §. 936, und zwar betont derselbe ausdrücklich, daß zu Lasos' zeit nur die drei haupttheile mit ihren unterabtheilungen bekannt gewesen seien, welche Aristides τεχνικόν, χρηστικόν und ἐξαγγελτικόν nennt. Für χρηστικόν hat Martian den namen ἀπεργαστικόν, für τεχνικόν steht in Meiboms ausgabe ἴδικόν, bei Eyssenhardt εἰδικόν. — Deiters hat schon in dem programm des gymnasiums zu Düren 1870, p. 9 mit recht darauf hingewiesen, daß die lesart der handschriften ὑλικόν in erster linie beachtet zu werden verdiene. Vgl. was Aristides p. 7, 7 von der ὕλη τῆς μουσικῆς sagt. In dieser eintheilung nach ὑλικόν, ἀπεργαστικόν und ἐξαγγελτικόν liegt uns dann wohl die älteste gliederung der musikalischen kunst vor, wie sie Lasos aufgestellt hat.

Noch an einer zweiten stelle betont unser excerptor, daß seine lehre den besten autoritäten entnommen sei. Es betrifft dies die verschiedenen pentachorde, die er (§. 962) aus dem vollkommenen system ausschält; eine sache also, der man großen werth unmöglich beimessen kann. Die übrigen erweiterungen oder abweichungen, die sich in dem harmonischen abschnitt finden, haben sämmtlich keine große bedeutung. Sie finden ihre parallelen bald im Anonymus, bald bei Gaudentios oder Nikomachos. Die vermuthung einer lateinischen quelle, welche Deiters bei gelegenheit zweier stellen §. 953 und 962 äußert, hat nichts zwingendes; bei §. 939 ist der verf. selbst geneigt lieber eine griechische quelle anzunehmen. Wo Martians erweiterungen mit Brymeios übereinstimmen, der unsern Aristides zu einer ähnlichen compilation wie jener benutzt hat, da liegt es nahe, eine lücke in unserm text des Aristides anzunehmen, die zur zeit jener compilatoren noch nicht da war. Das ist besonders der fall im abschnit von den metabolai (Mart. 964), weniger sicher bei der größenausdehnung der intervalle Mart. 950 [1]).

[1]) Wenn nämlich Aristides 13, 25 die intervalle nur von der dic-

Zahlreicher noch als in dem harmonischen abschnitt sind Martians abweichungen in der hinterher folgenden rhythmik. Auch hier findet sich unter manch werthlosen zusätzen zuweilen einmal ein besseres stückchen, wie 981 die bemerkung über den gebrauch des procelensmaticus. Vieles weist auf eine späte zeit, in der das verständniß für die ursprüngliche bedeutung von θέσις (*positio*) und ἄρσις (*elevatio*) bereits geschwunden war. Darum kommt denn der verf. auch hier wieder auf die vermuthung einer lateinischen quelle; es ist ihm sogar geglückt in dem buche des Isidorus *De etymologia* mehrfache berührungen mit Martians zusätzen nachzuweisen. So finden sich 984 die worte *in lude puerili*, vom procelensmaticus, sowie in bezug auf die ioniker die worte: *propter numerorum inaequalem sonum, habet enim duas cett.* und ebenso 988 *quod venenum maledicti aut livoris* [*iambus*] *infundat* wieder bei Isidor Etymol. I, 17. Die übereinstimmung führt der verf. auf eine gemeinsame quelle zurück, und dieser umstand spricht denn allerdings wiederum für eine benutzung einer lateinischen quelle durch Martian, welche nach p. 18 entweder Varro selbst oder aus diesem abgeleitet sein soll.

Die art, in welcher Martian den Aristides übersetzt, ist gerade nicht vertrauen erweckend, mitunter hat er sogar sein original geradezu mißverstanden (Deit. p. 9. 11). Wenn somit diese übersetzung nur mit großer vorsicht zu emendationen im texte des Aristides verwendet werden darf (D. p. 21), so zeigt der verf. doch, daß in einer anzahl von stellen Meibom, Cäsar oder Westphal den Martian zu emendation des Aristides in richtiger weise verwerthet haben, und ihm selbst ist es gelungen, jene übersetzung mehrfach in gleicher weise auszunutzen. Letzteres ist der fall bei Aristides p. 7, 5 wo er schreibt τῆς δὲ φωνῆς ἡ μέν, 12, 9 κατὰ μηδένα κοινωνοῦντι τρόπον, p. 15, z. 5 von unten: ἢ θεοῖν φθόγγων, p. 32, 24 πρῶτον περὶ χρόνων, 38, 8 διπλοῦς βακχεῖος, 39, 21 προστιθεμένων, welche verbesserungen sämmtlich durch Martian bestätigt werden. Auch der übersetzer

als bis zum ditonon oder der großen terz aufzählt, so hat das insofern sinn, als mit der nächsten intervallengröße, der quarte bereits die systeme beginnen. Der text unsres Aristides ist gewiß in diesem abschnitt sehr mangelhaft. Das sätzchen aber 13, 12 πάλιν τούτων ὁ μὲν ἰσοτόνως ἴλλεται, ὁ δὲ μείζω, nachdem schon vorher von der verschiedenen größe der intervalle gesprochen war, muß uns veranlassen aber über zu große fülle als zu große magerkeit der überlieferung zu klagen.

wird in einer reihe von stellen aus dem originale corrigirt, obwohl der verf. mit recht hervorhebt, daß man in dieser beziehung noch leichter zu weit gehen könne als in emendationen der vorerwähnten art. Aus dieser reihe wird es genügen, die beiden glücklichen conjekturen des verf. zu erwähnen, welche den §. 965 betreffen. Er liest hier: *sunt etiam aliae distinctiones quae et erotica* (statt *tropica*) *mela dicuntur, alia encomiologica* (statt ὁμοιολογικά Eyssenhardt).

Möchte diesem zweiten vorläufer nun bald der ganze Aristides Quintilianus in erneuter gestalt nachfolgen!

C. v. Jan.

49. De aetate et scriptore libri qui fertur Demetrii Phalerei περὶ ἑρμηνείας scripsit Hugo Liers, dr. phil. Vratislaviae apud G. Koebnerum. 1881. 8. 35 p.

Der verfasser erklärt im eingange seiner abhandlung, nach der freilich nicht vollständigen aufzählung der gelehrten, die Demetrius περὶ ἑρμηνείας besprochen haben, er wolle zuerst die zeugnisse der alten über die schrift anführen, dann aus dem inhalte der schrift selbst deren zeit folgern und schließlich beweisen, daß wirklich Demetrius aus Phaleron ihr verfasser sei. Der beweis nun, den der verfasser antritt, scheint mir im ganzen und einzelnen mißlungen. Denn wenn Byzantiner, wie Gregorius Corinthius um 1150, stellen aus dieser schrift citieren und dabei von ἀρχαῖοι und παλαιοί sprechen, so ist das noch lange kein beweis für die abfassungszeit, da ja auch Dionysius von Halicarnaß zu den ἀρχαῖοι gerechnet wird, und doch lebte dieser zur zeit des August. Liers stützt sich ferner auf die Pariser handschrift n. 1741, die den namen des Demetrius Phalereus an der spitze trage. Ich habe nun im vorigen herbste dieselbe nen verglichen und gefunden, daß (vgl. Spengel) am ende des textes steht Δημητρίου περὶ ἑρμηνείας; diese bezeichnung scheint mir mehr beachtung zu verdienen als der titel am anfange; auch rührt die von Liers p. 5 citierte randbemerkung zu §. 289 ποῖος Δημήτριος καὶ τίς ὁ τάδε γράφων nicht her „*ab eo qui hunc librum descripsit*", sondern von einer späteren hand. Solche glossen finden sich aber in gar vielen handschriften und stammen nicht von aufmerksamen lesern her. Was dann das alter der erhaltenen vorschriften anlangt, so hat der verf. allerdings manche punkte, die eine verschiedene auffassung zulassen, wie §. 345 τὴν νῦν κατέχουσαν δεινότητα, mit scharfsinn für seine ansicht zurechtgelegt: aus der anführung eines demosthenischen beispiels für die νῦν κατέχουσα δεινότης schließt er, daß jener Demetrius der verfasser sein müsse. Doch bedeuten jene worte nur die δεινότης, wie sie jetzt als giltig angenommen wird, den begriff, den man jetzt der δεινότης beilegt. Ich halte es auch gegenüber der ansicht von Blaß und Volkmann nicht für wahrscheinlich, daß schon jener Demetrius, der jüngere zeitgenosse des Demosthenes, dessen reden die δεινότης als stilart beilegte. Ebensowenig ist erwiesen, daß ἑρμηνεία anders als bei Aristoteles schon bei Theophrast und dessen schüler Demetrius soviel bedeutet habe als φράσις oder λέξις. Aber selbst dies zugegeben, so sucht der verfasser darüber, daß viele offenbar einer späteren zeit angehörigen vorschriften und bemerkungen vorkommen, durch die annahme sich wegzuhelfen p. 32 *Ex operibus, quae nomine Aristotelis sunt inscripta, multa nonnulli volunt omnia — (sic!) non ab ipso philosopho, sed post eius mortem esse edita est verisimile; idem fere accidit si libello, de quo nobis quaestio est proposita.* Er stellt also die behauptung auf p. 34 *"aut scripsisse quidem hunc librum illum, qui mente excogitavit, neque vero ita scriptum fuisse editurum, aliumque post illius mortem edidisse, aut ne scripsisse quidem, sed aliquem sicut ex illius ore exceperat litteris mandavisse et publici iuris fecisse.* Liers wird wohl ebensowenig gläubige für seine ansicht finden wie sein (nicht erwähnter) vorgänger Durassier, Démétrius de Phalère, Paris 1875, der préface p. XII in dieser schrift eine überarbeitung der gleichnamigen schrift des Demetrius von Phaleron findet. Einen wichtigen punkt läßt Liers ferner unberücksichtigt, nämlich wie es kommt, daß Demetrius fälschlich den Aristoteles vom *genus grande* und der anwendung des *paeon* hierin sprechen läßt, während doch letzterer verschiedene stilgattungen nicht anerkennt; ein solcher irrthum ist doch einem schüler des Theophrast, wie Demetrius Phalereus immer war, nicht zuzutrauen; die bemerkung des verfassers aber p. 21 über die stelle ist äußerst schwach. Endlich werden §. 108 πορφύραι πλατεῖαι erwähnt und bisher allgemein auf den *latus clavus* der Römer bezogen. Daß paßt aber Liers nicht; denn an dieser stelle sei vom reichthum die rede: *"at Romanorum latus clavus non divitiarum iudicium, sed insigne habetur* idque eius ordinis, in quo saepe pauperrimi erant viri;" er versteht deshalb darunter ῥιφθοι sive παρυφαί griechischer kleider. Der beweis ist jedenfalls noch zu erbringen. Doch um zu schließen, so wird mit recht an der schrift eine gewisse nachlässigkeit in der ausführung wahrgenommen; auch in der abhandlung von Liers vermißt man abgesehen von allem anderen die feile, z. b. p. 33 heißt es: „atque omnia quidem afferre, quae male sunt disposita, hoc loco afferre non attinet, sed pauca exempla satis sunto." Ich behalte mir vor, meine ansicht über die schrift und den autor an einem anderen orte auszuführen. *C. Hammer.*

---

50. Vergils Aeneide. Für den schulgebrauch erläutert von Karl Kappes. Zweite verbesserte auflage. I.—III. heft. Leipzig, D. G. Teubner 1877—80. 8.

Die schulausgabe der Aeneis von Kappes ist bei ihrem ersten erscheinen auch im Philol. Anzeiger VII, 310—316 besprochen worden. Den daselbst vorgetragenen bemerkungen hat der herausgeber beachtung geschenkt und bei der bearbeitung der neuen auflage von den vorgeschlagenen abänderungen, die sich alle auf das I. und II. buch bezogen, mehrere angenommen. So sind die verse I, 426, II, 76 jetzt in klammern gestellt; I, 211 wird *deripiunt* geschrieben, 441 *umbrae*, 516 *cunctis*, II, 349 *audentem*, 691 *augurium* im einklang mit Ribbeck; abweichend von dessen ausgaben I, 116 *ast illam*. I, 301, II, 303 und 328 ist consequent die assimilation durchgeführt, I, 112 und 172 die schreibung *harena* vorgezogen. Während zu dem widerspruch, in welchem I, 453 f. zu 389 stehen, in der ersten auflage bemerkt war, derartige poetische licenzen dürften beim dichter nicht scharf genommen werden, ist jetzt die passende note gegeben: „derartige verstöße lassen sich bei Vergil dadurch erklären, daß er starb, bevor er dem gedichte die letzte feile gegeben hatte." Statt der früheren anmerkung zu II, 360 steht jetzt eine verweisung auf II, 255, wo bemerkt wird: „die hier und auch v. 340 in der erzählung eingeführte mondnacht widerspricht der übrigen schilderung, in welcher nur die dunkle nacht erwähnt wird. Vgl. die verse 250, 360, 397, 420, 621, 725." Die note zu II, 146 f. über *manicas* und *vincula* ist modificiert. Zu II, 112 ist die note gesetzt: „in der bezeichnung des holzes, aus welchem das pferd gemacht ist, bleibt sich der dichter nicht gleich. Vgl. 16, 186, 230, 258, 260." I, 55 und 123 finden sich zusätze über alliteration (und parechese). Die erklärung zu I, 397 ff. ist verbessert. Zu I, 8 wird richtig bemerkt: „*Quo nomine Musso* erhält seine erläuterung v. 19—22, *quidve dolens* v. 24—28." Ferner sind noten beigefügt: I, 6 *unde* „von welcher niederlassung her." 7 *Albani patres* „entweder die vorfahren oder die patrizier in Alba." 36 *sub pectore* „tief in der brust." 266 *Rutulis rubactis* „dativ der beziehung." 370 *talibus* „d. i. *talibus (his) verbis respondet.*" Die neue bemerkung zu I, 133 erscheint nicht glücklich. Berichtigt sind die noten: I, 195 *cadis onerarat* „er hatte den fässern als last gegeben." 237 *pollicitus* „d. i. *pollicitus es.* Vgl. v. 202." 246 *mare proruptum* „ähnlich wie *imber proruptus*, das hervorbrechende meer." II, 136 und 422 sind nunmehr text und noten in übereinstimmung gebracht. II, 350 und 554 ist die richtige interpunction hergestellt. Man sieht aus dieser probe, daß der herausgeber seine erste ausarbeitung abzuändern und zu ergänzen bemüht war. Auch kürzungen hat die neue auflage erfahren; insbesondere ist der kritische anhang der einzelnen hefte weggeblieben, was ohne nachtheil geschehen konnte. An dessen stelle ist in der zweiten auflage, aber erst im III. heft, ein register zu den anmerkungen getreten. Im vorwort zum I. heft nennt der herausgeber unter der von ihm benützten litteratur insbesondere Bentfelds abhandlung über den ablativ bei Vergil. Vgl. die noten zu I, 126; 181; II, 8. Im II. heft wird namentlich die achte auflage des II. bändchens der ausgabe von Ladewig-Schaper hervorgehoben, über welche im Phil. Anz. IX, 48—50 berichtet worden ist, und auf die umstellung in VI, 254 hingewiesen, wonach der vers lautet:

pingue oleum super infundens ardentibus extis.

Frühere herausgeber hielten wie Wagner die verlängerung in der arsis (cäsur der trithemimeres) *pingue super oleum* für statthaft; Haupt schrieb *superne oleum*, Ribbeck *superque oleum*, indem er den ausfall eines verses oder mehrerer hinter 254 annahm. Die vorrede zum III. heft, auf welches sich die wenigen nachfolgenden bemerkungen beschränken sollen, verzeichnet eine reiche litteratur, welche der herausgeber benutzen konnte. Man vermißt ein paar akademische schriften: aus Vahlens programm zum Berliner lectionskatalog 1880 p. 16 war eine beobachtung über die parenthetischen imperative bei Vergil nnd die richtige interpunction für VIII, 39 zu entnehmen: aus Reifferscheids observationes vor dem Ind. schol. von Breslau 1878/79 p. 5 ergab sich die richtige erklärung für *ramis velatos* VII, 154 (vgl. XI, 101). Bei diesem anlaß mag auch an den Berliner Ind. lectt. 1872, p. 7 erinnert werden, wo Haupt die stellen gesammelt hat, an welchen *longe* im sinne von μακρόθι, wie IX, 572 steht. Von den übrigen beiträgen hat der herausgeber besonders F. W. Münschers sorgfältige abhandlung über die unvollständigen verse in Virgils Aeneide (Osterprogr. des gymn. zu Jauer 1879) verwerthet. Während im I. und II. heft die unvollständigen verse der sechs ersten bücher mit stillschweigen übergangen und nur an I, 534 und II, 66 als spuren, daß der Aeneide die letzte feile mangle, bezeichnet werden: sind im III. hefte die einzelnen unvollständigen verse nach ihrer von Münscher erörterten bedeutung für Vergils technik besprochen. Nur gerade bei dem bruchstück *Euryali et Nisi* IX, 467 wird die schlagende hinweisung auf V, 294 *Nisus et Euryalus primi* leider unterlassen; vgl. hierüber E. v. L. Philol. Anz. I, 126 f. Dagegen ist Münschers bemerkung zu IX, 167 *insonuere ludo* über das „gewissermaßen unvollständige der lage der Rutuler" mit recht modificiert; auf diese stelle sollte IX, 520 zurückverwiesen werden. Aus den vom herausgeber geprüften untersuchungen von E. Weißenborn über den satz- und periodenbau in Vergils Aeneide (osterprogr. des gymn. zu Mühlhausen in Thüringen 1879) durfte wohl einzelnes in den anmerkungen mitgetheilt werden z. b. zu VII, 21 über die stellung der finalsätze, welche die absicht des leitenden schicksals oder gottes angeben; zu VII, 719 über zusätze, welche mit *ubi* an vergleichungen angefügt werden; zu IX, 539 f. über die correlation von *dum* und *tum*. Auch die von E. Hedicke im osterprogr. von Quedlinburg 1879 mitgetheilten lesarten Bentleys erwähnt der herausgeber; doch scheint keine derselben sein urtheil bestimmt zu haben. Die feine verbesserung VIII, 301 *deus addite divis* verdiente eine stelle im texte. Das überlieferte *darus* paßt zu den unmittelbar folgenden worten *et nos et tua dexter adi pede sacra secundo* viel weniger als das die anrufung motivierende *deus*, das auch selbst durch *vera Iovis proles* gut motiviert ist. Wenn Iris IX, 17 *decus caeli*, Diana IX, 405 *astrorum decus* genannt wird, so spielt daselbst

die vorstellung von der pracht des regenbogens und des mondes
herein, während bei *decus addite divis* eine solche beziehung fehlt.
Auch sonst möchte man bisweilen wünschen, daß der herausgeber sich für eine andere lesart entschieden hätte. Zweifeln kann
man VII, 26
    Aurora in roseis fulgebat lutea bigis.
Vergleicht man Ecl. 4, 44 *croceo luto*, so möchte man wohl mit
Schrader und Bentley *in croceis* . . *bigis* lesen. Soll jedoch das
überlieferte *roseis* im hinblick auf das vorhergehende *rubescebat
mare* festgehalten werden, so wäre wenigstens auf Georg. I, 446 f.
pallida surgit Tithoni croceum linquens Aurora cubile zu verweisen
(vgl. Ovid. Fast. IV, 714 *in roseis lutea mater equis*), um die
zusammenstellung von *lutea* und *roseis* zu stützen. VII, 110 ist
wegen der beziehung auf III, 251 und 257 mit Wagner und
Haupt *Iuppiter ille* statt *ipse* vorzuziehen. VII, 129 ist wohl
mit rücksicht auf II, 780 nach Goth. mit Ribbeck *exiliis* zu
schreiben; denn *exitium* X, 850 läßt eine andere erklärung zu
als *exitiis* an unserer stelle. VIII, 633 steht wie bei Wagner
illam tereti cervice reflexam, besser bei Haupt und Ribbeck *reflexa*
wie X, 535 f. Mit Servius ist IX, 67 zu lesen *quae via*.
IX, 226 schreibt der herausgeber
    ductores Teucrum primi, delecta iuventus,
und erklärt die letzten worte als apposition. Aber IX, 309
primorum . . . iuvenumque senumque zeigt, daß an obiger stelle
unter *ductores* naturgemäß ältere zu verstehen sind, denen im
kriegsrath auch auserlesene jüngere beigesellt werden. Dies führt
auf die von Wagner, Haupt und Ribbeck aufgenommene, handschriftlich allerdings nicht bezeugte lesart *primi et delecta*. IX,
673 f. sagt Vergil von den brüdern Pandarus und Litias:
    quos Iovis eduxit luco silvestris Iaera
    abietibus iuvenes patriis et montibus aequos.
Zur erklärung verweist der herausgeber auf Hom. Od. ι 190—
192, wo es vom Cyklopen heißt: ἤκει ῥίῳ ὑλήεντι ὑψηλῶν ὀρέων.
Es war aber vielmehr auf Il. E 548—560 hinzuweisen, wo von den
brüdern Krethon und Orsilochos gesagt ist: ἰσχυμέτην ἰσοι μητρὶ βαθείῃ ταρφέσιν ὕλης . . . Πλάτγαιν ἰοικότες ὑψηλῆσιν, oder
mit W. Ribbeck auf Μ 127—136, besonders auf 132 ἕστασαν
ὡς ὅτε τε δρύες οὔρεσιν ὑψικάρηνοι. Hienach wird man geneigt
sein, mit Gertz, Stud. crit. in Sen. dial. p. 154 zu lesen pa-

trüs in montibus. Zum schlusse dieser bemerkungen mag hier noch ein wort über VII, 377 gesagt werden:

> immensam sine more furit lymphata per urbem.

Es ist nicht denkbar, daß Vergill hier Laurentum in ähnlicher art als *immensa urbs* bezeichnet habe, wie er VIII, 554 Pallanteum *parva urbs* genannt hat. Ebenso unwahrscheinlich ist die vom herausgeber im anschluß an Ladewig gegebene erklärung: „die frau ist an die stille des hauses gewiesen; wenn sie also hervortritt und alle straßen der stadt durchrast, so ist dies für sie, auch wenn die stadt nicht groß ist, wie Laurentum damals, eine ungeheuere ausdehnung." Es hätte mehr schein der wahrheit, wenn man sagen wollte: da Amata die stadt nicht sittsam durchwandelt, sondern leidenschaftlich durchrast, so schwinden ihr die entfernungen und die stadt hat für sie keine nennenswerthe ausdehnung mehr. Peerlkamp verwarf den ganzen vers; Burmann vermutbete *incensam*; Ribbeck schreibt nach Heyne *immensum*, das auf *furit* zu beziehen wäre; F. Jasper schlägt in der zeitschrift f. d. gymn.-w. XXXIII, 569 vor zu schreiben *immensum .. per orbem*. Wagner begnügt sich mit der andeutung, passender sage Vergil IV, 300 f. *totamque incensa per urbem bacchatur*. Aehnlich heißt es von Dido auch IV, 68: *uritur infelix Dido totaque vagatur urbe furens* und in der folgenden ausführung v. 74 *media .. per moenia*. Der hier erscheinende begriff eignet sich auch für unsere stelle, die mit tilgung der interpunction im vorausgehenden verse vielleicht so zu schreiben ist:

> tum vero infelix ingentibus excita monstris
> et mediam sine more furit lymphata per urbem.

Diese fassung schwebte wohl Ovid vor, als er von Niobe Met. VI, 275 schrieb:

> et mediam tulerat gressus resupina per urbem.

Bei *excita* ist *est* ausgelassen, wie in der protasis v. 874 bei *lapsum*. Daß v. 384 wiederholt wird *per medias urbes agitur*, spricht nicht gegen die vorgeschlagene änderung, da Vergil eine solche wiederholung auch sonst nicht scheut. Vgl. IV, 438 *nullis ille movetur* und 449 *mens immota manet*; 439 *fletibus* und 449 *lacrimae*; 439 *voces* und 447 *vocibus*, IX, 58 *aditum, avia* und 67 *aditus, via*. XII, 450 *rapit agmen* und 457 *agmen agit*.

51. Ueber sprache und kritik des lateinischen Apolloniusromanes, von dr. phil. Thielmann. Nebst einem doppelten anhang: 1) verbesserungen zum lateinischen Konstantinroman, von demselben; 2) die vulgata als sprachliches vorbild des Konstantinromanes, von dr. Gust. Landgraf. Gymn. Progr. Speier. 1881. 74 p. 8.

Der verf. hat es zunächst unternommen zu untersuchen, ob der lateinische Apolloniusroman, wie die meisten außer Mor. Haupt glauben, aus dem griechischen übersetzt, oder ob „directe lateinische abfassung" (p. 20) anzunehmen sei. Diese alternative hat etwas bedenkliches, da sich schließlich herausstollen dürfte, daß die wahrheit in der mitte liegt; giebt ja verf. p. 26. 27 selbst zu, daß der roman vielleicht als „selbständige bearbeitung" eines verlorenen griechischen originales zu betrachten sei. In der widerlegung der hypothese von einer übersetzung im strengsten sinne des wortes und der von Riese dafür vorgebrachten argumente erkennen wir ein verdienst; für die oben ausgesprochene mittelansicht dagegen spricht die analogie des lateinischen sogenannten Hegesippus *de bello Iudaico* (richtiger *captivitatis Iudaicae libri V*, nach Fr. Vogel, *de Hegesippo, qui dicitur, Iosephi interpres*, Erlang. 1881), indem dieses werk zwar im ganzen eine übersetzung des griechischen Iosephus ist, gleichwohl aber einen ausgeprägten *color Sallustianus* zeigt und eigene zusätze, namentlich geographische, bietet. In ähnlicher weise werden wir die sprachliche form des Apolloniusromanes als durch und durch lateinisch, nicht als gräcisirend aufzufassen haben (und wir verdanken dem verf. den neuen anschluß, daß der lateinische bearbeiter namentlich durch das bibellatein beeinflußt worden ist); aber daß der stoff darum nicht der griechischen litteratur entnommen sei, scheint uns damit nicht bewiesen. Auch den p. 26 angeführten beweis, daß von den vorkommenden eigennamen wenigstens einer, *Ardaleo*, lateinischen ursprungs sei, können wir nicht gelten lassen, sondern nehmen lieber eine weiterbildung des griechischen namens Ἀρδαλος an und fassen die anderwärts erhaltene form *Ardetio*, wenn sie überhaupt handschriftliche gewähr hat, als eine an *ardere* sich anlehnende latinisirung auf.

Abgesehen von dieser divergenz der auffassung verdienen die sprachlichen untersuchungen selbst alle anerkennung; sie

haben nicht nur zu vielen interessanten einzelbeobachtungen geführt,
sondern sie bewegen sich großentheils auf wegen, welche vielen
lesern vollkommen neu sein dürften und andere zu ähnlichen
arbeiten anregen werden. So zeigt sich der auflösungsprozeß
des in den romanischen sprachen wegen seiner kürze untergegangenen
pronomens *is* in dem romane in dem stadium, daß die
nominativformen des singular und plural fehlen, das pronomen
vor folgendem relativum durch *hic*, *eius* durch *ipsius*, *ei* durch
sibi vertreten ist. In ähnlicher weise verliert das verbum *ire*
zuerst seine kürzeren formen; es erhalten sich noch längere wie
eamus, auch composita wie *abire*; aber als ersatz treten ein *vado*
und *ambulo* (*amblare*, *amtare*, französisch *aller*), entsprechend den
formen der französischen sprache, wie auch die glossen zu dem
veralteten *büero* (vgl. Löwe, Acta soc. philol. Lips. V, 310 ff.)
das nämliche zeigen, nur daß da außerdem noch *proficisci* für die
erklärung zu hülfe gezogen wird. Von dem verbum *esse* ist die
zweite person imperat. sing. wegen collision mit *es* (du bist) frühzeitig
untergegangen und in die lücke entweder das kräftigere
esto oder der conjunctiv (französisch *sois*) getreten. Um die nachfolge
des aus naheliegenden gründen gefährdeten *edere* = essen
haben sich sogar nicht weniger als drei worte gestritten, *comedere*
(spanisch *comer*), *manducare* (französisch *manger*) und in der
vulgata und anderwärts *vesci*. Die statistische betrachtung führt
hier zu dem interessanten ergebniß, daß die übersetzung des
neuen testaments von der des alten wesentlich verschieden ist,
da *vesci* im alten testament 79mal, im neuen nirgends vorkommt.
Für „stadt" schreibt der verf. des romanes nur einmal *urbs*,
dessen casus obliqui mit *orbis* zusammenfielen, gewöhnlich *civitas*
(italienisch *citta*), aber oft auch merkwürdiger weise *patria*. Es
würde zu weit führen, solche beobachtungen, die man auf jeder
seite findet, auch nur kurz zu registrieren; daß eine solche analyse
der sprache reichen gewinn für die kritik bringt, geht aus
dem zweiten theile hervor, in welchem eine neue ausgabe des
romanes in aussicht gestellt wird.

Auch die kritischen bemerkungen zum Constantinromane
gründen sich auf eine genauere kenntniß des sprachgebrauches;
Landgraf hat in dem zweiten anhange an schlagenden beispielen
nachgewiesen, daß dem verf. des buches nicht nur im allgemeinen
die vulgata als sprachliches vorbild diente, sondern im be-

sonderen die geschichte von Tobias und die historien von Daniel in der löwengrube und der keuschen Susanna.

Ed. Wölfflin.

52. **Quaestiones Sertorianae. Dissertatio inauguralis quam .... defendet Otto Edler. Herfordiae. Ex typogr. Heidemanniana MDCCCLXXX. (Münsterer dissertation). 8. 4 bl. 42 p.**

Die aufgabe, die sich der verfasser dieses sehr anspruchslosen schriftchens gestellt hat, ist eine doppelte: einmal will er die quellen, aus welchen die uns erhaltenen berichte über die schicksale des Sertorius geflossen sind, ermitteln; im zweiten abschnitte werden die von Dronke, Drumann, Peter und Mommsen gegebenen darstellungen des Sertorianischen krieges in einzelnen punkten geprüft und zu berichtigen versucht. Was die kritik der quellen anlangt, so giebt der verf. wenig neues; weder Appian's, noch Plutarch's wichtigen angaben ist eine eingehendere untersuchung gewidmet, fast überall lediglich auf die arbeiten der früheren recurrirt worden. Den Orosius freilich lässt Edler, von Mörner abweichend, direct aus Sulpicius Galba schöpfen, den Livius deßhalb nicht benutzt haben kann, weil er in diesem falle den ihm ungefähr gleichzeitigen Galba „*quasi praestantiorem auctorem agnovisset, quod Galba ille vereor ut merueris*" (p. 5). Die übereinstimmung zwischen Valerius Maximus und Plutarch wird in der weise erklärt, daß beide den Sallust ausschrieben, daneben aber auch Plutarch den Valerius benutzte. Zu allem überfluß nennt der verf. auch noch den Livius als gemeinsame quelle beider schriftsteller, auf die schon Peter (die quellen Plutarchs etc. p. 64) hingewiesen haben soll. In directem widerspruch damit steht der weitere für des verf. kritische methode übrigens ganz charakteristische satz: „*Valerius Maximus autem hoc loco Livium non sequitur eoque raro usus esse videtur, cum non minus quam Velleius Paterculus ei ut viro populari dissimulato diffideret(?). Cum vero auctores Valerii Maximi fide digni sint, ex Sallustio potissimum hausisse videtur.*" (p. 22). Von den selbständigen vermutungen des zweiten abschnittes ist hervorzuheben der vorschlag des verf., den spanischen proconsul L. Domitius mit dem consul des jahres 94, L. Domitius Ahenobarbus, ferner den proconsul von „*Gallia narbonnensis*" (*sic!*) C. Maulius, der sonst überall L. Maulius heißt, mit dem consul des jahres 105, C.

Manlius Maximus, zu identificiren. Pompejus hat die Alpen mittels des über den Mont Genèvre führenden passes überschritten, während Hannibal über den Monte Viso marschirt ist. (p. 20). Den fast durchgängig von Sallust abhängigen angaben des Plutarch giebt der verf. in der regel vor denen der anderen quellen den vorzug, aber nicht immer; so hat er z. b. unter ausdrücklicher verwerfung der plutarchischen version die Frontin-Appian-Livianische schilderung der schlacht bei Lauro als die glaubwürdigere aufgenommen, ohne sich jedoch über die berechtigung der von Mommsen versuchten combination beider darstellungen auszusprechen. Wenn der verf. nur in den wenigsten fällen seines stoffes herr zu werden und uns von der wahrscheinlichkeit seiner aufstellungen zu überzeugen vermocht hat, so wird er zum theil durch die in der sache selbst liegenden schwierigkeiten entschuldigt: nachdem die geschichtliche forschung einmal mit der kritischen untersuchung der quellen den boden des blinden autoritätsglaubens verlassen, hat sie sich auch mit der bitteren wahrheit, daß in so vielen fällen „wir nichts wissen können" vertraut zu machen.

Hermann Haupt.

53. Paul de Saint-Victor, les deux masques. Tragédie-comédie. Première série: Les antiques. I Eschyle. Paris Calmann Lévy, editeur. 1880. VI und 551 p. 8.

Ein merkwürdiges buch! Der begeisterung und wärme, mit welcher der gegenstand behandelt ist, der lebendigen auffassung, reichen phantasie, energischen charakteristik muß man volle anerkennung zu theil werden lassen, ebenso dem ausgebreiteten wissen, welches auf allen gebieten vergleichungspunkte findet und durch mannigfaltigkeit der gedanken und geistreiche pointen unterhält, endlich nicht zum wenigsten der würde der sprache und dem blühenden stile, was alles das buch zu einer amüsanten lektüre macht. Die betrachtung über den segen des feuers im gegensatz zu der feuerlosen zeit liest sich wie ein hymnus; ebenso begeistert wird von der ewigen jugend des hellenischen geistes, dem greisenalter Aegyptens gegenüber, gesprochen. Der lapidarstil aeschylcischer kunst wird gut geschildert. Aber trotz allem können wir vom wissenschaftlichen standpunkt aus nicht umhin, das schön ausgestattete werk als eine unbedeutende

arbeit zu bezeichnen. Vor allem fehlen neue gesichtspunkte und
ergebnisse selbständiger forschung. Man müßte denn gedanken
wie *Bacchus est né du Soma aryen* oder Hephästos im Olymp der
proletarier unter der aristokratie oder Uranos ein Merovinger
mit der tonsur dafür halten. Den meisten werth kann man
den überall eingestreuten parallelen aus Dante, Shakespeare, der
Bibel u. a. schriften beimessen; sie haben bedeutung für das
verständnis und die würdigung des Aeschylos. Aber vieles wird
zur unzeit gebracht und es will schließlich wenig heißen, wenn
Aeschylos zu einem bruder der alttestamentlichen propheten
gemacht wird. Als neu betont der verfasser seine auffassung
der Perser, deren schluß komisch sein soll. Wir können ihm
sagen, daß diese auffassung ebensowenig neu als richtig ist. Auch
die Okeanosscene im Prometheus erscheint ihm als komisch, die
berathung der greise im Agamemnon als fast komisch. Ja sogar
die tief empfundene schilderung Sieb. 357 ff., wie sich das auge
der schaffnerin mit thränen füllt, wenn sie mitansehen muß, wie
der plündernde feind die vorräthe des hauses verschleudert, wird
als fast komisch bezeichnet. Der anflug von humor, welchen
die charakteristik des Okeanos mit sich bringt, ist von komik
verschieden und der ernst des augenblicks, in welchem Agamemnon fällt, ist für scherz nicht geeignet; auf die scenischen erfor-
dernisse jener stelle wird keine rücksicht genommen. Ernstere
und tiefer gehende fragen werden überhaupt mit stillschweigen
übergangen. So ist bei Prometheus zwar die rede von den propheten und Sibyllen Michel-Angelo's, von Roger Baco, Kolum-
bus, Galilei, Giordano Bruno; aber über hauptfragen, welche sich
an die fortsetzung der handlung im Προμηθεὺς λυόμενος knüpfen,
wird geschwiegen oder mit allgemeinen redensarten hinwegge-
gangen. Zu welchen betrachtungen führt dort die weissagung
vom sturze des Zeus! *Que Zeus n'abuse donc point de son droit
de conquête, qu'il croisse en vertu comme la piété des hommes le fait
grandir en puissance. Qu'il ne dégénère point de la noble race sur
laquelle il règne, qu'il se montre digne du chant de Pindare et du
ciseau de Phidias; qu' Eschyle puisse s'incliner devant lui, sans sen-
tir son âme plier avec son genou. Sinon, ses jours sont comptés et
son terme approche.* Dafür wird Aeschylos zum propheten des
unbekannten gottes der zukunft gemacht! Schlimmer aber als
der mangel neuer gesichtspunkte und die oberflächlichkeit der

behandlung ist das vorkommen verschiedener unrichtigkeiten und irrthümer, welches zeigt, daß der verfasser, der ein so umfassendes wissen offenbart, sich mit dem eigentlichen gegenstande seines werkes zu wenig beschäftigt hat. Man höre, was aus der bekannten notiz des Pollux: *ἴλεὸς δ' ἦν τράπεζα ἀρχαία, ἐφ' ἦν πρὸ Θέσπιδος εἷς τις ἀναβὰς τοῖς χορευταῖς ἀπεκρίνατο*, wird: *une autre innovation se déclare. Un jour, aux Lénéennes, un homme, un inconnu, „quelqu'un", dit le Scholiaste, — τίς τις, — êtes mystérieux de Melpomène, pris aux cheveux par elle, comme Achille le fut par Pallas, Habacuc par l'Ange, s' élance sur la table du sacrifice, converse avec le Chœur, lui parle, lui répond etc.* Von Phrynichos heißt es: *ce fut lui qui divisa le Chœur en deux files; l'acteur est désormais deux auditoires au lieu d'un.* Trotz dieses irrthums fehlt unter den aufgezählten titeln der stücke des Phrynichos der name Phönissen, wie auch darüber, daß in den Persern der schauplatz in das land der feinde verlegt ist, ausführlich gesprochen wird, davon aber, daß Aeschylos dies von Phrynichos entlehnt hat, nicht die rede ist. Der vater des Aeschylos wird zu einem schüler des Pythagoras gemacht: *il nourrit sans doute son fils de la moelle des leçons du maitre. Un trait austère lui est resté de cette école presque monastique, de cette philosophie qui était une theologie. Il y a comme une tonsure d'ordre religieux sur le front d'Eschyle.* Ueberhaupt weiß der verfasser viel über Aeschylos und seine brüder aus den verschiedenen schlachten zu berichten. „Zu den zeiten Homers hätte der mythus aus der familie eine gruppe von halbgöttern gemacht." Der sieg des Sophokles war um so bitterer für Aeschylos, als *il avait, ce jour-là, les dix généraux de Marathon pour juges et que le soldat qu'il était resté put se croire dégradé par la main de ses anciens chefs.* Mit chronologie und geographie schaltet der verfasser überhaupt so frei wie etwa die volkssage. Er läßt z. b. die möglichkeit offen, daß der sieg des Sophokles der grund des freiwilligen oder unfreiwilligen exils des Aeschylos gewesen sei; läßt ihn aber trotzdem erst nach der aufführung der Orestie in dieses exil gehen; „er ging nach Sicilien auf einladung des Hiero; *Hiéron combla Eschyle de dons et d'honneurs, mais le vieux poète n'habita pas son palais, trouvant sans doute aussi dure que Dante „la montée de l'escalier des patrons." Il se retira à Géla, au pied de l'Etna. L'esprit se complaît dans cette grande image: Eschyle l'hôte du volcan à le voisin d'Encelade. L'Etna fut le titre de son dernier drame."* Den chor in den Schutzflehenden bilden 50 Danaiden, welche sich am schluß in zwei halbchöre theilen; von den dienerinnen ist keine rede. Ebenso sollen 60 Erinyen den chor in den Eumeniden bilden. Der vaticanische Apollo soll den gott darstellen, wie er in den Eumeniden aus seinem tempel den Erinyen gegenüber tritt. Neben den unrichtigkeiten gehen allerlei schiefe gedanken und schiefe auffassungen des aeschyleischen textes her. Von Aeschylus heißt es: *Seul, parmi ses contemporains, il paraît avoir retenu le sens naturaliste des vieux mythes: l'Aryen reparaît en lui sous l'Hellène. On croirait qu'il a fait partie des migrations primitives descendues des plateaux de la haute Asie sur les rives de la mer Égée. Ses drames vous découvrent, par delà les plans lumineux des siècles classiques, une Grèce obscure, antéhistorique, demi-orientale.* Dem dichter wird eine besondere verehrung für die rachegöttinnen beigelegt, die sich aus seinem tiefen glauben erklären soll. Die aufgabe des tragikers wird dabei nicht in betracht gezogen. Ζήνα δέ τις προφρόνως ἐπινίκια κλάζων τεύξεται φρενῶν τὸ πᾶν (Ag. 174) bedeutet: *Qui chante à Zeus un chant d'espérance, verra son vœu s'accomplir.* Zu θησαυρὸν βελέεσσιν (Pers. 1022) wird bemerkt: *„Oui, cette gaine de mes flèches". Les flèches n'y sont plus, mais Xerxès reçoit celle que le Choeur lui lance, et qu'on entend sourdement siffler.* Ὀμμάτων ἐν ἀχηνίαις ἔρρει πᾶσ' Ἀφροδίτα (Ag. 418) bezieht sich auf die augenlosen statuen: *image touchante d'une inexprimable tendresse. En quittant la maison nuptiale, la femme aimée a éteint les yeux des statues qui la décoraient.* Zur hälfte, darf man wohl sagen, besteht das buch aus mythologischen und anderweitigen excursen, die nicht eigentlich zur sache gehören. Der behandlung der Perser wird eine ins detail gehende erzählung der Perserkriege vorausgeschickt, die mit betrachtungen schließt, welche folgen es für die weltgeschichte gehabt haben würde, wenn an stelle des parthenon ein persischer harem errichtet worden wäre. Der name Kapaneus giebt anlaß zu einem langen excurs, der sich über Milton, Dante u. a. verbreitet. Eine weitläufige auseinandersetzung über den schild des Achilles darf nicht fehlen. So schweift die erörterung ohne unterlaß von dem gegenstand zu witzigen vergleichen und fremdartigen dingen ab. Es mag ein räthsel scheinen, wie die erzählung von dem leben des Aeschylos auf das steinzeitalter

komme. Hier die interessante und charakteristische lösung: Es
wird die anekdote erzählt, wie Aeschylos seinen tod fand, indem
ein adler eine schildkröte auf den kopf des dichters fallen
ließ, „weil er seinen kahlen kopf für einen felsen nahm." *Cet
aigle ne se trompait guère: si l'on classait les phases de l'esprit hu-
main comme les périodes géologiques de la terre, c'est dans l'âge de
pierre qu'il faudrait ranger le génie d'Eschyle.* Solche abstruse
gedanken, die sich fast komisch ausnehmen, sind häufig zu finden. An das bekenntnis des Xerxes, daß er sein ganzes heer
eingebüßt habe, wird die geistreiche bemerkung gereiht: *c'est la
Confession publique de l'Église primitive, anticipée dans une cour de
la vieille Asie.* Zu Cho. 653, wo Orestes an die pforte des palastes klopft und einlaß begehrt (παῖ παῖ, θύρας ἄκουσον ἑρκείας
πύλας), heißt es: *son appel à l'esclave de garde — Paî! Paî! —
résonne comme un marteau d'airain sur une porte d'où des condam-
nés vont sortir.* Doch genug! Das gesagte reicht hin, den wissenschaftlichen werth des buches zu kennzeichnen. Der verfasser
wird sein werk für das größere publikum bestimmt haben und
diesem populären zweck kommen die angegebenen vorzüge sehr
zu statten. *N. Wecklein.*

Bibliographie.

Nähere mittheilungen über die von den Berliner buchhänd-
lern dem prinzen *Wilhelm* dargebrachte bibliothek — s. ob. hft. 3,
p. 193 — giebt Börsenbl. nr. 54.

Klagen aus Cincinnati über den deutschen buchhandel theilt
aus einem consulats-bericht Börsenbl. nr. 56 mit.

Den katalog nr. 343 von *K. F. Köhler's* antiquarium bespricht RAnz. nr. 86; ebenso katalog 73 und 74 von *O. Harrassowitz* in Leipzig in no. 89, deren ersterer *Romanica* betitelt
auf romanische sprache und literatur sich bezieht, der andre auf
neue sprachen; ausführlich die unternehmungen *Marquardts* in
Berlin in nr. 93.

Ueber die geltung der zwischen autor und verleger ver-
einbarten bestimmungen nach dem tode des autors, insbesondre
auch über die berechtigung nach dem tode des autors veränderungen an dessen werken bei neuen außagen vorzunehmen, bringt
Börsenbl. nr. 35 eine mittheilung vom rechtsanwalt *Volkmann*,
consulenten des börsenvereins.

Ueber die im juni des nächsten jahres in Wien zu bege-
hende feier der 400jährigen einführung der buchdruckerkunst
daselbst bringt interessante notizen die Augsb. allg. ztg. nr. 93.

Ueber das 25jährige geschäfts-jubiläum der firma *Kirchhoff und Wiegand* in Leipzig vom 25. april d. j. berichtet Börsenbl. nr. 95.

Von *F. A. Brockhaus* in Leipzig ist ausgegeben: 1. Allgemeine bibliographie. Monatliches verzeichniß der wichtigern neuen erscheinungen der deutschen und ausländischen literatur, april, mai; 2. Anzeiger für slavische literatur, nr. 1 und 2 (januar, april); 3. Mittheilungen von F. A. Brockhaus nr. 1. 2: daraus heben wir hervor p. 21: the American journal of philology, edited by *Basil E. Gildersleve*: wir werden nächstens näheres darüber mittheilen.

Verzeichniß von schulbüchern aus dem verlage der *Weidmann'schen* buchhandlung in Berlin. März 1881. April 1881.

Angekündigt sind: Reallexicon der deutschen alterthümer... von *E. Götzinger*. 8. Leipzig, Urban; Orthographischer wegweiser für das praktische lehen vom bibliographischen institut in Leipzig.

Cataloge der antiquare: S. Calvary u. co. in Berlin, catalog CLIV: ausgewählte sammlung meist älterer werke; *desselben* monatsbericht über die neuern erwerbungen des lagers, neue folge, Varia, geschichte des alterthums, nr. 9; Neue folge, 24-27: Bibliotheca philologica, von *F. E. Lederer* (E. Seeliger) in Berlin (der complete catalog steht *gratis* zu diensten); dazu: Verzeichniß antiquarischer bücher (classische philologie und geschichte des alterthums), nachtrag zu catalog neue folge 24-27; endlich: verzeichniß neuerer werke nr. IX; Antiquarischer catalog nr. 65 von *Oscar Richter* in Leipzig, classische philologie und alterthumskunde.

Ueber die im juli d. j. in Göttingen stattfindende bücherauction s. ob. hft 3, p. 300.

Verzeichniß der wichtigeren publicationen auf dem gebiete der alterthumswissenschaft. 1881. III.

187. *Aristophanis* Ranae. Rec. *Adolph von Velsen*. Leipzig 1881. 8. VI, 141 p. 3 mk.

188. *Autenrieth, Georg*, wörterbuch zu den Homerischen gedichten. Für den schulgebrauch bearbeitet. Mit vielen holzschn. u 2 karten. 3. umgearb. aufl. Leipzig 1881. 8. VI. 353 p. 3 mk.

189. *Baumann, J.*, de arte metrica Catulli. Landsberg a. W. 1881. 4. 22 p. 1 mk.

190. *Bibliothek* der kirchenväter. Auswahl der vorzüglichsten patristischen werke in deutscher übersetzung hrsg. unter der oberleitung von *Valentin Thalhofer*. Bdch. 351—53. 351: *Chrysostomus* ausgewählte schriften. Bd. 4. p. 581—664. Bdchn. 352. 353. *Basilius* ausgewählte schriften. Bd. 3. p. 1—176.

191. *Büdinger, Max*, Cicero und der patriciat. Eine staatsrechtliche untersuchung. Wien 1881. 4. 66 p. (Aus Denkschriften der Wiener akad. der wiss.). 3 mk. 20 pf.

192. *Busse, Adolf*, de praesidiis Aristotelis politica emendandi. Diss. philol. Berlin 1881. 8. 50 p. 1 mk. 20 pf.

193. *Caesaris*, C. Iulii, commentarii de bello Gallico. Zum schulgebrauch mit anmerkungen hrsg. von *Herm. Rheinhard*. Mit einem geogr. u. sachl. register, einer karte von Gallien, 10 tafeln illustra-

tionen und 15 schlachtenplänen. 3 verm. u. verb. aufl. Stuttgart 1881. 8. IV, 236 p. 2 mk. 70 pf.
193a. *Caesaris*, C. Iulii, commentarii de bello Gallico. Erklärt von *Frdr. Kraner*. 12. verb. anfl. v. *W. Dittenberger*. Mit einer karte v. Gallien v. *H. Kiepert*. Berlin 1881. 8. 397 p.
194. *Ciceronis*, M. Tullii, Cato maior de senectute. Erklärt von *Jul. Sommerbrodt*. 9. aufl. Berlin 1881. 8. 84 p. 75 pf.
195. *Ciceronis*, M. Tullii, ausgewählte reden erkl. von *K. Halm*. 6. bdch. Die 1. u. 2. philipp. rede. 6. verb. aufl. Berlin 1881. 8. 124 p. 1 mk. 20 pf.
196. *Draeger, A.*, historische syntax der lateinischen sprache. 2 bd. 2. aufl. Leipzig 1881. 8. XXII, 870 p. 14 mk.
197. *Ellendt, Friedr.*, lateinische grammatik. Bearb. von *Mor. Seyffert*. 23. berieht. aufl. von *M. A. Seyffert* und *H. Busch*. Berlin 1881. 8. XII, 340 p. 2 mk. 40 pf.
198. *Fabricius, B.*, die elegien des Albius Tibullus und einiger zeitgenossen erklärt. Berlin 1881. 8. XII, 149 p. 2 mk. 20 pf.
199. *Ferrini, Eug. Contardus*, quid conferat ad iuris criminalis historiam Homericorum Hesiodiorumque poematum studium. Berlin 1881. 8. 48 p. 1 mk. 80 pf.
200. *Francke, Kuno*, de hymni in Cererem Homerici compositione aetate. Kiel 1881. 4. 28 p. 1 mk. 20 pf.
201. *Floigl, Victor*, Cyrus und Herodot nach den neugefundenen keilinschriften. Leipzig 1881. 8. V, 197 p. 6 mk.
202. *Frey, Karl*, Homer. Bern 1881. 4. 48 p. 1 mk. 60 pf.
203. *Friedländer, Ludwig*, darstellungen aus der sittengeschichte Rom's in der zeit von August bis zum ausgang der Antonine. 5. neu bearbeitete u. vermehrte aufl. Liefg. 1. Leipzig 1881. 8. 3 mk.
204. *Glogau, Gustav*, siel und wesen der humanistischen bildung. Vortrag. Zürich 1881. 8. 38 p. 1 mk.
205. *Hempel, Otto*, quaestiones Theocriteae. Dissert. Kiel 1881. 8. 98 p. 2 mk.
206. *Herodotos*, erkl. v. *Heinr. Stein*. 4. bd. Buch VII. Mit 3 kärtchen von *H. Kiepert*. 4. verb. aufl. Berlin 1881. 8. 220 p. 2 mk. 10 pf.
207. *Herzog, Ernst*, über die glaubwürdigkeit der aus der römischen republik bis zum jahre 387 d. st. überlieferten gesetze. Tübingen 1881. 4. 43 p. 2 mk. 50 pf.
208. *Heydemann, Heinr.*, satyr- und bakchennamen. Mit 1 doppeltafel. Halle 1880. 4. 47 p. 3 mk.
209. *Horatius Flaccus, Q.*, erklärt von *Herm. Schütz*. 2. theil: satiren. Berlin 1881. 8. XVI, 309 p. 2 mk. 70 pf.
210. *Kekulé, Reinhard*, über den kopf des Praxitelischen Hermes. Mit 2 tafeln in lichtdruck. Stuttgart 1881. 4. 32 p. 2 mk. 65 pf.
211. *Keller, Jacob*, die cyprischen alterthumsfunde. Berlin 1881. 8. 32 p. 60 mk. (Sammlung gemeinverständl. wissensch. vorträge hrg. v. *Virchow* und v. *Holtzendorff*. Heft 363).
212. *Kleinpaul, Rud.*, Rom in wort und bild. Eine schilderung der ewigen stadt und der Campagna. Mit 368 illustr. in ca. 36 liefg. (1. lfg.) Leipzig 1881. Fol. à lfg. 1 mk.
213. *Klimke*, Diodorus Siculus und die römische annalistik. Königshütte 1881. 4. 40 p. 2 mk.
214. *Kopallik, Jos.*, Cyrillus von Alexandrien. Eine biographie nach den quellen gearbeitet. Mainz 1881. 8. VIII, 375 p. 6 mk.
215. *Kopp, W.*, griechische kriegsalterthümer f. höhere lehranstalten u. f. d. selbstunterricht bearb. Mit 18 holzschn. Berlin 1881. 12. VII, 48 p. 60 pf.

216. *Laves*, kritisch-exeget. beiträge zu Virgil's 6. u. 10. ekloge sowie zum 1. buche der Georgica. Lyck 1881. 4. 15 p. 1 mk.
217. *Livi T.*, ab urbe cond. libri. Rec. H. J. *Müller*. Pars VI lib. XXV et XXVI continens. Berlin 1881. 8. VII, 86 p. 75 pf.
218. *Lübbert*, *Ed.*, de Pindari carmine Olympico decimo. Kiel 1881. 4. 27 p. 1 mk. 20 pf.
219. *Lysias'* ausgewählte reden. Erkl. v. *Rud. Rauchenstein.* 2. bdch. 8. aufl. besorgt von *Karl Fuhr*. Berlin 1881. 8. III, 128 p.
220. *Mahaffy*, J. P., über den ursprung der Homerischen gedichte. *A. H. Sayce* über die sprache der Homerischen gedichte. Autorisirte übersetzung von J. *Imelmann*. Hannover 1881. 8. IV, 68 p. 1 mk. 50 pf.
221. *Marquardt, Joach.* und *Theod. Mommsen*, handbuch der römischen alterthümer. Bd. 1. 2. aufl. Leipzig 1881. XII, 584 p. 11 mk.
222. *Mayerhoefer, Anton*, die Florentiner Niobegruppe. Eine archaeologische studie. Mit abbildungen der einzelnen figuren. Bamberg 1881. 8. III, 110 p. 2 mk.
223. *Meyer, Paul*, untersuchung über die frage der echtheit des briefwechsels Cicero ad Brutum sowohl vom historischen als vom sprachlichen gesichtspunkt aus. Stuttgart 1881. 8. (Diss. Turic.) VIII, 210 p. 2 mk. 40 pf.
224. *Monumenta* Germaniae historica etc. Auctorum antiquissimorum tomi IV pars 1: *Venanti Honori Clementiani Fortunati* presbyteri italici opera poetica rec. et emend. *Frdr. Leo.* Berlin 1881. 4. XXVIII, 427 p. 18 mk.
225. *Neumann, Herm.*, de Plinii dubii sermonis libris Charisii et Prisciani fontibus. Kiel 1881. 8. 61 p. 2 mk.
226. *Pfitzner, W.*, geschichte der römischen kaiserlegionen von Augustus bis Hadrianus. Leipzig 1881. 8. VI, 290 p. 6 mk. 40 pf.
227. *Plinius Secundus, Caius*, naturgeschichte. Ins deutsche übertragen und mit anmerkungen versehen von *G. C. Wittstein*. 1.—3. liefg. Leipzig 1881. 8. à lfg. 2 mk.
228. *Reisig, Karl*, vorlesungen über lateinische sprachwissenschaft mit den anmerkungen von *Frdr. Haase*. Unter benutzung der hinterlassenen manuscripte neu bearbeitet von *Herm. Hagen*. Tb. 1. 2. 3. (= Bd. 1. VII, p. 1—427.) Berlin 1881. 8. 6 mk. (Calvary's philologische und archaeolog. bibliothek. Bd. 50 u. 51).
229. *Rheinhard, Herm.*, Atlas orbis antiqui. In usum scholarum ed. Ed. V emendata et aucta. Stuttgart 1881. 4. 2 mk. 25 pf.
230. *Sarkau, Ed.*, über die lage von Tigranokerta. Mit 2 karten. Berlin 1881. 4. (Aus abhandl. der Berl. akad. d. wiss.). 92 p. 5 mk.
231. *Schmidt, Mor.*, commentatio de columna Xanthica. Jena 1881. 4. 12 p. 50 pf.
232. *Spengel, Andr.*, nekrolog auf Leonh. von Spengel, prof. d. class. philol. an der univ. München. Berlin 1881. 8. 28 p. 1 mk.
233. *Steinthal, H.*, abriß der sprachwissenschaft. Theil 1. Die sprache im allgem. 2. mit zusätzen verm. aufl. 2. abth. Berlin 1881. 8. XXV und p. 401—496. 1 mk. 50 pf.
234. *Susemihl, F.*, de Magnorum Moralium codice Vaticano 1342. Berlin 1881. 4. 15 p. 1 mk. 20 pf.
235. *Szántó, Emil*, untersuchungen über das attische bürgerrecht. Wien 1881. 8. 53 p. (Untersuchungen aus d. alten gesch. Heft 4). 1 mk. 60 pf.
236. *Tacitus*, des P. Cornelius, geschichtswerke übersetzt von *Victor Pfannschmidt*. (Heft 1. Lfg. 1). Annalen. Leipzig 1881. 8. (Historische meisterwerke der Griechen und Römer in vorzüglichen

deutschen übertragungen übers. u. hrsg. v. *Wollrath Denecke*, *E. Flemming Lorentz*, *Vict. Pfannschmidt* u. a.).
237. *Teichmüller*, *Gustav*, literarische fehden im vierten jahrh. vor Chr. [Chronologie der Platonischen dialoge der ersten periode. Plato antwortet in den „Gesetzen" auf die angriffe des Aristoteles. Der Panathenaikus des Isokrates]. Breslau 1881. 8. XVI,310 p. 8 mk.
238. *Thiemann*, *C.*, grundzüge der Homerischen modussyntax so wie lehre vom gebrauch und unterschied der partikeln ἄν und κεν. Berlin 1881. 8. III, 55 p. 1 mk. 50 p.
239. *Vahlen*, *Joh.*, über die anfänge der Heroiden des Ovid. Berlin 1881. 4. 40 p. (Aus abhandl. der Berliner akad. d. wiss.). 1 mk. 50 pf.
240. *Vergil's* gedichte. Erklärt von *Th. Ladewig*. 2. bdchn. Aeneide. Buch I—VI. 9. aufl. von *Carl Schaper*. Berlin 1881. 8. IV, 275 p. 1 mk. 80 pf.
241. *Wetzel*, *Ernst*, de opificio opificibusque apud veteres Romanos dissertatio I. Berlin 1881. 4. 32 p. 1 mk. 20 pf.
242. *Wieseler*, *Friedr.*, scenische und kritische bemerkungen zu Euripides Kyklops. Göttingen 1881. 4. 37 p. (Aus abhandlungen der Göttinger gesellsch. der wissensch.)
243. *Zirwik*, *Michael*, studien über griechische wortbildung. Allgemeiner theil. Salzburg 1881. 8. (VI, 103 p.). 2 mk.

Skandinavien.

244. *Christensen*, *R.*, Det græske Statsliv i Oldtiden. Tredie Udgave besørgt af *J. Pio*. Kjøbenhavn 1881. 8. 56 p. 1 kr.
245. *Jørgensen*, *A. D.* Georg Zoega. Et Mindeskrift. Samfundet til den danske Literaturs Fremme. Kjøbenhavn 1881. 8. 234 p. 3 kr. 50 øre.
246. *Lukianos* fra Samosata, udvalgte Skriften i Oeversættelse og ledsagede af en Levnedsbeskrivelse ved *M. C. Gertz*. Kjøbenhavn 1881. 8. 308 p. 4 kr. 50 øre.
247. *Madvig*, *J. N.*, den romerske Stats Forfatning og Forvaltning. Første Bind. Kjøbenhavn 1881. 8. 500 p. 7 kr.

England.

248. *Aeschylus*, the drames of. Translated by *Anna Swanwick*. 3d ed. London 1881. 12. 368 p. 5 sh.
249. *Aristotle's* Nicomachean Ethics. Translated by *F. H. Peters*. London 1881. 8. 345 p. 6 sh.
250. *St. Augustine*. By Rev. *Edw. C. Cutts*. London 1881. 12. 236 p. 2 sh. (Fathers for english readers.)
251. *Creak*, *Albert*, a complete dictionary to Caesar's Gallic War. 4. ed. revised. London 1881. 8. 2 sh. 6 d.
252. *Josephus*, Works of, translated by *William Whiston*. With 36 Illustr. London 1881. 8. 878 p. 4 sh.
253. *Kiepert*, *Heinrich*, a manual of ancient geography. Authorised translation. London 1881. 8. XVI, 309 p. 5 sh.
254. *Paley*, *F. A.*, Remarks on Professor Mahaffy's „Rise and Progress of Epic Poetry" and History of Classical Greek Literature. London 1881. 8. 44 p. 1 sh. 6 d.
255. *Sellar*, *W. Y.*, the Roman poets of the Republic. New edition revis. and enlarged. London 1881. 8. 464 p. 14 sh.
256. *Virgil* Georgics translated into english verse by *James Rhoades*. London 1881. 12. 5 sh.

Vereinigte staaten von Nordamerika.

257. *Froude*, *Ja. Anthony*, Caesar: a sketch. New York 1881. 12. 16 + 436 p. map. 60 cent. n. the same 117 p. 4. 20 cent.

258. *Virgil* Georgics translated into english verse by *Harriet W. Preston.* Boston 1881. 16. 153 p. 1 Doll.

Frankreich.

259. *Albert, Paul,* Histoire de la littérature romaine. 2 vols. Paris 1881. 18. 392, 476 p.

260. *Curtius, Ernest,* Histoire grecque. Traduite de l'allemand sur la 5e édition par *A. Bouché-Leclercq.* Tome I. Paris 1881. 8. IVI, 588 p. 7 fr. 50 cents.

261. *Démosthène* et *Éschine,* chefs-d'oeuvre. Traduits sur le texte des meilleures éditions critiques par *J. F. Stiévenart.* 9 éd. Paris 1881. 18. XVIII, 479 p. 3 frcs. 50 cents.

262. *Extraits* des auteurs grecs concernant la géographie et l'histoire des Gaules. Texte et traduction nouvelle publié pour la société de l'histoire de France par *Edm. Cougny.* T. 3. Paris 1881. 8. IV, 385 p. 9 fr,

263. *Maissiat, Jacques,* Jules César en Gaule. T. 3. Blocus d'Alésia. Avec portrait et carte. Paris 1881. 8. 377 p.

264. *Martha, Constant,* les moralistes sous l'empire romain; philosophes et poètes. 4. édition. Paris 1881. 8. VIII, 391 p. 3 fr. 50 c.

265. *Maréchal, E.,* Histoire romaine depuis la fondation de Rome jusqu'à l'invasion des barbares, rédigée conformément aux programmes officiels. Paris 1881. 12. VIII, 702 p. 5 frcs.

266. *Ollé-Laprune, L.,* de Aristoteleae ethices fundamento sive de eudaemonismo Aristoteleo. Paris 1881. 8. 103 p. (Thèse).

267. *Patin,* Étude sur les tragiques grecs; Sophocle. 6. éd. Paris 1881. 12. 395 p. 3 fr. 50 c.

268. *Stapfer, Paul,* Shakespeare et l'antiquité. Partie IIe: Shakespeare et les tragiques grecs; suivie de: Molière Shakespeare et la critique allemande. Paris 1881. 8. 523 p.

269. *Tacite* oeuvres complètes traduites en français avec une introduction et des notes par *J. L. Burnouf.* Paris 1881. 18. XX, 715 p. 3 fr. 50 c.

270. *Vigié,* Études sur les impôts indirects romains: Vicesima libertatis; Vicesima hereditatis. Paris 1881. 8. 64 p. 2 fr. 50 c. (Extrait de la Revue générale du droit).

271. *Xénophon.* La République d'Athènes. Lettre sur le gouvernement des Athéniens adressée en 378 avant Jésus-Christ par Xénophon au roi de Sparte Agésilas. Texte grec dont les différentes parties sont rétablies dans leur ordre véritable. Traduction française avec une préface une introduction et un commentaire historique et critique par *Emile Belot.* Paris 1881. 4. 76 p.

Belgien.

272. *Cornelius Nepos* avec dictionnaire contenant outre les radicaux les synonymes et de nombreux exemples de la phraséologie particulière à l'auteur des renseignements sur l'histoire la bibliographie les lois les usages les moeurs la mythologie la géographie et suivi sous le titre de népotiennes d'une liste alphabétique d'expressions françaises traduites dans le style de l'écrivain ainsi que de plusieurs gravures représentant divers objects d'art et d'industrie dont il est parlé dans le Népos par *A. Dewalque.* Louvain 1881. 12. 389 p. 3 pl. 3 fr.

Italien.

273. *Cerrato, L.,* de Claudii Claudinni fontibus in poemate de raptu Proserpinae. Torino 1881. 8. 177 p. 3 l.

274. *Erodoto* d'Alicarnasso. Delle istorie; volgarizzamento e note di *M. Ricci.* Torino 1872—1881. 8. 1237 p. 16 L

275. *Giambelli*, C., de fontibus orationis Q. Fufi Caleni apud Dionem Cassium. Torino 1881. 8. 86 p. 1 l.
276. *Lucano*, M. *Anneo*, la Farmaglia volgarizzata dal conte *Francesco Cassi* e nuovamente pubblicata a cura di *Carlo Gargioli*. Firenze 1881. 64. XXII, 641 p. 2,25 l.
277. *Stampini*, E., Commento metrico a XIX odi di Orazio Flacco di metro rispettivamente diverso col testo conforme alle migliori edizioni. Torino 1881. 8. XII, 60 p. 1,50 l.

Spanien.

278. *Aristófanes*, comedias de. Traducidas directamente del griego por *Federico Baraibar y Zumárraga*. Tomo II. Madrid 1881. 8. 398 p. 12 reales. (Biblioteca clásica t. XXXIV.)

Griechenland.

279. Δημίτσας, Μαργαρίτης Γ., περὶ τῆς ἀληθοῦς πατρίδος τοῦ ἱδρυτοῦ τῆς Ἀλεξανδρείας Πτολεμαίου. Ἐν Ἀθήναις 1881. 8. 24 p.
280. Καββαδίας, Π., Ἀθηνᾶ ἡ παρὰ τὸ Βαρβάκειον εὑρεθεῖσα ἐν σχέσει πρὸς τὴν Ἀθηνᾶν τοῦ Παρθενῶνος. Ἐν Ἀθήναις 1881. 8. 39 p. μετὰ εἰκόνος.
281. Κρίνος, Σταματίου Δ., περὶ ἐπιστημονικοῦ προσδιορισμοῦ τῶν ἀρχαίων ἑλληνικῶν φυτῶν διὰ τῶν ὀνομάτων τοῦ λαοῦ κατὰ τόπους καὶ χρόνους καὶ τῆς ἐκ τούτων ὠφελείας εἰς τὴν ὀνοματολογίαν καὶ λεξικογραφίαν τῆς ἑλληνικῆς γλώσσης. Ἐν Ἀθήναις 1881. 8. 29 p.

Kleine philologische zeitung.

Göttingen. Es ist ob. nr. 2, p. 146 in den auszügen aus der Augsburger allgemeinen zeitung kurz der trojanischen alterthümer *Schliemanns* gedacht und dabei auf PhAnz. nr. 3 verwiesen, wo das genauere mitgetheilt werden sollte; es konnte das aber nicht geschehen und daher holen wir es hier nach. Der artikel der allgemeinen zeitung berichtete, daß Schliemann seine trojanischen alterthümer dem deutschen reich zum geschenk gemacht habe; wir glauben diese edle that nicht besser ehren zu können, als wenn wir den dieses geschenk betreffenden artikel des Deutschen Reichs-anzeigers vom 7. febr. a. c., nr. 32, wörtlich hier mittheilen: er lautet:

„Den Sammlungen unserer Hauptstadt ist eine neue und unerwartete Bereicherung durch eine Schenkung zu theil geworden, welche ebensosehr durch ihr hohes wissenschaftliches Interesse wie durch die patriotische Gesinnung, von welcher sie eingegeben ist, der allgemeinsten Theilnahme und Anerkennung würdig erscheint. Der durch seine entdeckungen in Troja und Mykenae bekannte Dr. Heinrich Schliemann in Athen hat seine bisher in London ausgestellt gewesene Sammlung trojanischer Alterthümer zu einem Geschenk für das deutsche Volk und zur Aufstellung in der Reichs-Hauptstadt bestimmt. Diese Schenkung hat soeben die Allerhöchste Genehmigung Sr. Majestät des Kaisers und Königs mittels des folgenden Allerhöchsten Erlasses gefunden:

Auf Ihren gemeinschaftlichen Bericht vom 21. d. M. will ich hierdurch genehmigen, daß die von dem Dr. Heinrich Schliemann in Athen für das deutsche Volk zu ewigem Besitze und ungetrennter Aufbewahrung in der Reichshauptstadt als Geschenk bestimmte, bis jetzt in London ausgestellt gewesene Sammlung trojanischer Alterthümer, von Ihnen, dem Reichskanzler, Namens des Deutschen Reiches entgegengenommen werde. Entsprechend den von dem Dr. Schliemann an seine Schenkung geknüpften Bedingungen bestimme Ich zugleich, daß die genannte Sammlung der Verwaltung der preußischen Staatsregierung unterstellt und in der Folge in dem im Bau begriffenen ethnologischen Museum in Berlin in so vielen besonderen Sälen, als zu ihrer würdigen Aufstellung erforderlich sind, aufbewahrt werde, sowie daß die zu ihrer Aufbewahrung dienenden Säle für immer den Namen des Geschenkgebers tragen. Bis zur Vollendung des ethnologischen Museums ist die Sammlung in dem Ausstellungssaale des neuen Kunstgewerbemuseums in Berlin aufzubewahren und dieser Saal für die Dauer der provisorischen Aufstellung gleichfalls mit dem Namen des Geschenkgebers zu bezeichnen. Hiernach haben Sie das Weitere zu veranlassen.

Berlin, den 24. Januar 1881.

Wilhelm.

von Bismark. von Puttkamer.

An den Reichskanzler und den Minister der geistlichen etc. Angelegenheiten.

Gleichzeitig haben Se. Majestät die Gnade gehabt, an den Dr. Schliemann ein Allerhöchstes Handschreiben zu richten, dessen Wortlaut wir gleichfalls folgen lassen:

Aus einem Bericht des Reichskanzlers und des Ministers der geistlichen, Unterrichts- und Medizinalangelegenheiten habe Ich mit Genugthuung ersehen, daß Sie Ihre bis jetzt in London ausgestellt gewesene Sammlung trojanischer Alterthümer dem deutschen Volk als Geschenk zu ewigem Besitz und ungetrennter Aufbewahrung in der Reichshauptstadt bestimmt haben. Ich habe in Genehmigung der von Ihnen an diese patriotische Schenkung geknüpften Bedingungen gern Meine Zustimmung dazu ertheilt, daß dieselbe für das Deutsche Reich angenommen, und daß die Sammlung der Verwaltung der preußischen Staatsregierung unterstellt werde. Auch habe Ich genehmigt, daß dieselbe in der Folge in dem im Bau begriffenen ethnologischen Museum in Berlin in so viel Sälen, als zu ihrer würdigen Aufstellung erforderlich sind, anfbewahrt werde, und daß die zu ihrer Aufbewahrung dienenden Säle für immer Ihren Namen tragen. Bis zur Vollendung des ethnologischen Museums wird die Sammlung in dem Ausstellungssaale des neuen Kunstgewerbemuseums in Berlin aufbewahrt und auch dieser Saal für die Dauer der provisorischen Aufstellung mit Ihrem Namen bezeichnet werden. Zugleich spreche Ich Ihnen Meinen Dank und Meine volle Anerkennung für diese von warmer Anhänglichkeit

an das Vaterland zeugende Schenkung einer für die Wissenschaft so hochbedeutenden Sammlung aus, und gebe Mich der Hoffnung hin, daß es Ihnen auch ferner vergönnt sein werde, in Ihrem uneigennützigen Wirken der Wissenschaft zur Ehre des Vaterlandes gleich bedeutende Dienste zu leisten wie bisher.
Berlin, den 24. Januar 1881.
Wilhelm.

An den Dr. Heinrich Schliemann in Athen.

Was den Inhalt und die Bedeutung der Sammlung betrifft, so wird es genügen, daran zu erinnern, daß Dr. Schliemann seit dem Jahre 1871 in Hissarlik, der Stätte, in welcher er in Uebereinstimmung mit einer großen Zahl von Gelehrten das homerische Troja wiedererkennt, mit großer Energie und dem Aufwande sehr bedeutender Geldmittel ausgedehnte Ausgrabungen veranstaltet hat, deren merkwürdige Ergebnisse er in dem so eben erschienenen umfangreichen Werke: „Ilios, Stadt und Land der Trojaner" (Leipzig, F. A. Brockhaus, 1881) im Zusammenhange dargelegt hat. Indem er mit seinen Untersuchungen den Boden der in späterer Zeit an dieser Stelle errichteten griechischen Stadt durchbrach und die Reste alter Kultur in immer größeren Tiefen verfolgte, gelang es ihm, die Existenz einer Reihe übereinander liegender, durch Reste von Bauwerken und zahlreiches Geräth von Stein, Thon und Metall in ihrer Besonderheit charakterisirter Besiedelungen derselben Städte nachzuweisen, von denen eine der am tiefsten liegenden als eine feste, durch Brand zerstörte Stadt sich darstellt. In dieser Schicht war es, wo sich die unter dem Namen des Schatzes des Priamus berühmt gewordene Gruppe von Bechern aus Gold, Elektron und Silber, von goldenen Diademen, Armspangen, Halsbändern und Ohrringen, von kupfernen Waffen etc. fand, die augenscheinlich in eine Kiste zusammengepackt gewesen war und sich, wie manche ähnliche, aber weniger ausgedehnte Schätze, unter Schutt und Asche bis in unsere Tage unversehrt erhalten hatte. Zu diesen auch durch den Metallwerth ausgezeichneten Funden gesellt sich eine sehr große Zahl von anderem Geräth: Waffen, Messer, Krüge, Näpfe, Kannen, Tiegel, Spinnwirtel, auch Idole der verschiedensten Art, sodann Schädel und Gebeine, Speiseüberreste und andere Abfälle — kurz die mannigfachsten Beweise einer uralten, bis dahin uns völlig unbekannten Kultur, innerhalb deren wieder je nach den verschiedenen Fundschichten verschiedene Phasen zu erkennen sein werden.

Wenn man bedenkt, daß in die Periode dieser aus einer Tiefe von 28 und mehr Fuß auftauchenden Denkmäler kein anderes Mittel geschichtlicher Forschung zurückreicht als etwa die Sprachvergleichung, so läßt sich die Bedeutung dieser Funde ermessen, denen durch die Beziehung auf das homerische Troja noch ein ganz eigenthümliches historisches Interesse zuwächst.

Auch aus späterer griechischer Zeit birgt die Sammlung bedeutende Monumente: so eine vorzüglich schöne Metope mit einer Darstellung des Sonnengottes auf seinem Viergespann, welche dem 4. Jahrhundert vor Christo anzugehören scheint.

Die ganze Sammlung, welche in den letzten Jahren in 23 Schränken und Schautischen in einem der überglasten Höfe des South-Kensington-Museums in London aufgestellt gewesen war, ist, in 40 Kisten verpackt, bereits hier angelangt. Diese bleiben zunächst uneröffnet, da Dr Schliemann sich die Aufstellung der Sammlung selbst vorbehalten hat und beabsichtigt, zu diesem Zweck mit seiner Gemahlin im Mai d. J. nach Berlin zu kommen.

Die obigen Hinweise werden genügen, um die ungewöhnliche Bedeutung der Schenkung Dr. Schliemanns anzudeuten. Seine Sammlung wird für immer der Gegenstand wissenschaftlicher Forschung und allgemeinen Interesses und ein dauerndes Denkmal bleiben für seine rastlose und opferfreudige Energie und für seine warme Hingabe an Wissenschaft und Vaterland."

Aus den amtlichen berichten über die königl. preußischen kunstsammlungen theilt das Antiquarium betreffendes mit RAnz. nr. 96: sehr interessantes aus dem münzkabinet ebendas. nr. 97 — eine silbermünze des Alexander von Pherä, eine des Rucimer, u. s. w.

Der schaden, den das erdbeben, von dem kürzlich die insel Chios, wie bekannt, heimgesucht ist, angerichtet hat, wird auf 3—4 mill. pf. sterling geschätzt: RAnz. nr. 98. — Nach den neuesten ermittelungen sind bei dem erdbeben auf Chios 4189 personen getödtet, 1015 ernstlich verletzt, 11000 häuser zerstört: Augsb. allg. ztg. beil. zu nr. 118. Dazu ist ein bericht aus Chios in derselben zeitung Beil. zu nr. 124 zu fügen.

In dem an literarischen schätzen reichen Italien wurde vor kurzem wieder eine außergewöhnlich kostbare incunabel, die bis jetzt als unicum galt, aufgefunden. Gelegentlich der erwerbung einer an hervorragenden seltenheiten reichen bibliothek, die aus dem besitze eines bedeutenden sammlers und bibliophilen in den des hrn. C. Kayser (H. F. Münster's buchhandlung) in Verona überging, fand sich ein schönes, durchaus vollständiges exemplar des „Virgil. Folio. Brescia 1473" vor. Von dieser ausgabe, aller wahrscheinlichkeit nach zugleich auch dem ersten in Brescia gedruckten buche, war bis zum auffinden dieses exemplars nur die existenz eines einzigen bekannt. Dieses letztere befand sich in der bibliothek des lord Spencer, und Th. F. Dibdin sagt gelegentlich der eingehenden beschreibung des exemplars in seiner Bibl. Spenceriana, bd. 2. p. 472—475: „*If the copy under description be the identical one, of wich Denis has given an account, from the communication of a friend, it is probably unique. On a comparison with the „Brescia statutes" and the „Juvenal" and „Persius" printed at the same place, and in the same year, the present impression of Virgil seems to be the first book ever printed at Brescia etc. Such a book is indeed beyond all price.*" Ein verzeichniß der reichen sammlung befindet sich im druck, und es genügt vielleicht dieser hinweis, um die eine oder andere bibliothek in Deutschland zur erwerbung dieser zierde für jede bibliothek zu veranlassen, ehe das exemplar nach London oder Paris wandert, wo allerdings ausgaben des Virgil, die in sechs und mehr exemplaren bekannt waren, schon preise von 4000 frcs. und mehr erzielten. Börsenbl. nr. 88.

In Rom wird unter leitung von Ernesto Monaci und Cesare Paoli eine zeitschrift betitelt *Archivio Paleografico* erscheinen, die wichtige documente durch lichtdruck bekannt machen und außerdem in ihr gebiet fallende streitfragen zur entscheidung zu bringen bestrebt sein wird. Näheres giebt Augsb. allg. ztg. beil. zu nr. 90.

RAnz. nr. 104 veröffentlicht einen bericht der central-direction der *Monumenta Germaniae*, in dem unter anderm auch der verluste gedacht wird, die durch den brand im hause Th. Mommsens — s. PhAnz. X, nr. 9 p. 455, XI, 2, p. 117 — der wissenschaft zugefügt sind.

Ueber die ausgrabungen Mariette's bei Sakkara in Egypten berichtet *Brugsch* ausführlich in Augsb. allg. ztg. beil. zu nr. 96.

In der umgegend von Stuttgart sind, wie aus Graz die Augsb. allg. ztg. nr. 105 berichtet, römische alterthümer ausgegraben, unter anderm der torso eines lebensgroßen Merkur.

Aus Südtirol, 18. april. Unter den verschiedenen entdeckungen von Römergräbern, die in neuerer zeit in Südtirol stattfanden, war keine so umfassend wie die, welche im vorigen monat auf der straße zwischen Nomi und Aldeno, nördlich von Roveredo am rechten Etschufer gelegen, gemacht wurde. Beide ortschaften sind als fundorte römischer kaiser- und auch familien-münzen bekannt; nach der ansicht Tartarotti's und Roschmanns zog dort die von Verona kommende Römerstraße vorbei, während sie nach der hypothese des archäologen Orsi, mit rücksicht auf drei am linken Etsch-ufer gefundene meilensteine an diesem ufer sich hinzog, und, nach der annahme des geographen und archäologen Desjardins, theils auf dem einen, theils auf dem anderen ufer angelegt war. Auf der obenerwähnten straße wurde zufällig ein römischer sarkophag gefunden, und dies führte zu weiteren nachforschungen, wobei im ganzen acht gräber entdeckt worden sind. In sämmtlichen gräbern fand man skelette, in einem sogar acht, die man wegen der kleinen dimensionen als solche von kindern betrachten muß. Ein grab war halb eingestürzt und trug deutliche spuren einer bereits geschehenen öffnung an sich. Daß diese gräber bereits früher durchsucht, richtiger ausgeplündert worden seien, will man auch daraus schließen, daß man, mit ausnahme einer bronzemünze aus der regierungszeit Constantins II (337 bis 340 n. Chr.), auf keine fundstücke, wie sie in Römergräbern vorzukommen pflegen, gestoßen ist. — Beil. z. Augsb. allg. ztg. nr. 116. Dazu fügen wir aus ebendaher nr. 126: *Triest*, 27. april. Anknüpfend an den bericht „Aus Südtirol" über die Römergräber bei Nomi in nr. 82 der „Allg. ztg." (s. ob. hft. 3, p. 212) erlaube ich mir zur ergänzung desselben mitzutheilen, daß auch zwischen Aldeno und Romagnano schon im jahre 1867 auf den besitzungen des hrn. Leopold Ritter v. Peisser mehrere römische gräber entdeckt wurden, welche außer aschenurnen die auch sonst in Römergräbern vorkommenden fundstücke, wie ohrringe, fibulä, münzen aus der regierungszeit Constantins II etc., enthielten. Die Römerstraße zog sich allem anscheine nach, jedenfalls wenigstens in der zeit des dritten und vierten jahrhunderts längs des rechten Etsch-ufers hin; auch am fuße des Verruca, jetzt Doß Trento am rechten Etsch-ufer bei Trient, wurden spuren der römischen straße entdeckt.

Rom, 23. april. *Festsitzung des kaiserlich deutschen archäologischen instituts.* Die gestrige, dem andenken der gründung Roms gewidmete sitzung des kaiserlich deutschen archäologischen instituts eröffnete *Guidi*, professor der orientalischen sprachen an der hiesigen universität, mit einem vortrage über die anfänge der ewigen stadt. Nachdem er die unsicherheit der alten überlieferungen hervorgehoben, wie sie von der neueren kritik nachgewiesen worden, setzte er auseinander, wie weit die natur der örtlichkeit und die kunde von einmal vorhanden gewesenen monumenten rückschlüsse auf die gründungsgeschichte der stadt ermögliche. So berechtige die existenz des Lupercal am abhange des Palatins und der damit zusammenhängende cult des wolfabwehrenden heerdengottes Lupercus zu der annahme einer ursprünglichen hirtenbevölkerung. Eine solche aber könne nur aus der nähe gekommen sein. Sie werde im Albaner gebirge bezeugt durch den cult des Iuppiter Latiaris und die natur der ihm dargebrachten opfer, und es unterliege wohl keinem zweifel, daß von dort die erste gründung auf dem Palatin ausgegangen sei, herbeigelockt durch die weiten gefilde, welche die hirten vom Albaner gebirge aus zu ihren füßen sahen. Die erste stadt aber sei nur ein befestigter raum gewesen zur unterbringung und zum schutz der heerden gegen das räubergesindel, das ohne zweifel damals die gegend durchstreifte. Die wahl des Palatin als sitzes der neuen stadt sei bedingt durch den wasserlauf der Crabra, dem man nachgezogen und der naturgemäß dorthin führte. Das Palatium aber als sitz eines hirtenstammes werde bestätigt durch die gottheit Pales, durch das fest der Palilien, durch verschiedene localnamen, welche sämmtlich auf heerden bezug haben. Guidi besprach sodann den gegensatz der lage der neuen stadt zu derjenigen der alten Latinerstädte, die sämmtlich auf bergen gegründet waren, während er nach Corssens vorgang in dem namen Roms die bezeichnung der „finstadt" zu finden meinte, die er auf sabinischen ursprung zurückführte, wie denn auch andere römische ortsnamen bei den Sabinern wieder vorkämen. Auf sabinischen einfluß gehe ebenfalls der ackerbau zurück. Die neue sabinische einwanderung habe ohne zweifel die trockeneren orte am fuße des Palatium eingenommen, namentlich einen theil der region der Subura; dorthin setzte man die wohnung des Numa und seiner nächsten nachfolger, die Curie und das Comitium, während spätere ansiedler sich auf dem Esquilin festsetzten, der als vorstadt galt. Der redner schloß, indem er hervorhob wie der hauptzweck seines vortrags der sei: nachzuweisen, daß nicht politische klugheit, sondern die nothwendigkeit Rom geschaffen, welche die hirten gezwungen nahrung und schutz für ihre heerden zu suchen. — An die rede des römischen gelehrten schloß sich ein vortrag des professor *Jordan* aus Königsberg über das römische *tabularium*. Während die entdeckungen der letzten zehn jahre überall lebhaftes interesse erregt und genaue publicationen hervorgerufen hätten, sei für die erforschung jenes wichtigen gebäudes des alten Rom seit 40 jahren so gut wie nichts geschehen. Und doch könne niemand, der mit aufmerksamkeit diesen wunderbaren bau betrachte, im zweifel darüber sein, daß er ein werk vor sich habe, dessen erfindung und ausführung einer epoche und einem einfachen plan zuzuschreiben sei. Man habe am abhang des sogenannten Intermontium nach der seite des forum zu einen bau aufgeführt, der einerseits in enger verbindung mit letzterem, namentlich mit dem aerarium des Saturnus stand, andererseits die beiden höhen des tempels und der burg verband durch einen porticus, welcher auf gewaltigen substructionen errichtet war, die bis zum fuße des berges hinab reichten, und hinter welchem sich der plan des hauptgebäudes entwickelte. In der substruction öffnete sich eine große, später geschlossene thür, von der eine noch vorhandene treppe zu den oberen stockwerken desselben hinaufführte, aus gleicher zeit und von gleicher construction mit den unterbauten selbst, und offenbar nur bestimmt um die verbindung mit dem forum zu vermitteln. Wenn schon daraus sich zu ergeben scheint, daß das gebäude in allen seinen theilen das werk einer epoche und eines architekten sei, so sprechen für dieselbe ansicht auch andere gründe. Man hat behauptet, daß gewisse verschiedenheiten des materials und der bauart dagegen zeugen: der vortragende machte dagegen geltend, daß die genauesten beobachtungen die identität der construction in jeder hinsicht nachgewiesen haben. Zunächst spricht dafür die gleichheit nicht bloß der höhe, sondern auch der länge der angewandten blöcke, sowohl in den substructionen als in den seitenwänden des oberen stockwerks! ferner die systematische verwendung des verschiederen materials in dem ganzen gebäude, zeichen einer vorgerückten technik, die vollkommen zu der zeit stimmt, welcher die gleich zu besprechenden inschriften angehören. Der vortragende erwähnt namentlich, daß in den fugen der blöcke des oberen stockwerks sich mörtel gefunden, der demjenigen aus der zeit des Augustus sehr ähnlich sei, und fügte hinzu: daß mörtelreste zwischen den fugen der substructionen ähnlicher natur zu sein scheinen. Alle besonderheiten dieser bauart weisen auf die Sullanische zeit hin, was wiederum eine bestätigung findet in dem urtheile bedeutender architekten über die dorische architektur des porticus. — Jordan ging sodann auf die inschriften des Lutatius Catulus über, welche, die eine noch zu den zeiten Poggio's an ihrem alten platze befindlich, die andere im jahre 1843 von Canina im innern des gebäudes gefunden, gegen Mommsens ansicht von ihm auf letzteres selbst bezogen werden, das von der ersteren ausdrücklich als *tabularium* bezeichnet wird. Es würde zu weit führen, wollten wir hier die ausführlichen erörterungen verfolgen, die er an diese inschriften knüpfte: es genügt zu bemerken, daß er ihre beziehung auf das jetzt als *tabularium* geltende gebäude als sicher nachwies und sodann den einwurf zu entkräften suchte: daß in Rom, wo es mehrere archive gab, nicht wohl eines einfach als *tabularium* habe bezeichnet werden können. Er machte geltend, daß eine inschrift sich immer nur auf das gebäude beziehe, an dem sie angebracht gewesen, daß sie daher keineswegs die existenz anderer archive ausschließen und dieses *tabularium* als das einzige bezeichnen solle. Indem er sodann hervorhob, wie letzteres offenbar in verbindung mit dem *aerarium Saturni* und mit der station der *scribae quaestorii* gestanden, stellte er die ansicht auf: daß wir gerade in ihm das archiv des aerariums und der quaestorischen verwaltung zu erkennen haben. Als Sulla's gesetze die verwaltung und namentlich die quästur neu organisirten und sie von der verwaltung der provinzen trennten, konnten die räume des alten aerariums unmöglich ausreichen; es war daher ein des großen staatsmannes würdiger gedanke, das archiv des letzteren in ein eigenes großes gebäude zu verlegen, und dort alle öffentlichen acten zu vereinigen, welche auf die quästorische verwaltung bezug hatten. Es liegt auf der hand, wie gut zu diesem project der neubau der curie, die bis zu Sulla's zeit, wie es scheint, in ihrem ursprünglichen zustande geblieben war, der verkauf der capitolinischen liegenden gründe, die profanation des pomeriums passen, wodurch Sulla, dessen reform ganz besonders darauf ausging die verwaltung Italiens zu centralisiren und von derjenigen der provinzen zu trennen, die latinische stadt in die hauptstadt Italiens verwandelte. Der vortragende schloß mit dem wunsche: daß seine bemerkungen anlaß geben möchten zu einer gründlichen erforschung aller theile des gebäudes,

des einzigen öffentlichen gebäudes, das uns aus republicanischer zeit erhalten geblieben. Der sitzung wohnten der kaiserliche botschafter v. Keudell, und von fremden und einheimischen gelehrten namentlich Bonghi, Geffroy, Gregorovius, kirchenrath Hase, Pigorini, de Rossi u. a. bei. — Ausg•b. allg. ztg. beil. zu nr. 117. Ueber das von *Kleinpaul* bearbeitete werk: Rom, eine schilderung u. s. w. — s. ob. hft. 3, p. 199 — spricht RAnz. nr. 112. Man schreibt aus Athen: „Dicht beim Varvakion, wo man seiner zeit die prachtvolle Minerva-statue entdeckte, sind die steinsetzer bei einer straßenreparatur auf ein altes gemäuer gestoßen, dessen rothe ornamente mit denen der statue genau übereinstimmen. In folge weiterer ausgrabungen hat man eines der stücke, die an der bildsäule fehlen, aufgefunden. Dasselbe besteht in einem geflügelten pferde und gehört zum helm, der an der rechten seite stark lädirt war. Aus Oropos wird die auffindung mehrerer antiker gräber aus den entlegensten perioden gemeldet, und in Eleusis hat die archäologische gesellschaft sämmtliche häuser angekauft, die sich auf dem platze des alten Ceres-tempels befinden. Die ausgrabungen sollen demnächst beginnen und versprechen hochinteressante funde." RAnz. nr. 114.

Auszüge aus zeitschriften.

Augsburger allgemeine zeitung, 1881, nr. 87: *Palmieri*, der Vesuv und seine geschichte: anzeige. — Beil. zu nr. 88. 89: *Karl Grün*, drei gedenktage im frühjahr 1881, nämlich 15. februar 1781 todestag Lessings, in der osterwoche 1781 datum der vorrede der ersten auflage von Fr. Schillers Räubern, im märz 1781 datum der widmung von Kant's kritik der reinen vernunft. — Beil. zu nr. 90: Sophokles könig Oedipus und Oedipus auf Kolonos deutsch von *Th. Kayser*: kurze anzeige. — Beil. zu nr. 95. 96: *G. M. Thomas*, Leonhard Spengel, nekrolog. — Beil. zu nr. 95: zur geschichte der Heidelberger bibliotheca Palatina: betrifft die drei handschriften, über die ob. hft. 3, p. 206 berichtet worden. — Nr. 100. 101: die debatten über die schulpflicht in Oesterreich haben im herrenhause zu einem von dem antrag im abgeordnetenhause verschiedenen resultat geführt: das herrenhaus hält an der achtjährigen schulpflicht fest, während das abgeordnetenhaus sich mit einem sechsjährigen begnügen will: damit hat die klericale partei im herrenhause eine niederlage erlitten. — Die folgen des jüngsten erdbeben auf Chios — s. oben p. 205 — stellen sich als furchtbare immer mehr heraus. — Nr. 102: die rede Ungers in der schulpflichtfrage in Wien. — Nr. 103: das erdbeben auf Chios. — Nr. 107: kurzer bericht über die delegirten-versammlung des allgemeinen realschulmännervereins in Berlin. — Erdbeben in Smyrna. — Nr. 110: die lösung der prager universitätsfrage: neben der deutschen hochschule besteht nun auch eine tschechische. — Beil. zu nr. 110: *K. F. Peters*, zur geologie von Griechenland. — Nr. 111: unzufriedenheit in Prag mit der lösung der universitätsfrage. — Beil. zu nr. 112. 113. 114: *Günther*, über Cantors vorlesungen über geschichte der mathematik. — Beil. zu nr. 112: *O. Brenner*, über den ursprung der nordischen götter- und heldensagen: bespricht ein eben erschienenes heft von *Sophus Bugge* über diesen gegenstand. — Die erdbeben-intastrophe auf Chios: ausführliches schreiben aus Smyrna. — Beil. zu nr. 117: zur prager universitätsfrage: aus Innsbruck: ein höchst beachtenswerthes schreiben des senats der universität Innsbruck an das herrenhaus in Wien, schließend mit den worten: „hochdasselbe (das herrenhaus) wolle dem hülferuf der deutschen universitäten des reichs willfahren": es ist das schreiben sehr würdig gefaßt und wir wollen für dasselbe den besten erfolg hoffen: möchten die anderen universitäten diesem beispiel folgen und bedenken, daß das deutsche wesen überall thätige und feinde der gefährlichsten art hat. — Nr. 125: Kuranda-feier. — Beil. zu nr. 125: *A. Bulle*, griechische ritterdichtung des mittelalters. — Beil. zu nr. 127. 128: *W. Hahn*, die neuen ideen Sophus Bugge's: diese ideen betreffen bedeutungsvolle abschnitte von götterpoesien, als deren quelle die beiden edden Islands angesehen werden: sie werden hier erörtert und geprüft.

Bullettino dell' Instituto di corrispondenza archeologica. (Herausgegeben von dem deutschen archäologischen institut in Rom). Nr. III, die Marzo 1881. I. *Berichte* über die sitzungen des instituts vom 28. jan.; 4. 11. 18. 25. febr. Ausführlicher wird über folgende vorträge berichtet: 28. jan. *Marurchi:* fortsetzung seiner ausführungen über die basreliefs auf dem forum, namentlich die aus denselben für die tage des comitium (an der südseite des forum's bei S. Adriano) und der sacra via zu ziehenden folgerungen. — *Maaß*, über ein aus Paestum stammendes basrelief aus terracotta, welches er abweichend von einer früheren erklärung (Bull. 1863, p. 106) auf Mithras neben Artemis-Selene deutet. Hensen und Helbig opponiren (wie uns scheint mit recht) gegen diese deutung. — 4. febr. *Helbig*: alterthümliches brustschild aus bronze aus einem grabe bei Certaldo (provinz Siena) und andere ähnliche geräthe, deren gebrauch in Italien dem des brustpanzers vorangegangen und darum in dem ornat der Salier beibehalten sei. Scarabäoid aus Athen mit darstellung des gottes Melkart in dem der phoenikischen kunst eigenthümlichen mischstyl. — 11. febr. *Pigorini:* bronzeschwert aus dem gebiet von Sulmona. Ref. weist nach, daß diese schwertform in ältester zeit ausschließlich in Süditalien gebräuchlich gewesen sei und von der im norden der halbinsel üblich gewesenen sich in characteristischer weise unterscheide. — *Helbig:* bronzehelm aus Palaestina, im Jordan gefunden, mit reliefs (an den seiten je ein viergespann von einem nackten mann gelenkt; vorn zwei Victorien einen schild mit portraitkopf haltend) deren styl nach dem ref. auf die diadochenzeit weist. Dieser würde demnach die erfindung des in römischer zeit so häufigen typus zweier Victorien, die eine imago clupeata halten, angehören. — Febr. 25. *Dressel:* über eine (im vergangenen sommer gefundene) statue des gottes Semo-Sancus mit einer basis, welche folgende inschrift trägt: (buchstaben ungefähr aus dem anfang des 3. jahrh.).

SEMONI . SANCO
SANCTO . DEO . FIDIO
SACRVM
DECVRIA . SACERDOT
BIDENTALIVM

Die Statue (das einzige bekannte bildniß des gottes), 1,16 m. hoch, stellt in archaisirendem styl einen ganz nackten jüngling dar, welcher an den typus des Apollo erinnert. — *Helbig:* spiegel aus der umgegend von Orvieto mit gravirter zeichnung; die darstellung ist der von Gerhard Etr. spiegel II, taf. CLXXXI publicirten verwandt. —

II. *Ausgrabungen. Helbig;* A. in Corneto. Ref. berichtet über die ergebnisse der wie alljährlich so auch in diesem winter vom Municipium von Corneto (Tarquinii) veranstalteten ausgrabungen und beschreibt ausführlich construction und inhalt mehrerer unberührt gefundener und deshalb chronologisch besonders wichtiger gräber. Ferner die gemälde eines schon im jahre 1874 entdeckten, unmittelbar darauf aber wieder verschütteten und erst neuerdings vollständig frei gelegten grabes. Dieselben zeigen den stil der ältesten periode tarquiniensischer wandmalerei. Dargestellt sind auf klinen gelagerte männer und zwei gruppen von tanzenden beiderlei geschlechts. — An einem der in der wand befestigten nägel hing noch eine schwarz gefirniste trinkschale.

III. *Monumente*. *Henzen*: bronzeinschrift von Pesaro (s. Bull. von januar und febr. p. 16 ff.). Dieselbe enthält in 23 zeilen einen beschluß des collegiums der schmiede der colonie Iulia felix Pisaurum, wodurch der Setina Iusta, gemahlin des Petronius Victorinus, und ihrem sohne Petronius Aufidius Victorinus iunior das patronat über das collegium übertragen wird.

IV. *Bemerkungen*. *G. Lumbroso*: über ein von Pietro Aretino beschriebenes antikes monument in Alexandria. Pietro Aretino, der auch sonst der mode der zeit folgend reste des alterthums, wo sich ihm gelegenheit bietet, beschreibt, schildert in seiner Vita di Catherina Vergine eine ruine zu Alexandria und beschreibt ausführlich ein angeblich in derselben befindliches pferd den Bucephalus („Bucifala") darstellend von herrlicher dem Lysipp zugeschriebener arbeit. Es ist ref. nicht gelungen eine anderweitige notiz über dieses kunstwerk zu finden, er weist jedoch darauf hin, daß Venedig, wo Aretino schreibt, mit Aegypten in beständiger verbindung stand und daß Aretino daher möglicherweise nachrichten von reisenden, wenn auch in rhetorischer übertreibung und zusutzung, wiedergiebt. — *Mommsen*: inschrift von Terracina, welche ref. mit Bormann nach einem abklatsch vollständig entziffert hat, was dem entdecker, de Blanchère, (Revue archéol. vol. 40, p. 363) nicht gelungen war. Dieselbe bezieht sich auf die translocation der leiche eines mädchens aus dem ursprünglichen in ein anderes grab. -- *Derselbe*, über eine ebenda publicirte inschrift von Amiens, welche ref. als die grabschrift eines auf dem wege nach England in Amiens verstorbenen soldaten nachweist. —

Bullettino dell' Instituto di corrispondenza archeologica. No. IV di Aprile 1881. *Berichte* über die sitzungen des institutes am 4. und 11. märz. *G. B. de Rossi*: bemerkungen über das in der vorhergehenden sitzung von Dressel besprochene weihgeschenk an den gott Semo-Sancus. Ref. theilt u. a. eine von prof. Studemund nachgewiesene notiz mit, welche denselben in der that (eine statue entsprechend) als νέος θεός bezeichnet. — *Helbig* legt ein dem T. Titoni gehöriges thongefäß vor, welches in der tenute Tragliatella in der nähe des see's von Bracciano (süd-Etrurien) gefunden ist und höchst alterthümliche eingravirte darstellungen zeigt. Dieselben sind nach dem muster ältester griechischer vasen gemacht; technik und inschriften beweisen, daß das gefäß in Etrurien gefertigt und eines der ältesten dort fabricirten ist. — 11. märz. *Pigorini* legt zwei kürzlich erschienene palaeoethnologische publicationen vor: *Undset*: études sur l'âge de bronze en Hongrie. Christiania 1880 und *Chantre*, études paléoethnologiques dans le bassin du Rhône, premier âge du fer nécropoles et tumulus, Lyon 1880. — *Lanciani*: photographien eines im theater zu Ostia gefundenen schönen altars mit reliefs auf den vier seiten, darstellend: 1. die zwillinge von der wölfin gesäugt. 2. Mars und Rhea Sylvia. 3. die waffen des kriegsgottes von 5 kleinen genien bewacht. 4. Vier gleiche den wagen desselben bewachend. Das monument ist, wie es scheint, dem genius des collegiums der wägemeister (sacomarii) geweiht von P. Aelius Syneros, freigelassenen des P. Aelius Trophimus procurators der provinz Creta im jahre 124 n. Chr. — *Ghirardini*: zeichnung einer in Bologna gefundenen bemalten vase mit der einführung des Herakles in den Olymp. Die vergleichung dieser und einer vase aus Gela im museum zu Palermo sichert nach ansicht des ref. dieselbe schon von Welcker gegebene, von andern bestrittene deutung auch für die berühmte Sosias-schale in Berlin.

II. *Ausgrabungen*. *A. Prosdocimi*: von 1876-1880 entdeckte vorrömische gräber in Este. Ref. unterscheidet vier perioden dieser der euganeischen bevölkerung angehörigen gräber; in der spätesten (4.) derselben berührt sich die euganeische cultur mit der römischen. —

III. *A. Geffroy*: anzeige einer neuen periodischen publication der vom ref. geleiteten école française in Rom unter dem titel *Mélanges d'archéologie et d'histoire*, deren zwei erste hefte eben erschienen sind. Dieselben enthalten: griechische inschrift von Taormina (G. Lafaye und A. Martin); lateinische inschriften der Valle di Terracina (M. R. de la Blanchère); consularfasten der ersten 10 jahre der regierung des Antoninus Pius (Lacour-Gayet); restauration des s. g. „Temple maritime" der villa Hadriana (P. Blondel); notiz über ein in einer catacombe gefundenes glasmedaillon, mit brief des commandeurs G. B. de Rossi; Bonifaz VIII und Giotto (E. Münts). —

Deutsche literaturzeitung hrsg. von *M. Rödiger*: jahrgang II. No. 8: Sp. 267: *Ivo Bruns*, Plato's gesetze vor und nach ihrer herausgabe durch Philipp von Opus. Eine kritische studie. Weimar 1880. 8. VI, 224 p. 9 mk. *E. Heitz*: Bruns nimmt an, daß die gesetze in ihrer jetzigen gestalt nur zum theil von Plato berrühren, im übrigen von Philippos von Opus, jedoch reichen die beweise für diese annahme und das von Philippos entworfene bild nicht aus. Die an den gesetzen geübte kritik ist scharfsinnig und lebendig, ohne jedoch immer unanfechtbar zu sein. — Sp. 280: *Th. Zieliński*, die letzten jahre des zweiten punischen krieges. Ein beitrag zur geschichte und quellenkunde. Leipzig 1880. 8. 176 p. 4 mk. *A. Holm*: abschnitt I giebt die überlieferung mit angabe der bedenklichen punkte. Abschnitt II die quellenuntersuchung: daß Livius den Polybius direct benutzte scheint erwiesen, die andern resultate in betreff der quellen mindestens sehr wahrscheinlich. Im detail dürfte manches unrichtig sein. — Sp. 286: *K. B. Stark*, vorträge und aufsätze aus dem gebiete der archäologie und kunstgeschichte. Nach dem tode des verf. hrsg. von *G. Kinkel*. Leipzig 1880. 8. 12 mk. *H. Blümner* giebt ein inhaltsverzeichniß der enthaltenen abhandlungen, charakterisirt dieselben als solche, die sich meist an einen größeren leserkreis wenden, aber auch dem fachgenossen manches neue und eine genußreiche lektüre bieten.

Nr. 9. Sp. 313: *F. Becker*, die heidnische weiheformel D. M. (Diis. Manibus sc. sacrum) auf altchristlichen grabsteinen. Ein beitrag zur kenntniß des christlichen alterthums. Mit vielen abbildungen in holzschnitten. Gera 1881. 8. 68 p. 1 mk. 40 pf. *G. Heinrici*: die erklärung der weiheformel D. M. ist zweifellos richtig und allgemein acceptirt, die schrift ist im übrigen aber zu wenig durchgearbeitet, den ursachen der beibehaltung des heidnischen branches ist zu wenig nachgegangen, als daß sie mehr als eine bequeme zusammenstellung der mit der weiheformel versehenen christlichen inschriften wäre. — Sp. 310: *G. Oehler*, de simplicibus consoniis continuis in Graeca lingua sine vocalis productione geminatarum loco positis. Diss. inaug. Lips. Leipzig 1881. 8. 91 p. 1 mk. 20 pf. *A. Dezensberger*: die arbeit enthält dankenswerthe zusammenstellungen, befriedigt aber sonst sehr wenig. — Sp. 319: *P. Pulch*, de Endociae quod fertur Violario. Straßburg 1880. 8. 99 p. (Aus dissert. phil. Argentor. IV). *U. v. Wilamowitz-Moellendorff*: der verf. weist die handschrift der Eudocia als eine fälschung des 16. jahrh. evident nach und dadurch zugleich die unfähigkeit der Flach'schen arbeiten. — Sp. 320: *G. Voigt*, die widerbelebung des klassischen altertums oder das erste jahrhundert des humanismus. In 2 bänden. 1. band. Zweite umgearbeitete auflage. Berlin 1880. 8. XII, 596 p. 8 mk. *A. Reifferscheid:* diese zweite auflage ist ungemein bereichert, vertieft und mehr detailliert. Voigt versteht geistige bewegungen zu erkennen, ihre träger scharf zu zeichnen und übersichtlich zu gruppiren. — Sp. 327: *F. Philippi*, zur reconstruction der weltkarte des Agrippa. Mit 5 autograph. kartenskizzen. Marburg 1880. 8. 25 p. 1 mk. 50 pf. *J. Partsch:* Philippi macht zuerst den versuch die weltkarte des Agrippa aus mittelalterlichen erdkarten zu reconstruiren, schließt aber zunächst mit absicht die Peutingersche tafel aus, mit der sich der beweis noch besser hätte führen lassen.

No. 10. Sp. 357: *O. Lehmann*, die tachygraphischen abkürzungen der griechischen handschriften. Mit 10 tafeln in lichtdruck. Leipzig 1880. 8. VI, 111 p. 6 mk. *H. Diels:* Lehmann findet in den abkürzungen der griechischen handschriften bedeutsame reste der alten tachygraphie, die von Gomperz als bei Galen 164 n. Ch. erwähnt nachgewiesen ist. Die umsichtige und kritische untersuchung ist eine wesentliche bereicherung der paläographischen litteratur, jedoch war das benutzte material noch zu unvollständig. — Sp. 370: *Ph. E. Huschke*, die jüngst aufgefundenen bruchstücke aus schriften römischer juristen. Zugleich ein supplement zu der jurisprudentia anteiustiniana. Leipzig 1880. 8. 54 p. 75 pf. *Zacharias von Lingenthal:* Huschke hat lesung, ergänzung und verständniß der fragmente wesentlich gefördert.

No. 11. Sp. 398: Die Perser. Tragödie des *Aeschylos*. Verdeutscht und ergänzt von *H. Köchly*, hrsg. v. *K. Bartsch*. Heidelberg 1880. 8. VIII, 63 p. 1 mk. 50 pf. *H.* Die übersetzung ist im ganzen edel und würdig gehalten. — Sp. 399: *E. Huschke*, die neue oskische bleitafel und die pelignische inschrift aus Corfinium als nachtrag zu älteren oskischen und verwandten sprachenidien erklärt. Leipzig 1880. 8. 98 p. 2 mk. 40 pf. *F. B(ücheler:)* Huschke's kraft liegt mehr auf der sachlichen wie sprachlichen seite, wo er die errungenschaften der neueren sprachforschung zu sehr vernachlässigt. Bugge hat besseres verständniß der bleitafel erreicht. — Sp. 402: *J. Beloch*, der italische bund unter Rom's hegemonie. Staatsrechtliche und statistische forschungen. Mit 2 karten. Leipzig 1880. 8. VII, 237 p. 8 mk. *Otto Seeck:* das buch bietet manche scharfsinnige einfälle, aber seine resultate sind wegen der leichtsinnigkeit und ungründlichkeit der arbeit nicht zu benutzen. Vgl. Deutsche litteraturztg. no. 15, p. 606. — Sp. 405: *W. Lübke*, geschichte der plastik von den ältesten zeiten bis zur gegenwart. 3. verm. u. verb. aufl. 1. bd. mit 277 holzschnitten. Leipzig 1880. 8. X, 442 p. *A. Furtwängler:* das buch ist vermehrt und zeigt angenehme phrasen, aber das ganze wimmelt von fehlern und mißverständnissen. Eigne fachkenntniß fehlt für den 1. bd. die antike kunst, völlig.

No. 12. Sp. 439: *G. G. Waltemath*, de Batrachomyomachiae origine natura historia versionibus imitationibus librum composuit. Stuttgart 1880. 8. 134 p. 3 mk. 50 pf. — *E. Rohde:* ein wunderliches product redlicher bemühung und absoluten mangels wissenschaftlicher methode in entsetzlich geschraubtem unverständlichen latein. — Sp. 443: *Furtwängler, A.*, der satyr aus Pergamon. 40. programm zum Winckelmannsfest der archäologischen gesellschaft zu Berlin. Mit 3 tafeln. Berlin 1880. 4. 32 p. *G. Loeschke:* Furtwängler skizzirt knapp und klar Silen-, Satyr-, und Pantypus und weist nach, daß künstlerische typen sich im widerspruch mit der poesie verbreiteten. Einzelne ansichten sind nicht zu billigen, z. b. über den capitolinischen dornauszieher.

No. 13. Sp. 479: *A. Daub*, de Suidae biographicorum origine et fide. Leipzig 1880. 8. 88 p. 2 mk. (Sep. druck aus Fleckeisens jahrbücher f. philol. Suppl. bd. XI.) *U. v. Wilamowitz-Möllendorff:* die arbeit ist fleißig und belesen, aber fördert die frage nicht im geringsten. — Sp. 487: *Schreiber, Th.*, die antiken bildwerke der villa Ludovisi in Rom. Hrsg. mit unterstützung der centraldirection des deutschen archäologischen instituts. Mit 3 holzschn. u. 1 plan. Leipzig 1880. 8. VI, 275 p. 8 mk. *F. v. Duhn:* eine überaus fleißige und gründliche arbeit, in ihren angaben zuverlässig, aber etwas unnötig mit detail belastet.

No. 14. Sp. 514: *Zeller, Ed.*, die philosophie der Griechen in ihrer geschichtlichen entwickelung dargestellt. III. theil. 1. abth. Nacharistotelische philosophie. 1. hälfte. 3. aufl. Leipzig 1880. 8. XVI, 831 p. 16 mk. *Fr. Susemihl:* Zeller hat wieder mit unermüdlicher sorgfalt gebessert. Das werk hat erheblich an fülle, treue und übersichtlichkeit gewonnen. Im einzelnen wäre hier und da noch zu bessern. — Sp. 516: *H. Steinthal*, gesammelte kleine schriften. I. Sprachwissenschaftliche abhandlungen und recensionen. Berlin 1880. 8. VI, 450 p. 9 mk. *W. Sch.* giebt eine referirende anzeige. — Sp. 518. *Ruge, M.*, bemerkungen zu den griechischen lehnwörtern im lateinischen. Berlin 1881. 8. 32 p. 60 pf. *H. Jordan:* die arbeit fördert keine frage, und bricht in folge mangelnder kenntniß die schwierigsten sachen übers knie. — Sp. 521: *O. Stüler*, de Castoris libris chronicis. Diss. inaug. hist. Berlin 1880. 8. 48 p. 1 mk. *Holm:* der verfasser prüft mit erfolg was aus Castor in Eusebius sein könne. — Sp. 526: *J. Overbeck*, geschichte der griechischen plastik. 3. umgearb. u. verm. aufl. 2. halbband. Mit 43 holzschn. Leipzig 1881. IV, 243 p. 8. 8 mk. *Reinh. Kekulé:* der verfasser hat das viele neue in die alte form zu verarbeiten gesucht, nicht ohne unebenheiten. Das wichtigste ist die behandlung der sculpturen am Zeustempel zu Olympia. Der thatbestand ist lichtvoll dargestellt. Die kritik findet nicht durchweg Kekulé's beifall.

No. 15. Sp. 567: *Aeschyli* tragoediae edid. *A. Kirchhoff*, Berlin 1880. 8. VIII, 382 p. 2 mk. 70 pf. *E. Hiller:* diese ausgabe giebt zuerst eine klare übersicht der überlieferung, varianten der handschriften, die vielfach gebesserten mediceischen scholien und eine sehr strenge auswahl von besserungen neuerer, nur das überzeugend sichere ist aufgenommen. Kirchhoffs eigne besserungen sind gleichfalls äußerst behutsam und meist überzeugend.

No. 16. — No. 17. Sp. 662: *R. Nicolai*, geschichte der römischen litteratur. Magdeburg 1881. XVIII, 913 p. 12 mk. *A. Kiessling:* das buch ist ein bloßes excerpt aus Bähr's liederlicher compilation mit zahlreichen mißverständnissen im aufgeblähtesten tone. — Sp. 667: *R. Böhme*, quaestiones Laconicae. Breslau 1880. 8. 1 mk. (Inaug.-Diss.) *U. v. Wilamowitz-Möllendorff:* werthlos. — Sp. 667: *H. Gelzer*, Sextus Iulius Africanus und die byzantinische chronographie. I. theil. die chronographie des S. Julius Africanus. Leipzig 1880. 8. II, 283 p. 8 mk. *A. Schöne* lobt das buch sehr, macht aber aufmerksam, daß doch wohl zwei *Ἰνδικαὶ ἀρχαιολογίαι* existirt haben. — Sp. 669: *Eratosthenes* geographische fragmente, neu gesammelt, geordnet und besprochen von *H. Berger*. Leipzig 1880. 8. VIII, 393 p. 8 mk. 40 pf. *G. Gerland:* ein buch von umfassender gelehrsamkeit, sorgfältiger kritik und größtem fleiße, grundlegend für die geschichte der geographie. Gerland giebt ein inhaltsreferat.

No. 18. Sp. 703: *Publilii Syri* mimi sententiae. Dig. rec. illustr. *O. Friedrich*: Accedunt Caecilii Balbi Pseudosenecae, proverbiorum falso inter Publilianos receptae sententiae et recognitae et numeris adstrictae. Berlin 1880. 8. 314 p. 6 mk. *F. Leo*: die kritische adnotatio ist nach Meyer ohne selbständigen werth und sehr unübersichtlich, der text nicht wesentlich gefördert. Der commentar zeugt von fleißiger lectüre und enthält nützliche sammlungen zur römischen gnomologie. — Sp. 704: *A. Budinsky*, die ausbreitung der lateinischen sprache über Italien und die provinzen des römischen reichs. Berlin 1881. 8. XII, 267 p. 6 mk. *F* hält das buch für romanisten für sehr nützlich. Es sucht freizustellen, ob und wann und in welchem maaße die lateinische sprache in den einzelnen provinzen den einheimischen idiomen gegenüber zur herrschaft gelangte. — Sp. 711: *H. Luckenbach*, das verhältniß der griech. vasenbilder zu den gedichten des epischen Kyklos. Leipzig 1880. 8. 148 p. 3 mk. 60 pf. (Aus Fleckeis. jahrbb. suppl. bd. XI). *C. Robert*: der verfasser behandelt eindringend die frage nach der abhängigkeit der griech. kunst von der poesie und kommt richtig zu dem resultat der betonung der selbständigkeit der antiken kunst. Jedoch sind die einzelresulte nur zum theil richtig.

No. 19. Sp. 745: *Iuliani* imperatoris librorum contra Christianos quae supersunt collegit recens. prolegomenis instruxit *C. J. Neumann*. Insunt *Cyrilli* Alexandrini fragmenta Syriaca ab *E. Nestle* edita. (Scriptorum Graecorum qui christianam impugnaverunt religionem quae supersunt fasc. III). Leipzig 1880. 8. 246 p. 6 mk. Kaiser *Iulian's* bücher gegen die Christen. Nach ihrer wiederherstellung übersetzt von *K. J. Neumann*. Leipzig 1880. 8. 53 p. 1 mk. *G. Heinrici*: der von Neumann eingeschlagene weg der wiederherstellung der antichristlichen litteratur aus den schriften der christl. apologeten ist in dieser schrift mit großem erfolge betreten. Iulian's 1. buch gegen die Christen ist fast vollständig mit großer sorgfalt und umsicht aus Cyrill hergestellt. — Sp. 750: *W. Meyer*, die Urbinatische sammlung von spruchversen des Menander Euripides und anderer. München 1880. 4. 53 p. 1 mk. 60 pf. (Aus abhandl. d. bayerischen akad. d. wiss. philol. philos. cl. bd. XV, abth. II). *H. Diels*: W. Meyers ansicht über den antiken ursprung der sammlung dürfte irrig sein, sprache, metrum, inhalt sprechen zu sehr für byzantinischen ursprung. Seine untersuchungen bleiben indeß von dauerndem werthe. — Sp. 762: *D. Francisco Martorell y Peña*. Apuntes arqueologicos ordenados por *S. Sanpere y Miguel* publicados por *J. Martorell y Peña*. Barcelona 1879. fol. 221 p. (Nicht im buchhandel). *E. Hübner*: das buch enthält die archäolog.-histor.-arbeiten Martorell's († 1878) über monumentos megaliticos, prähistor. gräber in Catalonien, Acropolis y recintos fortificados, wo die reste einer annahl antiker niederlassungen beschrieben werden; ferner über die felsgräber von Olerdula, die er nicht für frühchristlich, sondern für iberisch hält. — Sp. 768: *M. Cantor*, vorlesungen über geschichte der mathematik. 1. Bd.: Von den ältesten zeiten bis zum jahre 1200 n. Chr. Leipzig 1880. 8. VII, 804 p. 1 tafel. 20 mk. *M. Curtze*: lobendes inhaltsreferat.

Hermes, bd. XV, hft. 4: *U. v. Wilamowitz-Möllendorff*, excurse zu Euripides Medeia, p. 481. — *H. Jordan*, vorläufiges zu Theognis, p. 521: nachträgliches zu dem briefe der Cornelia Gracchorum, p. 530: quaestiones ortographicae Latinae I, p. 537. — *E. Zeller*, zur geschichte der Platonischen und Aristotelischen schriften, p. 547. — *A. Gemoll*, das verhältniß des zehnten buches der Ilias zur Odyssee, p. 556. — *C. A. Lehmann*, quaestiones Tullianae, pars V, p. 566. — *Joh. Schmidt*, zwei getilgte inschriften, p. 571. — *K. Zangemeister*, bleitafel von Bath, p. 588. — *E. Hübner*, Citania, weitere alterthümer aus Portugal, p. 597. — *K. J. Neumann*, Heraclitea, p. 605. — Miscellen: *W. Dittenberger*, inschrift von Erythrae, p. 609; zu Plutarch, p. 611. *Th. Braune*, „sic", p. 612. — *W. Meyer*, verbesserung zu Cicero de Oratore I, 8, 30, p. 614. — *H. Rühl*, drei glossen des Hesychius, p. 615. — *E. Maaß*, Polluxhandschrift in Florenz, p. 616. — *H. Schiller*, adsertor libertatis, p. 620. — *H. Nohl*, Plutarchea, p. 621. — *B*, eine astronomische entdeckung, p. 623. — *O. Gruppe*, dies ater, p. 624. — Register, p. 625. — Inhalt des bandes, p. III. — Verzeichniß der mitarbeiter (band I—XV), p. VII.

Literarisches centralblatt für Deutschland hrsg. von *Fr. Zarncke* 1881. No. 8. Sp. 260: Poetae Latini aevi Carolini. Rec. *Ernestus Dummler*. Tomi I pars prior. Berlin 1880. 4. (Monumenta Germaniae historica etc.). Der ref. *E ... l* wünscht hin und wieder etwas andere anordnung des publicirten, lobt sonst das ganze als ausgezeichnete leistung.

No. 9. Sp. 294: *Strinthal, H.*, gesammelte kleine schriften. I. Sprachwissenschaftliche abhandlungen und recensionen. Berlin 1880. 8. VI, 450 p. 9 mk. Steinthal's versuch, die psychologischen grundlagen der sprachwissenschaft zu entwickeln, findet erst jetzt allmählich anerkennung. Der aufsatz zur sprachphilosophie ist der wichtigste. — Sp. 295: *Valeton, J. M. J.*, de Polybii fontibus et auctoritate disputatio critica. Edidit soc. art. discipl. Rheno-Traiectina. Utrecht 1879. 8. (VIII, 270 p.). Eine tüchtige arbeit von gesundem sinn und umfassenden fleiß. Polybius excurse über frühere historiker sind zu wenig berücksichtigt und verarbeitet. Die zahllosen fragen der quellenkritik sind natürlich nicht alle gelöst, aber viele sind sehr gefördert, besonders gut ist die darstellung des 1. punischen krieges. — Sp. 296: *Georges, K. E.*, ausführliches lateinisch-deutsches handwörterbuch aus den quellen zusammengetragen etc. Leipzig 1879/80. 7. aufl. 2 theile. 8. (1439. 1605 p.). 19 mk. Das Georges'sche werk ist nachgerade auf einen so hohen grad der vollkommenheit gekommen, daß das schulwerk allmählich den großen Thesauri concurrens macht. *V.* — Sp. 301: *Förster, Rich.*, Farnesina-studien. Ein beitrag zur frage nach dem verhältniß der renaissance zur antike. Rostock 1880. 8. VII, 142 p. 3 mk. 60 pf. Förster's buch ist ein muster historisch-ikonographischer untersuchung, es enthält die baugeschichte der villa Farnesina, die erläuterung ihrer gemälde. Der concrete einfluß der antike an diesem hervorragenden denkmale profaner malerei wird nachgewiesen. *H. Janitschek*).

No. 10. Sp. 321: *Falke, Jacob von*, Hellas und Rom. Eine culturgeschichte des classischen alterthums. Mit vielen bildern in tondruck und in den text gedruckten holzschnitten. Heft 6—35 (schluß). Stuttgart 1879—1880. Fol. Die illustrationsbeilagen sind von vortrefflichen künstlern und gut ausgeführt, geben aber hin und wieder anlaß zu antiquarischen bedenken. Der text ist gewandt und anziehend, der inhalt verräth vielfache kenntnisse auf dem behandelten gebiet, steht aber nicht ganz auf der höhe der wissenschaft. Ref. führt eine reihe versehen an. *Bu(rsian).* — Sp. 333: *Warncke, Petro*, de dativo pluralis Graeco dimetratio. Leipzig 1880. 8. 64 p. 1 mk. Diese ausreichende sammlung und untersuchung über die vielumstrittene nominalform war durchaus am platze. — Sp. 334: die naturgeschichte des *C. Plinius Secundus*. Ins deutsche übersetzt und mit anmerkungen versehen von dr. *G. C. Wittstein*. Lief. 1. Leipzig 1880. 8. 160 p. 2 mk. — *A. E(ußner)*: die übersetzung ist durchweg ungenau und voll von fehlern und mißverständnissen. Die bemerkungen desgleichen. — Sp. 338: Das kuppelgrab bei Menidi, hrsg.

vom deutschen archäologischen institute zu Athen. Mit 9 tafeln in steindruck. Athen 1880. 4. IV, 58 p. Diese ausgrabung giebt das muster einer nach wissenschaftlichen endzwecken methodisch geführten und sichere resultate gewährenden ausgrabung. Durch sie ist erst jene prähistorische culturperiode, die durch die entdeckungen von Mykenae, Spata, Nauplia, Menidi repräsentirt ist, bestimmt chronologisch fixirt. Bericht und beschreibung sind durchaus objectiv. Ausstattung und tafeln verdienen alles lob. — Sp. 340: *Schulze, Ernst*, Mykenae. Eine kritische untersuchung der Schliemann'schen alterthümer unter vergleichung russischer funde. St. Petersburg 1880. 31 p. (Separatabdruck aus der Russischen Revue bd. XVI). Ein verunglückter versuch Stephani's ansicht, die mykenäischen gräber als anlagen der Heruler (267 n. Chr.) nachzuweisen, zu erhärten und zu verbreiten. No. 11. Sp. 376: *Schmidt, Herm.*, exegetischer commentar zu Plato's Theaetet. Leipzig 1880. 8. 112 p. 3 mk. 20 pf. *M. Wohlrab*: eine durchaus lobenswerthe arbeit von reiflichster überlegung. — Sp. 377: *Haase, Fr.*, vorlesungen über lateinische sprachwissenschaft. 2. bd. Bedeutungslehre (2 th.) hrsg. von *Herm. Peter*. Leipzig 1880. 8. VII, 267 p. 7 mk. 20 pf. Ref. *C(lemm)* stimmt in der auffassung der casuslehre nicht ganz mit Haase überein. Haase's klare erörterungen sind sonst durchweg anregend und belehrend. — Sp. 378: *Huemer, Joh.*, über ein glossenwerk zum dichter Sedulius. Zugleich ein beitrag zu den grammatischen schriften des Remigius von Auxerre. Wien 1880. 8. 49 p. 70 pf. Verf. charakterisirt den commentar des Remigius zu Sedulius und überhaupt seine schriftstellerei. Die arbeit ist methodisch und erfaßt das wesentliche. *A. R(iese)*.

No. 12. Sp. 401: *Aristotelis* ethica Nicomachea. Edidit commentario continuo instruxit *G. Ramsauer*. Adiecta est *Franc. Susemihlii* ad editorem epistola critica. Leipzig 1879. 8. VIII, 740 p. 12 mk. Ramsauer zeigt eine tüchtige kenntniß des Aristoteles, giebt den gedanken desselben scharf nach, giebt eine bestimmte gute analyse, vernachlässigt aber vollkommen seine vorgänger, so daß er vieles falsch oder nicht erklärt, was längst richtig erkannt ist. — Sp. 404: *Deppe, Aug.*, der römische rachekrieg in Deutschland während der jahre 14 —16 n. Chr. und die völkerschlacht auf dem Idistaviusfelde nach Cornelius Tacitus und den übrigen geschichtsquellen dargestellt. Heidelberg 1881. 8. XVIII, 114 p. 2 mk. Sorgfältige quellenmäßige darlegungen. Der verfasser ist etwas zu kühn in benutzung der namen von personen und orten. — Sp. 421: *Zinzow, Ad.*, Psyche und Eros. Ein milesisches märchen in der darstellung und auffassung des Apuleius beleuchtet und auf seinen mythologischen zusammenhang, gehalt und ursprung zurückgeführt. Halle a. S. 1881. 8. XXX, 332 p. 6 mk. Verf. will den stoff des märchens auf die mythische vorstellung vom ἱερὸς γάμος der vermählung der erdgöttin mit dem lichtoder himmelsgotte zurückführen, gewiß richtig, aber daneben findet sich sehr viel künstliche herumdeutelei, ferner unrichtige bezüge auf die person des Apuleius, daß das buch fortwährend den widerspruch herausfordert.

No. 13. Sp. 459: *Müller, Lucian*, Q. Horatius Flaccus. Eine literarhistorische biographie. Leipzig 1880. 8. X, 144 p. 2 mk. 40 pf. Die schrift ist gut und verständig geschrieben, giebt das nöthige zu einer vollständigen information über Horaz, daneben auch manches oberflüssige. Lucian Müller's ansicht Horaz habe auch die anhänger der Alexandriner bekämpft, ist entschieden falsch. *A. R(iese)*. — Sp. 462: *Weber, G.*, le Sipylos et ses monuments. Ancienne Smyrna (Navlochon). Monographie historique et topographique contenant une carte 4 planches lithographiques et 2 photographies. Paris 1880. 8.

120 p. Das buch giebt a) eine schilderung sämmtlicher im Sipylos noch vorhandenen denkmäler der vorzeit; b) eine zusammenstellung sämmtlicher berichte sowohl der antiken schriftsteller wie moderner forscher. Im zweiten abschnitt hat er die grenzen von möglichkeit, wahrscheinlichkeit und thatsächlichkeit nicht scharf genug eingehalten. *J. S.*

No. 14. Sp. 497: *Bruns, Ivo*, Plato's gesetze vor und nach ihrer herausgabe durch Philippos von Opus. Eine kritische studie. Weimar 1880. 8. V, 223 p. 3 mk. *M. Wohlrab* giebt den gang der beweisführung, der zu dem resultate kommt: Plato habe ein buch über den staat und die gesetze zu schreiben begonnen, dies liegen lassen, um ein rein practisches werk, die meist vollendete Magnesische gesetzgebung, zu schreiben. Beide seien von Philippos von Opus in mehrfach missverständlicher weise in einander gearbeitet, und mit eigenen zusätzen vermehrt. Diese erklärung der discrepanzen der Platonischen bücher ist mit unbefangenheit, scharfsinn und gründlichkeit durchgeführt und hat hohen anspruch auf wahrscheinlichkeit. — Sp. 498: *Deecke, W.*, etruskische forschungen. 3. heft. Die etruskischen vornamen. Stuttgart 1879. 8. IV, 411 p. 16 mk. Wieder eine dankenswerthe, die etruskischen studien fördernde arbeit. — Sp. 499: *Wissowa, Georg*, de Macrobii Saturnaliorum fontibus. Breslau 1880. 8. 56 p. 1 mk. 50 pf. *Linke, Hugo*, quaestiones de Macrobii Saturnaliorum fontibus. Breslau 1880. 8. 58 p. 1 mk. 50 pf. Wissowa weist nach, daß Macrobius seine directe quelle und selbst die in derselben wörtlich ausgeschriebenen autoren verschwieg, andere massenweis citirt. Er weist Sueton de anno populi Romani Cornelius Labeo Didymus für einzelne abschnitte als quellen nach, will aber bisweilen unerforschbares erforschen. Linke stellt Macrobius verhältniß zu den Vergilcommentaren fest, und seine abhängigkeit von Verrius Flaccus, Asconius, Apuleius und Plutarch. Beide arbeiten sind gut und nützlich. *A. R(iese)*.

No. 15. Sp. 521: *Schneider, Georg Julius*, De Diodori fontibus (libr. I—IV). Berlin 1880. 8. 76 p. 1 mk. 60 pf. Die schrift enthält im einzelnen manches richtige, aber es fehlt eine systematische auseinandersetzung sowohl über die textbeschaffenheit des Diodor, wie über seine arbeitsmethode, so daß zu viel nach subiectivem belieben entschieden wird. *F. R.* — Sp. 535: *Sedlmayer, Heinr. Stef.*, kritischer commentar zu Ovid's Heroiden. Wien 1881. 8. 78 p. 1 mk. 60 pf. Die arbeit ist methodisch und wohlgelungen. Einzelne stellen werden genauer besprochen von *A. R(iese)*. — Sp. 539: *Schliemann, Heinrich*, Ilios, stadt und land der Trojaner. Forschungen und entdeckungen in der Troas und besonders auf der baustelle von Troja. Mit einer selbstbiographie des verfassers, einer vorrede von *Rudolf Virchow* und beiträgen von *P. Ascherson, H. Brugsch-Bey, E. Burnouf, Frank Calvert, A. J. Duffield, J. P. Mahaffy, Max Müller, A. Postolaccas, A. H. Sayce* und *R. Virchow*. Mit ca. 1800 abbildungen, karten und plänen in holzschnitt und lithographie. Leipzig 1881. 8. XXIV, 880 p. 42 mk. *Bu(rsian)* giebt ein eingehendes inhaltsreferat, ohne sich weiter auf größere kritik einzulassen.

No. 16. Sp. 563: *Schlichteisen, Joannes*, de fide historica Silii Italici quaestiones historicae et philologicae. Königsberg 1881. 8. Diss. inaug. 129 p. 1 mk. 80 pf. Schlichteisen weist gründlich als alleinige quelle für Silius den Livius nach, ein kleiner rest bleibt, den er doch wohl etwas zweifelhafter weise dem Polybius zuschreibt. *F. R.* — Sp. 575: *Colluthi* Lycopolitani carmen de raptu Helenae. Ed. *Eugenius Abel*. Berlin 1880. 8. 140 p. 4 mk. Das handschriftliche material ist so vollständig wie möglich. Die textkritik besonnen und vorsichtig. Der Mutinensis ist etwas zu günstig beurtheilt. *A. L(udwi)ch.* — Sp. 580: *Müllner, Alfons*, Emona, archäologische studien aus Krain. Mit 7 tafeln. Laibach 1879. 8. VI, 342 p. Die thatsächlichen angaben über Laibach und umgegend sind ganz dankenswerthe, die resultate, verlegung von Emona nach Igg, sind zu bestreiten. Der charakter der untersuchung ist willkürlich und dilettantenhaft. — Sp. 582: *Wolf, Jonathan*, über den paedagogischen werth des Platonischen und Mendelssohn'schen Phaedon. Vortrag. Wien 1880. 8. Verein „Mittelschule". Besprechung des pädagogischen werths beider schriften nebst inhaltsangabe. *M. Wohlrab.*

No. 17. Sp. 594: *Gosler, Freih. August von*, Caesars gallischer krieg und theile seines bürgerkriegs, nebst anhängen über das römische kriegswesen und über römische daten. 2. etc. aufl. Nach dem tode des verf. hrsg. von *Freih. Ernst Aug. von Gosler*. 2 theile. Tübingen 1880. 8. XII, 374, VII, 278, anhang 36 p. 12 karten. 18 mk. 2. Derselbe, atlas zu Caesars gallischem krieg und theilen seines bürgerkriegs. Mit erläuterndem text von *Freiherrn E. A. v. Güler*. Tübingen 1880. 36 S, T. 8. 12 k. 2 mk. Daraus: *Güler, Freih. E. A. v.*, übersichtskarte zu Caesar's gallischem krieg. Entworfen und mit erläuterndem text begleitet. Ebd. 1880. 14 p. text. 1 karte fol. Die neubearbeitung der sechs ursprünglichen schriften war nicht leicht. Der sohn hat nicht nur sachgemäß geordnet, sondern auch die ergebnisse neuer forschung nachgetragen. Das ganze ist ein treffliches werk geworden. Die übersichtskarte ist nicht besonders gut. — Sp. 609: *Müller-Strübing, Hermann*, Ἀθηναίων πολιτεία. Die attische schrift vom staat der Athener. Untersuchungen über die zeit, die tendenz, die form und den verfasser derselben. Neue textrecension und paraphrase. Göttingen 1880. 8. (Philologus suppl. bd. IV, heft 1 und 2). Müller-Strübing hat im großen und ganzen das wesen der schrift richtig erkannt, er läugnet eine zerstörung des organismus der ursprünglichen schrift durch einen alten grammatiker mit recht, und weist den gedankenzusammenhang, wenn auch vielleicht nicht in allen punkten richtig nach. Als abfassungszeit nimmt er 417–414 an, ist wohl noch zweifelhaft; als autor stellt er den Phrynichos auf, ein ebenso interessantes wie sicheres ergebniß. Der zweck der schrift ist aber wohl schwerlich das concept einer rede, sondern doch wohl ein unterrichtendes memoir für einen in Sparta lebenden oligarchischen exulanten. *O. H(usolt).*

Literatur 1881.
(dem Philologus und PhAnzeiger zugesandt).

P. Cornelii Taciti opera quae supersunt ad fidem codicum Mediceorum ab Jo. Georgio Baitero denuo excussorum ceterorumque optimorum librorum recensuit atque interpretatus est Jo. Caspar Orellius. volumen II. Germania. Dialogus de claris oratoribus. Agricola. Historiae. Editionem alteram curaverunt H. Schweizer-Sidler, G. Andresen, C. Meiser. Fasciculus tertius: De vita et moribus Julii Agricolae liber. Ed. *G. Andresen*. Berolini 1880 (Calvary).

G. C. Wittstein: die naturgeschichte des Cajus Plinius Secundus. Ins deutsche übersetzt u. m. anmerkungen vers. Lieferung 1. Leipzig 1880 (Greßner u. Schramm).

Nr. 6. Juni 1881.

Philologischer Anzeiger.

Herausgegeben als ergänzung des Philologus

von

Ernst von Leutsch.

---

54. Hesiodi carmina recensuit et commentario instruxit C. Goettlingius. Ed. tertia quam curavit Joannes Flach. Lipsiae, in aedibus B. G. Teubneri. MDCCCLXXVIII.

Die vergleichung der dritten, von prof. Flach in Tübingen besorgten ausgabe des Göttlingschen Hesiod mit der zweiten wird dadurch sehr erschwert, daß änderungen des neuen herausgebers durch nichts angedeutet sind. Am wenigsten würde dies da stören, wo sich eine stelle, weil sie nach Göttlings ed. II erschienene schriften citiert, von selbst als zusatz kenntlich macht, obwohl man auch hier oftmals erst durch einsicht in die frühere ausgabe über den umfang des zusatzes belehrt wird: aber sehr oft fehlt jeder anhalt, und man muß einfach beide ausgaben zur hand haben, wenn man zwischen Göttling und Flach unterscheiden will. So bekommt man denn oft den eindruck, als wäre der ursprüngliche *commentator* mit dem jetzigen *editor* eine art von *consortium* eingegangen, durch welches die scheidung dessen, was jedem einzelnen gehört, — wie in Schiller-Goethes Xenien — möglichst erschwert werden sollte. Daraus würde sich auch die I. pluralis erklären, welche die I. singularis der ed. II an unzähligen stellen, und zwar oft in sehr seltsamer weise, verdrängt hat.

Gleich die einleitung, in welcher sich Flach *moderatiore animo* zu verfahren vorgenommen hatte, sieht oft recht eigenthümlich aus. Ich schweige davon, daß ganze seiten ohne irgend welche bemerkung fortgelassen sind; mehr muß befremden, daß fast mit Göttlingschen worten nicht selten etwas ganz anderes gesagt wird, als Göttling meinte, ja daß sich Göttlingsche arbeit sogar eine ganze anzahl stilistischer verbesserungen hat gefallen lassen müssen, deren berechtigung mindestens zweifelhaft ist, die aber zweifellos nicht von jener „schonung" zeugen, welche dem herausgeber von der verlagshandlung zur pflicht gemacht war. Wie sehr überflüssig war es beispielsweise, p. XVIII ein *tradant interfectum esse* zu *interfectum esse tradant* umzustellen und gleich darauf *Hinc fabula — profecta est* in *Inde fabula — profecta est* zu ändern, oder p. XXII: *carmina, quae genus poeseos sequi videbantur ad Hesiodum potissimum auctorem relatum* zu — *poesis ad Hesiodum potissimum auctorem relatum sequi videbatur* abzuändern, oder das *Si igitur* p. XXVI in *Quibus expositis si* und *Si statuimus igitur* p. XXVIII in *Quodsi statuimus* oder p. XXXV *Iam si quaeris* in *Iam si interrogas* zu corrigieren. Der stil bleibt doch Göttlingisch und hat durch solche kleinen änderungen kein anderes gepräge bekommen. Und warum hat Flach nicht auch anderes geändert? Warum z. b. p XXVI anstatt *iam eo intelligitur, quod* nicht *vel eo intelligitur, quod* geschrieben, sondern sich mit einsetzung von „*intellegitur*" begnügt? Welch' ein gefühl muß den leser überkommen, wenn er p. XXXVI in einem fast mit Göttlingschen worten abgefaßten referat über die kritik der ἔργα die worte: *Tum Lehrsius breviora et longiora carmina „ex ordine literarum" inter se esse composita deprehendisse sibi visus est* (ed. II, p. XXXIX), denen Göttling ein sehr beachtenswerthes urtheil über Lehrs' ansicht folgen ließ, — jetzt in der weise abgeändert findet, daß aus „*deprehendisse sibi visus est*" ein „*summa sagacitate vir professus est*" geworden ist, während Göttlings kritik einfach unterdrückt ist! Mit anwendung des übergangs: *Atque huius quidem viri (Lehrsii) iudicium in plurimis rebus ita secuti sumus . . .* wird man nunmehr belehrt, daß Lehrs' stichworte mit Lehrs und Köchly — dessen nennung den einzigen anhalt dafür giebt, daß jene ganze einrichtung wohl erst von Flach stammen möge — gesperrt gedruckt und daß die einzelnen sprichwörter durch einen zwischenraum von einander getrennt seien. Auch der rest von tadel, der aus der ed. II in die ed. III noch übergegangen ist, erfolgt nicht mehr in Göttlings weise, welcher bemerkte: *Sic etiam de aliis iudicare licet, in quibus acumen ingenii sane demonstrasse videtur, veritatem non assecutus esse*, sondern in der höchst bescheidenen form: *In paucis vero adeo implicite sententiam suam susten-*

tere Lehrrius studuit, ut aenonen — esse putandus sit. Die letzten
worte führen uns wieder zu Göttlingscher darstellung; aber
schon nach einem satze beginnt Flach von neuem! Und in
diesem *εἶδος μιμτόν* bekommt man so viel zu lesen, daß man
oft nicht weiß, wer eigentlich spricht, ob Göttling oder Flach.
Eine solche art wird allerdings nicht nur nicht allen, woran
Flach p. VI selbst zweifelt, sondern kaum einem gefallen!

Um ein beispiel anzuführen, wie Flach mit Göttlingschen
worten gegen Göttling polemisiert, wähle ich die anmerkung zu
Theog. 140. Göttling sagt hier zur empfehlung der auch von Hermann gebilligten, jetzt aber meist verworfenen schreibart ὀμ-
βριμος:

ὀμβριμόθυμος] *Hanc veriorem esse formam vocabuli, non ὀ-
βριμόθυμος evincunt codices, evincit etymologia.* (Hierauf folgt eine
schon von Hermann zurückgewiesene herleitung des wortes von
μόριμος.)

Und wie führt Flach seine ansicht ein? Er sagt:
ὀβριμόθυμος] *Hanc veriorem et antiquiorem esse formam, non
ὀμβριμόθυμος evincit etymologia.*

So etwas nimmt sich in einer ed. III Goettl. denn doch
etwas seltsam aus. Gemeint ist übrigens jene etymologie von
βρίθω, an welche Hermann dachte und die ihn doch nicht irre
machte, ὄμβριμος für das richtige zu halten. Später ist dieselbe
etymologie von Curtius wiederholt, welcher letztere denn auch
gewissenhaft angeführt wird. Werden doch überhaupt einige
gelehrte der ehre, so oft wie möglich genannt zu werden, vor
anderen recht oft gewürdigt. Namentlich trifft dies Lehrs, den
praeceptor dilectissimus, dem bei entscheidungen über verschiedene ansichten, auch gegen Göttling, meist der vorzug gegeben
wird. Ich gebe ein beispiel. Daß Op. 25. 26 auszuscheiden
sind, erkannte zuerst Twesten Comment. crit. p. 15, annot. 17,
und Göttling differierte nur insofern, als er die verse für „ein
mit dem übrigen nicht zu verbindendes sprichwort" hielt. Das
ist aus der ed. III freilich nicht mehr zu ersehen. Denn jetzt
wird Lehrs allein die ehre gegeben, dem Schömann und Steitz
gefolgt seien! Auch die ansicht Göttlings, welche dieser schon
im jahre 1831 in der ed. I, also lange vor Lehrs, ausgesprochen
hat, daß Op. 25—41 zwar „alte poesie," dennoch aber „nachträglicher zusatz" sei, sucht man in der ed. III Goettlingiana

vergeblich: dagegen findet man hier die betreffenden ausführungen aus den *Quaest. epicas* in wörtlicher anführung.

Wie ungeschickt Göttlingsche anmerkungen oft geändert sind, mögen folgende fälle beweisen, die statt vieler dienen können, um die ganze art, wie der *editor commentarii Goettlingiani* verfahren ist, zu beleuchten. Ist es nicht wirklich recht seltsam, wenn z. b. in der anmerkung zu Op. 19 mit namennennung gegen Göttling polemisiert und gleich darauf aus Göttling folgender gegen Hermann gerichteter satz wörtlich wiederholt wird: *Ceterum versus* 18. 19 *etiamnum puto postea additos esse!* Als hätte Flach, auf den man das „*etiamnum puto*" in dem angedeuteten zusammenhange doch nur beziehen kann, und nicht Göttling jene ansicht vertreten! — Zu Th. 44: θεῶν γένος αἰδοῖον πρῶτον κλείουσιν ἀοιδῇ verglich Göttling, um die synizese von θεός im epos nachzuweisen, „Hom. Il. I, 18. Cer. 259. 326 ibique Vossium." Nun ist aber die wichtigste bemerkung über jene synizese von Voß zuerst zu h. In Cer. 55 gemacht. Anstatt also eine dem entsprechende änderung vorzunehmen, hat Flach die ganze bemerkung unterdrückt. Nach Rzach erfährt man nun, daß sich die synizese von εω bei zweisilbigen wörtern in der Theogonie auf σφεων (sic) beschränkt; außerdem aber wird man auf Mützell p. 38 und Lennep Theogon. p. 157 verwiesen, wo man sich auch über die zunächst interessierende synizesis von θεός, über welche die ed. II das nöthige bot, des näheren unterrichten kann.

Wir bleiben bei Mützell, um an der bemerkung zu Th. v. 131 zu zeigen, wie vorsichtig Flachsche anmerkungen selbst in dem falle aufzunehmen sind, daß der citierte autor, wie in diesem falle Mützell, für die richtigkeit des gesagten einzustehen scheint. Der betreffende vers lautet bei Göttling und Flach:

ἣ δὲ καὶ ἀτρύγετον πέλαγος τέκεν, οἴδματι θῦον.

Es handelt sich nun darum, ob ἣ δὲ oder ἠδὲ zu lesen sei, und Göttling bemerkt:

V. 131. *ἠδὲ καὶ M1. Rh. Hermannus. Sed quum opponantur Coelum et Montes Ponto et Oceano, quorum illi eiusdem materiei sint quam Terra ipsa, non item Pontus et Oceanus, nolui mutare antiquam scripturam.*

Flach hat mit erweiterung des anfangs folgendermaßen geschrieben:

V. 131. ἠδὲ καὶ Rh. legitur in omnibus fere exemplaribus ait Heinsium perturbata sede spiritus (v. Mutzell p. 80); Hermannus, Schoemann. Sed cum — ac Terra ipsa, non item Pontus et Oceanus, scriptura ἢ, δὲ καὶ praeponenda videtur. Aber grade jener zusatz beruht auf entschiedenem irrthum. Mützell spricht a. o. über die ed. minor Heinsiana; einiges lobt, anderes tadelt er in ihr, von anderem sagt er: magnam certe admittunt dubitationem, ut v. 131. ἡ δὲ καὶ pro ἠδὲ καί, quod ad „in omnibus exemplaribus Italis" ac fortasse etiam apud Stephanum; dubia enim est res „perturbata sede spiritus." Es ist also klar, daß Mützell an dieser von Flach benutzten, aber vollständig mißverstandenen stelle ἠδὲ καὶ als lesart der italienischen ausgaben und etwa auch des Stephanus bezeichnen wollte, bei welchem letzteren, wie Flach aus Lennep kritischen bemerkungen hätte ersehen können, Ἢ δὲ — incertum quo spiritu sagt L. — steht. In den italienischen ausgaben vor Heinsius ed. minor war der sedes spiritus in keiner weise unklar!

Ich komme zu anderen unklarheiten Flachs, z. b. in der bemerkung zu Th. 284. Hier fand Göttling χθόνα, μητέρα μήλων inept und Flach findet dasselbe: nichts desto weniger citiert er „Schoemann Theog. p. 158, 3," eine anmerkung, die grade den zweck hat, die weitere bedeutung von μῆλα darzuthun und zu zeigen, daß der ausdruck nicht inept sei. Der nachweis, wo und wie sich der ausdruck bei Homer findet, ist hier nur nebensächlich: bei Flach wird er zur hauptsache gemacht und mit hilfe von Lennep, der selbst freilich nichts weiter als die abweichung des ausdrucks von der homerischen sprache, aber keine absurdität constatieren wollte, dargethan, aus welchem grunde χθόνα, μητέρα μήλων inept sei, — darum nämlich, weil Homer bestimmte länder so nenne, Hesiod aber die ganze erde, welche bei Homer doch χθὼν πολύφορβος, πουλυβοτείρη heiße. Die beweisführung hinkt: weil Homer die erde mit anderen epithetis belegt, als Hesiod es hier thut, braucht ein an und für sich richtiger zusatz doch noch nicht inept zu sein: das würde doch höchstens dann der fall sein, wenn μῆλα die bedeutung πάντα τὰ τετράποδα, welche ihm Schömann mit hinweis auf Hesychius und die Schol. zu Κ 485 vindicierte, nicht haben könnte. Uebrigens ist der nominativ πουλυβοτείρη, den Flach schon in seinem System d. hes. kosmog. p. 90 Lennep nachgeschrieben hat, eine sprachliche unmöglichkeit: wie der accusativ πολυβότειρας lautet, so könnte auch der nominativ nur πολυβότειρα heißen[1])

Aber es finden sich noch schlimmere ungenauigkeiten und nachlässigkeiten: kommt es doch sogar vor, daß im texte geändert wird, ohne daß in den anmerkungen darauf rücksicht genommen wird, oder daß die anmerkung eine änderung im texte erwarten läßt, die man dort nichts desto weniger nicht findet. So heißt es in Th. 367 f. von Κράτος und Βίη:

οὐδ' ὁδὸς ὅπηῃ μὴ κείνοις θεὸς ἡγεμονεύει,
ἀλλ' αἰεὶ πὰρ Ζηνὶ βαρυκτύπῳ ἑδριόωνται.

So schreibt wenigstens die ed. II. Die ed. III hat den conjunktiv ἡγεμονεύῃ vorgezogen, welchen auch die beiden eigenen ausgaben ihres herausgebers bieten und den die ausgabe von 1873 für „das richtige" erklärt. Daß der Flor. D den conjunktiv hat, welchen Hermann mit recht für nothwendig hält, steht in der ed. III. Goettl. nicht, daß Schömann ἡγεμονεύει lese, ist ein irrthum Flachs in der ausgabe von 1873. Doch zur hauptsache. Grade als billige Flach ebenfalls den indikativ ἡγεμονεύει, belehrt uns die ed. III wie die ed. II — man traut seinen augen kaum! —, weder der optativ des Guiet, noch der conjunktiv Hermanns sei richtig, und zwar genau in der Göttlingschen weise, welche Hermann als „spitzfindigkeit" zurückwies!

Wir bleiben einen augenblick bei diesen verallgemeinernden conjunktiven stehen, um an einigen beispielen das inconsequente, unkritische verfahren Flachs zu zeigen.

Op. 487 f.: Εὖτ' ἂν — ἄροτος — φανείη, δὴ τότ' ἐφορμηθῆναι —, ἵνα τοι πληθῶσιν ἄρουραι haben die codd. den optativ, und dasselbe ist Op. 679 f. der fall: Ἦμος — τόπον πέταλ' ἀνδρὶ φανείη — τότε δ' ἀμφιλής ἐστι θάλασσα. Göttling setzte in der ed. I an beiden stellen den optativ, während er v. 556 θείη schrieb. Nachdem Hermann diese inconsequenz gerügt und den optativ v. 458 wie 680 für einen solöcismus erklärt hatte, änderte Göttling in der ed. II beidemal in φανείη. Ebenso haben Lennep und Schömann geschrieben, während Köchly, getreu seinen grundsätzen, möglichst ein bild der überlieferung zu geben, mit den handschriften φανείη beibehalten hat. Wie verfährt nun Flach? Wirklich seltsam genug: seine eigene aus-

---

[1] Aus Lennep stammt auch, und zwar fast wörtlich, die kritische bem. zu Th. 193 mit dem postulierten präsens πλήμω!

rabe (Berlin 1874) liest 458 φαιείη und 680 φανείη, die tertia Goett. umgekehrt 458 φανείη und 680 φανείη. Und die motivierung lautet v. 458: *Pro φανείη vulg. Spohn. φανείη* und v. 680: *φανείς Spohn. pro φανείη. V. adnot. ad 458(!).* *Variatio delectat* oder *varias lectiones delectant?* Wie soll man sagen, wenn Flach im jahre 1874 Op. 606 είη ediert, wie vor ihm, von Hermann erinnert, auch Göttling in der ed. II gethan hatte, während er jetzt in der ed. III Goettlingiana zu ιίς, der lesart der ed. I, zurückgekehrt ist und die betreffende bemerkung der ed. II gestrichen hat, oder wenn man sieht, wie Flach in der ed. von 1874 mit Hermann und Göttling (ed. I und II) Op. 709 ἄρχῃ und 712 ἡγεῖτ᾽ ἐς . . . schreibt, während er jetzt in der ed. III ἄρχει und ἡγεῖτ᾽ ἐς, wiederum mit Köchly, vorzieht? Die grammatik verlangt den conjunktiv, worauf schon der parallelismus mit ἐθέλῃσι hinweist, der Göttling bestimmt haben wird, in diesem falle schon in der ed. I conjunktive zu setzen. Dazu ist ein indikativ ἐθέλῃσι nirgend nachweisbar, und die formen ἐγείρῃσιν (Ibyc. fr. 7), ἔχῃσι (id. fr. 9) und θάλῃσι (Bacchyl. fr. 27) sind in der that nichts weiter als „missverstandene bildungen" (vgl. Rzach Dial. des Hes. p. 438 und über die conj. auf -είη jetzt Christ im Rhein. mus. 36, 29 ff.).

Die letzte stelle giebt gelegenheit, eine andere, recht grobe nachlässigkeit zu erwähnen. Hesiod warnt davor, bald diesen, bald jenen freund zu erwählen und giebt dann Op. 714 den rath: σὺ δὲ μή τι νόον κατελεγχέτω εἶδος. So steht wenigstens in ed. II und III, in welcher letzteren die worte erst in Göttlingscher, dann scheinbar in Schömannscher und endlich in der weise des Proklus erklärt werden. Göttlings und Schömanns worte geben ganz denselben sinn, und der zusatz aus Schömann war also überflüssig. Beider worte laufen darauf hinaus, dass die vorschrift harmonie des äusseren und inneren verlange: aber dass man den worten σὺ δὲ μή τι νόον κατελεγχέτω εἶδος diesen sinn in wahrheit entlocken dürfe, hat Schömann, der durch dieselben nur die landläufige erklärung in anderer form geben wollte, nicht zugestanden, ebensowenig wie er mit Proklus einverstanden ist. Er weist vielmehr klar nach, dass man die worte, wie sie nun einmal lauten, nur von äusserer verstellung verstehen könne. Da ein solcher gedanke jedoch nicht in den zusammenhang passt, bringt Schömann die ganz vortreffliche conjektur καταθελγέτω bei: *monet (poeta) ne quis mentem suo iudicium suum externa specie demulceri ac decipi potiatur.* Flach hat diese vermuthung mit jedenfalls nur zufälliger übergehung ihres autors in seiner ausgabe von 1874 in den text gesetzt und dies, wie es scheint, auch in der ed. II Goettlingiana thun — wollen. Denn die kritische anmerkung: v. 714. *καταθελγέτω*] Pro *κατελεγχέτω* scrips. Schoem., Flach e coni. Schoem. p. 55.

läßt nur diese erklärung zu, trotzdem der text, wie gesagt *κατελεγχέτω* hat, wofür die exegetische anmerkung denn auch getreulich die betreffende erklärung bringt! — Aehnlich verhält es sich mit Th. 746: *Ἰαπετοῖο πάϊς, ἔχει' οὐρανὸν εὐρύν,* wo Flach bemerkt: V. 746. *ἔχει οὐρανόν*] Sic M3. *Herm.* Schoem. *ἔχει'* codd. Goettl. Koechl.,

also jedenfalls, wie in seinen eigenen ausgaben, das activum setzen wollte. —

Wenn wir Flach jetzt vom schluß des proömiums der Theogonie an ein stück verfolgen, so bemerken wir zunächst, daß die nach Schömann gemachte, mit einer kurzen erklärung aus den glossen vermehrte anmerkung zu 102 zwei fehler enthält: anstatt Steph. Byz. ist Steph. Thes. und anstatt *δυσφροσυνάων δυσφρο-συνέων* zu lesen. Die folgende anm. zu 104 ist verkürzt, und es heißt dem leser nun eine starke zumuthung machen, wenn er aus der Flachschen bemerkung, Göttling meine, daß das proömium hier seinen abschluß habe, errathen soll, daß Göttling 106—115 als zusatz eines thörichten dichters in klammern schloß. — Um eine Schömannsche athetese ist die kritische note zu vs. 107 erweitert; zugesetzt ist zu 108 eine ansicht von Scheer. — Die aufnahme von *ἄφενος* 112 verdanken wir Flach, der in seinen übrigen ausgaben wie die anderen herausgeber *ἄφενος* schrieb. Jetzt beruft er sich auf Op. 24, wo die maskuline form gut beglaubigt ist, was Th. 112 viel weniger der fall ist. Trotzdem bleibt Flach Op. 637 bei *ἄφενος*, obwohl einige handschriften auch dort *ἄφενον* lesen. — In dem zu v. 114. 115 citierten scholion wird für die correktur *ψίγνωσιν* statt *λέγωσιν* auf Schömann verwiesen: richtiger wäre derjenige genannt, der die priorität hat, Geel nämlich. — Die exegetische anmerkung zu 116 sucht den druckfehler der ed. I und II. Aristoph. Av. 118 zu berichtigen; aber die verweisung auf Av. 192 lag nicht im sinne Göttlings, der vielmehr Av. 1218 citieren wollte. Daß auch Göttling zu denen gehört, welche v. 118 athetieren,

nicht man in der ed. III Goettlingiana vergeblich: in der ed. II
war dies durch einklammerung des verses bezeichnet. Die ansicht, daß Zeno nur v. 119 athetiert habe, ist von Schömann
Opusc. II, 66, 7 [1]) und Theog. p. 88 — trotz Flach Kosmog. p.
121 f. — widerlegt; die athetese bezog sich auf 118. 119. —
Die von Göttling für v. 118 gemachte bemerkung: *Non invenitur
apud Sextum Emp. Ph. III, 16. Math. IX, p. 550*, hat Flach
gestrichen, anscheinend darum, weil Schömann Th. p. 87 anm. 4
es gegen Göttling für einen irrthum erklärte, daß Sextus vers
118 „als unecht ausgestoßen" habe. Er hat die beiden
verse eben einfach übergangen! Uebrigens gehörte auch G.
Hermann zu den ἀθετοῦντες, denen er sich ein jahr nach erscheinen von Göttlings ed. II in der abhandlung de Hes. Theog.
forma antiquissima Lips. 1844 p. 7 angeschlossen hatte. Flach
hat diese schrift, die er p. LXXIX als ein *subsidium* der ed. III
citiert, auch bei anderen gelegenheiten unbeachtet gelassen [2]).

Ueberhaupt läßt sich sehr bezweifeln, ob es dem herausgeber mit der p. VIII gemachten bemerkung: *quidquid memora-
bile videbatur esse, apparatui Goettlingiano adieci*, eigentlich rechter
ernst gewesen ist. Oder sollte Flach wirklich gemeint haben,
daß die von Schömann Th. 122 — freilich mit einem druckfehler — in den text gesetzte besserung δαμνάς (Opusc. II, 65
schrieb er δαμνάς τ') der erwähnung nicht bedürfe, und daß 127
„die in einer handschrift des Cornutus überlieferte lesart ἵνα μιν
περὶ πάντας ἵρξῃ" nicht so „beachtenswerth" sei, als Schömann
Theog. p. 92 glaubte? Warum würdigte er ferner die von
Schömann Theog. vorgenommene vortreffliche umstellung von
213. 214 keiner notiz, überging er v. 268 die conjektur ἴποιτο,
welche Schömann p. VII der vorrede nachtrug, schwieg er von
der Wolfschen ordnung der verse 300. 304. 305. 301—303,

---

1) In der ed. III steht zu v. 119 der druckfehler 62.
2) So fehlt zu v. 382 die correktur Hermanns Ἰρίς δ' αὖτ' Ὠκε-
ανοῦ θυγάτηρ, welche er mit tilgung des semikolons hinter 384 p. 12
der erwähnten schrift vornahm und die Schömann Theog. p. 55 „eine
sehr plausible, wenn auch nicht unbedingt nothwendige besserung"
nennt; zu v 592 ist die umstellung οἷ θνητοῖς μέγη πῆμα (Herm. p. 14)
ausgelassen, zu v. 716 die athetese des verses (Herm. p. 17), zu v. 731
die versetzung des verses nach 814, welche Herm. p. 17, eine frühere
ansicht (cf. op. VI, 184 f.) ändernd, vorschlug. Zu v. 798 fehlt die angabe, daß Herm. p. 19 für die später von Scheer nur wiederholte conjectur κακὸν δὲ ἕ σῶμα καλύπτει die priorität hat. Ebenso (nur δὲ ἕ accent.) hat sich in MS gefunden.

welche Schömann, früherer ansicht entgegen, in seiner kleineren ausgabe einführte, fügte er zu der in der jetzigen form unverständlichen kritischen anm. zu v. 353 [1]) nicht Guiets conjektur *Μαλαξαίρη*, die Schömann für „nicht übel" erklärt? Ebenso sieht man keinen grund ein, daß die Schömannsche verstellung von v. 427 hinter 422, die auch Köchly billigte, nicht erwähnt ist, daß 429 die für *μεγάλως* vorgeschlagenen conjekturen *κρατερώς*, *πρόφρον* (so Schömann) und *λιπαρώς* (Köchly de div. Hes. Th. part. p. 32) fehlen, daß zu v. 139 auf Schömanns erklärung von *ᾧ κατέθηκε* keine rücksicht genommen ist, daß die auslassung von v. 576. 77 in Par. II., die Leunep verzeichnet, nicht angegeben wird, daß über Schömanns *τῇ δὲ δι' αἰῶνος* 609 und Wopkens' *ἐμπεσέ* (statt *ἔμπεσαι*), wie Schömann aufgenommen hat, ganz geschwiegen wird, daß v. 748 über *ἀμφὶς ἰσᾶσαι*, der lesart des größeren theiles der handschriften, gar nichts gesagt wird, daß v. 813 Köchlys (de div. Th. part. p. 36 f.) vermuthung *τέρθη* für *πρόσθε*, v. 911 das von Schömann wegen *εἶδετο* geforderte imperfectum *δερκιόωντο* übergangen ist, und was dergleichen mehr ist.

Dagegen sind ganz überflüssige varianten beibehalten, so Th. 133 *τίκεν* Rh. für *τέκ'*, 167 *ἀνὰ πάντας ἴλε* Rh. für *ἄρα-*, 189 *ἠπείρον πολλυκλύστῳ* V 1. für *πολυκλύστῳ*, 406 V 2. *γείνατο* für *ἐγείνατο*, 443 Vat. *γαιρομένη* für *-μένην*, 560 Em. *ἐπιλάθετο* für *-ήθετο*, 684 Taur. *ἴασιν* für *ἴσαν* u. s. w. — abgesehen davon, daß der werth des variantenverzeichnisses durch druckfehler — z. b. Th. 417 *ῥίξον* statt *ῥίζαν*, 423 *ἰρήσατο* für *ἐρήσατο*, 887 *θεῶν τε Ἰδυίην* statt *ἰδυίην*, op. 647 *ἀπερῆ* statt *ἀπερπῆ* beeinträchtigt wird. Ganz irrig ist die angabe zu Theog. 888. Göttling schrieb hier im text: *ἀλλ' ὅτι δή ῥ' ἤμελλε* und bemerkte dazu in ed. II:

V. 888. *δή ῥ' ἤμελλε*] *Galenus de Hippocr. et Plat. dogm. III. extr. ed. Ald. δ' ἦρα ἰ., al. δὴ ῥα ἔμελλε, quod probavit calculo suo Wolf.*

[1]) Göttling sagte ed. II: *pro Γαλαξαύρῃ hymn. Cer. 423. Γαλαξαύρῃ;* Fluch, der die nicht einmal festgehaltene marotte hat, die homerischen hymnen nicht, wie Göttling, nach der gefeierten gottheit, sondern nach der nummer zu citieren, strich *Cer.* und schrieb dafür *Hom. hymn.* V, und so heißt es denn jetzt bei ihm durch eine verstellung des setzers: *pro Γαλαξαύρῃ hymn. 423 levi librarii errore Ταλαξαύρῃ Hom. V,* — zugleich ein beispiel, wie mangelhaft die ed. III corrigiert ist.

Die ed. III giebt der note die form: V. 888. ἢ ἡ ὅ᾽ ἔμελλε] *Galenus de Hippocr. et Plat. dogm. III* p. 350 *Kühn*. δ᾽ ἔρη ἕ., al. δή ῥα ἔμελλε, quod ...
Hier ist also zunächst wieder ein druckfehler zu berichtigen, da auch Flach ἤμελλε im text hat; dann aber hat Flach, indem er mit Köchly nach der Kühnschen ausgabe citieren wollte, einen fehler hineingebracht; denn Kühn schrieb, wie jetzt J. Müller, δή ὅ᾽ ἔμελλε, und nicht wie die Ald.

Wenn bei lesarten, die sich in mehreren codd. finden, nicht selten nur ein oder zwei handschriften genannt werden, so ist das oft recht zu mißbilligen. Flach hat sich in dieser hinsicht nicht „nimia" (p. LXIII), sondern *nimia „moderatione"* an die ed. II angeschlossen. Doch hat Flach zu Theog. 399 sehr mit unrecht Göttlingschen apparat verwerthet. Göttling schrieb hier in ed. I und II δῶρα ἔδωκε: δίδωσιν aber steht nach ihm in sechs handschriften, unter denen sich der M 1 befindet, dessen lesarten Flach (vgl. p. LXVI) ausgeschieden hat[1]). Ebenso bietet nach Lennep, mit dem Köchly übereinstimmt, keine einzige handschrift den aorist, auch die von Flach genannten handschriften nicht: alle haben δίδωσιν (O: δίδωσι), wie der Taurinensis. Flach notiert, daß Köchly so im text habe, ohne zu sagen, daß Köchly ein kreuz daneben setzt, durch welches er die verderbniß der stelle, die er nach den handschriften wiedergab, andeuten wollte. Und hat Flach Op. 740 auch mit recht κακότητ᾽ ἰδὲ aufgenommen, wie Bergk conjicierte, so hätte nicht nur erwähnt werden sollen, daß so M 5 und, wie Flach hinzufügt, Par. 2771 haben, sondern auch der Sangal., Göttlings G, und zwei andere Pariser handschriften (2706 und 2774), und daß eine dritte Pariser handschrift (2768) κατόκητ᾽ ἰδὲ liest.

Wenn der herausgeber der ed. III Goettlingiana demnach in der vorrede p. VIII dem vollen vertrauen ausdruck verleiht, daß sein apparat vollständiger und seine *recensio* bedeutend zuverlässiger sei, als die Göttlings, Schömanns und Köchly-Kinkels, so bedauert ref., das nicht gefunden zu haben: wenn Flach hingegen mit bezug auf ein citat aus Galen Lehrs und Hartel, denen er die ed. III gewidmet hat, im voraus um nachsicht bittet,

---

1) Nichts desto weniger finden wir M 1 zu Th. 380 neben M 2 genannt!

falls er aus unkenntniß oder nachlässigkeit vielfach gefehlt habe, so hatte er dazu allerdings grund genug.

Ganz überflüssig war die unablässige verweisung auf die stellen, an welchen Flach in seinen ausgaben das ϝ eingeführt hat. Es ist zu fürchten, daß er damit die „*emunctae quorundam criticorum nares*" (cf. ed. III, p. VI) in gleicher weise quält, wie früher durch einführung des zeichens. Jedenfalls würde es vollständig genügt haben, wenn er die eigentlichen conjekturen, die er um des lautes willen gemacht hat, notiert hätte. Uebrigens haben fast alle Flachschen vermuthungen die herstellung des spiranten oder die vermeidung des hiates zum zweck. In den text der Theogonie hat Flach jetzt zwei solcher vermuthungen gesetzt (869. 466), von denen ich Theog. 369: τῶν ὄνομ' ἀργαλέον πάντων βροτῷ ἀνδρὶ ἐνισπεῖν (für βροτὸν ἄνδρα) mit rücksicht auf δ 397 und ν 312 f. für ansprechend halte. Von den vier Flachschen conjekturen, welche im texte der ἔργα stehen, bezwecken zwei die herstellung des ϝ (578. 610), eine die vermeidung des hiats (713: ἄλλοθεν ἄλλον für ἄλλοτε ἄλλον) und eine die verbesserung des ausdrucks (793, wo das futurum ἔσται dem zusammenhang allerdings mehr entspricht, als das präsens). Die beiden letzten änderungen hat Flach in der ed. III zuerst aufgenommen.

Um zuletzt noch ein wort über den druck hinzuzufügen, so hat sich der herausgeber der ed. III auch in dieser hinsicht eitler hoffnung hingegeben, wenn er in den „*corrigenda*" meint: *nemo, opinor, in hac tertia editione erratorum copia offendetur*. Ref. hat allein in der Theogonie gegen 50 druckfehler gezählt, auf deren aufzählung er jedoch gern verzichtet. Im texte steht Th. 36 ἀρχώμεθα für -μεθα, fehlt 367 nach ἡγεμονεύῃ das komma, steht 575 διαδαλέην statt δαιδαλέην, 655 πιφαύνεαι statt πιφαύσκεαι, 690 κεφηνυοί statt κεραννοί, sc. 285 ἀγλαίαι δ' εἶχον für τ' εἶχον; op. 422 fehlt nach ἔργα der punkt, 729 steht ἐκτὸς für ἔντος, 732 πρός für πρός. Die *variatas lectionum* liest p. LXXXVIII, 2, 26 280 für 289, z. 32 σμερδαλέον δ' für -ίον δ' und p. LXXXIX, 1, 49 ἐπὶ καμπύλα für ἐπικαμπύλα; die *explicatio siglorum* schreibt *in e emplari Ionensi* für *in exemplari I*. In dem scholiencitat zu Th. 142 hat Flach in der eile aus Göttling ἀπαιρεῖσθαι beibehalten, während er p. LVI, sowie in seiner scholienausgabe mit zwei codd. ἀνερύεσθαι schreibt! Mit der orthographie der eigennamen scheint es Flach überhaupt nicht genau zu nehmen: so hält er im namen des ref. das eine p in der mitte für überflüssig, indem er ihn stets — und so auch in Bezzenb. Beitr. II, 66 — Peppmüller schreibt; aber ähnlich wird aus einem Bauermeister p. 142, 1, 7 ein Baumeister. Auch G. W. Nitzsch muß sich verschiedene orthographie gefallen lassen; p. 181, 2, 9 und p. 201, 1, 8 heißt er Nitschius — und so schon System p. 118, 44, z. 12 — p. 111, 2, 27 Nietschius, aber nie Nitzschius. Der name Scheer ist nur einmal (p. 44, 14) fälschlich Scher gedruckt. Richtig ist diesmal A. Ludwichs name geschrieben, welchen Flach gewöhnlich mit g schrieb; so Glossen und Schol. p. XIV und viermal, d. h. stets mit ausnahme von p. 12, z. 5 v. u., in der schrift „die beiden ältesten handschriften des Hesiod." — [Vrgl. Philol. XLI, 1, p. 1 flgg. — *E. v. L.*]

Rudolf Peppmüller.

55. **Bemerkungen zu den anspielungen und beziehungen in der VIII. und X. rede des Isokrates.** Von J. Zycha. (Vor dem 16. jahresbericht des Leopoldstädter communal- real- und obergymnasiums. Wien 1880. 8. p. 3—42.)

Im letzten zehntel des fünften jahrhunderts blühte in Athen die rednerschule des Theodoros, vor welcher Lysias mit der seinen das feld räumen mußte. Aber sie war bereits durch den tod ihres leiters erloschen (s. Reinhardt, De Isocr. aem. p. 6) oder wenigstens durch andere umstände zurückgedrängt, als Isokrates um 390 die seinige von Chios dorthin verlegte. Denn aus seinem eröffnungsprogramm, der 10. rede (wider die sophisten), erhellt, daß er damals zwei andere hauptconcurrenten dort vorfand, Antisthenes als lehrer der philosophie (ἔριδες §. 1. 20) und Alkidamas als lehrer der beredsamkeit[1] (πολιτικοὶ λόγοι §. 9. 20). Daß gegen letztern §. 9—18 gerichtet sind, scheint nach Reinhardts darlegungen ohne weiteres sicher[2]), daher faßt

[1] Nicht „staatsberedsamkeit" oder „politische beredsamkeit", wie Zycha (p. 14. 15. 34) übersetzt, s. Reinhardt p. 6 f. Durch πολιτικός werden die allen bürgern gemeinsamen interessen bezeichnet, d. h. die praktischen, in denen es lob und tadel, ab- und zuratben, anklage und vertheidigung giebt.

[2] Wenigstens werden dieser überzeugung angriffe wie die von Blaß Att. bereds. II, p. 321, anm. 1 und namentlich die völlig bodenlosen von Teichmüller Literar. fehden, Breslau 1881, p. 83 ff. wohl nicht eben gefährlich werden. Die letztern gründen sich auf die übersetzung von τοῖς τοὺς πολιτικοὺς λόγους ὑπισχνουμένοις durch „denen, welche profession von staatsweisheit machen". Einer weiteren widerlegung bedarf es ja da in der that nicht.

sich Zycha (p. 13—15) hierüber kurz; um so verdienstlicher ist den mehrseitigen verkehrten anzweißungen gegenüber sein genauer, die sache endgültig erledigender nachweis (p. 1—9), daß §. 1—8 kein anderer als der erstere, und zwar wahrscheinlich dessen schrift 'Ἀλήϑεια (hiernach dessen einstiges programm) bekämpft wird. Ganz verunglückt ist dagegen sein versuch (p. 9—12. 15—25) darzuthun, daß Platon den Phädros erst nach diesem werk des Isokrates und mit polemischer berücksichtigung desselben verfaßt habe. Sein hauptgrund ist folgender: Platon unterscheide p. 269 D zwischen den bedingungen ein vollendeter redner zu werden, nämlich anlage, übung, wissenschaft, und den forderungen an die rhetorik als kunst; man würde eine gleiche klarheit bei Isokrates §. 14 f. 16—18 nicht vermissen, wenn ihm der Phädros schon vorgelegen hätte. Allein was nach Platon die rhetorik zur kunst macht, ist ja selbst eine jener drei „bedingungen" oder vielmehr ursachen, nämlich die wissenschaft, einerseits die dialektik (nämlich sachkenntniß 259 C— 263 E und logische ordnung 263 E—266 C), andrerseits die psychologische einsicht (269 E—277 B), wozu denn als bloße unentbehrliche neben- und vorkenntnisse das in den rhetorischen lehrbüchern abgehandelte kommt (266 C—269 D). Folglich verlangt Zycha zwar mit recht, daß Usener (Rhein. mus. XXXV. 1879. p. 138) zum vergleich der übereinstimmung und abweichung zwischen Platon und Isokrates in gedanken und wortlaut nicht bloß Is. §. 17 f. und Pl. 269 D, sondern auch Is. §. 14 und Pl. 272 A f. (vgl. Is. § 14 καὶ τῶν ἄλλων ἔργων, Pl. 269 D ὥσπερ τἄλλα) hätte heranziehen, aber mit unrecht, daß er §. 14—16 mit 269 D und §. 16—18 mit 272 A f. in parallele hätte setzen sollen. In 272 A f. sind vielmehr keine andern parallelen mit Isokrates als die εἴδη (die aber bei beiden schriftstellern auch nicht einmal dasselbe bedeuten), die καιροί und die wiederholung von τελέως und ὅ τι ἂν αὐτῶν τις ἀλλείπῃ κτλ. Wenn aber Zycha daraus, daß Platon dies letztere zweimal, Isokrates aber nur einmal sagt, die priorität der schrift des letztern herleiten will, so kann dies doch kaum ernsthaft gemeint sein. Wenn er ferner glaubt, Isokrates würde sonst seine abweichungen von Platon mit entschiedner polemik hervorgekehrt haben, so ist diese behauptung nicht minder unbegreiflich. Isokrates fühlte sich geschmeichelt durch den schluß des Phädros und zeigte sich daher dem Platon dankbar, indem er das, worin er mit diesem übereinstimmte, mit ähnlichen worten ausdrückte, und in demjenigen, worin er abwich, doch jede directe polemik gegen ihn vermied, wenn er auch der indirecten, so fern Platon durch den angriff gegen Antisthenes zu großem theile mit betroffen ward, der tendenz der schrift nach nicht aus dem wege gehen konnte: was liegt hierin unwahrscheinliches? Platon war ja noch kein eigentlicher concurrent des Isokrates, da er eine eigentliche schule, wie Zycha selbst hervorhebt, damals noch nicht eröffnet hatte, war vielleicht sogar damals gar nicht in Athen, sondern auf der unteritalisch-sikelischen reise. Dagegen sollte man denken, es gehöre doch nur ein klein wenig gesunder menschenverstand dazu, um, einmal von Usener darauf aufmerksam gemacht, einzusehen, daß Platon unmöglich am schlusse des Phädros noch von Isokrates schreiben konnte, derselbe habe etwas philosophisches in sich und könne, wenn er nur wolle, sogar ein wirklicher philosoph werden, nachdem Isokrates in der Sophistenrede nicht bloß in der redekunst das gebiet der wissenschaft, erkenntniß oder theorie auf die εἴδη oder ἰδέαι beschränkt und alles andere der übung und nachahmung anheimgegeben, sondern auch glückseligkeit und tugend nicht für sache des wissens, sondern des bloßen meinens erklärt hatte. In der offenbar auf vollständigkeit angelegten liste der im Phädros durchmusterten rhetorischen theoretiker fehlt überdies Alkidamas. Weder seine τέχνη noch die (vermuthlich übrigens mit ihr identische) schrift, in welcher er die von Isokrates bekämpfte theorie entwickelte, scheint also damals schon existirt zu haben. Der Phädros ist folglich nicht bloß vor 390, sondern auch noch vor Isokrates' wegzug nach Chios, d. h. spätestens 394 geschrieben. Und wer nicht einen wahren haufen der gröbsten unwahrscheinlichkeiten auf sich laden will, wird ferner zugeben müssen, daß nicht Isokrates die fehde wider Antisthenes, sondern letzterer wider erstern begann, da der angriff des letztern ja an eine gerichtsrede des Isokrates bereits aus der zeit von 404/3 (den Amartyros) und zugleich an Platons Phädros anknüpfte und folglich schwerlich erst in die achtzigerjahre des vierten jahrhunderts gefallen sein wird. Ist der Phädros also auch schwerlich mit Usener bis 403/2 hinaufzurücken, so doch bis 396/5. Gegen Zycha's instanz aber, Platon habe doch nicht gerichtliche reden des Isokrates in gegensatz zu epidiktischen des Lysias stellen können, gilt die antwort, die ich Jahrb. f. philol. CXXI. 1860. p. 710 —713 nach anderer richtung hin Usener gegeben habe. Und wenn die naturphilosophie Phädr. 269 E als ἀδολεσχία καὶ μετεωρολογία bezeichnet wird, so ist darin nicht mit dem vrf. eine anspielung auf Is. §. 6, sondern einfach auf das bekannte volksvorurtheil, wie es sich auch in der komödie, z. b. den Wolken des Aristophanes ausgesprochen hatte, zu erblicken. Daß endlich Platon, als er den Phädros schrieb, aus seinem persönlichen verkehr mit Isokrates die theilweise beiderseitige übereinstimmung über das wesen der rhetorik kannte, wird zwar von Zycha als ein bloßer „einfall" abgefertigt, andere aber dürften darin eine durch die natur der sache geradezu mit nothwendigkeit an die hand gegebene annahme erkennen. Mit recht dagegen weist der vrf. (p. 25 f.) darauf hin, daß Alkidamas in seiner Sophistenrede §. 27—29 Phädr. 275 D f (vgl. auch §. 4 mit 287 E) vor augen gehabt hat. Vergeblich aber, was ich hier nicht näher darthun kann, bemüht er sich (p. 27—29) glaublich zu machen, daß die des Isokrates unverstümmelt auf uns gekommen sei.

In bezug auf die 10. rede des Isokrates (Helena) vertritt Zycha (p. 30—40) gegen Blaß den richtigen standpunkt, indem er dieselbe erst um 370 setzt, da Platon hier, freilich ohne nennung seines namens, bereits als graukopf (§. 1) und Gorgias als verstorbener (§. 3) erscheint. Er hätte hinzufügen können, daß im Busiris die sitte keinen lebenden mit namensnennung anzugreifen oder zurechtzuweisen noch nicht beobachtet wird, wohl aber hier; indessen gilt letzteres ja freilich auch schon von der Sophistenrede. Zycha zeigt richtig, daß die nachricht, die Helena des Isokrates sei gegen die des Anaximenes gerichtet, keinerlei chronologische unmöglichkeit enthält. Ueberdies muß man die erstere sogar noch etwas tiefer herabrücken: Platon war ja 370 erst 57 jahre alt; freilich ist Antisthenes noch am leben (§. 1), aber es wird uns ja auch berichtet, daß dies wenigstens 366 noch der fall war. Andrerseits hindert freilich auch nichts daran, vielmehr die unter dem namen des Gorgias überlieferte Helena als das stichblatt der polemik anzusehen, wenn man, wie ref., keineswegs mit dem vrf. von der stärke der gründe für und der schwäche von denen gegen die ächtheit dieser angeblich gorgianischen rede überzeugt ist, aber die möglichkeit, daß sie schon im vierten jahrhundert entstand, zugiebt. Dann fiele Antisthenes weg, man müßte dann annehmen, daß gerade diese rede die seinige sei.

Den schluß der abhandlung bildet ein dankenswerther excurs über die bedeutung des wortes ἰδέα bei Isokrates (p. 20—42). Woher aber Zycha weiß, daß Gorgias wiederholt zu diplomatischen missionen seiner vaterstadt verwandt worden war (p. 14), daß Antisthenes früher die gerichtsrede selbst gepflegt hatte (p. 12), daß Polykrates bei Gorgias, und zwar in Thessalien gehört hatte (p. 39. 40), daß Anaximenes aus einer familie stammte, in welcher die pflege philosophischer studien traditionell war (p. 40), ist mir unbekannt. Thatsächlich falsch ist auch die behauptung (p. 10), Usener suche den gedanken durchzuführen, daß Antisthenes, seit er eine philosophische schule leitete, sich nicht habe mit rhetorischen schriften befassen können. Und noch gegen manches einzelne wäre viel zu sagen. Im ganzen jedoch ist nach dem vorstehenden anzuerkennen, daß die arbeit des vrf. trotz ihrer großen fehler keineswegs unfruchtbar für die wissenschaft ist.

Fr. Susemihl.

---

56. P. Ovidi Nasonis Fastorum libri sex. Für die schule erklärt von Hermann Peter. Erste abtheilung. Text und commentar enthaltend. Zweite abtheilung. Kritische und exegetische ausführungen und zusätze zum commentar enthaltend. Zweite verbesserte auflage. Leipzig. B. G. Teubner. 1879. gr. 8. XII, 277 p. 92 p. — 3 mk. 60 pf.

Nach dem verhältnißmäßig kurzen zeitraume von fünf jahren ist Peter's ausgabe in zweiter auflage erschienen, beweis genug dafür, daß Peter mit seiner neubearbeitung eines commentars zu den Fasten einen glücklichen griff gethan hat. Die neue auflage darf mit recht als eine in vieler hinsicht verbesserte bezeichnet werden. Der text der im ersten theile der einleitung enthaltenen autobiographie des dichters (Trist. IV, 10) ist nach Riese umgestaltet; beibehalten ist nur v. 57 *iuvenilia* und 107 *pelago terraque* (nach cod. Laurent. 223). Druckfehler sind wohl v. 9 *nec stirps prima fuit* (statt *fui*) und 43 *saepe suas* (statt *suas*) *volucres*. Die anmerkungen sind bis auf wenige nothwendige verbesserungen unverändert geblieben. Auch der zweite und dritte theil der einleitung (inhalt und entstehungszeit der Fasten; das römische jahr und seine eintheilung) hat wesentliche änderungen nicht erfahren; einzelne ergänzungen aus der neuesten literatur sind meist in den anmerkungen nachgetragen. Anerkennung verdient die beifügung des *Menologium rusticum Colotianum*, sowie der übersichtlichere abdruck der *Fasti Venusini* am schlusse der einleitung, beide leider nicht ganz ohne fehler.

Die grundsätze, nach welchen Peter die textesrecension vorgenommen hat, sind von ihm inzwischen in seiner *Disputatio critica* (vgl. darüber PhiloL anzeiger IX, p. 156—160)[1]) näher dargelegt und bei der diesmaligen revision des textes im großen und ganzen beibehalten worden. Im einzelnen — und zwar an über 60 stellen — ist dagegen näherer anschluß an die ausgabe Riese's zu constatieren, wobei eine nicht geringe anzahl schon von Gierig und Merkel gebilligter lesarten wieder zu ehren kommt. An conjecturen hat Peter u. a. jetzt mit Riese I, 49 *toti* und VI, 662 *frangeret artis opus* .... (beide nach Kreußler) und II, 739 *murus* (nach Nodell) aufgenommen. Erwünscht wäre eine aufklärung im anhang darüber gewesen, warum jetzt nach Riese IV, 511: *redigebat monte capellas*, V, 463 *nunc sum elapsa* (so ist wohl zu lesen statt *nunc sum relapsa*) corrigiert wird, während in der Disputatio critica p. 11 nach cod. U *redigebat rupe* (so ist dort zu lesen statt *rure*), p. 19 nach einigen der geringeren handschriften *nunc elapsa* vorgezogen wurde. — Von sonstigen änderungen sind folgende zu erwähnen: I, 85 *spectat* nach cod. DTς (so übrigens schon Merkel[1]); 227 *Finieras*. *Monitus placidis* etc (statt *Finieras monitus. placidis* etc.)

[1] Peter's urtheil (anhang p. 5, anm. 1), meine recension sei einseitig und geeignet, über seine abhandlung falsche vorstellungen zu erwecken, spricht mir entweder die nöthige gewissenhaftigkeit und unbefangenheit oder urtheilsfähigkeit ab. Was ersteren punkt betrifft, bin ich mir bewußt, mein urtheil über Peter's abhandlung, deren unleugbare vorzüge ich ausdrücklich anerkannt habe, ohne jede voreingenommenheit gebildet und die formulirung desselben in jener anzeige ebenso frei von einseitiger lobhudelei wie unbegründetem tadel gehalten zu haben. Ueber den zweiten punkt zu urtheilen, ist nicht meine sache. — Wenn Peter weiter erklärt, bei beurtheilung seiner angaben über die lesarten der handschriften hätte ich die gesichtspunkte nicht geschieden, von denen aus in den einzelnen kapiteln der untersuchung die lesarten von ihm ins auge gefaßt worden seien, so bin ich für die aufklärung dankbar, daß es für ihn gesichtspunkte gibt, welche gestatten, incorrecte, wenn nicht unrichtige angaben über die handschriftlichen lesarten zu machen.

nach E. Hoffmann (dagegen spricht die parallelstelle Met. II,
103, sowie der weite abstand zwischen *verbis* in v. 228 und
monitus, welchem übelstande Hoffmann durch die sehr unwahr-
scheinliche vermuthung *clavigeri* (statt *claviger* xm v. 228) abzu-
helfen gesucht hat); 231 *sub imagine* mit Madvig; 325-830
werden nach Gilbert's vorgang wieder in der überlieferten reihenfolge aufgeführt; II, 669 *inmotus in aede* nach Gemoll;
III, 236 *lapsae . . nives* mit cod. AD,· (= Merkel¹); 664 *in
sacri vertice montis agit* nach Bentley; IV, 13 *mensem* mit cod.
DBVLς (= Merkel¹); 83 *ergo ego iam longe* nach cod. ZM
(= Gierig); 21) *priscique manent imitamina facti* = cod.
BCZM,· und Lactanz; 349 *sic cetera quaero* nach cod. Dω,
bez. ADω; 393 *causae* nach Gierig und Gilbert mit einigen
codd. (beide letztgenannten änderungen repräsentieren die ältere
vulgata); 429 *Tot auberant illic* aus eigener conjectur; 507 f.
Quod nunc Cerialis Eleusin dicitur, hoc Celei rura fuere semis nach
A und den meisten handschriften (= Merkel¹); V, 131 *multa
solutae* mit cod. CZM (= Merkel¹); 436 *accipit ante fabas*
nach cod. UDBC,· (schon von Neapolis empfohlen und von
Burmann gebilligt); 539 *iras* und VI,388 *tradere vultis* nach
den handschriften außer U (= Merkel¹); VI, 481 f. *Quae . . . .
petat als abhängiger fragesatz* zu v. 484: *dirige vatis opus* aufgefaßt (so schon Taubner); 571 *stemim constat* nach 2ς. Endlich werden v. 739 f. athetiert, was bereits Heinsius, Burmann
und Merkel gethan haben. — In bezug auf die interpunktion
hat Peter dem texte eine wesentliche vereinfachung, vielfach in
übereinstimmung mit Riese, angedeihen lassen, ebenso manche
unebenheiten in der orthographie ausgeglichen. Stehen geblieben
ist VI, 812 *annuit* (sonst immer *adnuo*); IV, 573. 944. VI,
640 *inmensus*, I, 677. V, 221. 537. VI, 278 *immensus*; III, 847
quaecunque (sonst *quicumque*); V, 206. 224 *querela*, III, 471.
IV, 83. 481 *querella*. Von druckfehlern ist der text ziemlich
rein; aufgefallen sind nur, außer dem oben erwähnten *relupsa*,
IV, 61 *sermoone*, V, 497 *referentur* (statt *referuntur*), VI, 509
sim u ex.

Verhältnißmäßig wenig geändert scheinen die anmerkungen
zum texte zu sein, deren gruppierung jedoch durch — leider
nicht ganz consequent durchgeführtes — hervorheben der haupt-
abschnitte durch fette und gesperrte schrift an übersichtlichkeit

entschieden gewonnen hat. An einigen stellen fehlt noch immer eine deutlichere auszeichnung des betreffenden abschnittes, besonders bei den astronomischen angaben, so z. b. I, 311 ff. (untergang des krebses), 457 f. (aufgang des delphin), II, 145 f. (aufgang des wassermannes). Den frühlingsanfang (II, 149 f.) läßt Peter auch jetzt noch am 10. (statt 9.), den darauffolgenden spätanfang des Arctophylax (II, 153 ff.) am 12. februar statt am 11. sich ereignen, während er im anhang p. 25 letzteren ansatz nach Ideler zu billigen scheint. — II, 133 ist *tuendo* nicht zu erklären = durch d e i n, sondern = durch s e i n schützendes walten. — In der vom dichter nicht ganz ausgearbeiteten stelle III, 179—252 wird die entstehung der feier der Matronalia durch darlegung sechs verschiedener gründe (III, 179 —230, 231 f., 233 f., 235—244, 245—248, 249—252) erklärt, welche gruppierung sich aus Peter's angaben schwerlich erkennen läßt, da er den zweiten grund, obwohl gerade über diesen im anhang p. 39 eingehender gehandelt wird, ganz übergeht und den fünften und sechsten in einen zusammenwirft. — III, 416 wäre zur erläuterung von *carpere aethera* zunächst auf V, 88 zu verweisen gewesen. — Daß Augustus gladiatorenspiele an den *Quinquatrus maiores* förmlich eingeführt habe, wie in anmerk. zu III, 813 behauptet, wird schwerlich zu erweisen sein. — IV, 843 findet sich die höchst künstliche interpretation, daß in *occupat* der begriff „hindern" hier zurücktrete und nur das tödten bleibe. Ebenso ist V, 714 die künstliche erklärung von *negas* durch M. Seyffert beibehalten, zu der jedoch Peter selbst (a. anhang p. 76) kein unbedingtes zutrauen hat. — Manche erklärungen könnten immer noch knapper, bez. richtiger gefaßt werden: *puras* V, 726 steht einfach proleptisch, IV, 77 ist *erus* prädicative bestimmung zu *Aeneas*, ebenso z. b *ultimus* IV, 856. VI, 466. *lens* (II, 704) ist accusativ des innern objects, cf. VI, 140. 840. *Pascor* (IV, 721) hat nicht nur bei der aufforderung zum gesang den accusativ bei sich, s. n. a. IV, 670. Met. I, 138. VII, 771. An drei stellen (III, 466. V, 557. VI, 474) wird *sous* = ἠῶς erklärt, gerade an erster stelle (I, 140) aber nicht. Daß *aetherius* = *caelestis* aufzufassen sei, wird an vier stellen (I, 473. 682. II, 458. VI, 427) mehr oder weniger ausführlich erläutert, ebenso *summus* = der letzte III, 849, IV, 387.465. VI, 798; *suus* = eigen, eigenthümlich II, 108. 542. 791. IV, 368

u. a. m. Die erklärung von *parcite* VI, 621 ist nach der anmerk. zu IV, 102 (cf. auch IV, 204) überflüssig. Der metonymische gebrauch von *Bacchus, Ceres, Mars, Venus* wird bald durch den technischen ausdruck, bald durch übersetzung, bald gar nicht erklärt. Etwas elementar gehalten sind erläuterungen, wie *puppem* = synekdoche (II, 95), *corpora* = sich (II, 596), *annos* = accus. der zeitbestimmung (III, 59) u. dgl. m. Eine reihe in der ersten auflage falsch angegebener stellencitate ist jetzt richtig gestellt; trotzdem ist bei einer etwaigen späteren auflage eine nochmalige revision der citate nicht ganz überflüssig.

Besondere sorgfalt hat Peter diessmal dem anhange zugewendet, der eine elegantere äussere ausstattung erhalten hat und infolge der reichlichen nachträge von 64 seiten der ersten auflage auf 92 angewachsen ist. Insonderheit hat der hsg. jetzt einen theil der von ihm schon früher vorgezogenen lesarten, sowie eine anzahl der in der zweiten auflage vorgenommenen änderungen durch genaueren hinweis auf die handschriften eingehend gerechtfertigt. Von den neu gegebenen erklärungen verdienen einige, so die über die Tarpejasage (I, 261 ff.) nach Merkel und Gilbert, über die *Vinalia* (zu IV, 863), über *Cardea* und *Carna* (zu VI, 101 —188), endlich die vertheidigung der lesart *quartus — bis* (VI, 768), besondere beachtung. Die bemerkung zu I, 311 ist unvollständig. *aberis* stammt nicht von Pfaff, sondern, wie dieser selbst (de ortu sid. p. 94) bezeugt, von Kästner (Neue philol. bibliothek. II. Leipzig 1777. p. 7). Zu I, 307 war Zingerle's aufsatz: Zur behandlung des mythos von der bergeaufthürmung bei römischen dichtern (Zeitschr. f. d. österreich. gymnasien. XXIX. 1878. p. 5 ff.) zu vergleichen. — Daß der officielle stil der Arvalacten beim Iupiteropfer die ausdrücke *tauri* und *iuvenci* verwechsle, wie zu I, 579 behauptet wird, ist unrichtig. Es ist dort nur im allgemeinen von *boves mares* (oder auch geradezu nur von *mares*) die rede. Weiter hat auch Marquardt, auf den Peter sich beruft, (Röm. alterth. VI, p. 167) nichts behauptet. I, 599 f. bezieht Peter noch immer gegen Merkel auf C. Julius Caesar dict., während er doch in anmerk. zu II, 141 selbst zugesteht, „Caesar ist entsprechend der gewöhnlichen ausdrucksweise der zeit in den Fasten meist Augustus." Warum also nicht hier, zumal da, wie neuerdings Riese (Bursian's Jahresbericht. XIV. p. 251) wiederum erwiesen hat, durch diese auffassung der sinn der stelle nur gewinnt? — Daß ich (Philol. anzeiger VI, p. 488) auch I, 597 f. der zeit des exils ungesprochen habe, erscheint Peter (anb. p. 22, anm. 1) nicht recht begreiflich, weil des Drusus tod in das jahr 9 vor Chr. falle, Ovid's verbannung aber erst im jahre 8 nach Chr. begonnen habe. Das konnte der grund für meine annahme freilich nicht sein. Für diese schien mir zu sprechen der stoßseufzer in v. 598, sowie der umstand, daß das auf Drusus, den vater des Germanicus, sich beziehende distichon einer nach der von Peter acceptierten Merkel'schen hypothese von Ovid im exil umgearbeiteten versgruppe angehört. Auf eine beurtheilung der am schlusse der bemerkungen zum ersten buch gegebenen übersicht der der zweiten bearbeitung zuzusprechenden verse will ich hier nicht eingehen, jedoch erwähnen, daß im anhange I, 295—310. 701—704, in den anmerkungen zum texte dagegen I, 297—310. 697—704 der zeit des exils vindiciert werden. — Zu II, 193 f. (*Ferias Fauno*) war auf die neu aufgefundenen *Fasti Esquilini* (cf. Ephem. epigraph. III, p. 10. C. Inscr. L. VI, 1, p. 635) zu verweisen, für *Acca Larentia* (III, 55 ff. IV, 854. V, 453) auf Mommsens aufsatz in: Festgaben für G. Homeyer. Berlin 1871, p. 91 ff. (abgedr. in: Röm. forschungen II, p. 1 ff.). Für die *Parilia* (IV, 721 ff.), *Fordicidia* (IV, 629 ff.), das Argeeropfer (V, 621 ff.) u. a. m. hätte Mannhardt, wald- und feldkulte, bd. II, verglichen werden können. Aus der bemerkung zu III, 399 ff. geht nicht hervor, daß Ideler, ausgehend von der lesart *nox onersa*, die stelle ganz anders auigefaßt hat, als Peter. Zu III, 634 war zu erwähnen, daß E. Hoffmanns conjectur *metu* sich als variante schon im cod. L. findet. — Marquardt selbst identificiert (a. o. p. 550) nicht, was Peter zu IV, 133 ff. behauptet, die *Fortuna Virilis* mit der *Venus Verticordia*, spricht sich vielmehr nur dahin aus, daß diese vielleicht mit jener identificiert worden sei, wie denn auch Ovid a. o. die beiden nicht sonderlich scharf auseinanderhält. Wenn Peter auch jetzt noch die ansicht Merkel's (Prol. p. LXXIII f.), IV, 900—904 hätten ursprünglich am ende des dritten buches gestanden und seien erst später von unberufener hand in das vierte übertragen worden, für wahrscheinlich hält, sei darauf hingewiesen, daß bereits Hertzberg (Zeitschrift f. d. alterthumswissenschaft 1846, p. 244) die unmöglichkeit einer derartigen auffassung der stelle klar erwie-

zu hat. — Mit recht hat Peter zu V, 230 Usener corrigiert, der (Rhein. museum XXX, p. 218) das fest der Flora auf den 2. Juni statt 2. mai angesetzt hat. Darum braucht aber doch des letzteren hypothese von einem inneren zusammenhange zwischen dem ansatze der empfängniß der Iuno auf das fest der Flora (2. mai) und des geburtstages des Mars auf den 1. märz nicht hinfällig zu sein, wie Peter annimmt. Denn daß nach gewiß alter rechnung die schwangerschaftsperiode auf 10 monate angesetzt wurde, bezeugt am besten gerade Ovid (cf. Fast. I, 33 f. II, 175. 447. III, 124. V, 534. Heroid. XI, 46. Met. IX, 286 u. a. m., dazu auch Gellius, Noct. Att. III, 16). Die angaben über den stammbaum der Marcia (zu VI, 802) sind nicht ganz richtig. Nach Borghesi (Oeuvres V, p. 139 f.) war L. Marcius Philippus, der vater der Marcia, nicht der sohn des consuls 56 v. Chr. aus dessen (2.) ehe mit Atia maior, sondern aus erster ehe. Die verwandtschaftsverhältnisse der gentes Atia und Marcia mit dem Julischen kaiserhause hat übrigens bereits Biondi (Dissert. dell' accad. Rom. di archeologia VI, p. 325 ff.), auf den Borghesi sich bezieht, näher dargelegt.

Im anhange sind auch diesmal wieder die conjecturen Bentley's aus der Londoner ausgabe von 1827, theilweise mit änderungen, abgedruckt. Peter hat inzwischen erkannt, daß die emendationen zu IV, 429 f.: *Tot versant* (so ist zu lesen für *versant*, wie die Londoner ausgabe, jedoch mit dem zusatze: *ut videtur*, als Bentley's conjectur bietet; Heinsius proponierte *versant*) *illic . . . colores pictaque dissimili flore resides humus*, ferner IV, 441 *loci sine nomine flores* nicht von Bentley zuerst, sondern bereits von Nic. Heinsius aufgebracht worden sind, und daß ebenso die athetese von V, 37 f. von diesem zunächst und nicht von jenem stammt. Eine genauere vergleichung der älteren ausgaben ergibt, daß auch noch eine nicht unbedeutende anzahl anderer, bislang für echt gehaltener Bentleiana älteren ursprungs ist: *so amicitur frondibus arbor* (I, 153), das bereits von Heinsius als lesart von vier codd. aufgeführt und für *non male* erklärt wird. *Post ea scitabar* (I, 165) ist Heinsius' conjectur. I, 174 sagt Peter: „*Ad quoscumque voles*, Bentley (früher las man *velim*)". *voles* war aber vulgata bis auf Heinsius, der noch in seiner ausgabe von 1652 so las und erst in der späteren *velim* aufnahm. *Inque dei dextra* (I, 202) conjicierte ebenfalls Heinsins. *Et foenum capiti supposuisse suo* (I, 206) las dieser 1652 nach fünf codd., seit 1658 wieder *supposuisse, fuit*. (Die Londoner ausgabe gibt *supposuisse, suo* als Bentley's emendation, ein beweis für die leichtfertigkeit des herausgebers). I, 282 war *numine clausus ero* vulgata bis auf Dan. Heinsius, erst Nic. Heinsius zog nach 3 codd. *nomine* vor. Ebenso war *Felices animae* (I, 297) vulgäre lesart bis auf Nic. Heinsius, der zuerst 1658 *animos* in den text setzte. Die conjectur *multam praeterito tempore* (I, 476; Londoner ausgabe: *multam praeterito, tempore*, so früher auch Peter) stammt ebenfalls von Heinsius (cf. auch dessen anmerk. zu Rem. am. 632). II, 631 war *boni* vulgata bis auf Burmann. Daß die interpunktion: *dis generis date tura, boni* wirklich von Bentley selbst herrühren soll, erscheint mir angesichts der notorischen unzuverlässigkeit der Londoner ausgabe sehr zweifelhaft. Diese bietet II, 637 als Bentley's emendation die unmögliche lesart: *Et bene nos, bene te, patriae, pater* (so auch Peter), die darauf zurückzuführen ist, daß der englische herausgeber Bentley's bemerkung: *bene te, patrias* ohne änderung der interpunktion an stelle von: *Et bene nos, patriae, bene te, pater*, wie man seit Heinsius 1658 las, in den text eingesetzt hat. *Et bene nos, bene te, patriae pater*, also genau wie Bentley, las Heinsius 1652. *Tertia mandatas acceperat* (III, 557) zog derselbe 1652 nach cod. Ambrosianus vor, seit 1658 *mandandas*; *primas mihi flore juventas* (V, 525) ist conjectur Burmann's; *causa, quod horrendum stridere — solent* erwähnt Heinsius (VI, 140) als vorschlag von Ianus Ulitius. Unerwähnt hat Peter auch diesmal die emendation: *Hesperus ut fusco* (II, 314; so auch schon Burmann in der anmerkung zu dieser stelle) gelassen[1]). Zu II, 46 (Bentley: *puta stis aqua*) hätte bemerkt werden können, daß Bentley in anmerk. zu Horat. Sat. I, 10, 21 *putetis* vorzieht. II, 244 darf neben Bentley's *nitet* nicht unerwähnt bleiben, daß Heinsius

---

[1]) Beiläufig die hälfte also der sogenannten emendationen Bentley's zu den Fasten geht auf frühere lesarten oder conjecturen anderer zurück. In noch höherem maße ist dies, wie von mir in dieser richtung angestellte untersuchungen ergaben, bei den Bentley'schen emendationen zu den übrigen Ovidischen dichtungen der fall. Zu einer gerechten beurtheilung der leistungen des unsterblichen englischen kritikers gehört demnach vor allem eine sorgfältige scheidung seines wirklichen eigenthums von dem seiner vorgänger. Jedenfalls hat ein Bentley es nicht nöthig, sich mit fremden federn schmücken zu lassen.

aus einem cod. Vaticanus *micas* citiert. Bei II, 845 (Bentley: *aversa*) ist auf Heinsius' *adversa* (nach 8 codd.) und Burmann's anmerkung zu Heroid. XII, 63 zu verweisen. Zu VI, 652 wäre hinzuzufügen, daß Bentley auch Am. I, 1, 7 *fravae* (statt *flavae*) conjicierte. Die weitere parallelstelle Trist. I, 10, 1 scheint ihm entgangen zu sein. *Gustav Nick.*

57. M. Tulli Ciceronis scripta quae manserunt omnia recognovit C. F. W. Mueller. Partis IV, voll. 1. 2. 3. Lipsiae 1878. 79. B. G. Teubner.

Dem herausgeber standen für den vorliegenden, die philosophischen und politischen werke nebst den fragmenten umfassenden theil seiner gesammtausgabe des Cicero neue handschriftliche quellen nicht zu gebote. Wenn er trotzdem in der gestaltung des textes einen meines erachtens nicht unbedeutenden fortschritt gemacht hat, so ist dies um so mehr anzuerkennen, beruht aber weniger auf den emendationen des herausgebers und anderer kritiker, wie oft auch im einzelnen durch dieselben der text geheilt oder gebessert erscheint, als auf einer strengen, durchweg methodischen benutzung der handschriftlichen überlieferung im allgemeinen und einer sorgfältigen abwägung des werthes der einzelnen handschriften im besonderen.

In letzterer hinsicht schlägt Müller den bei der schlechten überlieferung der *Academica posteriora* noch verhältnißmäßig besten cod. Gudanensis höher als die bisherigen herausgeber an und bringt ihn besonders auch in der wortstellung z. b. §. 6 *illi simpliciter*; *pecudis enim*, §. 7 *omnino negat*, §. 25, 26 und a. a. o. zur geltung. Vielleicht empfiehlt es sich auch §. 7 statt *sequare*, der lesart des Gudanensis *sequatur* folgend, *sequamur* zu schreiben. Im *Lucullus* sind mir bei Müller einige abweichungen vom Vindobonensis, welche den werth desselben ohne grund beeinträchtigen, aufgefallen, z. b. §. 22 *una aut duabus* statt *et*, 40 *etiam falsum* statt *falsum etiam*, 45 *profecit* statt *fecit*, 59 *nulla re* statt *re nulla*. Dagegen hat er das von Halm aus V⁴ aufgenommene *refello propter* mit recht zurückgewiesen, denn augenscheinlich ist es äußerlich zurecht gemacht wie §. 74 *illis rebus*. Meist in übereinstimmung mit Baiter hat Müller in *de Finibus* an einer ganzen reihe von stellen die lesarten von *A* Madvig gegenüber wieder geltend gemacht, welcher besonders in der doch wesentlich von der autorität der handschriften abhängigen wortstellung jenem weitaus besten codex viel zu geringes gewicht beigelegt hat. Mitunter ist aber Madvig doch im recht, z. b. wenn er II, 10 in den worten *esse in motu voluptatem, quas faciat varietatem voluptatum*, in denen der ausdruck doch noch anders und schlechter ist als an der von Müller angeführten stelle II, 75, *quas* zurückweist und dafür *qui* einsetzt. Eine vollständige ignorirung der geringeren handschriftenklasse, die Schiche in der recension von Madvig's de fin. ed. III (Zeitschr. für gymnas. wesen 1879, p. 196) Müller wie Baiter zum vorwurf gemacht, habe ich nicht wahrgenommen; sagt doch Müller selbst vol. I, praef. p. XIV „*nec tamen carere possumus aliis (codicibus) omnino deterioribus, sed nonnumquam non solum minus depravatis, verum etiam plenioribus.*" Für die *Tusculanen* sei die benutzung der neueren, von M. Seyffert veranstalteten collation des Gudianus erwähnt, die manches versehen Halms berichtigt. In der vorbemerkung zu *de Nat. deorum, de Divinatione, de Fato* sagt Müller irrthümlich, daß hier „*optimi codices sunt iidem, qui Luculli, Leidenses A. B. H et Vindob. V*," während bekanntlich diese schrift im Leid. *H* gar nicht existirt. Dieser handschrift folgend bietet Müller mit Schömann ND. II, 103 *quae si singula vos forte non movent, universa certe . . . . debebunt*, aber das futur ist hier nicht viel besser als das von Baiter nach den andern handschriften gebotene imperfect; das richtige liegt wohl in der mitte, nämlich *debent*, das, durch dittographie zu *debebant* geworden, leicht zu jenen schreibungen führen konnte. Für *de Re publica* habe ich die freudige genugthuung, die in meiner (übrigens nicht 1873, sondern 1874 erschienenen) dissertation „*de antiquo Cic. de rep. librorum emendatore*" als sichere handschriftliche grundlage erwiesene man. 2 des Vaticanus von Müller als solche in durchgehender übereinstimmung mit mir anerkannt zu sehen. Doch geht Müller unbedingt zu weit, wenn er öftern auch in der orthographie den in dieser beziehung unzuverlässigen änderungen zweiter hand den vorzug giebt, vgl. Diss. p. 87 f. Gegenüber Vahlen's wegwerfendem urtheil über den werth des Leid. H für die textesgestaltung der bücher *de Legibus* begegnen sich, unabhängig von einander, Müller und H. Jordan (Krit. beitr. p. 225 ff.) in der anerkennung und behandlung jener handschrift als selbständiger quelle der überlieferung. In *de Of-*

Acie recurrirt Müller nur im nothfalle auf Bern. c und Pal. p und legt dem Bern. a absolut keinen werth bei, während ihm Bern. b (auch in orthographie und wortstellung cf. II, 29, 45, 75) als beste quelle gilt. Im *Cato maior* setzt Müller den Leidensis Lahmeyer gegenüber, der denselben ungünstiger beurtheilt, wieder in den verdienten vorrang ein; dagegen weicht er in der werthschätzung des von Baiter aufgefundenen Rhenaugiensis Q hier und da von jenem ab. Im *Laelius* endlich folgt Müller dem Parisinus mit recht noch an weiteren stellen als Baiter z. b. §. 14 *adesset*, §. 38 *de quibus memoria accepimus*, und auch *quaeritur* 16, *duo* 20 hätte ich lieber beibehalten als mit *quaeruntur* und *duos* der übrigen handschriften vertauscht gesehen.

In der den einzelnen bänden vorausgeschickten *adnotatio critica* tritt der herausgeber nicht mit der prätension auf, die früheren gesammtausgaben überflüssig zu machen, es ist ihm nicht darum zu thun, jede handschriftliche discrepanz zu verzeichnen und auch über bereits feststehende lesarten rechenschaft zu geben, sondern nur an den stellen, wo er sei es durch die wahl einer handschriftlichen lesart oder durch die aufnahme eigener oder fremder emendationen von den früheren ausgaben abweicht, dies zu bemerken, hier und da auch zu begründen. In dieser beschränkung aber lassen die vorbemerkungen an vollständigkeit und genauigkeit kaum etwas zu wünschen übrig. Einige ergänzungen und berichtigungen freilich lassen sich immer noch nachtragen, und so mögen die folgenden dem verehrten herausgeber das lebhafte interesse, mit dem ich seine ausgabe verfolgt habe, bekunden. Acad. I, 19 fehlt nicht blos *e natura*, sondern *omnia e natura* im Gedan.; so Ac. II, 7 bemerkt Müller: '*et audiendo*' *om. in uno cod. Vindob.*, aber es ist auch im Gudianus ausgelassen; II, 75 war die von Baiter, freilich mit unrecht, in den text aufgenommene änderung des Manutius *imitari? cum quem* zu erwähnen. Ac. II, 76 ist, wie dies auch an vielen andern stellen und an den meisten wohl nicht unabsichtlich geschehen ist, der wirkliche urheber der lesart bei Baiter *Cyrenaici tibi videntur — philosophi?*, nämlich Durand, und Manutius, nach welchem Müller *videntur* in klammern gesetzt hat, nicht genannt; so stammt z. b. auch Tusc. I, 116 die ausscheidung von *Codrum — fore* nicht von Baiter, sondern von Morstadt. Ac. II, 79 vermißt man die angabe, daß *id*, was Müller in *ita* verwandelt, von Baiter und

Halm nach Manutius gestrichen ist, II, 60, daß *audiet — egerit*, was Müller mit Baiter im texte hat, auf cod. Ursini zurückgeht. Ac. II, 135 haben Baiter und Müller nach ed. Rom. *ab Academia*, dagegen Orelli und Halm den bloßen ablativ. Zu Tusc. I, 117 '*peremit* Baiter' und ND. I, 16 '*M. etiam Piso* Baiter' mußte hinzugefügt werden: in der ed. Tauchn., denn in der ed. Tur. schreibt Baiter *perimit* wie Müller und *M. cuin Piso*. Die lücke in dem satze *quorum singuli — memoria* RP. I, 1 hat vor Müller schon Hand (Tursell. IV, 593) erkannt; I, 7 ist *cui* vor *cum* von m. 2 hinzugefügt; I, 13 muß ich in betreff der emendation *ad rationes civilium rerum* (die stellung *rerum civilium* bei Müller ist irrelevant und empfiehlt sich weniger) die priorität für mich in anspruch nehmen, vgl. meine Diss. thes. I. Das überlieferte *ad rationes omnium rerum* würde eine unmögliche universalität des stoffes für das erwähnte gespräch und demnach auch für die schrift *de re publica* voraussetzen, die doch trotz dem *somnium Scipionis* nur politischen inhalts ist und sein kann; die vorgeschlagene änderung ist übrigens paläographisch außerordentlich leicht. De leg. II, 19 ist die angabe über *A*, welches zeichen dabei aus versehen ausgefallen ist, *nec ulla* (*c ul in ras.*) weder mit der betreffenden bemerkung bei Halm noch mit der bei Vahlen in übereinstimmung; zu II, 45 findet sich nur die lesart der schlechteren handschriften *quodcumque*, nicht die der besseren *ABH quodque* angegeben; III, 6 schreibt Müller sowohl von Halm als von Baiter abweichend *iisque* (codd. dett.) *circa* (H.), ohne dies zu bemerken.

Was die emendationen betrifft, so ist, auch abgesehen von der aufnahme derselben, die entscheidung über die nothwendigkeit oder auch nur über die zweckmäßigkeit einer mittheilung derselben für den herausgeber oft sehr schwer. Vermißt man nun auch in der vorliegenden ausgabe besonders manche ältere verbesserungsvorschläge — die neueren, auch solche, die aus zeitschriften und programmen mühsam zusammenzulesen waren, sind in ziemlicher reichhaltigkeit mitgetheilt —, so ist doch im ganzen die auswahl eine sehr umsichtige und sorgfältige zu nennen. Die eigenen emendationen des herausgebers sind nicht gerade zahlreich — den meisten begegnet man in den Academica, de Finib., de Nat. deorum, de Divinatione, de Fato und Paradoxa —, aber soweit sie aufnahme in den text gefunden haben, sind sie, wenn

auch nicht immer nothwendig, doch fast durchweg nicht blos
sinnentsprechend, sondern auch der handschriftlichen überlieferung aufs genaueste angepaßt. Treffliche verbesserungen sind,
um einige wenige zu nennen, Ac. II, 58 *nihil<o> enim magis
adsentiri par <est> hoc illud esse, quam si — nihil interesset* mit
guter erklärung der schwierigen stelle, II, 88 *somniasse se*, 'codd.
somniare, sed in V re punctatum', II, 98 *ex se* statt *esse*, Tusc.
III, 12 *naturale* statt *naturabile* (vulg. *natura*), eine, wie zu der
stelle gezeigt ist, nicht seltene vertauschung, ND. III, 64 *dica-
mus indigna iis*, überliefert ist *dicalius ignois immortalibus*, wovon
aber das letzte wort nicht als interpolation aufzufassen, sondern
versehentlich aus *dis immortalibus* wiederholt zu sein scheint, Legg.
I, 42 *ea quae propter utilitatem constituitur, <et> utilitate illa*,
wodurch *illa*, auf *iustitia* bezogen, zum subjekt wird. Nicht unbedenklich, wenn auch sehr ansprechend ist die änderung Legg.
II, 63 *ab illo primo rege* aus dem in B¹ II überlieferten *illo mores a*. Noch gewaltsamer sind verbesserungsvorschläge wie Ac.
II, 75 *sed ne imitari quidem philosophum quemquam nisi* statt *sed
etiam imitari numquam nisi* oder RP. II, 10 *transmarinas subveheret*
statt *mari absorberet*, wo vielleicht die versetzung des folgenden
invectas vor *absorberet* ausreicht. Diese und ähnliche conjecturen begnügt sich aber Müller nur vermuthungsweise voran-
bringen. Dagegen hätte er die zu RP. I, 65 vermuthete umstellung *periit illud ilico genus (i. e. regium) finitimum optimo et est
idem illa tyrannus, deterrimum genus*, getrost in den text aufnehmen
sollen.

Um hier noch von den stellen abzusehen, an denen das bedürfniß einer änderung mir nicht so dringend erscheint wie dem
herausgeber, bin ich hier und da auch über die art der emendation mit ihm nicht einverstanden, z. b. Ac. I, 27 *quas* (ma-
teria) + *tota omnia accipere possit* ist von Müller ziemlich scho-
nungslos in *quas una omnia* verwandelt worden: mir scheint *tota*
im gegensatz zu den bald darauf erwähnten atomen und im hinblick auf das weiter folgende *materiam ipsam totam* etc. am rande
verzeichnet gewesen und dann in den text gerathen zu sein.
Ac. I, 32 + *in qua tradebatur omnis dialecticae disciplina* kann
weder durch Madvigs *ita*, noch durch Müller's *denique* als geheilt betrachtet werden: ich vermuthe *qua <via> tradebatur*.
(Daß *in* nach *volebant* leicht ausfallen konnte, bedarf kaum der

erwähnung). Bei den zahlreichen auslassungen im Lucullus scheint §. 70 Halm's ergänzung eines *cum* vor *speraret etiam* einfacher als *speraniem*. §. 125 bieten statt des handschriftlichen *quod movebitur corporum cedat* Halm und Baiter mit leichter einschaltung *quo <qui>d movebitur corporum <corpus> cedat*, welcher lesart gegenüber die Müller'sche *qua quodque movebitur corpus, aliud cedat*, bei welcher die entstehung von *corporum* ganz unerklärlich bleibt, zurückzuweisen ist. ND. II, 72 durfte Müller das störende *tamquam* nicht ohne weiteres bei seite lassen: Schömann scheint hier mit *itemque* das richtige getroffen zu haben. Legg. II, 45 schliefst sich *quodcumque*, wie in zwei geringeren handschriften statt *quodque* steht, dem platonischen original wie der überlieferung enger an als Müller's *quod quisque*. Der ausfall des subjects *quis* darf sonst in einer gesetzesstelle nicht befremden cf. II, 9 *si is ius vocat*, II, 60 *legito quo — faciat*, aber auch part. or. 131 *si — quidpiam fecerit* u. a. m.

In der annahme von interpolationen ist Müller mit recht sehr zurückhaltend. Um mit den von ihm selbst aufgedeckten zu beginnen, so scheinen mir unter anderen folgende sicher: Ac. I, 15 *id quod constat inter omnes*, ND. II, 131 *et tamen multa dicuntur*, Fin. II, 71 *quod certissimum est*, Parad. pro. 4 *ab ipsis etiam παϱάδοξα appellantur*, ND. II, 123 *aliis (generis) bestiis*. Dagegen ist Ac. I, 30 *iam a Platone ita nominatam* als zusatz zu *hanc illi ίδέαν appellant* zwar nicht gefällig ausgedrückt, aber sachlich durchaus an seiner stelle. Ac. I, 46 in *eadem Arcesilas ratione permansit* ist der name von Müller eingeklammert und allerdings entbehrlich, aber es scheint doch nicht ganz ohne belang, daſs durch denselben die beziehung auf *vetus academia* verhütet wird. Ac. II, 67 glaube ich in dem satze *Carneades non numquam secundum illud dabat, adsentiri aliquando. Ita sequebatur etiam opinari* die worte *non numquam secundum* vor der annahme einer interpolation schützen zu können, indem ich *secundum* etc. übersetze „als den untersatz des schlusses räumte er das *adsentiri aliquando* ein" (vgl. Halm zu der stelle) und *non numquam* hinter *opinari* setze, wohin es der stringenten folgerung gemäſs auch gehört.

Die zahl der stellen, an denen Müller bisher angenommene interpolationen nicht als solche anerkennt, ist auſserordentlich groſs, z. b. in de Divinatione hat Müller an nicht weniger als 22 stellen von 34, die als interpolirt verdächtigt waren, die klammern aufgehoben, an einigen allerdings nicht ohne bedenken. Besonders ist es Baiter in der kleineren ausgabe, der öfters worte, an denen man höchstens das aussetzen kann, daß sie leicht entbehrlich sind, als unechte ansätze kennzeichnet, s. h. Tusc. I, 26 *si potes* und *docebis*, I, 52 *praeceptum Apollinis*, [quo monet] *ut se quisque noscat*, ND. I, 145 das wiederholte *cognoscunt*, das nicht blos in dem, von Baiter freilich auch als unecht betrachteten *diligunt* I, 165, sondern auch in *licebat* Legg. II, 65, *videmus* Fin. II, 110, *dicwret* Fin. IV, 47, *facias* Sen. 17 seine analogie hat. Wer Tusc. I, 74 *leges enim vetant*, eine bemerkung, die wegen des folgenden gegensatzes nicht einmal als überflüssig gelten kann, darum weil es mit dem vorhergehenden *dominans illo in nobis deus* in widerspruch stehe, für falsch hält, verkennt ganz die natur des bildlichen ausdrucks. Tusc. II, 3 wird *rebus* in dem ausdruck *quibus rebus editis* allgemein entweder beseitigt oder mit *libris* vertauscht, aher Müller macht unter hinweis auf Legg. II, 18 *leges a me edentur* auf die bedeutung von *edere = proferre*, *exponere* aufmerksam, und wie er hier durch eine von der gewöhnlichen abweichende interpretation die echtheit eines wortes zu schützen weiß, so in andern fällen durch aufnahme einer geeigneten emendation, z. b. de Div. I, 36 *numeris et modis stellarum* statt *motibus*. Mitunter scheint aber Müller in der abwehr von interpolationen zu weit zu gehen, z. h. Ac. II, 13 ist *ut videmus* und *ut suspicantur* mit folgendem *mentiuntur* in entschiedenem widerspruch. Tusc. I, 15 läßt sich *in vita* nicht halten, ob man es zum vorangehenden oder zum folgendem satze zieht, wohl möglich dagegen ist das zweite *post mortem* in §. 16. Tusc. I, 19 *et animosos — sententia* ist eine durchaus ungehörige erweiterung, zu welcher die veranlassung für den interpolator nahe lag. Tusc. II, 18 kann wohl Cicero, nachdem er *mehercule* gesagt hat, nicht noch einmal *Hercule* zu *eo ipso, per quem iuravi* erklärend hinzugefügt haben. Div. II, 118 enthält *Delphicis* zu *oraculis* hinzugefügt eine unnöthige beschränkung der von Cicero gezogenen folgerung. ND. II, 142 das zweite *primum* beibehalten heißt dem Cicero eine unerträgliche nachlässigkeit im ausdruck zumuthen. Tusc. I, 108 ist *ita — sentiamus* mindestens mit Wesenberg als erstmalige gestaltung des nachher an dessen stelle gesetzten *sed ita — pertinere* einzuklammern, die tautologie ist zu offenbar. Deutliche spuren der interpolation trägt, auch abgesehen von der störung des zusammenhangs, der absatz *sed certe — tamquam lege vivere* Legg. I, 56, und auch Off. I, 8 liegt eine, wenn auch sehr alte interpolation vor.

Unabsehbar ist die reihe der stellen, an denen der herausgeber die handschriftlich bezeugten lesarten gegenüber den kritischen versuchen älterer und neuerer vertheidigt und in ihr recht einsetzt. Am lehrreichsten ist dies da, wo unzureichende beobachtung des ciceronischen sprachgebrauchs und die zu engen grenzen, die demselben gezogen waren, die früheren herausgeber und kritiker zu willkürlichen textesänderungen veranlaßt haben. Den entscheidungen, die hier Müller, der durch ein langjähriges erfolgreiches studium des Cicero sich einen scharfen und unbefangenen blick für die eigenthümlichkeiten seiner sprache erworben hat, zu gunsten der überlieferung trifft, wird man nur in den seltensten fällen seine zustimmung versagen dürfen. Wir heben nur einzelne stellen heraus. Cicero schließt Ac. II, 29 seine auseinandersetzung über die inconsequenz der skepsis der akademiker mit den worten *sed de inconstantia totius illorum sententiae ... sit, ut opinor, dictum satis*; daß hier *sit* nicht in *est* zu verändern oder zu streichen ist, zeigen außer Fin. I, 37 auch viele beispiele aus andern schriftstellern. Aus den zu Ac. II, 102 angeführten stellen ergiebt sich, daß *haec, ea, illa, quae* u. s. w. auch ohne beziehung auf eine mehrheit statthaft und, wo es so vorkommt, z. b. Legg. I, 3, Fin. I, 30, Ac. II, 124. 126. 135. Tusc. I, 98 u. s. a. o. nicht zu ändern ist. Zu Ac. II, 126 ist der ausdruck *leviter ut dicam*, wofür Baiter nach Davies mit entsprechender änderung anderer entgegenstehender stellen *leviter* schreibt, durch zahlreiche belege gesichert. Tusc. II, 35 ist der sing. *differt aliquid* (i. e. *inter ea*) gegenüber allen neueren herausgebern mit recht beibehalten, vgl. Madv. Fin. III, 50 und Off. I, 99. Off. I, 106 wird allgemein *si considerare volumus — intellegemus* gelesen, während doch das handschriftliche *volumus* ganz richtig ist, wie einige dutzend stellen, die Müller anführt, beweisen. Off. I, 29 und Parad. 22 bewahrt Müller mit Heine das auch sonst (vgl. Dräger Hist. Synt. II[1], 649) als causalpartikel vorkommende *quando* im texte. Gegen die überlieferung schreibt Baiter ed. min. consequent *non quo* statt *non quod*, was Müller mit recht zurückweist. Legg. I, 33, ND. III, 11, Fin. III, 27 ändert Baiter *et* in *etiam*, aber Dräger II, 28 f. zeigt die auch schon für Cicero verhältnißmäßig große ausdehnung des gebrauches von *et* = *etiam*. Dem subjectiven ermessen, wann eine praeposition zu wiederholen sei, wann nicht, zieht Müller die autorität der handschriften vor und schreibt Ac. I, 20 *in naturam a mores dividebantur*, nicht *in mores*, s. Fin. IV, 16 *diviserunt naturam hominis in animum et corpus*, vrgl. Ac. II, 112, Tusc. I, 116 u. a.

Dem vermeintlichen besserwissen der früheren herausgeber gegenüber tritt Müller besonders auch hinsichtlich des gebrauchs der modi in nebensätzen der *oratio obliqua* (diese im weitesten sinne genommen) zu gunsten der überlieferung ein. Es ist kein grund Ac. I, 10 in dem satze *oratores quidem laudari video, si qui .. sint .. imitati* den nebensatz aus dem obliquen verhältniß zu lösen und *sunt* zu schreiben oder §. 13 *scripserit* mit *scripsit* zu vertauschen, Ac. II, 63 *simulac virum sit* in *est* zu ändern, und geradezu verkehrt ist es Lael. 70 *ut si ... consecuti sint*, *impertiant* gegen die besten handschriften *sunt* zu setzen, in den folgenden analogen sätzen dagegen den conjunctiv beizubehalten Auch Tusc I, 30 braucht der conjunctiv in dem satze *quod nulla gens ... tam sit inmanis* nicht mit Madvig beseitigt zu werden, da Cicero dieses argument für den götterglauben einem andern zuweist. Andrerseits findet sich trotz augenscheinlichen obliquen verhältnisses der indicativ überliefert wie Fin. I, 38 *quod quibusdam medium videtur*, wofür Madvig *videretur* einsetzt, aber die handschriftliche lesart ist doch wohl damit zu rechtfertigen, daß hier gewissermaßen Cicero mit jener bemerkung sich selbst dem Epikur substituirt. Ungenau ist auch der indicativ Tusc. I, 95 *ut, si quis mors adventat, quam chaldaeorum promissa consecuti sumus* und ähnlich II, 12 *cuius profitetur scientiam*, wo auch Baiter und Halm die von andern vorgeschlagene änderung in den conjunctiv zurückweisen. Eine solche hier vorgenommen würde eine zu große reihe anderer stellen in mitleidenschaft ziehen; aber noch viel weniger darf auf grund solcher immerhin vereinzelter fälle ungenauer ausdrucksweise, wovon Müller zu Tusc. I, 61 *meminimus*, (indicativ, trotzdem die richtigkeit des ganzen satzes in frage gestellt ist) beispiele anführt, der anderweit richtig überlieferte conj. in den ind. verändert werden. Oft ist auch von den herausgebern die typisch verallgemeinernde und charakterisirende natur von relativsätzen verkannt worden, z. b. Tusc. I, 107 *de iis rebus, quas illi — certas habuerint*, Fin. III, 73 *quod qui convenienter naturae victurus sit* etc. oder Tusc. I, 80 *ea sunt autem, quaecunque sunt, quae similitudinem faciant*, d. h., wie Müller richtig erklärt, *eorum (quae gignuntur in corpore) ea vis est, ut similitudinem faciant*. Aehnlich ist auch ND. I, 48 *ea figura est, quae pulcherrima sit omnium*, die lesart der handschrift mit recht wieder in den text gesetzt, man müßte sonst auch Fin. III, 43 *neque ab ulla re, quae non sit in bonis, id quod sit in bonis contineri potest* oder Tusc. I, 96 *Graeci solent nominare, cui poculum tradituri sint* an dem conj. anstoß nehmen.

Es fehlt natürlich nicht an stellen, wo Müller der überlieferung folgt, ohne daß dieselbe bei genauer betrachtung gebilligt werden kann. Hierfür sind beispiele schon bei der besprechung der interpolationen beigebracht; einige wenige, die wahl des indicativ oder conjunctiv betreffende, mögen hier noch folgen. Während Müller Tusc. I, 44 *quod iis aemulemur* an dem conj. gerechten anstoß nimmt, läßt er ND. II, 25 das nicht minder falsche *quod . . . contineatur . . . sit . . . contineat* unbeanstandet, indem er auf ND. I, 24 *terrae maximas regiones inhabitabilis atque incultas videmus, quod pars . . . exarserit, pars . . . obriguerit* hinweist; aber hier können wir uns den letzten satz allenfalls als gedanken derer, welche jene gegenden unbewohnt lassen, vorstellen. RP. I, 71 muß mit Madvig *quem si habeamus* gelesen werden, da diese voraussetzung für den satz *quis te possit esse florentior?* ausdrücklich als zur zeit nicht bestehend angegeben wird. Legg. II, 11 müßte *quaeque ita composita sanctaque essent, eas leges videlicet nominarent* (subject: das volk) als bemerkung der gesetzgeber aufgefaßt werden, in deren sinn dieselbe aber unpassend wäre, darum ist *nominarunt* (die gesetzgeber) mit Victorius, dem neuerdings auch du Mesnil beigetreten, zu schreiben.

Es kann andrerseits nicht ausbleiben, daß man an manchen stellen, wo Müller die handschriftliche überlieferung einer änderung für bedürftig hält oder verwirft, nicht mit ihm in übereinstimmung ist. Hierfür mögen folgende beispiele genügen. Legg. II, 22 *locis publicis, quod sine curriculo* etc. verdient nicht die vorgesetzte *crux*, wenn man übersetzt „so weit die *popularis laetitia* ohne lauf und ohne körperliche wettkämpfe stattfindet", vgl. Jordan, Krit. beitr. p. 227. ND. I, 16 setzt Müller mit Schömann *atque*, die lesart minder guter handschriften, statt der der besten *atqui* in den text, aber mit dieser partikel begegnet der redende ganz richtig dem allerdings schon von Cotta abgewehrten gedanken, daß ihn der gegenstand des gespräches nicht interessiren sollte. RP. I, 68 war das durchaus passende *morem* (s. Vahlen, Hermes 1880, p. 265) beizubehalten und nicht mit Zell in *auctorem* zu verwandeln. Legg. II, 15 ist Müller's allerdings schöne conjektur *at <ait> Theophrastus* doch unnöthig, weil aus *negat* das bejahende verbum unschwer zu ergänzen ist, desgl. Ac. II, 132 *constituatur <necesse est>*. Div. II, 37 ist in dem satze *an quod aspexerit ... privatus est* der conj, weil im sinne der angeredeten gedacht, ganz am platz, und auch ND. I, 41 *volt fabellas accommodare ad ea quae ipse primo libro de deis inmortalibus dixerit* wird die berechtigung des conj. wahrscheinlich, sobald wir statt *accommodare* etwa *consentire cum iis* setzen.

Im zusammenhang mit des herausgebers engem anschluß an die handschriftliche überlieferung steht die erfreuliche erscheinung, daß vielfach in wortformen und orthographie mit der tradition gebrochen ist, von welcher abzuweichen frühere herausgeber oft trotz übereinstimmender handschriftlicher beglaubigung nicht wagten. Sämmtliche oder doch die besten handschriften bieten Fin. VI, 54, Tusc. I, 83, V, 97, Off. II, 82, Div. II, 66 (dreimal) den namen *Ptolemaeus*, der an weiteren stellen in den philosophischen schriften Cicero's überhaupt nicht vorkommt, nur in der form *Ptolomaeus*: diese finden wir nun auch im Müller'schen text, desgleichen überall *Coelius* statt *Caelius, oportunus, vimulentus, benivolus, malivolus* (selbst gegen die handschriften Tusc. IV, 20, 65, dagegen ist *malevolus* Fin. I, 61 vielleicht aus versehen stehen geblieben). Neben einander je nach dem ausweis der handschriften schreibt Müller nicht bloß *saeculum* und *saeclum*, sondern auch *oraculum* und *oraclum, Xerxes* und *Xerxes Clytemestra* (Off. I, 114) und *Clytemnestra* (Fat. 34, aber auch hier scheint die überlieferung für jene form zu sprechen), *Demosthenes* und *Persem*. Dagegen versagt Müller dem neben *rotundus* vielfach (ND. I, 24, 66, Tusc. I, 42, V, 69 u. a.) bestbezeugten *rutundus* (vgl. *vinulentus*) mit unrecht die aufnahme. Ebenso wenig will er *futilis*, wie Ac. II, 59, Fin. III, 36, Div. I, 36 allgemein überliefert ist, neben *fustilis* anerkennen, schreibt aber gegen die besten handschriften gleichwohl *effutire* Tusc. V, 75, 88. Beständig verwirft er die entschieden Ciceronische schreibart *locuntur, secuntur*, mag dieselbe (z. b. Off. I, 54, Legg. I, 27) auch noch so gut bezeugt sein, schreibt indes RP. II, 39 *relicuum*. In dem streben nach gleichmäßigkeit in der orthographie setzt Müller Legg. die allerdings meist überlieferte form *quom* überall, wie er auch *quoius* und *quoi* gegen das zeugniß von A, z. b. I, 39, I, 49 bietet; indessen durfte er jenem mit consequenz doch nicht durchzuführenden und in der that auch nicht durchgeführten princip formen zum opfer bringen wie *idem*, *isque* u. s. w. statt *iidem*, *iisque* und nom. pl. *-is*, statt *-es*, über deren angemessenheit in den gesetzesstellen doch kein zweifel sein dürfte. Von dem nach meiner überzeugung unrichtigen verfahren, die orthographie in de Rep. ohne die gebührende rücksicht auf man. 1 festzustellen, ist schon oben die rede gewesen.

A. Strelitz.

58. Max. Klusmann, Curarum Tertullianearum particulae I et II. Hallenser dissertation 1881. 8. 51 p.

Diese in correctem latein geschriebene erstlingsschrift enthält eine genaue beschreibung des vom verfasser neu und, wie es scheint, gewissenhaft in Paris verglichenen *Codex Agobardinus* sowie die collation dieser handschrift für Tertullian's werk *ad nationes*. Die schicksale des zum theil schwer lesbaren codex werden erzählt und seine häufigst vorkommenden fehler nach rubriken geordnet. In solchen fällen, in welchen die bisher bekannten collationen von einander abwichen, hat der verf. fast stets entscheiden können, welche angabe die richtige ist. Neues dagegen zu lesen an denjenigen stellen, wo die schriftzüge ganz oder theilweise erloschen sind, ist dem jugendlichen verfasser nicht allzu häufig gelungen; immerhin aber ist, namentlich für orthographica manches interessante aus der nachcollation herausgekommen: so z. b. p. 380, 12 die durch analogieen belegbare form *obsetricantibus* (statt *obstetricantibus*), 366, 9 *iiurant*, u. s. w. Ein verzeichniß der in der handschrift vorkommenden abkürzungen beschließt die fleißige abhandlung, für welche eine (für verbesserungsvorschläge des textes bestimmte?) fortsetzung vom verf. in aussicht gestellt wird.

59. Das patricische Rom von dr. Hermann Genz. Berlin, G Grote'sche verlagsbuchhandlung. 1878. — 2 mk. 50 pf. Die genannte schrift zerfällt in fünf theile. Im ersten abschnitt sucht der verf. im gegensatz zur Niebuhrschen ansicht und in übereinstimmung mit Lange (Röm. alt. 1³, p. 199 ff.) nachzuweisen, daß die patricische gens auf wirklicher blutsverwandtschaft beruht, weicht aber, wie dem ref. scheint, wenn auch nicht immer mit geschickter beweisführung, so doch in der sache mit recht von der auch noch von Lange festgehaltenen ansicht ab, daß die gentes complexe zahlreicher familien gebildet und von starker kopfzahl gewesen seien. Die abnahme und das allmähliche aussterben der patricischen familien bringt der verf. hauptsächlich mit der majoratsvererbung in zusammenhang; die gens ist dem verf. eine ungetheilte familie, in welcher das ungetheilte gentilgut nach dem majorate vererbt und die jüngeren söhne durch heredia gesichert werden, was der verf. mit guten gründen erhärtet. Der erbe des ungetheilten gentilguts, zugleich der vater der neuen familie, ist als gentilhaupt anzusehen. Dieser hieß pater familias, die übrigen geschlechtsgenossen nur patricii. (Ueber letzteren punkt ist während dem erscheinen unseres buches eine ganze literatur entstanden; dieselbe findet sich zusammengestellt bei Zöller, Latium und Rom, p. 23 ff. und Soltau: Entstehung und zusammensetzung der alt-römischen volksversammlungen. Berlin, Weidmann 1880, p. 191 ff., wo auch zuletzt diese frage untersucht ist). Zu dieser familie gehören die clientes, die sich ihrer selbstständigkeit zu gunsten des gentilhaupts als ihres patronus begeben haben. Die aufgabe des staates ist es nun, diese familie zu schützen und pflegen. Diese fällt den curien zu über welche der verf. im zweiten abschnitt seines buches handelt. Als wesentliche aufgabe der curien betrachtet der verf. abweichend von anderen gelehrten die standesgemäße beaufsichtigung der clienten und der natürlichen vorgänge in der familie wie eben, geburten, todesfälle. Wie nun aber einerseits der staat da ist zum schutz der familie, so ist er andererseits als ganzes nachbildung derselben. Dies zu begründen unternimmt der verf. im dritten theile, wobei er sich in dem hauptpunkte in übereinstimmung mit Lange befindet, der ja die ansicht von der familienrechtlichen grundlage des römischen staats zuerst und zwar mit schlagenden gründen nachgewiesen hat.

Abweichend von Lange dagegen betrachtet er die königliche gewalt als eine **erbliche**, was allerdings mit seiner ansicht von der verschiedenen nationalität der drei stammtribus in widerspruch steht, das *interregnum* stellt ihm nur die continuität der gewöhnlichen erbfolge wieder her; durch die *patrum auctoritas* wird die königliche gewalt nur als eine rechtmäßige anerkannt, und durch die annahme der *lex de imperio* erklärt das volk nur die bereitwilligkeit des gehorsams. Im vierten abschnitt spricht der verf. von der dritten stammtribus, Ramnes, Tities und Luceres, wobei er noch der längst als unrichtig nachgewiesenen etymologie Ramnes von *Roma* und der annahme einer verschiedenen nationalität derselben huldigt. (Vgl. dagegen Volquardsen im Rhein. Museum, bd. 33, 1878 über die drei stammtribus). Das fünfte capitel ist dem kampfe gewidmet, das königthum und patriciat mit einander geführt haben, wobei der verf. a. o. mit recht die annahme einer verpflanzung der plebejer nach Rom zurückweist. Wenn er hierbei richtig bemerkt, daß der Aventinus noch bis zum jahre 453 *ager publicus* war und andererseits ebenfalls mit recht annimmt, daß dieser berg von alter zeit her plebejerquartier war, so ist dabei nur zu verwundern, daß er im zusammenhang mit seiner ansicht vom *ager publicus* und dem einfall der Sabiner (p. 11) nicht von selbst zu der folgerung kommt, daß der ursprünglich plebejische Aventinus durch eroberung von seiten der patricier zu *ager publicus* wurde.

M. Z.

---

60. Julius Dürr, die reisen des kaisers Hadrian. Abhandlungen des archäologisch-epigraphischen seminares der universität Wien, herausgegeben von O. Benndorf und O. Hirschfeld. II. 8. 124 p. Wien. Gerolds' sohn. 1881.

Die reisen Hadrians sind bereits vorlängst mehrfach zum gegenstande der forschung gemacht worden, indessen konnten die ergebnisse nicht befriedigen, weil die autoren sich entweder vorwiegend an die trümmerhafte schriftstellerische überlieferung hielten (wie Tillemont, Histoire des empereurs II², 392 ff.), oder bei benutzung der münzen mehrfache irrthümer begingen (wie Zoega, numi Aegyptii imperatorii p. 94 ff.), oder die inschriften ohne gehörige kritik benutzten (wie Flemmer, de itineribus et

60. Römische geschichte.

rebus gestis Hadriani imperatoris secundum nummorum et inscriptionum testimonia). Sichere anhaltspunkte für die chronologie gewann zuerst Eckhel (Doctr. num. VI, 480 ff.); die zugänglichste darstellung lieferte Haakh in Pauly's Realencyclopädie III, 1053 ff. Dem gegenüber erweckte nun eine reihe inschriftlicher funde der letzten jahrzehnte die hoffnung, bei erneuter durcharbeitung des gesammten materials zu sicheren resultaten gelangen zu können. Obwohl hierauf schon vor geraumer zeit Keil im Philologus Supplem. bd. II, p. 596 aufmerksam gemacht hat, ist diese aufgabe doch erst jetzt in angriff genommen, und zwar versucht der verfasser in vorliegender abhandlung ein förmliches itinerarium Hadrians herzustellen. Allerdings hat er sich dabei nicht in so glücklicher lage befunden, wie die forscher auf dem gebiete des mittelalters, denen zu entsprechenden arbeiten außer den schriftstellern eine große anzahl fest datierter urkunden zur verfügung stehen. Denn an das schriftstellerische material, welches in der biographie Spartians, dem auszuge aus Dio Cassius, einzelnen notizen des Eusebius, Hieronymus und des Chronicon paschale besteht, reihen sich zwar zahlreiche monumentale quellen, und zwar zunächst die ankunfts-, restitutions- und heeresmünzen sowie die münzen der provinzen, und sodann eine nicht unbedeutende zahl von inschriften; indessen sind die münzen bei dem fehlen der iterationsziffer der *tribunicia potestas* und dem umstande, daß Hadrian seit 119 das consulat nicht mehr übernahm, mehr für die thatsache des besuchs, als für die chronologie beweisend, und der werth der inschriften für die gestellte aufgabe darf nicht überschätzt werden, da die meisten derselben nur indirect auf den besuch des betreffenden ortes durch Hadrian schließen lassen und, um ihnen volle beweiskraft zu verleihen, noch die bedeutung der orte, die lage derselben, genaue übereinstimmung der zeitverhältnisse mit den andern daten der reise in der betreffenden gegend und weitere momente hinzukommen müssen.

Durch geschickte combination dieses zum theil recht spröden materials ist es nun dem verfasser gelungen, wesentlich neue resultate zu gewinnen. Es wird sich empfehlen dieselben mit den ansätzen Haakh's kurz zusammenzustellen. Beide forscher lassen Hadrian 118 nach Rom kommen, Dürr jedoch auf dem wege über Mösien und Dacien, Haakh direct aus Syrien, indem er behauptet, die expedition in die Donauländer sei von Rom aus

unternommen. Die jahre 119 und 120 bringt der kaiser nach
Dürr in Rom zu und beginnt erst 121 seine erste große reise,
die ihn in diesem jahre nach Gallien, Ober-Germanien, Rätien,
Noricum und Pannonien, 122 nach Unter-Germanien, Britannien,
Gallien, Spanien, 123 nach Mauretanien, Afrika, Libyen, der
südwestküste Klein-Asiens und durch das innere dieses landes
an den Euphrat führt, 124 sich auf die länder am Pontus und
die nördlichen inseln des Aegäischen meeres, 125 auf Thracien,
Macedonien, Epirus, Thessalien u. s. w. erstreckt und im herbste
dieses jahres vorläufig in Athen endet, da Hadrian bis in den
sommer 126 dort verweilt, um dann durch den Peloponnes und
über Sicilien im november nach Rom zurückzukehren. Da Haakh
diesen letzten termin in gleicher weise fixirt, den anfang der
ersten großen reise aber bereits in das jahr 119 setzt, so ist er
genöthigt den aufenthalt Hadrians in Athen übertrieben, nämlich auf die drei jahre von 123—126, auszudehnen. Nach beiden forschern bringt der kaiser das jahr 127 in Rom zu, ebenso,
jedoch mit ausnahme einer kurzen reise nach Afrika, das jahr 128;
auch stimmen sie hinsichtlich des anfangstermins der zweiten großen
reise, den sie auf das jahr 129 ansetzen, überein; Dürr aber
läßt den kaiser jetzt bis in den frühling 130 in Athen verweilen, Haakh dagegen ihn schon 129 nach Klein-Asien aufbrechen.
Für das jahr 130 beziehen sich die differenzen auf die einzelheiten der route, da für die anwesenheit des kaisers in Theben
der 21. november dieses jahres durch eine inschrift am Mem-
nonskoloß gesichert ist. In betreff der folgenden jahre gehen
die ansätze wieder weit auseinander. Nach Dürr geht Hadrian
131 nach Alexandrien und Syrien, 132 nach Judäa, hält sich dort
des aufstandes wegen auch 133 auf und kehrt 134 nach Rom zurück.
Dem gegenüber setzt Haakh die rückkehr über Syrien nach
Rom schon in das jahr 131, reiht daran einen aufenthalt daselbst bis in den herbst 132, läßt dann den kaiser bis ende
133 in Athen verweilen und nimmt für 134 einen neuen besuch in Alexandrien sowie einen kürzeren in Judäa an, so daß
die endliche rückkehr nach Rom erst 135 stattfindet.

Ohne weiter auf einzelheiten einzugehen, bemerken wir, daß
der verfasser diese neuen resultate in allen hauptquellen trefflich
begründet hat, wenn er auch der natur der sache nach für die
einzelnen berührten ortschaften vielfach auf vermuthungen an-

gewiesen bleibt. Eine willkommene zugabe bilden drei excurse. Der erste (p. 73—88) beschäftigt sich mit der quellenanalyse von Spartian. vit. Hadr. 5—14 und gelangt zu dem ergebniß, Spartian folge in diesen capiteln als hauptquelle einem uns unbekannten gewährsmann, dessen bericht wesentlich auf Hadrian's autobiographie beruhe; zur vervollständigung werde Marius Maximus herangezogen. In dem zweiten (p. 88—89) wird das resultat gewonnen, daß der bei Vopisc. vit. Saturn. 8 erhaltene brief Hadrians weder ganz echt, noch ganz gefälscht sei; den grundstock bilde vielmehr ein authentisches schriftstück, welches jedoch einerseits verkürzt, andrerseits durch interpolation entstellt sei. Der dritte excurs (p. 90—103) enthält eine sehr sorgfältige untersuchung über den in der kaiserzeit zu Athen gebräuchlichen schaltcyclus, welche für die bestimmung der besuche Hadrians in Athen nothwendig war. Im anhange endlich (p. 104—123) werden die wichtigsten inschriftlichen zeugnisse zusammengestellt.

Große sachkenntniß auf allen einschlagenden gebieten, beherrschung des stoffs, umsichtige combination und methodische forschung charakterisiren diese abhandlung, welche der flagge, unter der sie segelt, große ehre macht. Wir schließen mit dem ausdruck der im hinblick auf die leitung des instituts berechtigten erwartung, daß aus dem Wiener archäologisch-epigraphischen seminare weitere gleich werthvolle beiträge zur kaisergeschichte hervorgehen werden.

61. Bibliotheca scriptorum classicorum herausgegeben von Wilhelm Engelmann. Achte aufl. u. s. w. neu bearbeitet von dr. E. Preuß. I. abtheilung: Scriptores graeci. Leipzig, Engelmann 1880. VII und 802 p. — 20 mk.

Die Engelmannsche sehr sorgfältige arbeit war lange zeit hindurch eines der zeitersparendsten hilfsmittel der philologie und eine für ihre zeit sehr bedeutende leistung. Vermißt wurde darin namentlich ein verzeichniß der wichtigeren recensionen, welche vielfach werthvoller sind als gar manche in die *Bibliotheca* recipirte abhandlung. Diesem mangel ist in der neuen bearbeitung leider nicht abgeholfen worden; doch hat dieselbe viele vervollständigungen, namentlich aus der außerdeutschen litteratur aufgenommen, abgesehen von der hinzufügung der litteratur aus den jahren 1858 bis 1878. Die druckfertigung des manuscripts ist offenbar zu schnell erfolgt; viele hunderte von nachträgen und verbesserungen ließen sich mit leichtigkeit machen. Von der minutiösen sorgfalt, mit welcher namentlich Rudolf Klußmann's bibliographische arbeiten angefertigt sind, ist diese neue auflage ziemlich weit entfernt. Hoffentlich findet der herausgeber die muße, um am schluß der hoffentlich bald erscheinenden lateinischen abtheilung die nöthigen nachträge und berichtigungen zu den *scriptores graeci* hinzuzufügen. Dafür bemerken wir, daß, was man ungern vermißt, die Revue de l'instruction publique en Belgique nicht excerpirt ist, in der eine ganze reihe wichtiger aufsätze zu finden sind, ferner sind Tournier's Exercices critiques de la conférence de philologie 12 Livraisons Paris 1872—75. 8. (ein band der Bibliothèque de l'école des hautes études) dem verf. unbekannt geblieben. Auffallend ist auch in dem abschnitt A unvollständigkeit der litteratur, wohl zum theil auch mit aus dem grunde, weil hier der rahmen der Bibliotheca scriptorum classicorum häufiger verlassen ist und in das gebiet einer bibliographie über litteraturgeschichte und geschichte der verschiedenen fachwissenschaften übergegriffen ist, eine dankenswerthe zugabe, die aber wenn sie gegeben wurde, vollständiger hätte ausfallen müssen. Es ist ja fraglich, ob zum beispiel unter Scriptores philosophi Dühring's und Erdmann's und andrer geschichte der philosophie aufzunehmen war, wenn sie aber aufgenommen waren, warum vermissen wir dann Laforet, N. J., Histoire, de la philosophie. Bruxelles, 1867 oder Ferrier, Lectures on the early greek philosophy oder Freudenthal, zur geschichte der anschauungen über die jüdisch-hellenische religionsphilosophie (Monatsschrift zur geschichte des Judenthums bd. 18. 1869) oder Vincenz Knauer's geschichte der philosophie Wien 1876. Unter dem artikel Scriptores philosophi macht sich dies am meisten bemerkbar. Man vergl. in der bibliographischen übersicht des Philologus unter Philosophi die namen Anet, Bertini, Blackie, Burgmann, Cathelineau, Clavel, Cousin, Fénélon, Ferrier, Fluegel, Freudenthal, Giovanni, Johanusen, Knauer, Laforet, Löwe, Maccoll, Marty, Neubürger, Pétroz, Preiß, Rousselot, Sahlin, Schmidt, Symonds, Valerga, Zeller.

Aber auch sonst fehlt eine ziemliche anzahl beachtenswerther artikel: wir fügen einige nachträge hinzu. So fehlt bei Aelian die ausgabe Halae 1742; bei Aphthonii libell progymnasmatum gr. et lat. die ausgabe Lips. s. a.; unter Apollon. Rhodius fehlt Thiersch „Epimetrum etc." in den Act. Monacens. I, 205 ff. (1809) und ebenso Jacobs in Ersch und Gruber IV, 115 (vgl. auch Rhein Mus. n. f. I, 601 ff.); unter Herodotus fehlt Passow de Haliacmone ap. Herdt. VII, 127 comm. critica im Ind. lect. Vratislav. 1824; unter Theocrit fehlt Schmidt in Zeitschr. f. altertb. 1855, no. 65. Bei Thukydides steht von Betant's lexikon nur der erste band: der zweite und letzte ist doch längst erschienen. Schließlich mag noch erwähnt werden, daß fehler in namen und jahreszahlen verhältnißmäßig selten sich finden: auf p. 57 mitte muß es statt Farre, Guill., recherches etc. heißen Favre, auf p. 207 unter Jentsch artikel 2: Guben 1874. 1875 statt Guben 1866. 1875. p. 432 Joly, lies Benoit de Saint-More statt Benoit de Sainte Marte und anderes mehr. Doch dies alles hindert nicht, das buch als ein sehr brauchbares zu empfehlen.

Bibliographie.

Einen bericht über die ostermesse d. j. giebt Börsenbl. nr. 117. 122.

Wie Börsenbl. nr. 117 des näheren berichtet, hat das antiquariat *A. Cohn* in Berlin ein treffliches exemplar der 42zeiligen bibel (*Bible Mazarine*) erworben.

Auf den katalog nr. 35 des *Stoll-* und *Bader'*schen antiquariats in Freiburg i. Br., der klassische literatur betrifft, macht RAnz. nr. 138 aufmerksam.

Carl B. Lorck, kreuz und quer durch den kleinen saal der buchhändler börse, in Börsenbl. nr. 129. 133 — über illustrirte werke — 139.

Anzeige von *Ed. Frommann*, aufsätze zur geschichte des buchhandels im 16. jahrhundert. Hft 3 (Italien). Jena 1881 im Börsenbl. nr. 135.

Die firma *Kirchhoff* und *Wigand* in Leipzig hat als supplement katalog nr. 616 erscheinen lassen, prähistorie, ethnographie, geschichte besonders enthaltend, den RAnz. nr. 145 bespricht.

Das bibliographische institut in Leipzig empfiehlt in besonderer zuschrift den in seinem verlage eben erschienenen „Orthographischen wegweiser für das praktische leben" bearbeitet von *K. Duden*.

Prospectus. Darstellungen aus der sittengeschichte Roms von August bis zum ausgang der Antonine, von *L. Friedländer*. Fünfte auflage in 3 bden. 8. Leipzig. Hirzel.

Ausgegeben sind: F. A. Brockhaus allgemeine bibliographie, nr. 6; mittheilungen von F. A. Brockhaus; nr. 3 — in letzterem wird p. 47 berichtet, daß die fortsetzung von *Ruumers* historischem taschenbuche gesichert, p. 68, daß *Schliemann* ein werk über seine ausgrabungen in Orchomenos herausgeben wird. — Ferner von R. Friedländer: *Naturae novitates*, bibliographie neuer erscheinungen aller länder auf dem gebiete der naturgeschichte u. s. w., nr. 11. 12. — Breitkopf und Härtel: neuer rechtswissenschaftlicher verlag.

Mittheilungen der verlagsbuchhandlung B. G. *Teubner* in Leipzig, nr 2: künftig erscheinende werke; Hesychii Milesii Onomatologi quae supersunt cum prolegomenis edidit *J. Flach*; Aristophanis Plutus, rec. *Ad. v. Velsen*; quellenstudien zu den byzantinischen historikern, von *L. Jeep*; grundzüge einer rhythmik und metrik für den schulgebrauch, von *J. Melsum*; T. Macci Plauti Truculentus. Rec. *Fr. Schöll*, der Ritschl'schen ausgabe tom. I, fasc. 5; etymologisches wörterbuch der lateinischen sprache von *A. Vaniček*; de breviloquentiae Taciteae generibus quibusdam scripsit *G. Clemm*. Praemissa est commentatio critica de figuris grammaticis et rhetoricis quae vocantur brachylogia, aposiopesis, ellipsis, zeugma. — Aus der bibliotheca scriptorum Graecorum cett. wird angekündigt: Polybii historia. Editionem a Lud. Dindorfio curatam retractavit T. *Buettner-Wobst*.

Spithöver in Rom versendet eine ankündigung und inhaltsangabe von: Melanges d'archéologie et d'histoire publiés par l'école française de Rome, fasc. I. II: das bei weitem meiste bezieht sich auf das mittelalter.

Neuer verlag von *Dietrich Reimer* (Reimer und Höfer) in Berlin, karten und geographische werke enthaltend.

Als probe-nummer ist eingesandt: allgemeine musikalische zeitung von *Fr. Chrysander*, XVI. jahrg. nr. 23.

Reallexicon der deutschen alterthümer ... von *E. Götzinger*, Leipzig, Urban: kurze anzeige in ItAnz. nr. 147.

Kataloge der antiquare: antiquarischer anzeiger von *Joseph Baer* u. co. in Frankfurt a. M., nr. 311, mai; *S. Calvary* u. co. special-geschäft für philologie und naturwissenschaft, cat CLIX; monatsbericht von *S. Calvary*, neue folge, nr. 9; antiquariatsanzeiger nr 11 von *Julius Drescher* in Leipzig, *F. E. Lederer* (E. Seeliger) in Berlin, verzeichniß antiquarischer bücher, neue folge 21—27. Bibliotheca philologica; 60. bücherverzeichniß von *Mayer & Müllers* antiquariat in Berlin, Juli; antiquarischer katalog nr. 65 von *Oskar Richter* in Leipzig.

292. *Acta seminarii philologici Erlangensis.* Ediderunt *Iwanus Mueller* et *Eduardus Wölfflin.* Vol. II. Erlangen 1881. 8. 529 p. 9 mk.

Inhalt: *Gustavus Landgraf*, de figuris etymologicis linguae Latinae p. 1—69. *Ed. Wölfflin*, ad carmen fratrum Arvalium p. 70. *Henr. Tielmann*, de dativo verbis passivis linguae Latinae subiecto qui vocatur Graecus p. 71—139. *Ed. Wölfflin*, de dativo qui dicitur iudicantis p. 140. *Joannes Stich*, de Polybii dicendi genere p. 141-211. *Carolus Wunderer*, de Polyb III, 6, 1. 100, 1, VI, 42, 4 p. 212. *Jonathan Hoffmann*, de libro Pseudoapuleiano de mundo p. 213—237. *Iw. Müller*, ad Galen. vol. IV, 821, 10 50 Kühn, p. 238, vol. IV, p. 789, p. 500. *Galeni* libellum περὶ αἱρέσεων τοῖς εἰσαγομένοις rec. *Georgius Helmreich*, p. 239—310. *Adolfus Ebert*, de syntaxi Frontoniana, p. 31 – 357. — *A. Luchs*, Emendationes Plautinae, p. 358. 404. *Theodorus Gollwitzer*, de συνδετίῳ Aeschylein, p. 359—403. *Frid. Vogel*, Quaestionum Sallustianarum pars altera p. 405—448. *Christoph Schoener*, über die titulaturen der römischen kaiser p. 449—499. *Augustus Boehner*, Arrianea p. 501—507. Addenda, indices, p. 508—529.

293. *Archimedis* opera omnia cum commentariis *Eutocii.* E codice Florentino rec. latine vertit notisque illustravit *J. L. Heiberg.* Vol. II. Leipzig 1881. 8. VIII, 468 p. 1 lichtdruckfcsm. 6 mk. (cfr. no. 4).

294. *Artemidorus* aus Daldis symbolik der träume. Uebersetzt und mit anmerkungen begleitet von *Friedr. S. Krauß.* Wien 1881. 8. XIV, 333 p.

295. *Bernays*, Jacob. Phokion und seine neueren beurtheiler. Ein beitrag zur geschichte der griechischen philosophie und politik. Berlin 1881. 8. III, 139 p. 4 mk.

286. *Bertram*, H., Platons Alkibiades I, Charmides Protagoras. Progr. der landesschule Pforta. 1881. 4. 52 p.

287. *Bindseil*, Th., die antiken gräber Italiens. 1. teil: die gräber der Etrusker. Schweidemühl 1881. 4. (Progr.). 52 p.

288. *Birt*, Theod., Elpides. Eine studie zur geschichte der griechischen poesie. Marburg 1881. 8. VIII, 126 p. 1 mk. 60 pf.

289. *Boblenz*, kritische anmerkungen zu Lysias. Jever 1881. 4. Progr. 18 p.

290. *Brambach*, Wilhelm, das tonsystem und die tonarten des christlichen abendlandes im mittelalter, ihre beziehungen zur griechisch-römischen musik und ihre entwicklung bis auf die schule Guido's von Arezzo. Mit einer wiederherstellung der musiktheorie Berno's von der Reichenau nach einer Karlsruher handschrift. Leipzig 1881. 8. IV, 53 p. 1 mk. 60 pf.

291. *Breska*, Adolf von, untersuchungen über die quellen des Polybius im 3. Buche. Berlin 1880. 8. 98 p. (Diss.).

292. *Brückler*, C. A., de chronologia belli quod dicitur Corinthiaci. Diss. inaug. Halensis 1881. 50 p.

293. *Bugge*, Sophus, studien über die entstehung der nordischen götter- und heldensagen. Vom verf. autoris. u durchges. Übersetzung von *Oscar Brenner*. 1. reihe. (3 hefte). Heft 1. München 1881. 8. 96 p. 2 mk.

294. *Butzki*, Carl, de Ῥης Aristotelea. Diss. phil. Halensis. 1881. 8. 35 p.

295. *Caesaris*, C. Iulii, commentarii de bello civili erklärt von

Friedr. Kraner. 8. aufl. von *Frdr. Hoffmann.* Mit 2 karten von *H. Kiepert.* Berlin 1881. 8. 260 p. 2 mk. 25 pf.

296. *Caesaris*, C. Iulii, commentarii cum supplemento *A. Hirti* et aliorum ex recensione *Caroli Nipperdeii.* Editio stereot. IV. Leipzig 1881. 8. IV, 344 p. 1 mk. 50 pf.

297. *Christ*, Wilhelm von, gedächtnißrede auf Leonhard von Spengel. Geb. in der öffentl. sitzung der königl. bayer. akad. der wiss. in München zur feier ihres 122jähr. stiftungstages am 28. märz 1881. München 1881. 4. 61 p. 1 mk. 50 pf.

298. *Classiker*, paedagogische, hrsg. von *Lindner.* Bd. 8. *M. Fabius Quintilianus*, rednerische untersuchungen bearb. von *Lindner*. — *Plutarchs* abhandlungen über die erziehung der kinder, bearbeitet von *Drenkhahn.* Wien 1881. 8. 3 mk. 50 pf.

299. *Claus*, Adolf, de Dianae antiquissima apud Graecos natura. Breslau 1881. 8. 105 p.

300. *Cohn*, Leopold, de Aristophane Byzantio et Suetonio Tranquillo Eustathi auctoribus. Leipzig 1881. 8. (Aus den supplementen zu Fleckeisens jahrbb. f. philol.).

301. *Corpus* inscriptionum Latinarum consilio et auctoritate academiae litterarum regiae Borussicae editum. Vol. VIII. Inscriptiones Africae Latinae collegit *Gustavus Wilmanns.* Pars I. Inscriptiones Africae proconsularis et Numidiae comprehendens. Pars II. Inscriptiones Mauretaniarum. Berlin 1881. fol. XXXVIII, 1141 p. 3 chromolith. karten. 96 mk.

302. *Deiters*, Herm., studien zu den griechischen musikern. Ueber das verhältniß des Martianus Capella zu Aristides Quintilianus. Posen 1881. 4. 28 p. 1 mk. (Progr. des Mariengymn.).

303. *Deecke*, Wilh. und *Carl Pauli*, etruskische forschungen und studien. Heft 1: etruskische forschungen von *Carl Pauli.* Heft 4. 1. Noch einmal die *lautni-* und *-etera-*frage. 2. nachträge und neues in bezug auf *arn9ial* und *lar9ial* und ihre verwandten. Stuttgart 1881. 8. 94 p. 5 mk.

304. *Ebeling*, Paul, quaestiones Eutropianae. Diss. phil. Halens. 1881. 66 p.

305. *Ehrhardt*, Gustav, de Aristophanis fabularum interpolatione. Diss. phil. Halens. 1881. 8. (63 p).

306. *Ewald*, Paul, der einfluß der stoisch-ciceronianischen moral auf die darstellung der ethik bei Ambrosius. Leipzig 1881. 8. 88 p. 1 mk. 20 pf.

307. *Exercitationis* grammaticae specimina edd. seminarii philologorum Bonnensis sodales. Bonn 1881. 8. 61 p. 1 mk. 20 pf.

308. *Froesdorff*, Wilhelm, de comparativi gradus usu Plautino. Diss. phil. Hal. 1881. 8. 44 p.

309. *Gemoll*, A., einleitung in die homerischen gedichte zum schulgebrauch. Mit 2 lith. kärtchen. Leipzig 1881. 8. 80 p. 50 pf.

310. *Glaser*, Adalbert, quaestionum Sophoclearum particula altera. Wetzlar 1881. 4. 17 p. (Progr.)

311. *Graeber*, Gust., quaestionum Ovidianarum pars prior. Elberfeld 1881. 4. 33 p. Progr.

312. *Grimm*, A. H., anapaestos eos qui sunt in Vespis Aristophanis inde ab versu 1015 usque ad v. 1050 enarravit. Schwerin 1881. 4. 18 p. (Progr. d. gymn. Fridericianum.)

313. *Guenther*, Edmund, de coniunctionum causalium apud Quintilianum usu. Diss. phil. Hal. 1881. 4. 47 p.

314. *Hanssen*, Fr., de arte metrica Commodiani. Diss. phil. Straßburg 1881. 8. 90 p.

315. *Harnecker*, O., Catull's carmen LXVIII. Friedeberg i. Nm. 1881. 4. 14 p. (Progr.).
316. *Hebold*, Max, de infinitivi syntaxi Euripidea. Diss. phil. Halle 1881. 8. 86 p.
317. *Heynacher*, Max, was ergiebt sich aus dem sprachgebrauch Caesar's im bellum Gallicum für die behandlung der lateinischen syntax in der schule. Berlin 1881. 8. 87 p. 1 mk. 60 pf.
318. *Homer's* Ilias. Schulausg. von K. F. Ameis. Anhang. hft 6. Erläuterungen zu gesang XVI—XVIII von C. Hentze. Leipzig 1881. 8. 155 p. 1 mk. 50 pf.
319. *Hübner*, Emil, über mechanische copien von inschriften. Berlin 1881. 8. 28 p. 80 pf.
320. *Hyperidis* orationes IV cum ceterarum fragmentis ed. Frdr. Blaß. Ed. II. Leipzig 1881. 8. XLIII, 119 p. 1 mk. 35 pf.
321. *Jaeger*, O. H., die gymnastik der Hellenen. Neue bearbeitung. Stuttgart 1881. 8. 8 mk.
322. *Jhering*, Rud. von, geist des römischen rechts auf den verschiedenen stufen seiner entwicklung. 2. theil. Abth. 1. 4. rev. Aufl. Leipzig 1881. 8. X, 393 p. 7 mk. 50 pf.
323. *Jung*, Julius, die romanischen landschaften des römischen reichs. Studien über die inneren entwicklungen in der kaiserzeit. Innsbruck 1881. 8. XXXII, 574 p. 12 mk.
324. *Jungmann*, Emil, quaestiones Gennadianae. Leipzig 1881. 4. (Progr. d. Thomasschule). 25 p.
325. *Keim*, Theodor, Rom und das christenthum. Eine darstellung des kampfes zwischen dem alten und dem neuen glauben im römischen reiche während der beiden ersten jahrhunderte unserer zeitrechnung. Aus Th. Keim's handschriftlichem nachlaß herg. von H. Ziegler. Berlin 1881. 8. XXXVI, 667 p. 10 mk.
326. *Klein*, Joseph., fasti consulares inde a Caesaris nece neque ad imperium Diocletiani. Leipzig 1881. 8. VIII, 130 p. 4 mk.
327. *Klinkenberg*, Joseph, de Euripideorum prologorum arte et interpolatione. Bonn 1881. 8. 109 p. 2 mk.
328. *Klotz*, Richard, de numero dochmiaco observationes. Zittau 1881. 8. 42 p. 1 mk.
329. *Klußmann*, Max, curarum Tertullianearum particulae I et II. Diss. phil. Halle 1881. 8. 51 p.
330. *Kamblach*, Reinhold, das römische lehrgedicht bis zum ende der republik. Roßleben 1881. 4. (Progr. d. klosterschule).
331. *Kubicki*, Konrad, de Phaeacis cum Alcibiade testularum contestione. Glatz 1881. 4. 24 p. (Progr. d. kathol. gymn.).
332. *Langbehn*, Julius, flügelgestalten der ältesten griechischen kunst. München 1881. 8. 143 p. 2 mk. 40 pf.
333. *Lentz*, H., der epitaphios pseudepigraphos des Demosthenes. 1. 2. hälfte. Wolfenbüttel 1880. 1881. 4. 17, 49 p. (Progr.).
334. *Livi*, T., ab urbe condita libri. Erklärt von Wilh. Weißenborn. 10. bd. 2. heft. 2. aufl. besorgt von H. J. Müller. Berlin 1881. 8. 2 mk. 10 pf.
335. *Madvig*, J. N., die verfassung und verwaltung des römischen staates. Bd. I. Leipzig 1881. 8. XIV, 598 p. 12 mk. (Vgl. no. 247).
336. *Maerkel*, Paul, Plato's idealstaat dargestellt und mit besonderer rücksicht auf die moderne zeit beurtheilt. Berlin 1881. 8. 102 p. 2 mk.
337. *Martialis*, M. Valerii epigrammaton librum I rec. commentariis instruxit *Joannes Flach*. Tübingen 1881. 8. XXIV, 119 p. 3 mk.

338. *Mettauer*, Thomas, de Platonis scholiorum fontibus. Zürich 1880. 8. 122 p. (Diss.).

339. *Meyer*, Paul, untersuchung über die frage der echtheit des briefwechsels Cicero ad Brutum, sowohl vom historischen als vom sprachlichen gesichtspunkt aus. Stuttgart 1881. 8. (Diss. Turicensis). VII, 210 p.

340. *Mueller*, Wilh., die religion Plutarchs. Rede beim antritt des rectorats der königl. Christ.- Albr.-univers. zu Kiel am 5. märz 1881 geb. Kiel 1881. 4. 18 p. 1 mk.

341. *Puucker*, C., de latinitate b. Hieronymi observationes ad nominum verborumque usum pertinentes. Editio adiecto indice auctior. Berlin 1880. 8. IV, 189 p. 10 mk.

342. *Plauti*, T. Macci, comoediae. Recensuit instrumento critico et prolegomenis auxit *Fridericus Ritschelius* sociis operae adsumptis *Gustavo Loewe*, *Georgio Goetz*, *Friderico Schoell*. Tomi I. Fasc. IV. Asinaria. Recensuerunt *Georgius Goetz* et *Gustavus Loewe*. Accedit codicis Ambrosiani I. 257 infer. specimen phototypicum. Lipsiae 1881. 8. XXVIII, 110 p. 3 mk. 60 pf.

343. *Preuß*, de binumebris dissoluti apud scriptores Romanos usu solemni. Edenkoben 1881. 8. 123 p.

344. *Ribbeck*, Otto, Friedrich Wilhelm Ritschl. Ein beitrag zur geschichte der philologie. Zweiter band. Mit einem bildniß Ritschl's. Leipzig 1881. 8. X, 591 p. 12 mk.

345. *Ritter*, Constantin, die Quintilianischen declamationen. Untersuchung über art und herkunft derselben. Mit 2 facsimiledrucken in holzschnitt und vier tabellen. Freiburg i. Breisg. u. Tübingen. 1881. 8. VIII, 275 p. 8 mk.

346. *Ruthe*, Carolus, quaestiones grammaticae ad usum Plauti polissimum et Terentii spectantes II. Berlin 1881. 4. 36 p. 2 mk.

347. *Saalfeld*, G. A., C. Julius Caesar. Sein verfahren gegen die gallischen stämme vom standpuncte der ethik und politik unter zugrundelegung seiner kommentarien und der biographie des Sueton. Hannover 1881. 8. 31 p. 80 pf.

348. *Schwegler*, Albert, geschichte der griechischen philosophie hrsg. von *Karl Köstlin*. 3. verm. u. verb. aufl. 1. hälfte. Freiburg i. B. 1881. 8. 208 p. 3 mk.

349. *Schwen*, Bernhard, über griechischen und römischen epicoreismus. Tarnowitz 1881. 4. 20 p. (Progr.).

350. *Servii* grammatici qui feruntur in Vergilii carmina commentarii rec. *Gro. Thilo* et *Herm. Hagen*. Vol. I, fasc. II. In Aeneidos libros IV et V commentarii. Leipzig 1881. 8. XCVIII p. und p. 459—600. 10 mk.

351. *Spirß*, J., das Jerusalem des Josephus. Ein beitrag zur topographie der heiligen stadt. Mit 2 lith. tafeln. Berlin 1881. 8. IV, 112 p. 2 mk. 80 pf.

352. *Steup*, Jul., Thukydideische studien. Heft I. Freiburg i. Br. 1881. 8. VII, 92 p. 2 mk. 40 pf.

353. *Stier*, Herm., Orest's entsühnung im antiken drama und bei Goethe. Wernigerode 1881. 4. 26 p. (Progr.)

354. *Tacitus*, C. Cornelius, die Germania. Uebers. von *A. Baumeister*. 2. aufl. Stuttgart 1881. 8. 74 p. 74 p. 1 mk. 20 pf.

355. *Terentius*, Afer, P. ausgewählte comödien zur einführung in die lecture der altlateinischen lustspiele, erklärt von *Carl Draetzko*. 2. bdch.: Adelphoe. Leipzig 1881. 8. 114 p. 1 mk. 50 pf.

356. *Theokrit's* gedichte erklärt von *Hermann Fritzsche*. 3. aufl. besorgt von *Eduard Hiller*. Leipzig 1881. 8. IV, 304 p. 2 mk. 70 pf.

357. *Thukydides* erklärt von *Joh. Classen*. 6. bd. 6. buch. 2. aufl. Mit 2 karten von *H. Kiepert*. Berlin 1881. 8. XI, 216 p. 3 mk. 25 pf.

358. *Untersuchungen*, philologische, hrsg. von *A. Kiessling* und *Ulrich von Wilamowitz-Möllendorff*. Heft 2. Zu augusteischen dichtern. Berlin 1881. 8. 122 p. 2 mk. 40 pf.

358a. *Uphues*, C., das wesen des denkens nach Platon. Landsberg a. d. W. 1881. 8. 141 p. 4 fr.

359. *Vollmer*, A., die quellen der dritten dekade des Livius. Düren 1881. 4. 26 p. (Progr.).

360. *Wilhelmi*, Wilh., de modo irreali qui vocatur. Marburg 1881. 4. 23 p. 1 mk. 20 pf. (Progr.)

361. *Winter*, Joh., über die metrische reconstruction der Plautinischen cantica. Erlangen 1881. 8. 60 p. (Diss. Erlang.).

362. *Wrampelmeyer*, H., codex Wolfenbuttelanus 205 olim Helmstadiensis no. 304 primum ad complures Ciceronis orationes collatus. Pars V et VI. Clausthal 1881. 4. 3 mk. 20 pf.

Skandinavien.

363. *Frigell*, A., Epilegomena ad T. Livii librum primum. Upsala 1881. 8. 80 p. 1 kr. 50 öre. (Aus Upsala Universitets årsskrift 1881).

364. *Ovidii Nasonis* P., Metamorphoses, Udvalg til Skolebrug. udgivet af *V. A. Bloch*. Første Hefte. Fjerde Oplag. Kjøbenhavn 1881. 8. 120 p. 1 kr. 35 øre.

365. *Tregder*, P. H., Haandbog i den græske og latinske Literaturhistorie til Skolebrug. Fjerde Udgave. Kjøbenhavn 1881. 8. 216 p. 3 kr.

Niederlande.

366. *Polak*, H. J., ad Odysseam eiusque scholiastas curae secundae Fasc. I. Emendationes ad scholia in Homeri Odysseam. Leiden 1881. 8. VIII, 275 p. 6 mk.

367. *Schevichaven*, H. D. J. van, Epigraphie der Bataafsche krijgsleden in de Romeinsche legers, gevolgd van een lijst van alle geregelde hulptroepen tijdens het keizerrijk. Leiden 1881. 8. IV, VI, 128 p. 2 fl.

368. *Taciti*, Cornelii, de vita et moribus Iulii Agricolae liber. Rec. *J. J. Cornelissen*. Leiden 1881. 8. 40 p. 1 mk. 20 pf.

England.

369. *Aeschylus*. The House of Atreus: being the Agamemnon, Libation Bearers and Furies of Aeschylus. Translated into english verse by *E. D. A. Morshead*. London 1881. 8. 214 p. 7 sh.

370. *Browning*, R., Balaustion's adventures, including a transcript of Euripides. 3rd ed. London 1881. 12. 5 sh.

371. *Cicero* de oratore. With introduction and notes by *Augustus S. Wilkins*. Book II. Oxford 1881. 8. 5 sh.

372. *Euripides* Medea with an introduction and commentary by *A. W. Verrall*. London 1881. 8. 152 p. 7 sh. 6 d. (Macmillan's classical library).

373. *Phrynichus*, the new., being a revised text of the Ecloga of the grammarian Phrynichus. With introduction and commentary by *W. Gunion Rutherford*. London 1881. 8. 530 p. 18 sh.

374. *Plato*, the Euthydemus. With an introduction and notes by *George Henry Wells*. London 1881. 12. 124 p. 4 sh.

375. *Plotinus* the works of, by *John Hunt*. London 1881. 8. 3 vols. 39 frcs.

376. *Propertius*, select elegies of, Edited with notes appendices and a general introduction to the study of Propertius by *J. P. Postgate*. London 1881. 8. 420 p. 6 sh. (Macmillans classical series).
377. *Sophocles*. Edited with english notes and introductions by *Lewis Campbell*. Vol. 2 Ajax, Electra, Trachiniae, Philoctetes, fragments. London 1881. 8. 592 p. 16 sh.
378. *Thucydides* translated into english with introduction marginal analysis notes and indices by *B. Jowett*. 2 vols. Oxford 1881. 8. 1270 p. 32 sh.
379. *Virgil's* Aeneid. By *Charles Anthon* and *W. Trollope*. New edit. London 1881. 12. 5 sh. 6 d.

Vereinigte Staaten von Nordamerika.

380. *Bridif*, L., Political eloquence in Greece. Demosthenes; with extracts from his orations and a critical discussion of the „Trial on the Crown" translated by *M. J. Macmahon*. Chicago 1881. 8. 510 p. 3 dollars.
381. *Murray*, A. S., History of greek sculpture from the earliest time down to the age of Phidias. New York 1881. 8. 6,75 dollars.

Frankreich.

382. *Aubé*, B., les chrétiens dans l'empire romain de la fin des Antonins au milieu du III siècle (220—249). Paris 1881. 8. VI, 534 p. 7,50 frcs.
383. *Ciceronis*, M. Tullii, epistolae selectae (lettres choisies de Cicéron). Nouvelle édition d'après les meilleurs textes renfermant des notes historiques géographiques et grammaticales une vie de l'auteur et une appréciation de ses lettres par *A. Lebugeur*. Paris 1881. 12. VII, 98 p.
384. *Cuq*, Edouard, Etudes d'épigraphie juridique. De quelques inscriptions relatives à l'administration de Dioclétien. I. L'examinator per Italiam. II. Le Magister sacrarum cognitionum. Paris 1881. 8. V, 119 p. (Bibliothèque des écoles françaises d'Athènes et de Rome fasc. 21).
385. *Darmesteter*, Arsène, notes epigraphiques touchant quelques points de l'histoire des juifs sous l'empire romain. Versailles 1881. 8. 24 p. (Extrait de la Revue des études juives 1880 juillet - septembre).
386. *Desjardins*, Ernest, inscriptions romaines du musée d'Amiens. Paris 1881. 8. 9 p. 2 planches. (Extrait de la Revue archéologique 1880 décembre).
387. *Dupuis*, J., le nombre géometrique le Platon. Interpretation nouvelle. Paris 1881. 8. 68 p.
388. *Euripide* Alceste. Texte grec. Nouvelle édition d'après les travaux les plus récents avec une introduction et des notes par *E. Groussard*. Paris 1881. 18. XVI, 113 p.
389. *Gaii* institutionum commentarii quattuor (appendix) post Studemundi et aliorum curas ad usum scholarum iterum pertractavit edidit *Carolus Giraud*. Paris 1881. 18. 140 p.
390. *Hild*, J. A., Etude sur les démons dans la littérature et la réligion des Grecs. Paris 1881. 8. XII. 337 p. 7 mk. 20 pf.
391. *Horace* les satires et l'art poétique. Traduction nouvelle en vers français par *M. J. Cortie*. Paris 1881. 18. VIII, 179 p.
392. *Kerviler*, René, César et les Vénètes. Paris 1881. 12. 21 p. (Extrait des Questions controversées de l'histoire de la science. 2e série).
393. *Lefort*, Louis, chronologie des peintures des catacombes romaines. Paris 1881. 8. 60 p. (Extrait de la Revue archéologique 1880 sept.-déc.).

394. *Lenormant*, François, la Grande-Grèce paysages et histoire. Littoral de la mer ionienne. T. 2. Paris 1881. 8. 470 p. (Vgl. no. 168).

395. *Ménard*, René, la vie privée des anciens; dessins d'après les monuments antiques par *Cl. Sauvageot*. La famille dans l'antiquité. Paris 1881. 8. 575 p. 815 figures. 30 frcs.

396. *Perrot*, Georges et Charles *Chipiez*, Histoire de l'art dans l'antiquité (Egypte, Assyrie, Perse, Asie mineure, Grèce, Etrurie, Rome). Tome I. L'Egypte contenant environ 600 gravures dessinées d'après les originaux ou d'après les documents les plus authentiques. Livr. 1. Paris 1881. 8. (Formera environ 300 livraisons à 50 cent. — 1 frcs.)

397. *Platon*, oeuvres complètes publiées sous la direction de *Émile Saisset*. Traductions *Dacier* et *Grou* révisées et complétées par une nouvelle version de plusieurs dialogues avec notes et arguments par *E. Chauvet* et *A. Saisset*. T. 2. Dialogues Socratiques II. Paris 1881. 18. 411 p. 3 fr. 50 c. (Bibliothèque Charpentier).

398. *Rayet*, Olivier, Monuments de l'art antique publiés sous la direction de. Livr. 1. 2. Paris 1881. fol. (Paraîtra en 6 livraisons comprenant chacune 15 planches avec notices explicatives à 25 francs).

399. *Schneider*, histoire des antiquités de la ville de Vienne; manuscrit inédit publié avec une notice historique et biographique une gravure représentant Vienne romaine. Vienne 1881. 12. XXXIX, 123 p.

400. *Tannery*, Paul, les mesures des marbres et des divers bois de Didyme d'Alexandrie. Paris 1881. 8. 15 p. (Extrait de la Revue archéol. 1881 mars).

401. *Tite Live*, livres XXI et XXII. Nouvelle édition d'après les travaux les plus récents avec notice sommaire et notes historiques littéraires et philologiques par *Alexandre Harant*. Paris 1881. 12. XI, 167 p.

Italien.

402. *Catullo*, C. Valerio, Le nozze di Teti e di Peleo, poemetto recato in versi italiani da *Francesco Panzetti*. Cremona 1880. 16. 24 p. 0,3 L.

403. *Fabretti*, Ariodante, degli studii archeologici in Piemonte. Discorso inaugurale. Torino 1881. 8. 46 p.

404. *Fioretto*, Giovanni, gli umanisti o lo studio del Latino e del greco nel secolo XV in Italia: appunti Verona 1881. 16. 170 p. 2,50 L.

405. *Garruccius*, Raphael, Addenda in Sylloge inscriptionum Latinarum aevi Romanae reipublicae usque ad C. Julium Caesarem plenissima. Augustae Taurinorum 1881. 8. 31 p. 1,25 L.

406. *Martini*, Felice, Caio Valerio Catullo: monografia. Parma 1880. 16. XVII, 79 p. 1,50 L.

407. *Orazio Flacco*. XIX odi di metro respettivamente diverse nel testo conforme alle megliori edizioni con commento metrico di *Ettore Stampini*. Torino 1881. 8. 60 p. 1,50 L.

408. *Pezzi*, Domenico, il dialetto dell' Elide nelle iscrizioni testè scoperte. Torino 1881. 4. 27 p. (Dalle Memorie della v. Acc. delle Scienze di Torino).

409. *Siro*, Publilio, le sentenze nuovamente pubblicate da *Bertini Carlo Lodovico* in servizio delle scuole classiche. Torino 1881. 12. 24 p. 0,60 L.

410. *Virgilio*. L'Eneide tradotta da *Costantino Bottoni*. Ferrara 1881. 8. 591 p. 4 L.

Spanien.

411. *Sigüenza*, Fray José de, historia primitiva y exacta del monasterio del Escorial, la más rica en detalles de cuantas se han publicado. Escrita en el siglo XVI por el padre F. J. de *Sigüenza*, bibliotecario del monasterio y primer historiador de Felipe II. Arreglada por D. *Miguel Sanchez y Pinilla*. Madrid 1881. 8. 560 p. 20 reales.

412. *Virgilio*, las Geórgicas traducidas por Excmo Sr. D. *Marcelino de Aragon Azlor, Duque de Villahermosa*. Con un prólogo de D. *Marcelino Menendez Pelayo*. Madrid 1881. 4. XIII, 282 p. 20 r.

Griechenland.

413. Γεωργόπουλος, Γεώργ. *Δ.*, περὶ τοῦ γάμου τῶν ἀρχαίων Ἑλλήνων ἐπὶ τῶν ἡρωικῶν καὶ ἱστορικῶν καλουμένων χρόνων παραβολικῶς πρὸς τὸν τῶν νέων. Erlangen 1881. 8. 42 p. (Diss. phil.).

414. Καρίκουλας, 'Αλέξ., ὀλίγα τινα περὶ ἀρχῆς καὶ χρήσεως τοῦ στεφάνου παρὰ τοῖς παλαιοῖς Ἕλλησιν. Erlangen 1881. 8. (Diss. phil.). 40 p.

Kleine philologische zeitung.

Ausführlicher bericht von prof. *Piper* über das christliche museum der universität Berlin in den jahren 1878—81 in RAnz. nr. 124 beil. 2: auch inschriften sind erworben.

Der durchstich des Isthmus von Korinth, den die alten unternehmen wollten und der unter Nero auch begonnen ist, soll jetzt wieder versucht und zu ende geführt werden. RAnz. nr. 137.

Ueber das diesjährige programm des gymnasiums zu Pyritz, welches unterricht in meteorologie und völkerkunde auf dem gymnasium einzuführen wünscht, berichtet sehr ernsthaft RAnz. n. 140. Als ob der unterricht auf den gymnasien nicht schon buntscheckig genug wäre!

Wir wollen hier in aller kürze auf eine kleine abhandlung zum Oedipus rex aufmerksam machen, welche ein junger griechischer philolog, Spyridon in dem zu Athen erscheinenden Athenäum in τόμος Θ', heft V, veröffentlicht hat. Dieselbe ist 1881 in besonderem abdruck erschienen. (15 p.). Besonders beifallswerth erscheint uns v. 740 die änderung τινα κόμην βέβηκ' ἔχων anstatt τινα δ' ἀκμὴν ἤδης ἔχων. Es war aber zu erwähnen, daß schon Wecklein ἔχων ἔρῃ an das ende des verses setzte, wie es auch für die änderung in der großen königsrede v. 228, wo Spyridon vorschlägt καὶ μὲν φοβεῖται τοὐπικλημ' ὑπεξελεῖν αὐτὸς κατ' αὐτοῦ πείσεται γὰρ ἄλλο μὲν .... Εἰ δ' αὖ τις ἄλλος οἶδεν ἐξ ἄλλης χθονός . . . . nicht an vorgängern fehlte. V. 657 liest Spyridon ἀρ' ἔσχομεν; anstatt παρίσχομεν, v. 572 wird der artikel beseitigt durch die änderung ἰθούνεκ' εἰ μή σοι ξυνῆλθε φθάς, ἐμάς οὐκ ἄν ποτ' εἶπεν Λαΐου διαφθοράς anstatt τὰς ἐμάς, v. 639 die bedenkliche synizese δυοῖν durch die leichte änderung τοῦτό' ἀποκρίσεως κακοῖν. V. 328 wird das handschriftliche ἐγὼ δ' οὐ μήποτε τἄμ' ὡς ἂν εἴπω μὴ τὰ σ' ἐκφήνω κακά in ἰταμῶς τάδ' εἴπω geändert, v. 485 οὔτε δοκοῦντ' οὔτ' ἀποφάσκοντ' ὅτι λέξω δ' ἀπορῶ in οὔτ' ἐπαρέσκοντ'. Die änderung

v. 487 πέτομαι δ' ἐλαίαν οὔτ' ἐνθάδ' ὁρῶν οὔτ' ὀπίσω anstatt
ὁρῶν, so daß auf den Tiresias bezug genommen wird, ist annehmbar, doch dafür, daß sich ὀπίσω auf die vergangenheit bezieht, wie Spyridon will, vermissen wir eine belegstelle. V. 287
wird ἀλλ' οὐκ ἐν ἀργοῖς οἱ δὲ ταῦτ' ἐπραξάμην in οὐδὶ τόδ'
ἐποιησάμην geändert, indem ἐπραξάμην auf ein glossem zurückgeführt wird. Dem metrum kommt Spyridon v. 478 durch die
conjectur πέτρας ὡς ταύρους μίλιος μιλίῳ ποδὶ θηρεύων zu hülfe.
Aber, daß der scholiast so las, will uns nicht einleuchten; auch
geht durch diese änderung des handschriftlichen πετραίος ὡς
(oder ὁ) ταῦρος μίλιος μιλίῳ ποδὶ χηρεύων das *tertium comparationis* verloren. In den angeführten conjecturen, zu denen sich
eine neue interpretation von v. 582 gesellt, zeigt sich entschieden
kritische anlage, welche zu hoffnungen für die zukunft berechtigt. Wie aber der verfasser dazu kommt v. 644 das handschriftliche μή ποτ' ὀναίμην in das übelklingende μὴ μήν ὀναίμην zu
ändern, ist uns unbegreiflich. Daß das enclitische ποτ' von den
tragikern ebenso wohl lang als kurz gebraucht wird, ist ja
bekannt.

Kürzlich wurde in Praunheim bei Frankfurt a. M. ein
interessanter alterthumsfund gemacht. Beim umpflügen
des dem milchhändler Bornmann gehörigen ackers wurde ein 8
fuß langer, 3 fuß breiter und 3½ fuß hoher steinsarg entdeckt,
welcher den **leichnam eines römischen feldherrn in
voller rüstung enthält**. An den ecken des deckels stehen
pyramiden auf würfelförmigen postamenten. Nach der aussage
sachverständiger ist dieser fund einzig in seiner art.

Auszüge aus zeitschriften.

Archäologische zeitung. Herausgegeben vom archäologischen institut des deutschen reiches. Jahrgang XXXIX. 1881. Erstes heft:
O. *Benndorf*, zur vasentechnik. Verf. theilt seine zunächst an vasen
der londoner sammlung gemachte beobachtung mit, daß bei den sorg-
fältigeren schwarzfigurigen gefäßen die innencontur nicht nur eingeritzt, sondern die eingeritzten linien mit weiß (und zwar demselben,
das zur aufhöhung einzelner theile der figuren als engobe verwendet
wurde) ausgefüllt seien; gelegentlich findet sich daneben dunkelroth zu
dem gleichen zwecke verwendet. Dasselbe verfahren sei angewendet an
den ältesten gefäßen rothfiguriger technik, da wo das schwarzgemalte
kopfhaar von dem schwarzen grunde durch eine eingeritzte conturlinie
getrennt wird. — *O. Krüger:* Euripides (taf. 1). Eine vom British
Museum neuerdings erworbene marmorbüste von ungewöhnlich guter
erhaltung, welche von den bogenlangigten köpfen des Euripides wie
verf. hervorhebt, nicht unwesentlich abweicht. Der verf. ist dennoch
geneigt, einen Euripides darin zu erkennen, der in einer früheren
lebensperiode als in den übrigen köpfen und in etwas idealisirter auffassung dargestellt sei. [Die abweichungen in besonders characteri-
stischen theilen scheinen doch zu groß, um diese annahme zuzulassen]. —
E. *Curtius*, die Telamonen an der erztafel von Aniza (taf. 2 und holzschnitte). Die jetzt im berliner museum befindliche bronzetafel mit

dem dekret der Anisaeer (sonst unbekannte wahrscheinlich syrische stadt) zu ehren eines Apollonios (s. Curtius, monatsberichte der berliner academie 1880, p. 646) ist eingefaßt von zwei korinthischen halbsäulen, auf welchen je 1 jüngling (von dem zur linken sind nur die füße erhalten) steht, die beide als träger der ursprünglich vorhandenen giebelförmigen bekrönung des monumentes figurirten. Anknüpfend an diese figuren giebt verf. eine zusammenstellung ähnlich verwendeter in der griechischen kunst. Er leugnet die architectonische oder tectonische verwendung von götterfiguren und erkennt in den allgemein als solche aufgefaßten, mit göttlichen attributen versehenen figuren vielmehr priester und priesterinnen in ihrer amtstracht(?). So in der auf taf. 2 nr. 2 abgebildeten bronzefigur aus Kalavryta, die fackel und mohn in den händen hält, eine priesterin der Demeter, nicht diese göttin selbst. Einer serie von nackten männlichen figuren die als spiegel- (und schalen-)träger fungiren reiht sich eine auf taf. 3 n. 1 publizirte sehr alterthümliche aus Delphi an. (Nur der oberkörper erhalten). *G. Löscheke*, dreifussvase aus Tanagra (taf. 3. 4. 5). Thongefäß (des museums zu Berlin) in gestalt eines dreifußes mit darstellungen in der technik der schwarzfigurigen vasenmalerei. Verf. bespricht die einzelnen scenen: Perseus von den Gorgonen verfolgt; opfer, tanz und schmaus; palaestrische übungen: 2 ringer, 2 faustkämpfer, läufer(?) neben einem anfseher; auf dem deckel eine hasenjagd. Eine eingehende untersuchung ist namentlich der geschichte der in der ältesten griechischen kunst typisch dargestellten hasenjagd gewidmet; verf. gewinnt aus derselben einen festen anhalt für die datirung des gefäßes (in der 2. hälfte des 6. jahrg. v. Chr.) und eine reihe von wichtigen resultaten für die geschichte der ältesten griechischen kunst überhaupt. — *Miscellen. Milchhöfer*, zu altgriechischen kunstwerken. 1. das Harpyienmonument. 2. der „Apollo" von Tenea. Verf. hat durch nachforschungen an der fundstelle und durch aussagen von bei der auffindung betheiligt gewesenen personen eruirt, daß diese statue höchst wahrscheinlich als grabstatue gedient hat und demgemäß als die darstellung eines verstorbenen anzufassen ist. 3. archaische frauengestalten von der Acropolis zu Athen. 4. fuß aus den giebelsculpturen des Parthenon. — *L. Gurlitt*, relief aus Athen (L. von Sybel katalog n. 2200) mit abbildung. Komische scene, anscheinend aus dem kreise des Dionysos. (Von einem choregischen monument?). — *Conze* zu jahrgang XXXVII, p. 3 (Hermes Kadmilos). — *Berichte.* Erwerbungen der königl. museen im jahre 1880. 1, sammlung der sculpturen und abgüsse (Conze). — *Sitzungsberichte:* festsitzung des archäologischen instituts in Rom 23. april 1881; sitzungen der archäologischen gesellschaft in Berlin vom 4. januar, 2. februar, 1. märz, 5. april 1881. — *Ausgrabungen von Olympia*. Bericht 46 (W. Dörpfeld) und 47 (Treu); inschriften n. 381—385 mit tafel (Kirchhoff) n. 386—392 (Purgold). — Zu dem ornament der inschriftplatte n. 382 (Purgold). Dieselbe ist aus einem größeren ornamentblech herausgeschnitten, das am wahrscheinlichsten eine architektonische verwendung (als thürpfostenbekleidung?) hatte. Nach der inschrift scheint sie noch dem 7. jahrhundert anzugehören. — Zu n. 389 (stele des Deinosthenes). E. C(urtius) stellt die vermuthung auf, daß der olympische sieger Deinosthenes persönlich bei der in der inschrift erwähnten wegemessung betheiligt gewesen sei und also in die reihe der Hamerodromen und Bematisten hellenistischer zeit gehöre. —

Bullettino dell' Instituto di corrispondenza archeologica. No. 5 di Maggio 1881. I. *Sitzungen des instituts.* 18. märz. *M. St. de Rossi* bespricht einen fund von aes rude, aes grave und zerbrochenen primitiven waffen aus der sammlung des herrn Falcioni in Viterbo und nicht seine schon früher ausgesprochene meinung zu erhärten, daß die bronzewaffen in ältester zeit als basis eines conventionellen libralen münzsystems gedient hätten, dessen fractionen man durch zerbrechung der waffen (und geräthe) an bestimmten punkten erhalten habe. — *Helbig* erinnert zur bestätigung dieser ausführungen daran, daß auf Cypern und Kreta als τάλαντον und ἡμιτάλ(α)ντον bezeichnete nominale existirt haben, und empfiehlt die genaue wägung der bronzebeile in Italien um festzustellen, ob die italische libra von einem typus derselben abgeleitet werden könne. — *Gatti*: über die gewichte mit der aufschrift EXACT. AD. ARTIC. — *G. B. de Rossi* über den herculanensischen Centopondius des jahres 47. — *Erob* legt die zeichnung eines kleinen Mithras-monumentes vor, das in Piedmonte (Umbrien) gefunden sein soll und und einiges eigenthümliche aufweist. — 1. april. *Gnidi* über die schrift des advocaten Foglietti über die localnamen in Picenum. — *Fabiano* über einen in Palaestina gefundenen Scarabaeus aus grünlicher paste des herrn B. Falcioni in Viterbo mit nachahmung hieroglyphischer zeichen. — *Helbig* über ein armband aus gehämmerter bronze der sammlung Chigi (bei Volterra gefunden) und einen bei Chiusi gefundenen großen bronzegriff mit archaischen verzierungen. — *Mau*, über ein pompejanisches bild (Helbig n. 283—287), welches er auf die liebe der Artemis zu Orion deutet. — 8. april. *Jordan*, bemerkungen zu der archaischen inschrift eines gefäßes, welche in den Annali 1881, p. 166—195 (taf. L) von Buecheler und Dressel behandelt ist. — *Gamurrini* fügt einige bemerkungen über denselben gegenstand hinzu und geht dann zur besprechung einer anzahl von bronzegegenständen aus der umgegend von Chiusi über, den geringen resten eines uralten depositum's aus der übergangsperiode von der bronze- zur eisenzeit. Dieselben sind kürzlich für das National- (frühere Kirchersche) museum erworben. Es sind äxte, messer, meißel, prisme, fibeln, verbogene platten von bronze, theils absichtlich zerbrochen, theils ganz und mehr oder weniger abgenutzt. Ref. sucht den zweck ähnlicher deposita zu bestimmen und wendet sich gegen die gewöhnliche ansicht, daß dieselben allgemein als für gießereien angelegt zu betrachten seien. Diese bestimmung werde bei dem berühmten funde von Bologna durch eine reihe von umständen ausgeschlossen, namentlich durch die mischung von unbrauchbar gewordenen gegenständen mit neuen. Vielmehr seien solche deposita als „schätze" zu betrachten, welche durch weihegaben zusammengekommen, die stipes sacrae der ältesten heiligthümer gebildet hätten in einer zeit, welcher jede eigentliche münze auch in der form des aes rude noch unbekannt war. — *Pigorini* wendet sich gegen diese meinung. Man müsse zwei gruppen solcher deposita unterscheiden. Die eine bestehe im großen und ganzen aus neuen oder unfertigen, die andre aus zerbrochenen, fehlerhaften oder durch langen gebrauch abgenutzten gegenständen. Jene seien wahrscheinlich als magazine herumziehender verkäufer, diese als solche von gießern zu betrachten. Zu der zweiten gruppe gehöre der fund von Chiusi. Bezüglich des fundes von Bologna weist er speziell auf die unter den fundstücken befindlichen bronzebarren zum guß, einige formen für denselben und werkzeuge zum bearbeiten der gegossenen gegenstände hin. — *Chigi* weist, ohne die beiden von den vorrednern aufgestellten erklärungen für den einzelnen fall principiell auszuschließen, auf einige zum theil in seinem besitz übergegangne funde hin, welche die ansicht erwecken, daß die betreffenden gegenstände einfach als werthobjecte von dem einstigen besitzer vergraben sind, um sie zu sichern. Es sind nur beile, in einem falle sämmtlich neue, in drei andern solche mit leichten gebrauchsspuren. Ein fünftes depositum scheine dem von Chiusi analog zu sein. — 22. april. Festsitzung zur erinnerung an die gründung Roms: *Gwidi* über den ursprung Rom's (s. Bullettino archeologico municipale). — *Jordan:* über das capitolinische Tabularium (s. Annali 1881.) — Mittheilung der neuen ernennungen von mitgliedern des instituts und der des herrn A. Conze in Berlin zum präsidenten der centraldirection.

II. *Ausgrabungen* in Corneto. (*Helbig.* Fortsetzung.) Zwei bemalte gräber, beide schon in antiker zeit geplündert. Das eine zeigt als wandschmuck eine anzahl von coronae tortiles; nur in dem giebelfelde der dem eingang gegenüberliegenden wand zwei gelagerte paare, je einen mann und einen knaben. In dem grabe wurde ein Onyx-Scarabaeus und eine kleine blei(?)-platte mit einem goldplättchen darauf gefunden, in welchem letzteren zwei büsten von geflügelten frauen geprägt sind. Der Scarabaeus zeigt in etwas laxem aegyptischem stil den kleinen Horus zwischen Isis und Hathor (nach der erklärung von Fabiani p. 95—97). Stil und darstellung desselben stimmen überein mit Scarabaeen aus der necropole von Tharros in Sardinien und legen die annahme nahe, daß er gleich diesen in Carthago oder einer von dessen colonien gearbeitet sei. Da die gemälde des grabes der ältesten periode der tarquiniensischen wandmalerei angehören, die, wie es scheint, nicht über die mitte des 5. jahrh. v. Chr. hinabreicht, so liefert dieser fund einen neuen beweis für die handelsbeziehungen zwischen Carthago in so früher zeit. Das andre grab ist in gleicher weise geschmückt. Die figürliche darstellung im giebelfelde gegenüber dem eingang (je 3 tanzende Silene an beiden seiten einer ruhig stehenden figur, des Dionysos?) scheint nach dem vorbilde ähnlicher scenen auf chalcidischen oder alt-attischen vasen gemacht. — Ein unberührt gefundenes grab enthielt außer drei skeletten eine anzahl gewöhnlicher thongefäße, einen reich ornamentirten Skyphos des schon mehrfach bekannten fabrikanten C. Popilius und ein einfaches bronzenes armband. — Endlich wurde nahe der heutigen stadt ein großes aus mindestens vier grabkammern bestehendes grab entdeckt, leider schon geplündert, wie die zusammen mit menschlichen gebeinen auf dem boden verstreuten scherben bemalter vasen von localer fabrik beweisen. Auf den wänden des zweiten raumes standen inschriften (namen), von denen indeß nur wenig mehr lesbar ist.

III. *Monumente. Henzen:* militärdiplom des Domitian. Dasselbe ist in Bulgarien gefunden und gehört in's jahr 82 n. Chr. — Von besonderer wichtigkeit ist es durch die angabe des ortes, wo das original aufgestellt war, nämlich *Romae in tribunali Caesarum Vespasiani Ti(ti) Domitiani* (außenseite). Daß dieses tribunal (in der bedeutung als einfaches ehrendenkmal) sich auf dem capitol befand, geht aus der angabe auf der innenseite hervor: *descriptum et recognitum ex tabula aenea quae fixa est Romae in Capitolio*. Ein tribunal dieser kaiser war bisher unbekannt. —

IV. *Bemerkungen.* a) *Jordan:* eine berichtigung des planes des Forum Romanum. Der verf. hat bei seiner letzten anwesenheit in Rom die bemerkung gemacht, daß die area des forums rings von einem vorspringenden rand von travertinplatten eingefaßt ist und daß die an der süd- und nordseite erhaltenen reste dieser einfassung fast genau parallel laufen, indem nur an der südseite eine abweichung nach süden um 5 grad stattfindet. Die area hatte also nicht wie die bisherigen pläne zeigen, die form eines trapezes, sondern annähernd die eines rechtecks. An der außenseite der einfassung, welche den freien raum der area gegen die straßen abgrenzt, finden sich regelmäßige löcher, welche sich gleich ähnlichen an mehreren stellen von Pompeji finden und nach dem verf. nur den zweck haben konnten, die zur errichtung von tribünen bei festlichen gelegenheiten nöthigen pfähle anzunehmen. Später als diese einfassung des forums, deren entstehungszeit bisher mit sicherheit nicht zu fixiren ist, sind nach den beobachtungen des verf. die grossen basen aus ziegeln an der südseite des forums errichtet worden und zwar, wie aus einigen stempeln hervorgeht, in constantinischer zeit. — b) *Mau*, bemerkungen über das strassennetz von Pompeji. Verf. weist nach, wie durch die neuesten ausgrabungen die annahme Fiorelli's und Nissen's, dass das capuanische thor mit dem von Nocera durch eine (die vierte) hauptstrasse verbunden sei, widerlegt werde, dass vielmehr von dem erstgenannten thor eine der via di Mercurio und der längsaxe des Forums parallele strasse ausgegangen sei. Damit falle die eintheilung der stadt in 9 (Fiorelli) resp. in 12 (Nissen) viertel und zugleich werde die von G. v. Herold (Bullettino 1880, p. 151 ff.) aufgestellte ansicht bestätigt, dass nicht die Stabianische strasse als der cardo maximus von Pompeji zu betrachten sei (wie die beiden genannten gelehrten wollen), sondern vielmehr die längs der ostseite des forums verlaufende via di Mercurio mit ihrer südlichen fortsetzung. Die richtung dieser strasse scheine in der that das ganze strassennetz von Pompeji bestimmt zu haben. —

Deutsche literaturzeitung hrsg. von dr. *Max Rödiger*. Berlin 1881. No. 20. Sp. 795: *H. Siebeck*, geschichte der psychologie. I. abth. Die psychologie vor Aristoteles. Gotha 1880. 8. XVIII, 284 p. 6 mk. In anbetracht des mangels an vorarbeiten und der mühseligkeit der quellenforschung für den vorliegenden zweck ist sehr werthvolles geleistet. Eine beschränkung auf das rein fachwissenschaftlich psychologische, ferner ein anschliessen der erkenntnisstheoretischen probleme würde der arbeit noch mehr zu statten gekommen sein. *B. Erdmann.* — Sp. 796: *C. Pauli*, etruskische studien. Heft III: die besitz-, widmungs- und grabformeln der etruskischen. Göttingen 1880. 8. 156 p. 5,80 mk. Das buch enthält eine menge neuer resultate, ergebnisse grossen scharfsinns. Trotzdem bleiben die etruskischen forschungen mehr oder weniger wahrscheinliche hypothesen, die sich durch umfangreichere funde erst werden lösen lassen. *W. Deecke*. — Sp. 778: *J. P. Mahaffy*, über den ursprung der homerischen gedichte. *A. H. Sayce*, über die sprache der Homerischen gedichte. Autorisirte übersetzung von *J. Imelmann*. Hannover 1881. 8. II, 69 p. 1 mk. 50 pf. *Gustav Hinrichs* giebt den inhalt beider schriften an und characterisirt Mahaffy's schrift als eine reproduction Grote'scher theorie mit einigen ausscheidungen mehr und dazu einer auflösung des nicht-achilleischen theils in besondre lieder. — Sayces arbeit ist nützliche zusammenstellung, aber anspruchsvoller, als ihr werth. Er schreibt vorarbeiten in unerhörter weise ohne namennennung aus. — Sp. 800: *E. Thomas*, Scoliastes de Virgile. Essai sur Servius et son commentaire sur Virgile d'après les manuscrits de Paris et les publications les plus récentes avec la liste et la description des manuscrits de Paris, l'indication des principaux manuscrits étrangers, la liste et l'appréciation des principales éditions et un tableau général des scolies sur Virgile. Paris 1880. 8. XVI, 358 u XXXII p. Eine fleissige und brauchbare arbeit, im haupttheil eine literarhistorische studie über Servius. Das bild der literar. persönlichkeit des Servius ist nicht besonders geglückt aus mangel einer beherrschenden kenntnis der geschichte der grammatischen studien, der zweite theil, Pseudo-Servius, der die schichtenweise ablagerung der zusätze zum echten Servius nachweist ist vortrefflich. *A. Riessling*. — Sp. 803: *O. Petersen*, quaestiones de historia gentium Atticarum. Schleswig 1880. 8. 152 p. 3 mk. Wissenschaftlich werthlose behandlung eines schönen themas. *U. v. Wilamowitz-Möllendorf*. — Sp. 806: *R. Kekulé*, das leben Friedrich

Gottlieb Welcker's. Nach seinen eigenen aufzeichnungen und briefen. Mit einem bildniß Welckers in radierung von *L. Otto*. Leipzig 1880. 8. VIII, 519 p. 10 mk. 60 pf. Lobende, das tactvolle, feine, verständnißinnige des buches hervorhebende anzeige von *F. von Duhn*. No. 21. Sp. 845: *H. Paul*, principien der sprachgeschichte. Halle 1880. 8. VIII, 288 p. 6 mk. Nur insofern ist das buch nicht ganz werthlos als es die eingebildetheit und unreife des „junggrammatischen" standpunctes besonders deutlich zeigt. *A. Brumbergor.* — Sp. 846: *Iw. Muelleri*, specimen novae editionis libri Galeniani qui inscribitur ὅτι ταῖς τοῦ σώματος κράσεσι αἱ τῆς ψυχῆς δυνάμεις ἕπονται. Erlangen 1880. 4. 15 p. (Univers.-progr.). Anerkennende anzeige mit einigen eigenen zusätzen von *W. Studemund*. — Sp. 848: *E. Wagner*, de M. Valerio Martiale poetarum Augustae aetatis imitatore. Koenigsberg 1880. 8. 48 p. 1 mk. 20 pf. *K. Schenkl:* umsichtige besonnene untersuchung mit guten ergebnissen nach dem muster Zingerle's gearbeitet. Ref. giebt einige nachträge. — Sp. 850: *L. v. Ranke*, weltgeschichte. 1. theil. Die älteste völkergruppe und die Griechen. 1. abtheil. VIII, 375 p. 2. abth. IV, 300 p. Leipzig 1881. 8. 18 mk. *Roepell:* diese „Weltgeschichte" übertrifft alle bisherigen weit und zeigt alle vorzüge Ranke'scher geschichtschreibung: selbständigkeit und umsicht der forschung, sicheren blick für die die jedesmalige weltlage beherrschenden verhältnisse, übersichtliche gruppierung, feine charakteristik und anmuth der darstellung. Die wichtigkeit der religiösen anschauungen ist mit recht betont, die darstellung der äußern geschichte ist vorzüglich, aber im einzelnen dürfte manches anders gewünscht werden. Eine schärfere sonderung der äußeren und inneren entwickelung der verschiedenen welthistorischen nationen, ein nachweis dessen, was jede nation als dauerndes erbtheil der nachwelt hinterlassen, wird vermißt. Die innere politische entwickelung der Griechen ist zu neben der äußeren entschieden zu kurz gekommen. — Sp. 857: *Luigi Palma di Cesnola*. Cypern, seine alten städte, gräber und tempel. Bericht über zehnjährige forschungen und ausgrabungen auf der insel. Autorisirte deutsche bearbeitung von *L. Stern*. Mit einleitendem vorwort von *G. Ebers*. Mit mehr als 560 in den text und auf 96 tafeln gedruckten holzschnittillustrationen, 12 lithographirten schrifttafeln und zwei karten. Jena 1879. 8. XXII, 442, (2) p. 110 taf. 36 mk. Das reiche material des Cesnola'schen buches ist durch die Stern'sche bearbeitung für wissenschaftliche zwecke handlicher geworden. Die vielen anmerkungen, nachweise u. s. w. sind eine werthvolle bereicherung des buches.

No. 22. Sp. 883: *A. Buss*, de praesidiis Aristotelis Politica emendandi. Berlin 1881. 8. 52 p. 1 mk. 20 pf. *Fr. Susemihl*, der verfasser hat erfolgreich nachgewiesen, daß ref. sich von der lateinischen übersetzung für den Aristotelestext zu sehr hat beeinflussen lassen. Der versuch, die handschrift F' als die haupttächlichste in der familie Π' hinzustellen, ist nicht gelungen. Auch im einzelnen sind irrthümer in der sonst tüchtigen arbeit. — Sp. 887: *W. Roeder:* zur erklärung und kritik des Iuion. Jena 1880. 8. VI, 63 p. 2 mk. Die versuche handschriftliche überlieferung (speciell hinsichtlich des gebrauchs der partikel ἄν) à tout prix zu retten, sind meist verfehlt. Hin und wieder sind richtige bemerkungen und besserungen eingestreut. Auch die die realien betreffenden abschnitte sind nur zum theil acceptabel. *A. Hug.* — Sp. 888: Monumenta Germaniae historica etc. Poetarum Latinorum medii aevi tomus I pars prior. Poetae Latini aevi Carolini rec. *E. Duemmler*. Berlin 1880. 4. 392 p. 10 mk. Dümmler hat durch reiches material, gute kritische basis und emendation alle vorgänger weit überholt. Indessen ist die arbeit nicht abgeschlossen, sondern wird ein sicherer ausgangspunct für die verschiedensten untersuchungen über diese gedichte werden. Ref. giebt einige nachträge. *Joh. Huemer*. — Sp. 895: *Ch. Graux*. Essai sur les origines du fonds grec de l'Escurial. Épisode de l'histoire de la rénaissance des lettres en Espagne. (Bibliothèque de l'école des hautes études fasc. XLVI.) Paris 1880. 8. XXXI, 529 p. Der verfasser giebt der geschichte der spanischen humanisten an der hand der reste ihrer bibliotheken im Escurial nach. Das buch ist frisch und lebendig geschrieben und bietet eine fülle literarhistorischen materials. *W. Wattenbach*.

No. 23. Sp. 925: *L. Langii*, specilegium criticum in Ciceronis orationem de domo. Leipzig 1881. 4. 24 p. 1 mk. 20 pf. (Progr. z. akad. preisvertheilung zu Leipzig). Ruhige sorgfältige erörterung, nachweis von schwierigkeiten, aber nur geringe zahl von evidenten besserungen. *A. Eberhard*. — Sp. 929: *J. Zobel de Zangróniz*, estudio historico de la Moneda antigua española desde su origen hasta el imperio romano. Tomo I. Madrid 1878. 8. XIII, 208 p. 5 münz- und 1 schrifttafel. Tomo II. Ebd. 1880. 307 p. 8. 5 münztafeln. 1 karte. (Aus Memorial numismatico bd. IV. V.) *E. Hübner*: eine streng wissenschaftliche arbeit von historischem sinne, die die spanische münzkunde (phöcäisch-massaliotischer, karthagisch-sicilischer, karthagisch-tyrisch-babylonischer münzfuß, sodann besonders wichtig die iberischen münzen, deren inschriften sicher entziffert sind und die anfänge italischer münzen) bis auf die römische zeit im allgemeinen zum abschluß bringt.

No. 24. Sp. 936: *A. Matinée*, Platon et Plotin. Étude sur deux théories philosophiques. Paris 1876. 18. 160 p. 2 mk. *H. F. Müller*: der verfasser redet von allgemeinen vorstellungen heraus über Plotin, während derselbe nur durch gründliche logische analyse und methodische prüfung seiner philosopheme zu verstehen ist. — Sp. 965: *G. Hart*, de Taetzarum nomine vitis scriptis. Leipzig 1880. 8. (Aus den supplementen zu Fleckeisens jahrbüchern). Die auf eingehende studien gestützte arbeit hat den verfasser zu resultaten geführt, die kaum der correctur bedürfen. Hart's abhandlung wird in dankenswerther weise ergänzt von *Giske*, de Joh. Tzetzae scriptis ac vita. Rostock 1881. *E. Scheer*. — Sp. 966: *H. Linke*, Quaestiones de Macrobii Saturnaliorum fontibus. Breslau 1880. 8. 57 p. 1 mk. 50 pf. *G. Wissowa*, de Macrobii Saturnaliorum fontibus. Breslau 1880. 8. 1 mk. 50 pf. Linke's dissertation in schlechtem latein bringt trotz aller mühe nicht viel neues. Die herleitung der alten zusätze zu Servius aus Macrobius, und des 7. buches des Macrobius aus Apuleius quaestiones comunales ist verunglückt. Die arbeit von Wissowa hat werthvolle resultate. Sueton, Iamblichos περὶ θεῶν, Marius Victorinus, Didymus werden als quellen nachgewiesen. *A. Kießling*. — Sp. 971: *G. Busolt*, forschungen zur griechischen geschichte. Theil I. Breslau 1880. III, 181 p. 4 mk. 80 pf. Die negative gegen Curtius ist berechtigt, das positive ist durchaus unhaltbar, die arbeit ist flüchtig und unkritisch, auffassung und darstellung weitaus trivialer als diejenige von Curtius. *U. v. Wilamowitz-Möllendorf*.

No. 25. Sp. 994: *Platonis* opera quae feruntur omnia. Ad codices denuo collatos edidit *M. Schanz*. Vol. VIII. Gorgias Meno. Leipzig 1881. 8. X, 106 p. Lobende anzeige von *Fr. Susemihl*. — Sp. 998: *G. Meyer*, griechische grammatik. (Bibliothek indogermanischer grammatiken bd. III.) Leipzig 1880. 8. XXX, 464 p. 9 mk. 50 pf. Die grammatik will das gesammte inschriftliche material und die ergebnisse der vergleichenden sprachwissenschaft verwerthen. Es behandelt mit planmäßigem ausschluß von stammbildungslehre und syntax, lautlehre, declination, conjugation. Das buch ist sehr eilfertig zusammengestellt. Davon viele spuren. Am meisten eigenes enthält die lautlehre, hier ist am besten der consonantismus behandelt, die flexionslehre ist wesentlich eine revidierte zusammenstellung nach vorhandenen hülfsmitteln. Im einzelnen sind viele ausstellungen zu machen. Im ganzen ist das buch rationeller und reichhaltiger als die vorgänger und kann bis zum erscheinen eines besseren werkes empfohlen werden. *Joh. Schmidt.*

No. 26. Sp. 1038: *O. Keller*, epilegomena zu Horaz. Theil III. Leipzig 1880. 8. p. 595—889. Ein bericht über die handschriften ist für Holder aufgespart, alles andere, das zweiklassenprincip u. s. w. ist werthlos. *A. Kiessling.* — Sp. 1042: *V. Thumser*, de civium Atheniensium muneribus eorumque immunitate. Wien 1880. 8. 151 p. 4 mk. Das buch ist werthvoll, ein reiches material aus den quellen ist zusammengebracht und atelie und liturgie sind eingehend, leider freilich von der Demostheniscben zeit aus behandelt, die rechtlichen begriffe sind nicht scharf genug fixirt. *U. v. Wilamowitz-Möllendorff.* — Sp. 1045: *R. Schneider*, die geburt der Athena. Ein beitrag zur wiederherstellung der östlichen giebelgruppe des Parthenon. Wien 1880. 8. 45 p. 6 tafeln. 3 mk. (Abhandlungen des archäologisch-epigraphischen seminars der universität Wien hrsg. v. Benndorf und Hirschfeld. 1). Schneider sammelt die darstellungen der Athenageburt auf vasen, spiegeln, recapitulirt die bisherigen versuche des ostgiebel des Parthenon zu reconstruiren und sucht zu erweisen, daß das Madrider Puteal eine nachbildung dieser composition des Phidias sei. Das resultat ist schwerlich richtig, doch bietet die arbeit eindringende und treffende einzelinterpretation der archäolog. momente.

No. 27. Sp. 1067: *H. Bonitz*, über den ursprung der Homerischen gedichte. Vortrag gehalten im ständehause zu Wien am 3. märz 1860. 5. aufl. besorgt von *R. Neubauer*. Wien 1881. VI, 118 p. 2,60 mk. Fleißige neubearbeitung und ergänzung. *G. Hinrichs.*

Hermes, zeitschrift . . . von *E. Hübner*, bd. XVI, hft. 1: *Th. Mommsen,* die Remuslegende, p. 1. — Ein zweites bruchstück des Rubrischen gesetzes v. j. 705, von demselben, p. 24. — *F. Blaß*, nachtrag zu bd. XV, p. 308, papyrusfragmente im ägyptischen museum zu Berlin, p. 42. — *H. Jordan*, quaestiones orthographicae Latinae IV, p. 47. — *C. Robert,* der streit der götter um Athen, p. 60. — *E. Stutzer*, beiträge zur erklärung und kritik des Lysias, p. 68. — *A. Breysig*, zu Avienus, p. 122. — *M. Schanz*, zu den quellen des Vegetius, p. 137. — *Miscellen: Th. Mommsen*, adsertor libertatis, p. 147. — *C. Jacob*, zu Isokrates brief III, §. 16, p. 153. — *Joh. Schmidt*, ein fehler des Livius, p. 156. — *B. J. Neumann*, nachtrag zu Hermes XV, p. 607, p. 159.

Literarisches centralblatt für Deutschland hrsg. von *Fr. Zarncke* 1881. No. 18. Sp. 626: *Bahnsch, Friedr.*, des Epicureer's Philodemus schrift περί σημείων καί σημειώσεων. Eine darlegung ihres gedankengehalts. Lyck 1879. 8. 38 p. 1 mk. Verdienstliche arbeit. Die Epicureer wiesen auf den werth der induction hin, ermangelten aber noch einer tieferen begründung und fester regeln für dieselbe. — Sp. 627: *Beloch, Jul.*, der italische bund unter Rom's hegemonie. Staatsrechtliche forschungen. Mit 2 karten. Leipzig 1880. 8. VII, 237 p. 1 karte. 8 mk. Das buch ist eine hervorragende leistung in anbetracht der zu überwindenden schwierigkeiten. Mannichfaltige irrthümer und versehen im einzelnen sind nicht ausgeschlossen. Z. b. in der zusammenstellung der tribus der neubürgergemeinden. *F. R.* — Sp. 689: *Roeder, W.*, beiträge zur erklärung und kritik des Isaios. Jena 1880. 8. VII, 83 p. Die 7 aufsätze enthalten ziemlich viel richtiges, neben anfechtbarem über aufbewahrung von testamenten nach attischem recht, die gegner in Isaios erster rede, die partikel ἄν bei Isaeos. H. — Sp. 699: *Le Querolus*, Comédie latine anonyme. Texte en vers rétitué d'après un principe nouveau et traduit pour la première fois en français. Précédé d'un examen littéraire de la pièce par *L. Havet*. Paris 1880. 8. VIII, 363 p. (Bibliothèque de l'école des hautes études fasc. 41). Havet vertritt die Daniel-Wernsdorfsche ansicht, die comödie sei von dem hauspoeten des Rutilius Namatianus und sucht die these durchzuführen, daß das stück ursprünglich in versen geschrieben, dann in prosa umgesetzt sei. Wahrscheinlich war jedoch schon ein theil des originals in prosa abgefaßt, nach art der Menippeischen satire.

No. 19. Sp. 657: *Runke, Leop. von*, weltgeschichte. Theil I: die älteste historische völkergruppe und die Griechen. 1. und 2. abth. 2. aufl. Leipzig 1881. 8. VIII, 375, IV, 300 p. Beim lesen findet man den einklang von form und inhalt, glücklicher erfindung und treffendem ausdrucke, es ist die arbeit eines großen schriftstellers. Nirgends zeigt sich mehr, welchen werth durcharbeitung und gestaltung für alle zeit hat. — Sp. 671: *Benfey, Theod.*, Vedica und Linguistica. Straßburg 1880. 8. III, 248 p. 8 mk. Lobendes inhaltsreferat. — Sp. 672: *Juliani* imperatoris librorum contra Christianos quae supersunt. Collegit recens. prolegomenis instruxit *C. J. Neumann*. Insunt *Cyrilli* Alexandrini fragmenta Syriaca ab *E. Nestle* edita. Leipzig 1880. 8. 246 p. Handelt über die handschriftliche überlieferung des Cyrillus, über Julians spracheigenthümlichkeiten (vermeidung des hiatus), giebt den nachweis, daß von Julians werk buch 1 fast wörtlich und vollständig sich in Cyrill's 10 ersten büchern befindet. Giebt schließlich text, varietas lectionum und die testimonia. Die prolegomena behandeln die literarhistorische stellung des Julian'schen werks und sind reich an resultaten, das ganze ist eine eminente leistung.

No. 20. Sp. 689: *Ed. Sachau*, die lage von Tigranokerta. Mit 2 karten. Berlin 1881. 4. 92 p. (Aus abhandlungen der Berliner akad. aus dem jahre 1880). *Th. N(öldeke)*. Sachau bestimmt die lage von Tigranokerta noch genauer, als es von Kiepert und Mommsen geschehen war, etwas westlich oder nordwestlich von Nisibis. Für die deutung auf Tel Ermen und Dunaisir reicht aber doch das material nicht aus. Auch in den angeknüpften resultatreichen geographischen erörterungen kann Nöldeke im einzelnen nicht überall zustimmen. — Sp. 703: *Hensell, W.*, griechisches verbalverzeichniß im anschluß an die grammatik von *G. Curtius*. Prag 1881. 8. 85 p. 1 mk. 20 pf. Ein ganz praktisches aber zu theures büchlein. *A. F.* — Sp. 703: *Ruge, Max*, bemerkungen zu den griechischen lehnwörtern im lateinischen. Berlin 1881. 8. 32 p. 60 pf. Ruge ist belesen und hat sich eingehend mit der sache beschäftigt, besitzt aber zu wenig linguistische kenntniß und trägt viel fehlerhaftes vor. *O. W.* — Sp. 704: *Q. Curti Rufi* historiarum Alexandri Macedonis libri qui supersunt. Recogn. *Theod. Vogel*. Leipzig 1880. 8. XXVIII, 308 p. 1 mk. 20 pf. Ein außerordentlich gründlich und umsichtig bearbeiteter text. *A. E(ußner)*.

No. 21. Sp. 723: *Burckhardt*, Jacob, die zeit Constantin's des großen. 2. aufl. Leipzig 1880. 8. VII, 456 p. Die zahlreichen neueren forschungen über die behandelte epoche sind verwerthet. Im detail ist vieles berichtigt. Im ganzen stimmt das vortreffliche werk mit seiner früheren gestalt überein. — Sp. 737: *Fox*, Wilh., die kranzrede des Demosthenes, das meisterwerk der antiken redekunst, mit steter rücksicht auf die anklage des Aeschines analysirt und gewürdigt. Leipzig 1880. 8. XII, 364 p. 5 mk. 60 pf. Das buch giebt eine ausführliche disposition der kranzrede und eine ins einzelne gehende begründung derselben. Die aesthetische betrachtung und analyse ist hauptsache. Kirchhoffs und andere hypothesen über die allmähliche entstehung der jetzigen gestalt der rede werden abgelehnt. Das buch enthält viel brauchbares, wenn auch im einzelnen manches bestritten werden kann, so die eintheilung der δικανικοί und συμβουλευτικοί, die ansicht über das παράδειγμα. B(laß). — Sp. 738: *Pomponii* Melae de chorographia libri tres. Recognovit *Carolus Frick*. Leipzig 1880. 8. XI, 108 p. 1 mk. 20 pf. Frick ist Bursians andeutungen für eine ausgabe des Mela auf grund des Vaticanus (neu verglichen von A. Mau) gefolgt. Die vorrede giebt bündig das wünschenswerthe, die bisherige emendation ist sorgfältig gegeben, die überlieferung ist genau angegeben. *A. E(ußner)*.

No. 22. Sp. 799: *Hart*, G., de Tzetzarum nomine vitis scriptis. Leipzig 1880. 8. 75 p. 2 mk. Lobendes inhaltsreferat von *B(laß)*. — Sp. 769: *Publilii Syri* mimi sententiae. Digessit recens. illustr. *Otto Friedrich*. Accedunt *Caecilii Balbi, Pseudo-Senecae* proverbiorum falso inter Publilianas receptae sententiae et recognitae et numeris adstrictae. Berlin 1880. 8. 314 p. 6 mk. Trotz aller mühe ist das buch in folge seines mangels an kritik kein fortschritt, höchstens ein orientierungsmittel über die wüste Syruslitteratur.

No. 23. Sp. 787: *Gawalewicz*, Ad. Jul., Theoderichs des großen beziehungen zu Byzanz und zu Odovakar. Brody 1881. 8. 62 p. Ist aus Dahn, könige der Germanen abgeschrieben. — Sp. 800: *Orphei* lithica. Accedit *Damigeron* de lapidibus. Recensuit *Eugen Abel*. Berlin 1881. 8. 5 mk. 198 p. Nach *A. R(iese)* ein werk sorgfältigen fleißes, gestützt auf eine neue, alle andern übertreffende handschrift. Die kritik ist äußerst vorsichtig, commentar und index machen den eindruck der zuverlässigkeit. — Sp. 800: *Holtze*, Friedr. Guil., phraseologia Ciceroniana quam addita appendice locos quosdam syntacticos continente scholarum maxime in usum composuit. Naumburg 1880. 8. 166 p. 2 mk. Das buch ist brauchbar, der inhalt correct. Ausstattung geschmackvoll. Einzelne partien sind etwas dürftig (adjectiva), adverbien fehlen. *A. E(ußner)*.

No. 24. Sp. 837: *Munk*, Ed., geschichte der griechischen litteratur. Für gymnasien etc. 3. aufl. Nach der 2. ausgabe neu bearbeitet von *Kich. Volkmann*. 1. theil. 2. hft. u. 2. theil. Vom anfang der attischen prosa bis zum ende des Hellenismus. Berlin 1879 —80, p. 289—534. VIII, 610 p. 15 mk. Auch für jüngere studirende ein im wesentlichen zuverlässiger führer in das studium der griech. litteraturgesch. Einzelne ausstellungen werden angeführt von *Bu(rsian)*.

No. 25. Sp. 870: *Osthoff*, Herm. und *Brugmann*, Karl, morphologische untersuchungen auf dem gebiete der indogermanischen sprachen. 3. theil. Leipzig 1880. 8. III, 159 p. 4 mk. Enthält nur arbeiten von Brugman. 1. Ueber den sogenanten unechten conjunctiv (injunctiv). 2. Die neubildungen am lateinischen perfectstamm viderum videro, die mit dem griechischen sigmat. aorist identificirt werden. 3. behandelt er die frage nach der ursprünglichkeit des e und o. 4. assibilierung der dentale vor t. Alles anregend, wenn auch hin und wieder den widerspruch herausfordernd. *Delbrück*. — Sp. 871: *Bolz*, Aug., die bibliotheken der klöster des Athos. Nach dem rechenschaftsberichte des prof. Spiridion Lambros an die griechischen kammern. Bonn 1881. 8. 32 p. Lambros hat den größten theil der handschriften der Athosklöster verzeichnet, gegen 6000, die nicht gerade viel neues enthalten. *V. G(ardthausen)*. — Sp. 872: *Lycophronis*

Alexandra. Rec. scholia vetera codicis Marciani add. Gottfr. Kinkel. Leipzig 1880. 8. VI, 200. 1 mk. 60 pf. Die herausgabe unedirter scholien ist dankenswerth, aber der text ist viel zu wenig gereinigt worden. B(laß).
No. 26. Sp. 889: *Plotini Enneades.* Rec. Herm. Fried. Mueller. Vol. II. Berlin 1880. 8. VII, 456 p. 9 mk. Die Enneaden des *Plotin.* Uebers. von *Herm. Friedr. Müller*, 2. bd. Ebda. IV, 451 p. 7 mk. Der zweite theil wird wie der erste (Lit. centralblatt 1879, sp. 1051) gelobt und der verfasser ermuntert auch das noch nöthige glossar und die genaueren analysen der einzelnen abhandlungen zu liefern. — Sp. 890: *Heisterbergk*, Bernh., über den namen Italien. Eine historische untersuchung. Freiburg i. Br. 1881. 8. IV, 166 p. 4 mk. Scharfsinnig und methodisch ist über die ursprüngliche begrenzung der mit dem namen Italia bezeichneten landschaft gehandelt und mancherlei verwirrung beseitigt worden. — Sp. 903: *Liers*, Hugo, de aetate et scriptore libri qui fertur Demetrii Phalerei περὶ ἑρμηνείας. Breslau 1881. 8. 35 p. 1 mk. Die absicht der schrift den Demetrius Phalereus als verfasser der schrift περὶ ἑρμηνείας nachzuweisen ist gänzlich mißlungen, da der verfasser nur sah, was seiner vorgefaßten meinung günstig war. B(laß.) — Sp. 904: *Müller-Strübing*, Hermann, Thukydideische forschungen. Wien 1881. 8. V, 276 p. Müller-Strübing bringt eine menge feiner beobachtungen und schöner entdeckungen, hauptsächlich den nachweis der interpolation eines gebildeten grammatikers, dem die einrichtung der 1000 Lesarten Thuc. III, 50 zuzuschreiben sei. — Sp. 909: *Becker*, Ferd., die heidnische weiheformel D. M. (Diis manibus sc. sacrum) auf altchristlichen grabschriften. Ein beitrag zur kenntniß des christlichen alterthums. Gera 1881. 8. 68 p. Inhaltsreferat mit einigen nachträgen von Bu(rsian.)
No. 27. Sp. 924: *Abhandlungen des archäologisch-epigraphischen seminars der universität Wien.* Hrsg. von O. *Benndorf* und O. *Hirschfeld.* II. die reisen des kaisers Hadrian von *Julius Dürr*. Wien 1881. 8. 2 bl. 124 p. 1 taf. 4 mk. 80 mk. Das neue handschriftliche material bot dem verf. anlaß, die complicirte untersuchung, die reisen Hadrians topographisch und chronologisch zu bestimmen, wieder aufzunehmen. Die resultate sind reich. — Sp. 937: *Aristophanis Ranae* rec. *Ad. von Velsen*. Lps. 1881. 8. VI, 141 p. 3 mk. Enthält vollständige, überpeinlich genaue collationen der handschriften, die textrecension ist wohlerwogen, wenn sie auch nicht überall zustimmung finden wird. Es folgen bemerkungen zu v. 15. 77. 111. 114. 168. 175. 177. (*A. von Bamber*)g. — Sp. 938: *Aristophanis comoediae*. Annotatione critica commentario exegetico et scholiis Graecis instruxit F. H. M. *Bloydes*. P. II Lysistrata. Halae 1880. P. III Ecclesiazusae. Halae 1881. 8. VIII, 326. X, 220 p. 6 mk., 4 mk. Es sind nicht muster kritisch-exegetischer leistungen, aber anregende objecte für eingehende prüfung. (*A. v. Bamber*)g. — Sp. 939: *Flach*, H., der tanz bei den Griechen. Berlin 1881. (Sammlung gemeinverständlicher wissenschaftlicher vorträge, hrsg. von Virchow und v. Holtzendorff. Heft 360.) Anerkennende anzeige von Bu(rsian).
Neue jahrbücher für philologie und pädagogik herausgegeben von A. *Fleckeisen* und H. *Masius*, bd. CXXI. CXXII, hft. 12: 107. Die einführung fremder gesandtschaften in die athenische volksversammlung und die procheirotonie, von A. *Hück* in Husum. p. 801—811. — 108. Zu Menandros, von A. *Dziatzko* in Breslau, p. 811—812. — 109. Zu Nearchos von Kreta, von A. *Vogel* in Colmar, p. 813—820. — 110. Zu Theokritos (5. 38), von E. *Hiller* in Halle, p. 820. — 111. Ueber den gegenwärtigen stand der quellenkritik des Hesychios von Milet,

von *H. Flach* in Tübingen; *O. Schneider*: de Callimachi operum tabula apud Suidam commentatio (Gotha 1862); *C. Wachsmuth*: de fontibus ex quibus Suidas in scriptorum Graecorum vitis hauserit. In der symbola philologorum Bonnensium (Leipzig 1864); *D. Volkmann*: de Suidae biographicis quaestiones novae (Naumburg 1873); *E. Rohde*: γέγονε in den biographica des Suidas. Im Rhein. museum für philologie XXXIII und XXXIV (Frankfurt am Main 1878. 1879); *Derselbe*: Philo von Byblos und Hesychius von Milet. Ebd. XXXIV (ebd. 1879); *A. Daub*: kleine beiträge zur griechischen literaturgeschichte im anschluß an Suidas und Eudokia. Ebd. XXXV (ebd. 1880); *Derselbe*: de Suidae biographicorum origine et fide. (Leipzig 1880), p. 821—833. — 112. Anz. von *M. Büdinger*: Kleon bei Thukydides (Wien 1880) von *H. Zurborg* in Zerbst, p. 833—835. — 113. Ad Lucilium (XXVIII, 1) von *S. Brandt* in Heidelberg, p. 836. — 114. Der begriff des omne bei Lucretius, von *C. Oncius* in Metz, p. 837—844. — (90.) Zu Sophokles Elektra (v. 601), von *O. Krüger* in Görlitz, p. 844. — (66.) Die stellung von uterque und ubique, von *W. H. Roscher* in Meißen, *E. Meyer* in Herford und *E. Reichenhart* in Frankenthal, p. 844—847. — 115. Zu Placidus glossen, von *A. Deuerling* in München, p. 847—848. — (46.) Des Vergilius sechste, zehnte und vierte ecloge. III. die vierte ecloge. (Pollio) von *IV. H. Kolster* in Eutin, p. 849—863. — 116. Zur überlieferung von Ciceros briefen. von *L. Mendelssohn* in Dorpat, p. 863—864. — (88.) Erklärung, von *M. Petschenig* in Graz, p. 864. — Sachregister, p. 865—866. — Register der im jahrgang 1880 beurtheilten schriften und abhandlungen, p. XIV.

Neue jahrbücher für philologie und pädagogik von *A. Fleckeisen*, bd. CXXIII. CXXIV (1881), hft. 1: 1. Anz. v. H. Schrader: Porphyrii quaestionum Homericarum ad Iliadem pertinentium reliquiae. Fasc. I, von *A. Römer* in München, p. 1—10. — 2. Zu Aelius Aristeides (11 s. 130), von *R. Arnoldt* in Königsberg, p. 10. — 3. Eine neue deutung der Laokoongruppe, von *H. Blümner* in Zürich, p. 17—30. — 4. Anz. v. H. Kraz: die drei reden des Perikles bei Thukydides übersetzt und erklärt, von *Ch. Ziegler* in Stuttgart, p. 30—32. — 5. Anz. v. H. Jordan: kritische beiträge zur geschichte der lateinischen sprache (Berlin 1879), von *H. Schweizer-Sidler* in Zürich, p. 33—44. — 6. Anz. v. P. Langen: beiträge zur kritik und erklärung des Plautus (Leipzig 1880), von *J. Brix* in Liegnitz, p. 45—58. — 7. Zur handschriftlichen überlieferung des Ausonius, von W. Brandes in Braunschweig, p. 59—79. — 8. Zu den griechischen totenopfern, von *P. Stengel* in Berlin, p. 80. —

Hft. 2: 9. Novellen zu Homeros, 15—22, von *W. Jordan* in Frankfurt am Main, p. 81—93. — 10. Zur mythologie, von *J. Caesar* in Magdeburg, p. 93—94. — 11. Zu Thukydides buch VI und VII, von *A. Philippi* in Gießen, p. 95—102. — 12. Zu Lukianos göttergesprächen, von *O. Wichmann* in Eberswalde, p. 102—104. — 13. Anz. von W. Roeder: beiträge zur erklärung und kritik des Isaios (Jena 1880) von *H. Hitzig* in Bern, p. 105—111. — 14. Zur textkritik des Theognis, von *J. Sitzler* in Tauberbischofsheim, p. 111—112. — 15. Anz. v. E. Abel: Colluthi carmen de rapta Helenae (Berlin 1880), von *A. Ludwich* in Königsberg, p. 113—122. — 16. Zu Livius buch XXV, von *C. Hachtmann* in Seehausen, p. 123—128. — 17. Zu Ovidius metamorphosen (XV, 355), von *P. Freibisch* in Tilsit, p. 128. — 18. Das altrömische lager nach Polybios, von *H. Nissen* in Straßburg, p. 129—138. — 19. Zu Q. Curtius Rufus (VII, 4, 4) von *P. Preibisch* in Tilsit, p. 138. — 20. Zu Ciceros Cato major, (16,58), von *J. Sommerbrodt* in Breslau, p. 139—140. — 21. Zu Horatius oden (III, 26, 7), von *E. Wörner* in Leipzig, p. 140—142. — 22. Zu Statius Silvae, von

K. Roßberg in Norden, p. 143—144. — [Debandelt Stat. Sylv. III, 2, 78. 5, 9. 24. V, 4. 15].

Hft. 3: 23. Eine besondere art von interpolationen bei Homeros, von *W. Christ* in München, p. 145 - 160. — 24. Spuren altkorinthischer dichtung außer Eumelos, von *E. Wilisch* in Zittau, p. 161 – 176. — 25. Zu Ciceros Brutus und Orator, von *W. Friedrich* in Mühlhausen (Thüringen) und *O. Harnecker* in Friedeberg (Neumark), p. 177—185. — 26. Zu Plautus Captivi, von *B. Dombart* in Erlangen, p. 185—188. — 27. Das sogenannte schwanenlied des Horatius, von *Th. Plüß* in Pforta (jetzt in Basel), p. 189—192. — 28. Zu Florus (II, 13, 28), von *A. Teubner* in Eberswalde, p. 192. — 29. Anz. v. A. Luchs: T. Livi ab urbe condita libri a vicesimo sexto ad tricesimum (Berlin 1879) von *A. Wodrig* in Schwedt an der Oder, p. 193—201. — 30. Zu Ciceros rede de domo sua (§. 48) von *J. Oberdick* in Münster (Westfalen), p. 201. — 91. Anz. v. B. Hildesheimer: de libro de viris illustribus urbis Romae quaestiones (Berlin 1880), von *Th. Opitz* in Dresden, p. 202—208. — 32. Zur lateinischen anthologie (21. 255), von *R. Bitschofsky* in Wien, p. 208. — 33. Zur kritik der scriptores historiae Augustae, von *R. Unger* in Halle, p. 209—224.

Hft. 4: 34. Beiträge zur erklärung von wandbildern, von *P. Knapp*, p. 225—235. — 35. Zu Platons republik (II, 373ᵇ), von *G. Benseler*, p. 236—238. — 36. Münzen, maße und gewichte auf voreukleidischen inschriften, von *Th. Büttner-Wobst*, p. 239—240. — 37. Zu Athenaios, von *H. Rühl*, p. 240. — 38. Zu den biographica des Suidas, von *A. Daub*, p. 241—267. -- 39. Zu Caesars bellum Gallicum (VII, 35, 3), von *H. Dreier*, p. 267—268. — 40. Zu Tacitus Agricola, v. *H. Schütz*, p. 269—280. — 41. Ueber ein ἀπόσπασμα Horatianum, von . . . p. 280—282. — 42. Miscellen, 54—60, von *M. Hertz*, p. 283—288. — 43. Zu den carmina Priapeos, von *Ph. Thielmann*, p. 288.

Hft. 5: 44. Anz. v. K. Tümpel: Ares und Aphrodite (Leipzig 1880), von *O. Crusius*, p. 289—305. — 45. Eurypylos, Melanippos und Komaitho, von *A. Schultz*, p. 305—307. — 46. Zu griechischen dichtern, von *R. Schneider*, p. 308—309. — 47. Nochmals der goldene schnitt, von *R. Lübbach*, p. 309—310. — 48. Der waffenstillstand des jahres 423 vor Chr. (zu Thukydides IV, 118), von *F. Kiel*, p. 311—320. — 49. Zu Tacitus Historien, von *H. Schütz*, p. 320. — 50. Die abfassungszeit des Platonischen Theaitetos, von *E. Rohde*, p. 321—326. — 51. Zu Tacitus dialogus de oratoribus, von *H. Schütz*, p. 326. — (29.) Zu Florus (II, 13, 28), von *A. F.*, p. 326. — 52. Zu Lukianos, von *E. Ziegler*, p. 327—335. — 53. Zu Xenophons Kyrupädie (I, 1, 1), von *Th. Büttner-Wobst*, p. 335—336. — 54. Realistische bemerkungen zu Horatius, von *O. Jäger*, p. 337—356. — 55. Kritisches zur aegritudo Perdicae, von *K. Roßberg*, p. 357—360. — 56. Alexandros und sein arzt Philippos, von *F. Rühl*, p. 361—364. — 57. Zu Horatius oden (1. 12, 31), von *C. Jacoby*, p. 364—365. — 58. Philologische gelegenheitsschriften, p. 366—368.

Hft 6: 59. Anz. v. J. U. Faesi und F. R. Franke: Homers Iliade erklärt. 1. und 2 band. 6. auflage. (Berlin 1879. 80), von *J. Renner*, p. 369—380. — 60. Zu Homeros, von *J. Sitzler*, p. 380—382 — 61. Zu Platons Laches (196ᵈ), von *H. Eichler*, p. 383—384. — 62. Anz. v. P. Pulch: de Endociae quod fertur violario (Straßburg 1880), von *R. Gropius*, p. 385—391. — 63. Melaja und Ikone (zu Thuk. V, 5, 3), von *J. Beloch*, p. 391—392. — 64. Zu Stobaios anthologion, von *R. Dreßler*, p. 392. — 65. Zu Horatius und Homeros, von *E. Rosenberg*, p. 393—398. — 66. Ἡρακλῆς Μήλων, von *P. Stengel*, p. 398—400. — 67. Zu lateinischen dichtern, von *E. Baehrens*, p. 401—416. — 68. Ueber sic = tum, deinde, von *G. Landgraf*, p. 416. —

69. Sex suffragia, von *Th. Piüff*, p. 417—420. — 70. Zu Vergilius Aeneis, von *G. Heidtmann*, p. 421—422. — 71. Zur geschichte der handschriftlichen überlieferung des Tacitus, von *A. Viertel*, p. 423—426. — 72. Ein rhetorisches anecdoton, von *E. Rohde*, p. 426—428. — 73. Die lateinischen adjectiva anf -sins und -utus, von *H. Rönsch*, p. 429—431. — 74. Zu Paulinus von Nola. von *B. Dombart*, p. 431—432. — 75. Zum genetbliacus des Claudius Mamertinus, von *E. Klußmann*, p. 432.

Rheinisches museum für philologie von *O. Ribbeck* und *Fr. Bücheler*, XXVI, 2: König Arybbas von Epeiros. Von *F. Reuß*, p. 161. — In Marci Antonini commentarios. Scripsit *J. Stich*, p. 175. — Adnotationes in Senecae dialogum I. Scripsit *L. C. M. Aubert*, p. 178. — Zu Aristophanes Vögeln. Von *A. Ludwich*, p. 196. — Geographica. Von *A. Riese*, p. 206. — Beiträge zur kritik der schrift περὶ ὕψους. Von *M. Schanz*, p. 215. — Die kritik des götterglaubens bei Sextus Empiricus. Von *K. Hartfelder*, p. 227. — Altes latein. Von *F. Bücheler*, p. 235. — Bemerkungen zu den ersten fünf büchern des Thukydides. Von *A. Philippi*, p. 245. — Untersuchungen zur geschichte der griechischen metriker. — Die composition der Hephaestio-scholien. Von *W. Hörschelmann*, p. 260. — *Miscellen*: Kleinigkeiten. Von *L. Mendelssohn*, p. 302. — Zur griechischen Gigantomachie Klaudians. Von *A. Ludwich*, p. 304. — Griechisches epigramm zu Verona. Von *H. Luckenbach*, p. 308. — Ἀπαραγωγή, ἰσαγωγή und ἐπαραφοραν, ἐπιφεραν. Von *G. Teichmüller*, p. 309. — Ueber ein fragment des Theopompos. Von *E. Hiller*. p. 312. — Ueber die Lucianhandschrift (77) in der Laurentiana zu Florenz. Von *J. Sommerbrodt*, p. 314. — Die vitae römischer schriftsteller im Suidas. Von *H. Flach*, p. 316. — Ein historisches drama. Von *O. Ribbeck*, p. 321. — Zu Catullus. Von *A. Riese*, p. 322. — Bentley's emendationen von Macrobius. Von *A. Stachelscheid*, p. 324. — Der hafen von Pompeji. Von *A. Mau*, p. 326.

The American Journal of Philology. Edited by Basil L. Gildersleeve, Professor of Greek in John Hopkins University Vol. I. Baltimore 1880. 8. IV, 593 p. — In vortrefflicher und eleganter ausstattung liegt vor uns der erste band des American Journal of Philology, der im laufe des jahres 1880 in vier heften erschienen ist. Der herausgeber[1]) spricht sich über den zweck des unternehmens so aus: It is hoped that the journal will meet a want that has long been acknowledged among American scholars and serve as a means of intercommunication and as an organ of independent criticism. Die zeitschrift soll das ganze gebiet der philologie umfassen und in entsprechendem maaße für vergleichende, classische, orientalische, romanische und germanische sprachforschung und litteraturgeschichte raum gewähren; der charakter der aufsätze soll ein streng wissenschaftlicher sein, doch darf hin- und wieder eine annahme im interesse der schule oder des größeren publikums gestaltet werden; kurze kritiken und auszüge aus den wichtigsten philologischen zeitschriften (sie ähneln der Revue des revues in der Pariser Revue de philologie) halten den leser über die fachlitteratur auf dem laufenden.

Das bedürfniß nach einer solchen zeitschrift kann uns für ein erfreuliches zeichen für eine verbreitung sprachwissenschaftlicher forschung und insbesondere des studiums des classischen alterthums gelten, das seine früchte für die schulung des denkens und so für die ideale bildung des amerikanischen volkes nicht verfehlen wird, wenn es auf den 360 Colleges und Universities der Vereinigten Staaten

---

1) Er promovirte im jahre 1853 zu Göttingen mit der dissertation: De Porphyrii studiis Homericis. S.

eifrig gepflegt wird. Man ist in Deutschland über den höheren unterricht daselbst wenig orientirt, und es wird nicht unnützlich sein, bei dieser gelegenheit auf die eingehenden jährlichen Reports des Commissioner of Education, zur zeit des generals John Eaton aufmerksam zu machen. Danach[2]) bricht sich auch jenseit des weltmeers die feste überzeugung bahn, daß gerade das studium der Griechen und Römer das wesentlichste mittel idealer bildung sei, und daß dieser überzeugung folge gegeben wird, dafür ist eben wieder die vorliegende zeitschrift ein beleg, die gerade mitglieder der hervorragendsten institute[3]) wissenschaftlicher bildung Americas zu ihren mitarbeitern zählt, so der Harvard University, des Yale college, der jungen aber viel versprechenden John Hopkins University und darunter z. b. den namen eines Whitney. Auch englische gelehrte Robinson Ellis, Lewis Campbell, Henry Nettleship haben für diesen band beigesteuert. Derselbe berechtigt durchaus zu den hoffnungen, die der herausgeber an ihn knüpft und mag er auch manches schwache enthalten, so ist durchweg die kraft und der wille die wissenschaft zu fördern anzuerkennen.

Der schwerpunkt liegt wie billig auf der classischen philologie, aber auch die anderen zweige der sprachwissenschaft sind in reichlichem maaße berücksichtigt. An der spitze des bandes hätte gut seinen platz gefunden Will. Dwight Whitney's aufsatz: logical consistency in views of language hft. 3, p. 327—343 der die allgemeinen logischen voraussetzungen jeglicher sprachwissenschaft erörtert und daraus ihre principien und theorie einleuchtend ableitet. Die sprachwissenschaft wird nachgewiesen als ein rein historischer nicht etwa als naturwissenschaftlicher zweig der wissenschaft und die Bopp'sche theorie der sprachentwicklung als die einzig wissenschaftliche begründet. — Π. C. G. Brandt, Recent investigations of Grimm's law hft. 2, p. 146—160 handelt über die neueren untersuchungen über das gesetz der lautverschiebung und speciell über die neue Verner'sche entdeckung. Verwandt ist der aufsatz von Maurice Bloomfield, the „ablaut" of greek roots which show variation between E and O, hft. 2, p. 281 —326. Im anschluß an die arbeiten von Verner, Brugman, Fick, Collitz, Joh. Schmidt, de Saussure werden die erscheinungen des ablauts im griechischen unter dem gesichtspunkt der ursprünglichen verschiedenheit von E A O beleuchtet.

C. H. Toy vertritt das orientalische mit: problems of general semitic grammar. Hft. 4, p. 416.

Franklin Carter, two German scholars on one of Goethe's masquerades hft. 1, p. 12 giebt weiter ein referat und eine kritik der ansichten W. Scherer's und W. Wilmanns' über Göthe's Jahrmarktsfest zu Plundersweilern. — J. M. Hart, Keltic and Germanic hft. 4, geht besonders auf irische versificationstheorie ein. — H. E. Sepherd the history of *Coincide* and *Coincidence* hft. 3, p. 271 stellt die entwicklung des sprachgebrauchs dieser worte im modernen englischen dar. — H. F. O'Connor weist die „principles of orthography of french verbs ending in — *ier* and -*uer*" hft. 2, p. 261 detaillirt etymologisch nach. — Zur classischen philologie mag uns hinüberleiten E. A. Fay imperfect and pluperfect subjunctive in the roman folkspeech, p. 410—415 der mit recht läugnet, daß das latei-

2) Vgl. Report for 1878 part I, p. XCVII—CIV.
3) Auch über den wissenschaftlichen charakter der amerikanischen Colleges und Universities, deren terminologie für unsere gewöhnung äusserst verwirrend ist, finden wir einen belehrenden abschnitt in Eatons Report for 1877, part I, p. CIV—CX.

nische imperf. conj. erst in den romanischen sprachen verschwunden sei und vielmehr behauptet, daß zu der zeit, wo das romanische aus dem vulgärlatein hervorging, dieses den imperf. conj. bereits verloren und durch plusquamperf. conj. ersetzt und dieses wieder durch umschreibung mit *habere* ergänzt hatte. Man vermißt aber in dem aufsatz einen ausreichenden nachweis aus dem vulgärlatein, und ein zurückverfolgen der erscheinung in das classische latein hinauf. Der verf. würde dann gesehen haben, daß der imperfectgebrauch des plusquamperfecti conj. eine erscheinung ist, die allen schriftstellern der vulgären latinität eigen ist. Schon Nipperdey wies auf Vitruvius und den auctor belli Africani hin, weiteres material ist zu finden bei Roensch, Itala und Vulgata p. 431, Degenhart de auctoris belli Hispan. elocutione. Diss. inaug. Wirceburgi 1877, p. 28. 29. Köhler in Acta semin. Erlang. 1, p. 418. —

Etwas eingehender ist auf den rest der aufsätze einzugehen, die, weil aus dem gebiet classischer philologie, den PhiloL anzeiger näher angehen. Und hierbei ist nun im allgemeinen als characteristisch für den ersten band des American Journal of philology zu bemerken, daß dasselbe nur wenige arbeiten bringt, die nicht ihre veranlassung in fremden arbeiten hätten. War dies schon bei den oben genannten artikeln von Bloomfield, Brandt, Carter, Hart der fall, so ebenso bei einer reihe der nun zu besprechenden artikel. Es scheint dieser umstand zu verrathen, daß ein theil der amerikanischen gelehrten der wissenschaft noch mehr receptiv als productiv gegenüber steht und daß größere untersuchungen, deren vorarbeiten und nebenwerk ein wesentlicher bestandtheil der deutschen fachzeitschriften zu sein pflegen, nicht geführt werden. Wir erhalten hier mehr zusatzweise oder zur correctur des schon von andrer seite gegebenen neue beiträge. So bespricht p. 32—44 L. R. Packard Will. D. Geddes problem of the Homeric poems London 1878, ein buch dessen inhalt hier genauer angegeben wird, weil es bei uns noch ziemlich unbekannt sein dürfte. Geddes theorie über die entstehung der Ilias kommt der Grote's im resultat sehr nahe. Er scheidet wie dieser, buch II—VII, IX, X, XXIII, XXIV und außerdem noch XI, 670—806 XVIII (schild des Achilles), den schluß von XXII von Hectors tode ab aus. Der rest sei die ursprüngliche Achilleis eines thessalischen dichters. Der ausgeschiedene theil rühre von dem dichter der Odyssee, einem asiatischen Griechen, her. Hier sei der südgriechisch-jonische, in der Achilleis der nordgriechisch-äolisch-dorische stammcharakter repräsentirt. Der beweis liege in der verschiedenheit der charakteristik der helden in beiden theilen der Ilias: der harte stolze gigantische Achilles gegenüber dem sanftmüthigen, humanen im andern theile, Hector in der Achilleis overbearing and boastfull, sonst bescheiden und etwas melancholisch u. s. w., ferner repräsentiren glaube, sitte, lebensgewohnheit der Achilleis den odysseischen theilen gegenüber einen archaischen standpunkt, dem entsprechen drei auch der wortschatz verschieden. Packard findet einen theil der massenhaften detailausführungen interessant und beweisend, so z. b. daß in der Achilleis Polydamas, im übrigen Helenos berather des Hector sei, die entgegengesetzte rolle von *pferd* und *hund* u. s. m., wendet aber sonst treffend ein, daß weder die einheit der Odyssee noch die zusammengehörigkeit der ausgeschiedenen theile der Ilias nachgewiesen sei; ein großer theil der verschiedenheit der charaktere und anschauungen beruhe auf dem object der dichtung, die in der Achilleis wesentlich krieg und schlacht, in den andern theilen die friedlichen scenen enthalte. Schließlich blieben auch nach der ausscheidung innerhalb der Achilleis noch ebenso starke inconsequenzen als durch dieselbe entfernt seien. Die kleinliedertheorie habe daher Geddes nicht erschüttert, vielleicht aber

habe er eine neue stufe in der geschichte Homers nachgewiesen, die zusammendichtung zweier liedergruppen durch zwei verschiedene bearbeiter. Auch dies dürfte fraglich sein. —
C. D. Morris aufsatz Xenophons Oeconomicus hft. 2, p. 179 behandelt Karl Lincke's atheteeen in ablehnender weise und das mit recht, indessen sind seine einwendungen nicht so überzeugend, wie die Schenkl's in Bursians jahresberichten über die classische alterthumswiss. bd. 17, p. 17—21.
F. G. Allinson, hft. 4, p. 402 a proposed redistribution of parts in the parodos of the Vespae ist eine specialausführung zu Arnoldts buch „die chorpartien bei Aristophanes scenisch erläutert", und sucht für die Wespen durch etwas abweichende anordnung eine bessere textinterpretation und ein natürliches chorarrangement zu erreichen. —
Robinson Ellis, the Neapolitanus of Propertius hft. 4, p. 389 referirt über die ausgaben von Emil Baehrens und Palmer und vertheidigt gegen jenen mit recht und erfolg die Lachmann'sche schätzung des Neapolitanus durch genaue einzelbesprechung der dieser handschrift allein angehörigen lesarten.
In den folgenden aufsätzen tritt die beregte anlehnung an vorgänger weniger oder gar nicht hervor. Der herausgeber liefert einen historischen beitrag zur griechischen grammatik Encroachments of μή on οὐ in later Greek an der hand Lucians, dessen unattische μή geprüft und in kategorien gegliedert werden. 1. μή im acc. c. inf. nach *senegesätzen, ἵνα μή, causales μή, relatives μή, μή beim particip. Den grund des überwucherns sieht Uilderslerve wie übrigens schon Kühner *ausf. gramm. II, 2, p. 747 in der tendenz altender sprachen zur emphasis. Es ist zu bedauern, daß die untersuchung so eng auf Lucian beschränkt ist. —
Wenig werthvoll ist der artikel von W. W. Goodwin, δίκαι συμβόλαιαι and δίκαι ἀπὸ συμβόλων. Er wirft die frage auf, ob die Thucyd. I, 77 erwähnten δίκαι ξυμβόλαιαι mit den δίκαι ἀπὸ συμβόλων zu identificiren seien und entscheidet sich schließlich mit Böckh dagegen. Nach Böckh, Grote, Schömann hat Goodwin auch nichts neues vorgebracht, denn die nichts beweisenden Aristotelesstellen über αἱ τῶν συμβολαίων δίκαι (nicht etwa αἱ συμβολαίαι δίκαι) dürfte Böckh auch wohl gekannt haben, dagegen scheint er aber nicht nur nicht zu wissen, daß die frage in jüngerer zeit von Ulrich Koehler (Attische Psephismen, Hermes II, p. 159), R. Christensen (de iure et conditione sociorum Atheniensium in Opuscula ad Madvigium missa, p. 1—20) und am ausführlichsten und fleißigsten von Arthur Fraenkel (de condicione iure iurisdictione sociorum Atheniensium. Rostockii 1878. 8. Diss. inaugur. Lipsiens. 79 pp.) erörtert ist, sondern ihm scheint auch das Corpus inscriptionum Atticarum der Berliner akademie noch unbekannt zu sein, wo mehrfach die δίκαι ἀπὸ συμβόλων inschriftlich vorkommen. Mit benutzung dieser litteratur würde der verfasser vermuthlich zu andern resultaten gelangt sein: nämlich daß auch zwischen Athen und den ἐκποκλίς σύμβολα bestanden (C. J. A. IV, no. 61 A.), und daß Thucydides wirklich diese δίκαι meine.
Ferner giebt Frederic D. Allen in seinen etymological and grammatical notes hft. 2, p. 127 eine reihe erklärungen griechischer und lateinischer wörter, die zum theil wie die von nedo, sirempe wenig anklang finden dürften, während andre erklärungen z. b. über macte virtute esto, intrare und penetrare ansprechender sind.
M. W. Humphreys, the fourth play in the tetralogy hft. 2, p. 187 erörtert den metrischen charakter der Satyrdramata im anschluß an die neuen Blaß'schen Euripidesfragmente. —
Lewis Campbell notes on the Agamemnon of Aeschylus hft. 4,

p. 427 theilt eine große reihe theils mehr theils weniger werthvoller emendationen und interpolationen zu Aeschylus Agamemnon mit.

Henry Nettleship giebt schließlich in heft 3, p. 253—270 die erste hälfte eines interessanten Essays über die schriftstellerei des Verrius Flaccus, in der wesentlich der allgemeine charakter und die ursprüngliche anlage des werkes de verborum significatu besprochen ist. Während K. O. Müller aus den störungen der alphabetischen ordnung und dem doppelten vorkommen der glossen folgerte, daß Festus außer obigem werke noch andere schriften theils des Verrius selbst, wie die de obscuris Catonis, theils andere grammatiker und glossare excerpirt habe — als solche gruppen betrachtet er die zusammenhängenden reihen von Plautus- und Catoglossen und der sachlichen erklärungen des heiligen rechts —, so meint Nettleship nach eingehenderen beobachtungen die von Müller constatirten thatsachen so erklären zu müssen, daß Festus nur de verborum significatu benutzt habe, dieses aber von Verrius Flaccus folgendermaßen gearbeitet worden sei: Verrius took one author at a time or commentaries on him and arranged the notes which he made or extracted in alphabetical order and the whole of each letter is an aggregate of such separate series of authors (p. 267). It should also be observed that the citations from the poets usually come together and the same is true of those from the orators and the books of historical or religious antiquities (p. 266). Es ist einleuchtend, wie weittragend diese beobachtung ist, wenn sie ganz zur evidenz gebracht ist. Die erklärung ist eine einfache und auf analoge erscheinungen z. b. bei Varro de lingua latina VII gestützte. Der recensent von Müllers Festus Theodor Bergk, der dessen aufstellungen durchaus für richtig hält, hat aber auch schon bemerkt, daß die reihen der zusammengehörigen glossen noch ausgedehnter sind als Müller angenommen hatte (Hallische allg. literaturzeitung 1842, no. 104, p. 222—224) und auch außer Plautus- und Catoglossengruppen solche aus dem Carmen Saliare nachgewiesen (ebd. no. 105. p. 228. 229). Man kann daher mit recht auf den zweiten artikel Nettleships, in dem er ans Quintilian, Plinius, Suetonius, Gellius, Nonius, Macrobius, Placidus weitere beiträge zur kenntniß des Verrius und stützen für seine annahmen über denselben beizubringen verspricht, gespannt sein. —

Dies ist der wesentliche inhalt des ersten bandes des American Journal of philology. Die philologische welt wird dem herausgeber für das gebotene dankbar sein und dem journale eine kräftige weiterentwicklung wünschen.

Literatur 1881.
(dem Philologus und l'bAnzeiger zugesandt).

De Iuba metrico. Pars I. Scripsit *Hermannus Wentzel.* 4. Oppeln 1881. (Programm.)

Hermann Hagen: De codicis Bernensis n. CIX Tironianis disputatio duabus tabulis lithographicis arte depictis adjuta. In Sollemn. anniverss. univ. Bernensis 1880. (22. märz).

Wolfgang Helbig: die Italiker in der Poebene. Beiträge zur altitalischen kultur- und kunstgeschichte. Mit einer karte und zwei tafeln. Leipzig 1879. (Breitkopf und Härtel).

Untersuchungen über das attische bürgerrecht, von dr. *Emil Szanto.* 8. Wien, Konegen 1881.

De amnestia a. CCCCIII a. Chr. n. ab Atheniensibus decreta. Dissertatio quam ad .. honores ab ... academia .. Kiliensi impetrandos scripsit ... *Georgius Luebbert.* 8. Kiliae 1881.

Die letzten jahre des zweiten punischen krieges. Ein beitrag zur geschichte der quellenkunde von *T. Zieliński*. 8. Leipzig. Teubner 1881.

Wolffgramm: Neros politik dem auslande gegenüber. Progr. von Prenzlau 1880.

De opificio opificibusque apud veteres Romanos dissertatio prima. Scripsit *Ernestus Wrzel*. (Ex programmate gymnasii Berolinensis Friderico-Guilelmi sumpta.) 4. Berol. Heyn 1881.

A. R. Rangabé: die ansprache des griechischen. Leipzig 1881. (Magazin für die literatur des auslandes).

Eduard Kurtz und *Ernst Friesendorf;* griechische schulgrammatik. Zweite auflage. Leipzig 1880. (A. Neumann).

W. Ribbeck: Homerische formenlehre. 2. auflage. Berlin 1880. (Calvary.)

Die ausbreitung der lateinischen sprache in Italien und in den provinzen des römischen reichs, von dr. *Alexander Budinsky*. 8. Berlin. Hertz 1881.

Vogelmann: über silbenabtheilung. Separatabdr. a. d. Corresp.-bl. 1880. 5 und 6. Verlag von Fr. Fues in Tübingen.

Mauricii Schmidt, commentatio de columna Xanthica.. (Ind. lect. aest. un. Jenensis). 4. Jenae 1881.

Etymologische forschungen in Ost-Europa und Nord-Asien. I. die Goten in Taurien, von *W. Tomaschek*. 8. Wien. Hölder 1881.

C. J. Caesar: Catalogi studiosorum scholae Marpurgensis cum Annalibus brevibus conjuncti particula octava. Marburg 1880.

Martini Hertz, ad Ioannem Vahlenum epistola. (Index schol. aest. univers. Vratisl.). 4. Vratisl. 1881. (Handelt von interpolationen.)

Vilelmi de Humboldt epistola a *C. Diltheyo* edita et illustrata. (Index schol. aest. un. Gotting.). 4. Golting. 1881.

Zur geschichte der mittellateinischen dichtung. *Hugonis Ambianensis ars Rhdomontensis Opuscula.* Herausgegeben von *Johann Huemer*. 8. Wien. Hölder 1880.

Gottlieb Lüttgert: promemoria über die festfeier des zweihundertjährigen bestehens des gymnasium Georgianum. Progr. v. Lingen 1880.

Gottlieb Lüttgert: festprogramm zum 200jährigen jubiläum des königlichen gymnasium Georgianum zu Lingen am 22. januar 1880. Lingen 1880.

Die alliterierenden verbindungen der lateinischen sprache. Von *Eduard Wölfflin.* Aus den sitzungsberichten der k. bayer. akademie der wissenschaften, philos.-philol. histor. classe, 1881. Bd. II. Heft 1. München 1881 (J. Roth).

Griechisches übungsbuch für anfänger. Von dr. *M. Wetzel*, gymnasiallehrer. Freiburg im Breisgau 1881 (Herder).

Untersuchungen aus der alten geschichte. IV. heft. Untersuchungen über das attische bürgerrecht von dr. *Emil Szánto.* Wien 1881 (Karl Konegen).

Dr. *Ludwig Zippel:* zur methodik des lateinischen unterrichts in sexta. Greiz 1881 (Christians Teich's buchhandlung).

Zur erklärung des Homer und Horaz, von *H. Stöpler.* 4. Darmstadt (programm) 1881.

Aures. Vom gymnasiallehrer *D. L. Brunn.* In: Festschrift des Stettiner stadtgymnasiums zur begrüßung der 35. versammlung deutscher philologen und schulmänner. Stettin 1880 (Herrcke und Lebeling).

Das tonsystem und die tonarten des christlichen abendlandes im mittelalter, ihre beziehung zur griechisch-römischen musik und ihre entwicklung bis auf die schule Guido's von Arezzo. Mit einer wiederherstellung der musiktheorie Berno's von der Reichenau nach einer Karlsruher handschrift von *W. Brambach*. Leipzig 1881 (Teubner).

Zwei Lessing-feste gefeiert in der städtischen realschule I. ordnung zu Posen au des dichters 150jährigem geburtstage, 22. jan. 1879, und 100jährigem todestage, 15. febr. 1881, dargestellt von dr. *Hermann Geist*. Posen 1881 (Ernst Rehfeld).

Nekrolog auf dr. Leonhard von Spengel, professor der klassischen philologie an der universität in München, von dr. *Andreas Spengel*. Separatabdruck aus Bursian's biographischem jahrbuch für alterthumskunde. Berlin 1881 (S. Calvary und Co.).

Demotische und assyrische contrakte. Habilitations-rede geh. an der Wiener universität am 8. januar 1881 von dr. *Jacob Krall*. Wien 1881 (Carl Konegen).

Sophus Bugge: Studien über die entstehung der nordischen götter- und heldensagen. Vom verfasser autorisierte und durchgesehene übersetzung von dr. *Oscar Brenner*. Erste reihe. Erstes heft. München 1881 (bei Christian Kaiser).

Artemidoros aus Daldis symbolik der träume, übersetzt von *Friedrich S. Krauß*. Wien, Pest, Leipzig 1881 (A. Hartleben's verlag).

Pädagogische klassiker, herausgegeben von dr. *Gustav Adolf Lindner*. Band VIII (enthaltend: Marcus Fabius Quintilianus, bearbeitet von *Gustav Lindner*, und Plutarchs abhandlung über die erziehung der kinder von prof. *Heinr. Drinhardt*). Band IX (enthaltend: Roger Ascham's schulmeister von *Josef Holzamer*). Wien 1881. (Verlag von A. Pichler's witwe u. sohn).

Friedrich Wilhelm Ritschl, ein beitrag zur geschichte der philologie von *Otto Ribbeck*. Bd. 2. Leipzig 1881 (Teubner).

Wilhelm von Christ: Gedächtnisrede auf Leonhard von Spengel. München 1881 (im verlage der k. b. Akademie).

Fasti consulares inde a Caesaris nece usque ad imperium Diocletiani composuit *Josephus Klein*. Leipzig 1881 (Teubner).

Dr. *J. N. Madvig:* die verfassung und verwaltung des römischen staates. Erster band. Leipzig 1881 (Teubner).

Dr. *Ernst Herzog:* über die glaubwürdigkeit der aus der römischen republik bis zum jahre 387 der stadt überlieferten gesetze. Tübingen 1881. (Verzeichniß der doctoren, welche die philos. facultät der univ. zu Tübingen 1880-81 ernannt hat).

Dr. *Friedrich Holzweißig:* griechische syntax. Zweite auflage. Leipzig 1881 (Teubner).

Philologen-versammlung.

Die 36ste Versammlung deutscher Philologen und Schulmänner, welche dieses Jahr in Karlsruhe abgehalten werden sollte, muß auf das nächste Jahr verschoben werden. Der Grund liegt in anderen Festlichkeiten, welche wahrscheinlich gerade in den Herbsttagen in Karlsruhe die ausschließliche Teilnahme der Bevölkerung in Anspruch nehmen werden.

Karlsruhe und Heidelberg, im Juni 1881.

Das Präsidium der 36. Philologenversammlung:

Dr. *Wendt*.   C. *Wachsmuth*.

Nr. 7. Juli 1881.

Philologischer Anzeiger.

Herausgegeben als ergänzung des Philologus

von

Ernst von Leutsch.

---

62. Grammatische studien zu Apollonios Rhodios von Aloys Rzach. Wien 1878. In commission bei Karl Gerold's sohn. (Aus dem februarhefte des jahrgangs 1878 der Sitzungsberichte der phil.-hist. klasse der kais. academie der wissenschaften, bd. LXXXIX p. 429, besonders abgedruckt. 173 p.)

Eine systematische darstellung der formenlehre des Apollonios Rhodios war nach mancher tüchtigen leistung für die erforschung der sprache des gelehrten Alexandriners noch immer im rückstande. Die grammatik des Apollonios Rhodios hat bekanntlich dadurch ein besonderes interesse, daß sich aus seiner sprache ein rückschluß auf den damaligen stand der Homerkritik und Homerinterpretation machen läßt. Was uns in dieser hinsicht von beobachtungen des verfassers neu erschienen ist, wollen wir im folgenden zusammenstellen; wir hoffen dadurch unseren lesern einen dienst zu erweisen, da in der vorliegenden schrift die formenlehre nach den capiteln der grammatik abgehandelt ist und dadurch vieles auseinandergerissen ist, was unter dem angegebenen gesichtspunkte zusammengehört. So ist daraus, daß wir bei Apollonios nur $ἄϊσαι$ III, 222 und $ἀϊσάοισι$ III, 860 lesen, zu folgern, daß unser dichter an der homerischen stelle $ν$, 109, wo La Roche auf grundlage der handschriften und nach Eusthat. p. 1735, 56 $ἐν δ' ἴδαϲ' ἀϊάοντα$ hergestellt hat, ebenso gelesen hat (p. 23). Das auffällige lange $α$ in I, 821: $ἄψ$ $ἀπεχρόμενος\; Θρηκῶν ὑπο μηκίστ πύργοις$, wird p. 17 beseitigt durch aufnahme der von La Roche $Δ$, 392 hergestellten schreibung $ἀπερχομένους$. Darauf hatte übrigens schon Gerhard Lectt. Apoll. p. 107 hingewiesen. Da Apollonios nie $πῶς$ gebraucht, so las er sicher auch bei Homer mit ausnahme von *X*, 332 die offenen formen (p. 35) so wie aus der verdoppelung der liquida λ hervorgeht, daß er auch bei Homer so geschrieben wissen wollte (p. 54)[1]), und die verdoppelung der liquida ρ auf homerisches vorbild zurückweist (p. 57). Wenn aber Rzach bei Apollonios der schreibung συνεεχές *B*, 738 und συνεεχέω; *A*, 1271 mit verdoppelter liquida den vorzug giebt, so spricht dagegen, abgesehen von der handschriftlichen auctorität, das ausdrückliche zeugniß, daß Aristophanes von Byzanz nur mit einem ν schrieb. Wenn aber Apollonios in diesem punkt nicht consequent war, so theilt er diesen vorwurf mit Aristophanes, welcher nach dem scholion zu ρ, 338 ἐπαμεγάροισιν und ὄθυνητός schrieb. Wir möchten auch unserem dichter II, 304 diese schreibweise vindicieren. Vielleicht ist auch μάλαμματα *A*, 383 zu schreiben, wie nach Merkel Proleg. p. 105 eine jüngere handschrift hat. Ansprechend ist die vermuthung, daß Apollonios irgendwo bei Homer die ursprüngliche schreibung χρειώ für χρειώ vorfand, da wir bei ihm III, 1198 σὺν πᾶσιν χρήεσσιν lesen. „Es ist nämlich durchaus unwahrscheinlich, daß Apollonios einmal χρειώ und dann wieder χρήεσσι geschrieben haben sollte, ohne daß er für beide formationen muster im älteren epos gefunden hatte" (p. 38). Wir vermissen beiläufig den hinweis darauf, daß Apollonios insofern von Homer abwich als er χρειώ zweisilbig brauchte. Ob aber unser dichter bei Homer Ὀυίω anstatt Ὀύω las, da wir III, 755 in L ἰθύων lesen, wonach wohl auch III, 685 mit Merkel Ὀυίει zu schreiben ist, bleibt zweifelhaft, da dem dichter die stelle aus dem homerischen Hymnus in Merc. 560 als muster dienen konnte. Auf Zenodots vorgang geht wohl die verwendung der nominativform für den vocativ an zwei stellen (III, 1 Ἔρασαί. IV, 1073 καὶ φίλος) zurück, da Zenodot Σ, 385 und 424 für Θέτι τανύπεπλε — Θέτις τανύπεπλος schrieb (p. 83). Zu εἰσήκει *A*, 1681 wird p. 127 nach dem vorgange von Gerhard Lectt. Apoll. p. 96 bemerkt, daß Apollonios diese form wie εἶκεν, gewiß in seinem Homertext las, während Aristarch die augmentierung mied, zu πάλιν τρωπᾶσθαι IV, 165, daß dies

1) Der Laurentianus hat vorwiegend die verdoppelung der *liquida* λ, auch findet sich durchgehend ἔρρα, doch entscheidet sich Itzach für die schreibung mit dem einfachen consonanten in περὶ ῥοδίγαν III, 1220 und ἐπὶ ῥήνεσσιν IV, 1497 trotz der handschriftlichen verdoppelung.

auf Π, 95 zurückgeht, wo unser text πάλιν τρωπᾶσθαι bietet (p. 152). Auf Zenodots vorgang beruht der gebrauch des genetivs des personalpronomen bei einem substantiv im genetiv anstatt des gewöhnlicheren possessivpronomen in stellen wie I, 829 πατρὸς ἐμεῖο Θόαντος ἔχεις γέρας, 891 σὴ ἡτέρα τε πατρὸς ἐμεῖο, III, 1076 ἢ πατρὸς ὁμογνιός ἐστιν ἐμεῖο (p. 107). Ansprechend ist die vermuthung aus der beschränkung dieser ausdrucksweise auf die wortverbindung πατρὸς ἐμεῖο, daß Zenodot I, 458 nicht παιδὸς ἐμεῖο, sondern παιδὸς ἐμοῖο las. Dahin gehört ferner der gebrauch von ἑοῦ für die dritte person sing. des personalpronomen (p. 109), woran sich die mißbildung ἐοῖο (I, 1032 ἀλλά μιν Αἰσονίδης τετραμμένος ἰθὺς ἑοῖο πλῆξεν ἐπαΐξας στῆθος μέσον. II, 6 ἔστ' ἐπὶ καὶ ξείνοισιν ἀεικέα δεσμὸν ἔθηκεν, μή τιν' ἀποστείχειν πρὶν πειρήσασθαι ἑοῖο. III, 1065, 1335. IV, 782) anschloß. Mit recht wird bemerkt, daß es sehr fraglich ist, ob Apollonios die form, wie Merkel Proleg. p. LXXX vermuthete, von Zenodot übernahm. Ferner begegnet uns die vor Apollonios in der sprache des epos nie vorkommende attische form οὐ in der verbindung οὐ ἴδεν I, 362. IV, 1471 (p. 110). Die vertauschung der pronomina possessiva nach person und numerus bei Zenodot ist ja bekannt und hat bei Apollonios reichliche früchte getragen. Daß er σφωίτερον gar nicht mehr in der ursprünglichen bedeutung braucht (doch hat es Quintus Smyrnaeus in diesem sinne III, 395), hat seinen grund darin, daß Zenodot sich genöthigt sah σφωίτερον an der einzigen stelle, wo es bei Homer vorkommt (Α, 216) als singularpronomen der zweiten person zu fassen, da er die vorhergehenden verse 208 und 209 gestrichen hatte. Möglicher weise geht auch Αὐγείης (III, 440. Αὐγείην III, 197. 368) auf Zenodot zurück, wie auch ἐνναέτης, zu welchem der dichter durch das metrum genöthigt wurde, sich an das Zenodotische νάε in Ζ, 34, Ν, 172 anschloß (p. 24). Zenodot erkannte bekanntlich μάρτυρος nach der zweiten declination nicht an; zu der stelle η, 76 bemerkte Düntzer (de Zenodot. stud. Hom. p. 52): *De vocabulo ἐπιμάρτυρος vix dici potest quid statuerit*. Doch läßt sich, wie Raach p. 92 bemerkt, aus dem gebrauch von ἐπιμάρτυρας bei Apollonios IV, 229 wenigstens vermuthen, daß Zenodot an der angeführten stelle (Ζεὺς δ' ἄμμ' ἐπιμάρτυρος ἔστω) etwas anderes gelesen habe. Auch war zu erwähnen, daß die form ἰδύσσατο (I, 63) auf Zenodot zurückweist (Düntzer l. c. p. 62); deshalb möchten wir diese form auch IV, 865 herstellen, um so mehr, da auch Aristarch in der zweiten ausgabe so las. Dasselbe gilt von der form βήσετε I, 382. III, 889, 1237. IV, 1663. Die handschriften haben freilich βήσατο, wie III, 869 ἐπεβήσατο. Nur IV, 458 hat L ἐπεβήσετο. Zu K, 513 wird bemerkt ἐπεβήσετο· οὕτως Ἀρίσταρχος· ἄλλοι δὲ ἐπεβήσατο, aber in schol. A, 7, 262 lesen wir Προκρίνει μὲν τὴν διὰ τοῦ ε γραφὴν βήσετο, πλὴν οὐ μετατίθησιν, ἀλλὰ διὰ τοῦ ᾱ γράφει Ἀρίσταρχος. Von sonstigen zenodotischen formen vermissen wir bei Rzach παρίξημαι III, 152. Die mediale form des futurum fand sich nur in der zenodotischen und aristophanischen recension Σ, 466 (Düntzer p. 127). Auch ist es in hohem grade wahrscheinlich, daß Zenodot bei Homer ἥδυμος las; Düntzer übersah, als er diese ansicht äußerte und auf mehrere dichter hinwies, welche diese form brauchten (p. 46), die stelle des Apollonios II, 407 οὐδέ οἱ ἧμαρ, οὐ νύξ ὡς ἥδυμος ὕπνος ἀναιδέα δάμναται ὄσσε, auf welche schon Gerhard (Lect. Apollon. p. 94) hingewiesen hatte. Uebrigens ist bemerkenswerth, daß bei Apollonios das digamma zu anfang des wortes geschwunden ist. Unter den p. 76 angeführten beispielen der attischen declination vermissen wir den accusativ Μίνω (III, 1107), der auf Zenodot zurückgeht, welcher Ξ, 322 so schrieb, während Aristarch Μίνων vorzog.

In einzelnen punkten aber wich unser dichter von Zenodot ab, wie er ja in einzelnen fällen selbst über Aristophanes hinausging und mit Aristarch zusammentraf. Während dieser z. b. bei ἀγχίαλος die selbstständige femininform bevorzugte, brauchte Apollonios das wort als adjectiv zweier endungen (II, 160, 914). Ob Zenodot hier recht hatte, ist zweifelhaft, dagegen war Apollonius entschieden im unrechte, wenn er die krasis κἀκεῖνος u.s.w. abweichend von Zenodot anwandte. Hier ließ sich Apollonios durch das beispiel seines lehrers Kallimachos bestimmen, dem er auch in der form Δελφίνη als femininum gefolgt ist (p. 96.) Dagegen ließ er sich durch Kallimachos nicht dazu bestimmen Ἑρμείης zu schreiben (p. 12). Sonst hat Apollonios immer die kürzere form κεῖνος, auch am ende des verses, wo sich ἐκεῖνος fast durchweg in der παράδοσις des homerischen textes findet (p. 122.) Auch die form ἴστασο (III, 1. ὑπερίστασο IV, 370) beweist, daß Apollonios von Zenodot in der schreibung von A,

291 und auch wohl Λ, 314 abwich (p. 134). In solchen fällen liegt der schluß nahe, daß auch Aristophanes von Zenodot abwich, wenn nicht das gegentheil ausdrücklich bezeugt ist. In dem abschnitt von den diphthongen vermissen wir unter αι p. 24 den hinweis auf die form ῥάιν (III, 224), welche nach schol. I, 222 dem Aristophanes anzugehören scheint, wie Merkel Prol. p. 123 bemerkt. Eine andre von Rzach nicht erwähnte abweichung von Zenodot bietet die form ῥίστιαι (I, 619), welche Apollonius, wie später Aristarch, der dorischen form ῥίσαιος vorzog. Düntzer (p. 64) bemerkt, daß sich nicht mehr entscheiden läßt, was das bessere war. Auch die form διδαίισθαι (II, 1154) mag auf eine von Apollonios bevorzugte lesart Λ, 631 zurückgehen, wo Zenodot διδάασθαι las, wie Od. π, 316. Merkel (Prol. 82) bemerkt, daß an solchen stellen vielleicht die entscheidung des Aristophanes für uns verloren gegangen ist. Als eine abweichung von Zenodot war auch die form κύδιστος zu erwähnen (III, 363. II, 719), denn zu γ, 378 bezeugt schol. Harl., daß Zenodot κυδίστη las, woraus Düntzer (p. 57) geschlossen hat, daß Zenodot so an allen stellen gelesen habe, wo der superlativ vorkommt. Auch in der form κεκληγῶτα (IV, 676) stimmt Apollonios mit Aristarch in der zweiten recension überein; ob Zenodot κεκλήγοντες schrieb, wissen wir nicht. Wenn Apollonios das Νεφεληγερέκον vor dem digamma wegließ (IV, 247 ἠνώγει Ἑκάτην), so urtheilte er hierin besser als Zenodot und Aristophanes, ja selbst richtiger als Aristarch (Nauck, Aristoph. Byz. fragm. p. 34).

Von formen, welche Apollonios nach falscher analogie bildete, sind bemerkenswerth ἀποίκλυσιν I, 366, διαειμένος II, 372, κατανειμένος (I, 939. III, 830), ἐπιδίρμων (III, 628), ἰνοίσιης (III, 501). Auch ἰσίσατο (IV, 166) ist, wie p. 126 bemerkt wird, deshalb eigentlich eine mißbildung, weil der diphthong ει schon das augment enthält, das im homerischen εἴσσατο oder ἐάσσατο noch frei erscheint. Die reduplication mangelt in formen wie ἐκλήιστωι (IV, 990) und ἐκλήιστο IV, 267. IV, 1202. Der vorschlag, auch IV, 618 anstatt καὶ τὰ μὲν ὡς κείροισι μετ' ἀνδράσι κεκλήιστωι zu schreiben μετ' ἀνδράσιν ἐκλήιστωι verdient beifall. Auf falscher analogie beruht ferner die endung ν in der dritten person pluralis (ἴδεν II, 65. ᾔδεεν IV, 1700), ᾔρνεεν IV, 947), die imperativform μυώσο (I, 869. III, 1069), die form ἔλειντο (I, 45, 824. IV, 1244), welche Rzach mit recht

62. Apollonios von Rhodos.

als einen nach der analogie von *ἔδεντο* gebildeten aorist ansieht (p. 164), die dritte person imperfecti (*ἄεν* I, 605. II, 1228), nach der analogie von *ἵεν* gebildet (p. 166), die missbildung *δηιήσαιον* II, 142 (p. 172). Durch conjectur wird p. 46 III, 748 die form *τεθναότων* anstatt des handschriftlichen *τεθνειώτων* hergestellt, nach der analogie des homerischen *ἑςτιταότας* (III, 1276) neben *ἑστηῶτας* III, 1384 gebildet und bei Quintus Smyrnaeus öfter vorkommend. Die stelle lautet demnach: *μητέρα τεθναότων ἀθινὸν περὶ κῶμ' ἐκάλυπτεν*. Erwähnenswerth waren ferner die formen *ἴδαεν* (IV, 989) und *δάε* (III, 529), nach der analogie des homerischen *δίδαε* und die nach der analogie von *ἀπήχεμαι, ὁράορεμαι* gebildeten perfecta *ἀρηρεμένας* I, 787. *ἀρηρέμενον* III, 833. *ἀρηρεμένους* IV, 677 und *μεμόρηται* I, 646. *μεμόρητο* I, 973, nach der analogie von *ἐπέπνηκα, ἰάλητο, δεδοκημένος*. Wenn Apollonios die homerische form *ἔμμορεν* für einen aorist hielt, da er *ἔμμορες* bildete III, 4. IV, 62, so läßt sich nicht unbedingt behaupten, daß er geirrt hat. Auch eine formenbildung wie *ἀπίοις* I, 765, von Rzach p. 157 nur wegen der unterlassenen contraction erwähnt, geht über den homerischen sprachgebrauch hinaus. Auch die participialform *ὀειδυίαν* III, 753 wird ohne jede bemerkung aufgeführt; es ist aber zu beachten, daß sie nicht homerisch ist und um des metrums willen, nach Buttmann gewiß nicht ohne vorgang älterer dichter, gebildet ist. Von declinationsformen, welche auf falscher analogie beruhen, sind aufgeführt die accusativbildungen *νῆιν* III, 130 nach dem vorgange des Kallimachos und *πάιν* IV, 697, welche form mit Rzach p. 78 auch wohl I, 276 zu restituieren ist, also *ἰὸν πάιν ἀγκὰς ἔχουσα* anstatt *ἰὸν παῖδ' ἀγκὰς ἔχουσα*, ferner *νηῦν* (I, 1358), die pluralbildung *νῆες* II, 1093. 1107. IV, 441. *νῆας* II, 1119. III, 196. 256, 303. 595. 718) und in beziehung auf wortbildung die verdoppelung des σ in *Μεγαλοσσακία* I, 1045 nach der analogie von *φερεσσακίας* bei Hesiod. *Α*, 13 (p. 62). Aber die formen *ακιόειν* II, 404 und *δακρυόειν* IV, 1291 möchten wir nicht mit Rzach (p. 98) auf falsche analogiebildung zurückführen, da es, wie Hermann post Orph. p. 705 bemerkt hat, wohl möglich war, daß *Ω*, 269 gelesen wurde *ὀμφαλόειν εὖ οἰήκεσσιν ἀρηρός*. Wenn unserm dichter diese stelle vorschwebte, so folgte er nicht dem Zenodot in der streichung des verses. Wenn Apollonios *ἀήρ* als masculinum braucht, so läßt sich dies auf den irrthum zurückführen, daß er homerische fügungen wie ἥρα κούλιν falsch auffaßte, während er freilich andrerseits die pluralformen παλίωι (IV, 333) und πολλάς (III, 21) nach dem vorgange des Kallimachos für das femininum brauchte (p. 99). Auch die verbindung τετηχότα φῶλον III, 1393 führt Haach ansprechend auf eine der analogie anderer participien folgende vertauschung des genus zurück (p. 95, wo lies. fragm. 103 δαιζομένοιο πόληος verglichen wird).

Ein eigentlicher alexandrinismus ist ἀνέφητο IV, 1133, wozu p. 144 bemerkt wird, daß wir es dem dichter nicht übel nehmen dürfen, daß er etwas, was er im alexandrinischen dialect fand, auch einmal in sein epos sich aufzunehmen erlaubte, wie denn derlei locale einflüsse ja allezeit maaßgebend waren, was uns z. b. die griechische lyrik schlagend beweist.

An etwa 35 stellen findet sich der verfasser durch seine beobachtungen am sprachgebranch des Apollonius veranlaßt, die schreibung der Merkelschen ausgabe zu ändern. Wir konnten uns fast überall seinem besonnenen, durch sorgsame forschung gestützten urtheile anschließen. Durch die vorgeschlagenen änderungen wird meist größere gleichförmigkeit der sprache hergestellt, welche bei einem so sorgfältig feilenden dichter wie Apollonius sehr ins gewicht fällt.

Ludwig Schmidt.

---

63. Ueber die quellen des Cassius Dio für die ältere römische geschichte. Von Adolf Baumgartner. Tübingen 1880. Heinr. Laupp. 61 p. 8.

Auf glättung seines stils und correctheit des drucks hat der verfasser dieser abhandlung nicht die gebührende sorgfalt verwandt; aber der in gedrängter kürze dargestellte inhalt verräth fleißiges studium, verständiges urtheil und gute methode: die vergleichung, welche er zwischen den uns erhaltenen büchern des Livius und den dieselbe zeit behandelnden überresten des dionischen geschichtswerkes anstellt, erzielt eine wesentliche förderung der im titel angegebenen frage. Drei punkte sind es, welche verf. festgestellt zu haben glaubt: mit Nissen, Köhler und andern erkennt er in Livius eine der hauptquellen Dio's; rechnet aber im gegensatz zu Nissen auch Polybios zu diesen; die von beiden abweichenden, besonders beim zweiten punischen kriege mit Diodor und Appian zusammenstimmenden berichts führt er auf einen römischen annalisten zurück, welcher in der mitte des zweiten vorchristlichen jahrhunderts in griechischer sprache geschrieben habe. Für das sicherste und werthvollste ergebniß der abhandlung halten wir den nachweis, daß Dio in der geschichte der kriege Roms mit den königen Philippos, Antiochos und Perseus den Polybius, die quelle des Livius, selbst eingesehen hat: sie zeigt, daß viele nachrichten Dio's, welche bei Livius fehlen, diesem keineswegs widersprechen, ihn vielmehr in erwünschter weise vervollständigen und theils in anderen angaben desselben vorausgesetzt, theils bei Polybios theils bei andern benutzern desselben, wie Diodor, Plutarch und besonders Appian (in der syrischen geschichte) wiederzufinden sind.

Zu diesem zweiten satz des verf. scheint uns sein erster insofern nicht gut zu passen, als er für dieselben geschichtsabschnitte ebenso häufig benutzung des Livius durch Dio annimmt: wer das original studirt, von dem ist vorauszusetzen, daß er eine (noch dazu unvollkommene) copie verschmäht. Der verfasser glaubt sich aber zu seiner annahme durch ein mißverständniß berechtigt, welches nach seiner ansicht Dio (nach unserer jedoch er selbst) begangen hat. Der auszügler desselben, Zonaras, schreibt p. 445 c von den Römern: πυθόμενοι πρέσβεις πρὸς τοὺς Ἀχαιοὺς ἐπὶ συμμαχίᾳ πεπέμφθαι, ἠπίστειλαν καὶ αὐτοί. Baumgartner meint, diss sei aus Liv. XXXII, 19 *optimum igitur ratus est, priusquam ad rem adgrederentur, legatos ad gentem Achaeorum mitti pollicentes, si ab rege defecissent, Corinthum contributuros in antiquum gentis concilium* geflossen, entspreche aber der stelle nicht; daß Dio einen irrthum begangen habe, ergebe sich schon[?] daraus, daß man gar nicht erfährt, wer die früheren gesandten geschickt hat: Dio habe das adjectiv *optimum* übersehen und aus dem übrigen seine falsche angabe hergestellt. Also Dio, welchem ein aus unkenntniß des lateinischen hervorgegangenes mißverständniß zuzuschreiben laut p. 6 der umstand, daß er sein ganzes leben im römischen staatsdienst zugebracht hat, von vorne herein verbietet, hätte gleichwohl nicht nur jenes wort trotz der hervorragenden stelle, die es im satze einnimmt, übersehen sondern auch *ratus est* für gleichbedeutend mit ἐπίθετο und *mitti* im sinne von *missos esse* genommen? Die angabe von dem eintreffen einer gesandtschaft bei den Achaiern ἐπὶ συμμαχία, welches die Römer zur entsendung einer eigenen botschaft vermochte, ist auf eine sendung des königs Philippos zu beziehen, nicht auf römische bundesgenossen; diese nahmen, wie Livius angibt, an der römischen gesandtschaft theil, vorher einseitig auf eigene faust mit den Achaiern, Philipps bundesgenossen, verhandlungen zum behuf des übertritts anzuknüpfen hatten sie weder anlaß noch befugniß. Dio's angabe gehört zu den von Livius an ort und stelle übergangenen, welche im verlauf seiner erzählung vorausgesetzt werden. Als die römischen gesandten zu den Achaiern kamen, fanden sie dort eine makedonische botschaft unter Kleomedon vor (Liv. XXXII, 19, 12. 20, 5 ff.), deren verlangen in erster linie auf bundesfreundlichen zuzug abzielte, also ἐπὶ συμμαχίᾳ: denn das ist die sehr häufig vorkommende, allerdings oft verkannte bedeutung, welche das wort an unserer stelle hat.

Zu der ersten und dritten dekade des Livius gibt verf. eine reiche, viel neues bietende sammlung von übereinstimmungen des Dio, hütet sich aber vor dem häufig gemachten fehler, in solchen parallelen schon einen beweis der benutzung des älteren schriftstellers durch den jüngeren zu erblicken; mit gutem takt sucht er nach schlagenderen gründen und findet für jede der beiden dekaden einen. Wenn Zonaras 419 c τῶν πολιτῶν οὐ τοὺς ἡβῶντας μόνον ἀλλὰ καὶ παρηβηκότας ἤδη κατέλεξαι von *seniores*, Livius dagegen XXII, 57 *iuniores ab annis septendecim et quosdam praetextatos scribunt* von knaben spricht, welche nach dem unglück von Cannae eingereiht wurden, so vermuthet verf. Dio habe in seinem Livius *praeter aetatem scribunt* gelesen, obgleich auch Valerius Maximus VII, 6, 1 das richtige *praetextatos* bietet. Demnach müßte jenem fehler ein anderer (*praetartatem* oder *praetertatos*) vorausgegangen sein und ein des lateinischen vollkommen mächtiger schriftsteller wie Dio das unlateinische der verbindung *praeter aetatem scribunt* nicht erkannt, überdies als die alterswidrig ausgehobenen bloß ältere männer, nicht auch knaben angesehen haben. Das ist nicht wahrscheinlich, vielmehr anzunehmen, daß sowohl jene als diese unter die fahnen getreten, von der quelle des Livius aber nur die einen, von der des Dio die andern erwähnt worden sind. Fragm. 5, 13 Δίων ἐν α' „ἐν ᾧ καὶ τὸ σῶμα καὶ τὴν ψυχὴν παραβαλλόμενος ὑπὲρ ἡμῶν ἐκινδύνευσεν" verlegt verf. passend in die vertheidigungsrede des vaters der drei Horatier für seinen des schwestermords schuldigen sohn, entsprechend Liv. I, 26 *verbera vel intra pomerium, modo inter illa pila et spolia hostium, vel extra pomerium, modo inter sepulcra Curiatiorum*, und meint, Dio habe sich hier aus Livius inspirirt, da solche rhetorische wendungen mehr als irgend etwas anderes die wahrscheinlichkeit für sich haben, das eigene werk des Livius zu sein. Wir bezweifeln das: die rhetorik war bereits ein jahrhundert vor Livius mit Coelius Antipater in die römische geschichtsschreibung eingezogen, überdies fühlte sich in solchen dingen Dio wohl selbst manns genug und eigne stilistische thätigkeit an dieser stelle muß angesichts des abweichenden wortlauts der livianischen auch bei der ansicht des verf. ihm zugestanden werden.

Interessant und beachtenswerth ist, was verf. über die aus einer unbekannten quelle geflossenen nachrichten Dio's beibringt. In der geschichte von dem ehernen schild, mittelst dessen die belagerten Ambrakioten die römischen minen zu entdecken wußten (Zonaras 454 d), erkennt er eine nachahmung Herodots (IV, 200), eine andere (Herod. V, 25) in dem bericht von dem schicksal, welches Pyrrhos nach Zonaras 396 c dem todten Nikias bereitete. Er weist nach, daß der gewährsmann Dios griechische quellen verarbeitet hatte, und nimmt auf mehrere stellen hin an, daß er sich selbst der griechischen sprache bediente, also nicht nach der mitte des zweiten jahrhunderts v. Chr. geschrieben hat: unter den drei annalisten, an welche man denken könnte, Postumius Albinus, C. Acilius und dem sohn des älteren Africanus, möchte er dem letztgenannten wegen der scipionenfreundlichen färbung der berichte den vorzug geben. Bei dessen *historia quaedam graeca, scripta dulcissime*, ist nun freilich kaum an mehr als eine monographie zu denken und in griehischer sprache hat noch um 664/90 Cn. Aufidius, später Juba römische geschichte geschrieben. Zu verlässigeren ergebnissen läßt sich hier nur durch eingehende untersuchung der mit den dionischen verwandten berichte Diodors und Appians und durch erledigung der frage gelangen, wie sich dieser und Dio Cassius zu Juba verhalten.

U.

64. Criticisms and Elucidations of Catullus, by H. A. J. Monro. 8. Cambridge 1878. (VIII, 248 p.)

Monro veröffentlicht unter diesem titel eine reihe von aufsätzen über Catull, die zum theil bereits während der letzten jahre im Journal of Philology erschienen waren, zum theil hier zum ersten mal gedruckt sind. Wahrscheinlich ward er zu dieser zusammenstellung durch den Catullcommentar von Ellis angeregt; wenigstens wendet er sich bei jeder denkbaren gelegenheit gegen seinen Oxforder rivalen. Soll ich mein urtheil über das vorliegende werk kurz zusammenfassen, so ziehe ich die *elucidations* den *criticisms* bei weitem vor und bedauere es, daß letztere überwiegen. Munro's erläuterungen zu einzelnen gedichten sind meist überzeugend und verbreiten neues licht. Er besitzt namentlich einen ausgeprägten sinn für grammatische feinheiten und eigenthümlichkeiten, verbunden mit einer genauen kenntniß der ältern römischen dichter. So oft er auf derartiges zu sprechen kommt, zeigt er sich als meister der grammatik und als einen gründlichen kenner der alten comödie und des Lucrez. Aber seine kritischen bedenken sind meist ungesund und haarspaltend, und seine conjecturen wenig überzeugend. Ich fürchte, oder hoffe vielmehr, daß von der fülle neuer lesarten, mit denen Munro den Catull überschüttet (geht doch kaum ein gedicht leer aus), nicht eine einzige aufnahme bei späteren herausgebern findet, und bedauere es, daß Ellis aus höflichkeit, wie es scheint, im anhang seiner neuen Catullausgabe viele derselben nachträglich erwähnt hat. — Ich wende mich zunächst zu den *elucidations*.

In einem aufsatz über c. 4 vergleicht Munro dieses gedicht mit einer elegie des Ovid (Trist. I, 10), in welcher sich mehrfache anklänge an Catull's lied finden. Ovid befindet sich auf der reise ins exil: er fährt nach Corinth, wandert hier über den Isthmus und kauft sich in Cenchreae ein neues fahrzeug, auf welchem er bis zum Hellespont fährt. Während dann aber das schiff durch die Propontis und den Pontus Euxinus nach Tomi gelangte, reiste Ovid selbst zu lande weiter. Hieraus versucht nun Munro rückschlüsse auf die reiseroute des Catull zu machen. Der dichter sei, als er im begriff stand die rückkehr anzutreten, in Nicaea gewesen (c. 46, 5), werde sich also wohl in Cius (*Phrygiae opportunissimum emporium*) oder zu Myrlea, beides häfen der Propontis, die von Nicaea aus bequem zu erreichen waren, eingeschifft haben. Da die barke aber zu Amastris oder Cytorus in Paphlagonien gebaut war, so habe sie der dichter wahrscheinlich aus dem Pontus Euxinus in die Propontis bringen lassen, um hier erst sein schiff zu besteigen. Dies sei der erste theil der von der barke zurückgelegten seefahrt; v. 7—9 enthielten den zweiten theil der reise. Catull befindet sich nun an bord (die worte *erum tulisse* v. 19 seien zu betonen, dies lehre die anspielung bei Ovid c. 1. v. 22: *hac dominum tenus est illa secuta suum*). Das schiff fährt durch den Hellespont an Lesbos und Chios vorüber nach Rhodus hinab. Während der fahrt sei der dichter öfter ausgestiegen, er habe zuweilen eine strecke zu lande zurückgelegt, um die berühmten städte Kleinasiens (*ad claras Asiae volemus urbes*: c. 46, 6) und das grab seines bruders zu besuchen. Von Rhodus sei er dann quer durch die Cycladen nach dem Isthmus von Corinth gefahren, über den die barke geschafft ward. Dann ging es durch das adriatische meer nach der mündung des Po, diesen hinauf und endlich auf dem Mincio bis zum Gardasee. Catull selbst habe das schiff früher verlassen, um diesen langweiligen theil der fahrt zu vermeiden, und sei auf kürzerem wege nach seiner villa gereist. Und dies alles soll eine vergleichung jener elegie ergeben! Es ist unzweifelhaft, daß sich in Ovid's reisebeschreibung anklänge an unser gedicht finden; aber es ist eine überaus wunderliche und komische idee auf diese weise die ganze reiseroute Catull's feststellen zu wollen. Ich glaube gern, daß sie so war, wie Munro es angiebt, aber aus Ovid ergiebt sich dies wahrlich nicht. Es bleibt nach wie vor unbestimmt, wo Catull sein schiff bestieg, ob er über Corinth oder um Cap Malea fuhr, und wie er vom adriatischen meer nach dem Gardasee kam.

Carm. 10, 28 hält Munro *quod* mit recht für die conjunction und erklärt: *istud quod modo dixeram me habere, hac factum est quod me ratio fugit*; er belegt diesen gebrauch von *quod* durch glücklich gewählte beispiele. — Zu c. 12 bemerkt er, daß der angeredete nicht Asinius Polio geheißen habe, sondern, nach seiner heimath, Asinius Marrucinus. — C. 22, 12 wird das wort *scurra* erläutert, das, im gegensatz zu *infacetum rus*, a *townbred fine gentleman* bezeichne. — Zu c. 25, 12 findet sich eine lexicalische bemerkung über *minutus*, das mehr der umgangssprache angehöre, der ja überhaupt Catull eine ganze reihe von worten und wendungen entlehnt. *Mirudus* verhalte sich zu *parvus*, wie *bellus* zu *pulcher*; *minutus* und *bellus* seien, als formen der volkssprache, in die romanischen sprachen übergegangen. Dergleichen bemerkungen sind werthvoll; wenn man sie nur nicht erst unter dem schutt der conjecturen mühsam hervorholen müßte! Werthvoll ist ferner der längere aufsatz über c. 29, der bereits im Journal of Phil. II, p. 2—34 veröffentlicht war. In diesem beachtenswerthen artikel führt Munro die von Catull gegen Caesar und Mamurra erhobenen, überaus heftigen vorwürfe auf das richtige maß zurück, indem er sie uns im lichte damaliger zeit betrachten läßt. Es war sitte, daß die soldaten, die im triumphzuge hinter dem wagen des triumphirenden herzogen, spottverse auf diesen sangen. Je beliebter der feldherr war, um so kühner und herausfordernder waren die verhöhnungen. Aehnlich sei es mit unsern gedichten Catulls auf Caesar. Die hier erhobenen anklagen seien nicht ernst zu nehmen, sondern eine art *Fescennina iocatio*. Aus rein persönlichen beweggründen fällt Catull über Caesar und Mamurra her, die mit ihrem gelde ihm sein mädchen abtrünnig gemacht haben. Mamurra sei ein durchaus angesehener, hochverdienter officier gewesen, der sich unter Pompeius und Caesar ausgezeichnet habe. Ebenso wenig seien die gegen Caesar geschleuderten *epitheta impudicus* (d. h. *cinaedus*), *vorax* und *aleo* ernstlich gemeint. Bei dieser gelegenheit wird auch nachgewiesen, wie der vorwurf *perdidistis omnia* mit vorliebe von den *boni* gegen die tyrannen gerichtet ward. Nicht minder ansprechend ist die erläuterung des c. 45. — Zu c. 67, 7 bespricht er die deminutivform *lecticulus*, zu welcher er ähnliche bildungen nachweist. — C. 65, 12 versucht Munro zu erklären, wie aus *canam* das handschriftlich überlieferte *tegam* entstanden sei. Aus *canam* ward zunächst *cam*; die sylbe *te* des vorhergehenden wortes *morte* ward wiederholt. So entstand *morte tecam*, und hieraus *tegam*: gut und belebend! — In einem aufsatz über c. 67 bringt er einen neuen versuch das räthsel dieses gedichts zu lösen; mir scheint auch diese auflösung ungenügend und nur die wahrheit dessen zu bestätigen, was Muretus bereits ausgesprochen hat: *stultum est, quae ita scripsit Catullus ut ne tum quidem nisi a paucis, quibus hae res cognitae essent, solverit intelligi, ea se quemquam hodie credere coniecturis assecu-*

torum. — Aus der abhandlung über c. 68 hebe ich mehreres als beachtenswerth hervor. Munro macht darauf aufmerksam, daß v. 20—24 fast wörtlich mit v. 91—96 übereinstimmen; dies zeige, daß c. 68 in zwei gedichte zerlegt werden müsse; denn unmöglich könnten diese verse in einem und demselben gedicht zweimal gestanden haben. Ja, da die zwei gedichte ungefähr zu derselben zeit geschrieben sein müssen (kurze zeit nach dem tode des bruders, dessen frühes hinscheiden der dichter, noch tief ergriffen, beklagt), so können sie nicht einmal an dieselbe person gerichtet sein. Sie sind es nach den handschriften auch nicht, sondern c. 68a gilt einem Manlius, c. 68b einem Allius. — Ferner zeigt er, daß mit *hic* v. 28 nicht Rom gemeint sein könne. Wenn Manlius sich von Rom aus bücher von Catull erbat, so konnte dieser nicht antworten: ich vermag dir keine aus Verona zu schicken, da meine bibliothek sich in Rom befindet. Er würde dann geantwortet haben: meine bücher sind in Rom, wo du bist; geh in meine bibliothek und suche dir aus, was dir beliebt. Und wie sollte sich jemand aus einer provinzialstadt bücher nach Rom, dem mittelpunkt des damaligen buchhandels, haben schicken lassen! Wenn aber Munro weiter meint, der freund schreibe von Bajae aus, wo Clodia sich gern mit ihren freunden aufgehalten habe, so läßt sich dies durchaus nicht nachweisen. Nebenbei werden die fragen nach der identität der Lesbia-Clodia, nach dem geburtsjahr und dem vornamen Catulls berührt, ohne daß neues beigebracht würde, und zum schluß zieht Munro einen vergleich zwischen Catull und Horaz, der sehr zu gunsten des ersteren ausfällt, sich aber mehr zu einem vortrag für die gelehrten damen von Cambridge als zur aufnahme in ein wissenschaftliches werk eignet.

Bei den conjecturen, von denen ich nur einige hier besprechen kann, ist Munro stets darauf bedacht nachzuweisen, wie leicht die im codex überlieferten worte aus denen, die er gerade gebraucht, hervorgehn konnten. Er zeigt damit zugleich, daß man mit solcher buchstabenkritik alles beweisen kann, was man will. C. 1, 9 liest Munro mit Bergk *qualecumque quidem, patroni ut ergo* und erklärt: „Ich widme dir, Cornelius, mein büchlein, da du schon früher meine tändelein gelobt hast. Nimm es gütig auf, wie es auch sei, daß es sich durch seinen beschützer (*patroni ut ergo*) erhalten möge." Während sonst, wenn man *patrona virgo* auf die Muse beziehe, das gedicht gleichsam in zwei hälften zerfalle, deren erstere dem Cornelius, die zweite der Muse gewidmet sei, werde so die einheit des gedichts bewahrt. Diese einheitliche erklärung stützt Munro noch durch vergleichung zweier ähnlicher widmungen des Martial (in der prosawidmung des achten buches heißt es hier: *omnes quidem libelli mei, domine, quibus tu famam, id est vitam dedisti, tibi supplicant; et, puto, propter hoc legentur*) und des Statius (zweites buch der Silvae: *haec qualiacumque sunt, Melior carissime, si tibi non displicuerint, a te publicum accipiant: sin minus, ad me revertantur*). Auch sei zu erwägen, daß, wenn man *patrona virgo* auf die Muse beziehe, der dichter gegen diese gleichsam einen vorwurf erhebe. Sie dictiere ihrem schützling die lieder; der dichter von ihr begeistert, schreibe nur nieder, was sie ihm eingebe. Sei dies nun ein nichtiges, werthloses büchlein, so tadele er damit die Muse, die ihm solche worte eingeflüstert habe. Gleichwohl ist die vulgata: *qualecumque quod, o patrona virgo*, beizubehalten. Einmal kommt sie der handschriftlichen überlieferung sehr nahe; nur *o* ist zuzufügen, das der schreiber, der des metrums unkundig war, als beim vokativ überflüssig weggelassen haben wird; fehlt es doch auch v. 7 bei Iuppiter. Nach römischem dichterbrauch hat Catull zu beginn seiner liedersammlung dreierlei zu thun: er widmet sie einem gönner, bezeichnet kurz den inhalt des büchleins und ruft die Muse um ihren beistand an. Diese drei forderungen erfüllt Catull mit seinem ersten gedicht; er widmet das buch dem Cornelius, sagt, daß es *nugas* enthalte, und ruft zum schluß die Muse, die *patrona virgo*, an. Der dichter setzt sein büchlein durchaus nicht herab; er nennt die lieder *nugas* und spricht von *quicquid hoc libelli* nur, insofern er es bescheiden dem großen, gelehrten werk des Cornelius gegenüberstellt. Er kennt den werth seiner leichten, losen lieder recht wohl, wie zahlreiche andere stellen beweisen, und fügt deshalb auch stolz und selbstbewußt den wunsch hinzu: *plus uno maneat perenne saeclo*, der also keineswegs in widerspruch mit der vorhergehenden, scheinbaren verurtheilung seiner erzeugnisse steht. Die parallelstellen aus den widmungen des Martial und Statius passen auch deshalb nicht hierher, weil diese dichter in einer zeit höfischer schmeichelei lebten, die unserem kräftigen republikaner Catull wahrlich sehr schlecht stehn würde. Wir halten also an der Vulgata fest.

Zu c. 2, 7 und 8 meint Munro, daß *dolor* und *ardor* einander scharf gegenüber ständen; *dolor* bezeichne die liebessehnsucht, *ardor* aber die höchste leidenschaft der liebe. Er stellt v. 7 und 8 um und schreibt:

credo ut, cum gravis acquiescet ardor,
sit solariolum sui doloris.

Dies erklärt er: der sperling, mit dem meine Lesbia zu spielen pflegt, wie ich glaube, daß sie trost in ihrer sehnsucht finde, wenn der sturm der leidenschaft sich gelegt hat. Aber, um dies zu erreichen, sind eine versumstellung und die conjectur *sit* nöthig. Einfacher ist die vulgate: credo ut tum gravis adquiescat ardor, und v. 7 haben wir wohl statt *et est* zu lesen und uns den satz als parenthese zu denken. Das ist echt catullisch! — C. 6, 6 s. liest Munro:

nam te non viduas iacere noctes —
nequiquam tacitum — cubile clamat,

tacitum soll dann particip. sein; „daß du die nächte nicht allein zubringst — eine thatsache, die du vergeblich geheim hältst — verräth dein lager." Dadurch wird aber das echt catullische und geradezu sprichwörtliche oxymoron *tacitum cubile clamat* zerstört. V. 12 liest vf.: *Mani, stupra vales nihil tacere,* so daß der angeredete Manius Flavius heißen würde. Eine derartige anrede durch praenomen und nomen gentilicium, bei der ersteres so weit von letzterem getrennt wäre, müßte aber erst nachgewiesen werden. — C. 10, 10 setzt Munro hinter *cohorti* einen punkt und erklärt: *I told them in reply, what was the simple truth, that there was nothing at all for people, or for praetors or for praetor's staff:* das ist unendlich matt und kaum verständlich. — C. 19, 9 nimmt Munro anstoß an der verbindung von *disertus* mit einem genetiv und schreibt *ducentum*, womit er Hor. od. 4, 1, 15 *centum puer artium* vergleicht. Ellis bemerkt richtig zu der stelle: *disertus retains its strict sense of „fluent," „overflowing with words,"* und rechtfertigt dadurch den genetiv. — C. 22, 7 schreibt Munro mit den codd. *membranae* und setzt einen punkt dahinter. Aber was soll das nackte *membranae* hier, während doch die vorhergehenden substantiva sämmtlich attribute haben? — C. 25, 5 schlägt er vor: *conclave cum vicariis ostendit oscitantes,* wobei *con-*

dave und *vicarii* erst besonders erklärt werden müssen. Munro hält denn auch selbst die conjectur für *far too venturesome* und schlägt eine zweite vor: *cum Dira mi* (oder *iam*) *vicarios ostendit occitantes*, der eine dritte folgt: *cum diva Murcia atriciis ostendit occitantes*, und endlich noch eine: *Murcia ebrios*. Also gleich vier, oder genau genommen, fünf conjecturen: das richtet sich selbst! Und dabei weist er stets nach, daß nach den üblichen buchstabenverwechslungen die conjectur sich leicht erklären lasse; dies zeigt, daß man auf diese weise alles beweisen kann. — C. 29, 23 wird vorgeschlagen: *eone nomine, urbis ob luem issimae*: *urbis issimae* (*ipsimae*) soll gleich *dominae urbis, dominae Romae* sein: *was is then on his account, for this plague — sore of the mistreß Town, o father — and son — in — law, that ye have ruined all?* Aber das vulgäre *issima* in einem hochpoetischen gedicht! Ebenso unglücklich ist v. 20: *et huicne Gallia et metet Britannia? And now shall Gaul and Britain reap for him?* — C. 31, 13 liest er: *vosque o vividae lacus undae*, wodurch die zahl der hierzu vorgeschlagenen attribute noch um eins vermehrt wird: *lucidae, limpidae, incitae, luteae, ludiae, Libuae, Lydiae*. Letzteres kommt dem *lidie* der manuscripte doch am nächsten und läßt sich erklären. — Auch zu c. 45 ist die erläuternng des gedichts ansprechender als die conjectur zu v. 8: *sinister astans*. Ich ziehe wenigstens das von Vossius vorgeschlagene *sinister ante* vor. — C. 54 liest er:

Othonis caput (oppido est pusillum)
et, trirustice, scmilauta crura etc,

und hält das ganze für ein gedicht. *Trirusticus*, das sonst nicht vorkommt, wird durch ähnliche bildungen, wie *trigeminus, trifur, trifurcifer* u. a. gerechtfertigt. Auch erhält so das gedicht einen gewissen sinn; ob aber den richtigen, läßt sich bei dem dunkel, in dem die erwähnten personen schweben, nicht entscheiden.

Dies genüge. Wer aber an den von Munro dem Catull geschenkten conjekturen noch nicht genug hat, der wende sich an Arthur Palmer in Dublin, der eine 70 seiten lange besprechung von Ellis' Catull (2. aufl.) in der zeitschrift Hermathena (1879, nr. VI) dazu gemißbraucht hat, eine ganze schaar neuer, eigener einfälle der staunenden welt vorzutragen. *Miser Catulle!* —

65. De M. Valerio Martiale poëtarum Augusteae aetatis imitatore. Diss. inaug. philol. scr. Ernestus Wagner, Tanglimensis. Regiomonti 1860. 8.

Wir haben in dem vorliegenden schriftchen wohl ein erstlingserzeugniß des verfassers, zu dem er sich namentlich durch die verwandten arbeiten Zingerle's und Paukstadt's angeregt fühlte, von denen jener über Martials Ovidstudien, dieser *de Martiale Catulli imitatore* geschrieben hat. Dies wurde dem verfasser veranlassung über das verhältniß des Martial zu den übrigen dichtern der *aetas Augustea* untersuchungen anzustellen, zu Vergil, Horaz, Properz, Tibull, denen er auch die *Priapea* und einige kleinere gedichte, die jener zeit zugeschrieben werden, zugefügt hat. Er geht nun ohne weitere einleitung sofort zur sache über; wünschenswerth wären allerdings einige andeutungen über Martials leben und über seine beziehungen zu den genannten dichtern, sowie über die merkmale der nachahmung überhaupt. Denn die gleichheit oder ähnlichkeit in vers-anfängen oder- ausgängen, die gleichheit von worten, die sich an denselben stellen der verse bei den verschiedenen dichtern finden, ist noch nicht nothwendig ein beweis von imitation, wie auch der verfasser selbst anerkennt. Ebenso wenig ist die erwähnung derselben vorgänge, personen, dinge bei den verschiedenen dichtern nothwendig auf nachahmung zu beziehen, so daß es z. b. als ein gedächtnißfehler ausgelegt werden müßte, wenn Martial dem Rhocus den mischkrug des Hylaeus in dem kampf der Centauren und Lapithen, im widerspruch mit Vergil beilegt. Ferner kann ich beispielsweise in dem Martialischen *juvenesque senesque* keine nachahmung desselben ausdrucks bei andern dichtern anerkennen. Ebenso verhält es sich mit *populique patrumque, nascuntur olivae, inutilis annis, regnator agelli, ad sidera tollunt, rumpe moras, itque redit que, pater optime, sera nocte, lanigerae pecudes, retia rara, plena acerra, prisca fides, placido ore, iterum iterumque, fecisse putabo, populo spectante, potens amicus, ulla puella* oder *nulla puella, pia tura, niveo pectore, tempore brumae, flumina Nili, artis opus* und so vielen anderen ausdrücken. Der dichter braucht die ausdrücke, die entweder in der dichtersprache zu einem gemeingut geworden waren, ohne dabei an einen bestimmten einzelnen dichter zu denken, oder durch den rhythmus des verses bestimmte. In dieser hinsicht scheint mir auch Zingerle in der annahme von imi-

tationen zu weit gegangen zu sein. Andrerseits kann auch eine
nachahmung selbst, ohne gleichheit der worte stattfinden, was
der verfasser nur hin und wieder andeutet. — Derselbe geht
also die einzelnen dichter der reihe nach durch und merkt mit
großem fleiß und genauigkeit an, wo sich gleiche oder verwandte ausdrücke bei Martial und andern dichtern finden. Unter den einzelnen kleinern gedichten, mit denen er am schluß
den Martial vergleicht, ist auch die *Consolatio ad Liviam Augu-
stam*, über deren alter er sich zunächst des urtheils enthält.
Wenn er dabei von dem unterzeichneten sagt: *Adlerus contra
Ovidio eam vindicare conatus est,* so ist er im irrthum. Die letzten
worte der bezeichneten abhandlung lauten: *Arbitror igitur de
morte Drusi elegiam Livia viva ab aliquo ex numero eorum poetarum
esse scriptam, quibuscum Ovidius vixerat et qui ejus carminibus
excitati atque ingenii artisque amatores ita ejus et orationem et rationem imbiberant, ut quae scriberent ab Ovidianis non multum abessent.*

Uebrigens ist die abhandlung mit fleiß und sorgfalt und
im ganzen in glatter sprache abgefaßt, *memoriae dignum* p. 16
ist wohl nur druckfehler.

Adler.

---

66. Caius Julius Caesar num in bello Gallico enarrando
nonnulla e fontibus transscripserit. Von dr. Petersdorf, oberlehrer am gymnasium in Belgard. Ostern 1879. (18 pag.).

Es ist nicht unwahrscheinlich, daß bei der darstellung der
von legaten ausgeführten thaten die diction des Cäsar durch die
zu grunde liegenden berichte derselben beeinflußt ist. Nach
dem vorgange anderer, welche einzelne partien des bellum civile
nach dieser seite hin geprüft haben, hat der verfasser dies für
die hierfür in betracht kommenden stellen des bellum Gallicum
(III, c. 1, 4 — c. 6. III, c. 17 — c. 19, 5. III, c. 20—27. V,
c. 26—37. V, c. 38—45, c. 48, 8—49, 4, c. 55, 58. VI, c. 7
u. 8, c. 35—41. VII, c. 57—62) nachzuweisen gesucht.

Es gilt dabei zu unterscheiden, was in einem legatenbericht
einen angemessenen platz hatte. So ist nicht wohl anzunehmen,
daß sich der legat Crassus selbst als einen *adolescentulus* bezeichnet habe (III, 21, 1). Auch haben die legatenberichte
schwerlich so ausführliche reflexionen enthalten, wie sie Cäsar
im zweiten capitel des dritten buches über das benehmen der

Gallier gegen Servius Galba anstellt. Hier nimmt Petersdorf in dem schlußsatze: *Accedebat quod suos ab se liberos abstractos obsidum nomine dolebant et Romanos non solum itinerum causa, sed etiam perpetuae possessionis culmina Alpium occupare conari et ea loca finitimas provinciae adiungere sibi persuasum habebant*, sowohl an dem nur hier bei Cäsar vorkommenden *culmina* als an dem allerdings sehr auffallenden *sibi persuasum habebant* anstoß. Und würde Cäsar das ὑπαξ εἰρημένον *soldurios*, welches er III, 22, 1 braucht, nicht ebenso wohl angewandt haben, wenn er selbst gegen die Sontiaten gekämpft hätte? Die ausführliche erklärung des celtischen wortes scheint uns auch nicht in einen legatenbericht für einen feldherrn wie Cäsar, der schon drei jahre in Gallien stand, zu passen. Die anstöße, welche Petersdorf an dieser stelle nimmt (*frui* und *hominum memoria*, sowie *recuso* mit dem infinitiv, sonst nicht bei Cäsar), sind unerheblich.

Ueberhaupt können wir dem umstande, daß viele vocabeln, der von Petersdorf aufgeführten sind über sechzig, in den in betracht kommenden episoden anderswo bei Cäsar nicht vorkommen, nur eine sehr eingeschränkte bedeutung beilegen. Es sind zum theil vocabeln, welche nur unter ganz besonderen umständen anwendung finden konnten, wie *fusilis, argilla, sarmenta, stramentum, ferramenta, balteum, vagina, cuneus, atterere, circumcidere*. Wenn Petersdorf zu V, 44, §. 8 (*avertit hic casus vaginam et gladium educere conanti dextram moratur manum*) die bemerkung macht: *haec locutio a Caesaris more dicendi discrepat, cum Caesar cum gladio nusquam verbum educendi composuerit, sed verbum stringendi vel destringendi* (cf. Bell. gall. I, 25, 75(?) VII, 12 Bell. civ. I, 46, 47. III, 93), so ist an den verglichenen stellen die situation eine ganz andere als hier, wo es dem darsteller darauf ankam, den act des herausziehens des schwertes plastisch darzustellen. Wenn Cäsar zweimal das sonst nur von dem falle einzelner gebrauchte *concidere* (VI, 40, 7 *fortissime pugnantes conciderunt*. VII, 62, 4) auf den fall mehrerer anwendet, so hat er eben durch das malerische *concido* die einzelnen aus der menge herausheben wollen. Auch ist zu beachten, daß diesmal der gebrauch, an dem Petersdorf anstoß nimmt, nicht aus den berichten derselben legaten stammen würde. So hat es auch nichts auffallendes, wenn V, 38, 1 Cäsar von Ambiorix berichtet *neque noctem neque diem intermittit pedidatumque se subsequi iubet*, denn die nacht ist nach c. 37 so eben eingebrochen, also macht sich Ambiorix in der nacht auf den weg. Die gewöhnliche wortfolge der phrase ist freilich, wie Fischer (in den Halleschen schulprogrammen: Die rectionslehre bei Cäsar 1853, p. 10) bemerkt hat, *diem noctemque*. Andere von Petersdorf angeführte vocabeln sind so gewöhnlich, daß es nur als zufall erscheinen kann, wenn wir sie sonst nicht bei Cäsar finden. Als solche nennen wir: *pietas, languor, convalles, simultates, recessus*, substantiva wie *defatigatio, lignatio, cunctatio*, deren entsprechende verba sich bei Cäsar finden, verba wie *evado, sapio, torreo, conflagro, constipo, verso, demo, instigo, comitor, sector, acquiro, convalesco, tumultuor*, adjectiva und adverbia wie *quantusvis, puber, infidelis, exuls, incommode, perendino die*. Es wird nicht schwer sein, wenn man einige abschnitte aus einem schriftsteller von mäßigem umfange herausgreift, eine anzahl wörter zu finden, welche sonst bei demselben nicht vorkommen, aber man wird sich doch hüten, aus dieser erscheinung folgerungen über den ursprung solcher stellen zu ziehen. Doch mag die anwendung einzelner sonst bei Cäsar nicht vorkommenden vocabeln durch den der darstellung zu grunde liegenden legatenbericht veranlaßt sein, wie wenn *iaculum* zweimal in den berichten von den thaten des Labienus gebraucht wird (V, c. 43, 1. V, c. 45, 4), während wir sonst *telum* oder *pilum* finden. Auch *gaesa* werden sonst nicht erwähnt (III, c. 4, 2), ebensowenig als *verutum*. Daß *transitus* grade in solchen episoden, deren held Labienus ist (V, c. 55, 2. VI, 7. VII, 57), dreimal vorkommt, ist um so auffallender, da Cäsar häufig die verba *transeo, transgredior* und ähnliche anwendet, aber nie das substantivum *transitus*. Ob aber mit Petersdorf (p. 11) an ein bewußtes „vermeiden" zu denken ist, ist eine andre frage. Beiläufig sei bemerkt, daß das sonst bei Cäsar nicht vorkommende *intritus* (III, c. 26, 2) von Petersdorf durch ein versehen als eine form von *intero* bezeichnet wird (p. 7).

Auch von den von unserm vf. sorgsam gesammelten eigenthümlichkeiten der syntax und phraseologie erscheint uns ein großer theil ohne bedeutung, *pronuntio* mit *ut* und *ne* (V, 33,3, V, 34, 1 und 3) hat nichts auffallendes, denn an den von ihm verglichenen stellen, wo es den accusativus mit dem infinitiv, bei sich hat, hat es nicht die bedeutung des befehlens. Dagegen ist *impero* mit dem accusativ mit infinitiv wo der abhängige satz nicht passivisch ist (VII, c. 60, 3 *reliquas proficisci imperat*) recht singulär. Die stelle ist zu den vier von Dräger (Histor. syntax II, p. 388) aus Lucrez, dem *bellum Africanum*, Curtius und Sueton zusammengestellten stellen hinzuzufügen. Wenn Petersdorf an der construction von *recuso* mit dem infinitiv anstoß nimmt (III, c. 22, 3, *qui . . . mori recusaret*), da es sonst bei Cäsar nur mit einer conjunction verbunden ist, so ist zu beachten, daß an den übrigen stellen das verbum theilweise selbst im Infinitiv steht (Bell. Gall. I, 31, 7 *neque recusaturos quominus perpetuo sub illorum dicione atque imperio essent*, III, 7 *neque tamen recusare, si lacessantur, quin armis contendant*, Bell. civ. III, 45 *non recusare se quin nullius usus imperator existimaretur*)[1], theilweise im abhängigen satze ein neues subject eintritt (Bell. civ. III, 82 *reliqui in labore pari ac periculo ne unus omnes antecederet recusarent.*) Ebenso wenig ist *cogito* mit *ut* und *ne* (VII, 59, 4 *ut . . . . reduceret cogitabat*; V, 57 *ne dimitteret cogitabat*) an sich von belang; allerdings muß es auffallen, daß diese construction sich beide mal an solchen stellen findet, in denen von Labienus die rede ist. Wenn Petersdorf der beobachtung von Fischer (Die rectionslehre bei Cäsar I, p. 26) beistimmt: dative mit dem gerundium verbundener substantiva zur bezeichnung einer bestimmung werden nicht gebraucht, nur die stelle III, c. 4, 1 entgegensetzt, so hat er V, 27 (*omnibus hibernis Caesaris oppugnandis hunc esse diem dictum*) übersehen. Es würde zu weit führen, sämmtliche von Petersdorf angeführten abweichungen vom sprachgebrauch des Cäsar nach ihrer größeren oder geringeren bedeutung zu prüfen. Nur so viel sei bemerkt, daß *non . . . sed ne . . . quidem* mit unterdrückung der ersten negation sich bei Livius dicht neben der beigefügten negation findet: so Liv. IV, 3, 10 *Numam Pompilium, non modo non patricium, sed ne civem quidem Romanum*: gleich darauf in §. 11: *L. deinde Tarquinium, non Romanae modo, sed ne Italicae quidem gentis*. Wenn also bei Cäsar nur III, c. 4, 4 sich die auslassung des *non* im ersten satzgliede findet, so wird daraus nichts zu folgern sein. Andere abweichungen, welche auf den ersten anblick auffallen, erscheinen bei näherer betrachtung weniger erheblich. Der

---

1) Dräger bemerkt (Hist. syntax I, p. 215), daß in der indirecten rede bei Cäsar hauptsächlich das stilistische bedürfniß der abwechslung in den endungen die wiederholte änderung der verbalformen veranlaßt hat.

plural *fami* kommt freilich nur V, c. 18, 8 vor, aber auch nur an dieser stelle tritt ein genetivus pluralis hinzu.

Als erhebliche abweichungen vom sprachgebrauch des Cäsar erscheinen uns außer dem schon erwähnten *sibi persuasum habebant*[1]) und *impero* mit dem acc. m. infinitiv eines nicht passivischen verbums die anwendung von *quod ubi* im sinne von „als nun, sobald nun" III, 23, 7 (*Quod ubi Crassus animadvertit suas copias . . . non facile deduci*), welches sich nur Bell. civ. II, 16 in der von Menge (*de auctoribus commentariorum de bello civili*) dem Trebonius zugeschriebenen partie findet, ferner *bellum parare alicui* (V, 56, 1), die wendung *in dubium devocare* (VI, c. 7, 6), *deficio* mit dem dativ III, c. 5, 1 *cum . . . tela nostris deficerent*, wo alle handschriften den dativ haben, welcher beizubehalten scheint, so daß *deficio* im sinne von *deesse* steht, wie in der alterthümlichen formel bei Livius I, 24 *illis legibus populus Romanus prior non deficiet*. Endlich möge *etiamnum* im sinne von *etiamtum* erwähnt werden (VI, 40, 6 und VII, 62, 6) übrigens bei verschiedenen kriegsschauplätzen.

Wie man auch über einzelheiten urtheilen mag, man wird zugeben, daß die episoden über die thaten der legaten im ganzen entschieden Cäsarianisches gepräge tragen; wenn Cäsar einzelne wendungen, die ihm nicht geläufig waren, den berichten der legaten entnahm, so dürfen wir annehmen, daß er dieselben nicht als incorrect ansah.

---

67. Ueber den namen Italien. Eine historische untersuchung von Bernhard Heisterbergk. Freiburg und Tübingen, Mohr 1881. II, 166 p. — 4 mk.

Zur zeit des Antiochos von Syrakus (um 424) verstand man unter Italien den südlichen arm der apenninischen halbinsel, vom flusse Laos am tyrrhenischen meer bis Tarent; ursprünglich aber hatte, wie der nämliche geschichtschreiber angibt, der name Italien nur das südende bezeichnet, die am Isthmus von Skylletion anfangende halbinsel, welche die Oinotrer unter könig Italos bewohnten; von da aus habe er sich mit den Oinotrern weiter verbreitet. Heisterbergk stimmt dem Antiochos hinsicht-

---

[1]) Dräger bemerkt (a. a. o. I, 269): der ungewöhnliche dativ mag bedeuten „sie hatten sich eingeredet."

lich der ausbreitung des namens Italien von süd nach nord bei, verwirft aber die verbindung derselben mit dem umsichgreifen der Oinotrer: dieses habe vielmehr in der entgegengesetzten richtung stattgefunden. Beweisgründe für beides, für die billigung wie für die verwerfung, finden wir vom verf. nicht beigebracht. Welcher abstammung die Oinotrer gewesen und von wannen sie gekommen sind, hat er gar nicht untersucht: weil „die übrigen völkerzüge auf der halbinsel von norden nach süden gerichtet sind, werden auch sie schwerlich aus anderer richtung gekommen sein." Diese übrigen völkerzüge beschränken sich aber auf zwei, den sikelischen und den lucanischen; auch wenn deren noch mehr gewesen wären, würde daraus nicht folgen, daß sämmtliche wanderungen dieselbe richtung gehabt haben müßten. Die schon bei Hellanikos, Timaios u. a. vorfindliche, von den Italikern im bundesgenossenkrieg officiell adoptirte ableitung des namens *Italia* von *vitulus* verwirft verf., weil die auf grund derselben aufgestellten deutungen keinen passenden sinn ergeben. Letzteres muß man zugeben; aber was verf. an die stelle setzt, ist nicht besser. Ihm ist *Italia* aus *Itanis* entstanden, der name von Phoenikern ausgegangen, welche vermuthlich — sichere spuren hat verf. nicht gefunden — außer in Sicilien auch in Unteritalien sich niedergelassen hatten, und seine bedeutung wäre „beständig"; außerdem erinnert er an den mythischen Samniten Itanos, welchem Clemens von Alexandreia die erfindung des πυρός zuschreibt. Diese aufstellungen sind nicht nur ganz haltlos; sie tragen auch nichts zur aufhellung der hauptfrage bei und in rücksicht auf diese weiß verf. für die behauptung, daß der name Italien zuerst der südspitze geeignet habe, weiter nichts anzuführen als die autorität des Antiochos, auf die er doch bezüglich der frage nach der richtung der Oinotrerwanderung gar nichts giebt. Diese inconsequenz ist um so auffallender, als Heisterbergk mit Antiochos die ausbreitung des namens Italien in die zeit der oinotrischen herrschaft setzt, so daß zu gleicher zeit jener von süd nach nord, das Oinotrervolk aber von nord nach süd vorgedrungen sein müßte.

Trotz ihres verhältnißmäßig großen umfangs ist die abhandlung unvollständig: sie geht auf die frage, was die älteren Griechen, besonders Herodotos und Thukydides, die zeitgenossen des Antiochos, unter Italien verstanden haben, nicht ein. Ihr werth liegt theils in der eingehenden und meist treffenden kritik der von den neueren aufgestellten ansichten, theils in der hervorhebung der gründe, welche gegen die existenz eines alten Italervolks und für den localen charakter der grundbedeutung von *Italia* sprechen: mit recht legt er hier ein besonderes gewicht auf die form 'Ιταλιήτες, welche Antiochos bei Dionys. Hal. Ant. Rom. I, 12 anwendet.

U.

---

68. Dr. W. Pfitzner, geschichte der römischen kaiserlegionen von Augustus bis Hadrianus. Leipzig, Teubner 1881. 8. VI und 290 p. — 6 mk. 40 pf.

Eine neue geschichte der römischen kaiserlegionen ist im höchsten grade erwünscht, da des verdienstvollen Grotefend aufstellungen im vierten bande der Pauly'schen realencyclopädie p. 868—901 sich im laufe der zeit mehrfach als der verbesserung bedürftig erwiesen haben und die neuen forschungen auf diesem gebiete in den verschiedensten werken zerstreut sind. Der verfasser, seit vierzig jahren durch seine einschlagenden arbeiten bekannt, bietet uns nun ein solches werk, dessen erscheinen von allen freunden der betreffenden studien mit freuden begrüßt sein wird. Das buch zerfällt, abgesehen von der allgemeinen einleitung, in drei abschnitte, je nach dem gesichtspunkte, von dem ausgegangen wird. Der erste, pag. 11—99, gruppiert den stoff nach den verschiedenen kaisern von Augustus bis Hadrian und zeigt, welche legionen unter jedem derselben entstanden oder eingegangen sind, wie viele also jeder kaiser besessen hat, und in welcher weise die herrscher über dieses kriegsmaterial verfügt haben. Im zweiten abschnitte, p. 99—214, geht der verfasser von den provinzen aus und weist nach, welche legionen in der angegebenen zeit die besatzungen derselben gebildet haben; im dritten abschnitte, p. 214—272, endlich werden die einzelnen legionen besonders behandelt und ihre schicksale erzählt. Ein anhang, p. 273—290, enthält die bekannten stellen Dio Cass. 55, 23. 24 und Joseph. B. Iud. 2, 16, 4, so wie zahlreiche inschriftliche zeugnisse aus dem Corpus inscript. Latinarum, Orelli-Henzen und Mommsen's Inscr. Regni Neapolitani. Man sieht, der stoff ist allseitig durchgearbeitet.

Da nun der verfasser mit der einschlagenden litteratur im
hohen grade vertraut ist, so enthält sein buch sehr viel richtiges
und gutes; wir dürfen es aber nicht verschweigen, daß wir etliche, und zwar ganz erhebliche, bedenken geltend zu machen
haben. Das erste derselben betrifft die ganze anlage des werkes.
Unseres erachtens hätte von der geschichte der einzelnen legionen ausgegangen und damit das fundament für den weiteren
bau gelegt werden müssen. Der verfasser sagt zwar in der
vorrede, daß diejenigen, welche derartige specialgeschichten geschrieben hätten, aus mangel an überblick über das ganze in
einseitigkeit verfallen seien. Das kann sich aber doch nur
darauf beziehen, daß solche forscher an ihre ergebnisse vermuthungen geknüpft haben, welche sich später bei der combination
mit nachrichten über andere legionen als unhaltbar ausgewiesen
haben. Somit trifft dieser vorwurf nur versehen jener forscher,
nicht aber die methode; denn ohne zweifel müssen doch richtige
ergebnisse besonnener forschung unter allen umständen bei der
zusammenstellung mit anderweitigen richtigen thatsachen die
probe aushalten. Es ist diese methode, verbunden mit der strengsten enthaltsamkeit in beziehung auf vermuthungen um so mehr
geboten, als der wissenschaft ihrem gegenwärtigen standpunkte
nach lediglich mit einer zusammenstellung dessen, was wir wirklich wissen, gedient sein kann. Beim ausgehen von der allgemeinen legionsgeschichte aber waltet das bestreben vor, die in
den schriftstellerischen und inschriftlichen nachrichten vorhandenen
zahlreichen lücken durch conjectur auszufüllen, und liegt die gefahr
nahe, ein system aufzustellen, welches zwar in sich keinen anstoß bietet, von dem es aber zweifelhaft bleibt, ob es der wirklichkeit entspricht.

Dieser gefahr nun — und das ist unser zweites bedenken
— ist der verfasser nicht entgangen, indem er, von dem charakterisierten streben geleitet, vielfach mangelhaft begründete,
ja selbst ganz unbegründete hypothesen aufgestellt hat. Es ist
zweckmäßig, daß Pfitzner am schluß der auseinandersetzungen
über jeden kaiser sowie über jede provinz seine ergebnisse in
tabellarischer übersicht zusammenstellt, aber auffallen muß es
doch, daß er in 18 tabellen auch keinen punkt zweifelhaft gelassen, sondern alles bis aufs kleinste festgestellt hat. Wie viel

bescheidener lauten dagegen oft die bemerkungen, welche wir im Corpus zerstreut finden.

Wir lassen einige beispiele von aufstellung nicht gehörig begründeter hypothesen folgen. Ueber die legio XV primigenia sind nur wenige nachrichten vorhanden. Im jahre 69 stand sie in *Germania inferior*, ihren dortigen aufenthalt bestätigen mehrere inschriften und ziegel; ein großer theil der legion zog mit Vitellius nach Italien, der rest ergab sich nach mancherlei schicksalen dem Civilis; ursprung und ende derselben sind unbekannt. Man hat nun bislang angenommen, weil die legion den beinamen *primigenia* führe, so sei sie gleichzeitig mit der leg. XXII primigenia von Claudius gestiftet und zum ersatz für die nach Britannien verlegte leg. XX victrix nach Untergermanien gesandt. Es läßt sich nicht verkennen, daß diese annahme, zumal die inschriften Bramb. 479, 480 ihren schriftzügen nach auf die zeit des Claudius deuten, recht wahrscheinlich ist; indessen wollen wir nicht verkennen, daß die gründe, aus denen der verfasser p. 30 zu zeigen sucht, daß die legion erst im jahre 66 gestiftet sei, beachtenswerth sind. Wenn aber p. 261 erzählt wird, Marius Celsus habe die neugestiftete legion aus Syrien nach Pannonien geführt, von dort aus habe sie eine vexillation zum Albanerzuge nach Rom gesandt, Nero habe sodann die gesammte legion im jahre 68 nach Italien kommen lassen, Galba sie aber nach Pannonien zurückgeschickt, um sie dann in *Germania inferior* zu stationieren, wo sie im november 68 eingetroffen sei, so müssen wir doch fragen, woher der verfasser das alles weiß. P. 50 führt er aus, Tac. Ann. 15, 25 sei Marius Celsus legat der leg. XV Apollinaris, Hist. 1, 31 werde er von Galba zu den illyrischen vexillationen in Rom geschickt, um sich der treue derselben zu versichern. Galba habe gerade ihn zu dieser aufgabe gewählt, weil er in näherer beziehung zu jenen truppen gestanden habe, und das sei nur möglich gewesen durch die vermittelung der der leg. XV Apollinaris abgezweigten leg. XV primigenia, Celsus sei also bei stiftung der letztern mit dem commando derselben beauftragt und habe sodann das zum Albanerzuge befohlene vexillum dieser legion im jahre 67 nach Rom geführt. Wir verfolgen die sache nicht weiter, weil schon aus dem gegebenen erhellt, daß diese combination weit davon entfernt ist, den anforderungen an einen wissenschaftlichen beweis zu entsprechen.

Pag. 29 und 115 behauptet der verfasser, ohne daß in den quellen etwas davon zu finden wäre, die leg. V alauda sei von Claudius persönlich nach Britannien hinübergeführt, und zwar auf grund von Dio Cass. 60, 21: καὶ παρασκευή γε ἐπὶ τῇ στρατείᾳ πολλὴ τῶν τε ἄλλων καὶ ἐλεφάντων προσνπειλῆχτο, indem er aus Appian BCiv. 2, 96 schließt, die truppen dieser legion seien „Elephanten" genannt. Dort wird nämlich erzählt, daß die leg. V sich tapfer gegen die elephanten des Juba gehalten habe und hinzugefügt: νῦν ἀπ' ἐκείνου τῇδε τῇ τέλει ἐλέφαντές ἐς τὰ σημεῖα ἐπίκεινται. Da derartige thierfiguren aber vielfach als apotropäa, auch an feldzeichen, verwandt wurden, so haben wir hier ohne zweifel einen ätiologischen mythus zu erkennen. Daß vor Constantin thierbilder einen beinamen veranlaßt hätten, ist ganz unerhört; erst in der Notitia finden wir thierbilder als schildzeichen und „*Leones seniores* und *iuniores*"; vgl. hierüber Albert Müller im Philolog. XXXIII, p. 679 ff. Es ist also wohl hinsichtlich der nach Britannien mitgenommenen elephanten ein irrthum des epitomators zu constatieren.

Pag. 77 f. wird der nachweis versucht, daß zum dacischen kriege Domitians die legg. XI Claudia und 1 adiutrix aus Obergermanien nach Mösien commandiert seien. Der verfasser stützt sich dabei zunächst auf Sueton. Dom. 7: *opud duarum legionum hiberna*, womit aber durchaus nicht gesagt sein muß, daß damals in Obergermanien nur zwei legionen standen; wenn er sich sodann auf Henz. 6451 beruft, so ist diese inschrift des „*clarissimus vir*" wegen nach Commodus zu setzen, und endlich bezeugt Henz. 6490 eher die theilnahme der leg. V Macedonica am dacischen kriege sei es des Domitian oder Trajan, als die der leg. I adiutrix.

Die Leg. XXI rapax ist gegen das ende des ersten oder im anfange des zweiten jahrhunderts untergegangen, wo und wann ist unbekannt. Nun erzählt Pfitzner p. 83 und 268, sie sei im jahre 101 gegen den Decebalus geführt und habe in der schlacht bei Tapae so bedeutende verluste erlitten, daß sie von da an nicht mehr im römischen heere erscheine. Hierfür wird ein beweis auch nicht einmal versucht; dem gegenüber hat Bergk (Bonner jahrbb. 58, p. 142) seine vermuthung, leg. XXI rapax sei beim aufstande des Saturninus betheiligt gewesen und nach demselben aufgelöst, immerhin besser begründet. Höchst auffallend ist auch, daß p. 209 (vgl. p. 225) alles ernstes dargelegt wird, Agricola sei nach Irland übergesetzt und habe dort erhebliche erfolge erreicht. Hätte Tacitus (Agric. 24) das wirklich sagen wollen, so hätte er bei seinen lesern mehr als ödipodeische divinationsgabe vorausgesetzt. Leider wird ferner p. 113 nicht näher nachgewiesen, worauf die annahme beruht, daß Germanicus das der schlacht auf dem campus Idisiaviso folgende treffen an der Elbe geschlagen habe.

Vorstehende beispiele mögen in dieser beziehung genügen. Wir haben weiter zu bemerken, daß mit den untersuchungen über die vertheilung der legionen eine vielfach zu breite geschichte ihrer thaten verbunden ist, bei der wiederholungen nicht vermieden sind. So kommt z. b. die versammlung zu Poetovio (Tac. Hist. 3, 1) nicht weniger als (fünfmal) vor: p. 59, 144, 150, 248, 256; und der von seinem sohne getödtete vater (ibid. 3, 25) wird p. 146, 244 und 268 erwähnt. Die angabe der quellen reicht nicht immer aus; es würde sich eine fortlaufende reihe von anmerkungen unter dem texte empfohlen haben.

Ohne zweifel beherrscht der verfasser das schriftstellerische material vollkommen, wenig geübt scheint er in der behandlung der inschriften zu sein. Schon die bemerkung am schluß der vorrede, daß die lesung der inschriften im ganzen doch prekär sei, erweckt in dieser hinsicht kein günstiges vorurtheil. So bieten denn auch die mitgetheilten inschriften zu manchen bemerkungen veranlassung, namentlich sind in den Orelli entnommenen titeln zahlreiche versehen zu constatieren. Bekanntlich muß man beim gebrauch der Orellischen bände die von Henzen gegebenen correctoren beachten; dies hat der verfasser unterlassen. Nro. 48 = Or. 695 ist nach Henzen gefälscht; nro. 63 = Or. 3049 fehlen nach Henz. p. 265 die worte „ob bellum German." und statt „a divo Traiano" ist zu lesen „ab Augusto Traiano"; nro. 72 = Or. 3569 konnte nach Or. 4952 und Henz. p. 372 in richtiger form gegeben werden, wie nro. 74 = Or. 3685 nach Henz. p. 401 und nro. 76 = Or. 3876 nach Henz. p. 420. Auch die dem Corpus entlehnten inschriften sind nicht alle richtig wiedergegeben; so fehlt nro. 3 = Corp. II, 1929 zeile 1 hinter „Cornelio" das zeichen der lücke für den namen des vaters, und ebendaselbst am schluß steht „*Hercules*" für den genitiv; nro. 40 = Corp. VII, 48 ist das von Hübner richtig ergänzte zeichen der centurie übersehen und in der vorletzten zeile fehlt das zeichen der lücke für die zahl der feldzüge. Nro. 102 = Mommsen J. R. N. 6030 ist in der gegebenen form unverständlich, weil nicht mitgetheilt wird, daß die linke seite des steines abgebrochen ist. Zu bemerken ist ferner noch, daß auf die feststellung der standquartiere der legionen, wozu gerade die inschriften das material bieten, nur selten rücksicht genommen ist.

Die militärische archäologie ist nicht herangezogen, sonst hätte p. 246 unter den zeugnissen für die anwesenheit einer vexillation der leg. VIII Augusta in Britannien der im Tyneflusse gefundene schildbuckel (vgl. Bonner jahrbb. 60, p. 58, und Archäol.-epigraph. mittheil. aus Oesterr. II, p. 107) erwähnt werden müssen; und wenn p. 9 für nicht unwahrscheinlich gehalten wird, daß die leg. XII fulminatrix auf den schilden den blitz geführt hätte, so ist dem gegenüber darauf hinzuweisen, daß die Trajanssäule den blitz außerordentlich oft auf den schilden der legionen zeigt, während doch von der theilnahme der leg. XII fulminatrix am dacischen kriege nichts bekannt ist, und diese auch von Fröhner (la colonne Trajane p. 14) durch berufung auf Corp. III, 2917 schwerlich nachgewiesen ist.

Von sonstigen bemerkungen sehen wir, um diese anzeige nicht übermäßig auszudehnen, ab, und wollen nur noch hervorheben, daß p. 263 die geschichte der leg. XVI Flavia fehlt und daß uns die behandlung von Dio Cass. 55, 23 (p. 14 f.) in den beiden hauptpunkten nicht angesprochen hat; einmal ist statt des handschriftlichen $\delta \epsilon \kappa \acute{a} \tau \epsilon \rho o \iota$ doch wohl sicher mit Bekker $\delta \acute{\iota} \kappa \alpha \tau o \iota$ $\check{\epsilon} \tau \epsilon \rho o \iota$ zu lesen; sodann ist $o \check{\iota} \varsigma$ $\tau \iota \nu \alpha \varsigma$ $\alpha \dot{\upsilon} \tau o \check{\iota} \varsigma$ keineswegs zu halten, denn um die identität auszudrücken, ist die construction $\alpha \dot{\upsilon} \tau o \check{\iota} \varsigma$ $\mu \epsilon \tau \grave{\alpha}$ $\tau \tilde{\omega} \nu$ $\tau \tilde{\eta} \varsigma$ $\tau \epsilon$ $\tau o \tilde{\upsilon}$ $\epsilon \check{\iota} \kappa o \sigma \tau o \tilde{\upsilon}$ $\epsilon \pi \omega \nu \upsilon \mu \acute{\iota} \alpha \nu$ $\epsilon \chi \acute{o} \nu \tau \omega \nu$ unmöglich. Wir lesen mit Bekker $o \check{\upsilon} \varsigma$ $\tau \iota \nu \alpha \varsigma$ $\acute{o}$ $A \check{\iota} \gamma \eta \sigma \iota o \varsigma$ und denken an eine verwechselung mit der Leg. XXII Deiotariana.

Es wird nicht auffallen, wenn wir nach vorstehendem unser urtheil dahin zusammenfassen, daß in dem vorliegenden buche allerdings viel gutes geboten wird, daß es aber nur mit großer vorsicht zu benutzen ist. Möge es denn anregung geben zu einer erneuten behandlung des gegenstandes, welche das hauptgewicht auf klare darstellung des wirklich erkannten legt.

69. Geschichte der Karthager von Otto Meltzer. Erster band. Berlin, Weidmannsche buchhandlung. 1879. IV, 530 p. — 10 mk.

Eine zusammenhängende geschichte der Karthager, welche auf breiter grundlage angelegt, in selbständiger weise die fortschritte der letzten jahrzehnte verwerthet, kommt einem lebhaft empfundenen bedürfniß entgegen. Der verfasser, durch kleinere veröffentlichungen in diesem betreff bereits vortheilhaft bekannt, hat weder zeit noch mühe gespart, um einer solchen aufgabe gerecht zu werden, und das hier gebotene verdient in der that unsre aufrichtige anerkennung. Es war kein kleines, die geographischen und ethnographischen vorstudien zu machen, welche zu einer fruchtbringenden behandlung des gegenstandes nöthig sind; die orientalische philologie und alterthumskunde mußte ebenso eingehend zu hülfe genommen werden wie die classische; schon die beschaffung und bewältigung der weitschichtigen, zum theil außerhalb Deutschlands erschienenen literatur machte schwierigkeit und der leser hat ungleich häufiger gelegenheit, für eine reiche fülle von citaten zu danken als eine (unter diesen umständen verzeihliche) übergehung wahrzunehmen. Die anmerkungen sind vom text räumlich gesondert und auf 113 enger gedruckten seiten zusammengefaßt, eine den werken von Curtius, Holm u. a. nachgeahmte unbequeme einrichtung, welche nicht überall gerechtfertigt ist: in mehreren capiteln ist der text so vorwiegend discutirender natur, daß er den anmerkungen sachlich und stilistisch concurrenz macht. Gewählte, des gegenstands würdige diction ziert den darstellenden text; um so mehr hätten wir gewünscht, daß verf. in den mehr raisonnirenden stücken, welche nicht karthagische geschichte sondern höchstens eine geschichte einzelner auf sie bezüglicher fragen geben, den griffel der Klio bei seite gelegt hätte: das pathos ist gefährlich bei der besprechung von meinungen, welche, so lebhaft auch verf. von ihrer richtigkeit überzeugt sein mag, doch die gewähr der dauerhaftigkeit schon deßwegen nicht in sich tragen, weil sie von ihren urhebern nicht ohne zurücklassung eines ungedeckten restes in die welt gesetzt worden sind.

Der vorliegende erste band giebt die äußere entwicklungsgeschichte des karthagischen gemeinwesens bis zu dem frieden mit Agathokles 306 v. Chr.; der andere ist für die alterthümer und für die zweite hauptperiode der geschichte Karthagos bestimmt. Die drei ersten capitel unseres bandes behandeln die vorgeschichte in folgenden titeln: die Phoeniker und ihre fahrten nach westen; die grundlagen der phoenikischen colonisation in Nordafrika; die gründung der stadt. Hauptvorgänger war hier Movers, der ein wahres füllhorn scharfsinniger und gelehrter, aber oft recht gewagter und schließlich einander theilweise widersprechender hypothesen ausgeschüttet hat; dem verf. ist es meist wohl gelungen, die rechte mitte zu treffen und die spreu vom waizen zu sondern. Die ergebnisse der aegyptologie sind sowohl für die altphoenikische geschichte wie für die kunde der libyschen völker nutzbar gemacht; die forschung über die colonisation und handelsgeschichte in ächt wissenschaftlicher weise auf die thatsachen der physikalischen geographie gegründet. Die colonisation der Phoeniker im westen hat zum hauptzweck die ausbeutung des Eldorado der alten, des silberlandes am Tartessos: die niederlassungen an den küsten des mittelmeers sind in erster linie stationen auf dem wege dahin; diesen schon bei Diodor ausgesprochenen gedanken hat Meltzer zu voller geltung gebracht. Weniger ist ein anderer umstand bei ihm zu seinem recht gelangt: der, daß diese colonien im laufe der zeit sich über ihre ursprüngliche bestimmung nur wenig emporgehoben haben: die meisten sind bloße handelsniederlassungen geblieben, zu macht und gebietsausdehnung haben es die colonien auf Sicilien, Sardinien, in Africa und Hispanien nicht gebracht, selbst die bedeutendste, Gades war eine zwar sehr reiche aber verhältnismäßig kleine stadt ohne nennenswerthen festlandsbesitz. Dies erklärt sich aus der numerischen schwäche des muttervolkes: zweier städte ohne hinterland, deren bedeutendere, Tyros, zur zeit Alexanders ihre einwohner nur nach zehntausenden zählte. Daher konnte es kommen, daß bei dem erscheinen hellenischer einwandererschaaren an den sicilischen küsten die Phoeniker fast alle ihre die insel im kranze umgebenden niederlassungen aufgaben und sich auf Panormos, Soloeis und Motye beschränkten; auch diese so verstärkten colonien fühlten sich allein zu schwach, sie lehnten sich an die Elymer an und haben in der geschichte keine rolle gespielt. Wie ganz anders treten die Hellenen auf: die küsteninseln und landzungen, über welche die Phoeniker sich nicht hinausgewagt hatten, waren für sie nur die basis zu weiterer ausbreitung, zu eroberung und hellenisirung der umlande. Eben darin, daß Karthago die phoenikische regel durchbrach und in hellenischer weise vorgieng, liegt die ursache seines großwerdens: es stieg empor, als es sich entschloß, den Libyern keinen bodenzins mehr zu zahlen (ein verhältniß, das wohl auch andere festlandcolonien der Phoeniker eingegangen hatten). Solche auffassung des unterschieds, welchen die entwicklung Karthagos im verhältniß zu den schwestercolonien aufzeigt, darf sich gleichfalls auf ein altes zeugniß berufen: es ist die merkwürdige äußerung des Dion Chrysostomos or. 25 über Hanno, der die Karchedonier aus Tyriern zu Libyern gemacht und es dahin gebracht habe, daß sie weithin über land und meer herrschten. Die andern Westphoeniker sind eben Tyrier geblieben.

Die volksmenge, welche zur begründung und erhaltung eines großen reiches nöthig war, lieferten, nachdem zunächst die nachbarcolonien mit Karthago geeinigt waren, die Libyphoeniker. Mit recht verwirft Meltzer die Movers'sche theorie von einer vor der phoenikischen colonisation erfolgten mischung kanaanitischer stämme mit Libyern; anstatt aber die einhellige überlieferung der alten, welche hierüber doch bescheid wissen konnten, zu billigen, daß die Libyphoeniker mischlinge aus Libyern und Phoenikern gewesen, folgt er einer neueren hypothese, welche in das andere extrem verfällt und an sich schon durch ihren dualismus unwahrscheinlich ist. Libyphoeniker sollen dieser zufolge anfangs die Phoeniker Libyens, nachher aber die in sprache und sitte punisirten Libyer des karthagischen landes gewesen sein. Daß die erstere bedeutung nirgends zu finden ist, daß die einwohnerschaft von Karthago und Utica nirgends libyphoenikisch heißt, wird dabei von vorn herein zugestanden; aber auch die angeblich spätere bedeutung läßt sich nicht nachweisen, dies lehrt die unbefangene prüfung sämmtlicher erwähnungen jenes volksnamens.

Die sagen von der gründung Karthagos hat Meltzer ausführlich behandelt und zu ihrer aufhellung manchen schätzenswerthen beitrag geliefert. Einen wesentlich andern charakter als die mythen von den näheren umständen der alten stadtgründungen besitzen die angaben über die zeit derselben: ohne noth setzt verf. diese fast auf gleiche linie mit jenen und begnügt

sich mit dem mageren und unbestimmten ergebniß, daß Karthago
tyrischen ursprungs und vor der stärkeren ausbreitung der
Griechen nach dem mittleren und westlichen becken des mittel-
meeres gegründet sei. Die gründungsdata hellenischer colonien
bilden den größten bestandtheil unseres chronologischen wissens
aus älterer zeit: sie fließen uns in reicher fülle seit der ersten
olympiade und wir alle glauben an ihre ächtheit, obgleich über
die näheren umstände der vorgänge mythische angaben nebenher
laufen. Die gründe, welche für die glaubwürdigkeit solcher data
sprechen, sind in gleichem, ja noch höherem grade bei den die
phoenikischen colonien betreffenden vorhanden: diese waren ja
nicht wie so viele griechische von heimatlos gewordenen bevöl-
kerungen sondern von kaufleuten im handelsinteresse angelegt,
von angehörigen eines frühzeitig cultivierten und schreibekundi-
gen volkes, bei dem die Hellenen erst in die schule gegangen
sind. Der verf. hätte daher, um die bis ca. 1100 v. Chr. zu-
rückführenden angaben über die gründung von Gades und Utica
glaubwürdig zu finden, es nicht nöthig gehabt, das vorhandensein einer tempelaera daselbst anzunehmen, einer species, welche
überhaupt nur in theokratischen gemeinwesen und bei priester-
schaften eine rolle spielte, für Rom ohne grund angenommen
wird (s. Römische stadtaera, Münchner akad. abh. 1879, XV, 1
p. 106) und für die vielen oben erwähnten hellenischen gründungsdata anzunehmen noch niemand eingefallen ist; nicht zu
erwähnen, daß eine solche sich in jeder andern stadt ebensogut
wie in Gades und Utica annehmen läßt. Von Karthago dürfen
wir mit sicherheit annehmen, daß die zeit der gründung den
einwohnern bekannt war und von griechischen forschern in erfahrung gebracht werden konnte; wenn ein um chronologische
exactheit so eifrig bemühter forscher wie Timaios, welcher anerkannt die geschichte der westlichen länder zuerst aufgehellt
und wahrscheinlich die stadt selbst besucht hat, die versicherung
giebt, daß sie 38 jahre vor ol. 1, 1 gegründet worden ist, so
darf uns das vorhandensein abweichender angaben nicht irre
machen: diese lauten theils unbestimmt, theils sind ihre zahlen
einer textverderbniß verdächtig, theils beruhen sie auf fälschungen, welche eine concordanz mit römischen oder mit biblischen
daten herstellen sollen; Philistos endlich hat vermuthlich die

"Nenstadt" in Africa mit Neutyros verwechselt (Rhein. mus. XXXV, 31).

Der geschichtlichen zeit gelten cap. IV: die bedrängniß der Westphoeniker und die begründung des karthagischen reichs, und c. V: die großmacht; kämpfe in Sicilien und Afrika. Die beziehungen zu den Libyern und den hellenischen colonien, zu Persien, Rom u. a. treten hier vielfach in neue, oft bessere beleuchtung, insbesondere die den meisten raum in anspruch nehmenden verwicklungen mit den Sikelioten sind jetzt, nachdem ein tüchtiger vorgänger wie Holm einen gleich wackeren nachfolger gefunden hat, zu einem guten theil ins klare gebracht. Zu den ausnahmen rechne ich die schlacht von Eknomos sammt ihren folgen. Im widerspruch mit Diodoros, welcher die geschichte des Agathokles einer guten und durchsichtigen quelle, dem Duris, nacherzählt und sowohl hiedurch als durch den umstand, daß er keine zweite neben dieser benutzt, vor seinen gewöhnlichen mißgriffen bewahrt geblieben ist, setzt verf. die niederlage des tyrannen bei Eknomos statt 311 v. Chr. in die mitte von 310 (ende juni), wenige wochen vor der berühmten heerfahrt desselben nach Africa, welche zur zeit der sonnenfinsterniß des 15. august 310 bewerkstelligt wurde. In diesem engen raum lassen sich die kriegsereignisse des sicilischen schauplatzes nach der schlacht und die nach ihnen geschehenen vorbereitungen zum angriff auf Africa nicht unterbringen; andrerseits ist auch des stoffes zur ausfüllung der vor mitte 310 freiwerdenden zeit dann zu wenig vorhanden. Der verf. ist dadurch zu seiner abweichung gekommen, daß Diodor XIX, 109 die schlacht ἐπὶ κύτα οὔσης τῆς ὥρας setzt, was nach Moltzer so viel als juni oder juli bedeuten soll, und weil nachher in Syrakus die ernte stattgefunden habe, deren zeit dort der juni ist. Die Siriusphase fällt aber in das letzte drittel des juli und über dieses mehr als c. 15 tage zurückzugehen ist auch bei der annahme ἐπὶ κύτα gebe nur eine ungefähre zeitbestimmung, nicht statthaft: denn die nächstvorhergehende epoche des naturjahrs der alten historiker, die sommersonnenwende, fällt c. 30 tage vor jener phase. Diodors worte (XIX, 110) ἵνα οἱ Συρακούσιοι πολλὴν ἄδειαν σχῶσι συγκομίσαι τοὺς καρποὺς ἀναγκάζοντος τοῦ καιροῦ, welche verf. mit seinen vorgängern auf die getreideernte deutet, beziehen sich vielmehr, der engeren und eigentlichen bedeutung von καρπός entsprechend (vgl. z. b. Thukyd. IV, 84. III, 15. Polyb. I, 40, 1) auf die baumfrüchte; die zeit ihrer lese, ὀπώρα, begann eben mit dem frühaufgang des hundsterns. Auf einen anderen späteren vorgang beziehen sich a. a. o. die worte τὸν ἀπὸ τῆς χώρας σῖτον ἀπεκόμιζε: zu den vorbereitungen auf die große africanische unternehmung, welche Syrakus alsbaldiger belagerung preisgeben mußte, gehörte außer den daneben genannten ausbesserungen der stadtbefestigung auch die hereinschaffung des getreides von den aufbewahrungsstätten des platten landes: ἀποκομίζειν klingt nur zufällig an συγκομίζειν (einheimsen) an. Der chronologischen technik hätte verf. auch sonst ein schärferes augenmerk zuwenden dürfen. Wenn Timaios bei Diodor. XIII, 108 die plünderung des Apolloheiligthums von Gela auf den jahrestag der eroberung von Tyros setzt, welche nach Arrianos im hekatombaion Ol. 112, 1. 332 geschehen ist, so ist es für das sicilische ereigniß gleichgültig, in welchem monat des julianischen jahres diese eroberung stattgefunden hat, und die klage über die große, fast ein vierteljahr betragende differenz der neueren ansätze derselben (von welchen übrigens der eine durch das Philol. XXXVII, 11 gesagte in wegfall gekommen ist) völlig zwecklos; nur so viel erhellt aus jener angabe, daß die plünderung des gelaischen tempels im hekatombaion stattgefunden hat; dieser hat im jahre 409 um den 2. juli seinen anfang genommen.

In betreff der machtentwicklung Karthagos ist es ein fortschritt zu nennen, daß verf. für die zeiten vor den Perserkriegen den besitz Westsiciliens und Sardiniens in abrede stellt; die hieraus sich ergebende folgerung, daß der erste römisch-punische handelsvertrag, da er beide länder karthagisch nennt, nicht mit Polybios in das erste jahr der römischen republik, sondern mit den annalisten, ca. 160 jahre später zu setzen ist, hat er nicht gezogen, vielmehr überall denselben zur beleuchtung der um 500 v. Chr. herrschenden verhältnisse benutzt. Sowohl bei diesen urkunden, deren erklärung ihm übrigens mehrere verbesserungen verdankt, als bei dem für die geschichte der beziehungen Karthagos zu Hispanien wichtigen periplus des Avienus scheint verf. dem gedanken, daß die neuesten behandlungen auch die besten sind, allzusehr gehuldigt zu halten: aus Avienus sind vielfach ganz andere dinge zu lernen als was Müllenhoff hineingelesen hat, auch die zeit des von Avienus übersetzten originals ist nicht die von diesem behauptete sondern eine spätere, die erste hälfte des vierten vorchristlichen jahrhunderts. Ueber diese fragen, von deren richtiger beantwortung das urtheil über die haltbarkeit nicht weniger aufstellungen des verf. abhängt, und über die von ihm unbestimmt gelassene zeit der erwerbung Sardiniens durch die Karthager wird sich bei anderer gelegenheit ausführlicher sprechen lassen.

U.

70. **Max Heynacher**, was ergiebt sich aus dem sprachgebrauch Caesar's im bellum Gallicum für die behandlung der lateinischen syntax in der schule? Berlin, Weidmann'sche buchhandlung, 1881. 87 p.

Ed. v. Hartmann behauptet in seiner schrift: „Zur reform des höheren schulwesens", daß sämmtliche lateinische schriftsteller von den philologen bereits neunzigmal um und um gekehrt und buchstabe für buchstabe durchforscht und konjekturirt sind, daß schon tausend mal mehr kräfte an die lateinische litteratur vergeudet worden sind, als dieselbe überhaupt werth ist, und daß es jetzt, wo der philologie und linguistik auf neuen gebieten so viel lohnendere aufgaben eröffnet sind, endlich zeit scheint, von dem immer neuen durchkauen des schon tausend und aber tausend mal durchkauten speisebreis abstand zu nehmen. Wäre dem so, so müßte es in erster linie auf Caesar seine anwendung finden. Denn jeder durchschnittsschüler hat seine 5—6 bücher Caesar sprachlich wie sachlich verarbeitet, und wer ein etwas tiefer gehendes wissenschaftliches interesse besessen und bethätigt hat, als die dutzendwaare derjenigen, die alles haben müssen, um es zu lernen, der hat privatim den rest gelesen, dessen genuß ihm die klasse aus mangel an zeit vorenthalten mußte. Und vollends — jeder philologe, wenn anders er den namen in ehren trägt, muß seinen Caesar kennen, wenigstens so mit ihm vertraut sein, daß er von dieser basis aus den richtigen maßstab hat für die beurtheilung des volleren, durch den sinnlichen wohllaut der sprache oft blendenden und bestrickenden Cicero. Caesar redet sachen, Cicero oft nur worte. Caesar's stil ist er selbst — der ganze mann. „Der gesunde realismus, die energische, allem seichten und verschwommenen und wohlfeilen abgeneigte ausdrucksweise" Caesars ist ein sicherer damm für die überschätzung Cicero's. Das alles ist längst bekannt, und trotzdem ist Caesar's sprache kein „durchkauter speisebrei", von dessen erforschung man abstand zu nehmen hätte. Caesar ist nicht erschöpft, weder für die grammatik der universität, noch für die der schule d. h. weder wissenschaftlich-sprachgeschichtlich ist er ganz und gar gewürdigt in seinem verhältnis zu vorgängern und nachfolgern, noch sind die einzelerscheinungen seines sprachgebrauchs abschließend und endgültig für die grammatik der schule beleuchtet und verwertet. Das letztere, soweit es das bellum Gallicum angeht, will vorstehendes buch Heynacher's leisten.

Es umfaßt acht kapitel:

kap. I, p. 1—6. §. 1 stellung der aufgabe, §. 2 quellen, §. 3 anordnung des stoffes;

kap. II, p. 7—17, tabellarische übersicht der syntaktischen hauptregeln im bell. Gall.;

kap. II, p. 18—43, ablativus 1. woherkasus, 2. locativus, a) zur bezeichnung des ortes, wo etwas geschieht, b) zur bezeichnung der zeit, wann etwas geschieht. 3. instrumentalis;

kap. IV. p. 44—51. *Consecutio temporum* konjunktivischer nebensätze;

kap. V. p. 52—68, die subordinierenden conjunctionen 1. conj. *temporales*, 2. *finales et consecutivae*, 3. *causales*, 4. *condicionales*, 5. *concessivae*, 6. *comparativae*;

kap. VI. p. 69—72. 1. conjunctiv, abhängig vom relativ. 2. conj. der indirekten frage. 3. conj. der *or. obliqua*;

kap. VII. p. 73—82. 1. imperativ, 2. infinitiv, 3. acc. c. inf., 4. nom. c. inf., 5. allgemeine bemerkungen zur *or. obliqua*, 6. *Gerundium* und *Gerundivum*, 7. *Supinum*;

kap. VIII. p. 83—87. Schlußergebniß. —

Ref. erkennt gern die gründlichkeit der auf genauester statistik beruhenden arbeit an, er ehrt den sammelfleiß und das urtheil des verf., hat darum aber auch ein recht zu der bitte, daß man seine ausstellungen in dem richtigen lichte betrachten möge.

Auf zweifachem wege kann man der wissenschaftlichen grammatik dienen: entweder man durchforscht die ganze latinität genau auf eine erscheinung hin, meinetwegen auf die konjunktion *cum* oder auf das gerundium u. s. w., oder man spürt dem gesammten sprachgebrauch eines einzigen schriftstellers nach. So wird material zu dem aufbau einer historischen syntax der lateinischen sprache gewonnen. Ref. leugnet nun keineswegs, daß die statistischen angaben Heynacher's diesem zwecke dienen, ein Dräger wird für diese gabe aufrichtig dankbar sein, nur über das princip der verwerthung für die schule möchte sich ref. mit dem verf. auseinandersetzen.

Zunächst und vor allen dingen: es hätte doch mindestens der ganze Caesar, auch das bellum civile, in den kreis der betrachtung gezogen werden müssen. Die zahlenbilder hätten sich dann anders gestaltet, und zwischen den einzelnen bestände sicherlich ein anderes verhältnis. Ferner: es ist nicht richtig, daß das, was in einem schriftsteller minder häufig, auch für die ganze sprache und grammatik das minder wichtige ist. Es muß doch die individualität des betreffenden autors und die eigenart des stoffes berücksichtigt werden. Daß bei Caesar alles, was dem historiker eignet, in den vordergrund tritt, ist selbstverständlich und wird noch zum überfluß durch die erste zeile der tabellarischen übersicht bestätigt, wo der ablativus absolutus mit der zahl 770 verzeichnet steht. Ist aber deshalb *ne quis* in absichtssätzen, das nur 26 mal vorkommt, oder *permaüere*, dessen konstruktion nur 18 mal notiert ist, — entsprechend dem zahlenverhältnis — minder wichtig? Sprachliche feinheiten und syntaktische spitzfindigkeiten wird kein mensch in der tertia lehren, aber der schüler muß doch sein grammatisches pensum gehörig inne haben. Er wird nach wie vor, trotzdem es im Caesar nicht vorkommt, sein *quamvis* mit conjunctiv lernen, und von „nicht" beim imperativ wird er doch etwas mehr wissen müssen, als was Heynacher p. 85 lehrt:" nicht beim imperativ heißt *ne*." Sonst schreibt er mir *ne die*, oder *ne dicas* statt des einzig richtigen *ne dixeris* (s. Madvig: Opusc. II, p. 105—106 anmerk.). Freilich wird sich der lehrer in strenge zucht nehmen, auf daß er „nicht auf einzelnen regeln herumreite und andere daneben vernachlässige." Es ist thatsächlich wahr, daß sich jeder im laufe des unterrichts eine summe von lieblingsregeln aneignet, die er, manchmal vielleicht unbewußt, aber immer mit besonderem wohlbehagen seinen deutschen extemporaletexten einverleibt, so routinerecepte, die den schülern immer wieder eingegeben werden, sich der geistigen natur derselben aber bald assimilieren und ohne wirkung bleiben. An stelle lebendiger denkthätigkeit tritt dann todter mechanismus, an stelle solider grammatischer durchbildung dilettantische leichtigkeit und verderben. Diese klippe muß sorgfältig gemieden werden. Aber wenn der lehrer *fieri potest ut* oder *sequitur*, *proximum est*, *restat*, *reliquum est ut* oder selbst das von Heynacher perhorrescierte *tantum abest ut — ut*, trotzdem sich dies alles in Caesars BGallicum nicht findet, mit maßen einübt und in seinen extemporalien verwerthet, so versündigt er sich nicht an der ihm anvertrauten jugend (s. p. 2—3), sondern treibt an ihr ein wichtiges stück geistesgymnastik: eine jede grammatische regel dient doch der formalen geistesbildung. Das übersieht Heynacher ganz. Er möchte gern dem rein empirischen betriebe der grammatik das wort reden, geräth aber mit sich selbst in konflikt, denn er fügt unmittelbar hinzu: „selbstverständlich müßte in gewissen zeitabschnitten eine systematische zusammenstellung des stoffes erfolgen." Wie hat man sich überhaupt die methode dieses empirischen lernens zu denken? Wie fängt verf. es an, um seinen schülern das schwierige *interest* gelegentlich, wie er es p. 83 verlangt, beizubringen? Um das gelegentliche lehren und lernen ist es gewiß ein schönes ding, und Doederlein hat sicher recht, wenn er verlangt, daß keine stunde hingehen solle ohne einen gelegentlichen instruktiven ausblick auf andere verwandte gebiete, ohne ein ἀλλότριον, aber dinge wie *interest*, „*te proelii admoneo* und häufiger *de proelio*," müssen nach meiner meinung systematisch gelehrt werden, wenn sie nicht alsbald dem schoß des vergessens anheimfallen sollen. Ellendt-Seyffert hat kein wort zu viel über *interest* gesagt, und wenn Heynacher bemerkt: „das nur viermal in 865 Caesarkapiteln vorkommende *interest* beansprucht in der von mir hochgeschätzten grammatik von Ellendt-Seyffert 1¼ seite, die 120 mal vorkommende indirekte frage kaum eine viertelseite," so löst sich dies wunder vor der einfachen erwägung, daß die indirekte frage so viel leichter und einfacher ist. „Unterschätzen" wird deshalb kein verständiger „diese hochwichtige, dem latein so eigenthümliche erscheinung," und übersetzen ist zunächst nicht sache der grammatikstunde.

So viel über das princip im allgemeinen: ich wende mich zu der besprechung von einzelheiten.

Heynacher widmet mit recht besondere sorgfalt der erforschung des ablativ und seiner konstruktionen, jenes kasus, „der im latein das **woher** und **wohin**, **womit** und **wodurch** ausdrückt in *Roma, isto, curru, vi*, und überhaupt so verschieden nüancierte verhältnisse, daß man ihn den parataktischen kasus *κατ' ἐξοχήν* nennen möchte, der nicht die unterordnung des betreffenden nomen unter ein verbum oder ein anderes nomen, sondern bloß die unselbständigkeit und allgemeine abhängigkeit desselben im satzgefüge darstellt" (Bücheler: Grundriß der lateinischen deklination p. 46). Heynacher scheidet: a) woherkasus, eigentlicher ablativ; b) wokasus, lokativ; c) kasus des zusammenseins, instrumentalis, und versucht jedes mal zwischen a, b, c die entscheidung zu treffen. Das ist sehr schwer, und es ist mir mehr als zweifelhaft, ob diese scheidung überall werth für die schule hat. Trotzdem ist der versuch im allgemeinen als gelungen zu betrachten, nur in einzelnen fällen regt sich der geist des widerspruches in bedeutender weise, wie es verf. vorhersah.

BG. VI, 10, 5 *Cheruscos a Suebis Suebosque ob Cheruscis iniuriis incursionibusque prohibere*, verweist Heynacher unter den ablativ als woherkasus bei verbis der trennung (p. 25): gewiß mit recht; wenn er aber durch Kraner verleitet *prohibere iniuria* als einen begriff „sicher stellen" faßt und davon *a Suebis* abhängig[1]) macht, so ist das keine erklärung, sondern nur ein nothbehelf. Die stelle harrt freilich noch einer glücklichen lösung. Wie, wenn man *Cheruscos a Suebis Suebosque ab Cheruscis iniuriis incursionibusque* als eine art *καθ' ὅλον καὶ μέρος — ob Cheruscis scilicet iniuriis incursionibusque* faßte? Die art und weise, wie Caesar seine Commentare schrieb, rechtfertigt gewiß eine solche erklärung oder läßt sie wenigstens zu, und so unerhört ist dies *σχῆμα* doch auch nicht im lateinischen: vgl. Verg. Aen. V, 172: *Tum vero exarsit iuveni dolor ossibus ingens*, vgl. *etiam* VI, 474. Wer da will, mag auch Bell. Gall. VII, 73, 1 *ex oppido pluribus portis eruptionem facere conabantur* so erklären, obgleich ich nicht leugne, daß es viel einfacher ist an dieser stelle einen *instrumentalis* zu statuiren.

1) Im text steht „un abhäugig" verdruckt für „abhängig."

Wunderbar klingt (p. 25): „VI, 31, 1 *tempore exclusus* und VII, 11, 5 *diei tempore exclusus in posterum oppugnationem differt* „weil ihm die zeit nicht ausreichte," fasse ich nicht als ablative causae, wie Eichert, sondern als ablative der trennung." Wie will verf. das begründen, und wie will er es seinen schülern deutlich machen? *diei tempore exclusus* „ausgeschlossen von der zeit des tages," als ablativ der trennung gefaßt, kann von jemand gesagt werden, der während des tages in den dunkeln kerker geworfen wird, aber doch nimmermehr von einem feldherrn, der aus mangel an zeit seine schlacht auf den folgenden tag verschiebt. Ref. stimmt unbedenklich Eichert bei.

P. 32 lesen wir: „*scutis innixi* II, 27, 1 (local nach Delbrück), wogegen *iubis sublevati* „sich an den mähnen haltend" auch causal gefaßt werden könnte." Warum nicht auch *scutis?* Völlig unerfindlich aber ist mir auf derselben seite der ablativ localis I, 14, 4 *sua victoria tam insolenter gloriari* und IV, 2, 2 *iumentis delectari*. Ich würde mich nicht unterstehen eine solche auffassung meiner klasse vorzutragen. Für ebenso bedenklich halte ich, was die schule angeht, den locativ des zieles VI, 43, 6 *latebris aut saltibus se eripere* „sich in schlupfwinkel und waldschluchten retten": viel einfacher und verständlicher ist doch der *instrumentalis*.

Die absicht streng zu scheiden, verführt den verf. auch p. 33 zu ungenauigkeiten und inkonsequenzen. Während er *adventu* II, 30, 1. III, 23, 4. V, 54, 2. VII, 65, 5 temporal faßt oder „locativ zur bezeichnung der zeit, wann etwas geschieht," ist er bei VII, 62, 2 *cuius ductu saepe numero hostes vicissent* zweifelhaft, und adventu II, 7, 25. IV, 34, 1. V, 3, 5. VI, 12, 6. VII, 5, 2 hält er wie *discessu* VII, 41, 4 gegen Fischer für *Ablativi causae*. In den meisten fällen läßt sich überhaupt nicht scheiden, ebensowenig wie im deutschen, weil eben beides, tempus und causa, zusammenfällt. Wenn wir sagen: als er ankam, schickten die Bituriger zu den Aeduern um hülfe (VII, 5, 2), so versteht auch im deutschen jeder sogleich das abhängigkeitsverhältnis beider verbalthätigkeiten. Zudem scheint es mir, um die denkthätigkeit der schüler anzuregen und ihre denkkraft zu üben, eine dankbare aufgabe das dem worte nach koincidierende logisch zerlegen zu lassen.

Zu I, 11, 3 *ita se omni tempore de populo Romano meritos*

esse, ut paene in conspectu exercitus nostri agri vastari, liberi eorum in servitudem abduci, oppida expugnari non debuerint (kap. IV. *consecutio temporum* konjunktivischer nebensätze p. 45) äußert Heynacher gegen Procksch: *debuerint* „hätten müssen" ist hier in deutscher übersetzung coniunctivus *potentialis*." Ich glaube kaum: *debuerint* ist einfach der coniunctiv zu *debuerunt*, das im hauptsatz hätte stehen müssen (*modus irrealis* mit Procksch). Dagegen stimmt Heynacher auf grund seiner zählung Procksch gegen Ilg bei, der die regel aufgestellt, daß der dem *Praesens historicum* vorausgehende nebensatz von Caesar in der regel in's imperfekt gesetzt werde. Ob aber den schülern mit Heynacher zu sagen, daß „nach praesens immer praesens oder perfect zu setzen" p. 51, ist mir sehr zweifelhaft. Wie steht es im bellum civile, wie bei Cicero, wie bei Livius? kann das Bellum Gallicum die gewöhnliche regel der grammatiken, daß praesens und imperfect nach präsens historicum *promiscue* stehen dürfen, wirklich so alterieren? War nicht vielleicht für den Römer doch ein feinerer unterschied zwischen praesens und imperfect, etwa der der intensiveren veranschaulichung und vergegenwärtigung in der lebhafteren bewegung der phantasie, vorhanden, dem nachzuspüren wir ebensowenig im stande sind, wie wir noch heute die *patavinitas* des Livius, die ein Asinius Pollio empfand und schmeckte, nachschmecken können. Wie schwer ist es hier nachzukommen! In einem satze wie „*Nam si concederetur etiamsi ad corpus nihil referatur ista sua sponte et per se esse iucunda, per se essei et virtus et cognitio rerum, quod minime ille vult, expetenda* (Cic. de fin. I, 7, 25), würde jeder lehrer unter umständen das *referatur* beanstanden eventuell anstreichen.

Zu den drei stellen I, 53, 1. VII, 25, 4; 47, 3, wo *priusquam* mit dem indikativ des perfekts verbunden ist (V. kap. p. 54), hätte der verf. bemerken sollen, daß in den drei beispielen haupt- und nebensatz im perfekt stehen und daß der hauptsatz verneint ist, worauf Anton in seiner bekannten schrift über *antequam* und *priusquam* ein besonderes gewicht gelegt hat.

Auf derselben seite eifert Heynacher gegen die landläufige eintheilung des *cum* in *cum causale* und *concessivum*, bezeichnungen, die er aus den schulgrammatiken verbannen möchte. An stelle dessen will er die resultate Hoffmann's verwerthen und die genannten bedeutungen als besondere arten, fortbildungen von *cum temporale* mit conjunctiv betrachtet wissen. So wichtig es für den lehrer ist den stammbaum des *cum* zu erkennen, so unwichtig und unfruchtbar ist dies in vorliegendem falle für die schule. Die richtige behandlung dieser conjunction mit ihrem weitverzweigten gebrauch bleibt immer ein kleines paedagogisches kunststück; ich habe stets gefunden, daß man mit Ellendt-Seyffert grade an dieser stelle recht zufrieden sein kann. Oder soll ich dem schüler sagen: „*cum* mit dem indicativ bezeichnet die objektive zeitgleichheit zweier auf einander bezogener handlungen, das sogenannte *cum causale* bringt handlungen jeder zeitbeschaffenheit hinsichtlich ihres eintretens in subjektive beziehung?" Heynacher weiß zu gut, was einem tertianermagen frommt, als daß er ihm wirklich d i e s e geistige nahrung zuführen sollte. — Warum zweifelt er an cum = *quotiens* III, 13, 9 *Accedebat, ut, cum saevire ventus coepisset et se vento dedissent, et tempestatem ferrent facilius et in vadis consisterent tutius,* und V, 16, 2 *equites magno cum periculo proelio dimicare, propterea quod illi etiam consulto plerumque cederent et, cum paulum ab legionibus nostros removissent, ex essedis desilirent?* Es handelt sich beide male um eine beschreibung, wo das iterative *cum* grade an seinem platze ist. Mindestens mit demselben rechte hätte verf. doch I, 25, 3 schwanken können, wo Kraner *cum ferrum se inflexisset* causal faßt. — P. 57 ist in der stelle IV, 11, 4 *Haec omnia Caesar eodem illo pertinere arbitrabatur, ut tridui mora interposita equites eorum, qui abessent, reverterentur,* ut doch wohl besser final zu erklären, so daß *eodem pertinere* gleich *eodem spectare* ist. Sonst müßte man ja das *ut* nach *id ago* auch epexegetisch und nicht final fassen.

Doch genug der einzelheiten, ich will bloß noch an die gelungenen übersetzungsproben erinnern, die gelegentlich gegeben werden und in ihrer modern-militärischen fassung den lehrer wie den schüler gleich anregen. In summa: 1) die schrift liefert werthvolles material für den aufbau einer historischen syntax der lateinischen sprache; 2) sie giebt dem lehrer wichtige direktiven für die behandlung der lateinischen grammatik und ist für den sprachgebrauch Caesar's, inwiefern er für die schule zu nutzen, eine vorarbeit, deren resultate ergänzt, modifiziert und sicher gestellt werden müssen durch eine gleiche behandlung des *bellum civile*. Möchten die τρία κάππα κακά (Kensuren, Kouferenzen,' korrektoren) dem verf. zeit lassen dies in bälde nachzuholen: dann ist auch die sprachliche würdigung des *commentarius octavus* von A. Hirtius eine leichte mühe. Wir scheiden vom verf. und seiner schrift mit warmem danke für anregung und belehrung. *Ferd. Becker.*

Bibliographie.

London, 16. mai. Die versteigerung der Sunderland-bibliothek, welche für eine zeit lang verschoben worden, ist dem „Athenäum" zufolge nunmehr auf den 1. december dieses jahres festgesetzt worden. Die bibliothek wurde während der regierungen der königin Anna und George I gebildet und besteht aus etwa 80,000 bänden. Sie ist wegen ihrer großen sammlung von früheren ausgaben der griechischen und lateinischen classiker berühmt und umfaßt auch seltene ausgaben der großen italienischen schriftsteller, eine prächtige sammlung früh gedruckter bibeln in verschiedenen sprachen, darunter eine auf pergament gedruckte copie der ersten lateinischen bibel mit einem datum, eine anzahl früh gedruckter seltener französischer chroniken und memoiren, sowie einige alterthümliche manuscripte. Einige der bücher sind auf pergament gedruckt, und fast alle in prachtvollen alten Marocco gebunden. Augsb. allg. ztg. beil. zu nr. 189.

Ueber russische censurverhältnisse werden Börsenbl. nr. 145 mittheilungen gemacht; vrgl. dazu nr. 159. 171.

Die culturgeschichtliche bedeutung der illustration behandelt Max Schasler in einem aufsatz der Gegenwart, der auch in das Börsenbl. nr. 101 übergegangen ist.

„Ostermeßgedanken eines literaturfreundes" ist die überschrift eines aufsatzes, den aus der National-zeitung Börsenbl. nr. 158 abdruckt und der sehr beachtenswerthe bemerkungen über die zu große bücher-production, bücherpreise u. dgl. enthält.

Christian Egenolff, der erste buchdrucker und verleger in Frankfurt a. M. wird geschildert im Börsenbl. nr. 157.

Eine anzeige des werkes von *R. Wackernagel*: Rechnungsbuch der Froben und Episcopius, buchhändler und buchdrucker in Basel 1557—1564 (Basel, Schwabe: 10 mk.) steht Börsenbl. nr. 163.

Schilderung des lebens von Hyacinthe Didot — im august 1880 im alter von 86 jahren verstorben — und der thätigkeit der firma Didot et co. giebt Börsenbl. nr. 165.

A. Schörmann, organisation und rechtsgewohnheiten des deutschen buchhandels bd. II, anfl. 2 (Halle, Waisenhaus: 3 mk.) wird im Börsenbl. nr. 169 besprochen.

Zur geschichte der Vossischen buchhandlung in Berlin: aufsatz im Börsenbl. nr. 175, der Tante selbst entnommen.

Erschienen ist: Bibliotheca philologica oder geordnete übersicht aller auf dem gebiete der classischen alterthumswissenschaft wie der ältern und neuern sprachwissenschaft in Deutschland und dem auslande neu erschienenen bücher. Herausgegeben von *E. Ehrenfeuchter*. XXXIII. jahrgang. 2tes hft., juli bis december 1880. (Mit einem alphabetischen register). 8. Göttingen, Vandenhoeck und Ruprecht.

Mittheilungen der verlagsbuchhandlung von *B. G. Teubner* in Leipzig, 1881 nr. 3: Notizen über künftig erscheinende bücher, nämlich über: Handbuch der griechischen staatsalterthümer von *Gustav Gilbert*, oberlehrer am gymnasium zu Gotha, 2 theile. 1. theil: der staat der Lakedaimonier und Athener. gr. 8. — Hermann Köchly's gesammelte kleine philologische schriften. Unter leitung von *G. M. Thomas* herausgegeben von *Gottfried Kinkel* jun. und *Ernst Böckel*. Erster band: Opuscula latina. Zweiter band: deutsche aufsätze. — K. L. Kayser's Homerische abhandlungen. Herausgegeben von *H. Usener*. gr. 8. geh. — Kritische und paläographische beiträge zu den alten Sophoklesscholien von *Peter N. Papageorgiu*. gr. 8. geh. — Entwürfe zu griechischen exercitien von *Carl Schmelzer*, gymnasialdirector in Hamm. gr. 8. kart. — T. Macci Plauti Miles Gloriosus, emendabat et adnotabat *O. Ribbeck*. gr. 8. geh. — Die Cantica des Terenz und ihre Eurythmie. Von *Carl Meißner*. Separatabdruck aus den supplementen der jahrbücher für klassische philologie. gr. 8. geh. — Taciti dialogus de oratoribus. Recognovit *Aemilius Baehrens*.

Die schriften-niederlage des evangelischen vereins in Frankfurt a. M. macht bekannt, daß jetzt eine bedeutende preisermäßigung der Erlanger gesammtausgabe von dr. *Martin Luthers* sämmtlichen werken in deutscher und lateinischer sprache eintrete und verschickt deshalb einen prospect.

Verlagsbericht von *Velhagen* und *Klasing* in Bielefeld und Leipzig, über die sammlung der besten classischen und modernen französischen schriftsteller mit einleitungen und anmerkungen.

Kataloge von antiquaren: J. *Scheible's* antiquariat und verlagsbuchhandlung zu Stuttgart, catalog 128 enthaltend philologie, griechische und römische classiker, studienwesen, universitäten und gymnasien; catalog 129 enthaltend archäologie, geschichte des alterthums, Aegyptiaca.

Katalog zu *Weigel's* bücherauction am 2 novemb. zu Leipzig: darin bibliothek von dr. *Theodor Döhner* zu Planen.

Verzeichniß der wichtigeren publikationen auf dem gebiete der alterthumwissenschaft 1881. V.

Deutschland, Oesterreich, Schweiz.

415. *Allers*, Wilhelm, de L. Annaei Senecae librorum de ira fontibus. Diss. inaug. Goettingen 1881. 8. 77 p. 1 mk. 50 pf.

416. *Appiani* historia Romana ed. *Ludw. Mendelssohn*. Vol. II Leipzig 1881. 8. VI u. p. 565—1227. 4 mk. 50 pf.

417. *Aristophanis* Plutus rec. *Adolphus von Velsen*. Leipzig 1881. 8. VI, 85 p. 2 mk.

418. *Aristophanes* lustspiele: die Acharner — die Ritter metrisch übersetzt von *A. F. W. Wißmann*. Stettin 1881. 8. XVI, 64. XXI, 71 p. 4 mk. 50 pf.
419. *Arnoldi*, Rich., der chor im Agamemnon des Aeschylus scenisch erläutert. Halle 1881. 8. XIII, 89 p. 2 mk. 40 pf.
420. *Bauer*, Adolf, Themistokles. Studien und beiträge zur griech. historiographie und quellenkunde. Merseburg 1881. 8. V, 173 p. 3 mk.
421. *Baumgarten*, Friedr., de Christodoro poeta Thebano. Dissertatio philologica. Bonn 1881. 8. 64 p. 1 mk. 20 pf.
422. *Becker*, Wilh. Ad., Gallus oder römische scenen aus der zeit Augusts. Zur genaueren kenntnis des römischen privatlebens. Neu bearbeitet von *Hermann Goell.* 2. teil. Mit 7 holzschn. Berlin 1881. 8. VIII, 462 p. 6 mk.
423. *Beeck*, Nic., handlexikon der geschichte und biographie. Historisch-biographische daten in alphabetischer ordnung. Berlin 1881. 8. 443 p. 5 mk.
424. *Bender*, Jos., notationes criticae ad Eusebii chronologiam. Braunsberg 1881. 4. 18 p. 60 pf.
425. *Bielchofsky*, Rud., de C. Sollii Apollinaris Sidonii studiis Statianis. Wien 1881. 8. 87 p. 1 mk. 60 pf.
426. *Bluemner*, H., die archäologische sammlung im eidgenössischen polytechnikum zu Zürich. Zürich 1881. 8. XVI, 201 p. 4 lichtdrucke. 2 mk. 50 pf.
427. *Bone*, Carl, anleitung zum lesen, ergänzen und datiren römischer inschriften mit besonderer berücksichtigung der kaiserzeit und der Rheinlande. Trier 1881. 8. VI, 94 p. 1 lith. tafel.
428. *Bormann*, Eugen, fastorum civitatis Tauromenitanae reliquiae descriptae et editae. Marburg. 1881. 4. (Ind. lect.). 32 p.
429. *Broeuning*, Th. F. G., de adiectivis compositis apud Pindarum. Berlin 1881. 4. 60 p. 2 mk. 40 pf.
430. *Brandt*, Karl, Quaestiones Propertianae. (Diss. inaug.) Berlin 1880. 8. 50 p. 1 mk. 20 pf.
431. *Buedinger*, Max, Apollinaris Sidonius als Politiker. Eine universalhistorische studie. Wien 1881. 8. 42 p. 60 pf. (Aus Sitzungsber. der Wiener akad. der wiss.).
432. —, die neuentdeckten inschriften über Cyrus. Eine kritische untersuchung. Wien 1881. 8. 17 p. 40 pf. (Aus sitzungsber. der k. k. akad. d. wiss.).
433. *Cicero's* rede für T. Annius Milo. Für den schul- und privatgebrauch erklärt von *Friedrich Richter*. In 3. aufl. neu bearbeitet von *Alfr. Eberhard*. Leipzig 1881. 8. 112 p. 90 pf.
434. *Ciceronis* opera recogn. C. F. W. *Müller*. No. 7. 8. 9ᵃ 9ᵇ. 29—37. Leipzig 1881. 8. 8 mk. 10 pf.
435. *Commentationes* philologae Jenenses edid. seminarii philologorum Jenensis professores. Vol. I. Lipsiae 1881. 8. 2 bl. 238 p. 5 mk.
(Inhalt: *Paulus Sauerbrei*, de fontibus Zonarae quaestiones selectae p. 3—82; *Gotthold Gundermann*, de Juli Frontini strategematon libro qui fertur quarto p. 83—161. *Victor Sarrazin*, de Theodoro Lectore Theophanis fonte praecipuo p. 163—238).
436. *Corpus* apologetarum christianorum saeculi secundi. Ed. *Jo. Car. Th. Eques de Otto.* Vol. V: *Justini* philosophi et martyris opera quae feruntur omnia. Ad optimos libros mss. nunc primum aut denuo collatos rec. prolegomenis et commentariis instruxit translatione latina ornavit indices adiecit *Jo. Carol. Th. Eques de Otto*. Tom. III, pars II. Opera *Justini* subditicia fragmenta *Pseudo-Justini.* Ed. III plurimum aucta et emendata. Jena 1881. 8. 426 p. 8 mk.

437. *Corpus scriptorum ecclesiasticorum Latinorum*. Editum consilio et impensis academiae litterarum Caesareae Vindobonensis. Vol. VII: *Victoris* episcopi Vitensis historia persecutionis Africanae provinciae. Rec. *Mich. Petschenig*. Accedit incerti auctoris passio septem monachorum et notitia quae vocatur. Wien 1881. 8. XV, 174 p. 3 mk. 60 pf.

438. *Curtius*, Ernst und *J. A. Kaupert*, karten von Attika. Auf veranlassung des kais. deutschen archaeolog. instituts und mit unterstützung des kgl. preuss. ministeriums der geistl. etc. angeleg. aufgenommen durch offiziere und beamte des königl. preuss. grossen generalstabes. Mit erläut. text. Heft 1. 4 karten in kpfrst. u. chromolithogr. text. IV, 72 p. gr. 4. Karten imp.-fol. Berlin 1881. 12 mk.

439. *Curtius*, Ernst und *J. A. Kaupert*, wandplan von Alt-Athen 1:6000. 4 blatt chromolith. Imp.-fol. Mit text. 8. 14 p. Berlin 1881. 8 mk.

440. *Degenhart*, J., kritisch-exeget. bemerkungen zu Cicero's schrift de natura deorum. Aschaffenburg 1881. 8. 68 p.

441. *Demosthenes* ausgewählte reden. Für den schulgebrauch erklärt von *C. Rehdantz*. Theil I die neun philippischen reden. 1. heft. I—III: olynthische reden, IV,1: rede gegen Philippos. 6. verb. aufl. besorgt von *F. Blass*. Leipzig 1881. 8. VIII, 174 p. 1 mk. 20 pf.

442. *Dilthey*, Carl, de epigrammatis nonnullis Graecis disputatio. Goettingen 1881. 4. (Ind. lect.) 80 pf.

443. *Draeseke*, Joh., der brief an Diognetos nebst beiträgen zur geschichte des lebens und der schriften des Gregorios von Neo-Caesarea. Leipzig 1881. 8. VIII, 207 p. 3 mk. (Aus jahrbb. f. protest. theol.).

444. *Droege*, Carolus, de Lycurgo Atheniensi pecuniarum publicarum administratore. Dissert. historica. Minden 1880. 8. 45 p.

445. *Ehrenthal*, Ludw., quaestiones Frontonianae. Diss. inaug. Königsberg 1881. 8. 54 p. 1 mk. 80 pf.

446. *Engelhard*, Rob., de personificationibus quae in poesi atque arte Romanorum inveniuntur. Goettingen 1881. 8. 65 p. 1 mk. 25 pf. (Dissert. Gotting.).

447. *Euripides*, Iphigenie in Taurien, deutsch von *Th. Kayser*. Tübingen 1881. 8. 106 p. 1 mk. 20 pf.

448. *Faust*, studien zu Euripides. Altkirch 1881. 4. 31 p. (Progr.).

449. *Festschrift* zu der 2. säcularfeier des Friedrichs-Werderschen gymnasiums zu Berlin. Veröffentlicht von dem lehrer-collegium des Friedrich-Werderschen gymnasiums. Berlin 1881. 8. VI, 309 p. (Philolog. Inhalt: *H. Büchsenschütz*, studien zu Aristoteles Politik. p. 1—26. — *H. J. Müller*, symbolae ad emendandos scriptores Latinos, partic. II, p. 27—50. — *W. Mewes*, de codicis Horatiani qui Blandinius vetustissimus vocatur natura atque indole, p. 51—72. — *II. Kallenberg*, zur quellenkritik von Diodor's XVI. buche, p. 63— 104. — *K. P. Schulze*, Catullforschungen, p. 192—214. — *Th. Schiche*, zu Cicero's briefen an Atticus, p. 225—248.)

450. *Gebhard*, Friedr., de Plutarchi in Demosthenis vita fontibus ac fide. Diss. inaug. Monachii 1880. 8. 55 p. 1 mk. 50 pf.

451. *Genthe*, Herm., epistula de proverbiis Romanorum ad animalium naturam pertinentibus. Hamburg 1881. 4. 12 p. 1 mk.

452. *Glaser*, E., Publius Vergilius Maro als naturdichter und theist. Kritische und ästhet. einleitung zu Vergils Bukolika u. Georgika. Gütersloh 1880. 8. VIII, 231 p. 2 mk. 50 pf.

453. *Goebel*, Karl, über den Platonischen Parmenides. Gütersloh 1880. 8. IV, 84 p. 1 mk. 20 pf.

454. *Guhl*, Ernst u. *Wilh. Koner*, das leben der Griechen und Roemer. Nach antiken bildwerken dargestellt. 5. verb. u. verm. aufl. Mit 568 eingedr. Holzschn. In 13 lief. 1—3. lief. Berlin 1881. 8. 192 p. à 1 mk.
455. *Hartmann*, Felix, de aoristo secundo. Berlin 1881. 8. 71 p. 1 mk. 20 pf.
456. *Haupt*, Jos., von dem verhältnisse der dichtung und geschichte nach Aristoteles. Vortrag geb. in der sitzg. d. akad. d. wiss. am 30. mai 1881. Wien 1881. 8. 31 p. 60 pf.
457. *Hauschild*, G. R., die grundsätze und mittel der wortbildung bei Tertullian. 2. beitrag. Leipzig 1881. 4. 56 p. 1 mk.
458. *Heerdegen*, Ferd., untersuchungen zur latein. semasiologie. 3. heft. Ueber histor. entwicklung lateinischer wortbedeutungen. Ein lexicalischer beitrag zur lateinischen bedeutungslehre, syntax und stilistik. Erlangen 1881. 8. 107 p. 1 mk. 80 pf.
459. *Heiberg*, J. L., philologische studien zu griechischen mathematikern III. Leipzig 1881. 8. 26 p. 80 pf. (Aus Fleckeis. jahrbb. f. philol. suppl. bd. 12.)
460. *Hercher*, Rudolf, Homerische aufsätze. Mit dem bildniß Herchers. Berlin 1881. 8. 96 p. 4 mk.
461. *Horatius Flaccus*, Quintus, satyren. Deutsch im versmaße des originals und mit anmerkungen von *F. O. Freih. von Nordenflycht*. Breslau 1881. IV, 93 p. 2 mk.
462. *Hultsch*, Frdr., Heraion u. Artemision. Zwei tempelbauten Joniens. Ein vortrag. Berlin 1881. 8. 52 p. 1 mk. 50 pf.
463. *Jahr*, W., quaestiones Isocrateae. Diss. inaug. Halle 1881. 8. 55 p.
464. Imp. *Justiniani*, PP. A., novellae quae vocantur sive constitutiones quae extra codicem supersunt ordine chronologico digestae. Graecis ad fidem codicis Veneti castigatis edidit *C. F. Zachariae a Lingenthal*. Pars I. Lipsiae 1881. 8. XVI, 564 p. 6 mk.
465. *Kayser*, K. L., homerische abhandlungen. Hrsg. von *Herm. Usener*. Leipzig 1881. 8. 1L, 106 p. 3 mk.
466. *Kirme*, Adolf, die epen des Homer. Hannover 1881. 8. III, 123 p. 3 mk.
467. *Kießling*, Ad., Analecta Plautina II. Greifswald 1881. 4. (Ind. lectt.). 10 p.
468. *Koffmane*, G., geschichte des kirchenlateins. Bd. 1. Heft. 1. 2. Breslau 1881. 8. 168 p. 4 mk. 20 pf.
469. *Kunert*, Rud., quae inter Clitophontem dialogum et Platonis rempublicam intercedat necessitudo. Diss. inaug. phil. Greifswalde 1881. 8. 37 p. 1 mk.
470. *Lambros*, Spyridion. Ein besuch auf dem berge Athos. Bericht an die griechischen kammern über seine sendung nach dem heil. berge im sommer 1880. Aus dem neugriech. Von dem verf. genehm. und durchgeseh. übersetzung von *Heinrich v. Rickenbach* O. S. B. Würzburg 1881. 8. 32 p. 1 mk.
471. *Landgraf*, siehe *Thürmann*, (no. 510.)
472. *Lange*, Ludw., das römische königthum. Festrede. Leipzig 1881. 8. 34 p. 60 pf.
473. *Livi*, T., ab urbe condita libri. Erkl. von *W. Weißenborn*. 10. bd. 2. heft. Buch 45 u. frgm. 2. aufl. besorgt v. *H. J. Müller*. Berlin 1881. 8. VIII, 220 p. 2 mk. 10 pf.
474. *Lysiae* (Pseudo-) oratio funebris ed. *Martin Erdmann*. Leipzig 1881. 8. 31 p. 80 pf.
474a. *Erdmann*, Martin, de Pseudolysiae epitaphii codicibus. Leipzig 1881. 8. (Diss.).

475. *Meier*, M. H. E. u. *G, F. Schoemann*, der attische proceß. Vier bücher. Eine gekrönte preisschrift. Neu bearbeitet von *J. H. Lipsius*. In ca 8 liefgn. Liefg. 1. Berlin 1881. 8. 128 p. 2 mk.
476. *Minucius Felix*, M., Octavius. Ein dialog übers. von *Bernh. Dombart*. 2. ausg. Erlangen 1881. 8. XVI, 142 p. 2 mk. 40 pf.
477. *Mommsen*, Theodor, römische geschichte. 7. aufl. Bd. I. Berlin 1881. 8.
478. *Muhl*, Joh., zur geschichte der attischen comödie. Augsburg 1881. 8. 127 p. (Progr. d. studienanstalt bei St. Anna).
479. *Newton*, Charles Thomas, die griechischen inschriften. Zwei aufsätze. Autorisierte übersetzung von *J. Imelmann*. Hannover 1881. 8. 102 p.
480. *Nonni* Panopolitani paraphrasis s. evangelii Joannei ed. *Aug. Scheindler*. Acced. s. evangelii textus et index verborum. Lipsiae 1881. 8. XL, 331 p. 4 mk. 50 pf.
481. *Osthoff*, H. und *K. Brugman*, morpholog. untersuchungen auf dem gebiete der indogerm. sprachen. Theil IV. Leipzig 1881. 8. XIX, 418 p. 10 mk.
482. *Ovidius Naso*, P., die Metamorphosen erklärt von *Moriz Haupt*. Bd. 2. Buch VIII – XV. 2. aufl. v. *Otto Korn*. Berlin 1881. 8. IV, 295 p. 2 mk. 40 pf.
483. *Papageorg*, Peter N., kritische und palaeographische beiträge zu den alten Sophokles-scholien. Leipzig 1881. 8. 87 p. 2 mk. 40 pf.
484. *Pauly*, Franz, die handschriftliche überlieferung des Salvianus. Wien 1881. 8. 41 p. (Aus sitzungsb. der Wiener akad. der wiss.). 60 pf.
485. *Peter*, Carl, geschichte Roms in 3 bänden. 4. verb. aufl. Halle 1881. 8. XXVIII, 550. XX, 525. XXXII, 605 p. 18 mk.
486. *Petschar*, Michael; de Horatii poesi lyrica. Pars II. Teschen 1881. 8. 20 p. 80 pf.
487. *Pflügl*, Franz Xaver, das lateinische sprichwort bei Plautus und Terenz. Straubing 1880. 8. 44 p. 2 mk. 50 pf.
488. *Platon's* werke. Griechisch und deutsch mit kritischen und erklärenden anmerkungen. Theil 25. Platon's staat. 2 Bde. Leipzig 1881. 8. XXV, 391. 427 p. 8 mk.
489. *Plauti*, T. Macci, Miles gloriosus emendabat adnotabat *Otto Ribbeck*. Lipsiae 1881. 8. VI, 106 p. 2 mk. 80 pf.
490. *Pockel*, W., philologisches schriftsteller-lexikon. Liefg. 1. Leipzig 1881. 8. 64 p. 1 mk.
491. *Poetae* Latini minores. Rec. et emend. *Aemilius Baehrens*. Vol. III. Leipzig 1881. 8. 308 p. 3 mk.
492. *Preller's*, Friedr., Odysseelandschaften. Ausg. in aquarellfarbendruck. Liefg. 3–5. (10 bl.). München 1881. 10 bl. imp.-fol. à 60 mk.
493. *Reisig*, Karl, vorlesungen über latein. sprachwissenschaft mit den anmerkungen von *Friedr. Haase*. Unter benutzung der hinterlassenen manuscripte neu bearbeitet von *Hermann Hagen*. Bd. I. Berlin 1881. 8. VII, 427 p. 6 mk.
494. *Schaefer*, Arnold, abriß der quellenkunde der griechischen und römischen geschichte. 2. abth.: die periode des römischen reichs. Leipzig 1881. 8. 199 p. 3 mk.
495. *Scharf*, Robert, quaestiones Propertianae. Diss. inaug. phil. Halis Saxonum 1881. 8. 73 p. 1 mk. 80 pf.
496. *Schepss*, Georg, handschriftliche studien zu Boethius de consolatione philosophiae. Würzburg 1881. 8. 47 p. (Progr. der studienanstalt).

497. *Schöpke*, Aemil., de specali» Etruscis quaestionum particula I. Diss. inaug. philol. Breslau 1881. 8. 45 p. 1 mk.
498. *Schliemann*, Heinr., Orchomenos. Bericht über meine ausgrabungen im böotischen Orchomenos. Mit 9 abbild. u. 4 tafeln. Leipzig 1881. VI, 58 p. 3 mk
499. *Schmid*, Hugo, Catalogus codicum manuscriptorum in bibliotheca monasterii Cremifanensis ord. S. Benedicti asservatorum in memoriam anni a fundato monasterio M. C. jubilaei. Tom. I, fasc. 3. p. 129—192. Linz 1881. 8. 1 mk. 60 pf.
500. *Schubert*, Friedr., eine neue handschrift der Orphischen Argonautika. Wien 1881. 8. (Aus sitzungsber. der Wiener akad. d. wiss.). 39 p. 60 pf.
501. *Schwartz*, Ed., de scholiis Homericis ad historiam fabularem pertinentibus. Leipzig 1881. 8. 81 p. 1 mk. 60 pf. (Aus Fleckeis. jahrbb f. phil. Suppl.-bd. XII.)
502. *Snergel*, J., demosthenische studien I. Hof 1881. 8. 30 p. (Progr. d. studienanstalt.)
503. *Sophokles* erklärt von *F. W. Schneidewin*. 2. bdchen. Oidipus Tyrannos. 8. aufl. bes. von *August Nauck*. Berlin 1881. 8. 179 p. 1 mk. 50 pf.
504. *Stempler*, Heinr., zur erklärung des Homer u. Horaz. Darmstadt 1881. 4. 20 p. (Progr. d. Ludwig-Georgs gymn.).
505. *Strack*, Hermann L., vollständiges wörterbuch zu Xenophons Kyropaedie. Zugleich 3. aufl. des von *G. Ch. Crusius* verf. wörterbuchs. Leipzig 1881. 8. IV, 143 p. 2 mk.
506. *Studien*, Leipziger, zur classischen philologie hrsg. von *G. Curtius, L. Lange, O. Ribbeck, H. Lipsius*. Bd. IV. Heft 1. Leipzig 1881. 8. 156 p.
Inhalt: *Hedde J. J. Maafsen*, de litteris Graecorum paragogicis quaestiones epigraphicae. p. 1—64 *Erasistus Schwabe*, Quaestiones duschoboliorum Thucydideorum fontibus p 65—150. *J. H. Lipsius*. Miscellen p. 151—56.
507. *Sydow*, Rudolf, de recensendis Catulli carminibus. Diss. inaug. philol. Berlin 1881. 8. 77 p. 1 mk. 50 pf.
508. *Swoboda*, Heinrich, Thukydideische quellenstudien. Innsbruck 1881. 8. III, 85 p. 2 mk.
509. *Teuffel*, W. S., geschichte der römischen litteratur. Vierte Aufl. bearb. von *L. Schwabe*. Erste liefg. Bogen 1—25. Leipzig 1881. 8. 4 mk. 40 pf.
510. *Thielmann*, Philipp, über sprache und kritik des lateinischen Apolloniusromans. Anhang: *derselbe*, verbesserungen zum lateinischen Constantinroman. 2. Gustav Landgraf, die vulgata als sprachliches vorbild des Konstantinromans. Speyer 1881. 8. 59, 8, 7 p. (Progr. der studienanstalt).
511. *Uhlig*, G., appendix artis Dionysii Thracis recensitae etc. Heidelberg 1881. 4. XIV, 86 p. (Progr. d. gymn.).
512. *Unger*, Geo. Friedr., der sogenannte Cornelius Nepos. München 1881. 4. 100 p. 3 mk. (Aus abhandl. der philol.-philos. classe der bayer. akad. d. wiss.).
513. *Untersuchungen*, philologische, hrsg. von *A. Kiefsling* und *U. v Wilamowitz-Moellendorff*. Heft 5: bild und lied, archäologische beiträge zur geschichte der griechischen heldensage von *Carl Robert*. Mit 8 in den text gedruckten abbild. Berlin 1881. 8. IV, 258 p. 5 mk.
514. *Uphues*, Karl, die definition des satzes nach den Platonischen dialogen Kratylos, Theaetet, Sophistes. Landsberg a. d. W. 1881. 8.
515. *Urlichs*, Ludw., griechische statuen im republikan. Rom. 12. progr. zur stiftungsfeier des v. Wagnerschen kunstinstituts. Würzburg 1881. 8. 23 p.

516. *Vusicek*, Alois, etymologisches wörterbuch der lateinischen sprache. 2. umgearb. aufl. Leipzig 1881. 8. VII, 388 p. 6 mk.

517. *Verhandlungen* der 35. versammlung deutscher philologen u. schulmänner in Stettin vom 27—30. sept. 1880. Mit 2 lith. tafeln. Leipzig 1881. 4. IV, 252 p. 10 mk.
(Philolog. inhalt: *Prutz*, über den einfluss des klassischen alterthums auf das mittelalter, p. 15—16. — *Susemihl*, über die Nikomachische ethik des Aristoteles, p. 22—42. — *Wohlrab*, über Sokrates als erotiker, p. 42—51. — *Schörlitz*, über die darstellung der nacht bei Homer, p. 62—79. — *Plüß*, über die entstehung Horazischer lieder aus stimmungen und bedürfnissen ihrer zeit. p. 79 - 86. — *Heerdegen*, über historische entwickelung lateinischer wortbedeutungen, p. 87 95. — *Diels*, über Leukipp und Demokrit, p. 96 - 109. — *Brunn*, über die Aristonophos-vase, p. 168 — 170. — *Brunn*, über Graser's rudersystem und rumpfconstruction, p. 171—79. — *Brunn*, über eine unedirte vase des königl. antiquariums in Berlin, p. 190 - 198.)

518. *Vogel*, Theod., de dialogi qui Taciti nomine fertur sermone iudicium. Leipzig 1881. 8. 34 p. (Aus Fleckeis. jahrbb. f. philol. Suppl.-bd. XII.).

519. *Voigt*, Georg, die wiederbelebung des classischen alterthums oder das erste jahrhundert des humanismus. In zwei bänden. Bd. 2. 2. umgearb. aufl. Berlin 1881. 8. VIII, 547 p. 8 mk.

520. *Walter*, Joa., M. Tullii Ciceronis philosophiae moralis pars altera sect. III. Mies 1881. 8. 29 p. (Progr. d. obergymn.).

521. *Wenkel*, Hermann, de Iuba metrico. Uppeln 1881. 4. 17 p. 1 mk. (Progr.).

522. *Wiesler*, Karl, untersuchungen zur geschichte u. religion der alten Germanen in Asien und Europa. Mit religionsgeschichtl. parallelen. Leipzig 1881. 8. VI, 178 p. 5 mk. 50 pf.

523. *Woelfflin*, Ed., die alliterierenden verbindungen der lateinischen sprache. München 1881. 8. 94 p. 1 mk. 20 pf. (Aus sitzungsberichten der Münchner akad. d. wiss.).

524. *Xenophon's* werke, griechisch und deutsch mit krit. u. erklär. anmerkungen. 5. theil: Xenophons gastmahl, griech. u. deutsch, hrsg. von *Georg Ferd. Rettig*. Leipzig 1881. 8. IV, 273 p. 2 mk. 25 pf.

525. *Zingerle*, Anton, zu den Persiusscholien. Wien 1881. 8. 32 p. (Aus sitzungsber. d. Wiener akad.). 50 pf.

526. *Zirwik*, Michael, O. S. B., studien über griechische wortbildung. Specieller theil. Salzburg 1881. 8. (p. 105 — 232). 2 mk.

Skandinavien.

527. *Gjør*, M., Gallien før og under Romernes herredømme. En indledning til Frankriges historie (oprindelig meddelt in Gjertsen's skolen indbydelsesskrift for 1878). Christiania 1881. 8. 39 p. 75 øre.

528. *Sallusti Crispi* Catilina et Jugurtha. Bearbejdede til Skolebrug af *C. Müller*. Iste del Catilina. Anden Udgave besørget af *V. Voß*. Christiania 1881. 8. V + 1 bl + 76 Sider. 1 kr. 40 øre.

Niederlande.

529. *Cornelii Nepotis* vitae excellentium imperatorum. In usum scholarum textum constituit *C. G. Cobet*. Leiden 1881. 8. XII, 141 p. 1 mk.

530. *Leeuwen*, J. van, commentatio de authentia et integritate Aiacis Sophoclei ed. Societas artium disciplinarumque Rheno - Traiectina. Traiecti ad Rh. 1881. 8. XVI, 203 p. 2 fl.

531. *Müller*, Lucian, metrik der Griechen en Romeinen. Voor de hoogste klassen van gymnasia bewerkt. Met een aanhangsel over de

ontwikkeling der oude metriek. Uit het Hoogduitsch vertaald door *E. Mehler.* Groningen 1881. 8. 96 p. 75 fl.

532. *Sophokles*, drie treurspelen. In Nederlandsche dichtmaat overgebracht door *H. van Herwerden.* Utrecht 1881. 8. XIII, 172 p. 1,40 fl.

533. *Whitney*, William Dwight, taal en taalstudie. Voorlezingen over de gronden der wetenschappelijke taalbeoefening. Volgens de derde uitgave voor Nederlanders bewerkt door *J. Beckering Vinckers.* 2. serie. Haarlem 1881. 8. 4 + 476 p. 5,10 fl.

England.

534. *Aeschylus* Agamemnon with introduction and notes by *A. Sidgwick.* London 1881. 12. 166 p. 3 sh.

535. *St. Athanasius*, historical writings according to the Benedictine text. With introduction by *William Bright.* London 1881. 8. 402 p. 10 sh. 6 d.

536. *Demosthenes* oration against Leptines edited with notes by *John R. King.* London 1881. 12. 118 p. 4 sh. 6 d.

537. *Epictetus*, the enchiridion of, and the golden verses of *Pythagoras* translated into english prose and verse with notes and scriptural references together with some original poems by *T. Talbot.* London 1881. 8. 250 p. 7 sh. 6 d.

538. *Euripides* Cyclops, edited by *A. Sidgwick.* New edition. London 1881. 8. 46 p. 1 sh. 6 d.

539. *Euripides* Hippolytus. Edited with introduction notes and appendix by *J. P. Mahaffy* and *J. B. Bury.* London 1881. 12. 128 p. 3 sh. 6 d.

540. *Euripides* Phoenissae with brief notes by *F. A. Paley.* Cambridge 1881. 18. 110 p. 1 sh. 6 d. (Cambridge texts).

541. *Mayor*, Joseph B., a sketch of ancient philosophy from Thales to Cicero. Cambridge 1881. 12. 256 p.

542. *Plato's* Republic translated into english with an analysis and introduction by *B. Jowett.* Second ed. revised and corrected. London 1881. 8. 514 p. 12 sh. 6 d.

543. *Plutarch's* Lives translated from the original greek with notes critical and historical. With memoir of the translator by Rev. *John* and *William Langhorne.* London 1881. 8. 758 p. 3 sh. 6 d.

544. *Sophocles* Oedipus tyrannus revised text with brief english notes for school use by *F. A. Paley.* London 1881. 12. 110 p. 1 sh. 6 d.

Vereinigte staaten von Nordamerika.

545. *Plutarch's* Lives the translation called *Dryden's.* Corrected from the Greek and revised by *A. H. Clough.* With a life of Plutarch. 3 vols. Boston 1881. 8. 31 sh. 6 d.

546. *Euripides* the Heracleidae with introduction analysis critical and explanatory notes by *E. Ant. Beck.* New-York 1881. 12. 16, 127 p. 90 c.

Frankreich.

547. *Aristophane* traduction nouvelle avec une introduction et des notes par *C. Poyard.* 7. éd. Paris 1881. 18. XII, 525 p. 3 fr. 50 c. (Chefs-d'oeuvre des littératures anciennes.)

548. *Boissier*, Gaston, promenades archéologiques: Rome et Pompéi. 2e éd. Paris 1881. 18. VIII, 384 p. 3,50 frcs.

549. *Charpignon*, Etude sur les serment d'Hippocrate. Orléans 1881. 8. 10 p.

550. *Clerc-Jacquier*, J., Histoire des Moirans (Isère) sous les Romains sous les dauphins et les nouveaux régimes etc. 3. éd. augmentée. Grenoble 1881. 8. 167 p. 2 frcs.

551. *Cucheval*, Victor et *Adolphe Berger*, Histoire de l'éloquence latine depuis l'origine de Rome jusqu'à Cicéron. 2. éd. vol. 1. 2. Paris 1881. 18. XVI, 331 u. 377 p. 7 frcs.

552. *Demosthène* discours de la couronne. Texte grec avec des notes etc. par *Ch. Gidel*. Paris 1881. 12. XLVIII, 192 p.

553. *Desjardins*, Ernest, quatrième lettre à mr. le docteur E. Fournié sur les cachets d'oculistes romains; un cachet inédit. Paris 1881. 8. 6 p. (Extr. de la Revue médicale 28 mai 1881.)

554. *Eichthal*, Gustave d', Socrate et notre temps; Théologie de Socrate; Dogme de la Providence. Paris 1881. 8. VIII, 97 p. (Extr. de l'Annuaire de l'assoc. pour l'encour. des études grecques 1880.)

555. *Fontaine*, Léon, les origines de la satire latine. Leçon d'ouverture. Lyon 1881. 8. 21 p.

556. *Foucart*, P., Mélanges d'épigraphie grecque. 1 fascic. Paris 1881. 8. 85 p.

557. *Homolle*, Conférence sur l'Ile de Délos. Nancy 1881. 8. 26 p.

558. *Lenormant*, François, Histoire ancienne de l'orient jusqu'aux guerres médiques. 9 éd. revue corrigée considerablement augmentée et illustrée de nombreuses figures d'après les monuments antiques. Tome I. les origines les races et les langues. Paris 1881. 8. XVI, 477 p.

559. *Letronne*, A. J., oeuvres choisies assemblées mises en ordre et augmentées d'un index par *E. Fagnan*. Série I. Egypte ancienne tome I. Paris 1881. 8. XXIV, 520 p. 12 mk. 50 pf.

560. *Lucas*, Charles, l'architecture au temps d'Homère le palais d'Ulysse à Ithaque, troisième étude antique contenant une carte d'Ithaque et une vue des ruines du palais 4 plans un miroir antique et 7 figures. (Extr. des Annales de la Soc. centrale des architectes. 1 série. 2 vol. année 1881.) Paris 1881. 8. 76 p.

561. *Lucrèce* de la nature. Traduction nouvelle avec un texte revu d'après les travaux les plus récents par *L. Crouslé*. Paris 1881. 18. XXVII, 471 p. 2 fr. 50 c.

562. *Orieux*, Eugène, César chez les Vénètes. Nantes 1881. 8. 38 p. 8 cartes. (Extrait du Bulletin de la soc. archéol. de Nantes).

563. *Perrond*, Cl., de Syrticis emporiis. Paris 1881. 8. 235 p. (Thèse)

564. *Philostrate* l'ancien, une galerie antique de 64 tableaux. Introduction traduction et commentaire par *A. Bougot*. Paris 1881. 8. 563 p. 28 pl. 20 frcs.

565. *Salluste*, conjuration de Catilina, guerre de Jugurtha; discours et lettres tirés des Histoires de Salluste. Nouvelle édition d'après les meilleurs textes avec des notes et un index explicatif des noms propres suivie de la Lettre et du Discours à César sur l'organisation de la république par *L. Constans*. Paris 1881. 18. XVII, 335 p.

566. *Taciti*, C Cornelii annalium reliquiae. Nouvelle édition revue sur les meilleurs textes précédée d'une étude sur Tacite etc. par *A. Aderer*. Paris 1881. 12. XI, 442 p.

567. *Virgile*, l'Enéide de. Nouvelle éd. contenant des notes littéraires géographiques et mythologiques précédées d'une notice sur l'épopée etc. par *Ch. Aubertin*. Paris 1881. 12. IV, 584 p.

Belgien.

568. *Coilleux*, Théophile, Belges et Bataves. Leur origine leur haute importance dans la civilisation primitive d'après les théories nouvelles. Bruxelles 1881. 12. 229 p. 4 frcs.

Italien.

569. *Barco*, G. B., un codice del secolo XV contenente il carme di Claudiano in Rufinum. Torino 1881. 8. 16 p. (Estr. dalla Rivista di filol. e istrus. classica).
570. *Burone*, Giuseppe, Epimenide di Creta el le credenze religiosi de' suoi tempi. Studio storico-critico-filologico. Napoli 1880. 8. 201 p. 6 lire.
571. *Berardi*, D., Antiche città sabine. Memorie storico-archeologiche. Roma 1881. 16. 40 p. 60 L.
572. *Comparetti*, D., la commissione omerica di Pisistrato ed il ciclo epico. Torino 1881. 8. 15 p. (Dalla Rivista di filologia).
573. *Fulke*, Jacopo di, Ellade e Roma quadro storico e artistico dell' antichità classica illustrato. Milano 1881. fol. in 22—30 disp. à 1 lira.
574. *Figliolia*, Alfonso di, l'antica Gallia. Cenni storici e geografici. Salerno 1881. 16. 83 p.
575. *Floro*, L. Anneo, compendio di storia romana volgarizz. inedito secondo un codice dell' Ambrosiana pubbl. per cura del dott. *Antonio Ceruti*. Bologna 1881. 16. XLIV, 228 p. (Scelta di curiosità letterarie disp. 130.) 10 L.
576. *Forcellini*, Aeg., totius latinitatis lexicon. Pars altera sive onomasticon totius Latinitatis opera et studio *Vinc. de Vit* lucubratum Distrib. 18. (Vol. II. p. 577—686). Prati 1881. 4. 2 mk. 50 pf.
577. *Franceschi*, de, lo stato degli Ateniesi, studio e versione. Verona 1879/80. 8. 102 p. (Programma del r. liceo e ginnasio »Scipione Maffei« in Verona).
578. *Giumucci*, Baldass., Perchè i Greci antichi non progredirono nell' armonia? Memoria. Firenze 1881. 8.
579. *Gloria*, l'Agro Patavino dai tempi romani alla pace di Costanza 25 giugno. 1183. In Atti del Istituto Veneto serie V L. VII disp. 7.
580. *Gnecchi*, Franc., monete imperiali romane inedite della sua collezione. Milano 1881. 8. 66 p. 1 tavola. 3 lire.
581. *Orazio Flacco*, Q., le odi, versione poetica da Dom. Perrero col testo a fronte — le satire e le epistole e l'arte poetica recate in versi italiani dal medes. col testo a fronte. Torino 1881. 18. 448 u. 448 p. 12 L.
582. *Pezzi*, D., nuovi studj intorno al dialetto dell' Elide in Atti dell' accad. delle Scienze di Torino L. XVI, 5.
583. *Schiaparelli*, Ernesto, considerazioni sul grado di credibilità della storia di Roma nei primi tre secoli della città. In Atti dell' accad. delle scienze di Torino. vol. XVI disp. 5. 8.
584. *Schiaparelli*, E., le stirpe ibero-liguri nell' occidente et nell' Italia antica in Memorie dell' accad. di Torino serie II, tomo 33. 4.
585. *Stampini*, Hector, de D. Junii Juvenalis vita dissertatio. Augustae Taurin. 1881. 8. 68 p. 2 l.

Spanien.

586. *Ovidio*. El arte de amar. Versione castellana de *D. Celso de las Naras*. Barcelona 1881. 8. 244 p. 8 reales.
587. *Theodosius* Magnus imperator. Barcinone 1881. 8. 324 p. 7,50 r.

Griechenland.

588. *Ἀραγάτσης*, Ἰακώβος Χ., Ἀθηνᾶ ἡ πρὸς τῷ Βαρβακείῳ μετὰ κινέσεως. Ἀθήνησι 1881. 16. 16 p. 1 δραχμ.
589. *Mühlhoefer*, A., die museen Athens. Athen 1881 8. 108 p. 3 mk.

Rußland.

590. *Hottenroth*, F., istorija wnesschnei kulturū etc. Geschichte der ausländischen culturen, kleidung, hausgeräthe, feld- und kriegswaffen der völker des altherthums und der neuzeit. Lief. 1. 2. St. Petersburg 1880. 4. 32 p. 24 tafeln.

591. *Korsch*, W. Th., istorija gretscheskoi literaturū etc. Geschichte der griechischen literatur. St. Petersburg 1881. 8. (Bd. 1. Theil 2 der »Geschichte der allgemeinen litteratur nach den neusten quellen u. forschungen zusammengest. Hsg. unter redaktion von *W. Th. Korsch.*)

592. *Uspenski*, Porphyrius, Wostok christianskij Athon (der christliche Orient. Athos) Theil 8: 2. reise auf den heiligen berg Athos 1858—1861 etc. Moskau 1880. 8. VII, 529 p. Theil 9. Erste reise in die Athosklöster. Theil II. Abth. II. Beilagen. Moskau 1881. 4. 19 taf. 454 p. 22 mk.

Ungarn.

593. *Aristophanes*, vigjátékai. Die lustspiele des Aristophanes übers. von *Joh. Arany*. Bd. 1—3. Budapest 1880. 8.

594. *Bászel*, Aurél, Theokritos idyltjei etc. (Theokrits idyllen u. das griechisch-römische idyll.) Budapest 1880. 8. 355 p.

595. *Catullus* versei. (Die lieder des C. Valerius Catullus mit literarhistor. einleitung und erklär. anmerkungen übers. von *Josef Csengeri*. Budapest 1880. 8. 152 p.

Kleine philologische zeitung.

Berlin, 15. mai. (Akropolis von Athen). Bei weitem die meisten von allen, welche die akropolis bestiegen haben, benutzten die kleine handliche schrift von Otto Jahn: „*Pausaniae descriptio arcis Athenarum.*" Nach Otto Jahns tode ist davon 1880 eine neue sehr vermehrte auflage von Adolf Michaelis besorgt worden, welcher bereits für die erste den plan der burg aufgenommen hatte. Die neue auflage ist sowohl im text, als auch in den tafeln bedeutend vermehrt. Die sehr reichlichen inschriftenfunde aus den zwanzig jahren, welche seit dem erscheinen der ersten auflage gemacht wurden, sind hier alle aufgenommen; die topographischen arbeiten über die burg alle benutzt; an ihnen hat freilich der herausgeber einen ganz besonders großen antheil. Die tafeln sind 1) ein plan der burg, von Kaupert nach eigenen und anderer messungen zusammengestellt und mit gewohnter meisterschaft in der plastischen darstellung gestochen. Leider ist der plan kleiner als früher, und dies ist um so mehr zu bedauern, als der große vor drei jahren erschienene atlas von Athen, der unter E. Curtius leitung entstand, zwar abbildungen von allerlei zum theil formlosen steinen und höhlen, aber keinen plan der akropolis enthält. Es ist eine ehrenpflicht der Deutschen, welche doch jetzt Attica vermessen, die akropolis von Athen, das eigentliche bern Altgriechenlands, in würdiger erschöpfender abbildnng darzustellen. Neu aufgenommen sind auf unserem plane die baulichen anlagen am südabhange, das Asklepiosheiligthum etc. 2) Die nächste tafel stellt die propyläen dar, im grundriß und im querschnitt, erläutert durch drei daneben abgebildete münzen. 3) Auch tafel III beschäftigt sich noch mit den propyläen, und stellt zunächst den profilschnitt des ganzen aufgangs zur burg, sammt Pyrgos und Niketempel dar, darauf giebt sie die ansicht einzelner theile und für eine besonders zu statuenbasen reiche stelle einen kleinen theilplan (figur VI). In solchem maßstab müßte die ganze burg aufgenommen werden. 4) Die vierte tafel stellt den Parthenon dar, und zwar nicht nur den grundriß, sondern auch den durch ausgrabungen erkundeten unterbau in seinen verschiedenen schichten, und dies für alle vier seiten. 5. 6. 7) Die nächste tafel enthält den grundriß und zwei durchschnitte des Poliastempels, des gewöhnlich Erechtheion genannten graciösen gebäudes; auch die folgende bildet den tempel von allen seiten ab; recht deutlich kommt dadurch zur anschauung, mit welchen schwierigkeiten der architekt auf dem ganz unebenen terrain zu kämpfen hatte, und wie er gerade aus ihnen motive reicherer abwechselung zu machen wußte. Das gebäude ist so wichtig und bietet bei der großen zerstörung der reconstruction solche hindernisse, daß ihm sogar noch eine dritte tafel gewidmet ist. 8) Am schluß geben vier auf einer tafel neben einem kleinen übersichtsplan vereinigte durchschnitte eine instructive darstellung der gestalt des burgfelsens, namentlich lehrreich für den aufgang und den unterbau des Parthenon. Unbequem an dem neuen buch ist, daß die tafeln zu weit aus ihm heraushängen, wenn man sie aufschlägt; auf der akropolis selbst, die bekanntlich von winden viel umbraust wird, kann man sie ohne gefahr des zerreißens schwerlich benutzen; doch ist das buch zunächst „in usum scholarum" bestimmt, und da schadet diese einrichtung nicht. Wunderlich nimmt es sich endlich aus, daß neben den plänen die dazu gehörigen beschreibungen und deutung der buchstaben in lateinischer sprache abgefaßt sind; das macht zwar einen ungemein gelehrten eindruck, ist aber ungemein schwerfällig [??] und nicht einmal leicht verständlich, besonders wo zur beschreibung noch maßangaben hinzukommen. Das buch ist für jeden, der sich nicht bloß ganz im allgemeinen für die akropolis interessirt, unentbehrlich. — Augsb. allg. ztg. beil. zu nr. 139.

Paris, 19. mai. Aus dem ehemaligen Utica, dessen ruinen auf dem boden der regentschaft Tunis gelegen sind, hat ein emsiger forscher, graf d'Hérisson, jüngsthin in 146 großen kisten das ergebniß viermonatlicher ausgrabungen, bei denen 150 sicilianische arbeiter thätig waren, nach Paris gebracht. Es ist davon die rede, daß die reiche ausbeute nächstens öffentlich ausgestellt werden soll. Außer wirklichen kunstschätzen, wie z. b. der statue eines knaben Herkules, enthält die sammlung, die großentheils aus grabstätten herrührt, fünf noch ungeöffnete steinerne särge, mosaikböden, reiche vasen, gefäße aus irisirendem oder aus weichem glas, frauenschmuck und hausrath aller art. Ihr materieller werth soll die ausgrabungskosten reichlich decken. Graf d'Hérisson, ein ehemaliger militair, der während der belagerung von Paris als adjutant des generals Trochu fungirte, war so vorsichtig, sich von dem Bey ein monopol für fernere archäologische forschungen auf seinem gebiet ausstellen zu lassen. — Augsb. allg. ztg. beil. zu nr. 142.

Athen, 26. mai. Ausgrabungen. Der Kopaïssee. — Die seit vergangenem märz in Epidauros von der archäologischen gesellschaft unter der leitung des dr. P. Kavadias begonnenen und fortgesetzten ausgrabungen haben, wie der gestern hier eingetroffene bericht des leiters angiebt, zunächst zur bloßlegung und aufräumung des großen theaters des Polykleitos (s. Bursian, Geogr. Griechenl. II, p. 74 ff., p. 76) geführt. Die 55 marmornen sitzstufen sind jetzt von dem dichten gebüsch und den sie bedeckenden erdmassen gereinigt, so daß man frei auf ihnen circuliren kann. Bei den versuchsarbeiten zum aufräumen der bühne sind die manern derselben sichtbar geworden und ist zugleich eine kolossale marmorstatue des Asklepios, dessen berühmteste cultusstätte Epidauros (s. Bursian a. a. o.) war, leider ohne kopf ausgegraben! Weitere energische und planmäßige ausgrabungen werden unzweifelhaft noch viele schätze dieser an kostbaren weihgeschenken so überaus reichen gegend ans licht fördern. — Die versuchsarbeiten zur trockenlegung des Kopaïssees in Böotien werden in der nächsten zeit ihren anfang nehmen. Der Kopaïssee im engeren sinne Κωπαΐς oder Κηφισίς λίμνη, Ἁλιαρτίς λίμνη bei Pausanias 13, 3 u. a. o., (s. dazu Bursian, Geogr. I, p. 195 ff.) wird nach den anschlägen und berechnungen des franzosen Sauvage vom jahre 1846, welche die jüngsten berechnungen des franzosen Monile im wesentlichen bestätigen, mit einem kostenaufwande von etwa fünf bis sechs millionen francs in einer zeit von etwa fünf jahren trocken gelegt werden und eine gesammtfläche von ungefähr 240,000 griechischen morgen des fruchtbarsten bodens den unternehmern, bezw. der griechischen regierung eintragen. Rechnet man von diesen 240,000 morgen auch wirklich 40,000 zur anlegung von canälen, wegen, fabriken und dörfern ab, und veranschlagt man die gesammtausgaben für ankauf der ländereien, für aufbau von dörfern, für einrichtung der viehwirthschaften u. s. w. auf 15 millionen francs, so garantiren die berechnungen dennoch auch bei den mittelmäßigsten, ja denkbar schlechtesten ernteerträgen der unternehmenden gesellschaft einen jährlichen reingewinn von mindestens 33⅓ procent. Sollte es nicht möglich sein, auch deutsches capital für dieses im eminenten sinne des wortes culturelle und civilisatorische unternehmen zu interessiren, für ein unternehmen, das auch in geschäftlicher hinsicht überaus lohnend und einträglich sein muß? — Angzb. allg. ztg. nr. 157.

H. Schliemann ist das ehrenbürgerrecht der stadt Berlin vom magistrat dieser stadt ertheilt. Augsb. allg. ztg. nr. 159; ausführlicher bericht darüber ebendas. nr. 191.

Athen, 9. juni. Die dem general Türr und Lesseps übertragene ausführung der durchstechung des Isthmus von Korinth giebt der „Hora" veranlassung einen geschichtlichen rückblick auf die versuche zu werfen, die bisher zur realisirung dieses wichtigen projectes gemacht sind. Nach Diogenes Laërtius hatte schon der tyrann Periander von Korinth die idee, den Isthmus zu durchstechen (625 v. Chr.). Denselben plan hatte auch Demetrius Poliorketes nach Strabo, doch verhinderten die ingenieure seine ausführung durch ihre angabe, die wasser des korinthischen meerbusens seien so viel höher als die des saronischen, daß sie unfehlbar Aegina und die naheliegenden inseln überschwemmen und vernichten würden. Cassius Dio, Sueton und Plutarch berichten uns, daß Julius Cäsar den ingenieur Anienus mit der aufgabe betraute; Sueton, daß auch Caligula einen centurionen absandte, um die vorarbeiten zu studieren und zu beginnen. Doch erst Nero trat der ausführung wirklich näher. Er selbst that den ersten spatenstich, und 6000 jüdische sklaven nebst schaaren von sträflingen arbeiteten an dem riesigen werke. Die spuren ihrer thätigkeit sind noch heute bei Diolkos zu sehen, doch hinderte der aufstand des Julius Vindex in Gallien die fort- und durchführung der arbeit[1]). Herodes Atticus endlich, der wohlthäter Atticas, gedachte das von Nero begonnene werk wieder aufzunehmen, allein nach Philostratus fürchtete er als einfacher privatmann ein werk zu unternehmen, an dessen vollendung ein kaiser wie Nero gescheitert sei. So blieb denn zuletzt von allen entwürfen und versuchen kein anderes ergebniß, als die zum sprichwort gewordene überzeugung, es sei unmöglich, den Isthmus zu durchgraben — *incredibilium cupitores* (Tacitus) sind die, welche den Isthmus *navigabili alveo perfodere volunt* (Plin. H. N. IV, 4); und schon die vermessenheit des gedankens wurde von den göttern bestraft, *ut omnium patuit exitu* (Plin. l. 1); denn jede gewaltsame raumveränderung ist eine βία θεῶν und οὔτω γαλεπὸν ἀνθρώπῳ τὰ θεῖα μετανιθέναι sagt Pausanias 2, 1, 5 (s. Tac. Ann. XV, 42: *quae natura denegavit per artem tentare* — und I, 79: *optime rebus mortalium consuluisse naturam*). „Es ist überhaupt ganz wider griechische denkweise," bemerkt E. Curtius Pelop. I, p. 13 sehr richtig, „natürliche raumverhältnisse gewaltsam umzugestalten; das hielt ein frommer glaube für einen frevelhaften eingriff in die schöpfung der götter, der

---

1) Cass. Dio 63, 16 beschreibt uns übrigens die schrecklichen und schreckenden wahrzeichen, welche bei dem von Nero begonnenen durchstich erfolgten.

nis zum guten führen könnte." Mir fällt der orakelspruch bei Herodot I, 174 an die Knidier ein, die gleichfalls ihre halbinsel abstechen wollten, der spruch:

Ἰσθμὸν δὲ μὴ πυργοῦτε μηδ' ὀρύσσετε,
Ζεὺς γάρ κ' ἔθηκε νῆσον, εἴ κ' ἐβούλετο. — Augsb. allg. ztg. beil. zu nr. 172.

Athen, 19. juni. Die archäologische gesellschaft in Athen hat das zweitgrößte theater Altgriechenlands (das größte ist das bei Megalopolis entdeckte) im haine des Asklepios bei Epidauros, ein meisterwerk des argiver architekten Polykleitos, ausgraben lassen. Man fand viele antiquitäten (s. ob. p. 410). Auch in Eleusis werden jetzt die ausgrabungen auf dem exproprilrten terrain begonnen und soll der Ceres-tempel blosgelegt werden. — RAnz. nr. 151. Augsb. allg. ztg. nr. 181.

Gras, im juni. Harpers „Weekly" vom 28 v. m. enthält aus der amerikanischen universität Cambridge eine mittheilung, welche für manche deutsche universität zur nachahmung empfohlen werden könnte. Am 17. hat nämlich in der genannten, bei Boston gelegenen universität eine durchaus gelungene aufführung von Sophokles König Oedipus stattgefunden, und zwar wurden sämmtliche rollen von mitgliedern des Harvard-college gegeben, auch die musik ward vom musikclub des college aufgeführt. Die wirklich edel gehaltene musik hatte professor Paine componirt, der text wurde mit möglichst schöner aussprache im originalen griechisch vorgetragen. Das publikum bekam textbücher, welche auf der einen seite den griechischen text (ausgabe von professor White), auf der anderen die englische übersetzung von professor Campbell boten. Die aufführung, für welche sich die musiker seit einem jahre, die schauspieler seit october eingeübt hatten, fand allgemeinen enthusiastischen beifall. Die genannte zeitung enthält eine reihe abbildungen von scenen aus dem stücke; man sieht daran, wie genau und stylvoll die antiken costüme ausgeführt waren, tragische masken (wie zur zeit des Perikles) wurden natürlich nicht verwendet. Wir haben hier wieder einmal einen beweis, wie hoch die practischen Amerikaner gerade in den industriellsten und materiell vorgeschrittensten staaten tiefe altclassische bildung zu schätzen wissen. Augsb. allg. ztg. beil. zu nr. 168.

Fr. Ritschl's büste. „Gipsabgüsse der von Adolf Hildebrand in Florenz modellirten büste Friedrich Ritschl's werden zum preise von 10 mark auf bestellung bei dem unterzeichneten von dem gipsformer F. J. Steger hierselbst, angefertigt. Der reinertrag ist für die bibliothek des k. philologischen seminars der universität Leipzig bestimmt. Leipzig, juli 1881. Prof. dr. *O. Ribbeck*. Aus den mittheilungen der Teubnerschen verlagsbuchhandlung in Leipzig 1881, hft. 3, p. 55.

Leipzig. In den ersten tagen des juni hat sich an unserer universität in aller stille eine veränderung vollzogen, die bei ihrer bedeutung für das geistige leben der hiesigen gelehrtenkreise auch den gesammten deutschen buchhandel interessiren muß. Die akademische lesehalle ist nämlich aus ihren bisherigen, sehr beschränkten räumlichkeiten in die weiten säle übergesiedelt, welche bisher das archäologische museum inne hatte, und damit zu einem institut ersten ranges erhoben worden. Aus kleinen anfängen entstanden, hauptsächlich auf anregung des geh. hofrath professor dr. Overbeck, hat sich die lesehalle unter seiner unausgesetzten fürsorge und leitung und begünstigt durch die mit jedem jahre steigende frequenz der universität zu einem nicht unwesentlichen bildungsfactor erhoben, dessen bedeutung auch von dem sächsischen cultusministerium durch bewilligung des neuen locales rechnung getragen worden ist. Die neue lesehalle umfaßt außer dem imposanten zeitungssaale noch eine den fachzeitschriften gewidmete anzahl räume, in denen zusammen über 300 wissenschaftliche zeitschriften und gegen 150 zeitungen und journale ausgelegt werden, die außer den universitätsangehörigen jedem gebildeten zugänglich sind. War es bisher wegen der beschränkten localitäten nur in sehr bescheidener weise möglich, den besuchern der lesehalle auch die neuesten erscheinungen des buchhandels vor die augen zu führen, so will der vorstand von jetzt ab diesem gebiete eine besondere aufmerksamkeit zuwenden. Zu diesem zwecke ist Alfred Lorentz, der bisher schon die auslage neuer bücher auf der lesehalle besorgte, die ausschließliche befugniß ertheilt worden, vom 1. juli an in einem besonders dazu reservirten saale des instituts eine permanente ausstellung wissenschaftlicher novitäten des deutschen und ausländischen buchhandels zu eröffnen. Bei der schwierigkeit für zahlreiche freunde der literatur, sich fortlaufend leicht und bequem über die neuesten erscheinungen ihres faches zu informiren, kommt diese permanente bücherausstellung einem wirklichen bedürfniß entgegen und wird daher von allen seiten mit lebhafter freude begrüßt. Börsenbl. nr. 141.

Berlin. Dr. Heinrich Schliemann erschien am sonnabend 2. juli abends als ehrengast in der geographischen gesellschaft, die diesmal ihre sitzung im festsaal des hotel de Rome abhielt. Als vertreter der regierung war ministerial-direktor Greiff erschienen. Der saal selbst vermochte die zahl der anwesenden kaum zu fassen. Dr. Schliemann bei eröffnung der sitzung vom vorsitzenden dr. Nachtigal im namen der gesellschaft begrüßt, hatte selbst den ersten vortrag des abends übernommen. Er gab auch hier, wie vor vierzehn tagen in der anthropologischen gesellschaft eine schilderung seiner vor etwa sechs wochen ausgeführten reise nach dem Idagebirge, berichtete aber diesmal nicht über die besteigung selbst, sondern über den weg, den er eingeschlagen, um das gebirge zu erreichen. Gerade diese schilderung aber, die die hörer durch das ganze gebiet Schliemannscher forschung hindurchführte, zeigte die größe und bedeutung dessen, was der kühne reisende geleistet. Nachdem er zunächst den Hellespont an jener stelle überschritten, an der ihn Xerxes überbrückt, eine stelle, die früher sechs stadien breit war, jetzt aber durch uferabspülungen auf dreizehn erweitert ist, war er zunächst an die baustelle des alten Dardanus gelangt, das irrthümlich für das homerische Dardania gehalten wird, welches nicht am meere, sondern am abhange des Ida gelegen war. Er fand hier nur hellenische topfscherben, und auch dies bestärkte ihn in der annahme, hier eine ägäische stadt vor sich zu haben. Schliemann berührte dann ferner die baustelle des alten Ophryneion und betrat dann die trojanische ebene, wo sich auf einem gebiet von zwei meilen länge und einer meile breite, die reste von nicht weniger als 12 alten städten vereinigten, von denen eilf, darunter Troja selbst, eine stadt von 70,000 einwohnern, gleichzeitig existirt haben. Jetzt fristen hier die bewohner von fünf elenden dörfern ein kümmerliches leben auf einem durch vernachlässigung des ackerbaues völlig versumpften gebiet, das in grauer vorzeit einem blühenden garten geglichen haben muß, wenn es für die ernährung so vieler städte hat dienen können. Von Hissarlick, wo Schliemann übernachtete, zog er dann am 14. mai in südlicher richtung weiter bei Alexandria Troas vorbei bis zum alten Assus, wandte sich dann östlich, berührte Antandrus und kam endlich nach Adramyttium, von wo aus am 19. und 20. mai die besteigung des Ida erfolgte. Dann wurde auf geradestem wege die rückreise nach Hissarlick angetreten. RAnz. nr. 153.

Athen, 20 juni. Im museum zu Sparta sind diebe eingebrochen und haben alles transportable mitgenommen. Beil. z. Augsb. allg. ztg. nr. 181.

Athen, 26. Juni. Bei den ausgrabungen in Epidauros — s. ob. p 412 — ist eine schöne leider des kopfes beraubte statue der Hygieia mit prachtvollem faltenwurf und sandalen gefunden: man hält sie für ein werk des Polykleitos; Augsb. allg. ztg. nr. 188.

Ueber die ausgrabungen bei Debant in Nordtirol giebt einige notizen beil. z. Augsb. allg. ztg. nr. 193.

Berlin. Der von der generalverwaltung der königlichen museen zu Berlin herausgegebene „führer durch die königlichen museen" ist jetzt in der Weidmannschen buchhandlung hierselbst in zweiter auflage erschienen. Dieser führer, dessen einzelne abschnitte von den leitern der betreffenden sammlungen nach gemeinsamem plane bearbeitet worden sind, gewährt darum eine durchaus zuverlässige und klare übersicht über den bestand der in den königlichen museen vereinigten sammlungen und bietet dem besucher, welcher zu selbständigen studien nicht vorbereitet ist oder nicht die muße besitzt, die unentbehrlichsten erläuternngen und einen hinweis auf das beachtenswertheste. Die anordnung schließt sich zweckmäßig an die räumlichen folgen der einzelnen sammlungen an. Die zweite auflage dieses führers ist entsprechend den seit dem erscheinen der ersten auflage, im august vorigen jahres, vorgegangenen veränderungen berichtigt und ergänzt und kostet ungeachtet der trefflichen typischen ausstattung des buches und des bedeutenden umfanges von 247 seiten nur 50 pfennig. RAnz. nr. 170.

Amtliche berichte über die königlich preußischen kunstsammlungen finden sich in RAnz. nr. 170.

Paris, 23. juli. Das „Journal officiel" bringt einen bericht des unter-staatssekretärs im ministerium der schönen künste, Edmond Turqnet, an den minister-präsidenten Ferry über die erwerbungen, welche das nationalmuseum des Louvre, des Luxembourg, in Versailles und in St. Germain seit dem 1. märz 1879 bis zum 1. juli 1881 gemacht haben. Wir erwähnen daraus nur folgendes: das departement der alterthümer hat 19 geschenke von privaten und 3 zusendungen von konsulaten und gesandtschaften erhalten und außerdem durch ankäufe eine anzahl griechischer marmore, bronzen, terracotten und bemalter vasen, sowie verschiedene orientalische alterthümer. Das egyptische museum 21 verschiedene gegenstände. Das departement der mittelalterlichen und modernen skulpturen durch ankauf 6 und durch privatgeschenke 22 werke. Das museum von St. Germain, welches den gallischen und römisch-gallischen antiquitäten gewidmet ist, hat durch ankauf und geschenke eine große anzahl von gräberfunden und anderen erhalten, sowie wichtige nachbildungen von dergleichen gegenständen aus auswärtigen sammlungen. RAnz. nr. 173. Beil. z. Augsb. allg. ztg. nr. 209.

Unter dem titel „Rundschau über das unterrichtswesen aller länder" erscheint im verlage von F. W. Gadow und sohn in Hildburghausen eine von dem herausgeber des „Amts-kalenders" für die schulaufsichtsbeamten des deutschen reiches, M. Ueberschaer, herausgegebene und redigirte zeitschrift, welche es sich zur aufgabe gestellt hat, alle, das gesammte unterrichtswesen aller länder betreffenden fragen und gegenstände in den kreis seiner besprechung und erörterung zu ziehen. Es ist dieses unseres wissens das erste unternehmen dieser art und da es der redaktion, wie aus dem von ihr mitgetheilten prospekte hervorgeht, gelungen ist, hervorragende schulmänner und schriftsteller auf dem gebiete der pädagogischen literatur als mitarbeiter zu gewinnen, so dürfte das mit mancherlei schwierigkeiten verbundene unternehmen in den kreisen der schulmänner eine günstige aufnahme finden. Im wesentlichen hat die zeitschrift folgenden iuhalt: 1) rundschau über das unterrichtswesen aller länder, 2) leitartikel über die wichtigsten tagesfragen auf dem gebiete der pädagogik, 3) ein compendium für den praktischen unterricht, das artikel über schulkunde, lehrproben, lehrpläne u. s. w. aus bewährter feder bringt, 4) erzählungen und schilderungen aus dem volksleben mit steter rücksicht auf die interessen der pädagogik, 5) vermischtes aus haus, schule, wissenschaft und leben, 6) mittheilungen aus der presse, 7) literaturbericht und kritiken, 8) schulrechtskunde, 9) schulgesundheitspflege, 10) fragekasten. Von der „Rundschau" erscheinen jährlich zwölf hefte à 3—4 bogen (monatlich 1 heft). Der preis von 2 mk. pro quartal ist so niedrig, daß die betheiligung am abonnement möglichst leicht gemacht ist. RAns. nr. 176.

Mainz, 28. juli. Die kanalbauten in der Rosengasse haben, wie erwartet, zu weiteren inschrift- und skulpturfunden aus römischer zeit geführt. Der neueste fund ist der grabstein eines hirten oder vichzüchters, der eines gewaltsamen todes gestorben ist. Der bearbeitete theil des bildwerkes ist 1 m 70 cm hoch, 72 cm. breit, unterhalb ist noch ein dreieckiges stück, das in die erde gesenkt wurde. In dem dreieckigen giebel ist eine urne abgebildet, an deren henkeln zwei rosetten haugen und aus deren halse blattwerk hervorwächst. Unterhalb des inschriftfeldes ist der hirte mit der peitsche in der hand und dem hunde zu den füßen dargestellt, er treibt die heerde, vier schafe mit einem widder. Statt perspektivischer anordnung sind zwei thiere übereinander gebildet. Die landschaft ist durch zwei bäume belebt. Die inschrift lautet:

Iucundus
M. Terenti L.
Pecuarius

(d. h. Iucundus, Marci Terenti Libertus, Pecuarius; Zu deutsch: Iucundus, der freigelassene des Marcus Terentius, ein hirte).

Dann folgt eine längere metrische inschrift, die sich mit ausnahme eines verses in folgende distichen zusammenstellen läßt:

Praeteriens, quicumque legis, consiste viator,
Et vide, quam indigne raptus inane querar.
Vivere non potui plures triginta per annos,
Nam eripuit servos mihi vitam et
    (erupuit-eripuit, servos-servos, der vers ist
falsch gebildet und unvollständig).
Ipse praecipitem sese dejecit in amnem.
Abstulit huic Moenus, quae domino eripuit.

Deutsch: Vorübergehender wanderer, wer auch nur immer du seiest, bleib' stehen und sieh', wie unwürdig dahingerafft ich eitle klagen erhebe. Leben konnte ich nicht länger als dreißig jahre. Denn ein knecht entriß mir das leben und stürzte sich selbst jählings in den strom. Der main raffte ihm dahin, was er seinem herrn geraubt. Den schluß bildet die formel: Patronus de suo posuit (sein schutzherr ließ ihn von seinem gelde den grabstein setzen). Bei der vorwiegenden anzahl von grabsteinen von soldaten ist dieser grabstein eines mannes bürgerlichen gewerbes höchst merkwürdig und tritt dem im museum befindlichen grabmal des schiffers Blusus ebenbürtig zur seite. Zugleich mit dem eben beschriebenen grabsteine ward ein pilasterkapitäl römisch-korinthischer ordnung gefunden. RAnz. nr. 178.

Athen, 30. juli. (Pol. c.) In Epidauros wurden bei den ausgrabungen des theaters viele und wichtige funde von antiken statuen gemacht. Die regierung ordnete die sofortige ausführung einer fahrstraße von Nauplia nach dem Asklepiostempel an. RAnz. nr. 177. (Vrgl. ob. p. 414).

Einen ganz interessanten beitrag zu der art, wie die deutsche orthographie jetzt behandelt wird, giebt mit rücksicht auf Schulze's adreßbuch ein anonymus im Börsenbl. nr. 171; in Schulze sind nämlich eigennamen nach einem neuen principe umgemodelt.

Ueber den jüngsten fund in der königlichen nekropole von Theben ist der „Cöln. ztg." ein bericht aus *Kairo*, 22. juli zugegangen, dem wir folgende mittheilungen entnehmen: „Unermeßliche schätze sind erbeutet worden, nicht an gold und edelsteinen, aber von einer tragweite für die wissenschaft, wie sie sich noch gar nicht bezeichnen läßt. Sie eröffnen einen fernblick in Egyptens vergangenheit von schwindelhafter tiefe. Eine ganze reihe der stolzesten herrschergestalten des alten Egyptens ist aus mehrtausendjährigem grabe erstanden. 86 särge, darunter allein 15 mit königlichen mumien, die übrigen mit denen von angehörigen der königlichen familien, haben gestern ihren einzug in das Bulaqer museum gehalten. An opfergaben, die in körben und kisten verpackt bei den särgen standen, ist zu gleicher zeit eine ungeheure ausbeute gemacht worden. Es befinden sich darunter nicht weniger denn 3700 statuetten. Einem deutschen war diesmal das seltene glück zu theil, die unschätzbaren alterthümer zu heben und der wissenschaft zu sichern. Der konservator des egyptischen museums, Emil Brugsch — er ist ein bruder des bekannten egyptologen und hat sich während einer reihe von jahren bereits vielfache verdienste um diese anstalt erworben —, war zum glück rechtzeitig bei der hand, bevor noch dem großen funde von unberufenen händen gefahr drohen konnte. Prof. Maspero, auf urlaub in Frankreich befindlich, wurde als oberster leiter des museums und der aegyptischen ausgrabungen telegraphisch von dem ereigniß in kenntniß gesetzt. . . . Während der letzten jahre war es mehreren egyptologen, die Oberegypten bereisten, bereits aufgefallen, daß sich unter den im besitze des englischen konsularagenten Mustapha in Luksor befindlichen altertbümern stücke zeigten, welche aus königsgräbern stammen mußten, deren eröffnung noch unbekannt geblieben war. Nach weitläufigen nachforschungen gelang es endlich professor Maspero bei seinem besuche im letzten frühjahre, daselbst einen fellah ausfindig zu machen, der nothwendigerweise von der herkunft besagter stücke kenntniß haben mußte. Es war indeß unmöglich, die verschlossenheit des menschen zu überwinden, und da weder versprechungen noch drohungen halfen, wurde er dem gouverneur der provinz Keneh, Daud Pascha, zur einkerkerung und weitern geständnißerpressung übergeben. Der fellah hat drei brüder, die mitwisser waren und theilnehmer an der ausbeutung der alten fundstätte. Infolge unter den brüdern ausgebrochener zwistigkeiten, wohl auch durch die aussicht auf hohen lohn gelockt, hat nun der älteste derselben unter gewährleistung von straflosigkeit dem gouverneur die sache verrathen und als führer zu der geheimnißvollen stätte gedient. Daud Pascha begab sich in person nach dem platze, ein mitgenommener schreiber wurde in den schacht hinabgelassen, der die altertbümer enthielt, und so das vorhandensein einer großen menge von särgen, kasten, körben u. s. w. konstatirt. Auf die telegraphische benachrichtigung von der merkwürdigen entdeckung sandte der Khedive E. Brugsch nach Theben, mit dem auftrage, die vorgefundenen altertbümer ans tageslicht zu fördern und wohlverpackt in das museum von Bulaq zu schaffen. Zu letzterem zwecke wurde ihm ein dampfer nachgesandt, der von früher her eigens für den dienst des egyptischen museums bestimmt war. Was nun die örtlichkeit des fundes betrifft, so mögen vorläufig die nachfolgenden angaben genügen. Gegen 9 km nördlich vom heutigen dorfe Luksor, auf der gegenüberliegenden linken Nilseite, ist das dorf Qurnah befindlich, am fuße des hier ziemlich nahe an den Nilstrom herantretenden westlichen (libyschen) hügelgesenkes. Ein bis zwei kilometer westlich vom genannten dorfe liegt das weltberühmte Dêr-el-bachri am südabhange der eben erwähnten vorstufe des abfalls des libyschen plateaus. Noch anderthalb kilometer weiter nach westen, jenseit dieses vorgeschobenen hügelgesenkes und mehr am eigentlichen plateauabfall selbst, erreicht man endlich die große todtenstadt der königsgräber, heute Biban-el-Meluk genannt. Zwischen den beiden vielbesuchten trümmerstätten, an einem seitlichen nach dem Nil zu abfallenden schuttbaldenvorsprunge, fand sich nun zwischen zerklüfteten kalkfelsen und mergelschutt ein unregelmäßiger spalt, der bei näherer untersuchung sich als der überrest eines ehemaligen senkrecht in die tiefe führenden, etwa 12 m tiefen schachtes herausstellte. Dieser schacht war in dem denkbar schlechtesten boden angelegt und ist infolge dessen als solcher kaum noch kenntlich. Zwischen schieferigen, mit aus ihnen hervorstarrenden felsblöcken besetzten mergelwänden führt der spalt gegenwärtig in unregelmäßigen zickzackwindungen abwärts und endet unten in einem viereckigen raume, von welchem aus nur ein einziger seltenstollen abgeht. Dieser, anfangs sehr eng und niedrig, erweitert sich bei 7 m länge und biegt dann im rechten winkel in einen 68 m langen gang von ungleicher breite und höhe ein. Hier ist die fundstätte, wo sich der eintretende staunenden augen vor einer langen reihe von neben- und übereinander gestellten särgen, kasten, körben u. dergl. befand. Diese eigenthümliche art der aufstellung, wie die ganze art, in welcher der schacht angelegt ist, legt die vermuthung nahe, daß wir es hier nur mit einer zufluchtsstätte zu thun haben, an welcher die pietät der alten Egypter die überbleibsel ihrer könige vor den nachstellungen eines plündernden und tempelschänderischen feindes (vielleicht der Perser) sicherstellen wollten. Dafür, daß der entdeckte stollen nur als versteck gedient habe, spricht auch der umstand, daß man bereits vor jahren in den benachbarten königsgräbern den geleerten sarkophag eines königs auffand, dessen sargdeckelinschrift über die anwesenheit seiner leiche unter den letzten funden keinen zweifel läßt. Man hatte, als man mit den särgen der könige flüchtete, die schweren steinsarkophage zurückgelassen. Ein großer theil der aufgefundenen särge ist noch unversehrt und uneröffnet, in den bereits von diebeshand gesprengten sind die mumien noch wohlerhalten. Vielfache gewinde von todtenkränzen, aus ölblättern zusammengeheftet, liegen auf der oberseite der körper. Die inschriften auf den vielfachen sargdeckeln geben die anwesenheit der leichen nachfolgender könige an: Ras-Khenen (Ra Sekenen = Taa), Amosis oder Aahmes (1700 vor Chr.), Seti I. (1360), Ramses I. (1400), Amenophis I., Tuthmes I., Tuthmes II., Tuthmes III., Pinotem, ferner der königinnen: Ramaka (etwa die Ka-r'a-m'at?), Ames Nofert Ari u. a. Unter den mitaufgefundenen geräthschaften befinden sich gegenstände von allerhöchstem interesse und unica in ihrer art, z. b. mehrere großparade-perücken von königinnen, kunstvoll aus haar geflochten, vier holzesttühle zum aufstellen von bronzevasen, ein riesiger ledervorhang mit hieroglyphen, die in demselben ausgeschnitten und mit gelbem leder unternäht sind, auch ist die herstellung mehrerer särge aus zahllosen, durch überkleben zu einer art papiermaché umgewandelten leinen leinwandlagen eine neue thatsache. Außer den königssärgen ist aber keiner der gemachten funde von so großer bedeutung für die wissenschaft als der von vier prachtvollen papyrus (der eine von 16 m länge), welche eine fülle der wichtigsten aufschlüsse zu ertheilen versprechen. Sobald alle diese schätze aufgestellt und geordnet sein werden, will ich es versuchen, ihnen über dieselben weitere mittheilungen zu machen". RAnz. nr. 179.

Berlin, 26. Juli. Dr. Heinrich Schliemann hat vor einiger

zeit Sr. Majestät dem kaiser Wilhelm ein exemplar seines großen werks „Ilios, land und stadt der Trojaner" (Leipzig, verlag von F. A. Brockhaus) überreichen lassen, und darauf ist ihm jetzt nach beil. z. Angsb. allg. ztg. nr. 209 folgendes kaiserliche antwortschreiben zugekommen: „Die Erforschung des alten Troja, welche Sie sich seit Jahren zur Aufgabe gestellt haben, hat Mich von Anfang an lebhaft interessirt. Ich bin den Fortschritten und Ergebnissen Ihres Unternehmens aufmerksam gefolgt und begrüße es mit besonderer Freude, daß es Ihrem Eifer und Ihrer Energie gelungen ist, auf dem eingeschlagenen Wege so glückliche Resultate zu erreichen. Ihre kühnen forschungen haben im Laufe weniger Jahre die archäologische Wissenschaft erheblich bereichert und ein neues bisher unbekanntes Gebiet frühester Cultur erschlossen. Mit großer Befriedigung habe Ich daher das Mir eingereichte von Ihnen verfaßte Werk „Ilios, Land und Stadt der Trojaner", welches eine getreue Schilderung Ihrer Ausgrabungen und der dabei zu Tage geförderten werthvollen Schätze enthält, entgegengenommen und sage Ihnen für die Mir erwiesene Aufmerksamkeit Meinen besten Dank. Ich hoffe, daß Ich im Herbst nach Meiner Rückkehr nach Berlin Zeit gewinnen werde, die interessante Sammlung der trojanischen Alterthümer, welche Sie in so uneigennütziger Weise dem deutschen Volke gewidmet haben, persönlich in Augenschein zu nehmen.

Bad Gastein, den 20. Juli 1881.

Wilhelm."

Berlin, 26. juli. Der cultusminister von Goßler ist bemüht, die erhaltung und zweckmässige aufbewahrung alter kunstdenkmäler zu sichern. Beil. z. Angsb. allg. ztg. nr. 211.

Auszüge aus zeitschriften.

Augsburger allgemeine zeitung, 1881: nr. 134. 137. 139. 140. 144. 149. Beil. zu nr. 152; nr. 153: zur prager universitätsfrage; nur kurze notizen. — Beil. zu nr. 135: die Gigantomachie an dem pergamenischen Zeus-altar, von *P. W. Forchhammer*. — Nr. 137: programm zur Calderon-feier in Madrid. — No. 138: der gesetzentwurf zur einrichtung der prager universität. — Beil. zu nr. 139: *Belger*, von den brüdern Grimm. — No. 142: das national-denkmal am Niederwald. — Beil. zu nr. 143. 144. 166. 167: *A. Bürde*, über schauspielerschulen. I. II. III. IV. — Beil. zu nr. 145. 146: *II. Jacoby*, die classische bildung in den anfängen des mittelalters. — Bildung eines vereins für rheinische geschichtsforschung. — Beil. zu nr. 148. nr. 150. Beil. zu nr. 152. Beil. zu nr. 156: die Calderonfeier in Madrid. I. II. III. IV. — Nr. 152. 154. 160: die prager universitätsfrage im abgeordnetenhause in Wien. — Beil. zu nr. 153: Calderon-feier auf der hofbühne in München. — Beil. zu nr. 155: Lessing-denkmal in Berlin. — Beil. zu nr. 156: Pietro Ercole Visconti: nekrolog. — Beil. zu nr. 160: Stilicho und Wallenstein. — Beil. zu nr. 166: plan in Nord-Amerika eine deutsche universität nach deutschem muster zu stiften: dazu vgl. beil. zu nr. 187 und den sehr ausführlichen aufsatz ebendas. nr. 195.

Nr. 7.   Auszüge aus zeitschriften.   121

— Beil. zu nr. 168: *H. Schliemann*, Orchomenos und Troja: vertheidigung und zwar völlig überzeugende gegen in der Wiener „N. fr. presse" erhobene beschuldigungen. — Beil. zu nr. 169; nr. 171. Beil. zu nr. 173. 174: *Curci*, das neue Italien und die alten zeloten. I. II. III. IV. — No. 173: die excesse in Böhmen und der tschechische terrorismus. — Nr. 175: der reichskanzler und die antisemiten: darnach scheint die eigentliche ansicht des ersteren in dieser frage noch unbekannt. — Beil. zu nr. 175: zum hundertjährigen jubiläum der „kritik der reinen vernunft." — Beil. zu nr. 176: die deutschen studenten in Paris sind in eine vereinigung zusammengetreten. — Beil. zu nr. 180: das kränkeln unserer realgymnasien: bezicht sich auf Bayern, aber doch zu beachten: halbwisserei und bloßes einpauken kann keine guten früchte bringen. — Von der Wiener universität: eben nicht viel erbauliches. — Beil. zu nr. 181: Theodor Benfey †. — Beil. zu nr. 184: *Karl Grün*, wie ich die Juden emancipirte: judenfreundlich. — Nr. 186: die prager vorgänge und ihre politische bedeutung: die feindschaft gegen das Deutsche hat in Prag wie in andern orten Böhmens zu großen ausschweifungen geführt; vrgl. auch p. 420; ferner nr. 187, 188 nebst beilage. Nr. 189. 191 auch nr. 201. 203. — Nr. 189: antisemitisches, dabei dr. Stöcker. — Beil. zu nr. 189: elsässische auswanderung nach Algier. — Beil. zu nr. 194: die bevölkerung des jetzigen Kreta. — Nr. 196: Tschechen, regierung und Deutsche: die Tschechen ziehen sich zurück; vgl. mehrere angaben in nr. 197. 198. — Nr. 200: das urtheil des kaiser Wilhelm über Dahlmanns verfassungsentwurf im parlament 1848: es ist sehr beifällig. — Nr. 201. 202. 203: heerwesen und landesvertheidigung Frankreichs nach zehnjähriger reorganisation I. II. III. — Zur archäologischen literatur: besprechung der schrift von *J. Langbehn*, flügelgestalten in der ältesten griechischen kunst (München). — Nr. 205: die deutsch-liberale partei in Oesterreich: sie habe den muth nicht verloren und glaube daß die tage des gegenwärtigen ministeriums gezählt seien. — Beil. zu nr. 205: die aufstellung der sammlung *Schliemanns* in Berlin. — Nr. 206. 209. 213: die zeichen der reaction. I. II. III. — Beil. zu nr. 212: Theodor Benfey, nekrolog. — Beil. zu nr. 214: die Juden in Europa, rede *Döllingers* in der akademie zu München gehalten.

Bullettino dell' instituto di corrispondenza archeologica. (Herausgegeben vom kais. deutsch.-arch. inst. zu Rom). No. VI di Giugno 1881. I. *Ausgrabungen* a) *Mau* berichtet in gewohnter weise über den fortgang der ausgrabungen in Pompeji von 1879 bis incl. sommer 1880. Das object derselben war die östl. von den früher ausgegrabenen insulae IX, 5 und IX, 6 belegne insula, welche in der länge jenen beiden zusammen gleich kommt. Von besonderem interesse sind die in derselben nachweisbaren umbauten. Unter den nicht zahlreichen fundstücken erscheint besonders ein bronzebeschlag mit weiblicher büste, deren kopf mit der kopfhaut eines elephanten bedeckt ist (also wohl die Africa darstellend). — b) ausgrabung in *Terranova Pausania*. Brief von *P. Tamponi* an *W. Helbig*. In einer kleinen gemauerten grabkammer fand sich ein bleierner sarcophag mit fast ganz in staub zerfallenem skelett, einem sehr beschädigten goldring und resten eines goldnen halsschmuckes in filigranarbeit. Außerhalb des grabes fand man in der erde einige gewöhnliche und feinere thongefäße, eine do. lampe und mehrere glasflaschen. — II. *Monumente*. *Dressel*, über zwei inschriften aus Ostia, deren abschriften sich in dem epigraphischen nachlasse von Ennio Quirino Visconti in der nationalbibliothek zu Paris befinden. Die erste enthält eine lange liste von eigennamen unter dem titel familia publica. Verf. weist nach, daß in Ostia (wie auch an andern orten) die servi und liberti publici eine mit bestimmten rechten ausgestattete corporation bildeten, und vermuthet, daß die aufstellung der liste der mitglieder erfolgte um das eindringen unbefugter zu verhüten. — Die zweite, welcher der anfang mit name und titeln der gefeierten person fehlt, stammt von einer durch den ordo decurionum Ostiensium jener ob eximiam ipsius peritiam obsequiuqne in patriam errichteten ehrenstatue. Besonderes interesse erhält sie durch die erwähnung einer reihe von agonen, an denen der gefeierte siege davongetragen hat, nämlich der Sebasmia in Damascus, der Astia in Bostra (prov. Arabia), der Pythia und Asklepia in Karthago, der Severia und Commodia in Caesarea. Es ist dies fast das einzige beispiel der erwähnung solcher während der kaiserzeit an vielen orten gefeierten periodischen festspiele in einer lateinischen inschrift. Die wettkämpfe waren hauptsächlich athletische und musicalische, aus der fassung dieser ehrendecreta schließt verf. mit recht, daß der gefeierte öfter in letzterer gattung gesiegt habe. — III. Bemerkungen. Henzen, epigraphische bemerkungen über eine von C. L. Visconti in Bullettino della commiss. archeol. municip. 1880, p. 177 und 183 besprochene inschrift in der galeria lapidaria des Vatican, welche von moderner hand überarbeitet ist. — IV. Inhaltsverzeichniß des eben zur ausgabe gelangten bandes der Annali und Monumenti des deutschen instituts zu Rom.

Deutsche literaturzeitung hrsg. von *Max Rödiger*. Jahrg. II. 1881. No. 28. Sp. 1111: *A. R. Rangabé*, die aussprache des griechischen. Leipzig 1881. 8. 47 p. 2 mk. Rangabé kämpft für den itacismus mit verbrauchten waffen. — Sp. 1111: *E. Stampini*, la poesia romana e la metrica. Prolusione ad un corso libero con effetti legali di letteratura e metrica latina letta addi 17 novembre 1880 nella R. Università di Torino. Turin 1881. 43 p. 8. 1 L. *Derselbe*: Commento metrico a XIX odi di Orazio Flacco di metro respettivamente diverso col testo relativo conforme alle migliori edizioni. Ebda 1881. 8. XII, 60 p. 1,50 L. Das erste büchelchen bemüht sich löblich, zu ernsthalten studien über römische metrik in Italien anzuregen, das zweite ist für einen elementaren standpunct berechnet. Einzelne erörterungen sind unzulänglich. *F. Leo.* — Sp. 1113: *A. Enmann*, untersuchungen über quellen des Pompeius Trogus für die griechische und sicilische geschichte. Dorpat 1880. 8. IV, 208 p. 8 mk. Die beweisführung ist sorgfältig und umsichtig, im einzelnen viel neues. Die annahme, daß Diodor seine quellen eigenmächtig hier und da modificirt habe ist ein fruchtbringender fortschritt für die auffassung des verhältnisses der antiken schriftsteller. *Holm.* — Sp. 1117: A tabula de bronze de Aljustrel lida deduzida e commentada em 1876. Memoria apresentada á Academia Real das sciencias de Lisboa por *S. P. M. Estacio da Veiga*. Lisboa 1880. 8. 70 p. 1 photolithogr., 5 gedruckte, 1 lithogr. tafel. Enthält eine neue ausgabe der lex Vipascensis mit portugiesischen erläuterungen. Lesung und deutung des denkmals sind, wie da Veiga selbst angiebt, nicht gefördert. Es schließen sich an interessante details über die bäder von Aljustrel und über römische ausgrabungen in Agarve. *E. Hübner.* — Sp. 1118: Memoria das Antiguidades de Mertola observadas em 1877 e relatadas por *S. P. M. Estacio da Veiga*. Lisboa 1880. 8. 191 p. mit plan und 27 abbild. Sorgfältige zuverlässige monographie über die denkmäler von Mertola, die für römisches altertbum wenig, ziemlich viel für die frühchristliche zeit bietet. *E. Hübner.*

No. 29. Sp. 1146: *H. Osthoff* und *K. Brugman*, morphologische untersuchungen auf dem gebiete der indogermanischen sprachen. Theil III. Leipzig 1880. 8. IV, 159 p. 4 mk. Enthält zur arbeiten von Brugman, über den sogenannten unechten coninnctiv, der die spuren dieses arischen modus in imperativbildungen auf europäischem sprachgebiet nachweisen soll. Indeß liegen doch überall nur secundäre umgestaltungen echter imperative vor; die erörterungen über sigmatische aoristbildung enthalten vieles zutreffende. Ebenso mischen sich in den übrigen artikeln falsches und richtiges. *H. Collitz.* — Sp. 1150: *Ch. Graux*, de Plutarchi codice manuscripto Matritensi iniuria neglecto. Thèse. Paris 1880. 8. (Aus Revue de philologie T. V, p. 1—57). Die erste hälfte dieses Matritensis ist von Graux als die maßgebende handschrift für die biographien des Nikias Crassus, Alkibiades und Coriolan, Demosthenes und Cicero, Agesilaos und Pompeios entdeckt worden. Der hauptgewinn sind die mannichfachen historischen berichtigungen. Die behandlung durch Graux ist vortrefflich. *H. Diels.* — Sp. 1151: *H. Merguet*, lexicon zu den reden des Cicero mit angabe sämmtlicher stellen. Bd. II. Jena 1880. 4. 826 p. 45 mk. Dies werk wird das zuverlässigste und wichtigste hilfsmittel für die erkenntniß des ciceronischen sprachgebrauchs werden. Es ist von ausgezeichneter akribie, vollständigkeit und nach durchaus richtigen grundsätzen bearbeitet. *Georg Andresen.* — Sp. 1152: *C. S. Köhler*, das thierleben im sprichwort der Griechen und Römer. Nach quellen und stellen in parallele mit dem deutschen sprichwort. Leipzig 1881. 8. VIII, 221 p. 4 mk. 50 pf. Für wissenschaftliche zwecke weder geschrieben noch dienlich. *H. Usener.* — Sp. 1155: *A. Deppe*, der römische rachekrieg in Deutschland während der jahre 14—16 n. Chr. und die völkerschlacht auf dem Idistaviusufelde nach Tacitus und den übrigen geschichtsquellen dargestellt. Heidelberg 1891. 8. VIII, 114 p. 2 mk. Bis auf eine verbesserung zu Vellej. Paterc. II, 104 nicht werth der beachtung. *O. H(older)-E(gger).* — Sp. 1161: *G. Weber*, le Sipylos et ses monuments. Ancienne Smyrne (Naulochon). Monographie historique et topographique contenant 1 carte, 4 planches lith. et 2 photogr. Paris 1880. 8. IV, 120 p. 6 fr. Authentische mittheilung über die Sipylos monumente mit mancherlei neuem material und einer reihe richtiger und guter beobachtungen. *G. Hirschfeld.*

No. 30. Sp. 1185: *G. Loesche*, de Augustino plotinizante in doctrina de Deo disserenda. Jena 1880. 8. (Diss. inaug.) 69 p. Methodische untersuchung über die grundanschauungen beider autoren und ihr verhältniß. *H. F. Müller.* — Sp. 1191: Aristophanis comoediae. Annotatione critica commentario exegetico et scholiis graecis instruxit *H. M. Blaydes.* P. III Ecclesiazusae. Halle 1880. 8. X, 280 p. 4 mk. Verweis auf frühere recension. *A. v. Bamberg.* — Sp. 1190: *Aristophanes* Ranae rec. *A. v. Velsen.* Leipzig 1881. 8. VI, 141 p. 3 mk. Uebergenauer kritischer apparatus, dessen kürzung wünschenswerth ist, ein kritischer commentar wird dagegen vermißt. *A. v. Bamberg.* — Sp. 1197: Monuments de l'art antique publiés sous la direction de *O. Rayet.* Paris I. II. livr. 1880. 1881. à 25 frcs. Auserlesene werke des alterthoms sollen für allgemeinere kreise vorgeführt werden. Auswahl und text zeugen von guter archäologischer kenntniß und fein gebildetem geschmack. Die technische reproduction ist ausgezeichnet. Näher behandelt wird Rayet's darstellung der controverse über die capitolinische bronzewölfin. *Conze.* — Sp. 1217: *F. Spieß*, das Ierusalem des Iosephus. Ein beitrag zur topographie der heiligen stadt. Mit 2 lithogr. tafeln. Berlin 1881. 8. IV, 112 p. 2 mk. 80 pf. Der verfasser hat durch genaue prüfung der Iosephos'schen darstellung an der hand der neueren topographischen aufnahmen die richtigkeit der angaben des historikers erwiesen. *K. Furrer.* — Sp. 1223: *B. Breyer*, Analecta Pindarica I. Breslau

1880. 8. 72 p. (Diss. Vratisl.). Der verfasser handelt de modorum subiectivorum usu Pindarico sehr eingehend und genau, sodann in dem abschnitt de positione debili weist er nach, daß die positionslänge in den dactylo-epitritischen gedichten weit häufiger vorkomme als sonst. Neben vielem nützlichen auch völlig verunglückte punkte. *E. Hiller.* — Sp. 1224: *F. Gnesotti*, Animadversiones in aliquot Ovidii metamorphoseon locos. Padua 1881. 8. 70 p. Die besprechung der stellen trifft selten das richtige aus mangel an kenntniß des standes der überlieferung und der neueren arbeiten. *F. Leo.* — Sp. 1224: *S. Bugge*, studien über die entstehung der nordischen götter- und heldensagen. Vom verf. autorisirte und durchges. übersetzung von *O. Brenner.* 1. reihe. 1. heft. München 1881. 8. 96 p. 2 mk. Alle voraussetzungen die eine entlehnung der nordischen mythen aus den griechisch-römischen glaubhaft machen könnten, die ganzen entwickelungen Bugge's sind durchaus unwahrscheinlich und unerwiesen. *K. Müllenhoff.*

No. 32. Sp. 126: *Aristotelis* Ethica Nicomachea recogn. *F. Susemihl.* Leipzig 1880. 8. XX, 280 p. 1 mk. 80 pf. Der kritische apparat ist vollständiger und sorgfältigerer als in den bisherigen ausgaben. Mit Susemihls verfahren kann man nur einverstanden sein, wenn man seine ansichten über entstehung der schriften des Aristoteles theilt. *E. Heitz.* — Sp. 1263: *T. Livi* ab urbe condita libri recognovit *H. J. Müller.* Pars I libros 1 u. 2 continens. Pars 6 libros 25. 26 continens. Berlin 1881. 8. XI, 96 p. VII, 86 p. à 75 pf. Die Müllersche ausgabe steht würdig neben der Madvig'schen die bisher als die beste gelten mußte. *A. Luchs.* — Sp. 1265: *F. Vogel*, de Hegesippo qui dicitur Iosephi interprete. Erlangen 1881. 8. 61 p. 1 mk. 50 pf. Der beweis, daß Ambrosius nicht der verfasser der Iosephusübersetzung sei, ist nicht gelungen. Der einzige grund, daß Ambrosius den Sallust nicht nachahme, dagegen Hegesippus, ist nicht entscheidend. *B. Niese.* — Sp. 1271: *Pompei. Rivista illustrata di archeologia popolare e industriale e d'arte* 1. jahrg. no. 1. Neapel 1881. 16 p. fol. 12 hefte pro jahr. 20 fr. Empfehlende anzeige von *G. Hirschfeld.*

No. 33. Sp. 1296: *W. v. Christ*, der gebrauch der griechischen partikel *τε* mit besonderer bezugnahme auf Homer. — *Derselbe*, die wiederholungen gleicher und ähnlicher verse in der Ilias. In sitzungsberichten der philos.-philol. und histor. classe der bayer. academ. d. wiss. 1880. Heft 1. p. 25—76. Heft 3. p. 221—272. München 1880. Lobendes inhaltsreferat. *J. Renner.* — Sp. 1300: *B. Heisterbergk*, über den namen Italien. Eine historische untersuchung. Freiburg i. Br. 1881. 8. IV, 160 p. 4 mk. Die bisherigen erklärungsversuche werden in glücklicher kritik mit erfolg zurückgewiesen. *O. Seeck.* — Sp. 1314: *A de Rochas d'Aiglun*, Principes de la fortification antique. Précis de connaissances nécessaires aux archéologues pour explorer les ruines des anciennes forteresses. Paris 1881. 8. 108 p. 7,50 fr. Der stoff ist klar und sachgemäß behandelt. Das buch ist sehr zu empfehlen. *L. F.*

No. 34. Sp. 1336: *Xenophontis* qui fertur libellus de republica Atheniensium in usum scholarum academicarum edd. *A. Kirchhoff.* Editio altera correcta. Berlin 1881. 8. XII, 24 p. 80 pf. Die lesarten einer werthlosen Perusiner handschrift sind zugefügt, von den neueren arbeiten über die schrift hat Kirchhoff leider nicht notiz genommen. *U. von Wilamowitz-Möllendorff.* — Sp. 1337: *G. R. Hauschild*, die grundsätze und mittel der wortbildung bei Tertullian. Leipzig 1876. 4. 30 p. (Progr. d. realschule II. ordnung zu Leipzig). *Derselbe*, dasselbe, zweiter beitrag. Leipzig 1881. 4. 56 p. (Progr.

d. städt. gymn. zu Frankfurt a. M. 1881). Eine verworrene, unsichere schrift ohne resultate, in unsäglicher breite. *A. Reifferscheid.*
Hermes, zeitschrift . . . von *E. Hübner*, XVI, 2: *W. Dittenberger*, kritische bemerkungen zu griechischen inschriften, p. 161. — *J. Freudenthal*, zu Proklus und dem jüngeren Olympiodor, p. 201. — *H. Jordan*, altlateinische inschrift aus Rom (hierzu eine doppeltafel), p. 225. — *Chr. Belger*, ein neues fragmentum mathematicum Bobiense (hierzu zwei tafeln), p. 261. — *Joh. Weber*, interpolationen der fastentafel, p. 285. — *H. Droysen*, der attische volksbeschluß zu ehren des Zenon, p. 291. — *E. Hübner*, zur bewaffnung der römischen legionen, p. 302. — *M. Schatz*, zur stichometrie, p. 309. — *Miscellen: M. Cohn,* zu den glossen des Papias, p. 316. — *Th. Mommsen*, attische gewichte aus Pompeji, p. 317.
Literarisches centralblatt für Deutschland. Herausgeg. von *Fr. Zarncke* 1881. No. 28. Sp. 952: *Ad. de Ceuleneer*, essai sur la vie et le règne de Septime-Sévère. Berlin 1880. 4. V, 314 p. 8 mk. Eine treffliche sammlung gesichteten und wohlgeordneten materials. Die ansichten über den historischen werth des kaiserthums, der ultramontane standpunkt in der auffassung des christenthums werden angefochten werden. — Sp. 962: *Comicorum* Atticorum fragmenta. Ed. *Theodorus Kock.* Vol. I. Antiquae comoediae fragmenta. Leipzig 1880. 8. XXII, 804 p. 18 mk. Das buch zeichnet sich aus durch praktische anordnung der bruchstücke, knappheit des kritischexegetischen beiwerk's, enthaltsamkeit in vermuthungen über chronologie und inhalt der stücke und verderbte fragmente, und viele gute besserungen. Einige beiträge fügt hinzu (*A. v. Bamber*)*g*. — Sp. 963: *Fragmenta* philosophorum Graecorum. Collegit recensuit vertit annotationibus et prolegomenis illustravit indicibus instruxit *Fr. Guil. Aug. Mullachius.* Vol. III. Platonicos et Peripateticos continens. Paris 1881. 8. 578 p. 12 mk. Leider ist nicht auf vollständigkeit der fragmente gesehen und vieles ist hier publicirt, was sonst auch schon leicht zugänglich war. Die neuere litteratur ist auffallend vernachlässigt. *M. W(o)ltr(a)b.* — Sp. 966: *W'ük. Soltau*, über entstehung und zusammensetzung der altrömischen volksversammlungen. Berlin 1880. 8. XXIII, 695 p. 16 mk. *L. L(an)ge* beleuchtet die kritik Soltau's hinsichtlich seiner in den römischen alterthümern niedergelegten ansichten in ausführlichem detail als tendenziös und entstellend, hält die über comitia curiata, patrum auctoritas, comitia centuriata, manipularheer, patres und plebs vor der secessio vorgetragenen ansichten für verfehlt, erkennt an, daß die abschnitte über servianische tribuseintheilung, census, steuerordnung beachtenswerthes enthalten. Im einzelnen notirt er mannigfache irrthümer.
No. 29. Sp. 999: *Karl Lugebil*, der genetivus singularis in der sogenannten zweiten altgriechischen declination. Leipzig 1880. 8. 56 p. 1 mk. 60 pf. Lugebil vertheidigt gegen Nauck die entstehung des genetivs ov aus -εσιο mit recht. Im einzelnen ist mancher beachtenswerthe gedanke, im ganzen nicht viel neues für die sicherstellung jener ableitung vorgebracht. — Sp. 999: *Karl Sylvio Koehler*, das thierleben im sprichwort der Griechen und Römer nach quellen und stellen in parallele mit dem deutschen sprichwort. Leipzig 1881. 8. VIII, 221 p. 4 mk. 50 pf. Eine alphabetisch nach den namen der thiere angelegte sammlung der dieselben betreffenden sprichwörter und sentenzen der alten. Die citate sind nicht genau genug, viele unnöthige wiederholungen.
No. 30: Sp. 1017: *v. Veith*, generalmajor, Vetera castra mit seinen umgebungen als stützpunkt der römisch-germanischen kriege im 1. jahrh. vor und nach Chr. Mit 2 karten. Berlin 1881. III, 41 p.

S. 1 mk. 60 pf. Eine für den historiker nützliche militärische beleuchtung der terrainverhältnisse der Vetera castra und seiner kriegerischen schicksale. — Sp. 1032: die drei reden des Perikles bei *Thukydides* übers. u. erklärt von *Heinr. Kras.* Nördlingen 1880. 8. VI, 41 p. Anerkennende anzeige. — Sp. 1036: *Stark*, K. Bernh., vorträge und aufsätze aus dem gebiete der archäologie und kunstgeschichte. Nach dem tode des verf. hrsg. von *Gottfried Kinkel*. Leipzig 1880. 8. VI, 509 p. 12 mk. Lobendes inhaltsreferat von *Bu(rsian)*.

No. 31. Sp. 1063: *Anton Elter*, de Joannis Stobaei codice Photiano. Bonn 1880. 8. 2 mk. Elter weist scharfsinnig nach, daß das autorenverzeichniß bei Photius die namen innerhalb der einzelnen buchstaben der Ψ rubriken in der reihe bringt, wie sie bei Stobaeus auf einander folgten. Hieraus ergeben sich eine menge interessanter ergebnisse. Gegen Diels wird erwiesen, daß Plutarchs Placita prooem. n. cap. 1 nicht auf Aëtius zurückgehen. *B(laß)*. — Sp. 1064: *Charles Graux*, essai sur les origines du fonds grec de l'Escurial. Episode de l'histoire de la renaissance des lettres en Espagne. Paris 1880. 8. XXXI, 529 p. Fine gründliche arbeit über die griechischen studien der humanisten in Spanien. *B(laß)*. —: Sp. 1065: *Friedr. Vogel*, de Hegesippo qui dicitur Iosephi interprete. Erlangen 1881. 8. 1 mk. 50 pf. Vogel erklärt sich gegen Ambrosius als verfasser und sucht die abfassungszeit auf 367—375 zu fixiren. Die hauptsachen sind wohl richtig.

No. 32. Sp. 1103: *M. Tullii Ciceronis* scripta quae manserunt omnia recognovit *C. F. W. Mueller*. Partis II, vol. I continens orationes pro S. Roscio Amerino pro Q. Roscio Comoedo, div. in Q. Caecilium in C. Verrem. Leipzig 1880. 8. CX, 499 p. 3. Kundige besonnene u. sorgfältige textherstellung. *A E(ußner)*. — Sp. 1105: Das heerwesen der Muhammedaner und die arabische übersetzung der taktik des *Aelianus*. Aus einer arabischen handschrift der herzogl. bibliothek zu Gotha übers. v. *F. Wüstenfeld*. Mit zeichnungen und dem plane eines muhammedanischen lagers. Göttingen 1880. 4. (Aus dem 26. bande der abh. der königl. gesellschaft d. wissensch. zu Göttingen). Diese arabische übersetzung des Aelian war bisher unbekannt, sie umfaßt ein drittel der taktik etwa, und ist von Wüstenfeld in dem arabischen texte sorgfältig gekennzeichnet und behandelt.

No 33. Sp. 1120: *Bullinger*, Anton, Aristoteles und prof. Zeller in Berlin. Mit dem metakritischen vorwort für die recensenten meiner Aristoteles-studien. München 1880. 8. 60 p. 1 mk. 20 pf. Bullinger sucht in gröblicher und nicht klarer kritik gegen Zeller Aristoteles' monismus (mit wenig erfolg) zu erweisen. — Sp. 1131: *Enmann*, Alexander, untersuchungen über die quellen des Pompeius Trogus für die griechische und sicilische geschichte. Dorpat 1880. 8. IV, 206 p. 3 mk. Enmann weist nach, daß Trogus nicht nur dem Theopompos sondern auch dem Ephoros gefolgt sei; doch hat er den umfang dieser benutzung wohl zu weit dargestellt. Hin und wieder ist der verfasser überscharfsinnig. Auch für andere einschlägige autoren findet sich viel beachtenswerthes. *F. R(ühl)*. — Sp. 1143: *Archimedis* opera omnia cum commentariis Eutocii. E codice Florentino recensuit Latine vertit notisque illustravit *J. L. Heiberg*. Vol. II. Leipzig 1881. VIII, 468 p. 8. 1 tafel. 6 mk. Anerkennende anzeige von -s-r. — Sp. 1143: *Joh. Kvičala*, neue beiträge zur erklärung der Aeneis nebst mehreren excursen und abhandlungen. Prag 1881. 8. VIII, 462 p. 6 mk. Gründliche lichtige exegese mit vielen glänzenden besserungen. Sammlungen über wortsymmetrie und alliteration, den begriff der letzteren faßt verf. viel zu weit. *A. E(ussner)*. —

Nr. 7. Auszüge aus zeitschriften. 127

Sp. 1150: *H. Jordan*, Capitol, Forum und Sacra via in Rom. Mit 1 lithogr. tafel. Berlin 1881. 8. 62 p. 1 mk. 20 pf. Anerkennende anzeige von *Bu(raian)*. — No. 34. Sp. 1171: *Paul Ewald*, der einfluß der stoisch-ciceronianischen moral auf die darstellung der ethik bei Ambrosius. Leipzig 1881. 8. 86 p. 1 mk. 20 pf. Der verfasser weist die abhängigkeit des Ambrosius in der darstellung der ethik von Cicero's de officiis nach, nicht nur der äußeren form sondern auch dem gedankengehalt nach. — Sp. 1172: *Binder, Joa. Jul.*, Tacitus und die geschichte des römischen reiches unter Tiberius in den sechs ersten büchern ab excessu divi Augusti. Wien 1880. 8. V, 102 p. Ein dankenswerther beitrag zur lösung der quellenfrage bei Tacitus, der besonders Tacitus methode klarer legt, wenn auch die vermuthungen über Tacitus quellen, soweit sie nicht schon von Weidemann wahrscheinlich gemacht sind, wenig haltbar sind. *A. E(ußner.)* — Sp. 1185: *Carl Pauli*, etruskische studien. 3. heft. Die herrlz-, widmungs- und grabformeln der etruskischen. Göttingen 1880. 8. 156 p. 5 mk. 80 pf. Die erklärungen sind wohl nur zum kleineren theile richtig oder wenigstens sehr wahrscheinlich. Ein theil der gegebenen wortdeutungen ist vortrefflich. *W. D(eecke)*. — Sp 1186: *Rud. Nicolai*, geschichte der römischen litteratur. Magdeburg 1881. 8. XVIII, 913 p. 12 mk. Voller fehler, hastig zusammengeschrieben, absolut wertblos. *A. R(iese)*.

Philologische rundschau herausgegeben von dr. *C. Wagener* und dr. *E. Ludwig;* jahrgang I. Nr. 1. Sp. 1: *Pindars* siegeslieder, erkl. von *Friedr. Metzger*, Leipz. 1880, anzeige von *Const. Bulle:* manches einzelne ist anregend und belehrend, vieles aber verfehlt, die ausschließliche anwendung des Terpanderschen nomos ist nicht erwiesen, die entdeckung der sog. responsionsworte ist ganz zu verwerfen, eine illusion. — Sp. 11: *J. L. Heiberg*, philologische studien zu griechischen mathematikern. I—II. Leipz. 1880, lobende anzeige von *H. Weißenborn*. — Sp. 15: *Sex. Propertii* elegiarum libri IV. rec. *Aem. Baehrens*. Lips. 1880, anzeige von *Ed. Heydenreich:* die Baehrens'sche schätzung der Properzhandschrift ist unbewiesen und falsch, es macht sich mangel an genügender litteraturkenntniß fühlbar, die emendation ist unbefriedigend. — Sp. 21: *P. Cornelii Taciti* opera quae supersunt . . rec. atque interpretatus est *J. Caspar Orellius*, Vol. II . . . Editionem alteram curaverunt *H. Schweizer - Sidler*, *G. Andresen*, *C. Meiser*. Fasc. III. De vita et moribus *Julii Agricolae* liber. — Edidit *G. Andresen*. Berolini 1880, angezeigt von *A. Eußner:* textkritik und interpretation des Agricola sind entschieden gefördert.— Sp. 24: beitrag zum gebrauche des zahlworts im lateinischen. 1. theil: gebrauch des *Livius*. Von *Gottlob Richter*. Progr. des gymnasium zu Oldenburg 1880. Lobende anzeige von *Krah*. — Sp. 26: *B. Delbrück*, einleitung in das sprachstudium, ein beitrag zur geschichte und methodik der vergleichenden sprachforschung. Bibliothek indogerman. grammatiken, band IV. Leipz. 1880. Anerkennende, über den inhalt referirende anzeige von *Chr. Bartholomae*. — Sp. 31: *Georg Voigt*, die wiederbelebung des klassischen alterthums oder das erste jahrhundert des humanismus. 1. bd., 2. aufl. Berlin 1880. Rühmende anzeige mit inhaltsangabe von *G. Heß*. — Sp. 35: Sollemnia anniversaria conditae universitatis etc. rite obeunda indicit Rector et Senatus Universitatis Bernensis. Inest *Hermanni Hageni* de Codicis Bernensis N. CIX Tironianis disputatio. Bernae 1880. 4. und 2 photolithogr. tafeln. Anzeige von *O. Lehmann*.

Nr. 2. Sp. 1: Archimedes (B.[1] U. 4). Sehr anerkennende anzeige

1) Ist abkürzung für die jedem beigegebene Bibliographische übersicht.

von *S. Günther.* — Sp. 56: *O. Carnuth*, quellenstudien zum *Etymologicum Gudianum*. Progr. des städt. gym. zu Danzig 1880. 24 p. 4. *A. Hilgard*: Ammonius wird als quelle nachgewiesen. — Sp. 57: *V. Poggi*, di un bronzo Piacentino con leggende Etrusche. Modena 1878. 8. 26 p. und 1 tafel. *W. Deecke*, etruskische forschungen 4. heft. Das templum von Piacenza. Stuttgart 1880. 8. 100 p. und 5 tafeln. 5 mk. C. *Pauli:* beide schriften behandeln ein eigenthümliches bronzegeräth, das von Deecke richtig als templum gedeutet wird. Die deutung der inschriften ist zum theil noch unsicher. Besonders interessant sind die folgerungen für die altitalische religionsgeschichte. Mehrere etruskische gottheiten sind in den italischen kultus übergegangen. Silvanus und Volcanus etruskische lehnwörter. — Sp. 61: *K. E. Georges*, ausführliches lateinisch-deutsches und deutsch-lateinisches handwörterbuch, aus den quellen zusammengetragen und mit besonderer bezugnahme auf synonymik und antiqnitäten. Lateinisch-deutscher theil: erster band. A—H. Siebente, fast gänzlich umgearbeitete aufl. Leipz. 1879. Zweiter band I—Z. 1880. 3210 p. 10 mk. *G. A. Saalfeld:* vortreffliches schulwörterbuch, doch für den gebrauch des gelehrten wäre bei den meisten längeren artikeln genauere citirung erforderlich und die berücksichtigung der gesicherten resultate der sprachwissenschaft wünschenswerth. — Sp. 68: *H. Hildesheimer*, de libro qui inscribitur de viris illustribus urbis Romae quaestiones historicae. Berlin 1880. *W. Soltau* referirt der hauptsache nach beistimmend. (S. PhAnz. X, 7, p. 402). — Sp. 71: *F. Philippi*, zur reconstruction der weltkarte des Agrippa. Marburg 1880. Rühmende anzeige von *Kunstemüller*.

Nr. 3. Sp. 77: *Eudociae Augustae* Violarium rec. et emendabat, fontium testimonia subscripsit *Joannes Flach*. Accedunt indices, quorum alter scriptores ab Eudocia laudatos, alter capita Violarii continet. Lips. 1880. Anzeige von *A. Daub:* fleißige bearbeitung, doch nicht ohne mängel in d. textgestaltung; nicht Hesychius Milesius ist quelle der Eudocia, sondern Suidas. (Dagegen s. oben hft. 1 p. 26.) — Sp. 83: *Hesychii Milesii* qui fertur de viris illustribus librum recensuit emendavit apparatum criticum subscripsit *Joannes Flach*. Lips. 1880. Anzeige von *A. Daub:* die herausgabe der werthlosen, aus der renaissancezeit stammenden, compilation war kein bedürfniß; die textgestaltung des herausg. ist unsichtig. — Sp. 87: *F. Kern*, bemerkungen zu *Sophokles Aias* und *Antigone*. Osterprogr. des stadtgymnasium zu Stettin. 1880. Anzeige von *N. Wecklein*. (Vrgl. PhAnz. X, 10, p. 471). — Sp. 88: de interpolatione fabulae Sophocleae quae inscribitur *Aiax*. Dissertation von *Edmund Reichard*. Jena 1880. Anzeige von *Metzger*. — Sp. 89: *Lueck*, de comparationum et translationum usu Sophocleo. Pars I et II. Progr. des progymn. zu Neumark W.— P. 1878/80. Anerkennende anzeige von *Metzger*. — Sp. 89: *Fr. Paetzolt*, observationes criticae in Lucianum. Liegnitz 1880. Progr. Nach *E. Ziegeler* zeugt die arbeit von der größten accurateße, doch sind ihre resultate nicht immer überzeugend. — Sp. 93: de Stephano Alexandrino *Hermanni Useneri* Commentatio. Bonnae 1880. Ueber den inhalt referirende anzeige von *S. Günther*. — Sp. 95: Emendationes Cornificianae scripsit *Carolus Germann*. Progr. des Ludwig-Georgs-gymn. zu Darmstadt. Herbst 1880. *Ph. Thielmann:* bei der emendation hat verf. zuweilen der Würzburger handschrift zu große autorität beigelegt. — Sp. 97: *B. Ritter*, die grundprincipien der aristotelischen seelenlehre. Ein historisch-kritischer versuch. Jena 1880. Anzeige von *T:* der verf. zeigt einen tüchtigen verstand, aber mangel an schulung und kenntniß der vorangehenden arbeiten. — Sp. 100: Erotemata grammatica ex arte Dionysiana oriunda ed. *Petr. Egenolff*.

Beilage zum progr. des Mannheimer gymnasium. 1879/80. 44 p. 4. Anzeige von *A. Hulgard*. — Sp. 101: *Ed. Loch*, de genetivi apud priscos scriptores Latinos usu. Progr. des gymn. zu Hartenstein 1880. *Fr. Paetzolt*: die arbeit ist mit gewissenhaftem fleiß und kritischer genauigkeit ausgeführt und als werthvolle bereicherung der historischen syntax der lateinischen sprache zu begrüßen. — Sp. 104: *Julius Beloch*, der italische bund unter Roms hegemonie. Leipz. 1880. Anzeige von *Wilh. Soltau*: vortrefflich ist besonders die abhandlung über den ager Romanus, die zum erstenmal eine untersuchung über territorialverhältnisse des vorsullanischen Italiens giebt; aber es finden sich zwei rechenfehler: den gebieten der tribus mußte überall ein bedeutender prozentsatz für den ager publicus hinzugerechnet werden, und zur zeit des zweiten punischen krieges muß das unmittelbare römische staatsgebiet mehr als ein fünftel des areals des ganzen italischen bundes umfaßt haben. Die rettung der censurzahlen vor dem gallischen brande ist verfehlt. Die ansicht des verf., daß jede tribus einen lokal in sich abgeschlossenen bezirk gebildet habe, ist nicht haltbar, ebensowenig die, daß die municipia foederata nicht in eine der (land-)tribus aufgenommen worden seien. Trotz mancher irrthümer ist aber die arbeit anregend und belehrend.

No. 4. Sp. 109: *Moriz Schmidt*, Sophokles Antigone nebst den scholien des Laurentianus. Jena 1880. Besprochen von *N. Wecklein*: die conjecturen des herausg. zeugen von bodenloser willkür und geschmacklosigkeit, die interpretation ist schwach. — Sp. 112: *Leopoldii Schmidtii*, supplementum quaestionis de Pindaricorum carminum chronologia. Marburg 1880. Zustimmende anzeige von *J. Sitzler*, welcher vorschlägt, im schol. zu Pind. Pyth. III *πέμπτης* statt *ἴσης* zu lesen. — Sp. 114: *O. Kreußler*, observationum in Theocritum particula quarta. Progr. Bautzen 1880. Referent *B. Hartung*: der verf. liefert manchen glücklichen beitrag zur textkritik und interpretation. — Sp. 117: die Enneaden des Plotin übersetzt von *H. F. Müller*. 2 bde. Berlin 1878 u. 1880. Rühmende anzeige von *H. v. Kleist*. — Sp. 119: *P. Maccii Plauti* comoediae. Recensuit et enarravit *Joannes Ludovicus Ussing*. Voluminis tertii pars altera *Epidicum Mostellariam Menaechmos* continens. Hanniae 1880. Angezeigt von *Peter Langen*: die ausgabe ist im einzelnen eine nicht unverdienstliche leistung, entspricht aber noch nicht allen anforderungen. — Sp. 124: *Wölfflin*, über die latinität des Afrikaners Cassius Felix. Separatabdruck aus den sitzungsberichten der kgl. bair. akademie der wissenschaften. 1880. Heft IV, p. 381 — 432. Lobende anzeige von *Gustav Landgraf*. — Sp. 126: *Herm. Weißenborn*, zur Boetius-frage. Aus dem progr. des großherzogl. realgym. zu Eisenach 1880. *S. Günther*: die behauptung des verf., die „geometrie" sei dem Boetius untergeschoben, ist nicht zur evidenz gebracht. — Sp. 128; *C. Daniel*, de dialecto Eliaca. Halis Sax. 1880. 56 p. 8. (Diss.). Anzeige von *W. Volkmann*. — Sp. 130: *P. Thümmer*, de civium Atheniensium muneribus eorumque immunitate. Vindob. 1880. Angezeigt von *H. Zurborg* bezeichnet die schrift als sehr sorgsam und fleißig abgefaßt (S. ob. 1, p. 40.). — Sp. 132: *Julius Africanus* B. U. 21. *C. Frick* referirt im ganzen zustimmend über den inhalt. (S. ob. 2, p. 78.). — Sp. 136: *H. Anton*, etymologische erklärung homerischer wörter. Progr. des gymn. zu Naumburg a/S. 1879/1880. Anzeige von *C. Venediger*.

Nr. 5. Sp. 141: *Ernestus Maaß*, de biographis Graecis quaestiones selectae. — Philologische untersuchungen, herausg. von *A. Kießling* und *U. v. Wilamowitz-Möllendorff*. Drittes heft. Berlin 1880. 3 mk. *A. Daub* bezeichnet die resultate der untersuchung als vielfach unsicher. Der vom verf. versuchte beweis, daß der grundstock der homonymenkataloge des Laertius nicht auf Demetrius Magnes zurückgehe, ist nicht überzeugend, ebensowenig der nachweis, daß die παντοδαπή ιστορία des Favorinus als hauptquelle anzusehen sei. In einem anhang wird von Wilamowitz die unhaltbarkeit dieser Favorinushypothese mit schlagenden gründen dargethan. — Sp. 150: *Theod. Hurmuzen*, de verborum collocatione apud Aeschylum Sophoclem Euripidem capita selecta. Diss. Göttingen 1880. Anzeige von *Metzger*: fleißige arbeit. — Sp. 150: *H. van der Mey*, ad Theognidem. Leidae 1880. Es bespricht *J. Sitzler* einige conjecturen. — Sp. 152: *Jac. Bernays*, zwei abhandlungen über die Aristotelische theorie des drama. Berlin 1880. Rühmende anzeige von G. — Sp. 155: *Eugen Raab*, die Zenonischen beweise. Progr. der königl. studienanstalt Schweinfurt 1880. Lobende anzeige mit kurzer inhaltsangabe von *B. Punsch*. — Sp. 157: *Aug. Otto*, de fabulis Propertianis particula prior. Dissert. Vratislaviae 1880. — Sp. 160: *W. Soltau*, über entstehung und zusammensetzung der altrömischen volksversammlungen. Berlin 1880. Angezeigt von *O. Gruppe*: ein gründliches und gewissenhaftes werk, das allen forschern zu empfehlen ist. — Sp. 163: *Hans Dütschke*, über ein römisches relief mit darstellung der familie des Augustus. Progr. der gelehrtenschule des Johanneums zu Hamburg 1880. Mit einer tafel. Nach *Th. Schreiber* ist die deutung willkürlich. — Sp. 167: *G. W. Gußrau*, lateinische sprachlehre. Zweite, verbesserte auflage. Quedlinburg 1880. Rühmende anzeige von *C. Venediger*.

Rheinisches museum, XXXVI, 3: Conjectanea, scr. *F. Buecheler*, p. 329. — Stobaios und Aelios, von *H. Diels*, p. 343. — Die lücken in der chronik des Malalas, von *L. Jeep*, p. 251. — Ueber die schriften des Cornelius Celsus, von *M. Schanz*, p. 362. — Studien zur chronologie der griechischen literatur-geschichte, I. Homer, von *E. Rohde*, p. 380. — Die Neomageuer monumente, von *F. Hettner*, p. 435. — *Miscellen*: die griechischen mimendichter und mimenkünstler, von *W. Dittenberger* und *F. Bücheler*, p. 463. — Alcaeus fr. 3 B., von *W. Hörchelmann*, p. 464. — Zu Apollodors bibliotheca, von *A. Ludwich*, p. 464. — Epigraphisches auf griechischen vasen, von *H. Heydemann*, p. 465. — Solon und Krösus, von *A. Philippi*, p. 472. — Zur Anthologia latina n. 802, von *A. Riese*, p. 475. — Zur geschichte der überlieferung von Cicero's briefen in Frankreich, von *G. Voigt*, p. 474. — Glossographisches, von *M. Voigt*, p. 477. — Petron am hof zu Hannover im jahr 1702 mit einem vorwort über J. Bernays, von *F. Buecheler*, p. 478.

Literatur 1881.
(dem Philologus und Phanzeiger zugesandt).

Anhang zu Homers Ilias. Schulausgabe von *K. F. Ameis*. VI. heft. Erläuterungen zu gesang XVI—XVIII von dr. *C. Hentze*. Leipzig 1881 (Teubner).

De scholiis Homericis ad historiam fabularum pertinentibus scr. *Eduardus Schwartz*. (Commentatio ex supplem. annal. philol. seorsum expressa). Lipsiae 1881 (Teubner).

Ueber den ursprung der homerischen gedichte von *J. P. Mahaffy*. Ueber die sprache der homerischen gedichte von *A. H. Sayce*. Autorisirte übersetzung von dr. *J. Imelmann*. Hannover 1881 (Helwing).

Hesiods werke und tage übertragen von *Rudolf Peppmüller*. Halle 1881 (Gebauer-Schwetschke).

Th. F. G. Bräuning: de adjectivis compositis apud Pindarum. (Pars altera). Altona, 1881 (Gymnasialprogramm).
Eschyle. Morceaux choisis publiés et annotés par *Henri Weil.* Paris 1881 (Hachette).
J. van Leeuwen: commentatio de Aiacis Sophoclei authentia et integritate. Trajecti ad Rhenum (J. W. Leeflang), 1881.
Mauricius Schmidt: de numeris in choricis systematis Aiacis Sophoclese continuatis. Jena, index scholarum hibernarum 1881/82.
The „Medea" of Euripides, with an introduction and commentary by *A. W. Verrall.* London 1881 (Macmillan).
Quaestiones duae ad Aristophanis Aves spectantes scr. *Julius Caesar.* Indices lectt. Marburg. aest. 1881.
Anapaestos eos, qui sunt in Vespis Aristophanis inde ab v. 1015 usque ad v. 1050, enarravit *A. H. Grimm,* phil. dr. Progr. des großherzogl. gymn. Friederic. zu Schwerin. Ostern 1881.
Theokrits gedichte. Erklärt von *Hermann Fritzsche.* Dritte auflage. Besorgt von *Eduard Hiller.* Leipzig 1881 (B. G. Teubner).
Theodor Birt: Elpides, (eine studie zur geschichte der griechischen poesie). Marburg (N. G. Elwert'sche verlagsbuchhandlung), 1881.
Dr. *Julius Steup:* Thukydideische studien. (Erstes heft). Freiburg i. B. und Tübingen 1881 (bei J. C. B. Mohr).
Dr. *Ferdinand Rüniger:* die bedeutung der Tycho bei den späteren griech. historikern, besonders bei Demetrios von Phaleron. Konstanz 1880. (Beilage zum programm des großherzogl. gymnasiums zu Konstanz für 1879/80).
Dr. *Klimke:* Diodorus Siculus und die römische annalistik. Königshütte 1881 (verlag von Louis Lowack).
Plutarque. Vie de Démosthéne, texte grec revu sur le manuscrit de Madrid accompagné d'une notice sur Plutarque et sur les sources de la vie de Démosthéne, d'un argument et de notes en français par *Ch. Graux.* Paris 1881 (Hachette et Cie.)
Ueber die quellen des Cassius Dio für die römische geschichte von *Adolf Baumgartner.* Tübingen 1880 (H. Laupp).
Rudolf Kunert: quae inter Clitophontem dialogum et Platonis rempublicam intercedat necessitudo. Greifswalde 1881 (doctor-dissertation.)
Theodorus Berndt: de ironia Menexeni Platonici. Monasterii Guestfalorum 1881 (doctor-dissertation).
Franciscus Susemihl: de magnorum moralium codice Vaticano 1842. Greifswalde 1881. (Index scholarum für das sommer-semester).
Die von Aristoteles in der poetik für die tragödie aufgestellten normen und ihre anwendung auf die tragödien des Sophocles von *Rudolf Klobsas.* Progr. des deutsch. k. k. obergymnasiums zu Olmütz pro 1880/81.
Adnotationes criticae ad Marcum Antoninum. Scr. dr. *Joannes Stich.* Progr. der kgl. studienanstalt Zweibrücken 1880/81.
Der gedankengang in Plotins erster abhandlung über die allgegenwart der intelligibeln in der wahrnehmbaren welt (Enn. VI. 4). Von dr. *Hugo von Kleist.* Jahresbericht des kgl. gym. u. der kgl. realsch. 1. ordnung zu Flensburg, ostern 1881.
Archimedis opera omnia cum commentariis Eutocii. E codice florentino rec., lat. vert., not. illustr. J. L. Heiberg. Lipsiae 1881 (B. G. Teubner),
Philologische studien zu griechischen mathematikern. III. von *J. L. Heiberg.* (Besonderer abdruck aus dem 12. supplementbande der jahrbücher für klassische philologie). Leipzig 1881 (B. G. Teubner).
Beiträge zur erklärung und kritik des Isaios von *W. Roeder.* Jena (Ed. Frommann) 1880.

Hyperidis orationes quattuor cum ceterarum fragmentis ed. *Frid. Blaß.* Editio II. Lipsiae 1881 (B. G. Teubner).

F. V. *Fritzschius:* Epipbyllides Lucianeae. (Rostocker index lectionum für das sommer-semester 1881).

De Aristophane Byzantio et Suetonio Tranquillo Eustathi auctoribus scr. *Leopold Cohn.* (Commentatio ex supplementis annalium philologicorum seorsum expressa). Lipsiae 1881 (B. G. Teubner).

Appendix Artis Dionysii Thracis ab *G. Uhligio* recensitae. (Beilage zum jahresbericht des Heidelberger gymnasiums für das schuljahr 1880/81). Lipsiae 1881 (B. G. Teubner).

The New Phrynichus, being a revised text of the ecloge of the grammarian Phrynichus with introduction and commentary by *W. Gunion Rutherford.* London 1881 (Macmillan and Co.).

Commentatio de Zenobii commentario Rhematici Apolloniani. Scr. *Georg Schoemann.* Wissenschaftliche beilage zum progr. des städt. gymn. zu Danzig, ostern 1881.

De Eudociae quod fertur violario. Dissert. inaug. Argentor. scr. *Paulus Pulch.* Argentorati 1880 (Truebner).

Charles Thomas Newton: die griechischen inschriften. Autorisierte übersetzung von dr. *J. Imelmann.* Hannover 1881 (Helwing'sche verlagsbuchhandlung).

T. Macci Plauti comoediae, rec. *Frid. Ritschl*, tomi I fasciculus IV: Asinaria, recensuerunt *Georgius Goetz* et *Gustavus Loewe.* Lipsiae 1881 (Teubner).

Ausgewählte komödien des P. Terentius Afer erklärt von *Carl Dziatzko.* Zweites bändchen: Adelphoe. Leipzig 1881 (Teubner).

Eclogae poetarum latinorum, in usum gymnasiorum composuit *Samuel Brandt.* Lipsiae 1881 (Teubner).

Select elegies of Propertius, edited with introduction notes and appendices by *J. P. Postgate.* London 1881 (bei Macmillan and Co.).

De arte metrica Catulli scr. dr. *J. Baumann.* Beigabe des progr. des gymn. u. der realschule zu Landsberg a. W. 1881.

Catulls carm. LXVIII, von *O. Harnecker.* Programm des städt. gymn. zu Friedeberg Nm. 1881.

Die elegien des Albius Tibullus und einiger zeitgenossen erklärt von B. Fabricius. Berlin 1881 (Nicolaische verlagsbuchhandlung R. Stricker).

De vocabulis Graecanicis quae traduntur in inscriptionibus carminum Horatianorum. Dissert. inaug. Argent. scr. *Eduardus Zarncke.* Argentorati 1880 (C. J. Troebner).

De C. Sollii Apollinaris Sidonii studiis Statianis scr. *Rudolphus Bitschofsky.* Vindobonae 1881 (Carl Konegen).

Fridericus Hanssen: de arte metrica Commodiani. Argentorati 1881. (Doctor-dissertation).

Das achte buch vom gallischen kriege und das bellum Alexandrinum. Eine studie von *Eduard Fischer.* Progr. der kgl. studienanstalt Passau zum schlusse des schuljahres 1879/80.

Carolus Huebenthal: quaestiones de usu infinitivi historici apud Sallustium et Tacitum. Halle 1881. (Doctor-dissertation).

Codex Helmstad. n. 304 primum ad complures, quas continet, Ciceronis orationes collatus. Pars VI. Addita sunt complura de cod. Cic epist. ad famil. adhuc incognito. Progr. des gymn. und der höberen bürgerschule zu Clausthal. Ostern 1881.

Dr. *Stamm:* Adnotationes grammaticae et criticae ad M. Tullii de divinitatione libros. Königsberg i. Ostpr. 1881 (bericht des königl. gymn. zu Rössel.)

Nr. 8. 9. August. September 1881.

Philologischer Anzeiger.

Herausgegeben als ergänzung des Philologus

von

Ernst von Leutsch.

71—84. Corpus Inscriptionum Latinarum, consilio et auctoritate Academiae litterarum regiae Borussiae editum. Volumen octavum. Inscriptiones Africae Latinae, collegit Gustavus Wilmanns. Pars prior: Inscriptiones Africae Proconsularis et Numidiae comprehendens. Pars posterior: Inscriptiones Mauretaniarum. fol. Berolini, Georg Reimer. 1881.

Das erscheinen einer fortsetzung unseres großen inschriftenwerks ist für alle freunde der epigraphik ein ereigniß von solcher bedeutung, daß sie sich so bald als möglich in den besitz des neuen bandes setzen und ihn je nach ihren speciellen interessen eifrig durchforschen. Für sie ist daher jede anzeige überflüssig. Eine solche soll hier auch nicht geboten werden. Es empfiehlt sich jedoch, die epigraphischen studien fern stehenden leser dieser blätter mit kurzen worten auf den vorliegenden achten band des Corpus aufmerksam zu machen und diese gelegenheit zu benutzen, dieselben im allgemeinen über das große unternehmen zu orientieren; denn einerseits ist dies in dieser zeitschrift noch nicht geschehen, andrerseits lehrt die erfahrung, daß in manchen bibliotheken das kostbare werk lediglich die repositorien ziert, weil nicht hinreichend bekannt ist, in wie vielfacher beziehung aus demselben aufklärung und belehrung geschöpft werden kann.

Daß der vorliegende, die afrikanischen inschriften enthaltende, doppelband schon jetzt hat publiciert werden können, verdanken wir einzig der unerschöpflichen arbeitskraft Th. Mommsen's. Gustav Wilmanns, der mit der herausgabe desselben beauftragt war, starb am 6. märz 1878, im 33. lebensjahre — ein

schwerer verlust für die wissenschaft. Der druck war damals
bis p. 408 vollendet, das material für den rest einigermaßen geordnet, aber nicht druckfertig. Da hat denn Mommsen die erbschaft seines schülers angetreten, zu seinen übrigen lasten auch
noch diese aufgabe auf sich genommen und deren vollendung,
inzwischen selbst von schwerem schicksal heimgesucht, in drei
jahren durchgesetzt. Wesentliche hülfe leistete ihm bei dieser
arbeit Hermann Dessau.

Wilmanns hatte sich für seine arbeit auf das trefflichste
vorbereitet; abgesehen von dem studium der einschlagenden litteratur bereiste er 1873/74 Tunis und 1875/76 Algier. Er
hatte dort mit den größten schwierigkeiten zu kämpfen; insbesondere klagt er über das klima (s. die bem. vor nro. 184 und
zu nro. 5530); auch die feindselige gesinnung der Franzosen bereitete ihm hindernisse: so hinderte ihn der französische commandant, der in deutscher kriegsgefangenschaft gewesen war,
an der gründlichen durchforschung von Theveste, und nur durch
drohungen konnte er es erreichen, daß er eine sammlung von
inschriften, welche sich im hofe des kastells befand, vergleichen
durfte (s. die bem. vor nro. 1837). Raffinierter gieng zu
Thamugadi ein gewisser Masqueray zu werke, der, von der bevorstehenden ankunft Wilmanns unterrichtet, einige tage vorher
die steine, so weit es möglich war, mit erde bedecken oder verstecken ließ. Zum glück aber wurde Wilmanns durch einige
Lambaesitaner, welche aus dem Elsaß stammten und über dies
verfahren empört waren, bereitwilligst bei den nunmehr vorzunehmenden ausgrabungen unterstützt (vgl. notiz vor nro. 2340).
Wenn so etwas von Europäern geschehen konnte, so darf die
offne feindseligkeit arabischer stämme nicht auffallen. Wiederholt hat Wilmanns flüchten müssen und wegen unsicherheit der
gegend sein ziel nicht gehörig erreicht (vgl. bemerk. vor nro
597 und 25). Nimmt man dazu die größe der aufgabe, ein so
ausgedehntes ländergebiet auf inschriften hin zu durchforschen,
so verdient Wilmanns' leistung doppelt bewunderung. Von den
inschriften von Lambaesis, die sich auf 1663 belaufen, hat er
192 zuerst abgeschrieben, von 268 von Thubursicum 101, von
292 von Căsarea 70. Diese zahlen beweisen, welche bereicherung das afrikanische material der kraft des rüstigen forschers
verdankt. Und es ist um so wichtiger, daß dieses alles sicher

geborgen ist, da die römischen überreste in Afrika in schmählicher weise verkommen. Das lager von Lambaesis wird als steinbruch behandelt; aus dem museum zu Constantine sind inschriften als baumaterial verkauft, und anderwärts dienen eingemauerte inschriften den soldaten bei ihren schießübungen als zielobjekt.

Wie schon angedeutet, hat Wilmanns nicht das ganze material zuerst zusammengebracht, im gegentheil ist für sammlung afrikanischer inschriften bereits in früheren jahrhunderten ab und an etwas geschehen; indessen eifriger ist diese aufgabe erst seit der französischen besetzung von Algier in angriff genommen. In den jahren 1840 bis 1845 unternahmen die Franzosen eine wissenschaftliche expedition, bei welcher der artillerie-officier Delamare die inschriften zu copieren hatte. Derselbe hat seine aufgabe so gut erfüllt, wie man es von einem nicht-epigraphiker nur erwarten konnte, und seinen apparat später Leo Renier übergeben. Dieser gelehrte bereiste Afrika 1850/51 mit Delamare und zum zweiten male 1852/53, und edierte sodann in den jahren 1855—1858 zu Paris seine große, 4417 inschriften umfassende, sammlung, der aber die vorrede, der größte theil der indices, die commentare und die karten fehlen, und einige andre mehr oder weniger erhebliche mängel ankleben. Man hatte in Berlin gehofft, daß der hoch verdiente mann sich bei der herausgabe des vorliegenden bandes des Corpus wesentlich betheiligen würde, so daß derselbe gewissermaßen eine zweite vermehrte und verbesserte auflage seines eignen werkes werden würde; aber diese hoffnung ist nicht in erfüllung gegangen. Dahingegen haben einige andre französische gelehrte, welche sich nach Renier um die afrikanischen inschriften verdient gemacht haben, ihre hülfe bereitwillig gewährt, so Héron de Villefosse, der als der erste kenner der inschriften in Algier zu bezeichnen ist, und Tissot, der erforscher des Bagradasthales.

Das werk selbst ist nun durchaus so angelegt, wie die übrigen bände des Corpus; über diese principien weiter unten mehr. Voran geht eine einleitung über die geschichte der römischen provinzen in Afrika, durch welche die eintheilung der sammlung in sieben abschnitte (provinc. Tripolitana (nro. 1—44), provinc. Byzacena (45—751), provinc. Proconsularis (752—1836), provinc. Numidia (1837—8366a), provinc. Mauretania Sitifensis

(8367—8984), provinc. Mauretania Caesariensis (8985—9987), prov. Mauretania Tingitana (9988—10015)) im einzelnen motiviert wird. Es folgt sodann die geschichte der militärischen besetzung Afrikas, welche höchst einfach ist, da seit Augustus fast ohne unterbrechung ein und dieselbe legion, die III Augusta, dort gelegen hat; nur in den jahren 238 bis 253 finden wir die leg. XXII primigenia in Afrika. Der legat der III Augusta, Capellianus, war nämlich dem Maximinus treu geblieben und hatte die beiden älteren Gordiane tödten lassen, daher wurde die legion von Gordian III. 238 aufgelöst. Indessen 253 wurde sie wieder hergestellt und die XXII primigenia kehrte nach *Germania superior* zurück. Von Augustus bis in die zeit der Flavier hatte die legion ihr lager zu Theveste; um 123 kam sie nach Lambaesis, wo sie bis in Diocletian's zeit blieb; und die noch in der Notitia erwähnten *Tertioaugustani* werden in demselben lager gestanden haben. In der zwischenzeit wird das lager in Mascula oder Thamugadi gewesen sein. Dieses zweite lager ist ebenso wenig wie das erste bis jetzt entdeckt, während das zu Lambaesis von den Franzosen ebenso wiedergefunden wurde, wie es die Byzantiner einst verlassen hatten.

An diese übersicht reihen sich ein historisch und ein alphabetisch geordnetes verzeichniß aller der autoren, welche afrikanische inschriften gesammelt oder über solche gehandelt haben, und endlich die gefälschten inschriften, deren zahl sehr gering ist. Hierauf folgen in der oben angegebenen ordnung die inschriften; von nro. 10016—10473 sind sodann sämmtliche meilensteine und von nro. 10474—10485 das *Instrumentum domesticum* zusammengestellt, Additamenta, ein Auctarium und die Indices machen den schluß. Eine dankenswerthe, aber auch durchaus nothwendige beigabe bilden vier karten, von denen die erste die Tripolitana, die zweite die gegend zwischen Capsa und Thacapas, die dritte Africa und Numidia, die vierte Mauretania Sitifensis und Caesariensis und auf zwei cartons denjenigen theil der Tingitana, in dem sich römische inschriften gefunden haben, sowie die umgegend von Sitifis zeigt. Zur erleichterung des gebrauchs dient ein *recensus locorum recentiorum*, ebenso wie die karten von Kiepert verfaßt.

Die orte, an denen sich die inschriften in besonders großer zahl gefunden haben, sind in der Byzacena Ammaedara (167 nummern); in der Proconsularis Carthago mit seiner umgegend (202 nummern); in Numidien Lambaesis (1663 nummern), Cirta (969 nummern), Mastar (350 nummern) und Thuburnicum (268 nummern); in Mauretania Sitifensis Sitifis (225 nummern); in Mauretania Caesariensis Caesarea (292 nummern). In der Tripolitana haben sich überall nur etwas über 60 inschriften gefunden, und in Mauretania Tingitana ist die ausbeute noch geringer gewesen.

Auf die große wissenschaftliche bedeutung des achten bandes im einzelnen einzugehen, muß ich mir versagen; in dieser beziehung will ich nur hervorheben, daß die inschriften sehr weit herabgehen und sich solche selbst aus dem VII. jahrhundert finden (s. nro. 9949), so wie ferner, daß eine große zahl von titeln für die kenntniß des römischen militärwesens von außerordentlicher bedeutung ist. Namentlich ist es durch den umstand, daß die leg. III Augusta jahrhunderte hindurch in demselben lager stand, ermöglicht worden, in bezug auf soldatenleben und die entstehung von municipien aus den das lager umgebenden marketenderbuden zu neuen und überraschenden resultaten zu gelangen. Ich verweise in dieser beziehung auf die abhandlung über die geschichte von Lambaesis (p. 289). Aus dem reichen inhalte sonst etwas hervorzuheben ist schwer; nro. 1641 berichtet von einer stiftung für waisenkinder, 4440 belehrt über die hinsichtlich der benutzung einer wasserleitung geltenden normen; die aufsätze über die gränzen der proconsularischen provinz und Numidiens (p. 467) und über Thuburnicum (p. 489) nehmen hohes interesse in anspruch. Genug, der vorliegende band bestätigt wiederum auf jeder seite, daß nur die inschriften uns einen einblick in das wirkliche leben und die realen zustände der kaiserzeit eröffnen können.

Die schriftsteller dieser jahrhunderte, welche sich wesentlich mit den die regierung betreffenden ereignissen beschäftigen, geben nur ein sehr unvollkommenes bild von der damaligen lage des reiches. Da treten denn die inschriften ein und berichten von den agrarischen zuständen, von den verhältnissen der municipien, von der provinzialverwaltung, vom leben und treiben der armeen, vom cultus und von tausend vorkommnissen des privatlebens, alles dinge, über die wir aus den schriftstellern durchaus nichts erfahren. Diese bedeutung der epigraphik erkannte vorlängst Borghesi. Dieser große gelehrte sagt (vgl. Noël des

Vergers Essai sur Marc Aurèle p. XXV): *Encouragé dès l'enfance à l'étude de la numismatique par l'exemple de mon père, formé à l'épigrafie par les leçons de Gaëtano Marini, je voulais réunir tout ce que ces deux branches de l'archéologie peuvent produire, je voulais, en reconstruisant par leurs secours les fastes de l'empire, y joindre l'histoire de l'administration, celle des familles, étudier la législation, l'armée, le sacerdoce, la vie privée, expliquer le monde moral par l'action de la loi, les lois par les moeurs, les moeurs par la conquête, reconnaître l'influence des races ou des climats.* Borghesi hatte aber unter den Deutschen nur zwei schüler, Mommsen und Henzen; auf den universitäten war keine gelegenheit geboten sich mit epigraphik zu beschäftigen. Allerdings wurden von historischen gesellschaften und localarchäologen inschriften gelesen und publiciert; aber das material war sehr zerstreut. Die älteren Corpora inscriptionum waren wenig correct, so daß die lesung der inschriften immer ein *periculosae plenum opus aleae* war; selbst durch Orelli's sammlung war nur zum theil abhülfe geschaffen. Um so zeitgemäßer war der plan der Berliner akademie, nach vollendung des von Boeckh edierten und geleiteten *Corpus Inscriptionum Graecarum* ein solches der lateinischen inschriften zu begründen, zumal ein von der französischen *académie des inscriptions* projectiertes derartiges unternehmen nicht zu stande gekommen war. Eine zeit lang war gefahr vorhanden, daß das Berliner unternehmen in die unrechten hände kam, indessen am 4. juli 1853 faßte die akademie den außerordentlich glücklichen beschluß, das gesammte werk einer commission, bestehend aus Theodor Mommsen, der in seinen *Inscriptiones Regni Neapolitani* ein für die epigraphik geradezu epoche machendes werk geschaffen hatte, Henzen und de Rossi anzuvertrauen. Für eine einzelne arbeitskraft, mochte sie auch noch so gewaltig sein, erschien die aufgabe mit recht als zu groß, und nothwendig mußte das unternehmen wenigstens zum theil seinen sitz in Rom haben, wo durch das institut auf dem Capitol deutsche wissenschaft sich schon eingebürgert hatte. Man theilte nun die arbeit so, daß Henzen und de Rossi die stadtrömischen inschriften und die von Latium, Etrurien und Picenum, Mommsen die des übrigen Italiens und der provinzen zur bearbeitung übernehmen sollte. Die zuziehung weiterer arbeitskräfte war vorgesehen.

Hienach wurde nun von den herausgebern und ihren mitarbeitern eine wahrhaft staunenswerthe thätigkeit entfaltet, die der natur der sache nach eine doppelte sein mußte. Es galt nämlich einerseits die erhaltenen inschriften von den steinen zu copieren oder an denselben zu vergleichen, und da haben zunächst Mommsen Baiern und Oesterreich sowie Oberitalien, Hübner Spanien, Portugal und England wiederholt bereist; in Rom arbeiteten anfangs Henzen und de Rossi gemeinschaftlich; da indessen der letztere später vorzugsweise mit der bearbeitung der christlichen inschriften und den forschungen über die katakomben beschäftigt war, liehen die mitglieder des instituts bereitwillig ihre unterstützung. Andrerseits ist eine außerordentlich große anzahl von inschriften nur noch in abschriften oder drucken erhalten, durften aber darum nicht von der aufnahme ausgeschlossen werden. Dies material verursachte ganz besondere schwierigkeiten. Ein theil desselben ist in zahlreichen localpublicationen zerstreut, denen ihrer natur nach eine weitere verbreitung versagt ist; ein anderer theil existiert handschriftlich in den händen der localarchäologen, wo er mit mühe aufgesucht werden muß. Bei weitem das meiste hieher gehörige befindet sich aber handschriftlich auf den bibliotheken — größere oder kleinere *corpora inscriptionum*, welche seit der renaissance von liebhabern zusammengestellt sind und lange zeit hindurch ganz unbekannt waren. Die arbeit, dieses material fruchtbar zu machen, erschien früher selbst einem Mommsen unausführbar. Den weg, diesen schatz zu heben, hat jedoch de Rossi gezeigt, indem er für seine christlichen inschriften die bibliotheken Italiens, Frankreichs, Deutschlands und Englands bereiste und sorgfältig ausbeutete. Nach diesem vorgange nun haben Henzen und de Rossi die römischen bibliotheken und die des unteren und mittleren Italiens durchforscht, Mommsen übernahm die zu Paris und in Oberitalien, die deutschen und holländischen; Hübner arbeitete in gleicher weise in Paris, Madrid und London, und eine große anzahl anderer gelehrter leistete mit freuden hülfreiche hand. Von diesen arbeiten ist in den einleitungen zu den einzelnen bänden rechenschaft gegeben, indem in besondern abschnitten die „Auctores" genau verzeichnet werden — sehr sorgfältige notizen, die eine vollständige geschichte der epigraphik enthalten und durch die masse des durchforschten materials bewunderung

erregen. Diese so gründliche und umfassende arbeit hat sich
nun als ungemein fruchtbar erwiesen. Man gelangte dahin,
den werth der einzelnen sammlungen richtig zu beurtheilen, während
bei getrennter betrachtung einzelner hefte oder nur einzelner theile solcher dazu der rechte anhaltspunkt gefehlt hätte.
Es wurde nun möglich hinsichtlich der im original verlorenen
inschriften vielfach vom druck auf die handschrift und hier wieder vom abhängigen autor auf den autopten zurückzugehen.
Daß dabei das ansehen der großen *Corpora*, z. b. Gruter's, erheblich gesunken ist, wird man nur natürlich finden. Es ist
ferner möglich geworden, abweichend von den älteren sammlungen, welche nur die quelle, aus der sie die inschrift genommen
haben, aufführen, dem texte der inschriften anmerkungen über
die quellen und abweichenden lesarten beizufügen. In dieser
adnotatio ist angeführt, wer den stein zuerst gesehen oder die
inschrift aus den aufzeichnungen des autopten entnommen hat;
diejenigen, welche die inschriften nur nach drucken gegeben
haben, sind mit ausnahme der großen sammlungen übergangen.
Hat der herausgeber die inschrift selbst gesehen, so sind nur
die interpolationen der früheren editoren, nicht aber deren irrthümer gegeben. Bei inschriften, welche jetzt nicht mehr nachgeprüft werden können, hat man gesucht den stammbaum der
vorhandenen abschriften aufzustellen und zu erforschen, ob man
es mit einer oder mit mehreren vom steine genommenen copieen
zu thun hat, und ob die späteren, von denen es feststeht, daß
sie den stein selbst gesehen haben oder gesehen haben können,
eine vorher genommene abschrift benutzt haben oder benutzt
haben können. Dies verfahren war um so mehr geboten, als
über allen zweifel erhabene zeugen nur wenige vorhanden sind
und, einem einzigen zeugen oftmals der glaube versagt werden
muß, während die übereinstimmung zweier selbständiger zeugen
auch für lesungen, welche an sich wenig glaubwürdig sind, vertrauen erweckt. Hat sich die ursprüngliche abschrift nicht mehr
ermitteln lassen und existieren nur mehrere mehr oder weniger
falsche copieen, deren verwandtschaft nicht zu bestimmen ist, so ist
die scheinbar beste ausgewählt. Diese trefflichen, von Mommsen
aufgestellten und von seinen mitarbeitern angenommenen, kritischen grundsätze haben nun in verbindung mit der langjährigen

übung der editoren zu einer sicherheit der lesung geführt, von der man in den älteren sammlungen weit entfernt war.

Die herausgeber haben aber ihr augenmerk nicht allein auf feststellung der texte, sondern auch auf aussonderung der offenbar gefälschten und verdächtigen inschriften gerichtet. Es kann hier auf die geschichte der fälschungen nicht eingegangen werden, soviel aber ist gewiß, daß viele inschriften so geschickt angefertigt sind, daß es nicht leicht ist den betrug zu entdecken, woher denn auch in den älteren sammlungen viele falsche inschriften unbeanstandet unter die echten aufgenommen und vorkommenden falls ohne bedenken von den gelehrten als echt verwandt worden sind. In welchem maße das geschehen ist, mögen folgende zahlen zeigen. Im zweiten bande unter den spanischen inschriften hat Hübner reichlich 500 falsche ausgeschieden; von diesen finden sich bei Gruter 125, und zwar als echt ohne jede bemerkung 61, als verdächtig 4, während 60 allerdings als gefälscht bezeichnet sind. Von den 5076 nummern, welche von Orelli zusammengestellt sind, hat Henzen im ergänzungsbande zu diesem werke, 117 als *spuria* und 63 als *suspecti* bezeichnet, also die forscher davor bewahrt, 180 inschriften in gegebener veranlassung als echt zu verwenden. Im Corpus erscheint nun alles als falsch oder verdächtig erkannte mit *adnotatio* versehen in jedem bande an besonderer stelle vereinigt, und zwar belaufen sich die betreffenden zahlen im III. bande (Illyrische provinzen) auf etwa 300, im V. (Oberitalien) auf über 1600, während die britannischen inschriften (bd. VII) wie die afrikanischen von fälschungen fast ganz verschont geblieben sind. Für die stadtrömischen inschriften (band VI) sind die *falsae* dem zweiten theile vorbehalten.

Die sachliche erklärung der inschriften würde den umfang des werkes ins ungemessene gesteigert und dessen vollendung in unabsehbare ferne gerückt haben, lag deshalb von vorn herein nicht im plane. Indessen ist davon doch mehr geboten, als man hienach erwarten dürfte. Wo es darauf ankam, eine stelle durch conjectur zu heilen, sind gründe und beweise angegeben. Bei verstümmelten inschriften sind die supplemente hinzugefügt, und es ist durch den druck kenntlich gemacht, ob diese aus älteren abschriften geschöpft sind, oder sich nach anleitung anderer inschriften bezw. aus sonstigen erwägungen ergeben. Wo es sich empfahl, ist die inschrift zum zweiten male in cursivschrift gegeben, wo dann die abgekürzten worte ausgeschrieben sind und die interpunction hinzugefügt ist. Außer diesen erheblichen hülfsmitteln für die erklärung sind auch mit dankenswerther abweichung von dem einmal aufgestellten plane öfters kürzere erklärende anmerkungen eingestreut, wie namentlich bei den auf das militärwesen bezüglichen inschriften. Die editoren haben aber mit reicher hand noch mehr gespendet. Um nämlich das chorographische eingehend zu behandeln, sind den einzelnen provinzen ausführliche einleitungen vorausgeschickt, in denen über die einrichtung derselben, ihre eintheilung, gränzen und besatzungen, sowie über die einzelnen gemeinden gehandelt wird. Aehnliche kürzere ausführungen finden sich vor den einzelnen communen. Sind diese vorreden auch nicht erschöpfend, so sind sie doch im hohen grade belehrend und erleichtern das verständniß der inschriften erheblich.

Gleichem zwecke dienen die Indices. Diese sind für ein großes inschriftenwerk von der wesentlichsten bedeutung, da niemand den gewaltigen stoff so beherrscht, um bei einer specialarbeit ohne dieses hülfsmittel das material rasch zusammenzubringen. Schon bei Gruter finden sich treffliche verzeichnisse, indessen werden dieselben durch die Indices des Corpus weit überboten. Bei Gruter z. b. sind im XXIII. abschnitte die eigennamen, ohne weitere unterscheidung nach *nomen* und *cognomen*, einfach alphabetisch aufgeführt. Im Corpus dagegen werden zunächst die *nomina* und sodann in einem besondern verzeichnisse die *cognomina* gegeben; ferner ist durch den druck bezeichnet, welche personen senatorischen standes sind, und dafür gesorgt, daß man sofort den *ingenuus*, *libertus* und den *servus* oder die *ancilla* erkennen kann; auch ist im index der *cognomina* genau angegeben, welche *cognomina* bereits im verzeichniß der *nomina* vorgekommen sind. In der übersicht über die consuln sind bei Gruter die consulpaare nach den namen des ersten consuls alphabetisch geordnet, ohne daß das jahr hinzugefügt wäre. Im Corpus sind die consuln mit angabe des jahres in chronologischer folge aufgeführt und die *ordinarii* und *suffecti* durch den druck kenntlich gemacht. Im abschnitt über das militärwesen ist bei Gruter alles und jedes, was zu diesem titel gehört, in alphabetische ordnung gebracht: im Corpus dagegen wird der abschnitt in folgende unterabtheilungen zerlegt: *cohortes praetoriae, cohortes urbanae, cohortes vigilum, exercitus, legiones, alae, cohortes auxiliariae, numeri reliqui, classes, officia militaria et classiaria, bella et expeditiones.* Wie sehr dadurch die benutzung der inschriften erleichtert wird, liegt auf der hand. Die Indices befolgen, abgesehen von hie und da auftretenden geringen abweichungen, folgendes system: I. *nomina virorum et mulierum*; II. *cognomina virorum et mulierum*; III. *imperatores et domus eorum*; IV. *reges externi*; V. *consules*; VI. *honores publici populi Romani*; VII. *res militares*; VIII. *dii deaeque*; IX. *populus Romanus, tribus Romanae*; X. *provinciae, civitates*; XI. *res municipalis*; XII. *collegia et principales eorum*; XIII. *artes et officia privata*; XIV. *carmina*; XV. *litterae singulares notabiliores*; XVI. *grammatica quaedam*; XVII. *notabilia varia.* Die einzelnen titel zerfallen mehrfach in verschiedene unterabtheilungen. Bei sorgfältiger benutzung dieser verzeichnisse ist es auch dem in der epigraphik noch wenig geübten recht wohl möglich, das Corpus selbständig zu gebrauchen.

Die inschriften selbst sind jedoch nicht nach classen geordnet. Diese anordnung ist in den älteren sammlungen hergebracht und empfiehlt sich auch überall da, wo nicht nach vollständigkeit gestrebt wird. Im Corpus aber, welches das gesammte römische reich umfassen soll, war die geographische eintheilung nach provinzen geboten; innerhalb derselben erscheinen wieder die colonieen und municipien so, wie sie in der trajanischen zeit, also während der blüte des reichs, bestanden. Die vorgeschichte der provinzen und ihre späteren schicksale sind in den einleitungen auseinandergesetzt. Die inschriften der einzelnen gemeinden sind jedoch nach classen geordnet, und zwar in folgender weise: *tituli sacri, imperatorum, magistratuum publicorum, militarium virorum, magistratuum municipalium et collegiatorum, officium et domus, reliqui sepulcrales, fragmenta, christiani,* und in jeder classe wieder nach der alphabetischen reihenfolge der namen. Diese eintheilung war jedoch nur möglich, insoweit die inschriften den städten selbst oder deren umgebung entstammen; in denjenigen capiteln, welche die gebiete der communen behandeln, ist die geographische ordnung befolgt, aus der erhellt, welche orte in römischer zeit bewohnt gewesen sind. Die inschriften der gefässe und geräthe — das sogenannte *Instrumentum domesticum* — sowie die meilensteine, welche nicht wohl anders als im zusammenhange behandelt werden können, sind am schluß jeder provinz zusammengestellt. Durch die durchgängige befolgung dieses systems, welches allerdings nicht bis ins kleinste detail hinein absolut bindend gewesen ist, ist überall eine leichte orientierung ermöglicht. Nur im VI. bande, welcher die stadtrömischen inschriften behandelt, ist die lokale eintheilung verlassen, weil bei den meisten dahin gehörenden titeln der fundort nicht bekannt ist, und die anordnung nach classen wieder aufgenommen.

Es möge noch bemerkt werden, daß, um das auffinden der orte, aus denen die inschriften stammen, zu erleichtern, den einzelnen bänden karten beigegeben sind, welche die antike eintheilung der provinzen mit genauer scheidung der municipien und colonieen darstellen, aber auch die modernen namen geben. Sie sind sämmtlich von Kiepert's hand gezeichnet und geben ein bild des Römerreichs, wie es noch nicht vorhanden gewesen ist.

Nach den im vorstehenden dargestellten grundsätzen bearbeitet, erschienen nun 1867 band II, die inschriften Spaniens von Hübner; 1873 band III, 1 und 2, die inschriften Illyricums durch Mommsen; 1872 und 1877 edierte derselbe im band V, 1 und 2 die denkmäler Oberitaliens; 1876 wurde die erste abtheilung des VI. bandes mit den stadtrömischen inschriften von Henzen herausgegeben; der VII. band, Britannien von Hübner, erschien gleichfalls 1876; wie oben bemerkt liegt aus dem jahre 1881 jetzt die sammlung der afrikanischen inschriften von Wilmanns und Mommsen vor. Den I., 1863, und den IV., 1867 erschienenen band haben wir hier nicht erwähnt, da beide eine besondere stellung in dem gesammtwerke einnehmen und daher unten speciell besprochen werden sollen. Es ist rüstig geschafft, und da von den folgenden bänden bereits nicht wenig gedruckt ist, so darf der vollendung des riesenwerks mit sicherheit entgegengesehen werden. Band IX und X, Unteritalien enthaltend, ist von Mommsen, band XI, Mittelitalien, von Bormann übernommen; die inschriften Galliens bearbeitet O. Hirschfeld, und zwar wird bd. XII die Narbonensischen, band XIII die übrigen gallischen sowie die germanischen, letztere von Zangemeister, enthalten. Die zweite abtheilung des VI bandes werden wir Bormann zu verdanken haben.

Was nun den reichen inhalt des werkes selbst angeht, so müssen wir uns darauf beschränken in der kürze einen band durchzugehen. Wir wählen dazu den dritten, der den mannigfaltigsten inhalt hat. Da finden wir zunächst (p. XIX—XXXIV) den *Index auctorum*, in dem alle diejenigen aufgeführt werden, welche aus den in diesem bande behandelten ländern inschriften gesammelt, und publiciert oder handschriftlich hinterlassen haben. Die zahl der artikel beträgt über 850; es ist allerdings nicht über jeden autor genaues mitgetheilt, da vor den einzelnen provinzen wieder besondere Indices mit detaillirten nachrichten über die gewährsmänner gegeben sind. Am ausführlichsten wird über Cyriacus von Ancona (1391—1457) gehandelt, der theils aus handelsinteressen, theils aus liebe zum alterthume in den jahren 1412—1437 die ausgedehntesten reisen unternahm. Er sah Aegypten; Klein-Asien, Rhodos, Syrien, Cypern; Rom, Latium, Etrurien, Oberitalien, Neapel, Unteritalien, Sicilien; Constantinopel, Thracien, Macedonien, Thessalien, Epirus, Dalmatien, Istrien, Griechenland und die inseln des Archipelagus und des thracischen meeres, zum theil wiederholt. Er sammelte alles, was sich auf das alterthum bezog, griechische und lateinische inschriften, münzlegenden, bibliothekkataloge, auszüge aus handschriften u. a. m. Leider ist von seiner hinterlassenschaft nur noch einiges und dieses verstümmelt, übrig; es existieren aber noch excerpte aus den verlorenen originalen. Ueber alles dieses wird genau auskunft gegeben; überdies begegnen wir dem Cyriacus durch das ganze werk wieder und wieder, und mit recht, da er als der begründer der epigraphik anzusehen ist. Auf diesen Index folgt (p. 1* bis 34*) die zusammenstellung der falschen inschriften mit einem register ihrer anfänge. Ihre zahl beläuft sich auf 257.

Die dann beginnende inschriftsammlung zerfällt in zwei theile, von denen der erste die lateinischen inschriften aus den griechisch redenden provinzen des römischen reichs umfaßt. Derselbe ist nur als eine ergänzung zum *Corpus Inscriptionum Graecarum* anzusehen; daher sind topographische untersuchungen, ausführungen über die municipalverfassungen u. dgl. nicht gegeben, und die meilensteine sowie das geräth nicht zusammengestellt, sondern jedesmal an der betreffenden stelle aufgeführt. Doch ist die ordnung der provinzen gewahrt; auch die autoren werden angegeben, aber kürzer behandelt, als sonst im plane lag. Es folgen nun die inschriften aus Creta und der Cyrenaica (nr. 1—12), aus Aegypten und Aethiopien (nr. 13—85), unter denen auf die sammlung der Inschriften des Memnonskolosses hingewiesen werden möge. Arabien (nr. 86—114) ist mit einer kurzen einleitung über die geschichte und besatzung dieser provinz versehen, sodann Palaestina (nr. 115—117), Syrien (nr. 118—211), Mesopotamien (nr. 212—213), Cypern (nr. 214—219), Cilicien (nr. 220—230), Lycien und Pamphylien (nr. 231—234), Cappadocien und Galatien (nr. 235—319), Pontus und Bithynien (nr. 320—347), endlich Asien (nr. 348—483). Es folgen nun die europäischen provinzen griechischer zunge, und zwar zunächst Achaia (nr. 484—573) und Epirus (nr. 574—584), dann Macedonien und Thessalien (nr. 585—712), Thracien (nr. 713—748), und *Moesia inferior* (nr. 749—785). Vor 498 findet sich eine ausführung über die römische colonie von Patrae, vor 602 über Dyrrachium und vor 633 über Philippi. Vor 713 findet sich eine tabellarische übersicht über Cyriacus' reisen in den jahren 1444—1447, vor 749 eine kurze einleitung über Nicopolis und Sistova, sowie vor 768 über Tomi und vor 773 über Troesmis (Iglitza).

Der nun folgende zweite haupttheil umfaßt Illyricum, worunter die provinzen Dacia, Moesia superior, Dalmatia, Pannonia inferior und superior, Noricum und Raetia zusammengefaßt sind. Da mit diesen lateinisch redenden provinzen der eigentliche inhalt des bandes gegeben ist, so erscheint von jetzt an die arbeit in ihrer rechten ausdehnung und in ihrem vollen glanze. Dacien (nr. 786—1640) wird der Index auctorum mit 38 artikeln und eine abhandlung über die geschichte der provinz vorausgeschickt; sämmtliche gemeinheiten erhalten ihre besonderen einleitungen, unter denen die zur colonie Apulum (Karlsburg) vor nr. 972 und zu Sarmizegetusa vor 1417 besonders hervorzuheben sind. Moesia superior (1641—1703) war noch wenig durchforscht, die anzahl der autoren ist daher gering und die einleitung über die provinz nur kurz; es finden sich aber besondere ausführungen über Viminacium (Kostolatz) vor 1646, Singidunum vor 1660, und das seinem antiken namen nach noch nicht sicher bestimmte dorf Mustapha Pascha Palanka vor 1685. Die zahl der dalmatinischen inschriften ist größer (1704—3219), der Index auctorum reicher; in der einleitung wird unter anderem besonders sorgfältig von der besatzung gehandelt. Unter den ausführungen über die einzelnen gemeinden zeichnet sich die zur colonie Salona aus, entsprechend der bedeutung, welche dieser ort mit seinen 742 inschriften für die Epigraphik hat. Es folgen Pannonia inferior (3220—3775) und superior (3776 —4711), Noricum (4712—5767) und Raetien (5768—6006), sämmtlich in gleich ausführlicher weise bearbeitet. Namentlich sind die einleitungen dem sorgfältigsten studium zu empfehlen; sie geben, auf realem boden stehend, mit fernhaltung aller conjectur nur das, was man wirklich weiß, und lassen das reich mit seinen colonieen und municipien, seinen straßen, mansionen und mutationen vor unseren augen wieder erstehen. Von 6007 an ist das geräth aus den beiden Pannonien, Noricum und Rätien zusammengestellt: henkelinschriften, inschriften von lampen, thongeräthen und -gefäßen, gegenständen aus blei, glasgefäßen, gewichten, goldenem, silbernem und kupfernem geräth u. s. w.

Dem dritten bande sind vier sehr wichtige und höchst interessante anhänge beigegeben, inschriften, deren getrennte aufführung bei ihren fundorten von keinem werthe gewesen wäre, da die betreffenden monumente nothwendig eine zusammenfassende behandlung erfordern. Zunächst ist hier das Monumentum Ancyranum, die bekannte politische rechtfertigungsschrift des Augustus, zu erwähnen. Dasselbe existiert zu Ancyra im lateinischen urtext und in griechischer übersetzung, in Apollonia (Pisidien) in griechischer übersetzung, jedoch nicht vollständig. Der bearbeitung des lateinischen textes ist die auf Napoleon's III. befehl im jahre 1861 von Perrot und Guillaume gefertigte abschrift zu grunde gelegt. Der griechische theil der Ancyranischen inschrift, zum großen theile verbaut, ist theils durch Hamilton 1836, theils durch Perrot 1861 bloßgelegt, die mauern haben jedoch wieder aufgeführt werden müssen. Das exemplar zu Apollonia, dessen beste abschrift Waddington verdankt wird, hat nach vervollständigung des griechischen theils des exemplars von Ancyra nicht mehr die frühere bedeutung. Das ganze ist von Mommsen im jahre 1865 herausgegeben, und diese arbeit, jedoch ohne commentar, wird im Corpus (p. 769 ff.) wiederholt, wobei die griechischen theile von Kirchhoff behandelt sind. Pag. 774 bis 785 werden der lateinische und der griechische text, mit der *varia lectio* versehen, nebeneinander gestellt, es folgen

p. 786—787 ergänzungen der *adnotatio* und endlich p. 788—799 die restitution beider texte.

Im zweiten anhange (p. 801—841) wird das aus dem jahre 301 stammende *Edictum Diocletiani et collegarum de pretiis rerum venalium* mitgetheilt. Vgl. darüber [Lactant.] *De mortib. persecut.* 7, p. 1385 Bün.: idem (*Diocletianus*) *cum variis iniquitatibus immensam faceret caritatem, legem pretiis rerum venalium statuere conatus est: tum ob exigua et vilia multus sanguis effusus nec venale quicquam metu apparebat, et caritas multo deterius exarsit, donec lex necessitate ipsa post multorum exitum solveretur*. Dies für die preisverhältnisse damaliger zeit so höchst interessante edict ist in vier lateinischen und sechs griechischen, sämmtlich aus verschiedenen orten der östlichen provinzen stammenden, fragmenten erhalten, welche zunächst mit angabe der *varia lectio* aufgeführt werden und aus denen dann p. 824 ff. das gesetz wieder hergestellt wird. Die griechischen, an einigen stellen allein erhaltenen, reste sind den lateinischen zur seite gestellt. Hinsichtlich der erklärung wird auf Mommsen's ausgabe in den berichten der Sächs. ges. d. wiss. vol. III, 1853, p. 1 ff. und 383 ff. sowie auf Waddington's commentar bei LeBas inscript. III, p. 145 verwiesen.

Der dritte anhang (p. 843—919) bietet die sämmtlichen bis dahin bekannten militärdiplome = *privilegia militum veteranorumque de civitate et conubio*, welche sich besonders für den dritten band eigneten, da über die hälfte dieser denkmäler in den provinzen desselben gefunden ist. Nach der in üblicher weise angegebenen litteratur folgen in chronologischer ordnung mit genauer angabe der data die texte der von Claudius bis Diocletian reichenden diplome. Den nris XXX, aus Hadrian's, XLII und XLI aus Pius', LII aus Gordian's und LVI aus Decius' zeit stammenden sind aus paläographischen gründen facsimilia beigegeben, allen eine umschrift der legende. Von p. 902 an wird der in diesen urkunden enthaltene stoff in so gründlicher weise nach jeder seite hin durchgearbeitet, daß damit die frühere litteratur völlig überflüssig geworden ist.

Endlich sind hier (p. 921—966) die dacischen wachstafeln (*Instrumenta Dacica in tabulis ceratis conscripta aliaque similia*) behandelt. Es sind dies hölzerne triptychen, deren vier innere seiten mit wachs überzogen und mit urkunden über darlehen, vollzogene käufe, deposita u. dgl. beschrieben sind. Dieselben

sind in den verlassenen goldbergwerken bei Verespatak in der
nähe von Karlsburg in Siebenbürgen gefunden. Dieser, im alterthume *Alburnus maior* genannte, ort war von den Pirusten
bewohnt, welche des bergwerksbetriebes wegen von Trajan aus
dem südlichen Dalmatien dorthin versetzt waren. Die tafeln
stammen aus den jahren 131—167 und sind in der so schwer
zu lesenden cursivschrift geschrieben. Daher ist überall das facsimile gegeben nach photographischer nachbildung entweder des
originals oder der genauen abschrift. Eine sachliche erklärung
der wesentlich juristischen documente ist nicht hinzugefügt. Beigegeben sind eine aus Tragurium in Dalmatien stammende, mit
verwünschungen gegen einen bösen geist beschriebene, bleitafel
aus dem sechsten jahrhundert, 24 ziegel mit cursivschrift aus
Pannonien und Rätien und die besprechung der tafel A, welche
die auf den denkmälern erscheinenden buchstabenformen der
cursivschrift zur anschauung bringt. Additamenta nebst den Indices bilden den schluß des gewaltigen bandes.

Den inhalt des II., V., VI. und VII. bandes in gleicher
weise zu besprechen, ist unthunlich, dahingegen müssen wir beim
I. und IV. bande etwas verweilen, da dieselben eine eigenthümliche stellung in dem gesammtwerke einnehmen.

Der band I ist als vorläufer des eigentlichen Corpus zu
betrachten. Er enthält die inschriften bis zum jahre 44 n. Chr.
Nach dem ursprünglichen plane sollte er aus drei abtheilungen
bestehen, der von Mommsen bearbeiteten inschriftsammlung, dem
die facsimilia enthaltenden theile und endlich einem paläographischen commentare dazu. Mit der bearbeitung dieser beiden
theile war als der berufenste Ritschl beauftragt: indessen sind
nur die tafeln, nicht aber der commentar erschienen.

Bei der bearbeitung der ersten abtheilung hatte Mommsen
erhebliche schwierigkeiten zu überwinden. Da die meisten der
hieher gehörenden inschriften aus Rom und dessen umgegend
stammen, so war es gegeben, daß die aufzunehmenden monumente nicht von Mommsen, sondern von Henzen in Rom ausgewählt wurden, während dem ersteren die bearbeitung oblag.
Sodann kam die altersbestimmung der inschriften, sofern sie nur
aus paläographischen gesichtspunkten getroffen werden mußte,
nach dem plane eigentlich Ritschl zu, und es war nahe daran,
daß Mommsen derartige inschriften ganz übergieng. Doch ist

das nicht geschehen, und Mommsen hat von den in Ritschl's tafeln aufgenommenen titeln nur diejenigen ausgelassen, deren jüngerer ursprung ihm feststand. Ferner war es zu bedauern, daß bei abfassung der arbeit das urtheil über die oben erwähnten auch hier nicht zu entbehrenden handschriftlichen sammlungen, noch nicht feststand. Bei noch existierenden inschriften hielt sich der herausgeber an Ritschl's tafeln sowie an abklatsche, welche ihm Brunn, Henzen und de Rossi mittheilten. Einen vollständigen kritischen apparat beabsichtigte Mommsen nicht zu geben, da die hier aufgenommenen inschriften an ihrer gehörigen stelle im hauptwerk wiederkehren sollten; auch sind die *falsae* übergangen. Dahingegen konnten erklärende commentare, die vom hauptwerke ausgeschlossen sind, hier nicht bei seite gelassen werden; doch sind sie nicht gleichmäßig vertheilt. Sie haben einerseits den zweck, das alter der inschriften zu bestimmen, andrerseits solche monumente, welche beschädigt auf uns gekommen sind und nicht ohne hülfe gelesen werden können, oder ihrer natur nach im zusammenhange erläutert werden müssen, zu erklären. Was sich dagegen leicht liest und nur mit anderweitig bekanntem richtig combiniert werden muß, ist unerklärt geblieben, namentlich das grammatische und paläographische, das zu Ritschl's aufgabe gehörte.

Der inhalt des starken bandes ist nun folgender. Der erste theil giebt die inschriften, welche älter sind als der Hannibalische krieg, und zwar die münzen, das *carmen arvale*, die Scipionengrabschriften mit ausführlicher einleitung und erklärung, die spiegel- und gefäßinschriften, die ältesten inschriften aus Latium, Picenum u. s. f. sowie die *columna rostrata* mit eingehendem commentare. Der zweite theil enthält die inschriften vom Hannibalischen kriege bis zum tode Cäsars, zunächst die gesetze, unter denen die *Epistula de Bacchanalibus*, die *lex repetundarum*, die *lex agraria*, *Rubria* und *Iulia municipalis* mit ihren commentaren hervorzuheben sind; sodann die münzen in tabellarischer übersicht; ferner die inschriften, deren alter aus den consulnamen oder aus andern sachlichen gründen bestimmt werden kann, mit wenigen ausnahmen chronologisch geordnet; weiter die inschriften römischer magistrate unbestimmbarer zeit, die schleuderbleie, die consulartesseren und die ziegel von Veleia mit consulnamen, endlich die übrigen inschriften unsicherer zeit nach fundorten, und die sortes oder spruchtäfelchen. Als zugaben folgen sodann die *Clarorum liberae reipublicae virorum elogia*, welche, zu einer reihe von statuen und brustbildern gehörend, auf die beischriften zu den stammbäumen in den atrien vornehmer häuser zurückgehen und allerdings in der kaiserzeit geschrieben sind, aber sich doch nur auf republikanische männer beziehen. Ein werk bewunderungswürdiger gelehrsamkeit ist ferner die zusammenstellung und commentierung sämmtlicher erhaltenen kalendarien, sowohl der fragmente, als auch der vollständigen des Philocalus aus dem jahre 354 p. Chr. und des Silvius aus dem jahre 448/49 p. Chr. Den schluß machen die von Henzen bearbeiteten *Fasti consulares capitolini*, die *Acta triumphorum capitolina* mit den übrigen dahin gehörenden fragmenten. Aus diesem material in verbindung mit den nachrichten der schriftsteller hat dann Mommsen ein fortlaufendes consularverzeichniß vom jahre 245—766 der stadt zusammengestellt. Die vortrefflichen, namentlich auf das grammatische tief eingehenden Indices sind von Hübner angefertigt.

Wie nun Mommsen's arbeit dem grammatiker, historiker und antiquar in gleicher weise dient, so sind die von Ritschl bearbeiteten tafeln — *Priscae latinitatis monumenta epigraphica* — lediglich für den grammatiker und den paläographen bestimmt. Den gedanken durch eine sammlung aller vorhandenen älteren inschriftlichen monumente im facsimile die entwickelung der lateinischen sprache und schrift genau darzulegen, hatte Ritschl schon gefaßt, ehe die akademie die herausgabe des Corpus beschloß. Schon 1852 verabredeten Ritschl und Mommsen in Leipzig, daß jener ein tafelwerk zusammenstellen, dieser dagegen alle auf den tafeln facsimilierten inschriften in einem besonderen bande wiederholen und damit auch diejenigen verbinden sollte, welche nur in abschriften übrig sind — ein vollständiges *Corpus inscriptionum ad priscam latinitatem spectantium omnium*. Als nun 1853 die akademie ihren beschluß faßte, wurde Ritschl's und Mommsen's plan in den rahmen des großen unternehmens einbezogen, und sollte der erste band, dreifach getheilt, dem gesammtwerke als prodromus vorausgeschickt werden. Ritschl's grammatischer und paläographischer commentar ist nun zum großen schaden der wissenschaft nicht erschienen; aus welchen gründen, ist jetzt im II. bande der Ribbeck'schen biographie Ritschl's p. 200 ff. ausführlich zu lesen. Der tafelband wurde daher einfach als beigabe des I. bandes des Corpus ausgegeben. Zwar beabsichtigte Ritschl auf eigne hand eine kleinere derartige publication zu veranstalten; aber leider ist auch dies unterblieben. Doch entbehrt der tafelband der erklärenden beigaben nicht. Er beginnt mit einer *Enarratio* der tafeln, welche sich über beschaffenheit und aufbewahrungsort der monumente ausspricht, darlegt, durch welche mittel die nachbildung ermöglicht ist, und das grammatische und paläographische verfolgt. Die Indices sind von Ritschl selbst angefertigt. Die zahl der tafeln beläuft sich auf 90, zwei supplementtafeln, welche col. 91—94 der *Enarratio* bilden, sind später hinzugekommen; außerdem finden sich auf col. 97, 98, 100—102 nachträge zu den facsimilia, und anderweitige nachträge sind an mehreren stellen zerstreut. Die ausführung der tafeln, sämmtlich von der hand des lithographen Penning, ist über alles lob erhaben, und die vollständige correctheit durch Ritschl verbürgt. Wahre kunstwerke sind die nachbildungen der bronzetafeln. Seit diese publicationen vorhanden sind, können die originale ohne schaden für die wissenschaft untergehen. Bei der anordnung der tafeln wurde hauptsächlich der zweck verfolgt, die entwickelung der sprache und die änderungen der schrift zu zeigen. Doch ist gleichartiges nicht getrennt; so stehen die kleineren monumente aus erz, knochen, blei und thon auf taf. 1—17 zusammen, die gesetze taf. 18—35; ferner sind zusammenbelassen die münzen, spiegel, schleuderbleie, tesseren u. dgl. Bei den steininschriften ist dagegen eine strengere chronologische ordnung innegehalten, und es scheiden sich da fünf perioden: 1) bis Livius Andronicus, 2) bis Ennius, 3) bis Accius, 4) bis zum Marsischen kriege, 5) bis zur schlacht bei Actium.

Ein so monumentales werk konnte natürlich nur mit hülfe vieler freunde zu stande gebracht werden, zumal Ritschl während der neunjährigen arbeitszeit nicht in Italien gewesen ist. Die zahl der helfer diesseit wie jenseit der Alpen ist denn auch eine sehr große; vor allen aber ragen hervor Mommsen, Henzen und Brunn, von denen der letzte eine wahrhaft staunenswerthe thätigkeit entwickelt und weder anstrengungen noch gefahren bei der aufspürung und copierung der denkmäler gescheut hat. (Vgl. Ribbeck a. o. p. 215).

Wir haben nun noch vom vierten bande zu handeln, der die Pompejanischen wandinschriften enthält. Diese hätten nach dem geographischen eintheilungsprincip ihre stelle bei den Neapolitanischen finden müssen, da sie sich jedoch nach inhalt und form wesentlich von den sonstigen inschriften unterscheiden, so empfahl es sich ihnen einen besondern band einzuräumen. Bearbeitet ist derselbe von Zangemeister, der sich zu diesem zwecke zweimal längere zeit in Pompeji aufgehalten hat und von Mommsen durch mittheilung der für die *Inscriptiones Neapolitanae* veranstalteten, aber dort nicht zur publication gelangten sammlungen unterstützt ist. Bekanntlich zerfallen die fraglichen inschriften in zwei gruppen, die gemalten (*dipinti*), welche wahlempfehlungen, bekanntmachungen von spielen, wohnungsvermiethungen u. dgl., und die eingekritzelten (*grafiti*), welche allerlei, oft wenig saubere, herzensergießungen enthalten, wie wir solche auch in unsern tagen überall finden. Die schrift der ersteren nähert sich der auf inschriften gewöhnlichen und bietet für die lesung geringe schwierigkeit; die der letzteren ist wiederum jene schwer zu entziffernde cursivschrift, der wir auf den Dacischen wachstafeln begegnet sind. In der einleitung giebt der verfasser eine übersicht über die bisherigen arbeiten auf diesem gebiete; dann folgen die *falsae* und *suspectae*; hierauf die *dipinti* (nr. 1—1204) und zwar zunächst (nr. 1—83) die *Programmata antiquissima*, wahlempfehlungen aus der zeit vor dem erdbeben vom jahre 63 p. Chr., bei der verblassung der schriftzüge sind dieselben nicht immer leicht zu lesen. Die vorbemerkungen zu diesem abschnitte behandeln die eigenthümlichkeiten dieser inschriftenclasse in schrift und sprache und stellen die in denselben vorkommenden magistrate zusammen. Hieran reihen sich nro. 84—1176 nach straßen geordnet, die *tituli picti recentiores*, wahlempfehlungen, ankündigungen von vermiethungen, acclamationen, beischriften zu mauerbildern, und sonstige inschriften, deren inhalt dem der *grafiti* sehr nahe steht. Die einleitung verbreitet sich ausführlich über wahlinschriften. Nro. 1177—1204 enthalten anzeigen von spielen, deren inhalt in den vorbemerkungen zusammengestellt ist. Die ebenfalls nach straßen geordneten *grafiti* umfassen die nro. 1205—2512, 2513 stammt aus Herculaneum. Endlich folgen alphabete (2514—2549) und eine sammlung von steinmetzzeichen der stadtmauer — ein bis dahin noch wenig beachteter gegenstand. Der eigenthümliche charakter der hier behandelten inschriften veranlaßte ihre facsimilierung (taf. II—XL und XLVIII—LV); zwar sind nicht sämmtliche leichter zu lesende *dipinti* gegeben, aber die *grafiti* ohne ausnahme; und wenn auch auf tafel I die buchstabenformen der cursivschrift verzeichnet sind, so wird man doch darüber staunen, daß es gelungen ist, diese kritzeleien zu entziffern. Die zweite hälfte des bandes giebt von p. 169 an die ebenfalls in *dipinti* und *grafiti* zerfallenden inschriften von Pompejanischen thongefäßen, bearbeitet von Richard Schöne. Die entzifferung derselben war äußerst schwierig, da die *dipinti* sehr unleserlich geworden und die buchstabenformen sehr frei sind, sowie nirgends daraus eine hülfe zu gewinnen ist, daß man weiß, wie lang die inschrift gewesen sein und was an irgend einer stelle gestanden haben muß. Die ausführliche einleitung handelt von der sitte, auf den weinkrügen den namen des weins und den jahrgang vermittelst des consulpaares anzugeben, stellt die vorkommenden namen beider kategorien zusammen, weist nach, welche sonstigen gegenstände in den amphoren aufbewahrt worden, verbreitet sich über die personennamen, welche auf den gefäßen vorkommen und welche entweder, im genetive stehend, den verkäufer, oder, im dativ stehend, den herrn des weinbergs oder auch den adressaten in Pompeji bezeichnen, und schließt mit einer erörterung über die zahlzeichen und sonstigen notae. Sämmtliche gefäße sind jünger als Augustus. Die schwerer lesbaren und nicht gut durch den druck darzustellenden inschriften sind nach Schöne's zeichnungen auf taf. XLI—XLVII abgebildet. Daß auch in diesem bande die kritischen principien des gesammtwerks befolgt und genaue Indices gegeben sind, bedarf keiner bemerkung, dahingegen möge auf den trefflichen plan von Pompeji nach dem stande der ausgrabungen im jahre 1867 hingewiesen werden.

Ist nun so das Corpus als ein wissenschaftliches unternehmen zu bezeichnen, dem kein zweites an die seite zu stellen ist, so wird es doch schon wenige jahrzehnte nach seiner vollendung für die forschung nicht mehr ausreichen, da das inschriftliche material durch neue funde fortwährend bedeutenden zuwachs erhält. Diese werden zwar meistens rasch ediert, aber einerseits oft in ungenügender weise, andrerseits so zerstreut, daß der einzelne gelehrte häufig nicht in der lage ist, sich sein gesammtes material zu verschaffen. Für dieses ohne zweifel zu erwartende bedürfniß einer ergänzung hätte man nun supplementhefts in aussicht nehmen können, allein diese würden zu der geographischen anordnung des hauptwerkes nicht gepaßt haben und recht zahlreich geworden sein. So ist denn dieser gedanke verworfen, und man hat eine zeitschrift — die *Ephemeris epigraphica* — gegründet, in der zunächst alle neuen funde gesammelt werden sollen, bis sie dann von zeit zu zeit je nach lage der sache in größeren publicationen zu vereinigen sind. Außer dem zwecke der ergänzung des Corpus verfolgt die *Ephemeris* noch den, manche epigraphische bemerkung, welche den großen kreis der philologen nicht angeht, den freunden der epigraphik vorzulegen. Die herausgeber sind Mommsen, Henzen und de Rossi, anfangs auch der so früh verstorbene Wilmanns. Dieselben beabsichtigten zuerst jährlich einen band von vier heften zu veröffentlichen, indessen ist das nicht innegehalten; bis jetzt sind drei bände und ein heft des vierten erschienen. Diese haben nun bereits wesentliche nachträge zu fast allen bänden des Corpus gebracht, eine große anzahl der lehrreichsten epigraphischen abhandlungen und eine lange reihe von *observationes epigraphicae* aus Mommsen's feder. Wir bedauern, daß der raum uns nicht gestattet, einzelnes hervorzuheben. Die Indices sind nach denselben principien, wie die des Corpus angefertigt. Durch diese zeitschrift sind also die epigraphischen studien vor der gefahr des stillstandes bewahrt.

Wie sich erwarten ließ, hat das Corpus einen bedeutenden einfluß auf die wissenschaft geübt. Zunächst ist das interesse für epigraphische studien erheblich gewachsen. Nicht nur von Berlin, Wien und Bonn kommen alljährlich geschulte epigraphiker; auf vielen universitäten wird diese disciplin eifrig gepflegt. In folge dessen hat sich in den anschauungen über den zustand des Römerreichs in der kaiserzeit ein gewaltiger umschwung vollzogen. Schloß man ehemals von den zahlreichen thronstreitigkeiten und der wilden militärherrschaft auf ein wirres durcheinander, so weiß man jetzt, daß jene vorgänge die massen wenig berührten und daß in jenen jahrhunderten die bevölkerung sich einer wohlorganisierten verwaltung erfreute. War diese erkenntniß gewonnen, so konnte es nicht ausbleiben, daß die forschung sich mit vorliebe der früher so sehr vernachlässigten kaiserzeit zuwandte, zumal ihr für diese periode in den inschriften eine gewaltige zahl der sichersten documente zu gebote steht. Wie die durch Ranke begründete historische schule den größten werth auf die urkunde legt, so sucht die neuere forschung auf unserem gebiete vor allem die steine zum reden zu bringen.

So ist denn bereits eine lange reihe der trefflichsten arbeiten erschienen, die sämmtlich als bausteine zu der ersehnten kaisergeschichte zu betrachten sind. Bei ihrer großen anzahl müssen wir uns in der hervorhebung von einzelnem sehr beschränken. In erster linie steht hier wiederum Mommsen mit seinen abhandlungen über das militärsystem Julius Caesar's, die comites Augusti der früheren kaiserzeit, die gardetruppen der römischen republik und der kaiserzeit, den letzten kampf der römischen republik, die römischen lagerstädte, das edict des kaisers Claudius über das römische bürgerrecht der Anauner, das decret des Commodus für den *saltus Burunitanus* und vielen andern. Von Hübner erhielten wir treffliche aufsätze über Tarraco, das römische Britannien, den germanischen grenzwall, die verwaltung der bergwerke; von Wilmanns über die legionspräfecten und die römische lagerstadt Lambaesis; von O. Hirschfeld über Lyon in der Römerzeit. Nissen's forschungen über das antike städtewesen in seinen Pompejanischen studien beruhen wesentlich auf dem IV. bande des Corpus; Bruzza hat uns über die einrichtung und verwaltung der kaiserlichen steinbrüche belehrt. Für das kriegswesen liegen einzelarbeiten, bei denen auch, wie von Lindenschmit und dem unterzeichneten, die reliefs der grabsteine fruchtbar gemacht sind, in nicht geringer zahl vor, so daß die zeit, in der eine zusammenfassende darstellung dieses organismus möglich ist, näher rückt. Unter den bereits geschaffenen werken dieser art steht oben an Mommsen's staatsrecht, in dem die unentbehrliche grundlage für die kaisergeschichte gegeben ist; an zweiter stelle nennen wir O. Hirschfeld's untersuchungen über die verwaltungsgeschichte; ferner verweisen wir auf Jung's neuerdings erschienenes werk über die romanischen landschaften des römischen reichs sowie auf Marquardt's verdienstvolle alterthümer. Weiter wollen wir nicht eingehen und nur kurz hervorheben, daß auch andere disciplinen der philologie außer der geschichte und den alterthümern großen nutzen aus den inschriften gezogen haben. Auf sprachlichem gebiete erwähnen wir Ritschl's glänzende arbeiten über die älteste lateinische grammatik, und Hübner's forschungen über die römischen namen; für die litteraturgeschichte beachte man Bücheler's *Anthologia epigraphica latina*; Dethlefsen's arbeiten haben wiederholt gezeigt, welcher nutzen der geographie aus der epigraphik erwächst.

Wir brechen ab, da sich aus dem gesagten hinreichend ergiebt, daß wohl kein werk so anregend und befruchtend gewirkt hat, als das Corpus, in dem die herausgeber deutscher wissenschaft und deutscher arbeitskraft ein *monumentum aere perennius* errichtet haben, unter ihnen aber an erster stelle Theodor Mommsen, der größte epigraphiker aller zeiten.

Albert Müller.

---

79. Budinsky, A., die ausbreitung der lateinischen sprache über Italien und die provinzen des römischen reiches. Berlin, Hertz. XII, 267 p. 8. — 6 mk.

Daß man ein ganzes buch über die ausbreitung der lateinischen sprache schreiben könne, mag einem am anfang etwas wunderbar vorkommen, so wie man vielleicht auch sich fragen wird, welcher fachprofessor am ehesten eine solche arbeit zu liefern berufen wäre. Aus der vorliegenden darstellung muß man den schluß ziehen, daß der verf. der lehrer der geschichte in Czernowitz ist; der andere punkt dagegen klärt sich insofern etwas auf, als man bald bemerken wird, daß auch die geschichte der eroberung der betreffenden länder mit in das programm hereingezogen ist, und daß beispielsweise von den sechzehn und neun Britannien und Germanien gewidmeten seiten nur vier und zwei über die sprache handeln. Wir machen dies dem verf. gewiß nicht zum vorwurf; im gegentheile constatieren wir mit vergnügen, daß verf. wesentlich auf Mommsen fußend, eine klare und auch stilistisch elegante zusammenstellung des bisher ermittelten gegeben hat. Wenn es aber beispielsweise von Gallien p. 102 heißt, im ersten jahrhundert nach Chr. hätten 1200 mann als garnison des landes genügt, so wird übersehen, daß nach Tacitus Annal. 4, 5 die Rheinlegionen als *commune* in *Germanos Gallosque subsidium* galten.

Eroberung und romanisierung sind freilich nicht identisch;

vielmehr haben die verschiedenen länder der römischen cultur bald mehr widerstand, bald mehr empfänglichkeit entgegengebracht. Nächst Italien sind die für den philologen wichtigsten provinzen ohne zweifel Spanien, Afrika und Gallien. Während aber Gallien durch das entgegenkommen Caesars und der Julier sowie durch die schon von Cato beobachtete neigung der einwohner zum *argute loqui* leicht und schnell romanisiert wurden, erreichte die schon im jahre 218 begonnene eroberung Spaniens erst unter Augustus ihr ende, obschon Sertorius selbst der romanisierung dadurch den größten vorschub geleistet hatte, daß er, um seine landsleute den Römern ebenbürtig zu machen, das kriegswesen nach römischen regeln organisierte und eine schule zu Oska eröffnete. Interessant ist es zu sehen, wie die Römer den Griechen gegenüber änßerst schonend vorgegangen sind, während diese doch übermüthig zu sagen pflegten „für einen Römer ziemlich gebildet", gerade wie die Franzosen von der geistreichen bemerkung eines Deutschen „*pas mal pour un Allemand*." Die regierung erließ manchmal bekanntmachungen in beiden sprachen, duldete es, wenn Griechen sich vor gericht in griechischer sprache ausdrückten und gestattete es, daß römische beamte griechisch antworteten.

Auf die hauptfrage, wie sich das latein in den verschiedenen ländern gestaltet habe, geht verf. leider nicht ein; aber er nimmt wenigstens solche lokale verschiedenheiten an, mit berufung auf Hieron. Comm. in epist. ad Galat. II, 13 (*cum et ipsa latinitas et regionibus quotidie mutetur et tempore*) im gegensatz zu neueren gelehrten, welche auch das afrikanische latein für identisch mit dem provinziallatein und der volkssprache erklären. Während daher von gallischer und hispanischer latinität nicht gesprochen wird, legt verf. über die *Africitas* p. 260 ff. das vor, was er bei Zink und Bernhardy darüber gefunden und nimmt an, ihre idiotismen beruhten zum größten theile auf dem punischen. Allein diese aufstellungen sind doch zu mangelhaft und zu unsicher, wie denn die futuralbildungen *transiet* u. ä. bei den Afrikanern zwar nicht selten, aber doch nicht specifisch afrikanisch, ja dem philosophen Seneka schon entschlüpft sind, s. Neue Formenlehre II ^{2}, 450. Auch hat wohl die bibliothek von Czernowitz den verf. hie und da im stiche gelassen; statt der ausgabe des Sulpicius Severus von 1708 war die von Halm nebst der gelehrten abhandlung von Bernays zu benutzen, neben den litteraturgeschichten von Bähr und Bernhardy die von Teuffel. Giebt daher das buch, wenn man den titel streng interpretiert, zu viel und zu wenig, so dürfen wir es doch als ein brauchbares hilfsmittel empfehlen, da wir nicht fürchten, daß sich wiederholende schreibweisen wie *pannegyricus* u. drgl. die leser zu irrthümern verführen werden.

80. Eduard Zarncke, de vocabulis Graecanicis quae traduntur in inscriptionibus carminum Horatianorum. Argentorati 1860. 47 p.

Die vorliegende arbeit ist eine doctordissertation und beschäftigt sich mit den griechischen bezeichnungen, welche in einer reihe von handschriften den einzelnen Horazischen oden und dem *carmen saecul.* beigefügt sind, *pragmatice, prosecutice, prosphonetice, paraenetice, erotice, hymnus* etc. Es werden zunächst diese bezeichnungen selbst alphabetisch geordnet und die gedichte, welchen sie beigeschrieben sind, sowie die handschriften, in welchen sie sich jedesmal finden, dabei vermerkt; sodann werden nach der reihenfolge der gedichte und unter den rubriken der einzelnen handschriften die betreffenden bezeichnungen nebeneinandergestellt und wird gezeigt, wie oft sie in den verschiedenen handschriften vorkommen. Die erscheinung, daß die letzteren in den drei ersten büchern theils sehr kärglich, theils freigebig mit dem anführen der bezeichnungen sind, während im vierten buche eine weit größere übereinstimmung stattfindet, ist früher schon von Kießling als hilfsmittel zur klassification der handschriften und zur kennzeichnung der archetypen von handschriftenklassen benutzt worden (Greifswalder lectionskatalog sommer 1876). In der vorliegenden schrift werden über das verhältniß der handschriften einige weitere schlüsse daraus gezogen, und nachdem bemerkt ist, daß auch bei alten grammatikern (Diomedes aus dem vierten jahrhundert) und bei Acro und Porphyrius sich einige spuren jener bezeichnungen finden, hieraus sowohl wie aus verkehrten lateinischen übersetzungen einiger derselben in einigen handschriften weiter gefolgert, daß die bezeichnungen älter sind als unsere handschriften. Nun werden die ersteren genauer geprüft, und es wird gezeigt, wie ein theil (*ἐνθουσιαστικά, ἐρωτικά, εὐχαριστικά, ὑμνικά, παραινετικοί, προτρεπ-*

τικόν, ὑποθετικά) auch sonst als bezeichnungen für gedichte angewandt worden sind, ein größerer theil hingegen (*encomiastice, dicanice, euctice, symbuleutice, protreptice, prosphonetice, pruseuctice, erotice, hymnus, palinodia*) zugleich oder ausschließlich bezeichnungen der rhetorik seien. Es bleiben noch einige titel übrig, die weder der poetik noch der rhetorik angehören, darunter einige allerdings, wie *allegorice, antapodotice* (das *carmen amoebaeum* III, 9) *apotelestice* (schlußgedicht), deren bedeutung nicht zweifelhaft sei, andere hingegen, wie *pragmatice, prosagoreutice* und die verdorbenen *diastolice, mentice, lerke, syllogistice*, deren sinn noch festzustellen bleibe. Zunächst wird untersucht, wie die bezeichnungen jedesmal ihren gedichten angemessen seien. Bei einem theile ist das letztere der fall, während bei andern titel und gedicht sich nicht decken. So habe zu II, 2 eine handschrift die durchaus unangemessene bezeichnung *encomiastice*, andere *dicanice*, eine andere das richtige *prosphonetice*; bei II, 5 corrigiert der verf. richtig *euctice* in *erotice*; bei IV, 1 ist gegen ihn geltend zu machen, daß die doppelbezeichnung *euctice—erotice* recht sinnig ist, da das gedicht die form der *euctice*, des gebetes, hingegen den inhalt der *erotice* hat. Unter *prosphonetice* stellt der verf. fest, daß dieser titel gebraucht sei, wo in einem liede eine directe anrede vorkommt, namentlich da, wo sich das lied schwer unter einen andern titel bringen läßt. Die vermuthung über die bedeutung der bezeichnung *pragmatice* zu I, 1. I, 11. II, 1. II, 7. (*pragmatice vel prosphonetice*) III, 1, es würden damit solche gedichte bezeichnet, *quae tamquam fundamenta totius libri in fronte legerentur*, beruht einestheils auf einer unrichtigen auffassung eines scholiums zu Demosthenes und würde anderseits nur für zwei der bezüglichen gedichte I, 1 und III, 1 sich eignen. (Referent würde sich die vermuthung gestatten, das wort bezeichne (nach der bedeutung von πραγματικός der „rechtsgelehrte") eine ruhige, gewissermaßen juridische erörterung, was sowohl von I, 1 wie von I, 11, dem schlusse von III, 1: *quodsi dolentem*, von II, 7: *ergo obligatam redde Iovi dapem* gesagt werden kann, wenn nicht II, 1 entgegenstünde, aus dem nur die siebente strophe *Iuno . . . victorum nepotes rettulit inferias Iugurthae* und der schluß *sed ne relictis* ebenfalls hierher gezogen werden könnten). Zu I, 23 *Vitas hinnuleo* hat Kellers vermuthung für *lerke* zu lesen *loedorice* als rückübersetzung des aus dem inhalt des gedichters selbst unverständlichen nebentitels *invectio* mehr wahrscheinlichkeit für sich, als des verfassers conjectur *allegorice*, weil die letzte bezeichnung doch auf völlig durchgeführte allegorien beschränkt wurde. Daß III, 15 *mentice* aus *memptice* entstellt sei, ist wohl als sicher anzunehmen, die bezeichnung *diastolice* III, 19 läßt sich nicht auf ein beschreibendes gedicht, sondern eher auf den gegensatz am beginn (du erzählst von fernen ereignissen, was wir aber gegenwärtig zu thun haben, davon schweigst du) denten und aus διαστολος in der bedeutung „unterscheidung" ableiten.

In der zusammenfassung am schlusse wird betont, daß beinahe sämmtliche titel dem wesentlichen inhalte der gedichte fern bleiben und nur auf äußerlichkeiten sich beziehen, und der zeit vom ausgange des ersten bis ende des dritten jahrhunderts nach Chr. ihre entstehung verdanken dürften. Die arbeit bekundet besonnenheit in der forschung und akribie in der behandlung.

H.

---

81. Cornelii Nepotis vitae excellentium imperatorum. In usum scholarum textum constituit C. G. Cobet. Lugd. Batav. 1881.

Die ausgabe zeigt die vorzüge wie die schwächen der neueren holländischen schule. Die ersteren bestehen in einer glücklichen divination, die auch in einem so oft kritisch bearbeiteten autor noch einzelne schäden erkannt und sicher geheilt hat. Zu diesen verbesserungen zählen wir namentlich folgende: 7, 4, 5 *id quod* [*nunquam ante*] *urs venerat*, wie 7, 6, 3; 9, 3, 3 die versetzung der worte *nemo enim sine hoc admittitur* hinter die bemerkung von der προσκυνήσις; 14, 2, 1 *exercitus conservatus regi* (statt *regis*) *est*, was auch die wortstellung empfiehlt; 14, 7, 3 die streichung von *eo* in dem satze *si dimicare eo velles*; 19, 4, 3 *hunc exitum plerique clari viri habuerunt Athenis,* statt *Athenienses;* 25, 10, 4 *multis dehortantibus,* statt *hortantibus;* 25, 20, 1 *nunquam litteras misit, quin Attico scriberet* (statt *mitteret*), *quid ageret.* Auch könnte herausgeber in der beseitigung einiger glosseme, auf welche die Holländer mit vorliebe jagd machen, recht haben, obschon man kaum befugt sein wird bei Nepos alles zu tilgen, was entbehrlich oder selbst lästig ist.

Das zweite lied aber, welches wir zu singen haben, ist die

variation einer alten weise, daß nämlich die Holländer oft emendieren, was längst emendiert ist oder gar in handschriften steht. Ja Cobet hat sich nicht einmal die mühe genommen, den apparat von Halm, dessen ausgabe er mit recht lobt, durchzulesen. In der *editio Ultraiectina* oder in geringeren handschriften stehen schon folgende verbesserungen, die Cobet in der vorrede als die seinigen aufführt: 1, 1, 5 die einsetzung von *ut* zu *facerent*; 2, 10, 1 *dediit* statt *dedidit*; 3, 2, 3 *ad* (statt *ante*) *id tempus*, vgl. 13, 2, 3; 4, 3, 4 *scytala* (statt *clava*); 7, 8, 2 streichung von *spopondit*; 14, 8, 1 *maluit* statt *statuit*; 17, 2, 1 *exercitum mitterent*; 19, 4, 2 streichung von *ei dicendi causam*; 23, 5, 3 *dolo perductum* statt *productum*; 25, 11, 6 streichung von *hominibus*, wodurch von dem senare übrig bleibt:
    Sui cuique mores fingunt fortunam.
Lambin, Bosius, Breml, Fleckeisen, Halm, Heerwagen, Wölfflin, Kellerbauer sind dem editor zuvorgekommen in folgenden conjecturen: 2, 6, 5 *satis alti muri*; 3, 2, 1 umstellung von *interfectus* und *furas* (hier findet sich ein widerspruch zwischen der praef. crit. und dem texte der ausgabe); 7, 2, 5 *possessores*; 9, 4, 4 tilgung von *etiam*; 10, 6, 2 *exercuit* statt *exercuit*; 10, 7, 3 *angebatur* statt *frangebatur*; 13, 2, 3 *ad* (statt *ante*) *id tempus*; 13, 3, 2 *viri duo*; 15, 10, 3 *domi* statt *domo*; 16, 4, 3 einschiebung von *eius*; 17, 5, 3 streichung von *dixit*; 25, 18, 3 *quis* statt *qui*. Man geräth in nicht geringe verlegenheit, wie man sich dies erklären solle; denn nimmt man an, Cobet habe die betreffenden bei Halm angeführten lesarten übersehen, so spricht man ihm eine für einen philologen unerläßliche eigenschaft ab; hat er aber die vorgänger gekannt, so ist es eine sonst nicht gestattete subjectivität der eigenen conjecturen zu gedenken und die anderer kritiker zu verschweigen.

    Ferner hat Cobet alle „archaischen" formen wie *deûm* (gen. plur.), *neglego*, *Neocli* (genet.), *Iphicraten* als correcturen zöpfischer abschreiber mit feuer und schwert vertilgt, während doch bekannt sein dürfte, daß Nepos wie Varro in sprachlicher hinsicht hinter dem vorwärtsschreitenden Cicero zurückblieb. Endlich aber wäre noch von den entschieden verwerflichen conjecturen zu reden. Als muster sei nur 2, 2, 3 genannt, *Themistocles Athenienses divitiis oneravit* statt *ornavit*, wobei man sich doch kaum denken kann, daß die reichthümer den Athenern eine last gewesen seien.

Onerare im guten sinne kennt man im klassischen latein nur in der sallustianischen (von Livius nachgebrauchten) phrase *promissis onerare*. Die rechtfertigungen und belege zu den in der *praefatio* nur kurz aufgezählten verbesserungen giebt herausgeber in der Mnemosyne, 1881.

82. P. Corneli Taciti vita Agricolae. The life of Agricola by P. Cornelius Tacitus edited by William Francis Allen. Boston published by Ginn u. Heath. 1880. VI (VIII) u. 64 p. 8.

Ueber eine amerikanische ausgabe des Taciteischen Agricola mit einem für studierende bestimmten commentar zu berichten empfiehlt sich schon wegen der vergleichung mit unseren neueren texten und erläuterungen. Vorzügliches papier von angenehmer färbung, sauberer und correcter druck mit scharfen, nach englischer manier geschnittenen typen, einfacher und gefälliger leinenband, wie ihn die firma Teubner auch für einige artikel ihres verlags herstellen läßt, sind gewinnende eigenschaften und verdienen nachahmung. Nach dem inneren werthe kann dagegen das büchlein weniger als muster gelten, da es nicht sowohl die ergebnisse eigener arbeit als die ausbeute fremder leistungen bringt. Der herausgeber, professor an der universität zu Wisconsin, theilt am schlusse seiner kurzen introduction mit, daß er in der gestaltung des textes hauptsächlich an Kritz sich anschloß, für die erklärung außerdem Dräger, Church und Brodribb, endlich auch Freund zu rathe zog. Ueber die zuletzt genannte autorität ist kein wort zu verlieren. Man scheut sich aber beinahe auch, über die unglückliche wahl der textgrundlage und über die unverantwortliche vernachlässigung der wichtigsten deutschen beiträge zur kritik und erklärung des Agricola einen tadel gegen den fremden auszusprechen. Hat doch jüngst wieder ein deutscher gelehrter bemerkungen zu dieser schrift des Tacitus veröffentlicht, ohne nur die neue, nunmehr übrigens bereits sechs jahre alte recognition von Halm oder die vor sechzehn jahren erschienene zweite ausgabe von Kritz zu kennen, und bekämpft nicht wenige ansichten dieser herausgeber, die von ihnen selbst längst aufgegeben waren, während er mit vorliebe die neue autorität von — Tücking citiert!

Unter den stellen, an welchen der herausgeber den von

Kritz gegebenen text verlassen hat, mögen aus dem letzten drittel der schrift die wichtigeren angeführt werden: cap. 30 schreibt der herausgeber *eoque* (statt *iique*, wie Kritz fehlerhaft schrieb), ferner .. *defendit; nunc terminus Britanniae patet. Atque omne ignotum pro magnifico est. Sed nulla* .. (ohne transposition). 31 *et libertatem non in paenitentiam luturi* (statt *in libertatem* und *arma laturi*). 32 *infirma vincla caritatis* (ohne das von Kritz interpolierte *loco*), dann *ibi tributa* (statt *illic*, wie Kritz ohne berechtigung änderte). 34 *extremo metu corpora* (statt *extremus metus torpore*). 35 *covinnarius et eques* (statt des überlieferten *covinnarius eques*). 36 *equitum turmae fugere; covinnarii* .. (statt *equitum turmae, ut fugere covinnarii* ..), ferner *equestris* (statt des unrichtig conjicierten *aequa nostris*). 42 *proconsuli consulari* (statt *proconsulari*). 43 *augebat* (statt *et augebat*). 44 *sicuti non licuit durare* (statt *sicuti durare*). Verhängnißvoll war die aufnahme des von Rhenanus cap. 35 zwischen *covinnarius* und *eques* interpolierten *et*. Denn die meinung, daß die Britannier in der hauptschlacht außer den *covinnarii* noch *equites* gehabt hätten, führte zu der verkehrten deutung, als ob cap. 36 *equitum turbae* britannische (caledonische) reiter seien. Und hiedurch wurde wiederum das verständniß des gefechtsmoments, in welchem die reiterei in den kampf des fußvolks eingriff, unmöglich gemacht. So bedürfen die andeutungen der schlußnote zu cap. 36 über die entwicklung der schlacht einer modification; auch sollten dieselben zu cap. 27 fortgesetzt sein, etwa wie in Prammers schulausgabe die einzelnen gefechtsmomente angegeben sind.

Der sachlichen erklärung ist sonst besondere sorgfalt zugewandt; Mommsens römisches staatsrecht, das für eine deutsche, schon wiederholt aufgelegte ausgabe nicht zu existieren scheint, hat der amerikanische herausgeber fleißig benutzt. Die sprachlichen erläuterungen sind dürftig und nur für bescheidene ansprüche ausreichend. Auf eigenheiten der silbernen latinität oder des individuellen sprachgebrauchs wird zwar hingewiesen, aber die grammatische analyse ist bisweilen ungenau, unsicher oder auch unrichtig. Nicht genau ist es, wenn zu cap. 32 *senum coloniae* bemerkt wird: „*senum: predicate.*" Unsicherheit verräth sich in noten wie: 36 *gladiis and cetris, ablative of instrument: explained by some as ablative of characteristic;*" 37 „*dimissis equis, ablative absolute, or of quality;*" 46 *fama is ablative of means, or may perhaps be taken as governed by in*; hier ist überall die zweite erklärung entschieden abzuweisen. Unrichtig wird z. b. 13, 30 *mobilis paenitentiae* als *a genitive of quality*, 18, 19 *quibus bellum volentibus erat* als *the possessive dative*, 35 *peditum auxilia* als *a partitive genitive* gefaßt. Die begriffserklärung ist hie und da um so kühner, je zaghafter die emendation geübt wird; so ist 18 *in dubiis consiliis* und 38 *secreti colles* Grouves und Ernestis änderung verschmäht, aber *dubiis* wird wie *subtilis*, *secreti* wie *deserti* erklärt, worin Kritz voranging. Ueber tiefer liegende schwierigkeiten, wie sie etwa das proömium bietet, gleitet der commentar hinweg; doch hält er sich wenigstens von verkehrtheit frei, vielleicht mit einziger ausnahme der anmerkung zu 3 Nerva Caesar. Indem der herausgeber die abfassung des Agricola, wie früher üblich war, unter die regierung des Nerva setzt, traut er dem Tacitus die absurdität zu, noch zu lebzeiten dieses kaisers anzukündigen, er gedenke seine und seines nachfolgers geschichte zu schreiben (3 s. f. *non pigebit . . testimonium praesentium bonorum composuisse*).

Schließlich darf nicht unerwähnt bleiben, daß die allzu reichliche interpunction der deutlichkeit hisweilen mehr geschadet, als genützt haben dürfte. Trotz alledem ist jedoch Allens ausgabe keine unerfreuliche erscheinung. Der herausgeber verheißt eine ähnliche bearbeitung der taciteischen Germania; möge ihm hiefür wahl oder zufall ein besseres muster verschaffen, als die überholte ausgabe von Kritz für den Agricola war!

83. Dr. Thomé, de Flori rerum scriptoris elocutione part. I. Progr. des progymnasiums in Frankenstein 1861. 22 p. 4.

Die schrift, welche genau den gang von Dräger einhält, entspricht dem ersten bande der historischen syntax; denn sie schließt mit der syntaxis casuum und den präpositionen. Das material aus Florus ist in reicher fülle zusammengetragen und auf die kritische überlieferung im ganzen rücksicht genommen; aber obschon der historiker Florus richtig mit dem rhetor und dichter identifiziert und einige sprachliche berührungspuncte der epitome mit dem tractate *Virgilius orator an poeta* (das auffälligste hatte schon Halm notiert) angeführt worden, so tritt doch nicht heraus, was eigentlich heraustreten sollte, inwiefern der stil des Florus poetisch gefärbt sei, da verf. vergleichungen mit andern autoren geflissentlich vermieden hat. Der hierfür nötige raum hätte sich leicht durch streichung zahlreicher überflüssiger beispiele gewinnen lassen, wie *captivi* und *finitimi* als substantiv was sich ja bekanntlich schon bei Cicero findet. Die abhandlungen von Reber (Freising 1865) und der jahresbericht von Eußner im Philologus bd. 34 und 35 scheint dem verf. nicht zu handen gewesen zu sein, sowie ihm auch die meisten grammatischen monographien fehlten, z. b. über ellipse des substantivs, über comparative. Sind daher die angaben auch richtig, so erfordern sie doch einen sorgsamen leser, wenn er nicht in falsche schlußfolgerungen verwickelt werden will. Denn obschon verf. versichert, das gemein übliche zu übergehen, so findet man doch neben den oben citierten *captivi* und *finitimi* auch die schon bei Cicero vorkommende ellipse von *profluens* (aqua) aufgeführt, die nicht einmal eigenthum des autors ist, da die betreffenden worte: *abiectus* (nicht *iactatus*, wie cod. Bambergensis giebt) *in profluentem non potuit extingui* merkwürdiger weise wörtlich bei Quintil. Inst. Or. 3, 7, 5 stehen, mag man dies erklären wie man wolle. Unter der rubrik des dativus graecus finden wir *formidatus militibus*; aber erst aus Virgil, Horaz, Statius, Iuvenal wird ersichtlich, daß Florus mit dichterischer freiheit schreibt. Andrerseits ist das im Nazarianus überlieferte *Herculi conditam Capsam* (Bamb. *ab Hercule*) übergangen, obschon es gerade durch die dichter (Virg Eclog. 10, 50. Lucan Ph. 1, 248. Silius) bestätigt wird. — Gelegentlich polemisiert verf. gegen die annahme Biesfelds u. a., Florus sei aus Afrika gebürtig gewesen, und glaubt lieber an Spanien, wo der rhetor sicher seine letzten jahre verlebt hat, wie es scheint ohne sich zu erinnern, daß die einleitung des dialoges über Virgil den Florus deutlich als geborenen Afrikaner bezeichnet.

---

84. **Campanien.** Topographie, geschichte und leben der umgebung Neapels im alterthum von J. Beloch. Nebst einem atlas von Campanien in 19 colorirten karten mit beschreibendem texte. (In 3 Lfgn.). Berlin, verlag von S. Calvary u. co. 1879. 432 p. — 1. Lfg. 4 mk. 50 pf.

Der verfasser hat sich die aufgabe gestellt, die ergebnisse der in hunderten von monographien in den bibliotheken Neapels begrabenen und daher anderwärts niemand erreichbaren archäologischen literatur über Campanien den weiteren kreisen der wissenschaft zugänglich zu machen und zugleich dieselben durch eigene untersuchungen an ort und stelle zu sichten und zu ergänzen. Dieser aufgabe ist der verf. des in jeder beziehung gründlichen und gediegenen werkes vollauf gerecht geworden, wenn auch das streben nach möglichst knapper fassung es den verfasser hat übersehen lassen, daß er dem leser doch einen größeren einblick in die quellen schuldig war, denen er im einzelnen seine ansichten entnommen hat. Der verf. will sich streng auf topographie und geschichte beschränken. Daher folgt die eintheilung rein topographischen gesichtspunkten. Nach einer allgemeinen einleitung über land und volk (cap. I) und die staatlichen zustände Campaniens (cap. II) behandelt das erste buch die Phlegraea, in welchem zuerst von geschichte, verfassung, dem materiellen und geistigen leben Neapels, dann von Puteoli, Cumae, Misenum und der insel Pithecusae nach den gleichen gesichtspunkten die rede ist. Im zweiten buche handelt der verf. von dem Sarnusthal, und dem südlichen golfrand, wobei insbesondere geschichte und topographie von Herculaneum, Nuceria, Alfaterna, Stablae, Surrentum und Capreae zur darstellung gelangen. Pompeji übergeht der verf., was, wie er meint, keiner rechtfertigung bedürfe. Im dritten buche finden wir die beschreibung der campanischen ebene und hierbei die bis jetzt gründlichsten erörterungen über geschichte, verfassung, leben und lage der städte Capua, Volturnum, Liternum, Atella, Acerrae, Suessula, Nola, Abella.

Die angeführte eintheilung ergiebt sich dem verf. aus dem im cap. 1 der einleitung entwickelten begriffe Campaniens. Der verf. faßt es „als das land, was im alterthum von dem volke der Campaner bewohnt war", und da nach seiner meinung die Campaner nördlich vom Volturnus nur das Falernergebiet bis zum Savo besessen haben, so schließt er das ganze gebiet nördlich von diesem flusse, das von Polybius noch mit zu Campanien gerechnet wurde, und dabei insbesondere die städte Cales und Teanum Sidicinum von seinem Campanien aus. Gegen süden nimmt er die ausdehnung Campaniens bis zum cap Campanella an und zwar ebenfalls aus dem grunde, weil die Campaner einst dieses ganze gebiet beherrscht hätten. Ich glaube, der verf.

hätte, um den begriff seines Campaniens zu motiviren, das von
ihm auch sonst erst in zweiter reihe betonte politische moment besser weggelassen und sich auf die von ihm behauptete
thatsache beschränkt, daß das gebiet zwischen Volturnus und
den sorrentinischen bergen eine geographische einheit
bildet. Wollte der verf. die ausdehnung Campaniens von politischen gesichtspunkten abhängig machen, dann bedurfte es
zuvor einer genaueren erörterung über die entstehung des campanischen staatswesens in und um Capua und dessen
weiterer ausdehnung, und dabei würde sich dem verf. wohl wie
dem referenten bei dessen forschungen über diesen gegenstand
die thatsache ergeben haben, daß von den quellenschriftstellern
das politische moment vielfach mit dem nationalen und ethnographischen verwechselt (vgl. hierüber insbesondere Strabo) und
dadurch sowohl der politische wie der geographische begriff Campaniens beeinflußt worden ist. Dies historisch nachzuweisen war
die aufgabe des verf., wenn er sich auf rein geographische gesichtspunkte beschränken wollte. Ließ sich der verf. auf diese
politischen verhältnisse ein, dann mußte er auch von den früheren völkern sprechen, er läßt sich auch in kurze erörterungen
über Aurunken, Hellenen und Etrusker ein. Ich vermisse aber
hier entschieden eine ausführlichere erörterung über die Osker,
die doch als das ureingesessene volk galten und nach meiner ansicht im weitesten sinne des wortes sicherlich mit der bezeichnung Ansoner im weitesten sinne des wortes identisch sind,
aber in speziellerer anwendung des namens an Capua und dessen umgebung haften, gerade wie die historischen Ausoner
und Aurunker sich auf die völker oskischer zunge nördlich vom
Volturnus beschränken. Das verhältniß dieser Osker zu den
eingedrungenen Samniten, aus deren verbindung das campanische staatswesen hervorgieng, war dann in jedem falle genauer
zu erörtern. Nun hat nach des verf. eigener ausführung dieses
campanische staatswesen, dessen haupt Capua war, niemals im
Sarnusthale geherrscht, wo vielmehr das volk der Nuceriner
einen besonderen unabhängigen bund bildete, mit Capua und dem
unter dessen hegemonie stehenden Mittelcampanien nichts zu thun.
Zwar heißt es, daß auch hierher Samniter gedrungen seien, und die
städte erobert hätten, allein dies waren sicherlich nicht die Samniten Capuas, sondern andere schaaren dieses volkes', da weder

eine politische noch auch nur eine sacrale verbindung oder auch
nur berührung der genannten städte mit Capua gemeldet wird.
 Bezüglich der Etrusker constatirt der verf. mit recht die
thatsache, daß angesichts der fülle etruskischer inschriften, die in Campanien gefunden sind, es niemand mehr einfallen
kann, die thatsache einer einstmaligen etruskischen herrschaft
leugnen zu wollen, die außerdem von der überlieferung des ganzen
alterthums einstimmig bezeugt wird. Hinsichtlich der annahme eines besonderen Nucerinischen volkes und bundes stimme
ich Beloch bei, insbesondere wegen der in den verschiedenen städten
vorkommenden gleichnamigen adelsgeschlechter, hauptsächlich der
gens Littia. Doch muß mit diesem bunde auch Nola (und vielleicht auch Abella) in einer gewissen beziehung gestanden haben,
wenn anders auf die nachricht etwas zu geben ist, daß Pompeji,
das Beloch mit zu dem bunde rechnet, der hafenort von Nola
war. Daß der verf. Pompeji nicht besprochen hat, halte ich
trotz des von ihm in der vorrede hierüber bemerkten für eine
empfindliche lücke. Er hätte ja mit ausschluß jeglichen archäologischen details sich auf die geschichte der stadt und im übrigen
auf die hauptthatsachen beschränken können.
 Es kann im übrigen meine aufgabe nicht sein den gesammten
inhalt der reichhaltigen in's detail gehenden forschungen
über die einzelnen städte und gegenden hier wiederzugeben.
Ich hebe nur hervor, daß bei der geschichte der städte das
alte quellenmaterial mit großer vollständigkeit gegeben und daß
auch den inschriften und münzen die eingehendste berücksichtigung zu theil geworden ist. Der verf. hat hierbei viele bisher
irrige vorstellungen über geschichte, verfassung und topographie
beseitigt; nur in einigen punkten möchte ich mir erlauben, einer
anderen ansicht zu sein und in folgendem kurz anzudeuten.
 In betreff Neapels erklärt Beloch die erzählung bei Livius
(VIII, 23) über die belagerung und eroberung des von diesem
schriftsteller allein Palaepolis genannten Neapolis lediglich aus
den triumphalfasten. Nach diesen letzteren triumphiert Philo
de Samnitibus Palaeopolitanis. Nun geht aus Strabo hervor,
daß etwa 60 jahre vor dem kriege mit Rom Neapolis gezwungen
worden sei Samniten (Campaner) unter seine bürger aufzunehmen.
Diesen neubürgern gegenüber hätten sich die griechischen einwohner sicher als alt-bürger παλαιοὶ πολῖται bezeichnet, so daß

sich die gesammtbürgerschaft Σαυείται καί παλαιοί πολίται genannt habe. Diese offizielle bezeichnung hätten die Fasten bewahrt, und aus den Palaepoliten wäre erst in der erzählung des Livius ein Palaepolis gemacht worden. Darnach wäre die erzählung bei Livius lediglich eine erfindung, die den mißverstandenen triumphalfasten ihre entstehung verdanke. Ich vermag mich dieser erklärung nicht anzuschließen. Nach Livius stellt sich die sache folgender maßen dar: er unterscheidet zwei städte Palaepolis und Neapolis; beide werden belagert. Dies geht daraus hervor, daß Philo einen in der mitte beider städte gelegenen ort besetzte, damit die feinde sich nicht gegenseitig unterstützen könnten; also auch die Neapolitaner sind feinde. Gleichwohl ist später nur noch von Palaepolis die rede, und auf Neapolis kommt Livius erst dann wieder zurück, wo er von dem foedus Neapolitanum spricht, das es wahrscheinlich mache, daß die stadt von den einwohnern und nicht von den Samniten den Römern übergeben worden sei. Ist dies in den augen des Livius ein argument, dann war die sache der Neapolitaner auch aus diesem grunde von der der Palaepolitaner nicht getrennt, und Livius hat dann für beide stadttheile zusammen einmal den namen Palaepolis und dann den namen Neapolis gebraucht, und dann ist auch, unter der voraussetzung daß die triumphalfasten die quelle der Livius'schen erzählung sind, der schluß gerechtfertigt, daß dieselben nichts anderes als einen triumph über die Neapolitaner melden wollen, die hier unter dem namen der Palaepolitaner erscheinen. Dazu kommt noch der umstand, daß die erzählung des Dionys. AR. XV, 5—8 soweit sie erhalten ist, vollständig mit Livius übereinstimmt, so daß anzunehmen ist, daß beide auf eine und dieselbe quelle zurückgehen (vgl. Clason, Röm. gesch. II, p. 49 ff.). Nun ist aber bei Dionysius immer nur von Neapolis, und nie von Palaepolis die rede. Es ist also sicher zunächst bedenklich anzunehmen, daß des Livius erzählung lediglich den triumphalfasten ihre entstehung verdanke. Möglich wäre es immerhin, daß Dionysius den ihm unbequemen namen von Palaepolis mit dem von Neapolis vertauscht habe; allein auch dies zugegeben, so wiegt doch der weitere umstand, daß nach Delochs erklärung die ganze erzählung über Neapel und insbesondere der zusammenhang mit dem ganzen zweiten Samniterkrieg aufgegeben werden müßte, zu schwer, als daß man ohne ganz zwingende gründe dieser erklärung beipflichten könnte. Man könnte sich zu derselben erst dann entschließen, wenn der beweis geliefert wäre, daß ein Palaepolis als besonderer stadttheil niemals existirt hätte. Nach Belochs eigener annahme (p. 11) hat aber allerdings eine Palaepolis zu Neapolis existirt, nämlich der theil, an dem der phönizische name Megalis oder Macharis noch jahrhunderte lang haftete und wo später der hafen lag. Darnach wäre doch keineswegs die möglichkeit ausgeschlossen, daß nach der gründung Neapels durch die Cumaner dieser theil den namen Palaepolis erhalten und daß derselbe bei schiffern und kaufleuten, die nur im seeverkehr mit der stadt standen, längere zeit vorzüglich im gebrauche war. Vielleicht ließen sich noch andere erklärungsweisen auffinden, die vor einer vollständigen verwerfung der Livius'schen erzählung den vorzug verdienten.

Den alten namen für Capua, Vulturnum, hält Beloch entgegen dem zeugnisse des Livius nicht für etruskisch; er glaubt vielmehr, daß der letztere eine lateinische übersetzung von Capua oder Capye im sinne der bei Servius und Paulus Diaconus erwähnten sage sei, wonach der gründer Capuas Capys seinen namen von dem etruskischen worte *capys* = geier (lateinisch *vultur*) habe, so daß also Vulturnum die „Geierstadt" bedeute. Ich vermag diese ansicht nicht zu theilen. Der name Capys ist der eines trojanischen helden. Nun ist aber die verknüpfung der trojanischen heldennamen mit der geschichte italischer städte, wie jetzt allgemein angenommen wird, eine verhältnißmäßig sehr späte, und insbesondere läßt sich mit beziehung auf Capys keine ältere quelle als die des Coelius Antipater (Peter, Hist. rell. fr. 52) nachweisen. In Rom wurde diese sage erst bekannt zur zeit des Octavian (Serv. ad Verg. Aen. II, 35, Sueton. Inl. Caesar. 81), und das sogenannte grabmonument des Capys zu Capua, von dem uns Sueton a. a. o. berichtet, ist wie die von ihm angeführte offenbar gefälschte inschrift beweist, ein sehr zweifelhaftes dokument. Daß sich nun unabhängig von diesem trojanischen Capys schon in frühester zeit derselbe name schon als heros eponymos sollte gebildet haben, wäre ein außerordentlich unwahrscheinliches spiel des zufalls. Ist aber der name Capys als der des heros eponymos aus dem namen des trojanischen heros entlehnt, dann hat er sehr spät erst in Capua eingang gefunden, und dann sind auch alle an diesen namen sich anlehnenden gründungssagen von Capua späteren ursprungs. Es liegt also in der angeführten sage selbst kein grund vor, den namen Vulturnum erst als eine übersetzung von Capys in der bedeutung geierstadt zu betrachten; es ist vielmehr das zeugniß des Livius, der hier wenn irgend wo auf eine gute quelle zurückgreift, nach welcher Vulturnum der etruskische name der stadt war, entschieden festzuhalten. Dieses zeugniß wird noch durch den umstand unterstützt, daß der name Vulturnus unter tuskischen namen in einer sutrinischen inschrift vorkommt und daß derselbe anklingt an die etruskischen personennamen Velθur, Velθurna (vgl. die bemerkung Deecke's in „die Etrusker" von Müller-Deecke). Wenn Hecataeus in seiner Europe um 500 die stadt unter dem namen Capye kannte (vgl. jedoch dagegen Fricke, de origine Campanorum p. 19), so beweist dies gar nichts. Denn der name Capua war der oskische name, der recht wohl vor der etruskischen herrschaft wie neben derselben bestehen konnte und nach der eroberung der stadt durch die oskischen Samniten wieder zu ausschließlicher geltung kam (vgl. Clason, Röm. gesch. II, 99, Mommsen, Röm. gesch 1⁵, 32).

Wenn Beloch aus verwandten ortsnamen bei Capua und in Latium bezw. Südetrurien auf eine von der oskischen verschiedene siculische urbevölkerung schließen will, so ist dies nicht berechtigt. Die sprache der Osker war, wie wir wissen, mit der lateinischen sehr nahe verwandt, so daß es zur erklärung gemeinsamer wörter eines siculischen mediums nicht bedarf.

In der auf die gründungszeit Capuas bezüglichen stelle des Vellejus I, 7 bezieht Beloch das „caperetur" unrichtig auf das jahr 338 vor Chr. und rechnet dann auf dieser falschen basis als zeit der etruskischen gründung das jahr 600 heraus. So gut dies sachlich passen würde, so haben wir doch kein recht das „caperetur" in einem anderen als dem von Vellejus angenommenen sinne, nämlich mit beziehung auf das jahr 211 v. Chr. verstehen zu wollen (Vellejus sagt a. a. o.: *Quod si ita est, cum sint a Capua capta anni ducenti et quadraginta, ut condita est, anni sunt fere quingenti*: Vellejus schrieb 30 nach Chr., also 30+211 = 241) und darnach wäre die etruskische gründung in das jahr 470 zu setzen. Ob freilich diese angaben an sich richtig sind, ist eine andere frage, die hier nicht weiter erörtert werden kann.

Bei der frage der gründung Cumäs (p. 147) verwirft der
verf. die ansicht des Ephorus, nach der Cumae eine kolonie des
äolischen Kyme war, welche einer früheren chalkidischen gründung gefolgt sei; diese ist nach seiner meinung dem lokalpatriotis-
mus des Ephorus entsprungen, und glaubt er daß eine gleichzeitige gründung, aber nicht von Chalkidiern und bewohnern des
äolischen Kyme, sondern von bewohnern auf beiden seiten des Euripus stattgefunden habe; benannt sei die stadt
worden nach dem namen des euböischen Kyme (was übrigens schon die ansicht des Casaubonus zu Strabo p. 114 ff.).
Er geht dabei aus von den namen der phratrion Neapels, die
von denen Cumaes, der mutterstadt Neapels, abzuleiten seien.
Dort erscheint neben den namen der Artemisier, Eumeliden (von
Eumelos, dem heros Thessaliens), Eumostiden (von Eumostos, dem
heros von Tanagra) und anderen auf jene gegenden hinweisen-
den benennungen eine phratrie der Kymäer, so daß also eine
kolonisation aus einer gemischten, wanderlustigen bevölkerung,
die zuerst in Chalkis zusammengeströmt sei, angenommen werden
müsse. Zugegeben die phratrien hätten ihren namen von einzelnen aus bestimmten städten an der gründung Cumaes betheiligten colonisten gehabt, und ferner zugegeben, die phratrien
Neapels seien vollständig nach denen von Cumae benannt, was
doch nicht so ganz sicher sein dürfte, so beweist dies alles noch
nichts gegen Ephorus. Könnte denn nicht, namentlich wenn es
richtig ist, daß Cumae schon um 1050 von den Chalkidiern
gegründet wurde, auf diese erste gründung die von dem äolischen Kyme gefolgt sein etwa zur zeit, wo auch die gleichfalls
äolischen Phokäer in den westen kolonien aussandten? Und
ferner, warum sollte, wenn eine gleichzeitige gründung chalki-
discher städte statt fand, die stadt gerade den namen von dem
gänzlich unbedeutenden Kyme auf Chalkis erhalten haben? Auch
der zusammenhang der offenbar aus Cumae nach Rom verpflanzten
sibyllinischen orakel mit der pergithischen oder erythräischen
sibylle in Aeolis weist auf das äolische Kyme hin (vgl. Schwegler,
Röm. gesch. I, p. 802).

In der stelle des Dionys. AR. VII, 3 versteht Beloch unter den
hier erwähnten Danniern, die Dannier bei Nola d. h.
nach seiner auslegung die bewoner des alten Orina oder Hyria
in der nähe von Nola. Seine ansicht hat manches für sich (vgl.

Polybios III, 91). Dagegen glaube ich nicht, daß unter den 'Οππρικοί, vorausgesetzt, daß die nachricht überhaupt historisch ist, die Aurunker von Massicus verstanden sein können. Eher sind damit samnitische hülfsvölker gemeint.

Bei der besprechung Capuas und seiner nachbarstädte hätte verf. eine genauere untersuchung über das staatsrechtliche verhältniß dieser gemeinwesen zu Capua sowie über die frage, in wie weit dasselbe durch die beziehungen zu Rom seit 338 vor Chr. beeinflußt worden ist, sehr gewünscht. Bezüglich der ersten frage glaubt referent auf grund seiner studien hierüber, daß während Atella und Calatia politisch schon vollständig im campanischen staatswesen aufgegangen waren (= dem römischen municipalverhältniß), Acerrae noch eine gewisse selbständigkeit gewahrt hatte, aber eng mit Capua verbündet war, während das verhältniß von Cumae und Suessula auf einem aus der zeit der eroberung datirenden aber längst gelockerten samnitischen *foedus* beruhte und in historischer zeit über eine sacrale bedeutung nicht hinausgieng.

Durch die geäußerten ausstände soll übrigens die bedeutung des werkes keineswegs in frage gestellt werden. Dasselbe ist vielmehr, wie schon oben hervorgehoben, als eine äußerst gediegene leistung zu betrachten, die hiermit allen freunden der altitalischen geschichte auf das beste empfohlen sein soll.

M. Zoeller.

Bibliographie.

Am 9. Sept. feierte die *Hinstorff*'sche hofbuchhandlung ihr 50jähriges jubiläum, wovon Börsenbl. no. 212 berichtet.

Das für die öffentliche presse Englands so wichtige neue preßgesetz ist nach der Vossischen zeitung kurz besprochen im Börsenblatt no. 216.

Das erscheinen von *Schliemann's* Orchomenos (Brockhaus) zeigt kurz an R.-Anz. no. 207.

Von *Köhler's* Antiquarium in Leipzig berichtet kurz B.-Anzeig. no. 231.

Die geschichte der buchhandlung *Orell, Füßli* u. co. in Zürich stellt kurz das Börsenbl. no. 228 auf anlass eines von dieser am 20. august bei beziehung eines neuen geschäftslocals gefeierten festes.

Ad. Ackermann's plaudereien über kunst und kunsthandel im

Börsenbl. no. 230. 236. 240, unter andern auch kritiken illustrirter werke enthaltend.

Am 4. sept. verstarb in Halle Carl Gustav Schwetschke, besitzer der buchhandlung gleichen namens, bekannt durch die 1855 erschienenen und großes und gerechtes aufsehen machenden *Novae epistolae clarorum virorum* und eben so durch eine reihe anderer freisinniger publicationen: einen abriß seines thätigen lebens giebt Börsenhl. no. 234.

Philologischer Anzeiger von *J. C. B. Mohr*, academische verlagsbuchhandlung in Freiburg i. B. und Tübingen: no. 1: classische philologie: I. künftig erscheinende werke: C. Iulii Caesaris Belli Gallici l. VII. Accedit Hirtii liber octavus. Rec. *A. Holder.* — Studien aus dem classischen alterthum von *A. Hug*, Bd. I. — Studien zu den biographien des Suidas. Zugleich ein beitrag zur griechischen literaturgeschichte, von *A. Daub*, hft 1. Die verfasser sprechen sich selbst hier über ihre leistungen aus. — II. Neu erschienene werke. — Daneben ein zweites heft, germanische philologie betreffend.

Mittheilungen der verlagsbuchhandlung *B. G. Teubner* in Leipzig, 1881, no. 4, abth. I, künftig erscheinende bücher: Handlexikon der griechischen und römischen mythologie im verein mit mehreren gelehrten herausgegeben von *W. H. Roscher*. Lex -8. geb. — Commentationes philologae Ienenses ediderunt seminarii philologorum Ienensis professores. Vol. I. gr. 8. geh. — Geschichte der römischen litteratur von *W. S. Teuffel.* Vierte auflage bearbeitet von *L. Schwabe.* gr. 8. geb. — Der römische kalender von *Otto Ernst Hartmann.* Aus dem Nachlasse des verfassers herausgegeben von *Ludwig Lange.* gr. 8. geh. — Fragmenta historicorum Romanorum rec. *Hermannus Peter.* 8. geb. — Horazstudien. Alte und neue aufsätze über die lyrik des Horaz von prof. dr. *Theodor Plüß*, lehrer am gymnasium zu Basel. gr. 8. geh. — Griechische syntax für die oberklassen der gymnasien zusammengestellt von *Carl Schmelzer*, gymnasialdirektor. gr. 8. cart.

Erschienen sind: Verzeichniß von schulbüchern aus dem verlage der Weidmannschen buchhandlung in Berlin, sept. 1881; preisermäßigung werthvoller bücher aus *R. v. Decker's* verlag (Marquardt u. Schenk) in Berlin; *Gustav Köster*, academische buchhandlung in Heidelberg macht bekannt: die *Exempla codicum Latinorum literis majusculis scriptorum*, von *C. Zangemeister* u *W. Wattenbach* herausgegeben, welche eine sammlung der wichtigsten und namentlich der datierbaren lateinischen majuskelhandschriften in phototypischen facsimiles mit erläuterndem texte bieten, sind seit einiger zeit vergriffen. — Um mehrfacher nachfrage zu entsprechen, ist der unterzeichnete bereit, einen *neuen abdruck* zu veranstalten; bei der kostspieligen herstellung der tafeln würde man sich dazu aber nur in der voraussetzung entschließen, daß sich eine genügende anzahl von subscribenten findet. In diesem falle würde das hauptwerk mit dem supplement zu dem niedrigen preise von **vierzig mark** bei directem bezug von unterzeichnetem abgegeben werden können. — Nach vollendung des neudruckes tritt der frühere ladenpreis von mk. 85 — wieder in kraft. —

Angekündigt werden: Dreißig jahre deutscher geschichte, 1840—1870 von *Karl Biedermann*, Breslau, *Göthe's* briefe, bei G. Hempel in Berlin.

Neu erschienene oder angekündigte zeitschriften: Studentenzeitung, central-organ für die studirenden Deutschlands, redigirt von dr. *Max Baumgart*, Berlin, Benthenstr. 18. — Auf der höhe, internationale revue, herausgegeben von *Leopold von Sacher-Masoch*, verlag von Greßner u. Schramm in Leipzig. — Philologische wochenschrift. Unter mitwirkung von G. Andresen und H. Heller herausgegeben von *W. Hirschfelder*, Berlin, verlag von Calvary u. cie.

Kataloge von antiquaren: katalog des antiquarischen bücherlagers von *Paul Lehmann* in Berlin, no. XIII, classische philologie; verzeichniß antiquarischer(?) bücher von *Carl Steyer* in Cannstatt.

Erschienen ist das erste heft von *Göthe's* briefen, verzeichniß derselben unter angabe von quelle, ort, datum und anfangsworten. Uebersichtlich nach den empfängern geordnet, mit einer kurzen darstellung des verhältnisses Göthe's zu diesen und unter mittheilung vieler bisher ungedruckter Briefe Göthe's. Bearbeitet von *Fr. Strehlke*, verleger Gustav Hempel, Berlin.

Verzeichnis der wichtigeren publikationen auf dem gebiete der alterthumswissenschaft 1881. VI.

Deutschland, Oesterreich, Schweiz.

596. *Caesar*, C. Iulii, commentarii de bello Gallico. Scholarum accommodavit nemi V. Ot. Slavik. Prag. 1881. 8. 189 p. 1 mk. 44 pf.
597. *Flügier*, die urzeit von Hellas und Italien. Ethnologische forschungen. Braunschweig 1881. 4. (Aus Archiv für anthropologie).
598. *Frohschammer*, J., über die principien der aristotelischen philosophie und die bedeutung der phantasie in derselben. München 1881. 8. VII, 143 pp. 3 mk.
599. *Gerber*, A. et A. *Greef*, Lexicon Taciteum fasc. IV. Leipzig 1881. 8. p. 337 - 480.
600. *Holzer*, Matris ein beitrag zur quellenkritik Diodors. Tübingen 1881. 4. 26 p. 1 mk. 20 pf.
601. *Preller*, Ludw., römische mythologie. 3. aufl. von *H. Jordan*. 1. bd. Berlin 1881. 8. XII, 455 p. 5 mk.
602. *Schliemann*, Heinr., reise in die Troas im mai 1881. Mit 1 karte. Leipzig 1881. 8. V, 77 p. 2 mk.
603. *Andreas Spengel*, nekrolog auf Leonhard von Spengel. Berlin 1881. 8. 23 p.

Skandinavien.

604. *Ammianus Marcellinus*, femogtyve år af Roms historie i det fierde årh. e. Kr. Overurt fra Latin ved *V. Ullmann*. I—III. Med

en afhandling om forfatteren og hans vaark samt navneliste. Kjøbenhavn 1877—1881. 8. 354, 288, 244 p. 10 kr.
605. *Sallusti Crispi*, Catilina et Jugurtha. Bearbejdede til Skolebrug af *Carl Müller*. 2den del: Jugurtha. Anden Udgave besørget al *V. Voss*. Christiania 1881. 8. 2 bl. 118 p. 2 kr. (vgl. no. 528.)

Niederlande.
606. *Halberstadt*, A., de hoofdpunten der Latijnsche spraakleer. Amsterdam 1881. 8. IV, 133 p. 3 mk. 50 pf.
607. *Karsten*, H. T., Spicilegium criticum. Lugduni Bat. 1881. 8. IV, 61 p. 80 ␢.
608. *Valeton*, M., Handboek der oude geschiedenis I: de Grieken tot en met Alexander den Groote. Ingelascht in en overzicht van de wording der Perzische monarchie en van de geschiedenis der Volkeren waaruit zij bestond. Groningen 1881. 8. XVI, 168 p. 1 Kaart.
4 mk. 80 pf.

England.
609. *Caesaris* de bello Gallico commentarii V with notes by *A. G. Peskett*. Cambridge 1881. 8. 2 mk. 40 pf.
610. *Paley*, F. A., a short treatise on the greek particles and their combinations according to Attic usage. London 1881. 8. 90 p.
2 sh. 6 d.
611. *Rawlinson*, G., History of ancient Egypt. 2 vols. London 1881. 8. 830 p. 75 mk.
612. *Vergilii Maronis*, Aeneidos libri V et VI. Edited with notes by *A. Sidgwick*. Cambridge 1881. 8. 3 mk. 60 pf.

Frankreich.
613. *Aubé*, B., Étude sur un nouveau texte des actes des martyrs Scillitains. Paris 1881. 39 p.
614. *Bouché-Leclercq*, A., Histoire de la divination dans l'antiquité. Tome II. III. Oracles de dieux oracles des héros et des morts oracles exotiques hellénisés. Paris 1881. 8. 18 mk.
615. *Chénon*, Emile, le tribunal des Centumvirs. Paris 1881. 8. VI, 99 p. 2 M.
616. *Dethier*, Ph. A., études archéologiques (oeuvre posthume) Constantinople 1881. 4. 164 p.
617. *Robert*, Cl., Étude sur quelques inscriptions antiques du musée de Bordeaux. Paris 1881. 8. 34 p. 5 planches. 4 mk.
618. *Walls*, Ad., de carmine Ciris. Paris 1881. 8. (Thèse) 87 p.
619. — — des variations de la langue et de la métrique d'Horace dans ses différents ouvrages. Paris 1881. 8. 245 p.

Italien.
620. *Biuso*, C., Ovidio, saggio critico. Palermo 1880. 16. 278 p.
4 mk. 20 pf.

Spanien.
621. *Tácito*, Cayo Cornelio, las historias traducidas por D. *Carlos Coloma*. Madrid 1881. 4. 370 p. 12 r. (Biblioteca clásica vol. 40).

Polen.
622. *Dydyński*, T., o prawie rolném w starożytnym Rzymie. Warszawa 1881. 8. 36 p. 2 mk. (Ueber das agrarrecht im alten Rom.)

Beilage: Erstes verzeichnis von schul- u. universitätsschriften aus dem gebiete der altertbumswissenschaft.

A. Programme. 1881.

623. *Adam*, F., über die 28. ode im ersten buche des Horaz. Patschkau. 4. 17 p. no. 171 (des Teubner'schen verzeichnisses).
624. *Anton*, H., Etymologische erklärung Homerischer wörter. Fortsetzung. Naumburg. 4. p. 33–56. no. 205.
625. *Backs*, Hermann, über inhalt und zweck des Platonischen dialogs Lysis. Burg. 4. 15 p. no. 194.
626. *Huenitz*, bemerkungen zum 1. u. 2. buche der Ilias. Inowrazlaw 1881. 4. 30 p. no. 124.
627. *Barien*, K., Antisthenes u. Plato. Neuwied. 4. 16 p. no. 393.
628. *Birdermann*, der delphin in der dichtenden und bildenden phantasie der Griechen und Römer. Halle a. S. Stadtgymn. 4. 26 p. no. 109.
629. *Brocks*, Emil, 1. ein skolion des Horaz. 2. zu Ilias XVII, 330. Schweiz. 4. 14 p. no. 29.
630. *Bruell*, Heinr., entwicklungsgang der griechischen philosophie. Für das verständniss der oberen gymnasialclassen dargestellt. Erste folge. Von Thales bis Sokrates. Düren. 4. 24 p. no. 378.
631. *Burchardi*, K., über den gebrauch des pronomens είς bei Homer. Duderstadt. 4. 16 p. no. 286.
632. *Cwalina*, C., über das verzeichnis der römischen provinzen vom jahre 297. Wesel. 4. 23 p. no. 401.
633. *Detlefsen*, Detlef, kurze notiz über einige quellenschriftsteller des Plinius. Glückstadt. 4. 8 p. no. 236.
634. *Doberenz*, Aemil., de scholiis in Thucydidem quaestiones novae. Magdeburg. 4. 16 p. no. 201.
635. *Endemann*, Karl, beiträge zur kritik des Ephoros. Coburg. 4. 25 p. no. 603.
636. *Engel*, Jacob, der tod im glauben indogermanischer völker. Stralsund. 4. 21 p. no. 121.
637. *Franzen*, Th., über den unterschied des hexameters bei Vergil und Horaz. Crefeld. 4. 16 p. no. 408.
638. *Furrer*, Anton, über den lesbischen dialect. Arnsberg. 4. 24 p. no. 205.
639. *Fuesslein*, Carl, das metaphysische problem der veränderung in der griechischen philosophie. Merseburg. 4. 28 p. no. 203.
640. *Glaser*, R., quaestiones criticae in Euripidis Electram. Groß-Umstadt. 4. 8 p. no. 559.
641. *Goeckc*, Wilh., der gebrauch des coniunctiv und optativ bei Homer. Malmedy. 4. 24 p. no. 386.
642. *Gumpert*, F., beiträge zur kritik und erklärung von Horat. sat. I, 9, nebst deutscher übersetzung in hexametern. Bnxtehude. 4. 23 p. no. 285.
643. *Guttmann*, Joh. Jul., über den wissenschaftlichen standpunct des Isocrates. Brieg. 4. 12 p. no 149.
644. *Haesecke*, die entstehung des ersten buches der Ilias. Rinteln. 4. 25 p. no. 314.
645. *Hahn*, Hermann, die geographischen kenntnisse der griechischen epiker theil II. Beuthen O.-S. 4. 16 p. no. 143.
646. *Hasper*, die feinheit der oekonomie und der charakterzeichnung in den einzelnen dramen des Sophokles und der kern der sittlichen anschauung des dichters. Groß-Glogau. 4. 26 p. no. 155.
647. *Haupt*, Heinr., animadversiones in Iulii Obsequentis prodigiorum librum. Dautzen. 4. 20 p. no. 640.

648. *Hermann*, Fr., Vergils Aeneide verglichen mit Homers Odyssee u. Ilias unter besonderer berücksichtigung des 6. buches der Aeneis und des 11. der Odyssee. Theil II. Dresden. Zeidler's erziehungsanstalt. 4. 13 p. no. 483.
649. *Heynacher*, Max, was ergiebt sich aus dem sprachgebrauch Caesars im bellum Gallicum für die behandlung der lateinischen syntax in der schule. Norden. 8. 87 p. no. 271.
650. *Hoeck*, Adelbert, die beziehungen Kerkyra's zum zweiten athenischen seebunde. Hnsum. 4. 16 p. no. 238.
651. *Holle*, J., Megara im mythischen zeitalter. Recklinghausen. 4. 24 p. no. 311.
652. *Holtze*, Fr. W., de recta eorum quae ad syntaxin Livii pertinent dispertiendorum et ordinandorum ratione. Naumburg. 4. 28 p. no. 205.
653. *Kleist*, Hugo von, der gedankengang in Plotins erster abhandlung über die allgegenwart des intelligibeln in der wahrnehmbaren welt. Flensburg. 4. 29 p. no 235.
654. *Knoke*, Friedr., über *hic* und *nunc* in der oratio obliqua. Bernburg. 4. 18 p. no. 589.
655. *Kohlmann*, P., du scholiis Theocriteis. Neu-Stettin. 4. 13 p. no. 109.
656. *Kohlmann*, H., über das verhältniß der tempora des lateinischen verbums zu denen des griechischen. Eisleben. 4. 54 p. no. 195.
657. *Kraffert*, Hermann, beiträge zur kritik und erklärung lateinischer autoren. Aurich. 8. 52 p. no. 255.
658. *Kuhlmann*, Ludw., de Sallustii codice Parisino 500. Oldenburg. 4. 20 p. no. 579.
659. *Lents*, Ernst, de versibus apud Homerum perperam iteratis. Bartenstein. 4. 32 p. no. 1.
660. *Looff*, Leonhard, der prozeß des Ktesiphon. Quedlinburg. 4. 15 p. no. 209.
661. *Marjan*, keltische ortsnamen der Rheinprovinz. 2. abth. Aachen. 4. 16 p. no. 403.
662. *Mirow*, Ernst, quaestionum Aristotelearum specimen. Wandsbeck. 4. 9 p. no. 245.
663. *Mueller*, O., zur concordanz lateinischer und deutscher metaphern. Köthen. 4. 19 p. no 590.
664. *Oelte*, Max, beiträge zur erklärung von Pausanias V, 17, 5. Altenburg. 4. 18 p. Programm von Eisenberg. no. 506.
665. *Pellengahr*, Adolf, die technische chronologie der Römer in ihrer entwickelung vom anfange bis zur Gregorianischen calenderreform. Rheine. 4. 24 p. no. 312.
666. *Polster*, L., quaestionum Propertianarum specimen. Ostrowo. 4. 17 p. no. 130.
667. *Ranke*, Frilz, homerische untersuchungen. I. Die Doloneia. Goslar. 8. 82 p. no. 277.
668. *Rau*, Franz, de Aristophanis versibus equitum 505. 506. non reiciendis. Jülich. 4. 4 p. no. 885.
669. *Richter*, Rich., Catulliana. Leipzig kgl. gymn. 4. 26 p. no. 470.
670. *Ritter*, analyse und kritik der von Plato in seiner schrift vom state anfgestellten erziehungslehre. Deuts. 4. 14 p. Progr. von Brühl. no. 368.
671. *Rummler*, Ludw., de Aristidis philosophi Atheniensis sermonibus duobus apologeticis. Rawitsch. 4. 17 p. no. 142.
672. *Saß*, Friedr., Plutarchs apophthegmata regum et imperatorum. Teil L. Plonn. 4. 21 p. no. 241.

673. *Schaefer*, J., Boileau l'art poétique metrisch übersetzt, erklärt und mit parallelen aus Horaz. Siegen. 4. 24 p. no. 296.
674. *Schaefer*, Ciceronis de legibus libri I. cap. 21 et 22 interpretatio. St. Wendel. 4. 13 p. no. 400.
675. *Schüding*, H., Plato's ansichten über die tugend. Theil II. Waldenburg in Oberschl. 4. 16 p. no. 178.
676. *Schipper*, Leopold, hervorragende staatsverfassungen der klassischen alterthums. Münster. 4. 16 p. no. 809.
677. *Schmeisser*, G., die etruskische disciplin vom hundertgenossenkriege bis zum untergang des heidenthums. Liegnitz, ritterakademie. 8. 37 p. no. 165.
678. *Schmidt*, de oratione Archidami Thucyd. I. 80—85. Nordhausen. 4. 14 p. no. 207.
679. *Schmidt*, Otto, specimen commentarii ad Hieronem Xenophonteum. Eisenach. 4. 18 p. no. 584.
680. *Schmieder*, Paul, über die lectüre von Plato's Politeia in gymnasialprima. Meiningen. 4. 16 p. Progr. von Schleusingen. no. 213.
681. *Schmilz*, Wilhelm, studien zur lateinischen tachygraphie. Cöln, Kaiser Wilhelmsgymn. 4. 0 p. no. 374.
682. *Schurmann*, H., Apollonios von Perga. Teil II. περί νεύσεων und περί διωρισμένης τομῆς. Putbus. 4. 12 p. no. 110.
683. *Schröer*, A., nach welchem princip ist die syntax der lateinischen sprache aufzubauen. Perleberg. 4. 15 p. no. 89.
684. *Schubert*, H., zum gebrauch der temporalconiunctionen bei Plautus. Lissa. 4. 22 p. no. 127.
685. *Schueßler*, Otto, zur lehre von den praepositionen bei Cicero II. in c. accus. Hannover, Kaiser Wilhelmsgymn. 4. 20 p. no. 264.
686. *Schultz*, A., die Aktorionensage in ihrer verflechtung mit andern sagen dargestellt. Hirschberg. 4. 26 p. no. 158.
687. *Schwabe*, Julius, die proklamation des königs in Sophokles tragödie könig Oedipus v. 216-275. Altenburg. 4. 26 p. no. 594.
688. *Siegfried*, Rich., ad compositionem librorum Iliadis XVIII ad XXII. Fürstenwalde. 4. 16 p. no. 65.
689. *Stange*, über die bestimmung der himmelsrichtungen bei den römischen prosaikern. Friedland. 4. 15 p. no. 571.
690. *Stein*, Ferd., de figurarum apud Thucydidem usu. Cöln, Friedrich-Wilh. gymn. 4. no. 373.
691. *Teuber*, Aug., de auctoritate commentorum in Terentium quae sub Aelii Donati nomine circumferuntur. Eberswalde. 4. 22 p. no. 61.
692. *Thomé*, de Flori rerum scriptoris elocutione partic. I. Frankenstein in Schl. 4. 22 p. no. 152.
693. *Thuemer*, über den Platonismus in den schriften des Justinus Martyr. Glauchau. 4. 16 p. no. 471.
694. *Treu*, Max, zur geschichte der überlieferung von Plutarch's Moralia II. 4. no. 169.
695. *Troebst*, Woldemar, quaestiones Hyperideae et Dinarcheae Pars I. Hameln. 4. 26 p. no. 261.
696. *Weise*, H., de Horatio philosopho. Colberg. 4. 18. p. no. 103.
697. *Wetzel*, Martin, die lehre des Aristoteles von der distributiven gerechtigkeit und die scholastik. Warburg. 4. 20 p. no. 315.

Dazu kommen die in diesen Verzeichnissen schon aufgeführten abhandlungen, siehe
189. Usamann (no. 68 Teubner). — 286. Bertram (no. 208). — 787. Bindseil (no. 134). — 289. Boblens (no. 578). — 429. Broening (no. 234). — 302. Deiters (no. 131). — 200. Francke (no. 239). — 310. Glaser (no. 402), — 311. Graeber (no. 380). — 327. Harnecker

(no. 64). — 324. Jungmann (no. 469). — 913. Klimke (no. 161). —
330. Knobloch (no. 210). — 331. Kubicki (no. 153). — 216. Laves
(no. 7). — 333. Lentz (no. 602). — 346. Rothe(no. 46). — 349. Schwen
(no. 189). — 353. Stier (no. 218). — 359. Vollmer (no. 418). —
531. Wentzel (no. 170). — 241. Wezel (no. 47). — 360. Wilhelmi
(no. 389). — 362. Wrampelmeyer (no. 257).

B. Academica und Dissertationen aus dem jahre 1880—81.
698. Berlin. *Vahlen*, Joh., emendationes dialogi Tacitei de
oratoribus. Berlin, index lectt. aest. 1881. 4. 14 p.
699. Bonn. *Acta* martyrum Scilitanorum Graeca edita ab *H.
Usener*. Index lect. aestiv. 4. 6 p.
Braunsberg. Siehe no. 424. *Bender*. Index lect. hibern. 1881 — 82.
Breslau. (vgl. 98.) *Hertz*, Martini, ad Joannem Vahlenum epistula
[de interpolationibus quibusdam] 4. 4 p. (ind. lectt.)
700. *Rifferscheid*, Aug., Kaisergeburtstagsrede über die Pergamenische gigantomachie. 4. 10 p.
und ferner: siehe no. 94. *Hagemann*. 111. *Liers*. 117. *Neumann*.
299. *Schippke*. Dissertt. Vratisl.
701. Halle. *Catonis* de agricultura c. VII. et VIII. cum adnotationibus *Henrici Keilii*. Halle 1881. 4. (Ind. lect. aest.)
702. Koenigsberg. *M. Junianii* Iustini praefatio ex rec. *Fr.
Ruehl*. 4. 2 p. Ind. lectt. aest.
703. Marburg. *Caesar*, Julius, quaestiones duae ad Aristophanis aves spectantes. 4. 12 p. (Ind. lect. aestiv.) Vgl. no. 428. Bormann, Ind. lectt. hibern. 1881/82.
704. Muenchen. *Labhardt*, Theobaldus, P., O. S. B., quae
de Iudaeorum origine indicaverint veteres. Augustae Vindel. 1881. 8.
47 p. Dissert. Dazu no. 136. *Vogel*. 332. *Langbehn*. 450. *Gebhard*.
Dissertt. Monace.
705. Muenster. *Stahl*, J. M., de sociorum Atheniensium iu-
diciis commentatio. Münster 1881. 4. 31 p. Ind. lect. aestiv.
706. — —, de tragoediae primordiis et incrementis ab Aristotele adumbratis. Münster 1881. 4. 12 p. Ind. lect. bib.
707. *Berndt*, Theod., de ironia Menexeni Platonici. Münster
1881. 8. 59 p. Diss.
708. Rostock. *Fritzsche*, Franc. Volcm., de Aeschylo G. Hermanni. Accedunt emendationes. Rostock 1880. 4. 8 p. Ind. lectt. bib.
709. — —, Epiphyllides Lucianeae. Ibid. 1881. 4. 10 p.
Ind. lect. aest.
710. — —, additamenta Lucianea. Ibid. 1881. 4. 10 p. Ind.
lect. bib.
711. *Doerwald*, Paul, de duali numero in dialectis Aeolicis quae
dicuntur. Rostock 1881. 8. 52 p. Diss.
712. *Giske*, Heinr., de Joannis Tzetzae scriptis ac vita. Rostock
1881. 8. 94 p. Diss.
713. Straßburg*). *Benuke*, Frid., de arte metrica Callimachi.
Straßburg 1880. 8. 59 p.
714. *Deipser*, Bernh., de P. Papinio Statio Vergilii et Ovidii
imitatore. Accedit appendix critica ib. 1881. 8.
715. *Groth*, Ad., de M. Terenti Varronis de lingua Latina librorum codice Florentino. Straßburg 1880. 8. 68 p.
716. *Heydemann*, Victor, de senatu Atheniensium quaestiones
epigraphicae selectae. Ib 1880. 85 p.
717. *Pickel*, Carl, de versuum dochmiacorum origine. Ib. 1880. 8. 55 p.

*) Diese dissertationen sind meist in den Dissertationum Argen-
toratensium vol. IV. et V. und vielfach in erweiterter form abgedruckt.

718. *Puchstein*, Otto, Epigrammata Graeca in Aegypto reperta. Adiectae sunt tabulae duae. Ib. 1880. 8. 76 p.
719. *Pulch*, Paul, de Eudociae quod fertur violario. Ib. 1880. 44 p.
720. *Vogt*, Felix, de metris Pindari quaestiones tres. Ib. 1880. 8. 55 p.
721. *Zarncke*, Ed., de vocabulis Graecanicis quae traduntur in inscriptionibus carminum Horatianorum. Ib. 1880. 8. 47 p. Dazu vgl. oben no. 27. Hart. no. 314. Hanssen.
722. Woersburg, *Mayerhoefer*, Anton, Critica studia Liviana. Bamberg 1880. 8. 48 p. Dissert.
723. *Huergel*, L. F. Jos., geschichtliche und systematische entwicklung und ausbildung der perspective in der classischen malerei. Mit 2 skizzen. Würzburg 1881. 8. 97 p. Diss.

Kleine philologische zeitung.

Von den neuen römischen funden in Mainz (s. hft. 7, p. 416, unt. p. 489) wird in Augsb. allg. ztg. beil. zn 217. Nation.-ztg. nr. 268 (morgenausg.) ferner berichtet: der erste fund ist ein aus kalkstein gehauener grabstein eines römischen fahnenträgers der 14. legion. In der oben abgerundeten nische steht die figur des verstorbenen, darunter enthält ein breites feld die nur noch theilweise lesbare inschrift. Ein in der oberen ecke des feldes befindliches zapfenloch und die im kreis um dasselbe sichtbare abschleifung des steines beweisen, daß dieses monument einst in ein bauwerk eingefügt und als laufstein des angelbalkens eines thores benutzt wurde. — Der zweite grabstein ist derjenige eines soldaten derselben legion. Er zeigt keine figur, aber folgende in großen buchstaben vortrefflich gehauene inschrift, zu deutsch lautend: „Marius Servilius Seneca, des Marius sohn, aus der bürgerclasse der Fabier aus Brixen, 40 jahre alt, soldat der XIIII. legion, der doppelten, vom zuge des Quintus Helvius Bucco, 19 jahre im dienst, liegt hier begraben." Dies ist die erste in Mainz gefundene inschrift mit erwähnung der tribus Fabia. Der dritte fund ist der grabstein eines (etwas rob ausgeführten) römischen reiters, der mit eingelegter lanze zu pferde daheransprengt. Unter den vorderfüßen des rosses liegt das haupt eines feindes, der sich durch langes, in einen knoten verschlungenes haar als Germane kennzeichnet. Auch bei den bebungsarbeiten an den pfeilern der alten Rheinbrücke Karls des großen sind neuerdings wichtige funde gemacht worden. Der bedeutendste derselben ist die römische grabstele zweier personen, die im brustbild dargestellt sind; doch fehlen die köpfe vollständig. Die linke figur stellt einen mann, die rechte eine weibliche, oder vielleicht jüngere männliche person dar; beide tragen dieselbe bürgerliche kleidung. Nach der inschrift ist es der grabstein des Tertinius Svitulus und einer anderen person, deren name aber unleserlich ist; das material ist sandstein. Aus demselben fundorte wurden noch drei skulpturfragmente erhoben; darunter eine säulenbasis attischer ordnung mit viereckiger plinthe, sowie die randleiste einer reliefplatte mit blattornamenten. Diese und ähnliche funde sprechen gegen den römischen ursprung der alten Rheinbrücke, da die Römer wohl kaum ihre eigenen grabdenkmäler und tempelsteine zum bau der pfeiler benutzt hätten. Dagegen scheint ein am vergangenen sonnabend bei den taucherarbeiten gemachter fund direkt hierauf hinzuweisen. Es ist dies ein mächtiger, etwas geschweifter hammer von eichenholz, der jedenfalls zum einrammen von pfahlwerk diente; ein stück des stieles steckt noch in der öse. Den unzweifelhaft römischen ursprung dieses hammers beweist die auf der einen seitenfläche mit dem stemmeisen geschlagene inschrift, von welcher folgende buchstaben festsehen: Val Leg XIIII. Außerdem wurden noch zwei bruchstücke von bruchsteinen und ein votivstein gefunden; letzterer ist dem Mercur geweiht und durch angabe des konsulatjahres (196 oder 225 v. Chr.) bemerkenswerth.

Von den hft. 7, p. 417 mitgetheilten entdeckungen in Egypten handelt auch nach der Kölnischen ztg. die Augsb. allg. ztg. nr. 215. 220.

Postblatt nr. 2 ist erschienen am 4. april.

Athen, 3. aug. Die ausgrabungen des theaters zu Epidauros sind vollendet; das theater hat 52 sitzreihen und platz für 30000 zuschauer. — RAnz. nr. 167.

Athen, 4. august. Soeben erhalte ich aus Aegion (Vostiza) die nachricht, daß beim dorfe Mamussia im Demos Aegion auf hohem bergrücken, von welchem nicht nur die ganze ebene von Aegion, sondern auch die gebirge bis nach Korinth hin zu überschauen sind, ein altes theater entdeckt worden ist, welches mit verhältnißmäßig geringen kosten bloßgelegt und wiederhergestellt werden kann. Das theater gehört unzweifelhaft der alten stadt Kerynia an, von welcher Pausanias c. 25, 5 berichtet, und welches bei Strabo 387: ἡ Κερύνεια ἐπὶ πέτρης ὑψηλῆς ἱδρυμένη genannt wird (die mss. schreiben auch Κεραυνία und Κεραυσία Πλαγής), s. zu Kerynia Curtius Pelop. I, p. 467, 473 und 490 und Ponillon Boblaye p. 26. — RAnz. nr. 190. Augsb. allg. ztg. nr. 227. (S. unt. p. 499.)

Rom, 16. august. Eine wichtige archäologische entdeckung ist bei den erdarbeiten für das kunstausstellungspalais bei der kirche S. Vitale gemacht worden. In einem mittelalterlichen fußboden eingemauert, und zwar umgewendet und mannichfach beschädigt, fand sich ein großer denkstein mit einer inschrift, welche der ausbesserung einer wasserleitung durch Constantin den großen, also eines bisher ganz unbekannten factums, erwähnung thut. Die inschrift lautet nach der veröffentlichung der *Commissione Archeologica Municipale* so: „*Imperator Caesar Flavius Constantinus Maximus Pius Felix Invictus Augustus, filius divi Constantii, nepos divi Claudii, formam Aquae Virginis vetustate conlapsam a fontibus renovatam arquatoris eminentibus omnibus di-*

rusam pecunia sua populi romani necessario unui tribuii adhiberi. Curante Gentiano Tullio Valeriano, viro clarissimo, curatore aquarum et Miniciae, devoto numini majestatique ejus." RAnz. nr. 194.

Berlin, 17. august. Dr. Oppert hat kürzlich der Pariser akademie kenntniß von einer interessanten assyrischen inschrift gegeben, die nach angaben Rawlinsons von dem Perser Hormuzd Rassam aufgefunden worden ist. Sie ist in keilschrift-charakteren auf ein prisma aus thon gegraben und enthält die geschichte der regierung Assurhanhabals oder Sardanapal V., königs von Assyrien, der vom jahre 667—625 vor unserer zeitrechnung herrschte. Der könig zählt dort die wichtigsten begebenheiten aus seiner regierungszeit auf. Man kannte schon mehrere ähnliche inschriften, aus denen man wußte, daß Assurbanhabal, der sohn Assarhaddons und enkel Sancheribs, zwei kriegszüge gegen Tearko oder Tarhaka, könig von Egypten und Aethiopien, unternommen hatte. Bereits vor 15 jahren hatte der akademiker Oppert hierüber ein exposé geliefert; jedoch waren die texte, die man damals besaß, unvollständig und die berichte äußerst lückenhaft. Die neue inschrift füllt diese lücken aus; sie ist ein vollständig erhaltenes duplikat der bisher nur in bruchstücken vorhandenen texte. Das prisma, auf dem sie eingravirt ist, war in der terrasse eines assyrischen palastes verborgen gewesen. Dies war ein häufig vorkommender brauch bei den Assyrern: in voraussicht des künftigen unterganges ihrer paläste, und von dem wunsche beseelt, daß der ruhm ihres namens noch lange fortdauere, wenn bereits ihre bauwerke hingesunken, ließen die assyrischen könige in dem mauerwerke, gewöhnlich in den vier winkeln jeder terrasse, geheimplätze ausböhlen, in die sie mit historischen inschriften bedeckte prismen niederlegen ließen, worauf man sie zumauerte. Ihre voraussicht hat den zweck erreicht; die forscher finden die inschriften in den ruinen der monumente wieder, und die assyriologen, welche heute unschwer die texte entziffern, sind so in der lage, das andenken der alten assyrischen könige wieder zu erwecken. Die erwähnte inschrift gewährt ein besonderes interesse, weil sie gleichzeitig über eine epoche der egyptischen wie der assyrischen geschichte licht verbreitet. Tearko, der könig von Egypten und Aethiopien, war schon um das jahr 672, fünf jahre vor dem regierungsantritt Assarhanhabals, von des letzteren vater besiegt worden; darauf war es ihm gelungen, das assyrische joch abzuschütteln, indem er sich mit zwanzig kleinen fürsten oder satrapen verband, denen Assarhaddon die regierung der wichtigsten städte Egyptens anvertraut hatte. Der text führt in assyrischen charakteren die namen aller dieser fürsten und städte auf, was, nebenbei bemerkt, auch werthvolle aufklärungen über die aussprache des altegyptischen giebt. Assurbanhabal züchtigte die empörer; nach Tearko's tode verfolgte er Urdamané, seinen nachfolger, in Oberegypten, nahm Theben ein und liess die stadt plündern. Auf diese plünderung Thebens spielt der prophet Nahum an, wenn er Ninive mit dem loose No-Ammons bedroht; denn schon im alterthume erkannte man in dieser stadt das egyptische Theben. RAnz. nr. 191.

Bei Lübz im dorf Karbow (Meklenburg) sind urnen, auch geräthe entdeckt, die uraltem pferdegeschirr angehört haben sollen. RAnz. nr. 194.

Von F. Bäßler's hellenischem heldensaal, 3. aufl. enthält eine anzeige RAnz. nr. 200.

Ueber das alte Römercastrum bei *Deutz* berichtet ausführlich nach der Elberfelder zeitung der RAnzeig. nr. 201.

Berlin, 25. aug. Das theater in Epidauros. Ueber dies hat soeben prof. *A. Boetticher* in einem fachblatt alles wissenswerthe zusammengestellt. Die griechische archäologische gesellschaft in Athen hat in der zeit von april bis mitte juni dieses jahres eine ausgrabung veranstaltet, deren ergebnisse von vorwiegend architektonischem interesse sind. Zu den baulichkeiten des bis in die späteste zeit der römischen herrschaft hochberühmten und von nah und fern besuchten kurortes in der nähe von Epidauros gehörte ein theater, dessen dimensionen ihm die zweite stelle in der reihe der uns bekannten griechischen bühnengebäude anweisen. Aber nicht diese größe allein war es, welche diesen bau zu einem von den zeitgenossen hochgepriesenen erhob, sondern vielmehr die glückliche gesammtwirkung und durchbildung des ganzen, die es keinem geringeren verdankte, als dem ersten meister der argivisch-sikyonischen schule in bau- und bildnerkunst, Polyklet. „Dieses theater", schreibt Pausanias, „scheint mir ganz besonders sehenswerth. Denn die römischen theater übertreffen zwar alle anderen an pracht, wie das der Arkadier in Megalopolis alle an größe übertrifft: in harmonie aber und reiner schönheit — welcher baukünstler möchte da fähig sein, sich mit einem Polyklet zu messen!" — Seit dem ausgange des vorigen jahrhunderts, wo uns die erste genauere kunde über die noch vorhandenen reste der griechischen architektur zuging, ist die stätte des Asklepiosheiligthums nicht selten von reisenden besucht worden, die, von Dodwell an, alle darin einig sind, daß die noch sichtbaren theile des polykletischen theaters eine außergewöhnlich sorgfältige technik zeigen. Die französische expedition 1829 veranstaltete sodann eine situationsaufnahme der gesammten bauanlagen, aus welcher speziell für das theater die hauptmaße zu entnehmen sind. Leo von Klenze, Curtius, Bursian und andere ergänzten jene nachrichten auf grund eigener beobachtungen. Die arbeiten der griechischen archäologischen gesellschaft, welche unter leitung des Kabbadias ausgeführt wurden und in einiger zeit wieder aufgenommen werden sollen, haben uns die berichte der früheren reisenden, daß hier unter dem erdreich und strauchwerk noch sehr viel intakt erhalten sein müsse, nicht allein glänzend bestätigt, sondern sie haben erwiesen, daß fast der gesammte zuschauerraum und die orchestra so gut wie vollständig erhalten sind. Vereinen wir die berichte von Kabbadias, die in dem neuesten heft des „Ἀθήναιον" soeben eintreffen, mit den früheren angaben, so erhalten wir von dem theater etwa folgendes bild: — In den nordabhang des Kynortionberges, der das thal im südosten abschließt, ist der zuschauerraum in gewohnter weise eingeschnitten. Ein geringes über den halbkreis hinausgehend, umfaßt er die orchestra, zwischen welcher und dem bühnengebäude ein noch ziemlich breiter raum verbleibt. Die stufen sind aus dem felsen gehauen, aber demnächst ist der ganze bau — den ich zu mehr als 16,000 sitzplätzen veranschlage — mit starken platten von weißem marmor verblendet worden. Die entfernung zwischen den äußersten spitzen an den flügeln beträgt rund 120 meter, die äußere peripherie der letzten sitzreihe rund 212 meter. Der zuschauerraum wird nach der zwanzigsten stufe von oben durch einen geräumigen mittelgang in zwei theile geschieden, von denen der obere dem gewöhnlichen volke zukam, der untere den honoratioren. In vertikalem sinne wird das auditorium durch die zugangstreppen in keile getheilt, und zwar oberhalb des diazoma in vierundzwanzig, unterhalb in zwölf keile, so daß also je eine um die andere treppe von oben bis unten durchgeht. Wenn in dem bisher berichteten wir nur ein bekanntes schema wiedererkennen, so bietet dagegen die speziellere einrichtung des mittelganges etwas neues. Das diazoma hat eine für den verkehr dienende lichte breite von 1,90 meter und wird auf der konkaven seite durch eine krepis abgeschlossen. Letztere besteht aus einem plinthos von 24 kubikm., der mauer selbst mit 90 kubikm., und einem aus feinem kyma mit abakos bestehenden deckgliede von zusammen 22 kubikm. höhe, so daß also die ganze krepis eine höhe von 1,36 meter besitzt. Die obere hälfte der mauer ist durch ein eingemeißeltes und ehemals sicherlich farbiges flechtband geschmückt. Auf der krepis erhebt sich nun, wiederum auf eigenem plinthos, eine durch rücklehne und mit besonderer kunst gearbeitete, geschweifte füße ausgezeichnete sitzreihe, die ihrerseits von den darüberliegenden stufen durch einen schmalen gang von 60 kubikm. breite getrennt wird. Eine ähnliche sitzreihe umsäumt dies diazoma auf der convexen, nach unten zu liegenden seite. Endlich findet sich eine ebensolche reihe ausgezeichneter sitze unmittelbar um die orchestra herum. Die sitze sind aus einzelnen platten zusammengesetzt, die nach Kabbadias mit blei (soll wohl heißen durch mit blei vergossene dübel) verbunden waren. Außer diesen drei reihen von sesseln besteht der zuschauerraum aus 32 stufen in der unteren und 20 in der oberen abtheilung. Die stufen haben nur 87 kubikmeter höhe; man saß also offenbar auf untergelegten kissen, auch deuten löcher in den oberflächen der stufen auf den gebrauch beweglicher rückenlehnen. Solche bequemlichkeiten waren sicherlich durch die verfassung der zuschauer geboten, von denen an diesem kurorte ein großer theil krank oder leidend sein mochte. Die auf beiden flügeln angestellten nachgrabungen haben ergeben, daß außerhalb der obersten stufenreihe der übliche umgang vorhanden war. Aber es finden sich hier weder irgend welche sandspuren von säulen, noch bruchstücke von solchen. Unsere kenntniß erweitert sich mithin um ein ferneres beispiel griechischer theater, welches den säulenumgang nicht besitzt. Und wenn die um das echt hellenische theater von Syrakus umlaufende säulenhalle sich unschwer als eine römische zuthat erweisen lassen wird, so bedarf nunmehr jene bekannte stelle im Vitruv, laut welcher alle griechischen theater einen solchen säulenumgang besessen haben sollen, wohl sicherlich einer emendation. Ich kann hier nach eigener untersuchung hinzufügen, daß die säulentrommeln, welche innerhalb des kleinen theaters in Messene liegen, zu einem oberhalb desselben vorhandenen bau gehörten und nicht zum theater. Auch die orchestra wurde bereits im wesentlichen freigelegt. Sie besteht aus einem äußeren gepflasterten ringe, der hauptsächlich zur abführung des von oben herabkommenden niederschlagwassers diente, und der eigentlichen, für die evolutionen des chores bestimmten, den altar umgebenden orchestra. Das bühnengebäude selbst ist erst durch einige versuchsgräben angeschnitten worden, der bericht von Kabbadias darüber steht noch aus. Leo von Klenze konstatirt indessen bereits 1838, daß die vorderseite, die paraskenia, welche die periakten trugen, zum theil noch vorhanden waren. Es wäre sehr wünschenswerth, wenn die ferneren ausgrabungsarbeiten das ergebniß hätten, diesen theil des antiken griechischen theaters mit größerer klarheit erkennen zu lassen, als leider bisher der fall ist. Kabbadias ist nicht architekt, und so entbehrt der bericht vielfach der für den fachmann wünschenswerthen angaben, sowie der präzision in den technischen ausdrücken. In letzter zeit hat ihm indessen der argolisch-korinthische bezirksbaubeamte, Solomos, zur seite gestanden und so wird eine publikation des theaters mit zeichnungen für die folge in aussicht gestellt. — Die ausgrabungen haben neben der architektonischen ausbeute auch mehrere statuenfunde geliefert, von denen der eine für die erkenntniß der älteren argivischen kunst von hohem werth zu sein scheint, wenn man auch, der beschreibung nach, welche Kabbadias von dem bildwerke giebt, seiner ansicht nicht beipflichten kann, daß man es hier mit einer originalen jugendarbeit Polyklets zu thun habe. — Nationalztg. vom 26 aug.

Die „Bonner ztg." schreibt: „Die bereits seit jahren vom

hiesigen provinzial-museum unter der leitung des direktors prof. dr. E. aus'm Weerth in aller stille vorgenommene bloßlegung des kurz vor unserer zeitrechnung gegründeten Römerlagers „Bonna" hat in diesem jahre einen rühmlichst anzuerkennenden erfolg aufzuweisen. Unter assistenz des bildhauers Kornen aus Neuß wurden in verhältnismäßig kurzer zeit nicht nur die vollständigen reste der *Porta principalis sinistra* und theile der an diese grenzenden umfassungsmauer, sondern auch die reste der *Porta principalis dextra* und überbleibsel der den östlichen abschluß des lagers bildenden einfriedigung bloßgelegt, so daß wir im stande sind, uns mit der lage, castralform und lagerordnung dieses militärischen standquartiers bekannt zu machen. Dasselbe bildete ungefähr ein quadrat von 520 m mit stark abgerundeten ecken und war von einer durchschnittlich 1,80 m breiten mauer, einem ca. 17 m breiten umfassungsgraben, sowie einem etwa 9 m breiten außenwalle umgeben. Gegen die innere fläche der umfassungsmauer lehnte sich ebenfalls ein wall von 9 m. breite, neben dem im ganzen umkreise des lagers die 5,40 m breite *via angularis* verfolgt werden konnte. Außer dieser lagerstraße fanden sich noch drei weitere, die *via praetoria*, die *via principalis* und *via quintana*. Jede derselben verlief mit ihren endstücken in ein entsprechendes thor. Es sind: die *Porta praetoria*, welche auf dem Rheindorferweg, dicht bei der südostecke des israelitischen begräbnißplatzes lag; die auf demselben wege, südlich neben dem wege „an der esche" (nördlich dem Rosenthal) vorgefundene *Porta decumana*; die *Porta principalis dextra*, welche vor dem Wichelshof, auf dem viehweg, zum vorschein kam; die auf diesem wege, gleich östlich neben der Rheindorferstraße, erscheinende *Porta principalis sinistra* und endlich die als rest eines nordthurmes der den abschluß der *via quintana* bildenden seitenthore aufzufassenden fundamentreste auf dem zwischen „Viehweg" und Rosenthal nach dem Rhein zu leitenden wege. An die *viae* des lagers schließen sich an die größeren gebäude, von denen jetzt schon mehrere vollständig aufgedeckt worden sind, sowie ein vollständiges system von kanälen. Die *Porta principalis sinistra* zeigt ein doppelthor von ca. 8 m breite, das von zwei schweren vierseitigen thürmen, deren länge 11 1/2, deren breite 9 m beträgt, und der an die außenseite derselben anschließenden umfassungsmauer flankirt wird. Die einzelnen mauern haben zum theil eine breite von über zwei meter. Das zu denselben, wie überhaupt zu allen anlagen des castrums verwandte material ist tuffstein." RAnz. nr. 219.

Paris, 26. aug. Ausgrabungen in Karthago. Graf d'Herisson, der in einer archäologischen mission nach Tunis gegangen war, hat ausgrabungen in den ruinen von Karthago angestellt und außer achtzig bisher unbekannten phönizischen inschriften eine menge interessanter geräthe u. s. w. gefunden, z. b. einen backofen, an dem noch die verkohlte asche haftete. Alles soll im Louvre aufgestellt werden. Augsb. allg. ztg. beil. zu nr. 240.

Kairo, 30. aug. Es ist wieder ein archäologischer fund von großer bedeutung gemacht worden. Bei dem dorfe Kom-el medauer hat man, laut einem berichte der „Köln. ztg", einen jener steine aufgefunden, wie sie während der Ptolemäer-epoche mit den erlassen des königs mehrsprachigen inhalts in den tempeln Aegyptens aufgestellt zu werden pflegten. Es ist dies ein dreisprachiger stein und neben dem zweisprachigen von Rosette, den das British museum aufbewahrt, und dem dreisprachigen von Tanis, den Lepsius 1866 auffand, der dritte seiner art, der bekannt ist. — Augsb. allg. ztg. beil. zu nr. 253.

Mainz, 4. sept. (Römische brückenpfeiler im Rhein.) Durch die seit längerer zeit im gange befindlichen arbeiten zum zwecke der fundirung einer neuen eisenbahnbrücke über den Rhein wurden bereits mehrfach römische antiquitäten zu tage gefördert, unter welchen, außer den gewaltigen mit eisernen spitzen versehenen brückenpfeilern, die reste eines römischen grabmals von besonderem interesse sind. Wenn man aber daraus schließen wollte, (s. ob. p 482) daß die brücke, zu deren bau sie verwendet wurden, nicht römischen ursprungs sein könnte, so würde dies ein trugschluß sein, da die Römer in zeiten der noth kein bedenken trugen, auch theile ihrer tempel, grabmäler u. s. w. zu profanen zwecken zu verwenden. Weil nun aber im dritten jahrhundert die Römer ihre militärischen besatzungen auf der rechten Rheinseite weithin vorgeschoben hatten, mußte deren verbindung mit der hauptarmee zu Mainz von der größten wichtigkeit sein, weshalb die herstellung einer brücke über den Rhein unerläßlich war. Somit erklärt es sich, weshalb in den fundamenten der brücke, welche jetzt zu tage gefördert werden, so viele reste römischer bauten gefunden werden, und die annahme, daß die betreffende brücke aus der karolingischen zeit herrühre, muß sich um so mehr als unrichtig herausstellen, als es an beweisen dafür gänzlich gebricht. Die erkenntniß dieses irrthums gewinnt neuerdings immermehr boden, und hoffentlich wird dieselbe bald allgemeine aufnahme finden. Augsb. allg. ztg. beil. zu nr. 249.

Athen, 4. sept. (Ausgrabungen bei Aegion). Den ersten bericht über ausgrabungen an dieser stelle s. ob. p. 483: nach neuern berichten sind unweit der akropolis der alten stadt Bura gräber aufgedeckt worden, in denen eine menge waffen, helme, lanzen, schwerter, bronzene statuetten, münzen, vasen u. s. w. aufgefunden worden sind. Die stelle, an welcher diese gegenstände gefunden, heißt heute ἅγιος Κωνσταντῖνος (der heilige Constantin), von einem kirchlein so benannt, welches an einer quelle, deren wasser für wunderthätig gehalten wird, von den umwohnern erbaut worden ist. Jährlich wird daselbst ein vielbeachtes fest gefeiert. Die christliche kirche selbst steht wahrscheinlich auf der stelle eines alten tempels (s. über die ruinen von Dura Curtius Peloponnes I, p. 470, und Bursian, Geogr. Griechenlands II, p. 336). In der nähe der alten akropolis liegt ein dörfchen Καλύβια τῆς Μαμουσιας, und „ungefähr eine halbe stunde nordwestlich von Dura an dem nach der strandebene hinabführenden wege nahe dem rechten ufer des Kerynites finden sich wiederum überreste einer antiken ortschaft, besonders eine mauer, die man noch gegen 100 schritte weit in der höhe von ein bis zwei steinlagen verfolgen kann; wahrscheinlich überreste eines zur zeit des Pausanias bereits zerstörten „demos der Burier." Die stadt Dura, die ungefähr eine stunde vom meer am linken ufer des buräischen flusses (heute gewöhnlich fluß von Kalavryta genannt) lag, war eine der ältesten ionischen niederlassungen und hatte ihren namen von der Bura, einer mythischen tochter des Ion und der Helika. Im jahre 373 v. Chr. durch ein erdbeben zerstört, welches ihre schwesterstadt Helike in den wellen begrub, wurde sie von den überlebenden einwohnern auf derselben stelle wieder aufgebaut. Im jahre 275 tödteten die Burier ihren tyrannen und traten dem achäischen bunde bei. Sie bestand noch in der zeit des Pausanias, der (s. Pausanias VII, 25, 8) daselbst tempel der Demeter, Aphrodite, des Dionysos, der Eileithya und der Isis mit statuen attischer arbeit aus pentelischem marmor fand. — Augsb. allg. ztg. beil. zu nr. 256.

(*Schliemanns Orchomenos*). So eben ist der bericht über die letzte ausgrabung Schliemanns bei Brockhaus erschienen und liefert wieder den beweis, daß ein kühner und fester glaube recht oft was findet, wo die kühle kritik nichts geahnt hat. Ist auch nur weniges von der alten herrlichkeit von Orchomenos erhalten, so war doch schon bisher der eingang zu einem jener unterirdischen riesenbauten bekannt, wie sie jetzt besonders von Mykenä her bekannt sind und fälschlich als schatzhäuser benannt waren; unterirdische dome, aus kolossalen blöcken in der form eines bienenkorbes erbaut; sie sind stets in den abhang eines hügels hineingebaut; die außenseite ist hoch mit erde überschüttet, das innere war, wie die bronzenägel in jedem stein beweisen, ursprünglich ganz mit bronzetafeln bedeckt. Mit bewunderung sprechen die homerischen lieder von den „ehernen" häusern der fürsten und der götter. Die „tholoi" dienten den herscherfamilien als grabmale; das eigentliche grab aber befand sich nicht in der kuppelwölbung, sondern in einem besonderen felsengemache, zu welchem direct aus dem hauptbau eine thür hineinführte. Dieses grabmal hat Schliemann ausgegraben und in den resten des haupthauses nichts besonderes gefunden, in dem kleineren nebengemach aber fand er eine fast ganz erhaltene und in den fehlenden theilen reconstruirbare decke von höchster schönheit. Auf tafel I seiner schrift hat er sie in trefflicher abbildung mitgetheilt. Sie stammt aus vorhomerischer zeit und ist ein neuer beweis dafür, in wie hohem grade die epoche griechischer cultur, welche vor der dorischen wanderung liegt, von Asien her beeinflußt war. Unsere decke bietet mit hoher wahrscheinlichkeit das muster eines prachtvollen assyrischen teppichs dar. Den äußeren rand bildet eine ringsumlaufende reihe von prächtigen rosetten, es folgt nach innen zu ein gewebe von ineinander hinübergreifenden spiralen, aus deren vereinigungspuncten sich lotosknospen erheben; darauf folgt nach innen zu wieder eine doppelreihe von rosetten, welche das innerste oblong von spiralen wie ein rahmen umschließt. Tafel II giebt in vergrößerter ausführung einen theil dieser decke, tafel III einen herzlich schlechten plan der lage von Orchomenos, Tafel IV einen grundriß des ganzen baues; eine frontansicht der thür des kleinen gemachs mit besonders deutlichen spuren der ehemals angenagelten bronzebekleidung und zwei grundrisse der beiden thürschwellen, aus denen ein archäolog die art des thorverschlusses construiren mag. Der text zeigt Schliemanns fehler und vorzüge in vollem maße: große lebendigkeit in der schilderung der ausgrabung, begeisterung für seine sache, aber auch wenig deutliche fundberichte. Die in den text gedruckten illustrationen zeigen werthlose scherben; er spricht von alten gefäßreihen mit „wunderbaren zeichnungen," diese hätte er lieber abbilden sollen. Trotz alledem ist die gelehrte welt dem unternehmenden manne zu großem danke verpflichtet. Möchte er doch noch vielmals seinen scharfen blick, seine practische erfahrung, seine muthige opferwilligkeit zum eigenen genusse und zum besten der von ihm so geliebten altertbumswissenschaft bethätigen. — Angsb. allg. ztg. beil. zu nr. 267.

Göttingen, 29. sept. Die philosophische facultät der universität Berlin hat ein gutachten über die zulassung von realschul-abiturienten zu universitäts-studien abgegeben, welches für die zukunft unserer realschulen I. ordnung von bedeutung ist und auch für weitere kreise von interesse sein wird. In dem gutachten wird die ansicht ausgesprochen, „daß diejenige vorbildung der studirenden, welche auf realschulen I. ordnung erworben wird, im ganzen genommen hinter derjenigen, welche durch ein reifezeugniß eines gymnasiums verbürgt ist, nicht allein deshalb zurücksteht, weil die unkenntniß der griechischen und die mangelhafte kenntniß der lateinischen sprache dem studium mancher den realschul-abiturienten gesetzlich nicht verschlossenen fächer große hindernisse in den weg legt, sondern auch, und vor allem deswegen, weil die idealität des wissenschaftlichen sinnes das interesse an einem durch keine praktischen zwecke bedingten und beschränkten, der freien geistesbildung als solcher dienenden erkennen, die allseitige und umfassende übung des denkens, die bekanntschaft mit den klassischen grundlagen unseres wissenschaftlichen und culturlebens nur auf unseren humanistischen lehranstalten in ausreichendem maße gepflegt wird." Dem gutachten schließt sich die bitte an den cultusminister an, die frage über fernere zulassung der realschulabiturienten zum universitäts-studium einer erneuten, die entwickelten bedenken berücksichtigenden erwägung zu unterziehen. Es sind nicht etwa ausschließlich die vertreter der classischen philologie, welche obige ansichten vertreten, sondern es schließen sich denselben an die lehrer der mathematischen fächer, der astronomie, der chemie (prof. Hofmann und Rammelsberg), der beschreibenden naturwissenschaften (prof. Peters), der neueren sprachen (prof. Tobler und Zupitza), der deutschen sprache (prof. Müllenhoff und Scherer), der philosophie (prof. Zeller), der nationalöconomie und statistik (prof. Meitzen).

Auszüge aus zeitschriften.

Deutsche Litteraturzeitung hsg. von *Max Roediger*.
1881. No. 35. Sp. 1372: *E. Fabricius* die elegien des Albius Tibullus und einiger zeitgenossen erklärt. Berlin 1881. 8. XII, 149 p. 2 mk. 50 pf. *K. Schenkl*: Das buch ist als dilettantenarbeit zu betrachten. Der commentar fordert vielfach tadel heraus, die wenigen eignen kritischen versuche sind verfehlt.
No. 36. Sp. 1403: *Fragmenta* philosophorum Graecorum collegit recensuit vertit annotationibus et prolegomenis illustravit indicibus instruxit *F. G. A. Mullachius* Vol. III. Platonicos et Peripateticos continens. Paris 1881. 8. V, 578 p. 15 frs. Ein jammervolles machwerk ohne plan und kritik *E. Heitz*. — Sp. 1407: *Plotini* Enneades rec. *H. F. Mueller* vol. II. Berlin 1880. 8. IV, 456 p. 9 mk. Die neue collation Müller's hat keine ausbeute ergeben, der knappe apparat ist ausreichend und zuverlässig. Textbesserungen sind zahlreich und glücklich wenn auch noch viel zur reinheit des textes fehlt. Der druck ist leider nicht correct genug. *R. Volkmann*. — Sp. 1409: *A. Rubio y Lluch*, Estudio crítico bibliográfico sobre Anacreonte y la coleccion Anacreóntica y su influencia en la literatura antigua y moderna. Tésis doctoral laida en la universidad de Madrid. Barcelona 1879. 8. 171 p. 4 mk. Die philologischen angaben über Anakreons leben etc. sind werthlos, der historisch-bibliograph. theil ist schwerpunct der arbeit. *G. Kaibel*.
No. 37. Sp. 1438: *K. Frey*, Homer. Bern 1881. 4. 48 p. 1 mk. 60 pf. Verf. »raisonniert« »entledigt sich seiner weisheit ohne den nöthigen respect gegen die autoritäten der philologie.« Göthe und Schiller sind ihm beweis für die einheit Homers. *G. Hinrichs*. — Sp. 1440. *Vrnanti Fortunati* opera poetica (Monumenta Germaniae auctorum antiquissimorum tomi IV. pars prior.) Berlin, Weidmann 1881. 4. XXVII, 427 p. 12 mk. Das handschriftenverhältniß ist festgestellt. Die fassung des »auctor«, der quelle sämmtlicher handschr. mit ausschluß von *X* ist von Leo glänzend festgestellt; die conjecturalkritik für herstellung des originaltextes ist anerkennenswerth begonnen. *E. Voigt* Sp. 1444: *J. Schlichteisen*, de fide historica Silii Italici quaestiones historicae et philologicae. Königsberg 1881. 8. 129 p. 1 mk. 80 pf. S. weist mit erfolg gegen Heynacher Livius selbst als quelle für buch III—V des Silius nach. — Sp. 1444: *J. Burckhardt*, die zeit Con-

stantins des großen. 2. verb. u. verm. aufl. Leipzig 1880. 8. 456 p. Die glänzenden vorzüge des buches, aber auch die fehler liegen in Borckhardts individualität, die die volksseele, die seele des einzelnen großen mannes zu erfassen und die treibenden kräfte zu ahnen versteht, andererseits für die geistige und sittliche armseligkeit der epoche kein verständniß, für das staatliche, für recht und verwaltung keinen sinn hat. *Otto Seeck.* — Sp. 1450: *Jurien de la Gravière*, la marine des anciens. La bataille de Salamine et l'expédition de Sicile. Paris 1880. 8. 297 p. *A. Cartault*, la trière athénienne. Étude d'archéologie navale. Mit 5 lith. tafeln u. 99 holzschn. (Bibliothèque des écoles françaises d'Athènes et de Rome fasc. XX.) Paris 1881. 8. XXVI, 260 p. 12 frcs. Ersteres buch ist ohne jegliche philolog.-archäolog. kenntniß geschrieben und werthlos. Das zweite zeigt technische wie philolog. kenntniß und bietet im einzelnen reiche belehrung und modificirung der ansichten Graser's, doch dürfte sich die von Cartault angenommene construction der triere wohl als verfehlt erweisen. *Loop. Brunn.*

No. 38. 8p. 1475: Die bibliotheken der klöster des Athos. Nach dem rechenschaftsberichte des prof. *Sp. Lambros* an die griechischen kammern, deutsch von *A. Boltz*. Bonn 1881. 8. 32 p. Lambros reise bezweckte ein vollständiges verzeichniß der Athos-handschriften, er hat 5677 katalogisirt. Es ist nichts großes mehr entdeckt. Die übersetzung des berichtes von Boltz ist mangelhaft. *W. Wattenbach.* Sp. 1482: *Gr. G. Tocilescu*, Dacia inainte de Romani Opera premiata de societates academica Romana la 1877 din fondul Odobescu. (Annalele soc. acad. Rom. tom. X. sect. II. Memorii si notitie fasc. II. p. 1. 2.) Mit 38 lithogr. 4 tart. u. 171 fig. Dukarest 1880. 8. X u. p. 367—954. 15 mk. Enthält ein sehr vollständiges corpus der forschungen über Dacien, die archäologischen bieten viel bisher unbekanntes material. *W. Tomaschek.*

No. 39. Sp. 1508: *A. v. Kampen*, Descriptiones nobilissimorum apud classicos locorum series I. Quindecim ad Caesaris de bollo Gallicoecommentarios tabulae. Gotha 1879. 8 p. 15 karten. 1 mk. 80 pf. Der vorliegende atlas verdient seiner wissenschaftlichen gediegenheit wegen rühmliche erwähnung. *W. Dittenberger.* — Sp. 1515: *E. Hueber*, über mechanische copien von inschriften. Berlin 1880. 8. 28 p. 80 pf. Lohende anzeige von *O. Hirschfeld.* — Sp. 1517: *E. Wetzel*, de opificio opificibusque apud veteres Romanos pars prima. Progr. des kgl. Friedr.-Wilh.-gymn. zu Berlin. Berlin 1881. 4. 32 p. 1 mk. Verf. sucht handwerkl. thätigkeit für die gräko-ital. zeit aus der sprache nachzuweisen. Ein zweiter aufsatz behandelt die zünfte Numas, deren existenz für jene zeit nicht erwiesen ist. *Büchsenschütz.*

No. 40. Sp. 1539: *H. v. Kleist*, der gedankengang in Plotin's erster abhandlung über die allgegenwart der intelligibeln in der wahrnehmbaren welt Enn. VI, 4. Flensburg 1881. 4. (Gymn.-progr.) Die schrift ist ein mustergültiger anfang vermittelst streng logischer analyse der einzelnen stücke Plotins zu einer kenntniß seines philosoph. systems, seiner ausdrucksweise und sprache zu gelangen. *H. F. Müller.* — Sp. 1540: *F. Wieseler*, Scenische und kritische bemerkungen zu Euripides Kyklops. Göttingen 1881. 4. 37 p. (Aus abhandl. d. Gött. gesellsch. d. wiss. bd. XXVII.) 2 mk. Wieseler trägt über das scenische im Kyklops unglaubliche ansichten vor. *U. von Wilamowitz-Moellendorf.* — Sp. 1541: *O. Hempel*, quaestiones Theocriteae. Diss. philol. Kiel 1881. 8. 98 p. 2 mk. Berührt eine menge fragen, ohne eine zu fördern. *G. Kaibel.* — Sp. 1542: *Marx Hansen*, de tropis et figuris apud Tibullum. Dissertat. Kiel 1881. 8. 51 p. 1 mk. 20 pf. Die arbeit reicht nicht an das heran, was schon

Diesen in dem kapitel de elocutione Tibulli gab, weil die einsicht
in das wesentliche derartiger untersuchungen fehlt. *K. Schenkl.* —
Sp. 1547: *R. Pöhlmann*, die anfänge Rom's. Erlangen 1881. 8. IV,
64 p. 1 mk. 20 pf. Die ersten ansiedelungen der Italiker waren
nicht geschlechtsdörfer sondern städte. Die für diese these beigebrachten beweise sind nicht absolut beweisend, aber sehr wahrscheinlich. *Otto Seeck*. — Sp. 1551: *E. Brentano*, zur lösung der trojanischen frage. Nebst einem anhang: Einige bemerkungen zu Schliemann's Ilios. Mit einer karte der troischen ebene und 2 plänen.
Heilbronn 1881. 8. VI, 138 p. 3 mk. 50 pf. Br.'s festhalten an
Demetrius von Skepsis aussagen, die er zum theil missversteht, führen ihn zu ungeheuerlichen annahmen über die topographie Ilion's.
Die ausstellungen an Schliemann's buch sind gerechtfertigt. *A. Furtwaengler*.
No. 41. Sp. 1575: *C. Thiemann*, grundzüge der homerischen
modussyntax sowie die lehre vom gebrauch und unterschied der partikeln ἄν und κέν. Berlin 1881. 8. 55 p. 1 mk. 50 pf. Th. sucht
von neuem seine unterschiede von ἄν und κέν zu constatiren, statt
auf den dialekt als ursache der erscheinung der parallelformen zurückzugeben. *O. Hinrichs*. — Sp. 1584: *F. Martins Sarmento*, Os
Lusitanos questões d'ethnologia. Porto 1880. 8. 40 p. S. sucht die
Lusitaner der jetzt angenommenen vorkeltischen urbevölkerung zuzuweisen, und weist die ähnlichkeit der niederlassungsreste im nordwestlichen Spanien und Südfrankreich nach. *E. Hübner*. — Sp. 1585:
Boletim de architectura e archeologia da real associação dos architectos civis e archeologos. Portugueses tomo II, III. Lisboa 1879—81. 4.
Enthält wieder eine reihe schätzenswerther beiträge zu römischen und
vorrömischen alterthümern. *E. Hübner*.
No. 42. Sp. 1611: *E. Westerburg*, der ursprung der sage, dass
Seneca christ gewesen ist. Eine kritische untersuchung nebst einer
recension des apokryphen briefwechsels des apostels Paulus mit Seneca.
Berlin 1881. 8. 52 p. 1 mk. 50 pf. Die arbeit enthält eine gute
ausgabe des briefwechsels, von dem nur epp. 10—12 vorhieronymisch,
die übrigen 11 briefe wohl aus dem 6ten zum theil aus dem 9ten
jahrh. herrühren. der judenchristliche hass gegen Paulus war ursprung
der sage. *H. Holtzmann*. — Sp. 1613: *H. van Herwerden*, lapidum
de dialecto Attica testimonia. Utrecht 1880. 8. 83 p. Eine speciell
für Holland nützliche arbeit, die aber, wenn sie sich auch nur auf
den bereits publicirten theil des C. I. A. beschränkt, doch bedauerliche lücken zeigt. Dass nach 403 noch sich spuren altattischer schreibweise zeigten ist eine irrige wenn auch verbreitete ansicht. *W. Dittenberger*. — Sp. 1614: *F. Hartmann*, de aoristo secundo. Berlin
1881. 8. 71 p. 1 mk. 20 pf. Giebt eine gute übersicht der verbreitung der aorist- neben den praesensformen. Der einfache aorist
sei nur momentan, und imperfect eines verlorenen momentanpraesens,
aber eine ursprüngliche identität der beiden arten festhalten zu wollen ist irrig, da schon die verschiedene betonung des infin. u. particip zeigt, dass momentane und durative bedeutung der wurzel durch
tempusbildung unterschieden wurde. *O. Mahlow*. — Sp. 1615: *Paul
Meyer*, Untersuchung über die frage der echtheit des briefwechsels
Cicero ad Brutum sowohl vom historischen als vom sprachlichen gesichtspunkt aus. Stuttgart 1881. 8. VIII, 210 p. (Diss. Turic.) 2 mk. 40 pf.
Das buch erörtert seine frage in vollem umfange mit ausgezeichneter
besonnenheit und geschick. Die briefe werden als unecht nachgewiesen aus historischen anachronismen, aus sprachgebrauch, spuren silberner latinität, angeschichteter benutzung des echten Cicero. Der fälscher habe den echten briefwechsel (bis 44) für das interessante jahr

43 ergänzen wollen. *G. Andresen.* — Sp. 1621: *G. Hagemann*, de Graecorum prytaneis capita tria. Breslau 1881. 8. 61 p. 1 mk. 50 pf. Der von Hagemann entworfene idealplan eines Prytaneum, besonders die annahme der beiden αὐλαί und die auslassungen über das neue Prytaneion in Athen entbehren einer ausreichenden begründung. Zeit und ort sind nicht genügend in erwägung gezogen. *Arnold Hug.* Sp. 1623: r. *Veith*, Vetera Castra mit seinen umgebungen als stützpunkt der römisch-germanischen kriege im ersten jahrh. vor u. n. Chr. Mit 2 karten. Berlin 1881. 8. 41 p. 1 mk. 60 pf. Die militärische beurtheilung der römischen festungen bei Xanten ist interessant. *O. H(older) E(gger).* — Sp. 1627: *G. Loeschke*, observationes archaeologicae. Progr. z. stiftungsfest der universität Dorpat. Dorpat 1880. 4. 12 p. Treffliche berichtigungen zur griech. kunstgeschichte; nur die erste »das selbstporträt des Theodoros" erscheint mißglückt. Die Plinianische erzählung ist wohl auf einen jüngeren Theodoros zu beziehen. *O. Körte.*

Literarisches Centralblatt für Deutschland. Herausgeber prof. dr. *Fr. Zarncke.* 1881. No. 35. Sp. 1224: *Mergnet*, K., Lexikon zu den reden des Cicero mit angabe sämmtlicher stellen. Bd. 2. Jena 1880. 4. III, 826 p. 45 mk. Lobende anzeige des fleißigen zuverlässigen werkes von *A. E(ussner).* — Sp. 1225: *L. Constans*, de sermone Sallustiano. Paris 1880. 8. 298 p. Die schrift enthält nützliche sammlungen und brauchbare beobachtungen. Eigene das ganze beherrschende gesichtspunkte und durchdringung des stoffes fehlen. — Sp. 1226: *Szánto, Em.*, Untersuchungen über das attische bürgerrecht. Wien 1881. (Untersuchungen aus der alten geschichte heft 4.). 8. 53 p. 1 mk. 60 pf. Enthält zwei geschickte untersuchungen über die verleihung des bürgerrechts, und vom gemeindebürgerrecht. No. 36. Sp. 1253: *Glaser*, E., Publius Vergilius Maro als naturdichter und theist. Kritische und ästhetische einleitung zu Vergil's Bukolika und Georgika. Gütersloh 1880. 8. VIII, 231 p. Der gedanke, den Vergil möglichst als naturdichter und nicht als nachahmer Theokrits auffassen zu wollen ist anregend wenn auch nachahmung Theokrits nicht geleugnet werden kann. *A. R(iese).* — Sp. 1257: *Gravenhorst*, F. Th., die entwicklungsphasen des religiösen lebens im hellenischen alterthum. Berlin 1881. 8. 20 p. (Sammlung gemeinverst. wissensch. vorträge. Heft 370). Bei dem widerstreit der meinungen auf dem gebiete der mythologie scheint es bedenklich die vorgetragenen behauptungen dem großen publikum als volle wahrheit aufzutischen. *P. R.* — Sp. 1257: *Kopp*, W., griechische sakralaltertümer für höhere lehranstalten und für den selbstunterricht bearbeitet. Berlin 1881. 8. VIII, 92 p. 1 mk. 40 pf. Das gegebene ist im wesentlichen richtig, aber nur zum theil existenzberechtigt, weil ähnliche arbeiten genug vorliegen. *Bu(rsian).*

No. 37. Sp. 1274: *Petersen*, Guilielm., quaestiones de historia gentium Atticarum. Schleswig 1880. 8. III, 150 p. 3 mk. Plan und ausführung sind lobenswerth. Das urtheil ist verständig und besonnen, die sammlungen zeugen von großem fleiße, das ganze ist eine bisher entbehrte bequeme übersicht über den gegenstand. Die behandlung ist eine etwas ungleichmäßige. *F. R.* — Sp. 1290: *Keller*, Jacob, die cyprischen alterthumskunde. Berlin 1881. 8. 32 p. 50 pf. Ist nur ein auszug aus der Stern'schen bearbeitung des Cesnola'schen buches. *Bu(rsian).*

No. 38. Sp. 1305: *Klein*, Jos., fasti consulares inde a Caesaris nece usque ad imperium Diocletiani. Leipzig 1881. 8. VII, 130 p. 4 mk. Das buch ist eine dankenswerthe mühevolle arbeit in prakti-

scher anordnung. Die leitenden grundsätze für das werk und kritischen entscheidungen in zahlreichen controversen verdienen beifall.
Sp. 1306: *Poehlmann*, Robert, die anfänge Rom's. Erlangen 1881. 8.
IV, 64 p. 1 mk. 20 pf. Die vorliegenden studien sind culturhistorischer art und weisen aus natur des landes, archäolog. funden und gestützt auf reiches nationalökonomisches wissen nach, daß Rom ursprünglich eine bauernstadt wenn auch zugleich soldatenstadt war. *F. R.* — Sp. 1318: *Gaius* institutes 6 édition (1re française) d'après l'apographum de Studemund contenant: 1. au texte la reproduction du manuscrit de Vérone sans changement ni addition, 2. dans les notes les restitutions et les corrections proposées en Allemagne, en France et ailleurs. Suivie d'une table des leçons :nouvelles par *Ernest Dubois*. Paris 1881. 8. XXXII, 538 p. Sehr vollständig, wenn auch nur compilation. *S-t.*

No. 39. Sp. 1337: *Nohle*, Carl, die staatslehre Plato's in ihrer geschichtlichen entwickelung. Ein beitrag zur erklärung des Idealstaats der Politeia. Jena 1880. 8. XX, 169 p. 4 mk. Verf. will wesentlich die gründe entwickeln die Plato vermochten, das gemeinwesen seiner Politeia grade so zu zeichnen und erklärt das aus dem entwicklungsgange der vorhergehenden gedankenbildung und politischen theorie, nach der Plato den zweck des idealstaats in dem glück aller individuen sieht. — Sp. 1338: *Flegler*, Alex, Geschichte der demokratie des alterthums. Nürnberg 1880. 8. XVII, 644 p. 9 mk. Das buch empfiehlt sich durch schlichtheit, verständlichkeit und übersichtlichkeit der darstellung und bequeme vereinigung eines namentlich verfassungsgeschichtlichen materials, aber das fehlen einer tiefen durch quellenstudium erworbenen kenntniß der antiken staats und der einzelnen staaten verhindern eine große auffassung des gegenstandes und eine nachhaltige wirkung des buchs.

No. 40. Sp. 1381: *Ribbeck*, Otto, Fr. W. Ritschl ein beitrag zur geschichte der philologie. II. bd. Mit einem bildniß Ritschl's. Leipzig 1881. 8. X, 591 p. 12 mk. Ribbeck hat seine aufgabe glänzend gelöst, der gelehrte, der lehrer, der mensch kommen in der biographie gleichmäßig zur geltung. *sl.*

No. 41. Sp. 1401: *Paul Märkel*, Plato's idealstaat, dargestellt und mit besonderer rücksicht auf die moderne zeit beurtheilt etc. Berlin 1881. 8. 102 p. 2 mk. Was zur erklärung und würdigung des Platonischen idealstaats vorgetragen wird, ist beifallswert. Die gründliche parallele mit dem modernen staate war wissenschaftlich kaum erforderlich. Die darstellung befriedigt nicht immer. *M. W(oh)lr(ab).* — Sp. 1402: *Teichmueller*, Gustav, literarische fehden im 4. jahrhundert vor Christo. Chronologie der platonischen dialoge der ersten periode. Plato antwortet in den gesetzen auf die angriffe des Aristoteles. Der Panathenaikos des Isokrates. Breslau 1881. 8. XVI, 310 p. 8 mk. Die postulirten resultate des buches sind äußerst schwach begründet. Es fehlt eine nüchterne interpretation, die den verfasser verhütet, nach unbeweisbaren ergebnissen zu jagen. *M. W(oh)r(a)b.* — Sp. 1422: *Pohl*, Otto, das Ichthyamonument von Autun. Mit 1 lithogr. tafel. Berlin 1880. 4. 23 p. 1 mk. 80 pf. Gesundes urtheil und epigraphische schulung aber ohne reale erfolge.

Philologische rundschau, 1881, nr. 6, sp. 173: *Powli*, quaestiones criticae de scholiorum Laurentianorum usu. (Jahresbericht über das archigymnasium zu Soest). 1880: referent *J. Kvičala*, der verf. bekämpft die ansicht Dindorf's, daß die scholia Laurentiana zur verbesserung der fehler der handschriftlichen überlieferung wenig beitragen. Die neue ausbeute an emendationen ist nicht erheblich. — Sp. 175: *Georg Meyer*, quibus temporibus Thucydides historiae suae partes scripserit. Programm zum jahresbericht der klosterschule Ilfeld 1879/80. Nordhausen 1880. Anzeiger *H. Welzhofer*: die annahme des verf. von der entstehungszeit des Thukydideischen geschichtswerks ist zu complicirt, als daß sie anspruch auf wahrscheinlichkeit machen könnte. (S. ob. 3, p. 157). — Sp. 177: *Ad. Nicolai*, zur litteratur über Xenophon. Progr. des gymn. zu Köthen 1880. Anerkennende anzeige von *W. Vollbrecht*. — Sp. 179: *A. Baumgartner*, über die quellen des Cassius Dio für die ältere römische geschichte. Tübingen 1880. Angezeigt von *H. Haupt*: der verf. nimmt mit recht an, daß Dio neben Livius entweder den Polybius direkt oder ein von diesem abhängiges annalenwerk benutzt hat. Mit dem nachweis polybianischer oder annalistischer fragmente bei Dio thut er aber oft des guten zu viel. (S. ob. 7, p. 859). — Sp. 183: Publilii Syri Mimi sententiae rec. *Guil. Meyer*. Lips. 1880. Besprochen von *C. Hartung*: das werkchen ist ein fortschritt gegenüber den früheren ausgaben, weil es den kritischen apparat vollständig liefert, über das entstehen der einzelnen sammlungen licht verbreitet, weil es ferner manche gute emendation bietet und einige neue verse enthält, die publilianisch sein können. (S. ob. 1, p. 31). — Sp. 189: *Aem. Thomas*, schedae criticae in Senecam rhetorem sclectae. Berolini 1880. Referent *Max Sander*: eine werthvolle arbeit. Die meisten verbesserungsvorschläge sind zu billigen, doch läßt sich der verf. durch seinen eifer zum theil zu weit führen und überschätzt den werth der excerpte. — Sp. 192: philologische untersuchungen, herausgegeben von *A. Kießling* und *U. von Wilamowits - Möllrndorff*. Erstes heft: aus Kydathen. Mit einer tafel. Berlin 1880. Empfehlende anzeige mit inhaltsangabe von *L. Holzapfel*. — Sp. 201: *F. Wiggert*, studien zur lateinischen orthoepie. Progr. d. gymn. zu Stargard. 1880. 4. *Bouterwek*: eine schätzenswerthe arbeit. — Sp. 203: Bibliotheca scriptorum classicorum, B. U. 15. *Red, Klußmann*: ungenügende leistung voller fehler.

No. 7. Sp. 205: *E. A. Richter*, altes und neues zur expedition Xenophons in das gebiet der Drilen, Anab. V, 2. Leipzig 1880. *W. Vollbrecht*: der nachweis, den der verf. von der unechtheit einiger stellen zu führen sucht, ist nicht überzeugend. — Sp. 208: *Rich. Nadrowski*, de gemina Demosthenis pro corona orationis forma. Progr. Thorn 1880. Es findet *W. Fox* nur falsche voraussetzungen und ergebnisse. — Sp. 210: *Richard Bentley's* emendationen zum *Plautus*, aus seinen handexemplaren angezogen und zum ersten male herausgegeben von *L. A. Paul Schröder*. Lief. 1—3. Heilbronn 1880. Anzeige von —*g*. — Sp. 211: *H. Georgii*: die politische tendenz der Aeneide *Vergils*. Progr. des königl. realgymn. in Stuttgart. 1880. Anzeige von *Joh. Ebtala*: die fragestellung des verf., ob die tendenz eine nationale oder dynastische sei, ist unberechtigt, denn beides ist anzuerkennen. Uebrigens ist die abhandlung lesenswerth und anregend. — Sp. 213: *Naegler*, de particularum usu apud L. Annaeum Senecam philosophum. Pars II. Progr. Nordhausen realsch. 1880. *H. v. G.*: willkommenes material für den ausbau der historischen syntax. — Sp. 214: Incerti auctoris de Constantino Magno ciusque matre Helena libellus. E codicibus primus edidit *Eduardus Heydenreich*. Lipsiae 1879. Anzeige mit inhaltsangabe von *R. Sprenger*, der in dem verf. einen geistlichen der höfischen zeit, vielleicht aus der gegend von Trier, vermuthet. (Vrgl. PhAnz. X, 1, p. 54). — Sp. 219: *Ferd. Rüsiger*, die bedeutung der Tyche bei den späteren griechischen historikern, besonders bei Demetrius von Phaleron. Progr. gymn. Konstanz. 1880. *E. Buchof*: die gedankenreiche abhandlung bietet eine nicht unwesentliche bereicherung unserer kenntniß der späteren griechischen geschichtsschreiber. — Sp. 221: *Claudio Jannet*, les institutions sociales et le droit civil à Sparte. Deuxième édition, revue et augmentée. Paris. 1880. 156 p. 8. Anzeige von *H. Zurborg*; das ganze ist klar und mit sachkenntnis geschrieben. Am meisten verdient die behandlung sozialer und juristischer fragen beifall, weniger die rein historischen erörterungen. — *G. Thouret*, über den gallischen brand. Leipzig 1880. Abdruck aus den jahrbb. f. class. philol. XI. supplementbd. V und 93—128 p. Angezeigt von *K. Klimke*; der verf. sucht die verbrennung Roms durch die Gallier als unhistorisch nachzuweisen, aber sein hauptbeweis, der sich auf die autorität des Polybius stützt, ist mißlungen. Bei der erläuterung der quellenfrage giebt verf. eine tabelle, die buchzahl der lateinisch schreibenden annalisten darstellend, die leider tendenziös entstellt und darum unbrauchbar ist. — Sp. 225: *Gens*, capitis deminutio. (Symbolae Joachimicae, 1, 51—88.) Berl. 1880. Referent *O. Gruppe*: als dauernder gewinn erscheint der nachweis des satzes, daß capitis deminutio ursprünglich nicht eine rechtsschmälerung, sondern lediglich das ausscheiden eines gentilen aus seiner bisherigen stellung im geschlechtsverbande bedeutet, ohne rücksicht auf den eintritt in eine andere gens. Falsch aber ist es, hierin, wie verf. will, die spur einer zeit zu finden, in der die angehörigkeit zu einer patrizischen gens die vorbedingung für den besitz des bürgerrechts war, denn erst auf dem besitz der civität beruhte die möglichkeit eines gentilverhältnisses.

No. 8. Sp. 237: Homer B. U. 2. Der ref. *Ed. Kammer* characterisirt diesen versuch der lösung der homerischen frage als total mißlungen. — Sp. 243: De Aeschylo G. Hermanni *F. V. Fritzschius* praefatus est. Accedunt emendationes. (Index der vorlesungen an der universität zu Rostock im wintersemester 1880/81.) 4. Der ref. *Joh. Oberdick* bezeichnet die conjecturen des verf. als dankenswerthe beiträge zur textkritik; er selbst schlägt zu Choeph. 813 die änderung vor: καὶ ὁ Μαῖας ἶνις φοφόνατος, „der wortstürmende." — Sp. 245: *B. Buchof*, quaestiuncula Herodotea. Progr. des gymn. zu Eisenach 1880. *H. Zurborg*: der verf. widerlegt überzeugend die von A. Schöll und A. Bauer vertretene ansicht, daß die letzten drei bücher Herodots früher als die ersten sechs abgefaßt sind. — Sp. 247: *W. Vollbrecht*, zur würdigung und erklärung von Xenophons Anabasis. Progr. des gymn. zu Ratzeburg. 1880. 4. Lobende anzeige von *R. Hansen*. — Sp. 259: *K. Hamann*, mittheilungen aus dem Breviloquus Benthemianus, einem handschr. lat. glossar des XV. jahrhunderts. Besonderer abdruck aus dem progr. des Johanneums zu Hamburg. 1879. *K. Hamann*, neue mittheilungen aus dem Breviloquus etc. Hamburg 1880. 4. *Deuerling*: der cod. Benth. ist ein glossar von seltener reichhaltigkeit und hat durch Hamann eine sachkundige bearbeitung gefunden. Für die kenntniß des mittelalterlichen lateins bleiben aber diejenigen glossographen wichtiger, aus denen der Breviloquus compilirt wurde, besonders Hugutio. — Sp. 258: *Ludw. Krauß*, de vitarum imperatoris Othonis fide quaestiones. Progr. der königl. studienanstalt Zweibrücken zum schluß des studienjahres 1879/80. Zweibrücken 1880. 1 bl. 62 p. 8. Referent *H. Haupt*: der verf. vertheidigt mit umsicht die ansicht, daß Plutarch in den biographien des Galba und Otho direct von Tacitus abhängig sei.

No. 9. Sp. 269: *J. G. Schneider*, über die reden der Kerkyräer und der Korinthier bei Thukydides I, 32—43. Koburg 1880. 4. (Progr.). Trotz mancher ausstellungen im einzelnen erkennt der ref. *Soergel* die erfolgreichen bemühungen des verf. um förderung des verständnisses der dunklen stellen an; cap. 40, 2 will er καὶ νῦν συγχωρεῖν einsetzen. — Sp. 275: *Otto Apelt*, observationes criticae in Platonis dialogos. Weimar. Jahresbericht des gymn. 1880. *H. Heller:* die arbeit ist sorgfältig und überlegt, die resultate nicht immer richtig. — Sp. 278: Puhlilii Syri Mimi Sententiae. Digessit rec. ill. *O. Friedrich.* Berolini 1880. *C. Hartung* giebt ein empfehlendes inhaltsreferat und bespricht einige conjekturen. — Sp. 285: Ovid B. U. 124. re: mangelhafte dilettantenarbeit. — Sp. 286: programm des gymn. zu Hadersleben für das schuljahr 1879/80. Inhalt: Abhandlung von *Christian Oedt.* Hadersleben 1880. 16 p. 4. *H. Haupt:* den gegenstand der abhandlung bildet eine umsichtige untersuchung der geschichtsquellen für die letzte lebenszeit Caesars. — Sp. 288: Magyarországi humanisták és a dunai tudós társaság. Irta dr. *Abel Jenö.* Budapest. Academie. 1880. 125 p. (Ungarische humanisten und die gelehrte Donaugesellschaft von dr. *Eugen Abel.*) Analecta ad historiam renascentium in Hungaria litterarum spectantia. Iussu Academiae Scientiarum Hungaricae edidit *Eugenius Abel.* Budapestini, Lipsiae 1880. (Auch unter ungarischem titel und mit ungarischer vorrede erschienen.) Lobende anzeige von *x.*

No. 10. Sp. 201: *L. Drewes,* die symmetrische komposition der sophokleischen tragödie „könig Oedipus." Beilage zum osterprogr. des gymn. zu Helmstedt 1880. 26 p. 4. Angezeigt von *J. Oeri:* der verf. theilt die abschnitte willkürlich ein und streicht zu viel; die arbeit ist verfehlt. — Sp. 304: *C. Geist,* erklärung einiger stellen aus Xenophons griechischer geschichte. Progr. der königl. studienanstalten in Dillingen a. D. 1880. 47 p. 8. *R. Hansen:* die handschriftliche überlieferung ist bei einer reihe von stellen mit recht gegen verschiedene conjekturen in schutz genommen, die behandlung ist äusserst breit. — Sp. 306: *F. V. Fritzsche,* de libris pseudoloceaneis. Ind. lect. in academia Rostochiensi sem. aest. a. 1880 habendarum. 10 p. 4. Rühmende anzeige mit inhaltsangabe von *E. Ziegeler.* — Sp. 309: *R. Duncker,* de Paeanio Eutropii interprete. Progr. des gymn. zu Greiffenberg in Pommern 1880. 21 p. 4. Der verf. sucht im gegensatz zu H. Droysen nachzuweisen, daß Paeanius bei seiner übersetzung des Eutrop eine vortreffliche handschrift benutzt habe und daß er daher bei der textgestaltung des letzteren die größte beachtung verdiene. Der ref. *C. W.* pflichtet dem verf. im wesentlichen bei, glaubt aber, daß er in seinem eifer für Paeanius etwas zu weit gegangen sei. — Sp. 312: P. Ovidius Naso. Rec. *Otto Korn.* Tom. II. Metamorphoseon libri XV. Berolini 1880 XII, 382 p. 8. 2,40 mk. *A. Zingerle:* dankenswerthe arbeit; die vom herausgeber zum erstenmale benutzte fragmentarische Londoner handschrift (B) ist für die textgestaltung von geringer wichtigkeit; die conjekturen sind zum theil sehr beachtenswerth. — Sp. 316: Cornelii Taciti de vita et moribus Iulii Agricolae liber. Deuxième édition revue et corrigée avec une introduction littéraire, un sommaire, des notes en français, une table des noms propres, une carte de la Bretagne et un appendice critique par *Joseph Gantrelle.* Paris 1891. 81 p. 8. 1 fr. Anzeige von *Ig. Prammer.* Am schluß bespricht ref. anerkennend eine anzahl bisher unbeachteter conjekturen von *Aem Bährens,* die sich in dessen Miscellanea critica, Gröningen 1878, p. 125—170 finden. — Sp. 320: *J. G. Cuno,* verbreitung des etruskischen stammes über die italische halbinsel. (Wissenschaftliche beilage zum progr. des gymn. zu Graudenz). Graudenz 1880. 35 p. 4. *C. Pauli:* die schrift ist verfehlt und von geringem wissenschaftlichen werthe. — Sp. 323: *O. Seemann,* mythologie der Griechen und Römer. Zweite verb. und verm. aufl. Mit 79 illustr. in holzschn. Leipz. 1880. VIII, 258 p. 8. 2,70 mk. Anzeige von *H. Dützschke.* — Sp. 326: *Höherr-Trams,* die bildende kunst im gymnasialunterricht. Progr. des Kaiserin-Augusta-gymn. zu Charlottenburg. 20 p. 4. Anzeige von *R. Menge*. — No. 11. Sp. 333: *M. Bodendorff*, das rhythmische gesetz des Demosthenes. Progr. d. k. Friedrichs-collegiums zu Königsberg i. Pr. 1880. 24 p. 4. *K. Fuhr*: der verf. vertheidigt die Blass'sche behauptung, dass Demosthenes die häufung von mehr als zwei kürzen thunlichst meide, gegen Hühls angriffe, ohne indessen die eigentliche frage zu fördern. — Sp. 336: *H. Heller*, die absichtssätze bei Lucian. Erster theil. *ἵνα ὡς ὅπως*. (Separatabdruck aus den Symbolae loachimicae. I, p. 281—329.) Berlin 1880. 49 p. 8. *E. Ziegeler*: schätzbares material für eine künftige geschichte der griechischen sprache. — Sp. 338: Index lectionum quae in universitate litter. Friederica Guilelma per sem. hib. 1880/81 habebuntur. (Darin eine abhandlung von *Joh. Vahlen* über die schrift *περὶ ὕψους*). 18 p. 4. Index scholarum in universitate litter. Vratislaviensi per hiemem anni 1880/81 habendarum. Insunt *Aug. Reifferscheidii* coniectanea nova. (p. 9 ff. über eine stelle der schrift *περὶ ὕψους*.) *L. Martens*: Vahlen schützt in der musterhaft geschriebenen abhandlung den überlieferten text gegen änderungsversuche von Haupt, Wilamowitz, Reifferscheid u. a. — Sp. 343: *Konrad Meyer*, die wort- und satzstellung bei Sallust. Jahrbuch des pädagogiums zum kloster U. L. F. in Magdeburg. Neue fortsetzung. 44. heft 1880. 26 p. 4. *A. Eussner*: der verf. stellt aus Sallust beispiele des parallelismus und chiasmus zusammen, lässt dabei aber die Hist. unbeachtet. Das ergebnis, dass der parallelismus häufiger ist als der chiasmus, würde sich bei den meisten schriftstellern herausstellen; darum hat der verf. nicht den richtigen weg eingeschlagen, um die gerade dem Sallust eigenthümliche wort- und satzstellung zu zeigen. — Sp. 347: *Weber*, quibus de causis Cicero post libros de oratore editos etiam „Brutum" scripserit et „oratorem." Progr. der realschule zu Leipzig 1880. 9 p. 4. *K. Hoffmann*: ohne wissenschaftlichen werth bei vielfach mangelhafter form der darstellung. — Sp. 347: Cornelius Tacitus erklärt von *Karl Nipperdey*. Zweiter band; ab excessu divi Augusti XI—XVI. Mit der rede des Claudius über das jus honorum der Gallier. Vierte verbesserte auflage, bearbeitet von *Georg Andresen*. Berlin 1880. 308 p. 8. 2,40 mk. *Ig. Prammer*: die meisten von Andresen vorgenommenen änderungen sind glückliche verbesserungen, die neue auflage daher ein namhafter fortschritt im vergleich zur früheren. — Sp. 352: *Hermann Bender*, Rom und römisches leben im altertum. Tübingen 1880. 6 mk. Empfehlende anzeige des populären werks mit inhaltsangabe von *Kratschmüller*. — Sp. 357: *Ferdinand Hands* lehrbuch des lateinischen stils. Zum gebrauche für lehrer und lernende auf universitäten und gymnasien. 3. auflage. Vollständig neu bearbeitet von *Heinrich Ludwig Schmitt*. Jena 1880. VIII, 293 p. 8. 4 mk. Lobende anzeige von *Radtke*.

No. 12. Sp. 365: *Thümer*, über den Platonismus in den schriften des Iustinus Martyr. Glauchau 1880. 16 p. 4. Inhaltsreferat von *T*. — Sp. 367: *Fridericus Gebhard*, de Plutarchi in Demosthenis vita fontibus ac fide. Progr. gymn. Guilielmini Monacensis 1880. 55 p. gr. 8. *E. Bachof*: die eigentliche frage nach den von Plutarch direct benutzten quellen ist nicht gelöst. — Sp. 369: *J. Segebade*, observationes grammaticae et criticae in Petronium. (Dissert.) Halle 1880. 54 p. 8. (Auch in den diss. Halens. IV, 2, p. 203—256). *H. v. Guericke*: ein werthvoller beitrag für die historische syntax. — Sp. 372: Monumenta Germ. hist. B. U. 114. *Joh. Huemer*: die herausgabe der lateinischen dichter der Karolingerzeit ist ein verdienstliches werk. Indem der herausg. in den anmerkungen parallelstellen aus den alten dichtern anführt und dadurch das fortleben der letzteren im karolingischen zeitalter zeigt, giebt er einen werthvollen beitrag zur geschichte der philologie. — Sp. 377: *Fr. Göler v. Ravensburg*, die Venus von Milo. Heidelberg 1879. VIII, 167 p. 8. Mit drei beilagen und 4 tafeln in lichtdruck. 8 mk. Anerkennende anzeige mit inhaltsreferat von *Hans Dütschke*. — Sp. 380: *Wolfgramm*, Neros politik dem auslande gegenüber. Progr. des gymn. und der realschule erster ordnung zu Prenzlau. 1880. 1 bl. 30 p. 4. *H. Haupt*: die versuchte rettung des Nero dürfte kaum gelungen sein; die quellen bieten zu wenig material für eine gerechte würdigung der verdienste Neros auf dem felde der auswärtigen politik. — Sp. 388: über das verhältniß des studiums der klassischen philologie auf der universität zu dem berufe der gymnasiallehrer. Rede, gehalten am 31. october 1879 bei dem antritt des rektorats der univ. Leipzig von *Ludwig Lange*. Leipz. 1879. 21 p. 4. 2 mk. yg.: die wichtige frage nach der gestaltung der philologischen seminarien hat ihre lösung auch durch diese rede nicht gefunden. — Sp. 391: entgegnung *E. A. Richter's* auf die Vollbrecht'sche anzeige (no. 7, sp. 205 ff. d. bl.) Bezieht sich auf Xenoph. An. V, 2.— Sp. 396 antwortet *W. Vollbrecht* darauf.

No. 13. Sp. 397: Epimenide di Creta e le credenze religiose de' suoi tempi, studio storico-critico-filologico di *Giuseppe Barone* di Vicenza. Napoli 1880. 201 p. 8. 3 l. *C. Schultess*: der verf. ist trotz allen fleißes zu wissenschaftlich brauchbaren resultaten nicht gekommen, weil er sich weniger durch vorurtheilsfreie betrachtung der quellen, als durch moderne bearbeitungen hat leiten lassen. — Sp. 402: Theognidis elegiae. Secundis curis recognovit *Chr. Ziegler*. Freiburg i. Br. und Tübingen 1880. VIII, 79 p. 8. 2,40 mk. *J. Sitzler*: text und apparat sind sorgfältig überarbeitet und vielfach vermehrt und verbessert. — Sp. 408: *Heinrich Stefan Sedlmayer*, kritischer commentar zu Ovids Heroiden. Wien 1881. 78 p. 8. 1,00 mk. *Ed. Heydenreich*: eine willkommene arbeit, wenn auch die athetesen des verf. nicht immer genügend motivirt erscheinen und eine größere vollständigkeit des kritischen apparats zu wünschen ist. Der verf. weist die unechtheit von XX, 13—248 überzeugend nach. — Sp. 412: C. Plinius Secundus B. U. 227. *H. Nohl*: schülerhafte übersetzung voller fehler. — Sp. 414: *Johannes Seebeck*, de orationibus Taciti libris insertis. Particula I. Osterprogr. des gymn. zu Celle. 1880. 14 p. 4. *A. Eußner*: die schrift bietet nichts neues, aber eine angenehme lektüre. — Sp. 416: *Zimmermann*, beiträge zur Terenz zur lateinischen grammatik. I. Gebrauch der conjonctionen quod und quia im älteren latein. Progr. des Mariengymn. zu Posen 1880. Der ref. *F. Paetzolt* billigt im allgemeinen die resultate des verf., doch weist er auf einige nothwendige ergänzungen hin und wünscht, daß auch der auctor ad Herennium und Lucrez zur vergleichung herangezogen wäre. — Sp. 419: *F. Hüttemann*, die poesie der Oedipussage (epos, lyrik, Aeschylus). Programmabhandlung des kais. lyceums zu Straßburg i. E. 1880. 00 p. 4. Der ref. *Joh. Oberdick* tadelt, daß der verf. nicht die neuere litteratur über die Homer-frage, besonders aber die schriften von F. A. Paley, berücksichtigt hat, und entwickelt sodann seine ansicht, daß Homer und die tragiker dieselbe ältere quelle benutzt haben. — Sp. 423: Griechische geschichte B. U. 121. Anerkennende anzeige von *H. Zurborg*. — Sp. 425: *Victor Poshaldt*, quae Asiae minoris orae occidentalis sub Dareo, Hystaspis filio, fuerit condicio. Königsberger inaugural-dissert. Berlin 1880. 99 p. 8. Inhaltsreferat von *Ph. Kriper*.

No. 14. Sp. 429: Demosthenes B. U. 19. *R. Volkmann*: das hauptresultat der ungemein gründlichen und sorfältigen arbeit liegt in dem nachweis, daß die gesammte tractatio der natur der sache nach eigentlich zweitheilig ist, künstlich aber zu einer drei-, ja fünftheiligen gemacht ist. Von einem mangel an zusammenhang kann nicht die rede sein. — Sp. 432: de Bacchidum Plautinae retractatione scaenica capita quinque scripsit *Gualtharius Brackmann*. In den Leipziger studien zur klassischen philologie. 3. bd. p. 59 – 188. Leipzig 1880. P. Langen giebt ein inhaltsreferat und bezeichnet die arbeit als gleich ausgezeichnet durch eindringenden scharfsinn wie umsicht im urtheil. — Sp. 436: *Carolus Brandt*, quaestiones Propertianae. Dissert. Berol. 1880. 50 p. 8. Anerkennende anzeige mit inhaltsangabe von *Ed. Heydenreich*. — Sp. 439: *A. Meyerhöfer*, critica studia Liviana. Bamberg 1880. (Progr.). 47 p. 8. *Sörgel*: die vorgeschlagenen verbesserungen sind größtentheils ansprechend und verdienen durchweg die ernstlichste beachtung. — Sp. 444: *Hugo Linke*, quaestiones de Macrobii Saturnaliorum fontibus. Breslau 1880. 58 p. 8. 1,50 mk. *Georg Wissowa*, de Macrobii Saturnaliorum fontibus capita tria. Ebenda 1880, 56 p. 8. 1,50 mk. Anerkennende anzeige der beiden sich gegenseitig zu einer fast erschöpfenden quellenuntersuchung des Macrobius ergänzenden arbeiten von *G. Kettner*. — Sp. 446: *Thomas Fettner*, forschung und darstellungsweise des Thukydides, gezeigt an einer kritik des achten buches (untersuchungen aus der alten geschichte, zweites heft). Wien 1880. 80 p. 8. 1,60 mk. L. Holzapfel bezeichnet die schrift als einen werthvollen beitrag zur kenntniß des Thukydideischen werkes. — Sp. 448: *G. Oehler*, de simplicibus consonis continuis in graeca lingua sine vocalis productione geminatarum loco positis. Diss. Lipsiensis. Leipz. 1880. 88 p. 8. 1,20 mk. Anerkennendes inhaltsreferat von *G. A. Saalfeld*. — Sp. 451: *J. F. Gamurrini*, appendice al Corpus Inscriptionum Italicarum ed ai suoi Supplementi di Ariodante Fabretti. Firenze, 1880. VII. 106 p. 4 und 10 tafeln. 10 lire. *C. Pauli*: das buch ist eine werthvolle ergänzung des Fabrettischen Corpus, indem es theils noch nicht publicirte inschriften zugänglich macht, theils neue lesarten bietet (im ganzen 962 nummern). Ref. vertheidigt gegen den verf. die echtheit des Placentiner templum.

No. 15. Sp. 461: Homer B. U. 254. Der ref. *Joh. Oberdick* vertheidigt ausführlich das endresultat der Paley'schen untersuchungen, denen zufolge die schriftliche fixirung unseres Homerischen textes auf ca. 400 v. Chr. zu setzen ist. — Sp. 471: Vergils Aeneide, für schüler bearbeitet von *Walther Gebhardi*. Erster theil: der Aeneide erstes und zweites buch mit einer einführung in die lectüre des gedichts. Paderborn 1880. XXIV, 192 p. 8. 1,10 mk. Empfehlende anzeige von *P. Kohlmann*. — Sp. 475: *A. Frigell*, Livius som historieskrifvare. Inledning till Livii skrifter. Stockholm 1880. 68 p. 8. 75 öre. *N. A. Schröder*: bietet nichts wesentlich neues. — Sp. 477: zur geschichte der mittellateinischen dichtung. Hugonis Ambianensis sive Rihomontensis opuscula. Herausg. von *Johann Huemer*. Wien 1880. XIV, 40 p. 8. 2,40 mk. *R. Peiper*: die begründung des herausg., daß der verf. der opuscula nicht der bekannte erzbischof von Rouen namens Hugo von Amiens sei, ist nicht stichhaltig. Sein verfahren bei abschätzung der textüberlieferung ist unmethodisch, ebenso seine behandlung der orthographie. — Sp. 480: *W. H. D. Suringar*, Dido Tragoedia ex segmentis priorum librorum Aeneidos composita ab auctore incerto, cuius autographum possidet Bibliotheca Leidensis. Lugd. Bat. 1880, XIV, 55 p. 8. *Otto Francke* referirt anerkennend über den inhalt, tadelt aber das latein des verf. und giebt schließlich bibliographische notizen für eine darstellung der englischen schulkomödie. — Sp. 490: Bibliographische übersicht über die griechische und lateinische autoren betreffende literatur der jahre 1867–1876. (Separatabdruck aus dem Philologus). Abtheilung I. Griechische autoren. Heft I.: Achaeus - Homerus. Heft II.: Horapollo - Zosimus. Abtheilung II. Lateinische autoren. Heft I.: A — Hyginus. 408, 215 p. 8. Göttingen 1879/80. à 4 mk. *Rud. Krafmann* lobt die aufnahme der recensionen und erkennt den sammelfleiss des verf. an, tadelt aber die zahlreichen versehen besonders in der ersten abtheilung, wohingegen er in der zweiten einen erheblichen fortschritt constatirt. — No. 16. Sp. 493: die tragödien des Aeschylos. In den versmassen der urschrift ins deutsche übersetzt von *Carl Bruch*. Breslau 1881. 210 p. 8. 5 mk. Die Perser. Tragödie des Aeschylos. Verdeutscht und ergänzt von *Hermann Köchly*. Herausgeg. von Karl Bartsch. Heidelberg 1880. 63 p. 8. 1,50 mk. *Const. Bulle:* Bruch übertrifft im ganzen Köchly nach der formalen seite, steht aber an treue der färbung und des wortlauts weit hinter ihm zurück. — Sp. 494: De Aeneae Taciti commentario poliorcetico scripsit *Albertus Mosbach*. Berolini 1880. 48 p. 8. *R. Schnee:* die vom verf. versuchte reconstruction der schrift des Aeneas ist nicht nach allen seiten hin evident. — Sp. 496: *F. Weinkauff*, untersuchungen über den dialogus des Tacitus. Neue, erweiterte auflage. Köln 1880. CLXX, 295 p. 8. 6,50 mk. *Ed. Wolff:* der verf. sucht nachzuweisen, dass auch stil und sprache des dialogus den Tacitus als autor erkennen lassen, doch gelingt es ihm nicht, durch das beigebrachte neue zu überzeugen. — Sp. 501: *Philipp Thielmann*, über sprache und kritik des lateinischen Apolloniusromanes. Progr. der königl. studienanstalt Speier. 1881. 74 p. 8. *Gust. Landgraf:* der verf. weist überzeugend nach, dass weder beim Apollonius- noch beim Constantinroman an ein griechisches original zu denken ist, dass vielmehr die vorkommenden gräcismen auf rechnung der bibellateins zu setzen sind. — Sp. 505: geschichte der griech. literatur für gymnasien, höhere bildungsanstalten und zum selbstunterricht von *Ed. Munk*, 3. ausgabe, neubearbeitet von *Richard Volkmann*, 2 bde. Berlin 1879/80. 634, 610 p. 8. 12 mk. Rühmende anzeige von *J. Mähly*. — Sp. 517: *Osthoff* und *Brugman*, morphologische untersuchungen auf dem gebiete der indogermanischen sprachen. Dritter theil. Leipzig 1880. 158 p. 8. 4 mk. Inhalt: I. Beiträge zur conjugationslehre: 1. der sogenannte unechte conjunctivus. 2. zur sigmatischen aoristbildung im griechischen, italischen, keltischen und arischen. II. Zur beurtheilung der europäischen vocale a, e, o. III. Lat. quaeso, quaero. IV. Die lautgruppe dentale explosiva + t im indogermanischen. V. Die siebente praesensklasse des arischen. (Sämmtliche abhandlungen von K. Brugman). Inhaltsreferat von *Chr. Bartholomae*. — No. 17. Sp. 525: *Joseph Klinkenberg*, de Euripideorum prologorum arte et interpolatione. Gekrönte preisschrift. Bonn 1881. 109 p. 8. 2 mk. *N Wecklein:* die arbeit ist geistreich und geschmackvoll geschrieben, aber die ergebnisse sind grösstentheils unsicher, die streichungen zu gewaltsam. — Sp. 531: Poetae Latini minores, recens. et emend. *Aemil. Baehrens*. Leipzig 1879/80. Vol. I und II. 238, 191 p. 8. 2,70 mk. und 1,80 mk. Der ref. *J. Mähly* erkennt die ausgabe als ein zeitgemässes unternehmen an und bespricht eingehender den zweiten band, der die Appendix Vergiliana enthält. Die conjecturen des herausgebers sind zum theil zu kühn und unwahrscheinlich, die frage nach der echtheit oder unechtheit der einzelnen stücke nicht immer überzeugend beantwortet. Mit recht scheint sich der herausg. für die form catalepta (statt catalecta) als titel für die vergilianen epigramme resp. die ganze sogenannte appendix entschieden zu haben, falls nicht cata lepton noch richtiger ist. — Sp. 538; *J. Huemer*, über ein glossenwerk zum dichter Sedulius. Zugleich ein beitrag zu den grammatischen schriften des Remigius von Auxerre. Wien 1880. 59 p. 8. (S.-A. aus dem sitzungsber. der k. akad. d. wiss. XCVI, p. 505 ff.). Lobende anzeige von 4. — Sp. 540: Alterthümer B. U. 24. Rühmende anzeige mit inhaltsangabe von *H. Zurborg.* — Sp. 544: *Carl Frick,* beiträge zur griechischen chronologie und literaturgeschichte. (1. Akusilaos von Argos. 2. Hellanikos von Lesbos und die athenische königsliste. 3. Iulius Africanus und die excerpta Latina Barbari). Programm des König-Wilhelms-gymnasiums zu Höxter. 1880. 14 p. 4. Inhaltsreferat von *L. Bornemann,* welcher die ansicht des verf. bestreitet, daß Akusilaos im peloponnesischen Argos gelebt und dem Hellanikos die liste der athenischen könige überliefert habe. — Sp. 546: die letzten jahre des zweiten punischen krieges, ein beitrag zur geschichte und quellenkunde von *Thaddaeus Zielinsky.* Leipzig 1880. 175 p. 8. 4 mk. Anerkennende anzeige von *A. Kannengießer.* — Sp. 549: *Wormstall,* die wohnsitze der Marsen, Ansibarier und Chattuarier. Progr. des gymn. zu Münster 1880. 10 p. 4. Der ref. Fr. *Hülsenbeck* bestreitet durchweg die ansichten des verf. und sucht nachzuweisen, daß die Marsen auf der nordseite der Lippe gewohnt haben. Die Chattuarier seien nicht mit den Marsen identisch, vielmehr seien die letzteren ein hervorragender theil der Brukterer gewesen.

Literatur 1881.
(dem Philologus und PhAnzeiger zugesandt).

Paul Meyer: untersuchung über die frage der echtheit des briefwechsels Cicero ad Brutum. Stuttgart 1881 (bei Th. Knapp.) (Züricher doctor-dissertation.)

Quaestiones Taciteae. Vom oberlehrer dr. *F. Herbst.* Festschrift des Stettiner stadtgymn. zur begrüßung der 35. versammlung deutscher philologen und schulmänner. Stettin 1880 (Herrcke u. Lebeling).

Theodorus Vogel: de dialogi qui Taciti nomine fertur sermone judicium. (Commentatio ex supplementis annalium philologicorum seorsum expressa). Lipsiae 1881 (Teubner).

Lexicon Taciteum ediderunt *A. Gerber* et *A. Greef.* Fasciculus IV. Lipsiae 1881 (Teubner).

D. Detlefsen: kurze notizen über einige quellenschriftsteller des Plinius. Glückstadt 1881. (Programm).

Constantin Ritter: die Quintilianischen declamationen. Freiburg i. Br. und Tübingen 1881 (bei J. C. B. Mohr).

Servii Grammatici qui feruntur in Vergilii carmina commentarii, recensuerunt *Georgius Thilo* et *Herm. Hagen.* Vol. I. Fasc. II (in Aeneid. libros IV et V comment.). Lipsiae 1881 (Teubner).

Maximilianus Klußmann: curarum Tertullianearum. Particulae I et II. Halis Saxonum 1881. (Doctor-dissertation).

Die grundsätze und mittel der wortbildung bei Tertullian. Von *G. R. Hauschild.* Programm des städt. gymn. zu Frankfurt a. M. Ostern 1881.

Studien zu griechischen musikern. Ueber das verhältniß des Martianus Capella zu Aristides Quintilianus. Von dr. *Hermann Deiters.* Programm des kgl. Marien-gymnasiums in Posen, ostern 1881.

Carl Bone: anleitung zum lesen, ergänzen und datiren römischer inschriften (mit besonderer berücksichtigung der kaiserzeit und der Rheinlande). Trier 1881 (bei Fr. Lintz).

Nr. 10. 11. October. November 1881.

Philologischer Anzeiger.

Herausgegeben als ergänzung des Philologus

von

Ernst von Leutsch.

---

85. De artis grammaticae ab Dionysio Thrace compositae interpretationibus veteribus in singulos commentarios distribuendis scripsit Alfredus Hilgard. Accedunt explanationes ineditae. (Beilage zum programm des großherzogl. gymnas. zu Heidelberg.) 1880.

Preller gebührt das verdienst zuerst eine sichtung der scholien zu Dionysios Thrax nach ihren urhebern versucht zu haben. Ihm folgte Hoerschelmann, der in seiner in bd. VIII des PhilAnz. p. 83 ff. besprochenen abhandlung *de Dionysii Thracis interpretibus veteribus* die frage für die ersten dreizehn paragraphen scharfsinnig der lösung entgegengeführt hat. Hilgard, gestützt auf umfassenderes material und vertraut mit der handschriftlichen überlieferung hat nun die untersuchung auch auf die übrigen theile der scholiensammlungen ausgedehnt, Hoerschelmanns resultate bestätigt, im einzelnen, was jener durch scharfsinnige vermuthung gewonnen, durch neues beweismaterial gestützt und gesichert.

Hilgard geht aus von den drei scholienheften des codex Hamburgensis (*Holstenii*), von denen das erste p. 33—278 eine sammlung von scholien verschiedener verfasser zu allen §§. der techne enthält, während die beiden andern p. 298—320 und p. 325—359 commentare je eines scholiasten nur zu einem theile der techne bieten. In dem zweiten hefte fehlen die erklärungen der §§. 3—7. 12. 13 Bkk. (nach Uhligs zählung 3—6. 10). In dem dritten fehlt §. 1—13 und die hälfte von 14 Bkk. (1—11 und die hälfte von 12 Uhlig.)

Mit dem letztern nun hat es das cap. I *de commentario*

Heliodoros zu thun, in welchem Hilgard zu demselben resultate
gelangt, wie Hoerschelmann — siehe dessen cap. 2 de Choerobosco. Ph Anz. VIII, p. 88 — daß nämlich Heliodor der verf.
dieses commentars sei, aber stark von Choerobosoos abhänge.
Interessant ist dabei die entdeckung eines für uns neuen grammatikers Georgios, der in der scholiensammlung des cod. Vat. 240
wiederholt genannt, nicht unwesentlich von Geo. Choeroboskos abweicht; woraus Hart geschlossen hatte, daß diese bemerkungen aus
verschiedenen schriften des Choeroboskos geflossen seien, in denen
derselbe von einander abweichende ansichten vorgetragen hatte.
Dem ist aber nicht so. In einer von C. Wachsmuth (Rhein.
mus. XX, 1879, p. 156) veröffentlichten stelle des codex Vallicellianus f. 68 worden beide Georgios als Dionyserklärer ausdrücklich von einander unterschieden: ἤρμψαν δὲ τὶς τὴν γραμματικὴν μεθόδους καὶ Ὅρος καὶ Ἡρωδιανός, ἐξηγήσαντο δὲ Ἡλιόδωρος καὶ Γεώργιος καὶ πλατύτερον ὁ Χοιροβοσκός. — Im cap.
IV wird dazu die sehr ansprechende vermuthung vorgetragen,
daß dieser neue Dionyserklärer identisch sei mit dem Georgios
Cartesius scholarius, von dem Fabricius in der Bibl. Gr. T. VI,
p. 342 ein werk *περὶ στοιχείων ἤτοι γραμμάτων, προσῳδιῶν καὶ
τῶν ὀκτὼ τοῦ λόγου μερῶν, ἤτοι τῆς γραμματικῆς πρώτη εἰσαγωγή* citirt, welches in mehreren handschriften z. b. im Neap.
Burb. II, D 4 erhalten ist.

Quellen für die scholien des Heliodor sind der codex Barroccianus 116¹) mit seiner familie (sie erstrecken sich aber nur
auf die zweite hälfte der techne, von §. 14 ab); dann der des
Mus. Borbon. II, D 4 (s. Wachsmuth Rhein. mus. XX. 375),
endlich der codex Marcianus 489, welche sich über die ganze
techne verbreiten und noch einzelne ergänzungen zu den scholien der erstern familie bieten. — Alle drei, Baroccianus, Burbonicus, Marcianus, stammen ihrerseits wieder aus gemeinsamer quelle,
unterscheiden sich aber dennoch nicht unwesentlich, wie auf p.
8. 9 des weitern auseinandergesetzt wird. Jedenfalls stammen
die Heliodorscholien des Marcianus und Burbonicus nicht aus Baroccianus, Marcianus z. b. hat die erklärungen über das particip,
welche im Baroccianus fehlen.

1) Höchst interessant ist der nachweis und die glänzende bestätigung einer von Uhlig ausgesprochenen vermuthung, daß aus diesem
codex Baroccianus zunächst die scholien des Vaticanus 40, und aus
diesem wieder die des Harnburgensis abgeschrieben sind.

65. Dionysios Thrax.

In den zwei Heliodorstellen, die Wachsmuth (a. a. o. p. 883. 885) aus dem Barbonicus veröffentlicht hat, bringt Hilgard drei neue bei aus dem codex Marcianus und er zweifelt nicht, daß sich durch beobachtung der verfahrungsweise des scholiensammlers in den späteren durch Baroccianus sichergestellten partien auch für den ersten theil noch ein gutes stück des Heliodorcommentars wiedergewinnen läßt. Endlich folgt die nachweisung der Heliodorscholien aus der familie des Baroccianus, wobei die von Bekker ausgelassenen stücke unter dem texte als additamenta hinzugefügt sind.

In diesen additamenta, und zwar in I, p. 11, sei es erlaubt, auf eine schwierigkeit hinzuweisen, die durch Hilgard's corrector nur zum theile geheilt ist. Es heißt da von den adverbien καὶ ὅσα μὲν παρὰ προθέσεως εἰς ᾱ λήγουσι, ταῦτα δύο σχέσις δηλοῖ, τὴν ἐν τόπῳ καὶ τὴν εἰς τόπον ἅμα κατὰ πρῶτα ἔξω. ὅθεν οὐκ (Hilgard οὐ μή) ἄλγει ὥς τινες παρὰ τῷ ποιητῇ „καὶ εἴσω δόρπον ἑλώμει" (η 13) τὴν ἐν τόπῳ δηλοῦσιν σχέσιν, ἐπεὶ τὸ ἔνδον τὴν ἐν τόπῳ δηλοῖ, εἰ μή τινες ἐπιλέξωσι λέγοντες, ὅτι ἰδεῖ αὐτὴ τὴν εἰς τόπον μόνον δηλοῦν. Unser grammatiker will also, das geht aus dem zusatze εἰ μή κτλ. hervor, dem εἴσω in dieser Homerstelle die bedeutung der ἐν τόπῳ σχέσις vindiciren, die gegner, auf die er rücksicht nimmt, hatten gesagt ἐπεὶ τὸ ἔνδον τὴν ἐν τόπῳ δηλοῖ, also hatten sie εἴσω hier perhorrescirt. Diesen gedanken aber erhalten wir nur, wenn wir schreiben ὅθεν οὐκ ἀληθῶς τινες παρὰ τῷ ποιητῇ „καὶ εἴσω δόρπον ἑλώμει" τὴν ἐν τόπῳ παραιτοῦνται σχέσιν. Als παραιτεῖται, durch welchen anfall auch immer, verstümmelt war, entstand daraus das in jedem falle sinnlose δηλοῦντι. Wer aber diese παραιτούμενοι des verses sind, zeigt schol. Pal. zu der stelle ἀθετεῖ Ζηνόδοτος διὰ τὴν διαφορὰν τοῦ εἴσω πρὸς τὸ ἔνδον. — Kurz vorher sind bei ἔνθα κατακλίομεν die anführungszeichen ausgefallen; die stelle ist ι 142. Sie wird auch im dritten index nachzutragen sein. Ebenso scheint ἔνθα μένειν ein citat zu sein, wo es aber zu finden, ist ungewiß, falls es nicht etwa verstümmelt ist aus ἔνθα μὲν <Αἴας κεῖται Ἀρήϊος, ἔνθα δ' Ἀχιλλεύς> γ 109. — Falsch ist gegen ende dieses stückes auch der satz ἐν οἷς τὸ ἔνθεν μόνην τὴν ἐκ τόπου δηλοῖ, ἐπειδὴ τὸ ἔνθα (cod. ἔνθεν) ὅπερ τὰς δύο σχέσεις ἐδήλου κτλ. Es fehlt zu ἐπειδὴ das verbum, welches wir durch streichung des unsinnigen ὅπερ gewinnen. Es wird vielleicht zu schreiben sein ἐπειδὴ τὸ ἴσθα, ὅθεν τὸ ἴσθαπερ, τὰς δύο σχέσεις ἰδήλου. Oder sollte ἴσθ' ὅπερ resp. ἴσθαπερ der anfang eines citats sein wie a 210, N 524? also ἐπειδὴ τὸ ἴσθα „ἴσθαπερ...." τὰς δύο σχέσεις δ.

In cap. II *de commentario Melampodis seu Diomedis* wird der nachweis für Bekkers vermutbung geführt, daß der codex Hamburgensis von p. 101—276 eine schlechte abschrift aus Vatican. nr. 14 sei, gefertigt zu einer zeit, wo dieser noch besser zu lesen war. Dann folgt eine genaue beschreibung des Vaticanus *ut plane plenoque perspiciatur quo ordine in illo singula scholia sequantur, quaeque auctorum nomina titulive eis praemissa sint.* Die inedita werden wieder unter dem texte abgedruckt. Das resultat der untersuchung ist volle übereinstimmung mit Lange und Hoerschelmann, daß die duplicität des namens, Melampus Diomedes, sich erklären würde, wenn einer des andern nachfolger sei und dessen heft benutzt habe, wozu Hilgard nach genauer untersuchung der handschriften hinzufügt, *uter vero alterius scrinia compilaverit, vix futurum esse arbitror ut unquam codicum auxilio perspiciamus.* — Der hauptwerth der untersuchung liegt unstreitig in dem nachweise, daß in einer Kopenhagener handschrift 1965 — K bezeichnet — der Melampuscommentar ohne zeichen einer lücke von §. 13 sofort auf §. 24 überspringt, daß also in ihm dem Melampus zugeschrieben wird, was im Vaticanus 14 dem Diomedes gehört[1]) und — was nicht übersehen werden darf — daß beide handschriften dieselbe lücke aufweisen, das fehlen der Melampus-Diomedesscholien zu §. 14—23. Wir lernen diesen Kopenhagener Melampus kennen durch bezeichnung der betreffenden stellen bei Bekker mit hinzufügung des plus, welches die handschrift bietet.

Wenn da der verf. erklärt, den satz: ἐνθάδε τὸ λεῖπον περὶ τῆς αἰτίας καὶ ὑπολείψει πλήρωσις τοῖς παρασυναπτικοῖς, nicht emendiren zu können, so ist das sehr erklärlich. Der satz ist einer emendation gar nicht werth. Es ist eine unsinnige anmerkung zu dem unmittelbar vorhergehenden scholion, οὗτοι (sc. οἱ παρασυναπτικοί) τὸ λεῖπον τοῖς συναπτικοῖς συναναπληροῦσι. Worin

---

1) Bemerkt sei hier noch, daß auch Vaticanus 1766 denselben Melampuscommentar, allerdings ohne irgend welche namensbezeichnung enthält.

dieses λεῖπον τοῖς συναπτικοῖς bestehe, das macht der alberne
schreiber des satzes klar mit: *ἐνθάδε τὸ λεῖπον περὶ τῆς αἰτίας*,
d. h. in bezug auf den vordersatz, welcher ja die *αἰτία* des nachsatzes enthält, fehlt den *συναπτικοῖς* etwas, (insofern sie nur bezeichnen *ἀκολουθεῖν τὸ δεύτερον τῷ πρώτῳ*, woraus für die
ὕπαρξις des *πρώτου* nichts folgt), das die *παρασυναπτικοί* ergänzen, denn sie bezeichnen *ἀκολουθεῖν τε τὸ δεύτερον τῷ πρώτῳ
καὶ τὸ πρῶτον ἰφεστάναι.* Der elende geselle hatte die
schönste erklärung die unmittelbar folgt: *καὶ ὕπαρξιν γὰρ κτλ.*,
nicht verstanden. Das folgende kann nur einen sinn haben,
wenn *ὑπολείπω*, analog seinem simplex, intransitiv gefaßt oder
dem entsprechend geändert wird. Die ergänzung (nämlich des
λεῖπον der *συναπτικοί*) wird für die *παρασυναπτικοί* übrig, ihnen
überlassen bleiben. Das ganze ist also nur eine recht unglückliche umschreibung des ersten satzes *οὗτοι τὸ λεῖπον — συναναπληροῦσι.*

Auch in dem cap. *de Stephani commentario* wird im wesentlichen die von Hoerschelmann durchgeführte scheidung des eigenthums dieses grammatikers von den übrigen scholien bestätigt. Allerdings geht uns dabei eine solche hülfe wie die der
Kopenhagener handschrift mit ihrem fortlaufenden Melampuscommentar ab. Von §. 14 an wird die untersuchung noch erschwert
dadurch, daß die scholien der verschiedenen verf. in ganz kleine
bruchstückchen zerrissen durch einander gewürfelt erscheinen
und nur ein *εἰς τὸ αὐτὸ καὶ ἄλλως* zeigt, daß nun einer
den andern ablöst. Unter berücksichtigung aller eigenthümlichkeiten der überlieferung wird dann ein verzeichniß der dem Stephanus zu vindicirenden stücke zu §. 14—24 gegeben, §. 25
bietet gar keine einigermaßen verläßlichen indicien, auf die gestützt Hilgard eine scheidung hätte wagen mögen. Den schluß
des capitels bilden einige bemerkungen über den unterschied des
sprachgebrauchs von Stephanus und Melampus.

Cap. IV handelt de Georgio et Porphyrio. Ueber ersteren
ist das nöthige oben p. 506 gesagt. Ueber Porphyrius wissen
wir nichts, als daß er vermuthlich einen commentar über die
ganze Dionysische techne geschrieben hat, da, wenn auch selten,
doch zu allen partien von ihm scholien erhalten sind. Was ihm
mit einiger sicherheit zugeschrieben werden kann, ist aus index I
zu ersehen, von dem am schlusse kurz zu berichten sein wird.

Eine interessante beigabe ist ein spät byzantinischer commentar, der, an sich werthlos, eine gewisse wichtigkeit dadurch erhält, daß er wegen seiner Dionyslemmata für den text der techne zu berücksichtigen ist. Hilgard giebt eine einfache textrecension nach sechs handschriften, ohne eine emendation zu versuchen. In der that lohnt sie kaum. Aber eine bemerkung sei hier noch gestattet. Der kern des commentars scheint von einem noch leidlich verständigen schulmeister herzustammen, aber ist dann einem heillos beschränkten und unverständigen christlichen überarbeiter verfallen, dem nicht eine spur grammatischen verständnisses von der natur verliehen ward. Seine thätigkeit erkennt man leicht, indem man nur den baaren blödsinn auszumerzen braucht, um den leidlich zusammenhängenden commentar seines, allerdings auch nicht von wunderlichkeiten freien vorgängers zu erhalten. — Dies soll in kürze an §. 1 gezeigt werden. Man streiche, als vom letzten überarbeiter herrührend p. 26, 1 λέγομεν — 3 Ἰωάννη., p. 26, 4. 5. 11 ἀνάγνωσις — 12 γινώσκουσα γνῶσις, p. 27, 13 γινώσκειν — 21 γραμματικόν καί. Zu den wunderlichkeiten des originals rechne ich u. a. die etymologie von γραμματική, διὰ τὸ τήμειν καὶ καθαίρειν τὰ γράμματα, die mir ein unicum zu sein scheint; und die seltsame unterscheidung von ποιηταί und συγγραφεῖς. In dem vorhergehenden cap. περὶ προσφδιῶν wird wohl für ἀνομιῶν zu lesen sein καὶ ὁμοίων. Doch es sei genug mit diesem kleinen specimen.

Den schluß des werkchens bilden die indices. Hilgard hat in denselben mit bewundernswerther akribie für sämmtliche von Bekker AGr. p. 730—972 herausgegebenen scholienstücke die verfasser bezeichnet, die handschriftlichen quellen, auf welche gestützt er jedem das seine zuertheilt, bei jedem auch noch so kleinen stücke genau angegeben, endlich den ursprünglichen zusammenhang der stücke unter sich, an welches vorausgehende stück ein jedes im Vaticanus 14 und im Hamburgensis sich anschließt, welches ihm folgt, angegeben. Dieser index zeigt, wo Hilgard von Hoerschelmann abweicht in der vertheilung der scholien unter die verschiedenen verfasser, und da scheint, daß für Stephanus ihm ein scholion entgangen ist. Nach Hoerschelmann folgt im Stephanuscommentar auf 742, 6—9 das stück, welches Bekker p. 659 unter dem texte hat. Sonst hat ref. nur drei kleine abschnitte bemerkt, die Hilgard dem von Hoerschelmann vorgelegten Stephanuscommentare hinangefügt hat: 743, 16—21 codex Vaticanus und Neapolitanus, 788, 17—20 codex Vaticanus 14, 825, 5—13. Eins hat Hoerschelmann dem Stephanus vindicirt, das Hilgard wohl mit recht als adespoton bezeichnet: 808, 4—7, denn obwohl es zwischen zwei stücken die sicher dem Stephanus gehören, steht, so trägt es doch die notiz και αλλως. An einer stelle 837, 31—838, 34 wäre vielleicht zu bemerken gewesen, daß sie zu §. 13 gehört. Da Hilgard den Bekkerschen seitenzahlen folgt, konnte es allerdings leicht geschehen, daß sie in §. 12 aufgeführt wurde. — Wie für Stephanus so sind auch in bezug auf Melampus nur ganz geringe abweichungen von den resultaten Hoerschelmanns zu bemerken. So hält Hilgard 756, 8—14 für adespoton; ebenso ist nach ihm 751, 30—32 und 617, 27—33 als adespoton aus dem Pseudotheodos. Goettlings in Melampus eingeschoben.

Index II führt die in Bekker AGr. III, Cramer An. Ox. IV, Göttling, Villoison, Wachsmuth Rhein. mus. XX und in dieser arbeit selbst erstmals veröffentlichten scholien auf, *quibus nec aequalia nec similia ap. Bekk.* II, 730—972 *leguntur*. Den schluß macht ein *Index auctorum qui in scholiis nunc primum editis nominantur*.

Das gesicherte resultat der vortrefflichen arbeit ist, daß nunmehr die sichtung der Dionyscholien vollzogen vorliegt. Einzelne wenige, von denen es noch fraglich ist, ob sie diesem oder jenem verfasser gehören, sind im index als solche bezeichnet. Sie werden wohl immer fraglich bleiben.

Georg Schoemann.

---

86. Ausführliche erläuterung des besonderen völkerschaftlichen theiles der Germania des Tacitus von dr. Anton Baumstark, ordentlichem professor der universität zu Freiburg. Leipzig, T. O. Weigel 1880. IV und 339 p.

Die vorrede datirt vom jahre 1876, und am 28. märz 1876 wurde der unermüdliche forscher vom tode abgerufen, nachdem er eben diesen schlußband seines großen commentars zur Germania im manuscript vollendet hatte. Es war druckfertig, und der sohn des verstorbenen besorgte nur die drucklegung.

Den ersten theil des commentars, der den besonderen titel führt „Urdeutsche staatsalterthümer zur schützenden erläuterung der Germania des Tacitus" 1873, XIX und 977 p. habe ich in diesem Anzeiger VI, p. 562—571 besprochen. Den zweiten theil der den titel führt „Ausführliche erläuterung des allgemeinen theils der Germania" XXIII und 744 p. sowie die ausgabe der Germania *Cornelii Taciti Germania* besonders für studirende erläutert 187G besprach ich b. VII, p. 522—29 resp. 529 bis 532. Mit diesem schlußbande ist der commentar der kleinen schrift des Tacitus somit auf mehr als 2000 seiten angewachsen. Dieser schlußband hat im wesentlichen die gleichen eigenschaften wie die früheren und muß ich mich deshalb auf die angeführten besprechungen beziehen, um nicht unnütz zu wiederholen. Baumstark liefert keine vollständige überschau über die bisherige litteratur, aber einen großen theil derselben bringt er doch regelmäßig herbei. Seine stärke liegt weniger in der historischen und antiquarischen als in der philologischen untersuchung. Er geht an keiner schwierigkeit vorbei, ist scharfsinnig und gelehrt, bisweilen jedoch spitzfindig und willkürlich und oft zu breit. Bei diesem schlußband ist anzuerkennen, daß im schelten etwas maaß gehalten wird, indeß wird mit den strafreden an Döderlein, Ritter, Kritz, Mone u. s. w. immer noch unnöthig viel raum vergeudet. Je gründlicher der commentar ist, um so deutlicher zeigt sich, wie so manche stelle des Tacitus doch wirklich bis zur unverständlichkeit dunkel gehalten ist, und es ist ein wirkliches verdienst Baumstarks, daß er das nicht verhüllt.

Im einzelnen bemerke ich noch folgendes. Kapitel 29 hält Baumstark mit recht daran fest, daß *decumates* in *eos qui decumates agros exercent* als accusativ und also als attribut zu *agros* zu lassen ist. Kapitel 30 vertheidigt er die ableitung von *Harsi* und *Hersi* von *Chatti* und übersetzt die worte: *Chattos suos saltus Hercynius prosequitur*, sehr glücklich mit: die Chatten begleitet ihr lieber wald.

Dagegen kann ich ihm nicht folgen, wenn er ebendaselbst das besser beglaubigte *quodque rarissimum nec nisi Romanae disciplinae concessum plus reponere in duce quam in exercitu* mit dem interpolirten manuscript in *nec nisi ratione* ... verändert. Sein grund ist die erwägung, daß Tacitus doch auch andere völker gekannt habe, die eine ausgebildete, kunstvolle kriegführung besaßen, und doch nicht so anmaßend gewesen sein könne, solche kriegskunst als ausschließlich römisch zu bezeichnen. Allein

diese erwägung trifft nicht zu, denn in dieser schrift handelt es
sich immer um den gegensatz von Römern und Germanen, und
es ist ganz erklärlich, wenn auch hier die kunstvolle kriegführung
durch das attribut *Romanae* characterisirt wird. Außerdem
scheint mir der ausdruck *ratione* . . *concessum* wenig passend,
statt *concessum* müßte man, wenn *ratione* dastand, ein wort im
sinne von „zu gewinnen, zu erreichen" erwarten. Müllenhoff
hat deshalb mit recht *Romanae* behalten, ebenso Schweizer-Sidler,
ebenso Hirschfelder in seiner verbesserten ausgabe der Germania
von Kritz.

Nicht beistimmen kann ich ferner Baumstark's erläuterung
von den *castra ac spatia* der Cimbern kapitel 37, und bleibe
bei der hergebrachten auffassung im sinne von *castrorum spatia*,
castra spatiosa. Baumstark meint, die beiden begriffe *castra ac*
spatia entsprächen dem folgenden *molem manusque gentis* in der
weise, daß die *manus*, die krieger, die *castra* bezogen hätten,
die *moles* d. i. die wehrlose menge „*spatia* d. h. weite, begrenzte
räume, die sich in der nähe der *castra* befanden und an dieselben
mehr oder weniger knapp anschlossen" p. 110. Das widerspricht
allem, was wir von solchen völkerzügen wissen. Das lager umfaßte
immer auch weib und kind, diese sollten doch gerade geschützt
werden.

Zum schluß die böse stelle kapitel 28: *Sed utrum Aravisci in*
Pannoniam ab Osis, Germanorum natione, an Osi ab Araviscis in Ger-
maniam commigraverint, cum eodem adhuc sermone institutis moribus
utantur, incertum est, quia pari olim inopia ac libertate eadem
utriusque ripae bona malaque erant. Mit Baumstark bin ich einverstanden,
daß *Germanorum natione* hier heißt „ein unter den Germanen
lebendes volk," da Tacitus cap. 43 ausdrücklich sagt,
daß die sprache der Osen eine pannonische sei und beweise,
daß sie nicht zu den Germanen gehörten. Bis *quia pari* . . .
sagen die worte also: jenseit der Donau leben die Aravisker,
welche dieselbe sprache haben wie die Osen, die auf germanischem
boden leben, und es ist zweifelhaft, wo die heimat des
muttervolkes zu suchen sei. Die worte *quia pari olim inopia ac*
libertate eadem utriusque ripae bona malaque erant geben den
grund an, weshalb Tacitus die frage nicht glaubt entscheiden zu
können. Er würde nämlich nicht schwanken, wenn das land
östlich der Donau bedeutende vorzüge hätte vor dem lande der

Osen, oder umgekehrt, dann würde er vielmehr sofort schließen, daß die häßlichere landschaft die urheimath sei, das bessere land aber durch spätere zuwanderung erworben sei. *Quis porro . . . Asia aut Africa aut Italia relicta Germaniam peteret informem terris asperam caelo tristem cultu aspectuque nisi si patria sit!* So hat Tacitus ja den grundsatz selbst formulirt, nach dem er derartige fragen entscheidet. Und so besagen also auch jene worte nur: in jener vorzeit, in der die trennung der Osen und Aravisker stattfand, hatten Pannonien und Germanien gleiche gaben und gleiche mängel, es waren arme aber freie länder.

Tacitus wählte gerade diese beiden merkmale, weil sie unter sich einen rhetorisch wirksamen gegensatz bildeten, und weil das eine derselben, *libertas*, einen durch das adverbium *olim* noch stärker angedeuteten seitenblick gewährte, nämlich darauf, daß sich die Osen damals zu einer tributzahlung hatten erniedrigen lassen. Aber die hauptabsicht der stelle geht nicht dahin, zu sagen, daß jetzt hier ein anderer zustand herrsche, — die *inopia* ist ja auch nach wie vor geblieben — sondern darauf, daß in jener epoche der trennung beide landschaften gleiche verhältnisse besaßen und deshalb kein schluß über die ursitze möglich ist. Baumstarks erörterung ist hier nicht glücklich und die getadelte übersetzung Döderleins ist nicht falsch.

G. Kaufmann.

---

87. M. Tullii Ciceronis artis rhetoricae libri II. Recensuit Andr. Weidner. Berolini 1878. 8.

Die arbeit Weidners ist von wesentlicher bedeutung für die litteratur Ciceros. In den gut geschriebenen prolegomenen behandelt er alle, die einleitung berührenden fragen von neuem gründlich und gelangt dabei zu resultaten, welche von den bisher angenommenen ansichten nicht wenig abweichen. Die *ars rhetorica Ciceros* — denn so nennt er die bisher, wenn auch irrthümlich sogenannten bücher *de inventione* — ist nach ihm in den jahren 84/83 a. Chr. geschrieben und älter als die vier bücher des Cornificius an Herennius. Diese ansicht, mit der Weidner den abhandlungen von L. Kayser und F. R. Bader entgegen tritt und ebenso den ansichten von Bernhardy und Teuffel (römische litteraturgeschichte), stützt er auf äußere gründe, wofern er nachweist, daß die bücher des Cornificius nicht vor 80

a. Chr. geschrieben sein können. Die große übereinstimmung, welche sich in den schriften des Cornificius und Cicero findet, erklärt er daraus, daß damals die angeführten beispiele von dichtern und rednern für ein gemeingut gehalten worden und demnach von mehreren unabhängig von einander benutzt werden konnten. Es dreht sich die beweisführung zum theil um eine stelle des Cornificius, IV, 68, welche nach einer conjectur Jordans von Kröhnert und Bochmann auf Marius, von ihm hingegen auf Sulla bezogen wird. Die textesrecension stützt vf. vorzüglich auf die handschriften aus Würzburg und Paris aus 9. saeculum, von St. Gallen aus 10. saeculum, von denen er die Würzburger und St. Galler selbst verglichen hat. Von diesen erklärt er zwar keine für den archetypus, aber führt sie doch auf denselben archetypus zurück, ebendaher leitet er alle übrigen, späteren handschriften ab. Ein weiteres hülfsmittel für die textrecension bieten die *Rhetorica* des Albinus oder Alcuinus, Cassiodorius, Iulius Victor und besonders die *commentarii* und *lemmata* des Marius Victorinus, die jedoch auf denselben archetypus, wie *VPS* zurückgehen und jedenfalls jünger sind als jene handschriften. Weidner nimmt auf jene rhetoren rücksicht, legt ihnen aber nicht den werth bei, den Knackstedt in seiner inauguraldissertation, Göttingen 1873 und dem programm von Helmstädt 1874 ihnen giebt. In dem urtheil über jene schriften Knackstedts zeigt sich Weidner sehr besonnen und stimmt nur in wenigen stellen demselben bei. In p. 39, 18 vertheidigt er die lesart *deinde postremo*: für diese verbindung weiß ich zwar auch kein beispiel aus Cicero, doch für die verwandte *deinde ad extremum* die stellen: Verr. II, 1, 28. Pis. 78, ebenso aus Art. rhet. p. 67, 19 *tum postremam conclusionem ponis*. Es folgt zuletzt eine allgemeine charactoristik jener drei handschriften, worin deren irrthümer nach gewissen kategorien zusammengestellt werden. Allerdings ist über einzelne fragen nach denselben keine entscheidung zu treffen. So schwankt die lesart zwischen den formen *describere* und *discribere*, *definire* und *diffinire*, *devertere* und *divertere* und ähnlichen. Weidner hat auch hierin sich nicht an die autorität der codices gebunden, im gegentheil die form *discribere* statt *describere*, *divertere* statt *devertere*, *definire* statt *diffinire* gewählt. Wenn wir nun auch letztere schreibart einräumen, so scheint uns die schreibart *discribere* für *describere* nicht begründet. Ueberhaupt ist der wechsel zwischen *i* und *e* sehr willkürlich. *accedere* für *accidere* 15, 23; *accedit* für *accidet* 29, 6; *incedisse* für *incidisse* 73, 10; *accederit* für *acciderit* 74, 11; *incedent* für *incident* 82, 9; *requiritis* statt *requiretis* 45, 7; *subiceremus* statt *subjecerimus* 46, 21; *ostenditur* statt *ostendetur* 59, 19; *intellegitur* statt *intellegetur* 68, 12; *partitiones* statt *partitionis* 69, 14 und viel dergleichen. Auch die formen *aliquid* und *aliquod* scheinen von den abschreibern gar nicht unterschieden zu sein; *nisi quod* hat der V 46, 21, wo *nisi quid* stehen muß, *quic quid* statt *qui quod* 46, 24. Ob demnach in den einzelnen stellen *aliquid* oder *aliquod* zu lesen sei, wird davon abhängen, ob das wort, mit dem es verbunden ist, als substantiv oder adjectiv zu betrachten sei. Weidner schreibt 59, 25 gegen die handschriften P und V *judicatum aliquid*, da doch 60, 10 das wort *judicatum* als substantiv behandelt ist.

Weidner hat nun in sehr vielen stellen nach den andeutungen der manuscripte den text conjicirend verbessert. Pag. 7, 2 *et ipsis*; p. 12, 33 vor *omnia omnino* eingeschoben; p. 19, 7 *tum* des V 8 in *iam* verwandelt; p. 21, 18 *divitias*, welches inmitten von *potentia, cognatio, pecunias* steht, eingeklammert; 27, 13 *quam* statt *quamque* des V geschrieben; 28, 22 *gerendam* statt *eandem*. 32, 3 *quam* statt *quae* der codd. 32, 5 *viderentur* statt *videntur* oder *videbantur*. 33, 8 *permixtim et confuse* statt *permixtam et confusam* der handschriften. 39, 5 *commode* statt *commodi*. 58, 13 *si quidem* anstatt *si quod*. 68, 23 *in hoc genere* statt *in his generibus*. 71, 10 *aique adeo* für *atque id*. 73, 3 *indigna sunt* statt *indignae*. 77, 23 *quid illi praecipiant* statt *quod illi praecipiant*. 80, 8 *non eadem in easdem* statt *non easdem*. 80, 17 *exporisum* getilgt. Ebenso scheint 81, 12 und 13 durch conjectur richtig verbessert in *ex quibus constitutio est, id est quaestio, eadem in conjectura, qua est judicatio*. 85, 16 ist *qui si* statt *quia si*. 87, 16 *nisi etiam* statt *nisi eam*. 87, 17 *ut ab* statt *ut in* geschrieben. 88, 14 *illa iam re* statt *illam rem*. 91, 25 *audacia* statt *avaritia* conjicirt. 93, 11 *neque etiam* statt *neque enim*. 94, 15 *coacervati*, was er allerdings nicht in den text aufgenommen hat, statt *conservati*. 96, 9 *multa iam* statt *multa in*. 99, 11 *idemque*, was leider nicht in den text aufgenommen ist, statt *deinde*. 101, 9 *infirmavit* statt *infirmabit*. 110, 26 *oportuerit* statt *potuerit*. 130, 18 *ut persuaderent* statt *persuade* oder *persuadere*. 130, 21 *inducere* statt *inducere*. 135, 22 *etiam illorum* statt *eius illam*. 139, 12 *praeceptum* statt *praedictum*. 146, 7 *animal* statt *corpus animal mortale*.

In andern stellen können wir allerdings die nothwendigkeit der abänderung nicht einsehen, so p. 4, 14 *acceperat*. 6, 9 *hinc* statt *hic*. 6, 17 *tempore cum* statt *tempore quo*. 7, 10 *omnium consiliorum* statt *omnium rerum*. p. 8, 1 wird *quam rhetoricam vocant* als glossem getilgt, aber ebenda l. 18 wird *ars rhetorica* erwähnt. 10, 3 wird *non quod ars, quam ille* zum theil durch conjectur statt des handschriftlich besser beglaubigten *neque eo dico, quod eius ars, quam edidit* aufgenommen. 11, 18 und 19 wird *non* vor *cum eo* und *non* vor *apud quos* getilgt gegen die autorität der handschriften. p. 30, 1 *controversiam*, 31, 10 ebenso *sine dubio* eingeklammert und 31, 6 *post partitionem* eingeklammert. p. 33, 12 *argumentando* vor *confirmantur* gestrichen, ebenso 41, 13 *paratas* eingeklammert. In 42, 18 hat Weidner mit großer kühnheit conjicirt, wir meinen die lesart der handschriften: *ob id factum populus Romanus, quod inscienté collega in censura nonnihil gessit, post censuram consulem fecit* halten zu können. 47, 10 fügt er zu *a sapientia vestra* hinzu. 48, 5 schlägt er anstatt *quae consilio geruntur, quae consilio reguntur* vor, p. XXXIX, weil Cicero nicht *consilio*, sondern *cum „consilio geruntur* geschrieben haben würde. Da aber p. 49, 6 steht *melius geruntur ea, quae consilio, quam quae sine consilio administrantur*, so möchte auch in der vorhergehenden stelle an *consilio geruntur* nicht anstoß zu nehmen sein. 66, 2 wirft er nach *Alexandrum Macedonem* den zusatz *dicens contra aliquem urbis expugnatorem* aus, indem er wohl mit recht anstoß an dem participio *dicens* nimmt, welches Kayser p. 120, 7 für *dicere* der handschriften VPS conjicirt. p. 77, 1 conjicirt er *quisquam unus* statt *quinam* V *quisquam* PS, was uns unnöthig scheint. Ebenda l. 13 conjicirt er *qui umquam* statt *quicunque*, unnöthig. 78, 9 *cum constet* statt des handschriftlichen *quam constet*. 80, 3 schreibt er *utilitatem modo* nach $V^1 S^1$ statt *utilitatis* $V^1 P S^2$ *finem*, was wir ebenfalls für eine unnöthige correctur halten. 83, 16 *hoc intellectu* ist nach $V^1 S^1$ geschrieben, da $P S^2$ *intellecto* lesen. Wie *intellectu* erklärt werden soll, ist uns unverständlich. 84, 24 nimmt er Kaysers konjectur *tamquam* statt *quam* der handschriften, *levissimas* statt *levissime* und *quietissima ab parte* anstatt *quietissimam ad partem* der handschriften auf. Wir glauben, daß die lesart der handschriften behauptet werden könne. 67, 13 wird durch conjectur *ras haec* für *ras hac* geschrieben und ebenso an andern stellen. Nun leugnen wir nicht, daß die form *haec* auch für das femininum im plural vorkomme, meinen aber, diese doch nicht gegen die handschriften durch conjectur aufnehmen zu müssen. 88, 5 schreibt Weidner *qui aliquem* für *quidem* der handschriften, welche lesart in P¹ in *quem* verändert ist. 88, 10 scheint *culparum* nach *genere* ohne triftigen grund gestrichen. 105, 20 ist aus *negotiali simplicitate* im V, worin *s* und *ta* durch punkte getilgt sind, *implicite* gemacht, woraus aber, wie die übrigen herausgeber geschrieben, *implicite* wird. 116, 4 ist *omnibus artis partibus* statt *omnibus honestatis et utilitatis partibus* nach andeutungen der handschrift V, welche vor *partibus* eine lücke enthält, geschrieben, die andern haben den zusatz *honestatis et omnibus utilitatis* hinzugefügt. 123, 15 sind die worte *in deprecatione* und ebenso die folgenden *oportetne poena affici? in hac, huius modi* eingeklammert. Da aber vorher *hic et in deprecatione* steht, so scheint die aufnahme von *in deprecatione* und den folgenden worten nicht überflüssig. 129, 23 ist aus conjectur *cum* statt der lesart der handschriften *tum iudex* oder *tum iudicem* aufgenommen, welche lesart nach unserer meinung wohl zu halten ist. 132, 2 ist *postea* der handschriften in *oporteatne* verändert und 5 *ad quid hoc* und *quam, quem* statt des einfachen *quam* geschrieben, wofür wir glauben, daß *atqui*, welches Kayser für *atque* conjicirt und einfaches *quam* vertheidigt werden könne. 134, 7 hat er aus VB *cogitationem* anstatt *cogitatione* in P aufgenommen und dieses durch ad Atticum XII, 35, 2 *ut hanc cogitationem toto pectore amplectere* zu vertheidigen gesucht. Da aber in VB die accusativendung öfter statt des ablativus steht und begreiflich ist, warum *cogitatione* neben folgendem *et voluntatem* in *cogitationem* verwandelt sei, so glauben wir *cogitatione* halten zu dürfen. 136, 19 ist gegen die handschriften *eae quotquot* für *aut quotquot* geschrieben. 140, 18 ist *ex quibus* anstatt *omnibus*. 29 *quocunque* anstatt *hoc quoque* und darauf nach *genere erunt* eingeschoben. Wir halten die lesart *hoc quoque genere* ohne *erunt* für vollkommen richtig. 147, 10 ist *ad honestatem*, 12 *aut ad incolumitatem hoc modo*, 13 *aut ad commoditatem hoc modo* eingeklammert. Wir glauben, daß die lesart zu halten sei, wenn man *ut* nach *aut ad honestatem* setzt, so daß *ad honestatem*, *ad incolumitatem*, *ad commoditatem* zu *pertinebit* gehört, wodurch dieses aufhört absolut zu stehen.

Auch glauben wir gegen Weidner die lesart der handschriften entschieden festhalten zu müssen p. 17, 3 *utrum potius aut quid potissimum sit, quaeritur*, wobei *utrum potius* nach einem von zweien, *quid potissimum* nach einem von vielen fragt. Ebenso 24, 6 hat Weidner *quam fere sequitur strepitus adclamationum* geschrieben; wir meinen in näherem anschluß an die codices *quod genus sit strepitum* (oder *strepitus*) *adclamationum* schreiben zu dürfen. 25, 2 im anschluß an *adcommodari* scheint *ut convenire videatur* gelesen werden zu müssen. Ebenso halten wir 29, 5 den zusatz *quam argumentando et causam agendo leniri oportebit* für echt und durch die folgenden worte *rationem adcommodare ut vulneri praesto medicamentum sit et odium statim defensio mitiget* für begründet. 31, 12 hat Weidner *eius rei unam aliquam tamquam diversam ac dissimilem partem ponas* geschrieben, anstatt *eius secum V. S.*, *eius sicuti* P¹, *eius sicuti* P², und mit einschiebung von *tamquam*. Wir glauben, daß die lesart der handschrift *eius sicuti aliquam diversam ac dissimilem partem ponas* richtig sei; *sicuti* findet sich ebenso p. 60, 14 und p. 78, 11. Der zusatz in 33, 20 nach *recensetur: mortalium autem pars in hominum, pars in bestiarum genere numerantur* ist nothwendig, weil das folgende *at hominum genus* sonst nicht hat, worauf es sich bezieht. 34, 8 ist nach *comis officiosus*, nach *pudens patiens* einzuschieben, dagegen 17 an *infelix* zwischen *felix* und *clarus* zu tilgen. Ebenda ist nach *patiens an contra* der zusatz *et omnino, quae a natura dantur animo et corpori, considerabantur in natura* beizubehalten, denn, wie Baiter mit recht behauptet, wird derselbe durch das folgende *nam quae industria comparantur* etc. verlangt. In 36, 4 ändert Weidner die reihenfolge der worte *tempus, modus, occasio, facultas*, weil meist der begriff *occasio* vor *modus* folgt, denn Cicero hält auch an andern stellen die reihenfolge nicht unbedingt fest. 40, 21 ändert Weidner die lesart der handschriften *ego autem eo ipso tempore* in *quo ego ipso tempore* ebenfalls, wie mir scheint, ohne grund. In 45, 8 und 9 ist der zusatz *ut et tu — nupta sit* festzuhalten. p. 76, 9 ändert Weidner *quam constet* in *cum constet*, ohne grund. In 90, 15 ist *attinere*, was Weidner aus conjectur einschiebt, zu tilgen; in dem folgenden *quaeri* statt *quaerere* (so die handschriften) zu lesen. 93, 2 ist *considerare oportebit*, was Weidner aus conjectur einschiebt, zu streichen.

Für unrichtig halten wir p. 32, 6 die verwandlung von *praeceptis* in *perceptis*; am ende des kapitels steht *ita ut ordo ipse postulat, praecipiendum videtur*. Vielleicht ist *atque in his de partitionis praeceptis in omni dictione meminisse oportebit* zu lesen, wie 80, 11 *in exponendis controversiis in indiciali genere causarum — versabimur*. An dieser stelle hat Weidner die worte *in exponendis controversiis* eingeklammert. Auf p. 38, 7 glauben wir nach den andeutungen der handschriften mit Kayser *aut quibus facilius fit, aut sine quibus aliquid omnino confici non potest* lesen zu müssen. 43, 17 halten wir für entschieden verderbt und auch durch Weidners conjectur nicht hergestellt, ebenso 48, 23. Ebenso ist die stelle von 50, 10 bis § 57 incl., welche in den älteren *codicibus* fehlt, sehr corrupt und echtes und unechtes nicht zu unterscheiden.

Unverständlich ist uns, wie Weidner, wenn er 50, 9 schreibt *hic deficit* VS und dann *pergit* V § 76, doch in der lücke öfter die codd. C (mit dieser bezeichnung sind die älteren VPS gemeint) anführen kann.

P. 85, 9 conjicirt Weidner *subeat* statt *subeatur*; da aber auch vorher in *quod expetitum dicatur* der unpersönliche ausdruck *expetitum* gebraucht ist, so scheint auch hier der unpersönliche ausdruck *quod subeatur* festzuhalten. Auf ebenderselben seite entspricht *aequius utilius*, was Weidner conjicirt, dem sinn, aber nicht den andeutungen der handschriften in der sehr corrumpirten stelle. Auch p. 89, 6 hat uns Weidners konjectur *ex vita communi* wenig wahrscheinlichkeit; eben so wenig zeile 13 die conjectur *factum est; dicet denique se nihil deliquisse*. Die handschriften lesen *esse*; wenn Weidners *dicet* es angenommen würde, so würde der angeklagte, nicht der vertheidiger sprechen, der doch oben das wort führt. Mir scheint *factum esse dicet* zu lesen, *denique si nihil deliquisse*.

In 39, 8 scheint *est* nach *pars*, nicht nach *consecutio* zu setzen. 47, 1 ändert Weidner *cum* in *quam dixi*. Wir glauben *cum* behalten, dagegen *quod* nach *imperator*, was in 8 gestrichen ist, fallen lassen zu können, so daß die construction ist *in hac causa, cum Epaminondas exercitum non tradidit et Lacedaemonios funditus vicit, poterit accusator argumentatione uti per inductionem*

P. 56, 21 glaube ich nach *primum omnium* vor *generibus: in* einfügen, ebenda l. 27 f. schreiben zu müssen *scribamus aut in quolibet exemplo de eis, quae proposita sunt hoc idem exerceamus ut quam facile factu sit periclitari liceat*. 63, 15 muß wohl nach *autem* vor *oblitum* noch *te* eingeschaltet werden. 94, 2 scheint uns statt *ad inventionem animus incumbet* nach zeile 14 *cum animus hac intentione omnes totius negotii partes considerabit* auch oben *ad intentionem* zu lesen; *incumbet*, was Weidner für das handschriftliche *incidit* schreibt, ist mir zweifelhaft, obgleich auch das sonst gewöhnliche *incidere* an dieser stelle nicht recht paßt. 94, 19 ändert Weidner mit Ernesti die lesart der handschriften *quae contra omnia* in *quae omnia* und tilgt darauf das handschriftliche *simili via praeceptorum*. Allein *quae contra* scheint uns ebenso, wie *quibus sine* 91, 18 zu lassen, so daß die construction ist: *contra quae uterque debebit torquere omnia simili via praeceptorum*, welche worte auch durch das unten folgende *qui aliter hoc genere ac de omni conjectura praecipiendum putant*, empfohlen werden.

Endlich halten wir noch die interpunktion, wenn sie nicht eine zufällige, sondern beabsichtigte ist, in 42, 6 *ut cruor fuga, pallor pulvis et quae his sunt similia*, ebenso 70, 10 *qui locus sumetur ex sortibus ex oraculis, ratibus ostentis, prodigiis responsis similibus rebus*, für unrichtig. Denn *cruor fuga, pallor pulvis* und ebenso *ex sortibus ex oraculis, ratibus ostentis, prodigiis responsis similibus rebus* gehören nicht paarweise zusammen, wie schon aus der bedeutung der worte sich ergiebt. P. 98, 28 halten wir den punkt vor *et* für irrthümlich.

Wir haben unsere abweichende meinung über viele einzelne punkte angeführt, und es mag der verfasser daraus das interesse, welches wir seiner gediegenen arbeit gewidmet haben, entnehmen. Das ganze werk liefert den beweis einer gewissenhaften prüfung, wie einer gründlichen kenntniß der ciceronischen schreibart. Wir fühlen uns dadurch dem verfasser zu aufrichtigem danke verpflichtet.

Adler.

---

88. A. **Viertel**, die wiederauffindung von Ciceros briefen durch Petrarka. Königsberg 1879. 4. 44 p.

89. G. **Voigt**, über die handschriftliche überlieferung von

Ciceros briefen. Berichte über die verhandlungen der königlich sächsischen ges. der wiss. zu Leipzig. Philol.-hist. klasse 1879. p. 41—65.

90. A. Viertel, die wiederauffindung von Ciceros briefen durch Petrarka. Neue Jahrbb. 1880. p. 231—247.

Die frage, in welcher weise sich Ciceros briefe durch das mittelalter forterhalten haben und in welcher gestalt sie wieder aufgefunden wurden, ist eine frage von nicht geringer culturgeschichtlicher bedeutung und eine cardinalfrage der textkritik. Sie ist gleichzeitig durch die beiden von einander völlig unabhängigen schriften nr. 88 und 89 aufs neue einer eingehenden untersuchung unterzogen und ihrer lösung in entscheidender weise näher geführt worden. Beide arbeiten stellen nämlich in unwiderleglicher weise ans licht, daß man sich bisher ganz ungemein durch eine unbegründete tradition hat täuschen lassen. Nach dieser war es ja bisher unbestritten, daß Petrarka alle briefe des Cicero, so wie sie uns vorliegen, gekannt, ja selbst gefunden habe, und zwar die „Attikusgruppe" 1345 in Verona, die „gruppe ad familiares" in unbestimmt späterer zeit in Vercelli. Wir werden jetzt belehrt, daß in wahrheit Petrarka die letzteren weder gefunden, noch überhaupt je gekannt hat.

Viertel weist das in seiner frischen schrift unwiderleglich nach, indem er 1) die zeugnisse aus Petrarkas schriften, 2) die nachrichten des Fl. Blondus und die angaben des Victorius über die angeblich Petrarkaschen abschriften der florentinischen bibliothek (49, 7 und 16) prüft, und 3) die wirkliche auffindung der briefe ad familiares und den wahren ursprung jener handschriften zu ermitteln sucht. — Die prüfung des ersten punktes ergiebt, 1) daß Petrarka jedenfalls bis 1359 nur die dreitheilige Attikusgruppe gekannt hat, wie sie durch die einleitungsepistel de reb. fam. deutlich genug charakterisiert ist; 2) daß alle diesem resultat von seiten der chronologie entgegenstehenden citate in den schriften Petrarkas (Epp. de reb. fam.) entweder durch die zweifellos gerechtfertigte annahme einer spätern verändernden redaktion oder einer unchronologischen anordnung sich beseitigen lassen; 3) daß Petrarka auch später und bis zu seinem tode die Epp. ad familiares nie gekannt hat, indem er a) es nie und nirgends sagt und auch nirgends etwas von dem sprachlichen und stofflichen gewinne spüren läßt, den er aus ihnen hätte schöpfen müssen, wenn er sie gekannt, bj noch 1372 in der *Apol. c. Gall.* nur *tria columina epp.* und in der schrift *De rep. optime administr.* (abgeschlossen am 28/11 1373) von allen ihm bekannten schriften Ciceros, welche dessen wankelmuth im verhältnis zu seinen freunden zeigen, nur die *Epp. ad familiares* nicht erwähnt, obgleich sie hier an erster stelle hätten erwähnt werden müssen. — Im zweiten theil weist Viertel nach, daß die nachricht des Fl. Blondus von der auffindung der *epp. ad fam.* durch Petrarka in der „Italia illustrata" ganz unbegründet ist, indem Blondus — überhaupt ein flüchtiger forscher — in einer zu seiner aufgabe gar nicht gehörigen zufälligen notiz durch falsche combination zwaier an sich richtigen thatsachen sich zu der bekannten annahme verleiten ließ, daß Petrarka die briefe *ad fam* („*epp. Lentulo inscriptas*") in Vercelli gefunden habe, und sodann, daß die behauptung des Petrus Victorius, der cod. 49, 7 (wie auch 18) rühre von Petrarkas hand her, nur auf der vergleichung mit den angeblich Petrarkaschen briefen Beccatellis sich stütze (s. u. Voigt), also durchaus ungenügend begründet sei, zunächst auch nur auf die Attikusbriefe (cod. 18) sich beziehen könne, ohne aber auch nur für diese wirklich zu passen. — Im dritten theil endlich weist Viertel nach, daß die briefe *ad familiares* in Vercelli gefunden sein müssen, aber von einem manne, der seinen fund nicht zu würdigen verstand, sowie, daß die angeblich Petrarkasche handschrift wohl keine andere ist als diejenige, welche Pasquino für Colaccio durch schreiber herstellen ließ, wahrscheinlich durch dieselben, welche auch die Attikusbriefe (cod. 18) für denselben abgeschrieben hatten, keineswegs aber ein Petrarkasches autographon (eine ansicht, welche inzwischen anch Baslner durch autoptische vergleichung derselben mit echten Petrarkaschriften lediglich bestätigt hat: s. Mendelssohn, Neue jahrb. 1860, p. 863 f.).

Durchaus zu denselben resultaten kommt auch Voigt (nr. 89), und er gewinnt sie im ganzen aus demselben material. Vermehrt wird dieses noch von ihm u. a. durch die notiz, daß auch die angaben des Veroneser syndikus Guil. da Pastrengo, eines freundes Petrarkas, über den inhalt eines Veroneser codex, der höchst wahrscheinlich mit dem von Petrarka 1345 ans licht gezogenen identisch gewesen ist, „ad Brutum lib I, ad Q. fr. l. III, ad Atticum l. XVI" lediglich auf die Attikusgruppe passen, sowie durch den nachweis, daß die obenerwähnten „angeblich Petrarkaschen briefe" Beccatellis schon wegen des inhalts der sammlung dem Petrarka nicht zugehören können (womit denn auch die letzte stütze fällt). Auch hinsichtlich der wirklichen entstehung der beiden florentinischen abschriften kommt er mit Viertel zusammen; der Veronensis aber schon zu Petrarkas zeit „*senio obrutus*" ist nach seiner ansicht der verrottung anheimgefallen, während der Vercellensis in Med. 49, 9 erhalten ist. — Eine neue überlieferung der Attikusbriefe aber tritt ans licht in dem codex, welchen 1409 bischof Bartol. Capra besitzt und welcher nach L. Branis (flüchtiger — Viertel) angabe nur sieben bücher *ad Atticum* enthielt: aus ihm mag auch die lücke im ersten buch des Mediceus ergänzt sein, ob auch das zweite buch der Brutusbriefe aus ihm stamme, ist eine frage, die Voigt bejahen möchte, während Viertel (s. u.) sie verneint. — Und eine dritte überlieferung setzt endlich die ed. princeps des bischof von Aleria voraus, da erst in ihr der schluß der Attikusbriefe, der im Veronensis und erst recht im codex des Capra fehlte, zum vorschein kommt.

So ist denn durch die gleichzeitige arbeit dieser beiden gelehrten eine wichtige frage abgethan, ein altes vorurtheil gründlich beseitigt, und wir müssen ihnen dafür dank wissen, wenn auch der süße traum von der einfachheit der italienischen überlieferung damit zerstört ist.

Hierüber handelt insbesondere noch in einem eignen aufsatz (nr. 90) Viertel. Nachdem er sich über einige differenzen untergeordneter art mit Voigt auseinandergesetzt, macht er nämlich auf einige consequenzen aufmerksam, welche sich für die kritik der Attikusbriefe aus der neuen entdeckung ergeben. Es liegt auf der hand, daß diese sich nicht mehr auf den Mediceus allein stützen kann, und daß alle die folgerungen, welche noch Hofmann aus der annahme des Petrarkaschen ursprungs derselben zog, hinfällig werden: und so vermutet Viertel, daß die correkturen mit der bezeichnung „al" aus dem codex des Capra, die der man. 2 aber von Antonio Loschi herrühren, unter dessen leitung die abschriften für Colaccio gemacht wurden. — Jedenfalls erhebt sich eine menge neuer fragen, und „gewiß wird ein neuer herausgeber die textkritischen fragen ungleich verwickelter finden, als man längehin meinte annehmen zu dürfen" (Voigt p. 65).

91. O. E. Schmidt, de epistolis et a Cassio et ad Ca-

sium post Caesarem occisum datis qu. chronologicae. Lips. 1877. 8. 57 p.

92. Br. Nake, der briefwechsel zwischen Cicero und D. Brutus. Fleckeisens Neue jahrb. für philologie und pädagogik suppl. VIII, 647 ff. 1876.

93. Lud. Gurlitt, de M. Tulli Ciceronis epistolis earumque pristina collectione. Diss. inaug. Gottg. 1879. 8. 47 p.

94. Derselbe, der briefwechsel zwischen Cicero und Dec. Brutus. Fleckeisens Neue jahrb. für philologie und pädagogik 1880, p. 609–623.

Die vier vorliegenden schriften bringen die verwickelte frage von der entstehung der briefsammlung EpFam. aufs nene in anregung nud in ein entschieden neues stadinm.

Zunächst hatte O. E. Schmidt in seiner sauberen abhandlung (nr. 91) eine genaue chronologie des briefwechsels zwischen Cicero und Cassius (EpFam. XI, 1—3. XII, 1—8) zu geben versucht und war durch genaue berücksichtigung der zeit, welche die tabellarii zur beförderung der briefe zu gebrauchen pflegten (40—50 pm. für den tag), zu einer sehr plausiblen chronologischen anordnung der briefe gekommen, aus der sich zur evidenz ergab, daß außer den überlieferten briefen in der betreffenden zeit zwischen Cicero und Cassius andre überhaupt nicht wohl gewechselt sein können. — Diese untersuchung hatte ihn auch auf diejenigen briefe führen müssen, welche als in derselben zeit zwischen Cicero und M. Brutus gewechselt, überliefert sind, und die anwendung desselben verfahrens hatte auch für diese ein ähnliches resultat ergeben und so in dem verf. die überzeugung von ihrer echtheit erweckt, da sie so vortrefflich in den durch die briefe des Cassius und andere unzweifelhaft echte briefe dieser zeit gewonnenen historischen rahmen paßten und es undenkbar sei, daß ein gelehrter falsarius ein so kunstvoll verschlungenes gewebe herzustellen vermocht habe, wie es diese correspondenz ergibt (s. Gurlitt, nr. 91, p. 610).

Ein ähnliches resultat hatte nun auch die gediegene untersuchung, welche Nake über den briefwechsel des Cicero und Dec. Brutus angestellt hat (nr. 92), wenn es ihm auch nicht bei allen undatierten briefen gelungen war, das allgemeine gesetz nachzuweisen [1]).

---

[1]) Leider liegt mir die arbeit selber nicht mehr vor, so daß ich darüber nur nach dem gedächtnis referieren kann.

Gurlitt glaubte das fehlende ergänzen zu können, und die gesammtheit dieser beobachtungen führte ihn zu der in seiner dissertation (nr. 93) ausgeführten ansicht über die entstehung der sammlung EpFam. überhaupt. — In dem ersten theil der abhandlung (*de origine*) weist derselbe sowohl die beiden bisher einander entgegenstehenden auffassungen Nake's und Hofmann's, jene als durch die späteren untersuchungen Nakes (1864. 1866. 1876) selbst entkräftet, diese als ungenügend für die erklärung mancher schwierigkeiten (z. b. der thatsache, daß die briefe von Plancus und Dec. Brutus fast unversehrt, von den drei resp. neun den alten bekannten büchern von briefen des Pansa und Hirtius aber nichts auf uns gekommen ist), als auch die vermittelnde ansicht Teuffel's und Leighton's zurück und stellt die behauptung auf, daß es niemals zwei sammlungen gegeben habe, eine größere (worin z. b. drei bücher an Cäsar etc. enthalten gewesen wären) und eine kleinere, die uns erhaltene, sondern daß alle briefe des Cicero (außer den 16 bb. ad Atticam) ursprünglich in einem corpus vereinigt waren und zwar deshalb, weil 1) die alten nie einen unterschied machen zwischen verschiedenen sammlungen, 2) die citate der alten (mit drei anders zu erklärenden ausnahmen) genau auf unsre sammlung passen, 3) die dem allgemeinen princip widerstrebende thatsache der „versprengten" briefe sich erklären lasse. — In dieser sammlung bildeten nun, so zeigt der zweite theil (*de forma collectionis et quas partes in ea tenuerint epp. ad familiares*), unsre EpFam. denjenigen theil, in welchem die für ein besonderes buch der zahl nach nicht genügenden briefe vereinigt wurden, und zwar nach den adressaten geordnet. Seine ansicht über die entstehung der sammlung faßt Gurlitt (p. 21 f.) so zusammen: Im jahre 709 faßten Cicero und Tiro den entschluß, eine sammlung von briefen zu edieren und zwar nicht nur die von Cicero geschriebenen, sondern auch die von ihm empfangenen. Wenn nun auch aus den entfernteren jahren weniger stoff zusammenzubringen war, so hatte doch mitte 710 Tiro diejenigen zusammen, welche unsere bücher 1—9, 14—16 und auch 13 enthalten (die letzteren waren zuerst ausgelesen). Als Atticus davon hörte, erkundigte er sich nach der συναγωγή (Ep. ad Att. XVI, 5. 5), Cicero aber antwortete ausweichend, eine συναγωγή habe er nicht, wohl aber habe Tiro ca. 70 briefe (das ist l 13) zur herausgabe bereit; von den übrigen (1—9. 14—16) schweigt er, weil er sie erst nach seinem tode herausgegeben wissen wollte. Von jetzt an sammelte Tiro auch weiter die briefe, wie sie kamen und gingen, und so entstanden l. 10—12, welche also die briefe vom mai 710—711 und zwar nach adressaten und den kriegsschauplätzen geordnet enthalten. — Von dieser gesammten masse bildeten nun (dritter theil „*de pristino numero et ordine librorum*) einen ersten band diejenigen briefe, welche sich aus den jahren 698—710 auftreiben ließen (EpFam. l. I—VII), welchem als anhang (l. VIII) die briefe des Caelius beigegeben waren. Der zweite band aber ist nur stückweise auf uns gekommen (EpFam. l. IX—XVI): manche (zum theil von den alten erwähnte) bücher sind verloren gegangen; mit den resten wurde auch die erste (von Cicero selbst veranstaltete) sammlung — das 13. buch — verbunden. Veröffentlicht war die ganze sammlung durch Tiro im ersten jahrzehnt nach der schlacht bei Actium, als Antonius und Lepidus von der bühne abgetreten waren und die in buch 10—12 enthaltenen invectiven gegen sie nicht mehr gefährlich werden konnten —

So bietet denn Gurlitts schrift wesentlich neue resultate. Die schwierigkeiten, welche denselben entgegen zu stehen scheinen, werden meist in überzeugender weise erledigt, wenn auch hier einiger subjektivismus mit unterläuft und noch gar manche frage der völligen erledigung harrt. Leider ist die darstellung nicht von der klarheit, welche eine so diffizile untersuchung doppelt forderte, und ein wenig erfreuliches latein macht die lektüre noch schwieriger.

Zur näheren begründung eines punktes hat denn der verf. noch einmal das wort genommen, nr. 94, nämlich zur begründung der behauptung, daß Tiro wie überhaupt, so namentlich in demjenigen theile seiner sammlung, welcher die briefe von 710—711 umfaßt (buch X—XII), ein sehr vernünftiges princip der anordnung befolgt habe, wenn er dieselben nach den kriegsschauplätzen (X—XI der nördliche, XII der östliche) und hier so geordnet habe, wie sie von Cicero geschrieben oder empfangen seien, indem er dies an dem briefwechsel zwischen Cicero und Dec. Brutus exemplifiziert, wo die untersuchung Nake's noch über sechs briefe nicht ins reine gekommen war. Es gelingt ihm dies hinsichtlich des briefes XI, 13 durch die annahme, daß derselbe zusammengesetzt sei aus zwei brieffragmenten, deren erstes der anfang eines etwa am 15. mai von Pollantia aus an Cicero, deren zweites aber (von *in spem veneram* 8. 4 an) der schluß eines (XI, 15, 1 und X, 22 1 erwähnten) bald nach dem 21. juni geschriebenen berichtes des Plancus und Drusus an den senat sei. Auch den meisten übrigen briefen weist er in überzeugender weise eine solche stellung an, daß für alle von 4—12, 19—26 genau die ordnung im codex sich ergibt, in der Cicero sie schrieb und empfing, während die dazwischen liegende partie in unordnung gerathen ist, eine unordnung aber, welche nicht ursprünglich war, wie man aus dem an dieser stelle vorliegenden bedeutenden defekt im text schließen muß, so daß in ermangelung innerer gegengründe nichts im wege steht, auch diese briefe entsprechend einzureihen. —

95. Ferd. Becher, de Ciceronis quae feruntur ad Brutum epistolis. Marburg 1876. 4. 22 p.

Die oben schon berührte frage über die echtheit der Brutusbriefe bildet den gegenstand der erörterung im ersten theil dieser abhandlung. Der verf. steht auf der seite derer, welche dieselben bestreiten, und führt dafür (*argumentis historicis praetermissis*, auf die man nach dem p. 15 ausgesprochenen resultat: *quas in iis narrantur, ad historiae fidem scripta esse persuasum habeo* billig gespannt sein müßte) zunächst eine anzahl von beobachtungen über den in den fraglichen briefen hervortretenden sprachgebrauch an. Er constatiert allzukühne ellipsen und eine auffallende menge von eigenthümlichkeiten, die dem *sermo cottidianus* entlehnt seien. Und in der that ist ja manches auffallend; aber das haben doch auch die vertheidiger nicht verkannt und grade über die schlimmsten von Becher vorgebrachten dinge hat sich Herrmann in einer weise ausgesprochen, daß sie Becher nicht ohne weiteres ignorieren durfte (s. über *quatefeci* Vind. lat. 44, über *tardare* im intransitiven sinne ibid. 12. Epimetr. 19, über *terra marique* Vind. 45. *infideliter* ibid. 34); er wagt indessen auch nicht mehr zu behaupten, als daß sich diese besonderheiten, welche auch in den übrigen briefen nicht fehlen, nur in zu großer menge vorhanden seien, also wohl ihren ursprung einem falsarius verdankten, der damit ciceronischen stil habe affektieren und die leser täuschen wollen. Auch der zweite vorwurf, daß die briefe eine allzugroße übereinstimmung mit dem echten Cicero zeigten in wendungen und stellen (besonders neigung zu philosophischen gemeinplätzen) ist nicht recht überzeugend. Und wenn endlich der verf. sich zum beweise der unechtheit auf Nake's hypothese von der entstehung der ciceronischen briefsammlungen überhaupt stützt, so fällt dieser punkt natürlich mit der unsicherheit jener hypothese selbst. Ein letztes argument für die unechtheit sieht der verf. in der häufung von anreden, deren sich nämlich in den 25 Brutusbriefen 30 finden, während die 397 briefe an Atticus deren nur 22, die 419 EpFam. nur 122, die 27 Ep. ad Q. fr. nur 24 aufweisen. Doch wird aus der thatsache wohl zu viel geschlossen: eine genauere untersuchung dieses punktes würde vermuthlich ergeben, daß der nichtgebrauch dieser anreden nicht eine eigenthümlichkeit Ciceros an und für sich ist; sie scheinen nämlich nicht als zeichen der eigentlichen vertraulichkeit, sondern einer gewissen cordialen höflichkeit gewechselt zu werden, daher ihrer sich Cicero — der *homo novus* und ängstlich in der form — nur da zu bedienen pflegte, wo er sicher war nicht anzustoßen d. h. in der regel nur da, wo auch die adressaten sie gegen ihn gebrauchten, dann aber auch fast ängstlich mit gleichem maße messend, wie denn Plancus fast keinen brief ohne derartige liebenswürdigkeiten entsendet, dafür aber auch kaum einen ohne die entsprechende heimzahlung empfängt. — Daß demnach die frage, um die es sich handelt, durch Becher wesentlich gefördert sei, kann man nicht behaupten. — Von den mitgetheilten conjecturen scheinen erwähnenswerth die zu I, 15, 3: *qui et sapiens unus fuit ex septem et legum scriptor solus* oder noch mehr die früher vom verf. gemachte: *qui et sapientissimus* (die sache wäre sonst ziemlich trivial, namentlich die gegenüberstellung *unus ex sept.*: *solus leg. scr.*), die hypothetisch zu I, 15, 6 gemachte, daß *praetereunda* zu streichen sei (die persönlichen angelegenheiten werden im folgenden grade nicht übergangen), die zu I, 9, 1 *velim facilius quam tunc mihi*, nunc (obgleich „*in tuo*" vielleicht nicht entbehrt werden kann; die änderung *levasses* in *levasti* ist unnöthig) und die von Studemund mitgetheilte zu I, 10, 4: *exercitu* statt *exitu*. —

96. **Fried. Schmidt**, zur kritik und erklärung der briefe Ciceros an Atticus. Nürnberg 1879. 8. 40 p.

Nach einigen allgemeinen bemerkungen über den kritischen

apparat, die nichts neues enthalten, und einigen die glaubwürdigkeit Lambins und die brauchbarkeit der Cratanderschen randnoten bemängelnden bemerkungen (die prüfung, welche Hofmann p. 41 fordere, müsse ganz subjektiv ausfallen), behauptet der verf., daß die einzige sichere grundlage der kritik der Mediceus sei, eine behauptung, die er heute wohl selbst nicht mehr würde vertheidigen wollen (s. ob. p. 522 über Viertel und Voigt). Dieser codex aber sei offenbar — wenigstens particweise — diktiert, denn eine große anzahl von anerkannten schreibfehlern gehe offenbar auf verhören beim diktieren zurück (naturgemäß seien dadurch die consonanten mehr bedroht, als die vokale), und zwar von Petrarka vielleicht seinem vortrefflichen schreiber Giov. Malpaghino, und diese entstehungsweise müsse bei emendationsversuchen sehr berücksichtigt werden. Abgesehen von der personenfrage, welche ja jetzt in anderem sinne erledigt ist (wunderlich ist dabei übrigens, daß Schmidt, welcher wegen der schlechtigkeit und unsolidität der arbeit sie Petrarka abspricht, grade denjenigen aus seiner umgebung als thäter bezeichnet, welcher wegen seiner „ungewöhnlichen solidität und verständigen sachkenntnis" gerühmt wird!) ist nun zwar zuzugeben, daß es fehler genug giebt welche durch verhören beim diktieren entstanden sein können (wobin ich aber nicht alle von Schmidt aufgeführten beispiele rechnen möchte, z. b. nicht *curavit morbum* statt *iuravit*), aber sie müßen nicht so entstanden sein, und ganz unverständlich wird die sache im vorliegenden falle, da hier — auch nach Schmidts annahme — gehör- und gesichtsfehler (s. v. v.!) nicht, wie man erwarten müßte, particnweise abwechseln, sondern ganz ungesondert neben einander stehn (außerdem spricht für eine solche zerhackung des Mediceus in kleine stücke auch nichts, was über die äußere beschaffenheit desselben bekannt geworden ist). Von den zahlreichen verbesserungsvorschlägen, welche der zweite theil enthält, frappieren manche durch die herzhafte kühnheit, ohne jedoch immer überzeugend zu sein. Wir erwähnen als besonders beachtenswerth: I, 13, 3 *ad augures* statt *virginas*; II, 24, 4 *contremere* statt *contemnere* (das dichterische des ausdrucks werden die briefe allenfalls ertragen können); IV, 1, 7, wo Hofmanns u. a. lesart und erklärung offenbar nicht genügt: *non demoliuntur uno nomine* statt *demoliuntur*, *uno* (vielleicht ist noch das komma nach *totum* zu setzen und *atque*, dessen abbreviatur vor *aestimabant* ausfiel, einzufügen'; IV, 14, 1 *metare* statt *putare*, IV, 16, 15 *ut a nobis* statt *mutabis*; V, 7 *quinque illos praefectos delaturum novos vacationis iudiciorum causa* d. h.: daß er jene fünf als präfekten in vorschlag bringe, damit sie frei von den gerichten wären (und so mit ihrer amtlichen auktorität alles selber verfügen könnten); V, 13, 3 *tolle* (besser zu den schriftzügen passend als Moser's *deme* und Boot's *evelle*); VII, 13, 2 *reum me facere cogerentur* statt *facere rentur*. VII, 12, 2 *celerrime* statt *teterrime*. VIII, 9, 14 *ad summam illam crud.* statt *unam.* X, 16, 6 *seda etiam* statt *sed etiam*; XII, 87, 2 *urbis* statt *ubi sis*; XIV, 5, 2 *sancti* statt *magni* (Orelli *ηνί*); XV, 12, 2 *praecipit ignoscere nostris* statt *nostro nostri*; XV, 20, 1 *ἀν ἐγίνε* statt *aniero*.

97. E. **Opitz**, quo sermone ei, qui ad Ciceronem litteras dederunt, usi sint. Naumburg a/S. 1879. 4. 20 p.

98. J. H. **Schmalz**, über den sprachgebrauch der nichtciceronischen briefe in den Ciceronischen briefsammlungen. Zeitschrift f. gymn. w. 1881, p. 87—141.

Die abweichende sprache in den nichtciceronischen briefen, obgleich mannigfach hervorgehoben (von Weiske 1792, Hand, Klotz), ist noch immer nicht so für kritik, grammatik und stilistik beachtet worden (selbst nicht durchweg von Wesenberg), wie sie sollte (cf. Stinner, *de eo quo Cic. in epp. usus est sermone*).

Indem nun Opitz sich die untersuchung dieser briefe zur aufgabe machte, verfolgte er wesentlich die absicht für die stilistik zu gewinnen, indem wir aus ihnen „*non solum quibus verbis et structuris in sermocinando consuetudine Romani usi sint, intellegamus, sed etiam auream illam quae dicitur latinitatem melius cognoscamus*" und begnügt sich daher mit nackter aufzählung der eigentümlichen erscheinungen (erster theil *quae ad grammaticam spectent* zweiter, *quae ad semasiologiam sive vim et significationem verborum pertineant*) und zwar „*sub uno quasi quodam aspectu*" d. h. ohne zwischen den einzelnen schriftstellern zu unterscheiden. Diese aufzeichnungen sind nun zwar immer dankenswerth und belebrend, aber sie sind nicht immer vollständig und vor allem genügen sie durchaus nicht dem oben charakterisierten bedürfnis. Dazu muß der individuelle stil eines jeden einzelnen durchforscht werden, so daß gewissermaßen die ganze persönlichkeit heraustritt. Einen schlichternen versuch dazu macht zwar Opitz noch von p. 16 an, aber an der wurzel greift die sache erst die zweite abhandlung (nr. 98) an.

Schmalz macht hier den ersten versuch, ein gesammtbild von der schriftsteller-individualität eines jeden einzelnen briefschreibers zu geben. Die vorliegende erste serie behandelt den Ser. Sulpicius Rufus, M. Claudius Marcellus, C. Cornelius Dolabella, M. Curius. Es begnügt sich hierbei vf. nicht damit, die sprachlichen und stilistischen eigenthümlichkeiten der einzelnen autoren aufzuzählen, sondern er sucht sie aus der ganzen persönlichkeit derselben zu erklären. So weist er bei Sulpicius darauf hin, daß wir bei einem manne, der lieber in der jurisprudenz der erste, als in der eloquenz der zweite sein wollte und daher mit den ersten rhetorischen übungen in Rhodus genug hatte, die spuren des *Asianum genus* noch vorzufinden erwarten dürfen, bei dem eifrigen bearbeiter der alten römischen dichter zur übung des stils den einfluß dieser dichterlektüre besonders in archaistischen ausdrücken, bei dem verehrer der alten rechtsquellen veraltete wörter und bei dem juristen in folge des zusammenhanges der juristensprache mit der volkssprache (vgl. Rebling) ausdrücke und wendungen der volkssprache, bei dem eifrigen korrespondenten mit den litterärischen kapacitäten ersten ranges die spuren gründlicher bildung und der gewandtheit in der schriftlichen konversation, bei dem sechziger eine gewisse *redundantia senilis*. Und so weist er denn aus den beiden überlieferten briefen des Sulpicius A) als spuren des *Asianum genus* einige beispiele jener *duplicitas locutionis* (*graviter molesteque ferre, miserum atque acerbum* etc.), des gleichklangs im auslaut (*quae res, quae spes; delegimus — combussimus — curavimus* etc; ob *decrévi, brévi* mit recht hierhergezogen worden ist, ist mir zweifelhaft), der alliteration nach (*dolorem declarare, ferre fortunam* etc.), B) als spuren der dichter-studien I) eine reihe plautinischer und ennianischer alliterationen (*consolationem conferri*), II) eine reihe von eigenthümlichkeiten aus der formenlehre (*oppidum* statt *oppidorum*; *acerbissumus*, wie er — nach Opitz — aus der corruptel im Mediceus herausliest; *familiare* statt *familiari*; *licitum est, nata fueras, tute, hem, coram* als adverb etc.), III) aus der syntax (*minoris aestimare, secundum aurem, ab* bei den städtenamen, *nisi* als adversativpartikel, *si forte c. coni.* etc., IV) von einzelnen wörtern und phrasen (*primarius, apisci* mit Mediceus

m. 1, *circum circa*, die deminutiva *muliercula*, *homunculus*, *pauculus*, *animula* u. s. f.); — C) als eigenthümlichkeiten der umgangssprache, welche sich (abweichend von der vorigen) nicht mehr aus alten dichtern nachweisen lassen, wendungen wie *sane quam*, *coepi* zur umschreibung des einfachen verbums, *e vestigio*, *ante oculos tibi proponas*, *crede mihi* u. s. w.; — D) als beispiele der gemüthlichen briefwendungen wie *propterea quia*, *magno (tanto) opere*, *si istic adfuissem* etc.; — E) als spuren der vorliebe für das alterthümliche, für juristische ausdrücke formen wie *subiace* (Mediceus), *orbi* und syntaktische fügungen wie *deminutio fit*, *pro eo ac*, *attulit* (Mediceus) in der indirekten frage etc. (Hier werden denn auch eine anzahl sonstiger irgendwie interessanter stellen behandelt). —

M. Claudius Marcellus (IV, 11) bewährt das urtheil Ciceros (Brut. 249) *lectis utitur verbis*, leidet aber in folge der eilfertigkeit an abgerissener diktion. Von syntaktischen eigenthümlichkeiten notiert Schmalz *reliqua eiusmodi*; *quibus-carebam*; *praestare ut*, *ac* an dritter stelle der aufzählung.

C. Cornelius Dolabella (IX, 9), der talentvolle roué, zeigt bei aller zierlichkeit doch alterthümliche wendungen, welche seinen stil nur pikanter machen (*ruxus* (Mediceus), *si vales gaudeo*, *illud te peto* (Mediceus), *reliquum est* mit bloßem conjunctiv) und solche aus der umgangssprache (*Terentia minus belle habuit* ohne *se*, *certum scio*, *mi iucundissime Cicero*, *rectissime sunt omnia*).

M. Curius, der brave handelsherr, weist einige sehr beachtenswerthe züge aus der römischen umgangssprache auf: *Cicero mi*, *persevero* mit infinitiv, *libentes videre*, *non multum egerit*, *refigere*, *deportare*.

Das ist nun freilich nur eine sehr nüchterne und unvollkommene aufzählung des von Schmalz behandelten, aber sie gibt doch wenigstens die grenzlinien an, in denen Schmalz's untersuchungen sich bewegen. Es muß hinzugefügt werden, daß der verf. seine fragen mit heranziehung einer ausgedehnten litteratur erledigt.

Es liegt auf der hand, wie sehr solche beobachtungen für die kritik von werth sein können, da sie allein die armen briefschreiber endlich einmal gegen die ungerechtigkeit schützen, mit dem maßstabe ciceronischen sprachgebrauches gemessen zu werden; auch die achtung vor der handschriftlichen überlieferung kann dabei nur gewinnen. Daß ferner daraus auch grammatik und stilistik vielfach förderung erhalten, sprach schon Hand (stilistik p. 60) aus, die vorliegende arbeit ist für alles das ein treffliches exempel. Wir sehen der in aussicht gestellten fortsetzung mit vergnügen entgegen.

Dr. *Karl Schirmer.*

---

99. Gustav Gilbert, Beiträge zur inneren geschichte Athens im zeitalter des peloponnesischen krieges. Leipzig, druck und verlag von B. G. Teubner, 1877. gr. 8. 399 p.

Besprochen von F. R. im Litterarischen centralblatt 1878, p. 76 ff., von Zurborg in der Jenaer litteraturzeitung 1877, p. 544 ff., von Lipsius in Bursians jahresbericht 15, 302, von Volquardsen ebendas. 19, 47 ff.

Das vorliegende werk führt insofern seinen titel mit unrecht, als es nicht bloß einzelne beiträge zur inneren geschichte Athens während des peloponnesischen krieges liefert, sondern eine fortlaufende darstellung derselben enthält. Bei dieser anlage war es nicht zu vermeiden, daß vieles bekannte wiederholt wurde, während sich im anderen fall der umfang leicht auf die hälfte hätte reduciren lassen. Gerade in dieser zusammenhängenden darstellung liegt aber nicht zum geringsten theil der werth des buches. Der verfasser hat mit großem fleiß das schwer zu übersehende quellenmaterial gesammelt und auf die neuere litteratur fast überall, soweit es wünschenswerth war, bezug genommen. Hierdurch ist das werk zu einem unentbehrlichen hilfsmittel für alle diejenigen geworden, die sich über die beschaffenheit der überlieferung und den stand der forschung zu orientiren wünschen.

Als einleitung geht der eigentlichen darstellung voraus ein abschnitt über die organe der athenischen staatsleitung, die strategen und demagogen. Ueber die ersteren handelt der verfasser sehr eingehend. Nachdem er auf die bedeutung ihres amtes hingewiesen, bemüht er sich in erster linie, die viel erörterte frage zu entscheiden, um welche zeit die strategen gewählt worden und ihr amt antraten. Er gelangt zu dem ergebniß, daß die wahl im munychion und der amtsantritt am 1. hekatombäon stattfand. Als beweis wird angeführt, daß Alkibiades nicht lange vor seiner am 25. thargelion 408 erfolgten rückkehr nach Athen zusammen mit Thrasybulos und Konon zum strategen ernannt wurde (Xen. Hell. I, 4, 10). Ein sicherer schluß läßt sich jedoch, wie schon F. R. und Volqnardsen bemerkten, hieraus nicht ziehen; denn es ist sehr wohl möglich, daß es sich hier um außerordentliche wahlen handelte. Gewichtigere argumente für die richtigkeit seiner ansicht hätte der verf. entnehmen können aus Lüschke, de titulis aliquot Atticis quaest. hist. p. 25 sq. — Es folgt sodann nach einigen bemerkungen über die bewerbung um die strategie eine erörterung über den wahlmodus. Gilbert sucht zunächst im anschluß an Droysen nachzuweisen, daß die strategen nicht aus den einzelnen phylen, sondern aus allen Athenern gewählt wurden, indem er namentlich geltend macht, daß in vier fällen zwei für dasselbe jahr gewählte feldherrn der nämlichen phyle angehörten. Es ist sehr mißlich, hier jedesmal zu der annahme einer außerordentlichen wahl seine zuflucht zu nehmen; man wird also wohl dem verfasser darin beistimmen dürfen, daß die wahl aus den einzelnen phylen nicht feststehendes gesetz gewesen sein kann. Thatsächlich war man jedoch, wie Gilbert zugibt, bemüht zu bewirken, daß wo möglich jede phyle im strategencollegium ihren vertreter hatte; denn es beruht doch schwerlich auf zufall, daß die acht uns bekannten strategen des jahres 441/40 aus sieben verschiedenen phylen gewählt waren. Gilbert bemüht sich nun weiter, zu zeigen, daß die einzelnen candidaten sich um das commando einer bestimmten phyle bewerben mußten, welche annahme jedoch von vorn herein unhaltbar ist. Die einrichtung, daß jeder stratege eine phyle befehligte, bestand wohl zur zeit der schlacht bei Marathon, kann aber später, als die Athener genötigt waren, gleichzeitig in verschiedenen gegenden krieg zu führen und abtheilungen der nämlichen phyle, wie z. b. der Erechtheis im jahre 460, auf weit von einander entfernten schauplätzen zu verwenden, nicht mehr beibehalten worden sein. Das commando über die einzelnen phylen gieng, wie Droysen (Hermes IX, p. 13) bemerkt, von den strategen auf die taxiarchen über, deren zahl mitunter, wenn eine theilung einzelner phylen vorgenommen wurde, mehr als zehn betragen haben muß. Wahrscheinlich erfolgte diese umgestaltung gleichzeitig mit der durch Themistokles bewirkten vermehrung der flotte. Daß noch im jahre 469/8 jeder der zehn strategen eine phyle commandirte, wird man aus Plut. Cim. 8, wonach damals bei den tragischen aufführungen jeder stratege im namen einer phyle als preisrichter fungirte (Gilbert p. 23), nicht schließen dürfen.

Im folgenden bespricht der verfasser verschiedene einzelheiten (dokimasie, amtseid, rechenschaftsablage, amtslocal, amtszeichen u. s. w.), um alsdann p. 32 zur competenz der strategen überzugehn, die nach ihren verschiedenen seiten hin sehr ausführlich behandelt wird. Es kann hier nur auf einige wesentliche puncte eingegangen werden. P. 39 ff. stellt Gilbert die höchst wahrscheinliche vermuthung auf, daß überall da, wo Thukydides unter mehreren feldherrn, die zusammen eine expedition befehligen, nur einen namhaft macht, dieser für den oberfeldherrn zu halten ist. Gilbert bezeichnet diese aus der zahl ihrer collegen hervorgehobenen feldherrn als στρατηγοὶ αὐτοκράτορες; es scheint indessen, als ob diese benennung nur denjenigen strategen zukäme, denen die volksversammlung die befugniß zu anordnungen ertheilt hatte, die außerhalb der verfassungsmäßigen competenz der strategen lagen. — P. 40 wird behauptet, es sei nur ausnahmsweise vorgekommen, daß die macht eines feldherrn den übrigen mitgliedern des collegiums gegenüber gesteigert wurde, was Volquardsen mit recht für unerwiesen erklärt. Mehr innere wahrscheinlichkeit dürfte wohl die annahme haben, daß bei den Athenern die heeresleitung stets eine centralisirte war, wenn uns auch hierfür genügende beweise nicht zu gebote stehen. Die gebietende stellung, welche Perikles von 444—430 einnahm, würde sich wenigstens leichter erklären unter der voraussetzung, daß er während dieser ganzen periode das amt eines oberstrategen bekleidete, welche annahme der verfasser p. 40 nicht in so apodiktischer weise hätte ablehnen sollen. Die überaus wichtige frage, ob nicht im fünften jahrhundert die später dem ταμίας zukommende oberaufsicht über das finanzwesen einem der strategen zustand, wird von Gilbert leider nirgends berührt. Ein eingehen hierauf hätte man um so eher erwarten sollen, weil der verfasser doch das bedürfniß fühlen mußte, die von ihm verworfene hypothese Müller-Strübings, nach welcher das amt des ταμίας bereits im fünften jahrhundert als selbstständige magistratur existirte, durch eine andere zu ersetzen. — Aus der sonstigen darstellung mögen noch folgende einzelheiten besprochen werden. P. 33 ff. sucht Gilbert nachzuweisen, daß im vierten jahrhundert ein stratege speciell mit den die εἰσφορά betreffenden geschäften betraut war, doch nöthigen die als beleg hierfür angeführten worte des Demosthenes (II. Olynth. §. 29) πρότερον εἰσφέρετε κατὰ συμμορίας κτλ. keineswegs zu dieser annahme, zu der der verfasser erst durch eine höchst gezwungene interpretation gelangt. Am besten wäre die stelle ganz unberücksichtigt geblieben, da die hieraus gezogene folgerung für das fünfte jahrhundert, auf das es bei der vorliegenden untersuchung allein ankommt, doch nichts beweisen würde. — Ansprechend ist die erklärung des ausdrucks στρατεία ἐν τοῖς μέρεσι (p. 51 ff.), wonach unter den μέρη nicht die gesammten durch volksbeschluß bestimmten jahrgänge der kataloge, sondern nur einzelne theile derselben zu verstehen sind. — Die annahme Gilberts, daß man die strategen als vertreter des athenischen staates im bundesrath und demgemäß als präsidenten der athenischen symmachie zu denken habe (p. 65), hat sehr viel wahrscheinlichkeit; weniger wird man ihm jedoch zustimmen können, wenn er p. 63 die strategen geradezu als minister der auswärtigen angelegenheiten betrachtet.

Das nun folgende die demagogen behandelnde capitel wird eingeleitet durch einige treffende bemerkungen über die parteistellung der demagogen und ihr hieraus sich ergebendes verhältniß zur komödie. Hierauf sucht der verfasser nachzuweisen, worauf die macht des leitenden rhetors, des προστάτης τοῦ δήμου, der in der regel ohne amt war, beruhte. Außer dem einfluß, den derselbe auf die volksversammlung ausübte, kommt, wie in einer sehr wohl gelungenen darlegung gezeigt wird (p. 83—89), namentlich in betracht seine thätigkeit als öffentlicher ankläger, die in erster linie gegen diejenigen gerichtet war, die auf einen umsturz der verfassung hinarbeiteten. Weiteren einfluß konnte der demagoge noch erlangen durch aufnahme in die βουλή, wofür Kleon und Hyperbolos als beispiele angeführt werden. Bis hierher wird man sich den ausführungen Gilberts wohl anschließen können; weniger gilt dies jedoch von der am schlusse des capitels gegen Müller-Strübing gerichteten polemik. Der verf. ist zwar im rechte, wenn er die voreuklidische existenz des staatsschatzmeisteramtes, auf dessen bekleidung nach Müller-Strübing die machtstellung des demagogen hauptsächlich beruhte, für unerwiesen erklärt; die von ihm gegebene erklärung der von Müller-Strübing zur unterstützung seiner hypothese angeführten Aristophanesverse (Ritter 947 ff.) ist jedoch unannehmbar. Wenn Gilbert geltend macht, daß die zur bezeichnung von Kleons stellung gebrauchten ausdrücke ταμιεύειν und ἐπιτροπεύειν nicht etwa auf das amt eines staatsschatzmeisters, sondern lediglich auf das verhältniß des demagogen zum Demos zu beziehen seien, so läßt die stelle für sich betrachtet wohl eine solche auffassung zu; aber der sonstige inhalt und die ganze anlage des stückes sprechen doch entschieden dafür, daß Kleon als inhaber eines öffentlichen amtes gedacht wird. Nur in diesem falle ist die von dem Demos an ihn gerichtete aufforderung, den kranz niederzulegen (v. 1227, vgl. 1250), verständlich. Gilbert denkt hier an den kranz, welchen der rhetor in der volksversammlung trug; in den dem Demos in den mund gelegten worten ist aber doch deutlich, was auch der verfasser fühlt, die entziehung eines amtes ausgesprochen. Die von Gilbert noch daneben aufgestellte annahme, daß Kleon auch in seiner eigenschaft als buleut einen kranz getragen habe, ist schon aus dem grunde hinfällig, weil Kleon 425/4 nicht mehr mitglied der βουλή war, wie sich deutlich ergibt aus den ihm v. 774 in den mund gelegten worten: ὅς πρῶτα μὲν, ἡνίκ' ἐβούλευόν σοι, χρήματα πλεῖστ' ἀπέδειξα. Wer die Ritter aufmerksam durchliest, kann wohl kaum die von Müller-Strübing und Keck aufgestellte ansicht abweisen, daß Kleon zur zeit, als das stück aufgeführt wurde, stratege war. Als solcher unterhandelt er mit den Spartanern über die auslösung der gefangenen von Sphakteria (394) und führt den spartanischen herold in die βουλή ein (668). Ebenso unterhandelt er in seiner eigenschaft als stratege mit den Argivern (465) und droht dem wursthändler mit der ernennung zum trierarchen und der auflage drückender εἰσφοραί (912 ff.), wozu ja nach des verfassers eigener darlegung die feldherrn befugt waren. Aus der untergeordneten stellung, die Nikias und Demosthenes Kleon gegenüber einnehmen, möchte man fast den schluß ziehen, daß der letztere um jene zeit oberstratege war. Uebrigens hätte die hypothese Müller-Strübings doch eine etwas eingehendere besprechung verdient, als ihr von seiten des verfassers zu theil geworden ist. Nicht nur die stellung Kleons müßte in erwägung gezogen, sondern auch eine beantwortung der frage versucht werden, worauf der nicht in abrede zu stellende antheil des Perikles an der finanzverwaltung beruhte und wer überhaupt im fünften jahrhundert in ermanglung eines ταμίας an der spitze der verwaltung gestanden haben mag.

Wir wenden uns nunmehr zu der darstellung der inneren geschichte selbst. Dieselbe ist consequent nach kriegsjahren geordnet, wodurch eine rasche orientirung ermöglicht wird, so daß sich der mangel eines registers nicht allzusehr fühlbar macht. Da die politische situation ihren reinsten ausdruck in den wahlen der strategen findet, so hat sich der verfasser der dankenswerthen mühe unterzogen, die namen der für jedes jahr gewählten strategen und deren parteistellung, soweit dies möglich war, zu ermitteln. Weil nun Thukydides und Xenophon ihren stoff nach kriegsjahren ordnen, so konnten, wie in der vorrede bemerkt wird, nur für diese, nicht aber immer für die amtsjahre die strategen mit sicherheit angesetzt werden. Bei der darstellung der ereignisse hält sich Gilbert strenge an die vorliegende überlieferung, wobei es ihm nicht selten gelingt, durch eindringende untersuchung und geschickte combination unsere bisherige kenntniß zu ergänzen oder falsche ansichten zu widerlegen. Mit besonderer sorgfalt ist alles zusammengestellt, was sich über die parteistellung und die politische thätigkeit der athenischen demagogen ermitteln läßt; namentlich findet das verhältniß der einzelnen demagogen zur komödie eine sehr eingehende besprechung. Bei dieser gelegenheit gibt der verfasser öfter schätzenswerthe ausführungen über inhalt und tendenz oder die abfassungszeit einzelner komödien, wofür als beispiel erwähnt werden mag die beurtheilung von Aristophanes' Babyloniern (p. 148 ff.) und die bemerkung über die abfassungszeit des platonischen Hyperbolos, der gewiß mit recht auf spätestens 418 angesetzt wird. Anerkennung verdient auch die gelungene interpretation der verse des Hermippos bei Plutarch. Pericl. 33.

Verschiedene einzelheiten mögen im folgenden kurz besprochen werden. P. 118 nimmt Gilbert mit recht an, daß Perikles im zweiten kriegsjahre nicht von der strategie enthoben wurde, sondern dieselbe bis zum ende des amtsjahres, also bis zum 1. hekatombaion 430, bekleidete, unter welcher voraussetzung die worte des Thukydides II, 59, 3: ξύλλογον ποιήσας, ἔτι δ' ἐστρατήγει allein verständlich sind. Die von Oncken aufgestellte annahme, daß es bei den beiden processen des Perikles sich um eine rechenschaftsablage über die verwendung der εἰς τὸ δέον bestimmten talente gehandelt habe, wird verworfen, weil sie in der überlieferung keinen anhaltspunct habe; man wird aber doch wohl zugeben müssen, daß diese hypothese an sich wenigstens sehr wahrscheinlich ist, und über vermuthungen kommen wir hier in ermangelung bestimmter nachrichten doch nicht hinaus. — Die im winter 428/7 angeordnete εἰσφορά wird wohl mit recht der initiative Kleons angeschrieben; ebenso die 425/4 vorgenommene erhöhung der tribute. — P. 146 bemerkt Gilbert, daß Nikias uns in der geschichte des peloponnesischen krieges zum ersten male 427/6 als feldherr begegnet, und verwirft deswegen die angabe Plutarchs (Nic. 2), wonach derselbe schon zu lebzeiten des Perikles die strategie häufig bekleidet hatte. Es ist indessen recht wohl möglich, daß er auch in einem der früheren kriegsjahre ein commando hatte und nur zufällig von Thukydides nicht genannt wird. — Sehr viel mühe verwendet der verfasser p. 157 ff. auf die deutung der spitznamen bei Aristoph. Ach. 600 ff., doch sind die von ihm aufgestellten an sich theilweise sehr ansprechenden vermuthungen deswegen nicht haltbar, weil sie auf der falschen voraussetzung fußen, daß die genannten männer strategen seien, während doch, wie Lipsius mit recht bemerkt, nach dem ganzen zusammenhang nur gesandte gemeint sein können. — Die nach Philochoros fr. 106[b] unter dem archontat des Euthynos (426/5) geführten friedensverhandlungen zwischen Athen und Sparta läßt Gilbert noch der aufführung von Aristophanes' Acharnern vorhergehen, in denen er eine anspielung auf jene verhandlungen zu erblicken glaubt (v. 176 ff.). Die nachricht des Philochoros kann aber recht wohl auf die während der belagerung von Sphakteria eingeleiteten unterhandlungen bezogen werden, denn die blokade nahm, wie Droysen (Hermes 9, p. 18) zeigt, mindestens einen monat vor beginn des jahres 425/4 ihren aufang, und gleich darauf traten die Spartaner mit den Athenern in unterhandlung. Unter dem fünfjährigen frieden, welchen Amphitheos dem Dikäopolis bietet (v. 188), versteht Gilbert eine erneuerung des vertrages von 451, durch welche die Athener Nisäa, Pegä, Trözen und Achaja wieder erhalten haben würden. Es ist jedoch schwerlich anzunehmen, daß man sich schon im herbst 426 oder im winter 426/5 der hoffnung hingab, die Spartaner, die damals noch keine entscheidende niederlage erlitten, zu solchen zugeständnissen zwingen zu können. Wahrscheinlich ist vorausgesetzt, daß der fünfjährige friede, ebenso wie die nachher von Amphitheos angebotenen zehnjährigen und dreißigjährigen σπονδαί, den gegenwärtigen besitzstand zur grundlage haben soll. — Mit recht billigt es der verfasser, daß Kleon nach der einschließung Sphakterias das zustandekommen eines friedens vereitelte. — In der auseinandersetzung über die sendung Kleons nach Pylos unterscheidet Gilbert richtig zwischen den von Thukydides berichteten thatsachen und deren motivierung durch den schriftsteller. In noch consequenterer weise ist dies geschehen in Onckens Athen und Hellas, wo auch erklärt wird, wie Kleon das anscheinend wahnsinnige versprechen geben konnte, die auf Sphakteria befindlichen Spartaner binnen zwanzig tagen entweder nach Athen zu bringen oder an ort und stelle niedermetzeln zu lassen. — Den in Aristophanes' Wespen erwähnten proceß des Laches setzt Gilbert abweichend von Droysen erst nach dem abschluß des einjährigen waffenstillstandes, worin man ihm wohl zustimmen muß. — P. 216 wird behauptet, Alkibiades sei ursprünglich anhänger der kriegspartei gewesen und nur persönlicher ehrgeiz habe ihn zu dem versuche veranlaßt, die spartanische proxenie wieder an sein haus zu bringen. Mehr wahrscheinlichkeit hat wohl die annahme, daß Alkibiades anfänglich der friedenspartei angehörte und sich erst dann der kriegspartei zuwandte, als die Spartaner bei dem abschluß des einjährigen waffenstillstands auf seine mitwirkung verzichteten (Thuc. 5, 43). — Nicht ganz befriedigend ist die auseinandersetzung über den Ostrakismos des Hyperbolos, in der man namentlich aufklärung über die stellung des Phäax vermißt. Die angabe Plutarchs (Nic 11), daß Hyperbolos nach ostrakisirung des einen der beiden gegner (Nikias und Alkibiades) an dessen stelle habe treten wollen, wird ohne zureichenden grund verworfen. Daß er eventuell an die spitze der von Alkibiades geführten partei zu treten gedachte, scheint keineswegs unglaublich. Unter den verschiedenen über den ostrakismos des Hyperbolos aufgestellten hypothesen ist noch am meisten annehmbar die von Volquardsen gegebene erklärung (Bursians jahresbericht bd. 19, p. 65 ff.) — Die schwankungen der auswärtigen politik Athens im jahre 418 werden p. 241 sehr gut dargelegt. — Mit vollem recht widerspricht der verfasser der ansicht, daß der Hermokopidenproceß ein intriguenspiel der oligarchischen partei gewesen sei. Diese annahme kann höchstens darin eine stütze finden, daß Pisander und Charikles in die untersuchungscommission gewählt wurden; Gilbert zeigt jedoch, daß diese beiden männer anfänglich der demokratischen partei angehörten. Er trifft wohl das richtige, wenn er die demokraten für die anstifter des processes erklärt, wofür außer der eben erwähnten thatsache noch andere umstände sprechen. — P. 266 ff. wird wahrscheinlich gemacht, daß die einrichtung der εἰκοστή nicht schon 409 abgeschafft, sondern bis zum aufführungsjahr von Aristophanes' Fröschen fortbestand; doch kam, wie der verfasser zugibt, neben jenem soll das zwangsweise ἀργυρολογίη wieder mehr und mehr in gebranch. — Die probulen betrachtet Gilbert als stellvertreter der prytanen, die es damals nicht gegeben habe. Aus den von Gilbert zum beweis hierfür angeführten stellen ist jedoch eher zu folgern, daß die prytanen auch nach der einsetzung der probulen fortbestanden, dagegen die dem ἐπιστάτης der prytanen zukommenden befugnisse auf die probulen übergiengen. Die ansicht Wattenbachs, nach welcher die probulen über die an den rath und die volksversammlung zu bringenden anträge vorher zu berathen hatten, glaubt Gilbert dadurch widerlegen zu können, daß nach Thuk. 8, 66 die rhetoren nach wie vor im rath das große wort führten. Aber Thukydides sagt doch an der nämlichen stelle: ἐβούλευσεν οὐδὲν, ὅ τι μὴ τοῖς ξυνεστῶσι δοκοίη. Liegt hier nicht die annahme nahe, daß die probulen im einverständniß mit den ξυνεστῶσι die jedesmal zur berathung vorzulegenden gegenstände bestimmten? Der verfasser hat freilich über die parteistellung der probulen eine ganz andere ansicht, indem er aus Aristot. Rhet. III, 18, 6 die folgerung zieht, daß dieselben die einsetzung der vierhundert nur mit widerstreben zugelassen hätten, während sich doch gerade aus dieser stelle ebenso wie aus Lys. geg. Eratosth. 65 die active betheiligung der probulen an jener maßregel ergibt. Mit Gilberts irrthümlicher ansicht über die parteistellung der vierhundert hängt es zusammen, daß er den probulen Sophokles mit dem dichter und seinen collegen Hagnon mit dem sohne des Nikias identificirt, was nach unserer auffassung schwerlich zulässig sein dürfte. — Die schlacht bei den Arginusen setzt Gilbert abweichend von E. Müller mit recht noch in das archontat des Antigenes (407/6). Der beurtheilung des Arginusenprocesses wird man wohl in den wesentlichsten puncten zustimmen können. Mit gutem grund widerspricht der verfasser der ansicht, daß der proceß ein oligarchisches intriguenspiel gewesen sei; ebenso ist er im rechte, wenn er mit Grote annimmt, daß Theramenes um seiner eigenen rettung willen die feldherrn angeklagt habe. Wünschenswerth wäre es gewesen, wenn Gilbert die frage nach der schuld der feldherrn erörtert hätte. — Die widerlegung der annahme, daß die athenischen strategen sich bei Aegospotamoi des verraths schuldig gemacht, scheint uns durchaus gelungen.

L. Holzapfel.

100. Geschichte der psychologie von dr. Hermann Siebeck, professor der philosophie an der universität Basel. Erster theil, erste abtheilung: die psychologie vor Aristoteles. Gotha, Friedrich Andreas Perthes. 1880.

Von dem werke Siebecks, welches in drei bänden die ganze geschichte der psychologie umfassen soll, und dessen erster band der psychologie des alterthums und der von Aristoteles abhängigen psychologie des mittelalters gewidmet ist, liegt die erste hälfte dieses ersten theiles vor uns, welche außer einer einleitenden betrachtung über die vorstellungen der naturvölker und die des ältesten griechischen volksbewußtseins die geschichte der psychologischen lehren griechischer philosophen bis einschließlich Platon enthält. Aus der einleitung muß ein bericht für diese zeitschrift zunächst das, was über die homerischen anschauungen gesagt wird, kurz berühren. Im wesentlichen theilt, wie der verf. meint, Homer noch die primitiven ansichten der naturvölker über das wesen der seele, allein die höhere begabung und bildung, welche er vertritt, bringt sich doch in der deutlichen unterscheidung seelischer bethätigungen zur geltung, insofern nicht nur die denkthätigkeit von dem gemüthsleben gesondert, sondern auch innerhalb dieser eintheilung weitere specialisierungen vorgenommen werden. Einen bemerkenswerthen gegensatz zu der von Homer vertretenen ionischen weltanschauung überhaupt bildet nun die nach dem verf. unter orientalischen einflüssen entwickelte vorstellungsweise der Orphiker, ein gegensatz, der auf psychologischem gebiete in der verschiedenen werthschätzung des leibes und der seele und in den ansichten über das leben nach dem tode zu tage tritt. Von wo diese orientalischen einflüsse ausgegangen, wird nicht ausführlicher dargelegt; an einigen stellen weist der verf. auf die verwandtschaft indischer anschauungen hin, während doch ein historischer zusammenhang mit den in dieser einleitung gar nicht berührten anschauungen der Aegypter und Semiten mehr wahrscheinlichkeit hätte. Die griechische speculation bedarf nun, wofür sich in der einleitung die nahe liegenden gründe angeführt finden, eines langen entwickelungsganges, ehe die psychologie als besondere disciplin ins auge gefaßt und ausgeführt wird; geschieht dieses doch erst durch Platon. Psychologische meinungen werden aber natürlich auch von den früheren denkern ausgesprochen, und es lassen sich nun drei verschiedene standpunkte erkennen, welche das psychologische denken bei den Griechen nach einander einnimmt, nämlich der des naiven monismus, welcher das ursprüngliche belebtsein des stoffes für etwas selbstverständliches hält, der des dualismus von stofflichem und geistigem, welcher seine höchste entwickelung durch Platon erreicht, und der des reflectierten monismus, welchen Aristoteles vertritt. Der verf. aber — und hierin wird man ein besonderes verdienst seines buches zu erkennen haben — begnügt sich nicht mit der darlegung der philosophischen lehren, sondern richtet sein augenmerk auch auf die psychologischen meinungen der ärzte. Es gliedert sich ihm nun der stoff dieses ersten halbbandes zunächst in zwei abschnitte; der erste behandelt die anfänge der psychologie vor Sokrates und der sophistik, der zweite beschäftigt sich mit den sophisten, Sokrates und Platon.

Das erste capitel des ersten abschnittes behandelt die ansichten der älteren philosophen von dem wesen der seele. Das gemeinsame der Ionier ist neben der annahme eines beständigen wechsels der dinge die eines lebendigen stoffes, in dessen bestimmung sie freilich von einander abweichen. Trotz jener gemeinsamen überzeugung wird von ihnen die hergebrachte unterscheidung von leib und seele anerkannt, ohne daß sonst schon eine beachtung psychologischer fragen bei den ältesten denkern wahrnehmbar würde. Ihr interesse ist zu vorwiegend dem gesammtleben der natur zugewandt, und des Anaximander besondere bedeutung beruht ja bekanntlich darauf, daß er sich die verschiedenen naturgestaltungen als eine entwickelungsreihe aufzufassen bemüht. Heraklit aber, der größte der ionischen philosophen, nimmt nun in der geschichte der psychologie eine aus einem doppelten grunde ausgezeichnete stellung ein. Er bahnt zunächst den übergang vom monismus zum dualismus an, und zwar sowohl metaphysisch durch hervorhebung des abstracten gesetzes, welches in dem stetigen werden und fließen des concreten stoffes seine verwirklichung gewinnt, als auch psychologisch, insofern ihm die seele, wenn auch gleich dem leibe aus dem urstoffe hervorgegangen, doch als eine verschiedene und an werth höher stehende entwickelungsstufe des feuers gilt. Er ist ferner der erste, welcher aus seiner metaphysischen grundansicht eine ausgeführtere seelenlehre zu gewinnen sucht. Seine auf die unsterblichkeit bezüglichen äußerungen finden — worauf hier nur eben hingewiesen werden kann — eine interessante und beifallwürdige auslegung.

Empedokles von Agrigent gestaltet alsdann den ionischen grundgedanken zum entschiedenen dualismus um, indem er den stoff von der kraft trennt, dem ersteren seine qualitative veränderlichkeit nimmt und die weltentwickelung auf einen wechsel in der mechanischen verbindung einer vielheit unveränderlicher elemente zurückführt. Nun scheint auch das geistige wesen des menschen nur aus einer eigenthümlichen mischung der ihn zusammensetzenden elemente hervorgehen zu können, und bekanntlich wird uns dieses ausdrücklich als die meinung des Empedokles überliefert; allein andererseits hält er doch im zusammenhange seines religiösen gedankenkreises die vorstellung einer vom körper wesentlich verschiedenen seele fest. Der verf. sucht diesen widerspruch als einen nur scheinbaren darzustellen, indem er darauf hinweist, daß nach Empedokles einerseits das ganze all beseelt ist, andererseits keine seele rein für sich, frei vom körperlichen besteht; das denken und die übrigen seelischen functionen könnten aber immerhin von einem wesen ausgehen, das von dem körper grundverschieden wäre, und doch von der mischung der körperlichen stoffe abhängig sein, an welche die seele als lebensprincip sich gebunden fände, und vermittelst deren sie nun ihre wirkungen ausübte.

Annehmbar ist an dieser erörterung jedenfalls die bemerkung, daß Empedokles, indem es bei ihm noch nicht zur gänzlichen beseitigung des hylozoismus kommt, nicht die volle consequenz seines neuen gedankens zu ziehen weiß. Dieses geschieht nun durch das erste materialistische system, durch den demokritischen atomismus. In der bestimmung des seelenwesens ist aber ein fortschritt bei Demokrit nicht zu verzeichnen; auch ihm wie den früheren ist die seele verschieden vom körper, aber doch natürlich nichts anderes als ein stoffliches gebilde. Eine andere auffassung ist erst von den denkern zu erwarten, welche das seelische nicht allgemein als ein product der weltentwickelung betrachten, sondern ein geistiges als den grund der welt hinstellen, welches die welt nicht aus sich hervorbringt, sondern aus bestimmten gegensätzlichen factoren ordnet.

Die Eleaten kommen hier zunächst in betracht, weil sie das denken nicht durch die gegenständliche welt bedingt sein, sondern umgekehrt von jenem allen anspruch auf wirklichkeit entschieden werden lassen. Des Parmenides seiner sonstigen lehre widersprechende naturphilosophie betrachtet der verf. — gewiß mit recht — als aus der absicht zu zeigen hervorgegangen, wie man von einem an sich falschen principe aus in richtigem fortgange eine weltanschauung auszugestalten habe, wobei denn die verkehrtheit der ergebnisse das irrige der voraussetzung gerade in ein recht helles licht stellen solle.

In der seelenlehre der Pythagoreer ist zwischen ansichten, die in mythischer form mitgetheilt werden und sich so als außerhalb des systems stehend kennzeichnen und den innerhalb desselben entwickelten gedanken zu unterscheiden. Des verf. nachweis, wie die Pythagoreer eine reihe von bestimmungen aufgestellt, welche die annahme einer weltseele vorbereiteten, verdient alle aufmerksamkeit. — Anaxagoras endlich steht an dem äußersten ende dieser philosophischen entwickelung; der verf. hebt jedoch mit recht hervor, daß auch bei ihm die verschiedenheit von geist und materie sich noch nicht bis zur absoluten unvergleichbarkeit steigert. Es darf dem Anaxagoras noch nicht die platonische oder plotinische auffassung des geistigen zugeschrieben werden; unendlich ist ihm der geist in quantitativem sinne, der geist ist in den dingen auf räumliche weise und in ihnen bald kleiner bald größer, schließlich nicht in absolutem sinne unmateriell, sondern nur das „reinste und feinste aller dinge." Diogenes von Apollonia nimmt dann in

bewußtem gegensatze zu Anaxagoras das ionische princip wieder
auf; dem körperlichen wird jetzt ausdrücklich intelligenz zuge-
sprochen, und andererseits das denken ausdrücklich für nichts
anderes als eine function des körperlichen erklärt. Die seele
besteht aus einer art der luft, d. h. des grundstoffes, und die
verschiedenheit der seelen entspricht den wandelungen, welche
mit diesem stoffe vorgehen können.

In einem zweiten capitel des ersten abschnittes werden hierauf die anfänge der medicinischen psychologie, in einem dritten
und vierten die lehre vom erkennen und die in dieser zeit vereinzelt hervortretenden beobachtungen aus dem gebiete der empirischen psychologie besprochen. Ueber den inhalt dieser capitel
müssen wir hier noch flüchtiger hinweg eilen als über den des ersten.
Während die philosophen von den allgemeinsten principien ausgehend sich die erklärung des weltganzen zur aufgabe machen
und dabei dann auch einzelne thatsachen zu begreifen suchen,
gehen die mediciner umgekehrt von den einzelnen der erklärung
bedürftigen thatsachen aus und leihen oder schaffen sich eine
philosophische theorie, welche ihre anforderungen zu erfüllen
scheint. Der verf. behandelt nun nach einander Epicharm, Alkmaeon, Hippo, Klidemos, Archelaos, Kritias, zuletzt die in der
hippokratischen sammlung befindliche abhandlung über die diät,
welche als das einzige ausgeführte beispiel solcher von medici-
nern geübten speculation trotz mancher wenig feinsinnigen auffassungen und mancher inconsequenzen doch für uns von interesse bleibt.

In der lehre vom erkennen werden sinnesphysiologie und
erkenntnistheorie im engeren sinne auseinandergehalten. Die
erste begnügt sich im allgemeinen damit, die möglichkeit einer
einwirkung des äußeren auf die seele zu erweisen und den ein-
wirkenden vorgang zu beschreiben. Das wesen der seelischen
reaction, das verhältnis des subjectiven eindrucks zu der als
objectiv sich darstellenden beschaffenheit werden von den denkern dieser stufe noch wenig in betracht gezogen, während das
problem der räumlichkeit des empfundenen noch völlig außerhalb ihres gesichtskreises liegt. Die besprechung der einzelnen
hier in betracht kommenden forscher bietet manche interessante
gegenüberstellung, und ebenso werden die verschiedenen erkennt-
nistheoretischen standpunkte von Heraklit bis Anaxagoras und

seinem gegner Diogenes, nachdem der gemeinsame charakter dieser ersten versuche von der modernen betrachtungsweise bestimmt geschieden ist, mit großer klarheit gekennzeichnet.

Das cap. IV endlich bietet eine sehr dankenswerthe zusammenstellung der beobachtungen auf den in dieser zeit noch nicht getrennten und in ihrem unterschiede noch nicht erkannten gebieten der empirischen psychologie und der sogenannten psychophysik. Die ansichten über den vorgang der zeugung, über die beseelung der pflanzen werden zunächst kurz berührt; es folgen die erklärungen von dem wesen des traumes, wie sie sich bei den Pythagoreern, bei Demokrit und in dem buche über die diät finden, ferner die lehre von den temperamenten nach Alkmaeon, Empedokles, der in der hippokratischen sammlung sich findenden schrift περὶ φυσῶν, und nach Diogenes. Hieran schließen sich dann die nur durch selbstbeobachtung zu erkennenden verhältnisse und vorgänge, welche schon damals die aufmerksamkeit der denker auf sich gezogen haben. Eine lehre von den sogenannten seelenteilen wird von den Pythagoreern und Demokrit entwickelt, und in engem zusammenhange mit ihr steht die verschieden beantwortete frage nach dem sitze der seele. Die besprechung vereinzelter beobachtungen über die verschiedenartigen seelenthätigkeiten bildet den beschluß des capitels.

Das auftreten der sophistik leitet einen zweiten abschnitt in der geschichte der psychologie ein; jetzt wird mit entschiedenheit, ja zunächst mit einseitigkeit der gedanke hervorgekehrt, der den früheren noch nicht deutlich ins bewußtsein getreten war, daß doch alle erkenntnis der außenwelt von der beschaffenheit des erkennenden subjectes bedingt sei. Nach einer ausführlichen besprechung des Protagoras und einer mehr summarischen der anderen sophisten und einem hinweise darauf, wie in dieser ganzen richtung neue und bedeutende antriebe zur psychologischen beobachtung und forschung lagen, geht der verf. zu Sokrates über. Einer sehr befriedigenden erklärung des glaubens an das daemonium folgt die psychologie des willens, in deren darlegung der verf., wie wohl selbstverständlich, sich im wesentlichen an Wildauer hält. Von den sogenannten einseitigen Sokratikern findet sodann Aristipp, bei dem die erste ausgeführte theorie der lust angetroffen wird, die gebührende beachtung. Mit Platon allein beschäftigt sich das zweite capitel dieses abschnittes.

Man wird dem verf. beistimmen müssen, wenn er es vorweg betont, wie die psychologie Platons gleich seiner gesammten physik durchgehend von seiner ethischen grundansicht bedingt sei. Daß die psychologie von Platon als eine besondere disciplin zuerst mit bestimmtheit erkannt und nach einem sorgsam entworfenen programme ausgeführt worden, wie dies Wildauer in der einleitung zu seinem buche über die psychologie des willens bei Platon dargethan, bleibt darum nicht weniger unzweifelhaft. Eine kurze einführung in die platonische metaphysik — sonst von musterhafter klarheit — läßt vielleicht nur in bezug auf das verhältnis der mathematischen gegenstände zu dem wesen der seele eine deutlichere stellungnahme zu wünschen übrig. In den folgenden paragraphen, die von der aufgabe der seele, dem ihr innewohnenden erkenntnistriebe zu genügen, ihrem verhältnisse zum leibe, ihrer empirischen beschaffenheit handeln, tritt dann noch mehr als anderswo das große geschick des verf. hervor, volle selbständigkeit der anordnung und darstellung mit einer sorgsamen verwertung der einschlagenden forschungen anderer zu verbinden, und man wird es für berechtigt halten, daß von neueren erscheinungen vor allen die werke von Peipers und Wildauer eine eingehende berücksichtigung gefunden haben. Manche selbständige auffassung im einzelnen, die in der darstellung selbst nicht immer genügend ausgeführt werden konnte, kommt in den angehängten anmerkungen zu ihrem rechte und zu quellenmäßiger begründung. Den schluß bildet eine kritik der platonischen seelenlehre und ein kurzer hinweis auf ihre fortbildung in der älteren academie. Erstere enthält eine reihe sehr einleuchtender bemerkungen, von denen hier einige hervorgehoben werden mögen: Eine epochemachende leistung des Platonismus ist die aufstellung eines begriffs vom geistigen, durch welchen thatsächlich dieses erst als der volle gegensatz des materiellen gefaßt wird. In der consequenz dieser auffassung liegt der dualismus der platonischen weltanschauung, die unmöglichkeit, das dasein der materie dialektisch abzuleiten, für das nebeneinander von leib und seele eine befriedigende begründung zu schaffen. Ein gewisser widerstreit zwischen den ergebnissen metaphysisch-psychologischer betrachtung und den ethischen ansprüchen tritt auch in den bestimmungen über das wesen der weltseele und das der einzelseelen zu tage. Der ersteren kommt keine entwickelungsfähigkeit zu, sie erweist sich, obwohl als substantiell gesetzt, im grunde nur als die harmonie ihres leibes in dem alten pythagoreischen sinne. Eine von Platon keineswegs gelöste und selbst nicht vollständig erkannte schwierigkeit liegt ferner darin, daß in der seele trotz ihrer einheitlichkeit doch die bekannten drei theile unterschieden werden. Wenn der verf. den abschnitt über die platonische schule mit einem geringschätzigen ausblicke auf die Neuplatoniker schließt, so muß ref. diesem urtheile entgegentretend dem Plotin wenigstens eine reihe durchaus unverächtlicher leistungen auf psychologischem gebiete nachrühmen; der weizen findet sich auch hier freilich wie überall bei ihm mit vieler spreu untermengt, wenn irgendwo, so dürfte aber hier das mühevolle geschäft der sonderung lohnend sein.

Zum behufe einer gerechten würdigung des vorliegenden werkes wird man sich gegenwärtig halten müssen, welche schwierige aufgabe der verf. durch seine darstellung sich zu lösen vorgenommen hat. Es sollte hier, wie uns die vorrede sagt, die charakterisierung gesammter richtungen mit eingehender berücksichtigung einzelner lehren, die erörterung in sich abgeschlossener systeme mit der aufzeigung der entwickelungszusammenhänge, endlich solche wissenschaftliche gründlichkeit mit großer gedrängtheit und diese wieder mit einer durchsichtigkeit der form vereinigt werden, welche das buch auch für andere als fachwissenschaftliche kreise verständlich und brauchbar machte. Das streben, diesen so verschiedenartigen anforderungen gerecht zu werden, ist fast auf jeder seite sichtbar. Ref. hält dafür, daß es die darstellung nirgends an klarheit fehlen läßt, glaubt aber an dieser stelle mehr gewicht darauf legen zu sollen, daß eben auch der fachgelehrte, daß jeder, der die alte philosophie zu seinem specialstudium gemacht hat, hier nicht nur eine anzahl einzelner dankenswerther notizen sondern auch viele interessante und neue gesichtspunkte der historischen auffassung antreffen wird, welche das buch durchweg zu einer anregenden und belebenden lectüre machen. *H. v. Kleist.*

101. **Festschrift für Ludwig Urlichs zur feier seines fünf-**

undzwanzigjährigen wirkens an der universität Würzburg, dargebracht von seinen schülern. Würzburg, Stahel'sche buch- und kunsthandlung 1880 (229 p.).

Es ist eine so viel ich sehe vornehmlich den deutschen universitäten eigenthümliche sitte, daß einem verdienten und daher gern geehrten professor bei eintreten eines für dessen leben bedeutenden gedenktages frühere oder auch grade dann studirende zuhörer ihre anhänglichkeit und theilnahme kundgeben und bezengen, um dadurch die feier des tages zu erhöhen: für den gefeierten giebt es kaum eine reinere freude, für die diese erwirkenden kaum einen schönern beweis dankbarer und löblicher gesinnung. Daher dann auch das oben verzeichnete buch: *strena philologica Ludovico Urlichio per viginti quinque annos professori universitatis Virceburgensis a discipulis oblata*, wie ein zweiter titel lautet: denn diese strena enthält von neuem beredten beweis von des professors Urlichs anregender lehrgabe, die hier als eine nach den verschiedensten richtungen hin fruchtbringende sich erweist, ein ruhm, der nur durch umfassendes und gründliches studium der classiker und durch die daraus entspringende tüchtige methode erlangt werden konnte. Beides, studium und methode, tritt dann auch in den zahlreichen schriften des jubilars klar zu tage, sowohl in den streng philologischen, als auch in den archäologischen: beide glänzen ebenso durch tiefes erkennen des lebens der beiden classischen völker nach allen seinen richtungen hin, wie durch die den alten selbst abgelauschte geschmackvolle darstellung. Und auch noch eines andern verdienstes mag hier in kürze gedacht werden, was in unserer zeit, welche die bildungskraft der classischen philologie so gern herabsetzt und schmäht, doppelt schwer wiegt, ich meine das hingehende interesse für die werke eines der lieblingsdichter unseres volkes: denn die classische philologie befähigt am sichersten zu wahrem verständnisse der kunst und wissenschaft auch anderer völker. Diesen so ergiebigen stoff müssen wir aber jetzt verlassen: die arbeiten aber, welche uns auf ihn geführt, sind folgende:

N. Wecklein, über den Kresphontes des Euripides, p. 1;
C. Hartung, der protagonist in Sophokles Antigone, p. 24;
A. Patin, quellenstudien zu Heraklit, p. 46; G. Zillgenz, de praedicamentorum, quae ab Aristotele categoriae nominabantur,

fonte atque origine, p. 83; K. K. Müller, ein griechisches fragment über kriegswesen, p. 106; J. C. Schmitt, de codice Sangermanensi, qui continet L. Iunii Moderati Columellae de re rustica libros XIII, p. 139; J. Ahort, schlaf und traum bei Calderon, p. 162; A. Baldi, die ars politica des M. Hieronymus Vida, p. 199; S. H. Schneeherger, das urbild zu Schillers jungfrau von Orleans, p. 213; B. Seuffert, Klein und Schiller, p. 218.

Da alle diese abhandlungen hier nicht besprochen werden können, greifen wir, um unsere theilnahme durch die that zu beweisen, einige heraus, zunächst die von Wecklein über den Kresphontes. Es wird im anfang daran erinnert, daß die von Lessing mit geringschätzung behandelte vermuthung Daciers, nach welcher der Kresphontes des Euripides der gleichnamige sohn des historischen Kresphontes gewesen ist, durch das bereits von Musgrave beigebrachte scholion zur nicomachischen Ethik (III, 2, p. 1111 a 11) und das relief und epigramm von Cyzicus zur gewißheit geworden ist. Weiterhin erklärt sich Wecklein gegen die von O. Ribbeck (Röm. trag. p. 187) gegen die gewöhnliche annahme, daß der Kresphontes des Euripides das original des gleichnamigen stückes des Ennius gewesen sei, geäußerten bedenken; auch wird es gebilligt, daß Müller (Fragm. histor. graec. III, p. 377) den namen Telephontes bei Hygin aus einer corruptel ableitet und Cresphontes dafür einsetzt. Die vermuthung Basedows (in dem Eberswalder programm 1878, p. 10), daß Cresphontes dem Polyphontes gegenüber den namen Telephontes angenommen, ist sehr ansprechend, zumal da dadurch Euripides seiner neigung zur etymologischen spielerei folgen konnte. Die änderung des namens Aepytos in Kresphontes läßt sich, wie Basedow (p. 12) bemerkt, dadurch erklären, daß nach der annahme von Ernst Curtius (Griech. gesch. bd. II, p. 440 ff.) die dynastie der Aepytiden in wirklichkeit aus Arcadien stammte und um sich zu legitimieren ihren ursprung auf den älteren Herakliden zurückgeführt hat. Dann suchte Euripides die legitimität der dynastie auch durch den namen zu stützen. Wenn aber wirklich ein sohn des älteren Kresphontes in der herrschaft folgte, so konnten dessen nachfolger sich lieber nach dem arcadischen großvater der Merope benennen, ohne daß Euripides dadurch gebunden war. Es möge noch auf eine feine bemerkung Basedows hingewiesen werden, welche Wecklein nicht erwähnt hat; derselbe sieht nämlich in dem von Hartung mit hoher wahrscheinlichkeit der erzählung von der verlosung zugewiesenen fragm. 979 ὁ τῆς τύχης κλῆρος einen protest des sohnes gegen die dem vater zugeschriebene list (p. 17). In beziehung auf den chor stimmt Wecklein der von Basedow (commentatio de Eur. Cresphonte. Pars prior. Programm von Eberswalde 1878) aufgestellten ansicht bei, wonach derselbe zu Merope, nicht zu Polyphontes in beziehung stehen mußte, also aus theilnehmenden frauen zusammengesetzt war. Uebrigens war dies auch Hartungs ansicht, wenn er (Eurip. restitutus tom. II, p. 48) von einer *oratio* der Merope redet *qua causam doloris furias mulieribus familiaribus explicat*, ob von Welcker mit recht fragm. 900 dem Kresphontes zugewiesen ist, kann zweifelhaft sein. Es lautet:

τὸ μὴ γενέσθαι κρεῖσσον ἢ φῦναι βροτοῖς·
ἔπειτα παῖδας ἐν πικραῖς ἀλγηδόσι
τίκτω; τεκνοῦσα δ᾽ ἦν μὲν ἄφρονας τέκνω,
στένω ματαίως, εἰσορῶσα μὲν κακοὺς,
χρηστοὺς δ᾽ ἀπολλύσ᾽· ἦν δὲ καὶ σεσωσμένους,
τήκω τάλαιναν καρδίαν ὀῤῥωδίᾳ.
τί τοῦτο δὴ τὸ χρηστόν; οὐκ ἀρκεῖ μίαν
ψυχὴν ἀλύειν κἀπὶ τῇδ᾽ ἔχειν πόνους;

Wecklein schließt sich Welcker an, indem er geltend macht, daß der inhalt des fragments nur durch die situation der Merope im beginn des stückes verständlich wird. „Merope, welche bereits zwei söhne verloren hat und im begriff ist auch den dritten zu verlieren, kann sagen: wozu soll ich kinder gebären? Werden es unverständige, so schaffe ich mir leid, wenn ich schlechte sehen, gute verlieren muß; und werden es auch gute, die mir erhalten bleiben, lebe ich nur in angst". Den ersten vers sieht Wecklein als die ἀνασκαλαίωσις des räsonnements an, dem das bekannte vorhergehende fragment 452 angehört, etwa eingeleitet mit den worten: ταῦτ᾽ οὖν σκοποῦσα πᾶσιν ἀγγέλλω λόγον. Wir können dem verfasser der vorliegenden abhandlung hierin nur beistimmen, fühlen uns aber nicht durch seine erklärung der worte: ἦν δὲ καὶ σεσωσμένους, befriedigt. Wo steht etwas von „guten, die mir erhalten bleiben?" Gehen die ἄφρονες etwa zu grunde? Die stelle ist sicher nicht in ordnung; wir möchten vorschlagen εἰν δὲ καὶ σεσωσμένος. Der dichter konnte durch die vorhergehenden worte χρηστοὺς δ᾽ ἀπολλύσ᾽ leicht zu einer abweichung von dem streng logischen gedankengange veranlaßt werden. Zu τίς σισωσμένος ist aus dem vorhergehenden der begriff χρηστός leicht zu ergänzen. Es lag den abschreibern, denen die situation unbekannt war, nahe den durch ἣν μὲν eingeleiteten gegensatz durch ἣν δὲ fortzuführen und zugleich einen gegensatz zwischen ἄφροτας und σισωμένους hineinzubringen. Unsere conjectur ist übrigens nur dann zulässig, wenn die worte der Merope, wie Wecklein annimmt, vor der nachricht von dem tode des sohnes gesprochen sind, wenn dieselben, wie Basedow meint (p. 27) derselben nachfolgten, so wüßten wir keine änderung vorzuschlagen.

Die frage wie auf der antiken bühne die scene dargestellt war, in welcher Merope im begriff war den sohn zu töten, wird mit Welcker dahin beantwortet, daß ein ekkyklem angewandt wurde, doch nicht so, wie Welcker annahm, daß Merope durch ein ekkyklem mit dem schlafenden jüngling wieder zum vorschein kam; vielmehr wurde in dem augenblicke, wo Merope die thüre der gastwohnung öffnete, der jüngling auf einem ruhebette schlafend herausgedreht, wie bei Aeschylus Agamem. 1372 der chor scheinbar in das innere des palastes eindringt, während in wirklichkeit das innere mit Klytämnestra, die an der leiche des Agamemnon steht, herauskommt. Wir können Wecklein nur beistimmen, wenn er sich dagegen erklärt, den vorgang einer lebhaften erzählung des alten dieners zuzuweisen und aus dieser scene auf einen ausgedehnteren gebrauch des ekkyklems schließt. Sonst kommt das ekkyklem nicht an der seitenthüre vor; auch hat diese maschinerie nach Pollux IV, 128 die aufgabe τὰ ἐπὶ σκηνῆς ἐν ταῖς οἰκίαις ἀπόῤῥητα πραχθέντα, nicht τὰ πραττόμενα vor die augen der zuschauer zu bringen.

Indem Wecklein auf Lessings äußerungen in der Hamburger dramaturgie eingeht, wird bemerkt, daß Euripides wenigstens unmöglich mit dem untergange der Merope oder des Kresphontes hätte schließen können, da die zuschauer nicht wollten, daß der dichter sie zum besten habe. Im verlauf der weiteren bespre-

---

1) Auch hier könnte es nach Wecklein's darstellung scheinen, als wenn Basedow zuerst an eine offene säulenhalle gedacht habe, welche die anwendung des ekkyklems entbehrlich machte; doch hatte offenbar schon Hartung diese vorstellung, wenn er (Eurip. restitutus tom. II, p. 51) schrieb: *Necesse autem fuit adulescentem in porticu regiae, quae esset pro vestibulo, cum corpus quieti daret, recubuisse.*

chung der Lessingschen erörterung, „in der es unrichtig ist, wenn er den glückswechsel von der behandlung des leidens trennt und glaubt, Aristoteles habe jeden der beiden theile für sich behandelt und deren relative vollkommenheit bestimmt", wird die stelle aus Aristotel. Poet. c. 14. 1454 a 2 in der folgenden fassung hergestellt: τούτων δὲ τὸ μὲν γνώριμόν τα μάλησται καὶ μὴ πρᾶξαι χείριστον . . . τὸ δὲ πρᾶξαι βέλτιον. κράτιστον δὲ τὸ ἀγνοῦντα μὲν πρᾶξαι, πράξαντα δὲ ἀναγνωρίσαι, . . δεύτερον (nachstehend) δὲ τὸ τελευταῖον κτἑ.

Schließlich gelangt Wecklein zu dem resultate, daß bei dem Oinomaos des Sophocles, die titelrolle ausnahmsweise dem tritagonisten zufiel, indem der titel des stücks derjenigen person entnommen wurde, welche in der sage am bedeutendsten, nicht aber für die handlung am wichtigsten war [1]). Dann haben wir auch eine abweichung von der ironischen bemerkung des Demosthenes (de falsa legatione §. 246 f. p. 418): ἴστε γὰρ δήπου τοῦθ' ὅτι ἐν ἅπασι τοῖς τραγικοῖς ἐξαίρετόν ἐστιν ὥσπερ γέρας τοῖς τριταγωνισταῖς τὸ τοὺς τυράννους καὶ τοὺς τὰ σκῆπτρα ἔχοντας εἰσιέναι.

Hierauf folgt die abhandlung „der protagonist in Sophocles Antigone" (p. 25—49) von C. Hartung in Aschaffenburg. Das in neuerer zeit von K. Frey in Fleckeisens Jahrbüchern 117, p. 460 ff. aufgestellte paradoxon, wonach die rolle des Kreon dem protagonisten zufiel, wird schwerlich beifall finden, schon deshalb, weil bekanntlich grade für die Antigone das directe zeugniß des Demosthenes vorliegt. Mehr interesse hat noch immer die besprechung der so oft angeregten frage wegen der schuld einerseits der Antigone, andrerseits des Kreon. Der verfasser der vorliegenden abhandlung gelangt im wesentlichen zu demselben resultate, für welches Thudichum (in dem Büdinger programm„ zu Sophocles Antigone" 1858) eintrat, daß nämlich das recht nur auf seiten der Antigone steht. Als motiv des stückes wird (p. 38) angegeben: „recht siegt über gewalt, selbst wenn das schwache geschlecht für jenes eintritt." Dies wird auch aus der stellung des chors zu den streitenden parteien geschlossen (p. 38—41) die worte des chors v. 574 ἡ γὰρ στερήσεις τήνδε τὸν

---

[1] Basedow (p. 9) erklärt den titel daraus, daß Merope ein sehr vieldeutiger name war, da derselbe etwa zehnmal in der alten sage vorkommt.

σαυτοῦ γένος; scheinen uns aber dafür nicht in betracht zu kommen. Als motiv für dieselben genügt menschliches mitgefühl mit Antigone; die rechtsfrage ganz bei seite lassend, sucht der chor durch familienrücksichten den Kreon milder zu stimmen, ohne damit auszusprechen, „daß ihm die nothwendigkeit und gerechtigkeit der über Antigone verhängten todesstrafe fern stehe." Auch daß der inhalt des zweiten stasimon, wie Hartung (p. 40) will, direct gegen Kreon gerichtet ist, erscheint uns keineswegs sicher. Ebenso wenig möchten wir die erwähnung des Lykurgos mit Hartung auf Kreon deuten, denn mit dem *tertium comparationis* muß man bekanntlich bei den griechischen dichtern vorsichtig sein. Böckh sah sich veranlaßt in der zweiten abhandlung zur Antigone (p. 268) darauf hinzuweisen, daß der hauptvergleichungspunkt hier die grabwohnung sei, was von den herausgebern nicht gehörig bemerkt worden. In der erwartung, daß der verfasser auch auf die chorstellen eingehen werde, welche gegen Antigone zu sprechen scheinen, sehen wir uns getäuscht. Es erscheint uns unbedenklich auch v. 603 λόγου τ' ἄνοια καὶ φρενῶν ἐρινύς mit Härtel (in dem Torgauer programm 1876 „leidet die sophocleische Antigone schuldig oder unschuldig?") auf Kreon zu beziehen. Auch die worte des chors v. 801 νῦν δ' ἤδη ἐγὼ καὶ τῶν θεσμῶν ἔξω φέρομαι brauchen nicht nothwendig eine mißbilligung der that der Antigone zu enthalten, denn sie lassen sich mit Härtel (p. 7) durch „gegen uralte sitte verstoßen" erklären, indem sie besagen, daß einem greise überhaupt nicht gezieme zu weinen. Freilich ein gedanke der in dieser allgemeinheit schwerlich allgemeine anerkennung fand. Aber in den kommatika, welche der chor an die scheidende Antigone richtet, spricht sich unverkennbar eine gewisse kühle, wo nicht härte aus, so daß von Härtel (p. 7) sogar der vorschlag gemacht ist, die worte 834—838 dem Kreon zuzutheilen. Besonders aber sprechen die worte 853—855:

προβᾶσ' ἐπ' ἔσχατον θράσους
ὑψηλὸν ἐς Δίκας βάθρον
προσέπεσες, ὦ τέκνον, πολύ,

man mag sie wenden wie man will, einen entschiedenen tadel der bestattungsthat aus, sowie auch die worte 367 σοφὸν μὲν κακόν, ἄλλον ἐπ' ἐσθλὸν ἔρπει · | νόμους γεραίρων χθονὸς | θεῶν τ' ἔνορκον δίκαν auf eine beiderseitige schuld deuten. Daß die an Antigone von Kreon gerichteten worte v. 497 σὺ δ' οὐκ ἐπαιδεῖ, τῶνδε χωρὶς εἰ φρονεῖς vom chor unerwidert bleiben, kommt doch auch in betracht.

Ueber den character des Kreon wird man sich leichter einigen. Aber es geschieht ihm sicher unrecht, wenn von ihm behauptet wird, daß er dem herrscher die berechtigung zuschreibt unrecht zu thuen, denn mit den worten v. 670 ἀλλ' ὃν πόλις στήσειε, τοῦδε χρὴ κλύειν καὶ σμικρὰ καὶ δίκαια καὶ τἀναντία, fordert er nur unbedingten gehorsam, wie Solon mit den worten ἀρχῶν ἀκούε καὶ δίκαια κἄδικα. Es ist damit nicht viel anders als mit der apostolischen mahnung: „ihr knechte seid unterthan mit aller furcht den herrn, nicht allein den gütigen und gelinden, sondern auch den wunderlichen" (1 Petr. 2, 18).

Wenn Hartung bemerkt, daß das streben nach herrschaft und das sich gefallen in derselben im allgemeinen in den thebanischen tragödien ein stehender characterzug des Kreon ist (p. 37), so ist zu bemerken, daß er im „könig Oedipus" v. 605 grade dem tyrannischen belieben entgegen tritt. Die schilderung des selbstsüchtigen, eigenmächtigen characters des Kreon schließt Hartung mit den worten: „das athenische publicum dürfte an diesem gewaltthätigen, despotischen character Kreons kaum solches gefallen gefunden haben, daß es denselben für die hauptperson hielt und in ihm dem dichter den preis zuerkannte." Konnte denn aber das attische publicum sich überhaupt darüber täuschen, welche rolle durch den protagonisten, der ja in der regel dem dichter zugelost wurde, gegeben wurde? Wir erinnern uns dabei der worte bei Heliodor (p. 244, 10): ἣν ὥσπερ ἐν δράματι προσαναφώνησις καὶ προοιμόδιον, in welcher Erwin Rohde die andeutung der sitte findet, einen oder mehrere festlich geschmückte schauspieler vor beginn der handlung auf die bühne zu schicken, insbesondre um den namen des stückes zu nennen, was Hiller (in Bursians jahresberichten III. heft p. 160) mit der bekannten stelle in Platons Symposion 194 B in beziehung gesetzt hat. Es bedurfte aber überhaupt nicht eines solchen aufwandes von gründen; es genügte die kurze bemerkung Weckleins (p. 23 der vorhergehenden abhandlung): „was Karl Frey jahrb. für philol. 117, p. 460 gegen Kreon als tritagonistenrolle einwendet, ist haltlos."

Bibliographie.

Von *Hinrichs* fünfjährigem büchercatalog ist bd. VI erschienen, der die jahre 1876—1880umfasst.

Mit der neuen orthographie scheint es nicht recht vorwärts gehen zu wollen. Denn laut der erklärung von prof. Michaelis (s. Börsenbl, nr. 236.) soll nunmehr in allen deutschen staaten die neue rechtschreibung eingeführt sein. Das mag für „alle deutschen staaten" excl. Elsaß-Lothringen wohl richtig sein, aber nicht für alle deutschen schulen. Die dem kriegs-ministerium unterstellten schulen (garnisons, regimentsschulen etc.) haben bis zum heutigen tag noch keine anweisung erhalten, die neue rechtschreibung zu lehren, und wird, sofern es nicht hier und da freiwillig geschehen ist, in diesen schulen, auch in Preußen, nicht die neue, sondern noch immer die alte orthographie gelehrt. *G. G.* — Börsenbl. nr. 257.

Der verleger *P. J. Tonger* in Cöln hat das eigenthumsrecht des Peters'schen Rheinliedes für die summe von 1000 mk. erworben. Es wird dies ohne zweifel der höchste betrag sein, der je für eine zwei seiten-umfassende composition gezahlt wurde. Der verstorbene Peters warf das lied — es mag das wohl fünfzehn jahre her sein — einst in fröhlicher gesellschaft in wenigen minuten flüchtig aufs papier. Dasselbe erschien dann bei M. Schloß und hatte sofort einen ungeahnten erfolg, dessen früchte leider dem anspruchslosen componisten verloren gingen. Börsenbl. nr. 257. So leicht können wir armen schulmeister nicht verdienen. Wir erwähnen das, weil man es vielleicht bei dem herrn minister mal gebrauchen könnte.

Fried. Arnold Brockhaus, sein leben und wirken nach briefen und andern aufzeichnungen geschildert von seinem enkel H. C. Brockhaus, dritter band: angezeigt und besprochen im Börsenbl. nr. 257. 259. 265.

Enrico Narducci, der berühmte bibliothekar der römischen universitätsbibliothek, dessen verdienste um die im vorigen jahr erschienene *„Bibliografia Romana. Notizie della vita e delle opere degli scrittori romani dal sec. XI fino ai nostri giorni"* allerseits anerkannt sind, erließ unterm 1. october ein rundschreiben an die italienischen collegen, worin er über seinen plan, den er als seine literarische lebensaufgabe bezeichnet, einen alphabetischen generalkatalog der gedruckten bücher der italienischen bibliotheken zu veröffentlichen, zur beurtheilung und mitwirkung vorlegt. Ueber die schwierigkeit dieses weitaussehenden werkes ist sich Narducci nicht im mindesten im unklaren, doch hofft er mit regierungsunterstützung und bei ernster beihülfe seiner collegen diese riesenaufgabe bewältigen zu können. Wer Narducci's energie und arbeitskraft kennt, wird auch kaum zweifeln, daß der anfang dieses neuen unternehmens bald erscheinen und daß dasselbe auch einen glücklichen und raschen fortgang nehmen wird. Als anhang dieses rundschreibens folgt das verzeichniß der 329 italienischen öffentlichen bibliotheken, woraus man die größe der arbeit und die umsicht, mit welcher sie geleitet werden muß, leicht ersieht. Die italienische literatur besonders in neuerer zeit ist nun zwar nicht arm an bibliographischen werken zu nennen — es sei nur an die schriften von Fr. Berlan, Luigi Manzoni, G. A. Coleti, Seb. Ciampi, Fr. Zambrini, Gius. Bertocci u. a. erinnert —, doch fehlen dem forscher werke, wie unsere deutschen bücher-lexika von Heinsius und Kayser, wie sie der Engländer an Watts, Lowndes, dem *London Catalogue*", dem *Universal Catalogus of English printed literature*", der Franzose an den unvergleichlichen werken von Brunet und Quérard, der Spanier an Hidalgo's *Diccionario* und der Portugiese an J. F. da Silva's fleißigem *Diccionario bibliographico portuguez*" besitzt, für Italien gänzlich. Um so freudiger ist Narduccis plan auch in Deutschland zu begrüßen, da durch denselben ein längst gefühltes bedürfniß, eine allgemeine italienische bibliographie zu besitzen, zur erledigung gelangt, zumal von einem so bewährten bibliographen, wie es Narducci ist. — Börsenbl. 259. Augsb. allg. ztg. beil. nr. 300.

Deutsche bücherpreise. — Das *Athenaeum* vom 5. november d. j. bringt in seiner rubrik „Literarische plauderei" nachstehende notiz: „deutsche leser sind wieder einmal ungehalten über die hohen preise von deutschen büchern. A. Daudet's neuer roman „*Numa Roumestan*" ist für 3 fr. 50 ct. zu haben. Eine italienische übersetzung ist schon zum preise von 1 lire angekündigt; aber eine deutsche verlagsbandlung zeigt eine übersetzung an, welche 8 mark kosten soll — zehn mal so viel wie die italienische und fast drei mal soviel wie die original-ausgabe. Freilich ist der deutschen übersetzung das bildniß des verfassers beigegeben, aber diese zugabe ist schwerlich ein ersatz für den großen preisunterschied." Börsenbl. nr. 259. Es gilt dies auch von wissenschaftlichen büchern: in England z. b. sind *philologica* billiger als in Deutschland.

Der erste buchdruck in Tübingen 1498—1534. Ein vortrag zur geschichte der universität von *K. Steiff*. Tübingen, Laupp 1881; besprochen im Börsenbl. nr. 268.

Den antiquarischen catalog nr. 69 der buchhandlung von *J. Jolowicz* in Posen bespricht RAnz. nr. 276.

Es sind verwendet: bericht über den ägyptologischen und orientalischen verlag der J. C. *Hinrichs*'schen buchhandlung in Leipzig, — mittheilungen von *F. A. Brockhaus* in Leipzig, nr. 4. 5, darin die hier schon erwähnten werke von Schliemann, vergl. ob. 6, p. 324, — mittheilungen der verlagsbuchhandlung von *B. G. Teubner*, nr. 5, Dionysios Thrax, Euklid, Vergils eclogen, Plautus betreffend.

Ferner anzeige von *Goßrau*, lateinische sprachlehre, zweite auflage, Quedlinburg, Basse; von dr. *Georg Weber*, allgemeine weltgeschichte, 15 bde, jetzt vollständig.

Preis-ermäßigung einer reihe von werken aus dem verlage von *S. Calvary* et co.: sie soll bis 1. jan. 1882 dauern.

Jenaer dissertationen-katalog, 816 jenaer dissertationen, habilitationsschriften, programme etc. Nach wissenschaften geordnet vorräthig in *C. Deistung's* buchhandlung (Hermann Dabis) in Jena.

Ausgegeben ist: La Cultura, Rivista di scienze, lettere ed arti diritta da *R. Bonghi*. Roma.

Kataloge von antiquaren: J. *Benzheimer* (Heinrich Schmittner), antiquarischer catalog nr. 49; siebentes verzeichniß einer auswahl empfehlungswerther bücher aus allen wissenschaften, welche zu den beigesetzten bedeutend ermäßigten baarpreisen auf feste bestellung durch die *Dieterich*'sche sortimentsbuchhandlung (A. Huyer) in Göttingen zu beziehen sind; — *Kamlah*'sche buchhandlung und antiquariat (G. Nauck) in Berlin W, antiquarischer catalog nr. 13; — antiquariat von dr. *Eduard Nolte* in Bonn, specialgeschäft für theologie, philologie und kunst, nr. 1, griechische schriftsteller, *A. Poetae*; — I. II. verzeichniß antiquarischer bücher von *Carl Speyer* in Cannstadt.

Libraria antiquaria di *Ermanno Loescher*, Torino; catalogo nr. 35, philologia classica, novembre 1881.

Verzeichniß der wichtigeren publicationen auf dem gebiete der alterthumswissenschaft. 1881. VII.

724. *Adamy*, Rud., architektonik auf historischer und aesthetischer grundlage. Unter künstlerischer mitwirkung von *A. Haupt*. 3 bände in 11 abtheilungen. Bd. I: Architektonik des alterthums. Abth. 1—3. 1. die architektonik als kunst. Aesthetische forschungen. X, 189 p. 2. Architektonik des orientalischen alterthums. X, 330 p. 3. Architektonik der Hellenen. Mit 135 holzschn. XVI, 320 p. Hannover 1881. 1882. 8. 25 mk. 80 pf.

725. *Antiphontis* orationes et fragmenta adiunctis Gorgiae Antisthenis Alcidamantis declamationibus ed. *Fr. Blaß*. Ed. II correctior. Leipzig 1881. 8. XLVII, 212 p. 2 mk. 10 pf.

726. *Archimedis* opera omnia cum commentariis Eutocii. E codice Florentino recensuit latine vertit notisque illustravit *J. L. Heiberg*. Vol. III. Leipzig 1881. 8. LXXXIX, 525 p. 6 mk.

727. *Aristotelis* de coelo et de generatione et corruptione. Rec. *Carolus Prantl*. Leipzig 1881. 8. III, 174 p.

728. — quae feruntur de coloribus, de audibilibus, physiognomica. Rec. *Carolus Prantl*. Leipzig 1881. 8. IV, 67 p. 60 pf.

729. — Ethica Nicomachea ex rec. *Imm. Bekkeri*. Ed. IV. Berlin 1881. 8. 229 p.

730. *S. Aurelii Augustini* Hipponensis episcopi de trinitate libri XV. Innsbruck 1881. 8. 728 p. (Patrum, sanctorum, opuscula selecta rec. *H. Hurter*. Vol. 42. 43.) 3 mk.

731. *Babrii* fabulae rec. *Mich. Gitlbauer*. Wien 1882. 8. V, 160 p. 3 mk. 60 pf.

732. *Baß*, Jos., Dionysios I. von Syrakus. Wien 1881. 8. 45 p. 1 mk. 20 pf.

733. *Bernoulli*, J. J., römische iconographie. Theil I: die bild-

nisse berühmter Römer mit ausschluß der kaiser und ihrer angehörigen. Mit 24 lichtdrucktafeln und 40 illustr. Stuttgart 1882. 8. XII, 305 p. 20 mk.

734. *Blümner*, Hugo, Laokoonstudien. Heft 1. Ueber den gebrauch der allegorie in den bildenden künsten. Freiburg u. Tübingen 1881. 8. VI, 81 p. 2 mk.

735. *Bötticher*, Karl, die tektonik der Hellenen. 3. liefg. 2. bd. 2. abth. (Schluß.) 2. neu bearb. ausgabe. Berlin (1873. 1877.) 1881. XVI, p. 209—627. 21 kupfertafeln in folio. 20 mk.

736. *Bransbach*, Wilh., die Sophokleischen gesänge für den schulgebrauch metrisch erklärt. 2. aufl. Leipzig 1881. 8. XXII, 184 p. 1 mk. 50 pf.

737. *Daub*, A., studien zu den biographika des Suidas. Zugleich ein beitrag zur griechischen litteraturgeschichte. Freiburg u. Tübingen 1882. 8. IV, 158 p. 4 mk.

738. *Eichert*, Otto, vollständiges wörterbuch zur Philippischen geschichte des Iustinus. Hannover 1882. 8. III, 200 p. 2 mk. 10 pf.

739. — —, vollständiges wörterbuch zu den geschichtswerken des C. Sallustius Crispus von der verschwörung des Catilina und dem kriege gegen Iugurtha sowie zu den reden und briefen aus den historien. 3. verb. aufl. Hannover 1881. 8. III, 151 p. 1 mk. 20 pf.

740. *Ephemeris* epigraphica corporis inscriptionum Latinarum supplementum edita iussu instituti archaeologici Romani cura *G. Henzeni, Th. Mommseni, J. B. Rossii*. Vol. IV. fasc. 3 et 4. Berlin 1881. 8. III, 253—612. Mit 2 steintafeln. 10 mk.

741. *Euripidis* tragoediae. Rec. et commentariis instruxerunt *Aug. Jul. Edm. Pflugk* et *Reinhold Klotz*. Vol. II. sect. IV. Phoenissae rec. et comm. instr. *Rh. Klotz*. Ed. II quam curavit *N. Wecklein*. Leipzig 1881. 8. 173 p. 2 mk. 25 pf.

742. *Fontes* iuris Romani antiqui ed. *Carolus Georgius Bruns*. Editio quarta auctior emendatior. Accessit supplementum *Th. Mommseni*. Freiburg u. Tübingen 1882. 8. IX, 158 p. 4 mk.

743. *Frohwein*, Eug., verbum Homericum. Die homerischen verballformen zusammengestellt. Nach dem tode des verf. dem druck übergeben (von *B. Delbrück*). Leipzig 1881. 8. IV, 144 p. 3 mk. 60 pf.

744. *Gilbert*, Gustav, handbuch der griechischen staatsalterthümer. 1. bd. Der staat der Lakedaemonier und der Athener. Leipzig 1881. 8. VIII, 432 p. 5 mk. 60 pf.

745. *Haug*, F., Arbon in römischer zeit und die über Arbon führenden Römerstraßen. In schriften des vereins für die geschichte des Bodensees und seiner umgebung. Heft 10. 1880.

746. *Heine*, Theod. Carl Heinrich, Corneille's Medée in ihrem verhältniß zu den Medeatragödien des Euripides und des Seneca betrachtet mit berücksichtigung der Medea-dichtungen Glovers, Klingers, Grillparzer's und Legouvé's. Dissert. Heilbronn 1881. 8. 38 p. (Aus Französische studien, bd. 1). 1 mk.

747. *Hoffmann*, Franziska, die akustik im theater der Griechen. Thun 1881. 8. 32 p. 1 mk.

748. — —, über die Asklepien. Thun 1881. 8. 18 p.

749. — —, das orakelwesen im alterthume. Zum selbstunterricht. Basel 1880. 8. VII, 225 p. 4 mk. 80 pf.

750. *Holtze*, F. W., syntaxis fragmentorum scaenicorum poetarum Romanorum qui post Terentium fuerunt adumbratio. Opus postumum. Leipzig 1882. 8. IV, 78 p. 1 mk. 60 pf.

751. *Homer's* Ilias übersetzt und erklärt von *Wilh. Jordan*. Frankfurt a. M. 1881. 8. XIII, 086 p. 5 mk.

752. *Horatii Flacci*, Q, opera omnia. Recogn. et comment. in

usum scholarum instruxit *Guil. Dillenburger*. Ed. VII. Addita est tabula villae Horatianae. Bonn 1881. XXII, 675 p. 5 mk. 60 pf.

753. *Hug*, Arnold, studien aus dem klassischen altertbum. Heft 1. Freiburg i. Brsg. 1881. 8. VIII, 200 p. 4 mk.

754. *Iustiniani* imperatoris novellae quae vocantur sive constitutiones quae extra codicem supersunt ordine chronologico digestae. Graecuis ad fidem codicis castigatis ed. *C. S. Zachariae a Lingenthal*. Pars II. Leipzig 1881. 8. 436 p. 4 mk. 50 pf.

755. *Koechly*, Arminii, Opuscula philologica (gesammelte kleine philologische schriften unter leitung von *G. M. Thomas* hrsg. von *G. Kinkel* und *Ernst Böckel*.) Vol. I. Opuscula Latina. Ed. Godofr. Kinkel 1881. 8. VIII, 597 p. 15 mk.

756. — —, Caesar und die Gallier. Vortrag. 2. titel-ausg. Heidelberg 1882. 8. 80 pf.

757. — —, akademische vorträge und reden. Neue folge. Hrsg. v. *Karl Bartsch*. Heidelberg 1882. 8. IV, 264 p. 7 mk.

758. *Livi*, T. ab urbe condita liber XXVII für den schulgebrauch erklärt von *F. Friedersdorff*. Leipzig 1881. 8. III, 97 p. 1 mk.20pf.

759. — —, ab urbe condita libri. Recogn. *H. J. Mueller*. Pars II. libr. III et IV contin. Berlin 1881. 8. X, 102 p. 75 pf.

760. — —, ab urbe condita libri. Ed. 1 curavit *Guil. Weissenborn*. Ed. II quam curavit *Maurit. Müller*. Pars III, fasc. I. Lib. XXIV—XXVI. Leipzig 1881. 174 p. 60 pf.

761. *Matz*, Friedr., antike bildwerke in Rom, mit ausschluß der größeren sammlungen beschrieben. Nach des verfassers tode weitergeführt und hrsg. von *Friedr. von Duhn*. Gedruckt mit unterstützung des kaiserlich deutschen archaeolog. instituts. Bd. I. Statuen, Hermen, büsten, köpfe. Leipzig 1881. 8. XVIII, 532 p. Bd. II. sarkophagreliefs. ib. 1881. 8. VIII, 484 p. 24 mk.

762. *Mehlis*, C., studien zur ältesten geschichte der Rheinlande 4. u. 5. abth. Leipzig 1881. 8. 114, III, 71 p. 6 mk. 40 pf.

763. *Mohour*, Gls, observations sur les voies romaines dans les cantons de Fribourg et de Vaud. Avec 1 planche, und: Römische militärstraßen an der Schweizerischen westgrense und die lage von Orinzis. In anzeigen für Schweizerische alterthumskunde. No. 4. 1881.

764. *Neumann*, Carl, geschichte Roms während des verfalles der republik. Vom zeitalter des Scipio Aemilianus bis zu Sulla's tode. Aus seinem nachlasse hrsg. von *E. Gothein*. Breslau 1881. 8. V, 623 p. 12 mk.

765. *Overbeck*, J., geschichte der griechischen plastik. 3. umgearb. u. vermehrte aufl. 3. halbband. Mit 1 titelblatt u. 27 holzschnitten. (Bd. 2, p. 1—185). Leipzig 1881. 8. 7 mk.

766. *Ovid's* elegien der liebe. Deutsch von *Hermann Oelschläger*. 2. aufl. Leipzig 1881. 12. VII, 183 p. 2 mk. 40 pf.

767. *Ovidii* Nasonis libellus de medicamine faciei. Edidit Ovidio vindicavit *Anton Kuntz*. Praemissa est de codicibus Ovidianis disputatio. Wien 1881. 8. 92 p. 2 mk. 80 pf.

768. *Peter*, Heinr., lexicon der geschichte des alterthums und der alten geographie. Die historischen personen, völker und staaten aus der orientalischen, griech. und römischen geschichte bis zur zeit der völkerwanderung. Leipzig 1881. 8. 4 mk. 50 pf.

769. *Platonis* opera omnia. Recogn. *Jo. Geo. Baiterus*, *Jo. Casp. Orellius*, *Aug. Guil. Winckelmannus*. Vol. XIII. Respublica. Recog. *Jo. Geo. Baiterus*. Ed. V. London 1881. 8. LXXX. 316 p. 4 mk. 50 pf.

770. —, Eutyphro apologia Socratis Crito Phaedo. Post Carol.

Frid. Hermannm recogn. *Martin Wohlrab*. Leipzig 1881. 8. 174 p. 60 pf.

771. *Plauti*, T. Macci, Comoediae. Rec. instrum. crit. et proleg. auxil. Fr. Ritschelius sociis operae adsumptis Gust. Loewe, Geo. Goetz, Frdr. Schoell. Tom. II. fasc. I. Aulularia rec. *Geo. Goetz*. Leipzig 1881. 8. XIII, 96 p. 2 mk. 40 pf.

772. *Preller's*, Friedr., Odysseelandschaften. In holzschnitt ausgeführt von R. Brend'amour. Mit einer biographie des künstlers. Leipzig 1881. fol. III, 49 p. 16 tafeln. 4 mk. 50 pf.

773. *Sallusti* Crispi, C., de coniuratione Catilinae et de bello Iugurthino libri ex historiarum libris V deperditis orationes et epistulae. Edid. *Rud. Jacobs*. 8. verb. aufl. von *Hans Wirz*. Berlin 1881. 8. VI, 274 p. 1 mk. 80 pf.

774. *Schmidt*, Leopold, die ethik der alten Griechen. In 2 bdn. Bd. I. Berlin 1882. 8. V, 400 p.

774a. *Schmitz*, M., quellenkunde der römischen geschichte bis auf Paulus Diaconus. Gütersloh 1881. 8. 128 p. 2 mk.

775. *Schwegler*, A., geschichte der griech. philosophie, hrsgg. von *Karl Köstlin*. 3. verm. u. verb. aufl. 2. hälfte. Freiburg im Brsg. 1882. 8. VIII, p. 209—462. 3 mk.

776. *Sophokles* tragödien zum schulgebrauch, mit erklär. anmerkungen versehen von *N. Wecklein*. 6. bdchn. Philoktetes. München 1881. 8. 88 p. 1 mk. 25 pf.

777. *Straub*, A., le cimétière gallo-romain de Strasbourg. Avec 3 cartes, 1 planche lith. 16 planches photogl. et de nombreuses gravures sur bois intercalées dans le texte. Straßburg 1881. 8. 130 p. 20 mk.

778. *Testamentum* novum Graece et Germanice. Das neue testament griechisch nach Tischendorfs letzter recension und deutsch nach dem revidirten Lutherteɪt, mit angabe abweichender lesarten beider texte und ausgewählter parallelstellen hrsg. von *Osk. von Gebhardt*. Stereotyp-ausg. Leipzig 1881. 8. XVIII, 914 p. 5 mk.

779. *Untersuchungen*, philologische hrg. von *Ad. Kirßling* und *Ulrich von Wilamowitz-Möllendorff*. Heft 4. Antigonos von Karystos (von *U. von Wilamowitz-Möllendorff*) Berlin 1881. 8. VIII, 356 p. 6 mk.

780. *Vergils* Aeneide. Für den schulgebrauch erklärt von *Karl Kappes*. 1. u. 4. heft. 3. u. 2. aufl. Leipzig 1881. 8. IV, 120. III, 132 p. à 1 mk. 20 pf.

781. *Welcker*, F. G., der epische cyclus oder die Homerischen dichter. 2. theil. Die gedichte nach inhalt und composition. 2. um einen anhang vermehrte aufl. Bonn 1882. 8. 10 mk.

782. *Wetzei*, Paul, de coniunctivi et optativi apud Graecos usu capita selecta. Diss. inaug. Berlin 1881. 8. 82 p. 1 mk. 20 pf.

783. *Xenophon's* anabasis. Für den schulgebrauch erklärt von reht. *Ferd. Volbrecht*. 1. bdch. Buch 1—3. Mit einem durch holzschnitte und 3 figurentafeln erläuterten excurse über das heerwesen der söldner und mit einer übersichtskarte. 7. verb. aufl. Leipzig 1881. 8. IV, 211 p. 1 mk. 50 pf.

784. *Ziegler*, Theob., geschichte der ethik. 1. abth.: die ethik der Griechen und Römer. Bonn 1882. 8. XIV, 342 p. 8 mk.

Skandinavien.

785. *Bloch*, V. A. og *J. M Secher*. Haandbog i den graeske og romerske Mythologi. Med ca. 100 Traesnit udførte Afbildninger. 1ste Levering. 64 Sider in 8. Kjøbenhavn 1881. 1 kr.

England.

786. *Flaxman*, J., Compositions designed from the tragedies of Aeschylus. London 1881. 8. 2 sh. 6 d.

787. — —, compositions from the works and days and theogony of Hesiod. London 1881. 8. 2 sh. 6 d.
788. *Notes*, linguistic on the obscure prefixes in Greek and Latin. By Sigma. Part. 3. London 1881. 12. 1 sh. 6 d.
789. *Paley*, F. A., a short treatise on the greek particles according to Attic usage. London 1881. 8. 90 p.
790. *Testament*, the new, in the original greek ed. by *Brooke Foß Westcott* and *Fenton John Hort*. Part I. Text. Part 2. Introduction, Appendix. London 1881. 8. 204 p. 10 sh. 6 d.

Vereinigte staaten von Nordamerika.

791. *Falke*, Jacob von, Greece and Rome their life and art. Translated by *William Hand Browne*. Illustrated. New York 1881. 4. 15 sh.
792. *Virgil*, the Georgics of, Translated by *Hurriet W. Preston*. Illustrations. Boston 1881. 4. 10 sh. 6 d.

Frankreich.

793. *Album* Caranda (suite), Sepultures mixtes de Breny, gallo-romaines, franques et mérovingiennes. Explication des planches. Extraits du Journal des fouilles 1880. Saint-Quentin 1881. 4. 28 p.
794. *Aristote*, la politique. Traduction française de *Thurot*. Nouvelle édition revue par *A. Bastien* et précédée d'une introduction de *Ed. Laboulaye*. Paris 1881. 18. XX, 383 p.
795. *Cicéron*, Choix de lettres. Texte latin publié avec une introduction des analyses et des notes par *Victor Cucheval*. Paris 1881. 16. 304 p.
796. *Démosthène*, les harangues de, texte grec publié d'après les travaux les plus recents de philologie avec un commentaire critique et explicatif une introduction générale et des notices sur chaque discours par *Henri Weil*. 2e édition entièrement revue et corrigée. Paris 1881. 8. LII, 489 p. 8 fr.
797. *Duruy*, Victor, Histoire grecque. Nouvelle édition. Paris 1881. 18. 511 p. avec cartes plans et gravures. 4 frcs.
795. *Heidreich*, Theod. de, l'Attique au point de vue des caractères de sa végétation. Paris 1881. 16. (Extrait).
799. *Lemière*. P. L., étude sur les Celtes et les Gaulois et recherches des peuples anciens appartenant à la race celtique ou à celles des Scythes. Paris et Saint Brieuc 1881. XII, 616 p. 10 frcs.
800. *Livi*, Titi ab urbe condita libri XXI et XXII. Texte latin publié avec une notice sur la vie et les ouvrages de Tite-Live des notes critiques et explicatives des remarques sur la langue un index des noms propres historiques et géographiques et des antiquités par *O. Riemann*. Paris 1881. 16. XXIV, 379 p. avec vign. et deux cartes. 2 frcs.
801. *Martha*, Constant., le poème de Lucrèce morale réligion science. 3. éd. Paris 1881. 18. XX, 403 p. 3,50 frcs.
802. *Martin*, Albert, le manuscrit d'Isocrate Urbinas CXI de la Vaticane. Description et histoire. Recension du Panégyrique. Paris 1881. 8. 87 p. (Bibliothèque de l'école des hautes études d'Athènes et de Rome fasc. 24e.).
803. *Moissel*, Eugène, Etude de la declinaison grecque par l'accent. Tlemcen (Algérie) 1881. 60 p.
804. *Nicomaque de Gérase*, manuel d'harmonique et autres textes relatifs à la musique traduits en français pour la première fois avec commentaire perpétuel par *Ch. Emile Rucile*. Paris 1881. 8. 59 p. (Extrait de l'Annuaire de l'associat. pour l'encour. des ét. grecques 1880.)

805. *Plutarque* vie de Cicéron suivie du Parallèle de Démosthène et de Cicéron. Texte grec revu sur le manuscrit de Madrid accompagné d'une notice sur Plutarque et sur les sources de la vie de Cicéron d'un argument et de notes en français par *Ch. Graux*. Paris 1881. 16. 196 p.

806. *Rarel*, Henri Charles Antoine, l'officine des anciens médecins grecs et romains n'était point un hôpital. Recherches critiques. Avignon 1881. 8. 40 p.

807. *Renan*, Ernest, Marc Aurèle et la Fin du monde antique (livre 7e de l'histoire des origines de christianisme). Paris 1881. 8. VIII, 652 p. 7 frcs.

808. *Renault du Motey*, Henri, l'esclavage à Rome; le servage au moyen âge la domesticité dans les temps modernes. Douai 1881. 8. 278 p.

809. *Tacite*, Oeuvres complètes de. Traduction de *Ch. Louandre* avec le texte une notice et un index. 8 éd. entièrement revue et corrigée. 2 vols. T. 1. Annales. T. 2. Histoires. Paris 1881. 18. XII, 628 p. 561 p. 7 frcs.

810. *Vacquier*, Polydore, Numismatique des Scythes et des Sarmates Kerkinitis et Tannais. Paris 1881. 8. 159 p. et planches.

Italien.

811. *Bibliotheca* Casinensis seu codicum manuscriptorum qui in tabulario Casinensi asservantur series per paginas singillatim enucleata notis characterum speciminibus ad unguem exemplatis aucta cura et studio monachorum ordinis S. Benedicti abbatiae Montis Casini. Tomus I—IV. Montis Casini 1880. fol.

812. *Comparetti*, D., iscrizione greeche di Olimpia e di Itbaka. In Atti dell' accad. dei Lincei 1880/81, serie III memorie morali storiche e filol. vol. VI.

813. *Criscio*, Giuseppe de, notizie istoriche archeologiche topografiche dell' antica città di Pozzuoli e dei suoi due aquedotti. Serino a Campano. Napoli 1881. 8. 80 p.

814. *Giambelli*, C. gli scrittori della storia Augusta studiati principalmente nelle loro fonti. In Atti dell' accademia dei Lincei 1880/81. Memorie filolog. vol. VI.

815. *Molon*, Franc., i popoli antichi e moderni dei Sette comuni del Vicentino. Roma 1880. 8. 25 p. (Dalla Nuova antologia Ottobre).

816. *Schiapparelli*, considerazioni sul grado di credibilità della storia di Roma nei primi tre secoli della città. In Atti dell' accademia di Torino vol. XVI, disp. 0.

817. *Tartara*, tentativo di critica sui luoghi liviani contenenti le disposizioni relative alle provincie ed agli eserciti della reppublica romana. In Atti dell' accad. dei Lincei serie III 1880/81. Memorie filolog. vol. VI.

Rußland.

818. (Pjatyi archeolog. sjaesd w Tiflis). Der 5. archäolog. congreß in Tiflis. Protokolle des vorbereitenden comités hrg. unter redaction von *J. D. Mansuretow*. Fortsetzung. Tiflis 1881. 4. (russ.).

Beilage (fortsetzung). A. Schulschriften und Programme.

819. *Festgabe* für Wilhelm Crecelius zur feier der 25jähr. lehrthätigkeit in Elberfeld. Elberfeld 1881. 8. VII, 297 p. 6 mk. (Alterthumswissenschaftlicher inhalt: 1. C. *Heraeus*, kritisches aus der schulpraxis, p. 1. — 2. Dr. *Vogt*, eine Horazische satire I, 3 a. p. 4.

— 3. *R. Hoche*, die handschriften der arithmetik des Diophanto, p. 9. — 4. *C. Buier*, bemerkungen zu den strengen anapästischen systemen des Sophokles und Euripides. p. 12. — 5. *Alfred Eberhard*, In Iulium Valerium coniectanea, p. 22. — 6. *L. Mertens*, Epistola de Martialis libri I carminibus II et XXVIIII, p. 27. — 7. *K. Fuhr*, miscellen (zu den attischen rednern), p 30. — 8. *C. Burdt*, zu Dio 39, 17, p. 37. — 9 *Chr. Herwig*, zur handschriftlichen überlieferung des Aeschylus, p. 41. — 10. *Gustav Graeber*, bemerkungen zur lateinischen grammatik von Ellendt-Seyffert, p. 49. — 11. *H. Klammer*, Quaestiones Annaeanae, p. 54. — 12. *K. Kirchner*, anmerkungen zu Properz, p. 62. — 13. *W. Schmitz*, fragment eines mittelalterlichen schülerliedes, p. 66. — 15. *Otto Lutsch*, die urbanitas nach Cicero, p. 80. — 16. *G. Leithäuser*, de ephororum collegio ac discordiis, p. 42. — 17. *W. Gebhardt*, Herakles u. Amazone, p. 99. — 22. *O. Jäger*, die Odyssee einer sklaven, Xenoph. Anab. IV, 8, 4, p. 133. — 23. *Herm. Hengstenberg*, die stellung des Brasidas, p. 128. — 24. *W. Kaiser*, die brotfrüchte der alten Deutschen nach den zeugnissen der alten schriftsteller, p. 145. 25. *J. W. Rothstein*, die Römer und ihre abstammung von den Arabern, p. 150.

B. Academica und dissertationen.

820. Bonn. *Mangold*, Wilhelm, de ecclesia primaeva pro Caesaribus ac magistratibus Romanis preces fundente dissertatio. Bonn 1881. 4. (Progr. acad.).
821. Göttingen. *Ellissen*, O. A., der senat im ostrōmischen reiche. Göttingen 1881. 8. 63 p.
822. Jena, *Jung*, Guil. de fide codicis Veronensis cum recensione Victoriana comparati. Hannoverae 1881. 8. 48 p.
823. Upsala. *Sidén*, A. J. af, Platonis de antiquissima philosophia testimonia. Commentatio academica. Upsaliae 1880. 8. 60 p.

Kleine philologische zeitung.

Das lehrercollegium des gymnasium zu Clausthal hat die anerkennenswerthe aufmerksamkeit gehabt, dem geheimen oberregierungsrath a. d. dr. *Wiese* an dem tage, wo er vor fünfzig jahren ein lehramt in Clausthal antrat, eine gratulationsschrift zu übersenden. Die erste seite derselben lautet: LUDOVICO ADOLFO WIESE | doctori philosophiae | a summo consilio publico vere secreto eorum | qui rebus scholasticis praesunt | viro illustrissimo amplissimo | nunc emerito | beatumque otii cum dignitate fructum percipienti | diem XVI a. kal. nov quo die | quinquaginta abhinc annos | munera praeceptoris et conrectoris | in gymnasio Clausthaliensi iniit | memoria pie servantes | congratulantur | rector et collegae gymnasii Clausthaliensis | a. MDCCCLXXXI. | Am obern rande der zweiten seite steht mit kleiner schrift: „Der director Niedmann hat am 17. october d. j. den conrector Wiese in die schule eingeführt und der letztere hat an diesem tage seine funktionen mit vollem eifer angetreten. Ex actis senatus Clausthaliensis a. MDCCCXXXI." Darauf folgt auf p. 2. 3 eine aus neun strophen bestehende ode des director dr. *Lattmann*, von der wir die drei ersten hier mittheilen:

Iustis et amplis auctus honoribus
virtute clara, docte senex, Tua
tantas decem per lustra totque
respiciens bene res peractas

An Tu hoc benigna mente tenes die
sacrum docendi Te pueros jugis
adiisse in his munus remotis,
pinus ubi redolens silentes

Opacat undas et viridantia
lantas coronant prata hominum domos
sed et nives urgent malusque
Iuppiter et nebulae frequentes?

Darauf eine elegie in funfzehn distichen von dr. *Wrampelmeyer*, wir lassen die vier ersten hier folgen:

Ἀνδρῶν μεμνῆσθαι μεγάλων πνίπει, ἀλλὰ μάλιστα,
οἷς τοῖος ποτ' ἦν ἠθυμίοις ἕταρος.
ὥδε οἱ, τὸν βασιλεὺς κάλεσ' εἰς φυλακὴν φιλόμονθος
πάντων γυμνασίων δήμῳ ἐν ἡμετέρῳ.
γαίης ἐξ πολυφύρβου ἐρυθρῆς δεῦρό ποτ' ἦλθεν
ἀκμῇ ἐν ἡλικίης, οὗτος, ἰφ' Ἑρμείαν,
ἔνθα μέλαινα πίτυς καλῶς χαριέστατα λιμνῶν
ἔδωρ ἀμπίσχει ἰχθυόεν στεφάνῳ.

Die ausgrabungen in Olympia. — *Berlin.* Ueber die ausgrabungen in Olympia schreibt das „Centralbl f. bauverwaltung": Nachdem diese erste grosse von kaiser und reich beschlossene friedensarbeit, ein kunstwissenschaftliches unternehmen ersten ranges, am 20. märz dieses jahres mit der beendigung der grabungen am platz einen vorläufigen abschluß gefunden hat, dürfte es sich verlohnen, einen kurzen rückblick auf den verlauf der arbeiten und die erzielten ergebnisse zu werfen, den augenblicklichen stand der sache anzugeben und dasjenige mitzutheilen, was zur endgültigen erfüllung des dem directorium ertheilten auftrages noch gehört. Nach einer localen recognoscirung im frühjahre 1874, durch Curtius und Adler, begannen die ausgrabungen im herbst 1875 und sind, wenn von den nothwendigen sommerpausen abgesehen wird, bis zum frühjahr 1881 ununterbrochen fortgeführt worden. Innerhalb dieser sechs arbeitsperioden ist es gelungen, nicht nur den innersten theil, den heiligen bezirk des Zeus, die sogenannte Altis von Olympia, von den deckenden erdmassen zu befreien, sondern auch über diesen kern hinaus nach allen himmelsrichtungen vorzudringen, um alle zur feststellung der alten topographie nothwendigen beobachtungsmomente zu sammeln. Die gewonnenen ergebnisse sind in quantitativer beziehung sehr viel umfangreicher gewesen, als man im anfang erwarten durfte, denn die sorgfältig geführten inventarien ergeben folgende ernta. Es sind gefunden: 1) 130 mehr oder weniger erhaltene marmorstatuen (bezw. statuengruppen), reliefs und köpfe; ferner 1500 fragmente, welche zu diesen oder zu anderen verlorenen statuarischen werken gehören; 2) 13000 bronzen, von lebensgroßen portraitköpfen abwärts steigend zu statuentheilen oder bis zu kleineren köpfen herab; ferner statuetten und reliefs aus den verschiedensten kunstepochen, gefäße, waffen, gewichte u. dgl.; 3) 1000 statuarische terracotten, darunter sehr vollendete und durch malerei ausgezeichnete stücke; 4) 400 inschriften und 600 dergleichen fragmente; 5) 6000 stück münzen und eine fülle von gegenständen aus eisen, blei, glas, knochen u. s. w. Zu diesen transportabeln fundstücken, die — wie man sieht — ein sehr großes museum füllen werden, treten als unverrückbare objecte etwa vierzig mehr oder weniger erhaltene bauwerke hinzu, die aus muschelcouglomerat, sandstein, kalkstein, marmor oder ziegeln hergestellt sind, und zu denen etwa 1000 stück architekturglieder aus terracotta gehören. In erfreulicher weise gesellt sich zu dieser quantität auch die qualität vieler fundstücke. So formvollendete und dabei verhältnißmäßig so gut erhaltene werke, wie der Hermes des Praxiteles oder der lebensgroße, mit der höchsten meisterschaft durchgeführte bronzekopf eines unbekannten siegers im faustkampfe, sind auf griechischem boden höchst selten, ein sicher beglaubigtes originalwerk eines der größten meister des classischen alterthums noch nie gefunden worden. Trotz entschieden geringerer rangstellung in künstlerischem sinne reihen sich ihnen die Nike des Paionios, sowie die beiden giebelgruppen (aus 42 kolossalfiguren bestehend) und die elf metopen (die zwölfte ist nur in geringen fragmenten erhalten) des Zeus-tempels, in würdiger weise an. In kunstgeschichtlichem sinne sind mehrere bronzeköpfe und getriebene bronzereliefs, sowie die giebelgruppe vom schatzhause der Megareer, als werke älterer kunstweisen geradezu epochemachende beispiele. Und was für die plastik gilt, gilt in noch höherem grade für die architektur. Hier haben die ausgrabungen nach allen seiten hin ganz neue und überraschende aufschlüsse geliefert. Einerseits sind denkmäler-gattungen an das licht getreten, die bisher ganz unbekannt oder nur litterarisch überliefert waren, wie die der gymnasien, der schatzhäuser; andererseits konnte dasjenige denkmal, welches als das grundlegende vorbild für eine ganze gattung gedient hat — das stadion — auf seine planbildung, structur, einrichtungen u. s. w. untersucht werden. Durch die hier noch am platze liegenden kalksteinschwellen, welche die ablaufs- und zielschranken bezeichnen, wurde eine genaue messung der distanz ermöglicht. Sie ergab die länge des olympischen fußes genau mit 0,8204 m. und bestätigte die von dem bauführer Dörpfeld durch vergleichende messungen am Zeus-tempel bereits ermittelte länge in erwünschter weise. Nicht minder lehrreich für unsere wachsende erkenntniß der antiken bauweisen waren die vielen hallen-anlagen mit ihrer sehr ökonomischen combination von porossäulen mit holzgebälken neben backsteinmauern, oder, wie am Heraion, die directe verbindung eines stein-ziegelbaues mit seinem ursprünglichen peripteros von holzsäulen, die allmählich durch steinsäulen ersetzt worden sind, während das holzgebälk und das alterthümliche, an das mönchs- und nonnensystem des mittelalters erinnernde ziegeldach durch alle zeiten erhalten blieben. Zahlreiche und wohlerhaltene spuren von bemalung auf baustücken wurden gesammelt, die größte lese aber auf dem gebiete der farbigen terracottaglieder gewonnen. Hiemit im zusammenhange gelang es am schatzhause der stadt Gela den sicheren nachweis zu führen, daß in einer bestimmten zeit und in einer gewissen bauschule steinerne gebälke (speciell die geisa) mit kastenförmigen, reich bemalten terracottastücken verkleidet worden sind. Gegen so neue und bahnbrechende entdeckungen treten andere ergebnisse der untersuchungen etwas zurück, obschon sie wohl berechtigt sind, architekten wie archäologen dauernd zu interessiren. Dahin gehören die ermittelungen Dörpfelds über die innere raumgestaltung des Zeus-tempels und des Heraion. Zuletzt bedarf es nur noch, wenn von den zahllosen gewinnsten in formaler und technisch-structiver hinsicht ganz abgesehen wird, der einen streifenden erwähnung, daß auch die am platze befindlichen 120 wasserleitungsanlagen, in folge der eingehenden untersuchungen des bauführers Gräber, eine für die geschichte und topographie Olympia's vorher ungeahnte bedeutung gewonnen haben, um den oben ausgesprochenen satz über die ernte, welche hier die baukunst und die baugeschichte gemacht, im vollen umfang aufrecht zu erhalten. Auf grund des staatsvertrages zwischen Deutschland und Griechenland wird es wahrscheinlich gelingen, aus den wichtigsten inventarclassen zahlreiche und geeignete originalstücke nach Berlin zu schaffen und mit den großen und ununterbrochen wachsenden sammlungen der königlichen museen zu vereinigen, so daß alsdann neben den gypsabgüssen der hauptwerke auch originale der plastik und architektur in erz, marmor, stein und terracotta betrachtet und studiert werden können. Voraussichtlich wird die sammlung der gypsabgüsse von Olympia zum october wieder eröffnet werden, da die einfügung aller neu gefundenen fragmente in die älteren statuen und metopen, sowie die aufstellung wichtiger neuer fundobjecte weit vorgeschritten ist. Zu gleicher zeit wird auch der fünfte foliobaud des werkes: „Die ausgrabungen zu Olympia," 41 tafeln photographie und lithographie und 12 bogen text, im bisherigen verlage von gebr. Wachsmuth erscheinen. Mit diesem bande werden die kunstwissenschaftlichen mittheilungen, welche mit der herüberschaffung und aufstellung der gypsabgüsse stets hand in hand gegangen sind, ihren abschluß finden. Um aber mehrfach geäußerten wünschen behufs besserer orientirung auf dem boden Olympia's entgegenzukommen, wird beabsichtigt, dem bande V so bald als möglich eine veröffentlichung folgen zu lassen, welche aus dem situationsplan im maßstabe von 1:1500, einer karte der umgegend im maßstab von 1:12,500 und einer wegekarte (die verbindung Olympia's mit dem nahebelegenen hafen Katakolo darstellend) nebst dazu gehörigem, erläuternden texte bestehen wird. Demnächst wird die eigentliche schlußarbeit in der form eines großen kupferwerks von etwa sechs foliobänden vorgenommen werden, um das mit so großen opfern und so vielen mühen gesammelte material zur weiteren verwerthung für wissenschaftliche wie künstlerische zwecke literarisch dauernd niederzulegen. Man darf wohl die erwartung hegen, daß die dem großen unternehmen bisher von allen seiten gewidmete theilnahme auch dieser noch ausstehenden und der eigentlichen hebungs- und bergungsthätigkeit der so lange vergraben gewesenen schätze des classischen alterthums weder an umfang noch an inhalt nachstehenden schlußarbeit nicht fehlen wird. — Augsb. allg. ztg. beil. zu nr. 229.

(Wandkarte von alt-Athen). Soeben ist in der Simon Schropp'schen hof-landkartenhandlung (J. H. Neumann) zu Berlin ein „wandplan von alt-Athen" in vier blättern im maßstab von 1:6000 erschienen. Er schließt sich genau an die Curtius-Kaupertsche aufnahme und reconstruction Athens mit seiner nächsten umgebung an, die wir in in der „Allg. ztg." von 1879 nr. 14 und von 1881 nr. 216 ausführlich besprochen haben. Dieser wandplan wird hinfort ein unentbehrliches lehrmittel für universitäten und auch die oberen classen der gymnasien seien, und eignet sich durch seine vortreffliche ausführung ganz besonders zu diesem seinem zwecke. In mattem unterdrucke sind die straßen des modernen Athens angegeben, so daß sie von der entfernung fast nicht zu sehen sind, um einestheils nicht zu stören, anderentheils bei genauerer betrachtung doch auch die heutige stadt zu zeigen; das terrain aber, sowie die erhaltenen gebäude und trümmer der alten stadt, sowie die reconstruction der wege, stadtmauern, tempel, der lauf der bäche sind in äußerst lebhaften und doch nicht schreienden farben dargestellt. Ein octavheft von 14 seiten erläuternden textes wird auch den kundigen eine willkommene beigabe sein. Nach dieser erläuterung, die in zehn abschnitte zerfällt, sind auf der karte dargestellt sieben gewässer und quellen, auch die antiken wasserleitungen, dreizehn höhen und berge, zwölf quartiere und gaue, zweiundzwanzig heiligthümer, einundzwanzig sonstige öffentliche gebäude innerhalb und außerhalb der ringmauern, fünf öffentliche plätze, die ringmauern der stadt mit ihren thoren und pforten, nach der Themistokleischen erweiterung derselben dargestellt, die schenkelmauern, zwölf wege und straßen, die begräbnißplätze und zahlreichen einzelnen grabstätten und grabhügel um Athen, sporen der demen und was sonst noch irgend wichtig ist. Die höhenlinien sind von fünf zu fünf meter angegeben, an allen wichtigen puncten ist noch besonders die genaue höhenziffer beigeschrieben. Die lithographische ausführung des geographischen lithographischen instituts von W. Greve ist vorzüglich. Wir können hiernach diese wandkarte auf das angelegentlichste empfehlen. — Augsb. allg. ztg. beil. zu nr. 293.

Es ist folgender *Aufruf* an uns gelangt, den wir hier mittheilen, um zu seinem gedeihen, so viel an uns liegt beizutragen: er lautet: An alle Deutschen richten die unterzeichneten die aufforderung, dem am 15. august d. j. hierselbst gegründeten **allgemeinen deutschen schulvereine** beizutreten. — Nachdem im vorigen jahre der deutsche schulverein zu Wien zu dem zweck zusammengetreten war, dafür zu sorgen, daß den Deutschen in den cisleithanischen kronländern Oesterreichs, welche an den gränzen deutscher sprache belegen sind und welche sich unter dem drucke fremder nationalität befinden, die volle geistige ausbildung in ihrer muttersprache gesichert bleibe, hatten sich im laufe dieses sommers auch im deutschen reiche zahlreiche ortsgruppen gebildet, um den Wiener schulverein in seinen bestrebungen durch beiträge zu unterstützen. — Diese trefflichen bestrebungen, welche überall, wo sie zu tage getreten sind, von den besten erfolgen begleitet waren, können indeß den im deutschen reiche lebenden Deutschen nicht ausreichend erscheinen; es genügt nicht, daß deutsche gemeinden in einzelnen kronländern Oesterreichs gegen slavisirung geschützt werden. Es muß ein solcher schutz vielmehr den Deutschen überall zu theil werden, wo sie in gefahr stehen, durch eine der deutschen cultur feindliche nation in ihrem heiligsten erbtheil der deutschen bildung, verkümmert zu werden. — Vor allen sind es jetzt die Deutschen in **Ungarn** und **Siebenbürgen**, welche unserer hülfe bedürfen. Trotz der gesetzlichen zusicherung der gleichberechtigung der sprachen hat die herrschende magyarische minderheit seit einer reihe von jahren consequent dahin gearbeitet, die deutsche bildung in den ungarischen kronländern zu grunde zu richten. Die zahl der deutschen volksschulen wird von jahr zu jahr vermindert, die deutschen gymnasien sind mit ausnahme der siebenbürgisch-sächsischen magyarisirt, eine deutsche universität ist nicht mehr vorhanden; die gesetzliche bestimmung, nach welcher der staat verpflichtet ist, für die bildung der Deutschen bis zur stufe des akademischen unterrichts sorge zu tragen, ist nicht allein nicht ausgeführt, sondern das jetzt vorgelegte mittelschulgesetz will unter aufhebung dieser bestimmung die errichtung neuer deutscher mittelschulen (gymnasien und realschulen) durch den staat verbieten und alle zum lehramt berechtigten zwingen, die befähigung zum unterricht in der magyarischen sprache nachzuweisen, damit auch die bisherige bildung der lehrer auf deutschen hochschulen für die zukunft verhindert werde. So dankt es der Magyar, daß ihm der Deutsche nicht nur die befreiuung von der Türkenherrschaft brachte, sondern überhaupt erst das licht europäischer bildung über die ungarischen länder verbreitete! — Diesen empörenden zuständen gegenüber die Deutschen in Ungarn und Siebenbürgen zu unterstützen, ihnen in dem streben der bewahrung ihrer deutschen cultur beizustehen, ist deutsche pflicht; — es ist vor allen die pflicht der vierzig millionen Deutschen, welche sich im deutschen reiche des vollbesitzes der segnungen deutscher cultur erfreuen. — Es bedarf aber zu diesem zwecke einer wirksamen organisation, welche — jeder politischen parteistellung fern — sich das große ziel setzt, daß es nirgends auf der welt dem Deutschen an mitteln fehlen darf, sich und den seinigen deutsche bildung zu schaffen und zu erhalten. — Möge die organisation des „Allgemeinen deutschen schulverein", zu welcher aus den verschiedenen theilen des reiches bereits die zustimmung an uns gelangt ist, im stande sein, eine solche schutzwehr zu bilden, die überall da wirksam wird, wo moderne barbarei es wagt, deutsche bildung mit füßen zu treten! Berlin, im november 1881. Der deutsche schulverein. *F. Arndt*, geh. commerz.-rath. Dr. *Bach*, director der Falk-realschule. *G. Bleibtreu.* Prof. dr. *Bolas*, director der Andreas-realschule. Prof. *Heinr. Brunner. Georg v. Bunsen*. Dr. *Gneist*, abgeordneter. Prof. *Goldschmidt*, geh. justiz-rath. *Heinrich Hardt*. Prof. dr. *Hartmann. Julius Hesse*, commerz.-rath. *Friedr. Kapp. Jul. Kauffmann*, commerz.-rath. Prof. *Otto Pfleiderer*. Der vorstand. Dr. *Falkenstein*, vorsitzender (nw., Luisenstr. 45). Dr *Richard Böckh*, stellv. d. vorsitz. (Charlottenburg, Hardenbergstr. 11 b.). Dr. *Vormeng*, erster schriftführer (w., Köthenerstr. 81). *G. Kolb*, zweit. schriftführ. (w., Mauerstr. 65). Dr. *Bernard*, schatzmeister (c., Kurstr. 34/35). Prof. dr. *Wattenbach*, (w., Königin-Augustastr. 51). Prof. dr. *Zupitza*, (sw., Kleinbeerenstr. 7). Beitrittsmeldungen nehmen die mitglieder des vorstandes entgegen. — Daneben sind auch „Statuten des deutschen schulvereins in Deutschland" versendet.

Die in Wien bei Brensinger erscheinende prachtausgabe von *Lessings* werken ist bis zur 14. lieferung vorgeschritten.

In *Tiflis* ist ein Kaukasisches museum eröffnet, in dem sich auch alterthümer befinden: näheres giebt RAnz. nr. 235.

Berichte aus den königlichen kunstsammlungen giebt RAnz. nr. 236, 247, 250.

Die Schulzesche hofbuchhandlung (C. Berndt u. A. Schwartz) in Oldenburg hat außer dem album „Kulturgeschichtlicher bilder aus den Nordsee-marschen", von Heinrich von Dörnberg und Hermann Allmers, von einer reihe älterer bewährter erscheinungen ihres verlages neue, elegant ausgestattete auflagen besorgt. Zuerst sind zu nennen die „Römischen schlendertage" von *Hermann Allmers*, welche bereits in fünfter auflage vorliegen (s. PhAnz. II, 8, p. 416). Die neueste ist mit einem titelbilde von Otto Knille geschmückt und erscheint in einer ausstattung in druck und einband, welche sich nicht nur für den touristen praktisch erweisen, sondern auch dem büchertisch zur zierde gereichen dürfte (gr 8, geheftet 5 mk. 60 pf., in elegantem original-einband 6 mk. 50 pf.) — Dem vorgenannten reihen sich in zweiter anflage die „Italienischen gypsfiguren" von *Woldemar Kaden* an (gr. 8, in eleganter ausstattung geheftet 5 mk. 60 pf. in elegantem originaleinband 6 mk. 50 pf.), eine sammlung lebendig und farbenreich geschriebener skizzen, welche in ihrer totalität ein interessantes bild von dem geistigen und sozialen leben Italiens gewähren. — RAnz. nr. 277.

Auszüge aus zeitschriften.

Deutsche Literaturzeitung hrsg. von *Max Roediger*. Jabrg. 2. No. 43. Sp. 1656: *Plutarque* vie de Démosthène. Texte grec revu sur le manuscrit de Madrid accompagné d'une notice sur Plutarque et sur les sources de la vie de Démosthène d'un argument et de notes en français de Charles Graux. Paris 1881. 16. XXV, 95 p 80 pf. Lobende anzeige notiz von *A. von Bamberg*. — Sp. 1656: *Cornelii Nepotis* vitae excellentium imperatorum. In usum scholarum textum constituit *C. G. Cobet*. Leiden 1881. 8. XII, 141 p. 1 mk. Die ausgabe ist ein entschiedener fortschritt in der gestaltung des Nepostextes. Zum theil ist die textbehandlung zwar lehrreich, aber ohne befriedigendes resultat. Vorgänger sind ungenügend berücksichtigt. *H. J. Müller*. — Sp. 1657: *H. Wrobel*, de Joba metrico. Part. I. Oppeln 1881. 4. 17 p. (Progr.) W. sucht die beispiele des Fragm. Bobiense für die einzelnen metren theils als zusammensetzung aus vergilischen floskeln, theils als anlehnung an griechische originale nachzuweisen, letzteres wohl nicht sehr glücklich. *F. Leo*. — Sp. 1661: *E. Sadnid*, untersuchungen über das attische bürgerrecht. Wien 1881. 8. 53 p. 1 mk. 60 pf. Die erste abhandlung weist eine wechselnde praxis aus den wechselnden formeln der bürgerrechtsdekrete nach. Die zweite abhandlung behandelt in nicht befriedigender weise die rechte der demoten im demos. *U. v. Wilamowitz-Moellendorff*. — No. 44. Sp. 1692: *Plato's* Dialog Theaetet. Uebersetzt und erläutert von *J. H. v. Kirchmann* (Philosoph. Hefl 293—95.) Leipzig 1881. 8. XVIII, 171 p. 1 mk. 50 pf. Die übersetzung und die erläuterungen mögen einem popularisirenden zwecke genügen, eine wissenschaftliche leistung liegt nicht vor. *E. Heitz*. — Sp. 1692: *L Constans*, de sermone Sallustiano. Paris 1880. 8. IV, 298 p. Die arbeit enthält das gesammte grammatische material für Sallustius mit fleiß und vollständigkeit gesammelt. Die wissenschaftliche erklärung der sprachlichen erscheinungen lässt zu wünschen übrig und ist öfter compilatorisch. *F. A. Schindler*. — Sp. 1694: Philologische untersuchungen hrsg. von *A. Kiessling* und *U. v. Wilamowitz-Möllendorff*. Heft 2, an Augusteischen dichtern. Berlin 1881. 8. 122 p. 2 mk. 40 pf.

Leo behandelt Tibull, *Kiessling* Horaz oden, beide wollen ein gesammturtheil über die compositionsweise ihrer dichter anbahnen. Das exegetische verfahren Leos folgt einzig und behutsam den intentionen des dichters. Im allgemeinen Lachmann folgend sind seine abweichungen zum theil wohlbegründet, andres fördert jedenfalls die untersuchung. Kiessling handelt über die zeit der herausgabe der drei ersten odenbücher und sucht zweitens schwächen und mängel in den oden aus der arbeitsweise des Horaz zu erklären. Beide abhandlungen, wenn Kiessling auch bisweilen zu weit geht, werfen reichen nutzen für die horazkritik ab. *J. Vahlen.* — Sp. 1704: *L. F Joseph Hurgel*, geschichtliche und systematische entwickelung und ausbildung der perspective in der klassischen malerei. Mit 2 skizzen. Würzburg 1881. 8. 97 p. 4 mk. Ein bedauerliches buch in unglaublichem stile voller druckfehler. *A. Furtwaengler.* — Sp. 1705: *H. Thode*, die antiken in den stichen Marc Antons, Agostino Veneziano's und Marco Dantes. Mit 6 tafeln und einigen ungedruckten vignetten. Leipzig 1881. 4. VI, 47 p. 4 mk. Ein dankenswerther beitrag für die beantwortung der frage, in wie weit antike vorbilder von den stechern des Cinquecento benutzt wurden. Ref. hebt eine reihe theils besonders glücklicher theils verfehlter erörterungen hervor. *Ad. Michaelis.*

No. 45. Sp. 1738: *Max Haesecke*, die entstehung des ersten buches der Ilias. Ein beitrag zur Homerfrage. Rinteln 1881. 4. 26 p. Haesecke weist die Chryseisepisode des ersten buches als eitles flickwerk unnmstößlich nach, wenngleich die aneinanderreihung der theile nicht erst dem Pisistratus zuzuschreiben ist. *Gustav Hinrichs.* — Sp. 1739: *P. Hanssen*, de arte metrica Commodiani. Strassburg 1881. 8. 90 pf. (Diss. Argentorat.) Die arbeit ist ein schätzenswerther beitrag zur kritik des Commodianus, wenngleich doch noch die vollständige collation der Cheltenhamer handschriften manches umstossen kann, und die verse zu streng nach den gut beobachteten metrischen regeln corrigirt sind. *E. Voigt.* — Sp 1744: *H. Müller-Strübing*, Thukydideische forschungen. Wien 1891. 8 V, 276 p. 7 mk. Ein buch dessen positive aufstellungen höchstens für einige kleinigkeiten brauchbar sind, sonst enthält es excentricitäten, besonders die erfindung eines absurditätigen grammatikers der durch interpolation die einrichtung der 1000 Mityleneer und andere schandthaten der Athener in den Thukydides trug. *U. v. Wilamowitz-Moellendorff* — Sp 1746: *Ferdinand Gregorovius*, Athen in den dunklen jahrhunderten. Eine studie. Leipzig 1881. 8. (Separatabdruck aus Unsere zeit). 32 p. Das material reicht zu einer darstellung der geschichte Athens im mittelalter nicht aus, nur Gregorovius konnte es gelingen ein bild aus einzelnen bruchstücken zu construiren, das für gewisse partien (1181—1220) vollendet genannt werden kann. *Spyr P. Lambros.*

No 46 Sp. 1771: *Eugen Pappenheim*, erläuterungen zu des Sextus Empiricus Pyrrhoneischen grundzügen (philosophische bibliothek von J. H. von Kirchmann, heft 286 300). Leipzig 1881. 8. VI, 290 p. 2 mk. 50 pf. Eingehende erörterungen nicht nur über sachliche punkte sondern auch über textkritik und terminologie, in der er leider die moderne ausdrucksweise verschmäht hat. *H. Diels.* — Sp. 1774: *Theodor Birt*, Elpides. Eine studie zur geschichte der griechischen poesie. Marburg 1881. 8. VIII, 126 p. 1 mk. 60 pf. Birt meint die '*Alwis* des Theokrit als einzelgedicht des cyclus der demselben zugeschriebenen '*Elwides* auffassen zu müssen. *G. Kaibel* erörtert die unhaltbarkeit dieser annahme. — Sp. 1775: *Otto Ribbeck*, Friedrich Wilhelm Ritschl. Ein beitrag zur geschichte der philologie. II. Band. Mit einem bildniß Ritschls. Leipzig 1881. 8. VIII, 591 p.

12 mk. Der 2. band behandelt Ritschls thätigkeit in Bonn und Leipzig. Der litterarisch-gelehrte theil überwiegt. Der persönliche theil ist nicht vernachlässigt. Der Bonner conflict wäre besser kürzer behandelt. Das ganze buch ist ein würdiges denkmal für die größe Ritschls als mensch und gelehrter, als des hauptes einer großen schule, das bestimmend für die entwicklung der wissenschaft eingriff, aus der feder eines schülers und freundes von wärmster pietät. *F. Bücheler.*

No. 47. Sp. 1810: *Eschyle. Morceaux choisis publiés et annotés par Henri Weil.* Paris 1881. VI, 234 p. 16. 1 mk. 28 pf. Die ausgabe dieser bruchstücke der Aeschyleischen tragödien erfüllt ihren schulzweck gewiß, enthält auch eine reihe neuer emendationen. *H.* — Sp. 1811: *M. Valerii Martialis*, epigrammaton librum primum recensuit commentariis instruxit *Ioannes Flach*. Tübingen 1881. 8. XXIV, 119 p. 3 mk. Der text ist mehrfach verbessert, aber an den weitaus meisten stellen hat Flach unnötig oder irrig geändert, Schenkl giebt beispiele. Der commentar ist eine verdienstliche leistung. Abweichende ansichten fügt *K. Schenkl* bei. — Sp. 1815: *Adolf Bauer*, Themistokles. Studien und beiträge zur griechischen historiographie und quellenkunde. Merseburg 1881. VI, 173 p. 3 mk. Bauer verfolgt die nachrichten über Themistokles bis auf Aristides herab, zum zweck der charakteristik und kritik der einzelnen autoren. Herodots und Thukydides verhältniß ist falsch aufgefaßt. Beifall verdient der abschnitt über Ephoros, und die bemerkungen über Plutarchs und Aristides-quellens. *B. Niese.* — Sp. 1818: Die reliefs an der balustrade der Athena Nike. Nach neuen zeichnungen und entwürfen von Ludwig Otto Hrsg. von *Reinhard Kekulé*. Mit beiträgen von G. Loeschcke und R. Bohn. Stuttgart 1881. VI, 30 p. 7 tafeln und 1 lithogr. plan des Nike-Pyrgos. Fol. 42 mk. Die musterhafte publication schenkt uns ein unschätzbares stück des perikleischen Athens gewissermaßen wieder. Die kupferlichtdruck-tafeln sind vortrefflich, der text giebt eine geschichte der funde. Erörterung über ergänzung, verwandte darstellungen, nachbildungen, meisterhafte ausführung über technik, stil, composition und entstehungszeit der reliefs, schließlich die erörterung des verhältnisses der balustrade zur umgebung. *Carl Robert.*

No. 48. Sp. 1844: *J. Klinkenberg*, de Euripideorum prologorum arte et interpolatione. Bonn 1881. 8. 107 p. 2 mk. Die Euripideischen prologe seien dreigetheilt: a) orientirung über den redenden und den ort der handlung; b) exposition genau bei beginn der handlung ohne sentenzen, etymologien oder fabeln; c) abschluß des prologs. Nach diesen »gesetzen« werden durch athetese die prologe gereinigt. Scharfsinn und sprachkenntniß des verfassers, sein streben nach wahrheit, machen seine arbeit zur besten der neueren Euripidesdissertationen, trotzdem dürfte viel und resultat abenteuerlich und verfehlt sein. *U. v. Wilamowitz-Moellendorff.* — Sp. 1845: *Euripide Alceste.* Texte grec accompagné d'une notice, d'un argument analytique et de notes en français par *H. Weil.* Paris 1881. 10. 84 p. 1 fr. Eine bescheidene schulausgabe mit besonnener kritik und kurzer einleitung und erklärung. *U. v. Wilamowitz-Moellendorff.* — Sp. 1845. The Medea of *Euripides* with an introduction and commentary by *A. W. Verrall.* London 1881. 8. XXIII, 132 p. 7 sh 6 d. Die kritische seite ist schwach, dagegen zeigt der commentar ein selbständiges studium der tragischen sprache und vor allem das ernstliche streben, dem dichter als solchem gerecht zu werden. *U. v. Wilamowitz-Moellendorff.*

Nr. 49. Sp. 1875: *Mus Heynacher*, was ergiebt sich aus dem

sprachgebrauch Caesars im bellum Gallicum für die behandlung der lateinischen syntax in der schule. Berlin 1881. 8. 87 p. 1 mk. 60 pf. Statistische übersicht über das vorkommen grammatischer structuren im Caesar, um den grad der nothwendigkeit sie beim unterricht zu lehren, nachzuweisen. Sehr dankenswerth. *Georg Andresen* — Sp. 1879: *Ludov. Huvet*, de Saturnio Latinorum versu. Inest reliquiarum quotquot supersunt sylloge. Paris 1880. 8. XII, 517 p. 6 fr. (Bibliothèque de l'école des hautes études fasc. 43.) Die arbeit ist fleißig und accurat, aber ihren theorien kann man nicht folgen. *P. Leo.* — Sp. 1883: *Ius. Klein*, Fasti consulares inde a Caesaris nece usque ad Imperium Diocletiani. Leipzig 1881. 8. VII, 130 p. 8. 4 mk. Verständig angelegt, sorgfältig und gewissenhaft ausgeführt, füllt das buch eine bemerkliche lücke aus. *Hormann.*

Literarisches Centralblatt für Deutschland. Herausgeber und verantwortlicher redacteur prof. dr. *Fr. Zarncke.* Nr. 43. Sp 1477: *J. P. Mahaffy*, über den ursprung der homerischen gedichte. — *A. H. Sayce*, über die sprache der homerischen gedichte. Autorisirte übersetzung von dr *J. Imelmann.* Hannover 1881. 8. IV, 68 p. 1 mk. 50 pf. Mahaffy erkennt von Grote ausgehend in der Ilias eine durch einschübe erweiterte Achilleis. Seine entwickelungen sind nicht präcis, widersprechen sich hier und da. Die Odyssee hält er für eine zusammentragung mehrerer epen besonders des nostos und einer telemachie. — Sayce meint die homerische sprache in ihrer gegenwärtigen gestalt sei nicht älter als das 7. jahrh. und ein gemisch von ionisch aeolisch attisch. Neben viel anregendem viel irrthümlichem. Die übersetzung Imelmanns ist gut. 8. — Sp. 1480: *Wilh. von Christ*, gedächtnisrede auf Leonhard von Spengel. Gehalten in der öffentlichen sitzung der bayer. akad. der wissenschaften. München 1881. 4. 61 p. Ein warmes wahres pietätvolles lebensbild. *Bu(rsian).*

No. 44. Sp. 1509: *Vaniček*, Alois, etymologisches wörterbuch der lateinischen sprache. 2. umgearb. aufl. Leipzig 1881. 8. VII. 388 p. 6 mk. Das buch soll die einigermaßen gesicherten resultate bieten, geht nicht auf abweichende meinungen ein. Die kenntniß der einschlägigen litteratur ist trotz der bemühungen des verfassers nicht ganz erschöpfend. *Id.* — Sp. 1510: *T. Livi*, ab urbe condita libri. Recognovit *H. J. Müller.* Pars I, libros I et II continens. Berlin 1881. 8. XI, 96 p. 75 pf. Ein abdruck des textes aus der commentirten Weissenbornschen ausgabe. *A. E(ußerr).*

No. 45. Sp. 1546: *Jul. Steup*, Thukydideische studien. Heft 1. Freiburg i. Br. 1881. 8. VII, 91 p. 2 mk. 40 pf. Die schrift beschäftigt sich mit den drei ersten der von Thucyd. im 4. und 5. buch mitgetheilten vertragsurkunden, erörtert gründlich die schwierigkeit, ist aber in der heilung zu gewaltsam. *B(auß).* — Sp. 1547: *Nonni Panopolitani* paraphrasis S. Evangelii Ioannei. Edid. *Aug. Scheindler.* Acced. S. Evangelii Textus et index verborum. Leipzig 1881. 8. 4 mk. 50 pf. Eine gute ausgabe. Der ref. giebt nachträge zu Einhels collation. Die sprache verdient noch eine besondere behandlung *A. L(udwich).* — Sp 1548: *T. Macci Plauti*, Asinaria. Recens *Georgius Goetz* et *Gust. Loewe.* Acced. codicis Ambrosiani J. 257 infer. specimen phototypicum. Leipzig 1881. 8 XXVIII, 110 p. 3 mk. 60 pf. Lobende anzeige. Die ausgabe stützt sich wesentlich auf den Vetus und Ursinianus. Neu herangezogen sind der jüngere Ambrosianus und Britannicus. Trotz der bedeutenden fortschritte bleiben noch probleme übrig. (*O. Ribbeck*).

Nr. 12. December 1881.

Philologischer Anzeiger.

Herausgegeben als ergänzung des Philologus

von

Ernst von Leutsch.

---

102. Properz in seinem verhältniß zum Alexandriner Kallimachus. Vom gymnasiallehrer Sperling Programm des gymnasiums zu Stralsund. 1879. Stralsund, druck der königlichen regierungs-buchdruckerei. (23 p.) 4.

Die frage bis zu welchem grade Properz den Callimachus nachgeahmt hat, ist wegen des fragmentarischen bestandes des Callimachus nicht zum abschluß zu bringen. Man wird daher der ansicht Valckenaers und Heynes, denen sich Joh. H. Voß anschloß, Properz habe den stoff aller seiner gedichte einfach dem Callimachus entnommen, von vorneherein mit mißtrauen entgegentreten. Die auseinandergehenden urtheile der alten über den dichterischen werth des Callimachus, welche der verfasser p. 8—10 vorführt, werden auch nicht viel zur erledigung der frage beitragen, aber es kommt doch wesentlich in betracht, daß Properz selbst den Callimachus sehr hoch gestellt hat; jedenfalls hat er die elegieen des Callimachus nicht mit Sperling (p. 10) als „machwerke" angesehen. Sperling sucht von den hymnen und epigrammen aus ein urtheil über den dichterischen werth der elegieen zu gewinnen, aber ein solcher rückschluß ist immer unsicher, zumal der von den hymnen aus, denen man anmerkt, daß sie officiellen ursprungs sind. Das urtheil des verfassers über diese dichtungen erscheint uns nicht gerecht; es findet sich auch in den hymnen manche feine detailmalerei, die des Theocrit nicht unwürdig sein würde. Noch weniger können wir uns dem urtheile über die epigramme anschließen. Die dichtung auf das haar der Berenike mag die prädicate verdienen, welche ihnen Sperling p. 8 zu theil werden läßt, aber in den fragmenten der Hecale tritt uns ein feiner dichtergeist entgegen, welcher uns die lieblichsten bilder der idyllenwelt mit liebe und gemüthlichem urtheil vorführt.

Die auf p. 10 und 11 zusammengestellten stellen, an denen Properz an Callimachus anzuklingen scheint, können auch zufällige ähnlichkeit haben, doch will uns dies bei übereinstimmungen wie Prop. I, 8, 29 und Callim. epig. 64 Schneid.:

O utinam tales producas, improbe noctes
me miseram quales semper habere iubes!
Οὕτως ὑπνώσαις ἀδικωτάτη ὡς τὸν ἐραστὴν κοιμίζεις,

Prop. II, 1, 72 *et breve in exiguo marmore nomen. ero.* mit Call. epigr. 19, v. 3 ἀινῶ δ' ἐπείπον οὔνομα καὶ γενιὴν σῆμα παρερχόμεθα, sowie Prop. IV, 25, 14 *ah speculo rugas imperitantis tibi* mit Call. epigr. 64, v. 5 ἡ πολιὴ δὲ πιτιν' ὀιαμνήσει ταῦτά σε πάντα κόμη, weniger einleuchten. Die nachahmung des Callimachus scheint uns an diesen stellen evidenter als an einer stelle wie Prop. IV, 10, 8 *et Niobae lacrimas supprimat ipse lapis*, die Sperling p. 22 als ganz sicher aus dem hymnus auf Apollo 22 übertragen ansieht: καὶ μὲν ὁ δακρυόεις ἀναβάλλεται ἄλγεα πέτρος, ὅστις ἐνὶ Φρυγίη διερὸς λίθος ἐστήρικτο μάρμαρος ἀντὶ γυναικὸς οἰζυρόν τι χανούσης.

Einzelnes hierhin gehörende ist, wie es scheint, von dem verfasser übersehen, so daß bei der schilderung des nächtlichen besuchs bei der Cynthia I, 3 dem dichter vielleicht das 43te epigramm des Callimachus im sinne gelegen hat und daß wendungen wie I, 8, 22 *quin ego fida tuo limine verba querar* (ähnlich I, 14, 34. II, 1, 56. II, 8, 14. III, 17, 8) sicherlich alexandrinisches, vielleicht speciell callimacheisches gepräge haben. Zu der von Lachmann verglichenen stelle, Theocrit. id. II, 60 kann Callim. epigr. 43, 5 (ἀλλ' ἐφίλησα πὴν φλιήν) hinzugefügt werden. Daß übrigens die worte des Properz V, 9, 57: *magno Tiresias conspexit Pallada vatem, fortia dum posita Gorgone membra lovat* dem Kallimachus nachgebildet sind (Call. lavacr. Pall. v. 101 Ὅς κέ τιν' ἀθανάτων, ὅκα μὴ θεὸς αὐτὸς ἕληται, Ἀθρήση, μισθῷ τοῦτον ἰδεῖν μεγάλῳ), wird auf p. 22 zugegeben. Wenn der verfasser das thema der untersuchung weiter gefaßt hätte und die frage aufgeworfen hätte, wie weit Properz überhaupt durch alexandrinische gelehrsamkeit beeinflußt wurde, so würde er ohne zweifel eine menge auf mythologie und geographie bezügliche epitheta zusammengestellt haben, welche alexandrinisches gepräge tragen.

Den einfluß der Alexandriner auf den versbau des Properz stellt Sperling nicht in abrede; auch p. 13—16 wird das übereinstimmende zusammengestellt, p. 16—19 werden eigenthümlichkeiten des dichters nachgewiesen, welche mit den Alexandrinern nichts zu thun haben.

In beziehung auf die entlehnung von metonymen, metaphern und der enallage (p. 20—21) macht Sperling einige zugeständnisse; daß aber die von ihm bezeichneten stellen III, 10, 11. IV, 1, 3. V, 9, 22. III, 23, 2 aus den gedichten des Callimachus entnommen sind, möchten wir bezweifeln.

Es berührt unangenehm, daß die fragmente des Callimachus zum theil in veralteter form gegeben sind, wie denn überhaupt Otto Schneiders *Callimachea* dem verfasser unbekannt geblieben zu sein scheinen. Zu III, 10, 11 *sed tempus lustrare aliis Helicona choreis et campum Haemonio iam dare tempus aequo* wird das Callimacheische fragment CCCCLVI in der fassung des *auctarium fragmentorum* der Ernestischen ausgabe citiert:

τὸ πῦρ ὅπερ ἀνέκαυσας, πολλὴν πρόσω κέχρηκε
φλόγα. ἴσχε δὲ δρόμον μαργῶντος ἵππου,

während man jetzt, zum theil nach handschriften, dasselbe so liest:

τὸ πῦρ δ' ὅπερ ἀνέκαυσας ἐς πολλὴν [ἰὴν]
πρόσω κεχώρηκε φλόγα· δρόμου δ' ἴσχε
μαργῶντος ἵππους

Dasselbe gilt von Fragm. I (fr. 101 ed. Schneider.), und Fragm. 67. So ist auch in Epigr. 45, 3:

τὰ δὲ ῥόδα φυλλοβολεῖτα
τὠνδρὸς ἀπὸ στεφάνων πάντ' ἐχύοντο χαμαί

Otto Schneiders emendation ἀπ' ὀσπλίγγων nicht beachtet. Auch war anzuführen, daß Properz (III, 15, 51) von dürren kränzen spricht, während bei Callimachus die rosen sicher nicht aus diesem grunde abfielen.

Daß die *Aitia* des Callimachus in distichen verfaßt waren, bedurfte keiner ausführlichen begründung; wenn aber (p. 4) in dem fragment

Ἢ μὲν ἀερτάζουσα μέγα τρύφος ὑψίζωνος
ἄστρον εἰσαρίδαυσι

das imperfectum in den aorist εἰσαρίδη geändert wird (p. 4), so ist nicht beachtet, daß εἰσηρίθαιτε auch in der elision stehen konnte (Otto Schneider Callim. II, p. 129) und daß ἰῳζαίνοι im Etym. Magn. p. 160, 30 schlechte variante für Τψιψαίρ..ν der editio princeps ist. Einem versehen anderer art begegnen wir p. 10, wo Epigr. 37

Βαττιάδεω παρὰ σῆμα φέρεις πόδα, ὃν μὲν ἀοιδήν
Εἰδότος, ἐν δ' οἴνῳ καίρια συγγελάσαι

auf Callimachus bezogen wird, während es von dem vater gilt.

Fragen wir schließlich nach dem resultat der untersuchung, so nehmen wir einen widerspruch wahr zwischen p 20 „wir glauben, daß Properz, wo es sich um die grammatische sprache handelt, weder vom Callimachus noch von den übrigen Alexandrinern in seine specielle sprachweise etwas übertragen hat"[1]) und den schlußworten (p. 23): „das verhältniß zwischen Properz und Callimachus dürfte, um das ergebniß unseres aufsatzes noch einmal kurz zusammenzufassen, also dieses sein, daß der Römer, dichterisch selbst hochbegabt, im allgemeinen dem genre des Callimachus sich angeschlossen hat, ohne aber nach art knechtischer nachahmer die stoffe von ihm schlechthin entlehnt oder gar die einzelnen gedichte nach ihm übertragen zu haben, daß er dagegen bezüglich seiner sprache und ganz besonders in der kunst des versbaues sehr vieles dem Alexandriner zu danken hat".

103. Ueber rhythmische malerei in Ovids Metamorphosen. Abhandlung des oberlehrers dr. Lüdke. Programm der realschule erster ordnung zu Stralsund. Ostern 1879. Druck der königl. regierungs-buchdruckerei. (22 p). Fortsetzung der 1878 erschienenen programmschrift. (48 p.).

Die fortsetzung der 1878 erschienenen abhandlung bietet sehr genaue beobachtungen über die wortstellung innerhalb der sätze (in cap. IV, p. 1—11) und über die stellung und das verhältniß der sätze zu den versen (in cap. V, p. 11—22). Der verfasser bemerkt schließlich, daß ein volles verständniß der klassischen dichter des alterthums nur dann erreicht werden kann, wenn beim lesen und erklären ihrer werke auch auf diese seite ihrer kunst gebührende rücksicht genommen wird und

[1]) Mit solchen urtheilen muß man vorsichtig sein. Wir erinnern uns z. b. daß Moritz Haupt in seinen *observationes criticae* (Lipsiae 1841) die bei den augusteischen dichtern so häufige *troiectio* von *et* von den Alexandrinern hergeleitet hat.

findet, daß die bemerkungen dieser art, welche sich in manchen erklärenden ausgaben finden, meist so vereinzelt und ohne zusammenhang mit einander sind, daß durch sie von der kunst der dichter in der nachahmenden darstellung kein genügendes bild gewonnen wird. Wenn es sich dabei um Ovid als schullectüre handelt, so ist dabei zu beachten, daß Ovid den tertianern so große schwierigkeiten macht, daß der lehrer nur bei einzelnen schülern für solche dinge empfänglichkeit finden wird und die davon in anspruch genommene zeit für dringendere bedürfnisse verwenden müssen wird. In einer realschule erster ordnung, wo Ovid in prima gelesen wird, mag der verfasser andere erfahrungen gemacht haben.

Die beobachtungen des verfassers sind sehr sorgfältig und bis in das einzelste ausgeführt. Wie viel aber davon dem Ovid eigenthümlich ist, würde erst aus einer durchmusterung der ganzen früheren und gleichzeitigen literatur hervorgehen; auch bleibt es oft zweifelhaft, ob der dichter mit bewußtsein eine wirkung erstrebt hat oder ob dieselbe ein spiel des zufalls ist. Dieser zweifel kommt uns besonders bei den wortfüßen, die p. 32—48 der ersten abhandlung nach ihren wirkungen geschieden werden. Es ist doch für jeden dichter wie jeden prosaiker unvermeidlich gewisse wörter zu gebrauchen, ohne damit eine wirkung zu beabsichtigen.

Manches von dem in der fortsetzung zusammengestellten hat mit rhythmischer malerei nichts zu thun, wie die p. 1—5 erwähnten abweichungen von der gewöhnlichen wortstellung, welche rhetorischer art sind. Wenn die anfangsworte der sätze, welche nach den ersten trochäus beginnen (p. 15) viel stärkeren nachdruck erhalten als er diesen worten sonst meistens nach ihrer stellung im verse zu theil werden würde (z. b. VI, 613 *Possis; in omne nefas ego me germana paravi*), so liegt der grund, wie uns scheint, nicht sowohl im rhythmus als in der wortstellung, ebenso wie in den p. 16 zusammengestellten fällen, wo sätze nach der trithemimeres beginnen. Wenn verba am schlusse des verses stehen (p. 6) wie II, 461 *dubitanti vestis adempta est*, X, 57 *at protinus illa relapsa est*, und Lüdke darin die rhythmische schilderung einer gewaltsamen bewegung oder thätigkeit sieht, so ist doch zu beachten, daß dies die ganz gewöhnliche prosaische wortstellung ist, ebenso wie in den worten V, 444 *natam solis ab occasu solis quaerebat ad ortus* die stellung des objects. Auch in dem entsprechen des ersten und fünften fusses in einem verse wie I, 216 *Maenala transieram, latebris horrenda ferarum* (p. 8) ist schwerlich absicht zu finden, die freilich in der so häufigen übereinstimmung von cäsur und schluß, wie III, 441 *ad circumstantes tendens sua bracchia silvas*, unverkennbar ist. Wir möchten daher nicht unbedingt den worten beitreten, mit denen der verfasser cap. IV schließt: „Aus allen diesen beispielen geht hervor, wie die durch das versmaß bedingte wortfolge dazu beiträgt den dichterischen ausdruck nicht blos klar und übersichtlich zu machen, sondern denselben auch den gesetzen der schönheit gemäß nachdrucksvoll und lebendig, anschaulich und malerisch zu gestalten".

In der 1871 erschienenen abhandlung „über lautmalerei in Ovids Metamorphosen" (32 p) war der verfasser noch weiter gegangen, indem er dem dichter oft etwas als absichtlich gesucht beilegte, was der sprache zufällt, wie die anwendung des u zur bezeichnung der durch wörter wie *ferrugo, purpureus, ruber, luridus, bitumen, nubes, fulgur, murmur* ausgedrückten begriffe (p. 11). Es würde anders stehen, wenn sich nachweisen ließe, daß Ovid diese worte um des vocals willen anderen wörtern gleicher oder verwandter bedeutung vorzog. Als beleg dafür, daß u von allem gebraucht wird, was auf das gemüth einen düsteren eindruck macht wird X, 621 angeführt: *Coniugium crudele meum est. Tibi nubere nulla Nota*: aber so schopenhauerisch-pessimistisch waren die Römer doch nicht, daß sie in *connubium* und *nubere* etwas „düsteres, trauriges, furchtbares, abschreckendes" fanden. Wenn z. b. p. 18 als beleg, daß v von allem gebraucht wird „was fortbewegt, entfernt, fortgerissen wird, sich abwendet, flieht" die stelle V, 179 *Vultus avertite vestros*, angeführt wird, so erhebt sich unwillkürlich der einwand, daß Ovid ebensogut *advertite* im entgegengesetzten sinne gebraucht haben würde. Den consonanten v n. f wird p. 19 zugeschrieben, daß sie ein entgegentreten im feindlichen sinne bezeichnen; dafür wird unter anderem VII, 765 angeführt (*Vicina incentus vicinus*), aber es geht in demselben verse vorher: *Rurigenas pavere feram* — also gerade das gegentheil! Und wenn p. 20 bemerkt wird, daß m in verbindung mit den dunklen vocalen das wilde, ungestüme, drohende und schlimme, tod und jammer bringende ausdrückt und dabei XV, 85 *At quibus ingenium est immansuetum que ferumque* angeführt wird, so fragen wir, ob Ovid nicht ebensogut *ingenium est mansuetum molleque* in anderem zusammenhange gesagt haben würde. Selbst in den casusendungen findet Lüdke etwas malerisches, wie in XIII, 550 *Sic Hecuba — non oblita animorum, annorum oblita suorum*, die bezeichnung des vollen, starken, kräftigen; in der onomatopoiie geht er so weit, daß er in den worten IV, 451 *Et tres latratus simul edidit*, durch die drei auf einander folgenden langen vocale das dreifache gebrüll des Cerberus zu hören glaubt „wobei das auf das helle *a* folgende *u* characteristisch ist". Konnte denn aber Ovid das *u* weglassen?

In den später erschienenen beiden abhandlungen geht der verfasser nicht so weit: den sorgfältigen beobachtungen über die wirkung der versfüße und cäsuren (p. 1—32 der 1878 erschienenen abhandlung können wir nur beistimmen; ob auch die wortfüße in dem maaße der rhythmischen malerei dienen wie der verfasser p. 32—48 nachanweisen sucht, erscheint uns freilich zweifelhaft.

Im fünften capitel der 1879 erschienenen fortsetzung werden zunächst die fälle gemustert, wo der satz den anfang eines hexameters hat, entweder so, daß er den hexameter vollständig ausfüllt, oder so, daß er innerhalb desselben beginnt, indem er von der penthemimeres desselben bis zur penthemimeres des folgenden verses reicht.

Was die sätze betrifft, welche kürzer sind als der hexameter, so wird p. 14 bemerkt, daß mit dem zweiten trochäus in den Metamorphosen kein selbständiger satz abschließt, der mit demselben hexameter beginnt, ebensowenig mit der zweiten diärese. Die weibliche cäsur im dritten fuße, welche nur zweimal den satz abschließt (VI, 572 *Quid faciat Philomela?*, IX, 500 *Sunt superis sua iura*) drückt an der ersten stelle die „unschlüssigkeit der Philomela", an der zweiten die „rathlosigkeit der Byblis" aus (p. 14). Man sieht aber nicht recht ein wie die wirkung im dritten trochäus und der dritten diärese so verschieden sein kann, daß an diesen stellen (nach p. 20) „ein gegensatz" oder weite ausdehnung, fortlaufende bewegung und fortgesetzte thätigkeit bis zu einem bestimmten ziele u. dergl. bezeichnet wird. Schließlich sei uns noch die bemerkung gestattet, daß, wenn p. 19 eine periode erwähnt wird, welche neun verse umfaßt (I, 76—86) nicht beachtet ist, daß hinter v. 84 sich eine größere interpunction befindet.

104. Sedulii paschalis operis liber quintus. Nach den zum ersten male verglichenen besten handschriften revidirt von dr. E. Ludwig. Heilbronn a. N. 1880. 35 p. 8.

Das vorliegende schriftchen dürfen wir wohl als vorläufer einer neuen ausgabe des Sedulius betrachten, eines christlichen dichters der zweiten hälfte des fünften jahrhunderts, welcher uns besonders zwei schriften hinterlassen hat, die sich dem inhalte nach decken, nämlich ein *carmen paschale* (C. P.) und eine prosaische umschreibung desselben, das *opus paschale* (O. P.). Beide behandeln den stoff des neuen testamentes. Das schriftchen enthält zunächst gewissermaßen die prolegomena einer neuen ausgabe, eine einleitung über die benutzten handschriften, dann den kritischen apparat zum fünften buch des O. P. und endlich den auf grund dieses apparates revidirten text desselben.

In der einleitung geht Ludwig davon aus, daß eine neue ausgabe des C. P. sehr wünschenswerth sei, jedenfalls aber als grundlage die collationirung und benutzung besseren handschriftlichen materials voraussetze, als es den früheren herausgebern zu gebote gestanden habe. Daneben aber sei eine neue ausgabe des O. P. nöthig, welches sowohl für die herstellung des textes des C. P. als auch für die erklärung desselben von der größten wichtigkeit sei. Die bisherige gestalt des textes des O. P. ist eine sehr traurige, da sie eigentlich auf einem einzigen, noch dazu sehr verderbten codex beruht.

Ludwig hat vorzugsweise zwei handschriften benutzt, von welchen er nun eine genaue beschreibung gibt. Die eine ist eine Rheinauer pergamenthandschrift (t), die andere eine im britischen museum befindliche, cod. Harleianus (h), aus welcher ihm eine sehr sorgfältige collation des fünften buches zu gebote stand. Hinsichtlich der beurtheilung des werthes beider handschriften kann ich nach dem vorliegenden material dem herausgeber nur völlig beistimmen. Der aus dem zehnten jahrhundert stammende cod. t ist augenscheinlich eine vortreffliche, dem archetypus noch recht nahe stehende handschrift, welcher der verf. mit verhältnißmäßig seltenen ausnahmen ruhig folgen konnte. Der cod. h. ist, obwohl auch er dem zehnten jahrhundert angehört, von wesentlich geringerem werthe. Auch hat die handschrift durch absichtliches verwischen einzelner stellen sehr gelitten. Der codex (i), welchen Jurotus seiner *editio princeps*, Paris

1585, zu grunde gelegt hat, war dem verf. nicht zugänglich, so daß auf seine beschaffenheit nur aus wenigen angaben Jurets geschlossen werden kann. Denn es läßt sich nicht unterscheiden, ob alle lesarten jener ausgabe wirklich dem cod. i entnommen sind, oder ob einzelne derselben nur auf conjecturen des herausgebers beruhen.

Die beiden handschriften t und h stehen unabhängig neben einander. Die ableitung der einen aus der anderen ist unmöglich. Daß cod. h aus einem mit glossen versehenen exemplar abgeschrieben ist, halte ich mit dem vert. für wahrscheinlich. Den von ihm zum beweise dafür angegebenen stellen ließen sich wohl noch andere hinzufügen, so z. b. p. 317 *traditione* t pro *traditione* h. Auch p. 319 scheint mir die lesart des cod. h auf einer glosse zu beruhen. t hat hier: *Petro . . . . pollicito velle sese cum Domino et mori dixit Amen etc.* h fügt zwischen *mori* und *dixit* die drei worte *Iesus respondit ac* ein, wohl eine alte glosse, welche uns darüber belehren wollte, wer die folgenden worte spräche. Der cod. i steht den übrigen handschriften fern. Nur scheint derjenige, welcher im cod. h einzelne stellen tilgte, ein exemplar in händen gehabt zu haben, welches zu den vorfahren auch des cod. i gehörte, da die lücken in h mit dem von Juret auf grund des cod. i gegebenen texte auffallend übereinstimmen.

Was nun werth und bedeutung der textrevision Ludwigs betrifft, so müssen wir unumwunden eingestehen, daß erst durch dieselbe das O. P. lesbar geworden ist. Denn an vielen stellen, wo sowohl die früheren ausgaben wie auch die von Areval (1794), die einzige einigermaßen selbständige, lesarten ohne jeden sinn und zusammenhang boten, ist es Ludwig gelungen, theils auf grund seiner handschriften, theils durch eigene conjecturen das richtige oder wenigstens das wahrscheinliche wiederherzustellen.

Zu den stellen, in welchen Ludwig auf grund der übereinstimmenden codd. th das entschieden richtige gefunden hat, rechne ich z. b. die folgenden: p. 311 (die seitenzahlen nach der ausgabe von Areval) vulgata: *et patris*, L.: *patris*; 313 v.: *deduceret*, L.: *duceretur*; 319 v.: *tunc*, L.: *hunc*; 322: *apostolicis igitur eruditi exemplis debemus vim poenitentiae meritumque dignoscere, ut talibus* (v. *vitalibus*) *remediis adnitentes* [v.: *ut*] *ab animarum fatigationibus nostrarum mortiferos mercamur morbos excludere*; 328

v.: *namque*, L.: *nam qui*; 330. *Nec illud a consortio divinitatis abscedit* (v.: *abscessit*), *quod datum sibi* (v.: *somit*) *virum tristi* (fehlt in der v.) *fellis mixtum labris tetigit* etc. Besonders anschaulich ist die verbesserung p. 332, wo die v. die fast sinnlosen worte bietet: *legant haec schismastici profecto doctores et sciant, quod impietates exerceant catholicam lacerando concordiam*; statt dessen L.: *... sentiant, quid impietatis*. Ferner 341, wo ein ganzer satz in der v. fehlt. Auf derselben seite v.: *non audiat*, L.: *audeat*. 343 v.: *Christo duce nostro*, L.: *Christo duci nos tradimus*; 346 v.: *hic enim*, L.: *sic enim*; 358 v.: *qui*, L.: *quia*.

War es in diesen fällen möglich, auf grund der übereinstimmung beider benutzter mss. das richtige zu finden, so sieht sich Ludwig an zahlreichen anderen stellen auf cod. t allein angewiesen. So gibt dieser z. b. allein die ergänzung einiger sehr fühlbarer lücken, p. 336, wo die worte: *ne sepulturam putaretur adicere, sed adiecit* in der v. fehlen, und 349, wo ebenso t allein die worte erhalten hat: *cum sit mora fortis rapacibus inimica potueritque cautius et latenter cum suis quoque corpus domini velamentis auferri*.

318 bietet die v.: *cur ... amicae fraudis salutationes perstringeris?* Diese könnte nur dann einen sinn haben, wenn *perstringi* deponential wäre, wofür meines wissens kein beispiel sich anführen läßt. Ludwig hat statt dessen aus t *perfungeris* übernommen, wodurch jede schwierigkeit schwindet. Auf derselben seite entspricht das *amputarat* (t), welches noch durch die falsche lesart von h: *amputaret*, gestützt wird, entschieden mehr dem zusammenhang als die der v. *amputavit*.

321 auch in den worten: *at senior, cui veritatis auctor cuncta praedixerat, quia* (v.: *cuique*, h: *que*) *manere nequibat infectum* etc. hat t die einzig verständliche lesart, welche auch mit dem *quoniam* des C. P. 105 aufs beste übereinstimmt.

322 *actuum* t L.: *actu* v. Das erstere ist entschieden das richtige, da einerseits *venenis* und *contagiis*, andrerseits *cogitationum, actuum, sermonum* einander parallel stehen. Ebenso verhält es sich mit den worten: *tali prece signavit*, wofür die bisherigen ausgaben die kaum verständliche lesart: *talibus prae se signavit* boten.

323 las man bisher, nachdem die frage vorausgegangen:

Wie? So muß man also die vergehungen der jugend ins greisenalter mit herübernehmen, um sie hier zu sühnen? *absit, in nobis ut ita maneat, consenescant.* Ganz abgesehen davon, daß *maneat* der reine germanismus wäre, ist *consenescant* ganz unverständlich. Soll es auch von *ut* abhängen? oder soll es ein optativus sein? Die schwierigkeit wird ohne weiteres durch cod. t gelöst, welcher die worte bietet: *absit ut vitia permaneant et senescant.*

Eine wesentliche verschiedenheit finden wir auch p. 326, wo die älteren ausgaben lesen: *habet aliud dedecoris istas in specie propriae deiectionis indicium*, worte, die kaum zu verstehen sind; dagegen schließt sich die lesart von t: *habet et aliud ista leti species* sowohl an das vorausgehende durch *et* aufs beste an, wie es auch mit dem folgenden satze aufs engste zusammenhängt, der eben das *aliud indicium propriae deiectionis* enthält.

336 hat die v.: *supplicio*, t L.: *supplicibus*. Daß ein diesem letzteren worte dem sinne nach entsprechendes fehlte, haben schon die früheren herausgeber empfunden und deshalb ganz willkürlich *precantibus* hinzugefügt.

347 v.: *mater virgo cum ceteris mulieribus fideliter congregatis, quia munus pariter ferentes aromatum, dum venerant ad sepulcrum, . . . sulcabat.* Während wir hier ein prädikat in dem causalsatz vermissen und weder einen grund für die causale anknüpfung sehen noch für den wechsel des numerus in *venerant* und *sulcabat*, stellt t L. den satz sofort richtig durch die lesart *quae* für *quia, dni = domini* für *dum* und *venerant* für *venerunt.*

Mit der aufnahme eigner conjecturen in den text ist Ludwig sehr vorsichtig; auch sind es bei der guten beschaffenheit namentlich des cod. t nur wenige stellen, wo conjecturen wirklich erforderlich sind.

312 *filium vere cognovit* th; *qui f. v. o.* vulg. Ludwig ergänzt das unentbehrliche *qui* aus den ersten buchstaben von *vere* und zieht die letzten mit *cognovit* zusammen: *f. qui recognovit*, was jedenfalls der überlieferung näher steht als die lesart der v.

Ebenso ist es 315, wo die handschriften *nequissima sedes* haben, während wir einen accusativ erwarten. Ludwigs conjectur *nequissimas sedes* ist jedenfalls leichter als die der v. welche statt dessen den acc. sing. setzt.

323 enthält eine recht verderbte stelle: *nulle nos ex istis*

indutus impunitas obtundas t. In cod. h ist im worte *indutus in* getilgt, und es steht hier statt *impunitas* der genitiv. Die v. liest *nulla non e. i. indutus opes impunitatis*. Dazu haben Juret wie Areval einige conjecturen geliefert, welche die schwierigkeiten nicht heben. Ludwig vermuthet und schreibt: *nolle* (*i. d. flagitia admittere*) *nos ex istis indutiis impunitas obtundas*. Ich kann diese conjectur nur so verstehen, daß *nolle* von *obtundat* abhinge, und daß dies die bedeutung hätte: die *impunitas* soll uns bewegen, nicht zu wollen, d. h. jede sünde abzulehnen. Sowohl diese bedeutung wie diese construction aber von *obtundere* dürfte wohl ohne jeden beleg dastehen. Dagegen würde die stelle durch eine zweite von Ludwig angegebene, sehr leichte änderung völlig lesbar werden. Setzen wir nämlich *nulla* statt *nulle* und *induciis* für *indutus*, so erhalten wir eine klare construction und folgenden zusammenhang: Aber, wenn die göttliche gnade mit geduldiger langmuth die sehr milde strafe des richters aufgeschoben hat, dann möge keine aus diesem waffenstillstand (geschlossene) straflosigkeit uns abstumpfen; sondern, wie längere zeit flüchtige sklaven laßt uns wenigstens spät zu unsrem herrn zurückkehren, von ihm . . . als greise . . . verzeihung erbittend, . . . obwohl es besser ist, daß jeder möglichst bald nach der verschuldung durch die reue theilhaftig zu werden sucht.

324 würde ich eine vermuthung, der Ludwig nur unter dem kritischen apparat eine stelle gibt, unbedenklich in den text aufgenommen haben. thv. lesen nämlich: *Iudas enim publicus porricida* (bezw. *homicida*), *qui, quem audire non meruit, non suum tantum parentem, sed totius mundi iugulavit auctorem*. Offenbar fehlt hier das verbum zu *Iudas*. Nun ist in th hinter *qui* ein d getilgt, und Ludwig vermuthet, daß dies irrthümlicherweise geschehen ist. Jedenfalls ist der zusammenhang ein viel besserer, wenn wir lesen: *I. e. p. p. quid? quem . . . auctorem!*

325 t: *ut mentem subito correptus est in furorem*. bv.: *dementem*. L.: *ut mente*. Sollte nicht die lesart von cod. t als griechischer accusativ stehen bleiben können?

331 scheint mir die noch nicht in den text aufgenommene conjectur *saluti* für *salute* zweifellos. In den folgenden worten halte ich die lesart von t: *ut autem nullius animo peregrinatur ignaro* für unbedingt richtig, im gegensatz zu dem auch von Lud-

wig aufgenommenen *nullus* des cod. b und der v. „Damit es aber keines menschen unkundigem geiste fremd sei, daß u. s. w.". Lesen wir *nullus*, so läßt sich dies doch nur so erklären: „Damit aber keiner unbekannt sei in unkundigem geiste". — Nun fragen wir: womit? Es folgt aber ein infinitiv, *crucis speciem causam venerationis ostendere*.

333 stimme ich mit Ludwig überein, wenn er *multitudine* schreibt statt des *multitudinem* der codd., des *multitudinum* der v.; dagegen kann ich mich mit einer anderen kleinen änderung nicht einverstanden erklären, die er allerdings noch nicht in den text aufgenommen hat. Er vermuthet nämlich *speciali ter* statt *specialiter* (1). Die begründung aber des umstandes, daß am kreuze die inschrift *hic est rex Iudaeorum* in drei sprachen gegeben worden war, nicht in einer und auch nicht in einer größeren zahl von sprachen, liegt schon im vorigen und ist mit dem unmittelbar vorausgehenden satz abgeschlossen. „Daß er ihn aber speciell (specialiter) als den könig der Juden bezeichnet, „obwohl er über alle kreatur herrscht", das hat folgende gründe — —", so ist augenscheinlich der zusammenhang. Auf die dreizahl kommt es hier gar nicht mehr an, wohl aber auf den gegensatz: er nennt ihn *specialiter* könig der juden, um ihn nicht *generaliter* (834) könig zu nennen. So halte ich *specialiter* allein für berechtigt.

338 steht im text, mit der v. übereinstimmend *sed sol*, obwohl das *sed* in tb fehlt. Da es auch völlig sinnwidrig ist, so dürfen wir hier wohl ein kleines versehen annehmen. Dasselbe ist vielleicht der fall p. 346, wo im kritischen apparat als lesart Juret s angegeben wird das sinnlose: *non vis, etiam comprobaris*, während nach Arevel Juret geschrieben hat: *non vis, etiam quam probaris*.

348. Die leichte conjectur *ne nequeant* für *nequeunt* ist durch den sinn geboten. Was soll es heißen: Die soldaten können, erschreckt, ihr leben nicht behalten und laufen zur stadt? Es heißt doch wohl: Sie laufen zur stadt, damit sie nicht ihr leben nicht behalten können, d. h. damit sie nicht ihr leben verlieren.

351 hat Ludwig aus *non* (t) *num* conjicirt, an stelle des *quod* der v. Letzteres erklärt nicht den folgenden conjunctiv *lateat*, während durch *num* die ganze stelle klar wird, besonders,

wenn man noch statt *lateat* den plural *lateant* annimmt, den Ludwig vermuthet, aber noch nicht in den text aufgenommen hat: Wer betrügereien treibt, will nicht, daß seine handlungen erkannt werden, ob sie nämlich unter der hülle einer trügerischen wolke verborgen sind.

Fassen wir zum schluß unser urtheil über die vorliegende kleine schrift zusammen, so geht es dahin, daß dieselbe einen wesentlichen fortschritt für die behandlung des Sedulius bezeichnet, der jedenfalls bisher der aufmerksamkeit auch der philologen mehr als billig entgangen ist. Wir dürfen wohl hoffen, daß Ludwig sowohl das *carmen* als auch das *opus paschale* durch eine neue ausgabe auch weiteren kreisen zugänglich macht, und wünschen, daß dabei dieselben grundsätze weiter zur anwendung kommen, auf welchen die vorliegende kleine probe beruht. Bei einer gesammtausgabe wird auch wohl der druck ein sorgfältigerer werden, der jetzt manches zu wünschen übrig läßt, was wohl darin vorzugsweise seinen grund haben wird, daß die betreffende druckerei wahrscheinlich zum ersten male einen derartigen druck zu setzen unternommen hat.

Ernst Boesser.

---

105. Dr. Gustav Behncke, de Cicerone Epicureorum philosophiae existimatore et iudice. Programmabhandlung des königl. Friedrich-Wilhelms-gymnasiums zu Berlin. Ostern 1879. (24 p.).

In der einleitung (p. 1—6) wird darauf hingewiesen, wie Cicero nach seiner ganzen lebensanschauung dem epicureischen system abhold war und es von vornherein unwahrscheinlich ist, daß er dasselbe ganz unpartheiisch auffaßte, zumal, da ihm gründliche philosophische bildung fehlte. Dazu kommt, daß die zeitgenossen Ciceros der epikureischen philosophie keine neigung entgegenbrachten, abgesehen von Lucrez, welcher eben deshalb wenig beachtet wurde. Die urtheile Ciceros über Epicur haben, wie Zeller bemerkt, ein mehr rednerisches als sachliches gepräge: wenn Cicero aber über die römischen Epicureer den stab bricht, so wird sein urtheil dadurch verdächtig, daß er selbst angiebt, er habe sie wegen ihrer formlosigkeit nie gelesen. Andrerseits nennt er den Epicureer Phädrus, den er selbst gehört hatte, *elegantissimus et humanissimus* (Nat. d. l, 93) und ebenso günstig urtheilt er über die darstellung des Zeno.

Von p. 11 an beschränkt sich der verfasser, nachdem er die ausstellungen, welche Cicero an der epicureischen philosophie macht, auf vier punkte zurückgeführt hat nämlich darauf, daß die Epicureer 1) die religion, wenn auch nicht dem namen, doch der sache nach vollständig beseitigt; daß sie 2) durch das lob der ἡδονή die tugend in den hintergrund gestellt; daß sie 3) keine consequenz und eleganz im denken und disputieren gezeigt und 4) ihre meisten sätze von anderen entlehnt haben) — auf die bücher *de finibus*, indem er nach der darlegung der epikureischen lehre vom höchsten gut und der widerlegung derselben durch Cicero, die kritische beurtheilung der auffassung Ciceros und seiner polemik in aussicht stellt. Doch sieht er sich genöthigt, sich auf die von Torquatus im ersten buche entwickelten sätze zu beschränken.

An der darstellung, die Cicero im ersten buche bis cap. VII, 26 von der epicureischen philosophie giebt, vermißt Behncke (p. 13), daß die lehre von den göttern gar nicht erwähnt, daß ferner der zusammenhang der dialektik und philosophie mit dem höchsten gute gar nicht ins auge gefaßt und endlich dabei nicht auf die principien der epicureischen philosophie zurückgegangen wird. Nach einer recapitulation der darstellung, welche Torquatus von §. 29 an von der epicureischen philosophie giebt wendet sich Behncke (p. 18) gegen die bedenken, welche Madvig gegen §. 55—57 erhoben hat, indem er daran anstoß nahm, daß Epicur, obwohl er die natur des geistes als körperlich faßt, dennoch freude und schmerz vom körper gesondert sein läßt, daß er ferner dem körper nicht dieselbe bedeutung für die glückseligkeit beilegt, als dem geiste und daß Torquatus endlich wiederum auf den begriff der indolenz zurückgeht. Hiergegen wird geltend gemacht, mit hinweis auf Lucrez III, v. 137—258, daß das wesen des geistes, wenn auch körperlich, doch bei den Epicureern von dem körper specifisch verschieden ist, indem der geist aus viel feineren, kleineren und beweglicheren atomen zusammengesetzt ist als diejenigen sind, aus denen die welt und alle äußeren dinge entstehen. Der eigentliche *animus* (*mens, ratio*), der seinen sitz in der brust hat, steht über der *anima*, welche durch den ganzen körper verbreitet ist, und über dem körper selbst und hat ein gesondertes leben. In folge seiner herrscherstellung ist er denn auch berufen, nach der glückseligkeit, welche sich durch den ausruf „wie angenehm ist dies!" mitten im schmerze kund giebt, zu streben. Ueber das letzte bedenken Madvigs wird bemerkt: *ex quo afficitur Torquati disputationem etiam ad indolentiae laudem commode recidere. In deligendis enim iis rebus quas maxime sibi expetendas existimat mens omnes corporis casui obnoxias, hanc ipsam autem indolentiam vel potius tranquillitatem unam omnium rerum firmissimam et ex voluptate aptissimam esse cognoscet.* Die frage ob Cicero den Epicur richtig aufgefaßt hat, wenn er die höchste lust in die schmerzlosigkeit setzt, ist damit aber, wie uns scheint, nicht erledigt, auch nicht auf das bedenken verwiesen, daß, wie Ueberweg (Grundriß p. 250) bemerkt hat, Epicur (bei Diog. Laert. X, 141) nur die völlige austilgung des schmerzes mit der höchsten steigerung der lust für untrennbar verbunden erklärt.

Eine andere stelle, an welcher Madvig anstoß genommen hat, ist das lob der physik in §. 63 – 64. Zu den worten: *in physicis plurimum posuit. Ea scientia et verborum vis et natura orationis et consequentium repugnantiumve ratio potest perspici* sq., bemerkte Madvig, Cicero habe hier sonderbar und unrichtig dargestellt, indem er die dinge, welche in den einzelnen theilen des epicureischen systems gesondert behandelt wurden, unter einander gewirrt habe, denn Epicur habe in der physik die hier derselben zugewiesenen dinge nicht behandelt, wie denn auch später Cicero, wo er alle verdienste der physik um das menschliche leben aufzählt, hiervon nicht handelt. Man müsse daher annehmen, daß Cicero hier der physik ein zu weites gebiet zugewiesen habe. Hiergegen wird von Behncke eingewandt, daß Madvig zu viel aus den worten des Torquatus gefolgert hat, da dieselben nicht mehr besagen, als daß die kenntniß der natur für die kenntniß des ursprungs der sprache, die unterscheidung des wahren und falschen und die gestaltung des ganzen lebens von bedeutung ist. Aber selbst zugegeben, daß die worte in Madvigs sinne zu verstehen sind, so ist diese auffassung, wie Behncke nachzuweisen (p. 21) sucht, nicht gegen das epicureische system. Es wird darauf hingewiesen, daß die Epicureer (nach Seneca ep. 89, 11) nur zwei theile der philosophie annahmen, indem sie die logik als einen theil der physik ansahen.

Ja sie bezeichneten, wie Hirzel („Differenzen in der epicurischen schule" p. 156 und p. 157) gezeigt hat, die ganze philosophie als physiologie und das falsch gedachte oder unsittliche als ἀφυσιολόγητον. Doch war hier zu bemerken, daß nach Diog. Laert. X, 29 Epicur drei theile der philosophie statuierte τό τε κανονικὸν καὶ φυσικὸν καὶ ἠθικόν.

Die vorliegende abhandlung theilt mit einer großen zahl von programmschriften die eigenschaft, daß nur die ersten grundlagen für die gestellte aufgabe gelegt sind; um dieselbe vollständig zu lösen, wird es einer ausgedehnteren benutzung der einschlagenden literatur bedürfen, welche besonders durch die Herculanischen funde vermehrt ist, wie denn Ciceros ungünstiges urtheil über die logik des Epicur (de Fin. I, 7, 22) dadurch eine theilweise berichtigung erhält, daß, wie Ueberweg (p. 244) bemerkt, die schrift des Philodemus περὶ σημείων καὶ σημειώσεων, welche auf vorträgen des Epicureers Zeno, des lehrers des Philodemus, beruht, einen achtungswerthen versuch einer theorie des analogischen und inductiven schließens enthält. Auch ist eine ausdehnung der untersuchung auf die übrigen schriften Ciceros, namentlich die bücher *de Natura deorum*, wünschenswerth.

Bibliographie:

Berlin. In der hiesigen chinesischen gesandtschaft wird gegenwärtig an der **übertragung deutscher militärischer schriften ins chinesische** sehr fleißig gearbeitet. Unter mitwirkung des ersten dolmetsch-secretärs dr. Kreyer werden die arbeiten lebhaft gefördert. A. v. Bonin's „Lehre vom festungskriege für offiziere aller waffen" (Mittler und sohn) ist bereits vollständig ins chinesische übersetzt und wird demnächst die seltene ehre einer chinesischen ausgabe erleben. Gegenwärtig ist Campe's werkchen „Ueber die ausbildung der kompagnie für das moderne gefecht" (infanterie) (ebend.) in der arbeit und ist dasselbe bis zur hälfte ebenfalls fertig. — Nation. ztg., Börsenbl. nr. 280.

Sigmund Feyerabend, der bedeutendste Frankfurter buchhändler des sechszehnten jahrhunderts wird in Börsenbl. nr. 282. 286. 294 behandelt

Die literarconvention mit den Niederlanden bespricht Fr. Thimm aus London im Börsenbl. nr. 266.

Ueber die versteigerung der Sunderland- oder Blenheim-bibliothek in London geben berichte Börsenbl. nr. 288. 294.

Ausgegeben sind: Verzeichniß ausgewählter werke aus dem verlage von *Breitkopf* und *Härtel* in Leipzig (p. 13 auch archäologische werke); Mittheilungen von *F. A. Brockhaus* in Leipzig, nr. 6, besonders des conversations-lexicon's wegen zu beachten; Philologischer anzeiger der academischen verlagsbuchhandlung *J. C. B. Mohr* (P. Schenk) in Freiburg i. Br. und Tübingen, nr. 3, zeigt unter künftig erscheinenden büchern an: *K. F. Hermann* lehrbuch der griechischen antiquitäten, 4 bde, unter mitwirkung von H. Droysen, A. Hug, A. Müller, Th. Thalheim herausgegeben von H. Blümner und W. Dittenberger: die art der vertheilung wird angegeben; — *A. v. Göler* Cäsars gallischer krieg, zweite auflage, nach dem tode des vfs. herausgegeben von E. A. v. Göler; — C. Juli Caesaris belli Gallici ll. VII .. rec. *A. Holder*; — Laokoon-studien von *H. Blümner*: dann neu erschienene werke; — Neuer verlag der *C. H. Beck*' schen buchhandlung in Nördlingen, K. L. Roth griechische geschichte, 3. aufl., bearbeitet von A. Westermayer.

Ankündigungen von: Philologische wochenschrift, unter mitwirkung von G. Andresen und H. Heller herausgegeben von *W. Hirschfelder*, Berlin, Calvary u. Co.

Catalogs von antiquaren: Antiquarischer catalog nr. 60 von *Heinrich Kerler* am Judenhof in Ulm (altclassische philologie, archäologie, philosophie, pädagogik; *Ferdinand Steinkopf* in Stuttgart, antiquarischer catalog nr. 285; classische philologie, ältere und seltnere literatur. Den katalog nr. 357 von Kübler's antiquarium in Leipzig bespricht RAnz. nr. 286.

kleine philologische zeitung.

Dem vor einiger zeit verstorbenen ägyptologen *Mariette* soll in seiner vaterstadt Boulogne ein denkmal errichtet werden. Augsb. allg. ztg. 1881, nr. 285.

Athen, 16 octob. (Archäologisches.) Am fuße des Lykabettos wurden bei der grundlegung eines hauses in der tiefe von 0,65 meter die spuren der nische eines altars und eines hauses entdeckt, welche der altchristlichen zeit Athens angehörten. Besonders bemerkenswerth sind folgende gegenstände: 1) zwei postamente viereckiger gestalt mit einer säulenbasis jonischen styls aus pentelischem marmor von guter regelmäßiger arbeit der ältesten christlichen zeit. Die höhe der postamente beträgt 0,70, der durchmesser 0,55 meter; 2) zwei eckige säulencapitäle mit pfosten aus pentelischem marmor mit schönen reliefs der christlichen zeit. Länge 0,79, breite 0,45 und höhe 0,32 meter; 3) zwei stücke kleiner capitäle, gleichfalls aus pentelischem marmor, höhe 0,22 meter, mit einem kreuz und kleinen reliefs christlicher kunst; 4) eine viereckige dekretstäle aus pentelischem marmor, deren höhe 1,15, breite 0,45 und dicke 0,15 meter beträgt, und deren inschrift leider durch ein steinwerkzug zum größten theile verwischt worden ist. Heute sind nur noch zwei reihen mit folgenden buchstaben zu lesen: _ΚΨΗΦΙ- ΣΑΤΟ (Η Ε)Ξ ΑΡΕΙΟΤ ΠΑΓΟΤ ΒΟΤΑΗ. Offenbar ist diese säule von einer anderen stelle Athens zum pfosten einer wahrscheinlich unter Constantin dem großen hier erbauten christlichen kirche verwendet worden. Viele anzeichen beweisen, daß diese kirche entweder unter Julianus Apostata (363) oder während des zweiten einfalls der Gothen unter Alarich (396) verbrannt worden ist. Aus den vielen aufgefundenen marmorsteinen, hackziegeln, platten u. s. w. dürfen wir schließen, daß sie von bedeutender größe war. Sie diente offenbar zum gemeinsamen gebetsort auf dem dort liegenden christlichen kirchhofe, welcher in den vier ersten jahrhunderten der christlichen zeitrechnung dort angelegt war. Diese unsere meinung wird durch die entdeckung vieler christlichen gräber in jener gegend bestätigt, ganz besonders aber durch die neuliche auffindung (21. september) eines sarkophags, welcher die gebeine eines der ersten bischöfe der stadt Athen, der sowohl in der politischen, als in der kirchengeschichte bisher unbekannt war, enthielt. In der tiefe von 0,85 meter stießen nämlich die arbeiter auf eine marmorplatte, welche der hausbesitzer mit größter vorsicht reinigen und ausheben ließ. Es erschien eine gut gearbeitete weiße marmorplatte mit glatter oberfläche und einer inschrift, länge 2,30, breite 1,06 und dicke 0,07 meter. Auf der platte, kaum 0,04 meter von ihrem oberen rande, sind drei christliche monogramme (cf. Herzog, Encyklopädie IX, p. 741) eingegraben, deren gebrauch auf christlichen gräbern nicht vor der zeit der herrschaft der söhne Constantins des großen üblich war (337—361). Dicht darunter, kaum 0,05 meter entfernt, findet sich ein viertes monogramm mit folgender, sehr deutlicher grabinschrift: O EN οCIOIC EΠICKOΠHCAC KΛIMATIOC. Diese inschrift ist mit buchstaben der römisch-christlichen zeit geschrieben, und gleicht ganz der auf einer zu ehren des römischen hipparchen Herculius auf kosten des um 398 in Athen die philosophie lehrenden neuplatonikers Plutarchos Nestorius gestifteten ehrensäule (cf. Άρχ. Έφημ. ἀρχ. 560 p. 411). Leider enthält die grabinschrift durchaus keine chronologische bestimmung; nur ein kleines löchlein befindet sich noch in der platte, dessen zweck mir nicht recht klar ist. Nachdem die platte von den arbeitern aufgehoben war, erschien unter ihr eine zweite lage aus steinen alter zeit, mit welchen die obere platte durch eine starke kalkschicht verbunden war. Nachdem auch diese steinlage beseitigt worden, erschien endlich die höhlung des sarkophags, in welcher seit so vielen jahrhunderten der unbekannte kirchenfürst Athens geruht hatte (länge 1,20, breite 0,85 und tiefe 0,95 meter). Von seinen vier seiten ist die eine in den Lykabettos eingehauen, die anderen drei seiten sind aus backsteinen sehr fest zusammengefügt (jeder stein hat 0,40 länge, 0,30 breite und 0,04 dicke). Alle vier seiten aber waren gleichfalls mit feinen marmorplatten bedeckt (0,04 meter dick) und mit dem eigentlichen sarkophag und unter einander durch krumme eiserne nägel befestigt. In diesem sarkophage nun lag der todte mit dem kopf nach süden und den füssen nach dem theile des Lykabettos, wo die spuren des altars der kirche entdeckt worden sind. Ein lehmiger überzug in der stärke von 0,05 meter bedeckte das ganze skelett, von dem übrigens nur der untere schädeltheil mit einigen zähnen des oberkiefers erhalten war; alle anderen knochen waren durchaus vermodert und verfault. Merkwürdigerweise fand sich sonst in dem sarkophag gar nichts, was an die stellung des christlichen oberhirten erinnern konnte, vor, kein schmuckgegenstand, kein geldstück, wie solche doch in den 1832 in Athen eröffneten christlichen gräbern vielfach vorgefunden worden sind (vgl. Roß, archäologische anlässe p. 33—37). Doch scheint der todte mit seinen priesterlichen gewändern begraben worden zu sein, wie aus den mehrfachen farbenresten auf allen platten des sarkophags hervorgeht. Wann hat nun dieser bischof Klematios in Athen gelebt und gewirkt? Wie es scheint, kurz nach dem bischof Pistos von Athen, der auf der ersten synode von Nicäa zugegen war, entweder unter der herrschaft der ersten nachfolger Constantins des großen von 337—361 oder wenige jahre vor dem zweiten einfall der Gothen in Athen. Diese meinung wird durch einen sarkophag ganz ähnlicher art, der in den katakomben von Rom vor einigen jahren gefunden wurde und der aus dem jahre 355 stammt (vgl. Herzog a. a. O.), wesentlich bekräftigt. — Augsb. allg. ztg. Beil. zu nr. 240.

Ueber die vom lieutenant Conder in Palästina angestellten untersuchungen meist topographischer art giebt kurze nachricht Augsb. allg. ztg. Beil. zu nr. 329.

Neue sculpturen von Pergamon. Die ausgrabungen in Pergamon, über welche s. PhAnz. X, 12, p. 576, eb. hft. 2, p. 166, sind auch in diesem jahre von dem ersten entdecker Humann weiter gefördert worden, am 14. november langte die erste sendung der jüngsten funde in vierzig kisten zu Berlin an: über sie erstattet einen vorläufigen bericht Chr. Belger in Augsb. allg. ztg. beil. zu nr. 329, dem wir folgendes entnehmen. Die neuen funde, nur eine nachlese der frühern grabungen lassen sich in vier gruppen theilen. Zunächst ward auf jedes, auch noch so kleine fragment der großen gigantomachie geachtet, weil sich schon gezeigt hatte, wie bei dem trümmerhaften zustande der großen reliefs auch der unscheinbarste splitter zur ergänzung hochbedeutend werden könne. Von ihnen ist denn auch eine große menge gefunden worden: schlangenköpfe, hände, füße, gesichtstheile und anderes. Unter diesen fragmenten aber ragt ganz besonders eine fast völlig erhaltene weibliche figur hervor, die mit fliegendem gewande vorwärts eilt. Es ist wahrscheinlich, daſs wir in ihr eine eckplatte, also ein ungemein wichtiges glied des ganzen frieses vor uns haben; ein kopf, schon aus der ersten ausgrabung nach Berlin gekommen, mit zwar verschlossenem gesicht, aber wundervoll erhaltener und durchgearbeiteter haarfrisur, scheint zu ihr zu gehören. Ferner haben an nicht weniger als acht platten des großen frieses kürzlich angestellte versuche ergeben, daſs von den neuen kleinen fragmenten eine anzahl die lücken füllen, welche bisher noch geblieben waren. Der löwe der Kybele z. b hat jetzt seinen vorderkopf erhalten, ein anderer löwe die eine vordertatze, eine schöne weibliche gestalt die rechte brust; in der hekategruppe hat der herrliche, ganz menschlich gebildete gigant, der gegner der Artemis, einen theil seines beines wiederbekommen. Die zweite reihe von fragmenten gehört dem kleineren sogenannten Telephos-fries an, welcher sich um die hintermauer der säulenhalle hinzog, die oben auf dem plateau des ganzen baues den eigentlichen altar umgab. Von diesen, großentheils sehr zierlichen, platten sind aus den trümmern einige größere reihen von figuren zusammengesetzt worden; auch sie werden durch die neuen bruchstücke gewinnen. — Eine dritte gattung bilden die rundfiguren, und unter ihnen sind vor allen auszuzeichnen: zwei göttinnen, Hera und Athena, beide in gleichem maßen, von demselben arbeit, sichtlich als gegenstücke gearbeitet. Leider waren die statuen schon im alterthum aus stücken zusammengesetzt; der körper war glücklicherweise aus einem großen block gebildet, aber kopf und arme waren eingesetzt. Diese sind denn auch verloren, aber die körper vollkommen erhalten. Ungemein reiches, flott gearbeitetes faltenwerk zeichnet beide aus; beide stehen in feierlicher haltung. Hera hatte, wie der ansatz des erhobenen rechten arms beweist, ein langes scepter in der rechten, während die vorgestreckte linke wahrscheinlich eine schale hielt. Athene hat in sonst wenig gebräuchlicher weise die Aegis überkreuz um die brust gebunden, tiefe falten fallen zu den füßen herab, von denen der rechte dem standbein angehört, während das linke bein in leichter wendung die feierliche ruhe des ganzen etwas mildert. Die herabsinkenden falten des obergewandes sind ebenfalls sehr reich entwickelt. Wiewohl nun freilich marmor nicht das eigentliche material für cultbilder ist, macht unsere statue doch durchaus den eindruck eines solchen, und steht, wenn auch vermittelt, noch unter dem einfluß des cultbildes der Athena Parthenos von Phidias. Bekanntlich ward etwa vor zwei jahren eine kleine marmorkopie dieses gefeierten bildes zu Athen beim Varvakeion gefunden. Ueber diese copie, über welche s. erstes hft 1, p. 63, hft 2, p. 121, (vrgl. auch Adler im PhAnz. IV, 5, p. 206) hat Lange in mittheil. des deutsch. instit. zu Athen VI, hft 1 ausführlich gehandelt und daselbst die bekannten Athenastatuen zusammengestellt, welche in nachweislicher abhängigkeit von dem vorbild im Parthenon stehen. Unter ihnen nimmt unsere statue eine bedeutende stelle ein. — Von den Torsen, welche schon die erste ausgrabung lieferte, ist jetzt eine besonders schöne männliche gestalt gereinigt worden, deren körper, gewand und ganze haltung durchaus an den Zeus aus dem großen fries erinnert. Es scheint demnach, daß einzelne gestalten dieses frieses bereits zu Pergamon die nachahmung der künstler hervorriefen, und so direct schulbildend wirkten. Dieselbe einwirkung läßt sich auch in der vierten gattung von fragmenten nachweisen. — Neben der großen gigantomachie wurden nämlich zu Pergamon auch reliefplatten gefunden, welche in kleinem maßstab ebenfalls den kampf der götter gegen die giganten darstellen; ja sogar in kleinen rundfiguren von ungemein sorgfältiger détailarbeit haben die pergamenischen künstler in einem dritten kunstwerk denselben gegenstand behandelt. Außer diesen letzterwähnten reliefs fanden sich auch noch die trümmer eines siegesdenkmals, welches die waffen der überwundenen zusammengestellt zeigt; doch liegen diese bruchstücke noch zu zerstreut vor, als daß wir darüber schon heute genau berichten könnten. Ein harnisch mit minutiös fein gearbeitetem gorgonenhaupte fiel uns auf, vor dem, wie es scheint, ein ruder querüber aufgehängt ist; auch ein streitwagen, dessen wangen mit prachtvollem, leider sehr verriebenem, ornament geschmückt sind, ist zu sehen. — Außer dem großen friese, der durch kunstvolles zusammenordnen von fragmenten mindestens schon sehn figuren gewonnen hat, ist jetzt bereits eine anzahl der kleineren platten vom telephos-friese, sowie drei kleine rundfiguren und ein kopf, dessen frisur an die haartracht der Nike erinnert, aufgestellt, auch eine platte vom kranzgesimse, die basis und das prachtvolle capitäl einer der säulen; die herrlichsten architekturstücke, auch ein ganz neugefundener altar (??) mit epheugewinden und masken, liegen noch in der werkstatt des bildhauers Freres, welcher mit unermüdlichem eifer und dem feinsten blicke nunmehr schon über ein jahr mit der reinigung und zusammensetzung der sculpturen beschäftigt ist; eine sehr große menge von architekturstücken, darunter auch eine schöne, aus vielen blöcken bestehende basis und ein halbrund mit umlaufender bank, eine exedra, die ein kleines bauwerk für sich bildet, sind noch in ihren kisten unter der säulenhalle der nationalgallerie verpackt. Denn es fehlt durchaus an raum, die neuen schätze aufzustellen. Wir wünschen und hoffen, daß in nicht allzu langer zeit die mittel flüssig werden möchten, um die Pergamener, die jetzt, auf der erde liegend, höchstens die hälfte des ursprünglich beabsichtigten eindrucks machen, so aufzustellen, wie der schaffende künstler sie sich dachte. Besonders deutlich ist diese verschiedene wirkung der aufstellung jetzt schon an der statue eines Hermaphroditen, die lange zeit auf dem boden lag, jetzt aber gereinigt und, wie es ihr zukommt, auf einem postament aufgerichtet ist: die vorher wenig oder gar nicht beachtete statue ist jetzt in der weichheit ihrer formen, der grazie ihrer haltung zu einer hauptzierde des saales geworden, in welchem sie ihren platz hat. Genau so, oder noch mehr, wird die wirkung der übrigen sculpturen sich steigern, welche vom künstler ursprünglich nur innerhalb eines ganz bestimmten architektonischen rahmens aufrechtstehend über dem beschauer gedacht worden, jetzt aber, aus ihrer umfassung herausgerissen, zu seinen füßen liegen.

Rom in wort und bild. Eine schilderung der ewigen stadt und der Campagna von dr. phil Rud. Kleinpaul. Mit 368 illustrationen. 7. u. 8. lieferung à 1 mk. (Leipzig, verlag von Schmidt und Günther.) — In diesen heften werden die Karakallathermen und die Diokletiansthermen geschildert. Nach den vorgefundenen resten zu schließen, ist die anlage derselben eine höchst großartige und die ausstattung eine höchst prachtvolle gewesen, denn wir wissen, daß in den thermen die unvergleichlichen weltbekannten statuen und gruppen, wie der Apollo del Belvedere, der Herkules, die Laokoongruppe und andere aufgestellt waren, gar nicht von den prächtigen konversations und bibliotheksäalen etc. zu reden. Von diesen thermen führt uns der verfasser nach der Via Appia, der gräberstraße, der grotte der Egeria, dem grabmal der Caecilia Metella, nach den reizvollen resten der großartigen wasserleitung, der Aqua Claudia. Sodann folgen wir ihm nach dem cirkus des Maxentius mit seinen reich ausgestatteten festspielen und wettrennen, darauf zur Cestiuspyramide zu der ehrenpforte des Septimius Severus, zum Monte Testaccio und kehren zurück nach dem Aventin, dem Vestatempel und dem tempel der Fortuna virilis. Alle diese monumente werden nicht nur im texte instructiv geschildert, sondern auch in großen getreuen illustrationen vorgeführt, welche meisterwerke der holzschneidekunst genannt zu werden verdienen. — RAnz. nr. 287.

Augsburg. (Römische ausgrabungen.) Durch die fortsetzung der canalisirung der stadt sind neuerdings wieder einige gegenstände zu tage gefördert worden, die von der einstigen Römerstadt zeugniß geben. Entsprechen dieselben auch nicht ganz den erwartungen, welche man bei der früheren reichen ausbeute in dieser gegend der stadt hegen durfte, so sind sie doch der erwähnung werth. Zuvörderst stieß man am anfang des äußeren Pfaffengäßchens, kaum drei meter von der Carmelitergasse entfernt, also in unmittelbarer nähe der stelle, wo vor zwei jahren das mächtige säulencapitäl und einige andere reste von säulen gefunden wurden, in einer tiefe von zweieinhalb meter auf Maulentrümmer von demselben äußerst dauerhaften, fast krystallinischen kalkstein, welcher der verwitterung so ausgezeichnet widerstanden hat, daß auch nicht die leiseste spur von zersetzung an ihm wahrgenommen werden konnte. Offenbar gehören auch die jetzt gefundenen trümmer zu dem mächtigen bau, auf dessen dimensionen wir nach dem vorhandenen capitäl und säulentrommeln einen sicheren schluß machen können Von da an, dem zuge des äußeren Pfaffengäßchens nach osten folgend, kam man verschiedene male auf gemauerte grundlagen, wobei namentlich größere stücke von kalktuf bemerkt wurden, sowie auch reste von cementirtem boden, aus einem gemisch von mörtel und kleinen kieseln bestehend, wie dergleichen überall bei römischen substructionen zu finden sind; doch konnte nirgends ein regelrechter estrich nachgewiesen werden, auch zeigten sich, bis jetzt wenigstens, nicht die viereckigen steinchen, mit welchen sonst gewöhnlich der fußboden belegt wurde. Dagegen zeigte sich an einer stelle (gerade gegenüber dem hause e no. 221) eine große menge von gefäßüberresten aus terracotta, meist mit figuren versehen, ganz von derselben art, wie sie die im museum aufbewahrten reste von den bei der frohnveste gemachten ausgrabungen zeigen; von stempeln konnten folgende unterschieden werden: 1) *ANDECENIN*.. 2) *SARRI*. Mit diesen gefäßüberresten kam auch die obere hälfte eines glaskruges zu tag, der namentlich wegen der henkelbildung bemerkt zu werden verdient. Endlich fand sich nicht weit davon entfernt eine münze von Constantin. Avers: kopf des kaisers mit der umschrift *Constantinopolis*. Revers: eine Victoria mit dem fuß auf einem schiffsschnabel. Außer diesem in dem areal der altrömischen stadt gefundenen überresten ist noch von einem funde zu berichten aus einer gegend der stadt, die ziemlich entfernt von der altrömischen gelegen ist und sonst keine antiken funde aufzuweisen hat. In der oberen stadt nämlich, Spitalgasse n 208, stieß der besitzer des hauses bei gelegenheit des umbaues des anstoßenden hauses in einer tiefe von eineinhalb meter auf einen stein von 1,9 meter länge, 75 ctm. höhe und 36 ctm. breite, der ausgehoben wurde und auf der einen schmalseite eine figur erkennen ließ; bei näherer besichtigung zeigte sich dieselbe deutlich als die gestalt eines mannes, der mit ziemlicher anstrengung eine last auf dem rücken trägt und im ausschreiten begriffen ist. Die gewandung sowohl als namentlich die art der sculptur lassen um so weniger zweifel über den römischen ursprung des steins entstehen, als auch das material selbst ganz mit den steinfragmenten aus römischer zeit übereinstimmt. Auf die frage: wie dieses entschieden römische fragment in die von der alt-römischen stadt ziemlich entfernte gegend gekommen sei, ließe sich vielleicht mit der vermuthung antworten, daß dasselbe von dem nicht weit von dem fundorte entfernten Iupitertempel stamme, der mit ziemlicher wahrscheinlichkeit an der stelle, wo jetzt die kirche von St. Ulrich steht, nachgewiesen werden kann. Dieser stein sowie die oben bezeichneten fundgegenstände sind bereits dem hiesigen museum einverleibt. — Augsb. allg. ztg. beil. zu nr. 329.

Augsburg, 1. dec. (Archäologisches.) Zu den in der äußeren Pfaffengasse gemachten funden ist neuerdings ein wertvolles stück hinzugekommen, nämlich ein wohlerhaltenes broncefigürchen, den Mercurius darstellend. Dasselbe ist zwölf centimeter hoch, vom kopf bis zu dem vorderfuß gerechnet; der raum zwischen den beiden freistehenden armen beträgt fünf centimeter, die figur trägt in der einen hand den geldbeutel (*crumena*), mit welchem bekanntlich Mercurius vielfach abgebildet erscheint; an der linken hand ist die öffnung deutlich zu erkennen, durch welche der nicht mehr vorhandene flügelstab (*caduceus*) hindurchging. Den kopf deckt der mit flügeln geschmückte runde hut (*petasus*). Von gewandung ist an den schön gebildeten körper nur eine art überwurf zu entdecken, der über die schultern gebreitet in leichtem faltenwurf über die linke schulter herabfällt und dessen ende um den linken arm herumschlingt. Leider fehlen an der sonst wohlerhaltenen figur die füße von den knöcheln an — Augsb. allg. ztg. nr. 341.

Neustadt a. d. D. (Ausgrabungen eines römischen lagers.) Bei dem eine stunde von hier an der Donau gelegenen dorfe Eining befindet sich ein jedenfalls wegen des flußüberganges errichtetes römisches marschlager, welches, obgleich seine existenz schon lange bekannt ist, seither doch kaum einer beachtung gewürdigt wurde. Im verflossenen sommer jedoch fanden mehrfache ausgrabungen statt, welche von gutem erfolg gekrönt waren. Zunächst wurde umfassendes mauerwerk aufgedeckt, und namentlich zogen guterhaltene gewaltige hypokausten die aufmerksamkeit auf sich. Von der ganzen anlage konnte bereits ein situationsplan aufgenommen werden. Die zu tage geförderten fundstücke, unter welchen sich zahlreiche ziegel mit dem legionszeichen befinden, wurden gesammelt, und es steht zu erwarten, daß künftige ausgrabungen mit reicheren mitteln noch manchen interessanten fund werden aufweisen können. — Augsb. allg. alg. nr. 342.

Auszüge aus zeitschriften.

Göttingische gelehrte anzeigen, 1881, st. 3: gesammelte kleine schriften von *H. Steinthal*, bd. I, anzeige von *Brambergger*, der die schriften für „etwas antiquirt" hält, zumal da auf die nach ihnen erschienene literatur gar keine rücksicht bei dieser neuen ausgabe genommen sei, das noch an einzelnen ansichten des verf. nachweist. — St. 4: Essai sur la vie et le règne de Septime Severe. Memoire couronné par l'academie royale de Belgique. Par Adolphe de Ceuleneer, Bruxelles: anzeige von *C. Hirschfeld*, die die schrift empfiehlt, wenn sie auch nicht bedeutend sei. — St. 7: Itinera Hierosolymitana et descriptiones terrae sanctae bellis sacris anteriora ediderunt *T. Tobler* et *A. Molinier*. 8. Genève: anzeige von *Fr. Vogel* die auf die benutzung des Hegesippus aufmerksam macht. — Geschichte der völkerwanderung, von *E. v Wietersheim*. Zweite auflage von *F. Dahn*, bd. I, Leipzig: anzeige von *G. Kaufmann*, der an Dahn's zugaben viel auszusetzen findet. — St. 9: beiträge zur erklärung der kritik des Isaios. von *W. Röder*, Jena: anzeige von *F. Blaß*, der in vielem vom verf. abweicht. St. 11: A history of ancient geography among the Greeks and Romans from the earliest ages till the fall of the roman empire. By *E. H. Bunbury*; 2 voll. 8. London 1879: anzeige von *J. Partsch*, der im einzelnen, besonders aber in der beurtheilung des Polybins vom verf. abweicht, aber im ganzen das werk empfiehlt. — St. 14: Introduction in the science of language by *A. H. Sayce*. 2 voll. 8. London: empfehlende anzeige von *A. Fick*. — St. 16: Aristophanis Thesmophoriarumae, adnotatione critica, commentario exegetico et scholiis: graecis instruxit *Fr. Blaydes*. Hali Sax.: lobende anzeige von *A. v. Velsen*. St. 18 u. 19: *G. Kaufmann*, deutsche geschichte bis auf Karl den großen. Bd. I. Leipzig: anerkennende ausführliche anzeige von *A. Meitzen*. — Die antiken bildwerke der Villa Ludovisi in Rom, beschrieben von *Th. Schreiber*. Leipzig: anzeige von *A. Michaelis*. — St. 20. 21: atlas der geschichte des kriegswesens von der urzeit bis zum ende des sechzehnten jahrhunderts. Bewaffnung, märsche und kampfweise, befestigung, belagerung, seewesen. Von *M. Jähns*. (100 tafeln): handbuch der geschichte des kriegswesens etc. Technischer theil (fortsetzung. Leipzig. 1878: ausführliche anzeige von *E. Köhler*, der die behandlung des mittelalters der der alten zeit nicht gleichstellen und den wissenschaftlichen werth dieser fortsetzung nicht hoch anschlagen kann: brauchbar würde das werk aber überhaupt erst durch beifügung passender register. Dieser letztere tadel wird in st. 26, p. 832 zum theil zurückgenommen und noch ausätze zur anzeige gegeben. — Theogonie und astronomie. Ihr zusammenhang nachgewiesen an den göttern der Griechen, Aegypter, Babylonier und Arier von *A. Krichenbauer*. Wien: die anzeige zeigt kurz das seltsame des büchleins. (Aehnliches hat der verfasser auch über Homer zu tage gefördert.) — Apollon Pythoktonos. Ein beitrag zur griechischen religions- und kunstgeschichte, von *Th. Schreiber*, Leipzig: anzeige von *W. H. Roscher*. St. 22: zur reconstruction der weltkarte des Agrippa. Von *F. Philippi*. Marburg: anzeige von *R. Hansen*. — St. 25. 26: epilegomena, zu Horaz, von *C. Keller*. 2 bde. Leipzig. eingehende inhaltsangabe von *A. Häußner*. — Etudes politiques par les principaux événements de l'histoire Romaine. Par *P. Drevens*. Brüsselles: anzeige von *J. Plew*, der meint, daß das gute im buch nicht neu und das neue nicht gut sei. — St. 27. 28: grundzüge der phonetik zur einführung in das studium der lautlehre der indogermanischen sprachen; von *Eduard Sievers*. Leipzig: anzeige von *J. Storm*. St. 30: Evangeliorum codex graecus purpureus Rossanensis litteris argenteis sexto ut videtur saeculo scriptus picturisque ornatus. Seine entdeckung, sein wissenschaftlicher und künstlerischer werth dargestellt von *O. v. Gebhardt* und *A. Harnack*. Leipzig: genaue, besonders auf die miniaturen eingehende anzeige von dr. *Zucker*. (Vrgl. Ph Anz. X, 7, p. 416: 577 u. Bibel.) — St 32. 33: die staatslehre Platons in ihrer geschichtlichen entwicklung. Ein beitrag zur erklärung des idealstaats der Politein. Von *Karl Nohle*. Jena: ausführliche and beistimmende anzeige von *E. Alberti*. — St. 35: über den namen Italien. Eine historische untersuchung von *B. Heisterbergk* (s. ob. hft. 7, p. 375) und: die anfänge Roms von dr. *K. Pöhlmann*. Erlangen:

kurze anzeige von *W. Deecke.* — St. 36: *Sophokles* edited with english notes and introductions by *Lewis Campbell* 2 voll. Oxford: anzeige des zweiten bandes (Aiax, Electra, Trachiniae, Philoctetes) von *N. Wecklein,* der die ausgabe sehr rühmt. — St. 37: ausführliche erklärung des besonderen völkerschaftlichen theiles der Germania des Tacitus von dr. *A. Baumstark.* Leipzig: lange anzeige von *H. Schweizer-Sidler.* Vgl. ob. hft. 10, p. 511. — Pompeji. Rivista illustrata di Archeologia popolare e industriale e d'arte, herausgegeben von avv. Augusto Melo, als direttore prop. und E. Abenincar als redattore capo. A. I, no 1. 16. fol. Mit einer anzahl abbildungen im text. Die auf Pompeji bezüglichen aufsätze des ersten heftes dieser zeitschrift werden kurz von *Fr Wieseler* besprochen. — St. 38. 39: *Aristophanis* comoediae. Annotatione critica, commentario exegetico et scholiis graecis instruxit *M. Blaydes.* T. II. Lysistrata. Hal. Saxonum: kurze anzeige von *A. von Bamberg,* der einige stellen aus den Lysistrata bespricht und dabei auf das verhältniß und die geltung der handschriften eingeht. - St. 40: Cyrus und Herodot nach den neugefundenen keilinschriften. Von dr. *V. Floigl.* Leipzig: eingehende und die aufstellungen des vfs. abweisende anzeige von *J. Oppert.* — St. 41: bibliothek indogermanischer grammatiker u. s. w. bd. IV: griechische grammatik von Gustav Meyer. Leipzig; anzeige von *Leo Meyer,* der viele einzelheiten als irrig nachweist und im ganzen von dem buche wenig erbaut zu sein bedauert. — St. 43: *C. Graux,* de Plutarchi codice manuscripto Matritensi iniuria neglecta. Paris: anzeige von *fi. Heylbut,* der die wichtigkeit der handschrift durch behandlung einiger stellen bestätigt und die bekanntmachung einer genauen collation des ganzen codex dringend wünscht. - St. 45. 46: morphologische untersuchungen auf dem gebiet der indogermanischen sprachen von dr. *H Osthoff* und *K Brugman.* Leipzig: ausführliche anzeige von *A Fick.* — Ueber entstehung und zusammensetzung der altrömischen volksversammlungen. Von *W. Soltau.* Berlin: anzeige von *W. Dittke,* die den fleiß des vfs. anerkennt, die große weitschweifigkeit aber beklagt. — St. 47: karten von Attika. Auf veranlassung des k. deutschen archäologischen instituts und mit unterstützung d. k. preußischen ministeriums der geistlichen u. s. w. angelegenheiten aufgenommen durch offiziere und beamte des k. preußischen großen generalstabes mit erläuterndem text herausgegeben von *F. Curtius* und *J. A. Kiepert.* Heft 1: anzeige von *H. Sauppe.* — St. 48: geschichte der Karthager von *O Meltzer.* Bd. I. Berlin: anzeige von *B. Niese.* Vrgl. ob. hft. 7, p. 383. — St. 51: La piraterie dans l'antiquité. Par *J. M. Sestier.* Paris: anzeige von *R. Werner,* die das buch lobt. — Das recht des besitzes bei den Römern. Festgabe an J. C. Bluntschli zum doctorjubiläum von *E. J. Bekker.* Leipzig: anzeige von *E. Hölder,* ein beachtenswerthes referat. — Geschichtsforschung und geschichtsphilosophie von dr. *E. Bernheim:* anzeige von *A. Stern.*

Nachrichten von der königl. gesellschaft der wissenschaften und der Georg-Augusts-universität zu Göttingen. 1881: nr. 6: verbesserungsversuche zu Euripides Kyklops von *Fr. Wieseler.* — Nr. 7: magister Pacht gegen Friedrich d. gr., von *F. Wüstenfeld,* ein beitrag zum schulwesen im 18. jahrhundert. — Nr. 15: 1. Über die semitischen namen des feigenbaums und der feige, II. Astarte, von *P. r. Lagarde.*

Neue jahrbücher für philologie und paedagogik, herausgegeben von *A. Fleckeisen,* bd. 123, hft. 7: (23.) Noch eine art von interpolationen bei Homeros, von *W. Christ,* p. 433. - 76. Zu Sophokles (Trach. 145), von *J. Oehisch,* p. 448. · 77. Zu Theognis, von *E. Hiller.* Ch. Ziegler: Theognidis olegiae secundis curis recognitae (Tübingen 1880),

p. 449—454; J. Sitzler: Theognidis reliquiae (Heidelberg 1880), p. 454—480. — 78. Anz. v. O. Benndorf und O. Hirschfeld: abhandlungen des archäologisch-epigraphischen seminars der univ. Wien. I. II. (Wien 1880, 81), von *E. Petersen*; *R. Schneider*: die geburt der Athena, p. 481—490; *J. Dürr*: die reisen des kaisers Hadrian, p. 490—493. 79. Zu Kornutos, von *C. Lang*, p. 493—494. — 80. Noch einmal die stellung von *ut̓rque*, von *A. Proehsch*, p. 495—496. — 81. Zu Lucretius, von *C. Giuseβr*, p. 497—507. — 82. Zum verständniß einer pseudo-Plutarchischen nachricht über Diogenes. von *G. F. Wrygoldt*, p. 508—510. — 83 Miscellen, von *K. E. Georges*, p. 511—512. — 84. Zu *Plinius* naturalis historia (XXI, §. 11) von *O. Wiese*, p. 512. —

Hft. 8. 9: 85. Anz. von Gustav Meyer, griechische grammatik (Leipzig 1880), von *W. Clemm*, p. 513—533. — (76.) Zu Sophokles, von *G. H. Müller* und *J. Oehlisch*, p. 534—536. — 86. Zur kritik des Homerischen hymnos auf Hermes, von *H. Stadtmüller*, p. 537—542. — (64.) Zu Stobaios anthologion, von *R. Drefller*, p. 542. 87. Aulos und nomos, von *K. von Jan*, p. 543—552. — 88. Die ältesten Platonhandschriften und das *ν ἐφελκυστικόν*, von *J. S. Kroschel*, p. 553—561. — 89. Zu Platons Parmenides und Gorgias, von *K. J. Liebhold*, p. 561—564. — 90. Zu Galenos περὶ ψυχῆς παθῶν, von *H. Marquardt*, p. 565—568 — 91. Anz. von M. Cantor: vorlesungen über geschichte der mathematik, 1. band (Leipzig 1880), von *F. Hultsch*, p. 569—592. — 92. Die schauteinpla der augurn von *P. Regell*, p. 593—637. — 93. Zur litteratur des Tibullus, von *K. P. Schwier*: B. Fabricius: die elegien des Albius Tibullus und einiger zeitgenossen erklärt, p. 637—639; F. Leo: über einige elegien Tibulls, in: philologische untersuchungen, 2. heft, p. 640. — 94. Anz. v. W. Engelmann: bibliotheka scriptorum classicorum, 8. auflage bearb von *E. Preβ*, 1. abth. (Leipzig 1880) von *R. Klufβmann*, p. 641 650. — 95. Der γεωγραφικός πίναξ des Strabon, von *C. Frick*, p. 650—652. — (57.) Zu Horatius oden (I, 6). von *A. Döring*, p. 652—655. — (58.) Philologische gelegenheitsschriften, p. 656.

Hft. 10: 96. Die abfassungszeit des Platonischen Phaidros. Zweiter artikel, von *F. Susemihl*, p. 657—670. — 97. Der heros Adrastas, von *W. H. Roscher*, p. 670—672. — (77.) Zu Theognis (berichtigung), von *E. Hiller*, p. 672. — 98. Zu Livius (buch 24, 25, 26), von *Moritz Müller*, p. 673—691. — 99. Zu Iuvenalis (3, 14, 6, 542), von *H. Rönsch*, p. 692—696. — 100. Die ökonomie der geschichte des Timaios, von *J. Holock*, p. 697—706. 101. Anz. v. O. Ribbeck: Friedrich Wilhelm Ritschl. Zwei bände, von *H. Peter*, p. 707—720.

Hft. 11: 102. Ueber die neueste behandlung des Platontextes. Zweiter artikel, von *M. Wohlrab*, p. 721—731. — 103. Zu Platons büchern von den gesetzen, von *K. J. Liebhold*, p. 732—739. — 104. Eine schrift des Simmias von Theben? von *F. Blaβ*, p. 739—740. — (8.) Zu den griechischen todtenopfern, von *P. Stengel*, p. 740. — 105. Nochmals Leukippos und Demokritos, von *E. Rohde*, p. 741—748. — 106. Zu Xenophons Hieron, von *O. Schmidt*, p. 748—752. — 107. Eine griechische grabschrift, von *H. Röhl*, p. 752. — 108. Anz. v. L. Havet: de saturnio Latinorum versu (Paris 1880), von *H. Schweizer-Sidler*, p. 753—763. — (42.) Miscellen 61—64, von *M. Hertz*, p. 763—765. — (57.) Zu Horatius oden (II, 1, 5), von *E. Hoffmann*, p. 766—768. — 109. De archetypo quodam codice Lucretiano, von *J. Woltjer*, p. 769—783. — 110. Zu Terentius Hecyra (v. 648 L), von *K. Dziatzko*, p. 783—784. — 111. Weiteres über die sog. vocabula graecanica in den überschriften der Horazischen gedichte, von *E. Zarncke*, p. 795—801. — 112. Anz. v. Ph. Thielmann: über sprache und kritik

des lat. Apolloniusromans (Speier 1881), von *J H. Schmutz.* p. 802
—804. 113. Die von Cosimo de Medici angekaufte Plinius-handschrift, von *K. Welzhofer,* p. 805—807. — (83.) Miscellen, von *K. E. Georges,* p. 807—808. — 114. Zu Vellejus Paterculus (II. 17, 3), von *W. H. Roscher,* p. 808.

Philologische rundschau, 1881, no. 18, sp. 557: Hesiod (B. U. 75). Anzeige von *Alois Rzach.* — Sp. 559: Euripide, Alceste. Texte grec accompagné d'une notice, d'un argument analytique et de notes en français par *H. Weil.* Paris 1881. 84 p. 16. 80 c. *N. Wecklein:* eine schulausgabe, welche den tüchtigen kenner der tragiker verräth und die ergebnisse der gründlichen bearbeitung des stückes bietet. — Sp. 563: *Th. Klett,* das verhältniß des Isocrates zur sophistik. Progr. Ulm 1880. 16 p. 4. Anerkennende anzeige von *R. Volkmann.* — Sp. 565: *Iw. Mueller,* specimen novae editionis libri Galeniani qui inscribitur Ὅτι ταῖς τοῦ σώματος κράσεσιν αἱ τῆς ψυχῆς δυνάμεις ἕπονται. Erlangen 1880. 15 p. 4. Lobende anzeige von *O. Heinreich.* — Sp. 567: *ΙΩΑΝΝΟΥ ΦΙΛΟΠΟΝΟΥ περὶ τῶν διαφόρως τονουμένων καὶ διάφορα σημαινόντων* ex cod. Regio Hauniensi 1965 edidit *P. Egenolff.* Vratislaviae 1880. 18 p. 8. 1 mk. Anzeige von *A. Hilgard.* — Sp. 569: *F. Riemer,* characteristik der gedichte des Horaz, vorzugsweise der oden, nach ihrer stofflichen seite." 2. theil. Gymn.-progr. zu Neustadt (Westpr.) Ostern 1880. 60 p. 4. Anerkennende anzeige von *Emil Rosenberg.* — Sp. 570: *Clemens Hellmuth,* emendationsversuche zu Ovids Metamorphosen. Programm der k. studienanstalt Kaiserslautern 1879/80. Kaiserslautern 1880. 36 p. 8. Der ref. *Anton Zingerle* erkennt im allgemeinen den eifer des verf. an, ohne jedoch seinen vorschlägen, von denen er einige bespricht, beizustimmen. — Sp. 574: *Carl Peiper,* quaestiones Propertianae. Progr. des gymn. zu Creuzburg O.-S. 1879. 16 p. 4. *Ders.,* quaestiones Propertianae, altera pars. Progr. desselben gymn. 1880. 19 p. 4. Ref *K. Rossberg:* der erste theil enthält unbrauchbare verbesserungsvorschläge, der zweite schlechte übersetzungen einzelner elegien. — Sp. 576: Caesar (B. U. 126). Lobende anzeige von *Bernh. Dinter* (vgl. Ph.Anz. XI, p. 33. 180). — Sp. 578: *Theodor Cwiklinski,* qua ratione temporibus nostris Cornelii Taciti Annales critica arte tractentur. Progr. des k. k. staatsgymn. zu Kolomea (in Galizien) 1880. 18 p. 8. Ref. *Ig. Prammer:* das ganze ist nichts als eine mehr oder minder freie übersetzung von stellen aus Pötzner's werk: die annalen des Tacitus — Sp. 579: *Max Büdinger,* Kleon bei Thukydides, eine kritische untersuchung. Wien 1880. In commission bei Karl Gerolds Sohn. (Aus dem aprilheft des jahrgangs 1880 der sitzungsber. der phil.-hist. kl. der kais. ak. d. wissensch. (XCVI. bd., p. 367) besonders abgedruckt.) 48 p. 8. 1 mk. 40 pf. Der ref. *L. Holzapfel* bestreitet die ansicht des verf., daß Thukydides auch Kleon gegenüber dem grundsatz möglichster unparteilichkeit treu geblieben sei. — Sp. 582: Lykurg (H. U. 444). Ref. *H. Zurborg:* die arbeit bietet manches neue und gute. — Sp. 584: *Richard Koehler,* der römisch-celtiberische krieg in den jahren 153 bis 133 v Chr. nach den quellen dargestellt Erster theil. Progr. der herzogl. Franz-(real-)schule zu Dessau 1880. 25 p. 4. Lobende anzeige von *H. Haupt.* — Sp. 586: The American Journal of Philology. Edited by *Basil L. Gildersleeve.* Vol. I. No. 1. Baltimore 1880. 126 p. Anzeige von *Ernst Ziegeler* (vgl. Ph.Anz XI, p. 346).

No. 19. Sp. 589: *Henricus Glökl,* de interpolatione Hippolyti fabulae Euripideae. Dissert. Halis Saxonum 1880. 60 p. 8. Inhaltsreferat mit mehreren eigenen interpretations- und emendationsvorschlägen von *H. Fecht.* — Sp. 593: Platon (B. U. 358°.) Anzeige von *Otto Apelt.* — Sp. 595: *Hülsen,* Varronianae doctrinae quaenam in Ovidii fastis vestigia extent. Berl. 1880. 52 p. 8. Diss. Der ref. O. Gruppe bezeichnet die arbeit trotz mancherlei mängel als im ganzen nützlich und erfreulich (vgl. Ph.Anz. II, p. 182). — Sp. 598: De Dracontio et Orestis quae vocatur tragoediae auctore eorundem poetarum Vergilii Ovidii Lucani Statii Claudiani imitatoribus. Scripsit Conradus Rußberg. Nordan 1880. 36 p. 8. Ref. Anton Zingerle; der verf. sucht durch diese schrift aufs neue die schon früher aufgestellte ansicht zu stützen, daß die Orestis tragoedia den Dracontius zum verf. habe. Or. 559 schlägt ref. vor reverentia faunae statt fama zu lesen. — Sp. 602: Hegesippus (B. U. 130). Ref. Hermann Rönsch; diese dissertation ist mit gewinnender geistesfrische geschrieben und bietet manche schätzenswerthe einzeluntersuchung, jedoch kein befriedigendes ergebniß. Die annahme, daß Ambrosius von Mailand die schrift des Pseudo-Hegesippus verfaßt habe, ist durch die argumentationen des verf. keineswegs widerlegt. — Sp. 608: Joh. Kurbs, de centurionibus Romanorum quaestiones epigraphicae. Diss. inaug. Halle 1880. 50 p. 8. (Auch in den Dissertationes Halenses IV, 2. Halle 1880). Lobende anzeige von Ludwig Hollaender. — Sp. 6.1: K. Ingerß, der genetivus singularis in der soy. 2. altgriechischen deklination. Besonderer abdruck aus dem 12. supplementbande der jahrbücher für klass. philol. Leipzig 1880. 193—245 p. 8. 1 mk. 60 pf. Der ref. J. Setzer stimmt zwar den ausführungen des verf., welcher aus der endung so durch contraction ω und daraus wieder ov entstehen läßt, nicht bei, empfiehlt aber die schrift als interessant und anregend.

Nr. 20. Sp. 621: Wilhelm Goecke, zur construction der verba dicendi und sentiendi bei Homer und Herodot. Progr. des progymn. zu Malmedy 1880. 16 p. 4. Ref. H. Heymann; der arbeit fehlt übersichtliche anordnung und vollständigkeit — Sp. 624: Gust. Roethe, coniecturae Aristophaneae. (Leipziger studien zur klass. philol. herausg. von G. Curtius, L. Lange, O. Ribbeck, H. Lipsius. Leipzig 1880. 8. III. bd, p. 203—207). Anzeige von R Schnee. — Sp. 625: F. C. Poselger, Aristotelea mechanische probleme (quaestiones mechanicae). Mit einem vorworte v. Moritz Kühlmann, Hannover 1881. 43 p. 8. 80 pf. Anzeige von S. Günther. — Sp. 627: O. J. Schneider, quibus ex fontibus petiverit Diodorus libr. III. capp. 1—48, 8.-A. a. d. Symbolae Joachimicae 1880. I, 219—254. Ders., de Diodori fontibus (libr. I IV). Berolini 1880. 76 p. 8. Anerkennendes inhaltsreferat von E. Buchof, welcher nur nicht als Timaeus als hauptsächliche quelle für das vierte buch gelten lassen will. — Sp. 632: Valerius Martialis (B. U. 137). Anzeige von H. Nohl. — Sp. 634: L. Constans; de sermone Sallustiano. Paris 1880. IV, 294 p. 8. 7 mk. 50 pf. Ref. N.; die arbeit ist nicht eigentlich förderlich für die wissenschaft, aber bis zum erscheinen einer besseren nützlich als nachschlagebuch für den Sallustischen sprachgebrauch. — Sp. 636: A. Peterischner, über die abfassungszeit des dialogus de oratoribus. Progr. des k. k. staatsgymn. in Mährisch-Trübau 1880. 7 p. 4. Ref. Ig. Prammer; ohne wissenschaftlichen werth. — Sp. 638: Max Sander, der sprachgebrauch des rhetors Annaeus Seneca. Berlin 1880. 2 theile. 21 und 24 p. 4. 2 mk. 80 pf. Ref. Philipp Thielmann; willkommener beitrag zur historischen syntax. — Sp. 639: Gennadius (B. U. 324). Lobende anzeige von Joh. Huemer, welcher seine vermuthung, daß Gennadius die vita Sedulii verfaßt habe, aufrecht erhält. Sp. 641: F. Bockuts, zur quellenkritik des Tacitus, Sueton und Cassius Dio. Das vierkaiserjahr. Braunschweig 1890. 70 p. 8, 1 mk. 50 pf. Als das nennenswertheste resultat der untersuchung bezeichnet Binder den nachweis, daß die berichte der drei schriftsteller auf eine gemeinsame quelle zurückgeführt werden müssen, daß über Dio

gleicherweise von Tacitus wie von Sueton unabhängig dieselbe benutzt
habe. Sp. 644: Griechische grammatik (B. U. 138). Ref. *Friedrich
Stolz:* der verf. sucht Brugmann und Osthoff zu widerlegen, aber seine
gegengründe sind nicht stichhaltig. — Sp. 645: Archaeologie (B. U.
208). Anzeige von *Hans Dütschke*, der in dem bilde auf dem halse
der amphora ein dem Dionysos dargebrachtes opfer erkennt. — Sp.
647: *Gustav Glogau*, ziel und wesen der humanistischen bildung. Zürich 1881. 38 p. 8. Angezeigt von *Chr. Muff.* — Sp. 651: Entgegnung von *Grid* auf die in no. 10, sp. 305 der rundschau enthaltene
kritik (betr. Xenophon).
 No. 21. Sp. 653: Pindar (B. U. 80). Anzeige von *L. Horne-
mann.* — Sp. 655: *Paul Stengel*, ad res sacras cognoscendas cuiusnam
momenti sint scholia Aristophanea. Symbolae Ioachimicae I, 157—186.
Ref. *R. Schneer:* der kern der abhandlung liegt in dem nachweise,
daß in den scholien eine anzahl irrthümlicher angaben enthalten ist,
doch hätte der verf. von allen scholien byzantinischen ursprungs absehen sollen. — Sp. 657: Plotini Enneades recensuit *Herm. Frider.
Mueller.* Vol. II. Berlin 1880. V, 456 p. 8. 9 mk. Rühmende
anzeige von *Nicetas Baeumker.* — Sp. 662: *E. Piccolomini*, estratti
inediti dai codici greci della biblioteca Mediceo-Laurenziana. (Aus
den annali delle università Toscane, tom. XVI.) Pisa 1879. LIII,
120 p. 4. Der ref. *Paul Pulch* nennt die arbeit vortrefflich und äußerst verdienstvoll, stimmt aber mit dem verf. nicht in der beurtheilung der Eudocia überein, in deren abhängigkeit von Phavorin und
Nonnus er festhält. — Sp. 665: *Ulrich*, de verborum compositorum
quae exstant apud Plautum structura. Halle 1880. 24 p. 4. (Progr.)
Ref. *P. Langen:* dankenswerther beitrag zur näheren kenntniß der
construction der lateinischen mit präpositionen zusammengesetzten
verba. — Sp. 667: *H. Keller*, de verborum cum praepositionibus
compositorum apud Lucretium usu. Dissert. Halle 1880. 41 p. 8.
Der ref. *A. Kannengießer* rügt die unvollständigkeit der beispiel-
sammlung und den mangel an sorgfalt bei auswahl der lesarten. —
Sp. 668: *C. Bork*, de metris Horatii lyricis. Dissert. inaug. Rends-
burg 1880. 67 p. 8. *Curl Venediger:* das büchlein ist das ergebniß
fleißiger vorarbeiten und selbständigen urtheils, doch scheint der beweis mancher hypothese auf sehr schwachen füßen zu stehen. — Sp.
671: T. Livi ab urbe condita libri. Recognovit *H. J. Mueller.* Pars I.
Libros I et II continens. Berolini 1881. XI, 96 p. 8. 75 pf. Lobende anzeige von *D. Krah.* — Sp. 673: *Fr. Blaß*, die attische beredsamkeit. Dritte abtheilung, zweiter abschnitt. Demosthenes' genossen und gegner. Leipzig 1880. 2 bl. 386 p. 8. Rühmende anzeige von *R. Volkmann.* — Sp. 676: *Adolf Ebert*, allgemeine geschichte der litteratur des mittelalters im abendlande. Zweiter band.
Leipzig 1880. VIII, 404 p 8. *K. Hamann* giebt eine inhaltskizze
mit vielen lobeserhebungen. — Sp. 681: *H. Pioner*, Caesaris antesignani. 8.*A. a. d. Symbolae Ioachimicae I, p. 37-50. Berlin 1880.
Ablehnend besprochen von *Ludwig Holländer.*
 No. 22. Sp. 683: *Emil Jahne*, die Antiope des Euripides. Eine
Euripideische studie. Landskron 1880. 28 p 8. Anerkennendes Inhaltsreferat von *Heinrich Gioßl.* — Sp. 888: *Alois Rzach*, studien zur
technik des nachhomerischen heroischen verses. Wien 1880. 194 p.
8. Aus dem novemberheft des jahrgangs 1879 der sitzungsberichte
der phil.-hist. klasse der kais. akademie der wissenschaften (XCV. bd.,
p. 681-872) besonders abgedruckt. Der ref. *J. Sitzer* giebt die resultate der abhandlung, die sich auf die dehnung eines kurzen voca-
lischen lauts vor einem folgenden liquiden beziehen, und empfiehlt
dieselbe aufs wärmste. — Sp. 691: *J. Karansek*, über die zusammen-

gesetzten nomina bei Herodot. Progr. Saaz 1880. 26 p. 8. Der rel. Carl Venediger macht mancherlei ausstellungen. — Sp. 694: Xenophontis qui fertur libellus de republica Atheniensium. In usum scholarum academicarum edidit *A. Kirchhoff.* Editio altera correcta. Berolini 1881. XII, 24 p. 8. 80 pf. Anerkennende anzeige von *H. Zurborg.* — Sp. 696: Vergil (B. U. 108). Ein reicher beitrag zu dem exegetischen apparat des dichters. *Emil Glaser.* — Sp. 701: De Tibulli codicibus. Scripsit *M. Rothstein.* Berolini 1880. 107 p. 8. 2 mk. Anzeige von *Büchler.* — Sp. 703: *Carolus Hunbenthal,* quaestiones de usu infinitivi historici apud Sallustium et Tacitum. Diss. Halis Saxonum 1881. 56 p. 8. Ref. *Eduard Wolff:* eine tüchtige spesialstudie. — Sp. 705: *Fried. Herbst,* quaestiones Taciteae. I. Qualem Tacitus in priore parte annalium secutus sit auctorem. II. Quatenus ei auctoritati fuerit obnoxius. In der festschrift des Stettiner gymnasiums zur begrüßung der XXXV. versammlung deutscher philologen und schulmänner. Stettin 1880. 38 p. 8. Die beobachtungen des verf. sind selbständig, aber nicht neu. *Binder.* — Sp. 707: *Dürr,* die majestäts-prozesse unter dem kaiser Tiberius. Progr. des kgl. Karlsgymn. in Heilbronn 1880. 32 p. 4. Der verf. hat sich durch lichtvolle unterscheidung und eintheilung der seither bloß chronologisch behandelten majestätsprozesse, sowie überhaupt durch klarheit seiner erörterungen um die beurtheilung des Tiberius verdient gemacht. *Egelhauf.* — Sp. 710: *H. van Herwerden,* lapidum de dialecto Attica testimonia. Trai. ad Rhen. 1880. 63 p. 8. Das buch läßt in beziehung auf vollständigkeit und philologische genauigkeit zu wünschen übrig. *W. Volkmann.* — Sp. 712: *Max Ruge,* bemerkungen zu den griechischen lehnwörtern im lateinischen. Berlin 1881. 32 p. 8. 60 pf. Eine anerkennenswerthe arbeit, doch wird eine unterscheidung zwischen unbestrittenen und nur wahrscheinlichen resp. unwahrscheinlichen entlehnungen vermißt. *G. A. Saalfeld.*

No. 23. Sp. 717: *Rudolf Peppmüller,* Hesiods werke und tage übertragen. Halle 1881. 30 p. 4. Weniger eine eigentliche übertragung, als eine tüchtige nachbildung des originals, durch welche die wissenschaft wesentlich bereichert ist. *H. K. Benicken.* — Sp. 719: Euripides Iphigenie in Taurien, deutsch von *Theodor Kayser.* Tübingen 1881. 106 p. 8. Die übertragung zeichnet sich durch wohlgefällige anmuth und eleganz aus. *N. Wecklein.* — Sp. 721: Xenophontis de postremis belli peloponnesiaci annis libri duo sive Hellenicorum libri I et II recognovit et interpretatus est *Ludovicus Breitenbach.* Editio altera. Lipsiae, Teubner (bibl. graeca cur. Iacobs et Rost). 1880. XXXIV, 142 p. 8. 1 mk. 80 pf. Anzeige von *H. Vollbrecht,* welcher bedauert, daß die neuere einschlägige litteratur, vor allem aber Nitsche's gründliche einwände zu wenig berücksichtigt sind. — Sp. 727: *W. Herforth,* über die nachahmungen des Isokrates und Isokratischen stils bei Demosthenes. Progr. der Friedrich-Wilhelms-schule, realschule I. ordn., zu Grünberg i. Schl. 1880. 11 p. 4. Anzeige von *Karl Fuhr.* — Sp. 728: *Th. Wassel,* die zoologie des Aristoteles. 6., 7., 8. jahresbericht des k. k. oberreal-gymn. in Reichenberg 1878. 1879. 1880. 28 p., 37 p., 30 p. Anerkennende anzeige von *S. Günther.* - Sp. 729: *Friedrich Kälker,* quaestiones de elocutione Polybiana. Abgedruckt in Leipziger studien aur klassischen philologie. III, 2. Leipzig 1880. Ref. *W. Stich;* die beobachtungen des verf. zeugen von richtigem sprachgefühl und sicherem takt. — Sp. 731: Plautus (B. U. 261). Die abhandlung bietet manche anregende gesichtspunkte, aber es fehlt der beweisführung an richtiger methode und daher an überzeugender kraft; im einzelnen stehen dem richtigen zu viele unbewiesene behauptungen und schiefe urtheile entgegen und das material ist in nachlässiger weise beigebracht. Von einem abschluß der unternommenen reconstruction kann auch nicht annähernd die rede sein. *Carl Dziatzko.* Sp. 736: *M. Hochstellner,* über eine Innsbrucker Vergilhandschrift. Innsbr. gymnasialprogr. 1880. 10 p. 8. Anzeige von *E. Glaser.* — Sp. 737: *J. Schmidt,* de usu infinitivi apud Lucanum, Valerium Flaccum, Silium Italicum. (Dissert.). Halle 1881. 128 p. 8. Ein werthvoller beitrag auf dem felde der historischen syntax der lateinischen sprache. Sp. 739: *Dworim Nemanič,* de stoicorum Romanorum primi Caesarum saeculi factione repugnante contra eam qua saeculum tenebatur rationem deque Taciti quod de eius factionis consiliis atque studiis de iisque qui ea sectabantur fecerit iudicio disputatio brevis. Progr. des k. k. staats-obergymn. zu Mitterburg 1880. 26 p. 8. Anzeige von *Ig. Prammer.* — Sp. 741: *Hugo Michael,* die verlorenen bücher des Ammianus Marcellinus. Ein beitrag zur römischen litteraturgeschichte. Breslau 1880. 32 p. 8. Der ref. *A. Eußner* giebt dem verf. als wahrscheinlich zu, daß die libri rerum gestarum nur den zweiten theil eines gesammtwerkes bildeten, dessen erster theil verschollen ist. Den weiteren annahmen des verf., daß schon jener titel auf zeitgenössische geschichte hindeute, daß die nachahmung des Tacitus auf die scheidung in zwei werke mit verschiedenen überschriften geführt habe und daß wiederholte excerse über den nämlichen gegenstand nur in dem verschollenen ersten theile vorgekommen seien, vermag ref. nicht beizupflichten. — Sp. 744: *con l'eih,* Vetera Castra mit seinen umgebungen als stützpunkt der römisch-germanischen kriege im 1. jahrh. vor und nach Chr. Berlin 1881. 11, 41 p. 8 und 2 karten. 1 mk. 60 pf. Ein willkommener beitrag über eine der wichtigsten rheinischen localitäten. *J. Schneider.* — Sp. 746: *C. Paucker,* subrelictorum lexicographiae latinae scrutarium. Berolini 1880. 72 und 19 p. Anerkennende anzeige von *Karl Hamann.*

No. 24. Sp. 749: *Bader,* die baukunst in der Odyssee. Wissenschaftliche beilage zum Osterprogramm des großherzogl. gymn. zu Eutin. Eutin 1880. 29 p. 4. Lobende anzeige mit inhaltsangabe von *Hans Karl Benicken.* — Sp. 752: *Robert Lindner,* beiträge zur erklärung und kritik des Sophokles und zur Sophokles-litteratur. (Aus dem jahresberichte des öffentlichen stifts-obergymnasiums der Benedictiner zu Braunau i. Böhmen besonders abgedruckt.) Braunau 1880. 56 p. 8. Hinsichtlich der textkritik bringt der verf. wenig neues. Seine erörterungen über die chöre zeigen gründliche auffassung und gesundes urtheil, wenn auch seine ergebnisse nicht alle gutzuheißen sind. *Christian Muff.* — Sp. 755: *Leopold Eysert,* über die echtheit des prologes in Euripides Ion. Separatabdruck aus dem programme der k. k. Neustädter staatsgymn. zu Prag 1880. Anerkennende anzeige von *em.* — Sp. 758: *Laios* (B. U. 42). Der ref. *Karl Fuhr* bedauert, daß der verf. in seinem eifer gegen conjecturen fleiß und scharfsinn fast nur auf vertheidigung und erklärung von abschreiberfehlern verwandt hat. — Sp. 762: Lectiones Horatianae. Scripsit *Aemilius Bährens.* Groningae 1880. 34 p. boch-4. (Gratulationsschrift). Einige der vorgetragenen vermuthungen lassen sich den besten an die seite stellen, andere zeigen neue wege zur heilung der verderbnisse. *Konrad Rosberg.* — Sp. 767: *E. Thomas,* scoliastes de Virgile ; essai sur Servius et son commentaire sur Virgile d'après les manuscrits de Paris et les publications les plus récentes. Paris 1880. 358 p. und 32 p. eines anhangs. 8. Ref. *E. Glaser* nennt die arbeit einen trefflichen beitrag zur litteratur des Servius und des Vergil. — Sp. 769: *H. Donderff,* aphorismen zur beurtheilung der Solonischen verfassung. Symbolae Ioachimicae I, 101—118. Berlin 1880. Der verf. hat meistens richtig geurtheilt, doch hat seine schrift den bedauerlichen mangel, daß die litterarischen quellen nicht angegeben sind, auf denen dieselbe fußt. *Victor Thumser.* — *G. Hagemann*, de Graecorum prytaneis capita tria. Vratislav. 1881.' 62 p. 8. 1 mk. 50 pf. Ref. *Herm. Zurborg:* die arbeit vereinigt in seltenem grade gründliche gelehrsamkeit mit einer gefälligen und klaren darstellung. Zu einer wirklichen evidenz hat es der verf. nicht bringen können, da bei der großen dürftigkeit des materials oft die phantasie ergänzend eintreten muß, wo positive angaben fehlen. — Sp. 780: berichtigung von *H. Dütschke* zu p. 377.

No. 23. Sp. 781: Homer (B. U. 28). — Homers Odyssee: für den schulgebrauch erklärt von *K. F. Ameis.* Zweiter band, Zweites heft. Gesang XIX—XXIV. Sechste berichtigte auflage, besorgt von *C. Hentze.* Leipzig 1880. 167 p. 8. 1 mk. 35 pf. — Anhang zu Homers Odyssee. Schulausgabe von *K. F. A.* IV. heft: erläuterungen zu gesang XIX - XXIV. Zweite berichtigte und vermehrte auflage, besorgt von *C. Hentze.* Mit abbildungen und zwei registern. Leipzig 1880. 136 p. 8. 1 mk. 20 pf. Rühmende anzeige von *Hans Karl Benicken,* welcher nur wünscht, daß in den anhängen die reste der alexandrinischen gelehrsamkeit mehr herangezogen werden. — Sp. 785: die tragödien des Sophokles. In den versmaßen der urschrift ins deutsche übersetzt von *Carl Bruch.* Breslau 1880. 8. 2 mk. 20 pf. — Sophokles Oedipus in Kolonos deutsch von *Theodor Kayser.* Tübingen 1880. 8. Die erste übersetzung ist gewandt und fließend, weicht aber oft unnöthig vom original ab und kann daher den eigentlichen kenner des Sophokles nicht befriedigen. Die zweite hat im allgemeinen höheren werth, doch ist die anwendung des reims in den chorgesängen und bei den ausgangsversen der dialogpartieen nicht zu billigen. Die übertragung des dialogs im fünffüßigen iambus ist, was den sprachlichen ausdruck angeht, musterhaft. *F. K.* — Sp. 788: Vergil (B. U. 49). Bei der besprechung dieses buchs rügt *Oskar Brosin* die umfassende ausbeutung des Goßrau'schen commentars durch den verf. und entwickelt sodann ausführlich seine ansicht über zweck und richtige anlage einer schulausgabe. Diese müsse weit nachdrücklicher, als es bisher geschehen sei, die vorbereitung des schülers nach seiten der übersetzung unterstützen; dagegen gehöre alles das nicht in den commentar, was über die erzielung eines vorläufigen verständnisses bei der präparation hinausgeht. — Sp. 798: Silius Italicus (B. U. 130). Lobende anzeige von *Ludwig Bauer.* — Sp. 800: R. *Peiper,* die handschriftliche überlieferung des Ausonius. Leipzig (besonderer abdruck aus dem elften supplementbande der jahrbücher für klassische philologie 1879, p. 191—353) 1880. 163 p. 8. 1 mk. 20 pf. Ref. *Konrad Rußberg:* die arbeit ist, wenn es auch den aufstellungen des verf. an widerspruch nicht fehlen wird, eine höchst verdienstliche, da auf der hiermit gelegten grundlage der aufbau einer kritischen ausgabe des Ausonius nunmehr gewagt werden kann. — Sp. 804: *G. Bernhardy,* grundriß der griechischen litteratur. Halle. I. theil, 4. bearbeitung. 1876. XIX, 782 p. 13 mk. 50 pf. II. theil, 3. bearbeitung, 2. abdruck: I. abtheilung 1877. 756 p. 12 mk. 2. abtheilung 1880. XXIV, 816 p. 8. 12 mk. Anzeige von *s.* — Sp. 806: *I. G. Droysen,* geschichte Alexanders des großen. 3. auflage. Mit 5 karten von Rich. Kiepert. Gotha 1880. IV, 404 p. 8. 9 mk. Anzeige von *H. Zurborg.* — Sp. 807: *Friedrich Stolz,* beiträge zur deklination der griechischen nomina. Progr. Innsbruck 1880. 45 p. 8. Die arbeit bekundet fleiß und scharfsinn, aber entspricht nicht den gegenwärtigen anforderungen der wissenschaft. —*λ.*

No. 26. Sp. 813: *Richard Huche,* de participio Thucydidio. pars I.

Progr. des progymn. zu Löbau W.-Pr. Ostern 1880. 16 p. 4. Anzeige von *Georg Meyer*. — Sp. 815: *Hugo Berger*, die geographischen fragmente des Eratosthenes, neu gesammelt, geordnet und besprochen. Leipzig 1880. 393 p. 8. 8 mk. 40 pf. Ref. *O. Kuntzemüller*: der verf. hat im wesentlichen durch seine gediegene arbeit die frage über die stellung und bedeutung des Eratosthenes als geograph zum abschluß gebracht — Sp. 819: Catulli, Tibulli, Propertii carmina a *M. Hauptio* recognita. Editio quarta ab *Iohanne Vahleno* curata. Lipsiae 1879. 8. 372 p. Catull p. 1—112. Die sonst schon so ausgezeichnete ausgabe des Catull von Haupt hat durch Vahlens schonende bearbeitung noch gewonnen. *K. P. Schulze*. — Sp. 823: Vergil (B. U. 452). Sehr empfehlende anzeige mit inhaltsangabe von *O. G.* — Sp. 827: *J. Mähly*, geschichte der antiken litteratur. 2 theile. Leipzig 1880. 280 und 276 p. 8. geb. 4 mk. *Dieselben* übersetzungen: Euripides' ausgew. dramen, daselbst 1881. XXXII, 211 p. 8. geb. 2 mk.; griechische lyriker, das. 1881. XXII, 143 p. 8. geb. 1 mk. 75 mk.; römische lyriker, das. 1881. XXVI, 165 p. 8. geb. 1 mk. 75 pf. Rühmende anzeige von *N*. — Sp. 831: *Weber*, dr., die nationale politik der Athener. Zeitz 1880. Progr. 36 p. 4. Die abhandlung ist klar und ansiehend geschrieben, doch construirt der verf. manchmal zu viel und deutet zu viel hinein. *H. Zurborg*. — Sp. 832: Oskische studien (B. U. 20). Der verf. nimmt für das oskische eine in mehrfacher beziehung nähere verwandtschaft mit dem griechischen, als mit dem lateinischen an und kommt daher bei seinen deutungsversuchen zu resultaten, die den ref. *C. Pauli*, welcher der latino-oskischen richtung huldigt, nicht durchweg befriedigen. — Sp. 842: erwiderung von *Paul Stengel* auf die recension p. 842 (betr. Aristophanes).

No. 27. Sp. 845: Homer (B. U. 188). Rühmende anzeige von *E. Eberhard*. — Sp. 852: Demetrius Phalereus (B. U. 111). Der versuchte nachweis, daß Demetrius Phalereus der verf. der schrift περὶ ἑρμηνείας sei, ist nicht überzeugend geführt. *(J. Dzialas* — Sp. 854: *Paulus Pulch*, de Eudocies quod fertur violario. Argentorati 1880. 99 p. 8. (Separatabdruck aus den dissertationes Argentoratenses, tom. IV, p. 313—411). Der verf. kommt zu dem resultat, daß das violarium nach dem jahre 1543 von einem fälscher meist aus schlechteren quellen compilirt sei; fast die hälfte des lexicons sei aus dem anno 1538 in Basel gedruckten Phavorinus abgeschrieben. Ferner sei für die biographischen artikel Suidas hauptquelle. Dies giebt auch der ref. *A. Daub* zu, doch scheint ihm die behauptung des verf. keineswegs erwiesen, daß wirklich eine ausgabe des Suidas (die Aldins von 1514) benutzt ist. Die untersuchung sei also noch nicht als abgeschlossen zu betrachten. — Sp. 858: Pomponii Melae de chorographia libri tres. Recognovit *Carolus Frick*. (Bibliotheca scriptorum Graecorum et Romanorum Teubneriana). Lipsiae 1880. XI, 108 p. 8. 1 mk. 20 pf. Diese ausgabe beruht auf einer neuen collation der besten handschrift und ist der Parthey'schen überlegen. Die inconsequenz in der orthographie ist zu beklagen. Eine lange reihe von emendationen bespricht der ref. *R. Hansen*. — Sp. 865: *Budinszky, A.*, die ausbreitung der lateinischen sprache über Italien und die provinzen des römischen reiches. Berlin 1881. XII, 267 p. 8. 6 mk. Die arbeit ist ohne selbständigkeit der forschung und wesentlich compilatorisch, im übrigen aber sorgfältig und namentlich für den romanisten von nutzen. Die veränderung des latein in den provinzen hätte untersucht werden müssen. — Sp. 867: Lateinische grammatik (B. U. 100). Lobende anzeige von *Rudolf Klußmann*. — Sp. 870: *Pollenguhr*, die technische chronologie der Römer in ihrer entwicklung vom anfang bis zur gregorianischen kalenderreform. Rheine, gymnasialprogr. 1881. 24 p. 4. Ref. O. *Gruppe*: ganz neue behauptungen in populärer form ohne jede wissenschaftliche begründung. —

No. 28. Sp. 877: *Alb. Kril*, de particularum finalium Graecarum vi principali et non Homerico. Diss. inaug. Halis Sax. 1880. IV. 58 p. 8. Anerkennende anzeige von *Fr. Holzweißig*. — Sp. 881: *Gustavus Eichler*, de Cyropaediae capite extremo (VIII, 8). Grimmae 1880. 89 p. 8. (Dissert. inaug. Lips.). Der verf. sucht nachzuweisen, daß der sogenannte epilog zwar nicht ein stück der Cyropaedie, wohl aber eine von Xenophon selbst verfaßte und später jenem werke angehängte schrift sei. Die letztere behauptung wird nicht evident erwiesen. *Ad. Nicolai*. — Sp. 883: *J. Zycha*, bemerkungen zu den anspielungen und beziehungen in der XIII. und X. rede des Isokrates. Progr. des Leopoldstädter gymn. in Wien 1880. Der ref. *Theodor Kleit* kann nicht zugeben, daß sich in § 1—8 der XIII. rede die polemik lediglich auf Antisthenes beziehe, wie der verf. will. Die ausführungen, daß die Sophistenrede vor Platos Phädrus abgefaßt sei, erklärt ref. zwar nicht für falsch, aber für werthlos. Daß rede XIII. so wie sie überliefert ist, vollständig sei, wird vom ref. auch bezweifelt. Daß die rede X gegen die Helena des Anaximenes gerichtet sei, hat der verf. nicht genügend wahrscheinlich gemacht. — Sp. 887: Ciceros rede für Publius Sestius, erklärt von *Karl Halm*. Fünfte, vielfach verbesserte auflage. Berlin 1880. VI, 121 p. 8. 1 mk. 20 pf. Anzeige von *P*. — Sp. 888: Caesar (B U. 847). Eine anregende schrift, doch beurtheilt nach dem ref. —r der verf. die angebliche grausamkeit Caesars und seine selbstsüchtige eroberungspolitik zu hart und einseitig. — Sp. 891: Römische litteratur (B. U. 118). Die anlage des buches ist im großen und ganzen zu loben, aber bei der behandlung im einzelnen wird die nöthige sorgfalt oft vermißt. Die bibliographischen notizen sind planlos und ohne die erforderliche auswahl zusammengefertigt. *C. H.* — Sp. 896: *A Deppe*, den Dio Cassius bericht über die Varusschlacht, verglichen mit den übrigen geschichtsquellen. Detmold 1880. 2 bl. 55 p. 8. — *Derselbe*, der römische rachekrieg in Deutschland während der jahre 14—16 n. Chr. und die völkerschlacht auf dem Idistavisosfelde nach Corn. Tacitus und den übrigen geschichtsquellen dargestellt. Heidelberg 1881. VIII. 114 p. 8. 1 mk. 30 pf. Beide schriften sind das resultat fleißiger studien, ohne daß jedoch die wissenschaft dadurch gefördert würde, denn derselbe stoff ist schon längst in ansgezeichneter und erschöpfender weise behandelt. *Hermann Haupt*. — Sp. 900: *Frederic D. Allen*, remnants of early latin. Selected and explained for the use of students. Boston 1880. VIII, 106 p. 8. Ein vorzügliches hilfsmittel für das studium des älteren lateins. *Bouterweck*.

No. 29. Sp. 909: Thukydides (B. U. 116) Ref. *Heinrich Wehhofer*, das buch ist eine streitschrift unangenehmster art. Die ansicht des verf., daß Thukydides sein werk wirklich vollendet habe, verdient allerdings beachtung, aber die leerste hypothese ist die ausgesprochene vermuthung, daß der schriftsteller ermordet sei, um ihm sein werk rauben zu können. Jeder begründung entbehrt ferner die annahme tendenziöser interpolationen und vor allem die behauptung, daß „die hinrichtung der tausend mytilenäischen gefangenen erlogen und die fälschung eines blutdürstigen verläumders" sei. — Sp. 915: *L. O. Brücker*, untersuchungen über Diodor. Gütersloh 1879. 42 p. *Der verf*. befindet sich fast durchweg im widerspruch mit den resultaten der bisherigen forschung. Die übliche methode der quellenforschung wird prinzipiell verworfen und dem Diodor eine gewallige autorität eingeräumt. *Hermann Haupt.* — Sp. 919: *Ludwig Kuhlmann*, de Sallustii codice Parisino 500. Wissenschaftliche beilage zum progr. des großherzogl. gymn. zu Oldenburg. Ostern 1881. 20 p. 4. Anzeige von *A. Eußner.* — Sp. 921: Caesar (B. U. 193.) Anzeige von *W. Pfitzner.* — Sp. 924: *Heydemann, V.*, de senatu Atheniensium quaestiones epigraphicae selectae. Argentorati 1880. 65 p. 8. (Diss.) Eine durchweg gediegene, ebenso durch fleiß und gelehrsamkeit wie durch scharfsinn und besonnenes urtheil ausgezeichnete arbeit. *H. Zurborg* — Sp. 926: *E. Plörkinger*, politische wirren zu Athen während des peloponnesischen krieges. Nach quellen zusammengestellt. Olmütz 1880. 43 p. 8. Ohne neue resultate. *Robert Schmidt.* — Sp. 925: *Otto Pohl*, das Ichthys-monument von Autun. Mit einer lithographirten tafel. Berlin 1880. 22 p. 4. Inhaltsreferat von *Heinrich Stephan Sedlmayer*. Ref. schlägt vor, v. 7 zu lesen: Ἰχθῦ, ῥυίῃ μοι ἄρα, λίαιω κ. τ λ. und sodann diesen vers zum ersten theil der inschrift hinzunehmen. — Sp. 931: Leipziger studien zur klassischen philologie bd III. Leipzig 1880. *G. Wirth*, de motione adiectivorum quae in ιος, αιος, ηιος, ιμος terminantur p. 1—56. Eine fleißige dissertation, doch ohne wichtigere resultate. *G. Curtius*, homerische miscellen p. 189—202. *Derselbe*, miscellen p. 821—828. Ueber den inhalt referirt *H. Osthoff*.

No. 30. Sp. 941: *A. Konima*, erörterung der künstlerischen form des platonischen dialogs Phädon und prüfung der gültigkeit der ebendaselbst entwickelten beweise für die unsterblichkeit der seele. Progr. des k. k. deutschen staatsgymn. in Budweis 1880. 26 p. 8. Etwas wesentlich neues oder die sache förderndes findet sich in dem schriftchen nicht. *Otto Apelt* — Sp. 943: *H. Weißenborn*, die übersetzung des Euklid aus dem arabischen in das lateinische durch Adelhard von Bath nach zwei handschriften der kgl. bibliothek in Erfurt. A. d. abhandlungen zur geschichte der mathematik. Leipzig 1880. Heft III, p. 141—166. Die ansicht des verf., daß Campano nicht als commentator der Adelhardschen übersetzung zu betrachten sei, sondern daß seine arbeit eine selbständige übersetzung aus dem arabischen vorstelle, beruht auf irrthümern. Der ref. *M. Curtze* giebt sodann eine ausführliche darlegung von dem zusammenhang der verschiedenen Euklid-übersetzungen und erklärt schließlich die abhandlung des verf. trotz aller anstellungen für sehr verdienstlich und beachtenswerth. — Sp. 950: *Lucian Müller*, Quintus Horatius Flaccus. Eine litterarhistorische biographie. Leipzig 1880. VIII, 144 p. 8. 2 mk. 40 pf. Eine schätzbare bereicherung unserer Horazlitteratur, auf der höhe der wissenschaft stehend, aber vom gelehrten ballast befreit. *Emil Rosenberg.* — Sp. 954: *Rudolfus Lange*, de Tacito Plutarchi auctore. Halis Saxonum 1880. 66 p. 8. (Dissert. inaug. Halensis.) Der verf. ist im ganzen nicht viel über Clason hinausgekommen und hat seinen interessanten stoff nicht gehörig zu beherrschen vermocht. *Hermann Haupt.* — Sp. 958: *Anton Zingerle*, beiträge zur geschichte der philologie. I. theil: De carminibus latinis saec. XV et XVI ineditis. Innsbruck 1880. LXI, 151 p. 8. Empfehlende anzeige von *J. Huemer.* — Sp. 961: Lateinische sprachwissenschaft (B. U. 228.) Eine werthlose, ja unwürdige ausgabe. *Fritz Schill.* — Sp. 966: *Schröer*, nach welchem prinzip ist die syntax der lateinischen sprache anzubauen? Progr. der realschule 1. ordn. Perleberg 1881. 15 p. 4. Der ref. *Fr. Holzweißig* verhält sich ablehnend gegen das prinzip des verf., der einen aufbau streng nach den logischen kategorien empfiehlt. — Sp. 972: Erwiderung von *Friedrich Stolz* auf die recension seiner beiträge zur declination der griechischen nomina in no. 25 der philol. rundschau. —

No. 81. Sp. 973: Platons Euthyphron. Für den schulgebrauch erklärt von *Martin Wohlrab*. — Zweite verbesserte auflage. Leipzig 1880. X, 46 p. 8. 45 pf. Wohlwollende besprechung mit bemerkungen zu einigen stellen von *Otto Apelt*. — Sp. 978: *M. Hetzel*, die lehre des Aristoteles von der distributiven gerechtigkeit und die scholastik. Progr. des Warburger gymn. (1881): auch separat. Warburg. 20 p. 4. 1 mk. Der ref. *Klemens Baeumker* lobt die schrift abgesehen von einigen ausstellungen wegen ihrer übersichtlichkeit und scharfen fassung der dunklen materie. -- Sp. 980: Viro spect. amplis. *Friderico Aug. Eckstein* scholae Thom. rectori univers. Lips. professori rerum scholast. curam per decem lustra praeclare administratam gravissimorumque munerum honorem constanter et integre gestum d. VI m. Ianuar. a. MDCCCLXXXI, laeti libentes gratulantur gymnasii civici Halensis collegae. Halis Sax. 11 p. 4. Betrifft eine neue kritische behandlung des prooemium des gedichtes Ciris durch *R. Unger*, der nach dem ref. *Antonii Zingerle* oft unnöthig von der überlieferung abweicht. Eine anzahl von stellen wird besprochen. — Sp. 984: Eutrop (B. U. 304). Der verf. hat darin recht, daß keiner der uns erhaltenen schriftsteller dem Eutrop als quelle gedient hat, aber unerwiesen bleibt, daß Cordus von Eutrop benutzt ist. Die quelle für die letzten bücher des Eutrop wird überhaupt schwer festzustellen sein. *C. W.* — Sp. 990: *A. Krichenbauer*, theogonie und astronomie, ihr zusammenhang nachgewiesen an den göttern der Griechen, Aegypter, Babylonier und Arier. Wien 1881. VIII, 461 p. 8. 12 mk. Dem verf. fehlt zur lösung seiner aufgabe die kenntniß der nöthigen quellen und wissenschaftliche methode. *J. Krall.* — Sp. 994: *Neubauer, E.*, über die anwendung der γραφὴ παρανόμων bei den Athenern zur abschaffung von gesetzen. Marburg (Steiermark) 1880. 11 p. 8. (Progr.) Der ref. *Hermann Zurborg* bestreitet die behauptung des verf., daß die γραφὴ παρανόμων ursprünglich nur die formelle legalität der eingebrachten gesetze zum gegenstand gehabt habe. — *J. J. Hartmann*, de Hermocopidarum mysteriorumque profanatorum indiciis. Disquisitiones historicae. Lugduni Batavorum 1880. Lipsiae. Abfällig besprochen von *Gustav Gilbert*. — Sp. 998: *C. Pickel*, de versuum dochmiacorum origine. Argentorati 1880. 74 p. 8. Der ref. *R.* beurtheilt die arbeit im ganzen sehr anerkennend, doch bekämpft er die ansicht des verf., daß der dochmius eine im zweiten fuße syncopirte jambische tripodie sei. — *Guil. Großmann*, de particula quidem. Königsberg 1880. 111 p. 8. 2 mk. Die untersuchung umfaßt nur die zeit bis Cicero inclusive. Die nach den verschiedenen bedeutungen der partikel aufgestellten kategorien sind nicht glücklich gewählt; die ganze abhandlung ist ein wenig locker gearbeitet; doch immerhin als materialsammlung für die historische syntax sehr dankenswerth. *J. Sagebude.* —

No. 82. Sp. 1005: Sophokles (B. U. 310). Anzeige von *Rudolf Löhbach*. — Sp. 1007: *P. Kohlmann*, de scholiis Theocriteis. Progr. des gymn. von Neustettin 1881. 13 p. 4. Anzeige von *C. Hartung* mit besprechung einiger stellen. — Sp. 1009: *Ritter*, analyse und kritik der von Plato in seiner schrift vom staate aufgestellten erziehungslehre. Progr. des progymnasiums zu Brühl für das schuljahr von ostern 1880 bis ostern 1881. Dentz 1881. 14 p. 4. Bietet keine neue und noch weniger eine vollständige analyse und kritik des gegenstandes. *yp.* — Sp. 1011: *O. Ribbeck*, beiträge zur kritik des Plautinischen Curculio in „Berichte über die verhandl. der königl. sächs. gesellschaft der wissenschaften." 31 p. 80—103. Der verf. weist nach, daß der Curculio in seiner heutigen gestalt nicht dem Plautus zuzuschreiben, sondern von irgend einem regisseur aus dem vollen drama zurechtgestutzt sei. *Wilh. Sollau.* — Sp. 1016: *L. Schrebs*, de sermonis Ovidiani proprietatibus, quales in Metamorphoseon libris perspiciuntur. Progr. des königl. dom-gymnasiums zu Halberstadt 1880. 19 p. 4. Anerkennende anzeige von *Anton Zingerle.* — Sp. 1018: Livius (B. U. 217). Anzeige von *E. Kroh.* — Sp. 1019: Griechische alterthümer (B. U. 235). Ein willkommener beitrag zum attischen staatsrecht. *V. Heydemann.* — Sp. 1021: *G. Curtius*, das verbum der griechischen sprache seinem baue nach dargestellt. Zweite auflage. Leipzig. 1. band: X, 398 p. 1877. 8 mk. 2. band: X, 478 p. 1880. 10 mk. Eingehendes inhaltsreferat von *Chr. Bartholomae* — Sp. 1027: Ueber die entwickelung der archäologie in unserem jahrhundert. Rede beim antritt des rektorats der Kaiser-Wilhelms-universität Straßburg am 30. april 1881 gehalten von *Adolf Michaelis.* Straßburg 1881. 29 p. 8. Anzeige mit kurzer inhaltsangabe von *H.* — Sp. 1035: Litterarische berichte aus Ungarn von *Paul Hunfalvy.* III, 4. Budapest 1879. (Jährlich 4 hefte. 8 mk.) Inhaltsangabe von *O. Stier.* —

No 33. Sp. 1037: *Fritz Ranke*, Homerische untersuchungen. Die Doloneia. (Beilage zu dem jahresbericht der realschule I. ordn. zu floster). Leipzig 1881. 82 p. 8. Es hat alles für sich, daß der dichter von K nicht auch der von Θ und I gewesen, doch die dafür vom verf. vorgebrachten gründe sind nichtsbedeutend. Das aesthetische urtheil über den dichter der Doloneia und den poetischen werth seines gedichts ist ganz verfehlt. *Ed. Kammer.* — Sp. 1044: Euripides (B. U. 372) Der ref. *N. Wecklein* erkennt das streben und den scharfsinn des verf. an, bespricht eine große anzahl seiner emendationen und raft ihm in dieser hinsicht ein μηδὲν ἄγαν zu. — Sp. 1048: *A. Deub*, de Endociae Violarii in vitis scriptorum Graecorum fontibus. Beilage zum progr. des großherzoglichen gymnasiums zu Freiburg i. Br 1880. 4. Der verf. nimmt mit recht an, daß Snidas durch den verf. des violariums benutzt ist; aber seine anordnung des stoffs ist nicht glücklich und seine beweisführung nicht klar genug. *Gropius.* — Sp. 1053: Lateinische stilistik (B. U. 343). Behandelt sprichwörtliche redensarten in asyndetischer parataxis. Sehr empfehlende anzeige mit vielen eigenen bemerkungen von *J. H. Schmalz.* — Sp. 1056: Psyche und Eros. Ein milesisches märchen in der darstellung und auffassung des Apulejus beleuchtet und auf seinen mythologischen zusammenhang, gestalt und ursprung zurückgeführt von *Adolf Zinzow.* Halle 1881. XXX, 332 p. 8. 6 mk. Die gliederung des buchs ist klar und systematisch, die untersuchung oft in hohem grade ansprechend, einzelne resultate überraschend und beachtenswerth, aber der hauptzweck scheint nicht erreicht, indem der nachweis, daß wir es mit einem milesischen märchen zu thun haben, nicht voll und zwingend geleistet ist. *J. Mähly.* — Sp. 1061: *W. Pfitzner*, geschichte der römischen kaiserlegionen von Augustus bis Hadrianus. Leipzig 1881. VI, 290 p. 8. 6 mk. 40 pf. Gegenüber den annahmen des verf. betreffend die dislocation der legionen ist einige reserve geboten, sonst ist das buch brauchbar. *J. Jung.* — Sp. 1064: *Torma Károly*, Az Aquincumi amphitheatrum északi fele. (Karl Torma, die nordhälfte des amphitheaters von Aquincum). Mit acht holzschnitten und fünfzehn photographischen abbildungen. Budapest 1881. 19 p. 8. Inhaltsreferat von *E. Abel.* —

No. 34. Sp. 1069: Homer (B. U. 32) Der ref. *A. Grumme* bestreitet die ansicht des verf., daß das *di* des nachsatzes lediglich aus der parataxis zu erklären sei, empfiehlt aber im übrigen die gründliche arbeit. — Sp. 1074: Anthologie aus den lyrikern der Griechen für den schul- und privatgebrauch erklärt und mit litteraturhistorischen einleitungen versehen von *E. Buchholz*. I. bd.: die elegiker und iambographen enthaltend. Dritte vielfach umgearbeitete auflage. Leipzig 1880. VII, 150 p. 8. 1 mk 20 pf. Die auswahl der stücke ist gut, einleitungen und erklärungen sind zweckentsprechend. In den anmerkungen ist manches überflüssige enthalten, der text giebt zu wenig ausstellungen veranlassung. *J. Sitzler*. — Sophokles (B. U. 530). Der verf. will durch eine scharfsinnige berechnung der zeilen der handschriften die umstellung von O. T. 246—251 erklären und eine unordnung der überlieferung für Ai. 992—1035 ableiten. Eine immerhin beachtenswerthe hypothese. Sonst besteht das sichere ergebniß der abhandlung in zwei oder drei emendationen. *N. Wecklein*. — Sp. 1086: Euripides (B. U. 134). Dankenswerther beitrag zu einer historischen syntax des griechischen. *H. Gloël*. — Sp. 1092: *O. Apelt*, untersuchungen über den Parmenides des Plato. Weimar 1880. 56 p. 8. Eine entscheidende lösung der Parmenides-frage wird nicht geboten. *Carl Zross*. — Sp. 1096: Martial (B. U. 337). Der ref. *E. E. Georges* macht mancherlei ausstellungen, die sich besonders auf den commentar beziehen. —

No. 35. Sp. 1101: Aeschyli tragoediae edidit *A. Kirchhoff*. Berolini 1880. VIII, 378 p. Text mit anmerkungen. 4 p. Aἰσχύλου βίος, ἐν τῇ μεγαλῇ ἱστορίας. 2 mk. 70 pf. Die erste historisch-kritische ausgabe des Aeschylus, ein wendepunkt in der kritischen behandlung des dichters. Aber allen anforderungen genügt sie noch nicht, das handschriftliche material ist noch nicht ausgenutzt und systematisch untersucht. *R.* — Sp. 1114: *J. J. Orri*, die große responsion in der späteren Sophokleischen tragödie, im Kyklops und den Herakliden. Berlin 1880. 53 p. 8. 2 mk. Der ref. *Wecklein* erkennt das gesunde urtheil des verf. an, verhält sich aber seinen resultaten gegenüber ablehnend. — Sp. 1118: Platon (B. U. 185). *Martin Schanz* erklärt die besprochene handschrift für völlig werthlos. — Sp. 1119: Terentius (B. U. 355). Empfehlende anzeige von *P. Langen*. — Sp. 1123: Trojanische frage (B. U. 85). Der verf. hat sich das entschiedene verdienst erworben, evident nachgewiesen zu haben, daß Troja unter Hissarlik nicht gelegen haben kann. Seine eigene theorie aber, bei welcher er dem Demetrios von Skepsis folgt, ist nicht zufrieden stellend. *Harper*. — Sp. 1127: *A. Ziegler*, die politische seite der regierung des kaisers Claudius mit kritik der quellen und hülfsmittel. Linz 1879. 52 p. 8. (Progr.). — *Derselbe*, die regierung des kaisers Claudius mit kritik der quellen und hülfsmittel. II. theil, fortsetzung vom jahre 1879. Ebenda 1880. 61 p. 8. (Progr.) Der ref. *H. Haupt* erkennt fleiß und umsicht des verf. an, tadelt aber die kritiklose nachschreibung der antiken tradition. —

No. 36. Sp. 1133: Eschyle, morceaux choisis publiés et annotés par *Henri Weil*. Paris 1881. VI, 291 p. 12. 1 mk. 80 pf. Besprechung einiger emendationen von *N. Wecklein*. — Sp. 1136: Lucian (B. U. 709). Anzeige von *Ernst Ziegeler*. — Sp. 1138: Plotin (B. U. 653). Die schrift fördert das verständniß der philosophie Plotins und enthält werthvolle beiträge für textkritik und einzelexegese. *Klemens Baeumker*. — Sp. 1141: von Hollenstern, bemerkungen über die wortstellung, insbesondere über die stellung der präpositionen in Vergils Aeneis. Programm zu Dramburg 1880. 18 p. 4. Rühmende anzeige von *Walther Gebhardi*. — Sp. 1145: *Reifferscheid*, coniectanea nova. Ind. schol. Breslau 1880/81. 4. Bezieht sich größtentheils auf Horaz, angezeigt von *Emil Rosenberg*. — Sp. 1146: Mythologie (B. U. 18). Io wird identifizirt mit der wandernden wolke, die von den winden von land zu land getrieben wird, und mit den meeresströmungen. Der ref. *O. Hempel* stimmt der deutung des verf. bei. —

Nr. 12.   Auszüge aus zeitschriften.   517

Sp. 1149: Griechische geschichte (B. U. 650). Die abhandlung ist sorgfältig und besonnen, das resultat kein unbedingt sicheres. *Robert Schmidt.* — Sp. 1150: *Thomas Friedrich*, biographie des Barkiden Mago. Ein beitrag zur kritik des Valerius Antias. Wien 1880. 54 p. 8. 1 mk. 60 pf. Es sind eine reihe glänzender hypothesen aufgestellt, die überlieferung theilweise etwas arg durcheinander geschüttelt, eigentliche resultate aber nicht erzielt. *A. Vollmer.* — Sp. 1160: Verzeichniss der incunabeln der stiftsbibliothek von St. Gallen. Herausgegeben auf veranstaltung des kathol. administrationsrathes des kantons St. Gallen. St. Gallen 1881. LXIV, 265 p. 8. 10 mk. Dankenswerthe publication. — Sp. 1160: Entgegnung von *H. Weissenborn* auf die kritik p. 949 ff. (betrifft die Adelhard'sche Euklidübersetzung).

No. 37. Sp. 1165: Euripides (B. U. 242). Der ref. *N. Wecklein* ist mit den ausschauungen des verf. über zeit und örtlichkeit der handlung nicht einverstanden. — Sp. 1168: *Antonius Jannarakis*, annotationes criticae in Longini qui fertur περὶ ὕψους libellum. Marburgi 1880. 8. Die kritik der schrift περὶ ὕψους ist durch die sehr zahlreichen änderungsvorschläge des verf. wegen mangels an methode nur wenig gefördert. *Ludwig Martens* — Sp. 1173: *Georgius Knaack*, analecta Alexandrino-Romana. Berlin 1880. 64 p. 8. 1 mk. 20 pf. Lobende anzeige von *Eduard Hrydzewich*, der unsere einsicht in das verhältniss der römischen dichter zu den alexandrinischen vorbildern durch die arbeit des verf. für gefördert erklärt. — Sp. 1175: *Bertholdus Freier*, de M. Manilii quae feruntur astronomicon aetate. Göttingen 1880. 90 p. 8. 2 mk. 40 pf. Der verf. ist der ansicht, dass das gedicht nicht an Augustus, sondern an Tiberius gerichtet sei, mit dessen neffen Germanicus der dichter im engsten verkehr gestanden habe. Die beweisführung ist nicht durchweg überzeugend. *M. Bechert.* — Sp. 1178: Silius Italicus (B. U. 82). Inhaltsreferat von *Ludwig Bauer.* — Sp. 1180: *A. J. Tonder*, die unterwelt nach C. Valerius Flaccus. Programm des k. k. ober-gymnasiums zu Böhm.- Leipa 1880. 20 p. 8. Eine sorgfältige und gutgegliederte arbeit. *Edmund Eichler.* — Sp. 1182: Plinius (B. U. 633). Anzeige von *H. Nohl.* — Sp. 1182: *Th. Bindseil*, die antiken gräber Italiens. 1. theil: die gräber der Etrusker. Berlin 1881. 52 p. 4. 2 mk. 40 pf. Sehr empfehlende anzeige mit inhaltsübersicht von *C. Pauli.* — Sp. 1186: *Julius Dürr*, die reisen des kaisers Hadrian. Abhandlungen des archäol.-epigr. seminars der universität Wien, herausg. von O. Benndorf und O. Hirschfeld. Heft II. Wien 1881. 124 p. Lex.-8. 4 mk. 80 pf. Der verf. hat für die hauptdaten fast abschließende ergebnisse für die chronologie zu tage gefördert. *Joseph Victor Surrozin.* (vgl. PhAnz. p. 318). — Sp. 1190: Griechische grammatik (B. U. 13.) Der ref. *D. Rohde* erkennt die unablässige vervollkommnung des trefflichen buches an und macht nur eine anzahl auf kleinigkeiten bezügliche ausstellungen — Sp. 1194: Entgegnung von *Friedrich Vogel* auf die kritik in no. 19 (betr. Hegesippus). — Sp. 1195: Antwort darauf von *Hermann Rönsch.*

No. 38. Sp. 1197: Aristophanes (B. U. 81). Rühmende anzeige von *Otto Francke*, der zu etlichen stellen bemerkungen macht. — Sp. 1201: *Paulus Pabst*, de additamentis quae in Aeschini orationibus inveniuntur. Diss. Ienens. Jena 1880. 51 p. 8. 80 pf. Für die kritik des Aeschines ganz werthlos. *Richard Büttner.* — Sp. 1203: Trois poèmes grecs du moyen-age inédits recueillis par *W. Wagner*, avec le portrait de l'auteur. Berlin 1891. XX, 350 p. 8. 12 mk. Enthält διήγησις τοῦ Ἀχιλλέως, Βίος Ἀλεξάνδρου und Τὰ κατὰ Λυβίστρον καὶ Ῥοδάμνην. Empfohlen von *Nicolaus Dosios.* Sp. 1205: *P. Mohr.*

zu Sidonins' carmina. Programm des gymnasium Fridericianum zu
Laubach. Schuljahr 1880—1881. Frankfurt a/M. 1881. 14 p. 4.
Besprechung vieler stellen von *R. Bitschofsky*, welcher die behauptung des verf., daß in erster linie Claudian das vorbild des dichters
gewesen sei, bestreitet. — Sp. 1209: *Robert Bolts*, die handschriftliche Überlieferung von Ciceros büchern de republica. Programm des
gymnasium Friedericianum zu Schwerin 1880. 18 p. 4. Die stellung des verf. in der quellenfrage ist unsicher und unentschieden,
aber einzelnen dunkelen stellen ist licht zugeführt und die schrift
doch eine verdienstvolle leistung. *Karl Hoffmann*. — Sp. 1212: Mythologie (B. U. 18). *N. Wecklein* weist die auffassung des verf. zurück. — Sp. 1215: *M. Zirwick*, studien über griechische wortbildung.
Allgemeiner theil. Würzburg und Wien 1881. VI, 103 p. 8. 2 mk.
Absprechende anzeige von *Chr. Bartholomae*.
No. 39. Sp. 1229: Homers Odyssee von *Johann Heinrich Voß*.
Abdruck der ersten ausgabe vom jahre 1781 mit einer einleitung von
Michael Bernays. Stuttgart 1881. CXX, 468 p. 8. 8 mk. Empfehlende anzeige von *Ed. Kammer*. — Sp. 1233: *Herm. Müller-Strübing*,
'Αθηναίων πολιτεία. Die attische schrift vom staat der Athener. Untersuchungen über die zeit, die tendenz, die form und den verfasser
derselben. Neue textrecension und paraphrase. Göttingen 1880.
188 p. 8. 4 mk. (Philologus 4. suppl.-bd., heft 1 u. 2). Die schrift,
die sich am stärksten gegen Kirchhoff, Roscher und Böckh richtet, ist
durchaus originell, überall lehrreich und anregend. Die resultate
kann der ref. *G. Fallin* in der hauptsache nicht anerkennen. — Sp.
1238: Aristote, morale à Nicomaque (huitième livre) Texte Grec
publié avec une introduction, on argument des notes en français et
suivi d'un extrait des Essais de Montaigne. Par *Lucien Lévy*. Paris
1881. 107 p. 8. 2 fr. Anerkennende anzeige von *J. Cook Wilson*.
— Sp. 1241: Vergil (B. U. 240). Anzeige von *Otto Güthling*, der
auch eigene beiträge zur erklärung liefert. — Sp. 1245: *Max Büdinger*, der ausgang des medischen reiches, eine quellenuntersuchung.
Wien 1880. (Aus dem aprilheft des jahrg. 1880 des sitzungsber. d.
phil.-hist. klasse d. kais. akad. d. wiss.). 80 p. 8. Der verf. weist
nach, daß nicht die von Herodot, sondern die in der Kyrupädie überlieferte version die richtige sei. Der ref. *Herm. Zurborg* stimmt ihm
im ganzen bei. — Sp. 1247: *J. Keller*, die cyprischen altertums-
funde. Berlin 1881. 32 p. 8. 75 pf. Empfehlende anzeige von
C. Pauli. — Sp. 1249: *E. A. Seidel*, observationum epigraphicarum
capita duo. Diss. inaug. Breslau 1880. 60 p. 4. Anzeige von *H.
Nohl*. — Sp. 1249: *Carl Tumlirz*, versuch einer theorie der hypothetischen perioden. Prag. 35 p. 8. Nach *Otto Apelt* ist die theorie
des verf. noch keineswegs fehlerfrei. — Sp. 1255: Erwiderung von
Polleguhr auf das referat in no. 27 (betr. technische chronologie
u. s. w.). — Sp. 1258: Antwort darauf von *O. Gruppe*.
No. 40. Sp. 1261: Euripides (B. U. 640). Besprechung einzelner
stellen von *H. Stadl*. — Sp. 1263: *A. Heinrich*, verwerthung des siebenten pseudo-platonischen briefes als quelle für Platons sicilische
reisen. Cilli 1880. 17 p. 8. Die glaubwürdigkeit des 7. briefes erscheint dem ref. A c trotz aller vom verf. angeführten beweismittel
sehr gering. Seine entstehung vor 248, vielleicht schon um 300 v.
Chr., ist wahrscheinlich gemacht. — Sp. 1267: *Abr. Jordan*, commentariolum de Eunapii Sardiani fragmentis e palimpsesto Vaticano
emendandis. Beigabe zum jahresbericht des gräflich Stolbergschen
gymnasiums zu Wernigerode 1879/80. Magdeburg 1880. p. 3—7.
4. Anzeige von *Herm. Haupt*. — Sp. 1269: *H. Weiss*, de Horatio
philosopho. Colbergae 1881. Progr. 18 p. 4. Etwas neues ist nicht

geboten. — *E. Krah.* — Sp. 1271: *E. Westerburg*, der ursprung der sage, daß Seneca christ gewesen sei. Eine kritische untersuchung nebst einer recension des apokryphen briefwechsels des apostels Paulus mit Seneca. Berlin 1881. 52 p. 8. Eine auf gründlichen studien beruhende schrift. Die textesconstituirung mußte sich enger an die handschriftliche überlieferung anlehnen, die erläuternden noten lassen zuweilen im stich. *Hermann Rönsch.* — Sp. 1274: *Georg Günther*, beiträge zur geschichte und aesthetik der antiken tragödie. I. theil. Plauen i/V. 1880. 28 p. 4. Anerkennende, über den inhalt referirende anzeige von *R. Thiel.* — Sp. 1281: De Phaeacis cum Alcibiade testularum contentione scripsit *Konrad Kubicki*. Glatz 1881. 4. Der verf. sucht nachzuweisen, daß die expedition der Athener gegen Melos nicht 416. sondern im jahre 417 stattgefunden habe; der ref. *Gustav Gilbert* glaubt es ihm aber nicht. — Sp. 1283: *B. Delbrück*, syntaktische forschungen IV. Die grundlagen der griechischen syntax erörtert. Halle a/S. 1879. VIII, 155 p. 8. Rühmende anzeige mit inhaltsangabe von *Chr. Bartholomae*.

No. 41. Sp. 1293: *Gregorius Ceglinski*, de Hipponacte Ephesio iambographo. Progr. des k. k. akademischen gymnasiums zu Lemberg 1880. p. III—XXIV. 8. Die schrift beruht fast ganz auf Bergk, eigene urtheile sind meist verfehlt, die formelle seite ist sehr wenig befriedigend. *J. Dreykorn.* — Sp. 1300: *Cornel Fischer*, über die person des logographen in Platons Euthydem. Progr. des 2. obergymn. zu Lemberg 1880. p. 3–28. 8. Die endgiltige entscheidung der wichtigen streitfrage ist vom verf. insofern gefördert, als er eine gedrängte übersicht ihrer historischen entwickelung gegeben hat. 1—r. — Sp. 1301: *F. Kaetker*, de hiatu in libris Diodori Siculi. Leipziger studien 3. bd. 2. heft. Leipzig p. 303–320. Der verf. weist nach, daß Diodor ebenso streng wie Polybius die schweren hiate vermeidet. *F. Roeniger*, — Sp. 1302: *J. H. Schmalz*, über die latinität des P. Vatinius in den bei Cicero ad fam. V, 9 und 10 erhaltenen briefen. Mannheim 1881. 24 p. 4. Lobendes inhaltsreferat von *K. E. Georges*, welcher sodann eine menge berichtigungen und zusätze mittheilt, die sich auf des verf. frühere abhandlung „Ueber den sprachgebrauch der nichtciceronischen briefe" beziehen. — Sp. 1308: La poesia Romana e la metrica. Prolusione .... letta dal Dott. *E. Stampini.* Torino 1881. 43 p. 8. Lobende anzeige von *Anton Zingerle.* — Sp. 1309: *Th. Franzen*, über den unterschied des hexameters bei Vergil und Horaz. Jahresbericht über die städt. realschule zu Krefeld 1881. 16 p. 4. Bietet nichts neues. *Anton Zingerle*. — Sp. 1310: *Josef Stowasser*, der hexameter des Lucilius. Wien 1880. 21 p. 8. Anzeige von *Anton Zingerle*, derselbe giebt am schluß für einige Lucilinsstellen varianten, die er in einem Noniuscodex des stiftes Fiecht saec. XV gefunden hat. — Sp. 1311: *G. Perrot* et *Ch Chipiez*, histoire de l'art dans l'antiquité (Egypte, Assyrie, Perse, Asie mineure, Grèce, Etrurie, Rome). Paris 1881. 8. Livraisons 1 à 10. 5 fres. Rühmende anzeige von *H. Heydemann*. — Sp. 1312: *Adam Rousch*, de diebus contionum ordinariarum ap. Atheniensem. Straßburger dissertatio. Argentor. 1880. 138 p. 8. Anerkennendes inhaltsreferat von *Herm. Zurborg*. — Sp. 1316: *Ernst Herzog*, die vermessung des römischen grenzwalls in seinem lauf durch Württemberg in ihren resultaten dargestellt. Stuttgart. 74 p. 4. 2 tafeln. 1 mk. 50 pf. Eine gründliche und sachverständige lokaluntersuchung. *Dürr.* — Sp. 1322: *W. Pökel*, philologisches schriftstellerlexicon. Leipzig. Erste lieferung. 8. p. 1 - 64. · 1 mk. Lobende anzeige.

No. 42. Sp. 1325: *Th. F. G. Bräuning*, de adiectivis compositis apud Pindarum. 2 theile. Programm des Christianeums zu

Altona. Ostern 1880 (p. 1—48) und 1881 (p. 49—66). 66 p. 4. Eine dankenswerthe sammlung, doch hätte der verf. ausser der formalen frage nach den lautlichen erscheinungen auch das innere verhältniss der composition umfassender berücksichtigen sollen. *L. Bornemann*. — Sp. 1328: *N. Wecklein*, ausgewählte tragödien des Euripides. Für den schulgebrauch erklärt. Erstes bändchen: Medea. 2. aufl. Leipzig 1880. 154 p. 8. 1 mk. 80 pf. Besprechung einiger emendationen von σμ. — Sp. 1332: Platon (B. U. 625). Der beabsichtigte nachweis, dass die compositionsweise des dialogs Lysis ein argument für die echtheit desselben biete, ist nicht erbracht. *Heinrich Bertram*. — Sp. 1335: La république d'Athènes, texte grec, traduction française avec une préface, une introduction et un commentaire historique et critique par *Emile Belot*. Paris 1880. VII, 140 p. G. 4. 16 mk. Die arbeit des verf. ist ein rückschritt. *G. Pottin*. — Sp. 1339: *Held*, die rede des Demosthenes περὶ παραπρεσβείας. Programm. Lemgo 1881. 18 p. 4. Ohne wissenschaftliche bedeutung. *Wilhelm Fox*. — Sp. 1340: Horaz (B. C. 721). Angezeigt von *Emil Rosenberg*. — Sp. 1342: *Hermann Krafftrt*, beiträge zur kritik und erklärung lateinischer autoren. Aurich 1881. (Theil I. Caesar de bello Gallico). Der ref. *Bernhard Dinter* erblickt in der behandlung des verf. im großen und ganzen nur ein willkürliches rütteln an der überlieferung, eine gefährdung des bestehenden. — Sp. 1349: Livius (B. U. 473). Lobende anzeige von *Franz Luterbacher*. — Sp. 1351: Griechische grammatik (B. U. 638). Empfehlende anzeige von *W. Vollmann*.

No. 43. Sp. 1357: Aristoteles (B. U. 697). Das verständniss des Aristoteles ist durch die arbeit in keinem punkte gefördert. *B. Pansch*. — Sp. 1361: *B. Niehues*, de fontibus Plutarchi vitae Camilli. Indd. lect. Monast. Guestf. 1880. pars I. II. Der verf. sucht zu beweisen, dass Plutarch neben Dionys auch Livius und ältere annalisten benutzt habe. Der ref. *F. Roeiger* führt kritische bedenken gegen diese hypothese ins feld. — Sp. 1364: Exercitationis grammaticae specimina ediderunt seminarii philologorum Bonnensis sodales. Bonn 1881. 61 p. 8. 1 mk. 20 pf. Anzeige von *Const. Bulle*. — Sp. 1366: De M. Cornelii Frontonis syntaxi. Dissertatio inauguralis quam .... scripsit *Adolfus Ebert*. gr. 8. (49 p.). Erlangae 1880. [Auch unter dem titel: De syntaxi frontoniana in den Acta seminarii philologici Erlangensis vol. alterum (1881) p. 311—357]. Die arbeit ist fleißig, doch hält sich der verf. mit zu großem vertrauen an Nabers text und kennt den sprachgebrauch der zeitgenossen Frontos nicht zur genüge. *Rudolf Klußmann* — Sp. 1371: Hygini gromatici liber de munitionibus castrorum ex recensione. *Gisielmi Gemoll*. Leipzig. 50 p. 8. 75 pf. Der ref. *J. Wilhelm Förster* kann in der ausgabe keinen wesentlichen fortschritt entdecken. — Sp. 1378: *Kopp*, römische staatsalterthümer und sacralalterthümer. Berlin 1880. 3. umgearbeitete aufl. 24 p. 12. 1 mk 60 pf. *Derselbe*, repetitorium der alten geschichte auf grund der alten geographie. Daselbst 1880. 50 p. 12. 60 pf. *Derselbe*, griechische staatalterthümer. Daselbst 1880. 98 p. 12. 1 mk. 40 pf. *Derselbe*, griechische sacralalterthümer. Daselbst 1881. 92 p. 12. 1 mk. 40 pf. Anzeige von *B*.

No. 44. Sp. 1389: *Th. Barthold*, ausgewählte tragödien des Euripides. Viertes bändchen: Hippolytus. Berlin 1880. XLV, 178 p. 8. 2 mk. 10 pf. Der ref. *K. Fecht* erklärt die ausgabe vom kritischen standpunkte aus für eine entschieden wissenschaftliche leistung. — Sp. 1396: Caesar (B. U. 296). Der ref. *H. Kraffert* bedauert, daß statt der vorliegenden nicht eine neue auflage der großen Nipperdeyschen ausgabe veranstaltet worden ist. — Sp. 1402: *M. Petschenig*, zur kritik und würdigung der passio sanctorum quatuor coronatorum. Wien 1881. 21 p. gr. 8. 50 pf. Der verf. hat die frage nach der abfassungszeit der passio gefördert, aber nicht endgiltig entschieden. — Sp. 1404: *Robert Schneider*, die geburt der Athena. Mit 7 tafeln. Wien 1880. 45 p. 8. (Abhandlungen des archäol -epigraph. seminars der universität Wien I). Eine gewandt geschriebene und geschickt disponirte abhandlung, doch dürfte der verf. viele zweifler finden. *O. Hempel.* — Sp. 1406: *Hermann Hahn*, die geographischen kenntnisse der älteren griechischen epiker. Theil I. II. Beilagen zu dem Progr. des gymn. zu Beuthen O.-S. 1878 u. 1881. 19 u. 16 p. 4. Eine lesenswerthe zusammenstellung der geographischen kenntnisse, die wir in den homerischen dichtungen finden. — Sp. 1408: *Kohlmann*, über das verhältniß der tempora des lateinischen verbums zu denen des griechischen. Progr. gymn. Eisleben 1881. II, 54 p. 4. Ohne gerade neues zu bringen, hat der verf. die resultate der forschung mit urtheil und einsicht verwerthet. *Fr. Holzweißig.* — Sp. 1415: Lateinische tachygraphie (B. U. 681). Rühmende anzeige mit inhaltsangabe von *O. Lehmann*. — Sp. 1419: Entgegnung von *Forchhammer* auf die kritik in no. 38 p. 1212 (betr. wanderungen der loschostochter Io).

No. 45. Sp. 1421: Homer (B. U. 202). Eine abhandlung voll vortrefflicher gedanken in berückender sprache, doch sind die resultate verfehlt. Die form, in welcher der verf. gegen die moderne Homerkritik zu felde zieht, ist höchst verwerflich. *Ed. Kammer.* — Sp. 1428: *Th. Fritzsche*, beiträge zur kritik und erklärung des Pindar. Spec. I. Pind. Olymp. VII Güstrow 1880. 25 p. 4. Der ref. *L. Bornemann* beurtheilt die arbeit abfällig und giebt am schluß eine answahl eigener emendationsvorschläge. — Sp. 1431: 1) die composition und die schicksale des Manethonischen geschichtswerkes. Von *Jacob Krall*. Wien 1879. 106 p. 8. 1 mk. 80 pf. 2) Manetho und Diodor. Eine quellenuntersuchung von *Jacob Krall*. Wien 1880. 50 p. 8. 80 pf. 3) Tacitus und der Orient. Sachlicher commentar zu den orientalischen stellen in den schriften des Tacitus von *Jacob Krall*. Wien 1880. 67 p. 8. 1 mk. 60 pf. Inhaltsreferat von *Carl Frick*, der alle drei schriften in ihrem gesammtresultat für verfehlt erklärt. — Sp. 1437: M. Tulli Ciceronis scripta quae manserunt omnia. Recognovit *C. F. W. Mueller*. Part. IV, vol. III continens libros de off., Cat. Mai. de senectute, Lael. de amicitia, paradoxa, Timaeum, fragmenta. Lips. 1879. LXI, 434 p. 8. 2 mk. 10 pf. Rühmende anzeige von *Adler* mit besprechung der vorgenommenen änderungen in. PhAnz. XI, p. 305). — Sp. 1450: *Lothar Volkmann*, analecta Theses. D. I. Hal. 1880. 35 p. 8. Bietet weder neues, noch feste resultate. *Hempel.*

No. 46. Sp. 1455: Theognidis reliquiae. Edidit *Jac. Sitzler*. Heidelberg 1880. 172 p. 8. 3 mk. Die Theognisliteratur erfährt durch das buch eine in jeder beziehung werthvolle bereicherung. *Friedrich Schubert.* — Sp. 1459: Ovids Metamorphosen. Für den schulgebrauch ausgewählt und erklärt von *L. Englmann*. Zweite auflage. München 1879. 150 p. 1 mk. 60 pf. P. Ovidii Nasonis Metamorphoses. Auswahl für den schulgebrauch mit sachlicher einleitung und erläuternden anmerkungen von *J. Meuser*. Zweite verbesserte auflage. Paderborn 1880. IX, 215 p. 1 mk. 60 pf. Der referent *Heinrich Stefan Sedlmayer* lobt das erste buch sehr, erklärt dagegen das zweite für weniger praktisch und brauchbar. — Sp. 1462: Commodian (B. U. 314). Der ref. erkennt einen theil der vom verf. aufgestellten regeln an, doch scheint er ihm an Commodians composition der instructionen einen zu strengen maßstab gelegt und darum manche überflüseige emendation versucht zu haben. — Sp. 1469: *Heinrich Haupt*, amimadversiones in Iulii Obsequentis prodigiorum librum. Bautzen 1881. 20 p. 4. Anzeige von *Franz Luterbacher*. — Sp. 1472: *Köhler*, die homerische thierwelt, ein beitrag zur geschichte der zoologie. Berlin 1881. 1 mk. 50 pf. Lobende anzeige von *Th. Watzel*. — Sp. 1474: Griechische kriegsalterthümer für höhere lehranstalten und den selbstunterricht, bearbeitet von *W. Kopp*. Mit 18 holzschnitten. Berlin 1881. 48 p. 12. 60 pf. *Derselbe*, römische kriegsalterthümer etc. Mit 32 holzschnitten. Dritte erweiterte auflage. Das. 1878. 54 p. 12. 1 mk. Anzeige von *P*. — Sp. 1476: *Stinge*, über die bestimmung der himmelsrichtungen bei den römischen prosaikern. Beil. zum progr. des gymn. zu Friedland (Meckl.-Strelitz) 1881. 14 p. 4. Eine sehr mühsame, dankenswerthe arbeit. *R. Hansen*. — Sp. 1481: Entgegnung von *Schröer* auf die recension in no. 30 p. 966 (betr. den aufbau der lat. syntax). — Sp. 1882: Antwort darauf von *Holzweißig*.

No. 47. Sp. 1485: *Felix Vogt*, de metris Pindari quaestiones tres. Argentorati 1880. 110 p. 8. (Auch in den dissertationes Argentor. 1880. p. 203 bis 812). Die sammlungen des verf. sind fleißig und im allgemeinen zuverlässig, seine resultate sehr anfechtbar. *L. Bornemann*. — Sp. 1489: Sophocles. Edited, with English notes and introductions, by *Lewis Campbell*. Vol. II. Aiax, Electra, Trachiniae, Philoctetes, Fragments. Oxford 1881. Besprechung einer anzahl von stellen durch *R. Ellis*. Der commentar scheint ihm zu eingehend zu sein, dagegen erklärt er den kritischen apparat für den besten und vollständigsten, der je veröffentlicht worden ist. — Sp. 1494: *Carolus Rothe*, quaestiones grammaticae ad usum Plauti potissimum et Terentii spectantes. Berlin 1881. 36 p. 4. Anzeige von *P. Langen*. — Sp. 1497: Horaz (B. U. 623). Abfällig beurtheilt von *H. Düntzer*. — Sp. 1501: *Moriz Haupt*, die Metamorphosen des P. Ovidius Naso. Zweiter band, buch VIII—XV. Zweite auflage von *Otto Korn*. Berlin 1881. 295 p. 8. 2 mk. 40 pf. Eine treffliche ausgabe, doch mehr für den gebrauch des lehrers als den schülers geeignet. *Otto Güthling*. — Sp. 1504: Der Agricola des Tacitus. für den schulgebrauch erkl. von *Ig. Prammer*. Wien 1880. XV, 87 p. 8. 1 mk. Der ref. *Eduard Wolff* macht einige ausstellungen an der textgestaltung des verf., empfiehlt die ausgabe aber sehr. — Sp. 1510: Elpides, eine studie zur geschichte der griechischen poesie von *Theodor Birt*. Marburg 1881. 126 p. 8. 1 mk. 60 pf. Ton und darstellung ist in hohem maße lebendig und anregend, die wissenschaftliche methode jedoch nicht selten bedenklich; der verf. ist zu abschweifungen und effecthascherei geneigt. *R*. — Sp. 1512: *Ad. Furtwängler*, der satyr aus Pergamon. Berlin 1880. 24 p. 4. Mit 3 tafeln. 5 mk. Der ref. *Hans Düntzer* erklärt den zeitansatz der Pergamenischen bronze für richtig getroffen, bestreitet aber die behauptung des verf., daß in der marmorstatue des satyrs aus Florenz ein tanzmotiv ausgedrückt sei. — Sp. 1515: *F. Hartmann*, de aoristo secundo. Berolini 1881. 71 p. 8. 1 mk. 20 pf. Eine tüchtige arbeit aus Johannes Schmidts schule. *F. Hansen*.

No. 48. Sp. 1517: *Otto Lottich*, de sermone vulgari Atticorum maxime ex Aristophanis fabulis cognoscendo. Hal. Sax. 1881. 30 p. 8. Anzeige von *R. Schnee*. — Sp. 1519: Ausgewählte reden des Lysias, erklärt von *Rudolf Rauchenstein*. Achte auflage besorgt von *Karl Fuhr*. Berlin. Erstes bändchen. 1880. XII, 164 p. 8. 1 mk. 50 pf. Zweites bändchen. 1881. 128 p. 8. 1 mk. 20 pf. Die neue auflage bezeichnet einen wesentlichen fortschritt. *E. Sintzer*. — Sp. 1523: Horaz (B. U. 277). Anzeige von *R*. — Sp. 1525: *G. Leehr*, de

Papinio Statio in silvis priorum poetarum Romanorum imitatore. Brunsbergae 1881. 58 p. 8. Das gesammtresultat der arbeit ist gleich null. *Sch.* — Sp. 1527: *Georg Loesche*, de Augustino plotinizante in doctrina de Deo disserenda. Inaugur.-dissertat. Jena 1880. 68 p. 8. Ein wertvoller beitrag für die erforschung des zusammenhangs der theologie der kirchenväter mit der alten philosophie. *H. F. Müller.*
— Sp. 1529: *Gustav Brandes*, ein griechisches liederbuch. Verdeutschungen aus griechischen dichtern. Hannover 1881. XIX, 175 p. 8. 2 mk. 40 pf. Rühmende anzeige von *C. W.* — Sp. 1532: *H. A. Becker*, Gallus oder römische scenen aus der zeit Augusts. Neu bearbeitet von *H. Göll.* 1. band. Berlin 1880. XI, 232 p. 8. 4 mk. Anzeige von *Hermann Bender.* — Sp. 1535: *A. Dräger*, historische syntax der lateinischen sprache. Zweiter band. Zweite auflage. Leipzig 1881. XXII, 870 p. 8. 14 mk. Das verdienstvolle werk des verf. bedarf einer durchgreifenderen verbesserung und ergänzung als ihm in dieser zweiten auflage zu theil geworden ist. *A. E. Georges.*
— Sp. 1547: Berichtigung von *B. Fischer* betreffend die recension in no. 39. (berücksichtigung der bildenden kunst im gymnasialunterricht).
— Sp. 1547: Entgegnung darauf von *Rud. Menge.*
No. 49. Sp. 1549: Der chor im Agamemnon des Aeschylus, scenisch erläutert von *Richard Arnoldt.* Halle a. S. 1881. X, 89 p. 8. 2 mk. 40 pf. Der ref. *Christian Muff* rühmt den reichthum der schrift und ihren streng wissenschaftlichen character. — Sp. 1554: *N. Wecklein*, über den Kresphontes des Euripides (festschrift für Ludw. Urlichs). Würzburg 1880. 23 p. 8. Eine gediegene und anregende studie. *Friedrich Schubert.* — Sp. 1558: Platon (B. C. 387). Anregend und der beachtung werth. *H. Weissenborn.* — Sp. 1559: Horatius' oden, übersetzt von *Reinhold Herda.* 3. auflage. Leipzig. Lenckbarts übersetzungs-bibliothek. Leipzig 1881. 8. Unpoetisch und farblos. *Emil Rosenberg.* — Sp. 1561: *J. J. Cornelissen*, Cornelii Taciti de vita et moribus Iulii Agricolae liber. Lugduni Batavorum 1881. IV, 40 p. 8. 1 mk. 25 pf Von der masse zumeist willkürlicher und unnützer vermuthungen des verf. dürften nur sehr wenige anerkennung bei der gelehrten welt finden. *Ig. Prammer.* — Sp. 1573: Etude sur les démons dans la littérature et la religion des Grecs. Par *J. A. Hild*, maitre de conférences à la faculté des lettres de Besançon. Paris 1881. 337 p. 8. Empfeblende anzeige von *R.* — Sp. 1575: *H. Jordan*, capitol, forum und sacra via in Rom. Berlin 1881. 62 p. 8. 1 mk. 60 pf. Ein anmuthig geschriebenes und durch die edle form auch der polemik wohlthuendes schriftchen. *O. Gruppe.*
No. 50. Sp. 1581: Homer (B. U. 624). Eine wertvolle bereicherung unserer schullitteratur. *Carl Venediger.* — Sp. 1583: Βασιλειος Διγενης Ακριτας, ἡπωοποιία Βυζαντινή τῆς 10. ἑκατονταετηρίδος, κατά τὸ ἐν Ἄνδρῳ ἀνευρεθὲν χειρόγραφον. ὑπὸ Ἀντ. Μηλιαράκη. Ἐν Ἀθήναις 1881. Angezeigt von *Nicolaos Doarios.* — Sp. 1585: Tacitus (B. U. 6). Eine treffliche einleitungsschrift zur Germania. *E. Glaser.* —
Sp. 1588: *Gustav Meyer*, griechische grammatik. Bibliothek indogermanischer grammatiken bd. III. Leipzig 1880. 8. XXX, 464 p. 9 mk. Der ref. *H. Osthoff* macht im einzelnen mancherlei ausstellungen. erkennt aber auch die vorzüge des buches an und erklärt es für sehr brauchbar und unentbehrlich. — Sp. 1597: *Max Heinacher*, was ergiebt sich aus dem sprachgebrauch Caesars im bellum Gallicum für die behandlung der lateinischen syntax in der schule? Berlin 1881. 87 p. 8. 1 mk. 60 pf. Der ref. *Rudolf Menge* äußert bedenken gegen die forderungen des verf., der in tertia nur solche regeln lernen lassen will, für die sich zahlreiche belege im Caesar finden.—
Sp. 1602: *Wilhelmi, Gust.*, de modo irreali, qui vocatur. Marburg

1881. II, 23 p. gr. 4. 1 mk. 50 pf. Die ausführungen des verf. sind im wesentlichen anwendungen der durch die neuere forschung über das wesen der modi und das verhältniß derselben in nebensätzen anerkannten anschauungen. *Fr. Holzweißig.* — Sp. 1606: Archaeologie (B. U. 133) Anerkennende anzeige von *H. Dütschke.*

No. 51. Sp. 1613: *Ditericus Holthöfer*, animadversiones in Euripidis Herculem et Alcestim. Bonn 1881. 62 p. 8. Der verf. geht viel zu weit in der anscheidung angeblich unechter stellen, doch muß anerkannt werden, daß seine begründung eine scharfsinnige und nicht oberflächliche ist. *N. Wecklein.* — Sp. 1615: *R. Richter,* Catulliana. Leipzig 1881. 26 p. 4. Der versuch, eine bewußte, vom dichter selbst herrührende anordnung der lyrischen gedichte nachzuweisen, ist verfehlt. Werthvoll aber ist der beweis, daß die 14 ersten gedichte ein wohlgeordnetes ganzes sind. *K. P. Schulze.* — Sp. 1619: *Balduin Lorentz*, de amicorum in Ovidii Tristibus personis. Leipzig 1881. Dissert. 52 p. 8. Der ref. *O. Gruppe* weist entgegen dem resultat des verf. nach, daß die elegieen I, 5 und V, 4 als an Cotta gerichtet betrachtet werden müssen. Zum schluß macht er auf ein neues moment für die chronologische fixirung der verbannung des dichters aufmerksam. — Sp. 1624: *Fridericus Vogel*, quaestionum Sallustianarum pars altera (Acta seminarii philologici Erlangensis, vol. II, p. 405—448). Erlaugne in aedibus A. Deicherti 1881 Lobende anzeige von *A. Eußner.* — Sp. 1626: Quintilianus (B. U. 313). Beitrag zur historischen syntax, angezeigt von *Ferd. Becker.* — Sp. 1629: *Franz Zühlke*, de Agaristes nuptiis. Insterburg 1880. 35 p. 8. Die aufgabe ist mit umsicht und geschick behandelt, die resultate können aber nur zum theil gebilligt werden. *Th. Kaiper.* — Sp. 1635: *Sultze, Ernst,* skizzen hellenischer dichtkunst. Gotha 1881. VIII, 132 p. 8. 2 mk. 40 pf. Ein vortreffliches buch für die schülerbibliothek oberer klassen. — Sp. 1636: der genetivus singularis der e-declination bei Homer. Von *Gustav Boldt.* Beilage zum programm des großh. progymnasiums Tauberbischofsheim 1881. 16 p. 8. Anerkennende anzeige von *G. A. Saalfeld.* — Sp. 1637: *Henricus Tillmann*, de dativo verbis passivis linguae Latinae subiecto, qui vocatur Graecus. Act. sem. philol. Erlang. II, p. 71 139. Rühmende anzeige von *J. H. Schmalz.*

No. 52. Sp. 1645: *Rudolf Klobass*, die von Aristoteles in der poetik für die tragödie aufgestellten normen und ihre anwendung auf die tragödien des Sophocles. Olmütz 1881. 27 p. 8. Sorgfältig, aber ohne wissenschaftlichen werth. *R. Thiele.* — Sp. 1649: *Friedrich van Hoffs,* probe einer übersetzung Horazischer oden. Nebst einem anhang: Zu den Persern des Aeschylus. Beilage zum Osterprogramm von Emmerich 1880. Angezeigt von *Emil Rosenberg.* — Sp. 1650: *Carl Bone*, anleitung zum lesen, ergänzen und datiren römischer inschriften, mit besonderer berücksichtigung der kaiserzeit und der Rheinlande. Trier 1881. Mit lith. tafel und 94 p. kl. 8. 1 mk. 20 pf. Empfehlende anzeige von *E. Glaser.*

Philologische wochenschrift, unter mitwirkung von *G. Andresen* und *H. Heller* herausgegeben von *W. Hirschfelder,* 1881, nr. 1: *J. N. Madvig,* die verfassung und verwaltung des römischen staats, bd. I: anzeige von *H. Gens.* — Phokion und seine neuern beurtheiler ... von *Jacob Bernays* p. 4, angezeigt von *Holm.* — *Cornel Fuscher,* über die person des logographen in Platons Euthydem, p. 6. — Griechische lieder aus dem mittelalter, kurz angezeigt von *P. Lampros,* p. 7 Cornelii Taciti de vita et moribus, Iulii Agricolae liber. Recensuit *J. J. Cornelissen,* anzeige von *Andresen,* p. 8. — Fünf bücher epigramme von *Konrad Celtes* Herausgegeben von *K. Hartfelder,* p. 10. —

Auszüge aus zeitschriften, p. 11. — Philologische programme, p. 14. — Nachrichten über versammlungen, p. 21. — Mittheilungen über wichtige entdeckungen, p. 22. — Personal-nachrichten, p. 28. — Bibliographie, p. 32.

Index rerum.

Abort, J., s. Calderon.
Acta comparationis litt. universarum, zeitschr. f. vgl. litteratur 135.
Aegypten. F. Blaß, papyrusfragmente im ägypt. mus. zu Berlin 340. eröffn. zweier pyramiden 137 s. inschr.
Aelianus, s. kriegsalterth.
Aeschylus. Köchly, H., die Perser verdeutscht u. ergänzt 234. Saint-Victor, P.. de, les deux masques . . . (l. Eschyle) 252.
Africanus, s. Iulius Afr.
Alexander v. Tralles. Puschmann, Th., original-text u. übersetzung . . . 169.
Allen, W., F., s. Tacitus.
Alterthümer, griechische: Fellner, Th., z. gesch. d. att. finanzverwaltung 46; ὁ ἐπὶ τῇ διοικήσει 47 ff. Goodwin, W. W., dixai συμβόλαιαι und dixai ἀπὸ συμβόλων 349. schaltcyclus in Athen zur kaiserzeit 321. Thumser, V., de civium Athen. muneribus eorumque immunitate 49 s. kriegsalterthümer.
—, römische: H. Genz, das patris. Rom 317 s. kriegsalterthümer.
Andresen, G., s. Tacitus.
Apollonios Rhodios. Al. Rzach, grammat. studien zu Ap. Rh. 353.
Apolloniusroman. Thielmann, üb. sprache u. krit. d. lat. Apolloniusrom. 249.
Apuleius. Chr. Lütjohann, de deo Socratis liber 39.
Archaeologie. ausgrabungen, s. das. Zahn, O., Pausaniae descriptio arcis Athen. 408. Jordan, das röm. tabularium 268 f. Minervastatue in Athen 63. 121 ff. 270. Olympia: 207 ff. weibliches köpfchen (Aphrodite) 208; behelmter marmorkopf 209; terracottakopf 209; weibl. porträtkopf 210; Deutschlands ansprüche an d. ausgrabungen 211; schatzhaus der Sikyonier 121. 132; inneres des Zeustempels 131; rückblick 567. — Pergamon: d. ergebnisse d. ausgrabungen zu Perg., v. A. Conze, C. Humann, R. Bohn, H. Stiller, G. Lolling, u. O. Raschdorff 50; zeit d. errichtung des altars 57; die pergamen. skulptt. in Berlin 136; neue sculpturen von Perg. 596. — Römercastrum bei Deutz 485. Schliemann, Orchomenos 490. ders., schatzhaus des Minyas in Orchom. 127. Schliemann's ausgrab. in Skripu (Orchom.) 60. Schliemann's sammlung in Berlin 262. — Tantalosstadt 61 f.
Archaeologische gesellschaft in Athen, generalvers. 136.
Archaeologisches institut in Rom. Winkelmannsfest 115. festsitzung 267.
Aristides Quintilianus, s. Martianus.
Aristoteles. G. Zillgens, de praedicamentorum, quae ab. Arist. categoriae nominabantur, fonte atque orig. 551.
Assyriologie. Rassam entdeckt eine altbabylon. stadt 211. assyr. inschrift 484.
Ausgrabungen: in Augsburg, römische 599. 601. Bonna. Römerlager 486. in Debant, Nordtirol 414. Eleusis 270. 412. Ephesos, Dianatempel 60. Epidauros, theater 410. 412. 414. 417. 483. 485. Karthago 486. Lühs, urnen u. uraltes pferdegeschirr 485. am Lykabettos 594. Ma-

mumia bei Aegion, theater 483.
489. Mainz, röm. grabfunde 482.
Neustadt a. d. D., Römerlager
601. Olympia, s. archäol. Oropos, gräber 270. Pergamon, s.
archäol. Pompeji 207; ägypt.
vasen in Pomp. 211; baus in
Pomp. 126. — Pranerheim, leichnam mit rüstung 333. im Rhein,
röm. brückenpfeiler 489. Rom,
reste des agger Servii Tullii 125.
Roveredo, Römergräber 266.
Sakkara in Aegypten 266. Stuttgart, Mercurtorso 266. Theben,
nekropole 417. 483. Utica 409.
Baldi, A., s. Hieronymus Vida.
Basler, F., bellen. heldensaal 485.
Baumgärtner, A., s. Dio Cass.
Banmstark, A., s. Tacitus.
Becher, F., s. Cic.
Behncke. G., s. Cic.
Beloch, J., s. röm gesch.
Bibelsammlung, s. biblioth.
Bibliographie. E. Preuß, bibliotheca scriptorum classicorum
321. Narducci, bibliografia Romana 558.
Bibliotheken. Palatina, drei griech.
hdss. 206. x. gesch. der Heidelberger Palatina 270. Göttingen,
univers.-bibl. 120. Schott, Th.,
die bibelsammlung d. k. bibl. in
Stuttgart 108.
Bohn, R., s. archäol.
Buchdruckerei. „große druckerei"
in Paris 109. kostbare incunabel (Vergil) 265.
Budinsky, A., s. sprachgeschichte.
Byzantiner. Egenolff, P., erotemata grammatica ex arte Dionysiana oriunda 23. Treu, M., excerpta anonymi Byzantini ...
175.
Caelius, Aurelianus, chronologie 41.
Caesar. Fischer, E., d. achte buch
v. gall. krieg u. d. bellum Alexandr. 69. Göler, A. v., Caesars
gall. krieg ... 94. Heymacher,
M., was ergiebt sich aus dem
sprachgebrauch Caesars ....
389. Petersdorf, Caesar num in
bello Gall. enarrando nonnulla
e fontt. transcripserit 371. Ringe,
D., z. sprachgebrauch d. Caesar
33. 189. Walter, J., stilwahrheit u. stilschönheit in Caes. periode BC. II, 22 ... 93.

Calderon. J. Abort, schlaf u. traum
bei Cald. 552.
Callimachus, s. Propers.
Camoës, säcularausg. der Lusiaden
108.
Cassius Dio, s. Dio C.
Cassius Felix. v. Rose, de medicina 41. sprachgebrauch 42.
Catull. II. A. J. Munro, criticisms aud elucidations ... 363.
Chios, erdbeben 265.
Christ, W. v., s. Homer.
Cicero. Ausg. v. C. F. W. Mueller
305. Epp.: Becher, F., de Cic.
... ad Brut. epp. 528. Gurlitt,
L., de M. T. Cic. epp. ... 525;
ders., d. briefwechsel zw. Cic. u.
D. Brut. 525. Nake, H.. d. briefwechsel zw. Cic. u. D. Brut. 525.
Opitz, E., quo sermone ei qui ad
Cic. litteras dederunt usi sint
531. Schmala, J. K., üb. den
sprachgebrauch d. nichtciceron.
briefe ... 531. Schmidt, F., z.
krit. u. erkl. d. briefe an Att.
529. Schmidt, O. E., de epp. et
a Cassio et ad Cassium ... datis
quaestt. chronologicae 524. Süpfle,
K. F., epp. selectae 99. Viertel,
A., d. wiederauffindung v. Cic.
briefen durch Petrarca 521. 522.
Voigt, G., üb. d. handschriftl.
überlief. v. Cic. briefen 522. —
Behncke, G., de Cic. Epicureorum philos. existimatore et judice 590. Weidner, A., M. T.
Cic. artis rhetor. libr. II. 514.
Cobet, C. G., s. Cornel. Nep.
Columella. Schmitt, J. C., de cod.
Sangermanensi ... 552.
Constantinoroman, kritt. bemerkungen 250.
Coons, A., s. archaeol.
Cornelius Nep. C. G. Cobet, vitae
excell. imp. 461.
Deiters, H., s. Martianus.
Demetrios Phalereus. Liers, B.,
de aetate et scriptore libri ...
περί ἑρμηνείας 242.
Dio Cassius. Baumgärtner, A.. üb.
d. quellen d. Dio C. ... 359.
Dionysius Thrax. Hilgard, A., de
artis grammaticae ... interpretationibus ... 505; Georgius,
neuer grammatiker 506; die
Heliodorscholien 506; additamenta su Bekker 507; die Me-

lampns-Diomedesscholien 508;
Stephanus 509.
Drama, griechisches: Saint-Victor,
P. de, les deux masques 252.
Dunbar, H., s. Homer.
Dörr, J., s. röm. gesch.
Edler, O., s. röm. gesch.
Egenolff, P., s. Byzantiner.
Eltenbein, fossiles, im alterth. bekannt 137.
Enthofen, L., s. Enrip.
Epigraphik. Kaibel, G., epigrammata Graeca ex lapidd. conlecta 228. Wilmanns, G., corp. inscriptt. Lat. . . vol. VIII. 433.
Eudocia Augusta. Flach, J., violarium 26.
Euripides. Enthofen, L., de lone fabula quaestt. sel. 153. Hansaysopyios, II. N. κριτικά και ερμηνευτικά εις τά αποσπάσματα τῶν Αἰλλ. τραγικῶν ποιητῶν 18. Sandys, J. E, the Bacchae . . . 13. Schmidt, A., d. symmetr. gliederung d. dialogs in d. Herakl. 105. Wecklein, N., üb. d. Kresphontes 551.
Feyerabend, Sigm., Frankf. buchhändler d. 16. jahrh. 593.
Fellner, Th., s. gr. alterth.
Felsch, s. schulandachten.
Fischer, E, s. Caesar.
Flach, J., s. Eudocia, Hesiod.
Florus. Thomé, de Flori . . . elocutione 405.
Friedlein, G. H., †, 58.
Gelzer, H., s. Julius Africanus.
Genz, H., s. röm. alterth.
Georgios, e. neuer grammatiker 506.
Geschichte. Meltzer, O., gesch. d. Karthager 383.
—, griechische: Gilbert, G., beiträge z. inneren gesch. Athens . . . 534.
—, römische: Beloch, J., Campanien . . . 460. Dürr, J., d. reisen d. kaisers Hadrian 318. Edler, O., quaestt. Sertorianae 251. Guidi, d. anfänge der stadt Rom 207. Heisterbegk, B., üb. d. namen Italien 375. Peter, C., s. krit. d. quellen d. älteren röm. gesch. 100. Pfitzner, verhalten des Tiberius im senate 104. Pfitzner, W., gesch. d. röm. kaiserlegionen . . . 377.
Gilbert, G., s. gr. gesch.

Gnaeutti, F., s. Ovid.
Goettling, C., s. Hesiod.
Göler, A. v., s. Cäsar.
Göthe. Carter, F., two German scholars on one of Goethe's masquerades 347.
Gräber, s. ausgrabungen.
Grammatik. Ziemer, H., d. psycholog. moment in der bildung syntakt. sprachformen 217.
—, griechische: Christ, W. v., gebrauch d. partikel ει 7.
—, lateinische: Jordan, H., krit. beiträge z. gesch. d. lat. sprache 221 ff.; griech. lehnwörter 221; gesch. des rhotacismus 223; älteste sacrale poesie 224; z. beurtheilung d. archaist. lateins 225. Landgraf, G., de fig. etymologicis ling. lat. 4. Wölfflin, E., lat. u. roman. komparation 1.
Grossmann, G., s. Horaz.
Gurlitt, L., s. Cic.
Hartung, C., s. Soph.
Heine, Th., s. Platon.
Heinze, s. schulandachten.
Heisterbegk, B., s. röm. gesch.
Heraklit. Patin, A., quellenstudien z. Herakl. 551.
Hesiod. Goettling, C., Hesiodi carmina; ed. tert. cur. J. Flach 282.
Heussi, festschrift zu seinem 50jähr. jubil. 104.
Heynacher, M., s. Caesar.
Hieronymus Vida. Baldi, A., die ars politica des Hieron. 552.
Hilgard, A., s. Dionys. Thrax.
Homeros. Christ, W. v., gebrauch d. griech. part. ει . . . 7. Ders., wiederholungen gleicher verse in der Ilias 10. Dunbar, H., compl. concordance to the Od. and Hymns 6. Helbig, homerische waffen 117. Suhle, D., de hymno Hom. IV εἰς 'Αφροδίτην 74.
Horatius. Grossmann, G., Horatiana 177. Meyer, die aeriae domus in d. Archytasode 106. Zarncke, E., de vocabulis Graecanicis . . . in inscriptionibus carmm. Horat. 459.
Huelsen, Chr., s. Ovid.
Humann, C., s. archaeol.
Inschriften. s. epigraphik. assyrische 484. aus Aegypten, drei-

sprachiger stein 489. von Kairo 125. am fuße d. Lykabettos 505. in Pergamon 57 f. in Rom, alte inschr. von 128 buchstaben 116. ebendas., betr. ausbesserung einer wasserleitung 483. in Mainz, grabstein eines hirten 416.
Jordan, H., s. gramm.
Isokrates. Zycha, J., bemerkungen zu den anspielungen ... in der VIII. u. X. rede 293.
Isthmus v. Korinth, durchstich 332. geschichtlicher rückblick 411.
Iulius Africanus. Gelzer, H., Sext. Iul Afric. u. d. byzantin. chronographie 78; seine jahrrechnung 81 ff.; troische epoche 85 f.
Iuvenalis. Matthias, E., de scholiis Iuven. 86.
Kaibel, G., s. epigraphik.
Kappes, K., s. Vergil.
Kern, F., s. Xenophanes.
Kiel, F., s. Thukyd.
Kleinpaul, R., s. topographie.
Klügmann, A., †, 116.
Klußmann, M., s. Tertullian.
Köchly, H., s. Aeschylus.
Kopaïsee, trockenlegung 410.
Kriegsaltertbümer. Müller, K. K. ein griech. fragm. üb. kriegswesen 552. Wüstenfeld, F., heerwesen d. Muhammedaner u. d. arab. Übersetzung d. taktik des Aelian 43.
Landgraf, G., s. lat. gramm.
Lessing. hundertjähr. todestag 137. zwei briefe an Chr. G. Heyne 143.
Liers, H., s. Demetrius.
Lolling, G., s. archaeol.
Lüdke, s. Ovid.
Ludwig, E., s. Sedulius.
Lütjohann, Chr., s. Apuleius.
Mariette, denkmal 504.
Martialis. Wagner, E., de M. Val. Martiale poet. Aug. aetalis imitatore 370.
Martianus Capella. Deiters, H., üb. d. verhältniß des Mart. Cap. zu Aristides Quintilianus 238.
Matthias, E., s. Iuvenal.
Meltzer, O., s. gesch.
Mentor, notizkalender f. schüler 59.
Meyer, s. Horatius.
—, G., s. Thucyd.
—, W., s. Publilius.
Mommsen. dotation 117. 118. brandschaden 206.

Mueller, C. F. W., s. Cic.
Müller, K. K., s. kriegsaltertb.
Munro, H. A. J., s. Catull.
Münz, B., s. philos.
Münzen. bronzem. Constantins II 267. silberm. des Alex. v. Pheral. des Rucimer (in Berlin) 265.
Museen. Berlin, christliches 332. führer durch die Berliner 414. Louvre, erweiterungen 415. Sparta 414. Tiflis, kaukasisches 572. Venedig, palaeographisches 121.
Mythologie. Schwartz, F. L. W., ursprung der stamm- und gründungsage Roms ... 193.
Nake, B., s. Cic.
Nicolai, R., kaiser-Wilhelm-ode 125.
Niebues, B., s. Plutarch.
Nipperdey, K., s. Tacitus.
Opitz, E, s. Cic.
Orthographie; neue 558.
Ovid. Gnesotti, F., animadversiones in aliquot Metam. locos 179. Hoelzen, Chr., Varronianae doctrinae quaenam in Fastis vestig. extent 182. Lüdke, über rhythm. malerei in Ov. Met. 580. Peter, H., Fastorum libri sex 297. Poland, F., Tristien 181.
Palaeographie. archivio paleogr. 266. museom in Venedig 121.
Παναγιώργιος, Π. Ν., s. Eurip.
Patin, A., s. Heraklit.
Pausanias, s. archaeol.
Peter, C., s. röm. gesch.
—, H., s. Ovid
Petersdorf, s. Caesar.
Pfitzner, s. röm. gesch.
Philosophie. Münz, B., die keime der erkenntnißtheorie ... 165. Siebeck, H., gesch. d. psychologie 543.
Platon. abfassungszeit des Phaedrus 294 f. Heine, Th., de ratione quae Platoni cum poet. Graec. intercedit ... 21.
Plinius, N. H., übers. v. G. Wittstein 211.
Plutarch. Niebues, R., commentatio de fonti. Plut. vitae Cam. 76.
Poland, F., s. Ovid.
Preuß, E., s. bibliographie.
Propertius. Sperling, Propers in seinem verhältniß zu Callimachus 577.

Publilius Syrus. Meyer, W., Publ. Syri sententt. 31.
Purschmann, Th., s. Alexander.
Puttkamer, v., rede gegen socialdemokr. 212.
Raschdorff, O., s. archaeol.
Rassam, H., s. assyriologie.
Realschulen. s. unterrichtswesen.
Reiske als Demosthenes-übersetzer 141.
Ringe, D., s. Caesar.
Ritschl, büste 412.
Rose, V., s. Cassius Felix.
Rusch, A., s. Apollon. Rod.
Saint-Victor, P. de, s. Aeschylos.
Sallustius. Vogel, F., quaestt. Sallust. pars altera 35.
Sandys, J. E., s. Eurip.
Schliemann, s. archaeol. brief von kaiser Wilhelm 419. ehrenbürger v. Berlin 411. fest in Athen 212. reise nach dem Idagebirge 413. Schl. u. Virchow über die erlernung d. class sprachen 118. schenkung an d. dtsche reich 262.
Schmalz, J. R., s. Cic.
Schmidt, A., s. Eurip.
Schmidt, F., s. Cic.
—, O. E., s. Cic.
Schmitt, J. C., s Columella.
Schneeberger, S. H., das urbild zu Schiller's jungfrau v. Orl. 552.
Scholandachten, v. Felsch u. Heinze 210.
Schulverein, allgem. deutscher 571.
Schulze, E., skizzen hellen. dichtkunst 130.
Schwartz, F. L. W., s. mythologie.
Sedulius. Ludwig, E., Sedulii pasch. operis lib. quintus 584.
Seuffert, B., Klein u. Schiller 552.
Siebeck, H., s. philos.
Sophokles. Hartung, C., der protagonist in Soph. Antig. 551. Spyridon, einige conjectt. z. Oed. rex 332.
Spartian. quellen d. vita Hadr. 321.
Sperling, s. Properz.
Sprachgeschichte. Budinsky, A., die ausbreitung d. lat. sprache üb. Italien . . . 457.
Spyridon, s. Sophokl.
Stiller, H., s. archaeol.
Suhle, B., s. Homer.
Süpfle, K. F., s. Cic.
Syrus, s. Publilius.

Tacitus. Allen, W. F., vita Agricolae 463. Baumstark, A., ausführl. erläuterung . . . der Germania 511. Nipperdey, K., Annalen, bearbeitet v. G. Andresen 37.
Tertullian. Klußmann, M., curarum Tertullian. part. I. II. 316.
Thielmann, s. Apollonius.
Thomé, s. Florus.
Thukydides. Kiel, F., quo tempore Thuk. priorem operis sui partem composuerit 101. Meyer, G., quibus temporibus Thuk. hist. suas partes scripserit 157.
Thomser, V., s. gr. alterth.
Topographie. Alt-Athen, wandkarte 570. Beloch, J., Campanien 466. Kleinpaul, R., Rom in wort und bild 199, 270, 599.
Treu, M., s. Byzant.
Universitäten. Cambridge (America), Oedipus-aufführung 412. Leipzig, akad. lesehalle 413.
Unterrichtswesen. Uebersehser, M., rundschau üb. d. unterrichtswesen aller länder 415. zulassung der realschul-abiturienten zum studium 491.
Urlichs, L., festschrift für ihn . . . dargebracht v. s. schülern 550.
Varro, s. Ovid.
Vergil. K. Kappes, Aeneide 244.
Viertel, A., s. Cic.
Vogel, F., s. Sallust.
Voigt, G., s. Cic.
Vopiscus. echtheit des briefs Hadrians 321.
Wagner, E., s. Martial.
—, W., mittelgriech. gedichte 58.
Walser, J., s. Caesar.
Wecklein, N., s. Eurip.
Weidner, A., s. Cic.
Weimar, studenten i. hoftheater 126.
Wiese, L. A., gratulationsschrift 566.
Wilmanns, G., s. epigraphik.
Wittstein, G., s. Plinius.
Wölfflin, E., s. lat. gramm.
Wüstenfeld, F., s. kriegsalterth.
Xenophanes. Kern, F., untersuchung üb. d. quellen für d. philosophie des Xenoph. 230.
Zarncke, E., s. Horatius.
Ziemer, H., s. gramm.
Zillgenz, G., s. Aristot.
Zycha, J., s. Isokrates.

Index locorum.

Aelian. Tact. XI, 2	45	Alex. Trall. ed. Puschmann vol. II.	
— — XIV, 1	44	p. 73, 1	173
— — — 3	45	— — — 161, 19	173
— — XVIII, 2	45	— — — 99 med.	173
— — — 9	44	— — — 153, 1	173
— — XXV, 0	44	— — — 167, 15	174
— — XXVII, 1	45	— — — 173, 10	173
Aeschin. Ctes. 25	47	— — — 191, 9	172
— de legg. 149	48	— — — 207 anm. 5	174
— Tim. 119	46	— — — 211 med.	173
Aeschyl. Agam. 174	255	— — — 121	173
— — 418	255	— — — 223, 11	174
— Choeph. 256	256	— — — 309, 12	173
— Pers. 87	237	— — — 313	175
— — 93—101	237	— — — 345 extr.	174
— — 141	236	— — — 367, 2	172
— — 151	236	— — — 369, 16	172
— — 159	236	— — — 373 imil.	174
— — 291	237	— — — 383, 2	174
— — 337	237	— — — 447, 10	172
— — 347	237	— — — 477, 12	174
— — 367	236	— — — 489, 2	174
— — 368	236	— — — 511, 4	172
— — 414	236	— — — 585 extr.	175
— — 416	236	— — — 595, 19	174
— — 607	235	Andoc. de myst. 79	47
— — 846 sqq.	235	— — 134	46
— — 849	235	Apollon. Rh. I, 45	357
— — 1022	255	— — — 63	355
— — 1030	235	— — — 276	358
— Sept. 357	253	— — — 362	355
Afran. 351 R	2	— — — 366	357
Africanus s. Iulius Afr.		— — — 382	356
Alex. Trall. ed. Puschmann vol. I,		— — — 605	358
p. 291, 1	174	— — — 619	357
— — — 295 extr.	172	— — — 646	358
— — — 317 extr.	173	— — — 765	358
— — — 329 a. fin.	173	— — — 767	358
— — — 331, 12	173	— — — 821	353
— — — 373, 13	173	— — — 824	357
— — — 443, 6	172	— — — 829	355
— — — 443, 21	173	— — — 869	357
— — — 471, 1	172	— — — 891	355
— — — 485, 5	173	— — — 939	357
— — — 493, 6	174	— — — 973	358
— — — 497, 2	172	— — — 1032	355
— — — 517, 18	172	— — — 1045	358
— — — 553, 3	172	— — — 1271	354
— — — 575, 6	172	— — — 1358	358
— — — 593, 6	172	— — II, 6	355
— — — 595, 17	173	— — — 65	357
— — vol. II 5, 2	173	— — — 142	358
— — — 25, 21	173	— — — 160	356
— — — 25, 23	173	— — — 304	354

Apoll. Rh. II, 872		357	Apoll. Rh. IV, 441	358
— — — 404		358	— — — 458	356
— — — 407		356	— — — 618	357
— — — 719		357	— — — 677	358
— — — 738		354	— — — 697	358
— — — 914		356	— — — 782	355
— — — 1093		358	— — — 865	356
— — — 1107		358	— — — 876	357
— — — 1119		356	— — — 947	357
— — — 1154		357	— — — 989	358
— — — 1228		358	— — — 990	357
— — III, 1	354.	356	— — — 1073	354
— — — 4		358	— — — 1133	359
— — — 21		359	— — — 1202	357
— — — 130		358	— — — 1244	357
— — — 152		356	— — — 1291	358
— — — 196		358	— — — 1497	354
— — — 197		355	— — — 1663	356
— — — 222		353	— — — 1681	354
— — — 224		357	— — — 1700	357
— — — 256		358	Appian BCiv. 2, 06	380
— — — 303		358	Apulej. d. deo Socr. p. 104 Oudendorp	
— — — 363	355.	357		40
— — — 440		355	— Mel. 10, 32	5
— — — 501		357	— — 11, 30	5
— — — 529		358	Aristid. Quint. p. 7, 5	241
— — — 595		358	— — 12, 9	241
— — — 628		357	— — 15, 5	241
— — — 685		354	— — 32, 24	241
— — — 713		358	— — 38, 8	241
— — — 748		358	— — 39, 21	241
— — — 753		358	Aristoph. Ach. 178 sqq.	540
— — — 755		354	— — 188	540
— — — 830		357	— — 600 sqq.	540
— — — 833		358	— Equitt. 394	538
— — — 860		353	— — 465	538
— — — 889		356	— — 668	538
— — — 1065		355	— — 774	538
— — — 1069		357	— — 912 sqq.	538
— — — 1076		355	— — 947 sqq.	538
— — — 1107		356	— — 1227	538
— — — 1198		354	— Lysistr. 910	154
— — — 1220		354	— — 911 schol.	155
— — — 1237		356	Aristot. Eth. Nicom. III, 2, p. 1111 a 14	
— — — 1276		358		552
— — — 1335		355	— Metaph. I, 5 p. 986 b 18	231
— — — 1379		107	— Poet. 14, p. 1454 a 2	555
— — — 1384		358	— Rhet. III, 18, 6	542
— — — 1893		359	Arnob. III, 32	184
— — IV, 62		358	— IV, 24	183
— — — 165		354	— V, 1	187
— — — 169		357	Athen. III, 86 B	18
— — — 229		355	August. Civ. D. IV, 11. 16	184
— — — 247		357	— — VII, 7	185
— — — 267		357	Bekk. Anecd. p. 198, 1	47
— — — 333		359	— — 199, 4	47
— — — 370		356	— — 306, 7	47

Bekk. Anecd. 383, 8 | 18
Dacchyl. fr. 27 | 287
Caes. B. C. I, 22, 4 | 93
— — — 47, 3 | 93
— — — 71, 3 | 93
— — II, 21, 1 | 93
— — — 22, 1 | 93
— — — 32, 12 | 93
— — III, 1, 1 | 220
— — — 73, 3 | 93
— — — 112 | 89
— B. G. I, 3, 7 | 191
— — — 6, 1 | 191
— — — 11, 3 | 394
— — — 14, 3 | 93
— — — 14, 4 | 394
— — — 16, 3 | 192
— — — 19, 1 | 93
— — — 25, 3 | 396
— — — 27, 4 | 192
— — — 31, 12 | 192
— — — 33, 2 | 192
— — — 39, 1 | 192
— — — 39, 5 | 191
— — — 40, 10 | 192
— — — 43, 4 | 93
— — — 48, 2 | 192
— — — 53, 1 | 395
— — II, 3, 3 | 192
— — — 3, 5 | 192
— — — 7, 25 | 394
— — — 15, 4 | 192
— — — 19, 1 | 192
— — — 19, 6 | 192
— — — 27, 1 | 394
— — — 29, 3 | 192
— — — 30, 1 | 394
— — III, 3, 1 | 192
— — — 4, 2 | 373
— — — 4, 4 | 374
— — — 5, 1 | 375
— — — 6, 3 | 192
— — — 6, 4 | 192
— — — 8, 3 | 192
— — — 12, 1 | 192
— — — 13, 9 | 396
— — — 14, 7 | 192
— — — 17, 2 | 191
— — — 17, 4 | 192
— — — 21, 1 | 371
— — — 21, 3 | 192
— — — 22, 1 | 372
— — — 22, 8 | 374
— — — 23, 4 | 394
— — — 23, 7 | 192. 375
— — — 25, 1 | 192
— — — 26, 1 | 192

Caes. B. G. III, 26, 2	373
— — IV, 2, 2	394
— — — 11, 4	396
— — — 14, 4	192
— — — 15, 5	192
— — — 30, 2	192
— — — 34, 1	394
— — V, 3, 5	394
— — — 11, 8	192
— — — 11, 9	192
— — — 12, 8	192
— — — 16, 2	396
— — — 18, 8	375
— — — 27	374
— — — 33, 3	373
— — — 34, 1. 3	373
— — — 35, 8	191
— — — 38, 1	372
— — — 39, 2	192
— — — 42, 5	192
— — — 43, 1	373
— — — 44, 8	372
— — — 44, 14	192
— — — 45, 4	373
— — — 52, 2	192
— — — 52, 4	191
— — — 54, 2	394
— — — 55, 2	373
— — — 56, 1	375
— — — 57	374
— — VI, 7	373
— — — 7, 6	375
— — — 10, 5	396
— — — 12, 6	394
— — — 14, 1	192
— — — 15, 2	192
— — — 31, 1	394
— — — 35, 8	220
— — — 40, 6	375
— — — 40, 7	372
— — — 41, 1	192
— — — 43, 6	394
— — VII, 5, 2	394
— — — 7, 5	191
— — — 11, 5	394
— — — 18, 3	192
— — — 24, 4	192
— — — 25, 4	395
— — — 38, 9	192
— — — 41, 4	394
— — — 47, 3	395
— — — 50, 6	192
— — — 57	373
— — — 59, 4	374
— — — 60, 3	374
— — — 62, 2	394
— — — 62, 4	373

Caes. B. G. VII, 62, 6	375	Catull. 29, 23	369
— — — 65, 5	191. 394	— 31, 13	369
— — — 73, 1	393	— 45	365
— — — 79, 1	192	— 45, 6	369
[—] — — VIII, 5, 3	91	— 46, 5	363
— — — 10—20	92	— 46, 6	364
— — — 11, 1	91	— 53, 4	100
— — — 13, 3	91	— 54	369
— — — 18, 2	91	— 55, 1	100
— — — 21, 2	91	— 57, 7	365
— — — 24, 3	91	— 64, 83	5
— — — 28, 4	91	— 65, 12	365
— — — 31—40	92	— 67	365
— — — 38, 2	92	— 68	366
— — — 41, 2	91	Cedren. ed. Bekker I, p. 344	
— — — 42, 1	91	3—6	177
— B. A. 1—10	92	C. I. A. I, 32	46
— — 1—29	92	— — 37	46
— — 11, 3	91	— - 266	46
— — 12, 2	92	— II, 114	46
— — 22, 2	91	— — 163	46
— — 25, 3	91	— — 167	49
— — 26, 2	91	Cic. Epp. ad Att. I, 13, 3	530
— — 30—78	92	— — II, 24, 4	530
— — 32, 4	91	— — IV, I, 7	530
— — 42, 3	91	— — — 14, 1	531
— - 46, 1	91	— — — 16, 15	531
— — 46, 4	91	— — V, 7	531
— — 48—64	92	— — — 13, 3	531
— — 62, 1	91	— — VII, 13, 2	531
Callim. Com. Ber. fr. 34	107	— — — 12, 2	531
— Epigr. 19, 3 Schneid.	578	— — VIII, 9, 14	531
— — 37	580	— — X, 4, 9	2
— — 43	578	— — — 16, 6	531
— — 43, 5	578	— — XII, 37, 2	531
— — 45, 3	579	— — XIV, 5, 2	531
— — 64	578	— — XV, 5	90
— — 64, 5	578	— — 20, 1	531
— Fragm. CCCCLVI	579	— — XVI, 5, 5	526
— hymn. in Apoll. 22	578	— - ad Brut. I, 0, 1	529
— Lavacr. Pall. 101	578	— — — 10, 4	529
Cass. Fel. p. 2, 13 Rose	42	— — — 15, 3	529
— — 21, 10	42	— — — 13, 6	529
Catull. 1, 8	366	— — ad fam. XI, 13	527
— 2, 7. 8	368	— Epp. sel. ed. Süpfle 4,5,4	100
— 2, 12	368	— — 5, 12	99
— 4	363	— — 5, 12, 10	100
— 10, 10	368	— — 5, 14	100
— 10, 28	364	— — 7, 5, 2	100
— 12	364	— — 16, 21, 2	99
— 19, 9	368	— Or. p. Balb. 12, 12	220
— 22, 7	308	— — in Pis. 78	515
— 22, 12	304	— — p. Scaur. II, 48	184
— 25, 5	368	— — in Verr. II, 1, 28	515
— 25, 12	364	— Acad. I, 6	305
— 29	365	— — — 7	305
— 29, 20	369	— — — 10	313

Cic. Acad. I, 13	313	Cic. Art. rhet. p. 32, 8	516
— — — 15	310	— — 32, 5	516
— — — 19	307	— — 32, 6	520
— — — 20	313	— — 33, 8	516
— — — 25	305	— — 33, 12	517
— — — 26	305	— — 33, 20	519
— — — 27	309	— — 34, 8	519
— — — 30	310	— — 34, 17	519
— — — 32	309	— — 36, 4	519
— — — 46	310	— — 38, 7	520
— — II, 7	307	— — 39, 5	516
— — — 18	311	— — 39, 8	520
— — — 22	305	— — 40, 21	519
— — — 29	312	— — 41, 18	517
— — — 40	305	— — 42, 6	521
— — — 45	305	— — 42, 18	517
— — — 58	309	— — 43, 17	520
— — — 59	305. 315	— — 45, 7	516
— — — 63	313	— — 45, 8. 9	519
— — — 67	310	— — 46, 21	516
— — — 70	310	— — 46, 24	516
— — — 74	305	— — 47, 1	520
— — — 75	307. 309	— — 47, 10	517
— — — 76	307	— — 48, 5	517
— — — 78	308	— — 48, 23	520
— — — 80	308	— — 49, 6	517
— — — 88	309	— — 50, 9	520
— — — 98	309	— — 50, 10	520
— — — 102	312	— — 56, 21	521
— — — 125	310	— — 56, 27	521
— — — 126	312	— — 58, 13	516
— — — 132	315	— — 59, 19	516
— — — 135	308	— — 59, 25	516
— Art. rhet. (de invent.) p. 4, 14	517	— — 60, 10	516
— — 6, 9	517	— — 60, 14	519
— — 6, 17	517	— — 63, 15	521
— — 7, 2	516	— — 66, 2	517
— — 7, 10	517	— — 67, 19	518
— — 8, 1	517	— — 68, 12	516
— — 8, 18	517	— — 68, 23	516
— — 10, 3	517	— — 69, 14	516
— — 11, 18. 19	517	— — 70, 10	521
— — 12, 33	516	— — 71, 10	516
— — 15, 23	516	— — 73, 3	516
— — 17, 3	519	— — 73, 10	516
— — 19, 7	516	— — 74, 11	516
— — 21, 18	516	— — 77, 1	517
— — 24, 6	519	— — 77, 13	517
— — 25, 2	519	— — 77, 23	516
— — 27, 13	516	— — 78, 9	517. 519
— — 28, 22	516	— — 80, 5	517
— — 29, 5	519	— — 80, 8	516
— — 29, 26	516	— — 80, 11	520
— — 30, 1	517	— — 80, 17	516
— — 31, 6	517	— — 81, 12. 13	516
— — 31, 10	517	— — 82, 9	516
— — 31, 12	519	— — 83, 16	517

Cic. Art. rhet. p. 84, 24	517	Cic. Lael. 14		807
— — 85, 9	520	— — 16		807
— — 85, 18	516	— — 20		307
— — 87, 13	518	— — 38		307
— — 87, 16	516	— — 70		313
— — 87, 17	516	— d. Legg. I, 33		312
— — 88, 5	518	— — — 42		309
— — 88, 10	518	— — — 56		312
— — 88, 14	516	— — II, 11		314
— — 90, 15	519	— — — 15		815
— — 91, 18	521	— — — 18		311
— — 91, 25	516	— — — 19	226.	808
— — 93, 2	520	— — — 20		227
— — 93, 11	516	— — — 21	226.	227
— — 94, 2	521	— — — 22	226.	314
— — 94, 14	521	— — — 38		227
— — 94, 15	516	— — — 45	308.	310
— — 94, 19	521	— — — 63		309
— — 96, 9	516	— — — 65		311
— — 96, 28	521	— — III, 6	226.	308
— — 99, 11	516	— — — 7		226
— — 101, 9	516	— — — 8		226
— — 105, 20	518	— — — 9		226
— — 110, 26	516	— — — 11		227
— — 116, 4	518	— d. Nat. d. I, 16	308.	314
— — 120, 7	517	— — — 24		814
— — 123, 15	518	— — — 41		315
— — 129, 23	518	— — — 48		314
— — 130, 18	516	— — — 98		591
— — 130, 21	516	— — — 145		311
— — 132, 2	518	— — — 165		311
— — 132, 5	518	— — II, 25		314
— — 134, 7	518	— — — 72		310
— — 135, 22	516	— — — 108		806
— — 136, 19	518	— — — 123		310
— — 189, 12	516	— — — 131		310
— — 140, 18	518	— — — 142		811
— — 140, 29	518	— — III, 11		312
— — 146, 7	517	— — — 64		309
— — 147, 10	518	— d. Off. I, 8		812
— — 147, 12	518	— — — 29		312
— — 147, 13	518	— — — 99		312
— de Divin. I, 36	311	— — — 106		812
— — — 42, 89	107	— — — 114		815
— — II, 37	815	— Parad. pro. 4		810
— — — 118	311	— — 22		812
— de Fin. 1, 7, 22	593	— d. Rep. I, 1		308
— — — — 38	313	— — — 7		308
— — — 55—57	591	— — — 13		308
— — — 63. 64	592	— — — 65		309
— — II, 10	306	— — — 68		313
— — — 71	310	— — — 71		314
— — III, 27	312	— — II, 10		309
— — — 43	314	— — — 89		815
— — — 50	312	— Tusc. I, 15		311
— — — 78	314	— — — 16		311
— — IV, 10	313	— — — 19		311

Cic. Tusc. I, 26	311 Demosth. or. 50, 8	47. 50
— — — 30	313 — — 59, 27	46
— — — 44	314 — II. Olynth. 29	537
— — — 52	311 — de fals. leg. 246, p. 418	555
— — — 61	313 Dio Cass. 55, 2	177
— — — 74	311 — — 55, 23	342
— — — 80	314 — — 58, 23	176
— — — 85	313 — — 60, 21	340
— — — 96	314 — fragm 5, 13	361
— — — 107	313 Dio Chrysost. 25	385
— — — 108	311 Diodor. XIII, 108	388
— — — 116	307 — XIX, 109	387
— — — 117	308 Diog. Laert. X, 29	593
— — II, 3	311 — — — 141	592
— — — 12	213 Dionys. Hal. A. R. I, 12	577
— — — 18	311 — — — 86	183
— — — 35	312 — — — 87	183
— — III, 12	309 — — 11, 19	184
— — IV, 20, 65	315 — — — 38 sqq.	186
— — V, 75	315 — — — 48	186
Corn. Nep. 1, 1, 5	462 — — VII, 3	473
— — 2, 2, 3	462 — — XIII, 7	78
— — 2, 6, 5	462 — — — 8	78
— — 2, 10, 1	462 — — — 9	78
— — 3, 2, 1	462 — — — 10	78
— — 3, 2, 3	462 — — XV, 5—6	470
— — 5, 4, 3	220 Dionys. Thrax, vid. Ind. rer.	
— — 7, 2, 5	462 a. v. Dionys.	
— — 7, 4, 5	461 Endoc. Aug. π. Ἀλφιτοῦ	30
— — 7, 6, 3	461 — — π. Ἀμαδόπων	28
— — 7, 8, 2	462 — — π. Ἀντικλίας	29
— — 9, 3, 3	461 — — π. γεωργίας	30
— — 9, 4, 4	462 — — Θεογενία	29
— — 10, 6, 2	462 — — π. τῆς δημ. Λιγυείας	80
— — 10, 7, 3	462 — — π. τῆς δρυός τῆς Δωδωναίας	31
— — 13, 2, 3	462 Eur. Bacch. 126 sqq.	14
— — 13, 3, 2	462 — — 147	15
— — 14, 2, 1	461 — — 286 sqq.	15
— — 14, 7, 3	461 — — 327	15
— — 14, 8, 1	461 — — 396 sq.	16
— — 15, 10, 3	462 — — 466	16
— — 16, 4, 3	462 — — 469	16
— — 17, 2, 1	462 — — 537	16
— — 17, 5, 3	462 — — 550	15
— — 19, 4, 2	462 — — 558	16
— — 19, 4, 3	461 — — 652	16
— — 23, 5, 3	462 — — 676	15
— — 25, 10, 4	461 — — 747	16
— — 25, 11, 6	462 — — 913	16
— — 25, 18, 8	462 — — 985	16
— — 25, 20, 1	461 — — 1007	17
Cornific. ad Her. IV, 68	515 — — 1021	17
Demetr. Phal. 108	243 — — 1049	17
— — 289	242 — — 1056	17
— — 345	243 — — 1157	15
Demosth. or. 21, 161	47 — — 1207	17
— — 24, 90 sqq.	40 — — 1341	17

Nr. 12. Index locorum.

Eur. El. 713	156	Hesiod. Op. 606	
— Hel. 66	154	— — 637	
— Heracl. 126	106	— — 679	
— — 564—566	106	— — 680	
— — 597—607	106	— — 709	
— — 652—653	106	— — 712	
— — 719—727	106	— — 714	
— — 739—747	106	— — 740	
— — 983—990	106	— Theog. 44	
— — 1022—1025	106	— — 86 sq.	
— Hipp. 1186	16	— — 102	
— Ion. 10—13	153	— — 104	
— — 46	156	— — 107 sq.	
— — 76	155	— — 112	
— — 114	156	— — 114 sq.	
— — 161	156	— — 116	
— — 220	155	— — 118	
— — 226 sqq.	156	— — 119	
— — 235	155	— — 122	
— — 245	155	— — 127	
— — 259	154	— — 131	
— — 492	154	— — 133	
— — 502	155	— — 139	
— — 936 sqq.	155	— — 140	
— Fragm. 46	18	— — 167	
— — 69	18	— — 189	
— — 214	19	— — 213 sq.	
— — 240	18	— — 268	
— — 452	553	— — 284	
— — 554	20	— — 300 sqq.	
— — 685	20	— — 353	
— — 900	553	— — 369	
— — 904, 12	19	— — 387 sq.	
— — 979	553	— — 399	
— — 1105	19	— — 406	
Euseb. Praep. Ev. X, 10	83	— — 427	
Excerpta barb. p. 226	85	— — 429	
— — 316	85	— — 443	
Fast. Praen. 4. apr.	184	— — 466	
— — 1. mart.	185	— — 560	
— — 19. mart.	185	— — 578	
Fest. p. 150	185	— — 609	
— 242	186	— — 610	
— 254	186	— — 684	
— 322	183	— — 713	
Flor. II, 13, 54	89	— — 746	
— 30, 27	36	— — 748	
Harpocr. s. v. ἀποδίκται	47	— — 793	
— ταμίας	47	— — 813	
Heliodor. p. 244, 10	557	— — 888	
Herodot. IV, 200	362	— — 911	
— V, 25	368	Hesych. περασαγγελόγη	
Hesiod. Op. 18. 19	284	Hom. A 216	
— — 25. 26	283	— — 218	
— — 458	286	— — 464	
— — 487	286	— — 498 sq.	
— — 556	286	— N 280	

Hom. Γ 12	8	Hor. Epp. I, 20, 24		179
— Δ 392	353	— — II, 1, 101		178
— Z 34	355	— — — 1, 164		178
— — 317	9	— — — 1, 240		220
— Θ 2 sq.	12	— — — 1, 255		185
— I 159	9	— — — 1, 260		178
— K 291	357	— — — 2, 15 sq.		178
— — 513 schol.	356	— — — 2, 43		178
— — 520 sqq.	10	— — — 2, 105		178
— Λ 314	357	— — — 2, 111		179
— — 631	357	— — — 2, 127		179
— M 48	8	— — — 2, 207		178
— N 172	355	— — — 3, 45 sq.		178
— Ξ 322	356	— — — 3, 224		179
— O 395 sqq.	10	— — — 3, 359		179
— Π 95	355	— — — 3, 401		178
— Σ 274 schol.	19	— — — 3, 406		179
— — 385	354	— — — 3, 429		178
— — 424	354	— Odd. 1, 1		460
— — 466	356	— — — 11		460
— X 332	354	— — — 23		460
— Ψ 235	13	— — II, 1	108.	460
— — 483	9	— — — 2		460
— — 575	12	— — — 5		460
— Ω 69	13	— — — 7		460
— — 269	358	— — III, 1		460
— γ 378	357	— — — 1, 2		179
— ε 29	9	— — — 15		460
— η 76	355	— — — 19		460
— λ 456	355	— — IV, 1		460
— ν 109	353	— Satt. I, 4, 24		221
— — 238	9	— — — 4, 10		221
— ο 464	9	— — 11, 3, 208		220
— π 216	9	Hyperid. Dem. IV, 27		48
— - 316	357	— — V, 16		48
— ρ 358	9	Ibyc. fr. 7		287
— hymn. IV in Ven. 32	74	— 9		287
— — 50—52	74	Isocr. X, 1		293
— — 91	74	— — 1—8		294
— — 114	70	— — 6		295
— — 126	76	— — 9		293
— — 136	75	— — 14 sqq.		294
— — 144	74	— — 27 29		295
— — 161—166	74	Iul. Afric. ap. Synkell. p. 31		84
— — 168	76	— — 582		83
— — 199	76	— — 610		80
— — 201	76	— — 616		84
— — 210	74	Iuven. III, 205 schol.		88
— — 240	75	— VI, 295 297		88
Hor. Epp. I, 2, 40	179	Liv. I, 3, 6		86
— — — 6, 31	179	— — 6, 1		93
— — — 7, 51	179	— — 11, 5 sqq.		186
— — — 13, 16	4	— — 13, 5		186
— — — 15, 31 sq.	178	— — 28		362
— — — 16, 20	220	— V, 47		78
— — — 18, 91 sq.	178	— — 48		78
— — — 19, 32 sq.	178	— VIII, 23		409

Liv. XXI, 60, 7 91
— XXII, 57 361
— XXXI, 10. 14 184
— XXXII, 19 360
Lucret. III, 137—258 591
— IV, 252 2
Lyd. IV, 20 185
Lys. XXX, 22 46
— in Eratosth. 65 542
Macrob. Sat. I, 7, 20 185
— — 9, 16 185
Manil. Astr. V, 548 5
Martian. Cap. Nuptt. Philol. et Merc. IX, 930. 931 239
— — — 936 239
— — — 939 240
— — — 950 240
— — — 953 240
— — — 962 240
— — — 964 240
— — — 965 242
— — — 984 241
— — — 988 241
Naev. Com. 13 R. 3
Ov. Fast. I, 33 sq. 303
— — — 49 298
— — — 85 298
— — — 129 sq. 185
— — — 135 185
— — — 153 303
— — — 165 303
— — — 174 303
— — — 202 303
— — — 206 304
— — — 227 298
— — — 231 183. 299
— — — 259—276 186
— — — 261 sqq. 301
— — — 277—282 185
— — — 282 304
— — — 289 sqq. 188
— — — 297 304
— — — 307 301
— — — 311 301
— — — 325—380 299
— — — 335 sqq. 186
— — — 476 304
— — — 543—586 187
— — — 579 301
— — — 597 sq. 302
— — — 599 sq. 301
— — — 631 sqq. 185
— — — 657—704 189
— — II, 46 304
— — — 138 300
— — — 149 300
— — — 153 sqq. 300
Ov. Fast. II, 175 303
— — — 193 sq. 302
— — — 244 304
— — — 314 304
— — — 361—380 183
— — — 389 sq. 186
— — — 477—480 180
— — — 533—570 188
— — — 631 304
— — — 637 304
— — — 669 299
— — — 685 sq. 188
— — — 704 300
— — — 739 298
— — — 845 305
— — III, 55 sqq. 302
— — — 97 185
— — — 179—252 300
— — — 236 299
— — — 257 185
— — — 285—356 187
— — — 399 sqq. 302
— — — 416 300
— — — 435—448 188
— — — 466 300
— — — 557 304
— — — 634 302
— — — 664 299
— — — 813 300
— — IV, 13 299
— — — 39—60 186
— — — 77 300
— — — 83 299
— — — 133 sqq. 302
— — — 179—376 184
— — — 211 299
— — — 255—348 187
— — — 349 299
— — — 357 sq. 187
— — — 393 299
— — — 429 299. 303
— — — 441 303
— — — 507 sq. 299
— — — 511 298
— — — 629 sqq. 302
— — — 721 sqq. 300. 302
— — — 821—820 183
— — — 841 183
— — — 843 300
— — — 856 300
— — — 863 301
— — — 900—904 302
— — V, 37 303
— — — 131 299
— — — 230 303
— — — 436 299
— — — 463 298

Ov. Fast. V, 525		304	Ov. Met. XI, 1—49		180
— — — 539		299	— — — 138		180
— — — 557		300	— — — 393		181
— — — 621 sqq.		187. 302	— — XII, 23		180
— — — 714		300	— — — 230 sq.		180
— — — 726		300	— — — 256		180
— — VI, 101—168		301	— — XIII, 294		181
— — — 140		304	— — — 550		583
— — — 169—182		185	— — XIV, 609 sqq.		186
— — — 213—218		180	— — — 705—707		180
— — — 285—294		184	— — — 775—804		186
— — — 299		184	— — XV, 85		583
— — — 305—318		184	— — — 111 sqq.		186
— — — 437—454		184	— Trist. 1, 10		363
— — — 466		300	— — — 22		364
— — — 474		300	— — IV, 57		297
— — — 481		299	— — — 107		297
— — — 569 sqq.		188	Paulus p. 19		183
— — — 571		299	— 49		186
— — — 587—610		189	— 55, 2		183
— — — 621		301	— 85		184. 185
— — — 627—636		187	— 125, 1		184
— — — 651—710		189	— 147		185
— — — 652		305	— 222		188
— — — 662		296	— 866		186
— — — 739		299	Paus. I, 25, 5		483
— — — 768		301	— — 28, 4		155
— — — 771—784		183	Petron. 15		227
— Met. I, 78—86		583	— — 39		227
— — — 216		582	— — 45		227
— — — 545 sqq.		180	— — 49		227
— — II, 453		180	— — 58		227
— — — 461		581	— — 76		225
— — III, 78		180	— — 77		225
— — — 441		582	Plat. Charm. 162 D		22
— — — 539		180	— Crit. 108 B		23
— — IV, 27		180	— Phaedr. 251 A		17
— — — 446		180	— — 259 C—263 E		294
— — — 451		583	— — 263 E—266 C		294
— — V, 179		582	— — 264 C		22
— — — 261		180	— — 266 C—269 D		294
— — — 444		581	— — 268 D		23
— — VI, 185		180	— — 269 D		294
— — — 201		180	— — 269 E		295
— — — 281 sq.		180	— — 269 E—277 B		294
— — — 294		180	— — 272 A		294
— — — 572		583	— — 275 D		295
— — — 613		581	— Reip. III, 396 B		22
— — VII, 223		180	Plaut. Amph. 293		219
— — — 765		582	— Aul. prol. 18		2
— — VIII, 64		180	— Bacch. 396		3
— — — 594—610		180	— Merc. 103		2
— — — 652—657		180	— Mil. 34		3
— — IX, 380		180	— — 481 sq.		219
— — — 500		583	— — 551		219
— — X, 57		581	— — 794		2
— — — 621		582	— — 1048		3

Index locorum.

Plaut. Most. 500	3	Sedul. Op. pasch. p. 323 Are-	
— — I, 1, 30	220	val	586, 587
— Poen. V, 4, 9	3	— — 324	588
— Pseud. 344	2	— — 325	588
— Stich. 704	3	— — 326	587
— Truc. 1, 2, 50	3	— — 328	585
Plut. Cam. 15, 3 - 5	78	— — 330	586
— — 26	78	— — 331	588
— — 27, 6	78	— — 332	586
— — 28, 5	78	— — 333	589
— Cim. 8	585	— — 336	586, 587
— Mor. 551 D	19	— — 338	589
— Nic. 11	541	— — 341	586
— Num. 15	187	— — 343	586
— Per. 33	539	— — 346	586, 589
— Rom. 10	187	— — 347	587
— — 21	183, 185	— — 348	589
— — 29	186	— — 349	586
[—] Lyc. 3	48	— — 353	586
Polluc. IV, 128	554	— — 354	589
— — VIII, 97	47	Senec. Epp. 89, 11	592
— — 99	48	- Nat. quaestt. II, 45	4
Polyb. III, 91	474	Serv. ad Verg. Aen. 1, 6	183
Priscian. I, 621	4	— — — 292	186
Propert. I, 3	578	— — II, 296	184
— — 8, 22	578	— — IV, 516	185
— — 8, 29	578	— — V, 755	183
— — 14, 34	578	— — VIII, 203	187
— II, 1, 56	578	— — — 319	183
— — 1, 72	578	— — — 322	183
— — 8, 14	578	— — — 336	185
— III, 10, 11	579	— — — 343	183
— — 15, 51	579	— — — 564	187
— — 17, 8	578	— — XI, 211	184
— — 23, 2	579	— — — 603	183
— IV, 1, 8	579	— ad Verg. Georg. III, 1	188
— — 10, 8	578	Sid. Apoll. Epp. 5, 1	5
— — 25, 14	578	Simplic. ad Arist. Phys. 5 b	230
— V, 4, 73 sqq.	188	— — 6 a	232
— — 9, 22	579	— — 106 Karst	233
— — 9, 57	578	Soph. Ant. 367	556
Publil. Syr. 441	32	— — 497	557
— — 547	32	— — 574	555
Quintil. III, 7, 5	466	— — 603	556
Sall Iug. 41, 7	35	— — 670	557
Salvian. Gub. Dei 1, 42	5	— — 601	556
— — 7, 75	5	— — 834—838	556
Sedul. Op. pasch. p. 311 Are-		— — 853—855	556
val	585	— EL 707	16
— — 312	587	— Oed. T. 228	332
— — 313	585	— — 267	333
— — 315	587	— — 328	332
— — 317	585	— — 478	333
— — 318	580	— — 485	332
— — 319	585	— — 487	333
— — 321	586	— — 572	332
— — 322	585, 586	— — 582	333

Philolog. Ann. XI.

Soph. Oed. T. 605	557	Tac. Hist. 1, 31	379		
— — 639	382	— — — 33	39		
— — 644	383	— — — 46	38		
— — 657	332	— — — 73	38		
— — 740	332	— — 11, 5	38		
— Fragm. 162	19	— — — 6	38		
— — 355	18	— — III, 58	38		
— — 421	19	— — IV, 3	38		
— — 430, 3	18	Ter. Eun. 587	2		
— — 477	19	— Heaut. 303	100		
— — 618	20	Tertull. ad Nat. p. 366, 9	316		
Spart. Hadr. 5—14	321	— — 380, 12	316		
Strabo p. 199	20	Theobr. Id. II, 60	378		
— 387	468	Thuk. 1, 8, 31	162		
Suet. Dom. 7	380	— — 13, 22	162		
— Iul. 56, 1	89	— — 18, 2	162		
— Tib. 36	100	— — 18, 23	162		
Sulp. Sev. Dial. 1, 22, 2	5	— — 19, 33	162		
Tac. Agr. 3	465	— — 23, 2	162		
— — 13, 30	465	— — 24, 25	162		
— — 16	38	— — 68, 17	162		
— — 18, 19	465	— — 94, 33	162		
— — 20	38	— — 97, 3	162		
— — 24	381	— — 118, 1	162		
— — 30	38. 464	— — 118, 11	169		
— — 31	464	— — 118, 31	162		
— — 32	464	— — 132, 2	162		
— — 34	464	— — 144, 26	169		
— — 35	464. 465	— II, 1	158. 160		
— — 36	464	— — 11, 13	162		
— — 37	464	— — 12, 27	158. 162		
— — 38	465	— — 16, 34	162		
— — 42	464	— — 21, 22	162		
— — 43	464	— — 34, 27	162		
— — 44	464	— — 35, 18	162		
— — 46	464	— — 35, 22	162		
— Ann. 1, 9	38	— — 41, 4	162		
— — — 29	38	— — 47, 17	162		
— — IV, 48	38	— — 54, 5	162		
— — — 49	37	— — 59, 3	539		
— — VI, 45	38	— — 64, 25	162		
— — XII, 10	38	— — 64, 29	162		
— — — 48	38	— — 68, 16	162		
— — XIII, 38	38	— — 70, 21	162		
— — — 50	36	— — 101, 30	163		
— — XIV, 9	39	— — 102, 6	162		
— — — 20	39	— — 103, 19	162		
— — — 33	38	— III, 11, 32	162		
— — XV, 25	379	— — 13, 32	162		
— Dial. 25	38	— — 25, 31	162		
— — 28	88	— — 54, 18	162		
— — 32	39	— — 57, 6	162		
— Germ. 6	38	— — 63, 35	162		
— — 28	513	— — 68, 4	162		
— — 29	512	— — 98, 4	162		
— — 30	512	— — 104, 9	162		
— — 37	513	— — 104, 35	162		

Nr. 12.   Index locorum.   643

Thuk. III, 118, 32	160. 162 Varr. L. L. VI, 17	184. 189
— — 118, 22	162 — — — 26	189
— IV, 10, 18	162 — — — 33	185
— — 48, 28	160. 162 — — VII, 8	238
— — 51, 24	162 — — — 44	187
— — 118, 1	162 — R. R. I, 2, 1	189
— — 138, 23	162 Vell. Pat. I, 7	472
— — 135, 11	162 Verg. Aen. I, 6	245
— V, 1	161 — — — 7	245
— — 9, 1	162 — — — 8	245
— — 18, 34	102 — — — 86	245
— — 18, 35	162 — — — 112	244
— — 20, 24	162 — — — 116	244
— — 20, 33	162 — — — 172	244
— — 24, 24	165 — — — 195	245
— — 24, 25	164 — — — 211	244
— — 24, 36	159 — — — 237	245
— — 25, 26	160 — — — 246	245
— — 26, 15	164 — — — 266	245
— — 26, 29	165 — — — 293 sqq.	185
— — 43	541 — — — 301	244
— — 47, 28	162 — — — 370	245
— — 88, 23	162 — — — 426	244
— VI, 7, 29	162 — — — 441	244
— — 9, 20	162 — — — 453 sq.	244
— — 17, 10	162 — — — 518	244
— — 40, 12	162 — — II, 76	244
— — 93, 14	162 — — — 108	221
— VII, 18, 19	162 — — — 112	244
— — 44, 30	162 — — — 255	244
— — 56, 8	162 — — — 303	244
— — 61, 24	162 — — — 328	244
— — 66, 3	162 — — — 249	244
— — 87, 27	161. 165 — — — 691	244
— — 87, 28	160. 162 — — VI, 254	245
— VIII, 6, 27	162 — — VII, 26	246
— — 17, 19	162 — — — 110	246
— — 60, 23	162 — — — 129	246
— — 66	542 — — — 377	246
— — 99, 10	162 — — — 607 sqq.	185
Tibull. II, 5, 87 sqq.	188 — — VIII, 301	246
Trag. Gr. fr. adesp. 100, 7	19 — — — 322 sqq.	183
Valer. Max. 1, 4, 4	184 — — — 330 sq.	186
Varr. L. L. V, 30	186 — — — 683	246
— — — 32	183 — — IX, 67	246
— — — 42	183 — — — 167	246
— — — 43	186 — — — 226	246
— — — 45	187 — — — 467	246
— — — 51	186 — — — 673 sq.	246
— — — 66	189 Vopisc. Sat. 6	321
— — — 73	186 Xen. Hell. I, 4, 10	535
— — — 85	183 Xiphil. LXXVI, 12	176
— — — 143	183 Zonar. p. 896 c	362
— — — 150	189 — 419 c	261
— — VI, 13	183. 189 — 445 c	360
— — — 15	184. 188 — 454 d	342

Index rerum zu den excerpten.

Adristas, v. W. H. Roscher 604.
Aelianus, s. kriegsaltertb.
Aelius Aristeides, beitr. v. R. Arnoldt 344.
Aeneas. Mosbach, A., de Aen. Tac. commentario poliorcet. 503.
Aeschines. Pabst, P., de additamentis ... in Aeschinis oratt. 617.
Aeschylos. ed. A. Kirchhoff 275. 616. Arnoldt, R., der chor im Agamemn. 623. Bruch, C., Obersetzung 503. Campbell, L., notes on the Agam. 349. Fritzschius, F. V., de Aeschylo G. Hermanni 498. Harmsen, Th., de verborum collocat. ap. Aesch. , . . 430. Köchly, H., die Perser Obers. 274. 503. Lowidsky, A., de loco lacunoso 71. Weil, H., morceaux choisis 675.
Africanus, s. Julius Afr.
Alexandriner. Knaack, G., analecta Alexandrino-Romana 215. 617.
Albaios. W. Hörschelmann, fragm. 3 B . . 430.
Alterthümer, gr.: Dondorff, H., aphorismen z. beurtheil. d. Solon, verf. 609. Flach, H., d. tanz b. d. Griechen 343. Grasberger, L., erziehung . . . im class. alterth. 504. Gravenhorst, F. Th., d. entwickelungsphasen d. relig. lebens im hellen. alterth. 495. Hagemann, G., de Graecorum prytaneis 495. 610. Hartmann, J. J., de Hermocopidarum . . . judiciis 614. Heydemann, V., de senatu Athen. quaestt. epigr. sel. 613. Höck, A., die einführung fremder gesandtschaften in d. athen. volksversamml. 349. Holwerda, A. E. J., olymp. studien 144. Jannet, C., les institutions sociales ... à Sparte 498. Kopp, W., griech. sacralaltertb. 495. 620. ders., gr. staatsaltertb. 620. Neubauer, E., üb. die anwendung d. γραφὴ παρανόμων b. d. Ath. 614. Petersen, O., quaestt. de hist. gentium Atticarum 337. 495. 501. Rensch. A., de diebus contionum ordinar. ap. Athen. 610.
Stengel, P., zu d. griech. todtenopfern 344. 604. Ssiuto, E., untersuch. üb. d. attische bürgerrecht 495. 573. 615. Thumser, V., de civium Athen. muneribus . . . 340 429.
Alterthümer, röm : Becker, F., d. heidnische weihrformel D. M. 273. 343 Becker, W. A., Gallus 623. Bender, H., Rom u. röm. leben im alterth. 68. 500. Genz, capitis deminutio 498. Gruppe, O., dies ater 277. Hoffmann, E. patrix. u. plebej. curien 68. Kopp, röm. staatsaltertb. 620. Madvig, J. N., d. verfassung u. verwaltung d. röm. staats 624. Marquardt, J., d. privatleben d. Römer 70. Regell, P., d. schautempla d. augurn 604. Schürer, E., d. gemeindeverf. d. juden in Rom ... 214. Sestier, J. M., la piraterie dans l'antiquité 603. Soltau, W., üb. entstehung ... d altröm. volksvers. 425. 430. 603. Unger, d. Lupercalien 72. Wesel, E., de opificio ap. veteres Rom. 493. s. kriegsaltertb., medicin, rechtsgeschichte.
Ambrosius. Ewald, P., d. einfluß d. stoisch - ciceron. moral auf d. darstellung der ethik bei Ambr. 427.
Ammianus Marcell. Michael, H., die verlorenen bücher d. Amm. 70. 609.
Anakreon. A. Rubio y Clueb, estudio critico bibliografico sobre Anacr. 492.
Anecdoton, ein rhetorisches, v. E. Rohde 346.
Anthologia lat., beitr. v. R. Bitschofsky 345. v. A. Riese 430.
Antinous, roman v. G. Taylor 145.
Antisemitenbewegung, s. judenfrage.
Antoninus, s. Marcus Ant.
Apollodoros. Ludwich, A., zu Ap. bibliotheca 430.
Apolloniusroman. Thielmann, Ph., üb. sprache u. krit. des Apolloniusrom. 503. 604.

Apulejus. Becker, H., studia Apuleiana 214.
Archaeologie. Annali dell' Instituto di corrispond. archeol. 66. Balestra, arbeiten d. archaeol. commiss. in Como 147. Benndorf, O., u. Hirschfeld, O., abhandl. d. archaeol.-epigr. semin. d. univers. Wien 604. Benndorf, O., zur vasentechnik 333. Bindseil, Th., d. antiken gräber Italiens 617. Blümner, H., d. maske des s. g. sterbenden Alexander 66. ders., neue deutung d. Laokoongruppe 344. Bohn, H., zum Nike-Pyrgos 65. Boletim, de architectura e archeologia... 494. Brunn, H., ὑπομβάσεθαι 64. bullettino dell' Instituto de corrisp. archeol. 66. Cesnola, L. P. di, Cypern 336. compte rendu de la commiss. imp archéol. 150. Conze, echtheit einer vase aus Argos 65. ders., Hermes-Kadmilos 44. Curtius, E., d. Kanephore v. Paestum 65. ders., die Telamonen an d. ernlafel v. Anisa 333. Dressel, statue d. Semo-Sancus 271. Dütschke, H., üb ein röm. relief mit familie d. Aug. 430. Eroli, Mithras-monument 635. E-lacio da Veiga, memoria das antiguidades de Mertela... 422. Fabiano, scarabaeus aus Palaestina 335. Flasch, A., Phineus auf vasenbildern 66. Forchhammer, P. W., die gigantomachie am pergamen. Zeus-altar 420. Förster, R., Farnesina-studien 277. Fränkel, M., kindersarkophag im mus. von Sparta 66. Friedländer, J., röm. bilduiß auf einem goldringe 66. ders., gruppe d. Artemis 144. Furtwängler, A., d. satyr aus Pergamon 274. 622. ders., weiße att. lekythos 66. ders., nochmals Nike u. Linos 66. ders., gefälschte vase 145. ders., bronzefunde aus Olympia 66. Gamurrini, reste eines kl. tempels b. Elci 147. ders., platte von vulcan. lava 147. ders., bronzegegenstände von Chiusi 335. Gatti, gewichte mit aufschrift 335. Ghirardini, vase aus Bologna 273. ders., eiserner spitzhammer 147. Gösler v. Ravens-

burg, F., Venus v. Milo 67. 501. Gurlitt, L., votivrelief an die göttermutter 145. ders., relief aus Athen 334. Helbig, bronzehelm aus Palaestina 271. ders., brustschild aus bronze 271. ders., spiegel aus d. gegend v. Orvieto 271. ders., thongefäß aus süd-Etrurien 272. ders., armband aus gehämmerter bronze 335. Heittner, F., die Neemagener monumente 430. Heydemann, H., satyr- u. bakchennamen 607. Hübner, E., Citania 277. ders., bildniß d. Seneca 64. Huegel, L. F. J., entwickelung d. perspective in d. class malerei 574. Hultsch, F., d. grundmaß d. griech. tempelbauten 65. ders., bestimmung d. att. fußes nach d. Parthenon u. Theseion 144. Jordan, d. capitoliu. tabularium 336. Kekulé, R., d. reliefs an d. balustrade d. Athena Nike 575. Keller, J., die cyprischen alterthumsfunde 495. 618. Klein, W., Laokoon, ein vasenbild 145. Knapp, P., beitr. z. erkl. von waudbildern 345. Körte, G., Nike u. Linos 65. ders., dokimasie d. att. reiterei 144. Kröger, O., büste des Euripides 333. Lancisni, photographieen eines altars in Ostia 272. Langbehn, J., flügelgestalten in d. ältesten gr. kunst 421. Lange, K., Aeginelen u. corroslon 66. Löschke, G., d. Catagusa des Praxiteles 65. ders., dreifußvase aus Tanagra 334. ders., observatt. archaeol. 495. Lübke, W., gesch. d. plastik 274. Luckenbach, H., krater von Bologna 147. ders., d. verhältniß d. griech. vasenbilder zu d. gedichten d. ep. kyklos 276. Lombroso, G., monument in Alexandria 272. Maaß, basrelief aus Paestum 271. ders., pompejan. bild 335. Martorell y Peña, apontes arqueologicos... 276. Marocchi, üb. zwei basreliefs v. forum 147. 271. Mau, A., ausgrab. in Pompeji 148. mélanges d'archéol. et d'histoire 273. Menidi, kuppelgrab 215. 277. Michaelis, A, tragischer kopf 65. ders., z. gesch. d. schleifers in

Florans ... 64. Michaelis, A., die antiken in den stichen Marc. Antons ... 574. ders., über d. entwickelung d. archaeol. in unserem jahrhund. 615. Milchhöfer, A., bacchische siegesfeier 144. ders., zu den sculpturen v. Tegea 145. ders., zu altgriech. kunstwerken 334. Mommsen, Th., inschriftbüsten 65. ders., att. gewichte aus Pompeji 425. monumenti dell' Instituto di corrisp. archeol. 68. Müllner, A., Emona 280. Olympia, ausgrabungen 65. 66. 146. 334. Overbeck, J., gesch. d. griech. plastik 214. 275. Pergamon, ausgrabungen 145. Perrot, G., u Chipiez, Ch., histoire de l'art dans l'antiquité 619. Petersen, E., kunstgeschichtl. miscellen 65. Pigorini, bronzeschwert von Sulmona 271. Pompei, riviata illustrata 424. 603. Preaulin, E., römerwege in nord-Germanien 145. Pnchstein, O., zur Artemislaocbale 145. Bayet, O., monuments de l'art antique ... 423. Robert, C., thanatos 215. Rossi, G. B. de, üb. das weihgeschenk an Semo-Sancus 272. ders., über d. herculanens. centupondius 335. Rossi, M. St. de, fund von aes rude 334. ders., aschengefässe von Bevolons 147. Schliemann, H., Ilios 279. ders., Orchomenos u. Troja 421. Schliemann's trojan. alterthümer in Berlin 146. 421. Schmidt, B., Boges' ruhm auf einer att. herme 72. Schneider, R., die geburt d. Athena 840. 604. 621. Schreiber, Th., die antiken bildwerke der villa Ludovisi 66. 151. 275. 602. ders., Apollon Pythoktonos 602. Schulze, E., Mykenai 213. 278. Stark, C. B., systematik u. gesch. d. archaeol. d. kunst 149. ders., vorträge und aufsätze 273. 426. Sybel, L. v., katalog d. sculptt. zu Athen 624. Torma, K., die nordhälfte des amphitheaters v. Aquincum 615. Trendelenburg, Iris in d. giebelgruppen d. Parthenon 66. Treu, G., werke des Skopas im mus. zu Piali 65. Waldstein, Ch., marmorfragm. in Venedig 65. Weber, G., le

Sipylos et ses monuments 278. 423. Weizsäcker, P., üb. d. statuen aus Aegion 65. Archaeologische gesellschaft in Berlin, sitzungsber. 65. 145. Archaeologisches institut in Rom, festsitzung 65. 145. bericht üb. d. thätigkeit 66. Archimedes. Heiberg, J. L., Archim. opera cum comment. Eutocii 151. 426. 427. Aristophanes. au-g. v. H. M. Blaydes 66. 343. 423. 602. 603. Allinson, F. G., a proposed redistribution of parts in the parodos of the Vespae 349, Kock, Th., ausgew. comöd. 617. Ludwich, A., beitr. zu Arv. 346. Roethe, G., coniecturae Aristoph. 606. Uckermann, de Arist. comici vocabulorum formatione ... 71. Velsen, A. v., Ranae 343. 423. Aristoteles. Bergk, Th., zur Aristotel. politik der Athener 72. Bernays, J., zwei abhandl. üb. d. aristotel. theorie d. drama 68. 149. 430. Bullinger, A., Arist. u. prof. Zeller 426. Busse, A., de praesidiis Politica emendandi 338. Kloham, R., die von Arist. ... für die tragik aufgestellten normen ... 624. Lévy, L., Aristote, morale à Nicomaque 618. Poselger, F. T., Arist. mechanische probleme 606. Hammager, G., Eth. Nicom. 278. Bitter, B., d. grundprincipien z. arist. molenlehre 428. Susemihl, F., Eth. Nicom. 424. Watzel, Th., d. soologie d. Ar. 608. Wetzel, M., d. lehre d. Ar. v. d. distributiven gerechtigkeit 614. 620. z. Boetius. Athennios. beitr. v. H. Röbl 345. Auctor de viris ill. Hildesheimer, U., de libro de vir. ill, ... 345. 428. Auctor incert. de Constantino Magno. Heydenreich, incert. auctoris de Const. Magno ... libellns 497. Augustinus. Loesche, G., de Aug. plolinizante in doctrina de Deo di-serenda 429. 623. Ausgrabungen. Alten, F. v., die bohlwege (Römerwege) im herzogth. Oldenb. 70. Antaldi, C., ausgrab. in Pesaro 147. Dressel, grabkammer auf d. Monte Mario

147. Graz, keltische grabhügel
145. Helbig. ausgrab. in Corneto
271. 386. Malta, phönis. alterthümer 145. Man, anagrab. in Pompeji 421. Olympia, s. archaeol. Pergamon, s. archaeol. pfahlbauten, s. das. Pigorini, gräber b. Bevolone 147. Proedocimi, A., röm. gräber in Este 273. Tamponi, P., ausgr. in Terranovo Pausania 421.
Ausonius. Brandes, W., z. handschriftl. überlieferung 344. Peiper, R., d. handschriftl. überlief. d. Auson. 214. 610.
Avienus, beitrag von A. Breysig 840.
Babrios. Dentschmann, C., de Babrii choliambis 150.
Benfey, Th., †, 421.
Bentley, s. Marcianus Cap., Macrob., Plautus.
Beredsamkeit. Blaß, F., d. attische 150. 607.
Bibel. O. v. Gebhardt n. A. Harnack, evangeliorum codex... Rossanensis... 602.
Bibliographische übersicht... 502.
Bibliotheca scriptorum classicorum, herausg. v. W. Engelmann 152. 497. 604.
Bibliotheken. Boltz, d. biblioth. der klöster des Athos 342. 498. verzeichniß der incunabeln der stiftsbibl. v. St. Gallen 617.
Biographi graeci. Maaß, E., de biographis gr. quaestt. sel. 70. 146. 429.
Boetius. Meiser, C., comment. in libr. Arist. περὶ ἑρμηνείας 151. 215. Weißenborn, H., z. Boethiusfrage 429.
Byzantiner. Egenolff, P., erotemata grammatica ex arte Dionys. orionda 428.
Caesar. Deiter, H., beitr. zu B. G. 345. Göler, A. v., Caesar's gall. krieg... 215. 280. Heynacher, M., was ergiebt sich aus dem sprachgebrauch Caesars... für d. behandlung d. syntax in der schule 575. 623. Nipperdey, C., ausg. 620. Placer, H., Caesars antesignani 607. Rheinhard, H., bell. Gall. 615. Ringe, D., zum sprachgebrauch Caesars 605.
Saalfeld, G. A., lol. Caesar 612.

Calderon-feier in Madrid 420. in München 420.
Callimachus, s. Suidas.
Camins Dio, s. Dio Cass.
Camins Felix, Wölfflin, üb. d. latinität d. Africaners Cass. Fel. 420.
Castor. Stiller, O., de Castoris libris chronicis 275.
Catull. beitr. v. A. Riese 848; v. M. Schmidt und W. H. Roscher 71. anzg v. Hnnpt-Vahlen 611. Richter, R., Catulliana 624.
Chios, erdbeben 270.
Chronologie. Pellengahr, d. techn. chronol. d. Römer... 611. 618.
Cicero. Heitz, R., d. handschriftl. überlieferung v. Cic. büchern d. rep. 618. Dancker, A., fragm. einer bdschr. v. de off. zu Kassel 72. Friedrich, W. n. O. Harnecker, beitr. zu Brut. n. Orat. 845. Halm, K., pro Sest. 612. Holtze, F. G., phraseologia Ciceroniana 842. Lange, L., spicilegium crit. in Cic. orat. de domo 839. Lehmann, C. A., quaestt. Tullianae 276. Mendelssohn, L., z. überlief. v. Cic. briefen 344. Mergnet, H., lexicon zu d. reden 424. 495. Meyer, P., untersuchung üb. d. frage d. echtheit d. briefwechsels Cic. ad Brutum 494. Meyer, W., beitr. z. de Orat. 277. Müller, C. F. W., ausgabe 426. 621. Neumann, K. J., zu Cic. u. Minuc. Felix 72. Oberdick, beitr. zu de domo 345. Röhl, F., ... nachträge zu den neuesten forschungen über Cic. briefe 72. Sommerbrodt, J., beitr. zu Cat. maj. 344. Viertel, A., Flav. Blondus üb. d. auffindung d. briefe 72. Voigt, G., z. gesch. der überlief. v. Cic. briefen in Frankreich 430. Weber, quibus de causis Cic. ... Brutum et Orat. scripserit 500.
Citanin, s. archaeol.
Claudianus. Ludwich, A., z. griech. gigantomachie Claudians 346.
Claudius Mamertinus, beitr. v. E. Klußmann 846.
Collutbi Lycopolitani carmen de raptu Hel. ed. E. Abel 279. 344.
Comicorum Att. fragm. ed. Th. Kock 214. 425.
Commodianus. Dombart, B., üb. d.

ältesten angaben d. instructionen
149. Hanssen, F., de arte metr.
Commodiani 574. 621.
Coniectanea, v. F. Buecheler 430.
Cornelius Celsus. M. Schanz, über
 d. schriften d. Corn. Cels. 430.
Cornificius. C. Germann, emendatt.
 428.
Cornutos. beitr. v. C. Lang 604.
Culturgeschichte. Falke, J. v., Hellas u. Rom 277.
Corci, d. neue Italien u. d. alten
 zeloten 421.
Curtius. beitr. v. P. Preibisch 344.
 Vogel, Th., histor. Alex. Maced.
 libri qui supersunt 341.
Cypern, s. archaeol.
Dahlmann, F. C., gedenktafel in
 Weimar 145. kaiser Wilhelms
 urtheil über Dahlmann's verfassungs-entwurf 421.
Demetrius Phal. Liers, B., de aetate et scriptore libri ... περὶ
 ἑρμηνείας 343. 611.
Demetrios Scepsius. Gaede, R., Dem.
 Scepsii quae supersunt 213.
Demokritos, s. Leukippos.
Demosthenes. Bodendorff, M., das
 rhythm. gesetz d. Dem. 500. Fox,
 W., kranzrede 841. 501. Beld,
 d. rede περὶ παραπρεσβείας 820.
 Herforth, W., über die nachahmungen des Isäischen u. Isokrat.
 stils b. Demosth. 608. Nadrowski,
 R., de genina Dem. pro cor.
 orationis forma 497.
Dido. Tragoed. ex segmentis priorum libr. Aeneidos composita...
 ed. W. H. D. Suringar 70. 502.
Dio Cassius. Baumgärtner, A., üb.
 d. quellen d. Dio für die ältere
 röm. gesch. 151. 497. Deppe, A.,
 d. Dio C. bericht üb. d. Varusschlacht 612.
Diodoros. Bröcker, L. O., untersuchungen 612. Kaelker, F., de
 hiatu in libr. Diod. 619. Schneider, G. J., de Diodori fontt. 279.
 606. dera., quibus ex fontt. Diod.
 petiverit libr. III, 1—46...606.
Diogenes, s. Plutarch.
Doxographi Graeci ... collegit H.
 Diels 213.
Dracontius. C. Roßberg, de Drac.
 et Orestis trag. auctore 606.
Drama, ein historisches, v. O. Ribbeck 346. Hallwald, F. v., A.

Gryphius u. d. holländ. drama
 212. Humphreys, the forth play
 in the tetralogy 349.
Eckstein, F. A., gratulationsschrift
 614.
Elpides, v. Th. Birt 622.
Ephoros, s. gr. gesch.
Epigramm. R. Arnoldt, zu griech.
 epigr. 71.
Epiker. Hahn, H., d. geogr. kenntnisse d. älteren gr. epiker 621.
Epimenide di Creta ... v. Giuseppe Barone di Vicenzo 501.
Eratosthenes geogr. fragmente, neu
 gesammelt ... v. H. Berger 275. 611.
Erotiker. F. W. Schmidt, beiträge
 z. krit. d. griech. erot. 212.
Ethnographie, die bevölkerung d.
 jetzigen Creta 421. F. Martius
 Sarmento, os Lusitanos ancetões
 d'ethnologia 494.
Etrusker. Cuno, J. G., verbreitung
 d. etrusk. stammes 499. Deecke,
 W., d. templum v. Piacenza 216.
 428. ders., etrusk. forschungen
 279. Pauli, C., etrusk. studien
 67. 69 337 427. Poggi, V., di
 nu bronzo Piacentino con legg.
 Etrusche 428.
Etymologicum Gudianum. quellenstudien v. O. Carnuth 428.
Etymologie. Ahrens, H. L., beitr.
 z. griech. u. lat. etymol. 67. Allen, F. D., etymological and
 grammatical notes 349. Landgraf, G., de figuris etymol. linguae lat. 71. Ruge, M., bemerkungen z. d. griech. lehnwörtern im lat. 275 341. 608. Vaniček, A., etymol. wörterbuch d.
 lat. sprache 576. Zirwick, studien üb. griech. wortbildung 618.
Endociae Augustae violarium rec.
 J. Flach 69. 213. 428. Daub, A.,
 de Eudoc. violarii ... fontt. 615.
 Pulch, P., de Eudociae ... violario 273. 345. 611.
Euklid. Π. Weißenborn, d. übersetzung d. Eukl. ... durch A-
 delhard v. Bath ... 613. 617.
Eunapius Sardianus. Jordan, A.,
 commentariolum de Eunapii
 Sard fragmentis ... 618.
Euripides. Barthold, Th., Hippolytos 152. 620. Eysert, L., üb. d.
 echtheit d. prologs in Ion 609.
 Glaser, H., quaestt. crit. in Elec-

tram 618. Gloël, H., de interpolatione Hippolyti 605. Holthöfer, D., animadversiones in Herc. et Alcestin 624. Johne, E., die Antiope d. Eurip. 607. Kayser, Th., Iphig. in Tauris übers. 608. Klinkenberg, J., de Euripideorum prologorum arte et interpolatione 508. 575. Mähly, J., ausgew. dramen übers 611. Tachau, L., de enuntiatorum final. ap Eurip. ratione 616 Verral, A. W., Medea 575. 615 Wecklein, N., ausgew. tragödien 620 ders., üb. d. Krespbonten 823. Weil, H., Alceste 575. 605. Wieseler, F., scenische u. krit. bemerkungen z. Kyklops 493. 617. ders., verbesserungsversuche z. Kyklops 608. Wilamowitz-Möllendorff, U. v., excurse z. Medeia 276.
Fasti consulares, v. J. Klein 495. 576.
Florus. beitr. v. A. Teubner 345. v. A. F. 345.
Fronto. Ebert, A., de M. Corn. Frontonis syntaxi 620.
Gaius. E. Dubois, Gaius institutes 496.
Galenus. Marquardt, H., beitr. zu περὶ ψυχῆς παθῶν 604. Iw. Müller, specimen novae edit. libri .... ὅτι ταῖς τοῦ σώματος κτλ 338. 605.
Gennadius. Jungmann, K., quaestt. Gennad. 608.
Geographie. Bunbury, R., a history of ancient geogr. 602. Kiepert, H., leitfaden d. alten geogr...., 68. Palmieri, d. Vesuv u. seine gesch. 270 Pees, A., alt- u. neu-Phönisien 145. Philippi, F., zur reconstruct. der weltkarte des Agrippa 71. 274. 428. 602. Riese, A., geographica 346. Tobler u. Molinier, itineraria Hierosolymit. 602. Tocilescu, G., Dacia ... 498. s. topographie
Geologie. K. F. Peters, z. geol. v. Griechenland 270.
Geschichte Bödingers, M., d. ausgang d. med. reichs 618. Flegler, A., gesch. d. demokratie d. alterth. 496. Floigl, V., Cyrus u. Herodot 603. Friedrich, Th., biograph. d. Barkiden Mago 148. 617. Kopp, repetitor. der alten gesch. 620. Meltzer, O., gesch. d. Kurthager 603. Philippi, A., Solon u. Croesus 430. Posheldt, V., quae Asiae minoris ... sub Dareo ... fuerit condicio 501. Ranke, L. v., weltgesch. 338. 341. Geschichte, deutsche: Bachmann, A., d. einwandernng d. Baiern 67. Dahn, F., die Alamannenschlacht b. Straßburg 215. Gawalewicz, A. J., Theodoricbs d. großen beziehungen zu Byzanz u. Odovaker 342. kaiser Joseph I. u. sein krieg mit dem pabste 145. Wieterheim, E. v., gesch. d. völkerwanderung 602. Wormstall, die wohnsitze der Marsen ... 504.
—, griechische: Bauer, A., Themistokles 575. Bernays, J., Phokion u. seine neueren beurtheiler 624. Busolt, G., forschungen z. gr. gesch. 339. Droege, C., de Lycurgo Athen. publicarum pecun. administratore 605. Droysen, H., d. alt. volksbeschluß z. ehren d. Zenon 425. Droysen, J. G., gesch. Alex. d. gr. 610. Frick, C., beitr. z. griech. chronologie 504. Gregorovius, F., Athen in den dunklen jahrhunderten 574. Hertzberg, G. F., gesch. v. Hellas u. Rom 150. Holzapfel, L., untersuchungen üb. d. darstellung der griech. gesch. ... bei Ephoros, Theopomp u. a. 68. Hoeck, A., die beziehungen Korkyra's z. zweiten att. seebunde 617. Kiel, F., d. waffenstillstand d. jahres 423 v. Chr. 345. Kubicky, K., de Phaeacia cum Alcibiade testularum contentione 619. Petersen, G., quaestt. de hist. gentium Attic. 337. 495. 501. Plöckinger, E., polit. wirren zu Athen während d. peloponn. krieges 613. Reuß, F., könig Arybbas v. Epeiros 346. Rösiger, F., d. bedeutung d. Tyche b d. späteren griech. historikern 497. Hübl, F., Alexandros u. sein arzt Philippos 345. Weber, die nationale polit. d. Athenor 611.
—, römische: Beloeh, J., d. ital. bund unter Roms hegemon. 274 340. 429. Burckhardt, J., d. zeit Constantin's des groß. 341. 492.

Couleneer, A. de, essai sur la vie
... de Septime-Sévère 425. 601.
Dappe. A., d. röm. rachekrieg
in Deutschland 14—16 n. Chr.
278. 423. 612. Devaux. P., études
polit. sur les principaux évènements
de l'histoire romaine
71. 602. Dürr, J., reisen d. kaisers
Hadrian 343. 604. 617. ders.,
die majestätsprozesse unter dem
kaiser Tiber. 608. Godt, Chr.,
untersuchung d. geschichtsquellen
f. d. letzte lebenszeit Caesars
499. Guidi, Ub. d, ursprung
Roms 336. Heinterbergh, H., üb.
d. namen Italien 313. 424. 602.
Köbler, R., d. röm.-celtiker. krieg
605. Meyer, E., d. quellen unserer
überlieferung üb. Antiochos
d. gr. Römerkrieg 72. Mommsen,
Th., d. Remuslegende 340. ders.,
ein zweites bruchstück des Rubrischen
ges. 340. Pfitzner, W.,
gesch. d. röm. kaiserlegionen
615. Pigorini, üb. die alten bewohner
der Po-ebene 147. Pöhlmann.
R., die anfänge Roms 494.
496. 602. Thouret, G., üb. d. gall.
brand 152. 498. Vollgraff, J. C.,
greek writers of roman history
70. Wolffgramm, Nero's politik
501. Ziegler, A., d. polit. seite d.
regierung d. kaisers Claudius 616.
Zielinsky, Th., d. letzten jahre d.
zweiten pun. krieges 273. 504.
Geschichtsforschung n. geschichtsphilos.,
v. E. Bernheim 603.
Glossographisches, v. M. Voigt 430.
Hamann, E., mittheilungen aus
d. Breuiloquos Benthem. 498.
ders., neue mittheilungen 498.
Röhl, H., drei glossen des Hesychios
277.
Gräber, s. ausgrabungen, archaeol.
Grammatik. Tomlirs, C., versuch
einer theorie der hypothet. perioden
618. Wilhelmi, W., de
modo irreali 623 ß. sprachwissenschaft.
—, griechische: Curtius, G., griech.
schulgramm. 617. ders., d. verbum
d. griech. sprache 215. 615.
Daniel, C., de dialecto Eliaca
429. Delbrück, B., d. grundlagen
d. griech. syntax 68. 71. ders.,
syntakt. forschungen 619. Fuehrer,
A., üb. d. lesb. dial. 620.

Gilderleeve, B. L., encroachments
of μή on οὐ in later Greek
349. Hartmann, F, de aoristo
sec. 494. 622. Hennell, W., gr.
verbalverzeichniss im anschl. an
d. gramm. v. G. Curtius 341.
Keil, A., de particularum final.
Graec. vi principali ... 612.
Lottich, O., de sermone vulgari
Atticorum 622. Lugebil, K., de
gen. sing. in d. zweiten altgriech.
decl. 425. 606. Meyer, G., griech.
gramm. 339. 603. 604. 623. Oehler,
G., de simpl. consonis contin.
in Graeca ling. sine vocalis
productione ... positis 273. 502.
Rangabé, d. aussprache d. griech.
69. 422. Stolz, Fr., beitr. z. declin.
d. griech. nomina 610. 619.
Teichmüller, G., παναγυγή, παγωγή
... 346. Tudeer, O. E., de
dialectorum Graec. digammo...
149. Warneke, P., de dat. plur
Graeco 277. 607. Wirth, G., de
motione adiectivorum quae in
-ος, -ιος ... terminantur 613.
Grammatik, lateinische: Allen, F.
D., remnants of early latin 612.
Braune, Th., sic 277. Bücheler,
F., altes latein 346. Dräger, A.,
hist. syntax d. lat. sprache 623.
Eisenlohr, E., d. lat verbum 148.
151. Funck, A., d. anslasung d.
subjectspronomens im acc. c. inf.
... 71. Godran, G W., lat.
sprachlehre 430. Großmann, W.,
de particula quidem 614. Hübner.
E., grundriss z. vorles. üb. d. lat.
gramm. 611. Jordan. H., quaestt.
orthograph. lat. 276. 340. Kohlmann,
üb. d. verhältniß d. tempora
d. lat. verb. zu denen des
griech. 621. Landgraf, G., über
sic = tum, deinde 345. Loch, E.,
de gen. ap. priscos scriptt. lat.
usu 429. Preuß, de bimembris
dissoluti ap. scriptt. Rom. usu
615. Prockach, A., noch einmal
d. stellung v. uterque 604. Reisig,
K., vorles. üb. lat. sprachwissenschaft,
bearb. v. H. Hagen
613. Richter, G., beitr. zum gebrauch
d. zahlworte in lat. 427.
Useneh, B., d. lat. adiectiva auf
-alus u. -utus 340. Roscher, W.
H., Meyer, E., u. Reichenbart,
E., d. stellung v. uterque und

ubique 344. Rothe, C., quaestt.
grammat. 622. Schröer, nach welchem princip ist d. syntax der lat. spr. aufzubauen 613. 622.
Tillmann, H., de dativo ... qui vocatur Graecus 624 Wiggert, F., studien z. lat. orthoepie 497. s. Etrusker, etymologie, stilistik.
Griechische dichter. beitr. von R. Schneider 345 lieder aus d. mittelalter 624. Birt, Th., Elpides 622. Brandes, G., griech. liederbuch 623. Μηλιεράκις, Α., Ηασίλιος ο γνήσιος Διγνίτας 623. Sulze, E., skizzen hellen. dichtkunst 624 Wagner, W., trois poèmes grecs du moyen-âge 617.
Gryphius, s. drama.
Handschriftenkunde. Ducheene, L, de codicibus mss. Graec. Pii II in bibl. Alexandr.-Vatic. 71. Hagen, H., de codicis Bern. N.CIX tironianis disput. 427. Piccolomini, E., estratti inediti dai cod. greci della biblioth. Mediceo-Laurent. 149. 607. Rühl, F., üb. d. codex Laurent. 53, 35 ... 72.
Hegesippus. F. Vogel, de Hegesippo ... Josephi interprete 424. 426. 606. 617.
Hephaestion. W. Hörschelmann, d. composition d. Heph.-scholien 346.
Heraclites, v. K. J. Neumann 277.
Herodot. Bachof, E., quaestiuncula Herodot. 498. Kurassek, J., üb. d. zusammengesetzten nomina b. Herod. 607.
Hesiod. Lanza, C., Esiodo e la teogonia 605. Peppmüller, R., werke u. tage übers. 608.
Hesychius, s. glossogr.
Hesychii Milesii qui fertur de viris ill. libr. rec. J. Flach 69. 213. 428 ders., üb. d. gegenwärt. stand d. quellenkrit. d. Hes. 343.
Hipponax. Cegliasky, G., de Hipp. Ephesio iambographo 619.
Hirzel, L., jubilaeum deutscher übersetzungskunst 145.
Homer. Adam, L., d. Odyssee u. d. ep. cyclus 498. Ameis-Hentze, ausg. 610. Amdohr, O., z. bedeutung des comparativs bei Hom. 71. Anton, H., etymol. erkl. homer. wörter 429. 623. Autenrieth, G., wörterb. zu d. hom. ged. 611.
Bader, d. buhlkunst in d. Od. 609. Benseler, G., beitr. zur Il. 71. Boldt, G., d. gen. ring. d. o-declin. b. Hom. 624. Bonitz, H., üb. d. ursprung d. homer. ged. 340. Cauer, P., beitr. z. Od. 72. Christ, W., beitr. 72. ders., besondere art von interpolationen b. Hom. 345. ders., d. gebrauch d. partikel π 424. ders., d. wiederholungen in d. Il. 424. ders., noch eine art v. interpolationen 603. Curtius. G. homer. miscellen 613. Facsi u. Franke, Ilias 345. Frey, K., Homer 492. 621. Gemoll, A., das verhältniß des lltten buchs der Il. zu Od. 276. Goeche. W., z. construct. d. verba dic. n. sent b. Hom. 606. Huesecke, M., d. entstehung d. ersten buchs d. Il. 574. Jordan, W., novellen z. Hom. 344. Köhler, d. homer. thierwelt 622. Lahmeyer, L., de apodotico particulae δὲ in carmin. Hom. usu 615. Mahaffy, J. P., üb. d. ursprung d. homer. gedichte 337. 576. Packard, L. R., Geddes problem of the Homeric poems 348. Paley, F. A., remarks on prof. Mahaffy's „Rise and progreß" 502. Ranke, F., homer. untersuchungen 615. Ribbeck, W., z. d. Ilias-scholien 72. Rosenberg, E., beitr. 345. Sayce, A. H., üb. d. sprache d. homer. ged. 337.576. Sitzler, J., beitr. 345. Stadtmüller, H., z kritik d. hymn. auf Hermes 604. Thiemann, C., grundzüge d. homer. modussyntax 494. Voß, J. H., Odyssee 618. Waltemath, G. G., de Batrachomyomachiae origine 274. s. gr. grammatik.
Horatius. Adam, F., üb. d. 28. ode im ersten buch 622. Bachrens, E., lectiones Horat. 609. Bock, C., de metris Hor. lyricis 607. Döring, beitr. zu Od. 604. Ober ein ανάγραμμα Horatianum 345. Herds, H., Od. übers. 623. Hoffmann, E., beitr. z. Od. 604. Hoff., F. v., probe einer übers. Horaoden 624. Jacoby, C, beitr. zu Od 345. Jäger, O., realist. bemerkungen 345. Keller, O., epilegomena 70. 340. 602. Lang. C.,

s. Horazkritik 212. Möller, L.,
Q. Hor. Flaccus, biographie 216.
278. 613. P.08, Th., d. sogen.
schwanenlied des Hor. 345. Riemer, F., characteristik d. ged. d.
Hor. 605. Rosenberg, E., beitr.
345. Stampini, commento metrico
... 422. 622. Weise, H., de Hor.
philosopho 618. Weißenfels, O.,
aesthet.-krit. analyse d. ep. ad
Pis. 68. Wörner, E., beitr. z. Od.
344. Zarncke, E., de vocabulis
Graecanicis in iuscriptt. carminum Horat. 620. ders., weiteres
üb. d. sog. vocabula Graecanica
... 604.
Hugonis Ambianensis opuscula, herausg. v. J. Huemer 150. 502.
Humanismus. Celtes, C., fünf bücher epigramme, herausg. v. K.
Hartfelder 624. Glogau, G., ziel
u. wesen d. humanitätsbildung
212. 607. Graux, Ch., essai sur
les origines du fonds grec de
l'Escurial 339. 426. Jacoby, H.,
d. class. bildung in d. anfängen
des mittelalters 420. ders., die
class. bildung u. d. alte kirche
145. Jenö, A., magyarországi humanisták ... 499. Voigt, G, d.
wiederbelebung d. class. alterth.
152. 274. 427.
Hygini gromatici lib. de munitt.
castr. rec. G. Gemoll 70. 620.
Jacoby, H., s. humanismus.
Inschriften. Bose, C., anleitung z.
lesen ... röm inschriften 624.
Büttner-Wobst, Th., münzen ...
auf vorsukleid. inschr. 345. Dessau, zwei inschr. aus Ostia 421.
Dittenberger, W., v. Erythrae
277. ders., könig Masinissa in
griech. inschr. 72. ders., krit.
bemerk. z. griech. inschr. 425.
Dressel, inschr. auf d. statue d.
Semo-Sancus 271. Estacio da
Veiga, tabula de bronze de Aljustrel 422. Gamurrini, J. F., appendice al Corp. Inscr. Italicarum 502. Hensen, bronzeinschr.
v. Pesaro 272. ders., militärdiplom d. Domitian 336. ders., epigraph. bemerkungen 422. Herwerden, H. v., lapidem de dilecto Att. testimonia 70. 494.
608. Heydemann, H., epigraphisches auf griech. vasen 430.

Huebner, E., über mechanische
copien v. inschr. 493. Huschke,
E., d. neue oskische bleitafel...
151. 274. 611. Jordan, archaische
gefäßinschr. 335. ders., altlat.
inschr. aus Rom 425. Lanciani,
inschr. d. Bav. amphitheaters
147. Luckenbach, H., griech.
epigr. zu Verona 346. Minicia
Marcella Fundani filia 147.
Mommsen, inschr. v. Terracina
272. ders., v. Amiens 272 Olympia 66. Pohl, O., d. Ichthys-monument v. Autun 496. 613. Pompeji 14^. Röhl, H., griech. grabschrift 604. Sakellarios, Ph., inschr. a. Makedonien 66. Schmidt,
J., zwei getilgte inschr. 276.
Seidel. H. A., observatt. epigraph.
capita duo 618. Weber, J., interpolationen d. fastentafel 425.
Weil, R., zu no. 198 der inschr.
aus Olymp. 145. Zangemeister,
K., bleitafel v. Bath 279.
Isaios. W. Boeder, s. erklär. und
krit. d. Isaios 338. 340. 344. 602.
609.
Isokrates. beitr. v. C. Jacob 340.
Klett, Th., d verhältnis d. Isokrat. z. sophistik 605. Zycha, J.,
bemerkungen z. d. anspielungen
in d. 13. u. 10. rede 215. 612.
Itineraria, s. geogr.
Iuba. H. Wentzel, de Iuba metrico
573.
Judenfrage. antisemitisches 421.
antisemit. volksverz. in Berlin
145. Döllinger, d. juden in Europa 421. Grün, K., wie job d.
juden emancipirte 421. d. reichskanzler z. die antisemiten 421.
Weber, A., üb. d. judenfr. 145.
Iulianus. C. J. Neumann, Iuliani
imperatoris librorum contra
Christ. quae supersunt..276.341.
Iulius Africanus. H. Gelzer, Sextus
Iul. Afr. u. d. byzantin. chronographie 275. 429.
Iulius Obsequens. H. Haupt, observatt. in Iul. Obs. prodigiorum
libr. 622.
Iuristen. Ph. E. Huschke, d. jüngst
aufgefundenen bruchstücke aus
schriften röm. juristen 274.
Iustinus Martyr. Thömer, über d.
Platonismus d. Iust. Mart. 500.
Iovenal. beitr. v. H. Rönsch 604.

Kekulé, H., d. leben F. G. Welcker's 337.
Kirche. Bennigsen gegen Puttkamer 145. Jacoby, H., d. evangel. kirche im neuen dtschenreich 146.
Kleon, s. Thukyd.
Kriegsalterthümer. Cartault, A., la trière athén. 493. Förster, J. W., d. heerpflichtige alter b. d. Röm. 72. Hankel, F., d. röm. normallager 71. Hübner, E., z. bewaffnung d. röm. leg. 425. Jähns, M., atlas d. gesch. d. kriegswesens 602. Jurien de la Gravière, la marine des anciens 493. Karbe, J., de centurionibus Rom. 606. Kopp, griech. kriegsalterth. 622. ders., röm. kriegsalterth. 622. Nissen, H., d. altröm. lager nach Polyb. 344. Rochas d'Aiglun, A. de, principes de la fortification ant. 424. Wüstenfeld, F., d. heerwesen d. Muhammedaner ... 426.
Kritik. Kraffert, H., beitr. s. krit. u. erkl. lat. autoren 620.
Kunstgeschichte. Förster. R., Farnesiusstudien 214. Lübke, W., z. antiken kunstgesch. 146.
Kurandu-feier 271.
Lateinische dichter, beitr. von E. Baehrens 345.
Lehrs, C., briefe an einen freund, herausg. v. F. v. Farenheid 68.
Lessing. denkmal in Berlin 420. Lessingfeier 146. Nathan neugriechisch 140. Fischer, K., Lessing als reformator d. deutschen lit. 146.
Lenkippos u. Demokritos, von E. Rohde 604.
Lexicographie. Georges, K. E., ausführl. lat.-deutsches handwörterb. 277. 428. Paucker, C., subrelictorum lexicogr. lat. scrutarinm 609.
Literaturgeschichte. Bernhardy, G., grundriß d. griech. lit. 610. Bluß, F., d. att. beredsamkeit 150. 609. Boltz, A., griech. ritterdichtung des mittelalters 271. Ebert, A., allgem. gesch. d. lit. d. mittelalters 67. 607. Günther, G., beitr. z gesch. u. aesthetik d. antiken trag. 619. Huemer, J., z. gesch. d. mittellat. dichtung 150. Mähly, J., gesch. d. ant. lit. 69. 146. 611. Munk, E., gesch. d. griech. lit. 342. Nicolai, R., gesch. d. röm. lit. 275. 427. 612. Rohde, E., studien z. chronol. d. griech. lit.-gesch. 430. Teichmüller, G., lit. fehden im 4. jahrh. v. Chr. 496. Wilisch, E., spuren althcorinth. dichtung 345.
Livius. Frigell, A., Livins som historieskrifvare 502. Hachtmann, C., beitr. 344. Harant, A., emendatt. et adnotatt. 151. 212. Luchs, A., ausg. 345. Mayerhöfer, A., critica studia Liv. 502. Müller, H. J., ausg. 424. 576. 607. 615. 620. Müller, M., beitr. 604. Schmidt, J., beitr. 340.
[Longin.] Jannarakis, A., annotatt. crit. 617. Heifferscheid, A., über eine stelle d. schrift περί ύψους 500. Vahlen, J., adnotatt. ad lib. de sublimitate 214. ders., über d. schrift π. ύψους 500.
Lucanus. Schmidt, J., de usu infinitivi ap. Luc. 609.
Lucilius, beitr. von S. Brandt 344. Stowasser, J., d. hexam. d. Lucil. 619.
Lucretius, beitr. v. C. M. Francken u. S. Brandt 71; v. C. Oneime 604 ders., d. begriff des omne 344. Keller, H., de verborum cum praepositionibus composit. ap. Lucr. usu 607. Woltjer, J., de archetypo quodam Lucret. 604.
Lukianos, beitr. v. O. Wichmann 344; v. E. Ziegeler 345 Fritzsche, F. V., de libris psendolncianeis 499. ders., epiphyllides Lucianeae 616. Heller, H., die absichtsätze b. Luk. 500. Paetzolt, F., observatt. crit. in Luc. 423. Sommerbrodt, J., üb. d. Lucianhdschr. in der Laurentiana zu Florenz 346.
Lykophron. G. Kinkel, Alexandra 149. 342.
Lykurgon. Thalheim, Th., oratt. in Leocratem 149.
Lyriker, griechische, übers. v. J. Mähly 611. anthologie von E. Buchholz 615.
—, römische, übers. v. J. Mähly 611.
Lysias. Rauchenstein, R., ausgew. reden 622 Stutzer, A., beitr. z. erklär. u. krit. 340.
Macrobius. Linke, H., quaestt. de Macrob. Saturn. fontt. 279. 889.

502. Stachelscheid, A., Bentley's emendatt. z. Macrob. 346. Wissowa, G., de Macrob. Sat. fontt. 279. 330. 502.
Malalas, L. Jeep, d. lücken in der chronol. d. Mal 430.
Mawertinus, s. Claudius Mam.
Manetho. Ploigl, V., chronol. der bibel d. Manetho u. Heros 150. Kroll, J., compositiou u. schicksale d. Manetb. geschichtswerks 621. ders., Manetho u. Diodor 621.
Mamilius. H. Freier, de M. Mamilii astronomicon aetate 617.
Marcianus Capella. Stachelscheid, A., Bentley's emendatt. 72.
Marcus Antoninus. J. Stich, in M. Antonini commentarios 346.
Martial. Flach, J., epigr. lib. I. 575 616. Wagner, E., de M. Val. Martiale poetarum Augusteae aet. imitatore 338. 606.
Massinissa, s. inschr.
Mathematik. Belger, Chr., neues fragm. mathematicum Bobiense 425. Cantor, M., vorlesungen üb. gesch. der math. 69. 276. 604. Günther, Ob. Cantor's vorlesungen 270. Heiberg, J. L., philol. studien zu griech. mathemat. 427. Löbbach, R., nochmals der goldene schnitt 345.
Medicin. G. Pinto, storia della med. in Roma 213.
Menander, beitr. von K. Dziatzko 343. W. Meyer, d. urbinat. sammlung v. spruchversen ... 276.
Metrik. Franzen, üb. d. unterschied d. hexam. b. Verg.' u. Horaz 619. Havet, L., de Saturnio Latinorum versu 570. 604. Hörschelmann, W., untersuchungen z. gesch. d. griech. metr. 346. Müller, C. F., de pedibus solutis in trag. mimorum trim. iambicis 69. Pickel, C., de versuum dochmiac. origine 614. Rusch, A., studien z. technik des nachhomer. heroischen verses 607. Stampini, E., la poesia romana e la metrica 422.
Mimendichter. W. Dittenberger u. F. Bücheler, d. griech. mimendichter 430.
Minucius Felix, beitr. v. K. J. Neumann 72.
Monum. Germanine, s. poetae lat.

Münzen. J. Zobel de Zangróniz, estudio hist. de la moneda antigua española 339.
Museen. erwerbungen der königl. mus. zo Berlin 65. erwerb. des brit. mus. 65.
Musik. Guhrauer, H., z. gesch. d. aulosmusik 71. Jan, K. v., aulos n. nomos 604.
Mythologie Brenner, O., üb. den ursprung d. nord. götter- u. heldensagen 270. Hugge, S., studien üb. d. entstehung d. nord. götter- u. heldunsage 424. Caesar, J., beitr. 344. Forchhammer, P. W., d. wanderungen d. Inachostochter Io 616. 618 621. Hahn, d. neuen ideen S. Bugge's 271. Hild, J. A., étude sur les démons 623. Hüttemann, F., die poesie d. Oedipussage 301. Politis, d. meteorol. volkssagen d. Hellenen 146. Robert, C., der streit der götter um Athen 340. Schmidt, E. v., d. philosophie d. mythol. u. M. Müller 150. Schreiber, Th., d. delische localmythos v. Apoll. Pythokt. 71. Seemann, O., mythol. d. Griechen u. Röm. 199. Stengel, P., "Ὑμνῆτις Μήτηρ 345. Tümpel, K., Ares u. Aphrodite 345. Zinzow, A., Psyche u. Eros 278 615.
National-denkmal am Niederwald 420.
Nearchos v. Kreta, beitr. v. A. Vogel 343.
Nicephorus. C de Boor, Nicephori archiep. opusc. historica 146. 151.
Nihilismus in Rußland 212.
Noë, H., neues vom Benacus 145.
Nonni Panopolitani paraphrasis S. evang. Ioannei, ausg. v. A. Schindler 576.
Orestis tragoedia, s. Dracont.
Orpheus. E. Abel, Orphei lithica 542.
Ovidius. Englmann, L., metam. schulausg. 621. Oncvotti, F., animadversiones in aliquot Ov. metam. locos 424. Haupt-Korn, ausg. d. met. 149. 499. 623 Hellmuth, Cl., emendationsversuche zu met. 605. Hülsen, Ch., Varronianae doctrinae quaenam in fastis vestigia extent 214. 605. Lorenz, O., de amicorum in Trist. per-

tonis 624.' Manner, J., auswahl aus met. 621. Poland, F., Trist. 499. Preibisch, P., beitr. 314. Scheibe, L., de sermone Ovid. proprietati. 615. Schrader, C., beitr. z. fast. 71. Sedlmayer, H. St., krit. comment. z. Heroid. 149. 279. 501.
Pacht, s. schulwesen.
Paeanius. R. Duncker, de Paeanio Eutropii interprete 499.
Paedagogik. J. Wolf, üb. d. pädagog. werth d. Platon. u. Mendelssohn'schen Phaedon 290.
Papias, beitr. v. M. Coba 425.
Passio. M. Petschenig, z. krit. u. würdigung d. pass. sanctorum quatuor coronat. 620.
Paulinus v. Nola, beitr. v. B. Dombart 346.
Pelagia. H. Usener, legenden d. Pel. 214.
Peregrinus Proteus, v. J. M. Cotterill 215.
Petron am hof zu Hannover, v. F. v. Buecheler 430.
Petronius. J. Segebade, observatt. grammat. in Petr. 500.
Pfahlbauten. E. Fischer, über den stand d. nephrit-frage 145. 146.
Philo v. Byblus u. Hesychios von Milet, v. E. Rohde 344.
Philodemus. Fr. Dabnsch, des Epicureers Philod. schrift περὶ σημείων καὶ σημειώσεων 340.
Philologie. Exercitationis grammat. specimina ediderunt seminarii philol. Bonn. sodales 620. Gildersleeve, B. L., the American journal of philol. 346. 605. Húsfalvy, P., lit. berichte aus Ungarn 615. Kießling, A., u. U. v. Wilamowitz-Möllendorff, philol. untersuchungen 70. 497. 573. Lange, L., üb. d. verhältniß d. studiums d. class. philol. zu d. beruf der gymnasiallehrer 501. Pökel, W., philol. schriftsteller-lexicon 619. Heißerscheid, coniectanea nova 616. Hibbeck, O., neue lesungen 72. dere., F. W. Ritschl 496. 574. 604. natura philologa Hermanno Sauppio obtulit amicorum conlegarum decas 67. Wecklein, N., zu griech. schriftstellern 72. Zingerle, A., beiträge z. gesch. d. philol. 613.

Philoponos. P. Egenolff, Ἰωάννου Φιλοπόνου περὶ τῶν διαφόρως τονουμένων καὶ διάφορα σημαινόντων 150. 603.
Philosophie. Mäus. B., d. keime d. erkenntnißtheorie in der vorsophist. periode 215. Siebeck, H., gesch. d. psychol. 337. Zeller, Ed., d. philos. d. Griechen 275.
Philosophorum Graecorum fragmenta collegit F. G. A. Mullachius 425. 492.
Phönicien, s. geogr.
Photius, s. stobaeus.
Pindar. Bräuning, de adiectivis compos. ap. Pind. 619. Brayer, B., analecta Pindarica 423. 607. Croiset, A., la poésie de Pindare 70. Fritzsche, Th., beitr. z. krit. u. erkl. d. Pind. 621. Mezger, F., siegeslieder 68. 150. 212. 427. Schmidt, L., supplem. quaestionis de Pindaricorum carmin. chronologia 129. Vogt, F., de metris Pindari 622.
Placidus, beitr. von A. Deuerling 344.
Platon. Apelt, O., observatt. crit. in Platonis dialogos 498. ders., unters. üb. d. Parmenides 616. Backs, H., üb. inhalt u. zweck d. dialogs Lysis 620. Benseler, O., beitr. z. rep. 345. Bruns, J., Plato's gewerbe vor u. nach ihrer herausgabe durch Phil. v. Opus 273. 279. Dupuis, J., le nombre géometrique d. Plat. 623. Eichler, H., beitr z. Laches 345. Fischer, C., üb. d. person d. logographen im Euthydem 619. 624. Heine, Th., de ratione quae Platoni cum poetis Graecorum intercedit 150. Heinrich, A., verwertbung d. siebenten pseudo-platon. briefes 618. Kirchmann, J. H. v., Theätet übers. 573. Kouwna, A., erörterung d. künstlerischen form d. Platon. dial. Phädon 613. Kroschel, J. S., d. ältesten Platon-hds. u. d. ν΄ leg. ἀλγεινόν 604. Liebholdt, M. J., beitr. zu Parm. z. Gorg. 601. ders., beitr. zu leges 604. Märkel, P., Platos idealstaat 496. Malinée, A., Platon et Plotin 339. Mettauer, Th., de Platonis scholiorum fontt. 146. Noble, C.,

die staatslehre Platos 496. 602.
Papadopulos, A., διάφοροι γνώμαι εἰς τὸ κείμενον τοῦ Γοργίου
... 616. Ritter, analyse u. krit.
der .... erziehungslehre 614.
Rohde, E., abfassungszeit des
Thraitetos 345. Schmidt, H., exeget. comment. z. Theät. 278
Schanz, M., ausg. 839. Susemihl,
F., abfassungszeit des plat. Phaidros 71. 604. Uphues, C., d. wesen des denkens nach Pl. 605.
Wohlrab, M., üb. d. neueste behandlung des Platontextes 604.
ders., Euthyphron 614. Zeller, E.,
z. gesch. d. Platon. u. Aristotelischen schriften 276.
Plautus. Brachmann, W., de Bacch.
retractatione scaenica 502. Dombart, B., beitr. zu Capt. 345.
Götz, G., und G. Löwe, Asinaria
576. Langen, P., beiträge zur
krit. u. erkl. d. Plaut. 150. 151.
344. Ribbeck, O., beitr. z. krit.
d. Curc. 614. Schmidt, M., ausg.
429. Schröder, L. A. P., Bentley's emendatt. 497. Sonnenschein, E. A., Captivi 66. Ulrich, de verborum composit. ap.
Plaut. structura 607. Winter, J.,
üb. d. metr. reconstruct. d. Plautin. cantica 608.
Plinius der ältere. Detlefsen, D.,
kurze notiz üb. einige quellenschriftsteller d. Plin. 617. Oehmichen, G., Plinian. studien z.
geogr. u. kunsthistor. literatur
148. Welzhofer, K., die von Cos.
v. Medici angekaufte handschrift
605. Wiese, O., beitr. 604. Wittstein, G. C., naturgeschichte
übers. 277. 501.
Plinius d. jüngere. J. Asbach, zur
chronologie d. briefe 72.
Plotinos. Kleist, H. v., d. gedankengang in Plot. erster abhandlung über die allgegenwart der
intelligiblen welt 493. 6 6. Müller, H. F., Enneades 343. 492.
607. ders., übers. der Enn. 343.
429. z. Platon.
Plutarch. beitr. v. W. Dittenberger 277. Gebhard, F., de Plut.
in Dem. vita fontt. 500. Graux,
Ch., de Plut. codice macr. Matritensi 423. 603. ders., vie de
Démosth. 573. Krauß, L., de virtutum imper. Othonis fide 498.
Niehues, B., de fontt. vitae Cam.
620. Nohl, H., Plutarchea 277.
Weyguldt, G. P., z. verständniß einer pseudo-plutarch. nachricht
üb. Diog. 604. z. Tacitus.
Poetae Latini minores rec. Aem.
Baehrens 215. 503.
— aevi Carolini rec. Ern. Dümmler 277. 338. 500.
Pollux. E. Mauß, bd. in Florenz
277.
Polybius. Kälker, F., quaestt. de
elocutione Polyb. 608. Valeton,
J. M. J., de Pol. fontt. 277.
Pompeji, z. archaeol., topographie.
Pompejus Trogus. A. Enmann, untersuchungen über quellen ...
472. 426.
Pomponius Mela. C. Frick, de chorographia libri tres 342. 611.
Porphyrius. H. Schrader, Porphyrii quaestionum Homer. ... reliquiae 344.
Priapea carmina, beitr. von Ph.
Thielmann 846.
Proclus, beitr. von J. Freudenthal
425.
Propertius. Baehrens, Aem., ausg.
71. 213. 427. Brandt, C., quaestt.
Propert. 502. Ellis, R., the Neapolitanus of Prop. 349. Otto, A.,
de tabulis Propert. partic. prior.
430. Peiper, C., quaestt. Prop.
605.
Publilius Syrus, ausg. v. O. Friedrich 276. 342. 499. ausg. v. G.
Meyer 67. 497.
Querolus. L. Havet, le Querolus,
comédie latine anonyme 341.
Quintilian. Günther, E., de coniunctionum causal. ap. Quint.
usu 624.
Rangabé, A. R., Lessings Nathan
und Schillers Tell in neugriech.
übers. 146.
Realschulen, z. unterrichtswesen.
Rechtsgeschichte. Bekker, E. J.,
d. recht des besitzes bei d. Römern 603. Padelletti, G., lehrbuch d. röm. rechtsgesch. 67.
Willems, P., le droit public rom.
depuis la fondation de Rome
jusqu'à Justinien 148.
Reifferscheid, z. philol.
Bitschl, z. philol.
Buge, A., literar. nachlaß 145.

Sallustius. Constans. L., de sermone Sallust. 495. 573. 606. Huebenthal, C., quaestt. de u-u in Sallustivi ap Sall et Tac. 608. Kuhlmann, l., de Sall. codice Paris. 500 ... 613. Meyer, die wort- u. satzstellung b. Sall. 500. Vogel, F., quaestt. Sall pars altera 624.

Sauppe, H., s. philol.

Schauspielerschulen, von A. Bürle 420.

Schliemann, s. archaeol.

Scholwesen. Schulpflicht in Oesterreich 270. rede Ungers 270. Wöstenfeld, F., magister Pacht gegen Friedr. d. gr. 603.

Scriptores historiae Aug R. Unger, z. kritik 345.

Sedulii paschalis operis lib. V herausg. v. E. Ludwig 60 J. Huemer, üb. ein glossenwerk s. dichter Sed. 278. 503.

Semitische namen d. feigenbaums, v. P. v. Lagarde 603.

Seneca philos. Aubert, L. C. M., adnotatt. in Sen. dial. 346. Bücheler, F., epistulae aliquot ... edidit 215. Naegler, de particularum usu ap. Sen. 497. Westerburg, E., der ursprung d. sage, daß Seneca christ gewesen 494. 619.

Seneca rhetor. Sander. M , der sprachgebr. d. rhet Sen. 606. Thomas, Aem., schedae crit. 497.

Servius. F. Thomas, essai sur Servius ... 70.

Sextus Empiricus. Hartfelder. K., d. krit. d. götterglaubens b. Sext. Emp. 316. Pappenheim, E., erläuterung z. d Pyrrhoneischen grundzügen 574.

Sidonius, beitr. v. P. Mohr 617.

Silius Italicus. Barchfeld, W., de comparationum usu ap. Sil It. 617. Schlichteisen, J , de fide hist. Silii It. 279. 492. 610.

Simmias v. Theben, eine schrift von, v. F. Blaß 604.

Smyrna, erdbeben 270.

Sophokles Bruch, C., übersetzung 610 Campbell, L., ausg. 603 622. Drewes, L,, die symmetr. composition des könig Oedipus 490. Glaser, A., quaestt. Sophocl particula altera 614. Golisch, J.

beitr. zu Trach. 603. Golisch, J. u. O. H. Müller, beitr. 604. ders. n. H. Löbbach, beitr. zu Trach. u. Philoct. 71 Kayser, Th., könig Oed. und Oed. auf Kolonos deutsch 270. 610. Kern, F., bemerk. zu Aias u. Antig 428. Kröger, O., beitr. z. Electra 71. 344. Leeuwen, J. v., comtuentatio de authentia et integritate Aiacis 616. Lindner, R., beitr. z. erklär und krit. des Soph. 609. Lueck, de comparationum usu Sophocleo 428. Oeri, J. J., d. große responsion in d. späteren Sophokl. tragödie 214. 616. Pauli, quaestt. crit. de scholiorum Laurent. nau 496. Reichard, E., de interpolatione fabulae Sophocleae ... Aias 428. Schmidt, M., Antigone 429. Schütz, H., Antig. 71.

Spengel, L., erinnerungsrede 145. 576. nekrolog v. G. M. Thomas 270.

Sprachwissenschaft. Benfay, Th., Vedica und Linguistica 341. Bloomfield, M., the „ablant" of greek roots ... 347. Brandt, H., C. O., recent investigations of Grimm's law 347. Budinszky, A., d sprachreit. d. lat. sprache üb. Ital. 276. 611. Delbrück, B., einleit. in das sprachstudium 149. 427. Fay, E. A , imperfect and pluperfect subjunctive in the rom. folkspeech 347. Haase, F., vorles. üb. lat. sprachwissenschaft 276. Hart, J. M., Keltic and Germanic 347. Jordan, H., krit. beiträge z. gesch. d. lat. sprache 344. Mahlow, G. H., d. langen voc. a e o in den indogermno. spr. 66. Meyer, L., AN im griech., lat. u. goth. 69. Müller, H. D., d. indogerm sprachbau in seiner entwicklung 69. Osthoff u. Brugmann, morpholog. untersuchungen 342. 422. 503. 603. Paul, H., principien d. sprachgesch. 146. 338. Sayce, A. H., introduction to the science of lang. 69. 602. Sievers, E., grundzüge der phonetik 602. Stricker, S., studien üb. d. sprachvorstellungen 150. Toy, C. R., problems of general semitic grammar 347.

Whitney, W. D., logical consistency in views of language 347.
Sprichwort. Köhler, C. S., d. thierleben im sprichwort d. Griechen u. Römer 423. 425.
Stange, Oh. d. bestimmung d. himmelsrichtungen b. d. röm. prosaikern 622.
Stark, B., zum andenken 146.
Statius. Luebr, G., de Pap. Stat. in silvis priorum poet. Roman. . . . imitatore 622. Roßberg, K., beitr. 344.
Steinthal, H., ges. kl. schriften 275. 277. 601.
Stephanus Alexandrinus. H. Usener, do Steph. Alex. commentatio 428.
Stichometrie, beitr. v. M. Schatz 425.
Stilicho u. Wallenstein 420.
Stilistik. F. Hand, lehrb. d. lat. stils 68. 500. s. gramm.
Stobaios. Diels, H., Stob. u Actios 430. Dreßler, R, beitr. 345. 604. Elter, A., de Ioannis Stobaei cod. Photiano 150. 426.
Strabo. C. Frick, d. γεωγραφούμενα 604.
Suidas. Daub, A., de Suidae biographicorum origine et fide 275. 344. ders., kl. beitr zu griech. literaturgesch. im anschluß an Suidas 344. ders., beitr. 345. Flach, H., d. vitae röm. schriftsteller 346. Rohde, E., γέγονε in d. biographica 344. Schneider, O., de Callimachi operum tabula ap. Suidam comment. 344. Volkmann, D., de Suidae biogr. quaestt. novae 344. Wachsmuth, C., de fontt. ex quibus Suid. hauserit 344.
Syrus, s. Publilius.
Tachygraphie. Lehmann, O., d. tachygr. abkürzungen der griech. hdss. 274. Schmitz, W., studien z. lat. tachygr. 621.
Tacitus. Baumstark, A., ausführl. erkl. d. Germ. 603. 623. Beckurts, F., z. quellenkrit. d. Tacitus . . . 152. 606. Binder, J. J., Tac. u. d. gesch. d. römisch. reichs unter Tib. 213. 427. Cornelissen, J. J., Agricola 623. 624. Culeński, qua ratione . . . Annales crit. arte tractentur 605 Dederich, A., beitr. zu Hist. 71.
Gantrelle, J., Agricola 499.
Herbst, F., quaestt. Tacit. 608.
Krall, J., Tac. u. d. orient 621.
Lange, R., de Tac. Plutarchi auctore 613. Nemanić, D, de stoicorum Romanorum . . . factione . . . deque Taciti quod de eius factionis consiliis fecerit judicio 609. Nipperdey-Andresen, ausg. 500. Orelli-Andresen, Agricola 427. Peterlechner, A., üb. d. abfassungszeit des dial. de orat. 606. Pfundtner, O., beitr. zu Agric. 71. Prammer, J, Agricola 622. Schütz, H., beitr. zu Agric. 315. ders., beitr. zu Hist. 345. ders., beitr. z. dial. de orat. 345. Seebeck, J., de orationibus Tac. libris insertis 501. Viertel, A., z gesch. d. handschriftl. überlieferung des Tac. 346. Weinkauff, F., de Tacito dialogi qui de orat. inscribitur auctore 151. 213. 503. s. Sallust.
Télfy, J. B., opuscula Graeca 69.
Terentius Dziatzko, K., beitr zu Hecyra 604. ders., ausgew. com. 616. Zimmermann, beitr. aus Ter. z. lat. gramm. 501.
Tertullian G. R. Hauschild, die grundsätze u. mittel d. wortbildung b Tert. 424
Theognis Hiller, E., beitr. 603. 604. Jordan, H., vorläufiges zu Th. 276. Mey, H. v. d., ad Theogn. 430. Sitzler, J., ausg. 67. 151. 604. 621. ders., z. textkritik 344. Ziegler, ausg. 151. 501. 603.
Theogonie u. astronomie, von A. Kriechenbauer 602. 614.
Theokritos. Hirt, Th., Elpides 574. Hempel, O., quaestt. Theocr. 493. Hiller, E., beitr. 343. Kohlmann, P., de scholiis Theocr. 614. Kreußler, O., observatt. in Theocr. partic. IV 429.
Theopomp. E. Hiller, üb. ein fragment d. Theop. 846. s. griech. gesch.
Therapeuten. Lucius, d. Therap. u. ihre stellung in d. gesch. d. askese 148.
Thukydides. Beloch, J., Melaja u. Hone 345. Büdinger, M., Kleon

b. Thukyd. 344. 605. Fellner,
Th., forschung ... des Thuk.
502. Hache, R., de participio
Thucydid. 610. Kraz, H., d. drei
reden des Perikles bei Thukyd.
übers. 344. 428. Meyer, O., quibus temp. Thuc. historiae suae
partes scripserit 496. MüllerStrübing, H., Thukyd. forschungen 343. 574. 612. Philippi, A.,
beitr. zu buch VI. VII. 344.
ders., bemerk. zu den ersten
fünf büchern 340. Schneider, J.
G., üb. d. reden der Merkyräer
u. Korinthier 498. Steup, J.,
Thukyd. studien 576.
Tibull Fabricius, B., ausg. 492.
604. Haasen, M., de tropis et
fig. ap. Tib. 493. Leo, F., über
einige eleg. 604. Rothstein, M.,
de Tib. codicibus 608.
Timaios J. Beloch, d. ökonomie
d. gesch. d. Tim. 604.
Topographie. Brentano, E., z. lösung der trojan. frage 494. 616.
Constantinopel, karte der landmauern 145. Curtius, E., u. J.
A. Kiepert, karten v. Attica 603.
Duhn, F. v., d. hafen v. Pompeji
72. Herzog, E., d. vermessung d.
röm. grenzwalls 619. Jordan, berichtigung des planes d. forum
Romanum 336. ders., capitol,
forum u. sacra via in Rom. 427.
623. Kampen, A. v., descriptt
nobiliss.morum ap. class. locorum 493. Mau, d. straßennetz v.
Pompeji 337. ders., d. hafen v.
Pompeji 340. Sachau, E., d. lage
v. Tigranokerta 341. Spieß, F.,
d. Jerusalem des Iosephus 423.
v. Veith, Vetera castra ... 425.
495. 609.
Tschechen, regierung u. Deutsche
421. die excesse in Böhmen 421.
Tyche, a. griech. gesch.
Tzetzes. Giske, de J. Tzetzae scriptis ac vita 339. Hart, G., de
Tzetzarum nomine vitis scriptis
339. 342.
Universitäten. österreichische 146.
czechische in Prag 146. 270. 271.
Prager universitätsfrage 420.
Fest, stellung d. deutschen literat. an d. univers. 147. Paris,
vereinigung d. deutschen studenten 421. univ. in Nordamerica

nach deutschem muster 420. v.
d. Wiener univ. 421. d. debatten
über die hochschulen im preuß.
abgeordnetenhause 145.
Unterrichtswesen. delegirten-vers.
d. allgem. realschulmänner-vereins in Berlin 270. d. kränkeln
unserer realgymn. 421. meteorol.
u. völkerkunde auf d. gymn. 332.
schulfrage in Oesterr. 146. Hübner-Traum, d. bild. kunst im gymnasial-unterricht 499.
Urlichs, L., festschrift zum 25jähr.
jubil. 69.
Valerius Flaccus. Tonder, A. J., d.
unterwelt nach Val. Fl. 617.
Varro, a. Ovid.
Vatinius. Schmalz, J. H., über d.
latinität d. P. Vatin. 619.
Vegetius. M. Schanz, zu d. quellen
d. Veg. 340.
Vellejus Patero., beitr. v. W. H.
Roscher 605.
Venanti Fortunati opera poet. 492.
Vergilius. Bolteustern, v., bemerk.
über d. wortstellung 616. Uebhardi, W., Aen. f. schüler 502.
Georgii, H., d. polit. tendenz d.
Aen. 497. Glaser, E., Verg. als
naturdichter u. theist 495. 611.
Hechfellner, Ob. e. Innsbrucker
Vergilhdsch. 608. Heidtmann, G.,
beitr. z. Aen. Kappes, K., Aeneide 610. Kolster, W. H., die
sechste, zehnte und vierte ecl.
341. Kvičala, J., neue beitr. zur
erkl. d. Aen. 428. 608. Ladewig-Schaper, ausg. 618. Thomas, E.,
scoliastes de Virg. 337. 609. Unger, R., üb. Ciris 614. z. metrik.
Verrius Flaccus. H. Nettleship, essay 350.
Vesuv, a. geogr.
Viri illustres, a. auctor de vir. ill.
Visconti, Pietro Ercole, nekrolog
420.
Voß, J. H., übers. d. Odyss. 618.
Welcker, Fr., biographie 145. sein
leben v. Kekulé 837.
Xenophon. Breitenbach, L., Xen.
de postremis belli pelop. annis
libri duo 608. Büttner-Wobst,
Th., beitr. z. Kyrup. 345. Eichler, G., de Xenoph. capite extr.
612. Geist, C., erkl. einiger stellen aus Xen. griech. gesch. 499.
606. Morris, C. D., Oeconomicus

349. Nicolai, A., z. literat. über Xen. 497. Richter, E. A., z. exped. in d. gebiet d. Drilen 497. Schmidt, O., z. Hieron 604. Vollbrecht, W., z. würdigung v. Xen. Anab. 498.
[—]. Belot, E., la républ. d'Athènes 620. Kirchhoff, A., lib. de rep. Athen. 124. 608. Müller-Strübing, H., 'Αθηναίων πολιτ. 280. 618.
Zeno. E. Raab, d. Zenon. beweise 430.

Index locorum zu den excerpten.

Aeschyl. Choeph. 813	498	Ovid. Trist. V, 4	624
— Sept. 24—30	71	Pind. Olymp. VII	621
Alcaeus fr. 8 B.	430	— Pyth. III	429
Antholog. Lat. 21. 255	345	Platon. Hcip. II, 373 b	345
Cses. b. G. VII, 35, 3	345	— Lach. 196 d	345
Cic. d. Or. I, 30	277	Plin. H. N. XXI, 11	604
— Cat. maj. 16, 58	344	— Epp. V, 16	147
— ad Fam. V, 9. 10	619	Plotin. Enn. VI, 4	493
Curt. VII, 4, 4	344	Soph. Ai. 992 1035	616
Diodor. III, 1--48	606	— El. 601	344
Flor. II, 13, 2d	345	— Oed. T. 216--251	616
Hor. ρ 203	72	— Trach. 145	603
Horat. Od. I, 6	604	Stat. Silv. III, 2, 78	345
— — 12, 31	345	— — — 5, 9. 24	345
— II, 1, 5	604	— — V, 4, 15	345
— III, 26, 7	344	Terent. Hec. 648	604
Isokr. Ep. III, 16	340	Theokrit. V, 38	343
Iuvenal. III, 14	604	Thukyd. I, 40, 2	498
— VI, 542	604	— 77	349
Liv. XXIV—XXVI	604	— III, 50	349
— XXV	344	— IV, 118	345
Lucil. XXVIII, 1	344	— V, 5, 3	345
Lycurg. in Leocr. 26.	150	Vellej. Paterc. II, 17, 3	605
— — 46	150	— — — 104	423
— — 138	150	Verg. Ecl. IV	344
Orestis trag. 559	606	Xenoph. Anab. V, 2	501
Ovid. Fast. I, 637—650	71	— Kyrop. I, 1, 1	345
— Met. XV, 355	344	— VIII, 6	611
— Trist. I, 5	624		

Verzeichniss der excerpirten zeitungen und zeitschriften.

American journal of philology 346.
Archäologische zeitung 64. 144. 333.
Augsburger allgemeine zeitung 145. 212. 270. 420.
Bullettino dell' Instituto di corrispondenza archeologica 147. 271. 272. 334. 421.
Deutsche literaturzeitung 66. 148. 212. 273. 337. 422. 492. 573.
Göttingische gelehrte anzeigen 601.
Hermes 276. 340. 425.
Literarisches centralblatt 68. 150. 277. 340. 425. 495. 576.

Nachrichten von der königlichen gesellschaft der wissenschaften und der Georg-Augusts-universität zu Göttingen 603.
Neue jahrbücher für philologie u. pädagogik 71. 343. 344. 603.
Philologische rundschau 427. 496. 605.
Philologische wochenschrift 624.
Rheinisches museum für philologie 72. 346. 430.

www.ingramcontent.com/pod-product-compliance
Lightning Source LLC
Chambersburg PA
CBHW021220300426
44111CB00007B/374